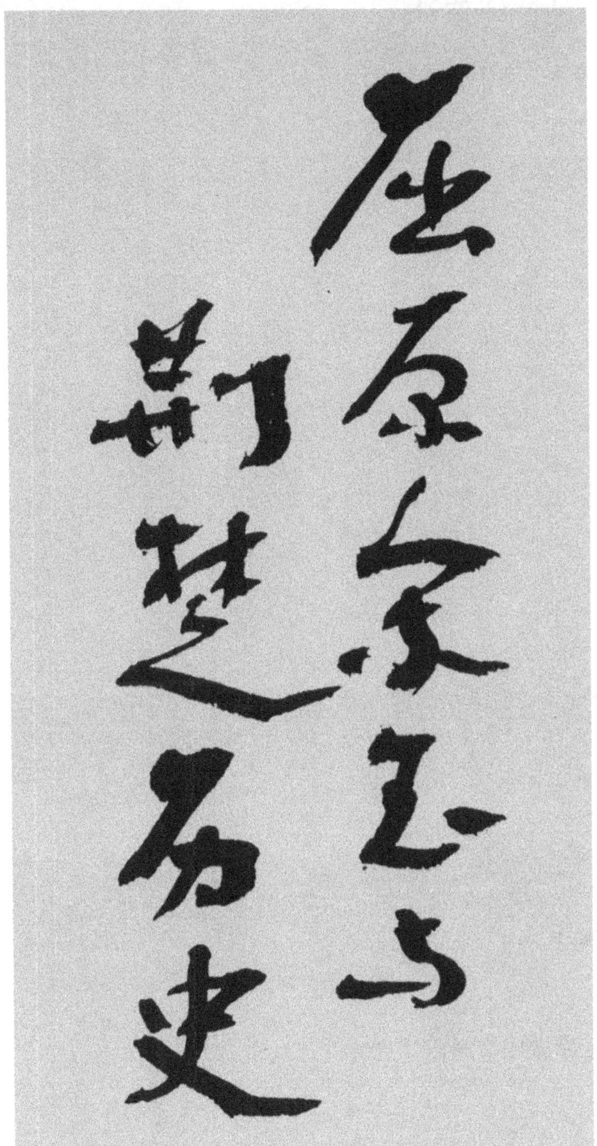

熊人宽 著

學苑出版社

图书在版编目（CIP）数据

屈原宋玉与荆楚历史/熊人宽著．—北京：学苑出版社，2019.3
ISBN 978-7-5077-5663-0

Ⅰ．①屈…　Ⅱ．①熊…　Ⅲ．①屈原（约前340—约前278）-人物研究-文集 ②宋玉（约前298—约前222）-人物研究-文集　Ⅳ．①K825.6-53

中国版本图书馆 CIP 数据核字（2019）第 045396 号

责任编辑：李蕊沁　战葆红
出版发行：学苑出版社
社　　址：北京市丰台区南方庄2号院1号楼
邮政编码：100079
网　　址：www.book001.com
电子信箱：xueyuanpress@163.com
联系电话：010-67601101（营销部）、010-67603091（总编室）
印　　刷：北京虎彩文化传播有限公司
开本尺寸：889mm×1194mm　1/16
印　　张：39.5
字　　数：1330千字
版　　次：2019年7月第1版
印　　次：2019年7月第1次印刷
定　　价：200.00元

序

方　铭

战国时期楚国人屈原是中国历史上影响最为深远的伟大诗人，也是中国最具国际影响力的伟大诗人。1953 年，世界和平理事会确定屈原为世界文化名人，2009 年，以纪念屈原为核心内容的中国端午节及其传说进入“世界人类非物质文化遗产代表作名录”，这标志着屈原及屈原的作品所体现的精神价值，也是人类文化遗产的重要组成部分。

司马迁《史记·屈原贾生列传》说屈原“博闻彊志，明于治乱，娴于辞令”，又说“屈平正道直行，竭忠尽智以事其君”，“博闻强识”体现的是屈原才能的杰出，“正道直行”体现的是屈原人格的高尚。司马迁指出，“人君无愚智贤不肖，莫不欲求忠以自为，举贤以自佐，然亡国破家相随属，而圣君治国累世而不见者，其所谓忠者不忠，而所谓贤者不贤也”。屈原这样一个德能兼备的人才，在楚国不能受到重用，反倒遭到小人的诋毁和君主的迫害，就是缘于楚怀王不知忠奸，疏远屈原而信任佞臣。屈原在此挫折面前，仍然以拯救楚国为己任，司马迁说：“屈平既嫉之，虽放流，睠顾楚国，系心怀王，不忘欲反，冀幸君之一悟，俗之一改也。其存君兴国而欲反覆之，一篇之中三致志焉。”屈原以他的行动，诠释了一个具有社会责任感和正义感的士人所具有的人文情怀。梁启超在《屈原研究》中认为，屈原具有改革政治的热情，热爱人民，热爱社会，有对社会和祖国的同情和眷恋，以及不愿意向黑暗势力妥协的决心。

屈原是一个政治家，而且是一个想有所作为的政治家。战国时期秦国的强势和楚国的羸弱，决定了战国时期的楚国处在一个不可能有大作为的时代。也正因此，屈原想拯救楚国，但是楚国不能给他提供大有作为的舞台。战国时期是一个巨变的时代，如何适应社会的蜕变，成了这个时代弄潮儿们追逐的目标，战国时期成功的政治家无不体现这个特点。但是，屈原是一位有坚守的政治家，他之所以能坚守，就在于他是一个关心楚国命运的政治家。屈原在思考楚国的现实困境的时候，提出了解决楚国政治困境的方法，这就是要实现尧、舜、禹、汤文武之“美政”。他的思想价值，不在于他在战国时期体现了怎样的改革意识，而在于他知道人民的幸福依靠回归“选贤举能”的美政。这就使他与同时代的打着“变法”旗号的势利之徒划清了界限。屈原是爱国主义诗人，屈原的爱国主义精神不是表现为对楚国君臣的袒护，而是表现为对楚国昏庸和奸诈的政治家以及不能选贤举能的政体的强烈批判。屈原希望在楚国正道直行的人受重视，而枉道邪行的人被抛弃，但是楚国的现实正好相反，所以他有强烈的不满。屈原是在一个缺少公平性，丧失了正义价值的时代，积极倡导社会公平和正义价值，并痛苦地追寻社会公平和正义价值的伟大诗人。屈原爱国主义精神的价值就在于此。这也是屈原和我们这个时代文化精神的连接点。

屈原的杰出才能和伟大人格，在屈原死后的两千多年中，一直受到全社会的崇敬。人们为了纪念屈原，弘扬屈原精神，传承屈原文化，不但整理和传诵他的作品，而且把他的事迹记录在各种文献之中。因为屈原是五月端午在汨罗江蹈水而亡，因此端午节文化又增添了纪念屈原的人文内涵，使端午节这个古老的节日焕发出了新的生命力。

屈原精神的传承，既需要精神的凝视，也需要物质的承载。屈原生活的战国时代是个剧烈动荡的时代，楚国由于受到秦国的压迫，疆土不断东移，导致楚国的都城和楚国贵族的食邑也一再变化，而屈原一生，更是处于不断的颠沛流离中。由于资料的局限，我们无法准确判定屈原生活轨迹的细节，从现存文献和物质遗存中去探究屈原的生平事迹和活动轨迹，就成了我们还原屈原生活本来面貌的主要依据。

因此，保存和整理好两千多年来流传下来的屈原的每一处遗迹，是我们这个时代对过去历史的承诺，也是对未来历史的交待。这就需要我们有站在传承世界优秀文化遗产的高度，体现出传承屈原精神和建设屈原文化的大视野和大气度。

所谓大视野，就是要把全国各地的屈原文化建设看作是弘扬屈原精神的有机组成部分，把传承屈原精神弘扬屈原文化看作是我们这个时代共同的责任，把屈原文化建设和屈原精神的传承结合在一起。我们既要重视有关遗迹的挖掘、保护和整理，更要弘扬屈原精神，把培养“博闻强识”“正道直行”的人格，建设公平正义的社会秩序与我们时代的核心价值建设结合在一起。所谓大气度，就是要在建设屈原文化的时候，既要重视专业学者的意见，同时也要重视非专业学者的意见。

传承屈原精神和弘扬屈原文化，需要专门从事屈原及中国文化研究的专业学者的努力，也需要重视并发挥并不以学术研究为专业的业余学者的热情和智慧。非专业学者他们的研究出于对屈原及中国文化的热爱，往往能超越“知之者”的境界，真正可能达到“好之者”和“乐之者”的境界。

已故中国屈原学会副会长熊任望先生一生致力于屈原及中国文化研究，在学术界有重要影响。他的胞弟熊人宽先生早年毕业于北京地质学院，长期从事与地质相关的工作，1997 年退休后开始阅读和研究《楚辞》及相关论著，2003 年开始撰写相关论文，并把这些论文发布在北大中文论坛、中国文学网、中国网络文学联盟等网站，并积极参加中国屈原学会召开的相关学术研讨会。20 多年来积累了上百篇研究屈原、宋玉和荆楚历史的成果。作为一位业余从事屈原及楚文化研究的学者，他研究的成绩是巨大的，付出的心血也是可以推想而知的。熊人宽先生的许多论文我都拜读过，作者力图以客观、独立的研究精神和独到的见解，为研究者提供有益的思维方式和研究办法，可以帮助读者理解屈原、宋玉和这一时期的荆楚文化。

研究屈原，传承屈原精神，建设屈原文化，是一项艰巨和漫长的系统工程，需要更多的学者参与。只要我们想得清、站得高、看得远，尊重历史，尊重不同意见，我们就一定能完成历史给我们的重托，为后人留下一份满意的答卷。

2019 年 6 月 14 日于北京

赠熊人宽

周建忠

本书作者熊人宽，著名楚辞学家、书法家熊任望先生之弟，乃吾同县同镇之老乡。出自工科，精研有年，放言无惮，每有会意。

其一

西街熊氏觅乡音，
研屈探幽若断金。
络绎问难疑似雪，
春秋功罪世同歆。

其二

师承门派孰追寻，
泉石流莺漫有心。
勤读沉思皆我意，
远山隐隐倚寒林。

其三

卷帙纷繁夜气箴，
优游濠上寄情深。
寻根究底经风雨，
坐阅冰霜道古今。

2018 年 5 月 24 日

前　言

本书之论文，大多在“北大中文论坛”（网名 lst）发表过。笔者在北大中文论坛发表了 100 余篇网文，获得了 70 多篇“精华”。还有用真名在中国社会科学院文学所的“中国文学网”发表了 47 篇论文，可惜“北大中文论坛”和“社科院文学所的‘中国文学网’”都已经打不开了。这些论文或许有点价值，所以决心出版此论文集。

一

对屈原、宋玉的理解，离不开他们的作品和荆楚历史地理的相关文献，而对它们的准确把握和理解，又必须凭借古文献学的理论和方法。根据北京大学孙钦善教授的观点，对古文献内容的准确理解，包括三个层次：一是语文解读，二是内容考实，三是义理辨析。

“语文解读”是基础。它以小学为中心，包括认字、读音和释义，涉及文字学、音韵学和训诂学。“内容考实”是对古文献各方面内容的考证，进一步是对古文献文义的准确理解。“义理辨析”指掌握古文献所表达的思想，即在语文解读和内容考实的基础上，对古文献的内在意义进行准确的理解和诠释。它是古文献解释的灵魂。只有完成这三个层次的功夫，才算得上对古文献由浅入深的完全理解。

本人赞同孙钦善先生的观点，并且在行文中努力按此去做，力争把不确的尘埃从真实的事物上拂去。

笔者的论述既立足于原文，也是在前人基础上的延伸，在此对文中所涉及的诸多专家学者表示感谢。诸位前辈、时贤与鄙人原先毫无瓜葛，文中若有冒犯之处，敬请海涵。笔者主观上虽然想求真求实，但由于基础薄弱，才识谫陋，定有错误不当，恳请读者批评指正。

二

作为“工科”的退休人员，研究楚辞有三大困难：

一是，文史基础差，没有受过正规训练，行文不免有种种漏洞、硬伤，甚至常识性错误。二是，没有师友请教、讨论，所有的问题，都要自己解决。“独学而无友，则孤陋而寡闻!”三是，缺乏相关书籍、资料，几乎全靠网上搜寻。本人还有个从小记性就差的弱点，“记忆库里没东西”，不得不反复查找，往往“勤苦而难成”。

另一方面，也有三个长处：

第一，无师承，无门派，无成见，精神独立，不迷信权威。可以从旁观者的立场畅所欲言。第二，作为学术上“一穷二白”的民间人士，没有包袱，乐意听取不同意见，勇于接受批评，不断改正错误。第三，没有名利干扰，没有“任务”压力，一切从学术考虑。兴趣所至，自得其乐。

正如周骋先生所说：“如果不轻易认可现行说法，而想较个真，就可能发现事情并不像人们以前认定的那样……只是，一个毫无学术渊源的门外汉想解决一些学术问题肯定是自讨苦吃，其间的磕磕绊绊以及重复别人的劳动难以计数。但也有一个好处，即在这个过程中毫无顾忌，自得其乐，搞错了也不会丢脸……虽然，常常有今是昨非之憾，接下来是补不尽的漏洞，纠不完的错。尽管如此，并不感觉苦涩，而是充满欣慰……”

现今网络资源丰富，占有资料不难，关键是运用资料。文献史料大家都看得到，权威们不见得都看得那么精细，其解释也不一定都很高明。“楚辞研究虽然历经两千余年，但空白和疑难仍然很多。只要找到有生命力的课题，就可以做出有影响的学术成果”①。

三

屈原和宋玉的诗赋是战国时代的可靠资料，其中有许多等待挖掘的宝藏。例如：

《惜往日》中屈原对生平的回顾，可作《九章》时地的总纲。既可与《橘颂》《惜诵》《卜居》《哀郢》《涉江》等篇呼应，也能与《屈原列传》互证。（见本书《〈惜往日〉透露的屈原生平》）

《新序·屈原章》与《史记》有异，一些学者以此为由，否定其史料价值。钱穆有“《新序》八误”，林庚说“刘向的《说苑》《新序》等，本近小说家言，取材又极不严肃，在研究屈原生平上的价值自然更属低一等了”，而洪兴祖《楚辞补注》在《哀郢》“至今九年而不复”注中，采信《新序》之说，已经暗含“屈原两次使齐，张仪三次使楚”的意思，只是没有被人们注意。笔者则挑明了《新序》中有“屈原两次使齐，张仪三次至楚”，《新序》与《史记》可以互补。（见本书《〈新序·屈原章〉与〈屈原列传〉可互补》）

《屈原列传》是司马迁的力作，没有确证不能擅改。

据《屈原列传》记载：怀王十五年“王怒而疏屈平”；怀王十六年“屈平既绌”，张仪诈楚；怀王十八年“屈平既疏，不复在位，使于齐”。这是从怀王十五年到怀王十八年使齐时，屈原都处于“既疏，不复在位”的确证。这几年中，不存在“流放”之事。那些“怀王十六年屈原放流汉北，怀王十八年复用”论者显然与《屈原列传》记载不符。（见本书《关于屈原的猜想》等）

“宋玉生平”是学界分歧很大的问题，一直没有人提出有说服力的证据。本人从《钓赋》与《登徒子好色赋》中，读出了“青年宋玉初侍楚襄王”是在“楚都迁陈”之后。《钓赋》说：“宋玉与登徒子偕受钓于玄洲，止而并见于楚襄王。”这是他们完成学业后初见楚襄王。《登徒子好色赋》中的宋玉，是“体貌闲丽”的未婚青年；《登徒子好色赋》中的“秦章华大夫”，把宋玉之“邻女”称之为“南楚穷巷之妾”，可见《登徒子好色赋》写于“楚都迁陈之后”。再有《汉书·古今人表》把生于公元前298年的王孙贾与宋玉排在一起，表明他们年龄差不多，也就是说“宋玉大约生在楚顷襄王元年（前298年）前后”。宋玉《笛赋》有：“余尝观于衡山之阳……假涂南国，至此山，望其丛生，见其异形，曰命陪乘，取其雄焉……宋意将送荆卿于易水之上，得其雌焉。”这表明宋玉晚年到过南国“衡山”。《史记·秦始皇本纪》有：“荆王献青阳以西，已而畔约，击我南郡，故发兵诛，得其王，遂定其荆地。”可见公元前221年之前，青阳一带（临澧、长沙、衡阳）还是楚人的领土。那么宋玉晚年就有可能在临澧，最后卒于临澧。（见本书《宋玉事迹探微》）

周建忠先生指出：“我们应该转变观念，强调楚文化与楚辞双向互证，推进两个领域的同步发展。”“‘史学研究’和‘本体研究’应该‘同步进行’。”

楚国的历史、地理，涉及屈原的先祖。楚郢都和江南的位置，与屈原流放的路线、投江的地点密切相关。史地有误，必然导致屈原生平研究和诗文解释的错误。

钱穆的《古史地理论丛·〈楚辞〉地理考》说：“凡《楚辞》所言沅湘、洞庭之属，皆大江以北地名。”石泉等人承袭发展了钱穆之论，判定楚国的“郢都”在今宜城境，“江南”在今蛮河之南，断言“屈原沉湘江在江北不在江南”。假如其论成立，那么自古以来治骚者所说屈原的流放路线和投江地点就全部搞错了。只有弄清郢都和江南的所在、夏水和洞庭的状况等楚国历史地理真相，立论才有稳固的基础。（见本书《石泉“古代荆楚地理”质疑》等）

《哀郢》有“过夏首而西浮”。学者们对“西浮”的解释，既多又乱，成了“楚辞训诂中一大难题”。实际上“西浮”之意非常简明，清人林云铭、蒋骥的“西浮，舟行之曲处，路有西向者”就已讲明了这个意思。在谭其骧主编《中国历史地图集》“战国·楚越图”可见：过“夏首”以后，夏水向东南流长江向西南回转，现代的地图、卫星照片都能看到长江的这个“曲处”。屈原流亡始于仲春，“冬竭夏流”的夏水尚不能通行，船行到此处自然顺长江向西南而下，故曰“西浮”，若顺夏水当是“东浮”。《哀郢》另一难点是“上洞庭而下江”。先秦时期的“洞庭”并非一处，可指洞庭之野、洞庭山、

① 周建忠：《关于楚辞研究的几点看法》，《中州学刊》2015年第3期，第140页。

洞庭郡。屈原时代的洞庭湖很小，是不是与长江相通，也难以肯定。《哀郢》的“上洞庭而下江”很可能是：船停靠“洞庭（郡）”之地上岸办事，随后再“下江”继续航行。（见本书《试论〈哀郢〉所反映的屈原行踪》）

还有行文中的逻辑问题。有些学者十分肯定的“断言”却隐含逻辑错误。例如：

潘啸龙先生说：“‘将运舟而下浮’是承上‘过夏首而西浮’的逆水而言，现在转头顺江下浮；……只有他原先是逆水西浮，现在才需要运舟（掉转船头）顺流而下。”实际上《哀郢》所写的“过夏首而西浮”“顺风波以从流”“将运舟而下浮”等，都是顺风、从流的“下浮”。潘氏把中间的“顺风波以从流兮”剪掉，用“拼接”的资料来迎合自己“掉转船头”的观点，显然不合逻辑。（见本书《就〈哀郢〉答客难》）

有学者说：司马迁“并非明言《招魂》是屈原所作”，而是“读玉之文，悲原之志”。其实质是：要求在《屈原列传》里，列举“屈原的作品”必须“明言”，而列举“宋玉之文”却不须“明言”。其逻辑错误是，既忽略了“在《屈原列传》里”这个前提，对“明言”又采用了双重标准。（见本书《论〈招魂〉的作者和争议》）

石泉先生把“古文献中的‘江’不是长江的专称”的一些特例，扩大到《水经》和《水经注》中专论长江的《江水篇》，说《江水篇》中的某些“‘江’不是长江的专称”，当指今“蛮河”和“汉水”。楚国的“江南在今蛮河之南”……此说有“移花接木、以偏概全”之嫌。（见本书《“江不是长江”质疑》）

英国学者伯特兰·罗素说过：“一个观点，如果没有任何证据证明是对的，就绝不该相信。”著名学者的论著往往也有可商榷之处。例如，在诸多文化领域有卓著贡献、被誉为“汉学泰斗”的饶宗颐先生，其《楚辞地理考》也有可商榷之处。饶先生认为《抽思》的“汉北”指“秦”：“秦在楚北故云‘汉北’”。他在《北姑考》中说：“《新序·节士》篇：‘复用屈原，屈原使齐……后秦嫁女于楚，与怀王为蓝田之会，屈原以为秦不可信，群臣皆以为可会，怀王遂会，果见囚拘，客死于秦。’此原第二次使齐也。如《新序》，言怀王之会秦武关，正值屈原第二次出使在齐，时虽力主不当会秦，卒以远隔朝列，不能死谏而获效。”① 其结论曰：“怀王之会秦武关，正值屈原第二次出使在齐”；“北姑即齐之薄姑”。饶氏剪掉了文中的“还。闻张仪已去，大为王言张仪之罪，怀王使人追之，不及。”其结论显然与文本原义不符。《史记》和《新序》均载：“屈原以为秦不可信，愿勿会，群臣皆以为可会，怀王遂会。”这表明（怀王三十年）“怀王会秦”时屈原在楚。再说，假如屈原出使在齐，那么“远隔朝列”的他，不可能“力主不当会秦”。可见其论尚不能自圆其说。（见本书《饶宗颐的楚地、楚历质疑》）

再如，楚辞学权威、屈原学会首任会长汤炳正先生，其《“九章”时地管见》② 认为：写《哀郢》时，四十几岁、身心状况较佳的屈原听到“顷襄王元年秦取析”时就在“二年仲春混在‘离散’的民众”中逃往“安全之域”陵阳。而十年之后“年既老”写《涉江》时，忽然“不顾安危，去边疆要塞（汉北、溆浦）观察动静……”其论不但缺乏依据，与屈原作品不符，而且把屈原说得如此“变态”也不合情理。（见本书《〈“九章”时地管见〉商榷》）

屈原学会名誉会长赵逵夫先生的《屈原与他的时代》“前言”中着重提到三篇“有所发现”的力作：“《屈氏先世与句亶王熊伯庸》《〈战国策〉中有关屈原初任左徒时的一段史料》《〈战国策张仪相秦谓昭睢章〉发微》”，还有被人称为“在运用‘前人的研究成果’创立贯通无碍的新结论方面成绩惊人的三文”（《汉北云梦与屈原被放汉北任“掌梦”之职考》《〈哀郢〉释疑并探屈原的一段行踪》《屈原在江南的行踪与卒年》），书中这六篇“代表作”，似乎全都缺乏立论依据。尤其是被赵先生称为“纠正并解决了屈原研究上两千年以来一直未能解决的问题”③ 的《屈氏先世与句亶王熊伯庸》之文，不但与事实不符，而且有“掠人之美以自耀”的嫌疑。（见本书《略评〈屈原与他的时代〉》等七篇）

对《战国策·齐策三》中“孟尝君出行国”的“郢之登徒”，汤炳正先生说，“这个接待孟尝君并且送致象床的‘登徒’，即‘左徒’之职”；赵逵夫先生说，“《齐策三》中所写‘郢之登徒’乃楚之左

① 饶宗颐：《饶宗颐二十世纪学术文集》（卷11），新文丰出版股份有限公司2003年版，第105页。

② 汤炳正：《屈赋新探》，齐鲁书社1984年版，第58—84页。

③ 雷媛：《陇上名家赵逵夫开显楚辞之秘》，《兰州晨报》2006年9月14日B07版。

徒”。他们所说的“登徒即左徒”其实都是误读。先秦时很注重尊卑关系，卑者与尊者对话多自称“臣”，称尊者为“足下”“君”。如在《战国策·赵四》“齐欲攻宋”中：（苏秦）“谓齐王曰：‘臣为足下谓魏王。’”《孟尝君出行国》的公孙戍（谓孟尝君）曰：“臣愿君勿受。”而“郢之登徒”见公孙戍（士），自称“臣”，称对方为“足下”，说明他的社会地位低于“士”，乃“皂、舆”之流的小吏，决不是大夫身份的“楚之左徒”。（见本书《左徒、左登徒、登徒子与郢之登徒》）

文献研究的关键是搞清事实。笔者力求：区分合理的质疑和无稽之谈，努力做到“说话要有依据，猜想合乎情理，推理逻辑严密，结论不怕质疑”。通过对《楚辞》、楚史等楚文化的探索，在前人研究的基础上，进一步了解楚国的历史地理，走近屈原和宋玉。

在论文写作和成书过程中得到大哥熊任望（2010年去世）和周建中先生、方铭先生、周秉高先生、潘啸龙先生、吴广平先生、力之先生等专家学者的指导帮助，特此感谢。

熊人宽

2019年3月于无锡

目　录

第一篇　屈原生平研究

第二篇　屈原作品研究

第三篇 《招魂》研究

第四篇 宋玉生平及作品研究

第五篇 《楚辞》成书探索

第六篇 荆楚史地探微

第一篇

屈原生平研究

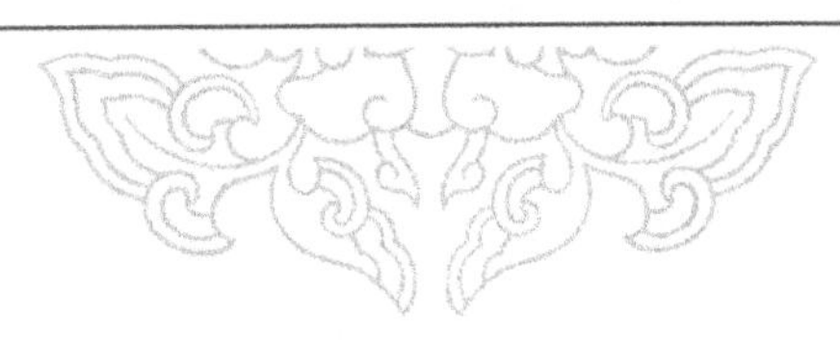

关于屈原的猜想

摘要： 屈原是现存《楚辞》中成就最高的二十几篇作品的作者；三闾大夫是他世袭之职；怀王前期他曾经担任左徒，怀王十五年“王怒而疏屈平”，屈原去职；怀王中后期他被流放汉北，怀王二十九年他从汉北回郢都；顷襄王三年怀王客死，屈原因责难子兰误怀王等原因被东迁“夏浦—鄂渚”，又因《哀郢》等文激怒楚顷襄王，被流放到条件更差的溆浦；楚在秦的打压下日趋没落，屈原“恐楚国祸殃之有再”竟“不毕辞而赴渊”。屈原的一生有《屈原列传》等汉人的记载，有《惜往日》等屈原作品的陈述，两者可以互证。

关键词： 屈原；流放；汨罗

一、屈原的存在

（一）屈原是现存《楚辞》中二十几篇作品的作者

《离骚》等作品的存在就是屈原存在的证明。藏策先生说：“质疑屈原是否存在，有个颇难解释得通的地方，就是汉儒的作品无一能与《楚辞》媲美，难道他们自己都写不出好作品，却能在伪托别人时文思泉涌灵感大发写出惊世之作么?”①

或曰《离骚》等是淮南王刘安所作。此说较之屈原说更加站不住脚。司马迁、刘向、王逸等汉人都说《离骚》等是屈原所作，更没有怀疑屈原的存在。《惜诵》“行婞直而不豫兮，鲧功用而不就”，《离骚》“鲧婞直以亡身兮，终然夭乎羽之野”，还有《天问》的不少论述，都不是汉代人能够写出来的。

有人说，《屈原列传》叙事不明，汉代以前的史书中又从未提到屈原，这与司马迁的记载“身份地位极不相称”。此逻辑不能成立。随县出土的“曾侯乙”，其身份地位高于屈原，汉前和《史记》等汉后的史书从未提到，难道曾侯乙不应该存在?

有人以司马光《资治通鉴》未载屈原，作为否定屈原的依据。实际上司马光并没有否定屈原，他在诗中多次提及屈原。例如，其《屈平》云：“白玉徒为洁，幽兰未谓芳。穷羞事令尹，疏不忘怀王。冤骨销寒渚，忠魂换旧乡。空余《楚辞》在，犹与日争光。”

（二）屈原作品的流传

1. *屈原作品的流传*

屈原的诗作大多数是呈献给楚王的，或许也有“寄身于翰墨，见意于篇籍，不假良史之词，不托飞驰之势，而声名自传于后”之意。屈原晚期的作品，不一定都要呈献给楚王，但是，看管人员还是要把其作品抄报给楚王。屈原的诗上呈朝廷后，才容易保存，并能在爱好文学的王公贵族间流传。王逸《离骚》后叙：“凡二十五篇。楚人高其行义，玮其文采，以相教传。”《渔父》序：“楚人思念屈原，因叙其辞以相传焉。”② 可见，在屈原去世前后，他的作品已经在楚国流传，并且由王室、贵族渐次走向士众，由楚地传到中原。

但是屈原的生平事迹在先秦古籍中缺乏记载。贾谊《吊屈原赋》：“侧闻屈原兮，自沉汨罗。”其“侧闻”的就是史书中缺少的屈原“自沉汨罗”等事迹，而不是屈原的作品。

有人说屈原“行吟泽畔”，可以作为考察屈诗最初“发表”方式的依据和凭证。③ 这显然缺乏说服力。“屈原作品最初在民间口耳散播、流传的可能性最大，后来才逐步地形诸文字。”④ 这可能性很小。屈原作品高雅、难读，类似乐曲中的阳春白雪。在“文化”被上层人士垄断的先秦，屈原的作品不可能在以文盲为主的民间传播，尤其是《离骚》《天问》《招魂》等长篇，更不可能在“民间口耳之间”

---

① 藏策：《“文化诗学”视界中的屈原与〈楚辞〉》，《淮南师院学报》2003 年第 1 期，第 13 页。

② 洪兴祖：《楚辞补注》，中华书局 1983 年版，第 48、179 页。

③ 廖群：《从“侧闻屈原”到“世传楚辞”：屈辞初期传播考索》，《山西大学学报》（社科版）2014 年第 2 期。

④ 藏策：《“文化诗学”视界中的屈原与〈楚辞〉》，《淮南师范学院学报》2003 年第 1 期，第 15 页。

完整地流传。当然也不排除少数短篇在民间以口耳传诵的可能。由于屈诗受到王公贵族等“文化人”的喜爱，自然会有不少诗篇从楚国朝廷和“官藏典籍”中流散出来。还有为数众多的、模仿屈原的诗词歌赋、凭吊文章，也促成了屈诗的传播。

《汉书·地理志》记载：

> 始楚贤臣屈原被谗放流，作《离骚》诸赋以自伤悼。后有宋玉、唐勒之属慕而述之，皆以显名。汉兴，高祖王兄子濞于吴，招致天下之娱游子弟，枚乘、邹阳、严夫子（庄忌）之徒兴于文、景之际。而淮南王安亦都寿春，招宾客著书。而吴有严助、朱买臣，贵显汉朝，文辞并发，故世传楚辞。①

王逸《天问》后叙有：

> 昔屈原所作，凡二十五篇，世相教传……自太史公口论道之，多所不逮。至于刘向、扬雄，援引传记一作经传。以解说之，亦不能详悉。……今则稽之旧章，合之经传，以相发明，为之符验，章决句断，事事可晓，俾后学者永无疑焉。

这些记载表明，屈原的作品主要在王公贵族等“文化人”之间“教传”。

“太史公曰：‘余读《离骚》《天问》《招魂》《哀郢》，悲其志。’”从《史记》记载看，屈原的作品早已在上层人士中普遍传播。汉代刘安、班固、贾逵、马融曾注《离骚》，刘向、扬雄曾注《天问》，这都是屈原作品在汉代早中期以单篇流传的证明。

2. 没有汉儒改写屈原作品的形迹

有人说：“就我们所知的部分，亦能洞悉汉儒们‘改写’《楚辞》的形迹”，“遮蔽文本中的‘诋君’而凸现‘忠君’，遮蔽‘去国’而宣扬‘爱国’等手段，改造了‘屈原神话’中的异端……”此论没有依据，至今尚没有人能举出汉儒们改写屈诗的确切事例。

不论刘安和司马迁的“推此志也，虽与日月争光，可也”，还是班固“今若屈原，露才扬己，竞乎危国群小之间，以罹谗贼。然责数怀王，怨恶椒兰，愁思苦神，强非其人，忿怼不容，沉江而死，亦贬絜狂狷景行之士”，抑或王逸“故有危言以存国，杀身以成仁”，等等，他们都是“依经论《骚》”，各执一端，用“评论”“注释”去“遮蔽”或“凸现”某些部分来引导读者，不能把这些“评论”和“注释”说成“改写”。

3. 战国时期汉人的语言文字是统一的

藏策先生说：

> 严格地讲，楚国的语言/文字是异于统一后以汉族文化为中心的语言/文字的，所以从楚国传唱的《楚辞》到汉儒编纂的《楚辞》间，尚有一个准“翻译”的过程，而这亦可以视作是一种改写。也就是说，我们今日所见之《楚辞》，至少已经经过了楚地民间与汉代文人的双重改造。②

此论缺乏依据。

黄灵庚先生指出：

> 包山二号墓的墓主是楚怀王时期的左尹邵佗，是和屈原生活在同一历史时期的人……屈原、宋玉《楚辞》作品的书写文字，应该与包山楚墓的文字相同。包山楚简的发现，为传世《楚辞》文本提供了书写文字的参照系。用许慎《说文解字》的小篆及其所收录的古文、籀文，与《包山楚简》的文字逐一对勘，意外发现：90%以上的楚简文字在《说文解字》里对上了号，没有对上号的少数文字，只是为许慎所遗漏的“古文”，真正属于异形的楚国特有写法的文字是少数，无法构成“形体结构和书写风格”不同的“文字体系”。这说明在战国之世，语言文字是统一的。③

4. 对屈原作品传播的猜想

刘氏一统天下之初，汉文化以楚文化为基础，作为楚文化精粹的屈原作品得到高度重视，开始被收

① 班固：《汉书》（简体本），中华书局1999年版，第1328页。

② 藏策：《“文化诗学”视界中的屈原与〈楚辞〉》，《淮南师范学院学报》2003年第1期，第15页。

③ 黄灵庚：《新世纪〈楚辞〉文献研究的思考》，《光明日报》2006年9月1日。

集整理。其可能的来源：第一，楚、秦国家档案的遗存。《史记·萧相国世家》："沛公至咸阳……何独先入收秦丞相御史律令图书藏之……汉王所以具知天下厄塞，户口多少，强弱之处，民所疾苦者，以何具得秦图书也。"在项王与诸侯屠烧咸阳前，萧何收集、保存了秦国的大量国家档案、图书。在匆忙中他不可能一一翻阅，只能统而收之。第二，屈氏后裔和楚贵族后裔的珍藏。《汉书·高帝纪下》："九年冬十一月，从齐楚大族昭氏、屈氏、景氏、怀氏、田氏五姓关中，与利田宅。"（《地理志》同）最熟识屈原的楚昭、屈、景集团，迁入关中，必然使最具楚文化特色的屈原作品等迅速传播，并影响朝野。第三，流落"民间"（渔夫、隐士等文化人士）的藏品。

政治上，屈赋对楚王、对群小的批评，隐约地揭示了楚被秦灭的内在原因。楚被秦灭是楚人最大的屈辱，"秦亡楚兴"是楚人最痛快的伸张。此时对屈赋的回味，有一种忆苦思甜的痛快。艺术上，屈赋瑰奇、隽美、深邃甚至神秘，这都令入主关中的权贵和依附他们的文士挚爱屈原赋，并成为屈原赋和楚辞传播和创作的群体。

《离骚》在汉代曾一度被尊为"经"。随着王权的日盛，屈赋中"露才扬己，责数怀王"等对统治者不利的一面逐渐显现，加上"最具生机的'屈原作品'的接受和传播群体"——刘濞、刘安集团被镇压，屈骚热终于渐渐冷却，屈赋的地位也随之下降。

二、屈原的故乡和生日等

根据《哀郢》："去故乡而就远兮……发郢都而去闾兮"，屈原的故乡应该在郢都。（详见本书《试论屈原的故乡》）

屈原的生日史料失载，人们大多依据《离骚》的"摄提贞于孟陬兮，惟庚寅吾以降"去推测其生日。"摄提格"为寅年，夏历正月为寅月，故"摄提贞于孟陬兮，惟庚寅吾以降"就是我降生于寅年寅月庚寅日。对屈原生日的看法分歧很大，至今未统一。

浦江清考定屈原生于楚威王元年，公元前339年，夏历正月十四庚寅日。邹汉勋、刘师培用殷历和夏历推算，定为公元前343年正月二十一日。学界大体认可屈原生于公元前343年至公元前339年间。

有人认为屈原是巫，此论没有依据。巫祝的重要职责之一是占卜，可是在屈原作品中，当他"不知所从"时，从不自己占卜，而是求助于巫卜。例如，《卜居》有："心烦虑乱，不知所从，往见太卜郑詹尹。"《离骚》中的灵均，在去留难以抉择时，也是先"命灵氛为余占之"，疑之不解，又有"巫咸将夕降兮，怀椒糈而要之"。可见《离骚》中的灵均也不是巫。

有人以"屈原的先祖屈巫，是楚国的一位大巫"为由，说"巫官职位是世代相传的，所以屈原是巫"。这种推理是不是太幼稚了？例如，楚灵王谥号"灵"，可亲自"祀上帝，礼群神"，说明他是大巫。桓谭《新论》有："昔楚灵王骄逸轻下，简贤务鬼。信巫祝之道。斋戒洁鲜，以祀上帝，礼群神。躬执羽绂，起舞坛前，吴人来攻，其国人告急，而灵王鼓舞自若，顾应之曰：'寡人方祭上帝，乐明神，当蒙福佑焉，不敢赴救。'"难道楚灵王前后的楚王都是大巫吗？

三、屈原的任职

《屈原贾生列传》曰："屈原者，名平，楚之同姓也。为楚怀王左徒。"文中的渔父则称屈原"三闾大夫"，可见屈原曾经担任左徒和三闾大夫。

刘向《新序·节士》屈原篇有："屈原者，名平，楚之同姓大夫。有博通之知，清洁之行，怀王用之。"①

（一）三闾大夫——可能是世袭之号

周朝各国的大夫很多是世袭之职，有能耐、被重用则在朝参政，不被重用则在其领地当他的土皇帝。《惜诵》有："思君其莫我忠兮，忽忘身之贱贫。"东方朔《七谏》曰："平生于国兮，长于原野。"屈原虽出自贵族，但可能早年贫贱，实际出身不一定高贵（或庶出?）。

由于某种机遇，屈原得以承袭其族的三闾大夫之职，加上"生得日月之良""既有内美，又重修

---

① 卢元骏：《新序今注今译》，天津古籍出版社1988年版，第240页。

能”，真可谓前途无量。大夫要定期朝见国君，年轻的屈原在晋见怀王之时，以其丰姿秀美，才华超群，被怀王看中，或先做太子侍读，不久当上了左徒（或兼任太子师?）。《橘颂》的“年岁虽少，可师长兮”即为佐证。

《楚辞·渔父》：“屈原既放，游于江潭，行吟泽畔，颜色憔悴，形容枯槁。渔父见而问之曰：‘子非三闾大夫与？何故至于斯?’”这说明屈原遭流放后并没有被剥夺世袭的三闾大夫的地位。

王逸《离骚》序曰：

屈原与楚同姓，仕于怀王，为三闾大夫。三闾之职，掌王族三姓，曰昭、屈、景。屈原序其谱属，率其贤良，以厉国士。入则与王图议政事，决定嫌疑；出则监察群下，应对诸侯。谋行职修，王甚珍之。①

王逸不提屈原“任左徒”，不知是别出心裁还是另有依据。只是，王逸所说的“三闾之职，掌王族三姓”等职能似乎缺乏依据。其一，王逸所说的好些职能，在《史记》中没有记载。其二，屈原疏放后并没有失去三闾大夫之职，那时他已经不可能再履行那些职能。那么，在屈原疏放后，为什么没有别人担任三闾大夫来实施那些职能？可见三闾大夫不一定有王逸所说的那些职能，王逸不恰当地把屈原任左徒时的待遇和世袭的三闾大夫混为一谈了。

（二）左徒——是近臣不是重臣

屈原任左徒时，“上官大夫与之同列”，说明左徒是大夫一级的官职，只不过受到怀王宠信，得以“入则与王图议国事，以出号令；出则接遇宾客，应对诸侯”。

姜亮夫先生说：“屈子为左徒，盖在放疏之前，左徒之职仅次于令尹，至为尊宠。”② 游国恩先生认为：“左徒比楚国宰相令尹，仅次一级。”③ 聂石樵《屈原论稿》与此说类同。褚斌杰先生认为：“一、左徒之职，要求有学识、善辩令的人充任。二、春申君黄歇以左徒升为令尹，而左徒为仅次于令尹之官。三、楚之左徒必有贵族身份者方任之。四、左徒在楚国是兼掌内政、外交的重要官员。”④

这些论说似乎皆可商榷。在楚顷襄王时任左徒的黄歇，就没有如此待遇，说明左徒是近臣不是重臣。假若左徒是次于令尹的大官，黄歇不可能“侍太子于秦”一待十年。

段熙仲先生指出：“春申君冒生命的危险，救了太子回国为王，功大事难，因此不一定是循着通常的阶级升官，而有着逾格酬庸的意味的。”《战国策·韩策二》“史疾为韩使楚”：“今王之国，有柱国、令尹、司马、典令”“似乎令尹之下不是左徒”“春申君的由左徒升令尹是破格酬劳而不是历阶而升。”⑤

楚王破格任命令尹多见。如哀公十七年：“彭仲爽，申俘也，文王以为令尹，实县申、息，朝陈、蔡，封畛于汝。唯其任也，何贱之有?”⑥ 又如《循吏列传》云：“孙叔敖者，楚之处士也。虞邱相进之于楚庄王，以自代也。三月为楚相，施教导民，上下和合，世俗盛美，政缓禁止，吏无奸邪，盗贼不起。”再如《吴起列传》：“楚悼王素闻起贤，至则相楚。”吴起非楚人，只因其贤，至则相楚。

（三）左徒可任太子之师傅

《春申君列传》记，左徒黄歇是“太子之傅”有两种可能，一是左徒黄歇兼任太子之傅，一是左徒就是太子之傅。黄歇“侍太子于秦”时，秦王就称他为“楚太子之傅”。

先秦称“师”称“傅”的问题，前后略有变化。

贾谊《新书·保傅》曰：

昔者，周成王幼在襁褓之中，召公为太保，周公为太傅，太公为太师。保，保其身体；傅，傅之德义；师，道之教训。三公之职也。于是为置三少，皆上大夫也，曰少保、少傅、少师，与太子燕也。

周初有“三公”辅佐成王，“三少”负责太子教育。到春秋战国时期，太子身边一般只有“师傅”。

① 洪兴祖：《楚辞补注》，中华书局1983年版，第1—2页。

② 姜亮夫：《屈原事迹续考》《楚辞学论文集》（八），云南人民出版社2002年版，第52页。

③ 游国恩：《屈原》，三联书店1953年版，第31页。

④ 褚斌杰：《楚辞要论》，北京大学出版社2003年版，第13—14页。

⑤ 段熙仲：《楚辞札记》，《文史哲》1956年第12期，第63页。

⑥ 杨伯峻：《春秋左传注》（修订本），中华书局1990年第2版，第1708页。

有时两者各有其人，有时则合二为一。“师”“傅”各有其人的例子：

《国语·楚语上·蔡声子论楚材晋用》：

昔庄王方弱，申公子仪父为师，王子燮为傅，使师崇、子孔帅师以伐舒。

楚庄王的师、傅各有其人。

《史记·秦本纪》：

鞅曰：“法之不行，自于贵戚。君必欲行法，先于太子。太子不可黥，黥其傅师。”

《史记·商君列传》：

太子，君嗣也，不可施刑，刑其傅公子虔，黥其师公孙贾。

刑黥太子之师傅，残伤民以骏刑，是积怨蓄祸也。

秦太子的师、傅也各有其人。

同一人《左传》称“师”，《史记》称“傅”之例：

《左传》文公元年：

既，又欲立王子职，而黜大子商臣。商臣闻之而未察，告其师潘崇曰：“若之何而察之？”潘崇曰：“享江芈而勿敬也。”①

《楚世家》成王四十六年：

后又欲立子职而绌太子商臣。商臣闻而未审也，告其傅潘崇曰：“何以得其实？”崇曰：“飨王之宠姬江芈而勿敬也。”商臣从之。昭公十九年：生大子建。及即位，使伍奢为之师，费无忌为少师。平王二年：是时伍奢为太子太傅，无忌为少傅。六年……平王招其傅伍奢责之。②

有学者说：楚国历史上的太子之师称“傅”而不称“师”。③ 此说与《左传》记载不符。《左传》成书比《史记》早，不能因为《史记》称“太子傅”而否定《左传》的“太子师”。

《礼记·学记》曰：“能为师然后能为长，能为长然后能为君。”其“师”为“师傅”，“长”为“官长”，“君”为“国君”。故《橘颂》的“年岁虽少，可师长兮”或可解释为，年岁虽少，但已担任太子师和左徒。

（四）一些学者对“左徒”看法举例

姚小鸥先生曰：

从“吾道夫先路”和“忽奔走以先后兮，及前王之踵武”看，《离骚》里的“灵均”（左徒屈原的化身）其角色近似于《周礼》中的“太仆”。太仆为下大夫，其爵位不高，但职掌甚为重要。《周礼·太仆》：“太仆，掌正王之服位，出入王之大命，掌诸侯之复逆。王视朝，则前正位而退，入亦如之。建路鼓于大寝门之外，而掌其政。以待达穷者与遽令。闻鼓声，则速逆御仆与御庶子。祭祀，宾客，丧纪，正王之服位。诏法仪，赞王牲事。王出入，则自左驭而前驱。凡军旅田役，赞王鼓，救日月，亦如之。大丧，始崩，戒鼓传达于四方。窆亦如之。悬丧首服之法于宫门。掌三公孤卿之吊劳。王燕饮，则相其法。王射，则赞弓矢。王视燕朝，则正位，掌摈相。王不视朝则辞于三公及孤卿。”④

可备一说。

易重廉先生认为：左徒不是官称，就是受国君尊宠的一流人物的意思，是一个“荣誉称号”。⑤ 其论依据不足。

四、屈原的经历

《惜往日》有对屈原一生的回顾（见本书《〈惜往日〉透露的屈原生平》），这里从略。

---

① 杨伯峻：《春秋左传注》（修订本），中华书局 1990 年第 2 版，第 514 页。

② 杨伯峻：《春秋左传注》（修订本），中华书局 1990 年第 2 版，第 1401 页。

③ 周建忠：《荆门郭店一号楚墓墓主考论——兼论屈原生平研究》，《历史研究》2000 年第 5 期，第 16 页。

④ 姚小鸥：《〈离骚〉“先路”与屈原早期经历的再认识》，《中州学刊》2001 年第 5 期，第 123 页。

⑤ 易重廉：《中国楚辞学史》，湖南出版社 1991 年版，第 33 页。

（一）屈原自称“孤子”

《悲回风》曰：

孤子吟而抆泪兮，放子出而不还。

蒋天枢说：

古谓死国事者之子为孤子……则屈子父岂以殉国战死？①

（二）任楚怀王左徒

《屈原列传》记载屈原“为楚怀王左徒……入则与王图议国事，以出号令；出则接遇宾客，应对诸侯，王甚任之”，屈原可能在怀王十年到十五年任楚怀王左徒。

据《新序》记载约在怀王十四年，左徒屈原“东使于齐，以结强党”。

（三）怀王十五年怀王疏屈平

屈原从全局和长远考虑，主张联齐抗秦，秦王患楚怀王重用屈原，趁天下诸侯反齐救燕，怀王要伐齐，与屈原意见不合，“使张仪之楚，货楚贵臣上官大夫靳尚之属，上及令尹子兰、司马子椒，内赂夫人郑袖，共谮屈原”②，致使“王怒而疏屈平”（详见本书《〈惜往日〉透露的屈原生平》“君含怒而待臣”章节），可判断屈原被疏当在怀王十五年。

（四）楚怀王十八年屈原第二次使齐

怀王十七年，秦楚“大战者数，秦兵大败楚师”，吃够了秦国苦头的怀王，还是想要和齐。怀王十八年，派屈原第二次使齐。

《屈原列传》：

是时屈平既疏，不复在位，使于齐……

《楚世家》：

张仪已去，屈原使从齐来，谏王曰：“何不诛张仪？”怀王悔，使人追仪，弗及。

《新序》：

（张仪）至楚，楚囚之。上官大夫之属共言之王，王归之。是时怀王悔不用屈原之策，以至于此，于是复用屈原。屈原使齐，还，闻张仪已去……③

依据这些记载，从怀王十五年“王怒而疏屈平”，十六年“屈平既绌”张仪诈楚，十七年楚大败于秦后，十八年“屈平既疏，不复在位，使于齐”。这里所记的“疏”就是疏远不再信用，“绌”（同黜）即免去左徒之职“不复在位”。这是屈原从怀王十五年到十八年使齐时，一直处于“既疏，不复在位”的确证。这几年中不存在流放之事。

那些说“怀王十六年屈原放流汉北，十八年复用”之论，与《屈原列传》记载不符。

（五）怀王放屈原于汉北

《屈原列传》曰：“屈平既嫉之，虽放流，眷顾楚国，系心怀王，不忘欲反，冀幸君之一悟，俗之一改也。”这是怀王放流屈原的确证。《太史公自序》：“屈原放逐，著《离骚》。”这既是很多汉人一致的看法，也是屈原放逐后著《离骚》之确证。

屈原可能在怀王二十四年到二十九年之间流放汉北，被流放的原因：一是在怀王二十四五年，屈原反对“怀王背齐合秦、黄棘会盟”，二是在《惜诵》中有“君可思而不可恃”之类埋怨怀王的不敬之词。

屈原流放汉北的次年作《抽思》，其文曰：“有鸟自南兮，来集汉北”“惟郢路之辽远兮，魂一夕而九逝”“狂顾南行，聊以娱心兮”……说明其时屈原被流放，想回郢而不能。《抽思》内容大部分是怀念怀王、埋怨怀王，指责楚怀王“背信弃义”，渴望返回郢都。

经过两年流放的煎熬，约在第三年怨恨略有淡化，又放不下美政的理想，思念怀王而作《思美人》，开“神游山水、指使神灵”的先河。“勒骐骥而更驾兮，造父为我操之。迁逡次而勿驱兮，聊假日以须时。指嶓冢之西隈兮，与纁黄以为期。开春发岁兮，白日出之悠悠。吾将荡志而愉乐兮，遵江夏

① 蒋天枢：《楚辞论文集》，陕西人民出版社1982年版，第47页。

② 卢元骏：《新序今注今译》，天津古籍出版社1987年版，第240页。

③ 卢元骏：《新序今注今译》，天津古籍出版社1987年版，第240页。

以娱忧。”然而，有人把这些作为屈原流放地的根据，显然不妥。

第四年，屈原结束了汉北流放，在回郢都前作《卜居》曰：“屈原既放，三年不得复见。竭知尽忠，而蔽障于谗。心烦意乱，不知所从，往见太卜郑詹尹。”其文以第三者的立场用散文记事，通过八对相互对立的选择性问题，将忠贞与奸佞、真善美与假恶丑同台展示。正面是他的真实思想，反面的是社会现实。屈原发泄内心郁闷的问答形式，反映了他“虽设为质疑，然确是誉己嗤众”。《卜居》中的“数有所不逮，神有所不通，用君之心，行君之意。龟策诚不能知事”已显示神不可尽信，要按自己心意行事的思想。

（六）顷襄王四年复放屈原

1. 顷襄王初立前后的历史

《楚世家》：“二十七年，秦大夫有私与楚太子斗，楚太子杀之而亡归。”太子横杀死秦国大夫后逃回楚国。此时他与秦对立的态度，应该与屈原一致。

《楚世家》：

> 秦因留楚王，要以割巫、黔中之郡。楚王欲盟，秦欲先得地。楚王怒曰：“秦诈我，而又强要我以地！”不复许秦，秦因留之。楚大臣患之，乃相与谋曰：“吾王在秦不得还，要以割地。而太子为质于齐，齐、秦合谋，则楚无国矣。”乃欲立怀王子在国者（幼子公子兰）。昭雎曰：“王与太子俱困于诸侯，而今又倍王命而立其庶子，不宜。”乃诈赴于齐，齐湣王谓其相曰：“不若留太子以求楚之淮北。”相曰：“不可，郢中立王，是吾抱空质而行不义于天下也。”……齐王卒用其相计而归楚太子。太子横至，立为王，是为顷襄王。

屈原可能参与“昭雎的诈讣于齐”之策，接回太子横立为顷襄王，虽打着维护正统的旗号，也反映了亲秦的子兰一派不得人心，亲齐的昭雎、屈原与太子横，关系可能比较密切。顷襄王初立时对屈原并无恶感，不可能把屈原放逐出去。

太子横质于齐时，公子兰图谋自立为王，故顷襄王与公子兰之间存在矛盾。鉴于公子兰一派势力强大，为了缓和矛盾，顷襄王让子兰做了令尹。顷襄王三年，怀王客死于秦，秦归丧于楚；国人极为反秦，对子兰的不满也达到高峰。富有政治抱负，一贯与子兰对立的屈原，有可能被顷襄王重用，这样屈原就成了令尹子兰的威胁，所以子兰要千方百计除去屈原。

2.《离骚》是引起顷襄王不满的重要原因

屈原的《离骚》可能始作于怀王二十九年从汉北回郢之后，完稿后怀王已经被扣在秦。怀王客死后，屈原只好把《离骚》献给顷襄王。

《离骚》中完美的主人公，给读者一种无形的压力——真善对丑陋的压力，光明正大对奸佞小人的压力。《离骚》还隐隐有训诫楚顷襄王之意：“昔三后之纯粹兮，固众芳之所在。杂申椒与菌桂兮，岂维纫夫蕙茝！彼尧、舜之耿介兮，既遵道而得路。何桀纣之昌披兮，夫唯捷径以窘步。”顷襄王看了《离骚》后，就已经对屈原有所不满，加上子兰、上官的挑拨，故而有“怒迁屈原”之举。

3. 顷襄王四年屈原“方仲春而东迁”

《屈原列传》的“顷襄王怒而迁屈原”是屈原一生中最重大的事件，是屈原彻底远离楚国政治的起点。这个事件在屈原作品中的反映就是《哀郢》。

《哀郢》中“信非吾罪而弃逐”就是指“顷襄王怒而迁屈原”，《惜往日》的“信谗谀之溷浊兮，盛气志而过之。何贞臣之无罪兮，被离谤而见尤”则是此事的终极回响。《太史公自序》有：“怀王客死，兰咎屈原。”① 这些都是“怀王客死顷襄怒迁屈原”的证据。

提及顷襄王“复放屈原”的还有：

刘向《新序》：

> 怀王子顷襄王，亦知群臣谄误怀王，不察其罪，反听群谗之口，复放屈原。②

王逸《离骚经章句》：

① 司马迁：《史记》，岳麓书社 1988 年版，第 949 页。

② 卢元骏：《新序今注今译》，天津古籍出版社 1987 年版，第 240 页。

怀王拘留不遣，卒客死于秦。其子襄王，复用谗言，迁屈原于江南。

洪兴祖《楚辞补注》：

当顷襄王之三年，怀王卒于秦。顷襄听谗，复放屈原。

那些把“顷襄王迁屈原”定为“顷襄元年、二年”的观点，显然偏离了司马迁“怀王客死，兰咎屈原”的论述，那些把《哀郢》对应于“白起破郢”者，都无法交代“顷襄怒而迁屈原”这么重大的事件，在屈原作品中是如何反映的？

4. 作《天问》《哀郢》

屈原第二次被流放，东迁“夏浦—鄂渚”，其时虽然身处逆境，但是有大量空闲时间。回想起先前在官府看到的史册、文献，在楚宗庙等处看到的神奇壁画，以及在乡野翁妪口中流传的古今异闻……对宇宙形成、天地日月、神圣怪异、历史传说、社会人生进行了跨时空的思考而作《天问》。对当时已有的定论，大胆质疑、潜心探究，一口气提了一百七十几个问题——“他放言无惮，言前人所不敢言，问尽了古今宇宙的种种问题”。这无疑是对宇宙万物、社会历史经过了长期、深邃的哲学思考，对诗文进行了千百次的推敲，才凝聚成这篇空前绝后的奇文。《天问》末有：“伏匿穴处，爰何云?”（遭放逐在山洞里隐藏，对国事还有什么好讲?①）当是在流放中埋头写作《天问》的表白。其文中也有对楚国国祚的担忧。等到屈原写好《天问》后，才发现“忽若去不信兮，至今九年而不复”。这时强烈的愤懑不平之感、浓郁的思乡之情一齐涌上心头，故而屈原很快写出了《哀郢》。《哀郢》的要害是：“信非吾罪而弃逐，何日夜而忘之!”这是屈原遭受冤屈后，悲愤心情的发泄。屈原坚信自己光明磊落、毫无过错，他的愤愤不平，直接针对顷襄王。他指责顷襄王：“憎愠惀之修美兮，好夫人之慷慨。”

（七）再迁溆浦

流放者的一切言行均在监控之中，屈原所作《天问》《哀郢》，自有人向上呈报。《哀郢》对王不敬，《天问》对天不敬。襄王看到《天问》《哀郢》后十分愤怒，不但不准屈原回郢都，反而把他流放到更僻远的溆浦。

林庚先生说：

《哀郢》里屈原痛骂子兰是绣花枕头，中看不中用，又说尧舜能不信任他自己的儿子，才真是够得上伟大。子兰、顷襄王看到《哀郢》后，就下令把屈原再放逐到更远更荒凉的溆浦去。②

《涉江》“苟余心其端直兮，虽僻远之何伤!”表明屈原去僻远的溆浦乃是被逼迫所至。其“幽独处乎山中。吾不能变心而从俗兮，固将愁苦而终穷”可与《惜往日》“惭光景之诚信兮，身幽隐而备之”，与《悲回风》“独隐伏而思虑”呼应。

（八）“流放者”没有自由

褚斌杰先生指出：

“流放”是一种刑罚，完全是被迫的，属于获罪服刑的性质。③

《抽思》：

惟郢路之辽远兮，魂一夕而九逝。道卓远而日忘兮，愿自申而不得。

《哀郢》：

曼余自以流观兮，冀壹反之何时？信非吾罪而弃逐兮，何日夜而忘之！

《涉江》：

苟余心其端直兮，虽僻远之何伤！

这是屈原作品中对流放者没有自由的描写。古代的流放，途中有人监押，沿途各地安排食宿和交通工具，到目的地后，地方上有人监控管理，安排食宿，关照生活。屈原是贵族、大夫，虽然被流放，只要按照楚王的指令行动，各地的官员还是要按规定接待。屈原虽出自贵族，但是早年贫贱，为官清廉，私产多半不丰。假如流放途中没有官方安排食宿和交通工具，流放之地没有官员安排食宿关照生活，他

① 吴广平：《楚辞》，岳麓书社 2011 年版，第 140 页。

② 林庚：《诗人屈原及其作品研究》，上海古籍出版社 1981 年版，第 13 页。

③ 褚斌杰：《楚辞要论》，北京大学出版社 2003 年版，第 30 页。

早就贫病交加、倒毙路野，更不用说他还要写诗作赋，生活上还讲究“带长铗之陆离兮，冠切云之崔嵬，被明月兮珮宝璐”了。

（九）从《抽思》《哀郢》《涉江》看屈原的感情

屈原善于把纪实、写景与抒情相结合，以华丽的辞藻、富于表现力的语言，写出复杂的心态。

《抽思》中：“路远处幽，又无行媒兮。道思作颂，聊以自救兮。忧心不遂，斯言谁告兮。”这表达出屈原对怀王一片痴心，恨少，忧多。

昭雎（及屈原等亲齐派）接回太子立为顷襄王。起先，屈原对顷襄王满怀期望，想不到仅仅三年，顷襄王就把他逐出郢都。从《哀郢》的“哀见君而不再得”看，屈原对顷襄王还有幻想，尚存有重回郢都的希望。但是，顷襄王看到《哀郢》后，却把他流放到更僻远的溆浦。

写《涉江》时，屈原已经打碎了对顷襄王的一切幻想，思想感情反而平静许多。《涉江》中游瑶圃、登昆仑等十二句浪漫的想象就是这种心情的反映。但是，毕竟长期遭受迫害，倍受折磨的流放生活，屈原心里的悲苦不平，在诗文中还是有所反映：“哀吾生之无乐兮，幽独处乎山中。吾不能变心而从俗兮，固将愁苦而终穷。”文中“苟余心其端直兮，虽僻远之何伤”反映出屈原断绝了重回郢都的希望之后，不管流放到多么僻远之地，也都无所谓了。

这既说明流放溆浦是楚顷襄王的逼迫，也表明溆浦僻远比《哀郢》的夏浦—鄂渚环境更为恶劣。

五、屈原之死

（一）屈原后期的行踪

东方朔《七谏·自悲》有：“隐三年而无决兮，岁忽忽其若颓。”这或许指屈原在溆浦“幽隐”之地三年。约在顷襄王十六七年，楚王允许他迁到生活条件较好的长沙。

《怀沙》有：“伤怀永哀兮，汩沮南土。……进路北次兮，日昧昧其将暮。……浩浩沅、湘，分流汩兮。修路幽蔽，道远忽兮。”这当是从溆浦北去长沙的情景。

《渔父》有：“屈原既放，游于江潭”“举世皆浊我独清，众人皆醉我独醒，是以见放！”这是屈原在投水前仍然是“被放之身”的表白。屈原在长沙（汨罗）的时间也不长，遇见“渔夫”不久就投汨罗而死了。

（二）屈原自沉之年推测

张汝舟先生曰：

> 屈原是顷襄王三年放逐的，在江南过了十年上下的流亡生活才投汨罗江的，他大约卒在顷襄王十一二年的一个五月五日。下到汉文帝三年（前 177 年）贾谊贬长沙吊他的时候大约是一百一十年，所以《史记·屈贾列传》说：“自屈原沉汨罗后百有余年，汉有贾生为长沙王太傅，过湘水投书以吊屈原。如果说屈原卒在白起拔郢都后的一年（前 277 年），那到贾生吊他的时候，刚刚才一百年，那个“余”字就落了空。……他的“百有余年”这个概念，很值得重视。①

“百有余年”没有公认标准，《史记·齐太公世家》有：“盖太公之卒百有余年，子丁公吕伋立”，这里“百有余年”是指“101 至 110 年之间”。贾谊吊屈原文在汉文帝三年。按此“百有余年”推算，屈原卒年应在前 287 至前 278 年之间。

（三）屈原之死因——与历史事件无关

1. 屈原自述

《渔父》：

> 宁赴湘流，葬于江鱼之腹中。安能以皓皓之白，而蒙世俗之尘埃乎！

《怀沙》：

> 世溷浊莫吾知，人心不可谓兮。知死不可让，原勿爱兮。

《惜往日》：

---

① 张汝舟：《再谈屈原的生卒》，《文史哲》1957 年第 5 期，第 11 页。

宁溘死而流亡兮，恐祸殃之有再。不毕辞而赴渊兮，惜壅君之不识。

这是屈原在死前最后一次劝谏楚王。其自杀本身，似乎也可看作“尸谏”。

方铭先生指出：

《惜往日》篇开首曰“惜往日之曾信兮”，综合叙述平生政治遭遇，痛惜自己的理想受到谗人的破坏，而未能实现，因而不得不死，比《怀沙》更具有绝命辞的性质。①

2. 司马迁等人记载的屈原之死

贾谊《吊屈原赋》：

屈原，楚贤臣也。被谗放逐，作《离骚》赋，其终篇曰：“已矣哉！国无人兮，莫我知也。”遂自投汨罗而死。

司马迁认为《怀沙》是屈原的绝命诗，故写道：“于是怀石遂自（投）汨罗以死。”

西汉桓宽《盐铁论卷五·颂贤二十二》云：

夫屈原之沉渊，遭子椒之谮也。

刘向《新序》：

屈原曰：“世皆醉，我独醒；世皆瘘，我独清。吾独闻之，新浴者必振衣，新沐者必弹冠。又恶能以其冷冷，更世事之嘿嘿者哉？吾宁投渊而死。”遂自投湘水汨罗之中而死。

班固《贾谊传》说：

屈原者，楚贤臣也，被谗放逐，作《离骚赋》，其终篇曰：“已矣！国无人，莫我知也。”遂自投江而死。其《离骚赞序》曰：“不忍浊世，自投汨罗。”

从这些文献记载和屈原自述来看，屈原自沉乃是为了“坚守清白，不忍浊世”，与历史事件无关，并且是在“郢都沦陷”之前。

六、屈原评价②

王逸说：

凡百君子，莫不慕其清高，嘉其文采，哀其不遇，而愍其志焉。

方铭先生说：

屈原能流芳百世，既是由于大家对他的作品的挚爱，更是由于人们崇敬他高洁的品性、刚烈的人格。

屈原能流芳百世，一直为后人纪念和敬仰。原因之一，是他品德高洁，追求美好、正义。在遭受佞臣诋毁君主贬斥时，有敢于显曝君过，敢叱问神祇的抗争精神；在蒙受冤屈、遭受迫害时，决不背弃祖国，最终为理想愤而沉江的忠贞精神。原因之二，是屈原的作品有空前的文采，司马迁对《离骚》的评价可作为代表。

屈原的《离骚》等作品气势磅礴，有瑰丽的想象，可谓“逸响伟辞，卓绝一世”。《天问》则是追求真理，不盲从、不迷信，有问题意识，对中国远古神话、传说和古代历史的述问，保留了很多华夏原始人文的信息。

在不同的历史时代、不同的人，对屈原评价的取向侧重并不相同。例如，刘安、司马迁曰：“其志洁故其称物芳，其行廉故死而不容自疏。濯淖污泥之中，蝉蜕于浊秽，以浮游于尘埃之外，不获世之滋垢，皭然泥而不滓者也。推此志也，虽与日月争光可也。”

屈原是司马迁心目中理想的贤臣形象。司马迁笔下的屈原“明于治乱，娴于辞令”。可惜怀王及顷襄王不是圣君，不能用屈原，最终导致楚国灭亡。

班固则说：

今若屈原，露才扬己……然责数怀王，怨恶椒兰……忿怼不容，沉江而死……谓之兼《诗·风》《雅》，而与日月争光，过矣！然其文弘博丽雅，为辞赋宗，后世莫不斟酌其英华，

① 方铭：《经典与传统：先秦两汉诗赋考论》，人民文学出版社 2003 年版，第 232 页。

② “屈原评价”采用了方铭先生《经典与传统：先秦两汉诗赋考论》（人民文学出版社 2003 年版）等论著中的部分观点。

则象其从容。

梁启超说：

> 屈原脑中有两种矛盾的因素：一种是极高寒的理想，一种是极热烈的感情。

屈原是一个关心楚国命运，想要有所作为却又不合时宜的政治家。他过高地估计自己，对时势、对世人缺乏客观的认识。他不切实际地想要实现尧、舜之美政……

清高的屈原“世溷浊而莫余知”“举世皆浊我独清，众人皆醉我独醒”，把众人都放在自己的对立面，使自己孤立起来自怜自叹自慰，独自和腐朽势力拼斗，政治上显然不够成熟，这是他人生悲剧的根源。正因为如此，才造就了流芳百世的文化巨人。假如屈原有张仪那样随机应变的政治手腕，或者有黄歇早期的政治才能，或许就没有伟大的诗人屈原了。

屈原的思想有时代局限，用当代的标准去衡量屈原，说他是“爱祖国爱人民的杰出政治家”，是“人民诗人”……显然脱离了战国时代屈原的实际。屈原的“忠君存国”不能等同于今日之“爱国”，而战国时代的屈原也说不上是“人民诗人”。

屈原是中国历史上影响最为深远的伟大诗人，也是最具国际影响力的伟大诗人。屈原作品体现了屈原的痛苦和追寻。作为贤人的典范，屈原代表着忠烈、清廉的高尚人格，这也是中国人对屈原抱有深刻同情和敬仰的历史原因。

毛泽东先生曾经深情地说：

> 屈原生活过的地方我相当熟悉……我们是这位天才诗人的后代，我们对他的感情特别深切。……他不仅是古代的天才歌手，而且是一名伟大的爱国者：无私无畏，勇敢高尚。他的形象保留在每个中国人的脑海里。无论在国内国外，屈原都是一个不朽的形象。我们就是他生命长存的见证。①

1961 年秋毛泽东赋诗《屈原》：

> “屈子当年赋楚骚，手中握有杀人刀。艾萧太盛椒兰少，一跃冲向万里涛。”

① 尼·费德林著，周爱琦译：《费德林回忆录·我所接触的中苏领导人》，新华出版社 1995 年版，第 16—17 页。

《惜往日》透露的屈原生平

摘要：《惜往日》中有屈原一生政治遭遇的回顾，可对应他生平的五大阶段：受怀王重用时的追忆、“王怒而疏屈平”、怀王流放屈原于汉北、怀王客死后屈原遭“顷襄王怒而迁之”、顷襄王十三年再迁溆浦。这五个阶段可分别与《橘颂》《惜诵》《卜居》《哀郢》《涉江》等篇呼应，可与《屈原列传》互证。最后，屈原去世前，“恐祸殃之有再。不毕辞而赴渊兮，惜壅君之不识”，还再一次劝谏过楚王。

关键词：惜往日；屈原；屈原列传

周建忠先生说：

> “屈原作品篇第”……是正本清源，拨乱反正，使文学研究重新回归到文本上来。搞清楚屈原作品的篇第问题，对于我们进一步研究屈原的生平及其思想，厘清《楚辞》的形成、传播与影响，是必不可少的基础工作。①

屈原的政治活动和遭遇，应该通过屈原的作品了解。褚斌杰先生指出：

《惜往日》“这是屈原对‘往日’的政治活动和遭谗罹祸的经历的自我回顾”②。

《九章》其他各篇有屈原生平某个片段的信息，而《惜往日》则艺术地概括了他一生的政治斗争，记叙了他最刻骨铭心之遭遇，可作《九章》创作时地的总纲。

《屈原列传》记载的屈原重大事件为：

1. 王甚任之“为楚怀王左徒”。2.（怀王十五年）“王怒而疏屈平”。3.“屈平既嫉之，虽放流，眷顾楚国，系心怀王，不忘欲反。”4.（顷襄王三年）“怀王客死，兰咎屈原”“令尹子兰闻之，大怒。卒使上官大夫短屈原于顷襄王。顷襄王怒而迁之。”5.“自屈原沉汨罗后百有余年，汉有贾生，为长沙王太傅，过湘水，投书以吊屈原。”

《惜往日》与《屈原列传》两者所记载的屈原生平，可以互证。

《惜往日》是屈原的作品，从西汉到晚清，都没有谁提出过疑议。近现代有人认为《惜往日》不是屈原的作品。即便如此，那也是“作者离屈原必不甚远，而且是深知屈原生活和思想的人。这在研究屈原事迹上，仍不失为宝贵的资料”。

一、《惜往日》记叙的五大经历

《惜往日》上半部的22行，可分别对应他一生的五大经历。

（一）往日之曾信兮，虽过失犹弗治

《惜往日》第一段：

> 惜往日之曾信兮，受命诏以昭诗。奉先功以照下兮，明法度之嫌疑。国富强而法立兮，属贞臣而日娭。秘密事之载心兮，虽过失犹弗治。

这是屈原受怀王重用任左徒时，进行变法革新的追忆。“国富强而法立”表明变法革新已有成效，君与贤臣各行其道，君王可放心国事。屈原因一心为国，虽然有过失，怀王也没有责罚。这是“明君贤臣共兴楚国”的写照。

《惜往日》第一段之记可与《屈原列传》中屈原“为楚怀王左徒……入则与王图议国事，以出号令；出则接遇宾客，应对诸侯，王甚任之”相印证。

《橘颂》通篇朝气蓬勃、坚定自信，是青年屈原的明志之作。

橘与原物我交融，“彼此互映，有镜花水月之妙”③。诗文末尾的“行比伯夷，置以为像兮”，当是古今两位志士的遥相辉映。

---

① 周建忠：《“屈原作品篇第研讨会”开幕词》，《职大学报》2016年第4期，第4页。

② 褚斌杰：《楚辞要论》，北京大学出版社2003年版，第18页。

③ 林云铭：《楚辞灯》，康熙三十六年挹奎楼刊本，华东师范大学出版社2012年版，第111页。

汤炳正先生说：

> “行比伯夷，置以为象兮”是“守志不移以死自誓的高尚情操”。“受命不迁”则显然是被“迁”前矢志式的沉痛誓言。《橘颂》是以“拟人”手法赋予橘树以崇高的品质……绝不应当把《橘颂》中的“幼”“少”跟诗人的年龄混为一谈。“年岁虽少”的“少”，皆指橘树，而非自指。否则……不仅立言不谦逊，而且也把诗人在诗篇中的主客地位搞颠倒了。[①]

其论似乎不当。“颂”是对美好事物的赞颂。《诗·大序》“颂者，美盛德之形容”，把《橘颂》说成“以死自誓”的“沉痛誓言”，显然与洋溢着青春气息的《橘颂》的情调不合。

《橘颂》前十六句赞叹橘树高大，枝、叶、花、果皆美，“纷缊宜修，姱而不丑兮”，分明是指盛果期的大树，绝非“幼、少”可论。而二十来岁的屈原，则正当青春年少，可见《橘颂》中的“年岁虽少”应与人相关。

《礼记·学记》有：

> 能为师然后能为长；能为长然后能为君。[②]
>
> 其“师”为“老师”，“长”为“官长”。《橘颂》的“年岁虽少，可师长兮”或可解释为年岁虽少，已担任“老师”（太子师?）和“官长”（左徒）。它与《离骚》“余既滋兰之九畹兮，又树蕙之百亩”语意相合，都是说在从政之初培植后进之事。

从诗文之“可师长兮”看，并非行冠礼时就可以为师、为长者。

从屈原作品整体看，汤先生的“立言不谦逊”“主客颠倒”之说难以成立。

《离骚》有：“纷吾既有此内美兮，又重之以修能”，《怀沙》有：“文质疏内兮，众不知余之异采”。年青时有“年岁虽少，可师长兮”，年老时有“与天地兮同寿，与日月兮齐光”。因此班固才有“露才扬己”之责。可见真实的屈原并不存在汤先生所说的“谦逊”。

从文本来看，《橘颂》“多流于外表的描绘”，其思想性、艺术性远逊于《离骚》，应当是写《离骚》之前的早期作品。

从时代背景看，“顷襄王初年”怀王被秦拘留，国事一日不如一日，屈原怎么还有心情去“颂橘”，赞美“嘉树可喜”呢?

总之，把《橘颂》“纯洁的向往、人生的宣言”说成“守志不移以死自誓”的篇章，令人难以信服。

（二）君含怒而待臣

《惜往日》第二段：

> 心纯庬而不泄兮，遭谗人而嫉之。君含怒而待臣兮，不清澂其然否。

这是怀王“王怒而疏屈平”的写照，可与《惜诵》“事君而不贰兮，迷不知宠之门。患何罪以遇罚兮，亦非余之所志也。行不群以巅越兮，又众兆之所咍也”相呼应。

1.“王怒而疏屈平”在怀王十五年

《屈原列传》曰：

> 上官大夫与之同列，争宠而心害其能。……因谗之曰：“王使屈平为令，众莫不知。每一令出，平伐其功，曰以为‘非我莫能为也。’”王怒而疏屈平。“屈平既绌，其后秦欲伐齐，齐与楚从亲，惠王患之，乃令张仪佯去秦，厚币委质事楚，曰：‘秦甚憎齐，齐与楚从亲，楚诚能绝齐，秦原献商、于之地六百里。’楚怀王贪而信张仪，遂绝齐。”

可见，“屈平既绌”在楚怀王十六年“张仪诈楚”之前。

蒋骥《山带阁注楚辞》:“本传屈平既绌，其后秦欲伐齐云云，其非同时，可知矣。”[③] 姜亮夫：“原之被谗，当在十四五年之间也。”[④] 汤炳正先生认为：“对统治阶级来讲，只要触及他的政治‘威势’，

---

① 汤炳正：《屈赋新探》，齐鲁书社 1984 年版，第 61—62 页。

② 王梦鸥：《礼记今注今译》，台湾商务印书馆 1978 年第 6 版，第 484 页。

③ 蒋骥：《山带阁注楚辞》，上海古籍出版社 1984 年版，第 24 页。

④ 姜亮夫：《楚辞学论文集》，上海古籍出版社 1984 年版，第 57 页。

那是决不允许的。中伤商鞅、沈尹华、屈原的谗言之所以得逞，其原因即在此。”① 把“怀王怒而疏屈平”仅仅归于上官大夫的“谗言”似乎有点偏颇，要是把它与当时的“国际形势”联系起来看，可能更符合实际。

公元前318年，燕王哙禅位给相国子之，到公元前315至公元前314年间，终于酿成了国破君亡的悲剧。燕王哙六年，燕国大乱，齐国乘机攻破燕国，欲并吞之，遭到诸侯的一致反对。

公元前314年，《孟子》曰：“齐人伐燕，取之。诸侯将谋救燕。”②《战国策·赵三》记：“齐破燕，赵欲存之。……楚、魏憎之，令淖滑、惠施之赵，请伐齐而存燕。”《战国策·魏策一》有“楚许魏六城，与之伐齐而存燕”。③《战国策》此记不一定准确。但是，它反映了楚怀王十五年“战国形势”的焦点是天下诸侯反齐救燕。

田耕滋先生认为：

> 怀王十五年，“燕王哙七年，子之南面行王事三年”，“将军市被、太子平谋攻子之，不克。构难数月，齐章子伐燕，杀哙，子之亡。三十日而举燕国”。燕国内乱，乃由燕王哙让国于子之引起。这就为谗臣提供了“属贞臣而日娭”可能引发内乱，与王、与国不利的例证。而此时怀王要“伐齐而存燕”，屈原主“联齐抗秦”，君臣意见不合。上官大夫等人正好利用这个机会“共谮屈原”，致使“王怒而疏屈平”。“从楚怀王十六年之前的国际形势和屈原的外交政策方面看，屈原被疏，当在怀王十五年齐国破燕之后，楚国首谋联合赵、魏伐齐之前。”④

此说比较合乎情理。

2.《惜诵》是“怀王怒而疏屈平”的反应

对屈原来说，从“为楚怀王左徒，王甚任之”到“受谗被疏，忠而遇罚”的第一次严重打击，没有“发愤以抒情”的诗赋是难以想象的，我认为这个作品就是《惜诵》。

“《惜诵》第一段简直是赌咒发愿！”其“吾闻作忠以造怨兮，忽谓之过言。九折臂而成医兮，吾至今而知其信然”表面的意思似乎是：我听说尽忠会招来怨恨，原以为是夸张，受到一连串的打击后（九折臂而成医兮），我至今才知道果然是这样。但是，联系上下文从总体来看，这样解释显然不够融通。就一般的人来说，从一帆风顺到遭受第一次严重的打击就足以觉悟到“作忠以造怨”不是“过言”“而知其信然”，更何况像屈原这样敏感的人呢。可见，这里的“九折臂而成医兮”显然词不达意。这正是屈原遭到第一次严重打击时，惊慌失措下“文辞不及修饰”的反映，不能机械地解释为“受到一连串的打击”。

汤炳正先生说：

> 尤其是“吾闻作忠以造怨兮，忽谓之过言。九折臂而成医兮，吾至今而知其信然”，就是说过去被疏今天被放，都是因为“作忠以造怨”。对过去常常“闻”的这句老话，由于一而再再而三地受到现实的打击，这才懂得了它的确实可信。这话如果放在初被废黜时来说，就未免格格不合。⑤
>
> 据史实考之，《离骚》之作，当在怀王十六年以后，亦即屈原遭谗被疏之时。《惜诵》“作于楚顷襄王元年遭谗流放准备启程之时”，前半篇从开始到“中闷瞀之忳忳”，主要是追叙怀王时遭谗被疏之事，抒写以忠事君与因忠遇罚之感。⑥

汤先生实际上是说：屈原经受了“怀王怒而疏屈平”的第一次严重打击后仍然以为“作忠以造怨兮，忽谓之过言……”再经受怀王时期放逐的第二次打击，还没有觉悟，直到十六年后被放，将行之前才突然醒悟。这显然与《惜诵》总体“格格不合”。

汤先生承袭了王夫之的“追叙说”，可是在《惜诵》前半篇44行中找不到追叙的影子。汤先生说

① 汤炳正：《楚辞类稿》，巴蜀书社1988年版，第37页。
② 万丽华、蓝旭译注：《孟子》，中华书局2006年版，第41页。
③ 缪文远：《战国策新校注》，巴蜀书社1987年版，第684、809页。
④ 田耕滋：《屈原被疏原因探幽》，《文学遗产》2005年第4期，第20页。
⑤ 汤炳正：《屈赋新探》，齐鲁书社1984年版，第64页。
⑥ 汤炳正：《屈赋新探》，齐鲁书社1984年版，第12、124、63页。

后半篇“则是写顷襄王时重新受谗并遭放逐的现实斗争”。① 这也缺乏内外依据。

按汤先生的说法，屈原在遭谗被疏作《离骚》时，非常平静地对待了人生的第一次严重打击，慢而悠之地从“帝高阳之苗裔兮，朕皇考曰伯庸……”缓缓道来，反而在十五六年以后作《惜诵》时，才呼天抢地、赌咒发愿追叙当初遭谗被疏之时的感受。这也太不合情理了。而《惜诵》：“欲儃佪以干傺兮，恐重患而离尤。欲高飞而远集兮，君罔谓汝何之?”则表明了屈原进退两难的尴尬处境，可见其时屈原仅仅遭谗被疏，还未被放逐。

金开诚先生指出：

> 屈原是在他政治事业的顶点上遭谗被疏的，恐怕那时还顾不上去写《离骚》这样的长诗。而《离骚》的内容则表明作者是受了不少失败、打击，政治上已陷入完全无能为力的处境，才不得不写诗以抒发感情，在种种幻想中寻求出路。②

汤先生说：蒋骥《山带阁注楚辞》认为《惜诵》乃“作于骚经之前”，固属误解；而游国恩同志《楚辞论文集》又认为《惜诵》“找不出丝毫有放逐的迹象”，也未免千虑之一失。③ 汤先生这里似乎是“因吹求过甚，乃至以不误为误”④ 了。

屈原写作《惜诵》时尚不够成熟，又是在情急之下的作品。假若把汤先生所说的《离骚》与《惜诵》的创作时间互换：即《惜诵》作于屈原遭谗被疏之时，《离骚》作于怀王末年“老冉冉其将至”之时，岂不是更合乎情理吗?

至于《惜诵》“恐情质之不信兮，故重著以自明”，对“重著”的理解，很可能是在《惜诵》之前，屈原已有给楚怀王的陈词（想必屈原给楚王的陈词很多，不可能一一列在《屈赋》之内）。其“兹历情以陈辞兮，荪详聋而不闻”就是说已经有过陈词了，但怀王不听。另一种可能是指《惜诵》中的反复表白。而且“重著”与“遭到二次打击”并没有必然的联系。

（三）远迁臣而弗思

《惜往日》第三段：

> 蔽晦君之聪明兮，虚惑误又以欺。弗参验以考实兮，远迁臣而弗思。

这是“怀王放屈原于汉北”的表述。

1. 怀王流放屈原的文献依据

《屈原列传》既有“怀王怒而疏屈平”，又有“虽放流，睠顾楚国，系心怀王”。可见屈原在怀王之世完全可以先“疏”后“放”，不必把“疏”与“放流”对立起来。

《史记》《新序》《汉书》中均明确记载“屈原放逐，著《离骚》”。这是司马迁、刘向、班固、王逸等汉人一致的说法，没有否定他们的依据和理由。⑤

汤炳正先生也确认“《离骚》作于怀王时期”，那么著《离骚》前，必定有怀王放逐屈原。

2. 屈诗中提及的“怀王放屈原于汉北”

《卜居》：

> 屈原既放，三年不得复见。

东方朔《七谏·谬谏》也有：

> 念三年之积思兮，愿一见而陈辞。

屈原放逐三年期满，可以回郢都，期望复见怀王。但是，屈原没有任职“心烦虑乱，不知所从”，所以“往见太卜郑詹尹”……（详见本书《屈原流放汉北考》）

《抽思》：“有鸟自南兮，来集汉北。”（朱熹《楚辞集注》：“鸟，盖自喻。”《惜诵》“欲高飞而远集兮”，也是以鸟喻己）“惟郢路之辽远兮，魂一夕而九逝。曾不知路之曲直兮，南指月与列星。……狂顾南行……路远处幽”表述了屈原的流放之地在远离郢都的北方和他不能回郢的痛苦心情。

---

① 汤炳正：《屈赋新探》，齐鲁书社 1984 年版，第 63 页。
② 金开诚：《“离骚”创作年代考》，《北京大学学报》（社科版）1983 年第 3 期，第 80 页。
③ 汤炳正：《屈赋新探》，齐鲁书社 1984 年版，第 64 页。
④ 汤炳正：《屈赋新探》，齐鲁书社 1984 年版，第 87 页。
⑤ 见本书《试论〈离骚〉作时》。

汤炳正先生指出：

或谓“有鸟自南兮，来集汉北”，乃指怀王去秦不返之事。但作为楚人屈原的作品，对怀王北上，当谓“去集汉北”，而此则称“来”，则主体当身居汉北无疑。①

《思美人》：

吾且儃佪以娱忧兮，观南人之变态。

此时屈原身居汉北故有“南人”（郢都朝中小人）之称。

《楚世家》：“二十五年，怀王入与秦昭王盟，约于黄棘。秦复与楚上庸。”怀王为了讨好秦王，很可能在黄棘会盟前后，把秦王所忌讳的、主张“联齐反秦”的屈原逐出郢都（“为秦逐屈原，复楚上庸”）。此推想虽然根据不足，但是，按屈原流年排下来，在黄棘会盟前后，屈原被流放汉北的可能性比较大。

屈原《悲回风》中有：

借光景以往来兮，施黄棘之枉策。

洪兴祖《楚辞补注》曰：

初，怀王二十五年，入与秦昭王盟于黄棘，其后为秦所欺，卒客死于秦。今顷襄信任奸回，将至亡国，是复施行黄棘之枉策也。

从总体上看屈原可能在怀王二十五年至二十八年，被流放汉北三年。

（四）何贞臣之无罪兮，被离谤而见尤!

《惜往日》第四段：

信谗谀之溷浊兮，盛气志而过之。何贞臣之无罪兮，被离谤而见尤!

这是怀王客死后，顷襄王“复放屈原”的记叙，与第三段的“远迁臣而弗思”显然不是同一件事。

《屈原列传》顷襄王三年怀王客死于秦后，“令尹子兰闻之大怒，卒使上官大夫短屈原于顷襄王，顷襄王怒而迁之”。这是屈原一生中最重大的事件，是屈原彻底远离楚国政治的起点，这在屈原作品中的反映就是《哀郢》。文中的“信非吾罪而弃逐”“哀见君而不再得”就是记顷襄王“复放屈原”。

“顷襄王复放屈原”，前贤多有论断。

刘向《新序》载：

顷襄王，亦知群臣谄误怀王，不察其罪，反听群谗之口，复放屈原。

洪兴祖曰：

当顷襄王之三年，怀王卒于秦。顷襄听谗，复放屈原。②

张汝舟先生说：

屈原是顷襄王三年放逐的……③

陆侃如先生说：

大约在公元前295年（顷襄王四年）左右，屈原第二次被放逐出去。④

明朝汪瑗将《哀郢》与白起拔郢联系起来，其后不少学者（王夫之、郭沫若、杨义等等）都把屈原的《哀郢》当作“白起拔郢”后作品。此论不但在屈原的作品中找不到依据，而且还忽视了《史记》中“顷襄王怒而迁屈原”这个屈原政治生活中最大的事件。

（五）惭光景之诚信兮，身幽隐而备之

《惜往日》第五段“惭光景之诚信兮，身幽隐而备之”可与《涉江》“幽独处乎山中。吾不能变心而从俗兮，固将愁苦而终穷”，与《悲回风》“独隐伏而思虑”呼应。

或许因为《哀郢》等作品再次触犯顷襄王，于是“顷襄王十三四年再迁屈原至溆浦”。

汤炳正先生说：

当时屈原不肯身处安全之域，反而西北走向汉北，又西南走向溆浦等边疆要塞，其用心所

---

① 汤炳正：《渊研楼屈学存稿》，中国社会科学出版社2004年版，第72页。

② 洪兴祖：《楚辞补注》，中华书局1983年版，第135页。

③ 张汝舟：《再谈屈原的生卒》，《文史哲》1957年第5期，第11页。

④ 陆侃如，高亨，黄孝纾：《楚辞选》，古典文学出版社1956年版，前言第6页。

在，绝非偶然。①

此论没有依据。

《涉江》“苟余心其端直兮，虽僻远之何伤！”表明屈原去僻远之地是被逼迫所至。汤先生把这说成因为“关心祖国安危、观察边疆动态”主动去“僻远的溆浦”，把《涉江》记述的山高林深、荒无人烟、“猿狖之所居”之地，说成“边疆要塞”，如此缺乏依据的论断，难以令人信服。

东方朔《七谏·自悲》“隐三年而无决兮，岁忽忽其若颓”，或许指屈原在溆浦“幽隐”之地三年。

后来楚王准许他迁往生活条件较好的长沙。《怀沙》的：“伤怀永哀兮，汩徂南土。……进路北次兮，日昧昧其将暮。……浩浩沅、湘，分流汩兮。”当是屈原从溆浦去长沙的情景，因为都是放流在湘南，没有实质的改变，所以在《惜往日》中没有反映。

在长沙一带屈原还写有《悲回风》《渔夫》等。

二、《惜往日》最后的陈词

《惜往日》下半部讲屈原遭谗害被流放而不忍背弃君主，宁愿死亡也不愿意离开故土。

屈原“沉流”前心潮翻滚，对君王作最后的陈词：列举前世君王得贤人则兴盛，信谗言则灭亡，忠信者被迫死节，奸佞者被重用的事例。诉说佞臣嫉善嫉能，君王不分忠奸，自己的行为光明正大，如群星罗空，虽然蒙冤遭流放就要赴死，将来定会昭雪于天下。只可惜自己虽死，庸君还不觉悟。

《惜往日》两处“惜壅君”是屈原眷顾楚国，对楚君“恨铁不成钢”之词。前说“惜壅君”不辨忠奸，后说现楚王不以法度治理国家，好比骑马不施辔衔，行船不用楫篙，时刻都有倾覆的危险！“惜壅君”不知楚国将亡的危险。

屈原自沉之年在《屈原列传》有：“自屈原沉汨罗后百有余年，汉有贾生，为长沙王太傅，过湘水，投书以吊屈原。”“百有余年”没有公认标准，《史记·齐太公世家》有：“盖太公之卒百有余年，子丁公吕伋立”。这里“百有余年”是指“101 至 110 年之间”。贾谊吊屈原在汉文帝三年（前 177 年）。按此“百有余年”推算，屈原卒年应在前 287 年至前 278 年之间。

在秦拔黔、逼近长沙时，屈原“恐（国家）祸殃之有再”，在前 280 年或前 279 年自沉湘渊，“以死捍卫不与世俗同流的人格理想”。

结　论

《惜往日》上半部 22 行 5 段，是屈原临终前回顾一生中刻骨铭心之事，对应他生平的五大经历：“往日之曾信兮，虽过失犹弗治”，是受怀王重用的追忆；“君含怒而待臣”是怀王十五年“王怒而疏屈平”的写照；“远迁臣而弗思”是“怀王迁放屈原于汉北”的表述（即《屈原列传》之“屈平虽放流，睠顾楚国，系心怀王”）；“何贞臣之无罪兮，被离谤而见尤！”是遭“顷襄王怒而迁之”之事；“惭光景之诚信兮，身幽隐而备之”是“顷襄王十三年再迁屈原至溆浦‘幽隐’之地”。

《惜往日》下半部 54 行，屈原最后一次劝谏楚王，“恐祸殃之有再。不毕辞而赴渊兮，惜壅君之不识”。因楚国每况愈下，屈原“恐（国家）祸殃之有再”，决意“自忍而沉流”，既是“以死捍卫不与世俗同流的人格理想”，也是对楚君表达忠诚的“舍生取义”之举。

① 汤炳正：《屈赋新探》，齐鲁书社 1984 年版，第 68—69 页。

略评《屈原与他的时代》

摘要：赵逵夫先生的《屈原与他的时代》一书，提供了大量屈原时代的资料，在很多问题上提出了自成体系的新见，对屈原研究有所贡献。但是，书中“有所发现”的三篇力作和较受关注的几篇论文，其论断依据不足，有的甚至无迹可寻。

关键词：屈原时代；云梦；句亶；伯庸

赵逵夫先生的《屈原与他的时代》一书，列举大量文史典籍，以较为细密的风格，讨论“屈原与他的时代”。其中不乏举证详实、颇具说服力的新论。此书的“前言”中着重提到“有所发现”的三篇力作：“在先秦典籍中发现了关于《离骚》与屈原的关系的史料，及有关屈原生平的重要史料，而且还发现了一篇屈原的遗文。”①（参见该书《屈氏先世与句亶王熊伯庸》《〈战国策〉中有关屈原初任左徒时的一段史料》《〈战国策张仪相秦谓昭雎章〉发微》）

张朵先生的《〈屈原与他的时代〉述评》可作为学界对此书“精华所在”的赏评代表。张先生说：

> 如果说《战国策》中两段史料的发现，为屈原的存在找到了铁证的话，那么《屈原先世与句亶王熊伯庸》一文则因从《世本》中发现了另一则新材料，而为屈原的家世及屈原与《离骚》的关系找到了铁证。
>
> 在运用“前人的研究成果”创立贯通无碍的新结论方面，确实成绩惊人，这方面最具代表性的，是《汉北云梦与屈原被放汉北任“掌梦”之职考》《〈哀郢〉释疑并探屈原的一段行踪》《屈原在江南的行踪与卒年》三文。②

如果赵氏的屈原研究，果真有这“三个铁证”和“三篇成绩惊人的代表作”的确可喜可贺。但是细读这“六篇力作”不免有些失望，其主要结论似乎都难以成立。

一、赵氏“六篇力作”简析

（一）《屈原先世与句亶王熊伯庸》

这是赵逵夫先生硕士学位论文《屈原生平考辨》的第二部分，曾作为1983年8月大连召开的“屈原学术讨论会”交流论文，后刊于中华书局《文史》1985年第25辑。赵先生这篇论文，曾使汤炳正先生“深为感佩”。

在《屈原与他的时代》前言中，赵逵夫先生说：“我在先秦典籍中发现了关于《离骚》与屈原关系的史料。”赵先生还自诩：“我根据《世本》佚文等资料，证明了《离骚》同屈原、屈氏的关系”“纠正并解决了屈原研究上两千年以来一直未能解决的问题”。③ 按赵氏的表述，考释“熊渠长子伯庸为《离骚》之伯庸”似乎是赵逵夫先生的发现，只是事实并非如此。

原南京师范学院段熙仲教授早在1956年就提出“《离骚》之伯庸，即熊渠长子熊伯庸，而屈氏即伯庸之后”④ 的推论。赵逵夫先生在1983年的论文中，承袭了段熙仲教授的观点却没有注明。“屈原先世为句亶王熊伯庸”的猜想，主要依据是《世本》之“其孟之名为庸，为句祖王”。而《世本》的“句祖王”名“孟庸”并非“伯庸”。段、赵两位把“孟庸”置换为“伯庸”缺乏依据。《礼纬》曰：“嫡长曰伯庶长曰孟。”《左传·庄公二年》“正义”也说：“时人以其庶长称孟。”

赵氏的“被屈原称为‘皇考’或‘考’的伯庸，即是熊渠的长子熊伯庸，于名、于事、于封号、于楚国的历史皆无不合”⑤ 之论，缺乏可信依据，其实《离骚》之伯庸，与“熊渠的长子熊伯庸”，于

---

① 赵逵夫：《屈原与他的时代》，人民文学出版社2002年版，前言第11页。

② 张朵：《屈学研究的最新成果〈屈原和他的时代〉述评》，《郑州大学学报》（社科版）1998年第6期，第120—121页。

③ 雷媛：《陇上名家赵逵夫开显楚辞之秘》，《兰州晨报》2006年9月14日B07版。

④ 段熙仲：《楚辞札记》，《文史哲》1956年第12期，第63—64页。

⑤ 赵逵夫：《屈原与他的时代》，人民文学出版社2002年版，第8页。

名、于事、于封号、于楚国的历史，皆不相符。

（二）《战国策》中有关屈原初任左徒时的一段史料

赵先生将《战国策·孟尝君出行五国章》系于楚怀王十一年（前318年）。赵先生说：

> “郢之登徒”乃楚之左徒……这个左徒是谁呢？我以为是屈原。这是《战国策》中直接反映屈原生平的第二条史料。①

此文的关键是：“郢之登徒”是不是“楚之左徒”？

《孟尝君出行章》的“郢之登徒”是低于“士”的小吏。先秦时，下者与上者对话，多自称“臣、仆”，而称尊者为“足下、君”等。如《赵策四·齐欲攻宋秦令起贾禁之》：“（苏秦）谓齐王曰：‘臣为足下谓魏王’”；《齐策三》公孙戍（谓孟尝君）曰：“臣愿君勿受。”这种称谓上的尊卑关系，在《战国策》中没有例外。“郢之登徒”见孟尝君门人公孙戍（相当于士）也要自称“臣、仆”，称对方为“足下”，说明“郢之登徒”乃是地位低于公孙戍的小吏，属“皂、舆”之流，不是大夫等级的“楚之左徒”。

马王堆汉墓帛书《战国纵横家书》第八章有：

> 薛公相脊（齐）也，伐楚九岁，功（攻）秦三年。

这表明孟尝君任齐相后，从公元前306年到公元前298年“伐楚九岁”，公元前298年到公元前296年“攻秦三年”。它可与《孟尝君列传》“君以齐为韩、魏攻楚九年”互证。

《魏世家》魏哀王九年（前310年）有：

> 魏相田需死，楚害张仪、犀首（公孙衍）、薛公（田文）。楚相昭鱼谓苏代曰：“田需死，吾恐张仪、犀首、薛公有一人相魏者也。”

它表明：公元前310年“薛公（田文）”尚在魏，未任齐相。再根据《楚世家》：怀王二十至二十三年（?）：“齐之所信于韩者，以韩公子眛为齐相也”。表明其时齐相是“韩公子眛”。据此推断，孟尝君始任齐相当在“韩公子眛为齐相”以后。可能性最大的是公元前306年。

公元前318年田婴还健在，“尚未继封”的田文，既不可能“五国皆致相印”，也不可能提前十几年，以“执政者”身份“出行五国”。假如历史上曾经有“孟尝君出行五国”的话，那也应该是他当上齐相，即公元前306年以后的事。屈原约在公元前317年“被疏”，公元前306年早已不任左徒了。

可见，赵氏的“《孟尝君出行章》系于公元前318年”也不能成立。其“郢之登徒乃楚之左徒屈原”说更不能成立。

（三）《〈战国策张仪相秦谓昭雎章〉发微》

赵逵夫先生《发微》一文判定：

> 《战国策·张仪相秦谓昭雎章》所记秦以楚驱逐昭滑、陈轸为条件方割汉中地与楚议和的情节，就是《史记》中所记楚怀王十八年“秦割汉中地与楚以和”略去的开头部分，《战国策》和《史记》“所反映的是一件事情的前后两个阶段”。而《战国策》中那位请昭滑引见楚王，要求出使齐国的“有人”，就是《史记》所记出使齐国的屈原。②

实际上《战国策·张仪相秦》的“为仪谓楚王逐昭雎、陈轸，请复鄢郢、汉中”，与《史记》记载并不相符。

赵逵夫先生根据《张仪列传》中的“楚又复益发兵而袭秦，至蓝田，大战，楚大败，于是楚割两城以与秦平”推论说：“秦国在此前既然已经占领了楚国的丹阳、汉中之地，则所割两城自然在丹阳、汉中之南。鄢郢应即其中之一。”③ 此论缺乏依据。《秦本记》有：“（昭襄）王二十八年，大良造白起攻楚，取鄢、邓。”赵氏的“楚怀王十七年鄢郢被秦国占领”之论，难以成立。因为“秦拔鄢”是32年以后的事。

缪文远《〈战国策〉考辨》曰：

> 《策》言张仪谓昭雎曰：为仪谓楚王逐昭雎（当从鲍本作昭过）、陈轸，请复鄢、郢、汉

---

① 赵逵夫：《屈原与他的时代》，人民文学出版社2002年版，第138、140页。

② 赵逵夫：《屈原与他的时代》，人民文学出版社2002年版，第201页。

③ 赵逵夫：《屈原与他的时代》，人民文学出版社2002年版，第207页。

中。按：楚失鄢、郢在顷襄王时，非张仪所得见……此《策》叙事既大背史实，实系依托之文。①

赵氏“其中的‘有人’即为屈原”的论断，作为屈原研究中的一种猜想可备一说。但是，“这只是靠过人的胆量与想象力，而不是严谨的学术论证。”——事实上并无可信证据。

（四）《汉北云楚与屈原被放汉北任“掌梦”之职考》

1.《史记》所载“汉北”

《楚世家》：

（顷襄王）十九年，秦伐楚，楚军败，割上庸、汉北地予秦。

上庸、汉北相连，都在楚国西北部靠近秦国（那些原为楚国土地，后被秦人夺去的地方）。上庸在汉水西南，今竹溪、房县一带，再东北过汉水为汉北，即今襄樊西北一带。顷襄王十九年以前，汉北一直为楚国所有。

“割汉北予秦”的第二年，“白起攻楚，取鄢、邓”。《秦本纪》曰昭襄王二十八年（前279年）：“大良造白起攻楚，取鄢、邓，赦罪人迁之。”说明鄢（今宜城）、邓（今襄樊）不属汉北。

赵逵夫先生说：“屈原在怀王二十四五年流被放汉北”，“汉水下游今钟祥、京山、天门、应城、汉川五县地，正是先秦时楚人所谓‘汉北云梦之地’”。②

赵先生划定的“汉北云梦之地”没有文献依据，与《史记》中的“汉北”不符。而且，在屈原的诗中根本没有赵氏自创的“汉北云梦”的痕迹。

2.《招魂》中楚王田猎之“云梦”在哪里？

赵逵夫先生说：“在屈原任掌梦之官期间，一次怀王田猎……受到惊吓，故屈原为撰词招魂。”③《招魂》的“与王趋梦兮，课后先。……魂兮归来，哀江南”，大多数学者都认为其“梦”在江南。即《左传·昭公三年》所说的：“子产乃具田备，王以田江南之梦。”谭其骧先生说：“郢都附近跨大江两岸是一片平原……南岸今公安县和松滋县的东半部是一片由江水、油滤水冲积成的平原，即‘江南之梦’。”④

赵先生所说的“汉北云梦”似乎与《左传·宣公四年》“斗伯比……生子文焉。郧夫人使弃诸梦”中的“梦”一致，而与《招魂》中的“与王趋梦”不是一处。

3.“掌梦”是“泽虞”之官吗？

赵逵夫先生说：“我以为‘掌梦’是掌云梦的官吏之称……中原国家所谓‘泽虞’，楚亦曰‘掌梦’。”⑤

董说《七国考·楚职官》：“楚书云：蓝尹、陵尹分掌山泽，位在朝廷。”⑥ 昭公十二年：“楚子狩于州来，次于颍尾，使荡侯、潘子、司马督、嚣尹午、陵尹喜帅师围徐以惧吴。楚子次于干溪，以为之援。”定公五年：“王之奔随也，将涉于成臼（今京山县境），蓝尹亹涉其帑，不与王舟。”楚置蓝尹、陵尹，分掌川泽、山林，有《春秋左传》为证。赵先生“掌梦是掌云梦的官吏”的臆断，缺乏证据。

根据以上分析可得出以下结论：

（1）屈原流放的“汉北”在今襄樊东北一带，不在今云梦县及其附近的“云梦之地”。

（2）《招魂》中楚王田猎之“梦”在“江南”，与“汉北”无关。

（3）“屈原任掌梦之官”没有可信证据。

（五）《〈哀郢〉释疑并探屈原的一段行踪》

1. 顷襄王元年“楚君臣仓皇辞庙”论不能成立

赵逵夫先生说：

---

① 缪文远：《〈战国策〉考辨》，中华书局1984年版，第140页。

② 赵逵夫：《屈原与他的时代》，人民文学出版社2002年版，第307、308页。

③ 赵逵夫：《屈原与他的时代》，人民文学出版社2002年版，第336页。

④ 谭其骧：《长水集下·云梦与云梦泽》，人民出版社1987年版，第119页。

⑤ 赵逵夫：《屈原与他的时代》，人民文学出版社2002年版，第333页。

⑥ 董说：《七国考·楚职官》，中华书局1956年版，第42页。

苏代云：秦之行暴于天下，正告楚曰：蜀地之甲，轻舟浮于汶，乘夏水而下江，五日而至郢。汉中之甲，乘舟出于巴，乘夏水而下汉，四日而至五渚。寡人积甲宛，东下随，知者不及谋，勇者不及怒，寡人若射隼矣。王乃待天下之攻函谷，不亦远乎？楚王为是之故，十七年事秦。……顷襄王元年秦对楚进行突然袭击，虽在二月，不是水行速度最快之时，但最多也只是五六日，蜀地之甲兵可以直取郢都，汉中之甲兵可以占据洞庭五湖。……秦兵此次进攻势如破竹。刚刚继位的顷襄王同朝臣、贵族惊慌向东逃跑。①

赵逵夫先生引用《战国策·燕二》中假想的威胁之词做主证，得出顷襄王元年“楚君臣仓皇辞庙”向东逃跑的历史，没有文献依据，与《楚世家》顷襄王元年秦“发兵出武关攻楚，大败楚军，斩首五万，取析十五城而去”不合。如此臆造历史事件，实在令人诧异。

2.“过夏首而西浮兮”的问题

赵逵夫先生在驳斥了古今十几位学者对“西浮”的看法后说：

他们尚未弄清洞庭湖一带的地理形势，如果弄清，一定会很简捷地说：“西浮”即由江入湖之谓也！

诗人则是沿着长江走的。……过夏首以后，又走了一段……至洞庭湖口，便折而西行入湖。②

潘啸龙先生驳说：

“过夏首而西浮”，说的是过了夏首即行“西浮”，两者是紧相连接的行程，与“又走了一段”，再“折而西行入湖”，有很大的区别。③

诗文中，“西浮”的后面有“顺风波以从流兮”，“将运舟而下浮兮”其后才是“上洞庭而下江”。从夏首“至洞庭湖口”，有五六百里水路需要几天的时间。等到了“洞庭湖口”再去说“顾龙门而不见”，与情、与景皆不相合。赵氏的“至洞庭湖口，便折而西行入湖”，属于“添字解经”。

3.“洞庭湖口为中心”论不能成立

赵逵夫先生说：

《鄂君启舟节》上江，入湘……入资，沅，澧，微。这段文字中，以洞庭湖口为中心，一条路是“入湘”，一条是“入资”，一条是“入澧”，一条是“入微”，一条是“达于郢”。《水经注·湘水注》言资，沅，澧，微“凡此四水，同注洞庭，北汇大江，名之五渚”。所以肯定是指在洞庭湖口由水路可以达到的几个点。④

赵逵夫先生采用《水经注》“四水同注洞庭”之说，臆造了《鄂君启舟节》中根本没有的“洞庭湖湖口为中心”，脱离了战国时代的实际。

4. 东迁的终点是陵阳吗？

《哀郢》的“东迁、来东”之地，根据“背夏浦而西思兮”，应当离夏浦不远；从“当陵阳之焉至兮，淼南渡之焉如”看，屈原那时已经“当陵阳（即面对陵阳）”了，而且在浩淼大江以北。正如赵先生所说：“此前的‘出国门’、‘发郢都’、‘过夏首’、‘西浮’、‘顺风波以从流’、‘上洞庭’、‘下江’、‘背夏浦’，历叙其由发郢都至过夏浦一段，次序井然。而在‘背夏浦’之后，即说‘当陵阳’。似陵阳并不如学者们所说今安徽陵阳那样远。”⑤ 接着赵先生又作了自我否定：“可以肯定《楚辞》中的陵阳在江西省西部，庐水发源处的西北面，即安福以西，庐水以北，武功山以南。”⑥ 要屈原离开“当前的陵阳”，从水路去“安福陵阳”，则比去安徽陵阳路程更远更荒僻，离夏浦约有一千多里水路。

“安福陵阳论”，既与赵先生自己的论说相悖，又与《哀郢》诗文不符。赵逵夫先生解“淼南渡之焉如”曰：“看着江面浩淼大水，内心茫然，不知所从。”⑦

① 赵逵夫：《屈原与他的时代》，人民文学出版社 2002 年版，第 432—433 页。

② 赵逵夫：《屈原与他的时代》，人民文学出版社 2002 年版，第 415—416 页。

③ 潘啸龙：《屈赋研究三辨》，《云梦学刊》（社科版）1996 年第 1 期，第 7 页。

④ 赵逵夫：《屈原与他的时代》，人民文学出版社 2002 年版，第 428 页。

⑤ 赵逵夫：《屈原与他的时代》，人民文学出版社 2002 年版，第 422 页。

⑥ 赵逵夫：《屈原与他的时代》，人民文学出版社 2002 年版，第 427 页。

⑦ 赵逵夫：《屈原与他的时代》，人民文学出版社 2002 年版，第 422 页。

请问，庐水发源处的安福陵阳，能看到“江面浩森的大水”吗？

（六）《屈原在江南的行踪与卒年》

1.《涉江》不支持赵逵夫先生的“江西陵阳”说

赵逵夫先生说：

> 庐江上游的陵阳本属楚人所说的“江南之野”，但距郢都更远，更荒僻。屈原在那里停留的时间并不长。形势稍一缓和，便由原路返回到鄂渚。……严格说来，此次诗人只是“上江”而不是“济江”，此乃连下“湘”字而言。①

《哀郢》中没有从夏浦去陵阳的信息。《涉江》中更没有从江西陵阳到鄂渚千余里舟行的描写。诗中的“旦余济乎江、湘”，因为不合赵先生“陵阳，其地在今江西省西部庐陵西北”的臆想，他便毫无根据地把“济江”改为“上江”，还添加了“由（陵阳）原路返回到鄂渚”等内容。

《涉江》“旦余济乎江湘。乘鄂渚而反顾兮”说明《涉江》的起点距鄂渚较近，似乎还表明《哀郢》东迁的终点在江北，“济江”就可到达鄂渚。

2.“枉渚”在常德以南吗？

赵逵夫先生说：

> 枉渚其地在今洞庭湖西之常德以南。辰阳在今湖南省西部之辰溪县，俱在沅水边上。②

从常德以南的枉渚到辰阳（辰溪），有五百里左右、逆沅水而上的水路。按照当时上水的船行速度，要费时约需十几天。若按赵逵夫先生之说，“朝发枉渚兮，夕宿辰阳”，五百里逆水上行之路，迅捷如此，倒像是乘今日之快艇。这与诗中舟行缓慢的描述“船容与而不进兮，淹回水而疑滞。朝发枉渚者兮，夕宿辰阳”并不相符。

洪兴祖说：

> 《水经》云：“沅水东径辰阳县东南，合辰水。旧治在辰水之阳，故取名焉。《楚辞》所谓夕宿辰阳也。沅水又东，历小弯，谓之枉渚。”③

《涉江》是从下游往上行，故“朝发枉渚兮，夕宿辰阳”；《水经》是从上游往下行，故先“辰阳县东南，合辰水”，后至枉渚。

枉渚距离辰阳虽说不远，但是，“（沅江）中游，滩陡礁多浪险，怪石巉岩雄峙江面，过去船家视为畏途”④，故而上行之船过一个小弯就要历时一天。

3. 屈原东迁的时间

关于“屈原东迁的时间”，赵先生引《屈原列传》说：怀王至秦，秦留之，“竟死于秦而归葬”。下面接着说：长子顷襄王立，以其弟子兰为令尹。楚人既咎子兰以劝怀王入秦而不反也。屈平既嫉之……令尹子兰闻之大怒，卒使上官大夫短屈原于顷襄王，顷襄王怒而迁之。⑤ 从引文看，顷襄王三年怀王“死于秦而归葬”以后，屈原才被放逐。这就与他的屈原“在楚顷襄王元年二月到陵阳……”⑥ 不符，与《太史公自序》“怀王客死，兰咎屈原”不合。综合考虑，屈原多半是在顷襄王四年仲春东迁。

二、此书常见病举例

细读全书，笔者认为书中部分观点，尚存值得商榷之处，特例举如下，以供方家鉴案。

（一）自相矛盾

赵逵夫先生认为：《抽思》的“北山”即“南山”。他说：“南山”为江汉间所实有地名，有地下出土资料为证。……在汉北是有一个山叫“南山”的。

请问：“南山”究竟是在“江汉间”，还是在“汉北”呢？

---

① 赵逵夫：《屈原与他的时代》，人民文学出版社2002年版，第436页。

② 赵逵夫：《屈原与他的时代》，人民文学出版社2002年版，第391页。

③ 洪兴祖：《楚辞补注》，中华书局1983年版，第130页。

④ 王经国主编：《中国江河》，中国科技出版社2000年版，第120页。

⑤ 赵逵夫：《屈原与他的时代》，人民文学出版社2002年版，第430页。

⑥ 赵逵夫：《屈原与他的时代》，人民文学出版社2002年版，第440页。

再如，他说：可以肯定《抽思》中所说“北姑”即“北姑射之山”，其地在汉北。……其具体地望……当在今京山县一带大洪山区。又说：“……江潭其地在汉南。这样看来，北姑应距汉南不远。”

请问：“北姑”究竟是在“汉北”，还是在“汉南”呢？

（二）削足适履

赵逵夫先生说：

> 《东山经·东次二经》云：姑射之山，无草木，多水。……又南行三百里，曰北姑射之山，无草木，多石。……又南三百里，曰南姑射之山，无草木，多水。

《东山经·东次二经》原文：

> 姑射之山，无草木，多水。又南水行三百里，流沙百里，曰北姑射之山，无草木，多石。又南三百里，曰南姑射之山，无草木，多水。①

谭其骧先生《求索时空》曰：

> 《东山经》西起山东泰山，东抵成山角（胡射山），北抵长山岛，南尽安徽濉河。②

王红旗先生也认为：

> 《东山经》记有4条山脉，其方位大体在今日的山东、江苏一带，以及黄海和东海的诸岛屿（包括济州岛和日本的一些岛屿）。③

赵先生把《山海经》中，与“汉北”地貌不符的“水（行）”和“流沙百里”剪掉了。这就有“削足适履”之嫌。可见赵先生的“北姑射之山，其地在汉北”说，没有说服力。

（三）思维混乱

赵逵夫先生《屈原与他的时代》中从第319到321页，用很多文字来叙述《山海经》中的《东山经》，“姑射之山”“姑射山”“庄子藐姑射山”是同一“列”山。第322页又说：“《山海经》《庄子》中所说‘帝女’死而所化之神女，同宋玉《高唐赋》《神女赋》所写巫山神女的形象也大体一致。”——古今中外文学作品中的神女形象，大都靓丽无比这点是雷同的。

赵逵夫先生若是把《山海经》看成可作地望考证的“地理著作”来引用，那就不能把分别在《山海经》中不同地域的“姑射之山”“北姑射之山”“南姑射之山”“姑媱之山”“列射姑”这五个带“姑”的山混为一谈。假如这五个带“姑”的山是同一“列”山，而《山海经》却把它们分别放在《东山经》《中山经》《海内北经》，而且描述它们的地理环境、左邻右舍又各不相同。那么地理上如此混乱的《山海经》还能用来作证吗？既把《山海经》看成可作地望考证的“地理著作”引用，又承袭了袁珂《山海经校注》中“神话传说”的观点。就好像一个人在野外，同时追逐两只兔子。

至于“庄子神话中的藐姑射山”，《逍遥游》曰：“藐姑射之山，有神人居焉。肌肤若冰雪，绰约若处子……藐姑射之山，汾水之阳”，它与《山海经》各“姑射山”，不可能“是同一列山”。《逍遥游》“汾水之阳的藐姑射山神人”与宋玉的“巫山神女”也不是同一个人。

（四）牵强附会

赵逵夫先生说：《山海经》还说到“列姑射在海河州中”（《海内北经》）。《列子·黄帝篇》也说“列姑射在海河州中”这个“海河州中”同帛书《相马经·大光破章故训传》“河州无树”云云如出一手。《诗·魏风·陟岵》毛传：“山无草木曰岵。”前引《山海经》中关于诸姑射之山（即“列姑射”）的记述，皆曰“无草木”，所以，在“海河州中”的列射之山，其“姑”应为“岵”字之借。这也就同帛书上的“河州无树”相符合。《山海经》同帛书上所说“河州”“海河州”，也即《国语·楚语》中“又有薮曰云连徒洲”的“云连徒洲”，都是称汉北云梦西部原隰草泽，那里的湖泊泽薮之中常常有大大小小的洲渚。书中把《海内北经》《列子》《相马经》《国语》《诗经》毛传等，风马牛不相及的许多资料搅和在一起，说“都是称汉北云梦西部原隰草泽”，实在牵强附会。

（五）张冠李戴

赵逵夫先生说：

---

① 袁珂：《山海经校译》，上海古籍出版社1985年版，第95页。

② 谭其骧：《求索时空》，人民出版社1987年版，第171页。

③ 王红旗：《山海经与古代民族祭祀文化》（原为网文，已经找不到了）。

蓝田其地……在今钟祥西北，双河以东汉水边上，当鄢郢以南约一百来里处。……楚国先败于丹阳，再败于蓝田，不可能第二战反而深入秦国腹地。

《战国策·魏四·献书秦王曰章》云："秦攻蓝田、鄢郢。"则蓝田其地属楚不属秦，应在今湖北省地。

《战国策》"献书秦王曰章"，秦"南攻蓝田、鄢、郢"之事，与《史记》楚怀王十七年，楚国"悉国兵复袭秦，战于蓝田"，两者根本不是一回事。只因为有"异地同名"之"蓝田"，赵逵夫先生就把它们混为一谈，实属"张冠李戴"。

缪文远《〈战国策〉考辨》曰：

钟氏《勘研》系赧三十六年，说云：因结末秦果南攻蓝田、鄢、郢一语度之，疑此为《秦记》昭二十八年（前279年）白起取楚鄢、郢时事。案：钟说较是，今从之。①

（六）误读古籍

赵逵夫先生说：

《孟尝君出行五国章》所写"郢之登徒"，即楚怀王十一年任左徒的人，即是屈原。……是《战国策》中直接记载屈原事迹的一篇重要史料。

《战国策》原文有：

孟尝君出行五国，至楚，楚献象床。郢之登徒直送之，不欲行。见孟尝君门人公孙戍曰："臣，郢之登徒也，直送象床。象床之值千金，伤此若发漂，卖妻子不足偿之。足下能使仆无行，先人有宝剑，愿得献之。"公孙戍曰："诺！"

先秦时，位下者与尊者对话，多自称"臣"，而称尊者曰"足下""君"等。如《秦策二·甘茂亡秦且之齐》：

甘茂亡秦，且之齐，出关遇苏子，曰："……今臣不肖，弃逐于秦而出关，愿为足下扫室布席，幸无我逐也。"

《赵四·齐欲攻宋秦令起贾禁之》：

（苏秦）谓齐王曰："臣为足下谓魏王……"

《齐策三》公孙戍（谓孟尝君）曰：

臣愿君勿受。

这种称谓上的尊卑关系在《战国策》中没有例外。"郢之登徒"见孟尝君门人公孙戍（相当于士）也要自称"臣"、称对方"足下"，说明他是社会地位低于公孙戍的小吏。只要正确理解这一段文字，即可判定"郢之登徒"绝不是大夫身份的"楚之左徒"，更不是屈原。

（七）过度肯定

学术研究中"猜想"是一个重要的阶梯。在真相未明、资料欠缺的情况下，猜想的积极作用远大于肯定。考证屈原生平事迹，因资料所限，无法肯定的难题很多。赵逵夫先生似乎有点急于求成，做出了不少依据不足的"肯定"。例如：

赵逵夫先生说《离骚》之伯庸："即是熊渠的长子熊伯庸，于名、于事、于封号、于楚国的历史皆无不合。"——其实《离骚》之伯庸，与"熊渠的长子熊伯庸"，"于名、于事、于封号、于楚国的历史"皆不相符。（见本书《评〈屈原先世与句亶王熊伯庸〉》）

赵先生说"陵阳"："可以肯定《楚辞》中的陵阳在江西省西部，庐水发源处的西北面，即安福以西，庐水以北，武功山以南。"——这用他自己的话②就可以否定其说："此前的'出国门'、'发郢都'、'过夏首'、'西浮'、'顺风波以从流'、'上洞庭'、'下江'、'背夏浦'，历叙其由发郢都至过夏浦一段，次序井然。而在'背夏浦'之后，即说'当陵阳'。似陵阳并不如学者们所说今安徽陵阳那样远。"因为要从夏浦去"江西安福陵阳"，其路程比去"安徽陵阳"还要远。

赵先生说"掌梦"："屈原确是在汉北云梦任掌梦之职的。"这是赵先生的猜想，没有依据。（见本

① 缪文远：《〈战国策〉考辨》，中华书局1984年版，第244页。

② 赵逵夫：《屈原与他的时代》，人民文学出版社2002年版，第422页。

书《“云梦与屈原被放汉北”等问题》）

赵先生说“云连徒洲”：“《山海经》同帛书上所说‘河州’‘海河州’，也即《国语·楚语》中‘又有薮曰云连徒洲’的‘云连徒洲’”，《山海经》等之“河州”与《国语》中“有薮曰云连徒洲”并非同一事物。（见本书《“云梦与屈原被放汉北”等问题》）

赵先生说《鄂君启舟节》：“肯定是指在洞庭湖口由水路可以达到的几个点”。此说也是没有依据的猜想。《鄂君启舟节》铭文中根本没有提到“洞庭湖”。

赵先生说：楚怀王十七年“楚割两城以与秦平”“鄢郢应即其中之一”。楚失鄢郢是在顷襄王时，不是在楚怀王十七年。（见本书《评〈战国策·张仪相秦谓昭雎〉发微》）

《战国策·中山策》：“楚地方五千里，持戟百万，君前率数万之众入楚，拔鄢、郢，焚其庙，东至竟陵，楚人震恐，东徙而不敢西向。”（白起攻楚“拔鄢、郢”是在顷襄王时）

《水经注·沔水》记载：“夷水又东注于沔。昔白起攻楚，引西山长谷水，即是水也。旧堨去城百里许，水从城西，灌城东入，注为渊，今熨斗陂是也。水溃城东北角，百姓随水流，死于城东者数十万，城东皆臭，因名其陂为臭池。”① 这是秦拔郢都前一两年之事。

（八）潦草失实的附图

《屈原与他的时代》唯一一幅附图（见下图）居然如此潦草失实。屈原时代尚没有“大洞庭湖”，没有洞庭入江的“洞庭湖口”，夏水也不是附图的东北流向，而是先东南再东北。（详见本书《云梦、洞庭、湘渊、江南考》）

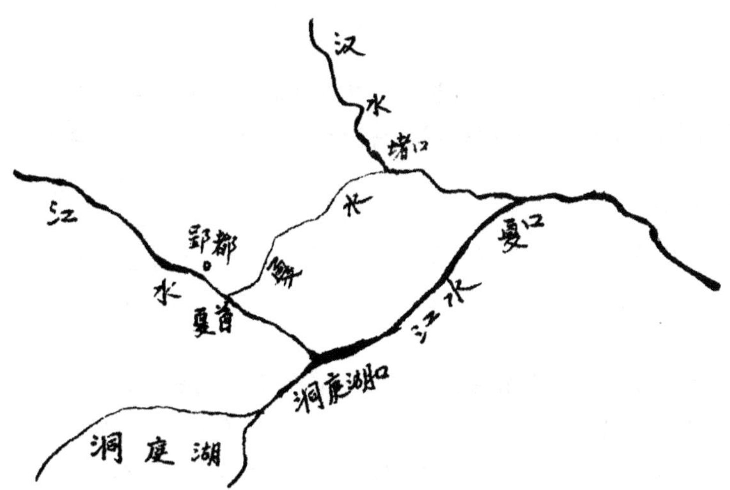

《屈原与他的时代》第 414 页附图②

① 郦道元著，陈桥驿等译注：《水经注全译》，贵州人民出版社 1996 年版，第 999 页。

② 赵逵夫：《屈原与他的时代》，人民文学出版社 2002 年版，第 414 页。

探索“摄提、孟陬”之谜

摘要：《离骚》“摄提贞于孟陬”中的“摄提”是“岁星”，“贞于”即“居于”，“孟陬”是陬訾宫的“营室”。“岁星居于营室”即帛书《五星占》“岁星以正月与营室晨出东方，其名曰摄提格”的缩写。“摄提格”为寅年，夏历正月为寅月，故“摄提贞于孟陬兮，惟庚寅吾以降”就是“我降生于寅年寅月庚寅日”。周言先生首先提出此说，本文做了进一步的补充、论证。

关键词：摄提；摄提格；岁星；孟陬

《离骚》“摄提贞于孟陬”的解释，古今学者间的分歧很大。

王逸注：

太岁在寅曰摄提格。孟，始也。贞，正也。于，于也。正月为陬。……言己以太岁在寅，正月始春，下母体而生。①

朱熹《楚辞辩证》“辩驳”说：

日月虽寅，而岁则未必寅也。盖摄提自是星名，即刘向所言“摄提失方，孟陬无纪”，而注谓“摄提之星，随斗柄以指十二辰”者也。其曰“摄提贞于孟陬”，乃谓斗柄正指寅位之月耳，非太岁在寅之名也。必为岁名，则其下少一“格”字，而“贞于”二字亦为衍文矣！故今正之。②

顾炎武反驳朱熹曰：

自《春秋》以下记载之文，必以日系月，以月系时，以时系年。此史家之常法也；或谓摄提，星名，《天官书》所谓直斗杓所指以建时节者。非也！岂有自述其世系生辰，乃不言年而只言日月者哉！③

《礼记·内则》曰：

三月之末……父执子右手，咳而名之……书曰某年某月某日某生而藏之。④

古代礼俗在命名的同时记录诞生的时日，必须是年、月、日三者齐全。

汤炳正引《周礼》曰：

凡男女成名以上，皆书年月日名焉，以证古代礼俗很重视命名之礼；而在命名的同时必记录诞生的时日，这时日必须是年、月、日三者齐全。故朱熹以为《离骚》之“摄提”只纪月而不纪年，不仅跟古代礼俗不合，也跟《离骚》首段上下文义相乖离。⑤

周言认为：

摄提为“岁星”，贞于即居于，孟陬是“陬訾”的第一宿“营室”。《离骚》“摄提贞于孟陬兮”可解释为“岁星正月居于营室”。其时“太岁”在寅，年名“摄提格”，夏历正月为寅月，所以《离骚》“摄提贞于孟陬兮，惟庚寅吾以降”为“我降生于寅年寅月寅日”。⑥

诸贤各有灼见，也有不足。若集各家之长，或许能对“摄提、孟陬”的解释有所进展。拙文试采诸贤之精要，做一浅显综述。谬误不当，敬请指正。

一、相关文献

（一）“岁星摄提”和“摄提格年”

屈原《离骚》：

---

① 洪兴祖：《楚辞补注》，中华书局1983年版，第3页。

② 朱熹撰，蒋立甫校点：《楚辞集注》，上海古籍出版社2001年版，第169页。

③ 顾炎武著，黄汝成集释：《日知录集释》，上海古籍出版社1985年版，第1511—1512页。

④ 王梦鸥：《礼记今注今译》（上），台湾商务印书馆1970年版，第381—382页。

⑤ 汤炳正：《屈赋新探》，齐鲁书社1984年版，第36页。

⑥ 周言：《利簋铭文“岁鼎”补释》，《华东师范大学学报》（社科版）2000年第5期，第121页。

摄提贞于孟陬兮，惟庚寅吾以降。

王逸注曰：

太岁在寅曰摄提格。①

《尔雅》：

大岁在寅曰摄提格，在卯曰单阏，在辰曰执徐，在巳曰大荒落，在午曰敦牂，在未曰协洽，在申曰涒滩，在酉曰作噩，在戌曰阉茂，在亥曰大渊献，在子曰困敦，在丑曰赤奋若。②

刘安《淮南子·天文训》：

太阴在寅，岁名曰摄提格，其雄为岁星，舍斗、牵牛，以十一月与之晨出东方，东井、与鬼为对。③

《修务训》：

摄提、镇星，日月东行，而人谓星辰日月西移者。东汉高诱注："岁星在寅曰摄提。"④

司马迁《史记·天官书》：

以摄提格岁：岁阴左行在寅，岁星右转居丑。正月，与斗、牵牛晨出东方，名曰监德。……单阏岁，岁阴在卯，星居子。以二月与婺女、虚、危晨出，曰降入。

"集解"：

出石氏经文。

岁星，一曰摄提，曰重华，曰应星，曰纪星。营室为清庙，岁星庙也。

其纪上元，以摄提格之岁，与营室晨出东方，至角而入；与营室夕出西方，至角而入。⑤

《史记·历书》：

太初元年，岁名"焉逢摄提格"，月名"毕聚"，日得甲子，夜半朔旦冬至。历术甲子篇（寅年）。焉逢摄提格（甲寅），太初元年。游兆摄提格（丙寅），征和元年。徒维摄提格（戊寅），元凤元年。商横摄提格（庚寅），地节二年。横艾摄提格（壬寅），五凤二年。焉逢摄提格（甲寅），初元五年。游兆摄提格（丙寅），建始元年。支：……寅名摄提格。⑥

班固《汉书·天文志》：

太岁在寅曰摄提格，岁星正月晨出东方，《石氏》曰名监德，在斗、牵牛。《甘氏》在建星、婺女。《太初历》在营室、东壁。⑦

《后汉书·天文志》记载：

（张衡《灵宪》）文耀丽乎天，其动者七，日、月、五星是也。……摄提、荧惑、地候见晨，附于日也。⑧

张衡《周天大象赋》：

惟木德王含精为岁星而明丽。⑨

范晔《后汉书·张纯传》：

今摄提之岁，苍龙（太岁）甲寅。⑩

瞿昙悉达撰《开元占经》卷二十三"岁星占一"：

石氏曰："岁星，他名曰摄提、一名重华，一名应星，一名经星。"……石氏曰："岁星。木之精也，位在东方青帝之子，岁行一次，十二年一周天。与太岁相应。故曰岁星。"

---

① 洪兴祖：《楚辞补注》，中华书局 1983 年版，第 3 页。

② 郝懿行：《尔雅义疏》，上海古籍出版社 1983 年版，第 743—744 页。

③ 何宁：《淮南子集释》，中华书局 1998 年版，第 262—263 页。

④ 何宁：《淮南子集释》，中华书局 1998 年版，第 1334 页。

⑤ 司马迁：《史记》，岳麓书社 1988 年版，第 190—194 页。

⑥ 司马迁：《史记》，岳麓书社 1988 年版，第 176—187 页。

⑦ 班固：《汉书》（简体本），中华书局 1999 年版，第 1062 页。

⑧ 范晔：《后汉书》，中华书局 1965 年版，第 3217 页。

⑨ 陈耀文：《天中记》第 1 卷，清光绪四年听雨山房重刻本，第 68 页。

⑩ 范晔：《后汉书》，中华书局 1965 年版，第 1197 页。

甘氏曰：岁星处一国是司岁十二，名摄提格之岁。摄提格之岁，摄提格在寅，岁星在丑，以正月与建、斗、牵牛、婺女晨出于东方，为日，十二月。夕入于西方，其名曰监德。

单阏之岁，摄提格在卯，岁星在子。与虚、危晨出夕入。

执徐之岁，摄提在辰，岁星在亥。

大荒落之岁，摄提在巳，岁星在戌……

敦牂之岁，摄提在午，岁星在酉……

协洽之岁，摄提在未，岁星在申……

涒滩之岁，摄提在申，岁星在未……

作噩之岁，摄提在酉，岁星在午……

阉茂之岁，摄提在戌，岁星在巳……

大渊献之岁，摄提在亥，岁星在辰……

困敦之岁，摄提在子，岁星在卯……

赤奋若之岁，摄提在丑，岁星在寅……

甘氏曰：太白以摄提格之岁正月与营室晨出于东方亢氐，出东方为日八岁二百二十二日，而复与营室晨出于东方。①

1973年底，长沙马王堆三号汉墓出土帛书《五星占》，提供了战国时代已有星岁纪年“十二岁名”的证据。《五星占·木星占》：

岁星以正月与营室（晨出东方，其名曰摄提格。其明岁以二月与东壁出东方，其名）为单阏。其明岁以三月与胃晨出东方，其名曰执徐。其明岁以四月与毕晨（出）东方，其名为大荒（落。其明岁以五月与东井晨出东方，其名为敦牂。其明岁以六月与柳）晨出东方，其名为汁（协）给（洽）。其明岁以七月与张晨出东方，其名为芮（涒）□（滩）。其明岁（以）八月与轸晨出东方，其（名为作鄂。其明岁以九月与亢晨出东方，其名为阉茂）。其明岁以十月与心晨出（东方），其名为大渊献。其明岁以十一月与斗晨出东方，其名为困敦。其明岁以十二月与虚（晨出东方，其名为赤奋若。其明岁以正月与营室晨出东方），复为聶（摄）提（格，十二岁）而周。②

何幼琦认为：《五星占》成文的时期，当在公元前370年至公元前320年的五十年内。③ 据何先生推算，这第一个摄提格岁是周显王六年，即公元前363年。那年雨水后五日，即正月二十五日，岁星在营室七度晨出，这正是“以正月与营室晨出东方”。

（二）大角两旁的“摄提六星”

《史记·历书》：

孟陬殄灭，摄提无纪，历数失序。

《集解汉书音义》曰：摄提，星名，随斗杓所指建十二月。若历误，春三月当指辰而指巳，是谓失序。④

《史记·天官书》：

大角者，天王帝庭，其两旁各有三星，鼎足句之，曰摄提。摄提者，直斗杓所指，以建时节，故曰摄提格。⑤（《汉书·天文志》同）

王逸《九思》：

大火兮西睨，摄提兮运低。⑥

《汉书·五行志下》：

① 瞿昙悉达编：《开元占经》，岳麓书社1994年版，第241、243—247、487页。
② 刘乐贤：《马王堆天文书考释》，中山大学出版社2004年版，第30页。
③ 何幼琦：《试论〈五星占〉的时代和内容》，《学术研究》1979年第1期，第79—87页。
④ 司马迁：《史记》（十卷本），中华书局1959年版，第1095、1120页。
⑤ 司马迁：《史记》（十卷本），中华书局1959年版，第1120页。
⑥ 洪兴祖：《楚辞补注》，中华书局1983年版，第317页。

星孛又及摄提、大角，从参至辰，殆必亡矣。三代之亡，摄提易方；秦、项之灭，星孛大角。①

张衡《周天大象赋》曰：

何太角之皎皎，夹摄提之融融。②

《开元占经》卷六十五"摄提占"：

石氏曰："摄提六星，夹大角"……石氏赞曰："摄提六星携纪纲，建时立节伺机祥。"③

（三）与"建时节"无关的"摄提"

《韩非子·饰邪》：

此非丰隆、五行、太一、王相、摄提、六神、五括、天河、殷抢、岁星非数年在西也，又非天缺、弧逆、刑星、荧惑、奎台非数年在东也。④

《淮南子·地形训》：

诸稽摄提，条（融）风之所生。⑤

三国魏张揖《广雅·释天》：

天地辟，设人皇以来，至鲁哀公十有四年，积二百七十六万岁，分为十纪。曰：九头、五龙、摄提、合雒、连通、序命、循蜚、因提纪、禅通纪、疏讫。⑥

（四）孟陬、陬、陬訾

《离骚》：

摄提贞于孟陬。

王逸："孟，始也。正月为陬。"⑦

《史记·历书》：

而闰余乖次，孟陬殄灭，摄提无纪，历数失序。

《集解汉书音义》曰：

正月为孟陬。闰余乖错，不与正岁相值，谓之殄灭。

索隐按：正月为陬。……楚辞云摄提贞乎孟陬。言历数乖误，乃使孟陬殄灭，不得其正也。⑧

《大戴礼记》：

历失制，摄提失方，邹（即陬）大无纪。⑨

《汉书·律历志》：

而闰余乖次，孟陬殄灭，摄提失方。⑩

《汉书·刘向传》：

故历失则摄提失方，孟陬无纪。⑪

《史记·五帝本纪》：

帝喾……娶娵訾氏女，生挚。

《大戴礼记·帝系》：

帝喾……次妃曰陬訾氏，产帝挚。⑫

---

① 班固：《汉书》（简体本），中华书局1999年版，第1182、1226页。
② 陈耀文：《天中记》第1卷，清光绪四年听雨山房重刻本，第181页。
③ 瞿昙悉达编：《开元占经》，岳麓书社1994年版，第656—657页。
④ 王先慎：《韩非子集解》，中华书局1998年版，第122页。
⑤ 何宁撰：《淮南子集释》，中华书局1998年版，第370页。
⑥ 王念孙：《广雅疏证》，中华书局1983年版，第280页。
⑦ 洪兴祖：《楚辞补注》，中华书局1983年版，第3页。
⑧ 司马迁：《史记》，中华书局1959年版，第1095页。
⑨ 高明：《大戴礼记今注今译》，台湾商务印书馆1977年版，第399页。
⑩ 班固：《汉书》（简体本），中华书局1999年版，第843页。
⑪ 班固：《汉书》（简体本），中华书局1999年版，第1525页。
⑫ 高明：《大戴礼记今注今译》，台湾商务印书馆1977年版，第250页。

长沙子弹库战国楚《帛书》：

春一月为取（陬）。①

《尔雅·释天》：

正月为陬。②

二、几点解说

（一）多义的“摄提”

1. 神名

《韩非子·饰邪》：

此非丰隆、五行、太一、王相、摄提、六神、五括、天河、殷抢、岁星非数年在西也，又非天缺、弧逆、刑星、荧惑、奎台非数年在东也。③

上古地名、人名、神名、族名等等可以合一。

《韩非子·饰邪》所举之名称中，神名与星名同现，“摄提”与“岁星”并举，可见“摄提”非“岁星”。它既可能是神名，也可能是指大角两旁的“摄提六星”。

马王堆《刑德》乙本九宫图诸神中有“聂氏”，饶宗颐认为，“聂氏”即“摄提”。它既是星名，亦为神名。④

2. 民族名

《国语·郑语》有：

彭姓彭祖、豕韦、诸稽，商灭之矣。⑤

此数族皆居于东方。传世铜器有越“者（诸）旨（稽）”诸器。

《国语·吴语》载越大夫有“诸稽郢”。⑥

《淮南子·地形训》：

诸稽摄提，条风之所生。⑦

此处“摄提”高诱注作神名。“诸稽”是传说中古代东方民族。

《淮南子·天文训》：

距日冬至四十五日条风至。⑧

韦昭谓协风即立春日的融风，它又名条风。

《白虎通》：

风之为言萌也，养物成功……距冬至四十五日条风至。条者，生也。

“诸稽、摄提”既可能指神，也可能指民族。

3. 摄提六星

“摄提”的原始义项似乎是大角两旁六星，因其形状“摄”斗“提”角，故名。

《史记·天官书》说：

北斗七星，所谓“旋机玉衡，以齐七政”，杓携龙角，衡殷南斗，魁枕参首，用昏建者杓（斗柄）；杓，自华以西南。夜半建者衡；衡，殷中州河、济之间。平旦建者魁；魁，海岱以东北也。大角者，天王帝庭，其两旁各有三星，鼎足句之，曰摄提。摄提者，直斗杓所指，以建时节，故曰摄提格。

（《汉书·天文志》同。其“摄提格”之“格”可能是衍文。）

---

① 李零编：《长沙子弹库战国楚帛书研究》，中华书局1985年版，第74页。

② 郝懿行：《尔雅义疏》，上海古籍出版社1983年版，第750页。

③ 王先慎：《韩非子集解》，中华书局1998年版，第122页。

④ 饶宗颐：《马王堆〈刑德〉乙本九宫图诸神释——兼论出土文献中的颛顼与摄提》，《江汉考古》1993年第1期，第86页。

⑤ 邬国义等：《国语译注》，上海古籍出版社1999年版，第488页。

⑥ 邬国义等：《国语译注》，上海古籍出版社1999年版，第557页。

⑦ 何宁：《淮南子集释》，中华书局1998年版，第370页。

⑧ 何宁：《淮南子集释》，中华书局1998年版，第195页。

“摄提六星”居于“大角”两旁，为斗杓所指。夏历正月的初昏，斗杓所指与“摄提六星”在星空中居于“寅宫”，是为建寅，因而“斗杓”在此与“摄提六星”是等效的。以斗杓建正的历法比较古老，《夏小正》之“正月”已有记载。朱熹《楚辞集注》：“摄提，星名，随斗柄以指十二辰也。”近现代也有学者认为《离骚》中的“摄提”是“大角旁的摄提六星”。

4. 岁星摄提

“岁星”今称木星，是夜空中仅次于金星而与火星类似的亮星，它易于观察，是古代历法的标志天体。其运行规律与地球公转有相对稳定的关系，即每岁由西向东前进一个星次。木星与地球的轨道会合周期约为398.9天。木星冲日时地球位于木星和太阳中间，三者成一条直线。此时，木星距离地球最近，亮度最大。冲日前后各有2个月的逆行期。这是地球和岁星之间公转速度不同所造成的视觉误差。

“岁星”又名“摄提”。

《夏小正》：

正月，鞠则见，岁再见，初昏参中，斗柄悬在下。……四月，昴则见，初昏，南门正，岁再见。①

《史记·天官书》：

岁星，一曰摄提，曰重华，曰应星，曰纪星。②

《淮南子·修务训》：

摄提、镇星，日月东行。③

其“摄提”与镇星（土星）并举，说明“摄提”是“岁星（木星）”之别名。

张衡《灵宪》：

摄提（木星）、荧惑（火星）、地候（土星）见晨，附于日也。④

《五星占·木星占》：

岁星以正月与营室（晨出东方，其名曰摄提格。其明岁以二月与东壁晨出东方，其名）为单阏。⑤

《开元占经》：

石氏曰：岁星，他名曰摄提，一名重华，一名应星，一名经星。⑥

现代不少学者都认为“摄提贞于孟陬”的“摄提”即“岁星”。

（二）“岁名摄提格”的表述

“摄提格”是岁名，与星名“摄提”词义明显不同。

1. 太岁（岁阴）在寅，岁名曰摄提格

《尔雅·释天》：

大岁在寅曰摄提格。

《淮南子·天文训》：

太阴在寅，岁名曰摄提格。

《史记·天官书》：

摄提格岁：岁阴左行在寅。

《汉书·天文志》：

太岁在寅曰摄提格。

王逸注《离骚》曰：

太岁在寅曰摄提格。

---

① 高明：《大戴礼记今注今译》，台湾商务印书馆1977年版，第61、82页。

② 司马迁：《史记》，岳麓书社1988年版，第192页。

③ 何宁：《淮南子集释》，中华书局1998年版，第1334页。

④ 范晔：《后汉书·天文志》，中华书局1965年版，第3217页。

⑤ 何幼琦：《试论〈五星占〉的时代和内容》，《学术研究》1979年第1期，第81页。

⑥ 瞿昙悉达编：《开元占经》（上册），岳麓书社1994年版，第241页。

2. 岁星正月与“某星宿”晨出东方，岁名为摄提格

“正月”有周历（天正）、夏历（人正）等不同的“月”。

天正以冬至为岁首，正月建子，“以岁星在星纪为摄提格”。如《史记·天官书》：“以摄提格岁：岁阴左行在寅，岁星右转居丑。正月（建子），与斗、牵牛晨出东方，名曰监德。”

人正以立春为岁首，正月建寅，“以岁星在陬訾为摄提格”。如《太初历》中五星占和木星占：“岁星以正月（建寅）与营室晨出东方，其名曰摄提格。”

（三）“人正历”与“天正历”

何幼琦：

> 人正历用太岁纪年，其要点是，摄提格岁，太岁在寅，岁星舍营室，以正月（建寅）与之晨出东方。天正历用太阴纪年，其要点是，摄提格岁，太阴在寅，岁星居丑，以正月（建子）与斗、牵牛晨出东方。《夏正》甲寅元，即上文说的太岁在寅的摄提格岁，具体年份是公元前363年。《殷历》甲寅元，即上文说的太阴在寅的摄提格岁，其具体年份是公元前365年。①
>
> 商、周两代都以冬至为岁首，以建子为年始（正月），冬至一定在正月（农历十一月）内，通称天正，以《周正》为代表。西周时晋国以立春为岁首，以建寅为年始，正月朔日总是在立春前、后十五日以内，这就是《夏正》，通称人正。……当岁次纪年发展到战国时，《夏正》用太岁纪年，以岁星居亥（室、壁），太岁在寅为摄提格岁，定为甲寅元；《周正》用太阴纪年，以岁星居丑（斗、牛），太阴在寅为摄提格岁，也定为甲寅元。同一个岁名，《周正》比《夏正》要早二年。②

（四）《汉书·天文志》的错误

《汉书·天文志》“星岁纪年”表

太岁所在	岁名	岁星 晨出东方				
		月次	石氏		甘氏	太初历
			名	所在星舍	所在星舍	所在星舍
寅	摄提格	正	监德	斗、牵牛	建星、婺女	营室、东壁
卯	单阏	二	降入	婺女、虚、危	虚、危	奎、娄
辰	执徐	三	青章	营室、东壁	营室、东壁	胃、昴
巳	大荒落	四	路踵	奎、娄	奎、娄	参、罚
午	敦牂	五	启明	胃、昴、毕	胃、昴、毕	东井、舆鬼
未	协洽	六	长烈	觜觿、参	参、罚	注、张、七星
申	涒滩	七	天晋	东井、舆鬼	弧	翼、轸
酉	作噩	八	长壬	柳、七星、张	注、张	角、亢
戌	阉茂	九	天睢	翼、轸	七星、翼	氐、房、心
亥	大渊献	十	天皇	角、亢始	轸、角、亢	尾、箕
子	困敦	十一	天宗	氐、房始	氐、房始	建星、牵牛
丑	赤奋若	十二	天昊	尾、箕	心、尾	婺女、虚、危

引自斯琴毕力格《太初历再研究》表3—6③

《汉书·天文志》保留了很多战国时代的《石氏》《甘氏》等资料，很宝贵。但是，因班固坐窦氏事，卒于洛阳狱，《天文志》多是不懂天文历法的马续编写，他不顾正月有建子和建寅的区别，“天正

① 何幼琦：《关于“摄提·庚寅”的推算与屈原的生辰问题》，《学术研究》1980年第2期，第69—70页。

② 何幼琦：《论楚国之历》，《江汉论坛》1985年第10期，第76页。

③ 斯琴毕力格：《太初历再研究》，内蒙古师范大学硕士论文，2004年，第22页。

历用太阴纪年，人正历用太岁纪年”，将“太岁”作为太阴、岁阴的公名，把《石氏》《甘氏》《太初历》各家有别之“星岁纪年”法，混而为一。

《天文志》以“《石氏》曰”为基干，录以“《甘氏》《太初历》所不同者”，前提都是“太岁在×，岁星在×晨出东方”。例如：“太岁在寅曰摄提格，岁星正月晨出东方，《石氏》曰名监德，在斗、牵牛，《甘氏》在建星、婺女。《太初历》在营室、东壁……”

这是造成后人对“星岁纪年”误解的重要原因。加之东汉实行了干支纪年，星岁纪年不那么重要了，以后的注释家如许慎、服虔、晋灼、贾公彦等，都承袭了《天文志》“混而为一”的错误。

《汉书·天文志》错误主要有三：

1. 把非同年的岁名（摄提格等）错误地并在一起

《石氏》《甘氏》用的是天正“以岁星在星纪（斗、牵牛）晨出东方为摄提格”，而《太初历》用的是人正“以岁星在陬訾（营室、东壁）晨出东方为摄提格”。这两个“摄提格年”并不相同，也就是说同岁名的“摄提格……赤奋若”年，对不同历法并不是同一年份，《天文志》却错误地把它们混而为一。

潘啸龙说：

> 无论是夏正岁星纪年，还是周正岁星纪年，两书所述的“摄提格”“单阏”岁等十二岁名要求的岁星所居之宫，却是相同的：岁星只有居于“星纪宫”（即斗、牵牛所居之宫）亦即“丑宫”，方可称此岁名为“摄提格岁”。《五星占》及《太初历》虽然规定以岁星与营室于正月晨出东方为摄提格，但此非古法。①

潘氏也是把“不同历法、不同的摄提格年”混为一谈。他还抛弃了周正摄提格年“岁星以子月与之晨出东方”这个的必要条件。而《五星占》及《太初历》“夏正摄提格年”的必要条件，则是“岁星以正（寅）月与营室晨出东方，其名曰摄提格”。潘氏的所谓“此非古法”并没有触及问题的实质。

2. 把建子和建寅“同月名（正月……十二月）”而并非“同月”者合而为一

《石氏》《甘氏》用“正月建子”，《太初历》用“正月建寅”。月建不同的历法，月份的时间是不一样的。《天文志》把相差两个多月的、不同历的月次（正月等）混而为一。

3. 把“不同时间的太岁位置、岁星所在星舍”并立在一起

《天文志》把《石氏》《甘氏》与《太初历》中岁名（摄提格等）、月名（正月等）虽然名相同，然而年、月实不相同的“太岁位置”“岁星所在星舍”，错误地并立在一起记叙。例如：“太岁在寅曰摄提格。岁星正月晨出东方，《石氏》曰名监德，在斗、牵牛。失次，杓，早水，晚旱。《甘氏》在建星、婺女。《太初历》在营室、东壁……”

（五）甘氏摄提格之岁、摄提格在寅、岁星在丑之误

瞿昙悉达《开元占经》：

> 甘氏曰：摄提格之岁，摄提格在寅，岁星在丑，以正月与建、斗、牵牛、婺女晨出于东方……②

这是把“摄提格”与“摄提”混为一谈，没有文献依据。

刘坦对此有个评说：

> “开元占经”之甘氏星法，独以“摄提”为纪，试疏其义。如以其“摄提”为摄提格，则其所云：摄提格之岁，摄提在寅，实不通于摄提格；以其“摄提”为岁星，则其于“摄提在寅”之下云“岁星在丑”，固又不通于岁星；以其“摄提”为大角两旁之摄提，则大角两旁之摄提，只“直斗杓所指，以建时节”，并不纪岁，故亦不可通。③

《史记·天官书》曰：

> 以摄提格岁，岁阴左行在寅，岁星右转居丑。正月，与斗、牵牛晨出东方，名曰监德。④

---

① 潘啸龙：《摄提·孟陬和屈原生年之再探讨》，《中州学刊》1985年第4期，第72页。

② 瞿昙悉达：《开元占经》（上册），岳麓书社1994年版，第243—247页。

③ 刘坦：《中国古代之星岁纪年》，科学出版社1957年版，第8页。

④ 司马迁：《史记》，岳麓书社1988年版，第190页。

《天官书》是“岁阴左行在寅”，甘氏为“摄提（格）在寅”。二者的这个差异当是瞿昙悉达之误。只有把瞿昙悉达《开元占经》甘氏的“摄提（格）”改为“岁阴（左行）”才说得通。试分析之。

第一，假如甘氏之“摄提，与岁星为二”，也就是“摄提（格）”实指“岁阴”，则与《开元占经》中石氏曰“岁星，他名曰摄提、一名重华、一名应星、一名经星”① 自相矛盾，两者必有一错。

第二，《开元占经》的“石氏曰：岁星，他名曰摄提”，有《史记·天官书》《淮南子·修务训》、张衡《灵宪》等权威文献为证。假若《开元占经》甘氏的“摄提”是指“岁阴”，既没有相应的依据，又造成“摄提”之义的混乱。

第三，甘氏之“□□之岁，‘摄提（格）’在□，岁星在□”之记，若按《天官书》等“岁星，一曰摄提”之说，则“‘摄提’在□，岁星在□……”就成了“岁星既在□，岁星又在□”一系列“岁星”同时在两处的谬误。

第四，班固《天文志》中引用了一系列《甘氏》之文，并没有《开元占经》之“摄提（格）在□，岁星在□……”的说法，可见它很可能是后人的误录。

第五，《史记》和《汉书》所引甘、石之文，其可靠性远比瞿昙悉达《开元占经》高。只有把其中甘氏曰之“摄提（格）在□，岁星在□……”的“摄提”，按《史记》和《汉书》之引文改为“岁阴（或太岁）”，这些“甘氏曰”才有存在的价值。

第六，《开元占经》中还有其他“唐人伪托”之例。

刘坦说：

> 按朱文鑫“天文考古录，问字堂天文著述论”，据孙星衍“天官书补目”（见孙氏《问字堂集》卷六）“四辅”下的注释：“甘氏有云‘四星抱北极枢’按即后句四星”推定“开元占经”所见甘氏之言，系唐人伪托。②

朱文鑫则指出：

> 盖唐时以天枢为极星，故四辅旁近，有抱极之象，李淳风撰晋隋两志，即以抱极四星为四辅。周秦之际，以帝为极星，四辅去极较远，甘公为战国时人，不得曰四辅抱极。显系唐人之语。③

可见，《开元占经》中甘氏的“摄提（格）”乃“岁阴”之误。

（六）“太岁、太阴”与“摄提、岁星”不是名异而实同

清人王引之曰：“论太岁之名有六，名异而实同。”④ 太岁所以纪岁也，其名有六：太岁一也，太阴二也，岁阴三也，天一四也，摄提五也，青龙六也。《淮南子·天文篇》曰：“天之贵者，莫贵于青龙，或曰天一，或曰太阴。”《尔雅》谓之太岁，《史记·天官书》谓之岁阴，《甘氏星经》谓之摄提。其实一也。

周秉高先生说：

> 《尔雅》曰：“太岁在寅曰摄提格。”《淮南子·天文训》曰：“太阴在寅，岁名曰摄提格。”游先生引石氏《星经》曰：“摄提格之岁，摄提在寅。”据此可知，“太岁”“太阴”“摄提”三词本是同一星体（今称之为木星）之不同名称。“岁星”有很多别名。《史记·天官书》载：“岁星一曰摄提，曰重华，曰应星，曰纪星。”如前所述，还有“太岁”“太阴”“岁阴”等。⑤

《史记》《淮南子》《汉书》《尔雅》等书中的“太岁、岁阴”与“岁星、摄提”从来没有混淆过。“太岁、岁阴”和“摄提、岁星……是同一星体”之论，显然与这些文献抵牾。

周先生为了证明“摄提为太岁”（数名之一），以明顾起元《说略·卷一》之“木星故曰岁星，张衡复名曰摄提”为据，认定“岁星曰摄提”始于张衡，而疑《史记·天官书》“岁星一曰摄提”为后人

① 瞿昙悉达：《开元占经》（上册），岳麓书社 1994 年版，第 241 页。

② 刘坦：《中国古代之星岁纪年》，北京科学出版社 1957 年版，第 7 页。

③ 朱文鑫：《天文考古录》，商务印书馆 1933 年版，第 129—130 页。

④ 王引之：《经义述闻·太岁考》，商务印书馆 1935 年版，第 1133 页。

⑤ 周秉高：《楚辞星宿考》，《光明日报》2007 年 7 月 6 日。

窜入，似乎缺乏依据。

顾起元《说略·卷一》曰：

五星二十八宿皆有异名，木星故曰岁星，张衡复名曰摄提，曰应星，曰纪星，盖以木乃东方之精，苍帝之子，故以名之。①

此论并不一定就是说“岁星曰摄提始于张衡”。即便有这个意思，怎么能用明人的说法来否定《史记·天官书》《淮南子·修务训》《开元占经·石氏》和张衡《灵宪》等记载中的“岁星即摄提”，这个古籍中一致的结论呢？

（七）“摄提格是特有的‘司岁’之名”吗？

陶磊在《〈淮南子·天文〉研究》书中，既认同王引之的“摄提”为太岁数名之一，又说“当岁星以正月与营室晨出东方，此岁星名曰摄提格；摄提格是特有的‘司岁’之名”，又说《淮南子》用太阴标示岁星位置，《汉志》用太岁，《史记》用岁阴，甘氏用摄提，“四者中惟摄提为实物，其余皆为虚拟之神，从事物发展的一般规律看，摄提当出现最早。摄提者，直斗杓所指，以建时节，故曰摄提格，摄提的运行象征北斗的运行。用摄提指示岁星位置即是用北斗指示岁星位置”。②

陶磊说的实质是把甘氏的“摄提”，指认为大角两旁的“摄提六星”。这既说不通甘氏之文，又不能自圆其说。因为“摄提六星”为恒星，它在天区中的位置基本上不变，不可能“摄提格之岁”在“寅”，“单阏之岁”在“卯”……十二年一周天。

清华简《耆夜》有：

月有成缺，岁有歇行。③

《国语·周语下》：

昔武王伐殷，岁在鹑火，月在天驷，日在析木之津，辰在斗柄，星在天鼋。

《晋语·四》：

晋之始封也，岁在大火。④

这些会“行”的“岁”只能是“岁星”，不可能是“摄提六星”。

若是按陶磊的另一种说法：“此岁星名曰摄提格，摄提格是特有的‘司岁’之名”来解释甘氏的“摄提格之岁，摄提格在寅，岁星在丑，以正月与建、斗、牵牛、婺女晨出于东方”，其文意也不通。因为采用“岁星名=摄提格”，同样存在“摄提格（岁星）在寅，岁星在丑”，即岁星同时在两处的谬误。

（八）岁星与太阴相应也皆十二岁而周于天地

《淮南·天文训》：

太阴在四仲，则岁星行三宿；太阴在四钩，则岁星行二宿。二八十六，三四十二，故十二岁而行二十八宿。

子午、卯酉为二绳，丑寅、辰巳、未申、戌亥为四钩。东北为报德之维也，西南为背阳之维，东南为常羊之维，西北为蹄通之维。⑤

马王堆汉墓帛书《五星占》有类似记述：

岁星与太阴（相）应也。大阴居维辰一，岁星居维宿星二；大阴居中（仲）辰一，岁星居中（仲）宿星三。……皆十二岁而周于天地。⑥

这些记载反映了古人“天道曰圆，地道曰方”“岁星行于天，太阴行于地”的概念。地方才有四方之中、四边之角共十二方位。岁星行于天之二十八宿，可与太阴行于地的十二辰相对应（见下表）。

岁星行二十八宿与太阴在十二辰位的对应关系表：

---

① 顾起元：《说略》，蒋国榜辑《金陵丛书·丁集》，台北大西洋图书公司1970年版。

② 陶磊：《〈淮南子·天文〉研究》，齐鲁书社2003年版，第79、94页。

③ 子居：《清华简〈耆夜〉解析》，《学灯》2011年10月第4期。

④ 邬国义等：《国语译注》，上海古籍出版社1994年版，第99、293页。

⑤ 何宁撰：《淮南子集释》，中华书局1998年版，第188—189、207页。

⑥ 马王堆汉墓帛书整理小组：《马王堆汉墓帛书〈五星占〉释文》，《中国天文学史文集》，科学出版社1978年版，第5—6页。

孟钩（各二宿）	仲辰（各三宿）	季钩（各二宿）
［东北］星纪（丑　斗牛）	［北］玄枵（子　女虚危）	［西北］陬訾（亥　室壁）
［西北］降娄（戌　奎娄）	［西］大梁（酉　胃昴毕）	［西南］实沈（申　觜参）
［西南］鹑首（未　井鬼）	［南］鹑火（午　柳星张）	［东南］鹑尾（巳　翼轸）
［东南］寿星（辰　角亢）	［东］大火（卯　氐房心）	［东北］析木（寅　尾箕）

岁星自东北星纪（二宿）→北（三宿）→西北（四宿）→西（三宿）→西南（四宿）→南（三宿）→东南（四宿）→东（三宿）→东北析木（二宿）。十二岁行十二次、二十八宿。

所谓“太阴在四仲”，即太阴在“子、酉、午、卯”四个辰位，位于北、西、南、东四方之正中。“岁星行三宿”，即岁星在玄枵（女虚危）、大梁（胃昴毕）、鹑火（柳星张）、大火（氐房心）各对应三个星宿，四次共行十二星宿。所谓“四钩”即四角：“寅、丑（东北），亥、戌（西北），申、未（西南），巳、辰（东南）。”“太阴在四钩，则岁星行二宿”是说：与太阴在四钩相对应，岁星行经（四孟钩、四季钩）这八次，每次二宿，共行十六星宿。

（九）“孟陬殄灭，摄提失方”之解

古籍中多处提到“孟陬殄灭，摄提失方”，如《史记·历书》：

> 而闰余乖次，孟陬殄灭，摄提无纪，历数失序。

《汉书音义》集解：

> 正月为孟陬。闰余乖错，不与正岁相值，谓之殄灭。索隐按：正月为陬。……楚辞云摄提贞乎孟陬。言历数乖误，乃使孟陬殄灭，不得其正也。①

《大戴礼记·用兵》：

> 历失制，摄提失方，邹（即陬）大无纪。②

《汉书·律历志》：

> 其后三苗乱德，二官咸废，而闰余乖次，孟陬殄灭，摄提失方。尧复育重、黎之后，使纂其业，故书曰：乃命羲、和，钦若昊天，历象日月星辰，敬授民时。孟康曰：以岁之余日为闰，故曰闰余。次，十二次也。史推历失闰，则斗建与月名错也。正月为孟陬。历纪废绝，闰余乖错，不与正岁相值，谓之殄灭也。孟康曰：正月为孟陬。历纪废绝，闰余乖错，不与正岁相值，谓之殄灭也。孟康曰：摄提，星名，随斗杓所指建十二月，若历误，春三月当指辰而乃指巳，是为失方也。③

《汉书》刘向《复上奏灾异书》：

> 故历失，则摄提失方，孟陬无纪……孟康曰：“摄提，星名也。随斗杓所指建十二月，历不正，则失其所建。首时为孟，正月为陬。”④

这些“孟陬”和“摄提”皆相属为文，其摄提为大角旁六星，当是星岁纪年盛行时的习惯用语。古人用词多精准，若陬已指明是正月了，就用不着再冠以孟。把孟陬释为正月并不妥帖。

孟康曰：“正月为孟陬。历纪废绝。”裴骃集解之“孟陬为正月”，今人陈久金“孟陬即指正月，并无娵訾之意”⑤，似乎皆可商榷。

《尔雅·释天》：“正月为陬。”

清郝懿行《尔雅义疏》说：

> 陬訾，星名，即营室、东壁。正月日在营室，日月会于陬訾，故以“孟陬”为名。⑥

郝懿行正可为“歪打正着”。“陬”指陬訾，在十二辰中属寅，包括二十八宿中的营室、壁。“营

① 司马迁：《史记》（十卷本），中华书局1959年版，第1095页。

② 高明：《大戴礼记今注今译》，台湾商务印书馆1977年版，第399页。

③ 班固：《汉书》（简体本），中华书局1999年版，第843页。

④ 班固：《汉书》（简体本），中华书局1999年版，第1525页。

⑤ 陈久金：《屈原生年考》，《社会科学战线》1980年第2期，第269页。

⑥ 郝懿行：《尔雅义疏》，上海古籍出版社1983年版，第751页。

室”是“陬訾”的第一宿，故称“孟陬”，这才是正解。而郝氏再沿用孟康的“正月为孟陬”，如此画蛇添足，反而不对了。

《历书》和《律历志》的“闰余乖次”已经表述了“推历失闰”，使“斗建与月名错也”，就不需要再说“正月殄灭”了。更何况历法失当，正月总是有的，不会“殄灭”。故“孟陬殄灭，摄提无纪”是说孟陬（陬訾第一宿营室）和摄提（大角两旁六星）这些星宿的指示，与其时的年、月“不得其正”，可以说“殄灭、无纪”。可见把孟陬解释为陬訾的第一宿营室，不但合情合理、合于语法，而且用它解释《离骚》《历书》《律历志》等都很适宜。而且，汉和前汉的古籍中并没有用孟陬代指正月的例证。例如，

《史记·历书》：

> 昔自在古，历建正作于孟春。

《天官书》：

> 摄提格岁，太岁左行在寅，岁星右转居丑（星纪），以正月与斗、牵牛晨出东方，名曰监德。

它们提到“建正”和“星岁纪年”，用的是“孟春”和“正月”，没有用“孟陬”。

三、《离骚》中的“摄提贞于孟陬”

（一）前人对“摄提贞于孟陬”的解译

前人对《离骚》“摄提贞于孟陬兮”的分歧，可简括为：

1. 摄提是摄提格的省称

王逸注：“太岁在寅曰摄提格。孟，始也。贞，正也。于，于也。正月为陬。”① 很多人把它理解为：屈原受格律限制，将摄提格岁简称为摄提，孟陬就是孟春之陬的缩语。② 如此解释其实难以圆通。其一，这样解释放到诗中就成了：“‘寅年’贞于‘正月’”，其文义显然不通。正如朱熹所说：如果摄提“必为岁名，则其下少一格字，而贞于二字亦为衍文矣”。③ 其二，既然正月为陬，其上就用不着冠以孟字。假如受格律限制，要将摄提格岁简称摄提，为何不用摄提格贞于陬兮，反而将陬（正月）烦琐化为孟陬呢？其三，古人行文简练似乎不会用孟春之陬（其意为“正月之正月”）这样累赘的用语。其四，孟是第一，仲是第二……若把陬释为正月，孟陬就成了第一正月。难不成还有仲陬——第二正月？可见此解既缺乏依据，文理也不通。

2. 摄提是亢宿六星

以朱熹为代表的：月日虽寅，而岁则未必寅也。盖摄提自是星名，即刘所言“摄提失方，孟陬无纪”，而注谓“摄提之星，随斗柄以指十二辰”者也。其曰摄提贞于孟陬，乃谓斗柄正指寅位之月耳，非太岁在寅之名也。④

刘操南说：

> 王逸释摄提是寅年，孟陬是正月。那么，这话释成：寅年贞于正月兮，怎样解释呢？因为穿凿附会，全句就说不通了。《离骚》“摄提贞于孟陬兮，惟庚寅吾以降”一语，朱熹解释，只知屈原生于寅月庚寅日，科学性是强的。至于误信王逸，以摄提为太岁在寅的名称，因说屈原生于寅年寅月寅日，以三寅入算，推究屈原生年，那是徒费笔墨而已。⑤

还有人在摄提是摄提六星的基础上，说其“贞（正）”之意即立春日。孟为上旬，孟陬为正月上旬，故贞于孟陬为正月上旬立春之日。

这些论说的不足，正如汤炳正指出的：“古代礼俗很重视命名之礼”“而在命名的同时必记录诞生的时日，这时日必须是年、月、日三者齐全”。故朱熹以为《离骚》之摄提只纪月而不纪年，“不仅跟

① 洪兴祖：《楚辞补注》，中华书局1983年版，第3页。
② 何幼琦：《关于“摄提·庚寅”的推算与屈原的生辰问题》，《学术研究》1980年第2期，第68、72页。
③ 朱熹著，蒋立甫校点：《楚辞集注》，上海古籍出版社2001年版，第170页。
④ 朱熹著，蒋立甫校点：《楚辞集注》，上海古籍出版社2001年版，第169—170页。
⑤ 刘操南：《〈楚辞〉札记四则·“屈原生年说”》，《杭州大学学报》（社科版）1962年第1期，第121页。

古代礼俗不合，也跟《离骚》首段上下文义相乖离”。①

3. 摄提是太岁

孙星衍《问字堂集》（卷一）“太岁、岁星行二十八宿表”：

按“天文训”之太阴，“天官书”谓之岁阴、“天文志”谓之太岁、甘氏谓之“摄提”，是以摄提代太岁。《楚辞》之“摄提贞于孟陬”，即太岁建寅也。②

前文已叙摄提不是太岁，故其“以摄提代太岁、太岁建寅”等，难以成立。

周秉高则说：

摄提是《史记·天官书》所载“东宫”角宿之旁一组星体（六星）的本名，岁星、岁阴、太阴、太岁等名称是古代星占家们纪年时在六壬栻盘推演过程中用以指代摄提星的不同称呼，名虽有异，但所指相同。③

具体到《离骚》摄提贞于孟陬兮……摄提，星名，随斗杓所指建十二月……王逸曰：“贞，正也。”何谓“正”？答曰：“以建寅为正。”……既然“以建寅为正”，那么，“摄提贞”即“摄提建寅”，或曰“摄提在寅”。王逸……将“摄提贞”释为“太岁（即摄提）在寅”，即“摄提格”，因此，‘摄提’自然就是星名。人们实在不应该把王逸当作‘以摄提为岁’说的代表，乃至讹传千年！要之，“摄提”为星名，而非纪岁；“摄提贞”才为“摄提格”，即“纪岁”。④

首先，把“贞”解释为“建寅、在寅”，进而说“‘摄提贞’才为‘摄提格’”这难以通顺。其次，把“岁阴、太岁与岁星摄提”等同并不正确。至于把“角宿之旁的摄提六星”与“太岁、岁星”混为一谈，就比孙星衍走得更远了。因为“摄提”若是指“角宿之旁六星”，它既不可能“在寅”，更与年名“摄提格”无关。

4. 摄提是岁星

汤炳正：

《离骚》所谓“摄提贞于孟陬兮，惟庚寅吾以降”，“摄提”指年，“孟陬”指月，“庚寅”指日。这句话的意思就是说；岁星恰恰出现于孟春正月的那个月、庚寅这一天我降生了。⑤

汤氏的“‘摄提’即岁星”可信，只是把“孟陬”解为“孟春正月”似乎并不确切。

（二）摄提格不能省作摄提

“太岁在寅曰摄提格”是各文献一致的记载。摄提格是岁名，摄提是岁星名，也是文献记载都很明确的。两者词义各有所当，互不相通。在使用星岁年名的汉代和前汉文献中并没有摄提格省作摄提之例。

游国恩在《离骚纂义》中说：

甘氏《星经》云，摄提格之岁，摄提在寅，岁星牵牛婺女。则摄提为太岁，与岁星为二。韩非子饰邪篇亦分摄提、岁星为二……而《修务训》高诱注云，岁星在寅曰摄提。又《后汉书·张纯传》摄提之岁，苍龙甲寅。是摄提格本又可称摄提，……摄提之为纪岁，而非星名。⑥

游国恩认为：甘氏之论的“摄提为太岁，与岁星为二”，只有如此，甘氏之论才有存在价值。前文已叙，根据《史记》和《石氏》记载“摄提与岁星为一”，故“摄提与太岁”不能等同。甘氏的“摄提”乃“岁阴（太岁）”之误。至于“韩非子饰邪篇亦分摄提、岁星为二”，这个问题前文已有交代。《饰邪》所举神名与星名同现，其“摄提”可能是神名，也可能是大角两旁的“摄提六星”。故《饰邪》之“摄提、岁星为二”，不能作为“摄提为太岁”的证据。

① 汤炳正：《屈赋新探》，齐鲁书社 1984 年版，第 36 页。

② 孙星衍：《孙渊如先生全集》，台湾商务印书馆 1968 年版，第 29 页。

③ 周秉高：《摄提、太岁及其他》，《职大学报》2008 年第 4 期，第 36 页。

④ 周秉高：《楚辞星宿考》（上），《光明日报》2007 年 7 月 6 日。

⑤ 汤炳正：《屈赋新探》，齐鲁书社 1984 年版，第 36—37 页。

⑥ 游国恩：《离骚纂义》，中华书局 1980 年版，第 16—17 页。

《修务训》高诱注：

岁星在寅曰摄提。

《淮南子·修务训》原文是：

江河之回曲，亦时有南北者，而人谓江河东流；摄提、镇星、日月东行，而人谓星辰日月西移者，以大氐为本。①

此处摄提与镇星并举，皆为行星名，与岁名摄提格无关。况且，从高诱注中也得不到“摄提格本又可称摄提”的结论。因为“岁星在寅”“岁名”不是“摄提格”，而是“赤奋若”。从《修务训》的本意看“高诱注”应当是“岁星曰摄提”才说得通。

有人说：“高诱此注的本义……即：‘岁星在寅，其名曰摄提。’”② 此说不确。因为“岁星曰摄提”与岁星的位置无关，不论岁星“在寅”或“不在寅”，均可曰摄提。

《后汉书·张纯传》：“摄提之岁，苍龙甲寅。”

此处当指建武三十年“摄提格之岁，太岁在甲寅”。

《张纯传》其“摄提之岁”或是脱“格”字，或是作者对“摄提格”有误解而省略了“格”字?可存疑。若仅以此一例作为在使用“星岁纪年”的年代，其时“摄提格可省作摄提”的依据，例证似乎太过单薄。

（三）摄提是岁星，孟陬指营室

《史记·天官书》云：“岁星，一曰摄提。”《离骚》的摄提是星名。但是，它并非朱熹“随斗杓所指以建时节”的“摄提六星”，而是如汤炳正所说：屈赋的摄提是指岁星摄提。

汤炳正又说：

贾谊在《鹏鸟赋》里曾写道：“单阏之岁兮，四月孟夏；庚子日斜兮，鹏集予舍。”这显然是从《离骚》“摄提贞于孟陬兮，惟庚寅吾以降”的叙述方法而来的。这里所叙述的年、月、日是齐全的……则“摄提”指年，“孟陬”指月，“庚寅”指日……《离骚》里“摄提贞于孟陬兮，惟庚寅吾以降”这句话的意思就是说：岁星恰恰出现于孟春正月的那个月、庚寅的这一天我降生了。这里虽然没有正面提出诞生之年，但从上文的论证中知道：凡夏历正月岁星晨出东方，正标志着这一年必然是所谓“太岁在寅”之年。③

汤氏的解释已接近完美，可惜他还是按照陈说把孟陬解释为孟春正月。

饶宗颐也有类似说法：

摄提贞于孟陬，即岁星恰值孟陬正月时节。

然而从语意上说摄提（岁星）贞于正月并不融通，更重要的是，夏正的星岁纪年是：“岁星以正月与营室晨出东方，其名曰摄提格。”（《五星占》）汤、饶两位的解释都缺失了“营室”这个必要条件。

周言先生说《楚辞·离骚》曰：

摄提贞于孟陬兮，惟庚寅吾以降。案，《史记·天官书》云：“岁星，一曰摄提”，则“摄提贞”即“岁贞”。又，孟陬（取陬訾）包括了二十八宿中的（营）室、壁两宿，在十二辰中属寅。所以，此句意为降生恰逢寅年、寅月、寅日年、月、岁皆得阴阳之正。很明显《尔雅·释天》“陬为正月”之说源于此，而且若陬为正月，则孟陬就同义反复了。④

周言之解优于王逸、朱熹、汤炳正等先贤之说，既可容纳前贤之长，又能避免各说之短。

（四）《离骚》“摄提贞于孟陬”不用周正

《长沙帛书》《九店楚简》《睡虎地秦简》和《楚辞》等资料证明楚民历、官历都不用周正，《离骚》的“摄提贞于孟陬”不可能用周正。（见本书《楚历考》）

周正之“星岁纪年”是：“岁星居‘星纪’周正正月与日晨出东方为‘摄提格岁’”。如《史记·

① 何宁：《淮南子集释》，中华书局1998年版，第1334页。

② 周秉高：《楚辞星宿考》（上），《光明日报》2007年8月10日。

③ 汤炳正：《历史文物的新出土与屈原生年月日的再探讨》，《屈赋新探》，齐鲁书社1984年版，第23—47页。

④ 周言：《利簋铭文“岁鼎”补释》，《华东师范大学学报》（社科版）2000年第5期，第121页。

天官书》："摄提格岁，太岁左行在寅，岁星右转居丑，以（周正）正月与斗、牵牛晨出东方，名曰监德。"①

夏正的"星岁纪年"是：岁星居"訾陬"，夏正正月与日晨出东方为"摄提格岁"。如《五星占》："岁星以正月与营室晨出东方，其名曰摄提格……"②

从前文的分析可知：《离骚》的"摄提贞于孟陬"，只有"摄提"是岁星，"贞于"即"居于"，"孟陬"是陬訾的"营室"，即"岁星居于营室"这才合乎情理。"岁星居于营室"也就是《五星占》"岁星以正月与营室晨出东方，其名曰摄提格"的缩写。这也是《离骚》使用夏历的确证。

潘啸龙说：

> 《离骚》自述屈原降生年、月，既然指明是摄提格岁，则此年必符合"岁星舍斗、牵牛"、以"十一月"（夏正）或"正月"（周正）与之晨出东方的要求。《离骚》未称十一月，（《尔雅》称十一月为"辜"），而称孟陬即正月，可见屈原自述生辰，用的乃是"周正"。有没有可能是夏正正月呢？不可能。因为按地球绕日运转规律，夏正正月太阳正居黄道"娵訾"宫，岁星只能在营室、东壁与日会合而见，而岁名在石氏、甘氏称为"执除岁"并不符合《离骚》指明的"摄提格"岁的情况。③

潘氏把夏正与周正混为一谈，把《离骚》纳入周正，这与楚历的实际、与《离骚》文本皆不相符。

陶磊说：

> 《五星占》"是说当岁星以正月与营室晨出东方，此岁星名曰摄提格，为十二'司岁'之一"，"按照《淮南子·天文》的记载，太阴在寅，岁星舍斗、牵牛，而不是在营室。所以仅凭《五星占》岁星与营室晨出东方定该年为摄提格岁是不可靠的。"④

陶磊此论似乎没有吃透两个文本的异同。

《淮南子·天文训》：

> 太阴在寅，岁名曰摄提格，其雄为岁星，舍斗、牵牛，以十一月与之晨出东方，东井、舆鬼为对。⑤ 使用的是夏正"十一月与之晨出东方"，而《五星占》是标称的"夏正正月与之晨出东方"。其实从"岁星舍斗、牵牛十一月晨出东方"可推算出到夏历的"正月岁星与营室晨出东方"。可见《淮南子》与《五星占》是一致的。

《五星占》的摄提格与别处的摄提格一样，都是岁名，而不是岁星名。陶氏的"岁星名曰摄提格"显然不确，或是采信了"清钱塘《天文训》补注"之误？

《离骚》与《五星占》能互相契合，可见其内容可靠。同时说明楚民间和《离骚》使用夏历，即浦江清的"甲式"。

（五）浦江清等推算的"屈原生辰"

浦江清认为《离骚》"摄提贞于孟陬"使用的是"甲式"（夏正正月与日晨出东方为摄提格岁）。他在1953年发表的《屈原生年月日的推算问题》中，用"木星周天密率倍数法"，考定屈原生于楚威王元年，即公元前339年的夏历正月十四庚寅日。⑥

据何幼琦复核，公元前339年是摄提格岁，其正月丁丑朔，十四日庚寅。他说："这篇文章的研究程序，仍旧是遵循'大胆假设，小心求证'的路线；求证用的基本方法，依旧是'对号入座'的方法。所以，尽管他这个年月日都猜对了，也没人公开支持他的论点。"⑦

潘啸龙说："浦江清运用岁星纪年'甲式'，定屈原生于公元前339年正月十四，则又缺乏屈原时代的证据。"⑧ 前面已有屈原《离骚》使用夏历（即浦江清的"甲式"）的证明，潘氏之论似乎正是

---

① 司马迁：《史记》，岳麓书社1988年版，第190页。

② 刘云友：《中国天文史上的一个重要发现——马王堆汉墓帛书中的〈五星占〉》，《文物》1974年第11期，第34页。

③ 潘啸龙：《摄提·孟陬和屈原生年之再探讨》，《中州学刊》1985年第4期。

④ 陶磊：《〈淮南子·天文〉研究》，齐鲁书社2003年版，第42—43页。

⑤ 何宁撰：《淮南子集释》，中华书局1998年版，第262—263页。

⑥ 浦江清：《屈原生年月日的推算问题》，《历史研究》1954年第1期，第73—97页。

⑦ 何幼琦：《关于"摄提·庚寅"的推算与屈原的生辰问题》，《学术研究》1980年第2期，第68页。

⑧ 潘啸龙：《论"星岁纪年"及屈原生年之研究》，《安徽师范大学报》（社科版）1997年第3期，第323页。

“缺乏屈原时代楚国使用周历的证据”。(详见本书《楚历考》)

关于屈原的生辰专家们的推算很多，例如：清代邹汉勋，近现代刘师培、钱穆、张汝舟、姜亮夫、游国恩、蒋南华等人都认为屈原生于公元前343年夏历正月二十一日。目前尚没有公认的日期。

(六)太岁与太阴有别的问题

根据何幼琦研究，太岁与太阴(岁阴)不同，与其对应的太岁纪年与太阴纪年其摄提格岁也不同。[①] 古代天文学用十二支标注黄道的十二等分，作为行星视运行的恒星背景，叫作十二次。大概在公元前4世纪，有人设计出一种方案，设想在地上有个岁星的对立物，循着十二辰同天上的岁星相应活动，岁星行一次，它行一辰。

这个岁星的对立物，人正派叫太岁，对应太岁纪年。其要点是，摄提格岁，太岁在寅，岁星舍营室，以正月(建寅)与之晨出东方。《夏正》《撷项历》及洛下闳《太初历》都是人正。据何幼琦推算，人正历元是周显王六年(前363年)。

天正派把岁星的对立物叫作太阴或岁阴，对应太阴纪年。其要点是，摄提格岁，太阴在寅，岁星居丑，以正月(建子)与斗、牵牛晨出东方。《左传》反映出的《周正》《鲁历》《殷历》(宋、卫所用)及司马迁编的《汉历》都是天正。据何幼琦推算，天正历元是周显王四年。

何幼琦说：

> 太阴(岁阴)纪年和太岁纪年两派历家虽然都以太岁、太阴(岁阴)在寅的摄提格岁定为历元，由于两者历法不同，一个用人正历，正月建寅；一个用天正历，正月建子，月份上相差两个月。这样人正和天正两个摄提格岁就差了两岁又三个节气。[②]

潘啸龙用周正推算的屈原生辰，虽然与用夏正的《离骚》“摄提贞于孟陬”不符，但其“周正摄提格岁‘正月庚寅日’为夏正(公元)前342年十二月初二”的结论，与浦江清的“夏正摄提格岁‘正月庚寅日’为前339年夏历正月十四”的结论，正好差了两岁又三个节气。

结　论

1. 摄提是多义词，多指摄提六星和岁星(木星)，或可为神名、民族名。

2. 摄提格是岁名，与星名摄提词义不同。摄提格有天正、人正之分。天正以冬至为岁首，正月建子，“以岁星在星纪晨出东方为摄提格岁”；人正以立春为岁首，正月建寅，“以岁星在陬訾晨出东方为摄提格岁”。两个摄提格岁相差两岁又三个节气。

3. 陬即陬訾，包括二十八宿的营室、壁。营室是陬訾的第一宿，故称孟陬。

4. 摄提贞于孟陬，即岁星居于营室，也就是《五星占》“岁星以正月与营室晨出东方，其名曰摄提格”的缩写。摄提格年为寅年，夏历正月为寅月，故《离骚》“摄提贞于孟陬兮，惟庚寅吾以降”即我降生于寅年寅月庚寅日。

---

① 何幼琦：《评乾嘉间关于太岁太阴的一场争论》，《学术研究》1979年第5期，第102—108页。

② 何幼琦：《试论〈五星占〉的时代和内容》，《学术研究》1979年第1期，第83页。

"利簋与屈原生日"商讨

摘要：汤炳正先生认为：记武王伐纣过程的《利簋》"岁鼎克"是说岁星正当十一月晨出东方。如此解释与《武成》《世俘》《周本纪》"二月甲子克商"之记不符。汤先生把《离骚》"摄提贞于孟陬"解释为"岁星贞于正月"，则文义不通。把"孟陬"解释为"孟春正月"也有不当，若"陬"已指正月，又复称"孟"，属同义反复，并不可取。

关键词：屈原；利簋；摄提；孟陬

汤炳正先生1978年发表的《历史文物的新出土与屈原生年月日的再探讨》，有人说此文"破屈原生辰之谜"，似有溢美之嫌。

汤先生说：

> 《利簋》"岁鼎克""岁"指岁星；"鼎"即贞字，训当；"克"与"辜"同字，指十一月。夏正的"十一月为辜"，即周历的正月。……就跟《史记》的"正月甲子昧爽，武王朝至于商郊牧野……"的记载，完全吻合。①
>
> 《离骚》所谓"摄提贞于孟陬兮，惟庚寅吾以降"。则"摄提"指年，"孟陬"指月，"庚寅"指日……这句话的意思就是说：岁星恰恰出现于孟春正月的那个月、庚寅的这一天我降生了。……凡夏历正月岁星晨出东方，正标志着这一年必然是后世所谓"太岁在寅"之年。故古人亦即以此纪年。②

此论与《周书·武成》《召诰》《逸周书·世俘》《史记》等文献不符，似可商榷。

一、"岁鼎克"与武王克商

(一)"岁星正当十一月晨出东方"商榷

对利簋铭文的解读学界分歧很大，前面几句一般释为："武王征商，唯甲子朝，岁鼎克昏夙，有商。"其"岁鼎克"一直未有定论。

汤炳正先生认为：

> "岁鼎克""岁"指岁星；"鼎"即贞字，训当；"克"与"辜"同字，指十一月。这句话是说岁星正当十一月晨出东方，可与《荀子·儒效》"武王之诛纣也，行之日以并忌，东面而迎太岁"，及《淮南子·兵略训》"武王伐纣，东面而迎岁"记载相印证。③

汤先生这样解释，似乎有一厢情愿的意味。

《荀子·第八儒效篇》为：

> 武王之诛纣也，行之日以兵忌，东面而迎太岁，至汜而汎，至怀而坏，至共头而山隧。霍叔惧曰，出三日而五灾至，无乃不可乎？……遂选马而进。朝食于戚，暮宿于百泉，旦厌于牧之野，鼓之而纣卒易乡，遂乘殷人而诛纣。④

《淮南子·兵略训》是：

> 武王伐纣，东面而迎岁，至汜而水，至共头而坠，彗星出而授殷人其柄；当战之时，十日乱于上，风雨击于中，然而前无蹈难之赏，而后无遁北之刑，白刃不毕拔，而天下得矣。⑤

《儒效篇》的"五灾至"史书并没有相关的记载。《兵略训》在此基础上又增补了"彗星出而授殷人其柄""十日乱于上""风雨击于中（下）"，这些"灾异"多是后人捏造。

---

① 汤炳正：《历史文物的新出土与屈原生年月日的再探讨》，《四川师范大学学报》（社科版）1978年第4期，第39、42页。
② 汤炳正：《历史文物的新出土与屈原生年月日的再探讨》，《屈赋新探》，齐鲁书社1984年版，第44、45页。
③ 汤炳正：《历史文物的新出土与屈原生年月日的再探讨》，《屈赋新探》，齐鲁书社1984年版，第42页。
④ 安小兰译注：《荀子》，中华书局2007年版。
⑤ 何宁：《淮南子集释》，中华书局1998年版，第1065页。

《国语·周语》伶州鸠对周景王说：“昔武王伐殷，岁在鹑火。”韦昭注，鹑火之次指张、翼、轸三宿，属于南方。

《尸子》记武王伐纣，鱼辛谏“岁在北方，不北征”，都与“岁星正当十一月晨出东方”之说相违。可见《周语》《尸子》《兵略训》《儒效篇》这些后世的托撰，多相互矛盾，难以印证利簋铭文。

汤先生说“岁在鹑火”，究指何年，不得而知。而且伶州鸠的话，是距武王伐纣几百年之后的追叙，显系时代很晚的、与“分野”说产生之后的附会之谈，绝非原始性的记录。① 可是汤先生所引的《荀子》《淮南子》同样是“距武王伐纣几百年之后的追叙”，绝非原始性的记录。汤先生似乎使用了双重标准。

彭春艳硕士的论文对汤先生有所商榷：

> 假定汤先生断句及释读正确，则有以下矛盾。
>
> 首先，“岁贞辜”与传世文献武王伐商时间记载矛盾。《国语·卷三》“昔武王伐殷，岁在鹑火，月在天驷”，《韦注》“谓武王始发师东行时，殷之十一月二十八日戊子，于夏为十月，是时岁星在张十三度”，明确说明了武王伐商时岁星在鹑火，在殷十一月，夏十月。按汤先生的月名记载应为“岁在阳”，而不应是“岁在辜”。其次，“岁贞辜”与传世文献用语习惯不合。……最后，“岁贞辜”与两周金文记录时间体例不合。……因上述矛盾，汤老释读及论证有待商榷。汤先生释读及论证，有如下可商榷之处。
>
> 首先，“[illegible]”，释“岁”可以，但岁“是根据测星辰实际情景而造的字……是根据人们用岁星运行躔次以纪年月事实而造的字”（《屈赋新探》P25）说法欠妥。“岁，甲骨文从戊，象征镰刀，从步，会迈步收割之意，金文大至同，只是调了个方向”。“岁”本意指收割，引申为一年的收成，再引申为一年，岁月、时光、年龄、计算年龄的量词，后来才引申为岁星。（谷衍奎. 汉字源流字典）……其次，“克”释为“辜”欠妥。汤先生“克从人，古声，其从人，即表示人之能够负荷重任”说法欠妥。“凡人之属皆从人”（《说文解字·卷八上》）和是否能负荷重任没太大关系。“‘辜’从‘辛’得形之字，多含罪孽之意，其本义指当奴隶的罪人服劳役、肩重任”说法不当。“辜者，嫴之省。嫴与保同义。然许君之义，实不专谓罪人”。既然许慎不“专谓罪人”（《古文字诂林》第九册），不能说是“当奴隶的罪人服劳役、肩重任”了。月名“辜”写为“克”于传世文献和出土文献中不见，倒是长沙战国楚帛书月名“辜”写为“姑”。综上，则汤先生“克与辜，从字体结构到意义训诂，都是相通的”结论难以成立。最后，汤先生以周显王三年（前366年）为标准年推屈原生年，利用的木星周期是12年……汤先生将木星周期理想化。②

（二）武王克商在“二月甲子”不在十一月

汤炳正先生说：

> 《史记·周本纪》记武王伐纣的经过的下列一段叙述是值得注意的：“十一年，十二月戊午，师毕渡盟津，诸侯咸会。……二月，甲子昧爽，武王朝至于商郊牧野，乃誓。……”从上文武王九年“观兵”来看，这个“十一年”，当然是指周的十一年；“十二月戊午”当然是指周的十一年“十二月戊午”。因此，下文的“二月甲子昧爽”，从时间上看，不可能在会师盟津，兵迫商郊之际，又驻军一个多月之久到十二年的“二月甲子”才跟纣宣战。所以对“二月甲子”这句话，《史记集解》引“徐广曰：一作正。此建丑之月殷之正月，周之二月也。”考徐广此语，对了一半，也错了一半。他说“二月”的“二”“一作正”，这是对的，但他把“正月”讲成“建丑之月”，又说是“殷之正月，周之二月”，则是错的。因为从《史记》上文看，周在这以前，早已“改法度，制正朔”。因此《史记》前后文既用周的正朔以纪年，不当又用殷的正朔以纪月。所以这里的“二月”虽为“正月”之误，而这个“正月甲子”，却是周的十二年“正月甲子”，亦即建子之月，并非指殷代建丑的正月。周的“正月甲子”上距周的“十二月戊午”，只有七天，这个时间距离是比较合理的。周以农业兴国，为了适应农业主

① 汤炳正：《历史文物的新出土与屈原生年月日的再探讨》，《四川师范学院学报》（社科版）1978年第4期，第49页。

② 彭春艳：《考古发现与屈原生年、仕履、流放研究》，广西民族大学硕士论文，2009年，第3—6页。

产，虽以建子之月为岁首，但言及时令，犹多用夏正纪月。《尔雅·释天》的十二月名，以及上文所引周《诗》的十二月名，历来说者都是用夏正来解释的。夏正的“十一月为辜”，即周历的正月。因此，利簋的“岁贞克”，即指当时岁星正当周正的正月晨出东方。这样，利簋的“斌征商，唯甲子朝，岁贞克，昏夙有商。”就跟《史记》的“正月甲子昧爽，武王朝至于商郊牧野”的记载，完全吻合。①

汤先生所说的，武王伐纣在“周的十二年‘正月甲子’”“《利簋》用‘夏正’纪月”等论断，似有不妥。《史记》记“武王伐纣”，皆为十一年，不是汤先生的“十二年”。汤先生或许是因为疏于核对，其“正月甲子昧爽，武王朝至于商郊牧野……跟《史记》的记载，完全吻合”的结论，并没有实事求是地引用原文，而是用《齐世家》“正月甲子”的差错，剪接到《周本纪》的“（二月）昧爽，武王朝至于商郊牧野”上的结果。汤先生舍弃《周本纪》《周语下》《世俘》等“二月甲子”的正记，把“武王克商”系于“周正正月”，似乎没有说服力。汤先生的利簋把“武王克商”记为“夏正十一月”，更是缺乏依据。从西周记载年月的大量金文看，似乎没有使用“夏正纪事”的例子。

汤先生用周《诗》《尔雅·释天》等后起之文，作为“克”可释“辜”的证据，并以此证明《利簋》用“夏正”纪月，显然缺乏说服力。《尔雅·释天》等“十二月名”是不是周初使用的月名没有证实，把“克”释“辜”缺乏依据，再解为夏正“十一月”更加难以成立。

汤先生认为“岁鼎克”是指：“岁星正当十一月晨出东方。”“利簋的‘岁贞克’，即指当时岁星正当周正的正月晨出东方。”②

“武王克商”是周史中最大的事件，说周人记载此事，既用“周正纪月”，又用“夏正纪月”缺乏依据。更重要的是现有涉及“武王甲子克商”的各类文献，《周书·武成》《召诰》《逸周书·世俘》《国语》《史记》等，记载虽有矛盾，但是，从所记“干支”推算，古今多数学者都认为“甲子克商日”当在（武王十一年）“二月”。从来没有“夏正十一月”的记载。

《汉书·律历志下》引《武成》：

惟一月壬辰，旁死霸，若翌日癸巳，武王乃朝步自周，于征伐纣。粤若来三月（笔者注：应为二月），既死霸，粤五日甲子，咸刘商王纣。

《尚书·泰誓书序》：

惟十有一年，武王伐殷，一月戊午，师渡孟津。

《古本竹书纪年》：

十一年庚寅，周始伐商。

《今本竹书纪年》：

十二年辛卯，王率西夷诸侯伐殷，败之于坶野。

《吕氏春秋·首时》：

（武王）立十二年，而成甲子之事。

《鲁世家》：

十一年伐纣，至牧野。周公佐武王作《牧誓》。

《周本纪》：

十一年，十二月戊午，师毕渡盟津，诸侯咸会。……二月甲子昧爽，武王朝至于商郊牧野，乃誓。

对于这些有矛盾的史料必须进行审核、辨伪。从戊午“师毕渡盟津”到“二月甲子”克商，前后共七日，既然“二月甲子”不误，“戊午”就不可能在十二月。可见《周本纪》之“十二月戊午”，当为“二月戊午”“十”为衍文。汤先生说《周本纪》的“‘二月’为‘正月’之误”，似有“颠倒是非”之嫌。

《齐世家》的“十一年正月甲子，誓于牧野，伐商纣”，其“正月”乃“周二月”之误。

《逸周书·世俘》有：

① 汤炳正：《历史文物的新出土与屈原生年月日的再探讨》，《四川师范学院学报》（社科版）1978年第4期，第41—42页。

② 汤炳正：《历史文物的新出土与屈原生年月日的再探讨》，《四川师范大学学报》（社科版）1978年第4期，第42页。

维四月乙未，武王成辟，四方通殷命有国。惟一月壬辰旁死魄，若翼日癸巳，王乃步自于周，征伐商王纣。越若来二月既死魄，越五日甲子朝，至，接于商。

“既死魄”是指下弦月二十三至二十五，越五日甲子，当在二十七至二十九，而从二月甲子到四月乙未，共计32天，只有甲子为二月二十九前后，乙未才能进入四月。根据《世俘》的干支与月相，甲子克商之日一定是在二月。

还有《国语·周语下》为证，“王以二月癸亥夜阵，未毕而雨”。“二月癸亥”的次日为“甲子”，故“甲子”当是二月。不可能在“正月”，也不可能在十一月。

（三）利簋“岁贞克”跟“摄提贞于孟陬”不相关

汤炳正先生说：

利簋的“岁贞克（辜）”这句话，跟屈赋的“摄提贞于孟陬”说的是同一范畴的问题，都是以岁星的运行标记年月。以屈赋例之，铭文可以引申为“摄提贞于仲辜”；以铭文例之，屈赋可以简化为“岁贞陬”。虽然它们所标记的具体年月不同，而且由于文体各异，字有繁简，但从句子的结构上看，是没有什么区别的。①

根据前面的分析，“岁贞克”与“摄提贞于孟陬”多半不是同一范畴的问题。汤先生的利簋“岁贞克”即“岁星正当十一月晨出东方”的释读及论证，缺乏说服力。

黄震云先生说：

汤炳正认为，陕西临潼出土的铭文“岁鼎克”就是岁贞克，意思是岁星正当11月晨，出东方，也就是岁贞陬，最后说就是“摄提贞是孟陬兮”之意。这两者之间是否如此相等，让人犯疑。考据学是我国传统的学术研究方法之一，如果论据和结论之间不一致，势必失去人们的信任。②

二、怎样理解“摄提贞于孟陬”？

汤炳正先生说：

在命名的同时必纪录诞生的时日，这时日必须是年、月、日三者齐全，这也就是《离骚》所谓“摄提贞于孟陬兮，惟庚寅吾以降”。则“摄提”指年，“孟陬”指月，“庚寅”指日，更与中国古代的礼俗相符合。

《离骚》里“摄提贞于孟陬兮，惟庚寅吾以降”这句话的意思就是说：岁星恰恰出现于孟春正月的那个月、庚寅的这一天我降生了。这里虽然没有正面提出诞生之年，但从上文的论证中知道：凡夏历正月岁星晨出东方，正标志着这一年必然是后世所谓“太岁在寅”之年。故古人亦即以此纪年。③

按照《史记·天官书》：“岁星，一曰摄提……”和《淮南子·修务训》：“摄提、镇星，日月东行……”汤先生把“摄提”解释为“岁星”，自有其依据（这似乎与《利簋》无关）。可是汤先生按照陈说把“孟陬”解释为“孟春正月”似乎不太圆通。若“陬”已指正月，又复称“孟”，属同义反复，并不可取，先秦至秦、汉未见称正月为“孟陬”的用例。把“摄提贞于孟陬”解释为“岁星贞于正月”，则文理不通。

（一）“孟陬”之解

“陬”指陬訾。在十二辰中属寅，包括二十八宿中的营室、东壁。“营室”是“陬訾”的第一宿，故称“孟陬”。

清朝郝懿行《尔雅义疏》说：

陬訾，星名，即营室、东壁。正月日在营室，日月会于陬訾，故以“孟陬”为名。④

郝懿行正可谓歪打正着：“陬訾的第一宿‘营室’，以‘孟陬’为名”才是正解，而郝氏沿用了魏孟康《汉书音义》的“正月为孟陬。历纪废绝”之说，反而不能融通。

---

① 汤炳正：《历史文物的新出土与屈原生年月日的再探讨》，《四川师范学院学报》（社科版）1978年第4期，第42页。

② 黄震云：《二十世纪楚辞学研究述评》，《文学评论》2000年第3期，第17—18页。

③ 汤炳正：《历史文物的新出土与屈原生年月日的再探讨》，《四川师范学院学报》（社科版）1978年第4期，第44、45页。

④ 郝懿行：《尔雅义疏》，上海古籍出版社1983年版，第751页。

《离骚》：

摄提贞于孟陬。

王逸注：孟，始也。正月为陬。

《史记·历书》：

闰余乖次，孟陬殄灭，摄提无纪，历数失序。

索隐述赞：孟陬贞岁，畴人顺轨。敬授之方，履端为美。

《大戴礼记》：

历失制，摄提失方，邹（即陬）大无纪。①

《汉书·律历志》：

而闰余乖次，孟陬殄灭，摄提失方。②

《汉书·刘向传》《复上奏灾异书》：

故历失则摄提失方，孟陬无纪。③

引文中这些“孟陬”和“摄提”都是相属为文。虽然孟康《汉书》“注”及裴骃《史记》“集解”皆以“正月为孟陬”“摄提，星名，随斗杓所指建十二月”。但是其注解尚可商榷。

《历书》和《律历志》“闰余乖次”是指“推历失闰”，使斗建与月名错误，而“孟陬殄灭、孟陬无纪”和“摄提无纪、摄提失方”，都是说“孟陬”和“摄提”这些“星”的位置“不得其正”。“摄提”可指“摄提六星”，“孟陬”则可指陬訾的第一宿“营室”。“闰余乖次”已经表述了“斗建与月名错也”，不须要再说“正月殄灭（‘不与正岁相值，谓之殄灭也’）”。再说，一旦“历失”各月均会错位“失次”，不可能单单“正月殄灭”。更何况历法失当，正月总是有的，不会“殄灭”。可见“孟陬”不是“正月”，而星宿陬訾“不得其正”——不在正常的位置上了，可以说“殄灭、无纪”。汉、前汉古籍中并无“孟陬为正月”之表述。

《尔雅·释天》：“正月为陬。”《史记·历书》：“昔自在古，历建正作于孟春。”

《史记·天官书》：“摄提格岁，太岁左行在寅，岁星右转居丑（星纪），以正月与斗、牵牛晨出东方，名曰监德。”《历书》《天官书》提到“建正”和“星岁纪年”，用的是“孟春”和“正月”而不用“孟陬”。所以，把“孟陬”解释为陬訾的第一宿“营室”，不论是《离骚》还是《历书》《律历志》等，都能融通。

（二）“摄提贞于孟陬”之解

周言先生说：

《楚辞·离骚》曰：摄提贞于孟陬兮，惟庚寅吾以降。案，《史记·天官书》云：“岁星，一曰摄提”，则“摄提贞”即“岁贞”。又，孟陬（取陬訾）包括了二十八宿中的（营）室、壁两宿，在十二辰中属寅，所以，此句意为降生恰逢寅年、寅月、寅日，年、月、岁皆得阴阳之正。很明显，《尔雅·释天》“陬为正月”之说源于此；而且若“陬为正月”则“孟陬”就同义反复了。④

这个解释优于王逸、朱熹、汤炳正等先贤之说。

（三）屈原的生日

汤炳正先生说：

现在，我们打算利用夏历正月木星晨出东方的周显王三年（前366年）为坐标，再用木星的“会合周期”“恒星周期，等规律，并结合《史记·屈原列传》《史记·楚世家》等有关屈原政治活动的历史资料，来推断屈原的出生年月。推算的结果，从周显王三年，木星经过两个“恒星周期”，即二十四年的运行，于楚宣王二十八年（前342年）正月，又晨出东方。这一年应当就是“摄提贞于孟陬”的“摄提格”之年。又根据日本学者新城新藏的“战国长历”这年正月朔乙丑

① 高明：《大戴礼记今注今译》，台湾商务印书馆1977年版，第399页。

② 班固：《汉书》（简体本），中华书局1999年版，第843页。

③ 班固：《汉书》（简体本），中华书局1999年版，第1525页。

④ 周言：《利簋铭文“岁鼎”补释》，《华东师范大学学报》（社科版）2000年第5期，第121页。

进行推算，这一年的正月二十六日，又恰恰是日。因此，我们的结论是：屈原应当是生于公元前342年夏历正月二十六日。即楚宣王二十八年乙卯，夏历正月二十六日庚寅。①

汤先生“利用夏历正月木星晨出东方的周显王三年（前366年）为坐标”，新城新藏的“战国长历”和“木星二十四年两个‘周期’”，这三者为基础，进行“理想化的推算”得出的屈原生于“公元前342年”。这与浦江清1954年发表的“屈原生于楚威王元年，即公元前339年的夏历正月十四庚寅日。”② 蒋南华1989年考定的以清代邹汉勋为代表的“‘屈原生于公元前343年戊寅夏历正月廿一日庚寅’之真理……③”等论述相比，并没有进展，只是给众多的“屈原生日”推算中，增加一个新猜想。

结　论

武王克商在“周历二月甲子”，这是古今多数学者一致的看法。汤先生的“武王克商在夏正的十一月，即周历的正月”之说，与《周书》《史记》《国语》等古籍的记载不合，难以成立。

汤炳正先生的“利簋的岁贞克（辜）”即“岁星正当十一月晨出东方”缺乏依据，其“利簋的岁贞克（辜）”这句话，跟屈赋的“摄提贞于孟陬”说的是同一范畴的问题，难以成立。

汤先生的“所谓‘摄提贞于孟陬兮，惟庚寅吾以降’，则‘摄提’指年，‘孟陬’指月，‘庚寅’指日，其“‘摄提’指年，‘孟陬’指月”并不通顺。

汤炳正先生“屈原生于公元前342年夏历正月二十六日”的结论，对于屈原生日的推算并没有实质性的进展。

周言先生认为：《离骚》“摄提贞于孟陬兮”可解释为岁星居于陬訾的营室。这样摄提（岁星）正月位于孟陬（营室），太岁正在寅宫，是为寅年，太岁纪年名为摄提格，夏历正月为寅月。这个解释优于汤先生之说。

陕西临潼县零口镇南出土利簋铭文④

① 汤炳正：《历史文物的新出土与屈原生年月日的再探讨》，《四川师范学院学报》（社科版）1978年第4期，第47页。

② 浦江清：《屈原生年月日的推算问题》，《历史研究》1954年第1期，第73—97页。

③ 蒋南华：《屈原生年考辨》，《贵州教育学院学报》（社科版）1989年第1期，第1—14页。

④ 陕西临潼县零口镇南出土利簋，现藏中国国家图书馆。

用《召诰》历日验证武王克商日

摘要：学界多认同《尚书·召诰》作于成王七年，其文对应的是“三月朔为甲辰”。从《逸周书·世俘》和《汉书》所引的“武成”可推断：武王甲子克商年，“三月朔为丙寅”。根据《召诰》“三月朔甲辰”这一可信干支月相，向前推算可得到武王甲子克商年的三月朔丙寅在成王七年作《召诰》的前10年，即公元前1045年，同时可得武王在位三年。

关键词：月相；干支；甲子克商

武王克商本来和屈原无关。可是汤炳正先生说：

> 《利簋》“岁鼎克”“岁”指岁星；“鼎”即贞字，训当”；“克”与“辜”同字，指十一月。夏正的“十一月为辜”，即周历的正月……就跟《史记》的“正月甲子昧爽，武王朝至于商郊牧野……”的记载，完全吻合。利簋的“岁贞克（辜）”这句话，跟屈赋的“摄提贞于孟陬”说的是同一范畴的问题，都是以岁星的运行标记年月。①

这就把武王克商日与屈原生日挂钩了。《利簋》释文分歧很大，常见的解读是：武王征商，唯甲子朝，岁鼎克昏夙，有商。辛未。王在阑，师易有事，利金。用作檀公宝樽彝。

一般认为《利簋》记叙了武王甲子克商的事件。但是，甲子的具体时间是哪一年，则是个分歧极大的问题。据说现有四十几种说法，最早的为公元前1127年，最晚的为公元前1018年。

一、文献考证

（一）《汉书·律历志下》所引的《武成》

“惟一月壬辰，旁死霸，若翌日癸巳，武王乃朝步自周，于征伐纣。”“粤若来三（应是二）月，既死霸，粤五日甲子，咸刘商王纣。”“惟四月既旁生霸，粤六日庚戌，武王燎于周庙。翌日辛亥，祀于天位。粤五日乙卯，乃以庶国祀馘于周庙。”②

文中的“三月”是二月之误。从一月壬辰到甲子共计33天，既然“一月壬辰，旁死霸”，则甲子不可能在三月。

甲子在二三月的证据还有：

《逸周书·世俘》：“越若来二月既死魄（25天左右），越五日，甲子朝至接于商。”

《国语·周语下》：“王以二月癸亥夜阵，未毕而雨。”癸亥次日为甲子，亦可证甲子在二月。

根据《武成》的干支月相可排出相应的日程：

“一月壬辰，旁死霸。”（第一日，一月二十六壬辰）“癸巳，武王乃朝步自周，于征伐纣。”（第二日，一月二十七癸巳）

“二月既死霸，粤五日甲子。”（第29日，二月二十五庚申）“咸刘商王纣。”（第33日，二月二十九甲子）

三月初一（丙寅）到三月二十九日（甲午）。

“惟四月既旁生霸，粤六日庚戌”。（第74日，四月十一乙巳）“武王燎于周庙。”（第79日，四月十六庚戌，翌日辛亥）“祀于天位。”（粤五日乙卯，第84日，四月二十一乙卯）“以庶国祀馘于周庙”。

古代注重农耕，为了不碍农时，习惯在冬天或者早春农闲的时候用兵，而且冬春少雨利于车战。例如：

宣十二年：“今兹入郑，民不罢劳，君无怨讟，政有经矣。荆尸而举，商、农、工、贾不败其业，

---

① 汤炳正《历史文物的新出土与屈原生年月日的再探讨》《四川师范大学学报》（社科版）1978年第4期，第42页。

② 班固：《汉书》（简体本），中华书局1999年版，第1015—1016页。

而卒乘辑睦，事不奸矣。”① 杜预注:“荆，楚也。尸，陈也。楚武王始更为此陈法，遂以为名。”此处杜注，不能融通。他大概不知道“荆尸”为楚之月名，故而误注。——“荆尸”相当夏历的正月。此时举兵，正当农闲，故“商、农、工、贾可不败其业”。

（二）《周书·武成》

惟一月壬辰，旁死魄。越翼日癸巳，王朝步自周，于征伐商。厥四月哉生明，王来自商，至于丰。乃偃武修文，归马于华山之阳，放牛于桃林之野，示天下弗服。

丁未，祀于周庙，邦甸、侯、卫，骏奔走，执豆、笾。越三日，庚戌，柴、望，大告武成。既生魄，庶邦冢君暨百工，受命于周。

王若曰：“呜呼，群后！惟先王建邦启土，公刘克笃前烈，至于大王，肇基王迹，王季其勤王家。我文考文王，克成厥勋，诞膺天命，以抚方夏。大邦畏其力，小邦怀其德。惟九年，大统未集，予小子其承厥志。底商之罪，告于皇天后土、所过名山大川，曰：‘惟有道曾孙周王发，将有大正于商。今商王受无道，暴殄天物，害虐烝民，为天下逋逃主，萃渊薮。予小子既获仁人，敢祗承上帝，以遏乱略。华夏蛮貊，罔不率俾。恭天成命，肆予东征，绥厥士女。惟其士女，篚厥玄黄，昭我周王。天休震动，用附我大邑周。惟尔有神，尚克相予以济兆民，无作神羞！

既戊午，师逾孟津。癸亥，陈于商郊，俟天休命。甲子昧爽，受率其旅若林，会于牧野。罔有敌于我师，前徒倒戈，攻于后以北，血流漂杵。一戎衣，天下大定。乃反商政，政由旧。释箕子囚，封比干墓，式商容闾。散鹿台之财，发巨桥之粟，大赉于四海，而万姓悦服。②

列爵惟五，分土惟三。建官惟贤，位事惟能。重民五教，惟食、丧、祭。惇信明义，崇德报功。垂拱而天下治。

《武成》可能不是《周书》，但是它记录的历史仍然有参考价值。

从“一月壬辰旁死魄”至“癸亥，陈于商郊”共计32天，前文已经证明癸亥、甲子都在二月。《国语·周语下》还有“王以二月癸亥夜阵，未毕而雨”，“癸亥”的次日为“甲子”，故甲子当是二月。

（三）《逸周书·世俘》

《世俘》：维四月乙未日，武王成辟，四方通殷命有国。

惟一月丙午，旁生魄，若翼日丁未，王乃步自于周，征伐商王纣。越若来二月既死魄，越五日甲子朝，至，接于商。则咸刘商王纣，执天恶臣百人。大公望命御方来；丁卯，望至，告以馘、俘。戊辰，王遂御循自祀文王。时日，王立政。吕他命伐越戏方；壬申，荒新至，告以馘俘。侯来命伐靡集于陈，辛巳，至告以馘俘。甲申，百弇以虎贲誓命伐卫，告以馘俘。

辛亥，荐俘殷王鼎，武王乃翼矢珪矢宪，告天宗上帝。王不革服格于庙，秉语治庶国，籥人九终。王烈祖自太王、太伯、王季、虞公、文王、邑考以列升维告殷罪。籥人造，王秉黄钺正国伯。壬子，王服衮衣，矢琰，格庙，籥人造，王秉黄钺正邦君。癸丑，荐殷俘王士百人，籥人造，王矢琰，秉黄钺，执戈。王奏庸大享一终。王拜手稽首。王定，奏其大享三终。甲寅，谒戎殷于牧野，王佩赤白旂，籥人奏《武》，王入，进《万》，献《明明》三终。乙卯，籥人奏《崇禹生开》三钟终，王定。

庚子，陈本命伐磨，百韦命伐宣方，新荒命伐蜀。乙巳，陈本命新荒蜀磨至，告禽霍侯、艾侯，俘佚侯小臣四十有六，禽御八百有三十两，告以馘俘。百韦至，告以禽宣方，禽御三十两，告以馘、俘。百韦命伐厉，告以馘、俘。

武王狩，禽虎二十有二，猫二，麋五千二百三十五，犀十有二，牦七百二十有一，熊百五十有一，罴百一十有八，豕三百五十有二，貉十有八，麈十有六，麝五十，麋三十，鹿三千五百有八。武王遂征四方，凡憝国九十有九国，馘磨亿有十万七千七百七十有九，俘人三亿万有

① 杨伯峻:《春秋左传注》（修订本），中华书局1990年版，第722、723页。
② 李民、王健:《尚书译注》，上海古籍出版社2004年版，第209—215页。

二百三十，凡服国六百五十有二。

时四月既旁生魄越六日庚戌，武王朝至燎于周，维予冲子绥文。武王降自车，乃俾史佚繇书于天号。武王乃废于纣矢恶臣百人，伐右厥甲小子鼎大师。伐厥四十夫，家君鼎帅司徒司马初厥于郊号。武王乃夹于南门，用俘皆施佩衣衣，先馘入。武王在祀，太师负商王纣县首白旗，妻二首赤旆，乃以先馘入，燎于周庙。若翼日辛亥，祀于位，用籥于天位。越五日，乙卯，武王乃以庶国祀馘于周庙，翼予冲子，断牛六，断羊二。庶国乃竟，告于周庙曰：古朕闻文考修商人典，以斩纣身，告于天、于稷。用小牲羊、犬、豕于百神水土，于誓社。曰：惟予冲子绥文考，至于冲子，用牛于天、于稷五百有四，用小牲羊、豕于百神水土社，二千七百有一。

商王纣于商郊，商王纣取天智玉琰，𤅢身厚以自焚。凡厥有庶告焚玉四千。五日，武王乃俾于千人求之，四千庶则销，天智玉五在火中不销。凡天智玉，武王则宝与同。凡武王俘商旧玉亿有百万。①

《世俘》之文可能有错误或脱漏。例如，第一个“辛亥”所在段落被置于武王派兵遣将征伐商人属国的过程中当是错简。

再有《世俘》：“惟一月丙午，旁生魄，若翼日丁未，王乃步自于周，征伐商王纣。越若来二月既死魄，越五日，甲子朝，至接于商。”

从“一月丙午，旁生魄”（一月上半月）到“二月既死魄，越五日，甲子”（二月下半月），应该有 50 天左右。而从丙午到甲子只有 19 天（或 79 天）。“甲子日克商”不会错，那么，“惟一月丙午，旁生魄，若翼日丁未”必然有错误或脱漏。

有人认为：“《世俘》之一月丙午旁生魄与二月庚申既死魄（越五日甲子）在干支表上相距 15 天，旁生魄作望后一天月相解，既死魄作朔解最合理。”

此说之“15 天”，加上“越五日甲子”只有 19 天，与《汉书·律历志》所引之《周书·武成》“惟一月壬辰，旁死霸，若翌日癸巳，武王乃朝步自周，于征伐纣”“癸巳到甲子”为 32 天，两者互不相容，必有一错。后者的干支月相可以前后延伸，并与《召诰》吻合（见后）。而《世俘》之干支月相与“维四月乙未日”抵触不能延伸。故“既死魄作朔解”并不合理。

这位先生又说：“武王从镐都到孟津的行军时间要么是从丁未至戊午共 12 天，要么是从癸巳至戊午共 26 天。但后面一段路即从孟津到商都的行军时间则无疑是从戊午到癸亥，仅 5—6 天。从西安附近的镐都到孟津路程只比孟津到安阳附近的殷都略长。既然从孟津到安阳只用 5—6 天，则从镐都到孟津绝不可能要 26 天。从逻辑上讲，12 天是比较合理的选择，而且这 12 天里面还包括渡河的时间（所谓‘师毕渡盟津’指渡河完成），否则需时更短，估计 7 天左右。综上所述，任何基于《周书·武成》关于武王癸巳出发的推理结果都是不可信的，《史记》对此事件的记载也是不可靠的。因此，本文采用《逸周书·世俘》的记载为准。”

此论差矣。孙武曰：“凡用兵之法，驰车千驷，革车千乘，带甲十万，千里馈粮。则内外之费，宾客之用，胶漆之材，车甲之奉，日费千金，然后十万之师举矣……”

早孙武五百年前的“武王克商”，其征战肯定更为艰难。那种只计路程不顾其他的，行军时间“12 天是比较合理的”之说，是用“乌合之众赶庙会”的思考方式做出的不合情理的臆想，完全脱离了殷、周时代行军打仗的实际。

武王“癸巳”从丰镐（今陕西长安沣西地区）出发，到“既戊午，师逾孟津”共用了 25 天。其实，在癸巳之前，周师已经先期出发。而且，卷入牧野大战的，除了武王所率“戎车三百乘，虎贲三千人，甲士四万五千人”以外，还有很多诸侯的兵卒。在周师出发之前，还要联络其他诸侯，到孟津会师。

调动军队发起远征需要不少时间。各种后勤补给，盟友联络，人员调派、演习都需要时间。在当时的情况下，分散在各地的诸侯，要集结军队、备足粮草、率领大队人马，结集到孟津，可能要一两个月

① 黄怀信等：《逸周书汇校集注·世俘解》，上海古籍出版社 1995 年版，第 436—473 页。

以上的时间。

打仗可不是把部队组合在一起，马上就可以去打的。或许，各地诸侯结集孟津后，在二月丁未到丁巳，武王用了十来天时间对全部人马进行了“统一号令、协调编队的实地演习”，以便形成一支有统一指挥、可协同作战、有战斗力的部队。

《断代工程》说：

> 《武成》本为西汉孔壁所得古文《尚书》中的一篇，因未能立于学官而亡佚，其中八十二字因被《汉书·律历志》所引，得以保存至今。该文与《逸周书·世俘》所记除个别文字歧异，几乎全同，学术界多认为《世俘》即《武成》。郭沫若在《中国古代社会研究》中指出，《世俘》“除文字体例当属于周初以外，其中所记社会情形与习尚多与卜辞及古金中所载者相合”，“必非后人伪托”，“最为可信”。文中涉及伐商前后的月份、干支、月相，与《召诰》、《洛诰》《顾命》《毕命》记载有周公营洛、反政以及成王临终等人事的月日干支及月相等前后呼应，是公认的检验克商年的主要依据。①

若《世俘》就是《汉书·律历志》所引之《周书·武成》篇。那么，就可以用《汉书》所引的“惟一月壬辰，旁死霸，若翌日癸巳”补充修正现《世俘》中的“惟一月……丙午，旁生魄，若翼日丁未”前后的脱漏。校正后的《世俘》（《武成》）可能是：

> 惟一月壬辰，旁死霸，若翌日癸巳，武王乃朝步自周，于征伐商王纣……二月丙午，旁生魄，若翼日丁未……越若来二月既死魄，越五日，甲子朝，至接于商……

这样修正后，干支、月相、文句均可通顺。从“癸巳，王朝步自周”到“甲子昧爽，会于牧野”共32天，比较合理。

《世俘》的重要贡献还有“维四月乙未”和“二月既死魄（庚申），越五日，甲子”，从二月甲子到四月乙未，共32天。只有甲子日为2月29日左右，乙未日才能进入四月。这一推论是否正确，可用《召诰》的干支、月相这个“标准件”来验证。

（四）其他文献记载的“武王克商”

《利簋》：

> 武王征商，唯甲子朝，岁鼎克昏夙，有商。辛未。王在阑，师易有事，利金。用作檀公宝樽，彝。

《逸周书·商誓解》：

> 予惟甲子，克致天之大罚。

《吕氏春秋·简选》：

> 武王虎贲三千人，简车三百乘，以要甲子之事于牧野，而纣为禽。

《吕氏春秋·首时》：

> （武王）立十二年，而成甲子之事。

《周本纪》：

> 十一年，十（衍文）二月戊午，师毕渡盟津，诸侯咸会。……二月甲子昧爽，武王朝至于商郊牧野，乃誓。

《齐世家》：

> 十一年正月甲子，誓于牧野，伐商纣。

《鲁世家》：

> 十一年伐纣，至牧野。周公佐武王作《牧誓》。

武王克商的年份虽然分歧很大，但是其“二月甲子日”在各文献中还是有比较一致的记载，凡是考证的“武王克商”，其月、日不是“二月甲子”者，皆可视为谬误。

二、月相概况

甲骨文中极少月相的记载，而在西周铜器铭文中却有大量的干支月相记载。最常出现的月相是：初

① 夏商周断代工程专家组编著：《夏商周断代工程1996~2000年阶段成果报告》，世界图书出版公司北京分公司2000年版，第45页。

吉、既生霸（魄）、既望、既死霸（魄）。《尚书》《逸周书》等古籍中的月相类型比“青铜器”中见到的月相类型多。

常见月相名词：

【月相名词】	【日期】	【出处】
朔	初一	《诗·十月之交》
初吉	月初的吉日？	青铜器
月吉	月初？	《令彝》“惟十月月吉癸未”
朏	初三	《召诰》《毕命》
哉生明	初四？	《武成》
哉生魄	初四？	《康诰》《顾命》
既生魄（霸）	初八—初十，上弦	《武成》，青铜器
既旁生魄	十一±	《世俘》
旁生魄（霸）	十一±	《世俘》
望	十五/十六	
既望	十六—十八	《召诰》，青铜器
哉死霸	二十？	周公庙遗址二号西周甲骨
既死魄（霸）	二十三—五，下弦	《武成》《世俘》青铜器
旁死魄（霸）	二十六、七	《武成》
方死霸		“晋侯苏钟”
晦	二十九/三十	

月相所对应的日期，学术界分歧很大。

王国维先生用四分术周历推算铜器历日，发现推算的天象与铜器历日常有两三天的误差，提出“月相四分”，即把一个朔望月四等分，从月初到月末顺序取名为：初吉、既生霸、既望、既死霸。初吉相当于初二至初八，既生霸相当于初九至十五，既望相当于十六至廿二，既死霸相当于廿三至初一。月相可在数日间游移。此说在学术界影响较大。

张闻玉先生说“西周初年已是朔望月历制，并不存在什么‘朏为月首’”。

张先生此论依据不足。正如他自己所说，“战国以前，古人尚以目测观象授时”。

“春秋以前，历不成‘法’，也就是说没有找到年、月、日的调配规律，大体上只能‘一年三百又六旬又六日，以闰月定四时成岁’。年、月、日的调配只有靠‘观象日月星辰，敬授民时’。观象，包括星象、物象、气象，而月亮的盈亏又是至关重要的。月缺、月圆，有目共睹，可借以确定与矫正朔望与置闰。在历术未进入室内演算之前，室外观象就是最重要的调历的手段，所以月相记录频频。这正是古人留给我们的宝贵遗产。进入春秋后期，人们已掌握了年、月、日调配的规律，有了可供运算的四分历术，即取回归年长度为365·1/4日作为历术基础来推演历日，室外观象就不显得那么重要了，月相的记录自然也就随之逐步消失。”

既然战国以前，古人尚以目测观象授时，而朔又是难以靠目测确定的月相，所以西周初年已是朔望月历制的结论，就失去了说服力。而且，西周金文大量月相的记载中，并无朔字。朔字最早出现在《诗经·小雅》：“十月之交，朔日辛卯，日有食之……”这次日食，一些人认为，发生在周幽王六年，即公元前776年，也有人认为发生在周平王三十六年，即公元前735年。此诗可作为“以日月相会的朔作为月首”始于西周晚期的旁证。

朱永棠说：

> “上弦，满月，下弦”各有三到四天范围内的变化。
>
> 上弦，既旁生霸，一般是在初七、初八、初九，三天范围之内。下弦，既死霸只落在二十二、二十三、二十四，三天范围之内。任何一个月内，只有一天是上弦，既旁生霸。只有一天

是下弦，既死霸。①

朔望月的长度并不是固定的，有时长达29天19小时多，有时仅为29天6小时4分多，它的平均长度为29天12小时44分3秒。

实际观察到的月相只有朔稳定在初一，其他并不定于一日。例如，实际的望日大多在十五、十六、十七三天，十六约占一半。定点说把月相定在每月不变的日子，把望日定在十五日，与月相日期变化的客观实际不符。

屈原《天问》："夜光何德，死则又育?" 山东银雀山汉墓竹简《孙子兵法·实虚篇》："日有短长，月有死生。" 这皆以"生""死"谓月之圆缺，可见"既生魄"指上弦月初八左右，"既死魄"是下弦月二十三左右。

"既生魄"是上弦月初八左右。有东汉蔡邕为证："维汉二十有一世建宁五年春三月既生魄八日壬戌，太傅安乐鄉侯胡公薨。"② ——（172年4月18日，三月初八壬戌，初九癸亥上弦。）

张闻玉是著名的"月相定点"说者。他说："刘歆对月相的解说都是定点于一日的。这就是：初一：朔，既死霸。初二：旁死霸。初三：朏，哉生霸。十五：望，既生霸。十六：既望，旁生霸。十七：既旁生霸。" 他的说法难以成立。

《断代工程》的说法是："'霸'指月球的光面。既生霸：从新月初见至满月。既望：满月后月的光面尚未显着亏缺。既死霸：从月面亏缺到月光消失。" 这种说法，主观随意性太大。例如，《世俘》有"二月既死魄，越五日甲子"，《断代工程》把这里的"既死魄（霸）"定为"十八日"。而在晋侯苏钟中，又把十八日定为"既望"——"既望癸（辛）卯十八日"。更有甚者，在论述静方鼎"月既望丁丑"时，《断代工程》说"丁丑二十日，合于既望"。若二十日也"合于既望"，岂不是"既望"可以在"十八日既死霸"之后了?

历史上每一天的实际天象，现在都可以方便、精确地查出来。

张培瑜先生的《冬至合朔时日表》（载《中国先秦史历表》齐鲁书社1987年版）就是检验历日最常用的工具之一。若将文献记载的历日与实际天象"三证合一"，就能精确无误地确定事件的时间。

文献、器铭记载的历史事件的历日，其具体日期只能有一个唯一的解。为什么会异说纷纭呢? 对月相的不同理解是产生分歧的重要原因之一。若能正确解释月相就可以消除很多分歧。

"既望"（十六或十七）和"朏"是月相中没有分歧的两个。以文献中没有分歧的干支、月相为基础，当能通过计算推断其他月相对应的日期。

三、《周书·召诰》可作"标准件"

（一）《周书·召诰》

惟二月既望（庚寅二月十六），越六日乙未，王朝步自周，则至于丰。

惟太保先周公相宅；越若来三月，惟丙午朏（三月初三），越三日戊申（初五），太保朝至于洛，卜宅。厥既得卜，则经营。越三日庚戌（初七），太保乃以庶殷，攻位于洛汭；越五日甲寅（三月十一日），位成。

若翼日乙卯（十二日），周公朝至于洛，则达观于新邑营。越三日丁巳（十四日），用牲于郊，牛二。越翼日戊午（十五日），乃社于新邑，牛一、羊一、豕一。越七日甲子（三月二十一），周公乃朝用书命庶殷——侯、甸、男、邦伯。厥既命殷庶，庶殷丕作。③

《周书·召诰》记载的西周初年，以干支与月相配合的纪日方法是十分珍贵的资料。既望为十六日或十七日，朏为初三，这是月相中没有分歧的两个。从二月既望庚寅到三月丙午朏为17天，说明既望和朏不是把一个月等分为二。用"越几日"配干支记天，其"越几日"是连头带尾的天数。如"丙午朏，越三日戊申"，从丙午到戊申连头带尾三天。

---

① 朱永棠：《正确的四分月相概念和正确的周武王克商年份与日期》，豆丁网 http://www.docin.com/p-8818634.html。

② 蔡邕：《蔡中郎文集·卷四》，新兴书局1959年版，第5页。

③ 王云五主编：《尚书今注今译》，台湾商务印书馆1969年版，第116页。

（二）《史记·召诰》对应的公元年

《史记·周本纪》：

周公行政七年，成王长，周公反政成王，北面就群臣之位，成王在丰，使召公复营洛邑，如武王之意。周公复卜申视，卒营筑，居九鼎焉。曰："此天下之中，四方入贡道里均。"作《召诰》《洛诰》。

《史记·鲁世家》：

成王七年二月己未，王朝步自周，至丰，使太保召公先之洛相土。其三月，周公往营成周洛邑，卜居焉，曰吉，遂国之。

《史记·召诰》：

惟二月既望，越六日乙未，王朝步自周，则至于丰。

《史记·竹书》成王纪：

七年三月甲子，周公诰多士于成周。

《史记·召诰》有：

越七日甲子，周公乃朝用书命庶殷侯甸男邦伯。

《多士》：

成周既成，迁殷顽民，周公以王命诰，作《多士》。

《史记·召诰》《史记·洛诰》《史记·多士》都是记述武王死后七年周公反政成王的事，是《周书》中可信的重要历史文献。

《史记·召诰》：

若翼日乙卯，周公朝至于洛。

《史记·洛诰》：

周公拜手稽首曰："……予惟乙卯，朝至于洛师。"

《史记·召诰》《史记·洛诰》皆言乙卯周公"朝至于洛"，说明所记同为"周公朝成王于洛"之事。

（三）《史记·召诰》所记干支、月相可作"标准件"

"既望和朏"是月相中基本没有分歧的两个。"既望"为十六或十七日，朏为初三。

《召诰》文中，"惟二月既望越六日乙未"对应二月望为"戊子或己丑"，"三月丙午朏"对应的三月朔为甲辰。

依据《召诰》作于"成王七年"，查《合朔满月表》有三组符合或接近符合。

第一组，公元前1041年。

公元前1041年1月18日22时戊子望，与《召诰》"二月既望庚寅"（对应公元前1041年1月20日）基本符合。

前1041年2月1日22时壬寅朔，丙午为三月初五，与《召诰》"三月，惟丙午朏"，差+1天半。

第二组，公元前1036年。

公元前1036年2月20日14时，戊子望。——"周公行政七年""二月既望庚寅"，对应公元前1036年2月22日，基本符合。

公元前1036年3月8日4时，甲辰朔。——"周公行政七年""三月，惟丙午朏"（三月初三），对应公元前1036年3月10日，符合。

第三组，公元前1031年。

公元前1031年3月27日己丑望，对应"二月既望庚寅"，基本符合。

公元前1031年4月10日癸卯朔　对应"三月惟丙午朏"，差1天。

通过计算证明：三组中的第二组公元前1036年与《召诰》干支月相全都符合。

据此推算"周公行政七年"为公元前1036年，那么"成王元年当是公元前1042年"。

《断代工程》：《尚书》中的《召诰》与《洛诰》为同时所作，有成王七年历日"唯二月既望，粤六日乙未"和"唯三月丙午朏"……成王七年历日合于公元前1036年，二月乙亥朔，既望在庚寅十六日，乙未在二十一日，三月甲辰朔，丙午为初三日。据此，成王元年为公元前 1042 年。

曹定云先生：

据《召诰》、《洛诰》所载历日的考证，成王元年当在公元前 1042 年。①

《召诰》作于“成王七年”，《召诰》的干支月相就可以作为“公元前 1036 年标准件”，向前推算到与《世俘》《武成》记载的相吻合的干支月相，从而推断“武王克商”的年月日。

四、用《召诰》验证《武成》《世俘》干支月相

从武王克商到“周公行政七年”作《召诰》，其干支、月相当连续可靠。如果文献记载正确，两者的干支、月相应当吻合。也就是说，可以用《召诰》的干支、月相来验证《武成》《世俘》的干支、月相记载是否正确，并可进一步查证其历年。

为了计算方便，把《武成》《世俘》推定的武王“十一年二月二十九日甲子克商”延伸为“三月朔，丙寅”。以此为基点，向后延伸，看能不能与周公行政七年由《召诰》“三月，惟丙午朏（三月初三）”所得的“三月朔，甲辰”相合，以及何时可以相合。（《召诰》的“三月朔，甲辰”为：公元前 1036 年 3 月 8 日 4 时，甲辰朔。）

（一）基本数据

1.“回归年”与“朔望月”年差

回归年按 365.24 天，朔望月按 29.53 天。

每回归年等于：“12 个朔望月 354.36 天，加（年差 M）10.88 天。”

2.“回归年”与“干支周期”年差

回归年等于：“6 个干支周期 360 天，加（年差 N）5.24 天。”

3. 根据《武成》武王克商年的干支月相：“二月既死霸，粤五日甲子。”二月二十五日既死霸，二月二十九日甲子日克商，克商年的三月朔为丙寅。

4. 根据周公行政七年作的《召诰》“三月，惟‘丙午’朏（三月初三）”，周公行政七年的三月朔为甲辰。

5. 如果《武成》《召诰》所记的干支月相正确，那么从武王克商年的三月朔丙寅，经过若干年到周公行政七年作《召诰》时，其“三月朔必定是甲辰”。因为武王当政至少两年，故从武王克商到周公行政七年作《召诰》至少九年，可从第九年算起。

（二）根据以上数据列表、计算

计算：从《武成》“甲子克商，三月朔丙寅”往后。

干支表

01 甲子 02 乙丑 03 丙寅 04 丁卯 05 戊辰 06 己巳 07 庚午 08 辛未 09 壬申 10 癸酉
11 甲戌 12 乙亥 13 丙子 14 丁丑 15 戊寅 16 己卯 17 庚辰 18 辛巳 19 壬午 20 癸未
21 甲申 22 乙酉 23 丙戌 24 丁亥 25 戊子 26 己丑 27 庚寅 28 辛卯 29 壬辰 30 癸巳
31 甲午 32 乙未 33 丙申 34 丁酉 35 戊戌 36 己亥 37 庚子 38 辛丑 39 壬寅 40 癸卯
41 甲辰 42 乙巳 43 丙午 44 丁未 45 戊申 46 己酉 47 庚戌 48 辛亥 49 壬子 50 癸丑
51 甲寅 52 乙卯 53 丙辰 54 丁巳 55 戊午 56 己未 57 庚申 58 辛酉 59 壬戌 60 癸亥

历年、月相、干支、时差示意表

以克商年为起点之年	壬年	6 干支/∑年差 N	12 月/∑年差 M
第 01 年	十一年	0	0
第 02 年	十二年	5.24	10.88

① 曹定云：《从〈史记·鲁世家〉看西周积年与武王克商年代》，《殷都学刊》2000 年第 4 期。

续表

以克商年为起点之年	壬年	6 干支/∑年差 N	12 月/∑年差 M
第 03 年	十三年	10.48	21.76
第 04 年			
第 05 年			
第 06 年			
第 07 年			
第 08 年			
第 09 年		41.92	87.04
第 10 年	周公行政七年	47.16	97.92
第 11 年		52.40	108.80
第 12 年		57.64	119.68
第 13 年		62.88	130.56
第 14 年		68.12	141.44
第 15 年		73.36	152.32
"克商"后第 10 年，即"周公行政七年"作《召诰》。其三月朔为甲辰，可与《武成》"三月朔，丙寅（即二月二十九日甲子）"两者干支、月相吻合。			

1. 克商后第 9 年即 8 个整回归年后的干支：∑干支年差 N"5.24（天）×8（年）= 41.92 天"（即丙寅后 42 天）。根据《武成》"三月朔丙寅"，查干支表，丙寅后 42 天的干支为"丁未"。也就是武王克商"8 个整回归年"后，这天的干支为"丁未"

再根据"8 个整回归年后这天的干支为丁未"，推算这年"三月朔"的干支：

用∑朔望月差 M10.88 天×8（年）= 87.04 天（这是 8 个整回归年，这天的干支丁未），减朔望月 29.53×3 = 88.59 天（这一天是朔），就是从 87.04 天，再过 1.55 天到 88.59 天是朔。即从"丁未"加 1.55 天其干支为"己酉"（第 9 年的三月朔），与《召诰》"周公行政七年"的三月朔甲辰差 5 天，可见第 9 年的月相不能吻合。

2. 第 10 年的干支为：∑干支年差"5.24×9 = 47.16 天"。克商年的三月朔为丙寅，查干支表第 47 天为"壬子"（即 9 个整回归年后这天的干支）。

∑朔望月差 M10.88×9 = 97.92 天（壬子），减 29.53×3 = 88.59 天（朔），即壬子的 9.33 天之前为三月朔。从"壬子"回推 9 天，其干支为"甲辰或癸卯（误差一天）"。与《召诰》"周公行政七年"的三月朔甲辰符合。

3. 第 11 年的干支为：∑干支年差 5.24×10 = 52.4 天。从丙寅查干支表第 52.4 天为"丁巳或戊午"。∑朔望月差为 10.88×10 = 108.80 天（丁巳或戊午），29.53×4 = 118.12 天（朔），（戊午）加 9.32 天，三月朔为丁卯（实际朔是戊辰，误差一天），与《召诰》三月朔甲辰差 37 天，不能吻合。

4. 第 13 年的干支为：∑干支年差 N62.88 天，减去 60 即 2.88 天，丙寅加 3 天，查干支表为"己巳"第 13 年的月相为：∑朔望月差 M130.56（己巳）减 29.53×4 = 118.12（朔）天，朔在 12.44 天之前。"己巳"前 12.44 天为"丁巳或戊午"（实际朔是丙辰，误差近 2 天）。与甲辰差 13 天。不吻合。

5. 第 15 年的∑干支差为 N73.36 减 60 为 13.36 天，查干支表为"戊寅或己卯"。

第 15 年的月相为：∑朔望月差 M152.32（戊寅或己卯）减 29.53×5 = 147.65（朔）天，朔在 4.67 天前，即甲戌朔。与《召诰》三月甲辰朔差 31 天。

通过以上的计算《武成》"武王克商"时"三月朔丙寅"的干支月相，与"周公行政七年"作《召诰》"三月朔甲辰"的干支月相，只在克商后的第 10 年可以互相延伸。

本文通过计算，使《召诰》《武成》的干支月相，在第十年得以互相验证。

实际上从《召诰》所得的"周公行政七年"（前1036年）

"二月戊子望。"或"三月甲辰朔"。

直接查张培瑜《三千五百年历日天象》"合朔满月表"① 就可以得到：

公元前1036年三月朔的干支为甲辰。

公元前1044年三月朔的干支为庚申。

公元前1045年三月朔的干支为丙寅。

公元前1046年三月朔的干支为辛未。

公元前1036年的干支月相与《召诰》"周公行政七年"的"三月朔甲辰"相符；

公元前1045年的干支月相，与《武成》"武王克商"时"三月朔丙寅"相符。

（三）《召诰》与《武成》《世俘》相互验证

查《合朔满月表》：有二组干支月相可能符合"武王甲子克商"。

第一组

A 公元前1050年2月10日甲子（武王克商）

公元前1050年2月10日甲子。对应武王克商年二月二十九日甲子。

公元前1050年2月11日1时（乙丑）朔。对应武王克商年三月朔乙丑。（与三月丙寅朔差一天）

公元前1050年3月12日14时甲午朔。对应《世俘》"四月乙未"四月初二。

B 公元前1041年1月20日

对应"周公行政七年""二月既望（庚寅二月十七）"。前1041年2月5日，对应"周公行政七年""三月，惟丙午朏"（三月初五）（差1天半）。

朱永棠先生就采用这个时间，他说："周历2月29日的甲子日完全符合《前汉书》（律历志）'牧野之战'的'既死霸，粤五日，月底的甲子日'记述"。"若折合到于公元1582年被废弃的儒历，这一个周历2月29日，格历1月31日的甲子日，是公元前1050年2月10日。②"

综合来看，若武王克商为前1050年，"周公行政七年"作《召诰》为前1041年。这一组尚不能很好地满足武王克商的条件。一是，两者的干支月相并不密合。二是，与《断代工程》确认的《召诰》作于公元前1036年，"成王元年为公元前1042年"不符。

第二组

A 公元前1045年3月15日甲子（武王克商）

武王克商年三月朔丙寅，与公元前1045年3月17日6时朔符合。

武王克商日二月二十九甲子，对应前1045年3月15日。

公元前1045年4月15日朔乙未，对应《世俘》的"四月乙未"初一。

B 公元前1036年2月22日望

对应"周公行政七年""二月既望（庚寅二月十七）"。

公元前1036年3月10日，对应"周公行政七年""三月，惟丙午朏"（三月初三）。（与《召诰》作于公元前1036年符合。）

综合来看，武王克商在公元前1045年与计算得出的《召诰》作于武王克商后第10年符合，与《断代工程》确认的《召诰》作于公元前1036年，成王元年为公元前1042年符合。假如《召诰》与《武成》《世俘》干支月相的记载可靠，"公元前1045年3月15日甲子克商"完全满足武王克商的各个条件。

武王克商在公元前1045年，成王元年为公元前1042年，则表明武王在位3年。

赵光贤先生说：

> 由《逸周书·世俘》篇知之，根据殷正，《召诰》所说二月甲戌朔，十七日庚寅，合于既望。三月甲辰朔，三日丙午朏，戊申为五日，庚戌为七日，甲寅为十一日，乙卯为十二日，甲

① 张培瑜：《三千五百年历日天象》，大象出版社1997年版，第497页。

② 朱永棠：《正确的四分月相概念，正确的牧野之战与大告武成日期》，"象牙塔. 国史探微. 专题研究"，http://www.xiangyata.net/data/articles/e02/690.html。

子为二十一日。此诰所记月日，既详而确，与历表（张培瑜《中国先秦史历表》）无一不合。可知洛邑的兴建在周公摄政之七年三月，其完成当在十二月。由此年上推十年（周公摄政七年加武王三年），得出武王灭纣之年在公元前1045。

《尚书·武成》“惟一月壬辰旁死霸，若翌日癸巳，武王乃朝步自周于征伐纣”，这是记武王出兵伐纣的日期。按殷正一月即周正二月，此月丙寅朔，戊辰朏，二十四日辛卯为既死霸之首日，次日壬辰为旁死霸。“粤若来二月既死霸，粤五日甲子咸刘商王纣”，殷二月即周三月，此月丙申朔，戊戌朏，甲子为二十七日，合于既死霸。此记杀纣克商之日。以上说明《武成》记事与历谱符合。①（笔者按：按照丙申朔戊戌朏甲子当是二十九日，既死霸为二十五日）

（四）“武王在位三年”的其他证据

本文从《召诰》与《武成》《世俘》干支月相推算得出的《召诰》作于武王克商的第十年，表明武王在位三年。武王在位三年的其他例证还有：

《周本纪》：

武王已克殷后二年，问箕子殷所以亡……武王有瘳。后而崩，太子诵代立，是为成王。

《淮南子·要略训》：

武王誓师牧野，以践天子位，……武王立三年而崩。

《清华简金縢》：

武王既克殷三年，王不豫有𡰥（痔）。②

可见现今流传的：

《尚书·金縢》所记：“既克商二年，王有疾……”《断代工程》所说的“武王在位四年”，似乎与《召诰》与《武成》《世俘》所记干支月相不符，与《清华简金縢》等记载不符。

《断代工程》说：《尚书》中的《召诰》与《洛诰》为同时所作，有成王七年历日“唯二月既望，粤六日乙未”和“唯三月丙午朏”。……成王七年历日合于公元前1036年，二月乙亥朔，既望在庚寅十六日，乙未在二十一日，三月甲辰朔，丙午为初三日。据此，成王元年在公元前1042年。

既然成王元年在公元前1042年，结合武王在位三年，也能得出武王克商在公元前1045年。

《断代工程》断定武王在位四年、武王克商在公元前1046年，缺乏依据。

公元前1046年三月朔的干支为辛未，《逸周书·世俘》：“维四月乙未日，武王成辟，四方通殷，命有国。”从公元前1046年三月朔辛未到乙未是三月二十五日，离四月还有五六天。

可见《断代工程》的武王在位四年、武王克商为公元前1046年，与《逸周书. 世俘》的维四月乙未抵牾。有学者用修改乙未来补漏洞并非正道。

五、克商前后的干支月相及记事

公元前1045年3月15日为甲子克商日（周历二月二十九）。

（一）克商前

前32天。壬辰，旁死魄（一月二十六）《武成》：“惟一月壬辰，旁死魄。”

前31天。癸巳（一月二十七）《武成》：“癸巳，王朝步自周，于征伐商。”

前29天。乙未（一月二十九）

前28天。丙申（二月初一）

……

前18天。丙午，旁生魄（二月十一）《世俘》

前17天。丁未（二月十二）《世俘》

……

前06天。戊午（二月二十三），《武成》：“既戊午，师逾孟津。”《泰誓》《周本纪》同。《容成

① 赵光贤：《武王克商与西周诸王年代考》，《北京图书馆馆刊》1992年第1期，第41—50页。

② 清华大学出土文献研究与保护中心编，李学勤主编：《清华大学藏战国竹简》（壹），中西书局2010年版，第47—55页。

氏》："戊午之日，涉于孟津。"

前05天。己未（二月二十四），《泰誓下》："时厥明，王乃大巡六师，明誓众士。"

《荀子·儒效》："师进至汜。"

前04天。庚申，既死魄（二月二十五）

《武成》："粤若来二月既死霸，粤五日甲子。"

《世俘》："越若来二月既死魄，越五日，甲子。"

《荀子·儒效》："师进至怀。"

前03天。辛酉（二月二十六）《荀子·儒效》："师进至共头。"

前02天。壬戌（二月二十七）《荀子·儒效》："师进至共戚。"

前01天。癸亥（二月二十八）《荀子·儒效》："暮宿于百泉，夜陈，未毕而雨。"《武成》："癸亥，陈于商郊，俟天休命。"

《国语·周语下》："王以二月癸亥夜阵，未毕而雨。"

（二）甲子克商日（二月二十九）

《牧誓》：

甲子昧爽，王朝至于商郊牧野，乃誓。（《周本纪》同）

《武成》：

粤若来二月既死霸，粤五日甲子咸刘商王纣。

伪《武成》：

甲子昧爽，受率其旅若林，会于牧野。罔有敌于我师，前途倒戈，攻于后以北，血流漂杵。

《商誓》：

予惟甲子，克致天之大罚。

《利簋》：

武王征商，唯甲子朝，岁鼎克闻，夙有商。

《殷本纪》：

甲子日，纣兵败。

《世俘》：

二月既死魄，越五日甲子，朝至接于商，则咸刘商王纣。执矢恶臣百人，太公望命御方来。

甲子夕，商王纣取天智玉琰五环身厚以自焚。

（三）克商后

第二天。乙丑（二月三十）。

《周本纪》："其明日，除道，修社及商纣宫。"

第三天，丙寅（三月朔）。

《逸周书·克殷》克商后若干天内："立王子武庚，命管叔相。乃命召公释箕子之囚，命毕公、卫叔出百姓之囚。乃命南宫忽振鹿台之财、巨桥之粟；乃命南宫百达、史佚迁九鼎三巫；乃命闳夭封比干之墓……"

第四天。丁卯（三月初二）《世俘》"丁卯，（太公）望至告以馘俘。"

第五天。戊辰（三月初三）《世俘》："戊辰，王遂御循追祀文王时日王立政。"作《商誓》。《商誓》曰："尔多子其人自敬，助天永休于我西土，尔百姓其亦有安处在彼。宜在天命，□及恻兴乱。"《尚书序》："武王胜殷，杀纣，立武庚，以箕子归。"

武王在离开商都时将一部分殷遗民上层分子迁居西土，当周朝的官。利用他们在文化上的优势为周王朝服务。

……

第八天。辛未（三月初六）（《利簋铭》："辛未，王才阑师。"有分歧）。

第九天。壬申（三月初七）《世俘》："壬申，荒新至告以馘俘侯来命伐靡集于陈。"

《天亡簋》《度邑》在伊、洛之滨，相宅度邑。

……

第十一天。甲戌（三月初九）《天亡簋》《度邑》赴太室山祭天。

第十二天。乙亥（三月初十）《天亡簋铭》："乙亥，王有大，王凡三方，王祀于天室。"

第十三天。丙子（三月十一）《何尊》："由太室返偃师。"

第十四天。丁丑（三月十二）《天亡簋铭》："丁丑，王飨大宜。"在洛邑举行祭社礼。

……

第十八天。辛巳（三月十六）《世俘》："辛巳，至告以馘俘。"侯来归来告捷。

……

第二十一天。甲申（三月十九）《世俘》："甲申，百弇以虎贲誓命伐卫，告以馘俘。"

……

第三十一天。甲午（三月二十九）。

第三十二天。乙未（四月初一）《世俘》："惟四月乙未日武王成辟，四方通殷命，有国。"

……

第三十四天。丁酉（四月初三）哉生明。伪《武成》："厥四月，哉生明，王来自商，至于丰。乃偃武修文，归马于华山之阳，放牛于桃林之野，示天下弗服。"

《世俘》："庚子，陈本命伐磨，百韦命伐宣方，新荒命伐蜀。"

……

第四十二天。乙巳（四月十一）既旁生魄《世俘》："陈本、新荒蜀磨至，告禽霍侯、艾侯，俘佚侯小臣四十有六……"《世俘》："时四月既旁生魄（乙巳），越六日，庚戌。"

……

第四十四天。丁未（四月十三），伪《武成》："丁未，祀于周庙，邦甸侯卫，骏奔走，执豆笾。"

……

第四十七天。庚戌（四月十六），在镐京祭天。《世俘》："庚戌，武王朝至燎于周，维予冲子绥文。"

《武成》："粤六日庚戌，武王燎于周庙。"

伪《武成》："庚戌，柴、望，大告武成。"

第四十八天。辛亥（四月十七），《世俘》："辛亥，祀于位用钥于天位。"

《世俘》："辛亥，荐俘殷王鼎，武王乃翼矢慓矢宪，告天宗上帝。"

《武成》："辛亥，祀于天位。"

第四十九天。壬子（四月十八）《世俘》："壬子，王服衮衣矢琰格庙，籥人造王秉黄钺正邦君。"

第五十天。癸丑（四月十九）《世俘》："癸丑，荐殷俘王士百人，籥人造王矢琰秉黄钺执戈，王入奏庸大享一终。"

第五十一天。甲寅（四月二十）《世俘》："甲寅，谒戎殷于牧野，王佩赤白旗，籥人奏武王入进万献明明三终。"

乙卯（四月二十一）《世俘》："乙卯，籥人奏崇禹生开三终王定。"

《武成》："乙卯，乃以庶国祀馘于周庙。"

伪《武成》："乙卯，武王乃以庶国祀馘于周庙。"

第六十一天。甲子（五月初一）。

第六十九天（五月初九）伪《武成》："既生魄，庶邦冢君暨百工，受命于周。"

六、月相对应的日期

如果《召诰》与《武成》《世俘》干支月相记载可靠，下面月相对应的日期成立。

朏（每月初三，月露一线光明，故曰朏）。《召诰》：惟太保先周公相宅，越若来三月，惟丙午朏

（三月三）。越三日戊申，太保朝至于洛，卜宅。

哉生明（初四?）。伪《武成》："厥四月，哉生明，王来自商，至于丰"。（哉，开始。哉生明，月亮开始有光。）

既生魄（九日左右）。伪《武成》："既生魄，庶邦冢君暨百工，受命于周。"

"既生魄"是上弦月左右。有《蔡中郎文集胡公碑》为证："维汉二十有一世建宁五年春三月既生魄八日壬戌，太傅安乐郷侯胡公薨。"

旁生魄（十一日左右）。《世俘》："惟一月丙午，旁生魄"。

既旁生魄（十一/十二日左右）。《世俘》："时四月既旁生魄（乙巳），越六日，庚戌。"（旁生魄与既旁生魄是同一月相。）

既望（十六、十七）《召诰》：惟二月既望（庚寅二月十六），越六日乙未，王朝步自周，则至于丰。

哉死霸（二十?）。"周公庙遗址二号西周甲骨。"

既死魄（二十五日左右）。《世俘》："越若来二月既死魄，越五日，甲子。"

旁死魄（二十六、七日）。《武成》："惟一月壬辰，旁死魄。"

《汉书·律历志下》"死霸，朔也。"不可信。

江晓原说："《武成》月相名词'既死霸'只有解释成为晦或朔时不见月之日才合理。"难以成立。

干支纪日至迟起于商代，有甲骨文的大量记载作证。至于干支纪日是否连续不断，无脱无误，尚不能确定。例如，日本学者成家彻郎曾经提出，周武王甲子克商，在殷实为乙巳日，甲子者，属人定的吉日。云云。此说意在说明，武王克商时，干支纪日由乙巳跳至甲子，有 19 日的中断? 似乎缺乏依据。

结　论

用干支月相计算历史事件的日期，只提供一种可能性。要确定武王克商的真正日期，需要其他证据。殷末周初的事，不同的人往往采用不同的历法和纪年，这样对武王克商日期的认识，就有很大差异。

《断代工程》确定《召诰》作于"成王七年历日合于公元前 1036 年"。根据《召诰》和《武成》《世俘》的干支月相，查《合朔满月表》可确认《召诰》作于武王克商的第 10 年。本文用《召诰》和《武成》《世俘》的干支月相计算也证明：《召诰》作于武王克商的第 10 年。武王甲子克商当为公元前 1045 年 3 月 15 日，即周历二月二十九。同时表明武王在位三年。

汤炳正先生的：武王克商在"夏正的十一月，即周历的正月"① 之说，缺乏依据，难以成立。

① 汤炳正：《历史文物的新出土与屈原生年月日的再探讨》，《四川师范大学学报》（社科版）1978 年第 4 期，第 42 页。

评《屈原先世与句亶王熊伯庸——兼论三闾大夫的职掌》

摘要：段熙仲教授在1956年就发表了“《离骚》之伯庸，即熊渠的长子熊伯庸，屈氏即伯庸之后”的推论。赵逵夫先生承袭了段熙仲教授的观点，虽略有进展，但也还停留在推想阶段，并无可信依据。《世本》之“其孟之名为庸，为句祖王”，句祖王是“孟庸”，而不是“伯庸”。至于赵氏的“句亶王封于甲水边上的句亶”等屈氏始封地的论断，均缺乏依据，难以成立。

关键词：屈原；句亶王；伯庸

赵逵夫先生的力作《屈原先世与句亶王熊伯庸——兼论三闾大夫的职掌》①，是他1982年硕士论文《屈原生平考辨》中的一段。文中“考释熊渠长子康为《离骚》之伯庸”等观点，得到学界很多人士的赞赏。《屈原与他的时代》前言中有“我在先秦典籍中发现了关于《离骚》与屈原关系的史料”，并多次宣称“我根据《世本》佚文等资料，证明了《离骚》同屈原、屈氏的关系”“纠正并解决了屈原研究上两千年以来一直未能解决的问题”。②

如此表述，似乎“考释熊渠长子康为《离骚》之伯庸”是赵先生的“发现”。这不但有违事实，而且是掠人之美。

原南京师范学院段熙仲教授，1956年就在当时被誉为“文科学报之王”的《文史哲》上，发表了《伯庸即熊康》的札记。段先生说：

> 离骚篇首，屈原自述家世说：“帝高阳之苗裔兮，朕皇考曰伯庸。”依刘向的语意，伯庸只是屈原的远祖，而非其父；伯庸的身份不可能是人臣，而可能是楚的先君之一；皇考为大夫祖庙之名，伯庸是屈氏受姓之祖；系本（即世本）康作庸；康为庸之别字，句亶即后来郢都所始；伯霜即熊霜，犹伯庸之即熊庸；分封三子为王，也许为后来昭屈景三闾所始，而屈氏即伯庸之后。③

段先生的《伯庸即熊康》比赵逵夫先生1982年硕士论文早二十几年。可赵先生在《屈原先世与句亶王熊伯庸》文中，列举所引用古今论著者近60个，唯独没有段熙仲之文。赵先生曾说：“采用前人主要观点、说法，应注明。这一方面是学术规范的问题，另一方面也是学术道德的问题。”④ 在这件事上赵氏似乎言行不一。

当然，段氏之《伯庸即熊康》只是个简短纲要，赵逵夫先生在此基础上写成一篇完整的论文，的确付出了辛勤的劳动。但是其文还只停留在猜想阶段，并没有取得重大突破。

段、赵两位先生提出“《离骚》伯庸，即是熊渠的长子熊伯庸”的假说，可开阔思路，有利学术争鸣。但是，《世本》说熊渠的长子“其孟之名为庸，为句祖王”，两位把“孟庸”置换为“伯庸”，并无确证。段先生实事求是地说“这只是推论而已”，赵先生却断言“被屈原称为‘皇考’或‘皇’的伯庸，即是熊渠的长子熊伯庸，于名、于事、于封号、于楚国的历史皆无不合。”⑤

就现有的文献来看，《离骚》中的“伯庸”与《史记》中熊渠的长子句亶王熊毋康，或《世本》中的句祖王“孟庸”“于名、于事、于封号、于楚国的历史”全都联系不上。

赵氏的论文涉及面较广，这里不做全面评论，仅就其核心问题《离骚》之“伯庸”是不是“熊渠的长子熊伯庸”进行商榷。

---

① 赵逵夫：《屈原先世与句亶王熊伯庸——兼论三闾大夫的职掌》，《文史哲》1985年第25辑，第223—234页。

② 雷媛：《陇上名家赵逵夫开显楚辞之秘》，《兰州晨报》2006年9月14日B07版。

③ 段熙仲：《楚辞札记》，《文史哲》1956年第12期，第63—64页。

④ 赵逵夫：《古典文献论丛》，中华书局2003年版，前言。

⑤ 赵逵夫：《屈原与他的时代》，人民文学出版社2002年版，第8页。

一、“屈氏由句亶王而来”缺乏依据

（一）“屈氏即熊渠长子伯庸之后”只是一种猜想

1.《离骚》中“伯庸”是文学形象

《离骚》的主旨是发愤抒情，除了争议很大的开头八句外，《离骚》中没有更多屈原的生平事迹。《离骚》中的主角灵均不能等同于屈原。正如闻一多所说：“我每逢读到《离骚》这篇奇文，总仿佛看见一个粉墨登场的、神采奕奕、潇洒出尘的美男子，扮演着一个什么名正则、字灵均的‘神仙中人’……”① 从具体描写上看，《离骚》中的主角——“驷玉虬以椉鷖兮，溘埃风余上征”令羲和、驱望舒、使飞廉、鸾皇戒、雷师告、令凤鸟、令帝阍、令丰隆、麾蛟龙、诏西皇……有此神通的灵均，不能与屈原直接等同。

假如把《离骚》中的正则、灵均看作屈原的化名，那么其皇考伯庸也应当是一个化名伯庸与灵均一样，都是文学形象。

对《离骚》中伯庸的解释，学界分歧很大。

王逸说：“屈原言我父伯庸。”

罗泌《路史·后纪》有：“祝融，字正作祝庸。伯者，爵名。”

何新等认为：“祝融亦名伯庸，乃屈原先祖。”②

欲证明《离骚》中的“伯庸”即是《史记》中熊渠长子“熊毋康”，首先要证明其伯庸不仅仅是文学形象，而是屈原的皇考屈伯庸，论文的其他推导才有立论的基础。但是，段先生和赵先生都没有能证明这一点。

2. 把“皇考”解释为“先祖”并无坚实基础

赵逵夫先生说屈原说“朕皇考曰伯庸”，王逸注“父死称考”，并引《诗·周颂·雍》“既右烈考”一句为证。按，《雍》诗《毛诗序》说为“禘太祖也”，鲁韩二家之说同。《雍》中有“假哉皇考”一句，皇考指太祖。末尾的“既右烈考”乃承上文“克昌厥后”一句，指祭主前一代的君王。王逸要说明《离骚》中皇考的含义，却引了“烈考”一句而不引“皇考”一句，正见他成见在胸。这就像主张伯庸是屈原父亲的人常常引《礼记·曲礼下》“祭王父曰皇祖考……父曰皇考”为证，而不引同书《祭法》“大夫立三庙二坛：曰考庙，曰王考庙，曰皇考庙”的情形一样，都是片面的。看来皇考可指父，可指曾祖，可指太祖。③ 赵氏之论也有成见在胸之嫌。

《毛诗序》说《雍》是“禘大祖（即后稷）”，学术界分歧很大。

朱熹《诗集传》就认为“假哉皇考，绥予孝子”的“皇考”指文王，“孝子”是武王。《雍》是“周武王祭祀文王”，并为诸多《诗经》研究者公认。

褚斌杰先生说：

> 《诗经·周颂·闵予小子》一诗为周武王死，周成王丧满即政嗣位的告子庙堂之诗，其中“于乎皇考，永世克孝”，又《访落》“休矣皇考，以保明其身”，皇考，即指其亡父武王，此亦为“皇考”乃指亡父之旁证。④

于省吾指出:“契文和金文，凡‘远祖’或‘始祖’均称之为‘高祖’，从没有以‘考’代‘祖’的例子。”⑤ 例如：《颂壶》《师望鼎》《师丞钟》《师鼎》《乖伯簋》《归芾伯簋》，战国时器《颂鼎》《史伯颂父鼎》等等，最典型的是《逨盘》。逨的始祖为单公，到逨已有八代，分别与周王相对应，逨称其祖父以上皆为“皇高祖”，称其祖父为“皇亚祖”，称其父为“皇考”。可见王逸注“父死称考”，乃有据之论，并非成见。

即便按《礼记·祭法》之说：“王立七庙、一坛、一墠，曰考庙，曰王考庙，曰皇考庙，曰显考

---

① 闻一多：《闻一多全集》（一），三联书店 1982 年版，第 256 页。
② 何新：《爱情与英雄》，时事出版社 2002 年版，第 52—53 页。
③ 赵逵夫：《屈原与他的时代》，人民文学出版社 2002 年版，第 5 页。
④ 褚斌杰：《楚辞要论》，北京大学出版社 2003 年版，第 12—13 页。
⑤ 于省吾：《泽螺居诗经新证》，中华书局 1982 年版，第 240 页。

庙，曰祖考庙，皆月祭之。”其王、皇、显、祖乃是递增的关系，王考即祖父。《尔雅·释亲》云“父之考为王父”。皇考只是曾祖父，而不是太祖、先祖。

刘向《九叹》中，《远逝》有“躬纯粹而罔愆兮，承皇考之妙仪”；《愍命》有“昔皇考之嘉志兮，喜登能而亮贤．情纯洁而罔秽兮，姿盛质而无愆”。这些与屈原皇考相关的话，与其说是形容遥远的先祖，不如说是指亡父。

赵氏把《离骚》的皇考解释为太祖，没有坚实的基础。

3.“皇览揆余初度兮”的“皇”或即“媓”

赵氏曰：

从“皇览揆余初度兮”一句看，能单独用一个“皇”字指称，理解为太祖即最初受封之君，要合情理些。①

把单一个“皇”字理解为太祖并没有例证，说不上合乎情理。“皇览揆余初度兮”的“皇”，王逸注曰：“皇，皇考也。”

汤炳正先生则认为：

前人多谓“皇”乃前文“皇考”的省称，但“皇考”省称为“考”，古籍多有之；而省称为“皇”则罕见。“皇”或即“媓”，“媓，母也。”生子命名，在中夏为父事，在楚或母主之，殆为母系社会之残痕。②

称“母”为“媓”古文献中例子较多。汤先生的“‘皇’或即‘媓’”，有一定的依据。倘若“皇即媓”成立，则“皇”与“太祖”就不相干了。只是汤氏“生子命名，在楚或母主之”的猜想缺少例证，说服力不强。

4.“其孟之名为庸”即伯庸不能成立

段熙仲教授《伯庸即熊康》有：

索隐说：“系本（即世本）康作庸，亶作袒。……康为庸之别字，句亶即后来郢都所始，熊庸于兄弟行为伯，始封于郢，所以说伯庸，说皇考。康庸字都从庚，形近易讹。……楚之先君，兄弟以伯仲名的别有伯霜、仲雪、叔堪、季徇。伯霜即熊霜，犹伯庸之即熊庸。”③

赵逵夫先生说：

孟即伯。中即仲，孟仲叔季也就是伯仲叔季。《史记·楚世家》也说熊严“有子四人，长子伯霜，中子仲雪，次子叔堪，少子季徇”。可见楚人很早就有依排行加伯仲叔季习惯。“孟之名为庸”即伯庸。④

把“孟”等同于“伯”不正确。

《礼纬》曰：“嫡长曰伯庶长曰孟。”《左传·庄公二年》正义也说：“时人以其庶长称孟。”《左传·僖公十七年》也有：“齐侯之夫人三：王姬，徐嬴，蔡姬，皆无子。齐侯好内，多内宠。内嬖如夫人者六人：长卫姬，生武孟（公子无亏）；少卫姬，生惠公；郑姬，生孝公；葛嬴，生昭公；密姬，生懿公，宋华子，生公子雍。”可见“孟”与“伯”有别。

《世本·张澍稡集补注本》曰：“其孟之名为庸，为句袒王。”《大戴礼记》说：“其孟之名为无康，为句亶王。”可见熊渠的长子当是“孟庸或孟康”而不是“伯庸”。

虽然“伯为嫡长，孟为庶长”之说并不严密，文献中也有秦哀公的长妹、楚昭王之母。即孟嬴（见，《东周列国志》第七十一回：“秦哀公遂遣大夫报聘，以长妹孟嬴许婚”），又称伯嬴（《列女传》卷之四贞顺传《楚平伯嬴》）的特例。但是在大多数情况下，人名字中的伯或孟一旦确定，就不能互换。赵先生把孟庸直接置换为伯庸，不合惯例。

5.从“毋康”“无康”推不出“伯庸”

赵逵夫先生曰：

---

① 赵逵夫：《屈原与他的时代》，人民文学出版社2002年版，第5页。

② 汤炳正：《楚辞今注》，上海古籍出版社1996年版，第3页。

③ 段熙仲：《楚辞札记》，《文史哲》1956年第12期，第64页。

④ 赵逵夫：《屈原与他的时代》，人民文学出版社2002年版，第2页。

伯庸《楚世家》作“熊毋康”,《帝系》作“无康”。……“无”、“毋”之声纽与“伯”同……所以,“毋康”“无康”,推其本源,当作“伯庸”。①

赵氏之推论不合逻辑。即便“无、毋之声纽与伯同”,则“毋康、无康”也只能推作伯康而不是伯庸。

《史记》《世本》等古籍,从未出现过“伯庸”其人,说“伯庸《楚世家》作‘熊毋康’”没有依据。

(二)句亶王封地与“庸国”“甲水”无关

1.“以‘庸’名其子”之说没有依据

赵先生曰:

分明是熊渠伐庸取胜,以“庸”名其子,以旌其功。《左传·桓公二年》:“晋穆侯之夫人姜氏.以条之役生太子,命之曰仇。其弟以千亩之战生,命之曰成师。”《左传·定公八年》:“苫越生子,将待事而名之。阳州之役获焉,名之曰阳州。”这些都反映了古人取名之一法。②

《礼记·内则》:

三月之末……父执子之右手,咳而名之。③

赵氏所举也都是给婴幼儿取名,而不是为“成年人命名”。人的名婴幼儿时就起了,熊渠伐庸取胜之时,三子都已成人,根本不存在“以‘庸’名其子,以旌其功”的问题。

若是说熊渠把“无康(孟康)”更名为“庸(伯庸)”则缺乏依据。

《礼记·檀弓》“幼名,冠字,五十以伯仲,死谥,周道也”是说年幼称名,行冠礼后称字,五十岁(老年)以后就其排行称伯、仲,死后则称其谥号。

《礼》曰:

子生三月,父亲名之。二十则使宾友冠而字之。

褚斌杰先生说:

古代习俗,子生后先起“名”,成年时再根据名的含意加“字”。王逸引《礼》说:“子生三月,父亲名之;既冠而字之。”④

但是,从《离骚》看:“皇览揆余初度兮,肇赐余以嘉名:名余曰正则兮,字余曰灵均。”名和字也可能是同时取的,《离骚》之“赐嘉名”与《礼记》之“咳而名之”或许其“名”涵括了名与字。只是“字”要成年行“冠”礼后才用。当然也不排斥另一种可能,即明汪瑗所说:

《士冠礼》宾字之词曰:“昭告尔字,爰字孔嘉。”则嘉名之尚,其来久矣。然子生三月,父亲名之,此可谓之初度也。若字则至既冠而后有。屈子乃曰:“皇览揆余初度,肇锡余以嘉名。”而下文并字言之,可见读书者以意逆志可也,以词害意不可也。⑤

2. 庸国之地不属句亶王统治

赵先生曰:“熊渠以被降服的国名作为儿子的名字,正表现了他克敌得地的心情。”曰:“庸国之地曾属句亶王统治”⑥。赵氏之说与《史记》《左传》记载不合。熊渠虽兴兵伐庸,但并未灭国。作为依附于楚的“庸”依然存在,直到二百七十年以后《文公十六年》楚庄王三年“庸人帅群蛮以叛楚”,才被楚庄王所灭。所以,“庸国之地”不可能“属句亶王统治”。赵先生说:“因为庸国建在山区,熊渠不会把其子封在庸或庸以南的山林地带”。这就与他的“庸国之地曾属句亶王统治”自相矛盾。

3.“句亶王封于甲水边上的句亶”吗?

赵先生说:“伯庸正由于被封于甲水边上的句亶,才号曰句亶王。”⑦

先看“甲水”在哪里。《汉书·地理志第八上》弘农郡……又有甲水,出秦领山,东南至锡(古麇

① 赵逵夫:《屈原与他的时代》,人民文学出版社2002年版,第3页。
② 赵逵夫:《屈原与他的时代》,人民文学出版社2002年版,第3页。
③ 王梦鸥:《礼记今注今译》(上),台湾商务印书馆1970年版,第381—382页。
④ 褚斌杰:《楚辞要论》,北京大学出版社2003年版,第8页。
⑤ 汪瑗、董洪利点校:《楚辞集解》,北京古籍出版社1994年版,第302页。
⑥ 赵逵夫:《屈原与他的时代》,人民文学出版社2002年版,第3、14页。
⑦ 赵逵夫:《屈原与他的时代》,人民文学出版社2002年版,第9页。

国锡穴，今郧县西）入沔，过郡三，行五百七十里。熊耳获舆山在东北。① 今陕西省东南的“甲水”（即今之金钱河），出终南山南麓，东南流，在湖北郧西县“夹河”南入汉水。“夹河”或许是“甲水”之遗名。

赵先生曰：

> 今郧县以东有一个地方，春秋时叫“句澨”……句澨即甲水边。
>
> 句亶王的“句”也就是句澨的“句”，甲水的“甲”，句亶同句澨一样是甲水边上的地名。
>
> 伯庸正由于被封于甲水边上的句亶，才号曰句亶王。②

春秋时有个“句澨”的地名，不能证明西周时的“句亶”也是地名，更不能证明“句亶同句澨一样是甲水边上的地名”。

4.“句澨”不在甲水边上

《春秋左传》文公十六年：“自庐以往，振廪同食。次于句澨，使庐戢黎侵庸，及庸方城。”从《左传》这段文字来看，楚出师伐庸，自庐（南漳东）出发，驻扎在句澨，句澨应当在汉水以南，距离“庐”与“庸”不远的今南漳、竹山附近。无论如何，不可能跑到汉水以北的甲水边上去。即便按赵先生的说法，“今郧县以东有一个地方，春秋时叫‘句澨’”，也得不到“句澨即甲水边”的结论。甲水从西北向东南流，在郧县西约七十公里处入汉水。郧县以东、汉水以南的句澨，怎么可能跑到郧县以西、汉水以北的甲水边上去呢?

5. 句亶音转为屈氏并不可靠

赵逵夫先生说的，屈氏的“屈”是由句亶的“句”音转而来，“句”又是由甲水的“甲”音转而来。而“音转通假”之说学者间的说法大不相同。例如：

段渝先生按“声、韵全同，故得相通”说：“句亶即是巫诞，熊渠伐庸后将其地封以长子康、立其为王，所称句亶王实为巫地诞人之王。”③

黄锡全先生说：

> 古地名、山名、水名等冠以“句”字之例常见，如句町、句注、句绎、句容、句章、句曲、句渎、句望等等。“句亶”之句应与此同例、同义。《说文》：“句，曲也。”段玉裁注曰：“凡地名有句字者、皆谓山川纡曲，如句容、句章、句余、高句骊皆是也。”
>
> “句亶”之名又作“句袒”，本无定字。根据音近通假及当时历史地理关系，我们认为“句亶”“句袒”，就是离“庸”不远的“句澨”。④

毛炳汉先生说：

> “屈”与“濮”同韵，也可以视为“屈”与“濮”的叠韵通假，也就是说屈瑕所受“屈”地，就是楚王所开濮地。⑤

从诸氏的文字声音通假来看，其论断有很大的主观随意性和不确定性，似有把历史研究变为文字游戏的倾向。赵逵夫先生之文自始至终没有提供可信资料证明《离骚》“伯庸”就是句亶王“熊毋康”，没有证明“屈氏由句亶王而来”。

二、从楚国早期的历史看“句亶王的封地”

（一）周初的楚国在北纬32度线附近

《左传·昭公九年》：“及武王克商，蒲姑、商奄，吾东土也。巴、濮、楚、邓，吾南土也……”这是武王克商后周初的疆界。巴、濮、楚、邓同处南疆，周初的巴、濮、邓，均在北纬32度线附近，“楚与三国并列”，也应当在北纬32度线附近，可能就是在汉水西南今南漳县的荆山。若熊绎初封之地在距离巴、濮、邓200余里的今淅川，那就不能与南土的巴、濮、邓三国并列。

---

① 班固：《汉书》，中华书局1962年版，第1549页。

② 赵逵夫：《屈原与他的时代》，人民文学出版社2002年版，第8—9页。

③ 段渝：《西周时代楚国疆域的几个问题》，《中国史研究》1997年第4期，第24—33页。

④ 黄锡全：《楚地“句亶”、“越章”新探》，《人文杂志》1991年第2期，第82—83页。

⑤ 毛炳汉：《“屈原故乡”新说》，《湘潮》2007年第4期。

（二）周昭王南征时，楚国在汉水以南

《史记·周本纪》："昭王之时，王道微缺。昭王南巡狩不返，卒于江上。其卒不赴告，讳之也。"《正义》引《帝王世纪》云："昭王德衰，南征，济于汉，船人恶之，以胶船进王，王御船至中流，胶液船解，王及祭公俱没于水中而崩。其右辛游靡长臂且多力，游振得王，周人讳之。"①

《初学记》卷七引《古本竹书纪年》："昭王十六年，伐楚荆，涉汉，遇大兕。""周昭王十九年，天大曀，雉、兔皆震，丧六师于汉。"昭王伐楚要涉汉，说明楚地在汉水以南。

《吕氏春秋·音初》："周昭王亲将征荆，辛游靡长且多力，为王右。还反涉汉，梁败，王及祭公抎（陨）于汉中。辛余靡振王北济，又反振祭公。周公乃侯之于西翟，实为长公。"

周昭王征荆楚"还反涉汉"，表示荆楚在汉水以南。"还反涉汉"时已经离开楚境。这样《僖公四年》齐桓公伐楚，责问楚人："昭王南征而不复，寡人是问。"屈完才能推诿曰："昭王之不复，君其问诸水滨。"杜预注曰："汉非楚境，故不受罪。"

李学勤先生根据《京师畯尊》铭文"王涉汉伐楚"与传世材料相印证指出，"不管成王时所封熊绎的丹阳是不是丹淅一带，昭王时的楚都只能是在汉南了"。②

周昭王涉汉伐楚是在熊渠立句亶王一百多年之前，那时的楚已经在汉南了。

（三）赵氏"甲水"论与《史记》不合

1. 熊渠之时楚国在"江汉之间"

《楚世家》曰：当周夷王之时，王室微，诸侯或不朝，相伐。熊渠甚得江汉间民和，乃兴兵伐庸、杨粤，至于鄂。周昭王时楚国在汉水以南。一百多年后周夷王时"熊渠甚得江汉间民和"，说明楚国还在汉水以南、"江汉之间"。熊渠在江汉之间大力开疆扩土，封三子"皆在江上楚蛮之地"。

赵先生用文字"音转、通假"得出："伯庸正由于被封于（汉水北）甲水边上的句亶，才号曰句亶王"③，并用它来否定《楚世家》的"楚在江汉之间"三王之封"皆在江上楚蛮之地"显得软弱无力。赵先生的"司马迁不知道三王的封地究竟在何处，故以'江上楚蛮之地'一语概言之"④ 更是"无所依傍"之论。

2. 句亶王的封地"在江上楚蛮之地"

赵逵夫先生说："熊渠时楚都在丹淅""句亶王的封地……在楚国最西北部"。⑤ 此论缺乏依据。

《楚世家》熊渠曰："我蛮夷也，不与中国之号谥。"乃立其长子康为句亶王，中子红为鄂王，少子执疵为越章王，皆在江上楚蛮之地。"句亶王"《集解》张莹曰："今江陵也"。

《路史·国名纪丙》亦谓句亶在"今江陵"。

《左传·僖公二十六年》："夔子不祀祝融与鬻熊。楚人让之，对曰：'我先王熊挚有疾，鬼神弗赦而自窜于夔。吾是以失楚，又何祀焉?"

"夔子"出自熊渠一系，其地在邻近江陵的今秭归。假如其时楚国在北方淅川，"因疾废之"的熊挚，要远窜八百里至江边的"夔"，可能性不大。故熊挚"自窜于夔"可作句亶王的封地"在江上楚蛮之地（江陵附近）"的旁证。

根据文献记载，从周初武王，周昭王南征，到周夷王时的熊渠，楚国之地，都在汉水西南、江汉之间。可见，句亶王所在的江上楚蛮之地，不可能在汉水以北的甲水之边。

结　论

段熙仲教授根据"世本康作庸"，在1956年第12期《文史哲》上发表了札记《伯庸即熊康》，他推论屈氏即伯庸之后。赵逵夫先生的《屈原先世与句亶王熊伯庸》其文的核心论点"《离骚》的伯庸即

---

① 韩兆琦：《史记笺证》，江西人民出版社2004年版，第224页。

② 李学勤：《由新见青铜器看西周早期的鄂、曾、楚》，《文物》2010年第1期，第43页。

③ 赵逵夫：《屈原与他的时代》，人民文学出版社2002年版，第8—9页。

④ 赵逵夫：《屈原与他的时代》人民文学出版社2002年版，第11页。

⑤ 赵逵夫：《屈原与他的时代》，人民文学出版社2002年版，第8、20页。

熊康，屈氏即伯庸之后”当是在段熙仲《伯庸即熊康》一文基础上的发挥。可赵氏在论文中却没有提及段熙仲先生之文，还在《屈原与他的时代》前言中说“我在先秦典籍中发现了关于《离骚》与屈原关系的史料”，这似乎有掠人之美的嫌疑。

熊渠的长子，《世本》曰：“其孟之名为庸，为句祖王。”《大戴礼记·帝系》说：“其孟之名为无康，为句亶王。”两者都说他是“孟”长，故其名或为“孟康”或为“孟庸”，而不是“伯庸”，说“‘孟之名为庸’即伯庸”缺乏依据。

大量文献记载，周昭王南征时，楚国在汉水以南。到周夷王时，“熊渠甚得江汉间民和”，就在江汉之间大力开疆扩土，并仿效周武王远封诸侯之例，封三子为王，“皆在江上楚蛮之地”。赵逵夫先生没有提供可信之反证就否定《史记》的记载，显然没有说服力。

赵逵夫先生的熊渠长子“句亶王的封地”在汉水以北的“甲水边上”，“屈氏由句亶王而来，句亶王的封号又与甲水有关，故屈氏即甲氏”，等等，皆无依据，难以成立。

赵逵夫先生的“伯庸，即是熊渠的长子熊伯庸，于名、于事、于封号、于楚国的历史皆无不合”之论，既没有文献依据，更于楚国的历史不合，难以成立。

附　录

“熊毋康不可能成为屈氏之祖”，易重廉先生《从熊无康说到屈氏的受姓之祖》之文可作为参考。①易先生说：

> 不管是哪一个受姓之祖，大凡必须具备两个先决条件：第一，有合法的封地。没有封地，到哪里去独立生存？第二，有亲生的儿子。没有儿子，怎么能够代代相传？两个条件，缺一不可。《楚世家》有：“乃立其长子康为句亶王，中子红为鄂王，少子执疵为越章王，皆在江上楚蛮之地。及周厉王之时。暴虐，熊渠畏其伐楚，亦去其王。后为熊毋康，毋康蚤死。熊渠卒，子熊执红立。”《礼记·曲礼下》云：“天子死曰崩，诸侯曰薨，大夫曰卒，士曰不禄，庶人曰死。”又：“寿考曰卒。”《礼记·檀弓上》还有：“君子曰终，小人曰死。”

易先生认为《楚世家》之“后为熊毋康，毋康蚤死”，说明：

> 其一，长子句亶王去王后为“熊毋康”，不是屈侯，没有封地。其二，熊毋康死时因为地位很低，属庶人故“曰死”。其三《楚世家》记载中子红，少子执疵都有子嗣。熊毋康早死，没有儿子，所以未记。熊无康死的时候连“大夫”也不是，更不要说“侯”了。他既无独立生存的封地，又无传宗接代的儿子，要成为“屈氏受姓之祖”是完全不可能的。

① 易重廉：《从熊无康说到屈氏的受姓之祖》，《中国楚辞学·第十三辑》，学苑出版社2009年版，第22—43页。

评《〈离骚〉首六句王注商兑》

摘要： 文学博士曲德来教授《〈离骚〉首六句王注商兑》“屈瑕不是楚武王之子”的论证，可存一说。但他承袭了赵逵夫《屈原先世与句亶王熊伯庸》论文中的不足；其独创的“屈原庚寅日降神”说，也难以成立。

关键词： 离骚；屈瑕；屈原；降神；句亶王

曲德来教授的《〈离骚〉首六句王注商兑》一文曰：王注颇有疏失讹误……今择其紧要而为前贤未及者，略加论说，以存真去讹，冀于屈原及《楚辞》研究有所助益。①

其“为前贤未及者”似乎不确。如“《离骚》中称述之‘皇考伯庸’乃指熊渠长子即是屈氏受姓之祖”的论点，段熙仲教授早在《文史哲》1956 年 12 月上的《楚辞札记》一文上就发表过。而“屈瑕不是楚武王之子”，赵逵夫先生 1985 年发表的《屈原先世与句亶王熊伯庸》论文中，有相同的论述。当然曲文既有超越之处，也有自己独到的见解。试评说之。

一、论证“屈瑕不是楚武王之子”

曲德来教授曰：

> 王注中最谬者，为言屈氏受姓之一节。王注云：“是时生子瑕，受屈为客卿，因以为氏。”“是时”者，谓都郢之时也。上文已述，都郢为文王时事，何得此时武王生子瑕？此不合于史者一也。其二，按照王说，屈瑕为武王之子，封在屈地，若果如此，屈瑕则为王室同姓之卿，即春秋时所谓的“宗卿”，何得称为“客卿”？“客卿”者，乃他国异姓之人受卿位于某国之谓也，如楚伍员仕于吴，苗贲皇、申公巫臣之仕于晋者。屈瑕如按王氏说，不得于楚称“客卿”。其三，《楚世家》明言都郢为文王时事，即使相信王说，是武王始都而文王又加修备，则亦必在武王晚年。武王公元前 740 年立，公元前 689 年卒，在位 51 年。如他始都郢为立后 30 或 40 年，屈瑕生于都郢之时，则亦不过一不及弱冠之童子，何得居于卿位而执楚国之政？其四，屈瑕始见于《左传》桓公十一年，即以莫敖为官称，姓屈氏。可见在此之前屈瑕就已经是莫敖而且早已得氏了。莫敖于楚为尊官，童书业先生说：“盖春秋初年至楚武王时，楚之执政者为莫敖。”诚如所言，则莫敖相当于鲁、齐、郑、卫之正卿。查《左传》《国语》所记各诸侯国事，春秋时未有父为诸侯而未逝，而子为“卿”职者。“公子”为卿，概在公卒之后。鲁之公子反、楚之公子围，都如此；而宋之华氏、皇氏，宋之七穆，更在数世之后。因之，屈瑕根本不可能是武王之子。除上所述之外，屈瑕与武王非父子，更可由邓曼之言得以证明。桓公十三年《左传》记屈瑕伐罗，斗伯比送之，认为屈瑕“莫敖必败。举趾高，心不固矣。遂见楚子，曰：‘必济师！’楚子辞焉。入告夫人邓曼。邓曼曰：‘大夫其非众之谓，其谓君抚小民以信，训诸司以德，而威莫敖以刑也。莫敖狃于蒲骚之役，将自用也，必小罗。君若不镇抚，其不设备乎？夫固谓君训众而好镇抚之，召诸司而劝之以令德，见莫敖而告诸天之不假易也。不然，夫岂不知楚师之尽行也？’楚子使赖人追之，不及。”于是屈瑕轻敌致败，缢于荒谷。邓曼言中称官位而不名，要楚武王威莫敖以刑，严加告诫，这哪里是父母谈及儿子的语气，分明是以屈瑕为王朝尊官而颇为敬重。这证明屈瑕决非武王之子，而是王朝之重臣。《左传》所记莫敖，概为屈氏之人，显见莫敖为屈氏世袭之专门职务。屈瑕一出现在《左传》，就已经为莫敖了，当是从先辈那里继承来的。由上可知，屈瑕不是楚武王之子，屈氏得姓不由屈瑕，王逸关于屈氏受姓之因由的说法，是无凭之臆说。②

这一段论证举证详实，推理严密，文字通畅，超越了赵文的同类论证，可存一说。只是，即便“屈

① 曲德来：《〈离骚〉首六句王注商兑》，《沈阳师范学院学报》（社科版）1998 年第 2 期，第 48—53 页。

② 曲德来：《〈离骚〉首六句王注商兑》，《沈阳师范学院学报》（社科版）1998 年第 2 期，第 49 页。

瑕不是楚武王之子”也不能证明句亶王熊毋康是屈氏受姓之祖。

二、“屈原降神论”

《离骚》是文艺作品，不是屈原的自传。《离骚》首八句，应该是写主角的身世和他婴儿时的取名。曲教授用“屈原”直接代替《离骚》中的主角，还把《离骚》首六句切割成若干小段，再钻到“字”“词”里去考证。其“字”“词”考证可能有些道理，但是，从整体上看，放到段落里、联系上下文看，其考证就对不上号了。

（一）对“降”的考证推论

曲教授曰：“凡言人、物自高，自上而下者，可称为降。”正确。曰：“‘降’，乃降神之谓也”，作为特例也对。曰：“‘吾以降’者，‘我降神’也。”错！其“神”字，无论从语句上讲，还是从释义上讲，都是原文中没有的，属添字解经。

“吾以降”者，简言之，“我降”也。从整体上看，从上下文联系起来讲，就是“我降生到人间”。这样解释，合不合“凡言人、物自高，自上而下者，可称为降”呢？完全符合。

若按曲教授之说：屈原有“特殊的能力，秉赋非常”；又能“降神”，与五百多年前的“太祖”“皇考伯庸之神沟通赐以嘉名”。此等非凡之人出生之时，称“降”有何不可呢？

特殊人物的“出生”多可称“降”。例如，《国语·周语上》：“昔夏之兴也，融降于崇山。”《楚居》：“季连初降于騩山，至于穴穷。”季连初降于騩山，至于穴穷。《离骚》中的主角“灵均”可与神、圣交游，“吾与重华游兮瑶之圃”；“驷玉虬以椉鹥兮，溘埃风余上征；令羲和、驱望舒、诏西皇、使飞廉、鸾皇戒、雷师告、令凤鸟、令帝阍、令丰隆、求诸神女……”有此等神通的非凡角色，出生时当然可称“降”。把“惟庚寅吾以降”解释为在庚寅之日我降生到人间，不是很贴切吗？

（二）“屈原选择‘庚寅’日降神”论

曲教授认为“惟庚寅吾以降”是“‘屈原选择‘庚寅’日降神”，说：“‘皇览揆余初度兮’……乃言皇考伯庸之神览察测度我初次降神之状况。”说：“屈原选择‘庚寅’日降神，首先是遵从民族的习俗取信于民；其次，……选择本民族祖先成神的日子，一来宠神其祖，二来显示自己特殊的能力，秉赋非常，从而取威于民。”此论是完全背离《离骚》文本的臆说。

《离骚》首八句是：“帝高阳之苗裔兮，朕皇考曰伯庸。摄提贞于孟陬兮，惟庚寅吾以降。皇览揆余初度兮，肇锡余以嘉名：名余曰正则兮，字余曰灵均。”

《离骚》的主角是皇（考）锡以嘉名的“名正则，字灵均”，他不能直接等同于屈原。

曲氏说：“屈原，降神时以卜兆得名”，[①] 请问在“屈原初次降神”前，他没有名字吗？

曲氏说：“屈原选择‘庚寅’日降神”，有明确的政治目的。请问此时屈原年龄几何？

曲教授批评别人时说：“就逻辑上说，是暗换概念；就阐释上说，是以臆说代替正确理解和深入探讨”[②]，可是在自己的论文中恰恰有这样的毛病。曲教授用屈原直接代替《离骚》中的主角，是不是暗换概念？用“降神时以卜兆得名”论，去篡改《离骚》中“皇览揆余初度兮，肇锡余以嘉名”的文本，是不是以臆说代替正确理解和深入探讨？

（三）“初生之婴儿即言风神器度”的问题

曲教授说：“然对初生之婴儿即言风神器度、胸襟气度，终嫌远于情理，即使对屈原这样的诗人而言，他的第一声啼哭，也与其他婴儿没什么不同。”此说大可商榷。

第一，《离骚》中根本没有“对初生之婴儿即言风神器度、胸襟气度”。第二，不能把今日的科学观、平等观强加于古人。古代的帝王神圣、伟人名流等等，出生前后多有异兆，古籍中到处可见。这些追忆中，古人认为该有的异兆多半会有。记载中的婴儿、伟人和凡人可以不同。例如，悉达多出生之时就没有啼哭。

其实把“皇览揆余初度兮，肇锡余以嘉名：名余曰正则兮，字余曰灵均”解释为：父亲（或先祖）

① 曲德来：《〈离骚〉首六句王注商兑》，《沈阳师范学院学报》（社科版）1998 年第 2 期，第 53 页。

② 曲德来：《〈离骚〉首六句王注商兑》，《沈阳师范学院学报》（社科版）1998 年第 2 期，第 51 页。

看到我初生时的异兆，通过卜兆赐我嘉名。“兆出名曰正则兮，卦发字曰灵均”，完全说得过去。

结　论

曲文曰：

> 依《世本》，则熊渠长子即庸，因为是长子，故又称为“伯庸”，与熊严长子名霜而称“伯霜”同例。至于何以名长子曰庸，则因为伐庸而胜，故名子以记胜也。此类命名，春秋及以前很平常。由此可以确定，《离骚》中称述之“皇考伯庸”，乃指熊渠长子无疑，而他即是屈氏受姓之祖。

此论，与赵逵夫先生《屈原先世与句亶王熊伯庸》论文中的问题①相同。其核心问题是：

第一，《离骚》中的“伯庸”是“正则、灵均”的皇考，不能直接等同为屈原的皇考。论文中没有证明《离骚》中的“伯庸”是屈氏伯庸。

第二，更重要的是，说句亶王熊毋康（或熊伯庸）是屈氏受姓之祖，这文中缺乏可靠的证据。

第三，说“因为伐庸而胜，故名子以记胜也”。熊渠“伐庸取胜”时，其长子毋康早以成人，不存在取名的问题。

第四，说“熊渠长子即庸，因为是长子，故又称为‘伯庸’，与熊严长子名霜而称‘伯霜’同例”。——此论源自《世本》“其孟之名为庸，为句袒王”。“长”者可称“伯”、可称“孟”，而《世本》偏偏不称“伯”而称“孟”，按照惯例“孟之名为庸”应为“孟庸”，而不是“伯庸”。若根据中子名挚红，少子名挚疵，那么长子之名，也可以为“挚康”。故“孟之名为庸”即伯庸，难以成立。

第五，说：“可以确定，《离骚》中称述之‘皇考伯庸’，乃指熊渠长子无疑，而他即是屈氏受姓之祖。”光说确定无疑，却拿不出可靠依据，其结论只能是无源之水、无根之木。

总之，论文中关键性的结论：“句亶王熊毋康是屈氏受姓之祖”，列举的理由不充分，逻辑推理不严密，与《史记》亦不合，难以令人信服。

① 见本书《评〈屈原先世与句亶王熊伯庸——兼论三闾大夫的职掌〉》。

《屈原是否到过赵魏两国》商榷

摘要：黄崇浩教授依据《赵世家》武灵王十三年“楚、魏王来，过邯郸”，得出“楚怀王访赵，应由屈原陪侍”“这是六国合纵活动的延伸”“怀王十六年屈原第一次使齐”等结论，既与《楚世家》记载怀王十六年“使勇士宋遗北辱齐王”抵牾，更与“齐人伐燕取之，诸侯将谋救燕”的“战国形势”不合，也与《新序》所记之“屈原使齐”矛盾。

关键词：屈原；使齐；楚怀王

《史记·赵世家》有：“楚、魏王来，过邯郸。”① 黄崇浩教授据此演义出一系列“学术成果”：2003年的《屈子阳秋》有怀王十六年“屈原侍怀王访赵”等；2005年8月，西安“纪念司马迁诞辰2150周年暨国际学术研讨会”有：“《史记·赵世家》所记‘楚、魏王来过邯郸’一事推断屈原不仅使齐，而且极可能首先陪侍楚怀王访问赵、魏二国”；2006年5月12日《光明日报》上的《屈原是否到过赵魏两国》，则把“楚、魏王来，过邯郸”归结为六大要点……这些“成果”似乎都是有违史实的臆想。

一、《屈原是否到过赵魏两国》的六要点

黄崇浩教授《屈原是否到过赵魏两国》② 之文，把《赵世家》的“楚、魏王来，过邯郸”归结为六个要点。

第一，“我们既承认‘楚怀王为纵长’属实，那么，我们就应该重视五年后的‘楚、魏王来过邯郸’一事的真实性与重要性。”

第二，“屈原与‘合纵’大事的内在联系，学者往往猜想有余而证据不足。此等事诚然令人叹息！但是，若是看到‘楚、魏王来过邯郸’与‘屈原使齐’二事都是发生在‘怀王十六年’，那么，问题的解决就会柳暗花明。”

第三，“从理解屈原作品特别是《离骚》的主旨的角度来看，‘楚、魏王来过邯郸’这句话的作用也是很大的。”

第四，“楚怀王十六年‘楚、魏王来过邯郸’是继怀王十一年‘楚怀王为纵长’之后的又一重大外交事件，是六国合纵活动的延伸。”

第五，“楚赵魏三国已经成了抗秦联盟的核心国，而齐国则属于应被争取的与国。理清了上述关系，我们就可以明白，为什么在‘楚、魏王来过邯郸’的同一年又有‘屈原使齐’的原因。”

第六，“屈原陪侍楚怀王访赵魏，而后又使齐，可谓当年最重大的国际外交活动的参与者和见证人，甚至说是策划者也不过分。”

这六点不但缺乏依据，而且与怀王十五、十六年的历史不符。

二、怀王十五年和十六年的历史

（一）怀王十五年

1.《史记》与《新序》之记可以互补

《屈原列传》：“上官大夫……因谗之曰：王使屈平为令，众莫不知。每一令出，平伐其功，曰以为‘非我莫能为也。’”王怒而疏屈平。《新序》曰：“秦欲吞灭诸侯，并兼天下，屈原为楚东使于齐，以结强党。秦国患之，张仪之楚，货楚贵臣上官大夫靳尚之属，上及令尹子兰、司马子椒，内赂夫人郑袖，共潛屈原。”

《史记》没有《新序》的“屈原首次使齐和张仪首次使楚”，《新序》则缺失《史记》的“王怒而

① 司马迁：《史记》，岳麓书社1988年版，第371页。

② 黄崇浩：《屈原是否到过赵魏两国》，《光明日报》2006年5月12日7版。

疏屈平”。

若两者互补其史实当为：秦欲吞灭诸侯，并兼天下，屈原（怀王十四年）为楚东使于齐，以结强党。秦国患之，（怀王十五年）张仪之楚，货楚贵臣上官大夫靳尚之属，上及令尹子兰、司马子椒，内赂夫人郑袖，共谮屈原。王怒而疏屈平。

2.《孟子》《战国策》的“天下诸侯反齐救燕”

公元前318年燕王哙禅位给相国子之，到前315至前314年间终于酿成了国破君亡的悲剧。燕王哙六年燕国大乱，齐国乘机攻破燕国，欲并吞之，遭到诸侯的一致反对。

《孟子·梁惠王下》有：“齐人伐燕，取之。诸侯将谋救燕。”①

《战国策·赵三》记：“齐破燕，赵欲存之……楚、魏憎之，令淖滑、惠施之赵，请伐齐而存燕。”②《战国策》所记不一定准确，但是楚怀王十五年，赵、魏、楚欲“反齐救燕”，齐楚关系紧张当为实情。

秦惠王害怕楚怀王重用联齐抗秦的屈原，趁楚怀王十五年欲反齐救燕的时机，派张仪之楚与上官之属共谮屈原达到了疏屈平的目的。

（二）怀王十六年

1.“张仪诈楚”

《楚世家》：“十六年，秦欲伐齐，而楚与齐从亲，秦惠王患之，乃宣言张仪免相，使张仪南见楚王……王为仪闭关而绝齐，今使使者从仪西取故秦所分楚商于之地方六百里。”《张仪列传》：“秦欲伐齐，齐楚从亲，于是张仪往相楚……说楚王曰：大王诚能听臣，闭关绝约于齐，臣请献商于之地六百里……”《新序》：“张仪因使楚绝齐，许谢地六百里。”

因为张仪诈楚前，楚怀王十五年已经疏屈原，故屈原未能出面拆穿张仪的诡计。

2.楚、魏王访赵

《赵世家》：武灵王十三年“楚、魏王来过邯郸”。

黄崇浩教授认为此记：“实为楚与魏二国之君访赵。楚、魏、赵三国之君聚会，必非无事，而密谋秦，此最为秦所虑。”③ 并说“楚怀王十六年‘楚、魏王来过邯郸’是继怀王十一年‘楚怀王为纵长’之后的又一重大外交事件，是六国合纵活动的延伸。”④

对于《赵世家》记载的历史事件，楚、魏王来过邯郸，应该与当时的“国际形势”结合起来分析，不可以孤立片面地看问题。

《韩世家》：“十九年，大破我岸门。太子仓质于秦以和。”《魏世家》：“六年，秦（求）（来）立公子政为太子。与秦会临晋。七年，攻齐。”⑤

魏昌《楚国史》曰：

> 韩被迫把太子仓送到秦国作人质，向秦求和。……魏襄王只得与秦惠文王在临晋（今陕西大荔东南）会晤，魏襄王按照秦国的意图，立公子政为太子。……一系列事件都说明魏韩已公开投入秦的怀抱，秦、韩、魏结成了连横集团。⑥

杨宽《战国史》说：

> 韩不得不向秦屈服，把太子仓入质于秦。这是公元前314年的事。次年魏襄王就入秦和秦惠文王在临晋相会，魏王按照秦王的意见，立了亲秦的公子政为太子（《史记·秦本纪》《魏世家》）。同时秦又攻取了赵的蔺（今山西离石西），取得大胜，俘虏了赵将赵庄（《史记·秦本纪》《赵世家》）。于是张仪所主持的秦和韩、魏连横的形势再度出现。⑦

公元前313年，秦、韩、魏已经结成了连横集团，《楚世家》还记载楚怀王“使勇士宋遗北辱齐

① 万丽华、蓝旭译注：《孟子》，中华书局2006年版，第41页。
② 缪文远：《战国策新校注》，巴蜀书社1987年版，第684页。
③ 黄崇浩：《屈子阳秋》，湖北人民出版社2006年版，第181页。
④ 黄崇浩：《屈原是否到过赵魏两国》，《光明日报》2006年5月12日。
⑤ 司马迁：《史记》，岳麓书社1988年版，第387页。
⑥ 魏昌：《楚国史》，武汉出版社2002年版，第274页。
⑦ 杨宽：《战国史》（增订本），上海人民出版社1998年版，第359页。

王”，可见《赵世家》的“楚、魏王来过邯郸”，绝不可能是黄氏所说“密谋秦”的“六国合纵活动的延伸”。

三、《赵世家》“楚、魏王来过邯郸”所为何事？

黄崇浩教授说：

> “楚、魏王来过邯郸”与“屈原使齐”二事都是发生在“怀王十六年”。“楚、魏王来过邯郸”……是六国合纵活动的延伸。屈原陪侍楚怀王访赵魏，而后又使齐，可谓当年最重大的国际外交活动的参与者和见证人，甚至说是策划者也不过分。①

黄氏没有厘清当时的“国际形势”，竟然把楚、魏王来赵当作争取齐国抗秦的合纵活动，说：“楚赵魏三国成了抗秦联盟的核心国”②。可见他对战国史不甚了了。

黄氏说：

> 读西汉人刘向《新序·节士》乃知当张仪使楚时，适值屈原使齐，故不得参与朝论。其文云：“秦欲吞灭诸侯，并兼天下。屈原为楚东使于齐，以结强党。秦国患之，使张仪之楚。”可以清楚地看到，屈原使齐在前，而张仪使楚在后；当张仪来时，屈原使齐尚未得归。当然，《新序·节士》所言亦有不当之处。盖秦人之患，并不仅仅因为屈原使楚，而实为楚与魏二国之君访赵。楚、魏、赵三国之君聚会，必非无事，而密谋秦，此最为秦所虑。③

此论与事实不符。

《新序·屈原章》曰：

> 秦欲吞灭诸侯，并兼天下，屈原为楚东使于齐，以结强党。秦国患之，使张仪之楚，货楚贵臣上官大夫靳尚之属，上及令尹子兰、司马子椒；内赂夫人郑袖，共谮屈原。

从中可以清楚地看到，屈原首次使齐约在楚怀王十四年，张仪仪首次使楚在楚怀王十五年。张仪与楚国之亲秦派共潛屈原，致使“王怒而疏屈平”，其时屈原在楚。张仪第二次使楚，是怀王十六年著名的张仪诈楚，屈原因为被疏不能参政，所以未能出面拆穿张仪的诡计。

《新序》的“屈原使齐还。闻张仪已去”与《楚世家》“十八年，张仪已去，屈原使从齐来”都是记怀王十八年屈原二次使齐之事，黄氏把它说成是怀王十六年“屈原使齐尚未得归”，似乎没有读懂《新序》。

结　论

前314年至前313年的“战国形势”是“天下诸侯，反齐救燕”“秦、韩、魏连横之势再度出现”。楚怀王十六年，怀王还“使勇士宋遗北辱齐王”，在这种情况下《赵世家》的“楚、魏王来，过邯郸”只能是“商讨抗齐救燕之事”，而不是“六国合纵活动的延伸”，其时楚怀王也不可能派屈原使齐。

从《新序》记载可以清楚地看到，屈原首次使齐约在怀王十四年，其后“秦国患之”使张仪之楚当在怀王十五年，“张仪货楚贵臣上官大夫靳尚之属，上及令尹子兰、司马子椒；内赂夫人郑袖，共谮屈原”——致使王怒而疏屈平。

楚怀王十六年张仪再次使楚，即著名的“张仪诈楚”。从《史记》和《新序》皆可以判断屈原二次使齐是在怀王十八年而不是十六年。看来黄氏也没有读懂《新序》。

学术研究追求真理，实事求是的论著才经得起历史的考验，违反史实、背离史册的臆想、戏说，其“成果”迟早都会破灭。

---

① 黄崇浩：《屈原是否到过赵魏两国》，《光明日报》2006年5月12日。

② 黄崇浩：《屈原是否到过赵魏两国》，《光明日报》2006年5月12日。

③ 黄崇浩：《屈子阳秋》，湖北人民出版社2003年版，第180—182页。

《〈屈原列传〉理惑》商榷

摘要：汤炳正先生的《〈屈原列传〉理惑》（原名《〈屈原列传〉新探》① ）大量删改《屈原列传》。汤先生认为通过他的修改“解决了五个方面的问题”，其实一个问题都没有解决。删改后得出的结论：“怀王之时屈原只是疏”“《离骚》之作当在屈原被疏之时”等等，既与司马迁、刘向、班固、王逸等汉代人的“屈原放逐，著《离骚》”不合，又与《离骚》内容相悖。可见他的删改并不成功。

关键词：屈原列传；疏；放流；离骚

今本《屈原列传》是研究屈原生平事迹的重要资料，但学界对《屈原列传》的理解一直存有很大分歧。孙作云先生认为：《屈原列传》是由刘安《离骚经章句序》《渔父篇》《怀沙》三篇文章连缀组成。② 此论缺乏依据，与司马迁写《史记》的严谨作风不符，故“拼接论”未被学界重视。

汤炳正先生1962年10月在《文史》创刊号发表的《〈屈原列传〉新探》是一篇臆想多于依据的论文。汤先生提出的“刘安《离骚传》窜入论”，在屈学界产生的影响很大。有人认为：“汤先生的《〈屈原列传〉理惑》和《〈楚辞〉成书之探索》，堪称他学术道路上的两座丰碑。”“在屈学领域‘开宗立派，自成体系，蔚然为一代宗师’的奠基石。”③ 这些溢美之词，显然失实。

一、今本《屈原列传》的疑问

（一）“后人窜入的文字”问题

汤炳正先生认为：“今本《屈原列传》中所窜入的也就是《离骚传》的总叙部分。”“离骚者，犹离忧也”到“争光可也”，以及“虽放流”到“岂足福哉”两段，全是后人窜入的刘安《离骚传》中的文字，应该剔除。④

聂石樵先生在《屈原论稿·〈屈原列传〉辨析》⑤ 中也有类似的看法，但是在《聂石樵自选集》“关于屈原三题”中又说“司马迁把刘安的意见采纳入为屈原所写的传记之中，说明司马迁是同意这种观点的”⑥，其观点前后并不一致。

首先，《屈原列传》中没有那么多“刘安的话”。

刘安的《离骚传》已失传，只在“班固序”和刘勰《文心雕龙·辩骚》有部分引文。

班孟坚序曰：

> 淮南王安叙《离骚传》，以《国风》好色而不淫，《小雅》怨诽而不乱，若《离骚》者，可谓兼之。蝉蜕浊秽之中，浮游尘埃之外，皭然泥而不滓。推此志，虽与日月争光可也。⑦

刘勰说：

> 昔汉武爱骚，而淮南作传，以为《国风》好色而不淫，《小雅》怨诽而不乱，若《离骚》者，可谓兼之。蝉蜕秽浊之中，浮游尘埃之外，皭然涅而不缁。虽与日月争光可也。⑧

他们所引的“刘安的话”基本相同，其语气平和，对怀王未加任何评论。而屈传中则有“信而见疑，忠而被谤，能无怨乎？……”“王之不明，岂足福哉！”等抨击怀王的愤激之词。无论从哪方面看，这些抨击之词只能属于史迁。假若没有这些讽谏、牢骚，就不能与《太史公自序》的“作辞以讽谏，

---

① 汤炳正：《〈屈原列传〉新探》，中华书局1962年版，第33—43页；汤炳正：《〈屈原列传〉理惑》，齐鲁书社1984年版，第1—22页。

② 孙作云：《读〈史记·屈原列传〉》，《史学月刊》1959年第9期，第23—27页。

③ 汤序波：《汤炳正传》，华龄出版社2010年版，第161页。

④ 汤炳正：《屈赋新探》，齐鲁书社1984年版，第8—9页。

⑤ 聂石樵：《屈原论稿·〈屈原列传〉辨析》，人民文学出版社1982年版。

⑥ 聂石樵：《聂石樵自选集》，山东文艺出版社2007年版。

⑦ 洪兴祖：《楚辞补注》，中华书局1983年版，第49页。

⑧ 洪兴祖：《楚辞补注》，中华书局1983年版，第52页。

连类以争议，《离骚》有之，作《屈原贾生列传》"① 相合。

汤炳正先生根据班固、刘勰所引刘安的"51字"，就把《屈原列传》中的两大段440字都划归刘安，如此"扩大化"似乎缺少依据。

在《史记》所写的历史人物中，司马迁既"想见其为人"又"未尝不垂涕"者仅屈原一人。可见司马迁对屈原的用心。

《屈原列传》的某些叙述，可视为司马迁对《离骚》的"读后感"。例如说《离骚》创作因由："故忧愁幽思而作《离骚》……屈平之作《离骚》，盖自怨生也"，举《离骚》"以刺世事"的内容，"上称帝喾，下道齐桓，中述汤武，以刺世事。明道德之广崇，治乱之条贯，靡不毕见"。对《离骚》做评价："《国风》好色而不淫，《小雅》怨诽而不乱，若《离骚》者，可谓兼之矣。""其志洁，故其称物芳。其行廉，故死而不容自疏。……推此志也，虽与日月争光可也。"

廖化津先生说：

> 如果是后人好事者窜入的，《太史公自序》哪能有"作辞以讽谏"云云这一段话呢？司马迁写《史记》，把前人的著作当作史料直接采入史传，屡见不鲜。如将《战国策》"苏秦始将连横"的记载，直接采入《苏秦列传》。又如贾谊《过秦论》，直接采入《秦始皇本纪》，将刘安《离骚传》采入《屈原列传》，也是如此。②

熊任望先生说：

> 司马迁为屈原立传，借题发挥，抒泄愤懑。如以为两大段议论都是后人窜入，原文在叙事中没有发任何议论，对别的史家说可以，对有机会即发议论，曾借《伯夷列传》大兴慨叹的司马迁来说，很难理解。……"作辞以讽谏，连类以争议，《离骚》有之，作《屈原贾生列传》。"既然如此，对《离骚》他不能没有评论。以为屈传中其余议论也都是刘安的话，证据似嫌不足。班固所引的几句，语气平和。屈传中的议论，除此之外，还有不少语气十分愤激的话，如"信而见疑，忠而被谤，能无怨乎?""王之不明，岂足福哉"等等。这些牢骚，理应发自史迁。刘安密谋反叛，不可能在直接呈献给武帝的《离骚传》中借题发挥，指桑骂槐，那样有引起怀疑的危险。班固《离骚赞序》和王逸《离骚经序》，合乎总叙的要求；而今本《屈原列传》中的评论，其中有非总叙所该有的内容，只能属于史迁，而不能归于刘安。班序和王序对怀王的过错，不加任何评论。可是，屈传，除有班、王序的两点内容外，还有抨击怀王的大段文字，为班、王序中所无。这一大段抨击怀王的文字，无论从性质，还是从数量说，都是刘安《离骚传》的总叙中所不可能有的。③

赵沛霖先生指出：

> 《屈原列传》中"屈原正道直行竭忠尽智以事其君，谗人间之，可谓穷矣。信而见疑，忠而被谤，能无怨乎？屈平之作《离骚》，盖自怨生也……屈平既嫉之，虽放流，眷顾楚国，系心怀王，不忘欲反，冀幸君之一悟，俗之一改也。其存君兴国而欲反复之，一篇之中三致志焉。"这是司马迁"对屈原精神做了全面的评价"而不是刘安的话。④

周北平先生说：

> 屈原之作《离骚》与太史公之作《史记》，皆是"愤而为作也"，鲁迅先生称《史记》为"无韵之离骚"，此语于《屈原列传》处，可谓尤显"精当"。司马迁著《屈原贾生列传》时必然与屈原产生共鸣，"渗入了自己的许多悲愤情感""为屈贾伤，亦寓自伤之意""直作屈、贾、司马三人合传读可也""而《屈原列传》之于《离骚》在很大程度上，也可视为司马迁之读后感"。⑤

---

① 司马迁：《史记》，岳麓书社1988年版，第952页。

② 廖化津：《〈屈原列传〉解惑——续说汤炳正先生〈屈原列传〉理惑》，《河北师范大学学报》（哲社版）1992年第4期，第23页。

③ 熊任望：《〈屈原列传〉析疑》，《河北大学学报》1988年第1期，第16—17页。

④ 赵沛霖：《封建时代屈原爱国精神研究的历史走向》，《殷都学刊》1994年第1期。

⑤ 周北平：《从〈屈原列传〉论司马迁对〈离骚〉的接受》，《乐山师范学院学报》2009年第3期，第6—9页。

假若按照汤炳正先生之意，把“离骚者”到“争光可也”，“虽放流”到“岂足福哉”两大段文字剔除，就剩下既简且陋，寥寥几条叙事的青筋；“则原本《屈原列传》几乎失去了司马迁行文所特有的‘其文疏荡，颇有奇气’，感慨啸歌以舒愤懑的神气，这是难以令人置信的。”① 没有了对《离骚》的评论和抨击怀王的文字，岂不成了断尾巴蜻蜓，令《屈原列传》黯然失色？

其次，褚斌杰先生对从“离骚者，犹离忧也”到“争光可也”的分析，比较中肯。

《屈原列传》：

离骚者，犹离忧也。夫天者，人之始也；父母者，人之本也。人穷则反本，故劳苦倦极，未尝不呼天也；疾痛惨怛，未尝不呼父母也。屈平正道直行，竭忠尽智，以事其君，谗人间之，可谓穷矣。信而见疑，忠而被谤，能无怨乎？屈平之作《离骚》，盖自怨生也。

褚斌杰先生说：

此段则侧重就《离骚》本身做评论，说明《离骚》所表达的主要思想感情以及它的必然性与合理性。首先，司马迁从“穷则反本”的观点，来说明屈原在《离骚》中所表达的强烈感情，乃是人在痛苦至极时必然地流露。另外，司马迁在肯定了屈原的人格和叙说了他的不幸遭遇以后，说明屈原的《离骚》之作，“盖自怨生也”。即遭到邪恶势力的迫害之后，所产生的怨愤呼声。这里包含着司马迁对屈原及其创作《离骚》的理解，也包含着司马迁本人的一种深刻的文学思想，即认为历史上伟大文学作品的产生，往往都是有理想、有作为的人遭到不应有的打击和迫害，与社会现实发生尖锐冲突的产物。这一文学思想的深刻性和进步性，不仅在于它正确地说明了历史上许多伟大作品所由产生的社会根源，同时也是对当时儒家所提倡的“温柔敦厚”的文艺思想，即文艺应为教化服务的思想，一个重大的突破。……司马迁的“怨愤”说，则第一次大胆地表现了文艺创作的“冲突”说，认为有理想的作家与社会悲剧性的冲突，是伟大作品产生的根源。这在中国美学思想发展上，是一个重大贡献。②

《屈原列传》：

《国风》好色而不淫，《小雅》怨诽而不乱，若《离骚》者，可谓兼之矣。上称帝喾，下道齐桓，中述汤、武，以刺世事。明道德之广崇，治乱之条贯，靡不毕见。其文约，其辞微，其志洁，其行廉。其称文小而其指极大，举类迩而见义远。其志洁，故其称物芳；其行廉，故死而不容自疏，濯淖污泥之中，蝉蜕于浊秽，以浮游尘埃之外，不获世之滋垢，皭然泥而不滓者也。推此志也，虽与日月争光可也。

褚先生说：

《屈传》中这一段除掉刘安窜入的几句话外，其思想观点与司马迁全传中所表述的对屈原的看法是一致的，行文上也是衔接的。我们且看从“上称帝喾”至“故死而不容自疏”一段，正是上接“屈平之作《离骚》，盖自怨生也”之后，对《离骚》思想艺术的进一步阐明。首先，司马迁肯定了《离骚》是一篇“刺世事”明道德和治乱的作品，这正与上文“屈平正道直行，竭忠尽智以事其君”相呼应。接着从“其文约”至“故死而不容自疏”部分，则是综合着屈原的思想和人格谈《离骚》作品的艺术待色。司马迁这段评论性文字，主要强调了屈原的《离骚》是一篇大胆讽喻社会现实的作品，是一篇明道德，陈治乱的政治抒情诗，同时也体现了“其行廉，故死而不容自疏”的坚贞不渝，死而不悔的品格。③

（二）“传内评论与传末赞语”矛盾的问题

汤炳正先生认为，最为突出的矛盾是：

传中评论肯定屈原“死而不容自疏”和“睠顾楚国”的行谊，而在赞语中却同意贾谊对屈原不“游诸侯”所提出的批评；也就是说，既赞扬他不离开楚国，又怪他不离开楚国。这样对立的观点，不能出自同一作者。④

---

① 潘啸龙：《屈原与楚辞研究》，安徽大学出版社 1999 年版，第 254 页。

② 褚斌杰：《楚辞要论》，北京大学出版社 2003 年版，第 37—38 页。

③ 褚斌杰：《楚辞要论》，北京大学出版社 2003 年版，第 39 页。

④ 汤炳正：《屈赋新探》，齐鲁书社 1984 年版，第 17—20 页。

其实，书籍中这类矛盾、抵牾并不罕见。例如，《离骚》诗文末尾曰：“忽临睨夫旧乡。仆夫悲余马怀兮，蜷局顾而不行”表现出不愿抛弃楚国。但是，随后的“乱”则曰：“已矣哉！国无人莫我知兮，又何怀乎故都？……”对前文又有所否定。类似“对立的观点”在一个人身上存在，乃属正常。

班固在《离骚赞序》和《离骚序》中对屈原及其作品的评价就有矛盾。

班固《离骚赞序》曰：“王怒而疏屈原。屈原以忠信见疑，忧愁幽思而作《离骚》。……至于襄王，复用谗言，逐屈原。在野又作《九章》赋以风谏，卒不见纳。不忍浊世，自投汨罗。”其《汉书·贾谊传》则说：“屈原，楚贤臣也，被谗放逐，作《离骚赋》，其终篇曰：‘已矣！国亡（无）人，莫我知也。’遂自投江而死。”——其《离骚》作时和屈原投水之时，两说也有矛盾。难道它们“出自不同作者”吗？

汤炳正先生的论著中也有类似例子。

汤先生一贯的观点是“屈原作《招魂》招怀王死魂”，说：

> 盖屈原东行，到达陵阳之后，适值顷襄王三年怀王客死于秦的消息传来，故作《招魂》以吊之。①

屈子遭谗而怀王不察（考）屈子之盛德，故结果怀王赴秦被拘，“离殃而愁苦”，终死于秦。据此，则《招魂》实为屈原招怀王之魂而作。怀王已死于秦，故希其魂得归也。当时怀王死于秦，国人“如丧亲戚”，屈原岂能无动于衷？招魂之作，殆在此时。②

可是，汤先生又说：

> 《招魂》首段还有“有人在下，我欲辅之。魂魄离散，汝筮予之”等语，亦即王逸叙所谓“魂魄放佚，厥命将落，故作招魂，欲以复其精神，延其寿命”。这又跟大关县巫师招魂之术系施之于“精神昏迷”病的事实相符合。他们不是招死人之魂，而是招病人之魂。清陈本礼《屈辞精义》把“些”字解释为“挽歌声”，显然是误为招死人之魂的附会之谈。③

汤文中这样对立的观点难道出于别人之手吗！

再如，汤先生《〈屈原列传〉理惑》中认为：顷襄王三年“怀王客死”时，因为屈原指责子兰，致使“令尹子兰闻之大怒”④（其文略去了“卒使上官大夫短屈原于顷襄王，顷襄王怒而迁之”），可在《〈九章〉时地管见》中却说：“屈子被放起程，当在顷襄王二年之春。”⑤似有“质诸此而彼碍，证诸前而后违”的问题。——如果“屈原在顷襄王二年已经‘被放’”，那么顷襄王三年怀王客死后，顷襄王怎么能再一次怒而迁屈原呢？

司马迁的修史原则是：“以拾遗补艺，成一家之言，厥协六经异传，整齐百家杂语”，在采集不同的资料时，其文字难免出现矛盾。可以说《史记》中前后矛盾抵牾之论随处可见。例如，《鲁周公世家》记：“武王既崩，成王少，在襁褓之中。成王长，能听政。及七年后，还政成王。”请问襁褓中的婴儿，七年就会成长为“能听政”的成年人吗？再如，《楚世家》记：

> 考烈王卒，子幽王悍立。……十年，幽王卒，同母弟犹代立，是为哀王。哀王立二月余，哀王庶兄负刍之徒袭杀哀王而立负刍为王。

《春申君列传》则说：

> 楚考烈王无子……楚考烈王卒……李园女弟初幸春申君有身而入之王所生子者遂立，是为楚幽王。

《楚世家》分明记考烈王有三个儿子，《春申君列传》则说“考烈王无子”……

请问：《史记》中这类“对立的观点”，可以用“不能出自同一作者”来解释吗？

熊任望先生则认为：

> “死而不容自疏濯淖污泥之中”可在“不容”后断句，即“自疏濯淖污泥之中”，意为自

---

① 汤炳正：《屈赋新探》，齐鲁书社1984年版，第68页。

② 汤炳正：《楚辞类稿》，巴蜀书社1988年版，第416页。

③ 汤炳正：《屈赋新探》，齐鲁书社1984年版，第376页。

④ 汤炳正：《屈赋新探》，齐鲁书社1984年版，第15页。

⑤ 汤炳正：《屈赋新探》，齐鲁书社1984年版，第65页。

远于污浊的社会，这里并不涉及屈原是否离楚的问题。此外，“自疏”不是“远逝”，没有“至死不肯离楚”之意；屈传中史迁对屈原“睠顾楚国”，只做了客观叙述，并未加评论——没有赞扬，也没有批评。如果说这一段有什么言外之意的话，那就是一方面肯定屈原对楚国对怀王的眷注，一方面对屈原把他的全部希望寄托在一个“不知忠臣之分”的昏王身上，表示惋惜。由此跨进一步，就可以达到赞语中的“以彼其材游诸侯，何国不容，而自令若是”，其间似无不可踰越的鸿沟。①

或许《屈原贾生列传》的“太史公曰”反映了司马迁评价屈原时思想的变化和反思的过程，其“爽然自失”则是对“怪屈原”的否定。所以说司马迁评论屈原的言辞并没有矛盾。

（三）“屈平既嫉之”接“令尹子兰闻之大怒”问题

汤先生与大多数认为“今本《屈传》有错乱”的人一样，认为在“屈平既嫉之”下，应接“令尹子兰闻之大怒”。

熊任望先生从“既”字入手，说明仍以保留今本原貌为好。他说：

“既嫉之”句与下文连续，大意是屈原既嫉子兰，又作《离骚》（其中有影射子兰之处），子兰闻之大怒。“闻之”的“之”，当兼指屈原嫉之和作《骚》两事。若在“屈平既嫉之”之下，径接“令尹子兰闻之大怒”，“既”字很难找到恰当的解释。改反难通，不如不改。②

郑文先生指出：

“屈平既嫉之”，汤先生认为是下接“令尹子兰闻之大怒，卒使上官大夫短屈原于顷襄王，顷襄王怒而迁之”。果如所说，不免文意扞格，因为“屈原既嫉之”是承上文“楚人既咎子兰以劝怀王入秦而不反也”而来，它本身还不是一个完全的句子。它必须连贯下文“虽放流，眷顾楚国，系心怀王，不忘欲反”，才成为一个神完气足的句子。把这里的“兰（余以兰为可恃兮，羌无实而容长）”和“令尹子兰闻之大怒，卒使上官大夫短屈原于顷襄王”联系起来，正可见屈原这篇《离骚》怎样刺痛了这位“无实而容长”的家伙！因此，我认为“令尹子兰闻之”的“之”字，既指的“屈原既嫉之”这回事，也指的“其存君与国而欲反复之，一篇之中，三致意焉”的“一篇”。这“一篇”就是《离骚》。③

（四）武帝“爱秘”《离骚传》问题

汤炳正先生说：

史迁当时并未见过刘安的《离骚传》，今本《屈原列传》中所引刘语，乃后人所窜入者。

淮南王所著《离骚传》“未布于世，推其原因，盖不外其始武帝‘爱秘’之”④；

汉武帝叫刘安作《离骚传》……武帝一读，非常高兴，“爱而秘之”……并把它藏在自己身边欣赏，没有公开。因此司马迁没有机会读到这个东西，也就无从采入《史记》之中。⑤

熊任望先生认为：

所谓武帝“爱秘”《离骚传》是高诱《淮南子叙》中的错误说法。《汉书·淮南王传》写得明明白白：“初，安入朝，献所作《内篇》，新出，上爱秘之。使为《离骚传》，旦受诏，日食时上。”武帝爱秘的是《内篇》，而不是《离骚传》。……《离骚传》是对《离骚》的注释，“爱”是可能的，“秘”则毫无必要。多方搜集材料为刘安立传的司马迁，对刘安所领导的学术活动及其成果，不能毫无所闻、所见——纵使未观其书，也当耳受其事。如有所闻见，而在传中一字未及，必有其他原因。这种情况，在《史记》列传中并非仅见。⑥

古今中外的皇帝，对自己喜爱的优秀文学作品，多有推荐者，似乎没有“秘之”的道理。

廖化津则认为：

① 熊任望：《〈屈原列传〉析疑》，《河北大学学报》1988年第1期，第18—19页。
② 熊任望：《〈屈原列传〉析疑》，《河北大学学报》1988年第1期，第13页。
③ 郑文：《读〈《屈原列传》新探〉兼论〈离骚〉创作的时间》，《西北师大学报》（社科版）1962年第4期，第16、19页。
④ 汤炳正：《屈赋新探》，齐鲁书社1984年版，第4、6页。
⑤ 汤炳正：《楚辞讲座》，广西师范大学出版社2006年版，第86页。
⑥ 熊任望：《〈屈原列传〉析疑》，《河北大学学报》1988年第1期，第17页。

司马迁作《史记》，开始于太初元年，距离刘安作《离骚传》（武帝建元二年）已有三十五年。故作为太史令的司马迁当然可以见到《离骚传》。……刘安是武帝的叛逆者，为刘安立传，必然有许多顾忌。因此《淮南王传》只写其“为叛逆事”，其他情事一概未记，不提作《离骚传》不足为怪。①

（五）从刘安对屈骚评价看《屈原列传》中的争议

淮南王刘安之都邑——寿春，是楚国最后的国都。楚亡后楚之宗族遗老、屈氏后代、巫师文士仍一度云集于此，虽然《汉书·高帝纪下》：“九年冬十一月，徙齐楚大族昭氏、屈氏、景氏、怀氏、田氏五姓关中，与利田宅。”然而寿春仍然是楚文化以及屈原作品与传闻保存较为集中之处。这对爱好文学的刘安“治骚”提供了很好的条件。刘安的《离骚传》是司马迁写《屈传》的参考资料之一。

刘安对屈原的赞美之词：“蝉蜕浊秽之中，浮游尘埃之外，皭然泥而不滓，与日月争光可也。”这与刘安主持编著的《淮南鸿烈》所描绘的“真人”特征一致。刘安或许是从道家的价值观来阐发屈原之志的。司马迁、王逸等人借用刘安的话，赞颂屈原的高洁、修美，与刘安的本意并不完全一致。

孙克强先生认为：

从字面看刘安对屈《骚》的评价的确很高，但通过对刘安思想的剖析再来看，就可发现刘安歪曲了屈原。……他受诏作《离骚传》，一半是奉诏，一半是迎合武帝好儒术、爱屈骚的心理。把《离骚》拉上“温柔敦厚”的轨道，掩盖屈原对国君的批评指责，他的评价很难是对屈原作品的真实理解。刘安认为屈原是超尘绝俗，“浮游”“蝉蜕”，轻视生死，无欲无念的“真人”。而太史公为屈原立传突出的是“发愤而抒情”。《屈原列传》中从“离骚者，犹离忧也”到“盖自怨生也”，集中表现了司马迁一贯的“发愤抒情”思想，与刘安的思想大相径庭，所以这一段不可能是刘安《离骚传》中语，而应是司马迁自己的话。②

徐克文先生也认为：

司马迁写《屈原列传》他对屈原的思想感情、生平志趣、政治遭遇，发生了强烈的共鸣，虽然写的是屈原，而在思想感情上又仿佛在写自己。司马迁对屈原作品所反映的深细隐曲的蕴义微旨，体会得比一般人深刻真切。《屈原列传》将叙事、议论、抒情交织在一起，用跳跃的手法进行表彰、歌颂、记叙、议论。这种夹叙夹议兼抒情的龙门笔法，正是他写传记的表现手法之一。《屈原列传》对《离骚》的评议，可谓深湛精确，婉雅凄怆，真气动人。尤其“屈平之作《离骚》，盖自怨生也”一语，揭示出屈子作《离骚》的思想底蕴，在当时来说，确属石破天惊之谈。《屈原列传》中纵然有些字句采用了淮南之词，而主要观点，基本倾向，则是司马迁的。细读这两段文字，不论对屈原的“其存君兴国而欲反复之一篇之中三致志焉”的忠贞恳挚的思想感情的揭示，或是对屈原的对人生事物，对真理正义之所以抱有那样执着态度的认识，从而给出的崇高评价，都不是淮南王之辈所能有的。③

二、“屈原放逐著《离骚》”是汉人一致的意见

汤炳正先生说：

（《报任少卿书》）盖文王拘而演《周易》；仲尼厄而作《春秋》；屈原放逐，乃赋《离骚》；左丘失明，厥有《国语》；孙子膑脚，《兵法》修列；不韦迁蜀，世传《吕览》；韩非囚秦，《说难》《孤愤》。《诗》三百篇，大抵贤圣发愤之所为作也。

《史记·太史公自序》也有与此大同小异的一段话。但如果以《史记》列传考之，则此段不仅跟屈原的事迹不相合，而且吕不韦之著《吕览》，乃在迁蜀之前，不在迁蜀之后；韩非之著《说难》《孤愤》。乃在囚秦之前，不在囚秦之后。然而绝不能因此而说史迁对他们的事迹，也有两种不同的说法。因为先秦两汉对此并无异说。盖史迁因情之所激，奋笔直书，致与传记体的列传有所出入。因此，“屈原放逐，乃赋《离骚》”一语，乃史迁以概括之笔抒其情，并

① 廖化津：《〈屈原列传〉解惑——续说汤炳正先生〈《屈原列传》理惑〉》，《河北师范大学学报》1992年第4期，第23页。

② 孙克强：《刘安评屈骚辨——兼对〈史记〉刘安语的认识》，《信阳师范学院学报》（社科版）1997年第1期，第69—73页。

③ 徐克文：《司马迁与屈原——读〈屈原列传〉》，《辽宁大学学报》1984年第5期，第74—78页。

非以叙述之笔传其事。①

这样推理似乎太片面了。史迁所列举的七个人物与作品全部属实。只是他为了说明“大抵贤圣发愤之所为作也”的因果关系，而在其论述中带有“因情之所激，并非传其事”的不确成分。既然这条资料不宜作证，就可改用其他可信文献。而且“屈原放逐，著《离骚》”的确证很多：

《太史公自序》：“屈原放逐，著《离骚》。”② 刘向《新序·节士》：“屈原遂放于外，乃作《离骚》。”③ 班固《汉书·地理志》：“始楚贤臣屈原被谗放流，作《离骚》诸赋以自伤悼。”《贾谊传》：“屈原，楚贤臣也。被谗放逐，作《离骚》赋”。④ 王逸《离骚序》说：“王乃疏屈原，屈原……乃作《离骚经》。离，别也。骚，愁也，经，径也，言己放逐离别，中心愁思，犹依道径以风谏君也。……其子襄王，复用谗言，迁屈原于江南。”⑤ 汤先生放着这么多明确无误的记载不用，一定要在《报任少卿书》上做文章，说这是“概括之笔抒其情”“跟屈原的事迹不相合”，并以此否定汉人的“屈原放逐，乃赋《离骚》”，如此偏执的辩驳，怎么能令人信服呢?

至于《屈原列传》中有关《离骚》作时的记叙，以及王逸引“班固《离骚赞序》”之“屈原初事怀王，甚见信任，同列上官大夫妒害其宠，谗之王，王怒而疏屈原。屈原以忠信见疑，忧愁幽思而作《离骚》。”表面上看似乎有两种不同的说法。但是他们说“王怒而疏屈原。……忧愁幽思而作《离骚》”只是就其背景大概而论，其“疏屈原”与“作《离骚》”并非直接的因果，而说“屈原放逐，著《离骚》”则明确无误多次重复。何况这是汉人一致的看法呢。

钱穆说：

> “《汉书·贾谊传》：屈原被谗放逐，作《离骚》赋”与《地理志》亦云：“屈原被谗放流，作《离骚》诸赋以自伤悼”，皆沿刘（向）氏之误。⑥

钱氏更为偏执。“屈原放逐作《离骚》”是众多汉代人的看法，“对这样一致的看法若再要怀疑，那还怎么研究古代的文史?”⑦

再说刘向之前的司马迁也持这个观点，怎么能说“皆沿刘向之误”呢?

三、怀王有没有流放屈原?

（一）文献记载中的怀王“放”屈原

包括汤先生在内多数学者都认为《离骚》作于怀王时期，而“屈原放逐，著《离骚》”乃是汉人的一致意见。可见屈原必定先被怀王放逐，其后才有《离骚》。

汤先生说：“认为怀王时屈原只是‘疏’的，有史迁、班固等。”⑧

此论与《屈原列传》的“屈平既嫉之，虽放流，睠顾楚国，系心怀王，不忘欲反，冀幸君之一悟，俗之一改也。其存君兴国而欲反复之，一篇之中三致志焉”⑨ 之记不符。

不管这是司马迁的话、刘安《离骚传》的话，还是司马迁引用刘安的论述，都明确地表示怀王之时屈原曾经被“放流”，不必把“疏”与“放流”对立起来。

汤先生之说还与班固《地理志》《贾谊传》的“屈原被谗放流，作《离骚》”抵牾。

刘向《新序·节士》记有：“怀王子顷襄王，亦知群臣谄误怀王，不察其罪，反听群谗之口，复放屈原。”⑩ 王逸《章句》有：“其子襄王，复用谗言，迁屈原于江南。”⑪ 洪兴祖曰：“当顷襄王之三年，

---

① 汤炳正：《屈赋新探》，齐鲁书社 1984 年版，第 14—15 页。
② 司马迁：《史记》，岳麓书社 1988 年版，第 945 页。
③ 卢元骏：《新序今注今译》，台湾商务印书馆 1977 年版，第 240 页。
④ 班固：《汉书》（简体本），中华书局 1999 年版，第 1328、1708 页。
⑤ 洪兴祖：《楚辞补注》，中华书局 1983 年版，第 2 页。
⑥ 钱穆：《先秦诸子系年》卷三，商务印书馆 2001 年版，第 121 页。
⑦ 金开诚：《〈离骚〉创作年代考》，《北京大学学报》（社科版）1983 年第 3 期，第 79 页。
⑧ 汤炳正：《屈赋新探》，齐鲁书社 1984 年版，第 12 页。
⑨ 司马迁：《史记》，岳麓书社 1988 年版，第 628 页。
⑩ 卢元骏：《新序今注今译》，天津古籍出版社 1987 年版，第 240 页。
⑪ 洪兴祖：《楚辞补注》，中华书局 1983 年版，第 2 页。

怀王卒于秦。顷襄听谗，复放屈原。”①

他们都说顷襄王“复放”屈原，可见怀王时必有“初放”。

（二）屈原诗中反映的怀王“放”屈原

《卜居》：“屈原既放，三年不得复见。”（详见本书《屈原流放汉北考》）

《惜往日》：“弗参验以考实兮，远迁臣而弗思。”（详见本书《〈惜往日〉透露的屈原生平》）

间接反映者有《抽思》：“有鸟自南兮，来集汉北。好姱佳丽兮，牉独处此异域。”“惟郢路之辽远兮，魂一夕而九逝。曾不知路之曲直兮，南指月与列星。……狂顾南行，聊以娱心兮。”表述了流放之地在远离郢都的北方和不能回郢的痛苦心情。

《思美人》：“吾且儃佪以娱忧兮，观南人之变态”或因被放于汉北，故有“南人”之称。《离骚》的“欲自适而不可”或许也是写被怀王放逐的情况。

《卜居》《抽思》反映的“屈原被放汉北”与《哀郢》的“非罪而遭弃逐”，显然不是一件事。《哀郢》的东迁是顷襄王三年“怀王客死，兰咎屈原”，“卒使上官大夫短屈原于顷襄王，顷襄王怒而迁之”。

四、《离骚》的问题

（一）汤先生的“《离骚》作于怀王疏原之时论”

汤炳正先生说：屈原赋《骚》，不是在襄王放原之后，而是在怀王疏原之时。两汉以来古说，本无歧义。刘向的《新序》、班固的《离骚赞序》、王逸的《离骚经章句序》等书，都是一致的。② 汤先生把两汉以来一致的古说屈原放逐，著《离骚》③，替换为“屈原赋《骚》，是在怀王疏原之时”，有移花接木之弊。

汤先生说：据史实考之，《离骚》之作当在怀王十六年以后，亦即屈原遭谗被疏之时，时屈原正三十多岁，古人所谓“三十曰壮”之年。④ 这样表述与《离骚》的内容不符。

汤先生在 1962 年 10 月《〈屈原列传〉新探》中的说法是：“据史实考之，《离骚》当写于怀王十二年屈原被疏之后到十七年起用之前，亦即屈原二十七岁到三十二岁之间，所谓‘三十曰壮’之年。”⑤《楚辞讲座》的说法是：“怀王十三年疏远他时，屈原二十六岁。在这以后写《离骚》，是可以称‘方壮’的了。”⑥ 后来汤先生考证：屈原“生于公元前 342 年”，又改为“《离骚》之作，当在怀王十六年以后，亦即屈原遭谗被疏之时”。⑦ 汤先生把被疏的时间推迟到“怀王十六年以后”，似乎是为了让屈原作《离骚》，跨入三十岁这个档次。

据考，“王怒而疏屈平”，不是汤先生 1962 年所说的“怀王十二年”，不是《楚辞讲座》说的“怀王十三年”，也不是 1984 年《屈赋新探》所说的“怀王十六年以后”，而是“怀王十五年”。⑧ 其实汤先生在《楚辞讲座》第 46 页说：“屈原被疏。而秦国则抓紧时机，立即于怀王十六年派张仪至楚……”就认可了“张仪欺楚”之前，即怀王十五年，屈原已经被疏。

假若屈原在三十岁时作《离骚》，则与《离骚》中的“老冉冉将至”不符。

汤先生说：

> 《离骚》之作……时屈原正三十多岁，古人所谓“三十曰壮”之年。（1）及荣华之未落兮，相下女之可诒。（2）及年岁之未晏兮，时亦犹其未央。（3）及余饰之方壮兮，周流观乎上下。就时间的称谓来看，其曰“未落”，曰“未晏”，曰“未央”，曰“方壮”，则显指壮年

① 洪兴祖：《楚辞补注》，中华书局 1983 年版，第 135 页。

② 汤炳正：《屈赋新探》，齐鲁书社 1984 年版，第 11 页。

③ 见本书《试论〈离骚〉创作时间》。

④ 汤炳正：《屈赋新探》，齐鲁书社 1984 年版，第 11 页。

⑤ 汤炳正：《〈屈原列传〉新探》，《文史》1962 年 10 月第 1 辑，第 38 页。

⑥ 汤炳正等：《楚辞讲座》，广西师范大学出版社 2006 年版，第 101 页。

⑦ 汤炳正：《屈赋新探》，齐鲁书社 1984 年版，第 40、12 页。

⑧ 见本书《〈惜往日〉透露的屈原生平》。

而言。①

汤先生所举的三例中“荣华之未落、余饰之方壮”这两项并非指“屈原之年岁”，汤先生自己也说：“荣华：指上文琼枝玉佩（未落）”“壮：（佩饰）美盛貌。”②

故郑文先生“不同意汤先生对他自己所举的三个句子的解释”。他指出：“汤先生解释这三个句子是屈原自谓的语气、是不正确的。”③ 孙作云先生指出，“老冉冉其将至兮，恐修名之不立”正是套用《论语》所说的“四十、五十而无闻兮，斯亦不足畏也已！（《子罕篇》）“修名之不立”即是“无闻”，可见作此文时，屈子应该是四十以上的人。④ 潘啸龙先生说：“《离骚》云：‘老冉冉其将至兮，恐修名之不立’。郭沫若、陈子展均正确地指出，屈原在此既称‘老’之‘将至’，可知其写作《离骚》时，必在‘将老未老’的五十岁上下。”⑤

从一般作家的成长过程看，中老年期的作品往往优于青壮时期。《离骚》是屈原作品中成就最高者，其思想性、艺术性远高于《橘颂》《惜诵》。后者当属屈原早期的作品，《离骚》则是屈原艺术成熟、创作鼎盛期的作品，是屈原在政治上受到多次沉重打击，个人的理想不能实现之后的作品。

汤炳正先生认为：“屈原生于公元前 342 年，《离骚》之作在怀王十六年。”其时屈原约三十岁，《橘颂》写于十五年后的“顷襄王元年”。⑥ 请问，写《橘颂》时，四五十岁的屈原为什么要用“幼、少”来象征自己，而三十岁写《离骚》时，却说“老冉冉其将至”呢？

再有，按汤先生之论，屈原盛年期作的《橘颂》《惜诵》远逊于三十来岁作的《离骚》，这也不合常情。

根据以上的分析，《离骚》既不是屈原“晚年的作品”，也不是“三十多岁”壮年期的作品，而是“未晏、将老”时期的作品。按照常理当在四五十岁，即怀王晚期到顷襄王初期。

把《离骚》的“老冉冉其将至”纳入“显指壮年而言”，似有“深文周纳，强词夺理”的意味。正如郑文先生说：一个三十来岁的青壮年，“怎会有‘迟暮’‘老将至’‘年岁不吾与’之感呢？”⑦

（二）《离骚》内容表明它是受到多次打击后写的

汤先生“《离骚》作于屈原被疏之时论”与《离骚》总体精神不符、与“伤灵修之数化”“恐老冉冉其将至”等记述不合。

《离骚》内容清楚表明，它是作者受到不少打击之后才写的。《离骚》在“伤灵修之数化……哀众芳之芜秽……恐修名之不立”之后，连续出现了三个“死”字：“亦余心之所善兮，虽九死其犹未悔”“宁溘死以流亡兮，余不忍为此态也”“伏清白以死直兮，固前圣之所厚”。——这是屈原“在屡受挫折和磨难中，以死亡意识证明生命价值”⑧。《离骚》记叙了“屈原试图改变自己在楚国的处境，但是所有的努力都失败了……”

盛赞汤炳正《“屈原列传”理惑》的董运庭先生，一方面说：从总体理清了前人所列出的疑点，回答了他们提出的问题。已经并且正在得到越来越普遍的认同。另一方面又说：屈原并不是在怀王时一旦被谗见疏就写作了《离骚》。那时候，屈原还比较年轻，不到三十岁。而《离骚》一诗详尽地叙述了抒情主人公一生的不幸遭遇，尤其是政治上所遭受的曲折坎坷，其中还有一些缅怀往事、叹息老之将至的话，这些都与屈原当时的年龄身份不符。……从《离骚》的内容来看。无论是反映的与楚王的关系，还是反映的抒情主人公的思想状态，都有复杂变化和剧烈冲突的过程，对于楚王，除了有批判、抱怨之外，也还有一些希冀和期待，幻想还没有完全破灭。屈原既“伤灵修之数化”，有恐“老冉冉其将至”，他有“九死不悔”的执着，写作《离骚》，必然是政治上屡经挫折，而感情上的忧愤已积累到十分深沉

---

① 汤炳正：《屈赋新探》，齐鲁书社 1984 年版，第 12、11 页。

② 汤炳正等：《楚辞今注》，上海古籍出版社 1996 年版，第 30、38 页。

③ 郑文：《读〈《屈原列传》新探〉兼论〈离骚〉创作的时间》，《西北师大学报》（社科版）1962 年第 4 期，第 16 页。

④ 孙作云：《从〈离骚〉的写作年代说到〈离骚〉、〈惜诵〉、〈抽思〉、〈九辩〉的相互关系》，《文史哲》1962 年第 4 期，第 30 页。

⑤ 潘啸龙：《〈离骚〉作于顷襄八、九年考》，《复旦学报》（社科版）1982 年第 1 期，第 106 页。

⑥ 汤炳正：《屈赋新探》，齐鲁书社 1984 年版，第 12 页。

⑦ 郑文：《读〈《屈原列传》新探〉兼论〈离骚〉创作的时间》，《西北师大学报》（社科版）1962 年第 4 期，第 16 页。

⑧ 杨义：《〈离骚〉的心灵史诗形态》，《文学遗产》1997 年第 6 期，第 28—29 页。

的地步。因此，具体的写作时间应是怀王朝的后期较为妥当。①

董先生此论，从根本上否定了汤先生修改《屈原列传》，得出的一个重要结论：“据史实考之，《离骚》之作，当在怀王十六年以后，亦即屈原遭谗被疏之时。”②

董氏所谓的：“四十多年过去了，汤先生在这个问题上所做的论断，仍然是最有说服力的结论。”③ 其实质是“抽象肯定，具体否定”，与他的“《离骚》写作时间应是怀王朝的后期较为妥当”不能自圆其说。（详见本书《试论〈离骚〉创作时间》）

五、擅改《屈原列传》未为治本之策

（一）不能轻易修改《屈原列传》

屈原的行事不见于传世的先秦典籍，司马迁见到的材料本身或即存在矛盾和可疑难断之处。司马迁谨慎地秉持“疑则传疑，盖其慎也”的态度，以致《屈原贾生列传》含有可疑的内容。其后或有错简，或有后人窜入的文字，更使问题复杂化。汤炳正先生所指出的“传内评论与传末赞语”的差别也确实存在。而且其“贾嘉最好学，世其家，与余通书。至孝昭时列为九卿”，此话似乎暴露了作者不是司马迁（是汉昭帝时人），而且暴露了该传全文非司马迁作的狐狸尾巴。④ 但是，不能在没有可靠证据的情况下看到矛盾就试图“修改”文本。现今的各种“修正方案”全都属于猜测，除非发现古老版本，否则难以确定谁的说法更接近“真实面目”。

董运庭先生既想通过修改《屈原列传》解决“屈原研究和楚辞学研究中的一系列问题”，“从而对屈原的政治活动、思想发展、文学创作等，做出符合实际的正确描述与评价”，又说“总而言之，擅改《屈原列传》未为治本之策”⑤，显然自相矛盾。

刘生良先生则认为《屈原列传》的矛盾并不奇怪，不需要修改。他说：

> 太史公的修史原则是“厥协六经异传，整齐百家杂语”，以“成一家之言”。在整齐、结构不同来源的史料成篇时，太史公往往采用先录后补之类的笔法，在所录所补的文字间，是难免出矛盾的。例如《宋微子世家》写微子出亡一节，前边说微子谏纣不听，问于太师少师之后“遂亡”，接着，又在箕子佯狂、比干剖心之后写到微子“其义可以去矣”之叹，“于是太师少师乃劝微子去，遂行”。微子之亡到底在箕奴比剖之前，抑或其后，史文乃呈歧说，究其原因是由于史公先据《尚书·微子》等史料行文，后又以追叙的方式补录其他史料造成的。又如《吴起列传》前云魏文侯“以吴起善用兵，廉平能得士心，乃以为西河守”，下文又书武侯浮西河，善吴起之对答，“即封吴起为西河守”。到底是文侯还是武侯以吴起为西河守，所记何其矛盾。由于武侯浮西向、封吴起一段文字出自《战国策》，此亦因结构不同，来源的史料不同而出现矛盾。再如作为全书总纲的《太史公自序》，其中关于《史记》起讫界限的说法也是矛盾的：一曰“于是卒述陶唐以来至于麟止”，一曰“余历述黄帝以来至于太初”。对此，有人认为前者是转述其父的修史计划，后者乃司马迁作史的实际断限。这种情况，在五帝、秦、项羽诸本纪，鲁、燕、陈、晋、楚、赵，田完、孔子诸世家，春申君、韩长孺、司马相如诸列传中都不同程度地有所表现。其实，就《屈传》本身也可找到例证，关于屈原的官职，本传前文只说是“楚怀王左徒”，后文却突然又出现了个“三闾大夫”，前者录自《离骚传》，后者出于《渔父辞》，这不也是由于摭录、结构不同史料而形成的吗？由此可见，太史公在采用前人著述入史时，篇中常会出现矛盾的记叙，《屈传》的矛盾并不奇怪……⑥

① 董运庭：《关于屈原生平事迹的总体廓清——再读汤炳正先生〈《屈原列传》理惑〉》，《重庆师范大学学报》（社科版）2005年第3期，第34页。

② 汤炳正：《屈赋新探》，齐鲁书社1984年版，第11—12页。

③ 董运庭：《关于屈原生平事迹的总体廓清——再读汤炳正先生〈《屈原列传》理惑〉》，第28页。

④ 牟怀川：《传统认可的屈原历史身份仍然值得怀疑和研究》“北大中文论坛” http://www.pkucn.com/thread-104377-6-1.html（77楼）。

⑤ 董运庭：《关于屈原生平事迹的总体廓清——再读汤炳正先生〈《屈原列传》理惑〉》，《重庆师范大学学报》（社科版）2005年第3期，第29、32页。

⑥ 刘生良：《〈史记·屈原列传〉关于〈离骚〉作期矛盾记述的考辨》，《求索》1990年第1期，第87—88页。

（二）汤先生“修改《屈原列传》后”并没有解决问题

汤炳正先生的“《屈原列传》中有很大篇幅是‘后人所窜入’”这个判断，从证据的真实性、相关性和是否存在反证等方面考察，其论证尚不足以支撑其结论。

汤先生认为，通过修改《屈原列传》“解决了五个方面的问题”①。其实一个问题都没有解决。

第一，汤炳正先生说：《离骚》之作，当在怀王十六年以后，亦即屈原遭谗被疏之时；说屈原赋《骚》，不是在襄王放原之后，而是在怀王疏原之时。两汉以来古说，本无歧义。刘向的《新序》、班固的《离骚赞序》、王逸的《离骚经章句序》等书，都是一致的。②

此说既有违事实，又与《离骚》内容不符。“屈原放逐，著《离骚》”是两汉古人的一致意见，而不是汤先生的“屈原遭谗被疏之时”。从怀王十五年“疏原之时”看，屈原不足三十岁，与《离骚》的“老冉冉其将至”不合。从《离骚》的“乱”看：“已矣哉，国无人莫我知兮，又何怀乎故都？既莫足与为美政兮，吾将从彭咸之所居。”《离骚》当写于政治上屡经挫折，对黑暗现实接近绝望的怀王后期至顷襄王初期。

第二，汤先生判定：怀王时屈原只是“疏”，没有“放”。汤炳正先生还说：“认为怀王时屈原只是‘疏’的，有史迁、班固等，认为怀王时屈原已‘放’的有刘向、刘安等”③。此论与文献记载不符。

《屈原列传》之“虽放流，睠顾楚国，系心怀王”是怀王放屈原之确证。汤先生既然肯定《离骚》作于怀王时代，那么众多汉人的“屈原放逐，著《离骚》”就是怀王放屈原的群证。《卜居》《惜往日》等赋中，还有怀王“放”屈原的内证。可见汤先生的“怀王时屈原只是‘疏’，没有‘放’”之论，与史不符。

第三，“子兰闻之大怒”，所怒何事？

汤先生认为：司马迁是把“兰咎屈原”跟“怀王客死”联系在一起的，“子兰闻之大怒”跟屈原之赋《骚》无关。④

郑文先生指出：

> 把这里的“兰”（余以兰为可恃兮，羌无实而容长）和“令尹子兰闻之大怒，卒使上官大夫短屈原于顷襄王”联系起来，正可见屈原这篇《离骚》怎样刺痛了这位“无实而容长”的家伙！因此，我认为“令尹子兰闻之”的“之”字，既指的“屈原既嫉之”这回事，也指的“其存君与国而欲反复之，一篇之中，三致意焉”的“一篇”。这“一篇”就是《离骚》。⑤

熊任望先生说：

> 屈原既嫉子兰，又作《离骚》（其中有影射子兰之处），子兰闻之大怒。“闻之”的“之”，当兼指屈原嫉之和作《骚》两事。若在“屈平既嫉之”之下，径接“令尹子兰闻之大怒”，“既”字很难找到恰当的解释。改反难通，不如不改。⑥ 潘啸龙先生说：《离骚》之传世，其“椒”“兰”暗喻子椒、子兰之意，本是古义……史家班固，也因为《离骚》“责数怀王，怨恶椒、兰”而指斥屈原。因此，把上引诗句中的“兰”理解为暗喻子兰，是没有错的。……屈原的“怨恶”子兰，称其为“变而不芳”，必在怀王三十年以后。这又证明了，《离骚》之作，决不能在子兰尚未当政的屈原早年“初疏”时期。⑦

对“子兰闻之大怒”的解释，不用改《屈原列传》完全说得通。

第四，“屈原”“屈平”，称谓交互出现的问题。⑧

《屈原列传》中“屈原”共出现14次（有的版本是12次），“屈平”11次（有的版本是13次）。实况如下：

---

① 汤炳正：《楚辞讲座》，广西师范大学出版社2006年版，第87页。
② 汤炳正：《屈赋新探》，齐鲁书社1984年版，第11—12页。
③ 汤炳正：《屈赋新探》，齐鲁书社1984年版，第12页。
④ 汤炳正：《屈赋新探》，齐鲁书社1984年版，第15页。
⑤ 郑文：《读〈《屈原列传》新探〉兼论〈离骚〉创作的时间》，《西北师大学报》（社科版）1962年第4期，第19页。
⑥ 熊任望：《〈屈原列传〉析疑》，《河北大学学报》（哲社版）1988年第1期，第13页。
⑦ 潘啸龙：《〈离骚〉当作于顷襄王八九年间》，《职大学报》2014年第5期，第2—3页。
⑧ 汤炳正：《屈赋新探》，齐鲁书社1984年版，第16页。

（1）在汤先生（未删的）前200个字中有6个“屈平”（其中一个是“平”），2个“屈原”。“屈平”有一半集中出现前200个字中，与汤先生所谓的“羼入文字”无关。

（2）汤炳正先生“删除的两段文字中”，有3个“屈平”。

（3）夹在“被删除的两段文字中的”未删的传文，有的版本是2个“屈原”，2个“屈平”。有的版本是4个“屈平”

（4）末尾368字中（不包括《怀沙》）有8个“屈原”。太史公曰中有2个“屈原”。

在删除两段文字后，仍然有14个“屈原”（有的版本是12个）、8个“屈平”（有的版本是10个），并没有改变“屈原”“屈平”称谓交互出现的现象。

汤先生所说：

> 古本《屈原列传》“屈原”，今本不少地方都被改为“屈平”。”

这缺乏依据。

汤先生说：

> 考《史记》列传，一般来讲，篇首虽名、字并举，但篇中则或称名、或称字，前后一致。而今本《屈原列传》全文，却名、字互见，或称屈原，或称屈平。……除窜入部分外，本传原文只称“屈原”不称“屈平”。“平”“原”互见，是窜乱以后的现象。①

此说与《史记》记载不符。就《史记》总体来看，名、字交互出现不仅仅在篇首，在篇中也多处可见，并非前后一致。例如，《陈涉世家》在尊其为“陈王”前的几百字中，有5个“陈涉”和8处“陈胜”。吴广编造“陈胜王”以“威众”时，皆直呼其名。而《伍子胥列传》中有十个“员”字，四十几个“胥”字。其“吴王阖庐谓子胥”“吴太宰嚭既与子胥有隙，因谗曰：‘子胥为人刚暴’”“吴王既诛伍子胥”等，皆称其“字”。

难道《陈涉世家》《伍子胥列传》中的名、字交互出现等，也是后人擅改的吗？汉人的论著中名、字交互出现很正常，并未遵行“自称称名、称人用字”和“君前臣名”（《礼记》）之例。再例如，

王充《论衡·命义篇》云：“屈平、伍员之徒，尽忠辅上，竭王臣之节……”②

《论衡·偶会篇》曰：“世谓子胥伏剑，屈原自沉。”

其“屈平、伍员”为名，“子胥、屈原”为字，书中交互出现决非后人擅改。

春秋末年左丘明的《左传》中也有名、字交互出现者。例如：

> 《文公十年》曰：初，楚范巫矞似谓成王与子玉、子西曰：三君皆将强死。城濮之役，王思之，故使止子玉曰：毋死。不及。止子西，子西缢而县绝，王使适至，遂止之，使为商公。沿汉溯江，将入郢。王在渚宫，下，见之。惧而辞曰：臣免于死，又有谗言，谓臣将逃，臣归死于司败也。王使为工尹，又与子家谋弑穆王。穆王闻之。五月杀斗宜申及仲归。

前文皆称子西（字），后文则称斗宜申（名）。还有，前称子家（字），后称仲归（名），都是称谓前后不统一。再如，《昭公二十二年》：“王子朝、宾起有宠于景王，王与宾孟说之，欲立之。”文中周景王的重臣，前称宾起（字），后称宾孟（名）。这类称谓前后不统一不可能是多种史料混杂所致。③

第五，今本《屈传》论点矛盾的问题。④

人的言论有些矛盾，古今中外皆所难免（详见前文）。汤炳正先生论著中同样存在矛盾。例如，既说《招魂》招怀王死魂，又批陈本礼“误为招死人之魂的附会之谈”，等等。汤先生所列的“五大疑难问题”，在“删除两段文字”后，不但没有解决反而增加了混乱和矛盾。汤先生的“《离骚》作于怀王疏原之时”，既与汉人一致的看法“屈原放逐著《离骚》”抵牾，也与《离骚》内容不符。

（三）《〈屈原列传〉理惑》往往被“屈原否定论者”利用

汤先生的“后人窜入论”与胡适的后人“补《史记》论”，都是从某个一方面否定今本《屈原列传》。所以才会被“屈原否定论者”视为同路人。例如，牟怀川先生说：

---

① 汤炳正：《屈赋新探》，齐鲁书社1984年版，第16—17页。

② 王充：《论衡》，《诸子集成》（第11册），河北人民出版社1992年版，第12、21页。

③ 熊良智：《司马迁〈屈原贾生列传〉的“一家之言”》，《文学遗产》2013年第1期，第18、17页。

④ 汤炳正：《屈赋新探》，齐鲁书社1984年版，第17页。

汤炳正先生曾经建言，史迁不得见刘安的《离骚传》，故《史记·屈原传》中的刘安《离骚传》语是后人补入的，这是一个非常有见地的猜测，可惜汤先生不肯再向前推论了，或不肯把下一步推论思考发表出来了，点到而止。据说是属于刘安的、情文并茂的《离骚传》语与冒名司马迁的、粗略简啬的《屈原传》事毕竟是由什么原因何时而如何被如此不协调地硬凑在一起？虽因史料奇缺，至今不得知其详，这却是不能不研究的问题。①

假如学者们都仿效汤炳正先生去解析、修改《史记》，那么其中的很多篇章将被肢解得面目全非……对待《屈原列传》中的矛盾，“在各方证据都不充足的情况下，与其过而弃之，不如过而存之”（汤先生语）。

六、楚辞界缺乏必要的学术争辩

章太炎先生曾经说：“任何学问，都要展开争辩，只有争辩，才有利于学术发展。因为，在争辩中，对双方都会有启发，有促进。”

汤炳正先生1962年10月在《文史》创刊号发表的《〈屈原列传〉新探》是一篇臆想多于依据的文章。但是鉴于汤炳正先生在楚辞界的威望，学界对此文多有过分肯定和溢美的言辞。其实在此文发表之初，西北师范大学郑文教授随即在《西北师大学报》（社科版）1962年第4期就以《读〈《屈原列传》新探〉兼论〈离骚〉创作的时间》为题，对《新探》中的“怀王没有‘放’屈原、屈原被疏作《离骚》”等观点提出商榷。郑文列举了十二点理由证明：“《离骚》不是张仪欺楚之前屈原被疏之时的作品”，认为怀王时“屈原的确曾被放逐于汉北”“屈原创作《离骚》自在‘放流’之后”②。可惜双方未能进一步展开“争辩”，否则汤先生的学术观点可能会更加完善。

结　论

1. 汤炳正先生1962年10月在《文史》创刊号发表的《〈屈原列传〉新探》是一篇臆想多于依据的文章，难以采信。

2. 汤先生根据班固和刘勰所引刘安《离骚传》的五六十字，就把《屈原列传》中两大段440字划归刘安，说它们“全是后人窜入的《离骚传》中的文字，应该剔除”，如此扩大化缺乏依据。

3. 在剔除汤炳正先生所谓“后人窜入”的两段文字后，汤氏所列的《屈原列传》“五大疑难问题”不但没有解决反而增加了混乱和矛盾。

4. 汤先生说：屈原赋《骚》，不是在顷襄王放原之后，而是在怀王疏原之时。两汉以来古说，本无歧义。刘向的《新序》、班固的《离骚赞序》、王逸的《离骚经章句序》等书，都是一致的。实际上司马迁、刘向、班固、王逸都有“屈原放逐，著《离骚》”的论述。汤先生之说既有违事实，又与《离骚》内容不符。

5.《史记》中前后矛盾抵牾之处随处可见，不能以《屈原列传》有矛盾，作为改写它的理由。很多人的论著中都存在矛盾，汤炳正先生的著作中也不乏事例。在没有可靠依据的情况下，不能擅改《屈原列传》。

北大藏《反淫》汉简3883云：“（孟）柯、敦（淳）于髡、陽（楊）朱、墨翟、子赣、孔穿、屈原、唐革（勒）、宋玉、景瑣（差）之偷（伦），观五帝之遗。”③ 此简可作为历史上确有屈原其人的一个证据。

① 牟怀川：《传统认可的屈原历史身份仍然值得怀疑和研究》“北大中文论坛”http://www.pkucn.com/thread-104377-2-1.html。

② 郑文：《读〈《屈原列传》新探〉兼论〈离骚〉创作的时间》，《西北师大学报》（社科版）1962年第4期。

③ 北京大学出土文献研究所：《北京大学藏西汉竹书概说》；傅刚、邵永海：《北大藏汉简〈反淫〉简说》，《文物》2011年第6期，第51、79页。

再论《屈原列传》之惑

摘要：近来有些与汤炳正先生《〈屈原列传〉理惑》相关论文。例如，熊良智先生《司马迁〈屈原贾生列传〉的"一家之言"》对汤炳正先生的观点有所修正；刘凤泉等人发表了多篇有关《屈原列传》疑惑的论文，否定汤炳正等人的观点，认为《屈原列传》中的"流"为"疏"之误，"放"通"方"，"虽放流"即"虽当被疏远"之义，以及"屈原被放汉北纯属子虚乌有；《屈原列传》主要矛盾终于涣然冰释"，笔者就此提出商讨，请指正。

关键词：屈原列传；疑惑；放流

一、熊良智修正"汤氏《离骚传》窜入论"

（一）《离骚》是《屈原列传》立传的中心

《太史公自序》曰："作辞以讽谏，连类以争义，《离骚》有之，作《屈原贾生列传》。"① 表明《离骚》是《屈原列传》立传的中心。

熊良智先生《司马迁〈屈原贾生列传〉的"一家之言"》的论文，如实地指出太史公以《离骚》为作"传"的缘由和宗旨，并以此评价屈原"可与日月争光"的人格品质，乃实事求是之论。

只是熊良智先生说：

> 汤炳正先生在《文史》第1辑（1962年）发表了论文《〈屈原列传〉新探》，认为：就今本《屈原列传》而言，由"离骚者，犹离忧也……"到"虽与日月争光可也"，由"虽流放……"到"岂足福哉"这两段文字，都是后人割取《离骚传》窜入本传者。笔者认为汤炳正先生论定的两段内容更有道理。……可以判断为采入刘安《离骚传》的内容。
>
> 《屈原列传》虽然载述了屈原一生的事迹活动，然而以内容篇幅、结构来比较，有关屈原的文学活动内容占了大量的篇幅，成了《屈原列传》的主体……首先交代……写作《离骚》的原因和历史背景，说"屈平疾王听之不聪也，谗谄之蔽明也，邪曲之害公也，方正之不容也，故忧愁幽思而作《离骚》"。……其次，有两段对……《离骚》的评论……一段：揭示屈原作《离骚》的缘由：《离骚》者，犹离忧也。夫天者，人之始也，父母者，人之本也。人穷则反本，故劳苦倦极，未尝不呼天也，疾痛惨怛，未尝不呼父母也。屈平正道直行，竭忠尽智以事其君，谗人间之，可谓穷矣。信而见疑，忠而被谤，能无怨乎？解说《离骚》诗中的思想内容：屈平之作《离骚》，盖自怨生也。《国风》好色而不淫，《小雅》怨诽而不乱，若《离骚》者，可谓兼之矣。上称帝喾，下道齐桓，中述汤武，以刺世事。明道德之广崇，治乱之条贯，靡不毕见。评论《离骚》的艺术表现的风格特点：其文约，其辞微，其志洁，其行廉，其称文小而其指极大，举类迩而见义远。其志洁，故其称物芳；其行廉，故死而不容自疏。濯淖污泥之中，蝉蜕于浊秽，以浮游尘埃之外，不获世之滋垢，皭然泥而不滓者也。推此志也，虽与日月争光可也。另一段评论，直揭《离骚》的宗旨：虽放流，眷顾楚国，系心怀王，不忘欲反，冀幸君之一悟，俗之一改也。其存君兴国而欲反覆之，一篇之中三致志焉。……肯定了《离骚》创作、屈原命运与楚国兴亡的关系。②

熊良智先生前面肯定"汤炳正先生论定的两段内容更有道理"，后文又把汤先生所剔除的"窜人之文"，说是《屈原列传》中"一段解读《离骚》的内容"。如此脚踏两只船，显然不够严谨。

熊良智先生否定了汤炳正先生《〈屈原列传〉新探》所说的："后人割取《离骚传》窜入本传者"。同时认可屈原"虽放流，眷顾楚国，系心怀王，不忘欲反，冀幸君之一悟，俗之一改也。其存君兴国而

① 司马迁：《史记》，岳麓书社1988年版，第952页。

② 熊良智：《司马迁〈屈原贾生列传〉的"一家之言"》，《文学遗产》2013年第1期，第17、19—20页。

欲反覆之，一篇之中三致志焉”是司马迁的观点。因为这个观点和司马迁一再表白的“屈原放逐，著《离骚》”一致。这就从根本上修正了他老师的《〈屈原列传〉新探》。笔者对熊良智先生“吾爱吾师，吾更爱真理”的言论十分赞赏。

（二）《屈原列传》引用《离骚传》以及“屈原、屈平混称”问题

熊良智先生说：（《屈原列传》）其中评论，有的虽采自刘安《离骚传》，作为史料成为司马迁的思想载体，当然与司马迁的评价相同。① 把司马迁的这些评论说是“采自刘安《离骚传》”似乎依据不足。

熊良智先生还认同汤炳正先生所说的：《屈原贾生列传》“屈原”“屈平”称谓错出，多种史料混杂。其中涉及《离骚》写作内容的评述，都用“屈平”，这部分可以判断为采入刘安《离骚传》的内容。② 这样说也缺乏依据。

从现有的资料看，《屈原列传》中引用的《离骚传》仅仅是班孟坚序中所说的：“以《国风》好色而不淫，《小雅》怨诽而不乱，若《离骚》者，可谓兼之矣。蝉蜕浊秽之中，浮游尘埃之外，皭然泥而不滓。推此志，虽与日月争光可也。”司马迁把这一段一分为二，插在自己的评说之中，与屈原、屈平混称根本无关。

按汤炳正先生所说，在“删除两段文字”后，并没有改变“屈原”“屈平”称谓交互出现的现象。（“屈原、屈平混称的问题”，详见本书《〈《屈原列传》理惑〉商榷》）

二、《屈原列传》的部分疑惑问题

（一）《屈原列传》的确存在不少矛盾

> 时秦昭王与楚婚，欲与怀王会。怀王欲行，屈平曰：“秦，虎狼之国，不可信，不如毋行。”怀王稚子子兰劝王行：“奈何绝秦欢！”怀王卒行。入武关，秦伏兵绝其后，因留怀王，以求割地。怀王怒，不听。亡走赵，赵不内。复之秦，竟死于秦而归葬。
>
> 长子顷襄王立，以其弟子兰为令尹。楚人既咎子兰以劝怀王入秦而不反也。屈平既嫉之……虽放流，眷顾楚国，系心怀王，不忘欲反。冀幸君之一悟，俗之一改也。其存君兴国，而欲反复之，一篇之中，三致志焉。然终无可奈何，故不可以反。卒以此见怀王之终不悟也。
>
> 人君无愚智贤不肖，莫不欲求忠以自为，举贤以自佐。然亡国破家相随属，而圣君治国累世而不见者，其所谓忠者不忠，而所谓贤者不贤也。怀王以不知忠臣之分，故内惑于郑袖，外欺于张仪，疏屈平而信上官大夫、令尹子兰，兵挫地削，亡其六郡，身客死于秦，为天下笑，此不知人之祸也。《易》曰：“井渫不食，为我心恻，可以汲。王明，并受其福。”王之不明，岂足福哉！令尹子兰闻之，大怒。卒使上官大夫短屈原于顷襄王。顷襄王怒而迁之。

这三段引文中，司马迁有叙事，有评说，有文意不衔接之处。在叙事的时间上也有反复。例如，第一段末有怀王“死于秦而归葬”，第二段的“见怀王之终不悟也”是对怀王终身的评说，第三段又再次出现怀王“客死于秦”。三段之中夹杂的屈原和怀王、顷襄王之事，很难分辨事件的先后顺序，因而引起种种分歧。这三小段包含的问题有：怀王有没有“放流”屈原？子兰为了什么事“闻之大怒”？顷襄王怒而迁屈原与子兰所闻之事一样吗？顷襄王怒迁屈原的时间？等等。其中的关键是“放流”。在这种情况下要理清事件的先后顺序，必须参照其他资料综合分析判断。这里为了方便解说，从易到难论述之。

（二）顷襄王迁屈原在怀王客死之后

《太史公自序》有：

> 怀王客死，兰咎屈原。③

《新序·节士》：

> （怀王）客死于秦，为天下笑。怀王子顷襄王，亦知群臣谄误怀王，不察其罪，反听群谗

① 熊良智：《司马迁〈屈原贾生列传〉的“一家之言”》，《文学遗产》2013年第1期，第21—22页。

② 熊良智：《司马迁〈屈原贾生列传〉的“一家之言”》，《文学遗产》2013年第1期，第17页。

③ 司马迁：《史记》，岳麓书社1988年版，第949页。

之口，复放屈原。①

班固《离骚赞序》曰：

(怀王)西朝于秦。秦人拘之，客死不还。至于襄王，复用谗言，逐屈原。

王逸《离骚经章句》曰：

怀王拘留不遣，卒客死于秦。其子襄王，复用谗言，迁屈原于江南。

“顷襄王迁屈原在怀王客死之后”是司马迁、刘向、班固、王逸等汉人明确的论述。

宋洪兴祖也有：

当顷襄王之三年，怀王卒于秦。顷襄听谗，复放屈原。②

不少名流却认为，顷襄王迁屈原在顷襄王元年、二年。例如，

汤炳正先生说：“屈子被放起程，当在顷襄王二年之春。”③

姜亮夫先生说：“顷襄王二年，令尹子兰短屈原于顷襄王，王怒而迁之江南陵阳。”④

赵逵夫先生说：“屈原在楚顷襄王元年二月到陵阳……”⑤

这些显然与汉人的论述矛盾，与事实不符。

（三）刘凤泉先生的奇谈怪论

1. 子兰所怒何事

刘凤泉先生说《屈传》此段大意为：

屈平既疾王听之不聪也……虽当被疏之时，仍然睠顾楚国，心里想着怀王，想让怀王返归楚国，希望怀王从此能够醒悟，楚国旧俗因而改变。他要保存怀王君位而复兴楚国，因而想让怀王返回楚国以恢复君位。显然，屈原的这种政治态度彻底得罪子兰、襄王。因为怀王返国复位，将对子兰、襄王构成了极大的政治威胁。子兰撺掇怀王入秦，怀王归来即便不追究，又岂能再重用于他？至于怀王复位之际，便是襄王失位之时，恐怕襄王最担心的就是此事。屈原的政治态度直接戳到子兰、襄王的心病上，于是他们先后闻之而同样发怒，便将屈原“怒而迁之”。⑥

此说与事实不符也不合情理。第一，前文已经考证：汉人都认为“顷襄王迁屈原是在怀王客死之后”，所以襄王“怒迁屈原”之时，根本不存在“死怀王复位”的问题，说屈原“想让怀王返回楚国以恢复君位……彻底得罪了子兰、襄王”岂不是信口开河？第二，至于“子兰所怒何事”，司马迁明确指出“怀王客死，兰咎屈原”。“子兰之怒”的主要原因是他听到了楚人和屈原“既咎子兰以劝怀王入秦而不反也”。《史记》中这些明确的记载刘先生视而不见，却臆想出“屈原愿怀王返国复位”的奇谈怪论来糊弄人？第三，刘氏强调“子兰接受信息的方式是耳闻”，而《屈原列传》的“其存君兴国，而欲反复之，一篇之中，三致志焉”与刘氏臆想的“屈原愿怀王返国复位的内心活动”根本没有关联。屈原即便有这个想法，既不可能被“耳闻”，屈原也没有搭救怀王的能力，根本不会对子兰和顷襄王构成实际威胁。即便子兰、襄王傻到为这个不切实际的空想而发怒，那也必须以怀王活着为前提。说他们在“怀王客死”以后，才为“屈原欲怀王返国复位”这个不可能的事而“发怒”。这合乎情理吗？

2. 襄王为何“怒迁屈原”

刘凤泉先生曰⑦：

熊任望说“从‘屈平既嫉之’句中‘既’的运用，也可看出子兰所怒者，除‘屈平嫉之’外，且有作《骚》一事。”熊氏将“既”看作连词，当与副词“又”呼应，而认为“下句中‘又’字省略”了。因此，他认为“既”字“表示两种情况兼而有之外，很难找到别的更为合适的解释。”……可惜他完全解释错了。

① 卢元骏：《新序今注今译》，商务印书馆1975年版，第240—241页。

② 洪兴祖：《楚辞补注》，中华书局1983年版，第135页。

③ 汤炳正：《屈赋新探》，齐鲁书社1984年版，第65页。

④ 姜亮夫：《楚辞学论文集》，云南人民出版社2002年版，第55页。

⑤ 赵逵夫：《屈原与他的时代》，人民文学出版社2002年版，第440页。

⑥ 刘凤泉：《〈屈原列传〉疑难新解》，《汉字文化》2015年第2期，第53页。

⑦ 刘凤泉：《〈屈原列传〉疑难新解》，《汉字文化》2015年第2期，第52—53页。

《离骚》骂子兰而令其大怒，这尚可以理解，而襄王也与之同怒，则不可以理解矣。因此，熊氏所言子兰发怒由于《离骚》，显然缺乏事实的根据。

子兰耳闻的信息只剩下了屈原“存君兴国而欲反覆之”的政治态度，而且也只有这种政治态度，才会使襄王同样发怒。这样，子兰、襄王所怒何事的问题应该清楚了！

刘氏如此理解是不是太天真了？

上官怎么编瞎话去谗害屈原，似乎用不着按照刘先生天真地想象那样，实话实说吧！上官在怀王那里“短屈原”就是先例：上官大夫见而欲夺之，屈平不与，因谗之曰：“王使屈平为令，众莫不知。每一令出，平伐其功，曰以为‘非我莫能为也。’”王怒而疏屈平。再说《离骚》中本来就有对楚王的不敬之词可以利用……刘氏用纠缠不清的“既”是连词还是时间状语的语法差别，去否定熊任望先生的有作《离骚》一事，根本没有说到点子上。至于子兰耳闻的信息，或许子兰起先并没有看《离骚》而是听别人说有指责他的内容。熊任望先生表示两种情况兼而有之怎么就完全解释错了呢？

（四）放流的问题

“放流”问题，实质是怀王有没有放流屈原的问题，这里简略一说，详见本书《屈原流放汉北考》。

1. 古籍中与“怀王放屈原”相关的记载

《屈原列传》：

屈平既嫉之，虽放流，睠顾楚国，系心怀王，不忘欲反，冀幸君之一悟，俗之一改也。

《太史公自序》：

屈原放逐，著《离骚》。

刘向《新序·节士》：

张仪之楚，货楚贵臣上官大夫靳尚之属，上及令尹子兰、司马子椒；内赂夫人郑袖，共谮屈原。屈原遂放于外，乃作《离骚》。……怀王子顷襄王，亦知群臣谄误怀王，不察其罪，反听群谗之口，复放屈原。①

王逸《离骚经章句》曰：

言已放流离别，中心愁思；（怀王）拘留不遣，卒客死于秦。其子襄王，复用谗言，迁屈原于江南。②

《汉书》：

屈原，楚贤臣也。被谗放逐，作《离骚》赋。③

屈原放逐著《离骚》、顷襄王复放屈原是汉人一致的意见。

洪兴祖《楚辞补注》也有：

当顷襄王之三年，怀王卒于秦。顷襄听谗，复放屈原。

2.《楚辞》中“怀王放流屈原”的内证

《抽思》曰：

有鸟自南兮，来集汉北……

《卜居》曰：

屈原既放，三年不得复见。

东方朔《七谏·谬谏》“念三年之积思兮，愿壹见而陈辞”当是说同一件事。

《惜往日》中有：

心纯庬而不泄兮，遭谗人而嫉之。君含怒而待臣兮，不清澄其然否。蔽晦君之聪明兮，虚惑误又以欺。弗参验以考实兮，远迁臣而弗思。信谗谀之溷浊兮，盛气志而过之。何贞臣之无罪兮，被离谤而见尤。

其“君含怒而待臣”是“王怒而疏屈平”的写照；“远迁臣而弗思”是怀王迁屈原于汉北的表述；“何贞臣之无罪兮，被离谤而见尤！”则是顷襄王“复放屈原”的记叙，可与《哀郢》“信非吾罪而弃

① 卢元骏：《新序今注今译》，天津古籍出版社1987年版，第240—241页。

② 洪兴祖：《楚辞补注》，中华书局1983年版，第2页。

③ 班固：《汉书·贾谊传》（简体本），中华书局1999年版，第1708页。

逐”呼应，与《楚世家》“顷襄王怒而迁之”互证。

刘凤泉先生认为《屈原列传》中的“放流”实为“放疏”之误，“流”为“疏”的误字，“放流”一语，不符合太史公的用语习惯。①

刘先生等人说《屈原列传》的“虽放流”即为“虽当被疏远”之义，并得出“屈原被流放于汉北一事便纯属于子虚乌有”的结论，认为这解决了屈原“放流”问题，《屈原列传》主要矛盾终于涣然冰释了。②

刘凤泉等人的《也论〈屈原列传〉疑案》，引用了与《屈原列传》相关的大量资料，对前人的论说有分析、有点评，总体相当成功。只是所谓“‘流’为‘疏’的误字”“化解矛盾”等，则与文献记载不符，把它作为定论似乎过于天真。正如他们评论孙作云之文时所说：“假设虽然大胆，却没有真凭实据，难以让人信服。”或许刘氏因胸中横亘着《屈原列传》中“放流”为“放疏”之误的成见，便感到文中的“放流”处处不对。

《屈原列传》：

> 屈平既嫉之，虽放流，眷顾楚国，系心怀王，不忘欲反。冀幸君之一悟，俗之一改也。其存君兴国，而欲反复之，一篇之中，三致志焉。

由于它接在“长子顷襄王立，以其弟子兰为令尹。楚人既咎子兰以劝怀王入秦而不反也”之后，其时间和文意都不能很好衔接。若是本着“不要以辞害意”的精神，参考屈原的作品和其他文献综合考虑，它还是可以作为“怀王放流屈原”的一个证据。

《史记》中的矛盾很多，自有它存在的内在根源。其中大多数不可能化解，也不需要化解。《屈原列传》的矛盾众说纷纭，就刘凤泉、孙爱玲两位论文中列举的大量矛盾看，“放流”仅仅是“《屈原列传》自身矛盾”中的一项，即便解决了，其余的矛盾也不可能“涣然冰释”。

结　论

《屈原列传》的确存在许多矛盾，这或许是因为司马迁采用资料来源不同等原因。在没有确切证据的情况下，不宜更改。

熊良智先生指出《屈原列传》以《离骚》为中心。其文交代了写作《离骚》的原因和历史背景，对屈原代表作《离骚》作评论，揭示屈原作《离骚》的缘由，解说《离骚》诗中的思想内容，评论《离骚》的艺术表现的风格特点，揭示《离骚》的宗旨，等等。只是他的“屈原”“屈平”称谓错出，可以判断为采入刘安《离骚传》的内容与《屈原列传》事实不符。

笔者认为《屈原列传》中，采自刘安的《离骚传》只有“《国风》好色而不淫，《小雅》怨诽而不乱，若《离骚》者，可谓兼之”和“蝉蜕浊秽之中，浮游尘埃之外，皭然泥而不滓。推此志，虽与日月争光可也”，其余都是司马迁的论说。

屈原放流汉北，其作品中有内证，汉人也多有论述。《屈原列传》所记的屈平“虽放流，眷顾楚国，系心怀王，不忘欲反”并没有错。刘凤泉先生说“《屈传》‘放流’实为‘放疏’之误”，想用“放疏”否定怀王放流屈原于汉北，难以成立。

“怀王客死，兰咎屈原”是司马迁和汉代人的共识。“怀王客死归葬”时，屈原和楚人“归咎子兰劝怀王入秦”是“子兰闻之大怒”的主要原因。

刘凤泉先生简单地把“子兰闻之大怒”归咎于“屈原想让怀王返回楚国以恢复君位”，既与“怀王客死，兰咎屈原”的历史不符，也与怀王已死不可能“恢复君位”的情理抵触。

---

① 刘凤泉：《〈屈原列传〉疑难新解》，《汉字文化》2015年第2期，第51—53页。

② 相关论述见刘凤泉、孙爱玲：《也论〈屈原列传〉疑案》（下），《三峡大学学报》（社科版）2016年第2期，第1—4页。

《新序·屈原章》与《屈原列传》可互补

摘要：《新序》与《史记》可能来自不同的资料，《新序》记有屈原二度使齐，张仪三次至楚，《史记》中记有“张仪诈楚”前“怀王怒而疏屈平”，两者互补史实就更趋完善。

关键词：新序；张仪；屈原；史记

刘向《新序》中搜集了先秦至汉初的大量史事、传说和寓言，具有一定的文献价值。但是书中对有些历史事件做了艺术加工，与事实有出入，故而对其文必须具体分析、区别对待。

就《新序·节士》所记屈原之事而言，大多与《史记》吻合，但两者依然有不同，比如：《屈原列传》着重楚国内部，有关屈原的文学活动占用了大量篇幅，对屈原一次使齐，张仪两次使楚只记载了一次。而《新序》对秦、楚外交斗争的背景着墨较多，并记载了屈原两次使齐，张仪三次使楚。《屈原列传》中的“怀王怒而疏屈平”《新序》则失记。

笔者试图对这篇不可尽信的记载，做客观的评价。

一、《新序·屈原章》

《新序·屈原章》：

> 屈原者，名平，楚之同姓大夫。有博通之知，清洁之行，怀王用之。秦欲吞灭诸侯，并兼天下。屈原为楚东使于齐，以结强党。秦国患之，使张仪之楚，货楚贵臣上官大夫靳尚之属，上及令尹子兰、司马子椒；内赂夫人郑袖，共谮屈原。屈原遂放于外，乃作《离骚》。张仪因使楚绝齐，许谢地六百里。怀王信左右之奸谋，听张仪之邪说，遂绝强齐之大辅。楚既绝齐，而秦欺以六里。怀王大怒，举兵伐秦，大战者数。秦兵大败楚师，斩首数万级。秦使人愿以汉中地谢怀王，不听，愿得张仪而甘心焉。张仪曰：“以一仪而易汉中地，何爱仪！”请行，遂至楚，楚囚之。上官大夫之属共言之王，王归之。是时怀王悔不用屈原之策，以至于此，于是复用屈原。屈原使齐还。闻张仪已去，大为王言张仪之罪，怀王使人追之，不及。后秦嫁女于楚，与怀王欢，为蓝田之会，屈原以为秦不可信，愿勿会，群臣皆以为可会，怀王遂会，果见囚拘，客死于秦，为天下笑。怀王子顷襄王，亦知群臣谄误怀王，不察其罪，反听群谗之口，复放屈原。屈原疾闇王乱俗，汶汶嘿嘿，以是为非，以清为浊，不忍见于世，将自投于渊，渔父止之。屈原曰：“世皆醉，我独醒；世皆浊，我独清。吾独闻之，新浴者必振衣，新沐者必弹冠。又恶能以其冷冷，更世事之嘿嘿者哉？吾宁投渊而死。”遂自投湘水汨罗之中而死。①

《新序·屈原章》其前几年的大事年表如下：

楚怀王十四年，“屈原为楚东使于齐，以结强党”。

楚怀王十五年，“秦国患之，使张仪之楚，货楚贵臣上官大夫靳尚之属，上及令尹子兰、司马子椒，内赂夫人郑袖，共潛屈原”。（其后缺少《屈原列传》的“王怒而疏屈平”）

“屈原遂放于外，乃作《离骚》。”（这应该是怀王中后期之事?）

楚怀王十六年，“张仪因使楚绝齐，许谢地六百里。怀王信左右之奸谋，听张仪之邪说，遂绝强齐之大辅”。

楚怀王十七年，“楚既绝齐，而秦欺以六里。怀王大怒，举兵伐秦，大战者数。秦兵大败楚师，斩首数万级”。

楚怀王十八年，张仪第三次使楚：“秦使人愿以汉中地谢怀王，不听，愿得张仪而甘心焉。张仪曰：‘以一仪而易汉中地，何爱仪!’请行，遂至楚，楚囚之。上官大夫之属共言之王，王归之。”屈原二次使齐：“是时怀王悔不用屈原之策，以至于此，于是复用屈原。屈原使齐还。闻张仪已去，大为王言张

---

① 卢元骏：《新序今注今译》，天津古籍出版社 1987 年版，第 240—241 页。

仪之罪，怀王使人追之，不及。”

二、学界对《新序·屈原章》评价的分歧

学界对《新序·屈原章》的评价分歧较大，或认为《新序》之“屈原遂放于外乃作《离骚》”十分可贵，证明了在张仪诈楚前屈原已被怀王放于外。如邹汉勋（1805—1854）说：“考张仪去秦相楚，诈楚绝齐，皆在怀王十六年，则原之见放作《离骚》，必是年也。”① 陆侃如也认为，屈原第一次放逐在楚怀王十六年，地点是汉北，第二年即被召回，出使齐国。② 或认为《新序》史料价值太差不足为据。例如，林庚先生说：“刘向的《说苑》《新序》等，本近小说家言，取材又极不严肃，在研究屈原生平上的价值自然更属低一等了。”③ 黄中模先生说：“《节士》与《史记·屈原传》不同之处有七。”④ 最突出的否定者是钱穆，他说，“向所为《说苑》《新序》，疏谬不可胜辨，此尤显与《史记》相乖”，并罗列了《新序》八误⑤：

第一，屈原见绌在张仪至楚前，此以为张仪来楚之后，一误也。《新序》在屈原“放、绌”前，分明记有“秦国患之，使张仪之楚，货楚贵臣……共谮屈原”，钱氏却“视而不见”。

第二，屈原仅见绌，此为被放，二误也。《屈原列传》明明有“屈平既嫉之，虽放流，眷顾楚国，系心怀王，不忘欲反”，钱氏“视而不见”。

第三，屈原使齐在十八年，此移在十六年，三误也。《新序》记“屈原使齐”。第一次“屈原为楚东使于齐”约在十四年，第二次为十八年，“复用屈原。屈原使齐，还。闻张仪已去……”钱氏“视而不见”，还无中生有地说“移在十六年”。

第四，张仪赂靳尚、郑袖，在其再来楚之后，此以为在其初至之时，四误也。《新序》记张仪最后一次使楚：“至楚，楚囚之。上官大夫之属共言之王，王归之”。其“上官大夫之属”就包括“靳尚、郑袖”，他们受张仪之赂，才“共言之王，王归之”。它与张仪“初至楚之时”赂靳尚、郑袖，这乃前后不同两件事，钱氏竟然将它们混为一谈。

第五，令尹子兰使上官大夫短屈原，《史记》在怀王入秦后，此以为受张仪之赂，五误也。《新序》所记张仪初至楚之时与“靳尚之属，上及令尹子兰、司马子椒，内赂夫人郑袖，共谮屈原”，与“怀王入秦后”之记“怀王子顷襄王，亦知群臣谄误怀王，不察其罪，反听群谗之口，复放屈原”，明显是两件事。其“反听群谗之口”与《史记》的“令尹子兰使上官大夫短屈原”并没有矛盾。这么浅显的文字，钱氏为什么竟会如此误解呢？

第六，屈原使齐，正为见疏后事，而《新序》又谓怀王复用屈原，再使齐，六误也。《新序》的“于是复用屈原。屈原使齐”与《史记》“是时屈平既疏，不复在位，使于齐”大体上并不矛盾。鲁迅《汉文学史纲要》曰：“后盖又召还，尝欲联齐拒秦。”⑥ 鲁迅的“盖又召还”，就接近于《新序》的“复用”。

第七，《离骚》言美人香草多矣。其言椒兰，亦托物以喻义。刘向误以兰为子兰，又别造子椒之名，七误也。《新序》的“令尹子兰、司马子椒”与《离骚》别处的“香草”各有所指。钱氏武断地说刘向“别造子椒之名”，毫无根据。

郭沫若指出：这儿所说的“兰”，王逸以为是令尹子兰，所说的“椒”以为是楚大夫子椒（洪兴祖补注谓《古今人表》有令尹子椒），由前后的文意看来，这些解说是很正确的。屈原的确是在用隐喻来指责当时的权贵。因为兰和椒是《离骚》中通体所赞美的东西在这儿突然变了，我们很可以揣察到他的用意之所在。⑦

---

① 邹汉勋：《邹叔子遗书》（第11册），岳麓出版社2011年版，第22页。

② 陆侃如、冯沅君：《中国诗史》，作家出版社1956年版，第98页。

③ 林庚：《诗人屈原及其作品研究》，上海古籍出版社1981年版，第42—43页。

④ 黄中模：《谈〈屈原问题考辨〉中涉及的有关〈史记·屈原列传〉的一些争议问题》，《重庆师院学报》（哲社版）1983年4期，第58页。

⑤ 钱穆：《先秦诸子系年》《钱宾四先生全集》（第5册），联经出版事业股份有限公司1998年版，第429页。

⑥ 鲁迅：《鲁迅全集》（第9卷），人民文学出版社2005年版，第383页。

⑦ 郭沫若：《郭沫若全集历史编·屈原研究》，人民出版社1982年版，第23页。

第八，且《史》固云："离骚者，犹离忧也。"读其文字，亦不见有流放迁逐之迹。今既误以屈原于怀王十六年前即被放逐，遂谓《离骚》乃被放后所作，八误也。

钱君对于《新序·屈原章》，并没有从大处着眼认真研读，而是先定其"有误"，再罗列"误状"。所谓"八误"，多与史实不符、与《新序》之文不合。

姜亮夫先生也认同此说，故全文引用了"钱穆《新序》八误"，他还说："其误盖始于刘向《新序》。"①

三、《新序》的"屈原两次使齐、张仪三次使楚"

（一）"屈原首次使齐和张仪首次使楚"

《新序》曰：

秦欲吞灭诸侯，并兼天下，屈原为楚东使于齐，以结强党。秦国患之，使张仪之楚，货楚贵臣上官大夫靳尚之属，上及令尹子兰、司马子椒；内赂夫人郑袖，共谮屈原。屈原遂放于外，乃作《离骚》。

《屈原列传》为：

上官大夫与之同列，争宠而心害其能。怀王使屈原造为宪令，屈平属草稿未定。上官大夫见而欲夺之，屈平不与，因谗之曰："王使屈平为令，众莫不知。每一令出，平伐其功，曰以为'非我莫能为也。'"王怒而疏屈平。

此处虽未记郑袖，后文有："怀王以不知忠臣之分，故内惑于郑袖，外欺于张仪，疏屈平而信上官大夫、令尹子兰……"《史记》没有记《新序》的"屈原首次使齐和张仪首次使楚"。《新序》缺失《史记》的"王怒而疏屈平"。其"屈原遂放于外，乃作《离骚》"则失之过早。《新序》的"屈原为楚东使于齐，以结强党"是在"楚齐从亲"期间的首次使齐，完全是情理中的事。如果屈原和齐国没有这一层关系，后来怀王十八年"屈平既疏，不复在位"了，为什么不派别人，还让"既疏"的屈原"使齐"呢？

（二）《新序》"张仪二次使楚"即《史记》"楚怀王十六年张仪诈楚"

《新序》：

张仪因使楚绝齐，许谢地六百里。怀王信左右之奸谋，听张仪之邪说，遂绝强齐之大辅。楚既绝齐，而秦欺以六里。

《屈原列传》：

其后秦欲伐齐，齐与楚从亲，惠王患之。乃令张仪佯去秦，厚币委质事楚，曰：秦甚憎齐，齐与楚从亲，楚诚能绝齐，秦愿献商、于之地六百里。

因为《屈原列传》失载《新序》的"屈原首次使齐和张仪首次使楚"，才有了张仪既是"去秦之楚"之人，又是秦使，而能欺以六里，这双重身份的矛盾。

（三）《新序》的"屈原二次使齐和张仪第三次使楚"

《新序》曰：

秦使人愿以汉中地谢怀王，不听，愿得张仪而甘心焉。张仪曰："以一仪而易汉中地，何爱仪！"请行，遂至楚，楚囚之。上官大夫之属共言之王，王归之。是时怀王悔不用屈原之策，以至于此，于是复用屈原。屈原使齐，还。闻张仪已去，大为王言张仪之罪，怀王使人追之，不及。

《屈原列传》曰：

秦割汉中地与楚以和。楚王曰："不愿得地，愿得张仪而甘心焉。"张仪闻，乃曰："以一仪而当汉中地，臣请往如楚。"如楚，又因厚币用事者臣靳尚，而设诡辩于怀王之宠姬郑袖。怀王竟听郑袖，复释去张仪。是时屈原既疏，不复在位，使于齐，顾反，谏怀王曰："何不杀张仪？"怀王悔，追张仪，不及。

---

① 姜亮夫：《楚辞学论文集》，云南人民出版社 2002 年版，第 13 页。

（四）洪兴祖引用《新序》暗示“屈原两次使齐，张仪三次使楚”

洪兴祖《哀郢》“至今九年而不复”，注曰：

《楚世家》《屈原传》《六国世表》《刘向新序》云：秦欲吞灭诸侯，屈原为楚东使于齐（首次使齐），以结强党。秦国患之，使张仪之楚（第一次至楚），赂贵臣上官大夫、靳尚之属，及令尹子兰、司马子椒，内赂夫人郑袖共谮屈原。屈原遂放于外，乃作《离骚》。当怀王之十六年，张仪相楚（第2次至楚），十八年楚囚张仪（第3次至楚），复释去之。是时屈平既疏，不复在位，怀王悔不用屈原之策，于是复用屈原（二次使齐）。屈原谏怀王曰：何不杀张仪？怀王使人追之不及。①

洪兴祖这里主要引用了《新序》之文，暗示屈原有两次使齐，张仪有三次使楚。

正如易重廉先生所说：（这）是刘向补《史记》之不详与纠《史记》之不确处。②

潘啸龙先生说：

> （王怒而疏屈平）这件事发生在怀王十六年之前。当时，张仪尚未之楚。因此，屈原的被谗与张仪还没有发生直接的关系。刘向所说的张仪之楚，“货”靳尚、“赂”郑袖的事，实际上发生在怀王十八年。当时，怀王稚子子兰也还没有当上令尹，屈原则已出使齐国。当他返回时，张仪已经离开郢都。刘向在这里把史实都搞乱了。③

潘氏没有细读原文，就把《新序》中怀王十六年前，张仪第一次使楚错认为是发生在怀王十八年的事，而把史实搞乱了的正是他自己，他却诬陷刘向……

至于“怀王稚子子兰还没有当上令尹”，这是古籍中以某人后期的官职、封号叙称前期之事。类似说法《屈原列传》有：怀王“疏屈平而信上官大夫、令尹子兰。兵挫地削，亡其六郡，身客死于秦，为天下笑”。④ 怀王疏屈平时，子兰还没有当上令尹。可见《新序》称“令尹子兰”与《屈原列传》类同。

四、“屈原遂放于外乃作《离骚》”的问题

（一）《新序》或许省略了“王怒而疏屈平”

《新序·节士》：

> 张仪之楚，货楚贵臣……共谮屈原。屈原遂放于外，乃作《离骚》。⑤

单就刘向“屈原遂放于外，乃作《离骚》”看，它与《太史公自序》“屈原放逐，著《离骚》”一致。这也是司马迁、刘向、班固、王逸等汉人一致的说法，只不过《新序》把它插在“货楚贵臣……共谮屈原”和“张仪诈楚”之间，而且没有提“怀王怒而疏屈平”。这就很容易让读者误解，或者以为“怀王十六年屈原见放作《离骚》”，或者认为《新序》此记，打乱了历史事件的前后顺序和内在联系，与《史记》记载不同，不可采信。

《屈原列传》有三处提及疏、绌屈原，刘向不至于否认“怀王有疏屈平”之事。《新序》之所以未记“王怒而疏屈平”，可能是刘向为了叙事简练而省略了好些内容。如果把它看作“若综括其事，则‘放’可兼‘疏’”，也未尝不可。

（二）刘向《九叹》中涉及的《离骚》

刘向《九叹·思古》有：“违郢都之旧闾兮，回湘沅而远迁。……临深水而长啸兮，且徜徉而泛观。兴《离骚》之微文兮，冀灵修之一悟。”这里就有把《离骚》作时与“沅湘远迁”联系的意思。可见，单单依《新序》之记就判定“怀王十六年屈原见放作《离骚》”不一定与刘向的意愿相符合，应当兼顾其他文献综合考虑。

五、《史记》“张仪诈楚”的矛盾

《屈原列传》曰：

---

① 洪兴祖：《楚辞补注》，中华书局1983年版，第135页。

② 易重廉：《中国楚辞学史》，湖南出版社1991年版，第48页。

③ 潘啸龙：《关于屈原放逐问题的商榷》，《安徽师大学报》1980年第3期，第87页。

④ 司马迁：《史记》，岳麓书社1988年版，第628页。

⑤ 卢元骏：《新序今注今译》，商务印书馆1975年版，第240页。

屈平既绌，其后秦欲伐齐，齐与楚从亲，惠王患之，乃令张仪佯去秦，厚币委质事楚，曰："秦甚憎齐，齐与楚从亲，楚诚能绝齐，秦愿献商、于之地六百里。"楚怀王贪而信张仪，遂绝齐，使使如秦受地。张仪诈之曰："仪与王约六里，不闻六百里。"楚使怒去，归告怀王。怀王怒，大兴师伐秦。秦发兵击之，大破楚师于丹、淅，斩首八万，虏楚将屈丐，遂取楚之汉中地。怀王乃悉发国中兵以深入击秦，战于蓝田，魏闻之，袭楚至邓。楚兵惧，自秦归。而齐竟怒不救楚，楚大困。

刘树胜先生认为：

"佯去秦"意在说明张仪的"去秦"是假的，目的是去做卧底，行内奸之事。……委质者，以向君主献礼的方式表示献身于王。而"事楚"者，明言侍奉楚王而为臣子之意。从形式上看，张仪自此便结束了秦臣的身份而成为楚怀王之臣……但问题是张仪离间齐楚的辞令所显示出来的张仪身份是秦臣而非楚臣，"楚诚能绝齐，秦愿献商于之地六百里"，明明是秦君代言人的口吻，大有能为秦王做主的意思。作为楚臣，他哪里有这样的权力？而张仪是一位精明能干的外交家，他怎会糊涂到这种田地而暴露自己的真实身份？倘如此，他"佯去秦，厚币委质事楚"的一番努力岂不是白费？①

《史记》将怀王十五年，张仪首次之楚，离间怀王与屈原，致使"王怒而疏屈平"与楚怀王十六年的"张仪诈楚"混而为一，才出现了张仪既是"去秦之楚"之臣，又是代表秦王的"秦使"，这一"双重身份"。而《新序》中先有"张仪之楚，货楚贵臣……共谮屈原。屈原遂放于外（应当是'疏'?）"，其后才是"张仪诈楚"，"楚既绝齐，而秦欺以六里"，因为张仪是两次使楚，就没有《史记》中"双重身份"的矛盾了。

在"汉成帝下令征集天下图书"后，刘向可能发现了屈原二度使齐、张仪三次至楚等司马迁未曾看过的资料。《新序·屈原章》并非《屈原列传》的缩写。

结　论

《新序·屈原章》是宝贵的史料，它的"屈原两次使齐，张仪三次使楚"填补了《屈原列传》的欠缺，《史记》的"怀王怒而疏屈平"弥合了《新序·屈原章》的不足。两者互补，史实更趋完善。

① 刘树胜：《〈屈原列传〉的两点疑难》，《沧州师范专科学校学报》2007年第3期，第6—7页。

试论屈原的“疏”与“放、迁”

摘要：《屈原列传》既有“屈原既疏，不复在位”，又有“屈平既嫉之，虽放流，眷顾楚国，系心怀王，不忘欲反”。可见屈原在怀王时代就有“疏”有“放”，既不要把两者对立，也不可把它们混为一谈。《惜往日》中有屈原一生的回顾，其“君含怒而待臣”是怀王十五年“王怒而疏屈平”的写照，“远迁臣而弗思”是“怀王迁放屈原于汉北”的表述，可分别与《惜诵》《抽思》《卜居》等呼应，可与《屈原列传》互证。

关键词：屈原；疏；放；迁

有些学者为了弥合《屈原列传》中“王怒而疏屈平。屈平疾王听之不聪也，谗谄之蔽明也，邪曲之害公也，方正之不容也，故忧愁幽思而作《离骚》”与“屈平既嫉之，虽放流，眷顾楚国，系心怀王，不忘欲反”等记叙的矛盾，考证出：“先秦时大臣的‘既疏’与‘放逐’二者异文同义。”“在司马迁眼中‘疏’与‘放’显然同义。”这些“创见”与先秦文献和《史记》抵牾，与屈原作品中反映的“疏”“放”事迹不符。

一、怀王之世有关“屈原放流”的一些论说

（一）刘向《新序》“屈原遂放于外，乃作《离骚》”

（详见本书《试论〈离骚〉创作时间》）

（二）怀王之世屈原“疏、放”的其他论说

1. 王夫之的“自退说”

在怀王之世，原虽被谗见疏。而犹未窜斥。原引身自退于汉北，避群小之愠，以观时待变，而冀君之悟。①

“自退说”缺乏依据，既与“疏绌”不合，亦与“放流”不符。

2. 郭沫若“放浪论”

向来把“放流”二字即解为放逐，因此便生出许多龃龉。其实，“放流”只是放浪，屈原被疏之后居于闲位，曾向四处游历过而已。②

其说缺乏依据，没有例证。张叶芦的“放游说”③ 与郭氏“放浪说”类同。

3. 廖化津说

怀王对屈原的贬谪，司马迁称为“疏绌”，不叫“放逐”，襄王对屈原的贬谪，司马迁才叫“放流”“迁之”。④

其说与《屈原列传》“屈平既嫉之，虽放流，眷顾楚国，系怀王，不忘欲反”不符。

4. 杨德春说

明张京元《删注楚辞》云：“既见放矣，复审所居，何见之晚也？通后《渔父》篇，语气太肤，疑是伪作，姑存之。”……由此可见，“放”不可训“刑罚意义上的流放”，同样也不可训“外放”，否则，复审所居遂为多余……若外放汉北，则……“三年不得复见”楚王也同样成了一句多余的废话，且于外放相对的应是复回，现作“复见”，明显前言不搭后语。只有“放”训“被疏远而离开权力中心”，前后两句才通顺。⑤

杨氏的“放”训“疏”论，既缺乏依据，其语句也不通顺。

5. 刘凤泉、孙爱玲说

刘凤泉、孙爱玲认为：“放流”为“放疏”之误，“放”通“方”。这样《屈原列传》的“虽放

---

① 王夫之：《楚辞通释》，上海人民出版社 1975 年版，第 1 页。

② 郭沫若：《郭沫若文集》（第 12 册），北京人民文学出版社 1959 年版，第 18 页。

③ 张叶芦：《〈屈原列传〉误解辨正》，《浙江师范大学学报》（社科版）1993 年第 4 期，第 46—50 页。

④ 廖化津：《屈原再次南行考》，《贵州教育学院学报》（社科版）1991 年第 1 期，第 47 页。

⑤ 杨德春：《屈原名平及相关问题考论》，《学术探索》2010 年第 1 期，第 138 页。

流”，“即为‘虽当被疏远’之义”，从而得出：“屈原被流放于汉北一事便纯属于子虚乌有。……解决了‘放流’问题，《屈原列传》主要矛盾终于涣然冰释了。”①

其论过于天真。“屈原流放汉北”乃是有充分证据的事（见本书《屈原流放汉北考》）。《史记》中的矛盾很多，自有存在的根源，其中大多数不需要化解，也无法化解。《屈原列传》的矛盾就是其中之一。就刘、孙论文中列举的大量矛盾看，“放流”仅仅是“《屈原列传》自身矛盾”中的一项，即便这一项解决了，其他很多矛盾也不可能涣然冰释。

（三）周秉高先生的新论

1. 周秉高先生的“疏与放同义”论

周秉高先生说：

> 《荀子·修身》说“谄谀者亲，谏争者疏”，这是说“疏”的对象就是“谏争者”。《汉书·贾谊传》云：“天子后亦疏之，不用其议。”“疏”既“不用其议”，也不听其“谏争”。《左传·宣公元年》载“晋放其大夫胥甲父于卫”，孔安国注曰：“是放者，有罪当刑而不忍刑之，宽其罪而放弃之也；三谏不从待放而去者，彼虽无罪，君不用其言，但令自去，亦是放逐之义。”也就是说，古代大臣被“放”有两种情况：一是臣有罪而国君“宽其罪而放弃之也”；二是臣无罪而“君不用其言，但令自去，亦是放逐之义”。也就是说，“疏”与“放”实际是一回事。②

周先生认为：

> 先秦时大臣的“既疏”与“放逐”二者异文同义。司马迁在《屈原列传》中云“王怒而疏屈平。屈平疾王听之不聪也，谗谄之蔽明也，邪曲之害公也，方正之不容也，故忧愁幽思而作《离骚》”；《太史公自序》中则云“屈原放逐著《离骚》”；《报任少卿书》中亦云“屈原放逐乃赋《离骚》”；将这三则史料并列在一起判断，可知在司马迁眼中，“疏”与“放”显然同义。③ 周先生说：“屈原……在离开郢都即将踏上流放汉北之路时，即怀王十六年，他‘忧愁幽思而作《离骚》’。”④ “屈原第二次被逐离郢，开始的时间当是顷襄王四年仲春。”“‘迁’也是一种刑罚，即放逐。”⑤

周秉高先生这个疏与放、迁同义的论述，不但与《史记》不符，而且与屈原的《卜居》《惜往日》不符⑥。周先生在《屈原流放汉北考》和《被疏与放逐》文中所引用的“《抽思》文本与《礼记》和《春秋释例》以及《史记》《新序》等典籍”，以及孔安国、杜预之注，其文中都没有“疏与放迁是一回事”的表述。

周秉高先生之“屈原（被放）在汉北时，人身还是比较自由的，如林云铭所说‘未尝羁其身’，可以到处游览”。⑦ 此说与《抽思》“道卓远而日忘兮，愿自申而不得。……惟郢路之辽远兮，魂一夕而九逝”，与《卜居》“屈原既放，三年不得复见”之记不符，与历史上实际的“放迁”之例不符。

周秉高先生依据“三谏不从，有待放之礼”得出的被疏即被放之虚说，与屈原联系不上。历史上根本没有屈原“三谏不从”之事。

周先生之：“在先秦和两汉‘疏’本就是‘放’的一种形式”⑧，没有文献之例证。

2.《抽思》中有内证吗？

周秉高先生说：

> 屈原在楚怀王时被“疏”即被“放”之事，《九章·抽思》中有内证。《抽思》云：“数惟荪之多怒兮，伤余心之忧忧。愿摇起而横奔兮，览民尤以自镇。”这几句诗再现了怀王十六

① 刘凤泉、孙爱玲：《也论〈屈原列传〉疑案》（下），《三峡大学学报》（社科版）2016年第2期，第1—4页。

② 周秉高：《被疏与放逐》，《光明日报》2015年5月11日7版。

③ 周秉高：《屈原流放汉北考》，《职大学报》2014年第4期，第2页。

④ 周秉高：《屈原流放汉北考》，《职大学报》2014年第4期，第1页。

⑤ 周秉高：《论〈哀郢〉作于顷襄王十三年》2017年第4期，第11页。

⑥ 详见本书《〈惜往日〉透露的屈原生平》。

⑦ 周秉高：《屈原流放汉北考》，《职大学报》2014年第4期，第3—4页。

⑧ 周秉高：《屈原作品篇第研究》，《职大学报》2016年第1期，第2页。

年时屈原被疏之后的心境。对“横奔”一词，王逸以来诸多学者均未解释清楚。林云铭释为“不俟命而擅行”，义近正确而言之不详。晋杜预《春秋释例》说：“奔者，迫窘而去，逃死四邻，不以礼出也。放者，受罪点免，宥之以远也。臣之事君，三谏不从，有待放之礼，故传曰：‘义则进，否则奉身而退，迫窘而出奔，及以礼见放，俱去国。’”这里两次讲到“以礼”，“奔”乃“不以礼出”，“放”才“以礼”而行。《礼记·曲礼》有“人臣三谏不从去国之礼”，“三谏不从”即“疏”。杜预说：“臣之事君，三谏不从，有待放之礼。”可见“王怒而疏”之后，屈原定有“待放之礼”，只是开始因为十分困窘，情绪激动，“愿摇起而横奔”，即拟不按礼数“逃死四邻”，这就意味着要与怀王彻底决裂，但屈原见民多无过恶而被刑罚，非独己身，遂释然。其后“有鸟自南兮，来集汉北”，这自然是“以礼见放”之后的事了。孔安国云：“放之与奔俱是去国而去，情小异。”将《抽思》文本与《礼记》和《春秋释例》以及《史记》《新序》等典籍结合起来看，就可知道“疏”与“放”在本质上是相同的。①

这是把《抽思》的“有鸟自南兮，来集汉北”所反映屈原的“迁”“放”，与前期的被“疏”“绌”两件事混为一谈。以《抽思》的“愿摇起而横奔”证明“‘王怒而疏’之后，屈原定有‘待放之礼’”既缺乏依据，也没有逻辑上的关联，与杜预所说的“奔”与“疏”也联系不上。《抽思》中找不到“被‘疏’即被‘放’的内证”。周先生混淆了古籍与《楚辞》中“疏”与“奔”“放”的界限。而《惜往日》中倒是有“疏”与“迁”“放”不同的内证。②

3. 洪兴祖与周秉高先生并不一致

洪兴祖《楚辞补注》《卜居》言：

> 屈原既放，三年不得复见。此云：“至今九年而不复”。按：《楚世家·屈原传》《六国世表》《刘向新序》云：秦欲吞灭诸侯，屈原为楚东使于齐，以结强党。秦国患之，使张仪之楚，赂贵臣上官大夫、靳尚之属，及令尹子兰、司马子椒，内赂夫人郑袖共谮屈原。屈原遂放于外，乃作《离骚》。当怀王之十六年，张仪相楚，十八年楚囚张仪，复释去之。是时屈平既疏，不复在位，怀王悔不用屈原之策，于是复用屈原。屈原谏怀王曰：何不杀张仪？怀王使人追之不及。三十年，秦昭王欲与怀王会，屈平曰：不如无行。怀王卒行。当顷襄王之三年怀王卒于秦。顷襄听谗，复放屈原。以此考之，屈平在怀王之世，被绌复用。至顷襄即位，遂放于江南耳。③

周秉高先生说：

> 洪兴祖更是根据《楚世家》《屈原列传》和《张仪列传》等史料所载，断定：屈原遂放于外，乃作《离骚》，当怀王之十六年，张仪相楚。屈原在怀王十六年至十七年期间被迫离开郢都来到汉北，其所游历的地方，至少包括郧襄一带。在离开郢都即将踏上流放汉北之路时，即怀王十六年，他“忧愁幽思而作《离骚》”，而在汉北期间，即怀王十七年，他创作了《抽思》。④

周先生之说与洪兴祖并不一致。洪兴祖“……乃作《离骚》”之前是引用《刘向新序》的话，后面是说“怀王十六年，张仪相楚……”而不是说“十六年作《离骚》”。

洪兴祖还把《卜居》的“屈原既放，三年不得复见”与《哀郢》的“九年不复”混为一谈，后面又说“顷襄听谗，复放屈原”，可见他对怀王放屈原之事模棱两可。但是他并没有把疏、绌与放混为一谈，更没有说怀王十六年作《离骚》。

《离骚》最后是：“既莫足与为美政兮，吾将从彭咸之所居！”王逸《楚辞章句》曰：“言时世之君无道，不足与共行美德、施善政者，故我将自沉汨渊，从彭咸而居处也。”⑤ 王逸此注虽然不妥，但是洪兴祖对王逸此注并没有异议。从王逸文中的“将自沉汨渊”看，他们认为《离骚》当是屈原后期的

---

① 周秉高：《被疏与放逐》，《光明日报》2015年5月11日7版。

② 见本书《〈惜往日〉透露的屈原生平》。

③ 洪兴祖：《楚辞补注》，中华书局1983年版，第135页。

④ 周秉高：《屈原流放汉北考》，《职大学报》2014年第4期，第2、4页。

⑤ 洪兴祖：《楚辞补注》，中华书局1983年版，第47页。

作品。洪兴祖根本没有“屈原作《离骚》，当怀王十六年”的表述。

二、古籍中的“迁、放”不能等同于“疏”

（一）言“迁”者

《五帝本纪》：

流共工于幽陵，以变北狄；放驩兜于崇山，以变南蛮；迁三苗于三危，以变西戎；殛鲧于羽山，以变东夷：四罪而天下咸服。

《秦本纪》有：

二十一年，错攻魏河内。魏献安邑，秦出其人，募徙河东赐爵，赦罪人迁之。

二十六年，赦罪人迁之穰。

二十七年，错攻楚。赦罪人迁之南阳。

二十八年，大良造白起攻楚，取鄢、邓，赦罪人迁之。

《秦始皇本纪》：

齐人茅焦说秦王曰：“秦方以天下为事，而大王有迁母太后之名，恐诸侯闻之，由此倍秦也。”秦王乃迎太后于雍而入咸阳，复居甘泉宫。

《楚世家》：

（观从）令楚众曰：“国有王矣。先归，复爵邑田室。后者迁之。”

《郑世家》：

（前597年）楚庄王入自皇门，郑襄公肉袒掔羊以迎，曰：孤不能事边邑，使君怀怒敝邑，孤之罪也。敢不惟命是听！君王迁之江南，及以赐诸侯，亦惟命是听！

《屈原列传》：

令尹子兰闻之，大怒。卒使上官大夫短屈原于顷襄王。顷襄王怒而迁之。

《张仪列传》郑袖曰：

妾请子母俱迁江南，毋为秦所鱼肉也。

（二）言“放”者

《尚书·舜典》：

流共工于幽陵，放驩兜于崇山，窜三苗于三危，殛鲧于羽山，四罪而天下咸服。

《五帝本纪》：

流共工于幽陵，以变北狄；放驩兜于崇山……

两文中的流、放、窜、迁、殛一般认为是相通的近义词，都是流放的意思。

王充《论衡》曰：

驩兜之行，靖言庸回，共工私之，称荐于尧。三苗巧佞之人，或言有罪之国。鲧不能治水，知力极尽。罪皆在身，不加于上，唐、虞放流，死于不毛。①

孔安国《尚书注疏》：

殛、窜、放、流皆诛也，异其文，述作之体。

此解的“异其文，述作之体”不错，但其“皆诛也”不确。假如要“诛”，不必弄到老远的“四裔”去吧。

《屈原列传》：

屈平既嫉之，虽放流，眷顾楚国，系心怀王，不忘欲反。

《太史公自序》：

屈原放逐，著《离骚》。

《报任少卿书》：

屈原放逐乃赋《离骚》。

---

① 王充：《论衡》，上海人民出版社1974年版，第303页。

刘向《新序·节士》：

屈原遂放于外，乃作《离骚》。①

《左传·昭公八年》：

楚师灭陈。执陈公子招，放之于越。

班固《汉书·贾谊传》：

屈原，楚贤臣也。被谗放逐，作《离骚》赋。②

《地理志》：

始楚贤臣屈原被谗放流，作《离骚》诸赋以自伤悼。③

《越绝书》：

屈原隔界，放于南楚，自沉湘水。

《左传·宣公元年》

晋放其大夫青甲父于卫。

唐孔颖达引用汉孔安国的话：

是放者，有罪当刑而不忍刑之，宽其罪而放弃之也；三谏不从待放而去者，彼虽无罪，君不用其言，但令自去，亦是放逐之义。放之与奔俱是去国而去，情小异。孔安国此论并不恰当。

（三）屈原作品中的放、迁

《卜居》：

屈原既放，三年不得复见。

《哀郢》：

方仲春而东迁。

《渔父》：

屈原既放，游于江潭。举世皆浊我独清，众人皆醉我独醒，是以见放。

《悲回风》：

放子出而不还。

《惜往日》：

远迁臣而弗思。

从屈原作品的表述看，“放、迁”之含义相同。

（四）王逸《楚辞章句》中的放、迁

《离骚序》：

王乃疏屈原，屈原……乃作《离骚经》。离，别也。骚，愁也，经，径也，言已放逐离别，中心愁思，犹依道径以风谏君也。……其子襄王，复用谗言，迁屈原于江南。屈原放在草野，复作《九章》。

《九歌序》：

屈原放逐，窜伏其域，怀忧苦毒，愁思沸郁。

《天问序》：

屈原放逐，忧心愁悴。

《九章序》：

屈原放于江南之野。④

（五）文献中的疏与放、迁并无相通之意

从文献记载的、历史上众多“放”与“迁”的实例中，“放”与“迁”雷同，并没有“放”与

① 卢元骏：《新序今注今译》，天津古籍出版社1987年版，第240页。

② 班固：《汉书》（简体本），中华书局1999年版，第1708页。

③ 班固：《汉书》（简体本），中华书局1999年版，第1328页。

④ 洪兴祖：《楚辞补注》，中华书局1983年版，第2、55、85、120页。

“疏”相通之例。

《曲礼》云：“为人臣之礼，不显谏。三谏而不听，则逃之。”孔子说：“所谓大臣者，以道事君，不可则止。”是说其时：臣有选择君主的自由，春秋战国历史上没有“三谏不从而被放逐”之实例。即便有“三谏不从，有待放之礼”，也与《屈原列传》中的“因谗被‘疏’”“因谗被‘放、迁’”对不上号，屈原一生中根本没有“三谏不从”之事。

假如“先秦时‘疏’与‘放迁’同义”，下面的记载就说不通：《尚书·舜典》的“放驩兜于崇山”，《左传·宣公元年》的“晋放其大夫青甲父于卫”，《五帝本纪》有“迁三苗于三危”，《秦本记》之“赦罪人迁之穰”，《秦始皇本纪》之“大王有迁母太后之名”，《楚世家》“先归，复爵邑田室。后者迁之”，《郑世家》“郑襄公曰：‘……君王迁之江南’”，《屈原列传》“顷襄王怒而迁之”，《惜往日》“远迁臣而弗思”，假如认为这些“放迁”用“疏”来代替，就会严重背离历史事实。

《哀郢》有“方仲春而东迁”，《渔父》有“屈原既放，游于江潭”，《悲回风》有“放子出而不还”。假如屈原作中的“‘疏’与‘放’同义”，则文义不通，背离原文之意。

“疏者”可以选择去留，放、迁者没有自由。在屈原放、迁之时，必须去放流之地，不得回郢见王。这在屈原作品中多有记叙。

三、屈原“疏”与“放”“迁”不同的依据

（一）《惜往日》有屈原一生的回顾

“君含怒而待臣”是怀王十五年“王怒而疏屈平”的写照，“远迁臣而弗思”是“怀王迁放屈原于汉北”的表述，“何贞臣之无罪兮，被离谤而见尤”是遭“顷襄王怒而迁之”之事。它们可分别与《惜诵》《抽思》《卜居》《哀郢》等呼应，与《屈原列传》互证。《惜往日》所记的这三次不同事件难以作其他解释。

（二）《屈原列传》记载的屈原疏、绌与放、迁

《屈原列传》记载：怀王十五年“王怒而疏屈平”，十六年“屈平既绌”张仪诈楚，楚大败于秦后，十八年“屈平既疏，不复在位，使于齐”。

《屈原列传》记有：“屈平既嫉之，虽放流，眷顾楚国，系心怀王，不忘欲反。”

后面有“怀王客死……顷襄王怒而迁之”。

（三）《史记》的疏与放、迁显然不同

《史记》中的“疏”就是疏远不再信用，“绌”（同黜）即免去左徒之职“不复在位”。

《屈原列传》记载，怀王十八年屈原仍然处于“既疏，不复在位”的状态，其时他可以“使齐”，可以谏怀王“何不杀张仪?”

《惜往日》与《屈原列传》记载的怀王“迁、放”屈原，两者可以互证。其“迁、放”与“疏”显然不同。

《春申君列传》有：“春申君相二十二年，诸侯患秦攻伐无已时，乃相与合从，西伐秦，而楚王为从长，春申君用事。至函谷关，秦出兵攻，诸侯兵皆败走。楚考烈王以咎春申君，春申君以此益疏。”此处的“疏”更不能与“放”混为一谈。

《史记》中所记的很多“迁、放”都不能与“疏”等同。周秉高先生之“在司马迁眼中‘疏’与‘放’显然同义”，与《史记》之文本不符，不能成立。

结　论

文献记载上对罪人的“放”与“迁”基本相同，而“放”“迁”与“疏”则不能混为一谈。《惜往日》有屈原一生政治遭遇的回顾：

“君含怒而待臣”是怀王十五年“王怒而疏屈平”的写照；“远迁臣而弗思”是“怀王迁放屈原于汉北”的表述；“何贞臣之无罪兮，被离谤而见尤”是遭“顷襄王怒而迁之”之事。它们可分别与《惜诵》《抽思》《卜居》《哀郢》等呼应，与《屈原列传》互证。据《屈原列传》记载，怀王在十五至十

八年间怀王仅仅是疏绌屈原。《屈原列传》的“屈平既疏，不复在位，使于齐”，表明怀王十八年屈原使齐时，还处于“既疏，不复在位”的状态。屈原在“既疏”期间不存在“放流”之事。《卜居》有“屈原既放，三年不得复见。竭知尽忠，而蔽障于谗。心烦虑乱，不知所从。乃往见太卜郑詹尹曰：‘余有所疑，愿因先生决之。’”这是屈原被怀王放流汉北三年期满后，“心烦虑乱，不知所从”“往见太卜郑詹尹”咨询的反映。

在《屈原列传》《楚辞章句》和屈原作品中，疏、绌与放、迁分得清清楚楚，两者不能等同。那些认为：屈原怀王十六年被放汉北，十八年就“复用”使齐者，不但把疏与放混为一谈，而且与《屈原列传》和屈原作品《惜往日》《卜居》等记载不符。

周秉高先生依据“三谏不从，有待放之礼”得出的“被疏即被放”“怀王十六年屈原流放汉北”，此论与屈原的生平事迹不符，与历史上实际的放、迁联系不上，《史记》文本中的迁、放都不能与疏等同。文献记载中也没有屈原“三谏不从”之事。假如“被疏即被放”“屈原在怀王十六年被放汉北，十八年使齐”，那么屈原“被放汉北”只有一年多时间，这些在现有文献中都找不到依据。恰恰相反，据《屈原列传》记载，楚怀王十五年“王怒而疏屈平”，怀王十六年“屈原既绌，张仪诈楚”，怀王十八年“是时屈原既疏，不复在位，使于齐”。可见怀王十五年至怀王十八年间屈原一直处于“疏、绌、不复在位”的状态，不存在“被放汉北”之事。

周秉高先生说：“在离开郢都即将踏上流放汉北之路时即怀王十六年，他‘忧愁幽思而作《离骚》’”要屈原“在离开郢都即将踏上流放汉北之路时”，这么短的时间内就写出《离骚》这样的长篇诗词几乎是不可能的。《离骚》中既说“老冉冉其将至”，又有“宁溘死以流亡”“伏清白以死直兮”等悲愤之辞，显然与怀王十六年三十来岁的屈原境况不符。

“云梦与屈原被放汉北”等问题

摘要： 屈原被放的“汉北”，在汉水中上游北岸，今郧西到襄樊一带，与“云梦”无关，楚国似乎没有“掌梦之官”；屈原不可能任“掌梦之官”。《昭公三年》的“江南之梦”不是“汉江以南的梦”。赵逵夫先生的“汉北云梦为楚王的游猎区”“楚怀王射兕受惊，屈原为怀王招魂”论等，都缺乏文献依据。

关键词： 屈原；云梦；考证；汉北

赵逵夫先生的《汉北云梦与屈原被放汉北任“掌梦”之职考》是《屈原与他的时代》书中较受关注的论文之一。赵先生说：

屈原在怀王二十四、五年被放汉北。

汉水下游今钟祥、京山、天门、应城、汉川五县地，正是先秦时楚人所谓“汉北云梦之地”。

“梦”，楚人名泽中曰“梦”。云梦作为大泽最早在汉北……后来这个大湖向东向南蔓延和转移，以后汉江以北、以南的梦便都称之为“云梦”。……《左传》昭三年说到“江南之梦”(汉江以南的梦)是区别于汉北之梦而言。

正由于汉北云梦到春秋中叶以后逐渐淤塞，终至变成陆地，故从春秋之时变成了楚王的游猎区。

屈原被放汉北，执掌云梦之事，此官之名，即为“掌梦”。……“掌梦”即“虞泽”也。

在屈原任掌梦之官期间，一次怀王田猎中遇到青兕发矢射之。根据楚国习俗，王射兕不祥。怀王也因此受到惊吓故屈原为怀王撰词招魂。①

这些论说都缺乏依据。

一、汉北的地望

赵逵夫先生说：

据我所考证，楚人所谓“汉北”是指汉水下游一段的东面，即今钟祥、京山、天门一带。……其东面为汉北云梦泽。历来楚王田猎均在此。②

赵先生的汉北、云梦，脱离了楚国的历史，脱离了战国时楚人的实际，属于没有依据的自说自话。

(一)《史记》中的“汉北、汉东”

《楚世家》:(顷襄王)“十九年，秦伐楚，楚军败，割上庸、汉北地予秦。”上庸在汉水西南，今竹溪、房县一带(为原汉中的东部)，再向东北过汉水为汉北，即今郧西到襄樊北一带。(汉北的地望详见本书《屈原流放汉北考》)

“割上庸、汉北地予秦”的第二年，公元前279年，秦再向南东蚕食楚地，《秦本纪》有：(秦昭襄王)“二十八年大良造白起攻楚，取鄢、邓，赦罪人迁之。”“鄢(今宜城)、邓(今襄樊)”在“汉北”之南。如果按赵氏之说，楚王先割“今钟祥、京山……汉北云梦之地”予秦，而把其西北的“鄢、邓”等国土，置于秦人占领区的包围之中，不但有违史实，而且不合理情理。赵先生又以作于汉北的《思美人》写到“江夏”为由，说：此处“江夏”应指汉夏合流，因为夏水出于江而入于汉，故曰“江夏”。试想，如果汉北其地在今襄樊以北，则诗人便不可能“遵江夏而娱忧”。所以说，这是屈原被放之处汉北其地在汉水下游北面的又一证明。③《思美人》曰：“勒骐骥而更驾兮，造父为我操之。迁逡次而勿驱兮，聊假日以须时。指嶓冢之西隈兮，与纁黄以为期。开春发岁兮，白日出之悠悠。吾将荡志而

① 赵逵夫：《屈原与他的时代》，人民文学出版社2002年版，第307、308、310、311、333、336页。

② 赵逵夫：《屈原与他的时代》，人民文学出版社2002年版，第346页。

③ 赵逵夫：《屈原与他的时代》，人民文学出版社2002年版，第318页。

愉乐兮，遵江夏以娱忧。揽大薄之芳茝兮，搴长洲之宿莽。惜吾不及古人兮，吾谁与玩此芳草？”

诗中“勒骐骥而更驾兮，造父为我操之”是遐想，“指嶓冢之西限兮”“遵江夏以娱忧”是神游。这些不能说明屈原身处何地。若是把诗文中的遐想、神游当作信史去硬套，那么诗人“指嶓冢之西限兮”——岂不是去了秦人的老巢“嶓冢”吗？即便“江夏”是实指，也与“汉北”无关。例如，《哀郢》就有“遵江夏以流亡”，难道郢都也在“汉北”？“此处‘江夏’”也不是“汉夏合流”，而是指“江、汉”。《曾侯与钟铭》记载，周初王命曾侯祖南公至江夏之汇地区营宅。《左传·昭十三年》有：“王沿夏，将欲入鄢。”杜曰：“夏，汉别名。”

其实赵逵夫先生在1990年曾经说过：

> 关于汉北其地，蒋骥《山带阁注楚辞》说：“汉北，今郧襄之地。”郧襄一带在上庸以东……襄樊以南至宜城一带称为汉南，则与之隔江相对的“汉北”应是专指今樊城以北的一片地方。这里是楚与中原南北来往渡汉之处，故有汉北、汉南之称。这个地方在庸以东四百里左右，它在怀王时一直是属于楚国的。“申本姜姓之国，后被楚文王所灭。其地在今河南省南阳市，南面距汉北不远。”①

可惜，赵先生为了迁就“屈原被放汉北云梦，任掌梦之官”的臆断，放弃了这个正确的见解，改为：“据我所考证，楚人所谓‘汉北’是指汉水下游一段的东面，即今钟祥、京山、天门一带。……其东面为汉北云梦泽。历来楚王田猎均在此。”② 其实因为汉水中游襄樊到潜江这一段近南北走向，古人把分布其东的，今钟祥、京山、天门、应城等，称为“汉东”。例如，《左传·桓公六年》斗伯比对武王说：“吾不得志于汉东也……汉东之国随为大。”《僖公二十年》：“随以汉东诸侯叛楚。冬，楚斗谷于菟帅师伐随，取成而还。”古籍中没有把这些地方称为“汉北”者。

（二）“楚王游猎的云梦”与汉北无关

赵逵夫先生说：

> 汉北为山林泽薮之地，为楚王游猎区，《战国策·楚策一》《楚辞·招魂》中均写到楚王在云梦田猎的情况。司马相如的《子虚赋》中，在铺叙完云梦的山林草莽之后也有一大段写楚王在云梦田猎的盛况。③

《战国策·楚策一》：

> 楚王游于云梦，结驷千乘，旌旗蔽天。野火之起也若云霓，兕虎之嗥声若雷霆。有狂兕牂车依轮而至。王亲引弓而射，壹发而殪。

此乃楚宣王（约前352年后）之事。其“云梦”大多数学者认为它离郢都不远，说它在汉北没有依据。

《招魂》：

> 与王趋梦兮，课后先。……魂兮归来，哀江南。

大多数学者都认为其“梦”在“江南”，没有依据说它在“汉北”。

《子虚赋》：

> 楚有七泽，其小小者耳，名曰云梦。方九百里，其中有山焉。其东则有蕙圃。其南则有平原广泽……缘以大江，限以巫山。其西则有涌泉清池。其北则有阴林。

其“云梦缘以大江”，也没依据说它在“汉北”。

（三）怀王时代汉北不是“秦楚交界之地”

赵逵夫先生说：

> 屈原在怀王时曾被迁放于汉北是可以肯定的。但是无论如何，不会把他流放到秦国的境内或秦楚交界之地去（他毕竟是一掌握着很多楚国政治、军事、外交方面的情况以至机密的人）。那么，他就只能是被放在汉水下游的北面。④

---

① 赵逵夫：《屈原未放汉北说质疑与被放汉北新证》，《中国文学研究》1990年第3期，第22、23页。

② 赵逵夫：《屈原与他的时代》，人民文学出版社2002年版，第346页。

③ 赵逵夫：《屈原与他的时代》，人民文学出版社2002年版，第326页。

④ 赵逵夫：《屈原与他的时代》，人民文学出版社2002年版，第308页。

此说与战国时"士无常君，国无定臣，得士者富，失士者贫"（扬雄《解嘲》）的社会风尚不符。而且怀王时代析、宛还属楚，汉北并不是"秦楚交界之地"，更非"秦国境内"。怀王后期屈原放居汉北时，离"析""宛"边界尚有距离，并非"放大臣于边界"。证据如下：

《楚世家》："顷襄王横元年（前298年），秦要怀王不可得地，楚立王以应秦，秦昭王怒，发兵出武关攻楚，大败楚军，斩首五万，取析十五城而去。""析"在今河南西峡。《秦本纪》昭王十五年："攻楚，取宛。""宛"为南阳。可见怀王晚期楚秦疆界尚在"析""宛"之西北。"析、宛"是专用地名，不属"汉北"。

有人认为：汉水之南的上庸，怀王二十五年以前尚为秦占，由此可推知处于"汉水之北"的土地必为秦占无疑。这样，屈原放于汉北也只有怀王二十五年前后才有可能。① 此论缺乏依据。上庸虽在怀王十七至二十五年为秦所有，但顷襄王十九年，楚"割上庸、汉北地于秦"（《楚世家》）前，"汉北"一直是楚之领土。

总之，赵先生的屈原放于"汉北（钟祥）云梦之地"的臆想，既有违《史记》《左传》之记，又不合情理。

二、云梦及相关的问题

（一）"云梦"是楚君的田狩之地

楚人的"云梦"是专用名词，可称"云""梦"或"云梦泽"，亦即楚君的"田狩之地"。

有关"云梦"的问题，见本书《云梦、洞庭、湘渊、江南考》。

（二）赵先生误解了"云梦"

赵逵夫先生说："梦"，楚人名泽中曰梦，"薮、泽"是"大湖"。这都与古义不符。

赵先生说：

> 楚国的"云梦泽""云梦"，南北朝以前典籍所反映情况很不一致，汉代以后学者为先秦书籍作注，也未能相互吻合。所以，关于云梦泽的方位地域，以及"云""云中""云梦""云梦泽"的含义与相互关系，人们总是弄不清……"梦"，楚人名泽中曰"梦"。云梦作为大泽最早在汉北，后逐渐南移……"云"是地名，"梦"是普通名词，"云梦"本指云地之梦，后来这个大湖向东向南蔓延和转移，以后汉江以北、以南的梦便都称之为"云梦"……《左传》昭三年说到"江南之梦"（汉江以南的梦）是区别于汉北之梦而言……"云梦"在春秋以前是指汉北云梦泽，战国中期以后便只是一片草莽沼泽了。《战国策·楚策四》庄辛谏楚襄王，言楚襄王携其私阿，"与之驰骋乎云梦之中"，即可以证明。"正由于汉北云梦到春秋中叶以后逐渐淤塞，终至变成陆地，故从春秋之时变成了楚王的游猎区。"②

把楚王游猎的"云梦泽"说成"大湖"不妥，说"'汉北云梦'从春秋之时变成了楚王的游猎区"不对。

赵逵夫先生说："《左传》昭三年说到'江南之梦'（汉江以南的梦）是区别于汉北之梦而言。"③ 不确。《左传》（昭公三年）："十月，郑伯如楚，子产相。楚子享之，赋《吉日》。既享，子产乃具田备，王以田江南之梦。"赵先生曾说："屈原时代楚人所云'江南'，是以郢都（今江陵）为中心言之，故称长江以南与郢都对应之沅湘一带为南。"④

《左传·昭公三年》的"郑伯如楚"，其"田江南之梦"当在"江南"而不在"汉江以南"。即便按赵先生之说："这个大湖向东向南蔓延和转移"形成"汉江以南的梦"，也解释不通。难不成昭公三年楚灵王去了汉江以南的梦——这个大湖里田猎？可见，赵氏的"昭公三年说到'江南之梦'，是汉江以南的梦"缺乏依据。至于《楚策四》"庄辛谏楚襄王"所说的"驰骋乎云梦之中"是郢都失陷前后的事，其地更不会去"汉北"了。因为此前"汉北"已经属秦了。《楚世家》："十九年，秦伐楚，楚军

---

① 张元勋：《关于屈原放逐的辨正》，《齐鲁学刊》1984年第6期，第92页。

② 赵逵夫：《屈原与他的时代》，人民文学出版社2002年版，第309、310、311页。

③ 赵逵夫：《屈原与他的时代》，人民文学出版社2002年版，第310页。

④ 赵逵夫：《屈原与他的时代》，人民文学出版社2002年版，第307页。

败，割上庸、汉北地予秦。”

从赵先生种种概念不确的“云梦之论”看，赵先生并没有弄清云、梦、云梦、云梦泽的含义与地望。其论不但有违古籍中云梦的本义，而且不能自圆其说。

赵先生说：“司马相如所写之楚王自然是汉初所封之刘姓王，但反映云梦田猎的情况，同战国时楚王的田猎不会有大的不同。”①《子虚赋》有：“楚使子虚于齐……而先生行之，必且轻于齐而累于楚矣！且齐东者巨海，南有琅邪……”司马相如乃是借“战国时的楚、齐”说“子虚乌有”之事，不该扯上“汉初所封之刘姓王”。如此浅显之文，怎么会误读呢？或许他在写书时过分草率，顾不上细看原文吧。

（三）不存在“汉北云梦原隰草泽”

赵逵夫先生说：

> 《山海经》还说到“列姑射在海河州中”（《海内北经》）。《列子·黄帝篇》也说：“列姑射在海河州中”这个“海河州中”同帛书《相马经·大光破章故训传》“河州无树”云云如出一手。《诗·魏风·陟岵》毛传：“山无草木曰岵。”前引《山海经》中关于诸姑射之山（即“列姑射”）的记述，皆曰“无草木”。所以，在“海河州中”的列射之山，其“姑”应为“岵”字之借。这也就同帛书上的“河州无树”相符合。《山海经》同帛书上所说“河州”“海河州”，也即《国语·楚语》中“又有薮曰云连徒洲”的“云连徒洲”，都是称汉北云梦西部原隰草泽，那里的湖泊泽薮之中常常有大大小小的洲渚。②

《海内北经》的“列姑射在海河州中”③ 是与“朝鲜”等在海中的地、物并列的传说，与赵先生所罗列“河州”“诸姑射之山”“云连徒洲”等，可谓风马牛不相及，把它们归为“都是称汉北云梦西部原隰草泽”，实在新奇得让人难以置信。

（四）曲解谭其骧的观点

赵逵夫先生为了证明“楚王的游猎区”在“汉北云梦之地”“屈原被放汉北任‘掌梦’之职”，竟然说“据谭其骧先生考证，长江以南并无云梦”，④ 把这个错误观点强加给谭先生。

谭其骧先生曾经多次明确地说，

> “江南之梦”游猎区，“在郢都的大江南岸今松滋公安一带”。例如：昭公三年载：郑伯到了楚国，楚子与郑伯“田江南之梦”。“梦”是云梦的简称。昭公三年的“江南之梦”亦即定四年的“云中”，应在郢都的大江南岸今松滋公安一带。《左传》昭公三年的“江南之梦”定四年在江南的“云中”，从《左传》文义看来，都应该是山林原野而不是湖沼水泽……郑伯到了楚国，楚王和他一起“田江南之梦”，这里的梦当然应该在郢都附近的江南今松滋公安一带……春秋时云梦游猎区虽然跨江南北，江南北都有，但云梦泽则不然，江南并没有云梦泽。郢都附近跨大江两岸是一片平原……南岸今公安县和松滋县的东半部是一片由江水、油滗水冲积成的平原，即“江南之梦”。⑤

赵逵夫先生还说：

> 谭先生指出，今京山、天门一带为《尚书·禹贡》中说的“云梦土”，再以东便是“汉北云梦泽”，只是到战国中期以前，汉北云梦泽基本上变成了陆地。还说：“楚人所谓‘汉北云梦之地’，这里历来为楚王的游猎区。”⑥

谭其骧先生《云梦与云梦泽》正文中并没有“汉北云梦泽”的论述，只是在其“古云梦泽位置图”中，把他推想的A、B、C三处“云梦泽”的“B区”，标注为“汉北云梦泽”。而且，谭先生认为“云梦泽”与“云梦田狩之地”不同，故谭先生的示意图中的“汉北云梦泽”也不是楚王的游猎区。赵先生之论与谭其骧先生“古云梦泽位置图”中的“云梦泽”不是同一个概念，历史文献中也没有赵氏所

① 赵逵夫：《屈原与他的时代》，人民文学出版社2002年版，第326页。
② 赵逵夫：《屈原与他的时代》，人民文学出版社2002年版，第319—320页。
③ 纪晓岚：《四库全书·山海经广注·卷十二·海内北经》，第7、8页。
④ 赵逵夫：《屈原与他的时代》，人民文学出版社2002年版，第322页。
⑤ 谭其骧：《云梦与云梦泽》，《复旦学报》（社会科学版增刊）1980年S1期，第1、3、5、8页。
⑥ 赵逵夫：《屈原与他的时代》，人民文学出版社2002年版，第309、308页。

谓的“汉北云梦泽”。

三、《渔父》、江潭、沧浪水

（一）《渔父》的问题

朱季海先生曰：

《史记·屈原贾生列传》：宁赴常流，《索隐》曰：常流，犹长流也。《索隐》举《史记》异文甚悉，此独不云《楚辞》作湘流者，知唐本不尔。今谓《史记》所录，最为可信。篇中正言江，不言湘。上云游于江潭，下云江鱼腹中，渔父之《歌》曰：沧浪之水，与湘流故渺不相及也。《涉江》曰：旦余济乎江湘，江、湘故是二水，灵均初不指江为湘也。则方云湘流，而又称江鱼，于文亦谬，屈赋何尝有是？《抽思》之《倡》曰：来集汉北，其《乱》曰：溯江潭兮，盖屈原既放，实溯夏、沔以集汉北，此称游于江潭，正其道出沧浪时也。及赋《抽思》，则独处汉北，故云郢路辽远，而欲“溯江潭”以归郢也。夫去则溯汉，来则溯江，时地自明，然则《渔父》，故当在《抽思》前矣。①

赵逵夫先生承袭朱季海之说：

《渔父》中提到的地名，所写地理环境与《楚辞章句·渔父序》所说“放逐在江湘之间”的说法不合，但与屈原在怀王时被放汉北之地相合。

朱氏论《渔父》与《抽思》作成之先后次序，是也。②

朱、赵二氏之论似乎有误。《屈原贾生列传》曰：

令尹子兰闻之大怒，卒使上官大夫短屈原于顷襄王，顷襄王怒而迁之。屈原至于江滨，被发行吟泽畔。颜色憔悴，形容枯槁。渔父见而问之曰：子非三闾大夫欤？何故而至此？屈原曰：举世混浊而我独清，众人皆醉而我独醒，是以见放。……乃作怀沙之赋。其辞曰……于是怀石遂自沉汨罗以死。

其载明明白白：第一，屈原与渔父相见是在“顷襄王怒而迁之”之后，与赵氏之“屈原在怀王时被放汉北之地”不合。第二，《渔父》的内容与赵氏所说的“独处汉北”时的作品《抽思》《思美人》《卜居》所反映的状况全然不同。《渔父》中“被发行吟泽畔。颜色憔悴，形容枯槁”比《涉江》中“余幼好此奇服兮，年既老而不衰。带长铗之陆离兮，冠切云之崔嵬。被明月兮佩宝璐”的身体状况还要差，与怀王放屈原于汉北正当中年时的状况不合。第三，《渔父》：“宁赴湘流，葬于江鱼之腹中。安能以皓皓之白，而蒙世俗之尘埃乎！”显示屈原已经决计赴死，与怀王时代放流汉北的心情迥异。不管是《史记》所录，还是《渔父》之记，都显示屈原与渔父相见都是在即将自沉之时。而屈原自沉在汨罗，汉人众口一词。可见屈原与渔父相见不可能在汉北。王逸：“《渔父》者，屈原之所作也。屈原放逐，在江湘之间，忧愁叹吟，仪容变易。”这明确表示渔父与屈原相见“在江湘之间”。

朱、赵两位不顾《渔父》和《屈原贾生列传》等整体、直观的文意，钻进“常流、沧浪、江潭”的牛角尖，非说《渔父》是“怀王时被放汉北”的作品，怎么能让人信服呢？

赵氏说：《渔父》作于江南之野的说法……都是煞费苦心解决史实与旧说间的矛盾。今确定为怀王朝放于汉北时，一切问题都得以解决。③ ——岂不是盲目地自我陶醉吗！

（二）“江潭”的问题

赵逵夫先生说：

庾信《枯树赋》：“昔年种柳，依依汉南。今见摇落，凄怆江潭。”“汉北”“汉南”为相对应的地名。（《枯树赋》的）“汉南、江潭其地在汉水下游，与之相对应之汉北应指今京山、天门、应城、云梦、汉川几县地。”“屈原《抽思》云：‘长濑湍流，溯江潭兮。’又《渔父》云：‘屈原既放，游于江潭。’正同《枯树赋》所反映的事实一致。”④

---

① 朱季海：《楚辞解诂》，上海古籍出版社1963年版，第164—165页。

② 赵逵夫：《屈原的名、字与〈渔父〉〈卜居〉的作者、作时、作地问题》，《兰州大学学报》（社科版）2009年第1期，第36页。

③ 赵逵夫：《屈原的名、字与〈渔父〉〈卜居〉的作者、作时、作地问题》，《兰州大学学报》（社科版）2009年第1期，第37页。

④ 赵逵夫：《屈原与他的时代》，人民文学出版社2002年版，第314、316页。

赵先生此说显然与事实不符。《抽思》是屈原被放汉北时的作品，其“江潭”应当在汉北。《渔父》是屈原“宁赴湘流，葬于江鱼之腹中”前的表白，其“江潭”当在湘水汨罗一带。《枯树赋》的“江潭”，更与屈原作品中的“江潭”风马牛不相及。

庾信《枯树赋》曰：“桓大司马闻而叹曰：昔年种柳，依依汉南；今看摇落，凄怆江潭。树犹如此，人何以堪!”那么，《枯树赋》所说的“桓温种柳”的事实真相是怎样的呢?

成帝咸康元年，桓温出任琅琊内史（相当于太守）驻金城（今南京东、句容北），此时桓温在金城种了好些柳树。35年后，晋太和四年四月，大司马桓温率步骑五万，从姑孰（今安徽当涂）出发北伐前燕。途经金城，看到往年所种的柳树已经粗至十围，感叹道：“木犹如此，人何以堪!”可见《枯树赋》的江潭与屈原无关。

相关史料有：

沈约《宋书·州郡志》载：

南琅琊，太守。……成帝咸康元年，桓温领郡，镇江乘之蒲州金城上，求割丹阳之江乘县境立郡，又分江乘地立临沂县。

《太平寰宇记》亦有：

西晋乱，元帝自广陵渡江，……寻以江宁为琅邪国。

唐房玄龄等《晋书·桓温传》：

太和四年，又上疏悉众北伐。温自江陵北伐，行经金城，见少为琅邪时所种柳皆已十围，慨然曰：“木犹如此，人何以堪!”攀枝执条，泫然流涕。于是过淮泗，践北境，与诸僚属登平乘楼，眺瞩中原……

《世说新语·言语》：

桓公北征，经金城，见前为琅邪时种柳，皆已十围，慨然曰“木犹如此，人何以堪!”攀枝执条，泫然流泪。

可见“桓温种柳之处”在今南京附近的“金城”，与屈原《抽思》《渔父》毫无关联。

庾信作《赋》用典，其时、地不必精准，而赵先生以《枯树赋》的“依依汉南”为据，说“其江潭与屈原诗中的江潭，‘反映的事实一致’”。如此信口开河，岂不是贻误读者?

再有，赵先生在《屈原与他的时代》在第316页说：“‘江潭’在汉北”，《渔父》中说的‘行吟泽畔’的‘泽’，正指云梦泽之余沼残薮。”在第341至342页又说：“江潭在哪儿呢?庾信《枯树赋》说：昔年种柳，依依汉南。今见摇落，凄怆江潭。”则江潭其地在汉南。赵氏自己也弄不清屈原诗中“江潭”在何处，怎么去说服别人呢?

《汉书·扬雄传》《反离骚》曰：

因江潭而（往）托兮，钦吊楚之湘累。……汉十世之阳朔兮，招摇纪于周正……横江湘以南（往）兮，云走乎彼苍吾，驰江潭之泛溢兮，将折衷乎重华。……临汨罗而自陨兮……临湘渊而投之。

扬雄在汉成帝阳朔年间到过“江湘以南”的汨罗凭吊屈原。文中之“江潭”“湘累”“汨罗”“湘渊”，即《惜往日》的“沅湘之玄渊”，亦即《渔父》中的“江潭”，其地在“湘”无疑。王逸也说：“《渔父》者，屈原之所作也。屈原放逐，在江湘之间。”

不知赵氏为何舍弃汉人的明确与屈原相关的江潭之说不用，而拉扯与屈原不相干的《枯树赋》作证?

（三）“沧浪之水”的问题

1.“沧浪之水”与屈原放流之地无关

《孟子·离娄上》：

有孺子歌曰：“沧浪之水清兮，可以濯我缨；沧浪之水浊兮，可以濯我足。”孔子曰：“小子听之！清斯濯缨，浊斯濯足矣，自取之也。”①

① 杨伯峻：《孟子译注》，中华书局1960年版，第170页。

《渔父》：

渔父莞尔而笑，鼓枻而去，乃歌曰：“沧浪之水清兮，可以濯吾缨。沧浪之水浊兮，可以濯吾足。”

刘真伦先生认为：

晁补之《变离骚序下》有：至楚考烈王立二十五年，而李园杀春申君，荀卿始废。自此推而上之，至原之死，盖五十余年矣。故原与荀卿接，而荀卿后于原。又孟子载《孺子歌》曰：“沧浪之水清兮可以濯我缨，沧浪之水浊兮可以濯我足。”孔子曰：“清斯濯缨，浊斯濯足。”自取之也。而原辞曰：“渔父莞尔而笑，鼓枻而去，乃歌曰：‘沧浪之水清兮，可以濯吾缨。沧浪之水浊兮，可以濯吾足。’遂去，不复与言。”则原此歌，盖沿孟子事也。《渔父篇》曰：“新沐者必弹冠，新浴者必振衣。安能以身之察察，受物之汶汶者乎。”而《荀子·不苟篇》曰：“故新浴者振其衣，新沐者弹其冠，人之情也。其谁能以己之潐潐，受人之掝掝者哉！”则卿此书，盖因原辞也。“孟子与原接，而原后于孟子”“原与荀卿接，而荀卿后于原”。屈原的《渔父篇》有《孟子》所载《孺子歌》的影响，《荀子·不苟篇》又有屈原《渔父篇》的影响，由此可以证实：孟子、屈原、荀子之间在文体文辞方面存在着明确的源流影响关系。①

汤炳正先生指出：

《沧浪歌》乃古代留下来的流传很广的民歌，春秋战国时期各地的“渔父”“孺子”皆得而歌之，不必限于“沧浪之水”的流域。②

饶宗颐先生也认为：

《沧浪之歌》，盖屈原取其辞以为意，无与于流放之地望也。然后人不问作者取义所在，妄以其文有沧浪之语，遂据以定屈原流放之地，理纷说纽，而本指益乖矣。③

赵逵夫先生说：

我认为《楚辞·渔父》所说沧浪水即春秋时代汉北的清发水。……屈原被放汉北任掌梦，居云梦城，在清水边上，则在此遇渔父，是自然之事。④

这是把不相关的事，硬往一起凑。既不合情理，又不合逻辑。

诗歌等作品的创作，有的是现场触景生情，有的是追忆回想，有的是幻想神游……写作的时候作者就不一定在现场，例如：范仲淹写《岳阳楼记》就没有去岳阳楼；李敖写《北京法源寺》也没有去法源寺。若是传唱者的歌，其歌词内容与歌者所在之地，难得有所联系，有时真可相差十万八千里。如歌者唱：天苍苍，野茫茫……其人就不一定在阴山脚下。同理，歌《沧浪》者与“沧浪水”之地也没有必然的联系。

孔子适楚闻《孺子歌》，就不一定在“沧浪水”之边。孔子时代已经在楚地流传的《孺子歌》，经孔子用它来启发教育其弟子，其后《孺子歌》当流传更广。再到二百多年后的屈原时代，渔父唱《沧浪歌》，为什么一定要在“沧浪水”之边呢？

再说先秦成年贵族才有“冠”渔父、孺子皆无冠，也就无“缨可濯”。他们并非《沧浪歌》的作者，他们之所以歌《沧浪》，多半是吟唱“流行歌曲”，他们所在之地，与歌词中“沧浪水所在之地”没有必然联系。用《沧浪歌》中的“沧浪水”作为屈原被放地的标志，岂不是刻舟求剑吗？

2.“沧浪水”在哪里？

赵逵夫先生认为：孺子歌应是孔子由中原至楚途中所闻，只能是在汉北云梦一带。赵先生说：“而‘沧浪水’之名，除《沧浪歌》中提到外，其他再未见到过。”⑤

奇怪，赵先生难道连《禹贡》《夏本纪》和郭沫若《屈原赋今译》都没有看过？

---

① 刘真伦：《晁补之〈续楚辞〉、〈变离骚〉与朱熹〈楚辞后语〉比较研究》，《文学遗产》2012年第2期，第88页。

② 汤炳正：《楚辞类稿》，巴蜀书社1988年版，第412页。

③ 饶宗颐：《饶宗颐二十世纪学术文集》，第11卷，中国人民大学出版社2009年版，第92页。

④ 赵逵夫：《屈原与他的时代》，人民文学出版社2002年版，第315、316页。

⑤ 赵逵夫：《屈原与他的时代》，人民文学出版社2002年版，第314页。

《尚书·禹贡》：

嶓冢导漾，东流为汉；又东，为沧浪之水；过三澨，至于大别，南入于江。

《夏本纪》：

道九川：……嶓冢道漾，东流为汉，又东为苍浪之水，过三澨，入于大别，南入于江，东汇泽为彭蠡，东为北江，入于海。

郭沫若《屈原赋今译》中说：

屈原已经遭了放逐，散步在沧浪江边。其注有："《尚书·禹贡》嶓冢导漾，东流为汉；又东为沧浪之水。"①

张衡在《南都赋》中说：

流沧浪而为隍，廓方城而为墉。"李善注引时说："楚国方城以为城，汉水以为池，则沧浪水即汉水也。

蒋骥曰：

观楚省全志。载原与渔父问答者多有，皆影响不足凭。惟武陵龙阳（即今常德汉寿），有沧山、浪山及沧浪之水，又有沧港市、沧港乡、三闾巷、屈原巷。参而核之，最为有据。还有："故武当县西北四十里，汉水中有洲，名沧浪洲，即《禹贡》云'又东为沧浪之水'。"②

这些后来的言论或可备一说，但是尚缺乏与"先秦之沧浪水"关联的依据。

若是按《禹贡》和《夏本纪》的说法：——夏代汉水源头称为漾水，上游称汉水。中游称沧浪水，下游称为三澨水（?）到达大别山（今汉阳北），向南流入长江。沧浪水是汉水中游的一段。

赵氏曰：

我以为《楚辞·渔父》所说沧浪水即春秋时代汉北的清发水，该水又名"清水"，也即《水经注》卷三十一所记"涢水"。《水经》云："涢水出蔡阳县，东南过随县西，又南过江夏安陆县西。"郦道元注云："随水又南至安陆县故城，西入于涢，故涢城也。因冈为墉，峻不假筑。涢水又南迳石岩山北。……晋太安二年，镇南将军刘弘遣牙门皮初，与张昌战于清水。……即《春秋左传·定公四年》吴败楚于柏举，从之，及于清发。盖涢水兼'清水'之目矣。"则郦道元以来至今所称之"涢水"，先秦时名"清水"或"清发水"。此水发源于大洪山，有支流唐宋之时名浪水。又该水上游水旁有地曰清潭、环潭，即战国时代"沧浪水"，可以无疑。③

此论有猜测之嫌。

第一，先秦时"沧浪水"之名，从《尚书·禹贡》到孔子闻《孺子歌》到《楚辞·渔父》到《史记·夏本纪》一以贯之，并无别名的线索。第二，郦道元《水经注》卷三十一"涢水"之注和"《春秋左传·定公四年》之清发"，并没有与战国时代沧浪水相关的任何信息，怎么能说清发即战国时代沧浪水可以无疑呢？第三，《孟子》中的《孺子歌》就是《渔父》中的《沧浪歌》，其"沧浪水"可与《禹贡》之"沧浪水"对应，皆与汉北、与云梦无关。赵氏之"屈原被放汉北任掌梦，居云梦城，在清水边上，则在此遇渔父，是自然之事"④，缺乏依据。

其实沧浪水源出何处，与屈原和楚辞关联不大，即便考证落实，也不能证明它是屈原流放之地。

四、"掌梦"及《招魂》的问题

（一）"掌梦"不是"泽虞"之官

赵逵夫先生说：

我以为"掌梦"是掌云梦的官吏之称，《招魂》篇中是指屈原。因为屈原被放汉北，执掌云梦之事，此官之名，即为"掌梦"。……中原国家所谓"泽虞"，楚亦曰"掌梦"。《孟子·

① 郭沫若：《屈原赋今译》，人民文学出版社1954年版，第203页。

② 蒋骥：《山带阁注楚辞》，上海古籍出版社1988年版，第157页。

③ 赵逵夫：《屈原与他的时代》，人民文学出版社2002年版，第315页。

④ 赵逵夫：《屈原与他的时代》，人民文学出版社2002年版，第316页。

滕文公下》赵岐注：“虞人，守苑之官也。”而楚人名泽曰“梦”（《招魂》王逸注），则“掌梦”即“虞泽”也。①

董说曰：“楚蓝尹、陵尹分掌山泽，位在朝廷。”② 有《春秋左传》为证。昭公十二年：“楚子狩于州来，次于颍尾，使荡侯、潘子、司马督、嚣尹午、陵尹喜帅师围徐以惧吴。楚子次于干溪，以为之援。”定公五年：“王之奔随也，将涉于成臼（今京山县境），蓝尹亹涉其帑，不与王舟。及宁，王欲杀之。子西曰：‘子常唯思旧怨以败，君何效焉？’王曰：‘善。使复其所，吾以志前恶。’”

赵先生的掌梦即虞泽，没有证据，不能令人信服。

（二）云梦城与《招魂》之梦无关

赵逵夫先生说：

> 屈原被放汉北期间是居于何处呢？……江夏云梦城，其地在春秋时代的郧……掌梦之官，应驻于云梦城。……云梦城即今云梦县地。③

赵先生为了证明屈原被放汉北任掌梦之官，并为怀王招魂，就把郧子田猎的“郧地云梦”与《招魂》中楚王田猎的“江南云梦”混为一谈。《招魂》之“与王趋梦兮，课后先。……魂兮归来哀江南。”《左传·昭公三年》：“十月，郑伯如楚，子产相。楚子享之，赋《吉日》。既享，子产乃具田备，王以田江南之梦。”定公四年：“楚子涉雎，济江，入于云中。王寝，盗攻之，以戈击王。王孙由于以背受之。中肩。王奔郧……”《史记》：“庚辰，吴人入郢”“昭王亡也，至云梦。云梦不知其王也，射伤王。王走郧。”

《招魂》《左传》《史记》所记的都是“楚王田猎的江南之梦”，它们与今安陆、云梦一带原“郧君田猎之梦”不是一个地方。两者直线距离约五百里。

赵逵夫先生的“屈原被放汉北，任掌梦之官，负责管理云梦游猎区及楚王游猎事宜”“怀王在一次田猎中射兕受到惊吓，屈原为怀王招魂”④ 等臆断，全都没有立论的基础。

（三）《招魂》不是招楚王

赵逵夫先生说：

> 《招魂》中所写陈设之奢与声色之乐，其程度远非卿大夫所可及，所招者为国君，可以无疑。⑤

熊任望先生指出：

> 讨论《招魂》的“故居生活”是否合乎屈原身份，只要看《离骚》“屯余车其千乘兮，齐玉轪而并驰。驾八龙之婉婉兮，载云旗之委蛇。抑志而弭节兮，神高驰之邈邈。奏《九歌》而舞《韶》兮，聊假日以偷乐”。
>
> “车千乘”——多么庞大的侍从队伍！
>
> “驾八龙”——这是什么样的规格！
>
> “奏《九歌》而舞《韶》”——什么样身份的人能够享受！
>
> 比较一下屈原在《离骚》中描述的极度夸张，对《招魂》中的夸张，还会提出疑问吗？为什么对《离骚》作品主人公如此高贵豪华的气派，能够接受，而在讨论《招魂》时，对其中夸张的奢侈生活，却不能理解，不能接受呢？⑥

《远游》：“屯余车之万乘兮，纷溶与而并驰。驾八龙之婉婉兮，载云旗之委蛇。”其从车之众，仪仗之盛更超过了《离骚》。屈原作品中这些天子、天神才能享受的豪华气派，远远超过了诸侯君王的待遇。请问将如何解释呢？

从另一方面看，“招魂词”写宫廷乐舞说：“二八齐容，起郑舞些”。战国时代的楚王可用六佾

① 赵逵夫：《屈原与他的时代》，人民文学出版社 2002 年版，第 333 页。

② 董说：《七国考·楚职官》，中华书局 1956 年版，第 42 页。

③ 赵逵夫：《屈原与他的时代》，人民文学出版社 2002 年版，第 334—335 页。

④ 赵逵夫：《屈原与他的时代》，人民文学出版社 2002 年版，第 335—336 页。

⑤ 赵逵夫：《屈原与他的时代》，人民文学出版社 2002 年版，第 328 页。

⑥ 熊任望：《〈招魂〉“屈原自招”说答友难》，《河北大学学报》（社科版）2007 年第 4 期，第 2 页。

48人，而这里只用了两佾，若是“招楚王”为什么大大缩小其规模呢？还有《招魂》中的“士女杂坐，乱而不分些。放陈组缨，班其相纷些……”也与宫廷的环境不符。可见招者为国君论者，没有对屈原的作品做全面的分析对比，从而得出了片面之论。

（四）《招魂》与射兕禁忌无关

赵逵夫先生说：

> 在屈原任掌梦之官期间，一次怀王田猎中遇到青兕发矢射之。根据楚国习俗，王射兕不祥。怀王也因此受到惊吓故屈原为怀王撰词招魂。①

套用赵氏的话来说，这只是“无所依傍的混猜”。可赵氏还自诩道：“做了这样的解释……以前在《招魂》解说上的重重迷雾，便全部消除了。”②

“射兕禁忌”论原自《吕氏春秋》所引的《故纪》。陈子展先生在1962年写的《招魂试解》中就指出：第一个发现这个惮字的确诂……是清代朱亦栋。他在《群书札记》十七中说：“考《吕氏春秋·至忠》篇……《故记》曰，杀随兕者不出三月。”③ 后来他又在《楚辞直解》中引清曹同春纂《楚辞约注》：“惮青兕者，《故纪》之旨也。《故纪》曰：射中青兕者必死。”④ 其实此类怪异之记，不宜用作学术论文的依据。

《荀子·议兵》“荆有云梦，犀兕麋鹿盈之”“楚人鲛革犀兕以为甲，坚如金石。”《说文》：“兕如野牛，其皮坚厚可制恺。”兕牛是楚王的猎获对象，楚国每年要猎杀很多兕牛用于制造盾甲，怎么会有射兕禁忌呢？

《说苑》《战国策》等多处有“君王亲发射兕”之记，均可证明战国时代的楚国，并无射兕禁忌。如《说苑·权谋》：“（楚）共王猎江渚之野……有狂兕从南方来，正触王左骖，王举旌旄，而使善射者射之，一发，兕死车下。”《战国策·楚一》“江乙说于安陵君”：“楚王游于云梦，结驷千乘，旌旗蔽日，野火之起也若云霓，兕虎之嗥声若雷霆，有狂兕牂车依轮而至，王亲引弓而射，一发而殪。王抽旃旄而抑兕首，仰天而笑曰：‘乐矣，今日之游也。’”楚宣王“亲射狂兕”，以为乐事。

钟其鹏先生说：

> 楚人有射杀青兕“不出三月”必死的禁忌，则这一人命关天的禁忌当为常识，顷襄王不可能不知道，其再不聪明，也不至于愚蠢到非但不避青兕，而且还要“亲发”箭矢射杀这种不祥之物。⑤

可见“射兕受惊失魂论”，既没有可信的内证外证，又把屈原言志的抒情诗当作为楚王招魂的历史事件，怎么能说得通呢？

结　论

1. 屈原被放的“汉北”在汉水中上游，今郧西到襄樊北一带。

2. “云梦”“云梦泽”可简称为“云”或“梦”，是既有大泽，也有山林的楚君田狩之地。屈原被放的汉北，并非楚王游猎的云梦。

3. 《左传·昭公三年》：楚灵王“田江南之梦”与《招魂》之“与王趋梦兮，课后先。……魂兮归来哀江南”，其“梦”都是指郢都以南的“江南云梦”。

4. “楚置蓝尹、陵尹，分掌川泽、山林”，《左传》有“陵尹喜、蓝尹亹”可证。“掌梦”不是楚国的“泽虞”之官，屈原也没有任过掌梦之官。

5. 庾信《枯树赋》的“江潭”，是桓温为琅玡太守驻金城（今南京东、句容北）时种柳之处的一道风景，与屈原作品中的江潭风马牛不相及。

---

① 赵逵夫：《屈原与他的时代》，人民文学出版社2002年版，第336页。

② 赵逵夫：《屈原与他的时代》，人民文学出版社2002年版，第331页。

③ 陈子展：《招魂试解》，《中华文史论丛》1962年第1辑，第157页。

④ 陈子展：《楚辞直解》，江苏古籍出版社1988年版，第357页。

⑤ 钟其鹏：《关于〈招魂〉著作权与魂主问题》，《云梦学刊》2009年第5期，第54页。

6. 就《渔父》的内容而论，它所反映的是屈原放流后期、自沉前的情景，不是被放汉北之时的作品。《渔父》中的“江潭”其地在“湘”，不可能在汉北或汉南。

7.《孺子歌》乃孔子时就有之歌，其“沧浪之水”与两百来年后的屈原放流之地无关。

8.《招魂》不是招楚怀王，《招魂》与射兕禁忌无关。

9. 赵逵夫先生在《汉北云梦与屈原被放汉北任“掌梦”之职考》中，不顾《招魂》有“目极千里兮，伤春心。魂兮归来哀江南”，不顾《昭公三年》之记“既享，子产乃具田备，王以田江南之梦”，不顾谭其骧先生说“今公安县和松滋县的东半部是一片由江水、由滍水冲积成的平原，即江南之梦”，而把“长江以南并无云梦”强加给谭其骧先生，把《招魂》中楚王游猎的“江南之梦”界定到今安陆、云梦一带，并称其为“汉北云梦”。这种以错误的地望作为立论的基础，没有说服力。

屈原流放汉北考

摘要：《卜居》"屈原既放，三年不得复见"，《屈原列传》"屈平既嫉之，虽放流，睠顾楚国，系心怀王"，皆表明楚怀王曾经放逐屈原。其时间可能在怀王二十五年黄棘之会前后，其地点当在汉北，今襄樊到郧西一带。

关键词：屈原；放逐；汉北

学界对"屈原放逐著《离骚》"和"怀王时期屈原曾被流放汉北"多有认同。但是，对流放的时间、汉北的地点等分歧却很大。

《楚世家》："二十五年，怀王入与秦昭王盟，约于黄棘。秦复与楚上庸""始寡人与王约为弟兄，盟于黄棘，太子为质，至欢也……"① 黄棘会盟双方都做了让步——"楚为秦逐屈原，秦复楚上庸"。此说依据虽然不充分，但是，按屈原年谱排下来，其可能性比较大。《楚世家》："二十九年，秦大破楚，楚死二万，杀景缺。怀王恐，乃使太子为质于齐以求平。"② 楚怀王又要和齐，很可能想起屈原，就把已经流放三年的屈原招回郢都，并参加了怀王三十年的"廷议"劝怀王"秦虎狼之国，不可信，不如毋行"。总体上看，屈原可能在怀王二十五至二十八年流放汉北。本文就此试行探讨，谬误不当请指正。

一、怀王曾流放屈原于汉北

（一）怀王流放屈原的依据

《屈原列传》：

> 屈平既嫉之，虽放流，睠顾楚国，系心怀王，不忘欲反，冀幸君之一悟，俗之一改也。③

可见屈原被怀王"放流"过。

刘向《新序·节士》：

> 使张仪之楚，货楚贵臣上官大夫靳尚之属，上及令尹子兰、司马子椒，内赂夫人郑袖，共谮屈原。……屈原遂放于外，乃作《离骚》。④

《汉书》：

> 屈原，楚贤臣也。被谗放逐，作《离骚》赋。⑤

王逸《离骚经章句序》：

> 言已放流离别，中心愁思。⑥

《楚辞补注》：

> 当顷襄王之三年，怀王卒于秦。顷襄听谗，复放屈原。⑦

此处既言顷襄王"复放屈原"，则怀王必然流放过屈原。

《抽思》：

> 有鸟自南兮，来集汉北。好姱佳丽兮，牉独处此异域。

这与《惜诵》的"欲高飞而远集兮"都是以鸟喻己。《抽思》之汉北，即屈原曾流放之处。

《抽思》：

---

① 司马迁：《史记》，岳麓书社1988年版，第340—341页。

② 司马迁：《史记》，岳麓书社1988年版，第341页。

③ 司马迁：《史记》，岳麓书社1988年版，第628页。

④ 卢元骏：《新序今注今译》，天津古籍出版社1987年版，第240页。

⑤ 班固：《汉书》《贾谊传》（简体本），中华书局1999年版，第1708页。

⑥ 洪兴祖：《楚辞补注》，中华书局1983年版，第2页。

⑦ 洪兴祖：《楚辞补注》，中华书局1983年版，第135页。

惟郢路之辽远兮，魂一夕而九逝。曾不知路之曲直兮，南指月与列星。……狂顾南行，聊以娱心兮。

这表述了流放之地在远离郢都的北方和不能回郢的痛苦心情。

正如潘啸龙先生所说：

这首诗中，屈原对他的到汉北“独处”，表示了极大的痛苦和悲愤。他埋怨孟夏的短夜，竟似一年那么长；他思念辽远的国都，至于“魂一夕而九逝”。但是，他能离开这个“异域”而返回国都去吗？他能够向怀王申诉自己的冤屈吗？并不能。屈原痛切地诉说：“道卓远而日忘兮，愿自申而不得。望北山而流涕兮，临流水而太息。”这不是“放逐”生涯又是什么？①

《思美人》：

指嶓冢之西隈兮……吾且儃佪以娱忧兮，观南人之变态。

此时屈原被放于汉北，故称郢都朝中小人为“南人”。

《惜往日》：

心纯庬而不泄兮，遭谗人而嫉之。君含怒而待臣兮，不清澂其然否。蔽晦君之聪明兮，虚惑误又以欺。弗参验以考实兮，远迁臣而弗思。

“君含怒而待臣”是“王怒而疏屈平”的写照，“远迁臣而弗思”则是怀王迁屈原于汉北的表述。

《卜居》：

屈原既放，三年不得复见。竭知尽忠，而蔽障于谗。

东方朔《七谏·谬谏》：

念三年之积思兮，愿一见而陈辞。

两者是说同一件事。屈原放逐三年期满，可以回郢都，期望复见怀王解决“蔽障于谗”的问题。但是，屈原没有任职，心烦虑乱，不知所从，所以“往见太卜郑詹尹”。

这些都是怀王之时，屈原被放汉北三年的确凿证据。

《卜居》者，咨询“居”处也，也就是询问走哪条路，往何处去的问题。其“宁正言不讳以危身乎？将从俗富贵以偷生乎？……”说明他面对着两种人生道路可以选择。太卜曰：“用君之心，行君之意。”——劝他自己的路，自己选。《卜居》或为虚构之文，但是它真实地反映了诗人如何选择今后的人生道路。也不排除屈原从汉北回郢都的途中，经鄢郢旧都祖庙，去拜访、咨询留守的太卜，促成他写作此文。

有人说：“正因为放逐尚未见尽头，他才‘心烦虑乱，不知所从’，如果只放三年，眼看可以‘复见’君王，哪还有如此多的痛苦和牢骚？”② 此论经不起推敲。如果放逐尚未见尽头，虽然有痛苦和牢骚，但是，并不存在不知所从的问题，流放中的人不大可能“去往太卜处”咨询。——太卜也不可能居住在屈原的流放地汉北、夏浦或沅湘。

（二）汉北在何处？

很多学者都认为，屈原曾流放汉北。汉北在何处呢？

《楚世家》：（顷襄王）“十九年，秦伐楚，楚军败，割上庸、汉北地予秦。”③ 此记表明：顷襄王十九年，即前280年以前，汉北当属楚国。此记还反映了上庸、汉北相连，都在楚国北部靠近秦国之地（那些原为楚国土地，后被秦人夺去的地方）。上庸在汉水西南，今竹溪、房县一带，再向东向北过汉水为汉北，即今襄樊到郧西一带。其论有历史渊源。

《尚书·禹贡》：“嶓冢导漾，东流为汉；又东为沧浪之水；过三澨，至于大别，南入于江。”④ 按《禹贡》的说法，汉水源头称为漾水，向东流上游称汉水。中游称沧浪水，下游称为三澨水（？）到达大别山（今汉阳北），向南流入长江。《禹贡》之记正反映出远古时代人们活动范围比较小，一条长河各处名称不同的遗存。

---

① 潘啸龙：《关于屈原放逐问题的商榷》，《安徽师范大学学报》1980年第3期，第90页。

② 周秉高：《楚辞解析》，内蒙古大学出版社2003年版，第354页。

③ 司马迁：《史记》，岳麓书社1988年版，第344页。

④ 孔安国传，孔颖达疏：《尚书正义》，北京大学出版社2000年版，第193—194页。

《左传·昭公十二年》载："昔我先王熊绎辟在荆山。"① 楚人之先祖，居住区在睢、漳上游的"荆山"，其北是《禹贡》记为"东流为汉"的一段近东西走向的古汉水。故楚人把汉水上游"古汉水以北"的地区称为汉北。

孙作云先生说："放逐"就是驱逐出郢都，不许与闻国事。屈原被迫出都后的流浪地点是汉北，即今湖北北部襄阳及河南西南部内乡西峡一带。这一带地方统统叫作"汉北"。②（今河南西硖县有"屈原冈"，我以为即因屈原曾至此地，故有此名。）汤炳正先生也有："鲁山与内乡县皆属南阳，在丹淅东北。其地皆处汉水之北，故统称'汉北'。"③

孙、汤两先生所说的"汉北"范围太大。《史记》曰："顷襄王横元年，秦要怀王不可得地，楚立王以应秦，秦昭王怒，发兵出武关攻楚，大败楚军，斩首五万，取析十五城而去。"④

秦昭王十五年（楚顷襄王五年）秦将白起"攻楚，取宛"。⑤ 云梦秦简《大事记》也有："十六年，攻宛。"⑥"析"在河南内乡西峡一带，"宛"即今日之南阳。析、宛从来就是专用地名，不属"汉北"。鲁山更远在南阳（宛）、方城之北，把它们统称汉北，没有文献依据。即或它们是屈原曾至之地，也不等于它们是汉北。

（三）上庸、汉北并非一地

《楚世家》记，怀王"十七年春，与秦战丹阳，……遂取汉中之郡"，"十八年，秦使使约复与楚亲，分汉中之半以和楚"，"二十五年，怀王入与秦昭王盟，约于黄棘。秦复与楚上庸"。十七年春秦取汉中之郡之后，为什么第二年就提出分汉中之半以和楚？到二十五年，黄棘之盟（放逐屈原）之后，秦终于"复与楚上庸"呢？——这一方面说明秦欲退地以和楚，似乎也说明汉中郡东部的"上庸六县"突出在楚境包围之中，不便守卫。

有人认为：《楚世家》"二十五年……秦复与楚上庸。"汉水之南的上庸，怀王二十五年以前尚为秦占，由此可推知处于"汉水之北"的土地必为秦占无疑。这样，屈原放于汉北也只有怀王二十五年前后才有可能。⑦ 此论缺乏依据，"上庸、汉北"并不是一处。据《楚世家》，顷襄王十九年楚才"割上庸、汉北地予秦"，⑧ 上庸虽在怀王十七至二十五年为秦所有，但顷襄王十九年前汉北一直是楚之领土。怀王后期屈原被放汉北，离边界（析、宛西北）尚有一段距离，并非"放大臣于边界"。

黄灵庚先生说："屈原见疏遭讪以后……退居汉北，就是说退回到他父考生前谪居过的上庸而已。"⑨ 上庸在汉水之南，今竹溪、房县一带，把上庸划归"汉北"令人难以理解。再说，"怀王十七年至二十五年，上庸属秦"，其时屈原也不可能"退居"上庸。

（四）屈原流放汉北的时间可能在怀王二十五至二十八年

文献资料中尚没有"屈原流放汉北时间"的信息，学者间意见分歧很大。

《楚世家》有："二十五年，怀王入与秦昭王盟，约于黄棘。秦复与楚上庸。""始寡人与王约为弟兄，盟于黄棘，太子为质，至欢也……"⑩ 黄棘会盟、秦楚交欢，双方都做了让步。既然"秦复与楚上庸"，那么，楚作了什么让步呢？怀王可能为了讨好秦王，答应把秦王所忌讳的、一直反对与秦交好的屈原放逐出去。此说依据虽然不充分，但是，按屈原年谱排下来，其可能性比较大。

屈原《悲回风》中有："借光景以往来兮，施黄棘之枉策。"王逸注曰："施黄棘之刺，以为马策。"王逸注忽略了"枉"字。洪兴祖《补注》曰："初，怀王二十五年，入与秦昭王盟于黄棘，其后为秦所

① 杨伯峻：《春秋左传注（修订本）》，中华书局1990年第2版，第1339页。

② 孙作云：《从〈离骚〉的写作年代说到〈离骚〉、〈惜诵〉、〈抽思〉、〈九辩〉的相互关系》，《文史哲》1962年第4期，第32页。

③ 汤炳正：《渊研楼屈学存稿》，华龄出版社2004年版，第72页。

④ 司马迁：《史记》，岳麓书社1988年版，第341页。

⑤ 司马迁：《史记》，岳麓书社1988年版，第50页。

⑥ 云梦秦墓竹简整理小组：《云梦秦简释文》，《文物》1976年第6期，第11—14页。

⑦ 张元勋：《关于屈原放逐的辨正》，《齐鲁学刊》1984年第6期，第92页。

⑧ 司马迁：《史记》，岳麓书社1988年版，第344页。

⑨ 黄灵庚：《〈离骚〉"伯庸"考》，《浙江师范大学学报》（社科版）1987年第1期，第84页。

⑩ 司马迁：《史记》，岳麓书社1988年版，第340—341页。

欺，卒客死于秦。今顷襄信任奸回，将至亡国，是复施行黄棘之枉策也。”① 比较而言，洪兴祖之说似乎更有道理。

（五）怀王二十九年屈原在郢都

《楚世家》：“二十九年，秦大破楚，楚死二万，杀景缺。怀王恐，乃使太子为质于齐以求平。”② 楚怀王要和齐，可能想起屈原，并把已经流放三年的屈原招回郢都。屈原有没有参与“使太子为质于齐以求平”之事？不得而知。但是，屈原参加了怀王三十年，讨论“秦王约怀王武关会”的廷议，并劝怀王曰：“秦虎狼之国，不可信，不如毋行。”故屈原可能在二十九年回郢都。

孙作云先生说：

> 屈原在楚怀王时代之被放，我以为是在楚怀王二十五年、公元前304年，楚秦黄棘之会之时。屈原反对这次投降的而且又是十分危险的、其后果不堪设想的盟会，所以才招致了放逐。③
>
> 孙先生此说有一定道理，只是孙先生提供的论据不确。《抽思》篇有这样几句怪话极可注意：善不由外来兮，名不可以虚作！孰无施而有报兮，孰不殖（今本误作“实”字，从朱熹《楚辞集注》校改）而有获！黄棘之会，楚国凭空收回上庸之地六县，这就是“不殖（不种植）而有获”“无施而有报”以二等国楚国受一等国秦国的巴结、割让土地，就是“善由外来”“名由虚作”！④

这样解释与《抽思》文本不符。

二、楚怀王十六年屈原放逐汉北论商榷

（详见本书《试论〈离骚〉创作时间》）

三、怀王三十年放逐屈原论商榷

（一）子兰放逐屈原论

熊任望先生说：

> 怀王入秦后，子兰集团肆无忌惮地将屈原逐出郢都，（襄王三年）“怀王卒于秦”……屈原重返郢都。⑤

熊任望先生既说：“屈原于怀王入秦、顷襄未立之际，被子兰集团‘放流’。”又说：子兰的“放流”决定“并不具备法律约束的性质，因为没有国王的命令”。⑥ 显然不能自圆其说。

如果不具备法律约束性，那么屈原完全可以不予理睬，最多等到“顷襄王立”就可以“返郢都”，为何要等到“顷襄王三年，怀王卒于秦”，屈原才重返郢都呢？这显然与《屈原列传》的怀王卒于秦之后的“顷襄王怒而迁之”衔接不上。

在这“国无君”的几个月内，说“子兰集团将屈原逐出郢都”，既没有内外依据，又与当时的形势不符，与《卜居》“屈原既放，三年不得复见”难以融通。

怀王入秦被扣押，亲秦派非常不得人心，不得不有所收敛。亲秦派“欲立怀王子在国者（子兰）”未能得逞就是证明。当时矛盾的焦点是立王，假如子兰集团执掌大权，要排斥的敌对势力，应该是支持太子的昭雎等人，而不是打击孤独无权的屈原。从《离骚》“国无人莫我知兮”，可见屈原的孤独。由昭雎主导“诈赴于齐、归楚太子”说明屈原处于权力斗争旋涡之外。

（二）怀王三十年“怀王放流屈原论”

1. 屈原“谏怀王之后，就被怀王‘放流’”？

潘啸龙先生说：

---

① 洪兴祖：《楚辞补注》中华书局1983年版，第161页。

② 司马迁：《史记》，岳麓书社1988年版，第341页。

③ 孙作云：《屈原放逐的问题》，《河南大学学报》（社科版）1961年第1期，第44页。

④ 孙作云：《从〈离骚〉的写作年代说到〈离骚〉、〈惜诵〉、〈抽思〉、〈九辩〉的相互关系》，《文史哲》1962年第4期，第28页。

⑤ 熊任望：《〈屈原列传〉析疑》，《河北大学学报》1988年第1期，第13页。

⑥ 熊任望：《〈屈原列传〉析疑》，《河北大学学报》1988年第1期，第18页。

> 我以为这初放的时间当在怀王三十年，证据就是屈原本传中的这样一段记叙：时秦昭王与楚婚，欲与怀王会。怀王欲行，屈平曰：“秦虎狼之国，不可信，不如毋行。”怀王稚子子兰劝王行：“奈何绝秦欢?”怀王卒行。入武关，秦伏兵绝其后，因留怀王以求割地。怀王怒，不听。亡走赵，赵不内。复之秦，竟死于秦而归葬。长子顷襄王立，以其弟子兰为令尹。楚人既咎子兰以劝怀王入秦而不反也。屈平既嫉之，虽放流，睠顾楚国，系心怀王，不忘欲反，冀幸君之一悟，俗之一改也。其存君兴国而欲反复之，一篇之中三致志焉。然终无可奈何，故不可以反……仔细琢磨一下这段文字，我们可以发现下述几点重要情况：第一，屈原在三十年怀王欲赴武关之会以前，虽已被疏，但还在朝。第二，怀王赴武关之会，这是楚国政治生活中的一件大事。因为，在此之前的二十八九年，秦楚连年构兵．楚国均被击败。三十年，秦又伐楚，取八城。在这样严重的军事威胁下，秦昭王遗怀王书，提出会盟武关，实在是心怀叵测。对楚国来说，所受压力与订“城下之盟”无异。又，怀王赴会，如入狼窝，若有闪失，楚国命运攸关……第三，在这场重大问题的斗争中，屈原遭到了失败。传文中“怀王卒行”正说明了这一点。接着，本文中便突然出现了“屈平既嫉之，虽放流”这一段文字。而且，它又在“顷襄王怒而迁之”之前，这说明什么呢？说明屈原在谏怀王之后，就被怀王“放流”——即放逐了。①

潘氏1999年出版的《屈原与楚辞研究》表达为：

> 紧接“怀王卒行”以后，传文中突然出现了屈原“虽放流，睠顾楚国，系心怀王（可见当时怀王尚未客死）”的境况。而且，这一“放流”又在子兰“使上官大夫短屈原于顷襄王，顷襄王怒而迁之”之前……②

《屈原列传》中“怀王卒行”以后，紧接的是“入武关，秦伏兵绝其后，因留怀王以求割地。怀王怒，不听。亡走赵，赵不内。复之秦，竟死于秦而归葬”，潘氏对“怀王死于秦而归葬”等视而不见。像这样用部分的真实来论说虚假的事情，实不可取。

《屈原列传》并未按时间顺序叙事，很容易产生歧见。故有人怀疑其中有脱漏、错简，或篡改。但是，从“屈平既嫉之，虽放流，睠顾楚国，系心怀王，不忘欲反，冀幸君之一悟，俗之一改也”等内容看，在这次屈原放流以后，怀王安然在楚，而不是被扣在秦。否则“冀幸君之一悟，俗之一改也”就解释不通。《屈原列传》中并没有任何屈原在谏怀王之后，就被怀王放流的迹象。至于“它又在‘顷襄王怒而迁之’之前”，更不能说明“在谏怀王之后，就被怀王‘放流’”。

屈原谏怀王“不如毋行”，主观上是从爱护怀王出发，客观上也没有损伤怀王的尊严。怎么会因此而被流放呢?《楚世家》还有谏怀王“毋行”的昭雎，并未受任何影响，继续执掌大权就是证明。

潘氏说：

> 屈原放逐以后，仍然“睠顾楚国，系心怀王，不忘欲反，冀幸君之一悟”。因此，便作赋抒志，自我申辩，表明他“存君兴国而欲反覆之”的态度。但是，怀王拒不采纳，终于入秦被留，而屈原也“终无可奈何，故不可以反”。③

即便按潘氏所说，屈原因谏怀王“不如毋行”而被流放，怀王随即去秦被扣。若屈原放逐以后作赋抒志、自我申辩，又怎么能向被扣留在秦国的怀王表白自己的忠诚和冤屈呢？潘氏的“屈原放逐以后，作赋抒志……怀王拒不采纳，终于入秦被留”，颠倒他自己所设定的事件的前后次序，不能自圆其说。

潘啸龙先生说：

> 总结上述几点，屈原因为谏怀王入秦，即于当年被放逐，就是很清楚的了。放逐到哪里呢？那就是《抽思》中所说的汉北之地。④

潘氏这里不是说清楚了，而是愈说愈糊涂了。请问，何处有“屈原因为谏怀王入秦，即于当年被放

---

① 潘啸龙：《关于屈原放逐问题的商榷》，《安徽师范大学学报》（社科版）1980年第3期，第92—93页。

② 潘啸龙：《屈原与楚辞研究》，安徽大学出版社1999年版，第27页。

③ 潘啸龙：《关于屈原放逐问题的商榷》，《安徽师范大学学报》（社科版）1980年第3期，第93页。

④ 潘啸龙：《关于屈原放逐问题的商榷》，《安徽师范大学学报》（社科版）1980年第3期，第93页。

逐”的依据？

潘先生认为“《抽思》作于屈原放逐汉北后一年，即顷襄王元年”①，那么，诗中为什么没有系心被扣在秦国的怀王？没有盼望怀王回国的内容？反而有许多埋怨怀王的话？这怎么能与系心怀王的心境相符呢？

2. 潘氏“怀王三十年放逐屈原之佐证”

潘啸龙先生说：

屈原在怀王三十年被放逐，还可以从怀王入秦被留后的史料中找到佐征。试看《楚世家》的这条记载：（楚大臣）乃欲立怀王子在国者。昭雎曰：“王与太子俱困于诸侯，而今又倍王命而立其庶子，不宜。”乃诈赴于齐……齐王卒用其相计而归楚太子。太子横至，立为王，是为顷襄王。《战国策·楚四》亦有一段文字，记楚太子横归国后的一段史实：楚王死，薛公归太子横。因与韩魏之兵，随而攻东国。太子惧。昭盖曰：“不若令屈署以新东国为和于齐以动秦。秦恐齐败东国而令行于天下也，必将救我。”太子曰：“善。遽令屈署以东国为和于齐。”

这两段文字，都记叙了怀王入秦以后，楚国上下人心浮动，形势岌岌可危的情况。当时，楚急欲太子归国，以绝秦国之望，定楚人之心，以屈原历来竖持联齐抗秦的立场和他多次出使齐国的元老重臣的资望，赴齐以求归太子者，舍屈原其谁属？出乎意料的是，这时赴齐的不是屈原，而是昭雎。同样的，当齐、韩、魏三国之兵随而攻楚，楚太子横急欲使人“为和于齐”时，负此重任谁比较适合呢？当然是屈原。出乎意料的是，“以东国为和于齐”的又不是屈原，而是二流人物屈署！人们不禁要问：值此危急存亡之秋，当初力谏怀王赴武关之会的楚贞臣屈原何在？对照一下《屈原列传》，我们便恍然大悟：原来，屈原已被怀王放逐了！怀王自己既入秦不返，没有他的命令，楚大臣及太子横仓猝之际，不能也不愿召还屈原。于是乎赴齐以求归太子。“以东国为和于齐”的使命，只能由昭雎、屈署之徒担任了。倘若屈原不在放逐之中，依怀王十七年秦楚交兵、国势危急而令屈原使齐之例，屈原是应该出马的。②

在怀王入秦被留后的史料中，没有记载应该出马的屈原，成了潘氏“屈原已被怀王放逐”的佐征。这与先秦史书中没有提到屈原的名字，作为屈原否定论者的重要依据，其推论模式何其相似！现先搁置其逻辑不当，就佐证的内容分析之：

（1）《楚世家》记载：

楚怀王见秦王书，患之。欲往，恐见欺；无往，恐秦怒。昭雎曰：“王毋行，而发兵自守耳。秦虎狼，不可信，有并诸侯之心。”怀王子子兰劝王行，曰：“奈何绝秦之欢心！”于是往会秦昭王。昭王诈令一将军伏兵武关，号为秦王。楚王至，则闭武关，遂与西至咸阳，朝章台，如蕃臣，不与亢礼。楚怀王大怒，悔不用昭子言。秦因留楚王，要以割巫、黔中之郡。楚王欲盟，秦欲先得地。楚王怒曰：“秦诈我而又强要我以地！”不复许秦。秦因留之。楚大臣患之……乃欲立怀王子在国者。昭雎曰：“王与太子俱困于诸侯，而今又倍王命而立其庶子，不宜。”乃诈赴于齐……齐王卒用其相计而归楚太子。太子横至，立为王，是为顷襄王。③

学者们多注意到《楚世家》与《屈原列传》记载的不同，《楚世家》仅仅在怀王十八年提到：“屈原使从齐来，谏王曰：‘何不诛张仪？’怀王悔，使人追仪，弗及。”

就楚国历史来说《楚世家》比《屈原列传》更为权威。这里表明，当时的屈原并未得到重用，其地位远在昭雎之下。《楚世家》中接二连三地提及昭雎：建议“合齐善韩”的是昭雎，谏怀王“毋入秦”的是昭雎，“诈赴于齐、归楚太子”也是昭雎，可见他是怀王后期的重臣（有人说他是令尹）。故《楚世家》只记昭雎，不提屈原。

潘氏说：

以屈原历来竖持联齐抗秦的立场，和他多次出使齐国的元老重臣的资望，赴齐以求归太子者。舍屈原其谁属？出乎意料的是，这时赴齐的不是屈原，而是昭雎。……当初力谏怀王赴武

① 潘啸龙：《屈赋研究三辨》，《云梦学刊》（社科版）1996 年第 1 期，第 8 页。

② 潘啸龙：《关于屈原放逐问题的商榷》，《安徽师范大学学报》（社科版）1980 年第 3 期，第 93 页。

③ 司马迁：《史记》，岳麓书社 1988 年版，第 341 页。

关之会的楚贞臣屈原何在？对照一下《屈原列传》，我们便恍然大悟：原来，屈原已被怀王放逐了！①

潘氏此论与《楚世家》之记抵牾，似乎有曲解就己之嫌。潘氏说《国策》不提屈原是因为“屈原已被怀王放逐了”，如此推论不合逻辑。例如，《国策》没有提到《楚世家》中一再出场的昭雎，难道昭雎也被怀王放逐了吗？

（2）《战国策》的相关记载有三篇。

《战国策》记载的“公元前299年，楚太子在齐为质”这一件事就有三个版本：《齐策三》的“楚王死太子在齐质”，《楚策二》的“楚襄王为太子之时”，《楚策四》的“长（垂?）沙之难，楚太子横为质于齐”。这些记载之间，人物、情节互不搭界，都与《史记》记述不合。

潘氏所引用的《战国策·楚四》曰：

长沙之难，楚太子横为质于齐。楚王死，薛公归太子横，因与韩、魏之兵随而攻东国。太子惧。昭盖曰：“不若令屈署以新东国为和于齐以动秦。秦恐齐之败东国而令行于天下也，必将救我。”太子曰：“善。”遽令屈署以东国为和于齐。秦王闻之惧，令辛戎告楚曰：“毋与齐东国，吾与子出兵矣。”②

其说多与史实不符不可采信。例如，“公元前299年，楚太子在齐质”时楚王未死，它却说楚王死；说“齐、韩、魏三国之兵攻楚”，史册无记；说“秦恐齐败东国而令行于天下也，必将救我。……吾与子出兵矣”？这不可能！秦国扣留楚怀王，楚国立新王就是为了对付秦国：“赖社稷神灵，国有王矣！”楚国怎么会不顾怀王被扣留在秦的屈辱，设计让秦国来救助！秦国扣留楚怀王，就是为了逼迫楚国割让巫、黔中之郡，岂有放弃目的，无条件救楚的道理？

请看司马光《资治通鉴》卷三记载：

秦王遗楚王书……王乃入秦。……要以割巫、黔中郡。……秦人留之。楚大臣患之，乃相与谋曰：“吾王在秦不得还，要以割地，而太子为质于齐。齐、秦合谋，则楚无国矣。”欲立王子之在国者。昭雎曰：“王与太子俱困于诸侯，而今又倍王命而立其庶子，不宜！”乃诈赴于齐。齐愍王召群臣谋之，或曰：“不若留太子以求楚之淮北。”齐相曰：“不可。郢中立王，是吾抱空质而行不义于天下也。”其人曰：“不然。郢中立王，因与其新王市曰：‘予我下东国，吾为王杀太子。不然，将与三国共立之。’”齐王卒用其相计而归楚太子。楚人立之。③

此记与《楚世家》相同。

潘氏抛弃可信史料，引用《楚策四》“编造的说辞”作证，显然没有说服力。统观《抽思》《卜居》《屈原列传》《楚世家》，根本没有怀王三十年“‘谏武关之会’以后‘放流’屈原”的丝毫信息。潘先生所说：屈原是在进谏“武关之会”以后才处于放流境地的——这都不是出于我的虚构、推测和妄断，而是《屈原列传》所提供的凿凿事实。”④似乎有此地无银三百两的意味。

四、“初放汉北”紧接“远迁江南论”商榷

潘啸龙先生说：

迁屈原往江南的决定，当在怀王归葬于楚以后（即顷襄三年）作出，屈原从汉北回郢都稍事整治行装，即于四年仲春去郢“东迁”。……屈原初放汉北，自怀王三十年至顷襄王三年，整整三个年头。由于他自汉北经郢都，是为了远迁江南，而不是召回复用，因此并不能见到襄王。《卜居》所说的“屈原既放，三年不得复见”，《七谏》所说的“念三年之积思兮，愿壹见而陈辞。不及君而骋说兮，世孰可为明之”，都成为有力的佐证。同时，屈原执忠信之志，存“存君兴国之心”，而遭怀王放逐；三年之后，仍“竭知尽忠，而蔽障于谗”，不仅不能召回复用，反而更远迁江南。这不能不使屈原悲愤恻怛，“心烦意乱，不知所从”，而要在启程

① 潘啸龙：《关于屈原放逐问题的商榷》，《安徽师范大学学报》（社科版）1980年第3期，第93页。

② 缪文远：《战国策新校注》，巴蜀书社1987年版，第564页。

③ 司马光：《资治通鉴》（卷三），中华书局1956年版，第111—113页。

④ 潘啸龙：《屈原与楚辞研究》，安徽大学出版社1999年版，第31页。

> 前找太卜郑詹尹决其所疑，并发出“世溷浊而不清，蝉翼为重，千钧为轻；黄钟毁弃，瓦釜雷鸣；谗人高张，贤士无名。吁嗟默默兮，谁知吾之廉贞”的愤激不平之音，提出“宁赴湘流，葬于江鱼之腹中；安能以皓皓之白，而蒙世俗之尘埃乎”的誓言了。①

从《卜居》“屈原既放，三年不得复见”看，既然是怀王流放屈原，不得复见当是怀王。怎么会不能见到顷襄王呢？若按潘氏之论屈原三十年被怀王流放，“太子横为质于齐”尚未回国。顷襄王立时，屈原已被流放在汉北，并没有见过继位后的顷襄王，何来“三年不得复见‘襄王’”之说？《七谏》所说的“念三年之积思兮，愿壹见而陈辞”，只有怀王在楚才能“愿壹见而陈辞”。这些都是屈原被放汉北前后怀王仍然在楚国的有力佐证。

再说，若按潘氏之论：“屈原遭怀王放逐后，顷襄三年不仅不召回复用，反而更远迁江南”，也就是说，屈原的前程已由顷襄王决定了，何来“‘不知所从’，要找太卜郑詹尹决其所疑”？

潘氏说：

> 在这举国悲痛的时刻，楚人自然要回想起子兰劝怀王入秦的事来。他们知道，造成怀王身死于秦的罪人之一就是现时占据令尹要职的子兰。屈原当时尚在放逐之中，得知怀王死去的消息，当然更加悲痛。本传说他又是“既嫉之”，又是“一篇之中，三致意焉”，接着就是“子兰闻之大怒”。可见，在此前后，屈原必定怒斥了子兰这批奸佞误国的小人。子兰听说了这一切，当然要暴跳如雷，非得借上官大夫之口进一步诋毁屈原不可了。这样，当时虽然秦、楚绝，诸侯不直秦，朝中应该是抗秦派可能抬头之时，但屈原却并没有因此而被赦免，反而被顷襄王放逐到了遥远的江南。②

若按潘氏之说《卜居》作于怀王归葬于楚以后，在这楚人皆怜之，如悲亲戚之时，为什么在《卜居》中竟无一语透露对怀王的客死之悲，更没有怒斥子兰奸佞误国，反而发出“世溷浊而不清，蝉翼为重，千钧为轻；黄钟毁弃，瓦釜雷鸣；谗人高张，贤士无名。吁嗟默默兮，谁知吾之廉贞”的愤激不平之音？这怎能体现屈原“睠顾楚国，系心怀王”之情呢？

再看《哀郢》的内容，“民离散而相失兮，方仲春而东迁”，并不是与家人刚刚相聚，马上又要分离的描述。“出国门而轸怀兮”“哀见君而不再得”则显示此前不但能见到顷襄王，而且与顷襄王尚有不能割舍的君臣之情。——在《哀郢》中根本找不到潘氏的“刚刚在汉北流放了三年、并不能见到襄王”的任何迹象。可见，潘氏的“屈原在怀王三十年被放逐汉北”紧接“远迁江南”之论，既无史料佐证，又与《哀郢》记述相违，怎么能令人信服呢？

统观《抽思》《卜居》等，屈原放流汉北前后，怀王当安然在楚国国内。从《哀郢》的“哀见君而不再得”看，顷襄王初期，屈原尚可以经常见到顷襄王。

五、楚襄王九年之后屈原不可能去丹淅

汤炳正先生说：

> 或疑汉北、丹淅，顷襄王时已为秦所有。《史记·楚世家》载，顷襄王元年，秦出武关攻楚，“取析十五城而去”是其明证。故襄王时屈原似无去汉北、丹淅之可能。今按此说不可据。所谓“取析十五城而去”，字或有误。据近年出土的云梦秦简《大事记》，于秦昭王九年，只言“攻析”，不作“取析”。秦昭王九年即楚顷襄王元年。可实证《楚世家》之“取析”，实即“攻析”之形近而误。“而去”二字，则系纪实之语。③

汤先生此论实不敢苟同。云梦秦简《大事记》，其秦侵占他国的战事均记为“攻某”，未见记“取某”者。这些“攻（某地）”不可能都是攻而不取者。《大事记》中从秦昭王元年到五十六年，记“攻（某地）”共三十处，大多数的“攻”可与《史记》“取”对应。如这里的“攻析”即“楚顷襄王元年‘取析十五城而去’”。其他还有，“十六年，攻宛。十七年，攻垣、枳（轵）。十八年，

---

① 潘啸龙：《关于屈原放逐问题的商榷》，《安徽师范大学学报》（社科版）1980年第3期，第94页。

② 潘啸龙：《关于屈原放逐问题的商榷》，《安徽师范大学学报》（社科版）1980年第3期，第94页。

③ 汤炳正：《渊研楼屈学存稿》，华龄出版社2004年版，第68页。

攻蒲反（坂）”。[①] 相应的《史记》为：《秦本纪》秦昭王十五年，秦将白起“攻楚，取宛”。《六国年表》：秦昭王十八年“客卿错击魏，至轵，取城大小六十一。”魏昭王七年：“秦击我。取城大小六十一。”《魏世家》为：“七年，秦拔我城大小六十一。”《秦本纪》：“十八年，错攻垣、河雍、决桥取之。”

汤先生之云梦秦简《大事记》于秦昭王九年，只言“攻析”，不作“取析”。可实证《楚世家》之“取析”，实即“攻析”之形近而误。[②] 有违秦简原意，似可归为：“在运用古籍记载时，取舍随意，是非任情，其结果必然陷于诡辩之一途。”[③]

汤先生说：屈原于顷襄王时，曾流浪至汉北、丹淅之地。……屈原去汉北，在顷襄王九年之后，割汉北地与秦，又在屈原去汉北之后十余年。[④] 此论没有依据。既然楚顷襄王元年秦“取析十五城”，顷襄王五年（或六年）又“取宛”。那么，“在顷襄王九年之后”，屈原就不可能去被秦占领的丹淅之地。可见汤先生之论有违史实，难以成立。

六、《抽思》为屈原流放汉北所作

（一）《抽思》与“怀王被留于秦”无关

《抽思·倡曰》有：

> 有鸟自南兮，来集汉北。好姱佳丽兮，牉独处此异域。既惸独而不群兮，又无良媒在其侧。道卓远而日忘兮，愿自申而不得。……何灵魂之不信直兮，人之心不与吾心同。理弱而媒不通兮，尚不知余之从容。

于省吾说《抽思·倡曰》：

> 系屈原遥想怀王被留于秦，描述其孤单凄凉，举目无亲的生活，以及其南望故国，神魂飞越，内心伤感的活动过程。[⑤]

其说不确。

公元前299年，秦夺取楚国八城，楚节节溃败。这时秦昭王致函楚怀王，提议两国君会盟武关，重修旧好。楚怀王畏秦，只好前往武关。“入武关，秦伏兵绝其后，因留怀王”，以及“怀王被劫持去秦”的历史事件与《抽思》之文意根本不合。论证如下。

1.“有鸟自南兮，来集汉北”与怀王被劫持到秦国无关

第一，《楚世家》：“楚王至，则闭武关，遂与西至咸阳。”怀王被囚在秦都咸阳，咸阳绝不可称“汉北”。于省吾所说：“汉北的地域很广泛，本文的汉北系指秦国而言之。”[⑥] 饶宗颐也有：“凡汉水以北，皆可有是称。秦在楚北故云然也。”[⑦] 皆不能成立。第二，作为楚人屈原的作品，对怀王北上，当谓“去集汉北”，而此则称“来”，则主体当身居汉北无疑。[⑧] 而不可能指被囚在“咸阳”的怀王。第三，“怀王被囚的悲惨事件”不会用“有鸟自南兮，来集汉北”这样轻浮、调侃的语气来表达。

2. 不应该孤立地把“异域”解释为“异国”

饶宗颐说：“秦非楚土，故云异域。”[⑨]

于省吾说：

> 此文之“异域”即“异或”，也即“异国”。“来居异国”这句话，以怀王之被留于秦当之，则语义适调，若合符节。”

---

① 云梦秦墓竹简整理小组：《云梦秦简释文》（一），《文物》1976年第6期，第12页。笔者按：同一事件《大事记》与《史记》其纪年有部分略有不同。

② 汤炳正：《渊研楼屈学存稿》，华龄出版社2004年版，第168页。

③ 汤炳正：《渊研楼屈学存稿》，华龄出版社2004年版，第40页。

④ 汤炳正：《渊研楼屈学存稿》，华龄出版社2004年版，第168页。

⑤ 于省吾：《泽螺居诗经新证》，中华书局1982年版，第280页。

⑥ 于省吾：《泽螺居诗经新证》，中华书局1982年版，第283页。

⑦ 饶宗颐：《饶宗颐二十世纪学术文集》（卷11），台北新文丰出版股份有限公司2003年版，第107页。

⑧ 汤炳正：《渊研楼屈学存稿》，中国社会科学出版社2004年版，第72页。

⑨ 饶宗颐：《饶宗颐二十世纪学术文集》（卷11），台北新文丰出版股份有限公司2003年版，第107页。

“又无良媒在其侧”的“其”在此必须训为“他”……如以“好姱佳丽”喻怀王，则“无良媒在他左右”这句话，便觉得十分妥贴。①

如此曲解诗文，着实让人感叹。就《抽思·倡曰》之文本看，屈原分明以第三者的口气感叹：“好姱佳丽”的他，身边既没有良媒为他与怀王沟通，想向怀王申诉又没有办法（愿自申而不得）。

于氏为了把“好姱佳丽”喻为被秦囚禁的怀王，就把此文之“异域”解为“异国”。接着说“无良媒在他（怀王）左右”这句话，便觉得十分妥贴，而把后文的“愿自申而不得……人之心不与吾心同。理弱而媒不通兮，尚不知余之从容”这些用“怀王被囚”说不通的字句抛开不提了。请问怀王要良媒做什么？他要向谁“自申而不得”？“理弱而媒不通……”又作何解释？

3. 战国时代官员了解的“国家机密”对国家安全影响甚微

于省吾还说：

对于不信任而又曾经出使“上国”的屈原，竟把他流放在接近异国的汉北，这显然是不合乎实际情况的。②

此说的实质是说大臣掌握国家机密，若是逃往异国对国家不利。这种迂腐的观点显然不合乎战国时代的实际。战国时代各国之间人才流动频繁，“名流”挑选国君，合则留，不合则去，“朝秦暮楚”之事时有发生。例如，陈轸一时“为齐王使”见昭阳说“画蛇添足”，一时为楚怀王之臣，一时“去楚之秦”。孟尝君公元前300年前为齐相，公元前300年则入秦为相，公元前299年又回齐做了齐相……连最高行政长官的“相”都能在大国之间交流，可见其时官员了解的“国家机密”对国家安全影响甚微，成败多取决于国力和“现场发挥”，不存在什么“把屈原流放在接近异国的汉北，不合实际”的问题！

（二）《抽思》的北山

1.“旬阳北山论”

周秉高先生说：

“北山”是当时的实有地名。但并非在“郢都附近”或“汉北”。《汉书·地理志》在汉中郡十二县中之“旬阳”县条下。班固自注曰：“北山，旬水所出，南入沔。”而“旬阳”本是楚国疆土，《战国策·楚策一》载苏秦语曰：当时楚国“南有洞庭、苍梧，北有汾陉之塞、旬阳，地方五千里”。《史记·苏秦列传》也载此语，只是将“旬阳”写为“郇阳”，其曰：“北有陉塞、郇阳”。前引《楚世家》所载。怀王十七年，丹阳大战，秦败楚军。夺取汉中之郡，其中当然包括“旬阳”和“北山”。由此可知，屈原“望北山而流涕”，不仅仅是为个人遭际而伤感，更在为当时国家面临的政治军事形势而痛心疾首！且“北山”紧挨“汉北”，国土沦陷之事就发生在自己身边，这对于一个抱负远大有心振兴国家却无力挽救的政治家来说，能不痛哭流涕吗？③

旬阳在汉中郡西部，旬水所出的“北山”在秦岭南麓，北距旬阳尚有近两百里。“旬阳”曾经是楚国的北疆，其北的“北山”多半不是楚国之疆土，是不是《抽思》中的“北山”更可商榷。《抽思》之：“望北山而流涕兮，临流水而太息。望孟夏之短夜兮，何晦明之若岁？惟郢路之辽远兮，魂一夕而九逝。”这是屈原流放汉北面向南方思念郢都的场景，若要屈原背对楚国去“望北山而流涕”，为“国土沦陷而痛心疾首”，似乎与诗文“魂一夕而九逝”的意境不符，没有“准确地理解屈原当时的思想感情”④。况且，即便身在旬阳，也望不见几百里以外的“北山”，更何况旬阳已经被秦人夺取不能靠近呢。

2.“北山即南山”论

赵逵夫先生认为：

《抽思》的“北山”即“南山”。“南山”为江汉间所实有地名……1973年长沙马王堆三号墓出土帛书《相马经》说到，“南山有木，上有松柏，下有崖石”，“有松产南山之阳”……

① 于省吾：《泽螺居诗经新证》，中华书局1982年版，第281页。

② 于省吾：《泽螺居诗经新证》，中华书局1982年版，第284页。

③ 周秉高：《〈九章〉地理与作品分析略例》，《职大学报》2008年第3期，第22页。

④ 周秉高：《〈九章〉地理与作品分析略例》，《职大学报》2008年第3期，第22页。

那么，在汉北是有一个山叫“南山”的。①

赵氏依据《相马经》泛称的地名，就肯定“‘南山’为江汉间所实有地名”，可又说：“在汉北是有一个山叫‘南山’的”。那么，赵氏的“南山”到底是在“江汉间”呢，还是在“汉北”呢？赵氏不能自圆其说的事，怎么让别人信服呢？

“南山”“北山”是常见的泛称地名，例如《小雅·南山有台》：“南山有台，北山有莱”，这类泛称地名必须结合其他信息，才能做出合理的解释。

3. 黄灵庚的“北山”为泛称

黄灵庚先生认为：《抽思》之“望北山而流涕兮，临流水而太息。”其“流水”为泛称，“北山”亦当泛称。“丘”古作“北”，“北”为“北”之讹。“北山”并非山名。② 此论可备一说。

七、饶宗颐《楚辞地理考》的“汉北”

（见本书《饶宗颐的楚地、楚历质疑》）

结　论

1. 怀王曾流放屈原于汉北，《屈原列传》《新序·节士》《汉书》《楚辞章句》等皆有相关论述。《抽思》《卜居》《惜往日》等屈原诗中有内证。

2. 屈原放于汉北的具体时间缺乏文献记载。从屈原参加了怀王三十年讨论“秦王约怀王武关会”的廷议看，屈原流放汉北可能在怀王二十九年之前。

3. 从《抽思》“有鸟自南兮，来集汉北”和《卜居》“屈原既放，三年不得复见”看，屈原被放汉北三年。三年期满后，屈原心烦虑乱，不知所从。面对着两种人生道路的选择，屈原“乃往见太卜郑詹尹”问卜……“吁嗟默默兮，谁知吾之廉贞”——最后他还是选择了“廉贞”。

4. 汉北的地点是汉水中上游以北，武关、析、宛（申）以南，邓（襄）、郧、旬阳一带。广义的汉北或许可以包括析、宛。

① 赵逵夫：《屈原与他的时代》，人民文学出版社 2002 年版，第 317 页。

② 黄灵庚、张晓蔚：《楚辞简帛义证札记》，《中国文化研究》2010 年第 1 期，第 146 页。

评《〈战国策〉屈原初任左徒时的史料》

摘要：赵逵夫先生说："《孟尝君出行五国》章所写'郢之登徒'即左徒屈原，这是记载屈原事迹的重要史料。""郢之登徒"见孟尝君门人公孙戍也要自称"臣"、称对方为"足下"，说明他是地位低于公孙戍（士）的小吏，而不是"楚之左徒屈原"。赵先生把"此篇系年"定于公元前318年也与史实不符。其时的田文尚未承袭田婴的封地，约在公元前306年孟尝君才任齐相。故公元前318年田文不可能以齐相的身份出行五国。

关键词：战国策；孟尝君；郢之登徒；屈原

赵逵夫先生在1995年《北方论丛》第5期发表的《〈战国策〉中有关屈原初任左徒时的一段史料》（后选入《屈原与他的时代》）说："《孟尝君出行五国章》所写'郢之登徒'，即楚怀王十一年任左徒的人，即是屈原。……是《战国策》中直接记载屈原事迹的一篇重要史料。"① 这与屈原和孟尝君的生平不合，与楚国的历史不符，是对《战国策》的误读。

赵先生把"此篇系年"定于公元前318年，即楚怀王十一年。而公元前318年的田文尚未承袭田婴的封地，在公元前316年到公元前310年之间田文承袭了薛的封地，号称孟尝君，约在公元前306年孟尝君才任齐相。故公元前318年的田文不可能以执政者齐相的身份出行五国。

赵先生认为："至怀王十六年，上官大夫之流内外勾结将屈原从朝廷中赶出。"② 而孟尝君约在公元前306年才任齐相，《战国策》中"五国皆致相印"的孟尝君，即便要出行楚国，也不可能与七八年前已经被怀王疏免的左徒屈原谋面。

一、"郢之登徒"与"楚之左徒"无关

（一）《齐策三》之"郢之登徒"是社会地位低于"士"的小吏

"郢之登徒"见孟尝君门人公孙戍也要自称"臣、仆"，称对方为"足下"，说明"郢之登徒"乃是地位低于公孙戍（士）的小吏，不是大夫等级的"楚之左徒"③。

（二）《孟尝君出行五国》篇，不能作为信史

《战国策》里有真实的历史事件，也有虚构编造的故事。

《齐策三》中"孟尝君出行五国"等故事，与史无考。

缪文远曰："综观孟尝一生，足迹未涉楚境，此章疑亦依托之语。"④ 可见《孟尝君出行五国》章，不能作为信史引用。

二、孟尝君相关的历史

（一）公元前318年至公元前306年的战国史（据杨宽《战国史》第八章⑤等缩编）

公元前318年，五国合纵伐秦，参加的有魏、赵、韩、燕、楚五国。当时虽然推楚怀王为纵长，但是实际组织者是魏相公孙衍；出兵和秦国交战的，主要是魏、赵、韩三国，攻到函谷关。《秦本纪》："秦使庶长（樗里）疾与战（韩邑）修鱼，虏其将申差，败赵公子渴、韩太子奂，斩首八万二千。"

田文的父亲田婴是齐威王和齐宣王初年的相国，先得彭城（今江苏徐州）为封地，公元前322年，又改封于薛并在那里筑城，号为靖郭君或薛公。

公元前317年，韩相公孙衍约结田婴，召其子田文为魏相，合纵抗秦，结果失败。后齐宣王改用储

① 赵逵夫：《屈原与他的时代》，人民文学出版社2002年版，第141页。

② 赵逵夫：《屈原与他的时代》，人民文学出版社2002年版，第194页。

③ 详见本书《左徒、左登徒、登徒子与郢之登徒》。

④ 缪文远：《〈战国策〉考辨》，中华书局1984年版，第109页。

⑤ 杨宽：《战国史》（增订本），上海人民出版社1998年版，第341—389页。

子为相（?），不重用田婴，田婴就回到了薛地。

大约在公元前316年至公元前310年之间，田文承袭了薛的封地，号称孟尝君或薛公。

根据《魏世家》：

> 公元前310年魏哀王九年，与秦王会临晋。张仪、魏章皆归于魏。魏相田需死，楚害张仪、犀首（公孙衍）、薛公（田文）。楚相昭鱼谓苏代曰："田需死，吾恐张仪、犀首、薛公有一人相魏者也。"代曰："然相者欲谁而君便之?"昭鱼曰："吾欲太子之自相也。"

可见公元前310年，"薛公（田文）"尚在魏，未任齐相。

再根据《楚世家》：怀王二十年至二十三年："齐之所信于韩者，以韩公子眛为齐相也。"——其时的齐相是韩公子眛。"齐愍王（应为齐宣王）欲为纵长"，怕楚、秦联合，遣使给楚王一封信，劝楚王和齐并力收韩、魏、燕、赵合纵伐秦，必能破秦，楚可取得武关、蜀、汉之地，于是楚"竟不合秦而合齐以善韩"。

（二）孟尝君始任齐相的时间

《战国策·燕策一》"苏秦死"："今夫齐王，长主也，而自用也。南攻楚五年，蓄积散。西困秦三年，民憔悴，士罢弊。"孟尝君主齐政"攻楚五年，困秦三年"（即前303年到前296年），与《楚世家》楚怀王二十六年（前303年），"齐、韩、魏……三国共伐楚"相合。

马王堆汉墓帛书《战国纵横家书》第八章有"薛公相脊（齐）也，伐楚九岁，功（攻）秦三年"，它可与《孟尝君列传》"君以齐为韩、魏攻楚九年"互证。

根据《战国纵横家书》结合《燕策一》《楚世家》之记可推断：约在公元前306年孟尝君当上了齐相，公元前306年到公元前299年主持齐、魏、韩三国伐楚，公元前298年到公元前296年则合纵攻秦。两战中均以齐将匡章为统帅，取得了胜利。

三、所谓直接记载屈原事迹的史料?

（一）《孟尝君出行五国》系于公元前318年不能成立

赵逵夫先生说：

> 《孟尝君出行五国章》……是《战国策》中直接记载屈原事迹的一篇重要史料。
>
> 此篇系年，当系于周慎靓王三年。此前一年，齐楚燕赵韩楚共同支持公孙衍为魏相，山东六国形成联盟，此年五国合攻秦（齐国未参加攻秦），楚怀王为纵长。孟尝君出行五国，正是齐国与五国结好之后；楚送孟尝君象牙床，乃是怀王着意收买各国执政者以维持纵长地位的表现。①

赵先生为何要把《孟尝君出行五国章》系于公元前318年呢?因为："屈原之任左徒在怀王十年。十一年楚、赵、魏、韩、燕五国共攻秦，楚为纵长"；"至怀王十六年，上官大夫之流内外勾结将屈原从朝廷中赶出"②。若要把"郢之登徒"定为"左徒屈原"。只有公元前318年这一个空档。既然要凑屈原的空档，也就顾不得孟尝君的流年了。假如历史上曾经有"掌握齐国大权"的"孟尝君出行五国"的话，那也应该是公元前306年左右孟尝君当上齐相之后的事。只是那时的屈原早已不任左徒了。这再次证明《孟尝君出行五国章》中的"郢之登徒"与屈原无关。

（二）赵文不能自圆其说举例

赵先生说：《战国策·齐策三》中这个"郢之登徒"，即"楚之左徒"或"楚之右徒"。看来这段史料收入《战国策》之文字，是经过秦人抄录的。秦以庄襄王名"子楚"，讳"楚"字，故凡"楚国"皆改称为"郢"或"荆"。③ 单就《孟尝君出行五国》中，就有三个"楚"字，怎么可能是"秦人讳'楚'，改为'楚'为'郢'"，改"楚之登徒"为"郢之登徒"呢?

赵先生既认为"公元前318年。这时孟尝君虽然尚未继封，但其父……靖郭君失宠于王"，公元前

① 赵逵夫：《屈原与他的时代》，人民文学出版社2002年版，第141、134页。

② 赵逵夫：《屈原与他的时代》，人民文学出版社2002年版，第193、194页。

③ 赵逵夫：《屈原与他的时代》，人民文学出版社2002年版，第137页。

317 年田文“相之魏”①，又把“孟尝君出行五国”中“正掌握齐国大权的孟尝君”系于（田文尚未继封的）公元前 318 年，显然不能自圆其说。

既说“楚送孟尝君象牙床，乃是怀王着意收买各国执政者以维持纵长地位的表现”，又说“田文出行五国在五国伐秦之前”②，而五国伐秦前并没有纵长何来“维持纵长地位”呢？还说：“楚之左徒不得不以不露痕迹、不影响双方关系的办法，提醒孟尝君。”③ 而《孟尝君出行五国》文中之楚人，与公孙戍一见面就亮出了“郢之登徒”的身份；公孙戍则告诉孟尝君：“郢之登徒不欲行，许戍以先人之宝剑。”——何来不露痕迹的办法？

结　论

1.《齐策三 · 孟尝君出行五国章》所写“郢之登徒”是地位低于公孙戍的小吏，属“皂、隶”之流，与“楚之左徒”无关，更不是直接记载屈原事迹的史料。

2. 屈原任左徒的时间约在楚怀王十年至十五年（前 319—前 314 年）。约在公元前 306 年当上了齐相的孟尝君即便访楚，也不可能与早已离任的左徒屈原碰面。

3. 齐相孟尝君，“伐楚九岁，攻秦三年”（前 306 年至前 296 年）。直到公元前 294 年离齐奔魏，其间并没有机会访楚。故“孟尝君出行五国”多属虚构之辞。

4. 赵逵夫先生说：“我认为《战国策 · 齐策三 · 孟尝君出行五国章》所写‘郢之登徒’，即楚怀王十一年任左徒的人，即是屈原。所以，这篇史料是《战国策》中直接记载屈原事迹的一篇重要史料……”④ 其论，时空、人物、情节都与史实不符，似乎只是个无所依傍的猜测。

① 赵逵夫：《屈原与他的时代》，人民文学出版社 2002 年版，第 135 页。
② 赵逵夫：《屈原与他的时代》，人民文学出版社 2002 年版，第 134、136 页。
③ 赵逵夫：《屈原与他的时代》，人民文学出版社 2002 年版，第 141 页。
④ 赵逵夫：《屈原与他的时代》，人民文学出版社 2002 年版，第 141—142 页。

评《〈战国策·张仪相秦谓昭睢章〉发微》

摘要：《张仪相秦》一文具有多解性。赵逵夫先生“其中的‘有人’即为屈原”的论断，作为猜想可备一说，作为定论则缺少依据。怀王十七年楚“深入击秦，战于蓝田”之秦蓝田，为今陕西之蓝田。《战国策·献书秦王曰章》秦主动“南攻蓝田、鄢、郢”之楚蓝田，在今钟祥西北。赵逵夫先生把两者混为一谈，实属“张冠李戴”之典型。

关键词：战国策；昭睢；屈原；蓝田

赵逵夫先生1991年6月在《古籍整理与研究》第6期上首次发表的《〈战国策·张仪相秦谓昭睢章〉发微》，收入《屈原与他的时代》，它是此书中得到好评的论文之一。

赵先生说：“（我）发现了一篇屈原的遗文。”“《战国策·张仪相秦谓昭睢章》所录屈原那段文字，应是给淖滑的一封信。”“其中的‘有人’即为屈原。”①

廖化津先生与赵先生的观点相同。他比《〈战国策·张仪相秦谓昭睢章〉发微》早两个月发表的《屈原绝不是“传说人物”》中说：“这位请求使齐的‘有人’，正是屈原。因当时屈原已被疏绌，没有地位，故称之为‘有人’。出于同样的原因，不能径直面君，故请求昭过引见楚王。”②

更早的是刘开扬先生，他在1948年6月3日成都《中央日报》的《屈原论》中认为《楚策一》提到的“‘有人谓昭睢曰’中的‘有人’，是隐晦地指屈原”。③

作为屈原研究中的一种新论，他们自可参与争鸣。只是《楚策一》其文记事逻辑混乱，与史实不符。从“有人”与昭过的称呼看，也非屈原。

一、《张仪相秦谓昭睢》记事与史实不符

（一）《张仪相秦谓昭睢》与《史记》《新序》的差异

《战国策·楚策一》：

> 张仪相秦，谓昭睢曰：楚无鄢郢、汉中，有所更得乎？曰：无有。曰：无昭过、陈轸，有所更得乎？曰：无所更得。张仪曰：为仪谓楚王逐昭过、陈轸，请复鄢郢、汉中。昭睢归报楚王，楚王说之。
>
> 有人谓昭睢（当为昭过）曰：甚矣，楚王不察于争名者也。韩求相工陈籍而周不听；魏求相綦毋恢而周不听，何以也？周（曰）“是列县畜我也。”今楚，万乘之强国也；大王，天下之贤主也。今仪曰逐君与陈轸而王听之，是楚自行不如周，而仪重于韩、魏之王也。且仪之所行，有功名者秦也，所欲贵富者魏也。欲为攻于魏，必南伐楚。故攻有道，外绝其交，内逐其谋臣。陈轸，夏人也，习于三晋之事，故逐之，则楚无谋臣矣。今君能用楚之众，故亦逐之，则楚众不用矣。此所谓内攻之者也，而王不知察。今君何不见臣于王，请为王使齐交不绝。齐交不绝，仪闻之，其效鄢郢、汉中必缓矣。是昭睢之言不信也，王必薄之。

赵逵夫先生将此章系“于楚怀王十八年”。相关文献有：

《楚世家》：

> 十八年，秦使使约复与楚亲，分汉中之半以和楚。楚王曰：“愿得张仪，不愿得地。”张仪闻之，请之楚。……至，怀王不见，因而囚张仪，欲杀之。……郑袖卒言张仪于王而出之。仪出，怀王因善遇仪，仪因说楚王以叛从约而与秦合亲，约婚姻。张仪已去，屈原使从齐来，谏王曰：“何不诛张仪？”怀王悔，使人追仪，弗及。

---

① 赵逵夫：《屈原与他的时代》，人民文学出版社2002年版，前言第11页、第211、201页。

② 廖化津：《屈原绝不是“传说人物”》，《云梦学刊》1991年第2期，第9—10页。

③ 刘开扬：《屈原论》，成都《中央日报》1948年6月3日；刘开扬：《柿叶楼存稿·关于屈原的若干争论问题》，上海古籍出版社1983年版。

《屈原列传》：

是时屈平既疏，不复在位，使于齐。顾反，谏怀王曰："何不杀张仪？"怀王悔，追张仪，不及。

《新序》：

秦使人愿以汉中地谢怀王，不听，愿得张仪而甘心焉。……是时怀王悔不用屈原之策以至于此，于是复用屈原。屈原使齐，还。闻张仪已去，大为王言张仪之罪，怀王使人追之，不及。

从《史记》和《新序》记载可知，楚怀王十七年蓝田大败后有些后悔，就派屈原使齐。秦惠王得知后，担心楚齐重新交好对秦不利，故"使使约复与楚亲，分汉中之半以和楚"，这是秦惠王针对楚怀王"和齐"之举使用的拉拢手段。其事件的次序及因果关系很明确。

而《张仪相秦谓昭雎》之说，是先有为仪谓楚王逐昭过、陈轸，请复鄢郢、汉中。其后才是"有人谓昭过；请为王使齐"。它所记的情节和因果关系与史实不符，不宜采信。

缪文远曰：

《策》言张仪谓昭雎曰：为仪谓楚王逐昭过、陈轸，请复鄢、郢、汉中。按：楚失鄢郢在顷襄王时，非张仪所得见……此《策》叙事既大背史实，实系依托之文。①

（二）《张仪相秦谓昭雎》逻辑混乱，难以自圆其说

其一，张仪"复鄢郢、汉中"的先决条件是"逐昭过、陈轸"，而"昭雎归报楚王，楚王说之"表明楚王欣然同意张仪的条件（可见楚王糊涂、懦弱）。既然如此，昭过已不能自保，如何能去楚王那里举荐别人呢？更不用说，楚王怎么会同意"那人"去进行，违背楚王意愿、阻挠"复鄢郢、汉中"的活动呢！而历史事实是"楚失鄢郢在顷襄王时，非张仪所得见"。故赵先生将此章系"于楚怀王十八年"不能成立。

其二，"有人"既把楚王定位于对外"不察于争名者也"，对内不察、不用谋臣，以至欣然同意张仪条件的"糊涂蛋"，又说他是"天下之贤主"？假如这是与楚王当面对话，为了顾全他的面子，或许可说他是"贤主"，现在是与"昭过"私下的对话，何须如此呢？

其三，文中的"有人谓昭过曰：……今君何不见臣于王"，"有人"既然自称"臣"，称昭过为"君"，其地位必然低于昭过。而屈原一直是楚大夫，与昭过地位相近，他们之间对话，不会自称"臣"。可见从称谓看"有人"不是屈原，乃纵横家之流的"士"。

其四，文中的"有人"并不关心"楚国的国家利益"。他说："今君何不见臣于王，请为王使齐交不绝。齐交不绝，仪闻之，其效鄢郢、汉中必缓矣。是昭雎之言不信也，王必薄之。"他只是为了讨好昭过，让楚王薄昭雎，根本没有赵先生所赞的"维护国家的声誉"，"戳穿敌人阴谋，提出应对之策"② 的内容。

（三）赵先生的矛盾

赵先生说：

《楚世家》和《屈原列传》中反映的秦国归还汉中之地以与楚和好，未附加任何条件，而《张仪相秦谓昭雎章》反映的是以赶走昭滑、陈轸为条件的。按情理，附加条件的交涉应在前，未附加条件的交涉应在后。秦国刚刚击败楚国，估计楚国会服从所以才谋图趁此时清除楚国朝廷中的抗秦力量；其目的未能达到，而楚国反而派人使于齐，恢复齐楚邦交，秦国由于战略上的需要，才放弃这个条件而与楚和好。从这一点说，《张仪相秦谓昭雎章》反映的秦国企图从楚国赶走淖滑（昭滑）陈轸的事应在派使臣到楚国交涉割汉中之地以和好之前。《战国策·张仪相秦谓昭雎章》所反映同《史记》中《楚世家》《屈原列传》所反映的，是一件事情的前后两个阶段。其中的"有人"即为屈原。③

赵逵夫先生为了"论证"其中的"有人"即为屈原"，明明知道"楚受欺于张仪，在丹阳、蓝田两

① 缪文远：《〈战国策〉考辨》，中华书局1984年版，第140页。

② 赵逵夫：《屈原与他的时代》，人民文学出版社2002年版，第203页。

③ 赵逵夫：《屈原与他的时代》，人民文学出版社2002年版，第210页。

战中遭受到惨重的失败，因此，怀王才又任用屈原出使齐国”①，而赵先生这里却按《战国策》之说“楚国派人使于齐”是在秦“请复鄢郢、汉中”之后，并臆造出“因为昭过的举荐屈原才得以使齐”。

二、怀王十七年鄢郢割让给秦国了吗？

赵先生明明知道“《战国策》并非……史书，它是纵横家传抄、汇编、用以练习游说才能的手册”②，当《策》文与史册抵触时，应以史册为准。

《六国年表》：

> （楚顷襄王二十年）秦拔鄢、西陵。

《秦本纪》：

> （昭襄王）二十八年，大良造白起攻楚，取鄢、邓。

《战国策·中山策》：

> 楚地方五千里，持戟百万，君前率数万之众入楚，拔鄢、郢，焚其庙，东至竟陵，楚人震恐，东徙而不敢西向。

《秦本纪》《中山策》中的“秦拔鄢”均指公元前279年（楚顷襄王二十年）之事。此前并无“鄢郢也为秦国所占”的记载。鄢郢是楚的别都，地理位置十分重要，鄢失则郢危。公元前279年楚国为了保卫鄢，调动了主力部队与秦军决战。白起攻城不下，引鄢水灌城，才把鄢攻破。鄢之战，是中国历史上激烈而又残酷的战役之一。

《水经注·沔水》记载：

> 夷水又东注于沔。昔白起攻楚，引西山长谷水，即是水也。旧堨去城百里许，水从城西，灌城东入，注为渊，今熨斗陂是也。水溃城东北角，百姓随水流，死于城东者数十万，城东皆臭，因名其陂为臭池。③

《史记·张仪列传》中有：“楚又复益发兵而袭秦，至蓝田，大战，楚大败，于是楚割两城以与秦平。”赵逵夫先生却据此说：“秦国在此前既然已经占领了楚国的丹阳、汉中之地，则所割两城自然在丹阳、汉中之南。鄢郢应即其中之一。”“楚怀王十七……鄢郢（今宜城）也为秦国所占。”④

可是赵先生却在此文中弃《史记》等记载不顾，“考证”出有违史实的“楚怀王十七年鄢郢为秦国占领”。如此重要的推论，居然靠“自然、应即”就轻易敲定！

赵逵夫先生还说：

> 楚国自楚怀王二十年至二十四年，是收复了一部分被秦国所占的土地的；屈原在楚怀王二十四五年被放汉北；屈原被放汉北时，曾拜谒了鄢郢的先王之庙及公卿祠堂。⑤

假如楚国的故都鄢郢，一会儿被秦国占领，一会儿为楚国收复。各种古籍、史料中，竟毫无反映？假如楚怀王十七年楚国把鄢割让给秦国，楚国先王的宗庙能不搬迁吗？“毁其宗庙，迁其重器”（《孟子·梁惠王上》）是战胜者的惯例。假如楚怀王十七年鄢都就被秦人占领，屈原在楚怀王二十四五年，如何还能拜谒“鄢郢的先王之庙及公卿祠堂”？

赵逵夫先生为了证明《张仪相秦谓昭雎》可信，于是再“考证”出“楚怀王十七年鄢郢被秦国占领”。真可谓“为了掩饰一个错，不得不用很大的努力再制造更多的错，来证明第一个错并不是错”。——实在是得不偿失。

三、楚国“兵铿蓝田”在何处？

（一）楚“深入击秦，战于蓝田”当在秦

赵逵夫先生说：

---

① 赵逵夫：《屈原与他的时代》，人民文学出版社2002年版，第199页。

② 赵逵夫：《屈原与他的时代》，人民文学出版社2002年版，第210页。

③ 郦道元著，陈桥驿等译注：《水经注全译》，贵州人民出版社1996年版，第999页。

④ 赵逵夫：《屈原与他的时代》，人民文学出版社2002年版，第207、345页。

⑤ 赵逵夫：《屈原与他的时代》，人民文学出版社2002年版，第346、307、458页。

> 蓝田其地……在今钟祥西北，双河以东汉水边上，当鄢郢以南约一百来里处。……楚国先败于丹阳，再败于蓝田，不可能第二战反而深入秦国腹地。上引这段文字乃是言楚兵由郢都出发，方至蓝田，即遇进击之秦军，被打败。《战国策·魏四献书秦王曰章》云："秦攻蓝田、鄢郢。"则蓝田其地属楚不属秦，应在今湖北省地。①

此论与《史记》《战国策》诸书不符。

《战国策·楚策一》：

> 楚尝与秦构难，战于汉中，楚人不胜，通侯，执珪死者七十余人，遂亡汉中。楚王大怒，兴师袭秦，战于蓝田，又却。

《史记·楚世家》：

> 十七年春，与秦战丹阳，秦大败我军，斩甲士八万，虏我大将军屈匄、裨将军逢侯丑等七十余人，遂取汉中之郡。楚怀王大怒，乃悉国兵复袭秦，战于蓝田，（正义：蓝田在雍州东南八十里，从蓝田关入蓝田县。）大败楚军。韩、魏闻楚之困，乃南袭楚，至于邓。楚闻，乃引兵归。

《史记·屈原列传》：

> 怀王怒，大兴师伐秦。秦发兵击之，大破楚师于丹、淅，斩首八万，虏楚将屈匄，遂取楚之汉中地。怀王乃悉发国中兵以深入击秦，战于蓝田。魏闻之，袭楚至邓。楚兵惧，自秦归。

楚国主动"悉发国中兵以深入击秦，战于蓝田"，故蓝田当为秦地。

"魏闻之，袭楚至邓。楚兵惧，自秦归。"若蓝田是楚地，何来"自秦归"？

郭沫若曰：

> 诅文之作，可征当时情势甚为严重，在楚乃……倾全国之师从事侵伐，而在秦亦等于下总动员令……倾全国之师从事抵抗。在怀王十七年，秦楚曾连战两次，第一次的规模还比较小，第二次楚则是倾全力的搏斗了。悉国兵复袭秦，在秦国说来不就是今又悉兴其众……以逼我边境吗？②

《战国策》《史记·楚世家》《史记·屈原列传》如此明确的"袭秦，战于蓝田"之记，赵逵夫先生为什么弃之不顾呢？

（二）"张冠李戴"之论

楚怀王十七年（前312年），楚"悉国兵复袭秦，战于蓝田"，其蓝田为秦地。

《魏四·献书秦王》：约在公元前279年，"秦攻蓝田、鄢郢"说明楚国也有蓝田之地。

缪文远曰：

> 钟氏《勘研》系赧三十六年，说云：因结末秦果南攻蓝田、鄢、郢一语度之，疑此为《秦记》昭二十八年（前279年）白起取楚鄢、郢时事。案：钟说较是，今从之。③

只因楚秦两国都有"蓝田"之地名，赵逵夫先生就把不同时空、不同情节的两件事混为一谈，实属"张冠李戴"之典型。

四、随意摆布楚国的地望

（一）"汉中之半"

赵先生说：

> 战国末期秦国汉中郡为今陕西汉中至今湖北郧县以西之地，故"汉中之半"正指"商于之地"和"上庸六县"。④

"汉中"与"商于"并非一地。"商于之地"和"上庸六县"，两地相隔约三百里，赵先生怎么把它们都归到"汉中之半"去了呢？

---

① 赵逵夫：《屈原与他的时代》，人民文学出版社2002年版，第206页。

② 郭沫若：《郭沫若全集》（第9卷），科学出版社1982年版，第290、291页。

③ 缪文远：《〈战国策〉考辨》，中华书局1984年版，第244页。

④ 赵逵夫：《屈原与他的时代》，人民文学出版社2002年版，第207页。

“商于之地”指汉水以北，今陕西丹凤县东南的武关到河南西峡、淅川一带。

魏昌先生说：

商于之地六百里，当在今丹水流域一带，是秦、楚相接地段，武关在其中。①

杨宽先生说：

武关以东的“商于之地”。商原称商密，即春秋时代楚的商县，在今河南淅川西南，于，又称于中，在今河南西峡东，两地相邻，合称为“商于之地”。②

“楚之汉中”一般指上庸（今湖北竹山县东）到今陕西安康一带，主要在汉水以南。根据《楚世家》：楚怀王十八年，秦使使约复与楚亲，分汉中之半以和楚。……今将以上庸之地六县赂楚。说明“汉中之半”就是指“上庸之地六县”，不可能是指“商于之地”和“上庸六县”两处。

（二）邓

赵先生说：“韩魏之军至邓（其地在今河南偃师县东南）。”③ 赵先生把楚国的邓，弄到偃师县东南，快到黄河边上了。楚怀王十七年时，楚国的北疆不可能到达今河南偃师县东南。再说，假如韩魏之军，还在距郢都千里之外的偃师的话，楚军也不用匆忙地“引兵归”。

多数学者，如魏昌《楚国史》、杨宽《战国史》都认为:“邓，今湖北襄樊。”——离郢都四百多里。

结　论

1. 赵先生说：我发现了：“《战国策·张仪相秦谓昭雎章》所录屈原那段文字，应是给淖滑的一封信；《张仪相秦谓昭雎章》“其中的‘有人’即为屈原。”④ 此猜想既没有文献依据，又不合情理。

2. 赵先生为了迁就《张仪相秦谓昭雎》“为仪谓楚王逐昭过、陈轸，请复鄢郢、汉中的记叙”，毫无根据地说：楚怀王十七“鄢郢（今宜城）也为秦国所占”⑤，此论与《史记》《战国策·中山策》中的公元前279年“秦拔鄢”的记载不符。

3.《战国策》《史记》多处记载：楚怀王十七年“楚师袭秦，战于蓝田”，此乃楚师主动，“袭秦之蓝田”。而《战国策·魏四》之“秦果南攻蓝田、鄢郢”大约是公元前279年，秦主动南攻“楚蓝田、鄢郢”之事，两者的时间、地点、情节皆不相同。赵先生把它们混为一谈，实属张冠李戴。

赵先生不顾史册的记载，硬说秦在蓝田之战割占去鄢郢，说楚怀王十七年楚师袭秦，战于蓝田在楚国境内。这些结论，实在不妥。

---

① 魏昌：《楚国史》，武汉出版社2002年版。

② 杨宽：《战国史》（增订本），上海人民出版社1998年版，第359页。

③ 赵逵夫：《屈原与他的时代》，人民文学出版社2002年版，第345页。

④ 赵逵夫：《屈原与他的时代》，人民文学出版社2002年版，第211、201页。

⑤ 赵逵夫：《屈原与他的时代》，人民文学出版社2002年版，第345页。

试论屈原的故乡

摘要：近年来流行的屈原故乡在湖南汉寿和河南西峡说大多以汉代以后的推测、传闻为依据，它们与《左传》《史记》和出土文物等权威的文献记载不符。《哀郢》的“去故乡而就远兮”“发郢都而去闾兮”“去终古之所居”等记载当是屈原故乡在郢都的确证。

关键词：屈原故乡；郢都；西峡；汉寿

湖南科技大学人文学院吴广平先生《屈原故里研究述评》① 的报告，介绍了古今有关屈原故里的十三种观点，即湖北秭归说、湖北江陵说、湖北宜城说、湖北应城（蒲骚）说、湖南湘阴（汨罗）说、湖南岳阳说、湖南临湘说、湖南桃江说、湖南汉寿说、河南西峡说、河南淅川说、重庆奉节说、青海贵德说。由此可见，古今屈原故里争讼之激烈。

屈原故乡的认定是学术问题，它不能偏离楚国历史，不能违背屈原作品中的陈述。那些以汉代以后的推测或传闻为依据论述大多难以成立，不可轻信。

本文着重对新近流行的湖南汉寿说和河南西峡说做些探讨。

一、“屈原故乡汉寿说”商榷

（一）屈原故乡“湖南汉寿说”的产生

1997 年，湖南一师黄露生教授在《武陵学刊》第 5 期发表了《屈原的出生地在湖南汉寿》，揭开了屈原故里汉寿说的序幕。此说以湖南社会科学院研究员、屈原学会理事毛炳汉先生②为代表。其相关论文有：《屈原故乡可能在汉寿》，《湖南日报》2005 年 12 月 23 日；《屈原故乡很可能在湖南汉寿》，《人民日报》海外版 2006 年 6 月 1 日；《“屈原故乡”新说》，《湘潮》2007 年第 4 期；《“屈原故乡在汉寿”详细考证》，《中国楚辞学·第十四辑》（2007 年浙江杭州屈原及楚辞学国际学术研讨会论文集）。韩隆福先生也有类似观点。汉寿县屈原学会侯文汉先生在 2008 年 6 月 4 日湖南省屈原学会成立大会上发表的《屈原故里汉寿说初探》，从八个方面进行论证，可惜全都没有说到点子上。毛炳汉先生说：“屈原故乡汉寿说”虽然出现最晚，但其因为有众多历史文献记载，有不少文物证明，有较多古迹遗存，有大量屈原诗歌印证，故最具说服力和最具可能性。”其说与事实不符。

（二）从楚国的历史地理看“汉寿说”不能成立

1. 周武王克商时，楚与“巴、濮、邓”并列在北纬 32 度线附近

《左传·昭公九年》：“及武王克商，蒲姑、商奄，吾东土也。巴、濮、楚、邓吾南土也。肃慎、燕、亳，吾北土也。”这是武王克商时、成王封熊绎前周的疆界。

“巴”在陕西东南，“濮”在汉水南，一说近庸一说在枣阳境，“邓”在襄樊北，三者均在北纬 32 度线附近，汉水沿岸。与巴、濮、邓并列的“楚”，就应该在北纬 32 度的“荆州荆山”附近。不可能远在北纬 33 度的“淅”。“濮”更不可能像毛炳汉等人所说的“在北纬 29 度以南的今湖南汉寿、湘阴、汨罗”。

2. 周成王时，熊绎初封“辟在荆山，望不过江、汉”

《左传·昭公十二年》：“昔我先王熊绎，辟在荆山，筚路蓝缕，以处草莽。”

《左传·哀公六年》楚昭王曰：“三代命祀，祭不越望。江、汉、睢、章，楚之望也。”

《楚世家》：（前 489 年）二十七年昭王曰：“自吾先王受封，望不过江、汉……”

① 吴广平：《屈原故里研究述评》，“湖南省屈原学会 2009 年年会暨屈原与湖湘文化学术研讨会论文集”。

② 毛炳汉：《“屈原故乡在汉寿”详细考证》，汨罗屈原文化网站，“屈学园地”2018-06-28，http://quyuan.mlnews.gov.cn/index.php?m=content&c=index&a=show&catid=465&id=1501。

毛炳汉先生说："汉寿地区（古称云梦）亦在熊渠始封之域内。"① 这没有依据，显然与《左传》《史记》的"吾先王受封，望不过江、汉"不符。

3. 周昭王南征时，楚在汉南

《京师畯尊》铭文有："（昭）王涉汉伐楚。"这是周昭王时楚在汉南的确证。

4. 公元前9世纪熊渠时的楚国

毛炳汉先生承认：

> 楚国先祖熊渠，得到长江汉水一带老百姓拥戴，乃不听从周王室调度，并说："我夷蛮地，不与中国谥号。"乃自行封其三子为王。"长子康为句亶王，中子红为鄂王，少子执疵为越章王，皆在江上楚蛮之地。

《楚世家》：

> 当周夷王之时（约前895年至前880年在位），王室微，诸侯或不朝，相伐。熊渠甚得江汉间民和。

这表明熊渠时楚国在"江汉间"而不在江南的汉寿。

5. 公元前822年，熊严次子叔堪"避难于濮"的地望

《楚世家》：

> 熊霜元年，周宣王初立。熊霜六年，卒，三弟争立。仲雪死；叔堪亡，避难于濮；集解杜预曰："建宁郡南有濮夷。"正义按：建宁，晋郡，在蜀南，与蛮相近。刘伯庄云："濮在楚西南。"孔安国云："庸、濮在汉之南。"

毛炳汉先生说：

> 熊霜主政六年后卒，三个弟弟，争立为敖（称王前最大的封号），最后少弟季徇立，是为熊徇，迫死长弟仲雪，二弟叔堪，为了避祸，乃逃到"濮地"。《辞源》言："濮地在湖南西北部，澧沅二水交会处。"可见当时这里已是楚国一个较偏僻地区。

这显然与《昭公九年》的"及武王克商……巴、濮、楚、邓吾南土也"和孔安国"庸、濮在汉之南"不符。历史上相同的地名无数，《辞源》中"濮地在湖南西北部，澧沅二水交会处"的"濮地"并非前822年与楚相邻的"濮地"。

6. 楚武王五十一年（前690年）伐隋时楚都在汉水西南

毛炳汉先生说：

> 据《史记·楚世家》记载武王乃请于周王室尊楚，封其为诸侯，但周王室不许，于是熊通怒曰："王不加位我自尊耳。""乃自立为武王"。和隋国会盟后离去，楚武王三十七年，于是"始开濮地而有之"。……武王将屈瑕所"开濮地"封给屈瑕，是完全合情合理的。同时，"屈"与"濮"同韵，也可以视为"屈"与"濮"的叠韵通假，也就是说屈瑕所受"屈"地，就是楚王所"开濮地"。这也进一步说明，楚国的屈地就是指当时的洞庭地区。

韩隆福先生也说：

> 从楚武王、屈瑕父子共"开濮地"，屈瑕在洞庭平原中心地汉寿"屈地"受封……"屈地"至少应包括常德沅澧流域的几个县、包括洞庭湖边资水畔的益阳、湘水边的长沙、湘阴及岳阳君山、汨罗等楚辞中提到的地方。澧县、临澧和德山及汉寿出土的大量的战国楚墓及其出土的文物，也明显地透露出了这样的信息。②

毛、韩两先生之说缺乏依据，与楚国的历史不符。

《左传·庄公四年》：

> 春，王三月。楚武王荆尸，授师孑焉，以伐随。将齐，入告夫人邓曼曰："余心荡。"邓曼叹曰："王禄尽矣！盈而荡，天之道也。先君其知之矣，故临武事，将发大命，而荡王心焉。若师徒无亏，王薨于行，国之福也。"王遂行，卒于樠木之下。令尹斗祁、莫敖屈重除道梁溠，

① 毛炳汉：《"屈原故乡在汉寿"详细考证》，《中国楚辞学（第十四辑）》，2007年浙江杭州屈原及楚辞学国际学术研讨会论文集，学苑出版社2003年版。（本文中的"毛炳汉引文"均出自此文）

② 韩隆福：《论楚国的屈氏家族和屈原的故乡》，《湖南文理学院学报》（社科版）2006年第4期，第88页。

营军临随。随人惧，行成。莫敖以王命入盟随侯，且请为会于汉汭而还。济汉而后发丧。

“会于汉汭而还。济汉而后发丧”表明其时楚都在汉水以西。楚武王的“开濮地”不可能远至湖南汉寿。

韩先生用汉寿等地“大量的战国楚墓及其出土的文物”作为春秋早期楚武王、屈瑕父子共“开濮地”透露的“信息”，其逻辑显然难以成立。

从以上考证看，从“武王克商，巴、濮、楚、邓吾南土也”到公元前690年楚武王伐随，楚国之地一直在江汉之间。持“汉寿说”的学者们所说的“汉寿地区亦在熊渠始封之域内”“楚武王‘开濮地’指汉寿洞庭地区”不能成立，楚武王时楚国还没有到达湖南汉寿。

至于潘慧、韩隆福解释“武王之童督戈，此戈的形制是三穿长胡战国中晚期类型的戈”，“而铭文内涵是春秋早期这个矛盾”时说，这是战国时期屈氏宗老“重新铸造‘武王之童督’戈”① 之故。说“沧浪水畔株木山楚墓出土的‘武王之童督’……是楚武王赐给儿子屈瑕的重器，也就是整个屈氏旺族的宝器”②，这些说辞都缺乏依据。说战国时期屈氏不顾“兵器形制”伪造“楚武王赐给儿子屈瑕的重器”更是没有说服力。

7. 楚康王二年（前558年）封屈到为莫敖

屈到之子屈建（前？—前545）在楚康王九年（前551年）任莫敖。康王十二年为令尹，康王十四年（前546年），代表楚国参加十四国弭兵之会。会盟达成协议，楚、晋平分了霸权。

屈到大约在公元前552年去世。《国语·楚语上》有：“屈到嗜芰。有疾，召宗老而嘱之，曰：‘祭我必以芰。’及祥、宗老将荐、屈建命去之。”

潘慧、韩隆福说：“这一条史料，说明屈到长期居住洞庭湖汉寿一带，嗜菱成癖。也说明屈建长期来往于屈氏封邑汉寿一带。”依据“屈到嗜芰”就说“屈到长期居住洞庭湖汉寿一带……”如此轻率的结论，显然缺乏说服力。

8. 楚昭王在位时（前516—前489年）有：“江、汉、雎、章，楚之望也”

《春秋左传·哀公六年》：

> 昭王有疾。卜曰：“河为祟。”王弗祭。大夫请祭诸郊，王曰：“三代命祀，祭不越望。江、汉、雎、章，楚之望也。祸福之至，不是过也。不谷虽不德，河非所获罪也。”遂弗祭。孔子曰：“楚昭王知大道矣！其不失国也，宜哉！

9. 楚悼王在位时（前401—前381年）才开拓了“洞庭郡、苍梧郡”

《后汉书·南蛮列传》：“及吴起相悼王，南并蛮越，遂有洞庭，苍梧。”③

吴起相楚时，楚悼王才在“江南云梦”之南，开拓了“洞庭郡、苍梧郡”等大片国土。

（三）张中一先生观点

张中一先生的学术观点经常有变，例如，他在《屈原故乡考》④ 中说：

> 屈原在《哀郢》中又自述郢都是他的故乡。那么，我们相信屈原自己还是相信后代文人笔墨呢？我们连屈原自己说的话叙的事都不相信，那我们还有什么标准来鉴定先秦时代历史人物的事迹呢？”

他在2007年9月的《屈原故乡觅踪》⑤ 一文中还持郢都说。可是张先生2013年却有《汉寿屈原故乡新证》之作。他说：

> 屈原作品是我国唯一传承金文、简文的历史文献，真正要读通它，只能使用金文、简文的注释法，即一字一词一义去通读，切不能用汉代及汉代以后的古汉语去注释它。

如果其论成立，那么《楚辞》、金文、简文、《尚书》《诗经》《论语》《左传》等先秦留下的文字，自汉以来除了张中一一人之外，所有人的解读岂不全都错了？其实张先生“用一字一词一义去读”《楚

① 潘慧、韩隆福：《汉寿出土“武王之童督”戈再考》，《湖南省屈原学会成立大会交流论文集》，2008年6月，第1—8页。

② 韩隆福：《论楚国的屈氏家族和屈原的故乡》，《湖南文理学院学报》（社科版）2006年第4期，第89页。

③ 范晔：《后汉书》，中华书局1965年版，第2831页。

④ 张中一：《屈原故乡考》，《贵州教育学院学报》（社科版）1990年第2期，第16页。

⑤ 张中一：《屈原故乡觅踪》，《云梦学刊》2007年第5期，第43—48页。

辞》等先秦文献，往往佶屈聱牙，难以通顺，很难让人相信这是古人的本意。故学界罕见从其论者。

他在2012年7月发表的《屈原及其作品研究需要重新认识》中说：

> 二千多年来，没有一个学者真正读通了屈原作品内容，只能人云亦云。今人很多大家……论文满天飞，骗取了楚辞教授、博导的称号……打着学术的幌子，把屈原一步步送往天堂，目的只是炫耀自己的博学……①

如此评价古今学者，显然失实。

二、"屈原故里西峡说"商榷

（一）屈原故里南阳西峡说的产生

1998年，湖北黄冈师范学院黄崇浩教授在《屈原生于南阳说》中首次提出屈原故里在南阳。后来他又发表《屈原生于南阳说新证》《"州屈"不在湖南而应在河南》等论文，重申"南阳屈原故乡说"。此后，南阳学者杜全山发表《屈原、端午节与南阳》、郑先兴教授发表《屈原出生地究竟在哪里》、华中师范大学研究生张怡雅发表《从〈抽思〉看屈原与南阳的渊源关系》；《光明日报》2012年6月11日发表段文汉与方铭、姚小鸥、黄震云四人的座谈《屈原故里：倾听学者的声音》，2013年2月18日《光明日报》第15版又发表黄震云的《屈原的故里与藉家》和姚小鸥的《西峡、楚史与屈原》两篇论文，进一步阐发屈原故里"河南西峡说"的观点。2012年8月，西峡县张俊伟主编出版的《屈原：南阳诵歌》一书，有22万字和百余张图片，汇集了与屈原、南阳相关的已有研究成果与相关资料，重申了屈原生于河南西峡。

2011年、2012年"西峡屈原文化研讨会""文化名人故里行"等活动为屈原故乡西峡说做了铺垫。2013年8月，"2013年西峡屈原及楚辞学国际学术研讨会暨中国屈原学会第十五届年会"在河南西峡县举行。有关屈原故里的探讨及屈原与西峡的关系是本次大会讨论的焦点。——21世纪初"西峡屈原故乡说"形成一股潮流，席卷中华大地。②

（二）"屈原故里西峡说"的依据和驳论

方铭先生认为：

> 《后汉书·延笃传》记载，南阳人延笃"后遭党事禁锢。永康元年，卒于家。乡里图其形于屈原之庙"。在东汉时期，南阳地区即有屈原庙，这是现存历史文献中关于屈原庙的最早记载。西峡有屈原岗，据说是国内唯一以屈原的名字命名的行政单位。西峡历代文献记载，多提到了西峡地区与屈原的关系，西峡当地的文物以及口传历史，也保存了大量与屈原事迹相关的物质遗存和非物质遗存，这既说明屈原与西峡的关系非常密切。③

谭家斌《驳"屈原故里西峡"说》曰：

> 《后汉书·延笃传》："延笃，南阳犨人也。……后遭党事禁锢，永康元年卒于家，乡人图其形于屈原庙。"……《史记会注考证》卷八："犨，河南汝州鲁山县东南。"延笃为鲁山县人，按"乡人图其形于屈原庙"之记述，屈原庙应在南阳鲁山县。④

鲁山与西峡相距较远，不能说屈原庙在西峡。

张中一先生则驳说：

> 西峡屈原庙是中国最早的屈原庙不是事实。屈原是楚国人，楚国人在楚国境内建庙、建祠纪念屈原天经地义。晋王嘉《拾遗记》载："楚人为之立祠汉末犹存。"北魏郦道元《水经注》亦载："罗渊北有屈原庙，庙前有汉南太守程坚碑记。《方舆纪要》引常林《义陵记》云："项羽弑义帝，武陵人素哭于'招屈亭'，高祖闻之，故曰'义陵县'。"这是我国楚地有屈庙、屈子祠、招屈亭比较早的有记载的屈原纪念祠庙，失传的记载就不知多少了。永康元年，延笃"遭党事禁锢，卒于家乡。乡人图其形于屈原之庙"证实"西峡屈原故乡说"缺乏力度。永康

① 张中一：《屈原及其作品研究需要重新认识》，《岳阳职业技术学院学报》2012年第4期，第46页。

② 张中一：《"西峡屈原故乡说"质疑》，《岳阳职业技术学院学报》2014年第2期，第56页。

③ 梁枢：《屈原故里：倾听学者的声音》，《光明日报》2012年6月11日第15版。

④ 谭家斌：《驳"屈原故里西峡"说》，《三峡论坛》（文学理论版）2014年第2期，第9—17页。

元年为公元144年，距屈原死期400多年，屈原作品内容爱国主义气质激励人心，楚国境内有纪念爱国诗人屈原的祠庙、亭阁、书院不知其数，延笃的像置在屈原庙中是失意人非常普通的事，不能用来证明有屈原庙的地方就是屈原故乡所在地。①

黄震云先生除了强调《延笃传》中的屈原庙外，还说：

东方朔《七谏》说："平生于国兮，长于原壄。"那么这个国指的是故里无疑。因此，屈原的故里和出生地都应该是南阳，材料之间完全贯通。②

黄先生把《七谏》的"平生于国"指认为"南阳"，没有依据。

姚小鸥先生说：

西峡是楚人的发祥地，楚人最早的都城，就在西峡这一带。从各方面文化迹象来看屈原的老家也在这一带。正因为如此才会有这么多屈原事迹流传。此论缺乏依据，楚部族源于季连与中原文化关系密切。《楚世家》有，楚昭王曰："自吾先王受封，望不过江、汉……"③

此论不能自圆其说。

熊绎受封"望不过江、汉"说明楚国初中期，在"江、汉"之间发展，与西峡关系单薄。说"楚人最早的都城，就在西峡这一带"缺乏依据。

一般认为楚武王时代的屈瑕是屈氏的祖先，前文已述楚武王时代楚人主要在汉水东西活动。楚国自迁郢（江陵）到顷襄王二十一年秦国拔郢，楚王族基本上居住在郢都，历史文献中并没有屈原故乡在西峡的证据。屈原曾经流放汉北，其时才与西峡关系密切。

关于西峡屈原岗扣马谏怀王的传说。此传说有两个版本，一说是怀王三十年事，一说怀王十六年事，两者皆不能自圆其说。

其一曰：

楚怀王欲去武关与秦昭王会面。屈原"在西峡一道山岭处，拦住了楚怀王，他扣马而谏……可是，楚怀王执意前往。结果客死于秦。从此，屈原扣马而谏的山岗被称作'屈原岗'，遗存至今。"④

而《屈原列传》记叙怀王三十年：

秦昭王与楚婚，欲与怀王会。怀王欲行，屈平曰："秦，虎狼之国，不可信，不如毋行。"怀王稚子子兰劝王行："奈何绝秦欢！"怀王卒行。

屈原劝言是在郢都、"怀王欲行"之时，不存在怀王已到西峡，屈原才去偏僻山野"扣马谏王"。

另一个传言曰：

根据明嘉靖《南阳府志》、清康熙《内乡县志》、清屈原岗碑文记载，屈原岗原名劝王岗，相传屈原在此劝阻楚怀王伐秦，怀王不听，导致丹阳战败，兵败后楚怀王返回此岗，仰天长叹，悔不听屈原的劝告，后人称此岗为屈原岗。⑤

史实是：楚怀王十六年怀王因受张仪"秦愿献商於之地六百里"之诈骗，怒而兴师伐秦，才有"丹阳之战"。据《屈原列传》记载，在"丹阳之战"前"屈平既绌"不能参与朝政。屈原根本不可能到"西峡"去"扣马谏王"。再说"丹阳之战"是大将屈匄等参战，楚怀王并没有亲临丹阳前线，何来"楚怀王返回此岗"之事？

西峡在周朝曾经是鄀国，后来为楚析邑、秦析县。屈原是战国后期的人，他的故乡与西峡无关。南阳西峡等地屈原事迹的传说，很可能与屈原曾经流放汉北相关，不能作为西峡是屈原故乡说的实证。

三、屈原故乡在郢都的确证

（一）屈原作品记载的屈原故乡

《哀郢》中有屈原自叙故乡在郢都的确证：

---

① 张中一：《"西峡屈原故乡说"质疑》，《岳阳职业技术学院学报》2014年第2期，第62—63页。

② 黄震云：《屈原的故里与藉家》，《光明日报》2013年2月18日15版。

③ 见梁枢：《屈原故里：倾听学者的声音》，《光明日报》2012年6月11日第15版。

④ 张俊伟主编：《屈原：南阳诵歌》，河南人民出版社2012年版，第39—42页。

⑤ 段文汉：《河南西峡屈原岗历史渊源考证及其价值》，《中国楚辞学（第二十辑）》，学苑出版社2013年版，第346—352页。

“去故乡而就远兮”，说就要远离故乡郢都；

“发郢都而去闾兮”，强调故居之“闾”在郢都；

“去终古之所居”，强调郢都是屈原祖辈所居之地。（王逸注：“远离先祖之宅舍也。”）

《离骚》中的“旧乡”“故都”是郢都（江陵）。它们与《哀郢》中的“故乡郢都”一致。

《离骚》中“济沅、湘以南征兮，就重华而陈词”其出发点也是郢都。

《招魂》中，屈原的故居在郢都。《招魂》是“屈原自招其魂”的作品（见本人“《招魂》研究”系列论文），其“招辞”中有：“魂兮归来，入修门、反故居。”——这是屈原幻想，他的“恒干”还在郢都故居，让巫阳、工祝招他的离魂，回郢都“去君之恒干”。

（二）从楚国的历史看汉寿和西峡从来都不曾是楚国的国都

从楚国的历史看，汉寿和西峡从来没有成为楚国的政治中心（国都）。屈原作品中明确地说其故乡在郢都，屈原时代楚国的郢都在江陵，所以，屈原的故乡不可能在非国都的湖南汉寿或南阳西峡。

古考资料证明江陵纪南城是春秋战国时代楚国郢都所在地。

（三）毛炳汉否定“江陵说”之论不能成立

毛炳汉先生说：

> “江陵说”……根据有二：第一是东方朔所撰写的诗，“平生于国兮，长于原壄”，他认为国指国都，就是“郢”，即生在江陵，第二是《哀郢》诗里有三处指明这点，即“去故乡而就远兮”，“发郢都而去闾兮”，“去终古之所居”，认为离开郢都是离开故乡。……但我们认为：不能将“国”字一概解释为“国都”，如屈原诗《橘颂》中就有“生南国兮”，生于“国”应该是指其“封国”，即其所封之邑。据《史记》载，楚武王死后，二年其子文王熊赀才始都郢（湖北江陵纪南城），楚武王怎么会在自己死后把屈邑封在江陵，若屈邑江陵既然已封给屈瑕及其后代，那么文王也不会再在这里建都，况且古时君王对下属子女及宠臣都是将他们封在自己的都城之外，如晋献公有二个儿子，一个叫重耳，封于蒲（今山西省隰县），一个叫夷吾，封于屈（今山西省吉县），显然他们是各具封邑，也都在王都之外。这是通例和常识，因此“屈原故乡江陵说”似乎也难以成立。

此论与事实不符。第一，说“生于‘国’应该指其‘封国’”不能成立。两周之时天子封诸侯之地称“封国”，而诸侯国封下属之地不称“封国”。东方朔之“平生于国”之“国”，绝不是指“楚王给下属的封邑”，把它解释为“国都”（郢）很恰当。《橘颂》中的“生南国兮”，其“国”也非“封国”而是指某“地区”。第二，故乡者，乃出生之地、并且是父辈、祖父辈生活的地方。那些一直生活在郢都的大臣，他们在郢都所生的子孙其故乡就是“郢都”，不必把“郢都”变为封邑。所以根本不存在“国君将国都封给下属子弟和臣子的问题”。第三，后代子孙的出生地不一定是始祖封邑之地，即便屈原始祖封在汉寿，其始祖出生地也不一定在汉寿。而且汉寿成为楚地，远在屈原始祖受封之后，汉寿根本不可能是“屈原始祖之封邑”。其实，如果屈氏始祖封地是“屈”，但屈地并不一定是其始祖的故乡。绝大多数人的封地，都不是他的故乡。一个氏族中的人，各代的故乡并不一定相同。

结　论

近年来兴起的“湖南汉寿、河南西峡”，这一南一北的屈原故里说，既与楚国的历史地理不符，又与屈原作品的记叙抵牾，故不能成立。

1. 从权威的文献记载看，熊绎受封前、武王克商时，楚已经与巴、濮、邓并列，在周的南土。周成王封熊绎（约前1042—前1006年在位）时，楚就“辟在荆山，望不过江、汉”。到楚昭王（在位时间前516—前489年）时，楚之地望仍然在“江、汉、睢、章”，及“吴起相楚悼王（前401—前381年在位），南并蛮越，遂有洞庭、苍梧”。可见屈原始祖的封邑不可能在“江、汉之外”的湖南汉寿或河南西峡。

2. 文献记载和考古资料都证明，江陵纪南城是屈原时代楚国郢都所在地。屈原的《哀郢》记叙：“去故乡而就远兮，发郢都而去闾兮”，明确表示他的故乡在郢都。可见东方朔《七谏》的“平生于国兮”之“国”，当指楚“郢都”。它既不可能在南阳西峡，更不可能在汉寿的所谓“封国、封邑”。

第二篇

屈原作品研究

《惜诵》猜想与商榷

摘要：《惜诵》是楚怀王十五年“王怒而疏屈平”，屈原遭受第一次打击之时的作品。陈学文先生认为“《惜诵》非屈原所作”，缺乏证据。孙作云先生说“《惜诵》是《离骚》的续篇”依据不足。

关键词：惜诵；真伪；离骚

《汉书·扬雄传》载：

（扬雄）怪屈原文过相如，至不容，作《离骚》，自投江而死，悲其文，读之未尝不流涕也。……乃作书，往往摭《离骚》之文，自岷山投诸江流，以吊屈原，名曰《反离骚》，又旁《离骚》，作重一篇名曰《广骚》，又旁《惜诵》以下至《怀沙》一卷名曰《畔牢愁》。①

扬雄把《离骚》《惜诵》《怀沙》均看作是屈原的作品。

陈学文先生说：

《惜诵》不但辞气平浅、朴质，不类其他可靠的屈原作品，而且与《离骚》不论在结构、写法乃至立意等方面都有明显的模仿痕迹，而作为一个有杰出创造力的诗人，即使有个别词句在不同的诗中重复出现，但也不至于如此雷同。更重要的，是《惜诵》在具体内容上与《离骚》等可靠的屈辞颇多出入和矛盾，在思想境界、精神实质上有很大差别。②

倘若都像陈先生这样从诗文中挑毛病，几乎没有一篇作品挑不出毛病、找不到矛盾，以此做出“惜诵非屈原所作”的结论，似乎太过轻率。

一、《惜诵》的创作时间

陈学文先生说：

《惜诵》所表现的思想感情远没《离骚》深沉激越，文辞亦远逊，表现出明显的差异或矛盾；《惜诵》所写的屈原既无法待在被群小包围的楚王身边，想进谏自白又怕再惹祸，想远走高飞又怕君王责难；《惜诵》的中心内容就是反复表白自己对君王的“忠”及忠而遇罚的冤屈，诗中绝大部分的篇幅都与此有关。③

这正是屈原在经受第一次沉重打击，在情急之下、文字不及修饰的真情流露，是屈原惊慌失措的反映。

在楚怀王时期，屈原何时“忠而遇罚”的呢？

《屈原贾生列传》曰：

上官大夫与之同列，争宠而心害其能。怀王使屈原造为宪令，屈平属草稿未定。上官大夫见而欲夺之，屈平不与。因谗之曰：“王使屈平为令，众莫不知，每一令出，平伐其功，以为‘非我莫能为’也。”王怒而疏屈平。

这是楚怀王十五年之事。屈原从“少年得志”一帆风顺，到“受谗被疏，忠而遇罚”的打击……故而急急忙忙地向怀王表“忠”。

明人汪瑗《楚辞集解》说：

大抵此篇作于谗人交构，楚王造怒之际，故多危惧之词，然尚未放逐也。

孙作云先生说《惜诵》第一段“在这里简直是赌咒发愿!”

这说明《惜诵》是一篇不够成熟的作品，它应当作于《离骚》之前，即“王怒而疏屈平”之时。

孙作云先生说：

---

① 班固：《汉书》（简体本），中华书局1999年版，第3515页。

② 陈学文：《论屈原的思想人格与〈惜诵〉的真伪》，《中国文学研究》1998年第3期，第35—36页。

③ 陈学文：《论屈原的思想人格与〈惜诵〉的真伪》，《中国文学研究》1998年第3期，第35—40页。

> 《惜诵》末章曰：恐情质之不信兮，故重著以自明。“重著”对初著而言，初著即指《离骚》，可见《惜诵》是《离骚》的续篇。①

他和陈学文先生“《惜诵》作于《离骚》之后”的论断皆缺乏证据。颠倒了两者创作的先后。

正如戴志钧先生所说：“从屈骚的情思、艺术方式、风格发展轨迹来考察，这样判断是违背常理的。”可是，戴先生又说：“‘初著’当指《橘颂》。”② 似乎不确。

从“恐情质之不信兮，故重著以自明”看“初著”并非指《橘颂》，《橘颂》与遭受打击无关。《惜诵》之“重著”，一种可能是在《惜诵》之前，屈原已有给楚怀王之呈词。另一种可能是指《惜诵》之中的“反复表白”，“说了许多同一意思的话”。例如：“羌众人之所仇”“又众兆之所雠”“又众兆之所咍”重复了三次；“专惟君而无他兮”“疾亲君而无他兮”重复了两次。

戴志钧先生说：

> 本篇明言由诗人主动进谏而遭谗被疏。“九折臂而成医兮，吾至今而知其信然。”从诗人总结的教训可知，他遭受打击已是多次了。

此论似乎没有照顾到诗章前后文之意，以及“情急之下文字不及修饰”的情况。

从“吾闻作忠以造怨兮，忽谓之过言。九折臂而成医兮，吾至今而知其信然”看“忽谓之过言”——原以为是夸张“吾至今而知其信然”——我至今才知道果然是这样。这当是指经受的“第一次沉重打击”，而不是“他遭受打击已是多次了”。既然是“第一次打击”，那就该是楚怀王十五年“王怒而疏屈平”之时。

再说，《屈原列传》记载：怀王十五年“王怒而疏屈平”；“屈平既绌，其后”十六年“张仪诈楚”。“疏”就是疏远，不让参与朝政。“绌”（同黜）即免去左徒之职。

假如“疏”与“绌”不是同时，而是先“疏”不让参与朝政，后来又“绌”，免去左徒之职，这样屈原在这一次事件中，可算是受到了双重打击。

例如，《春申君列传》记有：春申君为相二十二年，诸侯合从伐秦……秦出兵诸侯败走。楚考烈王以咎春申君，春申君以此益疏。

这个事件中，考烈王只是与春申君疏远，而没有免职。

二、《惜诵》与《离骚》

（一）《惜诵》《离骚》都是向楚王的呈词

屈诗并非一个学派的论著，屈原似乎也没有直接的弟子、传人。屈原的作品如何流传的，一直是一个谜。笔者猜想，屈原现存的诗，大多数是呈献给楚君的——有的是为了表忠心，有的是鸣冤叫屈，有的是讽谏楚王……因此屈诗能够保存在国家档案资料之中。现今的屈诗，多半是楚国图书档案资料的留存和它们的复制品。这些图书资料，在流传的过程之中，经过筛选淘汰、流失，只保留了其中的一部分精华。（由于屈诗受人喜爱，自然会有不少诗篇在社会上流传，也就有其他渠道保留屈诗的可能性。）

《惜诵》与《离骚》都是向楚王的呈词，其心态以及要表白的思想感情和内容有共同点，以致在结构、写法乃至立意等方面都有明显的雷同。《离骚》是在“流放汉北”回到郢都时的作品。这段时间内，未被重用，比较清闲……《离骚》是屈原经受了多年挫折磨炼以后经过深思熟虑后的力作。它与《惜诵》相比，不论是思想境界上，还是文辞艺术上均已成熟、精进，有了质的飞跃。《离骚》原本是要呈献给楚怀王的，后来怀王入秦不返，襄王三年怀王死后，屈原就怀着对顷襄王的期盼，呈献给顷襄王……

（二）谁“再写了《惜诵》?”

陈学文先生说：

> 蒋骥也认为它“作于《骚》经之前”。果真如此，它与《离骚》的思想情调应当是比较一致的。但其实却不然。如《惜诵》这样写道：“昔余梦登天兮，魂中道而无杭。”“故众口其铄

---

① 孙作云：《从〈离骚〉的写作年代说到〈离骚〉、〈惜诵〉、〈抽思〉、〈九辩〉的相互关系》，《文史哲》1962年第4期，第28页。

② 戴志钧：《论屈原早期创作特色——屈骚的情思·艺术方式·风格发展轨迹之一》，《北方论丛》1996年第5期，第55—60页。

金兮，初若是而逢殆。惩于羹者而吹齑兮，何不变此志也。欲释阶而登天兮，犹有曩之态也。”这些诗句中所表示的意思，当与《离骚》中所写上征天庭求见天帝（或曰求玉女）以及打算“远逝以自疏”最终又“蜷局顾而不行”等描写有关。诗里用了“昔”“梦”“初”“犹有曩”等字词，显然是回顾《离骚》中所写的生活和思想活动的经历。特别是诗中还说：“恐情质之不信兮，故重著以自明。”既曰“重著”，当是指在已写了《离骚》之后，还恐自己的真情美质不被楚王相信，故再写了《惜诵》以“自明”心迹。①

难道说诗里用了昔、梦、初、犹有曩等字词，就显然是回顾《离骚》中所写的生活和思想活动的经历？难道说“既曰‘重著’”就当是指在已写了《离骚》之后？这种想当然的结论，没有依据。

再说，陈先生说：“在已写了《离骚》之后，还恐自己的真情美质不被楚王相信，故再写了《惜诵》以‘自明’心迹。”这显然与他的“《惜诵》非屈原所作”自相矛盾。

（三）“忽忘身之贱贫”

陈学文先生说：

林庚亦曾指《惜诵》“忽忘身之贱贫”与屈原贵族少得志的情况不符。②

“身之贱贫”与“少年得志”并无逻辑上和事理上的不相容之处，故此说没有说服力。

《七谏·初放》有“平生于国兮，长于原野”。“长于原野”者，多半贱贫。故“忽忘身之贱贫”与屈原之身世并不矛盾。

（四）《惜诵》比不上《离骚》

陈学文先生说：

《惜诵》所表现的思想感情远没《离骚》深沉激越，文辞亦远逊，表现出明显的差异或矛盾。③

一个作家的文艺作品，有精华的、有一般的，作品的内容、形式、风格也不是一成不变，有一个发展过程。单纯从差异或矛盾去判断真伪，是主观片面的。从艺术成就来看，《惜诵》当然比不上《离骚》。但是，《惜诵》在真情流露上也有其特色。诗人因“忠贞致祸，受谗被疏”，在第一次打击之下，显得惊慌失措，就激动万分地呼天抢地、赌咒发愿！

陈先生还说：

如果像《惜诵》中写的屈原不过是一个痴情爱君恋君却不幸遭谗被弃的单相思的弃妇式的可怜巴巴的人物，那屈原至多只能引起人们的同情，哪能称得上伟大和足以让今天的我们仍深深地敬佩呢?!

屈原是个有缺点的“人”，不要把他神圣化。《惜诵》只不过是屈诗中相对而言比较差的作品，不要攻其一点不及其余。

（五）《惜诵》不是《离骚》的“初稿”

熊任望先生《楚辞探综》书中有一篇《〈惜诵〉和〈离骚〉的关系》，就《惜诵》与《离骚》的异同进行对比，说得非常仔细明了，值得一读。只是熊任望先生：“疑心它们之间的关系是初稿与改写稿的关系。”④

这个说法不大确切。《惜诵》《离骚》都是向楚王的呈词，不能说屈原在“受谗被疏”时呈献给楚王的《惜诵》是初稿，相隔十多年后，再改写为《离骚》。

三、《惜诵》与《哀郢》心态相似

陈先生说：

《惜诵》的中心内容就是反复表白自己对君王的“忠”及忠而遇罚的冤屈，诗中绝大部分

---

① 陈学文：《论屈原的思想人格与〈惜诵〉的真伪》，《中国文学研究》1998年第3期，第35—40页。

② 陈学文：《论屈原的思想人格与〈惜诵〉的真伪》，《中国文学研究》1998年第3期，第35页。（见林庚：《诗人屈原及其作品研究·说橘颂》附《说九章》，第144页。）

③ 陈学文：《论屈原的思想人格与〈惜诵〉的真伪》，《中国文学研究》1998年第3期，第35—40页。

④ 熊任望：《楚辞探综》，河北大学出版社2000年版，第130页。

的篇幅都与此有关。如果在可靠的屈辞中都共同表现出来的屈原的个性和思想的基本特点，在《惜诵》中却根本没有或有所不同，岂不令人奇怪吗?①

《惜诵》的写作背景与屈原当时的经历，有其特殊性。陈学文先生没有找到与《惜诵》写作背景类似的作品去比较，从而得出这个结论，也情有可原。

其实，《惜诵》与《哀郢》就有相似之处。顷襄王之初，屈原对顷襄王满怀希望，没有想到自己反而再度蒙冤“非罪而遭弃逐”，在悲愤激动之余，诗人写出了“皇天之不纯命兮，何百姓之震愆？民离散而相失兮，方仲春而东迁”，诗的最后喊出了“信非吾罪而弃逐兮，何日夜而忘之!”的鸣冤叫屈之词。

《哀郢》与《惜诵》所反映的诗人在蒙冤受屈后的心态，两者是相似的。《哀郢》的中心内容也是反复表白离别郢都的悲痛和对郢都的怀念，以及“非罪而遭弃逐”的冤屈，诗中大部分的篇幅都与此有关。两相比较，只是《惜诵》纯真，不够成熟，属前期的作品。《哀郢》是在经历了多次严重打击之后的复放，心理承受能力比较强，所以一开始就强忍着，直到九年后才爆发……

总而言之，说《惜诵》非屈原所作，或者说在《离骚》之后，再写了《惜诵》以自明心迹，均依据不足。

结　论

《惜诵》与《离骚》都是屈原向楚王的呈词，其心态以及要表白的思想感情和内容有共同点。“《惜诵》的思想感情远没《离骚》深沉激越，文辞亦远逊。”这正反映了一个作家的文艺作品，有一个发展的过程。单纯从“差异或矛盾”去判断真伪，是主观片面的。

从艺术成就来看，《惜诵》当然比不上《离骚》。但是，《惜诵》也有其特色。楚怀王十五年，诗人在“忠贞致祸，遭谗被疏”的“第一次沉重打击”下，就激动万分地“呼天抢地”“赌咒发愿”，这正是在情急之下“惊慌失措，文字不及修饰”的表现。

《惜诵》与《哀郢》的心态有相似性，都是诗人在蒙冤受屈后的悲愤之辞。《惜诵》是楚怀王时，屈原遭谗被疏的心声；《哀郢》则是顷襄王初，屈原再度“非罪而遭弃逐”的呐喊。两者的中心内容都是鸣冤叫屈。两相比较，《惜诵》纯真，不够成熟，属前期的作品，《哀郢》是在经历了多次“严重打击”之后的“复放”，心理承受能力比较强，所以一开始就强忍着，直到九年后才爆发……

① 陈学文:《论屈原的思想人格与〈惜诵〉的真伪》,《中国文学研究》1998年第3期。

《九歌》的猜想、随笔

摘要： 屈原的《九歌》是以楚国民间流传的神话故事和祭祀歌为素材加工而成的、仿效古《九歌》的诗篇，是诗人抒发感情的文艺创作。《九歌》中既没有娱神和求神除灾降福的内容，也没有用于实际的祭祀活动，其中描写爱情的诗篇——《少司命》《湘君》《湘夫人》《河伯》《山鬼》所创造的神灵们，大多富有人情味。诗文中那种思念、驰神遥望，因祈之不至而哀怨的感情，是屈原被楚王疏绌以后企盼、惆怅、哀怨心境的反映。

关键词： 屈原；九歌；祭祀；祈祷

一、四种《九歌》

《九歌》之名在屈原之前早就有了，从文献资料记载看，有四种《九歌》，即夏启古《九歌》，“九功之德”的《九歌》，沅、湘之域的《九歌》和屈原作的《九歌》。

刘树胜先生把“九歌”分为“中原九歌、神话《九歌》、民间《九歌》和楚辞《九歌》”,① 可备一说。

（一）夏启古《九歌》

《山海经·大荒西经》：

> 西南海之外，赤水之南，流沙之西，有人珥两青蛇，乘两龙，名曰夏侯开。开上三嫔于天，得《九辩》、《九歌》以下。此大穆之野，高二千仞；开焉得始歌《九招》。②

屈原作品中有三处提到古《九歌》：

《天问》：“启棘宾商，《九辩》《九歌》。”

《离骚》；“启《九辩》与《九歌》兮，夏康娱以自纵。”

“奏《九歌》而舞《韶》兮，聊假日以偷乐。”

从《山海经》和屈原作品看，古《九歌》的传说始于夏启。

1.《离骚》之“奏《九歌》而舞《韶》”不是屈原所作的《九歌》

韩高年先生说：

> 《离骚》“诗云：‘抑志而弭节兮，神高驰之邈邈。奏《九歌》而舞《韶》兮，聊假日以娱乐。’这里的《九歌》显然是作者自己所作的《九歌》，因为那是他理想的象征。”③

其说不确。第一，《离骚》中“启《九辩》与《九歌》兮，夏康娱以自纵”，“夏康娱以自纵”的《九歌》，不可能是屈原所作。第二，屈原所说“奏《九歌》而舞《韶》兮，聊假日以娱乐”，其中与《九歌》相配的“《韶》舞”当是古代的流传，不是屈原的作品。第三，屈原所作的《九歌》不一定都能“奏”。其“奏《九歌》而舞《韶》”应当指古《九歌》，而不是屈原自己所作的《九歌》。

2. 古《九歌》有很强的娱乐性

《离骚》说：“启《九辩》与《九歌》兮，夏康娱以自纵。不顾难以图后兮，五子用失乎家巷。”说明夏启《九歌》是娱乐之歌而不是祭祀之歌，更不是九德之歌。如果是祭祀之歌或九德之歌，启沉湎于《九歌》之中，怎么能以致丧乱呢?

方铭先生说：“自从《九辩》、《九歌》被夏后启偷回人间，开启娱乐之风。”④

3. 有学者把古《九歌》看作“天歌神曲”

褚斌杰先生说：“以神话来看：‘九歌’应就是九天之歌，即天歌神曲的意思。”⑤ 说“九歌”是流

---

① 刘树胜：《〈九歌〉名称探源》，《沧州师范专科学校学报》2002 年第 1 期，第 12—14 页。

② 袁珂：《山海经校译》，上海古籍出版社 1985 年版，第 273 页。

③ 韩高年：《〈九歌〉楚颂说》，《中州学刊》2003 年第 1 期，第 68—73 页。

④ 方铭：《经典与传统：先秦两汉诗赋考论》，人民文学出版社 2003 年版，第 173 页。

⑤ 褚斌杰：《论〈楚辞·九歌〉的来源、构成和性质》，《河北大学学报》1995 年第 2 期，第 3—10 页。

传于世的“天歌神曲”，那么它只能存在于神话之中。

4. 古《九歌》不是“九德之歌”

王逸注：

> 《九辩》、《九歌》禹乐也。言禹平治水土，以有天下，启能承先志，缵叙其业，育养品类，故九州岛之物，皆可辩数，九功之德，皆有次序，而可歌也。《左氏传》曰：“六府三事，谓之九功。”九功之德皆可歌也，谓之《九歌》。水、火、金、木、土、穀，谓之六府；正德、利用、厚生，谓之三事。
>
> 《九歌》，九德之歌，禹乐也。……言已德高智明，宜辅舜、禹以致太平，奏九德之歌、《九韶》之舞，而不遇其时，故假日游戏偷乐而已。①

王逸用“六府三事的九德之歌”来附会屈原作品中的古《九歌》，既不符合夏启《九歌》原意，也不符合屈原作品中古《九歌》的实情。

（二）“九功之德”的《九歌》

《尚书·大禹谟》：

> 德惟善政，政在养民，水、火、金、木、土、谷惟修，正德、利用、厚生为和，九功惟叙，九叙惟歌，戒之用休，董之用威，劝之以“九歌”，俾勿坏。②

《左传·文公七年》晋郤缺言于赵宣子曰：

> 《夏书》曰：“戒之用休，董之用威，劝之以《九歌》，勿使坏。”九功之德皆可歌也，谓之九歌。六府、三事，谓之九功。水、火、金、木、土、谷，谓之六府；正德、利用、厚生，谓之三事。《昭公二十年》晏子对齐景公语有：先王之济五味，和五声也，以平其心，成其政也。声亦如味，一气，二体，三类，四物，五声，六律，七音，八风，九歌，以相成也。《昭公二十五年》郑子太叔也说：“为九歌、八风、七音、六律，以奉五声。”③

《尚书》“六府三事”的“九歌”，以及《左传》所记“夏书”中的那段话，都是利用音乐上的逻辑关系讲政治，既没有“作为祭祀天神地祇祖宗的歌舞”④的功用，也是与屈原《九歌》不同的另类，这些讲德的“九歌”，不是楚辞界关心的问题。

（三）沅、湘之域的《九歌》

黄灵庚先生说：

> 夏后氏的原始《九歌》从宫廷祭神之乐，因夏桀亡命于苍梧之野而流入了沅、湘之域，逐渐成为充满南国风韵的越人的民间娱神之歌，最后由楚国诗人屈原“更定”之后，又成为极具个性化的文人之作。夏后氏《九歌》流传到江南、沅、湘流域以后，经过了上千年历史风霜的磨砺，从内容到歌词形式，都要受到越文化的不断渗透、融和、改造，成为一组别具有沅、湘地方特色的民间祭歌，即成为越式的《九歌》。人们在今传《九歌》中可以领略到越文化的积层和越文化的若干风貌。⑤

黄先生此假说，有一定道理，能解释汉人所说“沅、湘《九歌》”的来源，以及屈原《九歌》中的《河伯》以及与楚地风俗不符合等疑难问题。

黄灵庚先生又说：

> 屈原创作《九歌》的首要一步是翻译，把越语唱的《九歌》逐一用楚语、夏语翻译过来，使越人的《九歌》让楚人、中原人都读得懂。⑥

此论没有说服力。

第一，这与他的“夏后氏的原始《九歌》从宫廷祭神之乐，因夏桀亡命于苍梧之野而流入了沅、

① 洪兴祖：《楚辞补注》，中华书局1983年版，第21、46页。

② 孔安国传，孔颖达疏：《尚书正义》，北京大学出版社2000年版，第106页。

③ 杨伯峻：《春秋左传注》（修订本），中华书局1995年版，第563—564、1420、1458页。

④ 何新：《〈爱情与英雄〉——〈离骚·九歌〉新解》，时事出版社2002年版，第160页。

⑤ 黄灵庚：《〈九歌〉源流丛论》，《文史》2004年第2期，第119—142页。

⑥ 黄灵庚：《〈九歌〉源流丛论》，《文史》2004年第2期。

湘之域”之假说冲突。假如“原始《九歌》”源于夏后氏，那么它的原文就不可能是越语。夏后氏的后裔出于对祖先的尊重，也不会把它改译为越语。第二，历史上《九歌》是以何种语言形式长期存留的？沅、湘流域之越人会不会把原始《九歌》翻译为越语流传？这些问题黄先生全都没有论证，就肯定沅、湘《九歌》是越语，缺乏立论的基础。

王逸《九歌》解题说：“昔楚国南郢之邑，沅、湘之间，其俗信鬼而好祠，其祠，必作歌乐鼓舞以乐诸神。”屈原“出见俗人祭祀之礼，歌舞之乐，其词鄙陋，因作《九歌》之曲。上陈事神之敬，下见已之冤结，托之以讽谏。”① 其后朱熹、闻一多和袁珂都承袭了他的采编民歌说。只是南楚沅、湘之《九歌》已经杳无踪影，王逸的采编民歌说也难以证实。

现今只保留屈原所作的《九歌》了。

二、古代的祭祀

要评论屈原的《九歌》与祭祀的关系，应该对古代祭祀有所了解（本文不涉及祭祖）。

（一）祭祀乃国之大事

《春秋左传》成公十三年：

国之大事，在祀与戎，祀有执膰，戎有受脤，神之大节也。

《汉书·郊祀志》：

帝王之事莫大乎承天之序，承天之序莫重于郊祀，故圣王尽心极虑以建其制。祭天于南郊，就阳之义也；瘗地于北郊，即阴之象也。

《国语·楚语下》：

天子禘郊之事，必自射其牲，王后必自舂其粢；诸侯宗庙之事，必自射牛，刲羊、击豕，夫人必自舂其盛。况其下之人，其谁敢不战战兢兢，以事百神！天子亲舂禘郊之盛，王后亲缫其服，自公以下至于庶人，其谁敢不齐肃恭敬致力于神！民所以摄固者也，若之何其何之也！

《史记·封禅书》：

天子祭天下名山大川，五岳视三公，四渎视诸侯，诸侯祭其疆内名山大川。四渎者，江、河、淮、济也。

《史记·封禅书》：

自周克殷后十四世，世益衰，礼乐废，诸侯恣行，而幽王为犬戎所败，周东徙雒邑。秦襄公攻戎救周，始列为诸侯。秦襄公既侯，居西垂，自以为主少皞之神，作西畤，祠白帝，其牲用骝驹黄牛羝羊各一云。

《吕氏春秋·孟春纪》：

立春之日，天子亲率三公、九卿、诸侯、大夫，以迎春于东郊。

（二）祭祀分等级，时间、地点、器物用品均不尽相同

《周礼·大宗伯》：

以禋祀祀昊天上帝”。注谓：“昊天上帝，冬至圜丘所祀天皇大帝也。

《春秋左传》桓公五年：

秋，大雩，书，不时也。凡祀，启蛰而郊，龙见而雩，始杀而尝，闭蛰而烝。过则书。冬日至，祀天于南郊……夏日至，祭地祇。

祭天于南郊，就阳之义也；瘗地于北郊，即阴之象也。

《山海经》的《南山经》《西山经》《北山经》《东山经》《中山经》各篇各次山末都有祭祀，其规定多不相同。例如，《南山经》的各“次山”② 的祭祀描述如下：

凡䧿山……其神状皆鸟身而龙首。其祠之礼：毛用一璋玉瘗，糈用稌米，一璧，稻米、白菅为席。

① 洪兴祖：《楚辞补注》，中华书局1983年版，第55页。

② 袁珂：《山海经校译》，上海古籍出版社1985年版，第3、6、9页。

凡南次二山……其神状皆龙身而鸟首。其祠：毛用一璧瘗，糈用稌。

凡南次三山……其神皆龙身而人面。其祠皆一白狗祈，糈用稌。

《史记·封禅书》：

《周官》曰，冬日至，祀天于南郊，迎长日之至；夏日至，祭地祇。皆用乐舞，而神乃可得而礼也。

《史记·封禅书》：

而雍有日、月、参、辰、南北斗、荧惑（火）、太白（金）、岁星（木）、填星（土）、辰星（水）、二十八宿、风伯、雨师、四海、九臣、十四臣、诸布、诸严、诸逑之属，百有余庙。西亦有数十祠。

《史记·封禅书》：

始皇……行礼祠名山大川及八神……八神：一曰天主，祠天齐。天齐渊水，居临菑南郊山下者。二曰地主，祠泰山梁父。盖天好阴，祠之必于高山之下，小山之上，命曰“畤”；地贵阳，祭之必于泽中圜丘云。三曰兵主，祠蚩尤。蚩尤在东平陆监乡，齐之西境也。四曰阴主，祠三山。五曰阳主，祠之罘。六曰月主，祠之莱山。皆在齐北，并勃海。七曰日主，祠成山。成山斗入海，最居齐东北隅，以迎日出云。八曰四时主，祠琅邪。琅邪在齐东方，盖岁之所始。“水曰河，祠临晋；沔，祠汉中；湫渊，祠朝那；江水，祠蜀。”而雍有日、月、参、辰、南北斗、荧惑、太白、岁星、填星、二十八宿、风伯、雨师、四海、九臣、十四臣、诸布、诸严、诸逑之属，百有余庙。西亦有数十祠。

《史记·封禅书》：

汉兴。高祖……二年，东击项籍而还入关，问：“故秦时上帝祠何帝也?”对曰：“四帝，有白、青、黄、赤帝之祠。”高祖曰：“吾闻天有五帝，而有四，何也?”莫知其说。于是高祖曰：“吾知之矣，乃待我而具五也。”乃立黑帝祠，命曰北畤。有司进祠，上不亲往……

《汉书·郊祀志》：

丞相衡、御史大夫谭奏言……昔者周文、武郊于丰、镐，成王郊于雒邑。由此观之，天随王者所居而飨之，可见也。……《礼记》曰：“燔柴于太坛，祭天也；瘗薶于大折，祭地也。”兆于南郊，所以定天位也。祭地于大折，在北郊，就阴位也。郊外各在圣王所都之南、北。《书》曰：“越三日丁巳，用牲于郊，牛二。”周公加牲，告徙新邑，定郊礼于雒。……宜于长安定南、北郊，为万世基。天子从之。

望祭名山大川是郊祭之属。《春秋左传》僖公三十一年与宣公三年：

夏四月，四卜郊，不従，乃免牲，非礼也。犹三望，亦非礼也。礼不卜常祀，而卜其牲、日，牛卜日曰牲。牲成而卜郊，上怠慢也。望，郊之细也。不郊，亦无望可也。

三年春，不郊而望，皆非礼也。望，郊之属也。不郊亦无望，可也。

文献中各时代、各地区尽管说法不一，但均记载祭祀天、地，时间、地点不相同。祭名山大川、各类神鬼，各山祭于各山之处，各川祭于各川之地，各有其庙、祠，各有时序。

（三）先秦之乐舞，宾、祭兼用，汉武帝时始有祀祭专用乐舞

《春秋左传》襄公十年：

鲁有禘乐，宾、祭用之。宋以《桑林》享君，不亦可乎?

《诗经·简兮》：

简兮简兮，方将万舞。日之方中，在前上处。硕人俣俣，公庭万舞。

“万舞”可用祀高禖（媒神），也可用于娱乐、戎备，甚至用于蛊惑。

《春秋左传》庄公二十八年：

楚令尹子元欲蛊文夫人，为馆于其宫侧，而振万焉。夫人闻之，泣曰：“先君以是舞也，习戎备也。今令尹不寻诸仇雠，而于未亡人之侧，不亦异乎!”

中原的“万舞”在楚人手中有了创造性的发挥。

《史记·封禅书》：

（汉武帝元封元年，前110年）其春，既灭南越，上有嬖臣李延年以好音见。上善之，下公卿议，曰："民间祠尚有鼓舞乐，今郊祀而无乐，岂称乎？"公卿曰："古者祠天地皆有乐，而神祇可得而礼。"或曰："太帝使素女鼓五十弦瑟，悲，帝禁不止，故破其瑟为二十五弦。"于是塞南越，祷祠太一、后土，始用乐舞，益召歌儿，作二十五弦及箜篌琴瑟自此起。

《后汉书·祭祀中》：

立春之日，迎春于东郊，祭青帝句芒。车旗服饰皆青。歌青阳，八佾舞云翘之舞。立夏之日，迎夏于南郊，祭赤帝祝融。车旗服饰皆赤。歌朱明，八佾舞云翘之舞。先立秋十八日，迎黄灵于中兆，祭黄帝后土。车旗服饰皆黄。歌朱明，八佾舞云翘、育命之舞。立秋之日，迎秋于西郊，祭白帝蓐收。车旗服饰皆白。歌西皓，八佾舞育命之舞。立冬之日，迎冬于北郊，祭黑帝玄冥。车旗服饰皆黑。歌玄冥，八佾舞育命之舞。

（四）祭祀的目的是祈祷神灵，降福消灾

古今中外任何祭祀活动，尽管形式千奇百怪，内容各不相同，但是都有一个共同点，就是用各种手段（祭品、歌舞、文辞等）表示对神灵的敬畏，以达到使神灵愉悦、除灾降福的目的。为达到这个目的，祭祀活动中必然有取悦神灵、获得神灵信赖的内容和反映祭祀者愿望的内容。

（五）春秋战国时的楚国，礼仪上与中原文化差别不大

有人认为屈原时代的楚国在文化上，完全自立，不能拿中原的祭祀来类比楚国的祭祀。事实上，春秋战国时的楚国与中原各国交往频繁，楚国中上层基本上按中原礼仪实施。《春秋左传》等史料中记载的大量楚国统治者的言行，就找不到异于中原礼仪的事例。相反，到处可见楚人在施政、外交中对中原文化了如指掌，运用自如。例如《春秋左传·宣公十二年》：

丙辰，楚重至于邲，遂次于衡雍。潘党曰："君盍筑武军，而收晋尸以为京观。臣闻克敌必示子孙，以无忘武功。"楚子（楚庄王）曰："非尔所知也。夫文，止戈为武。武王克商。作《颂》曰：'载戢干戈，载櫜弓矢。我求懿德，肆于时夏，允王保之。'又作《武》，其卒章曰'耆定尔功'。其三曰：'铺时绎思，我徂求定。'其六曰：'绥万邦，屡丰年。'夫武，禁暴、戢兵、保大、定功、安民、和众、丰财者也。故使子孙无忘其章。今我使二国暴骨，暴矣；观兵以威诸侯，兵不戢矣。暴而不戢，安能保大？犹有晋在，焉得定功？所违民欲犹多，民何安焉？无德而强争诸侯，何以和众？利人之几，而安人之乱，以为己荣，何以丰财？武有七德，我无一焉，何以示子孙？其为先君宫，告成事而已。武非吾功也。古者明王伐不敬，取其鲸鲵而封之，以为大戮，于是乎有京观，以惩淫慝。今罪无所，而民皆尽忠以死君命，又可以为京观乎？"祀于河，作先君宫，告成事而还。

《国语·楚语上》记载，楚庄王请教申叔时如何教育太子，申叔时回答：

教之春秋，而为之耸善而抑恶焉，以戒劝其心；教之世，而为之昭明德而废幽昏焉，以休惧其动；教之诗，而为之导广显德，以耀明其志；教之礼，使知上下之则；教之乐，以疏其秽而镇其浮；教之令，使访物官；教之语，使明其德，而知先王之务用明德于民也；教之故志，使知废兴者而戒惧焉；教之训典，使知族类，行比义焉。

申叔时所列的9种都是中原文献。

李玉洁《楚史稿》：

楚庄王以后，楚国开始大规模地吸收中原文化和礼制思想，忠、孝、节、义等伦理观念也日益形成。……时至春秋末期，楚国已经以诗、书、礼、乐之邦自居，而且其贵族也已经精通了诗、书、礼、乐。①

抗战时期湖南长沙杜家坡出土的战国缯书，所反映出来的楚人对于"天""帝""群神"的观念和中原大体一致。楚文化的渊源乃是中土文化，楚文化的形成主要吸收了中原周文化。"中土流传论"② 更

① 李玉洁：《楚史稿》，河南大学出版社1988年版，第116—124、183页。

② 有兴趣者请看温杰：《从上古神话的流变看〈楚辞〉中的神话材料》，http://www.zgxqs.org/ztwh/wxyj/wxyj_ 20040906.htm。

符合历史事实。

（六）与楚王相关的祭祀

古籍中除了宣公十二年楚庄王“祀于河，作先君宫，告成事而还”外，还有楚灵王的祭祀。

桓谭《新论》：

昔楚灵王骄逸轻下，简贤务鬼。信巫祝之道。斋戒洁鲜，以祀上帝，礼群神。躬执羽绂，起舞坛前，吴人来攻，其国人告急，而灵王鼓舞自若，顾应之曰：“寡人方祭上帝，乐明神，当蒙福祐焉，不敢赴救。”而吴兵遂至，俘获其太子及后姬，甚可伤。①

楚灵王谥号“灵”，说明他是大巫，可亲自“祀上帝，礼群神”。从东汉桓谭《新论》记载看，楚灵王祭祀并没有用《九歌》，假如楚王祭祀中要用《九歌》，一定有祖代留传下来的《九歌》词曲。如果楚灵王祭祀不用《九歌》，楚怀王也不可能轻易改变先辈的规矩，让屈原去写用于祭祀的《九歌》。

楚昭王“祭不越望”。《春秋左传》（哀公六年，前489年）：

是岁也，有云如众赤鸟，夹日以飞，三日。楚子（昭王）使问诸周大史。周大史曰：“其当王身乎！若禜之，可移于令尹、司马。”王曰：“除腹心之疾，而置诸股肱，何益？不谷不有大过，天其夭诸？有罪受罚，又焉移之？”遂弗禜。初，昭王有疾。卜曰：“河为祟。”王弗祭。大夫请祭诸郊，王曰：“三代命祀，祭不越望。江、汉、雎、章，楚之望也。祸福之至，不是过也。不谷虽不德，河非所获罪也。”遂弗祭。孔子曰：“楚昭王知大道矣！其不失国也，宜哉！”

楚怀王隆祭祀。《汉书·郊祀志下》：

楚怀王隆祭祀，事鬼神，欲以获福助，却秦师，而兵挫地削，身辱国危。

（七）汉代祭典仿照楚国吗？

褚斌杰先生曰《汉书·礼乐志》著录汉《郊祀歌》时说：

“千童罗舞成八溢（佾），合好效欢虞（娱）太一。《九歌》毕奏斐然殊，鸣琴竽瑟会轩朱。”这虽说是汉代祭典的情况，但祭太一，奏《九歌》，这都是仿照楚国来的，必有所本，所以是可以据以推知的。②

《史记·封禅书》有：

（汉武帝元封元年，前110年）其春，既灭南越，上有嬖臣李延年以好音见。上善之，下公卿议，曰：“民间祠尚有鼓舞乐，今郊祀而无乐，岂称乎？”公卿曰：“古者祠天地皆有乐，而神祇可得而礼。”或曰：“太帝使素女鼓五十弦瑟，悲，帝禁不止，故破其瑟为二十五弦。”于是塞南越，祷祠太一、后土，始用乐舞，益召歌儿，作二十五弦及箜篌琴瑟自此起。③

《史记》中的汉代祭典似乎并没有仿照楚国的信息。

汉代从前206年到前110年近百年“郊祀而无乐”，假如这是仿照楚国，则楚“郊祀而无乐”。假如不是，则没有仿照楚国。

《汉书·礼乐志》曰：

至武帝定郊祀之礼，祠太一于甘泉，就干位也；祭后土于汾阴，泽中方丘也。乃立乐府，采诗夜诵，有赵、代、秦、楚之讴。以李延年为协律都尉，多举司马相如等数十人造为诗赋，略论律吕，以合八音之调，作十九章之歌。以正月上辛用事甘泉圜丘，使童男女七十人俱歌，昏祠至明。④

褚斌杰先生所引只是“《郊祀歌》十九章《天地》八”中的一段，而《汉书·礼乐志》的：“采诗夜诵，有赵、代、秦、楚之讴”，“司马相如等数十人造为诗赋……作十九章之歌”。可见《郊祀歌》十九章并非仿照楚国来的。

不论《史记》还是《汉书》都没有祭太一、奏《九歌》都是仿照楚国的信息。

---

① 桓谭：《新论》，上海人民出版社1977年版，第14页。

② 褚斌杰：《论〈楚辞·九歌〉的来源、构成和性质》，《河北大学学报》1995年第2期，第3—10页。

③ 司马迁：《史记》，岳麓书社1988年版，第219页。

④ 班固：《汉书》，中华书局1962年版，第1045页。

三、屈原《九歌》非祭歌

（一）《九歌》不用于祭祀

在《离骚》中两次提到夏乐《九歌》："启《九辩》与《九歌》兮，夏康娱以自纵"；"奏《九歌》而舞《韶》兮，聊假日以偷乐"，其《九歌》都不是用于祭祀。

从《九歌》的渊源看，屈原以民歌和祭祀歌为素材仿效夏乐《九歌》十一篇，仍名之曰《九歌》，就表示他的《九歌》和夏乐《九歌》性质相同。

《九歌》中没有愉神和祈神，降福消灾的内容，与祭祀时庄严肃穆的气氛不和，更没有祭祀与性爱杂糅不分的场面。

《九歌》中除《东皇太一》和《礼魂》外，多表现为男女间的悲欢离合和凄苦哀怨之情，反映了屈原被楚王疏绌以后，企盼、惆怅、哀怨的心境，若用它作为祭祀歌，显然不能达到娱悦神灵、祈福弭灾的目的。陆时雍、戴震的"《九歌》非祀神所歌"是符合实际的。

假如《九歌》是屈原编写的、用来祭祀不同神灵的组歌，那么它缺失得太多了。因为要祭祀的重要的神灵还有很多，如祝融、地、月、江、汉、参、辰、南斗、北斗、荧惑、太白、岁星、填星、二十八宿……为什么都没有写？

《惜诵》有"令五帝以折中兮，戒六神与乡服"，屈原受到冤屈，首先想到"五帝、六神"，说明"五帝、六神"在屈原心中的尊贵地位。屈原为什么没有写"五帝、六神"？从文献资料中看，在先秦之时，也没有记述各个神灵专用的歌舞。

楚王遵循"祭不越望"之矩，出土楚简中祭祷诸神都没有河伯。既然楚人不祭祀河伯，而《九歌》中有河伯篇，说明它不是楚人的祭歌。"江、汉、睢、章，楚之望也"。为什么《九歌》中没有"江、汉"，相对较小的湘水却占了两位？而楚简中实际祭祷的"大水"却没有？

马茂元主编《楚辞研究集成》中有诸多《九歌》是祭祀的论文，如闻一多《〈九歌〉的结构》、孙常叙《〈楚辞·九歌〉十一章的整体关系》、陈子展《〈楚辞·九歌〉之全面观察及其篇义分析》等，它们全都没有资料依据，缺乏历史真实性，不符合文献记述的祭祀特征。

实际的祭祀，从周文、武郊于丰、镐到明清皇帝天坛祭天，祭天（天帝）都是国家最高级别的祭祀。祭地、祭名山大川、各类神鬼则各有其庙、祠，各有时序，而不是像《九歌》祭祀场景写的那样，混在一起祭祀。

徐中舒、孙作云等人认为：《九歌》乃是郊祭之歌，而非民歌。

何新认为：《九歌》是屈原"为楚社宫所作的祭祀乐歌。"

苏雪林《屈赋之谜》认为，《九歌》乃祭九曜之歌。把屈原《九歌》的主神与域外宗教神话、齐地八神将联到一起。这些在屈原《九歌》中，找不到内证。《春秋左传》《史记》等史书中所记的很多祭祀，没有一件类似事例。

（二）《九歌》没有求神助战，也不是祀典所应选的代表

陈子展《〈楚辞·九歌〉之全面观察及其篇义分析》认为，《九歌》是为楚国王室举行隆重的祀典，是求神助战，郭沫若等人观点类似。假如没有《九歌》是祭祀乐歌这个先入为主的框框会把以歌颂爱情为主要内容的《九歌》，看作用于求神助战的隆重的祀典吗？

《春秋左传》有秦康公求神助战的例子：文公十二年有"秦伯以璧祈战于河"，《诅楚文》更是秦公求神助战的典型例子，它们都与《九歌》不同。

有学者认为：《九歌》祭祀的目的是仰赖神灵的帮助打败秦军，但不能祭祀所有神灵。因此，须要考虑到各方面的代表性。此论与《九歌》各篇的文本不符。

很多楚简中都记述了祭祷"老童、祝融、鬻熊"。《左传·僖公二十六年》有："夔子不祀祝融与鬻熊，楚人让之……"说明楚人很重视祭祀祝融，若要选祭祀的代表，祝融最具代表性。可是《九歌》中却没有祝融！若要选河神的代表，应当选楚地的"江或汉"，而不是《湘君》《湘夫人》，更不是楚地所没有的《河伯》。"代表论"，恰好说明《九歌》是屈原为了抒发感情的需要，而选择神灵的文艺作品，而不是用于祭祀的祭神乐歌。

四、屈原《九歌》是抒发感情的文学作品

屈原创作《九歌》的原始材料，可能包含几方面内容：

其一，古《九歌》和中原文化的留存。如《河伯》《云中君》。古《九歌》有可能是夏启之留存，另外公元前516年王子朝携周室典籍奔楚，这批中原文化的典籍成为楚国的图书档案，其中或许有部分“九歌”相关的素材。屈原担任左徒、三闾大夫时阅读到这些档案，并从中汲取了中原文化。

其二，沅、湘地方的传说或民歌，如《湘君》《湘夫人》。

其三，楚人的祭祀，如《东皇太一》《大司命》《东君》。

其四，完全是屈原的创作，如《少司命》《山鬼》《国殇》。

王逸说《九歌》是屈原放逐江南时所作，屈原“怀忧若苦，愁思沸郁”，故通过制作祭神乐歌，以寄托自己的思想感情。郭沫若与姜亮夫认为“九”是“纠”，即缠绵宛转之意。

多数人认为《九歌》是祭神乐歌或部分是祭神乐歌，但是又都承认《九歌》是诗人抒发感情的作品。这个观点本身就隐藏了一个逻辑悖论。——祭神乐歌必须按娱悦神灵、祈福弭灾的目的去写，而不该把个人哀伤的感情包含在内——因为它与祭神的目的相悖。屈原的《九歌》中那种哀怨的感情是不合适作祭神乐歌的。

萧兵认为：

> 一部伟大的文学史往往是优秀的民间文学和独特的作家创作互为影响、互为消长、互为补充的历史。《九歌》在思想情感上深有“寄托”蕴含，在风格手法上个性强烈、和谐一致，在篇章结构上严谨有机，十一章独立而又紧相联系，在语言韵律上特色解明，与《楚辞》别篇可比、暗通，难道反不够资格称上一声“屈子之辞”吗?①

正因为《九歌》是屈原抒发感情的文学作品，所以《九歌》中的好些神灵都没有明确的身份，令学者们对其身份争论不休。

（一）东皇太一

“东皇太一”到底是什么神？众说纷纭。有的说是“星”，是以北斗北极神，有的说是“太乙”，有的说是“战神”，有的说是“伏羲”，有的说是“春神”……都缺乏文献支持。

历史文献中记载的“太一”也各不相同。

宋玉《高唐赋》有：“醮诸神，礼太一。”

战国楚墓竹简中祭祀的最高天神是“太”，即“太一”。

1973年长沙马王堆三号汉墓出土的帛画《太一神图》：图中所标的“太一神”是人形，胯下有黄首青身之龙，太一的左边为“雨师”，右边为“雷神”。此“太一”显然与《九歌》的“东皇太一”不同。江林昌先生认为此图的“太一”是太阳神②，依据不足。一般情况下太阳与“雨师和雷公”不会同时出现。而且中国的太阳神从来就没有如帛画中的“胯下有龙”之说。《远游》有：“左雨师使径侍兮，右雷公以为卫。”也与太阳神无关。

《史记》：

> （汉武帝时）亳人谬忌奏祠太一方，曰：“天神贵者太一，太一佐曰五帝。古者天子以春秋祭太一东南郊，用太牢，七日，为坛开八通之鬼道。”

《周礼·大宗伯》云：

> 北辰（北极）天皇耀魄宝也，又名昊天上帝，又名太一帝君。

整个天空以北极星最崇高，众星都以它为中心而运转。可是《九歌》的东皇太一并非北辰。东皇太一不是沅、湘之地“祠辞”中的天神，不是《高唐赋》和楚墓竹简中的“太一”，也不是汉墓帛画中的“太一”。《九歌》中的东皇太一很可能是屈原根据楚人祭祀中最高的天神“太一”创作出来的天神。

方铭先生也认为《东皇太一》“生动展现了祭神的整个过程和场面”③。《东皇太一》是《九歌》中

---

① 萧兵：《论〈九歌〉是屈原的独立创作》，《西南师范大学学报》（社科版）1980年第3期，第50—63、104页。

② 江林昌：《楚辞与上古历史文化研究》，齐鲁书社1998年版。

③ 方铭：《九歌主旨解析》，桐川先生的博客：http：//blog. sina. com. cn/s/blog_ 4421ef18010083go. html。

最为隆重、庄肃的一篇记叙文，是屈原对东皇太一的颂歌。其诗记曰："吉日兮辰良，穆将愉兮上皇。抚长剑兮玉珥，璆锵鸣兮琳琅。"祀神典礼开场，祭神者佩剑服玉，手持琼玉之芳，礼容极为恭肃。"瑶席兮玉瑱，盍将把兮琼芳"显示其典雅、高贵；"蕙肴蒸兮兰藉，奠桂酒兮椒浆"，用最好的祭品来敬事天神，蕙、兰、桂、椒，是屈原诗歌中常用的香草，具有高洁的象征意义。"扬枹兮拊鼓，疏缓节兮安歌，陈竽瑟兮浩倡。灵偃蹇兮姣服，芳菲菲兮满堂。"以钟鼓、竽瑟、歌唱、舞蹈来娱悦天神。"安歌""浩倡"，又继之以舞，灵巫艳装，香飘满堂。最后"五音纷兮繁会，君欣欣兮乐康"，各种乐调纷繁交响，达到高潮，上皇欣然乐康。

这些正如戴震《屈原赋注》所说是"就当时祀典赋之，非祀神所歌也"。

《东皇太一》中看不到夏启时期，纵放男女情欲的内容与充溢爱情、颇具野气的"二湘"、《少司命》、《河伯》、《山鬼》比较，庄肃有余生气不足，似乎与《商颂·那》比较接近。

黄灵庚先生说：

> 在屈原之世，洞庭、沅、湘流域以南地区已入楚国的版图，聚居在这块土地上的百越诸族都是楚王室的子民。在这位忠于楚国宗室的诗人看来，楚先高阳氏是全楚国各族的人都必须礼敬的天帝，即使偏居于沅、湘以南的百越人也不得例外，于是将原《九歌》中一篇祭祀夏先的歌词删去，换上了自己创作的《东皇太一》而推荐给越人。①

黄先生此说缺乏说服力。其一，没有文献资料依据。其二，民间祭祀习惯势力之顽强，不是屈原个人可以改变的。其三，宋玉《高唐赋》称"醮诸神，礼太一"。《九歌》中的东皇太一可能就是屈原根据楚人最高的天神"太一"而创作出来的作品，它既不属于越人的"天神"，也不完全是楚人的"太一"。它没有社会基础，没有社会需求，不可能推荐给普通居民，更不可能推荐给越人。其四，从刘向《说苑·善说》记载的《越人歌》来看，其时越人使用自己的语言，要让越人接受，必须先把楚语翻译为越语……这种可能性不大。

（二）《云中君》

《云中君》："浴兰汤兮沐芳，华采衣兮若英"叙女巫沐浴、采服以迎神。"灵连蜷兮既留，烂昭昭兮未央。謇将憺兮寿宫，与日月兮齐光"写云中君长而曲折地在天上不停地闪现神光。在神宫里，就可以与日月一样放射光芒。"龙驾兮帝服，聊翱游兮周章"驾龙车，着帝服翱游四方。"灵皇皇兮既降，猋远举兮云中"，暂降尘世，突然迅急飞回云中。"览冀州兮有余，横四海兮焉穷"巡览中国，纵横四海。最后笔锋突然一转，"思夫君兮太息，极劳心兮忡忡"——神去后留下无限怅惘和忧思。

王逸解《云中君》为"云神"，后人多从之。但是，她与"云神丰隆"有难合之处。比如："云"如何能"与日月兮齐光"？何以可享"龙驾兮帝服"之尊荣？为何排在《东皇太一》之后，其他各神之前？

《史记》："晋巫，祠五帝、东君、云中（君）、司命、巫社、巫祠、族人、先炊之属。""云中"也排在"司命"之前。《离骚》中主角驱使的小神——羲和、望舒、飞廉（风伯）、鸾皇、雷师、凤鸟、帝阍、丰隆（云师）……都不是《九歌》中的主角。"云中君"似乎不是与风伯、雷师、云师同等的小神。

姜亮夫、黄寿祺等认为"云中君"是月神。苏雪林也说是"月主"太阴之神。但是月神说显然与"日月兮齐光"矛盾。还有说"云中君"是"兵主蚩尤"（国光红），"云中君应该是文昌宫六星中的第三位贵相星神，是男神。"（钱玉趾）"云中君是轩辕星女神"（萧兵），"云中君是云梦泽之神"等等……众说纷纭，似乎都难与《云中君》诗文相符。

林河认为：云中君是雷神，且是地位仅次于东皇太一的大神。其性格铁面无私，职权不仅限于南方，而是九州岛总管。掌风雨雷电，风师、雨师、云师、闪电全是其部下。② 只是诗文中并没有"威严雷霆"的信息。"雷神"与诗文的"灵连蜷兮既留，烂昭昭兮未央。謇将憺兮寿宫，与日月兮齐光"，"灵皇皇兮既降，猋远举兮云中"也不相符。纵观全诗，似乎与豪雨时隐藏在云中的神秘闪电相似。

---

① 黄灵庚：《〈九歌〉源流丛论》，《文史》2004 年第 2 期，第 119—142 页。

② 林河：《〈九歌〉与沅湘民俗》，三联书店上海分店 1990 年版。

《云中君》有“览冀州兮有余，横四海兮焉穷”，其“览冀州、横四海”当指“中国”，可见云中君并非单单楚人之神。

黄灵庚先生说：

> 今传《九歌》中云中君、大司命、东君、河伯等四神，原本是夏人所敬祀的神灵，似不当在越人、楚人所祭祀范围之内。《云中君》才会有“览冀州兮有余，横四海兮焉穷”这样的诗句。……冀州，在中土嵩山一带，是夏虚所在。与云中君所览的地望完全相符，云中君也只能是夏后氏所奉祀的神祇。无论越人还是楚人，他们所供奉的神灵果有云神，不可能让他大老远地跑到中土来观览冀州。

此解可备一说，但也不那么令人信服。

（三）《河伯》

《河伯》篇的分歧较多，这既与各人对文本的理解不同有关，也有历史传说中的同名人物所指不同，情节有异的原因。

1. 屈原所论的“河伯”为黄河水神

《河伯》篇写河神与美人的一次郊游。两人先乘水车、驾两龙、登昆仑至黄河的源头……日将暮，美人忽然想家了，河伯就领她回转，先参观他的鳞屋、珠宫……再牵手东行，把美人送回南浦。文中河神的潇洒、呵护与美人的矜持、腼腆，反映了初恋情人交往的情景。《河伯》篇的河神与传说中的河神差异很大。例如庄子《秋水》：

> 秋水时至，百川灌河，泾流之大，两涘渚崖之间不辨牛马。于是焉河伯欣然自喜，以天下之美为尽在己。顺流而东行，至于北海，东面而视，不见水端，于是焉河伯始旋其面目，望洋向若而叹曰：“野语有之曰：‘闻道百以为莫己若者’，我之谓也。且夫我尝闻少仲尼之闻而轻伯夷之义者，始吾弗信；今吾睹子之难穷也，吾非至于子之门，则殆矣，吾长见笑于大方之家。”①

《淮南子·齐俗训》的河神：“冯夷得道，以潜大川。”②

《史记·滑稽列传》的“西门豹治邺”是家喻户晓的故事。战国时魏文侯任西门豹为邺令，约在前403年至前396年，当地的恶势力借“河伯娶妻”盘剥乡里，残害少女，他趁此机会惩治恶人，破除了陋习。在他治理下邺地很快富强，成为魏国的重镇。

游国恩先生说《河伯》：

> 窃尝反复玩索，以意逆志，而后知其确为咏河伯娶妇事也；夫曰送美人，曰迎，曰媵，非明指嫁娶之事乎？所谓美人者，非绛帷之中，床席之上，粉饰娇好之新妇乎？曰南浦，曰波滔滔，曰鱼鳞鳞，非“浮之河中，行数十里乃没”之情景乎？③

苏雪林也认为《河伯》写的是“人神恋爱的面纱下血淋淋的人牺的记录”。④

“西门豹治邺”中可怜的“人牺新妇”与《河伯》“与子交手兮东行”的“南浦美人”根本联系不上。“西门豹治邺”的“邺”在今河北邯郸的临漳，“河伯”是当地的“漳河水神”，属海河水系，与屈原的《河伯》无关。

2.《河伯》中的“美人是谁”难以确定

郭沫若先生说：

> 河神所追求的大概是洛水之神，因为洛水是在黄河之南，下游系往北流，故说“送美人兮南浦，波滔滔兮来迎”。⑤

熊任望先生认为“南浦美人”是山鬼。他说：

> 《山鬼》中有“采三秀兮于山间”，山鬼所居的“于山”是商于之地的大山，“商于”在

---

① 陈鼓应：《庄子今注今译》，商务印书馆2007年版，第477页。

② 刘安著，高诱注：《淮南子注》，世界书局1935年版，第179页。

③ 游国恩：《游国恩学术论文集》，中华书局1999年版，第103页。

④ 苏雪林：《〈九歌·河伯〉与古代河神祀典的关系》，《现代评论》2003年第204期。

⑤ 郭沫若：《屈原赋今译》，人民文学出版社1953年版，第30页。

今河南省淅川县西南，属黄河南岸，与《河伯》篇“与子交手兮东行，送美人兮南浦”的“南浦”相合。①

就《河伯》篇来看其美人的身份未明，若能揭开其面纱或有可能是传说中，当初与河神冯夷相恋的洛神宓妃。

3.“洛神抛弃河伯”论

《天问》中有：“帝降夷羿，革孽夏民。胡射夫河伯，而妻彼雒嫔?”

《离骚》则说：“吾令丰隆乘云兮，求宓妃之所在。……夕归次于穷石兮，朝濯发乎洧盘。”这是传说中的宓妃后来抛弃了河伯与后羿相恋的故事。

陆天华先生认为：《河伯》篇是“洛水女神，抛弃河伯”，“河伯失去爱侣的痛苦之情，是一支勾魂夺魄的抒情恋歌。”② 这是把《天问》《离骚》之记移植于《河伯》，与《河伯》文本的“与女游兮九河，冲风起兮水扬波；登昆仑兮四望，心飞扬兮浩荡；子交手兮东行，送美人兮南浦”等两情相悦的场景不合。

（四）《国殇》

《国殇》描写了一场敌众我寡，以失败告终的战争。短兵相击，战马嘶鸣，鼓声震天，血肉飞溅，奋勇拼杀，人人争先。“天时坠兮威灵怒，严杀尽兮弃原野”，这种横尸遍野的死寂和惨烈，真可谓是动天地、惊鬼神的战歌，淋漓尽致地表现出将士们为国而战死而无憾的壮烈情怀，不可凌辱的崇高精神。体现了诗人的爱国情怀，寄托着对楚国复兴的期望。

有人说，《国殇》也应和《日书》祀外鬼相类，它是楚王祀敌国阵亡将士之灵，透过祭祀手段，将无所皈依的外鬼，转换为楚国的祖灵，甚至是楚国天兵战将，保护楚国子孙。③

说《国殇》是祭“敌国阵亡将士之灵”，从感情上说过不去。把敌国将士写得如此英勇顽强，岂不是长敌国之志气灭自己的威风吗？说“将外鬼，转换为楚国的祖灵，保护楚国子孙”更是脱离实际的异想！

从“操吴戈兮披犀甲”看，《史记·越世家》：“楚威王兴兵而伐之，大败越，杀王无疆，尽取故吴地至浙江，北破齐于徐州。”屈原写《国殇》之时吴已属楚国，“吴戈”当为楚物，“犀甲”主要产于楚国。敌国将士不大可能“操吴戈兮披犀甲”。可见“祀敌国阵亡将士之灵”论，与文本也不符。

有人说，诗中描写的战争场面：“不是一两次战役的写照，而是楚国多年争霸的历史的典型概括。”用“严杀尽兮弃原野”来概括楚国多年争霸的历史，显然不确。

吴龙辉先生说：

> 《九歌》“从最贵之神开始，依次而日神、云神、寿命神、子嗣神、河神、山神、战将之神（《国殇》），最后终之以礼魂，可谓秩序井然，一气呵成，洵为上古氏邦公共神社的群神组合。”④

把屈原时代的《九歌》定为上古氏邦公共神社的群神，与事实不符。

孙作云《秦〈诅楚文〉释要》曰：

> 《国殇》的写作时间在楚怀王十七年春天秦楚人战后，即公元前312年左右。⑤

这比较可信。从《国殇》的四马拉的两轮战车和使用“吴戈”“犀甲”“秦弓”“长剑”等武器看，都与屈原时代相符合，而不是上古氏邦所属。

褚斌杰先生说：

> 应如何解释包括《国殇》在内的这场祭礼呢？我认为这应是一次专为“却秦军”而举行的一次国祭，从规模之大、气势之盛、神格之高来看，诗中所记咏的绝不是沅湘地区的民祭，

---

① 熊任望：《屈原编织河山恋神话的意图——〈河伯〉〈山鬼〉文意新探》，《河北大学学报》1990年第2期，第10—15页。

② 陆天华：《更有情痴抱恨长——屈原〈九歌·河伯〉之我见》，《贵州教育学院学报》（社科版）1995年第1期，第24—28页。

③ 许建昆：《〈国殇〉乃祭祀战死楚境之敌国军士考》，《传统文学的现代诠释》，台北文史哲出版社1998年版，第253—257页。（转引：高婉瑜《论祭祀诗反映的南北文化——以〈周颂〉、〈九歌〉为考察中心》，《浙江学刊》2002年第1期，第82—87页。）

④ 吴龙辉：《〈九歌〉源于黄河流域考》，《中国文学研究》2003年第4期，第24—29页。

⑤ 孙作云：《秦〈诅楚文〉释要——兼论〈九歌〉的写作年代》，《河南师大学报》（社科版）1982年1期。《孙作云文集》之《楚辞研究》（上），河南大学出版社2003年版，第330页。

> 也不可能是楚国任何局部地区的祭礼，而只能是由朝廷主持的，在郊祭规模的基础上，举行一场“事神欲以却秦军”的国祭……是诗人屈原在楚民间祭歌的基础上，专门为当时秦、楚战争中为国牺牲的爱国将士而写的祭歌。这也就说明《国殇》乃是屈原《九歌》所新增有的篇章，也正是这次祭礼的主体，是这组诗歌创意之所在。①

说《国殇》是屈原“为国牺牲的爱国将士而写的诗歌”完全正确，说《九歌》是“祭歌”，则可以商榷。假如《九歌》是“一次专为‘却秦军’而举行的一次国祭”，《国殇》又是这次祭礼的主体，这不但与《九歌》文本不符，而且与《国殇》内容无法相容。用全军覆没的失败战例去“却秦军”，岂不是南辕北辙？从唐宋时期某些《楚辞》旧本看，《九歌》中并无《国殇》《礼魂》，原始的《九歌》或许就是九篇。至于《国殇》是不是屈原的作品，则难以考证。

五、《九歌》是歌舞剧脚本的滥觞

实际的祭祀，尤其是民间的祀神活动，多数可分为两部分。前一半主要是敬献祭品、祷告（祈求神灵消灾降福）；后一半是分享祭品（食品等）、娱乐（歌、舞、戏剧等）。后来，祭祀中的娱乐部分，有的与祭祀脱钩，有的被加工改造，成为带有祀神内容的歌、舞、戏剧等文艺作品。有些诗歌、舞蹈、戏剧其源头可能来自祭祀活动，有的甚至还带有祭祀活动的部分形式和内容，但是只要没有祈祷神灵，降福消灾这个目的，又不是按祭祀程序的要求操作，那就不是祭祀活动。例如，音乐节目中的“圣母颂”，它本是教堂礼拜时的歌曲，尽管它有赞美上帝的内容，但是我们演唱、聆听这个节目，大多数是音乐欣赏，不是教堂礼拜时的颂歌、没有祈求上帝的目的，就不是祭祀活动。

《九歌》是屈原以楚国民间流传的神话故事和祭祀歌为素材加工而成的、仿效古《九歌》的诗篇，九歌中的神灵是诗人为了抒发感情的需要而选择、再创造的人物。文本中的神、鬼并不是人们祈求消灾降福的对象。《九歌》中也没有祭祀时为求神灵消灾降福的祈福之辞。《九歌》中描写爱情的诗篇——《少司命》《湘君》《湘夫人》《河伯》《山鬼》所创造的神灵们，大多富有人情味。明冯觐曰《九歌》：“喜读之可以佐歌，悲读之可以当哭。”诗文中那种思念、驰神遥望，因祈之不至而哀怨的感情，是屈原被楚王疏绌以后企盼、惆怅、哀怨心境的反映。《九歌》既不是真实祭祀的描绘，更不会用于实际的祭祀。王国维早就指出《九歌》“盖后世戏曲之萌芽”②。欣赏《九歌》不必套上“祭祀乐歌”的框框。

---

① 褚斌杰：《论〈楚辞·九歌〉的来源、构成和性质》，《河北大学学报》1995年第2期，第3—10页。

② 王国维：《宋元戏曲史》，上海古籍出版社1998年版，第3页。

湘君、湘夫人皆为女神

摘要：学术界多数人把湘君和湘夫人看作配偶神，并认为《湘君》篇是写湘夫人，《湘夫人》篇是写湘君。配偶神说不但与文献记载的神话传说不符，而且与文本不符。实际上文中的“湘君”与“湘夫人”皆为女神。

关键词：湘君；湘夫人；女神；九歌

关于《湘君》《湘夫人》，前贤之论有：

东汉郑玄、晋张华等认为：湘君即舜，湘夫人，舜妃也。王逸也以为：“尧用二女妻舜，有苗不服，舜往征之，二女从而不反，道死于沅、湘之中，因为湘夫人也。”①

晋郭璞，顾炎武等认为：湘水二神是配偶神，与神话传说无关。

洪兴祖、朱熹等认为：“娥皇为舜正妃，故称君。女英自宜降曰夫人也。”② 等等。

学术界多数人把湘君和湘夫人看作配偶神，认为《湘君》篇是写湘夫人，《湘夫人》篇是写湘君。对此笔者一直有疑问：屈原为什么要把诗文的题目“男女角色互换”呢？如此解读符合屈原之意吗？

解读《湘君》《湘夫人》必须以文本为据。文中没有媚神、娱神、祈求神灵保佑的言辞，说它用于祭祀，没有依据。朱熹注意到《湘夫人》“沅有茝兮澧有兰，思公子兮未敢言”与《越人歌》的关系，他说：“其起兴之例，正犹越人之歌，所谓‘山有木兮木有枝，心悦君兮君不知’。”可见屈原写《湘君》《湘夫人》并非以“祀神之歌”为蓝本。

一、《湘君》《湘夫人》文本

（一）《湘君》

君不行兮夷犹，蹇谁留兮中洲？美要眇兮宜修，沛吾乘兮桂舟。
令沅湘兮无波，使江水兮安流。望夫君兮未来，吹参差兮谁思？
驾飞龙兮北征，邅吾道兮洞庭。薜荔柏兮蕙绸，荪桡兮兰旌。
望涔阳兮极浦，横大江兮扬灵。扬灵兮未极，女婵媛兮为余太息。
横流涕兮潺湲，隐思君兮陫侧。桂櫂兮兰枻，斫冰兮积雪。
采薜荔兮水中，搴芙蓉兮木末。心不同兮媒劳，恩不甚兮轻绝。
石濑兮浅浅，飞龙兮翩翩。交不忠兮怨长，期不信兮告余以不闲。
朝骋鹜兮江皋，夕弭节兮北渚。鸟次兮屋上，水周兮堂下。
捐余玦兮江中，遗余佩兮澧浦。采芳洲兮杜若，将以遗兮下女。
时不可兮再得，聊逍遥兮容与。

（二）《湘夫人》

帝子降兮北渚，目眇眇兮愁予。袅袅兮秋风，洞庭波兮木叶下。
登白薠兮骋望，与佳期兮夕张。鸟何萃兮苹中？罾何为兮木上？
沅有茝兮澧有兰，思公子兮未敢言。荒忽兮远望，观流水兮潺湲。
麋何食兮庭中？蛟何为兮水裔？朝驰余马兮江皋，夕济兮西澨。
闻佳人兮召予，将腾驾兮偕逝。筑室兮水中，葺之兮荷盖；
荪壁兮紫坛，播芳椒兮成堂；桂栋兮兰橑，辛夷楣兮药房；
罔薜荔兮为帷，擗蕙櫋兮既张；白玉兮为镇，疏石兰兮为芳；
芷葺兮荷屋，缭之兮杜衡。合百草兮实庭，建芳馨兮庑门。

① 洪兴祖：《楚辞补注》，中华书局1983年版，第59—60页。
② 洪兴祖：《楚辞补注》，中华书局1983年版，第64页。

九嶷缤兮并迎，灵之来兮如云。捐余袂兮江中，遗余褋兮澧浦。

搴汀洲兮杜若，将以遗兮远者；时不可兮骤得，聊逍遥兮容与。

二、《湘君》《湘夫人》文本分析

（一）容易引起误解的描写

1. 两篇开始都是情景交融的描写

《湘君》："君不行兮夷犹，蹇谁留兮中洲？美要眇兮宜修，沛吾乘兮桂舟。令沅湘兮无波，使江水兮安流。"

《湘夫人》："帝子降兮北渚，目眇眇兮愁予。袅袅兮秋风，洞庭波兮木叶下。"

2. 其后是盼望情人赴约

《湘君》："美要眇兮宜修……望夫君兮未来。"

《湘夫人》："登白薠兮骋望，与佳期兮夕张。"

3. 可是期望愈大失望愈重，于是想象中出现了许多"颠倒错乱""荒诞反常"的乱象

《湘君》："斫冰兮积雪。采薜荔兮水中？搴芙蓉兮木末？"

《湘夫人》："鸟何萃兮苹中？罾何为兮木上？""麋何食兮庭中？蛟何为兮水裔？"

4. 再是心有不甘的寻找

《湘君》："朝骋骛兮江皋，夕弭节兮北渚。"

《湘夫人》："朝驰余马兮江皋，夕济兮西澨。"

5. 其后"二湘"拉开了距离，揭示其深层的苦恋

《湘君》：猜忌心上人移情别恋："心不同""恩不甚""交不忠""期不信"。

《湘夫人》：在"闻佳人兮召予"的幻觉中，精心"筑室兮水中"欲与心上人共居。想象中还出现"九嶷缤兮并迎，灵之来兮如云"。

6. 心上人的缺席，终究引起了怨恨

《湘君》："捐余玦兮江中，遗余佩兮澧浦。采芳洲兮杜若，将以遗兮下女。"

《湘夫人》："捐余袂兮江中，遗余褋兮澧浦。搴汀洲兮杜若，将以遗兮远者。"

多数人认为这是气愤之极表示彻底决绝，只是随后就后悔了……汤炳正先生等则认为，这是表示"愿不相离而永相好"。①

7. 最后都埋藏起痛苦，假装逍遥

《湘君》："时不可兮再得，聊逍遥兮容与。"

《湘夫人》："时不可兮骤得，聊逍遥兮容与。"

这些描写很容易引起误解，似乎湘君、湘夫人是一对配偶神。只是，其主角既不是舜和二妃，可是文中又有"帝子""参差""九嶷"等与舜相关的词句。

（二）文本表明湘君、湘夫人都是女性，都是水神

其实，与《九歌》其他各篇一样，《湘君》就是写湘君，《湘夫人》就是写湘夫人，标题并没有错乱。果如打破"湘君和湘夫人是配偶神"的框框，就能看清其诗文。

从《湘君》看：《九歌》中太一、云中君、大小司命、河伯、东君诸神主，都有神话依据，那么湘君、湘夫人也应该有神话来历。而传说中的"湘君"都是女神，没有"湘君"为男性的信息。

《湘君》第一句"君不行兮夷犹（湘君犹豫不走）"，其"君"即为"湘君"。或曰"君皆指男性"，此论不确。女性称"君"并不罕见，例如：西汉元帝时王嫱字昭君。妻子可称"小君""细君""贵族女子的封号曰'县君'"。如，汉武帝时有"修成君"，东汉有"舞阳君"，《晋书·宣穆张皇后》："追赠广平县君"，李商隐《夜雨寄北》："君问归期未有期，巴山夜雨涨秋池。何当共剪西窗烛，却话巴山夜雨时"，罗隐《偶题》："钟陵醉别十余春，重见云英掌上身。我未成名君未嫁，可能俱是不如人"，鲁迅有"记念刘和珍君"，毛主席有"我失骄杨君失柳"，等等。

① 汤炳正等：《楚辞今注》，上海古籍出版社1996年版，第57页。

诗文“望夫君兮未来，吹参差兮谁思？”“望夫君”当是湘君思念其男性伴侣。应韵《风俗通义》载：“舜作箫，其形参差，象凤翼。”洪兴祖曰：“参差，不齐之貌……此言因吹箫而思舜也。”

有说“心不同兮媒劳，恩不甚兮轻绝”也可以证明主人公是男性。据《仪礼·士昏礼》记载，古代结亲由男方遣媒，《离骚》中也有写“吾令鸿为媒兮”“理弱而媒拙兮”。此论不确。

《离骚》之“令媒”与这里的“媒劳”不同。媒劳是说媒人在男女双方奔走而没有结果，与谁人“遣媒”无关。仅依据“媒劳”难以证明主人公是男性。而且，只有未婚男女才用得着“媒”。诗文既然说“媒劳”，则湘君与其所思念者尚不是配偶。

有人以《礼记·玉藻》“古之君子必佩玉”为由，说“捐余玦兮江中，遗余佩兮澧浦”当是男性。此乃片面之论。古之君子佩玉不等于古之女性不佩玉。《毛诗·有女同车》曰：“有女同车，颜如舜华。将翱将翔，佩玉琼琚。彼美孟姜，洵美且都。”《烈女传·阿谷处女》载：“孔子南游，过阿谷之隧，见处子佩璜而浣。”皆可证古之女性可以佩玉。

从诗文看“沛吾乘兮桂舟。令沅湘兮无波，使江水兮安流。……朝骋骛兮江皋，夕弭节兮北渚”，《湘君》全篇都与舟、水相伴，可见湘君是水神，不是山神。

《湘夫人》：从《湘夫人》的篇名看，无论古今“夫人”皆为女性之称。既然题为湘夫人，其文自然是她的表白。可是学者们往往把《湘夫人》说成是湘君的表白。例如，周秉高先生就认为：《湘夫人》是“表现湘君思念情人久候不至的愁情”①。

文本“帝子降兮北渚”应当解释为“湘夫人（帝子）降临北渚”。典故中的“帝子”即帝尧之女，故多数人也把帝子解译为“公主”。可是学者们为了“把文中的女性变为男性”，就有了“期待着公主降临北渚”，或解释为“公主快些降临这北洲上”，等等。这些添字解经之说，显然与文本不符。

诗文“思公子兮未敢言”当为湘夫人思念情人（公子，男）却不敢明说。学者们为了把句中的女性变为男性，有的把“公子”直接解释为“公主”（陈子展）。有的把“公子”与《左传》中“女公子”等同（吴广平）。有的说“湘君幻想湘夫人在想他”（熊任望），等等。如此把湘夫人的思公子强加到湘君头上，显然与文本不符。还有“思公子兮未敢言”，这句话与《湘君》中的“媒劳”一样，表明她们与所思念之人（公子）还不是配偶。

再怎么辩白也无法把《湘夫人》这个题目变为男性。无法解释屈原为什么把《湘君》与《湘夫人》的篇名搞得“阴差阳错”？而《九歌》其他各篇都没有“文不对题”之事。

既然湘夫人“思公子”是男性，那么文本中“闻佳人兮召与”的“佳人”，完全可以是指“湘夫人所思的公子”。屈原作品中也不泛佳人指男性者。如《悲回风》：“惟佳人之永都兮。”王逸《章句》云：佳人，谓怀、襄王也。其注不一定恰当，但是“佳人”指男性则无疑。《悲回风》之“惟佳人之独怀兮，折若椒以自处”，其“佳人”也是指男性。

从《湘夫人》的题目到“帝子”“思公子”等内容，都明确地表白其主角是女性，为什么非要说《湘夫人》是写男性（湘君）思念湘夫人呢？

关于《湘夫人》的“筑室兮水中”，钱玉趾先生说：“有人认为房屋筑在水中或水底这种‘合百草’而建的屋室如在水中，波浪翻腾、水流冲击，会瞬间化为乌有。”② 这种僵化的思维实在令人难以认同。水神在水中筑室，天神在天上建宫，这在世界各民族的神话传说中比比皆是。神话中的宫室岂能用凡人的建筑去评量？如果按钱先生的逻辑来看，《湘夫人》所筑的屋室，它在陆地上能经得住风吹雨打，骄阳暴晒吗？

（三）湘君、湘夫人所思的“公子”是谁？

《湘君》《湘夫人》是互相关联的，从她们寻找“公子（夫君）”的路线看：

开始，湘君是“留兮中洲”，湘夫人是“帝子降兮北渚”。后来，湘君是“朝骋骛兮江皋，夕弭节兮北渚”，湘夫人是“朝驰余马兮江皋，夕济兮西澨”。——两人都是早上从江皋启程，一个走陆路，一个走水路……湘君从水路找到北渚，湘夫人由陆路找到西澨。文中的“中洲”“北渚”“西澨”，当是

① 周秉高：《论〈楚辞·九歌〉是叙事诗而非抒情诗》，《云梦学刊》2016年第3期，第41页。

② 钱玉趾：《〈湘夫人〉〈湘君〉〈山鬼〉：古代爱情诗的佳绝之作》，《西南民族学院学报》（哲社版）1999年8月增刊，第98页。

临近的地点，或许就是同一个地点的不同名称。可见她们寻找的“公子（夫君）”是同一个人。从“九嶷缤兮并迎，灵之来兮如云”看，其“公子”似乎与舜相关？故王逸注曰：“言舜使九疑之山神，缤然来迎二女。”① 当然王逸此注把“舜”牵扯进来则显得牵强附会。

屈原巧妙地化用舜与二妃的传说，既有“吹参差兮谁思”和“帝子”，还营造出“九嶷缤兮并迎，灵之来兮如云”的盛大场面。而其诗文的湘君、湘夫人又与神话传说中的“舜与二妃”明显不同。《楚辞·远游》之“二女御《九韶》歌，使湘灵鼓瑟兮”也显示“二女”与“湘灵”有别。至于“二湘”所思的“公子”是谁，更是令人难以捉摸。而且，《湘君》中的“望夫君兮未来”，表明湘君与“夫君”是夫妻，这就与后面的“心不同兮媒劳”有抵牾，因为夫妻间的矛盾，似乎与“媒劳”不搭边。《湘夫人》中则有“思公子兮未敢言”，也表明湘夫人与所思的“公子”并非配偶，因为思念配偶是正大光明的事，何来“未敢言”之说？“二湘”的这些言辞和情节，决非屈原的疏忽，而是他的刻意安排，其中似乎隐含着屈原对楚怀王的期盼、失望和怨恨。故有人说：“湘君、湘夫人、山鬼的失恋，实质上是诗人借助她们上演一幕幕‘君臣’不遇的悲剧。”

（四）“二湘”不是“祀神”之作

《九歌》中的九位自然神，除了三位水神外，其他都是每神掌管一种权力。而小小的湘水就占据了两位。从篇幅上讲“二湘”最长共78行，占《九歌》253行的百分之三十，说明在屈原《九歌》中占有特殊的位置，是屈原着重描写的、有思想寄托的艺术品，属借酒杯浇垒块之作，“二湘”“生动刻画了热恋中的青年男女在爱情遭遇挫折时的复杂情状②”，“二湘”文本中根本没有“祀神”“乐神”的描述。出土的楚简中，也没有祭祀“湘君”“湘夫人”的信息，可见“二湘”绝非“祀神”、“乐神”之作。

三、传说中的“湘君”不是“九嶷山神”

（一）《史记》的相关记载

《五帝本纪》：

> 舜南巡狩，崩于苍梧之野，葬于江南九嶷，是为零陵。

《秦始皇本纪》：

> 二十八年，始皇……乃西南渡淮水，之衡山、南郡，浮江，至湘山祠。逢大风，几不得渡。上问博士曰：“湘君何神？”博士对曰：“闻之，尧女，舜之妻，而葬此。”于是始皇大怒，使刑徒三千人皆伐湘山树，赭其山。上自南郡由武关归。

从“南郡，浮江，至湘山祠”看，南郡今江陵，从江陵“浮江至湘山”，其“湘山”只可能是今日长江边的湘山（君山），不可能是别的湘山，更不是九嶷山。

秦博士的话并非空穴来风，在《山海经》等古籍中就有多条舜与湘水二女的信息，说湘君为尧女，舜妻并没有错。

从“逢大风，几不得渡”看，湘君至少是兼管湘水的神。一般的山神不能去水域兴风作浪。

从“使刑徒三千人皆伐湘山树，赭其山”看，湘山只是长江边上一个独立的小山，如果是大山脉，短期内难以“赭其山”。

秦始皇经过“逢大风，几不得渡”的不愉快之后，就返回南郡“由武关归”了。

（二）刘向《烈女传》有虞二妃

《列女传》曰：

> 舜既嗣位，升为天子，娥皇为后，女英为妃。……舜陟方死于苍梧，号曰重华。二妃死于江湘之间，俗谓之湘君。③

刘向也确认湘君是舜之二妃是江湘之间的神，证明《秦始皇本纪》博士所说湘君为“尧女，舜之妻”不是误记。

---

① 洪兴祖：《楚辞补注》，中华书局1983年版，第68页。

② 方铭：《九歌主旨解析》，桐川先生的博客：http：//blog. sina. com. cn/s/blog_ 4421ef18010083go. html。

③ 张敬注译：《列女传今注今译》，台湾商务印书馆1994年版，第2页。

（三）与“尧女，舜”相关的神话传说

《山海经·中次十二山》：

洞庭之山……帝之二女居之，是常游于江渊。澧沅之风，交潇湘之渊，是在九江之间，出入必以飘风暴雨。

其文的“洞庭之山”当是长江边的君山，非九嶷山。而与“帝之二女”相关的也只有尧女舜妻。

晋郭璞《山海经注》有：

《列女传》曰：“二妃死于江湘之间，俗谓为湘君。”

清汪绂《山海经存》云：

帝之二女，谓尧之二女以妻舜者娥皇女英也。相传谓舜南巡狩，崩于苍梧，二妃奔赴哭之，陨于湘江，遂为湘水之神，屈原九歌所称湘君、湘夫人是也。

《山海经》之“帝之二女”只与《史记》和《列女传》的尧之二女传说比较一致。

四、潘啸龙先生“湘君是舜论”

潘啸龙先生说：

王逸心目中自有答案在，这答案正寓于他对接着的“蹇谁留兮中洲”句的注文中：“言湘君蹇然难行，谁留待于水中之洲乎？以为尧用二女妻舜。有苗不服，舜往征之，二女从而不反，道死于沅湘之中，因为湘夫人也。所留，盖指此尧之二女也。”这句注文，不仅清楚地指明了沅湘民间祀“湘夫人”之神乃为舜妻“二女”，而且进一步回答了上文未点示的“湘君”何神的问题：湘君神灵之所以犹豫不来，原来是被“湘夫人”即“尧之二女”留待于水中之洲了。“二女”作为“夫人”，所殷殷“留待”的“湘君”之神，当然不可能是与她们的丈夫无关的其他男神，而应该就是她们的夫君大舜。①

不论从礼制上看，还是从屈原作品中看，作为人帝或天帝的舜，都不可能只是一个小小的湘水之神。而且此论与他肯定的《史记》中湘君为尧女舜妻，是沅湘洞庭民间长期以来祭祀的客观事实②矛盾，说这是秦博士的误记，没有依据。

潘啸龙说“她们的夫君大舜（湘君）是被‘湘夫人’即‘尧之二女’留待于水中之洲了”，此说不但与“二湘”文本不符，而且假如这样，何需到处去寻找她们的夫君呢？

解读“二湘”必须以文本为准，而不是看王逸的注文怎么说。潘氏的“湘君是舜”说显然与文本不合。作为屈原心目中“圣君的舜”，不会有诗文中苦恋、怨恨等情节。

晋郭璞《山海经注》：《传》曰：“生为上公，死为贵神。”《礼》：“五岳比三公，四渎比诸侯。”今湘川不及四渎，无秩于命祀，而二女帝者之后，配灵神祇，无缘当复下降小水而为夫人也。③ 郭璞认为湘君，湘夫人不可能是舜与二妃。可备一说。

五、蒋南华先生的“屈原追慕娥皇女英论”

蒋南华先生认为诗中的湘君是舜的正妃娥皇，湘夫人是帝子女英。他说我们完全可以肯定在这两篇爱情的幻想曲中，追慕着湘君和湘夫人（即娥皇和女英）的不是别人，正是我们伟大的浪漫主义诗人屈原自己。④ 蒋先生此论，似乎与“二湘”的文本难以合拍。但是，蒋南华先生列举了三条理由否定“湘君和湘夫人是异性配偶神”（其文较长不便引用），倒是挺有见地。他还说：“过去几乎所有注家，由于他们思想受到‘九歌是巫歌’的束缚，往往忽略了它们的思想与艺术真谛。他们把这两篇结构严谨、风格清新、语言绮丽的抒情诗，说成是什么表现民间祭祀的‘迎神歌舞’；每篇之中又是什么巫、神对歌对舞，对歌独舞，独歌对舞，独歌独舞，或是什么巫神对话，巫代神言等等，结果把它们弄得支

---

① 潘啸龙：《关于〈九歌〉二〈湘〉的神灵问题》，《中国诗学研究》2008 年第 6 期，第 701 页。

② 潘啸龙：《关于〈九歌〉二〈湘〉的神灵问题》，《中国诗学研究》2008 年第 6 期，第 698 页。

③ 郭璞注：《山海经》，上海古籍出版社 1989 年版，第 77 页。

④ 蒋南华：《〈湘君〉〈湘夫人〉解》，《贵州文史丛刊》1983 年第 1 期，第 79—81 页。

离破碎，人称杂乱，面目全非。”①

笔者有同感。

六、萧兵“九疑山神和燕子女神恋爱说”

萧兵先生说：

古人认为湘水发源于九疑山，所以山神舜兼为“湘君”。说：这里燕子就是湘夫人女匽的主要动物化身……只要气候略有变化，燕子女神到达沅湘流域的时间便会有差错，那么前往赴约的九疑山神（湘君）便会不到她，便会因爱生怨生疑。将心比心，燕子女神湘夫人也可能产生误会，以为湘君（舜）别有所欢，不再像往年那样与她欢聚了。这就是“二湘”里所内含的秘密及其发生的根由。至于湘神夫妇赴约的具体途径，目前解释起来还有点儿困难。按照“二湘”所提供的线索和常理推测，湘夫人例应在秋末到达洞庭湖一带会见湘君，《礼·月令》说仲秋之月“盲风至，鸿雁来，玄鸟归”，就是说夏历八月燕子飞经黄河流域到南方去过冬，那么秋末到达洞庭湖一带是正常的，也是符合现代科学记录的……这年的寒流来得早一些，燕子夫人提前南下，湘君却没有到来，她满腹哀怨，只好捐袂遗褋，搴杜若以遗远者——演出了一场爱的悲喜剧。说“二湘”是写九疑山神湘君和湘水女神的恋爱，分居，相思，约会，误解，怨望……②

萧兵的这些遐想，既不合情理，又不能自圆其说。其一，既认同湘夫人是住在湘水里的湘水女神，那就不可能是要迁徙的燕子女神。其二，说九嶷山神是湘君缺乏依据。其三，假如燕子女神要会见九嶷山山神，不去九疑山而去洞庭湖一带，似乎不合情理。其四，各类文献和神话中都没有九嶷山神（舜）与燕子女神恋爱的信息，如此脱离文本的臆造，缺乏说服力。

七、凌智民先生的“真实故事论”

凌先生说：

《湘君》和《湘夫人》不是一个虚无缥缈的神话，而是一个发生在具体时间、具体地点、具体人物身上的真实的故事。过去人们把《湘君》和《湘夫人》当成神话故事来看待，其主要原因是因为大家对故事发生的地点和人物没有搞清楚，误把现在位于湖南境内的湘、沅、澧水当成了古代的湘、沅、澧四水，造成了时空上的扭曲，理解上的错误。而如今，通过对《鄂君启舟节》的解读，弄清楚了古代所指湘、沅、澧水的位置。《湘君》和《湘夫人》的故事情节才能够得以正确的译读。故事发生时娥皇、女英的居住地是现在的郧县青曲镇，这个地方古时叫江皋（姚方）。③

此论不但缺乏依据，而且混淆了文学、神话传说与历史真实的关系。

1. 凌智民先生说：

《山海经》载：“洞庭之山。……帝之二女居之，是常游于江渊。澧沅之风，交潇湘之渊，是在九江之间，出入必以飘风暴雨。

《山海经》记载的帝之二女，指娥皇和女英是公认的。这本身就是神话，何以能成为真实的故事呢？《九歌》都是写神鬼，“二湘”中有“在水中建座别致的宫室”“九嶷山的神人前来迎接……”等内容，怎么能解释为真实的故事呢？

2. 屈原距离舜时代遥远，其时还没有长篇文字，屈原对于将近两千年前的娥皇、女英事迹，怎么会如此明了呢？说舜的家，娥皇、女英的居住在郧县缺乏依据。

3. 凌先生说：“由桂舟改为飞龙。即由方船改为轻舟。”请问：虞舜时期有方船、轻舟这样的舟船吗？

4. 凌先生说“帝子降兮北渚”，也就是说湘君和湘夫人在家里已确切知道舜（帝子）到了北渚。如

① 蒋南华：《〈湘君〉〈湘夫人〉解》，《贵州文史丛刊》1983年第1期，第81页。

② 萧兵：《〈楚辞·九歌·二湘〉新解》，《福建论坛》（文史哲版）1984年第3期，第32—33页。

③ 凌智民：《〈湘君〉和〈湘夫人〉释读》，http://blog.sina.com.cn/s/blog_ 15279a0f60102vufj.html，2015年8月17日。

果不是神仙可以心灵沟通，在没有手机，没有电话的远古，她们是怎么知道舜到了北渚？双方又怎么能在西澨准确相遇呢？

5. 凌先生的译文和解释多与文本不符。例如：《湘夫人》之“闻佳人兮召予”译为“夫君听到了我的呼唤”，把“呼唤我”译为“我的呼唤”，完全颠倒了宾主关系。

八、曹胜高先生的“九嶷山神论”

（一）“丹朱为湘君论”

曹胜高说：

> 从《湘君》《湘夫人》来看，他们先后抵达祭祀地北渚，接受楚人的礼敬后，一起回到九疑山。湘夫人的原型是《山海经》所载的天帝之二女，而非尧之二女，演化为湘水之神。湘君因居于九疑山，其原型可能为葬在九疑的尧之子丹朱，演化为湘山之神。①

如此没有依据的臆想，难以作为学术论点存在。

（二）曹胜高心目中的“湘山之神”

曹胜高说：在秦始皇心目中，舜之二女不应当为湘山之神，故而不甚畏惧而伐之。查《九歌》《九章》《招魂》中的“君”皆指男性，而且自古亦少女性神称君的例子，何况君与夫人并称。这也说明，湘君不可能是二妃，还说“古亦少女性神称君的例子”。

此说既没有依据，更与《秦始皇本纪》记载抵牾。秦始皇问：“湘君何神？”秦博士明确回答：“闻之，尧女，舜之妻，而葬此。”（其后刘向也有相似之论）秦始皇没有理由否定此说。那么秦始皇为什么“伐湘山树，赭其山”呢？因为此事发生在始皇二十八年，也就是秦始皇刚刚统一全国的第三年。这时秦始皇踌躇满志“故而不畏惧而伐之”。后来有人将“为镇风浪而沉入长江的那块玉璧”“回赠予滈池君”。秦始皇以为“这是二十八年在湘山祠伐湘山树，赭其山”，得罪了虞舜、湘君，“虞舜显灵，向他示警”。为了表示忏悔，他就到云梦“望祀虞舜于九疑山”，以求虞舜及湘君宽恕。

曹胜高说：始皇三十七年（前 210 年），秦始皇第二次至于湘山。这一记载是有差异的。《封禅书》：“后五年，始皇南至湘山，遂登会稽，并海上，冀遇海中三神山之奇药。不得，还至沙丘崩。”《秦始皇本纪》则记载：“十一月，行至云梦，望祀虞舜于九疑山。……上会稽，祭大禹，望于南海，而立石刻颂秦德……”明确说秦始皇登九嶷山祀舜。一言湘山、一言九嶷山，前云“南至于”，当最南抵达湘山。而据秦汉史籍，九嶷也在领土最南。

曹氏似乎误读了相关文本。大量古籍记载：舜南巡狩，崩于苍梧之野，葬于九嶷。古籍中并没有九嶷山可称湘山之例。秦始皇一生没有去过九嶷山。

《史记》之“始皇南至湘山，遂登会稽……”这里的“湘山”并非九嶷山。

《史记》：“行至云梦，望祀虞舜于九疑山。”望祀更不是“登九嶷山祀舜”。

（三）曹胜高的“湘君来自九嶷山，不是湘水神”？

《湘君》一开始曰：“君不行兮夷犹，蹇谁留兮中洲？美要眇兮宜修，沛吾乘兮桂舟。”文本中的“驾飞龙”“荪桡兮兰旌”“横大江兮扬灵”“桂櫂兮兰枻”“飞龙兮翩翩”“朝骋骛兮江皋”……诗文全都与舟、水相关，毫无九嶷山的信息。假如行程从九嶷山开始，那么开始时根本无法乘舟。可见湘君为九嶷山神说，不合情理，没有依据。而《湘夫人》中反倒有：“朝驰余马兮江皋，夕济兮西澨。”当然，水神要在陆地上找人，完全可以骑马。只是就曹胜高先生的“二湘”来看，要九嶷山神（湘君）一直乘舟，而湘水神（湘夫人）则去骑马，是不是有点反常？

（四）曹胜高认为二湘祭祀是为了“令沅湘兮无波，使江水兮安流”

曹胜高说：“祈祷湘君降临于祭坛，并能够使‘令沅湘兮无波，使江水兮安流’。”

曹氏要九嶷山神“令沅湘兮无波，使江水兮安流”是不是越俎代庖了？曹先生既然认同“依照《山海经》通例，神灵所居，多司其地，由巫者祭之”，那么九嶷山神就应该在九嶷山祭祀，不应该跑到湘山祠去祭祀。

---

① 曹胜高：《湘君、湘夫人原型考论》，《云梦学刊》2008 年第 1 期，第 46 页。

（五）曹胜高的“江水泛滥说”

曹胜高说：

> 湘君沿江北行，也是对江水泛滥感到无奈，也期望江水能够波平浪静，能够“安流”，而且在到达洞庭北岸时，却发现“遭天盛寒，举其棹楫，斲斫冰冻，纷然如积雪，言己勤苦也。一云斲曾冰”……实则洪水淹没庭院，堂前积水一片，水鸟栖江房上。这和《湘夫人》中鸟萃苹中、罾挂木上的景致一样，正是洪水肆虐所引起的反常景象。

《湘君》文本是：“桂櫂兮兰枻，斫冰兮积雪。采薜荔兮水中，搴芙蓉兮木末。心不同兮媒劳，恩不甚兮轻绝。石濑兮浅浅，飞龙兮翩翩。交不忠兮怨长，期不信兮告余以不闲。朝骋骛兮江皋，夕弭节兮北渚。鸟次兮屋上，水周兮堂下。”这并没有江水泛滥的信息。曹先生把它解释为“遭天盛寒”“洪水泛滥”实在牵强附会。

而《湘夫人》中既有“鸟何萃兮苹中，罾何为兮木上”，又有“荒忽兮远望，观流水兮潺湲”，曹先生把它解释为“正是洪水肆虐”，显然与文意不符。

曹胜高先生声称“从文本分析入手对‘二湘’进行探讨”①，可其论都偏离了文本。

结 论

《湘君》《湘夫人》是屈原借用神话“帝之二女”创作的诗歌，用以抒发伤感之情，“二湘”与神话传说中的“帝之二女”不能等同。“二湘”与《九歌》各篇一样，篇名与所描绘的神灵一致，《湘君》就是写湘君，《湘夫人》就是写湘夫人，她们皆为女神，不存在“男女角色互换”之事。诗文中也没有“女巫与湘水男神、男巫与湘夫人”爱恋的信息。

学界流行的“配偶神说”，不但与文献记载的神话传说不符，而且与《湘君》《湘夫人》文本不符。“配偶说”最大的障碍在于“文不对题”。其次，假如湘君和湘夫人是配偶，就不该有“思公子兮未敢言”，更不会出现“心不同兮媒劳，恩不甚兮轻绝”之事。就现有资料看，“湘君、湘夫人皆为女神”。此说既与“二湘”的文本相符，也与湘君为女性的传说一致。至于“二湘”所思的“公子”是谁，则令人难以捉摸。这些难题还是用“诗人借助她们上演一幕幕‘君臣’不遇的悲剧”来解释比较好。

潘啸龙先生要崇高的“舜”，降格为小小的湘水之神，既缺乏依据，也不合情理。

蒋南华先生的“屈原追慕娥皇、女英”论，与“二湘”的文本不合。萧兵的“燕子女神与九疑山神”说，在“二湘”文本中找不到踪迹。

凌智民先生说：“《湘君》和《湘夫人》不是虚无缥缈的神话而是一个真实的故事。”不但混淆了文学、神话传说与历史真实的关系，与“二湘”文本不符，而且难以自圆其说。

曹胜高先生说“湘君为九嶷山神（丹朱）”，否定司马迁和刘向的“湘君”为“尧女，舜妻二妃”之论，却不能提供依据，显然没有说服力。

① 曹胜高：《〈湘君〉、〈湘夫人〉祭楚地祇考》，《昆明屈原及楚辞学国际学术研讨会暨中国屈原学会第十七届年会论文集》（上册），第1—6页。

《山鬼》探析

摘要：山鬼是屈诗人物中最真率自然、最可爱的一位。内外兼美的山鬼从热恋到失恋的感情波澜，就是屈原灵魂的幻化。黑暗中“雷填填、雨冥冥、风飒飒、木萧萧、啾啾猿夜鸣”的恶劣环境，就是诗人所处政治环境及悲惨命运的写照。《山鬼》隐含了屈原对楚怀王和佞臣的怨恨和鞭挞。

关键词：山鬼；神话原型；于山；巫山

一、《山鬼》梗概

《山鬼》写女主角从热恋到失恋的感情波澜。山鬼思念、等待之人是谁，诗中没有交代。但是从山鬼称他为公子、灵修、君来看，应是一位高贵的男性，或许就是暗指楚王。诗人以丰富的想象、绚丽的文辞、细腻的笔法，创造了一个既有人间纯洁、美丽、多情，又带着自然、真率、犷野的可爱女性。山鬼的情节见下：

出场：“若有人兮山之阿，披薜荔兮带女萝，既含睇兮又宜笑。”深山幽谷中，一个美丽的女性，从远处渐渐显现出来，她回忆与心上人相处的甜蜜时光，“子慕予兮善窈窕”，说明她与仰慕她的恋人曾经有过两情相悦的时光，并且有今日之约。（似乎与《抽思》的“昔君与我成言兮，曰黄昏以为期”相似）

赴约：“乘赤豹兮从文狸，辛夷车兮结桂旗。被石兰兮带杜蘅，折芳馨兮遗所思，处幽篁兮终不见天，路险难兮独后来。”她换上了新装，满怀喜悦地乘车赴约。有人把“乘豹”解为“骑豹”，似乎与“用车”不符。“乘赤豹兮从文狸”表现了山鬼的特色和神通。她还折了一把香花要送给“所思者”。她从“处幽篁兮终不见天”的“山之阿”到“云之上”的山巅，路途遥远难行。兴冲冲的山鬼来到约会地点时，以为来晚了，却发现心上人还没有来。

等待：“表独立兮山之上，云容容兮而在下。杳冥冥兮羌昼晦，东风飘兮神灵雨。留灵修兮憺忘归，岁既晏兮孰华予？”等待中的山鬼独立山巅，久久凝望，脚下是流动的云海，天气变化，风雨交加，山鬼的心情也随之波动不安。可她依然痴痴地等待灵修而“憺忘归”，忽然想到岁月易逝，谁能留住我的青春？

埋怨：“采三秀兮于山间，石磊磊兮葛蔓蔓。怨公子兮怅忘归，君思我兮不得闲？”山鬼徘徊于山间去采灵芝（?）。垒垒乱石像胸中忧郁的块垒，蔓蔓葛藤如同剪不断的情思。她既抱怨公子，又为对方找借口：“他仍然眷恋着我，或许只是不得闲？”

猜疑：“山中人兮芳杜若，饮石泉兮荫松柏。……君思我兮然疑作。”山鬼表白自己如同“杜若”一样芬芳高洁。……在孤苦失望中，对“君思我”产生了怀疑。（与《抽思》的“羌中道而回畔兮，反既有此他志”类同）

失望：“雷填填兮雨冥冥，猨啾啾兮狖夜鸣。风飒飒兮木萧萧，思公子兮徒离忧。”希望破灭了，满心的喜悦化为忧伤。她在思念中苦苦挣扎，不忍割舍。恶劣的环境衬托出她糟糕透顶的心境。高洁的她被公子抛弃了，使她无助地陷入极度凄苦之中。

山鬼是屈诗人物中最真率自然、最可爱的一位。内外兼美的山鬼从热恋到失望的感情波澜，黑暗中“雷填填、雨冥冥、风飒飒、木萧萧、啾啾猿夜鸣”的恶劣环境，就是诗人所处政治环境及悲惨命运的写照。山鬼就是屈原灵魂的幻化。

二、山鬼的神话原型

屈原的《九歌》源于神话传说，其山鬼原型可能与《山海经》“姑媱山之帝女、洞庭山之帝之二女”有关。但是山鬼是屈原按抒发感情的需要创造的角色，不能与“帝女”直接等同，更不宜坐实在姑媱山、洞庭山（湘山）或巫山、于山等处。

人们认为与山鬼相关的神话传说先后有：

《山海经》中次七山：

又东二百里，曰姑媱之山。帝女死焉，其名曰女尸，化为䔄草，其叶胥成，其华黄，其实如菟丘，服之媚于人。①

“中次七经”共有十九座山，第三座为姑媱山，其东近百里的放皋山，“明水出焉，南流注于伊水”。再向东，各山间之水多南流入伊，或北流注洛。其伊、洛之水似乎可与河南省伊、洛之水相符。若是如此，“姑媱山”当在河南省西部今熊耳山一带。

《山海经》中次十二山：

又东南一百十里，曰洞庭之山，其上多黄金，其下多银铁，其木多柤梨橘櫾，其草多葌、蘪芜、芍药、芎藭。帝二女居之，是常游于江渊。澧沅之风，交潇湘之渊，是在九江之间，出入必以飘风暴雨。是多怪神，状如人而载蛇。②

《史记·秦始皇本纪》：

二十八年，始皇还，浮江，至湘山祠。逢大风，几不得渡。上问博士曰：“湘君何神?”博士对曰：“闻之，尧女，舜之妻，而葬此。”

其湘山女神，似乎与《山海经》洞庭山的“帝二女”传说大同小异，或许是同一传说的两个版本，洞庭山也就是湘山。

《文选第十九·高唐赋·序》：

昔者先王尝游高唐，怠而昼寝，梦见一妇人曰：“妾巫山之女也，为高唐之客。闻君游高唐，愿荐枕席。”王因幸之。去而辞曰：“妾在巫山之阳，高丘之阻。旦为朝云，暮为行雨。朝朝暮暮，阳台之下。”旦视之如言。故为立庙，号曰朝云。③

《水经注·江水》：

丹山西即巫山者也。又帝女居焉，宋玉所谓天帝之季女，名曰瑶姬，未行而亡，封于巫山之阳，精魂为草，实为灵芝。所谓巫山之女，高唐之阻，旦为朝云，暮为行雨。朝朝暮暮，阳台之下。旦早视之，果如其言，故为立庙，号朝云焉。④

《山鬼》中深山、昼晦、不见天的景象与《高唐赋》里巫山之景象有共同之处。故杜甫《虎牙行》把山鬼与巫山联系了起来：“巫峡阴岑朔漠气，峰峦窈窕溪谷墨。杜鹃不来猿狖寒，山鬼幽忧雪霜逼。”

《四库提要集部楚辞类存目》有清人顾成天《楚辞九歌解》，其山鬼篇云：“楚襄王游云梦，梦一妇人，名曰瑶姬，通篇词意似指此事。”顾成天把山鬼与楚襄王及瑶姬挂钩，与诗文并不相符。孙作云先生论证“山鬼之山即巫山，山鬼之鬼即巫山神女”⑤，也有些牵强附会。

龚维英先生曰：

由巫山神女到山鬼，这个动人的艺术形象已获得很大的发展、演变，以至升华。⑥

这似乎颠倒了事件的先后。

屈原的山鬼不可能源于宋玉的巫山神女。相反巫山神女则可能是在《山海经》的帝女和《山鬼》的基础上，按照楚襄王所好创作而成。应该说，由山鬼到巫山神女，其艺术形象有所发展、演变。

潘啸龙先生指出：

“山鬼”是“被薜荔兮带女罗”“乘赤豹兮从文理”，显示的是朴野热情的山间女鬼情状；巫山神女却是“驾驰马，建羽旗”“动雺谷以徐步兮”“罗执绮缋盛文章”，表现的是雍容华贵的天帝之女气派。⑦

两者人物不同，艺术形象也有所发展。

① 袁珂：《山海经校译》，上海古籍出版社1985年版，第92页。

② 袁珂：《山海经校译》，上海古籍出版社1985年版，第106页。

③ 萧统编，李善注：《文选》，上海古籍出版社1986年版，第875—876页。

④ 郦道元著，陈桥驿译注，王东补注：《水经注》，中华书局2009年版，第276页。

⑤ 孙作云：《九歌山鬼考》，《清华学报》1936年第4期，第977—1005页。

⑥ 龚维英：《〈九歌·山鬼〉探幽》，《中州学刊》1987年第3期，第97页。

⑦ 潘啸龙：《〈九歌·山鬼〉研究辨疑》，《安徽师范大学学报》（社科版）2000年第1期，第92页。

三、“采三秀兮于山间”之解

郭沫若先生说：

原文作采三秀兮于山间于山即巫山。凡楚辞兮字每具有于字作用，如“于山”非巫山，则于字为累赘。①

孙常叙先生也说：

山鬼是于山之神，是女神。“采三秀兮于山间”已经说明她所在的山是于山。郭老说“于山”就是“巫山”。于山是商、于之地的大山。②

汤炳正先生认为：

郭沫若释《山鬼》的“于山”为“巫山”，断章取义不足信。（后世）对歌诗《九歌》以“兮”字代替连词、介词的现象，往往据“诵诗”形式加以改读。如《九歌·山鬼》“云容容兮而在下”句，“兮”即代“而”，今本“而”字乃后人所加。又如“采三秀兮于山间”，“兮”即代“于”，今本“于”字乃后人所加。因此，郭沫若释“于山”为“巫山”者。实为据后世误本以为之说，不可信。学术研究，必须探规律。孤文只字，断章取义，是无济于事的。③

汤先生之“今本‘于’字”等连词、介词，乃后人所加的观点，似乎缺乏确证。

李延陵先生在《〈关于“山鬼”〉——和郭沫若、姜亮夫、马茂元三位先生商榷》文中，驳斥“于山即巫山”时说：

连用在“兮”字下面的“于”字，楚辞中有“委玉质兮于泥涂”（《九思》“逢尤”），“虎兕争兮于廷中”（同上）……“壹气孔神兮于中夜存”（《远游》）；……这些“于”字不但不能读作“巫”，并且还要解作“在”；解作“在”才能讲得通，也丝毫没有“累赘”或“重复”的毛病……④

李文举证详实，推理严密，比较有说服力。

潘啸龙先生对此也有论说：

屈原《九歌》之造句，“兮”字主要还是作“泛声”即音乐上的延长作用使用的，并未有意识地用作文法上的虚字。正因为如此，《九歌》有不少句式，在“兮”字后面仍然接以“以”“而”“于”等虚字，而不嫌重复。例如《大司命》“君回翔兮以下”（一本“以”作“来”），《东君》“杳冥冥兮以东行”（一本无“以”字）；就是《山鬼》本文，就还有“云容容兮而在下”之例，与“采三秀兮于山间”句式相同。……“山鬼即巫山神女”说，根本就是郭沫若、汤炳正、马茂元等先生之主观臆断，既缺少“采三秀兮于山间”的“兮”“于”不可重复之版本、句式依据，亦无“于”“巫”同声假借的实例，更无“山鬼”形象与“巫山神女”形象相通的确凿证据。在这种情况下，再奢谈《山鬼》的内容是在表现“巫山神女”的恋情云云，岂非全成了天方夜谭？所谓皮之不存，毛将焉附，连“山鬼即巫山神女”的前提都不存在，又何论“女神”之失恋，又何来“待娶而生”的“婚约”者？⑤

“于”字为“巫”之借？赵逵夫先生说：不是《楚辞》所有的作品都“兮”字每具有“于”字作用，而是只《九歌》中“兮”字每具有“于”字作用，因为《九歌》本由民间歌舞词改编而成，也体现着配乐诗歌的特征，保存一些较早的语言习惯。至于《离骚》《九辩》及《九章》各篇，则“兮”只用于上下两句的上句之末，作为泛声的语助词，表示诵读时的节奏韵味。那么，《山鬼》中的这个“于”字为“巫”之借字，应属可信。⑥ 赵氏的“‘于’字为‘巫’之借字”，只有结论，没有例证，

---

① 郭沫若：《屈原赋今译》，人民文学出版社1953年版，第32页。

② 孙常叙：《〈楚辞·九歌〉十一章的整体关系》，《社会科学战线》1978年第1期，第255页。

③ 汤炳正：《渊研楼屈学存稿》，中国社会科学出版社2004年版，第42页。

④ 李延陵：《〈关于“山鬼”〉——和郭沫若、姜亮夫、马茂元三位先生商榷》，《文史哲》1962年第5期，第66页。

⑤ 潘啸龙：《〈九歌·山鬼〉研究辨疑》，《安徽师范大学学报》（社科版）2000年第1期，。

⑥ 赵逵夫：《〈九歌·山鬼〉的传说本事与文化蕴蓄》，《北京社会科学》1993年第2期，第46—47页。

说服力比较弱。

是“兮”起“于”的作用，还是“省略了于”？熊任望先生认为：在《九歌》中，凡是带有表示处所的介词词组做补语的句子兮都起介词“于”的作用。① 如“捐余玦兮江中”（《湘君》）、“筑室兮水中”（《湘夫人》）、“罗生兮堂下”（《少司命》）、“暾将出兮东方”（《东君》）、“与女游兮九河”（《河伯》）等皆是。

李延陵先生认为：

> 《九歌》某句中在“兮”字下面应当用“于”字未用的，只能说它被省略了，不能说“兮”字具有“于”字作用；“《九歌》中的‘兮’字和《离骚》《九章》中的‘兮’字一样，也是‘有声而无义’的。”②

这两种说法，各有各的道理。

至于赵逵夫先生说“《九歌》中‘兮’字每具有‘于’字作用”，则有以偏概全之虞。《九歌》中二百五十几个“兮”字，多数不具“于”字作用。如《山鬼》中的27个“兮”字，除了有表示处所之意的“若有人兮山之阿”“表独立兮山之上”“采三秀兮于山间”三句的“兮”字可勉强解作“于”字外，其他24个“兮”字均不具有“于”字作用。相反，若把《山鬼》中的27个“兮”字都当作有声而无义的语气词，则全能解释通顺。

四、山鬼的身份

（一）于山女神说

清人顾成天《九歌解》：

> 山鬼是巫山女神。

郭沫若《屈原赋今译》：

> 采三秀兮于山间，于山即巫山。

孙常叙说：

> “采三秀兮于山间”，“于山”是商于之地的大山，山鬼是“于山女神”③。

熊任望先生认为：

> 山鬼是“于山女神”，也是《河伯》篇中的“南浦美人”。他说：《山鬼》与《河伯》两篇相从，在两者之间隐藏着一定的联系。《河伯》篇有“乘白鼋兮逐文鱼”，《山鬼》篇有“乘赤豹兮从文狸”。两篇结合起来看，《山鬼》中有“采三秀兮于山间”，山鬼所居的“于山”是商于之地的大山，“商于”在今河南省淅川县西南，属黄河南岸，与《河伯》篇“与子交手兮东行，送美人兮南浦”的“南浦”相合。商于原属楚，屈原作九歌时已被秦国占领。楚怀王也希望“复得吾商于之地”。山鬼——“于山女神”，原是楚国的神灵，“于山”与“南浦”相合，山鬼当是河伯的“南浦美人”。这样，《山鬼》篇中的“公子”当然就是河伯了。写河伯与山鬼的恋爱，或许暗含屈原希望收复商于失地，再进驻黄河流域，进而由楚国来统一全国的理想吧？④

屈原的《河伯》与祭祀中的黄河水神，形象相差悬殊；窈窕多情的《山鬼》完全是堕入情网的少女形象。汪瑗说：“但屈子作此惟借此题漫写己之意耳，无关于祀事也。”可信。

（二）迎神女巫说

潘啸龙说：

> 《山鬼》不是写恋爱，而是“望祭”——女巫“乘赤豹兮从文狸，辛夷车兮结桂旗”，“入山迎神灵而不遇”。⑤

---

① 熊任望：《屈原编织河山恋神话的意图——〈河伯〉〈山鬼〉文意新探》，《河北大学学报》1990年第2期，第12页。

② 李延陵：《〈关于“山鬼”〉——和郭沫若、姜亮夫、马茂元三位先生商榷》，《文史哲》1962年第5期，第67、68页。

③ 孙常叙：《〈楚辞·九歌〉十一章的整体关系》，《社会科学战线》1978年第1期，第249—256页。

④ 熊任望：《屈原编织河山恋神话的意图——〈河伯〉〈山鬼〉文意新探》，《河北大学学报》1990年第2期，第10—15页。

⑤ 潘啸龙：《先秦诗鉴赏词典》，上海辞书出版社1998年版。

此说实在牵强。第一，不管何时何地的何种祭祀，神灵都不可能真实出现。祭祀中的神灵或由巫者装扮，或寄托于牌位、画像、雕像等相关物件。岂有迎神女巫孤身一人在山林间寻找，又没能接到之理？第二，迎神的女巫不可能“乘赤豹兮从文狸，辛夷车兮结桂旗”，在无路的山林中乘行。第三，既是“望祭”，为何又要“入山迎神灵”呢？

潘啸龙先生沿袭林云铭、蒋骥“为主祭者之辞”的观点，说《山鬼》篇不是写山鬼，而是“迎神巫者的自述”，是女巫打扮成“山鬼”模样，“乘赤豹兮从文理，辛夷车兮结桂旗”，前往山中接迎山鬼。她所折的“芳馨”，也是要赠予那位“山鬼”姑娘的。此篇中的“山鬼”并没有现身，诗中一再提到的、没有出场的“公子”才是“山鬼”①。潘氏还认为，人们“将迎神不遇之思，误解为男女相恋之情”。潘氏的“迎神不遇”论，既与《山鬼》内容不符，更与祭祀神灵的民俗不合。第一，从《山鬼》篇中所称的“公子、灵修、君”称谓看，应是《山鬼》所思念的男性，而不是“那位‘山鬼’姑娘”。第二，《山鬼》诗文最后有：“山中人兮芳杜若，饮石泉兮荫松柏；……雷填填兮雨冥冥，猨啾啾兮狖夜鸣；风飒飒兮木萧萧，思公子兮徒离忧。”在“雷填填兮雨冥冥，风飒飒兮木萧萧”的黑夜，“山中人”并没有离开山区。可见饮石泉、荫松柏的“山中人”与“山鬼”身份相符。而“迎神巫者”并不是“山中人”，也不可能为了“往山中接迎山鬼”傻等到夜里还留在山中不归。第三，潘氏所赏信的沈亚之《屈原外传》载：“至山鬼篇成，四山忽啾啾若啼啸，声闻十里外，草木莫不萎死。”实际是不可能的。假如有如此声势，出场者当是“山鬼”，而不是“迎神巫者”。第四，山鬼可以“乘豹、驱车”在无路的山林中穿行，而迎神巫者不可能有如此的排场和超自然的神通。第五，不管何时何地、何种祭祀，神灵都不可能真的出现。祭祀中的神灵或寄托于牌位、画像、雕像等相关物件，或由巫装扮，在祭祀时扮演“山鬼”的“女巫”她就是“山鬼”，犹如《铁齿铜牙纪晓岚》中的纪晓岚我们不能称他为张国立。第六，若是“望祭”，更不需去远处“寻找神灵”。岂有迎神巫者远离祭祀场所，孤身一人“在山林间寻找”之理？第七，《山鬼》是屈原的诗作，不是祭祀词。按照古人的观念，巫觋以事神降神、跟神交通为职事。如果“迎神巫者”苦苦求神而不遇，这种无能的巫者早就被逐出巫者行列。钱穆先生指出：“盖巫祭降神，该是神必来降才得。否则，那一番祭祀，岂不落了空。巫主降神，决不肯说神没有来。群众祭神，也决不预想神不肯来。……哪有唱歌迎神，而歌中却尽说神终不来之理？”② 第八，潘氏的山鬼是“被薜荔兮带女罗”“乘赤豹兮从文理”，显示的是朴野热情的山间女鬼情状③论，与他的没有出场的公子才是山鬼抵触，不能自圆其说。

（三）山鬼赴祭坛说

李延陵先生说：

> 祭祀山鬼……的祭坛在山下平地；上面她已说过“来”，这儿巫又说她住在那样的地方；从高高的山上往下来，又是在风雨晦暝的时候，路当然是“险难”的：这就说明了“路险难”的原因。因为她的住处是那样不好，她往这里来又是那样艰辛，所以巫又接着向“观者”说：（我想）“留灵修在这里住着，使她安然忘记归去。”（“留灵修兮憺忘归”）而她却说：（把我留在这里）“及至年岁已暮，谁再给我荣华呢？”（“岁既晏兮孰华予？”）试看，这个“灵修”是巫称她的，何等明白！④

李先生的山鬼赴祭坛说难以成立。此说是王逸注《山鬼》“故来晚暮，后诸神也”⑤ 的延续。可是诗中并没有“来晚暮，后诸神”的信息。首先应当判断：山鬼是从山之阿往云之上的山巅赴约，还是从高高的山上往下来，赴在山下平地之祭坛？诗文在“余处幽篁兮终不见天，路险难兮独后来”之后，并不是“在山下平地”，而是“表独立兮山之上”。其次，李先生想“留灵修在这里住着”这种说法，既没有文献资料依据，又与情理不合。——祭祀神灵，哪有留神住着之理？再次，“赴祭坛”之说与诗文“怨公子兮怅忘归，君思我兮不得闲”“思公子兮徒离忧”等描述不合。最后，《九歌》并“不是一

① 潘啸龙：《〈九歌·山鬼〉研究辨疑》，《安徽师范大学学报》（社科版）2000 年第 1 期，第 95 页。
② 钱穆：《中国文学论丛》，三联书店 2000 年版，第 255—256 页。
③ 潘啸龙：《〈九歌·山鬼〉研究辨疑》，《安徽师范大学学报》（社科版）2000 年第 1 期，第 92 页。
④ 李延陵：《〈关于“山鬼”〉——和郭沫若、姜亮夫、马茂元三位先生商榷》，《文史哲》1962 年第 5 期。
⑤ 洪兴祖：《楚辞补注》，中华书局 1983 年版，第 80 页。

个有系统的有次序的组合，因之大合祭的场面是不存在的"①。

（四）山鬼思山公论

游国恩先生说：

> 《山鬼》一歌，不过夫妇之造端，小说之权舆而已。设为山鬼思其山公（即篇中所累称之公子）。②

游氏之论，可备一说。只是说服力不强，与屈原的思绪不合。

（五）山鬼是魍魉？

钱玉趾先生说：

> 山鬼是"魍魉鬼"一类神鬼，精灵，"魍魉"即"网两"，"网"是无影无形的弥漫游动的"马那"，"两"是无从捉摸和飘忽不定的精灵形象。《山鬼》首句"若有人兮山之阿"，是说"好像有人""仿佛有人"，其实无人；如果有，也只是无形无影的马那，无从捉摸的精灵。可以说，首句十分准确生动地概括了山鬼的特征。"若有人兮山之阿，被薜荔兮带女萝"，是由扮演山鬼的女恋人（女巫）眼光看男性山鬼唱山鬼的……"怨公子兮怅忘归，君思我兮不得闲。山中人兮芳杜若，饮石泉兮荫松柏。君思我兮然疑作。"这几句写公子（山鬼）对于情爱由真变假，借故回避；写山中人（痴情女子，不是山鬼）像芬芳的杜若。③

钱先生的巫怪恋爱说，缺乏内外证据，显然是自相矛盾而不可取的：其一，《山鬼》诗文中既没有"山魈"那样的怪物，也没有"无形无影的马那"的描述。说山鬼是"山魈""马那"属于偏离诗文的臆想。其二，钱先生既说：山鬼是"'魍魉'，即'网两'，'网'是无影无形的弥漫游动的'马那'，'两'是无从捉摸和飘忽不定的精灵"，又引用了"精灵是魍魉，是山魈，而山魈是一种具坚利长牙，状极丑恶、性凶猛的动物，是传说中的山中怪物"。那么钱氏的山鬼到底是无形无影的马呢，还是凶猛的动物山魈呢？其三，痴情女子她怎么会爱上"其实无人、无形无影的马"呢？更不可能爱上"极丑恶凶猛的动物山魈"。其四，"山鬼的女恋人"为什么独居山中，称"山中人"？她怎么会有"乘赤豹兮从文狸，辛夷车兮结桂旗"，在无路的山林中驱车而行的超自然的神通？其五，既然山鬼是"'仿佛有人'，其实无人；如果有，也只是无形无影的马那，无从捉摸的精灵"。那么"它"怎么能与人产生"双恋式情爱"？若它无形无影，就既不可追寻也无法回避。钱氏所述的"魍魉、马那"显然与《山鬼》中美丽纯洁、令人向往的形象大相径庭，很难让人将她与丑陋邪恶的"魍魉、马那"联系起来。其六，钱氏说："山鬼的装束是'被薜荔兮带女萝'而女恋人自己的装束是'被石兰兮带杜衡'。这一男一女的装束是不同的。"④此论显然与他的山鬼是"无形无影的马那"抵牾，"无形无影"何来"装束"？

至于山鬼前后装束不同，陆天华先生之解释可参考：

> "若有人兮山之阿，被薜荔兮带女萝。既含睇兮又宜笑，子慕予兮善窈窕？"这是她梳妆打扮时的唱词。"乘赤豹兮从文狸，辛夷车兮结桂旗。被石兰兮带杜衡，折芳馨兮遗所思！"当是她出发时换了服饰。作者抓住女子特有的爱美心理，用选换服饰这一细节写出神女对待这次相会的认真态度：她要以最美的风采出现在情人面前⑤。

钱玉趾先生说："屈原时代的山神应为男性。"⑥"《山海经》没有说到众多山神中有女性或雌性山神，所以我们认为《山海经》的山神不可能是女性。"⑦《山海经》中的山神是什么性别，书中大多没有说明，就算他们都是男性吧。但是，《山海经》中还是有女山神的。例如，《中次十二山》："洞庭之

① 钱诵甘：《九歌论析》，台湾商务印书馆1994年版。

② 游国恩：《游国恩学术论文集》，中华书局1999年版，第111、108页。

③ 钱玉趾：《山鬼：〈九歌〉中的负心汉——〈云中君·河伯·山鬼〉的全新剖解及翻译》，《西南民族学院学报》（社科版）1999年第1期，第87、88页。

④ 钱玉趾：《山鬼：〈九歌〉中的负心汉——〈云中君·河伯·山鬼〉的全新剖解及翻译》，《西南民族学院学报》（社科版）1999年第1期，第87页。

⑤ 陆天华：《屈原〈九歌·山鬼〉之我见》，《杭州大学学报》1995年第4期，第86—91页。

⑥ 钱玉趾：《山鬼：〈九歌〉中的负心汉——〈云中君·河伯·山鬼〉的全新剖解及翻译》，《西南民族学院学报》（社科版）1999年第1期，第86页。

⑦ 钱玉趾：《〈湘夫人〉〈湘君〉〈山鬼〉：古代爱情诗的佳绝之作》，《西南民族学院学报》（社科版）1999年第8期，第103页。

山……帝之二女居之，是常游于江渊。澧沅之风，交潇湘之渊，是在九江之间，出入必以飘风暴雨。是多怪神，状如人而载蛇。”钱先生否定《山海经》有“女山神”纯属没有证据的偏见。再有，宋玉《高唐赋》中也有“巫山神女”。《史记·秦始皇本纪》：二十八年，始皇还，浮江，至湘山祠。逢大风，几不得渡。上问博士曰：“湘君何神？”博士对曰：“闻之，尧女，舜之妻，而葬此。”湘山祠的“尧女，舜之妻”，当属先秦流传下来的“湘山女神”。众多反证说明，钱玉趾先生的“屈原时代的山神应为男性”不能成立。

结 论

山鬼的形象，必须以《山鬼》文本为依据，学人所说的“巫山女神”“迎神女巫”“魍魉”“马那”等等，都与文本不符。大历四年，杜甫五十八岁“过湘阴，谒湘夫人祠”有诗《祠南夕望》：“百丈牵江色，孤舟泛日斜。兴来犹杖屦，目断更云沙。山鬼迷春竹，湘娥倚暮花。湖南清绝地，万古一长嗟。”明末清初黄生《杜诗说》评论曰：“日夕望祠，仿佛山鬼、湘娥，如见灵均所赋者。因叹地虽清绝，而俯仰与怀，万古共一长嗟，此借酒杯以浇块磊。山鬼、湘娥，即屈原也。屈原，即少陵也。”① 明代汪瑗《楚辞集解》，其《山鬼》按则有：“屈子作此，亦借此题以写己意耳，无关于祀事也。”②

山鬼无论是在气质上或品行上都和誓死不与世俗同流合污的屈原类同，山中恶劣的环境就是诗人所处政治环境及悲惨命运的写照，山鬼就是屈原灵魂的幻化。

① 黄生撰；徐定祥点校：《杜诗说》，黄山书社 1994 年版。

② 汪瑗撰；董洪利点校：《楚辞集解》，北京古籍出版社 1994 年版，第 137 页。

就《九歌》与林河先生商榷

摘要：林河先生的《〈九歌〉与沅湘民俗》并未采用将古籍文典、考古文物和田野民俗三者糅合，相互交叉、彼此融合的三重证据法。书中没有对屈原时代背景的真正关注，没有对屈原生平的相关研究，没有对《九歌》原文的精读，而是把《九歌》与当今的沅湘民俗直接相联，把其中的大部分篇章解释为女巫对男神的调情，从而将高雅如阳春白雪的《九歌》下里巴人化。

关键词：九歌；沅湘民俗；祭祀

被学术界列为当代“屈学八怪”之一的林河先生，在海内外有“奇人奇才”之称。林河先生重视田野调查，重视从民俗、歌谣中取“活”证。在中国南方民族民俗、歌谣、傩戏、少数民族文学研究方面，“独辟蹊径、创见叠出”。

但是，林河先生的《〈九歌〉与沅湘民俗》，似乎不是完善的研究成果。林先生从今存沅湘民歌考察楚辞体的民歌渊源，角度很新，但是并未找到屈原《九歌》与这些民歌有内在关联的例证，没有这些当今民歌在战国时期就已存在的依据。故而有些结论缺乏说服力。

现就《〈九歌〉与沅湘民俗》的一些疑问，提出来与林河先生商榷，请斧正。

一、林河先生立论基础不稳

林河先生说：

> 以往的专家学者，有的从未涉足《九歌》的诞生之地——南郢沅湘；有的虽然生长在江湘或长期在南郢沅湘间工作，但由于他们士大夫的身份，限制了他们深入下层，更难于深入到穷乡僻野的少数民族中去。而沅湘间的有些少数民族，恰恰是先楚遗民，是保存楚文化最多的民族。因此，这些《楚辞》专家，在研究《九歌》时往往先天不足和后天失调，这就决定了他们很难对《九歌》进行深入的研究。①

林河先生说“屈原《九歌》基本上是在南郢沅湘间作的”缺乏依据，说“沅湘间的有些少数民族，恰恰是先楚遗民”也没有证据，哪些是先楚遗民保存的楚文化，他也没有举例说明。林河先生认为除他以外，“以往的专家学者……很难对《九歌》进行深入的研究”，“受过巫文化熏陶的屈原，在沅湘之间，如果不是起居于小民之家，对沅湘间的祭祀风俗作详细的‘田野考察’，他的作品中，也许就不会出现有《九歌》了。”② 林河先生这些论述皆脱离实际没有说服力。现略举几例分析之。

二、《九歌》与“南郢沅湘”

（一）《九歌》是屈原在南郢沅湘间作的吗？

屈原简历：

> 浦江清考定屈原生于楚威王元年（前339年），邹汉勋等推定屈原为前343年生。汤炳正推算，屈原生于前342年。我们暂取屈原为：前343—前339年之间出生。
>
> 前343—前339年（?）屈原出生。
>
> 约怀王十年、十一年（前318年）为楚怀王左徒。
>
> 怀王十四年（前315年）“屈原为楚东使于齐，以结强邻”。
>
> 怀王十五年（前314年）“王怒而疏屈平”去其左徒不复在位。
>
> 怀王十七年（前312年）哀悼蓝田大战中死去的将士作《国殇》。
>
> 怀王十八年（前311年）“怀王悔不用屈原之策，复用屈原使齐”。

① 林河：《〈九歌〉与沅湘民俗》，三联书店上海分店1990年版，第1页。

② 林河：《〈九歌〉与沅湘民俗》，三联书店上海分店1990年版，第86页。

怀王二十五年（前304年）怀王与秦昭王盟，约于黄棘。

约在怀王二十五年前后屈原流放汉北。

怀王二十九年（前300年）屈原回郢都（复被用?）。

怀王三十年（前299年）秦留怀王。

顷襄王三年（前296年）“怀王客死，兰咎屈原”。

顷襄王四年（前295年）迁放夏浦鄂渚。《屈原列传》：“令尹子兰闻之大怒，卒使上官大夫短屈原于顷襄王，顷襄王怒而迁之。”

约顷襄王十三年（前286年）迁逐湘中溆浦。

约顷襄王十七年（前282年）迁长沙汨罗。

约顷襄王十九、二十年（前279年），屈原投水。

顷襄王二十一年（前278年）“秦大良造白起伐楚，拔郢，烧夷陵”。

从屈原简历看，怀王十七年（前312年）屈原（约27—31岁）为哀悼兰田大战中死去的将士，作《九歌·国殇》的可能性较大。《九歌》中其他作品也是前312年前后所作。

林河先生也说：“一般学者认为《九歌》是屈原29岁左右时所作。”也就是《九歌》是怀王十七年（前312年）兰田大战前后所作，可那时屈原还没有到过沅湘。林河先生更没有提供屈原29岁前到过沅湘的信息。

顷襄王四年（前295年）屈原东迁夏浦时已经44—48岁，而他在《涉江》中说到沅湘的时间就更晚了。可见林河先生所说的“屈原《九歌》基本上是在南郢沅湘间作的”① 与他的“《九歌》是屈原29岁左右时所作”自相矛盾。

林河先生说：

> 受过巫文化熏陶的屈原，在沅湘之间，如果不是起居于小民之家，对沅湘间的祭祀风俗作详细的“田野考察”，他的作品中，也许就不会出现有《九歌》了。②

这就更令人难以置信了。《九歌》中的《东皇太一》……《国殇》，是“小民之家”可能举行祭祀的风俗吗?

屈原什么时候有过“对沅湘间的祭祀风俗做过详细的‘田野考察’”? 林河先生把“举世皆浊我独清，众人皆醉我独醒”的屈原大夫，打扮成“起居于小民之家，对沅湘间的祭祀风俗作详细的‘田野考察’”的现实主义作家，这也太离谱了吧!

林氏还说：

> 一些著名的楚辞专家，远者如王逸、朱熹，近者如郭沫若、胡适，都因缺乏田野考察，单凭书本考证，因而未能有所突破。③

林氏把田野考察不切实际地提高到不恰当的位置、随主观之好恶而褒贬的评价，也缺乏说服力。

（二）《九歌》诞生于“南郢沅湘”吗?

林河先生说“《九歌》的诞生之地——南郢沅湘”④，说侗歌（gà jiù），“gà”是歌的意思，“jiù”就是“九”。侗语喜欢把动词或形容词放在名词之前，因此“gà jiù”翻译成汉语，便是“九歌”。“九（jiù）”在侗语中的本意就是“大鬼”的意思。因此，《九歌》就是《大鬼歌》。

像这样脱离文献、不要考古资料，单凭一些沅湘民俗考察，就把古老的屈原《九歌》与当今的少数民族民歌等同起来的结论，显然缺乏说服力。《九歌》中的神鬼，没有一个在林河先生的沅湘田野考察、民俗资料中出现过。《云中君》的“览冀州兮有余，横四海兮焉穷”，不会渊源于“南郢沅湘”，“河伯”更不会源于“南郢沅湘”。《国殇》则是吊唁楚军阵亡将士的颂歌，这些都与沅湘民俗无关。

---

① 林河：《〈九歌〉与沅湘民俗》，三联书店上海分店1990年版，第87、15页。

② 林河：《〈九歌〉与沅湘民俗》，三联书店上海分店1990年版，第86页。

③ 林河：《〈九歌〉与沅湘民俗》，三联书店上海分店1990年版，第23页。

④ 林河：《〈九歌〉与沅湘民俗》，三联书店上海分店1990年版，第66、70页。

三、实际的《九歌》与林河说不符

（一）《九歌》中没有女神吗？

林河先生说：

《九歌》中没有女神。湘君是男神，湘夫人是湘君的夫人，她是神的妻子，而不是神，就像官太太是官的妻子而不是官一样，界限十分分明。①

如果按湘夫人是神的妻子而不是神的逻辑似乎可得出“某夫人是人的妻子，而不是人”这样荒谬结论。林氏“官太太是官的妻子而不是官”同样是不合逻辑的诡辩。“神”是一个含义较广的大概念。一般来说“神”是可与“人”并立的大概念。而“官”是“人”这个概念中的一小部分。特称否定，不能作为全称否定的充分必要条件，不能从“官太太是官的妻子不是官”得出“神的妻子不是神”的结论。

再说，“官太太是官的妻子而不是官”这个结论也不能成立，因为有些“官太太也是官”。一般的情况下，“人”的太太是人，“神”的妻子大多是神（原来不是神，也可变为神）。

林河先生说：“神是按人间的模式创造的。”——既然人间的官是人中的小部分，那么天上的“神”也不可能都是有明确“职务”的大神。既然人间有女人，天上当然有女神。用《辞海》中“神”的定义去否定湘夫人是女神，是典型的本本主义。请问，湘夫人若不是神，她是什么？

还是看看林河先生的自我否定吧：“我们在《九歌》中所看到的‘湘夫人’的形象，这是男神时代女神所共有的悲哀。”在“湘君”章里，林河先生进一步说：“一位女神与一位男神已经互赠了信物，结成了临时伴侣。”② 一会儿说“《九歌》中没有女神”“湘夫人不是神”，一会儿说“湘夫人是女神”。如此自相矛盾怎么去说服别人呢？

先秦有女山神，见下：

宋玉《高唐赋》有“巫山神女”。《水经注》卷三十四《江水》：

丹山西即巫山者也。又帝女居焉，宋玉所谓天帝之季女，名曰瑶姬，未行而亡，封于巫山之阳，精魂为草，实为灵芝。所谓巫山之女，高唐之阻，旦为朝云，暮为行雨。朝朝暮暮，阳台之下。旦早视之，果如其言，故为立庙，号朝云焉。

《山海经》③：

又东二百里，曰姑媱之山。帝女死焉，其名曰女尸，化为䔄草，其叶胥成，其华黄，其这关如菟丘，服之媚于人。（中次七山）

又东南一百十里，曰洞庭之山，其上多黄金，其下多银铁，其木多柤梨橘櫾，其草多葌、蘪芜、芍药、芎藭。帝之二女居之，是常游于江渊。澧沅之风，交潇湘之渊，是在九江之间，出入必以飘风暴雨。（中次十二山）

《史记·秦始皇本纪》：

二十八年，始皇还，浮江，至湘山祠。逢大风，几不得渡。上问博士曰：“湘君何神？”博士对曰：“闻之，尧女，舜之妻，而葬此。”

此“湘君神”当是先秦之留存。“巫山”“洞庭山”“湘山”的山神都是女性。

（二）屈原《九歌》不是祭歌

从《九歌》的渊源看，夏启《九歌》就不是祭歌，屈原《九歌》中也找不到林河先生所说“虔诚地求神赐福”④ 的祀神词。

从《九歌》神灵的布局看，有三位水神，小小的湘水就占了两位；《九歌》中有山鬼，有《国殇》，反而没有（楚简）楚人祭祀中非常重视的“祝融、鬻熊”与“大水”。这说明《九歌》不是楚国祭祀用歌。

---

① 林河：《〈九歌〉与沅湘民俗》，三联书店上海分店1990年版，第47、48页。

② 林河：《〈九歌〉与沅湘民俗》，三联书店上海分店1990年版，第50、135页。

③ 袁珂：《山海经校译》，上海古籍出版社1985年版，第124、145页。

④ 林河：《〈九歌〉与沅湘民俗》，三联书店上海分店1990年版，第91页。

从楚王“祭不越望”看，《九歌》有《河伯》篇，反而没有江、汉、雎、章，楚之望的四水之神，说明《九歌》不是楚国的祭歌。

《国殇》是与《九歌》中其他诗篇主题不同的另类，也是与祀神无关的诗作。祭祀必须建立在对鬼神的真诚的敬畏和祈求的基础上，《九歌》不符合祭祀的这些特征。

有关《九歌》的其他问题请看本书《〈九歌〉的猜想、随笔》等篇。

结　论

1. 屈原《九歌》多数不是来源于南郢沅湘民俗。

2.《九歌》是屈原为了抒发感情的文艺作品，不是用于祭祀的乐歌。《九歌》多数诗篇没有求神赐福的内容，没有娱神的内容，大多数不采用男神女巫对唱的乐歌形式。

3. 屈原《九歌》可能是怀王中期在郢都附近写成。战国时期的屈原大夫不大可能先对沅湘间的祭祀风俗作详细的“田野考察”再写作《九歌》。

4. 林河先生的《〈九歌〉与沅湘民俗》并未采用将古籍文典、考古文物和田野民俗三者糅合起来，相互交叉、彼此融合的三重证据法。书中没有对屈原时代背景真正关注，没有重视屈原生平研究，没有对《九歌》原文精读，而是把《九歌》与当今的沅湘民俗直接相联，把《九歌》的很多篇章解释为女巫对男神的调情，从而将高雅如阳春白雪的《九歌》下里巴人化。

试论《离骚》创作时间

摘要：楚怀王二十九年屈原从汉北返回郢都到顷襄王三年这期间屈原虽未被重用，但心情比放流时平和，从时间、地点、心境等主客观条件看都适宜长篇《离骚》的写作。《离骚》本来是要献给楚怀王的，怀王客死后，屈原就把它呈献给顷襄王。其时屈原“既咎子兰以劝怀王入秦而不反”，《离骚》中又有“怨恶椒、兰”的描述，致使令尹子兰大怒“卒使上官大夫短屈原于顷襄王，顷襄王怒而迁之”。

关键词：屈原；放逐；离骚

屈原的《离骚》是我国最早的抒情长诗，它开创了骚体诗歌形式，对后世有深远影响，可谓“逸响伟辞，卓绝一世”，在中国文学史上具有极为重要的地位。关于《离骚》的创作时地分歧很大。就近现代而论，大致有以下几种说法：

1. 写于被疏时有：林庚①、姜亮夫②、陆侃如③、汤炳正④、褚斌杰⑤、黄震云⑥、周秉高⑦等。

2. 写于流放汉北时有：胡念贻⑧、金开诚、孙作云⑨、戴志钧、赵逵夫⑩等。

3. 始作于怀王时而完成于顷襄王初：钱玉趾⑪、詹安泰⑫等。

4. 作于顷襄王放屈原于江南时：郭沫若⑬、游国恩⑭、陈子展⑮、潘啸龙⑯等。

5.《离骚》是屈原的绝笔诗：江立中⑰、王锡三⑱等。

要确定《离骚》的写作年代，既要了解屈原生平和历史背景，全面掌握司马迁关于《离骚》的论述，更要读懂《离骚》和相关的屈原作品，理顺各方面的信息，综合判断之。

司马迁《屈原列传》所阐述的：“虽放流，眷顾楚国，系心怀王，不忘欲反，冀幸君之一悟，俗之一改也。其存君兴国而欲反覆之，一篇之中三致志焉。”或许就是《离骚》的写作宗旨。

一、屈原放逐著《离骚》

（一）“屈原放逐著《离骚》”是汉人一致的意见

《太史公自序》：

屈原放逐，著《离骚》。⑲

司马迁《报任少卿书》：

屈原放逐，乃赋《离骚》。

---

① 林庚：《诗人屈原及其作品研究》，上海古籍出版社 1981 年版，第 76 页。

② 姜亮夫：《屈原事迹续考》，《楚辞学论文集》（八），云南人民出版社 2002 年版，第 50 页。

③ 陆侃如、冯沅君：《中国诗史》，山东大学出版社 2000 年版，第 98 页。

④ 汤炳正：《〈屈原列传〉新探》，《文史》1962 年 10 月第 1 辑，第 33—43 页。

⑤ 褚斌杰：《楚辞要论》，北京大学出版社 2003 年版，第 29 页。

⑥ 黄震云：《〈离骚〉的写作时地和屈原三次“放逐”》，《南开学报》（哲社版）1995 年第 6 期，第 51—56 页。

⑦ 周秉高：《论〈离骚〉作于楚怀王十六年秋》，《职大学报》2017 年第 1 期，第 1—9 页。

⑧ 胡念贻：《先秦文学论集》，中国社会科学出版社 1981 年版，第 349—350 页。

⑨ 孙作云：《屈原在楚怀王时被放逐的年代》，《光明日报》1953 年 10 月 3 日。

⑩ 赵逵夫：《〈离骚〉的创作时地考》，《江西社会科学》1986 年第 4 期。

⑪ 钱玉趾：《〈屈原列传〉的错排与〈离骚〉的写作年代》，《南通师范学院学报》（哲社版）2003 年第 1 期。

⑫ 詹安泰：《离骚笺疏》，湖北人民出版社 1981 年版。

⑬ 郭沫若：《屈原赋今译》，人民文学出版社 1954 年版，第 126 页。

⑭ 游国恩：《楚辞论文集屈原作品介绍》，古典文学出版社 1957 年版。

⑮ 陈子展：《楚辞直解》，复旦大学出版社 1996 年版，第 423 页。

⑯ 潘啸龙：《〈离骚〉作于顷襄八九年考》，《复旦学报》（社科版）1982 年第 1 期。潘啸龙：《〈离骚〉当作于顷襄王八九年间》，《职大学报》2014 年第 5 期，第 1—5 页。

⑰ 江立中：《论〈离骚〉是屈原的绝笔诗》，《中国人民大学学报》1995 年第 3 期，第 78—83 页。

⑱ 王锡三：《谈〈离骚〉的结构艺术》，《天津师大学报》（社科版）1995 年第 4 期，第 62—66 页。

⑲ 司马迁：《史记》，岳麓书社 1988 年版，第 945 页。

刘向《新序·节士》：

使张仪之楚，货楚贵臣上官大夫靳尚之属，上及令尹子兰、司马子椒，内赂夫人郑袖，共谮屈原。……屈原遂放于外，乃作《离骚》。①

班固《汉书·贾谊传》：

屈原，楚贤臣也。被谗放逐，作《离骚》赋。②

《地理志》：

始楚贤臣屈原被谗放流，作《离骚》诸赋以自伤悼。③

王逸《离骚序》说：

离，别也。骚，愁也，经，径也，言己放逐离别，中心愁思，犹依道径以风谏君也。……其子襄王，复用谗言，迁屈原于江南。④

屈原放逐著《离骚》是司马迁等汉人一致的看法，这个权威意见不能违背。

（二）怀王时屈原曾被放流汉北

《屈原列传》："屈平既嫉之，虽放流，睠顾楚国，系心怀王，不忘欲反，冀幸君之一悟，俗之一改也。"⑤

可见屈原被怀王"放流"过。

《楚辞补注》："当顷襄王之三年，怀王卒于秦。顷襄听谗，复放屈原。"⑥ 既言顷襄王"复放屈原"，则怀王必然流放过屈原。

《抽思》："有鸟自南兮，来集汉北。好姱佳丽兮，牉独处此异域。"这与《惜诵》的"欲高飞而远集兮"都是以鸟喻己。《抽思》之汉北，即屈原流放之处。

正如潘啸龙先生所说：

这首诗中，屈原对他的到汉北"独处"，表示了极大的痛苦和悲愤。他埋怨孟夏的短夜，竟像一年那么长；他思念辽远的国都，至于"魂夕而九逝"。但是，他能离开这个"异域"而返回国都去吗？他能够向怀王申诉自己的冤屈吗？并不能。屈原痛切地诉说："道卓远而日忘兮，愿自申而不得。望北山而流涕兮，临流水而太息。"这不是"放逐"生涯又是什么？⑦

《思美人》："指嶓冢之西隈兮……吾且儃佪以娱忧兮，观南人之变态。"此时屈原被放于汉北，故称郢都朝中小人为"南人"。

《惜往日》："心纯庬而不泄兮，遭谗人而嫉之。君含怒而待臣兮，不清澈其然否。蔽晦君之聪明兮，虚惑误又以欺。弗参验以考实兮，远迁臣而弗思。""君含怒而待臣"是"王怒而疏屈平"的写照。"远迁臣而弗思"则是怀王迁屈原于汉北的表述。

《卜居》："屈原既放，三年不得复见。竭知尽忠，而蔽障于谗。"

东方朔《七谏·谬谏》："念三年之积思兮，愿壹见而陈辞。"

两者是说同一件事。屈原放逐三年期满，可以回郢都，期望复见怀王解决"蔽障于谗"的问题。但是，屈原没有任职心烦虑乱，不知所从，所以往见太卜郑詹尹。

卜居者，咨询居处也，也就是询问走哪条路，往何处去的问题。其"宁正言不讳以危身乎？将从俗富贵以偷生乎？……"说明他面对着两种人生道路可以选择。

太卜曰："用君之心，行君之意。"——劝他自己的路，自己选。

《卜居》或为虚构之文，但是它真实地反映了诗人如何选择今后人生道路的问题，也不排除屈原从汉北回郢都的途中，去鄢旧都祖庙拜访、咨询留守的太卜，促成他写作此文。这些都是怀王之时，屈原

① 卢元骏：《新序今注今译》，天津古籍出版社 1987 年版，第 240 页。
② 班固：《汉书》，中华书局 1999 年版，第 1708 页。
③ 班固：《汉书》，中华书局 1999 年版，第 1328 页。
④ 洪兴祖：《楚辞补注》，中华书局 1983 年版，第 2 页。
⑤ 司马迁：《史记》，岳麓书社 1988 年版，第 628 页。
⑥ 洪兴祖：《楚辞补注》，中华书局 1983 年版，第 135 页。
⑦ 潘啸龙：《关于屈原放逐问题的商榷》，《安徽师范大学学报》1980 年第 3 期，第 90 页。

被放汉北三年的确凿证据。

（三）楚怀王十五至十八年间不存在屈原被放汉北之事

据《屈原列传》记载，楚怀王十五年“王怒而疏屈平”，怀王十六年“屈原既绌，张仪诈楚”，怀王十八年“是时屈原既疏，不复在位，使于齐”。

文中的“疏”就是疏远不再信用，“绌”同黜，即免去左徒之职“不复在位”。

从“王疏屈平”到“屈原既绌”到“是时屈原既疏，不复在位”。可见从怀王十五年至十八年，屈原一直处于疏、绌、不在位的状态，其时不存在被放汉北之事。

（四）正确对待司马迁的这几段话

《屈原列传》：

屈平疾王听之不聪也，谗谄之蔽明也，邪曲之害公也，方正之不容也，故忧愁幽思而作《离骚》。……屈平之作《离骚》，盖自怨生也。

虽放流，眷顾楚国，系心怀王，不忘欲反，冀幸君之一悟，俗之一改也。其存君兴国而欲反覆之，一篇之中三致志焉。

屈原放逐，著《离骚》。

第一段话因为紧接在“王怒而疏屈平”之后，所以它成为“怀王十六年作《离骚》论”者的王牌，其实这只是一种误判。首先，司马迁论述中没有屈原疏而作《离骚》的确切信息。其次，司马迁和很多汉人都有屈原放逐著《离骚》的明确表态。最后，司马迁的论述和屈原作品中都有怀王放流屈原的信息。只要全面正确理解司马迁的这几段话，就可以判断“屈原放逐著《离骚》”才是正解。

二、《离骚》内容反映的创作时间

《离骚》构思完整，层次分明，条理清晰，是屈原经受了多年的挫折磨炼、经过深思熟虑后的力作。作《离骚》时不论思想境界，还是文辞艺术上屈原均已成熟、精进，它是屈诗最高水平的代表作。从《离骚》内容看（为了叙述方便，权且分为三大段）：

第一部分叙出身、志向、理想。他慢悠悠地从“帝高阳之苗裔兮，朕皇考曰伯庸”说起，可见写《离骚》时心态比较平和，时间也很充裕。还写了与楚怀王的关系和怀才不遇、忠而被谤的忧伤。第二部分：女媭的劝告，“就重华而陈词”，“路漫漫其修远兮，吾将上下而求索”的神游；其后为求女失败，“命灵氛为余占之”；在巫咸、灵氛的劝导下，决定“吾将远逝以自疏”，可是“忽临睨夫旧乡”，“仆夫悲余马怀兮，蜷局顾而不行”——《离骚》中的主人公，有“仆人（车夫）”伺候，假如是流放似乎不会有“仆人伺候”。既“托言仆悲、马怀”不愿离开“旧乡”，可见其时身在郢都（旧乡），并没有流放在外。其“朝发轫于天津兮……指西海以为期”等等，都是屈原想象中的“神游”，不能作为其身所在之处。第三部分“乱曰：已矣哉，国无人莫我知兮，又何怀乎故都；既莫足为美政兮，吾将从彭咸之所居”——表明屈原对楚王和国人的失望。

屈骚比兴寓意，寄情于景，一唱三叹，迂回曲折，乃是其内心的写照，《离骚》中诗人的感情是随情节发展而变化的，不同叙事阶段有不同的感情。例如：起初是“不抚壮而弃秽兮，何不改乎此度？乘骐骥以驰骋兮，来吾导夫先路”，当中有“屈心而抑志兮，忍尤而攘诟；伏清白以死直兮，固前圣之所厚”，最后说“已矣哉，国无人莫我知兮，又何怀乎故都；既莫足为美政兮，吾将从彭咸之所居”，从这些表述看，各阶段其心态明显不同。

有的学者之所以认为“作《离骚》时屈原虽很失望，但尚未绝望，并欲进取而有所为”，有的则认为“屈原已经完全绝望，不仅感到自身前途无望，而且对楚国也不再抱希望”，就是因为不同的论者分别揪住《离骚》中不同叙事阶段感情不同的结果。

《离骚》其文，既称“老冉冉其将至”，又有九死不悔、体解未变以及死直、危死之言、去国远逝之想等等，这些内容不是怀王十六至十八年、屈原正当壮年、仅仅遭疏就有的心态，而是受到不少打击之后才写的。正如杨义先生所说：在“伤灵修之数化。……哀众芳之芜秽。……恐修名之不立。……”之后，连续出现了三个“死”字：“亦余心之所善兮，虽九死其犹未悔”“宁溘死以流亡兮，余不忍为此态也”“伏清白以死直兮，固前圣之所厚”——这是屈原“在屡受挫折和磨难中，以死亡意识证明生命价值”。①

《离骚》的主人公，在广阔的时空中驰骋神游，多与思潮起伏相对应。《离骚》中的怨恨、规劝、倾诉、担忧，大多针对怀王。例如文中的“乘骐骥以驰骋兮，来吾道夫先路”“初既与余成言兮，后悔遁而有他。余既不难夫离别兮，伤灵修之数化”，等等，说明《离骚》始作于怀王之时，本来打算呈献给楚怀王的……《离骚》中对君王虽然有幽怨之辞，但是称君王均为“美人、灵修、哲王”，表现了屈原对楚怀王的深挚感情，而不是针对刚刚继位的顷襄王。因为怀王被扣留在秦，顷襄王三年怀王客死后屈原只好把《离骚》呈献给顷襄王。

刘永济先生认为：《离骚》作于怀王二十八年至顷襄王元年。其说与《离骚》本文相符。②

三、从屈原的生平看《离骚》的创作时间

（一）春秋战国时五十岁可以称老

所谓西伯善养老者，制其田里，教之树畜，导其妻子，使养其老。五十非帛不暖，七十非肉不饱。不暖不饱，谓之冻馁。文王之民，无冻馁之老者，此之谓也。（《孟子离娄·尽心》上）

这是五十岁能享受“养老”待遇的证明。

子曰：“加我数年，五十以学《易》，可以无大过矣。”③（《论语·述而》）

举民年五十以上，有脩行，能帅众为善，置以为三老，乡一人。④（《汉书》卷一）

夫子老而好易。居则在席，行则在橐。（马王堆汉墓帛书《周易·要》）

五十以上曰老。（《论语义疏》）

这些都是五十岁可以称老的旁证。

（二）顷襄王三年《离骚》面世是顷襄王怒而迁屈原之导火线

顷襄王三年怀王客死，屈原将《离骚》上呈顷襄王。屈原“既咎子兰以劝怀王入秦而不反”，《离骚》中又有“怨恶椒、兰”埋怨楚王的言论，故而子兰闻之大怒，指使上官进谗，以致“顷襄王怒而迁之”。顷襄王四年春，屈原开始“东迁”流亡。

（三）顷襄王三年屈原四十几岁正是“老冉冉其将至”之时

清代邹汉勋，近现代刘师培、钱穆、张汝舟、姜亮夫、游国恩、蒋南华等人都认为屈原生于前343年夏历正月二十一日。浦江清认为：屈原生于前339年的夏历正月十四。按此推算，顷襄王三年《离骚》上呈顷襄王时屈原为44岁到48岁，合于老冉冉其将至。

四、“《离骚》作于怀王十六年等”商榷

（一）怀王十六年“流放前作《离骚》论”

周秉高先生说：《离骚》最后写屈原行将去国，“陟升皇之赫戏兮，忽临睨夫旧乡。仆夫悲余马怀兮，蜷局顾而不行”，这几句诗证明诗人此时即将离开郢都但尚未正式踏上放逐之途。⑤周先生的“写《离骚》时诗人在郢都”大体正确。但是周先生的屈原在离开郢都即将踏上流放汉北之路时，即怀王十六年，他“忧愁幽思而作《离骚》”⑥，“《离骚》作于楚怀王十六年秋”⑦似乎可以商榷。

像《离骚》这样的长篇巨著，没有几年时间恐怕难以完成。要在即将踏上流放汉北之路的楚怀王十六年秋将《离骚》写出来几乎是不可能的。而且从《离骚》的文本看，诗文开始曰：“帝高阳之苗裔兮，朕皇考曰伯庸。摄提贞于孟陬兮，惟庚寅吾以降。皇览揆余初度兮，肇锡余以嘉名：名余曰正则兮，字余曰灵均……”屈原从“灵均”的出生缓缓道来，可见其时作者的心态比较平和，难以与即将

---

① 杨义：《〈离骚〉的心灵史诗形态》，《文学遗产》1997年第6期，第28—29页。
② 刘永济：《屈赋通笺屈笺余义》，中华书局2007年版，第218-219页。
③ 杨伯峻：《论语译注》，岳麓书社2009年版，第80页。
④ 刘向：《汉书》，中华书局1962年版，第33页。
⑤ 周秉高：《被疏与放逐》，《光明日报》2015年5月11日。
⑥ 周秉高：《屈原流放汉北考》，《职大学报》2014年第4期，第4页。
⑦ 周秉高：《论〈离骚〉作于楚怀王十六年秋》，《职大学报》2017年第1期，第1—9页。

踏上流放之路联系。

再说，周先生认为“屈原放逐乃著《离骚》是汉人的记载，是当时著名历史学家司马迁和刘向一致的看法”① 必须采信。周先生所说的屈原流放汉北前作《离骚》，显然与司马迁等汉人所说的屈原放逐作《离骚》抵牾。既然从《离骚》内容看，诗人是在郢都时所作，那么就应该依从司马迁和刘向等汉代人一致的看法：“屈原放逐乃著《离骚》。”——屈原是经过汉北流放、回郢都以后才写的《离骚》。

（二）《离骚》作于怀王十六年被疏时？

邹汉勋说：“考张仪去秦相楚，诈楚绝齐，皆在怀王十六年，则原之见放作《离骚》，必是年也。”② 这个观点与《史记》矛盾，与《卜居》等记叙不合。

林庚先生说：“《离骚》《抽思》，盖均在被放之前，其时屈原方当少年。”③ 其说与《离骚》内容不符，但是他的“屈原作《离骚》时正是徘徊于治世与退隐之间”还是可取的。

汤炳正先生认为：“《离骚》之作，当在怀王十六年以后，亦即屈原遭谗被疏之时。”④

汤先生说：

> （1）及荣华之未落兮，相下女之可诒。(2) 及年岁之未晏兮，时亦犹其未央。(3) 及余饰之方壮兮，周流观乎上下。就时间的称谓来看，其曰“未落”，曰“未晏”，曰“未央”，曰“方壮”，则显指壮年而言。⑤

可是，汤先生在《楚辞今注》中却说“荣华之未落”中，“荣华”此指上文琼枝玉佩，“余饰之方壮”，壮，美盛貌。⑥ 这就与他所说“显指壮年而言”自相抵牾。

汤先生的“怀王十六年，屈原三十多岁时作《离骚》”⑦ 与《离骚》总体精神不符，与“伤灵修之数化”等记述不合。汤先生把“老冉冉其将至”强行纳入“显指壮年而言”，而把写《橘颂》定于顷襄王元年，用“幼、少橘树”来象征四十五六岁的自己，两者相比实在有点强词夺理。

孙作云先生指出“老冉冉其将至兮，恐修名之不立”，正是套用《论语》所说的：“四十、五十而无闻兮，斯亦不足畏也已！”（《子罕篇》）“修名之不立”即是“无闻”，可见作此文时，屈子应该是四十以上的人。⑧

（三）《离骚》作于怀王十六年汉北时？

陆侃如先生说：

> 《史记》未说明他去职的年月，但下文接叙十六年绝齐事，可见去职总在这年以前……《离骚》即作于此时；终于放出去，事在楚怀王十六年……其地点则当是汉北；此时（第二年）怀王觉悟了……怀王把他自汉北召回，并派他到齐国去修好。⑨

说楚怀王十六年放逐屈原于汉北……第二年召回，既与《史记》矛盾，又与《卜居》“屈原既放，三年不得复见”不合，因而没有说服力。

陈学文先生则认为《离骚》约在：

> 楚怀王十六年至怀王十八年间被绌或待放于汉北时所作；末尾诗人“忽临睨夫旧乡”，此“旧乡”当然是指楚国，具体来讲是指郢都。不过这时诗人已“陟升皇之赫戏”，是从天上看人间，其身已不在国都，故称过去生活的国都为“旧乡”。⑩

由此可证此时屈原当已不在郢都。否则，他怎会称之为“故都”？

如此推理令人不解。其一，把诗人神游之“陟升皇之赫戏”等同于现实，似乎与说梦无异。其二，

---

① 周秉高：《论〈离骚〉作于楚怀王十六年秋》，《职大学报》2017 年第 1 期，第 3 页。

② 邹汉勋：《邹叔子遗书》（第 11 册），学艺斋文存，第 22 页。

③ 林庚：《诗人屈原及其作品研究》，上海古籍出版社 1981 年版，第 76、82 页。

④ 汤炳正：《屈赋新探》，齐鲁书社 1984 年版，第 12 页。

⑤ 汤炳正：《屈赋新探》，齐鲁书社 1984 年版，第 11、12 页。

⑥ 汤炳正等：《楚辞今注》，上海古籍出版社 1996 年版，第 30、38 页。

⑦ 汤炳正：《屈赋新探》，齐鲁书社 1984 年版，第 12 页。

⑧ 孙作云：《从〈离骚〉的写作年代说到〈离骚〉、〈惜诵〉、〈抽思〉、〈九辩〉的相互关系》，《文史哲》1962 年第 4 期，第 30 页。

⑨ 陆侃如、冯沅君：《中国诗史》，山东大学出版社 2000 年版，第 98、99—100 页。

⑩ 陈学文：《〈离骚〉创作时地新探》，《武汉大学学报》2008 年第 1 期，第 12、15 页。

《离骚》中的主角神游之地有县圃、崦嵫、咸池、扶桑、若木、白水、阆风、穷石、洧盘、昆仑、天津、西极、流沙、赤水、不周、西海等等，不能把这些神话传说中的虚无缥缈之处，作为屈原行踪的依据。同理屈原“从天上看人间，忽临睨夫旧乡”，怎么能由此可证此时屈原已不在郢都呢？把屈原超越时空的遐想，作为屈原身在何地的证据，与学术求真的要求相差距太大。其三，《离骚》末段突出了屈原去与留的思想斗争，他想象中要“远逝以自疏”，可是在“陟升皇之赫戏”从天上看人间“忽临睨夫旧乡”时，仆、马却“蜷局顾而不行”了。可见屈原不但在行动中没有离开楚国，而且在思想上也不愿意离开郢都旧乡。《离骚》这段描写恰恰表明，屈原没有离开旧乡，屈原“欲远逝时”其出发点在国都，他幻想从天上看到人间旧乡……其后必然回落到旧乡郢都，而不可能流落他乡。

《离骚》《哀郢》中的旧乡、故都、故乡都是指郢都，屈原自认他的故乡是郢都，而人的故乡是不会改变的。屈原把故乡称为旧乡、故都有什么不对吗？

五、“《离骚》作于顷襄八九年放流沅湘时”商榷

（一）从“顷襄王怒而迁屈原”看《离骚》作时

潘啸龙先生在1982年《复旦学报》第1期发表《〈离骚〉作于顷襄八九年考》。在进展不大的情况下，于2013年西峡屈原学术研讨会和《职大学报》2014年第5期又再次发表，可见他对此论的重视。潘啸龙先生指出《离骚》云：

> “老冉冉其将至兮，恐修名之不立。”近人郭沫若、陈子展先生均正确地指出屈原既称“老”之“将至”，可知其写作《离骚》必在“将老未老”的五十岁上下。《离骚》又云：“余以兰为可恃兮，羌无实而容长。”“书芷变而不芳兮，荃蕙化而为茅。”王逸注此句时，把“兰”释为子兰之暗喻……与司马迁同代的东方朔《七谏》已提到“惟椒、兰之不反兮，魂迷惑而不知路”；司马迁之后的扬雄在《反离骚》中明确指出：“灵修既信椒、兰之吱任兮，吾累忽焉而不蚤睹？”可见《离骚》之传世，其“椒”“兰”暗喻子椒、子兰之意本是古义，连比较谨严的史家班固也因为《离骚》“责数怀王，怨恶椒、兰”而指斥屈原。因此，把上引诗句中的“兰”理解为暗喻子兰是没有错的。屈原的“怨恶”子兰，称其为“变而不芳”，必在怀王三十年以后。这又证明了《离骚》之作绝不能在子兰尚未当政的屈原早年“初疏”时期。①

潘先生此说正是《离骚》作于顷襄王三年屈原尚未被迁的精辟之论，而不是作于顷襄八九年迁沅湘后的依据。其一，顷襄王三年怀王客死，屈原“既咎子兰劝怀王入秦而不反”，《离骚》中又“怨恶椒、兰”之言，这才有“令尹子兰闻之，大怒。卒使上官大夫短屈原于顷襄王。顷襄王怒而迁之。”《离骚》“责数怀王，怨恶椒、兰”，正是令尹子兰和顷襄王放流屈原的借口之一。其二，假如《离骚》作于顷襄八九年屈原早已放流沅湘，《离骚》的“责数怀王，怨恶椒、兰”对顷襄王和子兰就起不到什么作用。可见潘先生之论，既与自己所说过不去，也与《屈原列传》不符。其三，潘先生认为“屈原生于公元前342年”，若《离骚》发表于顷襄王三年，屈原四十七岁，可与“老冉冉其将至”相符。若《离骚》作于顷襄王八九年，其时屈原已经五十二三岁了，对照文本中的“年岁之未晏，时亦犹其未央”年龄似乎大了点。其四，《离骚》有“何离心之可同兮，吾将远逝以自疏”，正如褚斌杰先生指出的那样：“自疏”犹言楚王不信任我，那我也就不勉强再合作相处而远去，虽带有无可奈何的性质，但仍有个人的意志、意向在内，并非被放江南时的罪臣。“如果屈原此时已被流放，那就不存在‘自疏’的问题。”②

其五，屈原《离骚》所展现的心烦意乱、歧路彷徨、波动不定之状态，显然与被放逐的情况不符。因为放逐是由楚君决定，屈原没有主观选择的可能。

（二）“济沅湘以南征”的出发点是郢都

潘啸龙先生说：

---

① 潘啸龙：《〈离骚〉当作于顷襄王八九年间》，《职大学报》2014年第5期，第2—3页。

② 褚斌杰：《楚辞要论》，北京大学出版社2003年版，第30页。

《离骚》在假托女媭对诗人进行一番规劝之后，有以下几句诗："依前圣以节中兮，喟凭心而历兹。济沅湘以南征兮，就重华而陈词。"这当然只是屈原在痛苦无诉之时的一种浪漫主义想象……诗人展开他那"南征"想象翅膀的起飞点，也应该正是写作《离骚》时的居处之地。这个地方是在哪里？上引诗句证明，它并不在汉北，而恰恰是在大江之南的沅湘一带。正因为如此，当他想象自己去向重华陈词时，只要"济沅湘以南征"即可。倘若他是在汉北或郢都，其想象便应是"济大江以南征"了。在《离骚》的第三大段中，诗人想象自己上下求索、四处碰壁以后，又返回到现实中来。这个现实的地点又在哪里呢？诗中写道："巫咸将夕降兮，怀椒糈而要之。百神翳其备降兮，九嶷缤其并迎。"蒋骥注曰："九嶷居楚南，若地主然。故山神迎众神并降以告原也。"占卜、降神，这同样是诗人的一种想象，但它总有一个现实的基点。这个想象基点在汉北或郢都吗？不是。它明明是在南楚沅湘之间，这也正是诗人当时居处的地方。①

刘树胜先生也说：

可以断定《离骚》应创作于被放江南时期，这在《离骚》中是有内证的——"济沅湘而南征兮，就重华而陈辞。"沅水、湘水在江南三湘地区，而重华的葬地又是在今湖南郴州市境，此为第一证。"朝发轫于苍梧兮，夕余至乎悬圃"，出发地在苍梧，是舜死后的葬地，在今湘江之源，此为第二证。"百神翳其备降兮，九嶷缤其并迎"，九嶷为山名，亦在湖南境内，此为第三证。②

说《离骚》作于被放沅湘，其时、地既与诗文不符，又有自我龃龉。第一，女媭"申申其詈予"时屈原当在郢都。女媭不会去屈原的流放地规劝屈原；假若屈原已经流放再去规劝他，那就太迟了。第二，《离骚》中屈原遐想"济沅湘以南征"，那么其"起始点"必在沅湘之北，可能的处所非郢都莫属，这正与"女媭规劝"他的地方相合。第三，如果写《离骚》时屈原是在大江之南的沅湘一带，那就用不着"济沅湘"。若屈原被放江南，一是在《涉江》的溆浦，一是《怀沙》《渔父》《惜往日》的汨罗，从这两地去九嶷"就重华陈辞"都不必"济沅湘"。第四，为什么不写"济大江以南征"？因为诗词不是流水账，从郢都去九嶷"就重华而陈词"，既要"济大江""济沅"，还要再往南走很多路。诗人写"济沅湘"而略去前后是简略记事。如《帝系》"舜帝，葬于九疑山，在沅湘之南"就是例证。第五，"朝发轫于苍梧兮，夕余至乎悬圃。"这是屈原想象中离开苍梧，开始"路漫漫其修远兮，吾将上下而求索"的远游，与"被放江南"无关。第六，把屈原遐想的"巫咸降神"说成又返回到现实中来显然不确。而且"百神翳其备降兮，九嶷缤其并迎"的"九嶷"与屈原流放的"沅湘之间"有三百多千米，怎么能说正是诗人当时居处的地方呢？第七，前文已论及，作《离骚》时屈原在行动上可以自由选择，还没有被流放。

胡念贻先生在《先秦文学论集》中就已经指出："'济沅湘以南征兮，就重华而陈辞'等是想象之词，不能当作事实看。"③ 正如周秉高先生所说："几十年前学术界早已解决的问题居然被重新提了出来，实在令人诧异。"④

（三）不存在《离骚》作于放逐沅湘之间的铁证

潘啸龙先生说还有一个重要证据，那就是《离骚》所用南楚方言，从中亦可探明它的写作地点。《离骚》云："谣诼谓余以善淫。"扬雄《方言》曰："诼，愬也。楚以南谓之诼。"《离骚》云："夕揽洲之宿莽。"《方言》曰："芔、莽，草也……南楚曰莽。"《离骚》云："曾歔欷余郁邑兮……"《方言》曰："曾、訾，何也。湘潭之原、荆之南鄙谓'何'为'曾'。"这些"南楚""湘潭"土语，倘不是身临其境、日久熟习，是不易掌握的，更不要说极其自然地诉诸笔墨了。《离骚》使用了"南楚""湘潭"一带的土语，正是它作于诗人放逐沅湘之间以后的铁证。⑤

① 潘啸龙：《〈离骚〉当作于顷襄王八九年间》，《职大学报》2014年第5期，第3页。

② 刘树胜：《〈离骚〉题旨别解》，《沧州师专学报》2003年第1期，第12页。

③ 胡念贻：《先秦文学论集》，中国社会科学出版社1981年版，第350页。

④ 周秉高：《论〈离骚〉作于楚怀王十六年秋》，《职大学报》2017年第1期，第7页。

⑤ 潘啸龙：《〈离骚〉当作于顷襄王八九年间》，《职大学报》2014年第5期，第3页。

首先要了解《方言》所谓的"南楚"是何处？《水经注》引孟康曰："旧名江陵为南楚。"扬雄将"南楚与江湘、江沔、江淮"并称，可见"南楚"主要是指南郡江陵地区，不一定包括"江湘"。再来看潘先生所举之例。

第一，"谣诼谓余以善淫。"王逸注："诼，犹谮也。言众女嫉妒蛾眉美好之人，谮而毁之，谓之美而淫，不可信也。"其"谮"是贬义词，乃无中生有地说人坏话，正与诗文"谣诼"相合。洪兴祖《补注》方言云："诼，愬也。楚以南谓之诼。""言众女竞为谣言，以谮愬我，彼淫人也，而谓我善淫。所谓恕己以量人。"

"诼，愬也。"其"愬"同"诉"，是中性词，可理解为告诉，申诉，与"谣诼"之"诼"其义并不相合。洪兴祖为了表示贬义还要用"谮愬"来解"诼"，可见洪氏画蛇添足地引用方言，不如王逸的"诼，犹谮也"，即便按"楚以南谓之诼"它也不是单指江湘地区。

第二，"夕揽洲之宿莽。"王逸注："草冬生不死者，楚人名曰宿莽。"《方言》曰："芔、莽，草也……南楚曰莽。"《方言》之"南楚曰莽"，显然也不是单指"江湘"。

再说，词汇具有扩散性。谢荣娥教授说：《方言》卷三第十一条："凡草木刺人……江湘之间谓之棘。"《楚辞·九章·橘颂》："曾枝剡棘。"王逸注："剡，利也。棘，橘枝，刺若棘也。"《方言》卷三第四十八条："褛裂，须捷，挟斯，败也。南楚凡人贫衣被丑弊谓之须捷。或谓之褛裂或谓之褴褛，故左传曰筚路褴褛以启山林，殆谓此也。"《方言》卷二第三条："娃、嫷、窕、艳，美也。吴楚衡淮之间曰娃，南楚之外曰嫷……"宋玉《神女赋》："嫷被服，侻薄装"。① ——扬雄《方言》是西汉的著作，书中的"沅湘方言"有些可能是由南楚与江沔传到沅湘去的，而不是源于沅湘。

第三，"曾歔欷余郁邑兮"，潘先生引《方言》曰："曾、訾，何也。湘潭之原、荆之南鄙谓'何'为'曾'。"《离骚》此句的"曾"有学者认为"曾"同"层"，有说作"憎"，有"苦难"之意……总之，不能用《方言》的"曾、訾，何也"去解释此句。潘先生把《离骚》中与《方言》有异的"诼、莽、曾"说成南楚湘潭一带的土语太过武断。

其实《离骚》并非在沅湘所写，与用不用沅湘方言无关。即便屈原作品中确有沅湘方言，也有多种可能。例如：根据扬雄《方言》所载，屈赋中使用的楚地之外的方言有二十来例。② 其文使用了某地方言，不一定就与某地相关，即便《离骚》使用了南楚方言，也不宜作为诗人已经放逐沅湘之间的铁证。

六、《离骚》作于国都沦亡后说

廖化津先生说："《离骚》当作于从鄂渚（武昌）到巴陵（岳阳）之间。屈原从贬所陵阳西行到鄂渚，见到了国都沦亡的惨象，而自己已进入老境。于是有《离骚》之作。"③ 此论缺乏内外依据。《史记》记载贾谊吊屈原时（前 177 年），屈原自沉"已经百有余年"，也就是说屈原在前 278 年郢都陷落前已经去世。故《离骚》不会作于国都沦亡之后。

七、《离骚》不是屈原的绝命诗

有学者根据《离骚》中"表露要效法彭咸投水自杀的愿望"认为《离骚》当创作于《哀郢》《涉江》之后，"是与《悲回风》《怀沙》《惜往日》诸篇在相同或相似的处境和心境下创作的"，甚至认为《离骚》是屈原的"绝命诗"。

这是过分强调文本中的牢骚情绪——"宁溘死以流亡""伏清白以死直兮""从彭咸之所居"等字句的片面之论，没有兼顾《离骚》中表明年岁的"老冉冉其将至，年岁之未晏"，以及显示地点的女媭"申申其詈予"和"济沅湘以南征……"等情节。至于把《离骚》中提到的彭咸作为屈原即将自杀的标致并不可信。而且，彭咸在《屈赋》中七见，都表明彭咸是屈原效法的榜样。典籍文献中没有"彭咸水居"或"彭咸投水"的可靠信息。最接近屈原投水的《怀沙》《渔夫》和《惜往日》都没有提到彭

① 谢荣娥：《论扬雄〈方言〉的"楚"与"南楚"》，《求索》2009 年第 8 期，第 195、196 页。

② 吴郁芳：《屈原是江陵人不是秭归人》，《江汉论坛》1988 年第 2 期，第 79 页。

③ 廖化津：《屈原再次南行考》，《贵州教育学院学报》（社科版）1991 年第 1 期，第 48 页。

咸。可见王逸等人的“彭咸，殷贤大夫也，谏其君不听，自投水而死”和“我将自沉汨渊，从彭咸而居处也”等论述，皆缺乏依据，并不可信。

颜新宇先生曰：《涉江》说：“余幼好此奇服兮，年既老而不衰。”可见屈原在“既老”之后才写《涉江》，而《离骚》是在“老冉冉其将至”“年岁之未晏”的时候写的，至少要比《涉江》早十来年左右。①

结论

《离骚》的创作时地与屈原的经历、时代背景，以及《离骚》的内容密切相关。像《离骚》这样的长篇，没有几年时间难以完成，如张衡作《二京赋》就“精思博会，十年乃成”。怀王二十九年屈原返回郢都到顷襄王三年，这几年中，屈原比较清闲心情也比放流时平和，从时间、地点、心境等主客观条件看，都适宜长篇《离骚》的写作。

从《离骚》总体内容看，屈原慢悠悠地从自己的身世说起；其时他虽然“年岁之未晏”，但是已经“老冉冉其将至”。屈原作《离骚》时正徘徊于留楚与远逝之间，女媭“申申其詈予”时屈原当在郢都；从屈原要“济沅湘以南征”看，诗人当在沅湘之北的郢都。屈原遐想中的“上下而求索”“求女”“将远逝以自疏”，等等，皆表明他是“自由之身”，有“去楚国”或“留旧乡”的选择，并非被放在外的罪臣。

《离骚》本来是要献给楚怀王的。怀王客死于秦后，屈原只好把它上呈给顷襄王。怀王客死时屈原“既咎子兰以劝怀王入秦而不反”，《离骚》中又“怨恶椒、兰”，致使“令尹子兰闻之，大怒……顷襄王怒而迁之”。可见《离骚》面世当在顷襄王三年。

① 颜新宇：《〈离骚〉写作时间初探》，《湖南师院学报》1983年第3期，第12页。

试论《离骚》中的灵氛、巫咸、彭咸

一、《离骚》中的灵氛与巫咸

索瓊茅以筳篿兮，命灵氛为余占之。曰：两美其必合兮，孰信修而慕之？思九州之博大兮，岂惟是其有女？曰：勉远逝而无狐疑兮，孰求美而释女？何所独无芳草兮，尔何怀乎故宇？世幽昧以昡曜兮，孰云察余之善恶？民好恶其不同兮，惟此党人其独异。户服艾以盈要兮，谓幽兰其不可佩。览察草木其犹未得兮，岂珵美之能当？苏粪壤以充帏兮，谓申椒其不芳。欲从灵氛之吉占兮，心犹豫而狐疑。巫咸将夕降兮，怀椒糈而要之。百神翳其备降兮，九疑缤其并迎。皇剡剡其扬灵兮，告余以吉故。曰：勉升降以上下兮，求榘矱之所同。汤禹严而求合兮，挚咎繇而能调。苟中情其好修兮，又何必用夫行媒？说操筑于傅岩兮，武丁用而不疑。吕望之鼓刀兮，遭周文而得举。宁戚之讴歌兮，齐桓闻以该辅。及年岁之未晏兮，时亦犹其未央。……灵氛既告余以吉占兮，历吉日乎吾将行……吾将远逝以自疏。

依据这一段文本可以得出以下结论。

（一）灵氛以吉占劝灵均远走高飞，可他还“心犹豫而狐疑”

在屈原的想象中，《离骚》的主角“命灵氛为余占之”。灵氛占卜告诉他“何所独无芳草兮，尔何怀乎故宇……”劝他远走高飞，不要留恋故宇。可是灵均还是“心犹豫而狐疑”……其后是“巫咸”出场。

（二）“巫咸将夕降兮”是请神，不是“巫咸下凡”

《离骚》：“巫咸将夕降兮。”汤炳正先生注“夕降”曰①：“巫常在夜间降神，故云。”

陈子展先生直解为：“巫咸将在今晚降神啊。”②

熊任望先生的释译最为明了“巫咸在今晚要请神下凡”③，可从。

有些学者说“巫咸将要在晚间下凡”④，“巫咸将在晚间从天降临”⑤，当是误解。

假如巫咸突然从天而降，那么就与其后的“百神翳其备降兮”，以及巫咸所说的“明君求贤用才的事例”脱节了。古代所谓的巫，是能降神的人。主管奉祀天帝鬼神、为人祈福禳灾，并兼事占卜、星历之术。《离骚》中的灵氛与巫咸都是“巫”不是神。

（三）巫咸与灵氛“一唱一和”劝灵均另寻明君

屈原想象中：灵氛以“吉占”劝灵均远走高飞，可是他还“心犹豫而狐疑”，接着屈原想象，由巫咸出场在“百神翳其备降兮，九疑缤其并迎。皇剡剡其扬灵兮”的氛围中，巫咸“告余以吉故……”巫咸曰：“勉升降以上下兮，求榘矱之所同。”——“你应该上下求索，去选择意气相同的知音”。这句话应该与后面“从汤禹到齐桓公求贤用才的事例”一起考虑，其“求所同”者只能是“明君”，而不是寻求楚国的“志同道合者”。而且楚国并无“明君”，即便找到“志同道合者”，昏庸的楚王也不可能任用他们。

《离骚》的核心是屈原与昏庸楚君为代表的黑暗社会的纠葛。文本中巫咸和灵氛一唱一和劝灵均远走高飞，都是要解决“贤臣与昏君”的矛盾。灵氛以“吉占”劝他离开故宇（昏君），巫咸以历史上明君任用贤才的事例（“吉故”）劝他另寻明君。在打消了灵均的犹豫后，才有“历吉日乎吾将行……”

清人梅曾亮《古文辞略》说：“灵氛劝其去而之他，巫咸则欲其留以求合。‘勉升降’二句是求合大旨。”戴志钧先生评论说：“梅说是解骚的一个贡献。因为在这个问题上，他第一个揭示了抒情主人

---

① 汤炳正等：《楚辞今注》，上海古籍出版社 1996 年版，第 35 页。

② 陈子展：《楚辞直解》，复旦大学出版社 1996 年版，第 33 页。

③ 熊任望：《屈原辞译注》，河北大学出版社 2004 年版，第 123 页。

④ 郭沫若：《屈原赋今译》，人民文学出版社 1953 年版，第 116 页。

⑤ 吴广平：《楚辞》，岳麓书社 2011 年版，第 41 页；林家骊：《楚辞》，中华书局 2009 年版，第 30 页。

公去留楚国的激烈的心灵搏斗。”①

梅、戴的叙述显然有误。因为巫咸所说“历史上明君与贤臣际遇之‘吉故’”，与“楚君昏庸不用屈原”的现实，完全是两回事。灵均听了巫咸的话后，意识到只有另寻明君，才是施展才华的唯一出路。这才决定“远逝以自疏”。可见，灵氛与巫咸互相配合，都是劝他另寻明君。梅曾亮的“巫咸则欲其留以求合”说，和戴志钧先生的“揭示了抒情主人公去留楚国的激烈的心灵搏斗”论，显然与《离骚》文本不符。

二、《屈赋》中的彭咸

（一）《屈赋》中彭咸是屈原效法的榜样

彭咸在《屈赋》中七见：《离骚》二次，《抽思》一次，《思美人》一次，《悲回风》三次。是屈原所推崇的人物中出现次数最多的一位。

《离骚》：

虽不周于今之人兮，愿依彭咸之遗则。既莫足为美政兮，吾将从彭咸之所居。

《抽思》：

望三五以为像兮，指彭咸以为仪。

《思美人》：

独茕茕而南行兮，思彭咸之故也。

《悲回风》：

夫何彭咸之造思兮，暨志介而不忘。孰能思而不隐兮，昭彭咸之所闻。凌大波而流风兮，托彭咸之所居。

这些记载都表明，彭咸是屈原要效法的榜样。

王逸《楚辞章句》的“彭咸，殷贤大夫，谏其君不听，自投水而死”缺乏依据。

林庚1948年1月发表的《彭咸是谁》就指出：“彭咸与屈原自沉无关。”

典籍文献中都没有“彭咸水居”“彭咸投水”的可靠信息，而且最接近屈原投水的《怀沙》《渔夫》和《惜往日》中都没有提到“彭咸”。

《抽思》中“三五与彭咸”对举显然与投水无关。《思美人》中“思彭咸”与“南行”相关，也与投水联系不上。而三次提及彭咸的《悲回风》却说：“浮江淮而入海兮，从子胥而自适。望大河之洲渚兮，悲申徒之抗迹。骤谏君而不听兮，重任石之何益……”文中与“水死”相关的是“伍子胥与申徒狄”而不是彭咸。可见王逸等人的“彭咸投水而死”等论述不可信。《离骚》的“从彭咸之所居”乃是“要以彭咸为榜样”，绝不是王逸的“我将自沉汨渊，从彭咸而居处也”。

东方朔《七谏·谬谏》有：“弃彭咸之娱乐兮，灭巧倕之绳墨。”刘向《九叹·离世》曰：“九年之中不吾反兮，思彭咸之水游。”王逸和洪兴祖把他们所说的“弃娱乐、思水游”，解释为“自沉”，也牵强附会。

（二）彭咸不是彭祖，不是“巫彭、巫咸”

彭祖与彭咸并非一人。《天问》：“彭铿斟雉，帝何飨？受寿永多，夫何久长？”文中的彭铿才是彭祖。

彭咸也不是“巫彭、巫咸”。《吕氏春秋·勿躬》有“巫彭作医，巫咸作筮”。巫彭、巫咸乃是巫的通称，与屈原仰慕的彭咸无关。

在《离骚》中，巫咸劝屈原离开楚国，另寻明君。可是屈原最后还是“依彭咸之遗则、从彭咸之所居”，留在楚国，可见巫咸与彭咸不是同一个人。

赵逵夫先生说：“可能彭咸就是指彭仲爽。”② 其论缺乏证据。

---

① 戴志钧：《也谈〈离骚〉的整体结构和求女、问卜、降神问题》，《中州学刊》1987年第6期，第93页。

② 赵逵夫：《屈原与他的时代》，人民文学出版社2002年第2版，第565页。

《〈九章〉时地管见》商榷

摘要：屈原被迁时，其行踪不能自己决定。如《涉江》“虽僻远之何伤”，就表明去僻远之地，并非屈原所愿。汤炳正先生认为顷襄王元年秦兵攻占远离郢都的“析”，“威胁首都，民多逃走”，屈原在“顷襄王二年仲春混在‘离散’的民众一起逃到陵阳”，又说顷襄王十年，屈原不顾安危，独自去汉北“观察边疆动态”。如此极端之论，既不合情理，又没有依据。

关键词：屈原；流放；哀郢；涉江

汤炳正先生《屈赋新探》被誉为20世纪最重要的学术论著之一，其中的《〈九章〉时地管见》① 某些结论似可商榷。例如汤先生说：“屈原被放在外，其行踪，大都是由他自己决定，没有规定他必须住在哪里。”“传统的看法总认为，屈原放居汉北，乃楚怀王时事，而现在看来，乃顷襄王时东达陵阳以后才回头去汉北的。”② 汤先生认为：“屈原去汉北，在顷襄王九年之后。”云梦秦简《大事记》于秦昭王九年，只言“攻析”，不作“取析”。可证《楚世家》之“取析”，实即“攻析”之形近而误。③ 他认为：顷襄王元年秦大败楚军局势紧张，威胁首都民多逃走。屈原就混在“离散”的民众一起沿江东下，开始了他的流亡生活。他说：“如果说开始的东走‘陵阳’是由于战局失利所导致，那么这时的‘来集汉北’，则是由于思念故国的强烈感情所驱使。”“强邻压境，兵戈不息，楚所遭到的是西南与西北的钳制之势。可见，当时屈原不肯身处安全之域，反而西北走向汉北，又西南走向溆浦等边疆要塞……当隐然有关心祖国安危、观察边疆动态的曲衷在内的。”④

汤先生所说的屈原流亡，先是“恐秦逃亡”，后为“不顾安危，观察边疆要塞”。如此极端之论既不合情理也缺乏依据。笔者认为《惜往日》是屈原对一生所作的回顾对应着屈原生平的几大阶段，当与《橘颂》《惜诵》《卜居》《哀郢》《涉江》各篇呼应，能和《屈原列传》互证，可作为《九章》时地的总纲。⑤ 本文仅就《九章》中部分问题作些探讨。谬误不当，敬请批评指正。

一、流放者没有自由

汤先生说：

> 盖顷襄王时屈原被放在外是事实，但并没有规定他必须住在哪里。因而，除了《哀郢》描写开始出发是迫于当时战局，不得不跟流民一起东下而外，其余的行踪，都是由他自己决定，有他自己的想法的。前文所谈远抵汉北的情况是如此，而这次西入溆浦，同样是如此。⑥

此论缺乏依据，与屈原作品之记不符。

褚斌杰先生指出：

> “流放”是一种刑罚，完全是被迫的，属于获罪服刑的性质。⑦

（一）屈原作品反映被流放时行踪不能自主

《抽思》：“惟郢路之辽远兮，魂一夕而九逝。曾不知路之曲直兮，南指月与列星。……狂顾南行，聊以娱心兮。”表述了流放之地在远离郢都的北方和不能回郢的痛苦心情。

《哀郢》：“曼余自以流观兮，冀壹反之何时？”显示他急切盼望回郢，但是没有自主权。

《涉江》：“苟余心其端直兮，虽僻远之何伤！”说明屈原被流放至“僻远之地”，并非所愿但不能不

① 汤炳正：《屈赋新探》，齐鲁书社1984年版，第58—84页。
② 汤炳正：《屈赋新探》，齐鲁书社1984年版，第80、59页。
③ 汤炳正：《渊研楼屈学存稿》，中国社会科学出版社2004年版，第168页。
④ 汤炳正：《屈赋新探》，齐鲁书社1984年版，第65、72—73页。
⑤ 见本书《〈惜往日〉透露的屈原生平》。
⑥ 汤炳正：《屈赋新探》，齐鲁书社1984年版，第80页。
⑦ 褚斌杰：《楚辞要论》，北京大学出版社2003年版，第30页。

去。《涉江》“猿狖之所居”，若非顷襄王逼迫，屈原自己是不会去的。

《悲回风》：“孤子吟而抆泪兮，放子逐而不还。”表明放逐之人不得返还。

（二）从《史记》看流、放、迁、逐者没有自由

《五帝本纪》：

流共工于幽陵，以变北狄；放驩兜于崇山，以变南蛮；迁三苗于三危，以变西戎；殛鲧于羽山，以变东夷：四罪而天下咸服。（这里流、放、迁、殛含义相近）

《秦始皇本纪》：

大王有迁母太后之名，恐诸侯闻之，由此倍秦也。

《说苑》：

迁母萯阳宫，有不孝之行。

《楚世家》：

观从……令楚众曰：“国有王矣。先归，复爵邑田室。后者迁之。”

这里似乎说若是被迁不但会失去自由，还可能被褫夺“爵邑田室”。

《郑世家》：

君王迁之江南，及以赐诸侯，亦惟命是听！

《屈原列传》：

虽放流，睠顾楚国，系心怀王。令尹子兰闻之大怒，卒使上官大夫短屈原于顷襄王，顷襄王怒而迁之。

从这些记载均可见到迁（流放）者没有自由。

屈原被流放后，不可能想去哪里就去哪里，而是楚王指定去哪里就要去哪里。流放途中有人监押，沿途各地安排食宿和交通工具，到达目的地后有人监控管理，安排食宿，关照生活，定期上报情况、传递屈原的著作。否则几千里路程的旅途费用，十几年的衣食住行的花费，从哪里来？光写作用的书简，他就背不动。但他是大夫，虽然被流放，只要按照楚王的指令行动，各地的官员还是要按照规定接待、供养。《哀郢》“楫齐扬以容与兮”，《涉江》“步余马兮山皋，邸余车兮方林。乘舲船余上沅兮，齐吴榜以击汰”，都反映出流放途中有人监押，并提供交通工具，而不是他一个人自主的行动。再有，屈原流放之中写的很多作品，都能及时上达朝廷并且流传下来，也不是想去哪里就去哪里的屈原个人所能办到。

二、屈原放流汉北

（一）屈原放流汉北乃楚怀王时事

汤炳正先生说：

传统的看法总认为，屈原放居汉北，乃楚怀王时事，而现在看来，乃顷襄王时东达陵阳以后才回头去汉北的。①

此论与文献记载不符。

前文已叙怀王流放屈原有很多文献依据：

《屈原列传》“虽放流，睠顾楚国，系心怀王”是直接证明。

《史记》《新序》《汉书》的“屈原放逐，著《离骚》”是间接证明。

《卜居》“屈原既放，三年不得复见”，《抽思》“有鸟自南兮，来集汉北”，《惜往日》“弗参验以考实兮，远迁臣而弗思”，是内证。

屈原放居汉北乃楚怀王时事这个传统的看法并不错，目前还没有资料可证屈原东达陵阳以后才回头去汉北的。

（二）楚襄王九年之后，屈原不可能去丹淅

汤先生说：

① 汤炳正：《屈赋新探》，齐鲁书社 1984 年版，第 59 页。

> 或疑汉北、丹淅，顷襄王时已为秦所有，《史记·楚世家》载，顷襄王元年秦出武关攻楚，“取析十五城而去”是其明证。故襄王时屈原似无去汉北、丹淅之可能。今按此说不可据。所谓“取析十五城而去”，字或有误。据近年出土的云梦秦简《大事记》，于秦昭王九年，只言“攻析”，不作“取析”。秦昭王九年即楚顷襄王元年。可实证《楚世家》之“取析”，实即“攻析”之形近而误。“而去”二字，则系纪实之语。①

汤先生此论实不敢苟同。云梦秦简《大事记》所记秦侵占他国之事，均记为“攻某”，未见有“取某”者。《大事记》中从秦昭王元年到五十六年，记“攻（某）”共三十处，大多数的“攻（某）”可与《史记》“取（某）”对应。可见这些“攻（某）”不可能都是攻而不取者。其例证除了“昭王九年攻析”（即楚顷襄王元年“取析十五城而去”）外，再如《编年记》：“十六年，攻宛。十七年，攻垣、枳（轵）。十八年，攻蒲反（阪）。”② 相应的《史记》为：《秦本纪》秦昭王十五年，秦将白起“攻楚，取宛。十六年……封公子市宛”。《六国年表》：秦昭王十八年“客卿错击魏，至轵，取城大小六十一”。魏昭王七年“秦击我，取城大小六十一”。《魏世家》为：“七年，秦拔我城大小六十一。”《秦本纪》：“十八年，错攻垣、河雍、决桥取之。”（笔者按：《大事记》即《编年记》，与《秦本纪》记年有的不一致）

汤先生之秦昭王九年，只言“攻析”，不作“取析”，可实证《楚世家》之“取析”，实即“攻析”之形近而误，有违秦简原意。或可归为“在运用古文献记载时，取舍随意，是非任情，其结果必然陷于诡辩之一途”。③

汤先生说：

> 屈原于顷襄王时，曾流浪至汉北、丹淅之地。……屈原去汉北，在顷襄王九年之后，割汉北地与秦，又在屈原去汉北之后十余年。④

汤先生此论，难以成立。虽然《史记》有楚襄十九年“割上庸、汉北地予秦”，但是丹淅与汉北并非一地，丹淅还在汉北之北。既然在楚顷襄王元年秦已“取析十五城而去”（即《编年记》“九年，攻析”），前291年至前290年秦又“取宛”（《编年记》“十六年，攻宛”，《秦本纪》昭王十五年“攻楚，取宛。十六年……封公子市宛”）。那么，在顷襄王九年之后，屈原不可能再去秦人占领之“丹淅”，“析地”在楚襄元年已经丧失了。（《楚世家》有楚顷襄王十八年：“楚之故地汉中、析、郦可得而复有也。”）

（三）怀王时汉北尚不是秦楚边界

《楚世家》曰：

> 顷襄王横元年，秦要怀王不可得地，楚立王以应秦，秦昭王怒，发兵出武关攻楚，大败楚军，斩首五万，取析十五城而去。

“析十五城”在今河南西峡，其南与“汉北”相邻。怀王晚期楚秦之疆界尚在析、宛之西北，而析、宛并不属汉北。

在怀王十五年至二十五年，“上庸之地”一度属秦。有人说“由此可推知处于‘汉水之北’的土地必为秦占无疑”，⑤ 此论缺乏依据。上庸、汉北并非一处。据《楚世家》记载，顷襄王十九年楚才割上庸、汉北地予秦，此前汉北一直是楚之领土。

怀王后期屈原被放汉北，离边界（析、宛西北）尚有一段距离，并非放大臣于边界。

三、《哀郢》的问题

（一）《哀郢》东迁是顷襄王“弃逐屈原”

1. 屈原东迁不是“迫于当时战局”

汤炳正先生说：

---

① 汤炳正：《渊研楼屈学存稿》，中国社会科学出版社2004年版，第168页。

② 云梦秦墓竹简整理小组：《云梦秦简释文》（一），《文物》1976年第6期，第12页。

③ 汤炳正：《渊研楼屈学存稿》，中国社会科学出版社2004年版，第40页。

④ 汤炳正：《渊研楼屈学存稿》，中国社会科学出版社2004年版，第168页。

⑤ 张元勋：《关于屈原放逐的辨正》，《齐鲁学刊》1984年第6期，第21页。

> 屈子被放起程，当在顷襄王二年之春。屈原东迁，疑即当顷襄元年，秦发兵。出武关。攻楚，大败楚军，取析十五城而去。时怀王辱于秦，兵败地丧，民散相失。（戴震《屈原赋注》）只有“音义”之说颇与当时形势相吻合。(《史记·楚世家》载秦取析之战……疑此役当在顷襄王元年岁末，故二年“仲春”犹有局势紧张之感，民多逃走）当时，屈原就是在怀王被拘于秦，秦又大败楚军之际，混在离散的民众一起沿江东下，开始了他的流亡生活。①

这里汤先生既说局势紧张，屈原随民众一起逃走（按：此乃群体自发事件），又说：“屈子被放起程”“开始了他的流亡生活”（按：被放乃朝廷执法个案）。如此矛盾的两说，显然不能兼顾。

从《哀郢》看“甲之鼂吾以行”，突出不吉之日开始流亡（楚俗，春季甲为凶日）。“楫齐扬而容兮”，表明屈原被迫离郢时徘徊而不忍去的心情。“哀见君而不再得”则是担心离别后，再不能回郢重见楚君了。可见那时（“怀王客死”后）楚君还在郢都。既然楚君在郢都，屈原怎么会迫于当时战局，不得不跟流民一起东下呢？从《哀郢》“信非吾罪而弃逐兮”看，屈原是遭弃逐被迫离郢，而不是迫于当时战局而东下。

2. 缺乏“民多逃走”的依据和例证

《楚世家》：

> 王顷襄王横元年，秦要怀王不可得地，楚立王以应秦，秦昭王怒，发兵出武关攻楚，大败楚军，斩首五万，取析十五城而去。

析距郢都近千里根本不可能威胁首都，更没有汤先生所说的“二年仲春犹有局势紧张之感，民多逃走”之事。例如，《秦本记》秦昭王十五年（楚顷襄王五年）：秦将白起“攻楚，取宛”，并未见民众逃亡的信息。《楚世家》顷襄王十九年：秦伐楚，楚军败，割上庸、汉北地予秦。这也未见“民众逃亡”的信息。《楚世家》：二十一年，秦将白起遂拔我郢，烧先王墓夷陵。楚襄王兵散，遂不复战，东北保于陈城。——就连郢都失陷也未见民多逃走的信息。

3. 楚国没有“凡败于强敌之时，多惊慌逃窜，甚至迁都以避之”的民俗

汤先生说：

> 在楚国历史上，凡败于强敌之时，多惊慌逃窜，甚至迁都以避之。例如《左传》定公六年，“四月己丑，吴太子终累，败楚舟师。获潘子臣小帷于，及大夫七人。楚国大惕，惧亡。子期又以陵师败于繁扬，于是乎迁郢于鄀”。按时为楚昭王十二年。据《史记·楚世家》亦云，十二年吴复伐楚，取番，楚恐，去郢北徙，都鄀。②

《史记》之“番”即今之鄱阳湖一带，乃楚之东境。其地离郢都数千里。而楚竟因“繁扬”战败而迁都。此乃楚俗，难以理断。至于丹淅之地，为楚西北境，其距郢都较之“繁扬”近得多……（《战国策·楚一》：“吴与楚战于柏举，三战入郢。君王身出，大夫悉属，百姓离散”，其“百姓离散”之状与《哀郢》“民离散而相失”颇相似）不明古代的国情与民俗，对古代历史往往索解为难，此类是也。——这不是全面准确地引用、解释古籍。若是民俗“确实存在，则必有相关的事不断出现”。③

第一，昭王十年“吴与楚战于柏举，三战入郢。君王身出，大夫悉属，百姓离散”，是“吴兵入郢”的状况，与《哀郢》的“屈子被放起程”，以至“民离散而相失”并不相似。从《哀郢》总体来看，没有任何惊慌逃窜的迹象。正如汤先生所说“过夏首而西浮兮，顾龙门而不见”乃表现屈原离开郢都时，三步一回首，五里一徘徊的留念之情，④ 显然不是惊慌逃窜的情景。

第二，昭王十年“吴兵入郢”。其后，一方面因为秦国出兵援楚“十一年六月，败吴于稷”，一方面因为吴国后院起火：“会吴王弟夫概见吴王兵伤败，乃亡归，自立为王。阖闾闻之，引兵去楚，归击夫概。夫概败，奔楚，楚封之堂溪，号为堂溪氏。”吴王解决了国内问题后，在秦国援兵已经回国，楚军元气大伤时，“十二年吴复伐楚，取番。楚恐，去郢北徙，都鄀。”（《楚世家》）《定公六年》则记：“四月己丑，吴太子终累，败楚舟师。获潘子臣小帷于，及大夫七人。楚国大惕，惧亡。子期又以陵师

① 汤炳正：《屈赋新探》，齐鲁书社 1984 年版，第 65 页。

② 汤炳正：《渊研楼屈学存稿》，中国社会科学出版社 2004 年版，第 85 页。

③ 汤炳正：《渊研楼屈学存稿》，中国社会科学出版社 2004 年版，第 178 页。

④ 汤炳正：《屈赋新探》，齐鲁书社 1984 年版，第 66—67 页。

败于繁扬，于是乎迁郢于都。”这次迁都是强吴压境，亡国的愁云笼罩荆楚大地时的特例。这在楚国历史上仅此一次，不存在汤先生所说的“凡败于强敌之时，多惊慌逃窜，甚至迁都以避之”的“国情与民俗”。

第三，《屈原列传》曰怀王：“竟死于秦而归葬。……楚人既咎子兰以劝怀王入秦而不反也。屈平既嫉之……令尹子兰闻之大怒，卒使上官大夫短屈原于顷襄王，顷襄王怒而迁之。”《楚辞补注》记有：“当顷襄王之三年，怀王卒于秦。顷襄听谗，复放屈原。”可见《哀郢》的“东迁”就是“顷襄王怒而迁屈原”，是在顷襄王之三年“怀王客死”之后，与顷襄王元年秦昭王大败楚军，取析十五城无关。

第四，汤先生在《〈屈原列传〉理惑》中说：

> “令尹子兰闻之大怒”……它既上承“楚人既咎子兰”，也上承“屈平既嫉之”。特子兰对楚国人民群众对他的责难是无可奈何的，故只得把怒气集中在屈原身上。……而且以当时的民情来看，既反对子兰，势必倾向屈原，这对子兰是极不利的。所以“令尹子兰闻之大怒”云云，承接上文，极为紧密。《史记·太史公自序》有云：“怀王客死，兰咎屈原，好谀信谗，楚并于秦……作《楚世家》第十。”可证史迁是把“兰咎屈原”跟“怀王客死”联系在一起的，这原本跟《屈原列传》是相吻合的，即“屈平既嫉之”句下紧接着就是“令尹子兰闻之大怒”。①

汤先生这段论述可归纳为：

（1）“怀王客死”“楚人既咎子兰”“屈原既嫉之”。

（2）“子兰对楚国人民对他的责难无可奈何，只得把怒气集中在屈原身上。”

（3）“史迁是把‘兰咎屈原’跟‘怀王客死’联系在一起的。”

（4）“‘屈平既嫉之’……‘令尹子兰闻之大怒’。”（紧接其后的、非常要紧的“卒使上官大夫短屈原于顷襄王，顷襄王怒而迁之”，不知汤先生为何却省略了？）

根据以上四点，其必然的结论就是：“怀王客死”时，屈原仍在郢都；因为屈原指责子兰致使“子兰闻之大怒，卒使上官大夫短屈原于顷襄王”，故顷襄王怒迁屈原当在“怀王客死”之后，“屈子被放起程”当在顷襄王四年仲春。这显然与汤先生《〈九章〉时地管见》所说的“屈子被放起程，当在顷襄王二年之春”② 抵牾。

第五，假如顷襄二年屈原已经被放在外，“顷襄王三年怀王客死时，即便屈原有什么不利于令尹子兰的言论，亦不容易传入子兰耳中，就算偶有所闻，他亦用不着为一个流放在外的人大动肝火，再指使人去诬陷屈原。”

第六，假如屈原顷襄二年已经被“弃逐”东迁了，司马迁怎么可能在顷襄王三年怀王客死后再说“顷襄王怒而迁之”呢？怎么能颠三倒四地说“怀王客死，兰咎屈原”呢？《屈原列传》记载的“顷襄王怒而迁之”正是《哀郢》“方仲春而东迁”的确凿证据。它只能在怀王客死之后的顷襄四年仲春。

汤先生《屈赋新探》第 15 页、第 16 页《〈屈原列传〉理惑》中的论述与第 65 至 68 页《〈九章〉时地管见》中的论述“质诸此而彼碍，证诸前而后违”——这样对立的观点恐怕不是后人窜入引起的吧？

（二）《哀郢》几处诗文的解读

1. 过夏首而西浮

汤炳正先生说：

> 当顷襄王元年屈原被放起程之际，正是秦兵大举入侵，攻打汉北诸地之时，边关吃紧，威胁首都，使屈原……随着百官和民众沿江而东……蒋骥《楚辞余论》谓：“此舟行之径，小有曲折；而西面郢城，故感叹于龙门之不得见耳。”其实，“过夏首而西浮兮，顾龙门而不见”乃表现屈原离开郢都时，三步一回首，五里一徘徊的留念之情。其人东行，其心西向，故过夏时，又回舟而西浮；但顾视龙门，已不可见。③

① 汤炳正：《屈赋新探》，齐鲁书社 1984 年版，第 15 页。

② 汤炳正：《屈赋新探》，齐鲁书社 1984 年版，第 65 页。

③ 汤炳正：《屈赋新探》，齐鲁书社 1984 年版，第 66—67 页。

此论不能自圆其说。

（1）“屈原离开郢都时，三步一回首，五里一徘徊的留念之情”与《哀郢》所写完全符合，也与屈原被“顷襄王怒而迁之”时“何贞臣之无罪兮，被离谤而见尤！”《惜往日》记叙的情景相符，而与汤先生的“边关吃紧，威胁首都”“局势紧张，民多逃走”① 不合。

（2）若屈原“混在‘离散’的民众一起沿江东下，开始了他的流亡生活”②，那么在局势紧张的情况下，“过夏首”时逃难的民众不可能同意“回舟而西”，屈原也难以独自“回舟而西浮”。

（3）考“浮”之古义，多指顺流行船。屈原流放是沿江东下。汤先生的“故过夏时，又回舟而西浮”乃承袭戴震之“过夏首而东，复溯洄以望楚都”。但是，把“浮”释为“回舟”逆水西上，似有曲解就己之嫌，且与后文的“将运舟而下浮兮”相抵牾。

其实“过夏首而西浮”就是林云铭和蒋骥所说“舟行之曲处，路有西向者”，③ 并有谭其骧主编“战国楚越图”④ 为证：过“夏首”以后，夏水向东南流，长江向西南回转。屈原东迁是在仲春枯水期，船行至“夏首”，只能“从江流”向西南回转，而不能从“冬竭夏流”的夏水东去，更不可能“回舟而西浮”。

2.“当陵阳之焉至兮，淼南渡之焉如”

汤炳正先生说：

> “当陵阳之焉至兮，淼南渡之焉如”这是屈原东行的终点。“陵阳”在大江之南，故曰“南渡”。《汉书·地理志》“庐江郡”原注云：“庐江出陵阳东南，北入江。”当即屈原所至之处。⑤

此说与诗文不合。屈原乘船东迁，船行江中只有停靠北岸或停靠南岸的问题，不存在“渡”的问题。

“当陵阳之焉至兮，淼南渡之焉如”的意思当是：面对陵阳不知何处去？若南渡浩淼大江不知那里是何方？它反映了屈原到达流放之地夏浦后，丧魂落魄、无所适从的心态。根本没有再去安徽陵阳的信息，假如真的南渡，那就离开陵阳了。从诗文看，屈原那时已经面对陵阳了，而且停靠在浩淼大江以北。这是屈原恍惚之间南望浩淼江水时的设想，而不是南渡的行程记录。而且诗中再没有东行、南行的下文。

汤炳正先生说：“传统的看法总认为，屈原放居汉北，乃楚怀王时事，而现在看来，乃是顷襄王时东达陵阳以后才回头去汉北的”“《哀郢》（写于顷襄王十年。即由郢都至陵阳九年之后，又欲折而西行之时）——此章写于陵阳。⑥（《抽思》写于顷襄王时溯汉而上，到达汉北之时。）”

汤先生采信的蒋骥《山带阁注楚辞》屈原放居安徽陵阳论，其实这只是蒋氏的误解。第一，这个远离夏浦、鄂渚的“陵阳”在《哀郢》中找不到依据。正如赵逵夫先生所说：“此前的‘出国门’‘发郢都’‘过夏首’‘西浮’‘顺风波以从流’‘上洞庭’‘下江’‘背夏浦’，历叙其由发郢都至过夏浦一段，次序井然。而在‘背夏浦’之后，即说‘当陵阳’。似陵阳并不如学者们所说今安徽陵阳那样远。”⑦ 第二，“安徽陵阳”在远离大江的山区，与诗中“淼南渡之焉如”——浩淼的大水不符。第三，《哀郢》流放的终点虽然众说纷纭，但是，从《哀郢》的“东迁、来东”看，流放的终点当在郢都以东。根据“背夏浦而西思兮”说明它离夏浦（今武汉境）不远。从“登大坟以远望兮”看，当在江边广平之地。故《哀郢》的终点当在“夏浦—鄂渚”一带的长江北岸。如林庚先生所说“屈原被放逐在鄂渚对岸（即后来的黄州），前后九年。”⑧ 再从《涉江》“旦余济乎江湘。乘鄂渚而反顾兮”看，诗人

---

① 汤炳正：《屈赋新探》，齐鲁书社1984年版，第65页。

② 汤炳正：《屈赋新探》，齐鲁书社1984年版，第65页。

③ 林云铭：《楚辞灯》，华东师范大学出版社2012年版，第125页；蒋骥：《山带阁注楚辞》，上海古籍出版社1984年版，第119页。

④ 谭其骧主编：《中国历史地图集》（第1册），中国地图出版社1982年版，第45—46页。

⑤ 汤炳正：《屈赋新探》，齐鲁书社1984年版，第67—68页。

⑥ 汤炳正：《屈赋新探》，齐鲁书社1984年版，第59、60页。

⑦ 赵逵夫：《屈原与他的时代》，人民文学出版社2002年版，第422页。

⑧ 林庚：《诗人屈原及其作品研究》，上海古籍出版社1981年版，第12页。

“济江”就可到达位于江南的“鄂渚”，说明其流放地当在离“鄂渚”不远的江北。可见把陵阳作地名不一定符合诗文之意，而且诗人已经“当陵阳”了，不可能再远去安徽陵阳。

3.“狐死首丘”与“旧都丹阳”难以关联

汤先生说：

> 楚先祖开国辟疆、陵墓所在的旧都丹阳，就很自然地成了他的向往之地。这才是屈赋“狐死首丘”的特定含义。①

《哀郢》中“发郢都而去闾兮”指明是从郢都出发，“去故乡而就远兮”“去终古之所居兮”，则是以“故乡”和“终古之所居”来指称郢都。故“鸟飞反故乡，狐死必首丘”之“故乡及首丘”，理当与前者保持一致，其“冀一反之地”当是郢都。《左传》庄公二十八年有：“凡邑，有宗庙先君之主曰都，无曰邑。”可见郢都必定有“先君宗庙”，不需要去早已废弃、没有宗庙的“旧都丹阳”。汤先生把“狐死首丘”定为“旧都丹阳”，缺乏内外依据，难以令人信服。而且“楚人开国先祖的陵墓”在何处，旧都丹阳在何处？至今仍然是学术界争论不休的问题，目前尚没有“旧都丹阳”在“丹淅之地”的确证，淅川发现的“王子午墓”根本不是“楚人开国先祖的陵墓”，丹阳更没有“楚人开国先祖陵墓”的踪影。恰恰相反，根据新近出现的清华简《楚居》记载，“楚先祖开国之地”并不在汤先生所说的汉北“丹淅之地”，很可能在汉南荆山附近。

（三）《哀郢》流放路线

汤先生认为：《鄂君启节》“舟节”的东行路线……跟屈原当时沿江东行的路线，基本上是一致的。②《哀郢》自郢至夏浦的航程或许与《鄂君启舟节》相仿，但是肯定与“安徽陵阳”无关。

周建忠先生以宜粗不宜细的原则，对放逐路线做出界定：

> 1.《哀郢》“发郢都而去闾兮”；2.《哀郢》“遵江夏以流亡”；3.《哀郢》“过夏首而西浮兮”；4.《哀郢》“将运舟而下浮兮，上洞庭而下江”。③

此论可作为参考。（只是周先生似乎遗漏了一程：5.《哀郢》“今逍遥而来东……背夏浦而西思兮。”）

四、《涉江》的问题

汤炳正先生认为：

> 《思美人》是写将由汉北沿汉而南下，“身居汉北，心向郢都之情”，故称郢之“党人”为“南人”。欲在接近郢都之际，借以觇视“党人”的政治态度是否有所改变，其结果当然是失望。知国事已无可为，故只有茕茕南行，踏上更遥远的征途——到辰阳、溆浦。④

汤炳正先生的描述，既脱离诗文，也不能自圆其说。

第一，汤先生说：“篇题称为‘涉江’，殆即指沿汉而下渡江而南的总称。”⑤汤先生添加的“沿汉而下”在《涉江》中并没有踪影。

第二，《涉江》：“且余济乎江湘。”汤先生说：“所谓‘济江’，是指从汉北沿汉入江到达对岸的‘鄂渚’（即今武昌）而言。”⑥此说与文本不符。“济”者渡也，把“济江”解释为“从汉北沿汉入江到达对岸的‘鄂渚’”，有添字解经曲解就己之嫌。《战国策·燕策二》有：“汉中之甲，乘船出于巴，乘夏水而下汉，四日而至五渚（即鄂渚）。”假若屈原从汉北沿汉入江到达对岸的鄂渚有千里之遥，至少要航行好几天。岂是一个“济”字所能包含？

其实从汉北去郢，“沿汉”可到“鄢”，从“鄢”去“郢”没有必要绕道“鄂渚”。（《里耶秦简》J1（16）52简有：鄢到销百八十四里，销到江陵二百卌里。）

---

① 汤炳正：《屈赋新探》，齐鲁书社1984年版，第71页。
② 汤炳正：《屈赋新探》，齐鲁书社1984年版，第68页。
③ 周建忠：《屈原“流放江南”考》，《文学遗产》2007年第4期，第115页。
④ 汤炳正：《屈赋新探》，齐鲁书社1984年版，第77页。
⑤ 汤炳正：《屈赋新探》，齐鲁书社1984年版，第78页。
⑥ 汤炳正：《屈赋新探》，齐鲁书社1984年版，第78页。

第三，汤先生说："欲在接近郢都之际，借以觇视'党人'的政治态度……"此说既不合常理，也难以操作。

第四，汤先生说："所谓'济湘'，湘指江南的主流湘水经洞庭入江之处，济江而西行，故又'济湘'。"① 把这么多的内容都纳入"济湘"，既无根据，也脱离诗文实际。首先，从《涉江》"步余马兮山皋，邸余车兮方林"看，屈原很可能由"鄂渚"走陆路行至湘水东岸再"济湘"。其次，若是从鄂渚"济江而西行"，鄂渚距"湘"有好几百里，用"济湘"无法衔接。

第五，汤先生说："屈原这时是从汉北而南下，绝不是从陵阳而西上。因为他要掠郢都而过，以便观察政局，故'涉江'而南，又'济湘'而西。屈原的西南之行，是涉江而后，又渡过洞庭口，然后西掠郢都的对岸地带，才南入沅水。因为从'济湘'到'上沅'，郢都的南岸，是必经之地。"② 汤先生此论明显脱离实际。

前文已叙，屈原若"从汉北而南下，掠郢都而过"，没有必要绕道鄂渚。屈原之时"洞庭与江、湘"是什么关系不明，《鄂君启舟节》中有"江、湘"却无"洞庭"，说"湘水经洞庭入江""又渡过洞庭口"没有依据。诗文的"由'济湘'到'上沅'去溆浦"，是从东往西。而汤先生的"从汉北而南下"渡江到"郢都对岸"后，根本不需"济湘"就可"上沅"。可见诗文的济湘、上沅与洞庭和郢都无关。

第六，汤先生说："如果像旧说，屈原是从陵阳直走辰、溆，则陵阳已在江之南，固然不必'涉江'；即从陵阳浮江泝流而西，则所谓'济'，所谓'涉'，亦皆不吻合。"③ 这是因为汤先生相信蒋骥的"安徽陵阳论"，才有了"所谓'济'，所谓'涉'，亦皆不吻合"。从《涉江》的"旦余济乎江湘。乘鄂渚而反顾兮"看，诗人"济江"就可到"鄂渚"，而林庚的"屈原被放逐在鄂渚对岸"，与《涉江》的"济乎江湘"就十分吻合。

第七，汤先生说："但为关心前线的爱国思想所驱使。只有'济乎江湘'，掠过郢都，向西南直赴辰、溆。"④ 此说显然与诗文中"被迫而行"的描写"苟余心其端直兮，虽僻远之何伤"不符。诗文中的"入溆浦余儃徊兮，迷不知吾所如。深林杳以冥冥兮，乃猿狖之所居"也与汤氏的"关心前线""走向溆浦等边疆要塞""与秦接壤之极西的国际线"⑤ 对不上号。

第八，汤先生没有解释《涉江》中"步马山皋"以及"邸车方林"等陆路的行程。

刘庆安先生指出：

> 汤先生解说屈原的行程一个很重要的根据便是用于鄂君的商船队通关的《鄂君启节·舟节》……我们认为，首先应该研究的是此节所示路线与屈原的流放路线是否一致，而不应直接用此节来解说屈原流放的路线……"济江、湘"是水行，"上沅"走的也是水路，而且江水、湘水与沅水等数水连接，似乎依此舟节便能完成辰、沅之行，为什么中间又多出"乘鄂渚""步马山皋"以及"邸车方林"等句所显示的陆路行程？可见，屈原行经路线必定不是《鄂君启节》所能概括。⑥

汤先生的"从汉北沿汉入江到达对岸的'鄂渚'……济江而西行，故又'济湘'……"明显有违《涉江》诗文。

周建忠先生把《涉江》放逐的路线界定为：《涉江》"旦余济乎江、湘"；《涉江》"乘鄂渚而反顾"；《涉江》"乘舲船余上沅兮"；《涉江》"朝发枉陼兮，夕宿辰阳"；《涉江》"入溆浦余儃徊兮"。⑦ 可参考。

《哀郢》的最后一程是"今逍遥而来东……背夏浦而西思"，夏浦的对岸不远就是鄂渚，故《哀郢》和《涉江》的路线可以衔接。

---

① 汤炳正：《屈赋新探》，齐鲁书社 1984 年版，第 78 页。
② 汤炳正：《屈赋新探》，齐鲁书社 1984 年版，第 79 页。
③ 汤炳正：《屈赋新探》，齐鲁书社 1984 年版，第 78 页。
④ 汤炳正：《屈赋新探》，齐鲁书社 1984 年版，第 78 页。
⑤ 汤炳正：《屈赋新探》，齐鲁书社 1984 年版，第 69、79 页。
⑥ 刘庆安：《九章时地研究》，南京师范大学硕士学位论文，2007 年，第 68 页。
⑦ 周建忠：《屈原"流放江南"考》，《文学遗产》2007 年第 4 期，第 115 页。

五、汤炳正先生的自相矛盾

汤炳正先生在《屈赋新探》第65页中说：

“屈原东迁，疑即当顷襄元年，秦发兵。出武关。攻楚，大败楚军，取析十五城而去。时怀王辱于秦，兵败地丧，民散相失。”（戴震《屈原赋注》）只有《音义》之说颇与当时形势相吻合。（《史记·楚世家》载秦取析之战……疑此役当在顷襄王元年岁末，故二年“仲春”犹有局势紧张之感，民多逃走。）当时，屈原就是在怀王被拘于秦，秦又大败楚军之际，混在“离散”的民众一起沿江东下，开始了他的流亡生活。

在《渊研楼屈学存稿》第168页中则说：

屈原于顷襄王时，曾流浪至汉北、丹淅之地。或疑汉北、丹淅，顷襄王时已为秦所有，《史记·楚世家》载，顷襄王元年秦出武关攻楚，“取析十五城而去”是其明证。故襄王时屈原似无去汉北、丹淅之可能。今按此说不可据。所谓“取析十五城而去”，字或有误。据近年出土的云梦秦简《大事记》，于秦昭王九年，只言“攻析”，不作“取析”。秦昭王九年即楚顷襄王元年，可实证《楚世家》之“取析”，实即“攻析”之形近而误。“而去”二字，则系纪实之语。……屈原去汉北，在顷襄王九年之后，割汉北地与秦，又在屈原去汉北之后十余年。

实际上“《楚世家》取析十五城而去”与“《大事记》秦昭王九年攻析”不但不矛盾，而且可以互证。

汤先生为了论证屈原在顷襄王二年，混在“离散”的民众一起沿江东下，开始了他的流亡生活。在《屈赋新探》中确信“顷襄元年秦大败楚军，取析十五城而去。与当时形势相吻合”。可为了证明屈原去汉北，在顷襄王九年之后。在《渊研楼屈学存稿》中却说：此说不可据。所谓“取析十五城而去”字或有误……《楚世家》之“取析”，实即“攻析”之形近而误。“而去”二字，则系纪实之语……

汤先生这两处所说的历史事件和屈原行踪，不但自相矛盾，而且都与事实不符。

六、汤炳正先生的屈原“恐秦逃亡”和“不顾安危”论

（一）顷襄王二年“恐秦逃亡论”

汤炳正先生说：

屈子被放起程，当在楚顷襄王二年之春。即元年之末被放，二年的“仲春”起程。《哀郢》一开始就追述了当时屈原启行之日所见到的情景：皇天之不纯命兮，何百姓之震愆？民离散而相失兮，方仲春而东迁。为什么恰在这时百官震动而惊惶，人民离散而相失呢？……只有《音义》之说颇与当时形势相吻合。（《史记·楚世家》载秦取析之战在顷襄王元年，“斩首五万”……此役当在楚顷襄王元年岁末，故二年“仲春”犹有局势紧张之感，民多逃走。）当时，屈原就是在怀王被拘于秦，秦又大败楚军之际，混在“离散”的民众一起沿江东下，开始了他的流亡生活。①

说“秦取析十五城，威胁首都”到“二年‘仲春’犹有局势紧张之感，民多逃走”，四十几岁的屈原“混在‘离散’的民众一起沿江东下……”此论可诊断为犯了极右恐秦症。

（二）“不顾安危，去溆浦边疆要塞论”

汤先生说：

如果说开始的东走“陵阳”是由于战局失利所导致，那么这时（顷襄王九年）的“来集汉北”，则是由于思念故国的强烈感情所驱使。楚之西北与西南，则与秦境犬牙交错，强邻压境，兵戈不息，楚所遭到的是西南与西北的钳制之势。可见，当时屈原不肯身处安全之域，反而西北走向汉北，又西南走向溆浦等边疆要塞，其用心所在，绝非偶然。屈原不远数千里由陵阳到汉北，决不完全是为了聊慰故都之思。而且当隐然有关心祖国安危、观察边疆动态的曲衷

① 汤炳正：《屈赋新探》，齐鲁书社1984年版，第65页。

在内的。①

关心祖国安危、走向溆浦边疆要塞论与《涉江》的外景描述“深林杳以冥冥兮，猿狖之所居……”格格不合，与“苟余心其端直兮，虽僻远之何伤？……吾不能变心以从俗兮，固将愁苦而终穷”等内心表白不符。一个年老、孤独的逐臣，明知国事已无可为，却一改十年前恐秦逃亡的行为，不顾自身安危不远数千里由陵阳到汉北，再南去溆浦……观察边疆动态，若真有此举，可谓患了极左狂妄症。

结　论

1. 屈原的作品反映流放者行踪不能自主，不可能想去哪里就去哪里，而是楚王指定去哪里就要去哪里。从《史记》的众多记载看，被流放、迁逐者皆没有自由。

2. 怀王放流屈原的证据。《屈原列传》有“虽放流，睠顾楚国，系心怀王”，《史记》《新序》《汉书》的“屈原放逐，著《离骚》”是怀王放流屈原的旁证。《卜居》“屈原既放，三年不得复见”等则是怀王放流屈原的内证。

3. 顷襄王复放屈原的证据。《太史公自序》有“怀王客死，兰咎屈原”，《楚世家》有“顷襄王怒而迁屈原”，《哀郢》“信非吾罪而弃逐”“方仲春而东迁”，均是内证。洪兴祖《楚辞补注》也有：“当顷襄王之三年，怀王卒于秦。顷襄听谗，复放屈原。”

4. 襄王九年之后，屈原不可能去丹淅。《楚世家》楚顷襄王元年秦“取析十五城而去”，即《编年记》“九年，攻析”。汤先生的《楚世家》之“取析”，实即“攻析”之形近而误，实属误解。《秦本纪》昭王十五年“攻楚，取宛。十六年……封公子市宛”，即《编年记》“十六年，攻宛。”《史记》与《云梦秦简》其史实可以互证。顷襄王九年之前，析、宛已被秦人攻占。顷襄王九年之后屈原不可能再去“丹淅”。汤先生的“屈原去汉北、丹淅，在顷襄王九年之后”等，皆缺乏依据。

5. 统观汤先生顷襄王二年屈原流亡东达陵阳的惊慌逃窜和顷襄王九年屈原关心祖国安危、观察边疆动态，如此忽而极右恐秦，忽而极左不顾安危，都令人难以置信。

① 汤炳正：《屈赋新探》，齐鲁书社1984年版，第72、68—69、73页。

试论《哀郢》所反映的屈原行踪

摘要：《屈原列传》中，怀王客死后“顷襄王怒而迁屈原”，这是屈原一生中最重大的事件，是屈原彻底远离楚国政治的起点。这个事件在屈原作品中必然有反映——它就是《哀郢》。根据《哀郢》的内容，结合文献记载可以推断：屈原在顷襄王四年被东迁夏浦—鄂渚。九年后，可能因写了《哀郢》等诗篇，再次触怒楚襄王，而被流放到更远更荒凉的溆浦，并写下了《涉江》。

关键词：哀郢；东迁；涉江；流放

一、《哀郢》概览

对《哀郢》的理解从古到今一直歧见纷呈。有些人解读文章，把诗文切割成若干小段，去考证字、词、句、段。就其考证来看，可能有些道理，但是从整体上、联系历史背景看，就对不上号了。

《哀郢》中，诗人明确告诉我们，他是“蒙冤遭弃逐”才离开郢都东迁的，这才是《哀郢》写作的缘由。一些人仅仅看到“皇天之不纯命兮，何百姓之震愆？民离散而相失兮，方仲春而东迁”，就认定是“白起破郢”，始作俑者是明汪瑗，其《楚辞集解》说：“当顷襄王之二十一年，（秦）又攻楚而拔之，遂取郢……秦又赦楚罪人而迁之东方，屈原亦在罪人赦迁之中。悲故都之云亡，伤主上之败辱，而感已去终古之所居，遭谗妒之永废，此《哀郢》之所由作也。”① 这显然与《哀郢》的“众谗人之嫉妒兮，被以不慈之伪名”“信非吾罪而弃逐……”的写作缘由不合，与历史背景不符。但是从其论者不少。例如：

王夫之《楚辞通释》曰：“‘东迁’，顷襄畏秦，弃故都而迁于陈。”

郭沫若说：“王船山以为所记乃楚顷襄王二十一年秦将白起破郢，楚东北保于陈城事，极是。”② 其流毒至今由存。

根据《哀郢》的文本，结合《史记》记载，可以推想当时的情况：顷襄王元年至三年屈原大夫可能在朝参政。前296年“怀王客死，秦归其丧于楚”，屈原归咎子兰“令尹子兰大怒，卒使上官大夫短屈原于顷襄王，顷襄王怒而迁之”。屈原于次年仲春在“哀见君而不再得”的沉重心情下“发郢都而去闾，遵江夏以流亡”。

《哀郢》中“忽若不信兮，至今九年而不复”之前，都是诗人追忆当年离开郢都，被放东迁的旧事。从“方仲春而东迁”到“今逍遥而来东”的旅程，一路都是“从流、下浮”；从语句、意境上看，“东下”是连贯的，没有逆水上行的描述，没有远离长江、向西、向南的迹象。其“上洞庭”后没有逆水南去“沅湘”，而是顺水“下江”来到郢都之东。

诗文的“去终古之所居兮，今逍遥而来东。羌灵魂之欲归兮，何须臾而忘反。背夏浦而西思兮，哀故都之日远。登大坟以远望兮，聊以舒吾忧心。哀州土之平乐兮，悲江介之遗风。当陵阳之焉至兮，淼南渡之焉如”是到达流放终点夏浦后情与景的描写。

根据“背夏浦而西思兮”，说明流放地离夏浦（今汉口）不远。从“登大坟以远望兮”看，当在江边广平之地。“当陵阳之焉至兮，淼南渡之焉如”其意思是：面对陵阳不知向何处去？若南渡浩淼大江，不知那是何方？——反映了屈原到达流放地之后，丧魂落魄、茫然不知所从的心态。诗文中根本没有南渡之行的描述，假如已经南渡，岂不是离开陵阳了？可见《哀郢》东迁的终点，不是安徽陵阳，不是南楚沅湘，也不是江西安福陵阳。③ 这些地方不但诗文中没有，从诗文的“东迁、来东、西思”看，它当在郢都东面的“夏浦—鄂渚”一带。

《涉江》写的是《哀郢》之后的事，《哀郢》的终点就是《涉江》的起点。根据《涉江》“旦余济

① 汪瑗：《楚辞集解》，北京古籍出版社1994年版，第172页。

② 郭沫若：《屈原赋今译》，人民文学出版社1954年版，第143页。

③ 赵逵夫：《屈原与他的时代》，人民文学出版社2002年版，第427页。

乎江湘。乘鄂渚而反顾兮”，诗人“济江”就到“鄂渚”，说明其起点在鄂渚对岸。正如林庚先生所说“屈原被放逐在鄂渚对岸（即后来的黄州），前后九年。”① 有这个总体的把握，在解读、分析诗文时就不容易误入歧途。

流放期间，屈原可能专心写作《天问》，不觉得九年就过去了，还没有得到回郢的信息。屈原感到十分冤屈很快写出了《哀郢》。管理流放屈原的官员把《天问》《哀郢》上呈顷襄王后，《天问》对天怀疑，显示对处境不满；《哀郢》则指责顷襄王“憎愠怆之修美兮，好夫人之慷慨”，其愤愤不平直接针对顷襄王，还用“外承欢之汋约兮，谌荏弱而难持”，痛骂子兰等人是绣花枕头，中看不中用。无论是子兰还是顷襄王看到《哀郢》后，都会愤怒……就下令把屈原放逐到更僻远、生存环境更恶劣的沅江溆浦。

二、《哀郢》部分诗文解读

（一）皇天之不纯命兮，何百姓之震愆？

“皇天”明指上天，暗喻楚王，“不纯命”，失去常道。

“皇天之不纯命兮，何百姓之震愆？民离散而相失兮，方仲春而东迁”，可解释为老天爷啊反复无常，为何叫家族受罪遭殃？让我与家室从此离散，当仲春被放逐而去东方。把它们解释为“郢都沦陷”“庄蹻暴郢”，或朱子的“离散为凶荒”皆缺乏依据。

有的人把文中的“百姓”和“民”解释为“老百姓”和“人民”，这不符合屈原时代的实际。古代只有贵族才有姓氏，当时的百姓泛指贵族。《国语·楚语下》云：“百姓、千品、万官、亿丑、兆民经入畡数以奉之……”② 诗中的百姓并非今日之老百姓，或即屈原自指。“民离散而相失兮，方仲春而东迁”，“迁”就是《屈原列传》“顷襄王怒而迁之”之“迁”，可与诗文的“信非吾罪而弃逐兮”的“弃逐”相呼应。

“遭弃逐东迁”的只能是屈原个人，而不是人民大众。正如王逸所说：“徙我东行，遂与室家相失也。”可见“民”也是屈原自指。

《史记》中“迁”作“放逐”解的例子很多。如《秦始皇本纪》：“迁母咸阳，有不孝之行。”《楚世家》：“观从……令楚众曰：‘国有王矣。先归，复爵邑田室。后者迁之。’”《郑世家》：“君王迁之江南，及以赐诸侯，亦惟命是听！”③《五帝本纪》有：“流共工于幽陵，以变北狄；放驩兜于崇山，以变南蛮；迁三苗于三危，以变西戎；殛鲧于羽山，以变东夷：四罪而天下咸服。”这里的“流”“放”“迁”“殛”，其义基本相同。

（二）去故乡而就远兮，遵江夏以流亡

“遵”，表示顺水而下。屈原东迁的路线历来有“顺着长江”和“顺着夏水”（先东下至夏口，再由夏口西溯湖湘）两种意见。

《汉书·地理志》：“夏水首受江，东入沔，行五百里。”④

《楚辞补注》：“冬竭夏流，故纳厥称。”⑤

看来“顺着夏水”的说法，既与《哀郢》文意不合，又与夏水的实际不符。

第一，不可能在“出国门”“发郢都”时，就进入夏水。因为夏水是从夏首，由长江分出来的支流，从郢都到“夏首”还有几十里路程，所以从郢都乘船，当是从内河先入长江。

第二，要沿着这两条水东行则不可操作。若是先顺着长江，过夏首后，再顺着夏水，则与“过夏首而西浮兮”不符。因为过夏首以后夏水向东南流，长江向西南回转，只有顺着长江才会西浮。若是顺着夏水，应当东浮。

第三，夏水冬竭夏流，屈原流亡，始于仲春枯水期，此时夏水尚不能通行。

---

① 林庚：《诗人屈原及其作品研究》，上海古籍出版社 1981 年版，第 12 页。

② 曹建国、张玖青注：《国语》，河南大学出版社 2008 年版，第 331 页。

③ 司马迁：《史记》，岳麓书社 1988 年版，第 357 页。

④ 班固：《汉书·地理志》，中华书局 1962 年版，第 1566 页。

⑤ 洪兴祖：《楚辞补注》，中华书局 1983 年版，第 133 页。

第四，胡文英说："或曰屈子何以不由荆江，出荆江口，过洞庭，至岳州府，岂不甚便，而为此道远也？曰：'荆江险而难行，故人多由汉江也'。"① 胡文英等人的荆江险而难行论，乃是把"水患频繁的险要河段，误为航行不便的险要河段"。

"遵江夏以流亡"与《悲回风》的"浮江淮而入海兮"类似，以"江夏、江淮"代"长江"，所以把"遵江夏以流亡"理解为顺着长江踏上流亡之路可能较符合实际。"'遵江夏'，江夏为偏义复词，实指江。屈原从故居出发，沿长江而下，须过夏首，故曰江夏。"②

诗文的"惟郢路之辽远兮，江与夏之不可涉"，其"江与夏"代表"归郢之路"，之所以"不可涉"，不只是距离遥远，而是没有王命就"不可涉归"。

"遵江夏以流亡……""出国门……""发郢都……"屈原用反复吟唱，来表达离开郢都时沉重的心情。"出国门"就是出郢都之关。

"甲之鼂吾以行"，楚俗，春季甲为凶日，行事不吉。《九店楚简》曰："凡春三月，甲乙丙丁，不吉。"③ 屈原书"甲之日"东迁，突出不吉之日流亡，与《离骚》"摄提贞于孟陬兮，惟庚寅吾以降"突出大吉之日诞生，形成鲜明对照。

（三）楫齐扬以容与兮，哀见君而不再得

"楫齐扬以容与兮"说明屈原在被迫离郢时"徘徊而不忍去"的心情。"哀见君而不再得"则是担心离郢以后再也见不到楚君了。这一方面说明，屈原流亡时楚君还在郢都，以后要回来再见楚君就很难了。另一方面似乎表示在"东迁"前屈原尚有任职，经常可以见到顷襄王，屈原对楚君还有不能割舍的君臣之情。

（四）过夏首而西浮兮，顾龙门而不见

学者们对"西浮"的解释，既多又乱。

郭在贻先生说："'西浮'之西字，是楚辞训诂中一大难题。"

实际上"西浮"之意非常简明，就是清人林云铭（《楚辞灯》）和蒋骥所说："西浮，舟行之曲处。路有西向者。"④ ——屈原之船"发郢都"入长江，过"夏首"以后，夏水向东南流，长江向西南回转。现代地图⑤中仍可看到，九曲回肠的荆江，其中有多处向西南回转，有的西流水道长达五六十里以上。船行到此冬竭夏流的夏水，仲春时节尚不能通行，只能从江之曲处向西南回转。

于省吾说林云铭的解释完全出诸臆断，他把"浮"解释为"背"，说"过夏首而西浮兮应该读为'过夏首而西背兮'，背于西而东行。"⑥ 此乃颠倒是非之臆断。

潘新藻先生指出《水经·江水》："又东至华容县西，夏水出焉。"注曰："江水左迤为中夏水。右则中郎浦出焉。江浦右迤，南派屈西，极水曲之势。世谓之江曲者也。"（《水经注疏》熊会贞按：今大江东流，径江陵县，自沙市以下，折而西南流，成一大曲）《楚辞》："过夏首而西浮。"此处名曰江曲，水势折向西南。屈原舟行过此，"西浮"之言，因地而发，触景而生，非虚构也。今有人译之为过汉口又回船向西，则失之远矣。⑦

这种路程的小迂曲本不必入诗，但是江流向西南回转后，"顾龙门而不见"了，诗人为了表达对郢都恋恋不舍之情，才把它写了出来。类似后人的山回路转不见君之意。

还有学者认为"夏首"即汉口附近"夏水入长江处"之"夏口"。但从诗文"顾龙门而不见"看，夏首离郢较近，远在汉口的夏口不可能去"顾龙门"。夏首是夏水之首，夏口是夏水之尾，两者不应混淆。蒋骥《楚辞余论》卷下曰："夏水始于江陵，竟于鄂渚，故方出郢都，便过夏首，而伤龙门之不

① 胡文英：《屈骚指掌》卷三，据清乾隆五十一年刻本影印，第9页。
② 廖化津：《屈原南行考》，《湖南大学社会科学学报》1992年第1期，第79页。
③ 湖北省文物考古研究所：《九店楚简》，中华书局2000年版，第49页。
④ 蒋骥：《山带阁注楚辞》，上海古籍出版社1984年版，第119页。
⑤ 谭其骧主编：《中国历史地图集》，中国地图出版社1982年版，第45—46页。
⑥ 于省吾：《泽螺居诗经新证》，中华书局1982年版，第277页。
⑦ 潘新藻：《湖北省建制沿革》，湖北人民出版社1987年版，第23页。

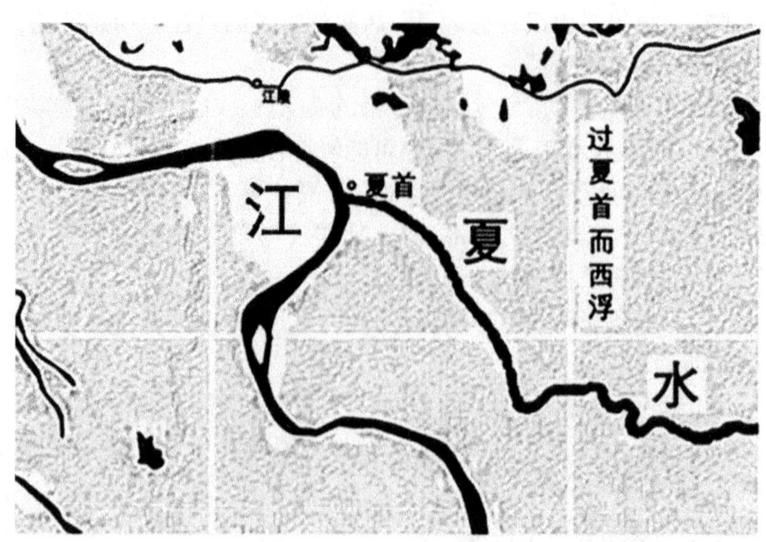

过夏首而西浮示意图①

见，惟其去龙门甚近焉耳。”②

王逸说“而西浮”是“从西浮而东行”③，如此添字解经太过牵强。若以此类推《哀郢》中的“而东迁”“而西思”将如何解释？

古籍中的“浮”多指顺流而下。如《战国策·燕二》“轻舟浮于汶，乘夏水而下江”④，其“浮”与“下”均为顺流而下。若是把“西浮”解释为逆流西行，则与“浮”之意不合。

至于说过夏首而西浮即过夏首而迁流，⑤ 则与诗意难以融通。

马晓琴则认为：

> “过夏首而西浮兮”：“浮”可释为船独流，“西浮”即“棲浮”，屈原一人棲（栖）身于独流的船上，一心牵挂哀郢徘徊不忍离去，不知将要所止何处。⑥

如此牵强附会的解释，不但佶屈聱牙，而且与文本“楫齐扬以容与兮”等也难以相容。

陈虹说：

> 《隋书·孙万寿传》：“失路乃西浮，非狂亦东走”。西浮、东走，是对文，西浮亦即东走。”

可是他又确认：

> 夏水是一条，冬竭夏流、长江发大水时起着泄洪作用的河流。

可是《哀郢》分明是“方仲春而东迁”。请问，仲春二月，屈原怎么能在尚未开流的夏水中，“沿夏水东流而下，入汉水，至夏浦再西向入长江，溯流而上，进人洞庭湖一带”的呢？陈氏论文中的“西浮亦即东走”，显然与他确认的“冬竭夏流”的夏水抵牾。⑦

（五）顺风波以从流

诗人的船“顺风、从流”而下，行至今公安到华容一带，其时这里江面宽广，有的地段江湖连成一片。诗中的“顺风波以从流兮，焉洋洋而为客。凌阳侯之泛滥兮，忽翱翔之焉薄”生动地反映了水面宽阔的景象，同时表明屈原对东迁之旅漂泊渺茫的心情。

---

① “过夏首而西浮示意图”，作者绘制。
② 蒋骥：《山带阁注楚辞》，上海古籍出版社 1984 年版，第 221—222 页。
③ 洪兴祖：《楚辞补注》，中华书局 1983 年版，第 133 页。
④ 诸祖耿：《战国策集注汇考》，江苏古籍出版社 1985 年版，第 1573 页。
⑤ 吴孟复：《〈哀郢〉“西浮”解》，《安徽师范大学学报》（社科版）1978 年第 1 期，第 96 页。
⑥ 马晓琴：《“西浮”考释》，《文学界》（理论版）2010 年第 9 期，第 141 页。
⑦ 陈虹：《〈哀郢〉“夏首”、“西浮”考辩》，《黄冈师范学院学报》2005 年第 4 期，第 21—23 页。

（六）将运舟而下浮兮，上洞庭而下江

先秦时期的洞庭，多指洞庭之野、洞庭山，洞庭郡。屈原时代的古洞庭湖很小，是不是与长江相通，也难以肯定。诗文之“上洞庭而下江”或指船停靠洞庭（郡）之地上岸办事，随后再下长江继续航行。

《庄子·天运》三：“帝张咸池之乐于洞庭之野。”①

《战国策·楚一》：“南有洞庭、苍梧。”

《战国策·秦一》：“秦与荆人战，大破荆，袭郢，取洞庭、五都、江南。”“高诱曰：‘郢，楚都也。洞庭、五都、江南，皆楚邑也。’”《战国策·魏一》：“昔者，三苗之居，左彭蠡之波，右有洞庭之水，文山在其南，而衡山在其北。恃此险也，为政不善，而禹放逐之。”②

《山海经·海内东经》有：“湘水出舜葬东南陬，西环之。入洞庭下。一曰东南西泽。”

郭璞注：“洞庭，地穴也，在长沙巴陵。”③ 说明直到晋代，湘水下游的洞庭还是一处地穴。可见其时的洞庭湖渺小无闻。

刘向《九叹》云：“徐徘徊于山阿兮，飘风来之汹汹。驰余车兮玄石，步余马兮洞庭。”《楚辞补注》曰：“谓洞庭之山。”④

里耶秦简中多处提到洞庭均与秦洞庭郡相关。里耶秦简的洞庭、苍梧与《战国策》中楚国南有洞庭、苍梧当有继承性。

胡文英说：“上洞庭而下江……先下汉江，然后溯流上洞庭，倒言之者以谐声也。”⑤ 以胡文英为代表的先东下汉，后溯江西上洞庭绕道远行之论不合情理。

此处的洞庭王逸未注，可他在《湘君》“驾飞龙兮北征，邅吾道兮洞庭”中则注：“洞庭，太湖也。”此注大概不对。但是，可证明东汉时还没有形成大的洞庭湖，“上洞庭而下江”之洞庭当指洞庭郡。

总体上看，从“方仲春而东迁”“过夏首而西浮”“顺风波以从流”“将运舟而下浮兮”到“今逍遥而来东”，一路都是沿江下浮，没有向西逆水上行的意图，没有远离长江的迹象。

（七）当陵阳之焉至兮，淼南渡之焉如

见前文《〈“九章”时地管见〉商榷》中的“《哀郢》几点诗文的解读”。

（八）曾不知夏之为丘兮，孰两东门之可芜？

这是屈原对楚国命运发出的预忧之辞，而不是对郢都沦陷的悲叹。

张汝舟先生说：

> “两东门芜”，当然郢都是沦陷了。我看那两句实是修辞学上的譬喻法。一定要细玩这个“可”字以及“曾”字“孰”字，这是诗人描画楚国君臣上下，自恃大国，不知道国步维艰，认为楚国这么大，怎会亡国呢？“夏屋为丘，曾不了解，怎么那样结实的两东门会崩坍呢？”上下瞶瞶如此，怎能不“心不怡之长久兮？忧与愁其相接”呢？如果郢都已经沦陷了，“乱曰”里的“流观”“冀一反”“反故乡”“首丘”“日夜不忘”不都成了梦话吗？⑥

林庚先生认为“两东门之可芜”并不是两个东门，而是东门再度荒芜。他说：

> 为什么单说东门呢？难道秦兵是从东边来的吗？……显然不是指秦楚之役。按《左传》吴伐楚之役，吴师自东越汉水西进……首先遭到战火破坏的乃是东门。……所以说哪可以再度（两度）发生像吴师入郢（东门之芜）那样的事情呢！⑦

（九）忽若去不信兮，至今九年而不复

这句是说恍惚如梦难以相信啊，流放已经九年至今不能回郢。洪兴祖曰：“《卜居》言：‘屈原既

---

① 陈鼓应：《庄子今注今译》，商务印书馆2007年版，第426页。

② 诸祖耿：《战国策集注汇考》，江苏古籍出版社1985年版，第743、144、156、1143页。

③ 袁珂：《山海经校注》，北京联合出版社2014年版，第332、334页。

④ 洪兴祖：《楚辞补注》，中华书局1983年版，第284页。

⑤ 胡文英：《屈骚指掌》卷三，据清乾隆五十一年刻本影印，第10页。

⑥ 张汝舟：《再谈屈原的生卒》，《文史哲》1957年第5期，第11页。

⑦ 林庚：《诗人屈原及其作品研究》，上海文艺联合出版社1952年版，第54页。

放，三年不得复见。’……其云‘既放三年’谓被放之初，又云‘九年而不复’，盖作此诗时放已九年也。”① ——此乃误论。

《卜居》曰：“屈原既放，三年不得复见。竭知尽忠，而蔽障于谗。心烦虑乱，不知所从，往见太卜郑詹尹。”《七谏·谬谏》曰：“念三年之积思兮，愿一见而陈辞。”这两者都说：怀王放逐屈原，三年期满可以离开汉北回郢都了，屈原期望见怀王陈辞。但是他心烦虑乱，不知所从，所以“往见太卜郑詹尹”咨询。其“宁正言不讳以危身乎？将从俗富贵以偷生乎？……”说明他面对着何去何从的选择。太卜则劝他“用君之心，行君之意”，说明他是自由人，道路要由自己选择。太卜可能是居鄢郢古都祖庙中人，不可能在屈原流放之地。

而《哀郢》的“九年而不复”是写“顷襄王迁屈原”之事与《卜居》的三年不得复见（怀王）根本不是一件事，洪兴祖等人②把两者混为一谈，显然谬误。

（十）鸟飞反故乡兮，狐死必首丘

这是屈原借“古语”表达怀念故乡之情。《淮南子·说林训》有：“鸟飞反乡，兔走归窟，狐死首丘，寒将翔水，各哀其所生。”

汤炳正先生说：“楚先祖开国辟疆、陵墓所在的旧都丹阳，就很自然地成了他的向往之地。这才是屈赋‘狐死首丘’的特定含义。”

赵逵夫先生说：《哀郢》中“鸟飞返故乡兮，狐死必首丘。信非吾罪而弃远兮，何日夜而忘之!”诗人已经想到了‘死’，想到死时不能返回故乡。”

汤、赵两位的过度诠释，偏离了《哀郢》的“怀念故乡之情”。

三、《哀郢》剖析

《屈原列传》中，怀王客死后“顷襄王怒而迁屈原”是屈原一生中最重大的事件，是屈原彻底远离楚国政治的起点。这个事件在屈原作品中必然有反映——它就是《哀郢》。

（一）《哀郢》是“信非吾罪而弃逐”的申诉

《哀郢》中有大量的思乡、欲归之辞，周建忠先生说：“《哀郢》是一首恋阙思乡之作。”这表达了很多学者的共识。但是，思乡只是诗文的一个层面。

《哀郢》开始四行：“皇天之不纯命兮，何百姓之震愆？民离散而相失兮，方仲春而东迁。”抒写诗人遭弃逐“东迁”而呼天以泄其怨愤。而诗文最后一句“信非吾罪而弃逐兮，何日夜而忘之”则是对全文的总结，其要害是“为无辜而遭弃逐，鸣冤叫屈”。正如林庚先生所说：这里说明了屈原不能回去的真正原因就是因为无罪而被“弃逐”③。若能伸冤平反，什么思乡欲归、“美超远而逾迈”……一切都迎刃而解。

（二）屈原“东迁”在顷襄王四年

《哀郢》：“遵江夏以流亡”“方仲春而东迁”“信非吾罪而弃逐”。这是屈诗中明确提及无罪而被弃逐流亡、东迁的例证，它可以与《史记》互证。

关于东迁的时间，《屈原列传》曰怀王：“竟死于秦而归葬……楚人既咎子兰以劝怀王入秦而不反也。屈平既嫉之……令尹子兰闻之大怒，卒使上官大夫短屈原于顷襄王，顷襄王怒而迁之。”④ 当时的楚人把“怀王死于秦”归咎于子兰。子兰对民众的愤怒无可奈何，就把怒气发泄到屈原身上。《太史公自序》曰：“怀王客死，兰咎屈原。”⑤ 可见屈原放逐当在怀王客死以后。考虑到《哀郢》中屈原是仲春开始流亡，故屈原放逐当在“怀王客死”的次年，即顷襄王四年（公元前295年）仲春。“怀王客死”后顷襄王放逐屈原，前贤与今人均有表述。

① 洪兴祖：《楚辞补注》，中华书局1983年版，第135页。

② 周秉高：《论〈哀郢〉作于顷襄王十三年》，《职大学报》2017年第4期，第10—12页。其文赞曰：“洪兴祖的补注更严谨，更有说服力。”其曰：“《卜居》言：‘屈原既放三年，不得复见’……其云‘既放三年’谓被放之初，又云‘九年而不复’，盖作此诗时放已九年也。”

③ 林庚：《诗人屈原及其作品研究》，上海文艺联合出版社1952年版，第53页。

④ 司马迁：《史记》，岳麓书社1988年版，第627—628页。

⑤ 司马迁：《史记》，岳麓书社1988年版，第949页。

例如：刘向《新序》有：

怀王子顷襄王，亦知群臣谄误怀王，不察其罪，反听群谗之口，复放屈原。①

班固《离骚赞序》曰：

怀王西朝于秦。秦人拘之，客死不还。至于襄王，复用谗言，逐屈原。

王逸《离骚经章句》曰：

怀王拘留不遣，卒客死于秦。其子襄王，复用谗言，迁屈原于江南。

洪兴祖注《哀郢》：

当顷襄王之三年，怀王卒于秦。顷襄听谗，复放屈原。②

张汝舟先生说：

照前次拙文（按：指《光明日报》1951 年 10 月 13 日学术栏发表的《谈屈原的生卒》）推断“屈原是顷襄王三年（前 296 年）放逐的，在江南过了十年上下的流亡生活才投汨罗江的”。③

陆侃如先生说：

大约在前 295 年，顷襄王四年左右，屈原第二次被放逐出去。④

山西大学古典文学教研组，1961 年 12 月举行的一次《哀郢》写作年代问题讨论会，其《纪要》云：

屈原于顷襄王三年被放，《哀郢》写于此后的九年，即顷襄王十二年左右。⑤

潘啸龙先生 1980 年说：

屈原在顷襄三、四年间，又被远迁江南。⑥

陈蔚松先生也曾说：

屈原迁于江南当在顷襄王三年怀王归葬于楚之后。⑦

（三）流亡在夏浦—鄂渚一带

1.“东迁”的终点在夏浦—鄂渚一带

探讨《哀郢》的流放地，必须以《哀郢》的文本为准，遗憾的是一些名流恰恰偏离了文本。《哀郢》曰：

去终古之所居兮，今逍遥而来东。羌灵魂之欲归兮，何须臾而忘反？背夏浦而西思兮，哀故都之日远。登大坟以远望兮，聊以舒吾忧心。哀州土之平乐兮，悲江介之遗风。当陵阳之焉至兮，淼南渡之焉如？

从“方仲春而东迁”和“今逍遥而来东”看，其时屈原已经到达“郢都以东的流亡地”。根据“背夏浦而西思兮”看，既说明它离夏浦（今武汉境）不远，也表示其地在郢都以东。从“登大坟以远望兮”看，当在江边广平之地。可见《哀郢》的终点当如林庚先生所说屈原被放逐在鄂渚对岸（即后来的黄州），前后九年。而不在远离大江的陵阳。⑧ 再从《涉江》“旦余济乎江湘，乘鄂渚而反顾兮”看，诗人济江就可到鄂渚。说明屈原原来的流放地在江北鄂渚对岸。

2.“陵阳”之解

诗中陵阳是不是地名？一直有分歧。

东汉王逸把陵阳解作：“意欲腾驰，道安极也。”洪兴祖《楚辞补注》曰：“前汉丹阳郡，有陵阳仙人陵阳子所居也。《大人赋》云：‘反太一而从陵阳’。”⑨ 蒋骥《山带阁注楚辞》卷四曰：“陵阳，在今

① 卢元骏：《新序今注今译》，天津古籍出版社 1987 年版。

② 洪兴祖：《楚辞补注》，中华书局 1983 年版，第 135 页。

③ 张汝舟：《再谈屈原的生卒》，《文史哲》1957 年第 5 期，第 11 页。

④ 陆侃如：《楚辞选》，中华书局 1963 年版，前言第 6 页。

⑤ 叶晨晖：《光明日报》1961 年 12 月 28 日。

⑥ 潘啸龙：《关于屈原放逐问题的商榷》，《安徽师范大学学报》（哲社版）1980 年第 3 期，第 94 页。

⑦ 陈蔚松：《鄂君启舟节与屈原〈哀郢〉研究》，《华中师范大学学报》（社科版）1982 年第 1 期，第 25 页。

⑧ 林庚：《诗人屈原及其作品研究》，上海文艺联合出版社 1955 年版，第 12 页。

⑨ 洪兴祖：《楚辞补注》，中华书局 1983 年版，第 135 页。

宁国池州界。汉书丹阳郡陵阳是也。以陵阳山而名。至陵阳，则东至迁所矣。”“考前后汉志及水经注，其在今宣池之间甚明。以地处楚东极边而奉命安置于此，故以‘九年不复’为伤也。”①

胡念贻先生说：

> 蒋骥则据《哀郢》“今逍遥而东来”与“当陵阳之焉至兮”二句，认为屈原离郢东下，到了陵阳（今安徽青阳一带），这是他放逐的地点。②

周笃文认为：

> 在黄山市境内太平湖畔，有个陵阳山。有李白的《登敬亭南望怀古赠窦主簿》“溪流琴高水，石耸麻姑坛。白龙降陵阳，黄鹤呼子安”为证。

赵逵夫先生说：

> 可以肯定《楚辞》中的陵阳在江西省西部，庐水发源处的西北面，即安福以西，庐水以北，武功山以南。③

洪兴祖、蒋骥的丹阳郡“陵阳”（今安徽）和赵逵夫的江西“陵阳”，都在远离浩渺大江的山区，与《哀郢》描述的江边广平之地貌不符。赵逵夫先生指出：

> 此前的“出国门”“发郢都”“过夏首”“西浮”“顺风波以从流”“上洞庭”“下江”“背夏浦”，历叙其由发郢都至过夏浦一段，次序井然。而在“背夏浦”之后，即说“当陵阳”。似陵阳并不如学者们所说今安徽陵阳那样远。④

赵先生此说很有道理，只是此说与他自己认定的、离夏浦非常遥远的江西陵阳矛盾，不能自圆其说。

把陵阳定为地名者，都认为屈原越江南渡了，这显然与诗文不符。诗文的“当陵阳”表明屈原正面对陵阳。从“淼南渡”看，表明屈原身在江北，如果南渡必然要离开陵阳。既然是南渡那就离船上岸了，那么从江南到（今安徽或江西的）陵阳，这好几百里以上的行程，屈原是怎么前往的呢？可见这些陵阳地名说都与文本不符。

3.“荆王封卞和为陵阳侯”探讨

林云铭《楚辞灯》云：“陆时雍曰：陵阳，楚地，卞和封为陵阳侯，即此。”卞和封陵阳侯原出蔡邕《琴操》，见下。

> 信立退怨歌：卞和者楚野民得玉璞而献怀王，怀王使乐正子占之，言非玉。以为欺谩，斩其一足。怀王死子平王立，和复抱玉璞而献之。平王立复以为欺斩其一足。平王死子立为荆王，和复欲献之，恐复见害，乃抱其玉而哭于荆山之中，昼夜不止，继之以血，荆王遣问之，于是和随使献王，王使剖之，中果有玉乃封和为陵阳侯，和辞不就而去。作退怨之歌曰：“悠悠沂水，经荆山兮……”⑤

刘向《新序·杂事第五》载：

> 荆人卞和得玉璞而献之，荆厉王使玉尹相之曰：“石也。”王以为慢，而断其左足。厉王薨，武王即位，和复捧玉璞而献之武王。武王使玉尹相之曰：“石也。”又以为慢，而断其右足。武王薨，共王即位，和乃奉玉璞而哭于荆山中，三日三夜，泣尽，而继之以血，共王闻之，使人问之曰：“天下刑之者众矣，子刑何哭之悲也？”对曰：“宝玉而名之曰石，贞士而戮之以慢，此臣之所以悲也。”共王曰：“惜矣，吾先王之听难，剖石而易，斩人之足！夫死者不可生，断者不可属，何听之殊也？”乃使人理其璞而得宝焉。故名之曰和氏之璧……

《韩非子·和氏》云：

> 楚人和氏得玉璞楚山中，奉而献之厉王；厉王使玉人相之，玉人曰：“石也。”王以和为诳，而刖其左足。及厉王薨，武王即位，和又奉其璞而献之武王；武王使玉人相之，又曰：

---

① 蒋骥：《山带阁注楚辞》，上海古籍出版社1984年版，第120、121页。

② 胡念贻：《屈原作品的真伪问题及其写作年代》《先秦文学论集》，中国社会科学出版社1981年版。

③ 赵逵夫：《屈原与他的时代》，人民文学出版社2002年版，第427页。

④ 赵逵夫：《屈原与他的时代》，人民文学出版社2002年版，第422页。

⑤ 蔡邕：《琴操》（卷下），第7页。

"石也。"王又以和为诳，而刖其右足。武王薨，文王即位，和乃抱其璞而哭于楚山之下，三日三夜，泣尽而继之以血。王闻之，使人问其故，曰："天下之刖者多矣，子奚哭之悲也?"和曰："吾非悲刖也，悲夫宝玉而题之以'石'，贞士而名之以'诳'，此吾所以悲也。"王乃使玉人理其璞而得宝焉，遂命曰"和氏之璧"。

方铭先生认为：

卞和生活的时代为春秋时期，根据《史记·楚世家》载，楚厉王当指楚王蚡冒，周平王十四年即位，是年为公元前757年。周平王三十一年，楚武王弑蚡冒子而即位，是年为公元前740年。周庄王八年，楚武王卒军中，楚文王即位，是年为公元前689年。《新序》所载楚共王，当为楚文王之误。楚文王之后，有楚堵敖囏、楚成王、楚穆王、楚庄王，周定王十七年，即公元前590年，楚共王即位，楚共王距离楚文王有百年之久。卞和封陵阳侯事，见于蔡邕《琴操》。如果卞和被封陵阳侯的事迹可靠，时间当在公元前689年以后。①

和氏璧是历史上真实存在之物，若楚文王曾经"封卞和为陵阳侯"，而楚文王时楚国的势力还没有到达后来的安徽陵阳，那么其陵阳多半在先王熊挚红的鄂地某处，或许就在屈原放逐的鄂渚对岸夏浦一带。

（四）从郢都去江南要不要"绕道"?

有人说"东下至夏口，再转而西溯湖湘之南也"，胡文英说："上洞庭而下江，……先下汉江，然后溯流上洞庭，倒言之者以谐声也。"② 以胡文英为代表的先东下汉，后溯江西上洞庭绕道远行之论与《哀郢》诗文不符。

从总体上看，"方仲春而东迁""过夏首而西浮""顺风波以从流""将运舟而下浮兮"到"今逍遥而来东"，一路都是"从流"沿江下浮，没有逆水上行的描述，没有远离长江的迹象。而且仲春夏水不能通行，不可能顺着夏水"先下汉江"。

从其他古文献看：

《左传·昭公三年》：

十月，郑伯如楚，子产相。楚子享之，赋《吉日》。既享，子产乃具田备，王以田江南之梦。

从郢都可直接去江南云梦。

《墨子·兼爱》云：

楚天下之强国也，西有黔中、巫郡，东有夏州、海阳，南有洞庭、苍梧，北有汾径之塞、郇阳，地方五千里，此霸王之资也。

从郢去洞庭、苍梧两郡不可能绕道鄂渚。

《秦始皇本纪》：（二十八年）

乃西南渡淮水，之衡山、南郡。浮江，至湘山祠。

秦始皇从南郡（江陵）到湘山（即君山），就是"浮江"而下，并未绕道。秦楚相隔只几十年，航道当是依旧。

2002年夏龙山县里耶镇发现的里耶秦简。"J1（16）52简牍"③ 有从南郡北部的"鄢"到洞庭郡"迁陵"的站点及里程：

鄢（今湖北宜城）到销百八十四里。

销（可能是郊郢今钟祥）到江陵二百四十里。

江陵（楚郢都）到孱陵百一十里。

孱陵（今湖北公安南）到索二百九十五里。

索（汉寿县界）到临沅六十里。

临沅（今湖南常德东北）到迁陵（今里耶）九百一十里。

---

① 方铭：《在中国屈原学会九华山（陵阳）屈原国际学术讲座会上的讲话》，《职大学报》2012年第1期，第32—34页。

② 胡文英：《屈骚指掌》卷三，据清乾隆五十一年刻本影印，第10页。

③ 湖南省文物考古研究所：《湖南龙山里耶战国——秦代古城一号井发掘简报》，《文物》2003年第1期，第34页。

从江陵（南郡）济江后沿此邮路到“临沅（洞庭郡）”，即可上“沅水→枉渚→辰阳→溆浦”，没有必要用好几倍的路程绕道鄂渚。秦之邮路很可能在战国之楚时就有。

既然从郢都去沅、辰、溆浦不必绕道，而它们又都在湘江以西，可见从郢都去溆浦，只需“涉江”，不必“济湘”。认为《涉江》行程的起点无疑是郢都①与诗文不符。

王焕林先生说：

> 先秦时期，楚国江汉地区的交通，主要还是依赖汉水和长江，从鄢（宜城）到郢（荆州），必须自汉水先入长江，再溯长江而上，达于江陵。《左传·文公十年》记楚王使斗宜申为商公（今河南），斗宜申“沿汉溯江将入郢，（楚）王在渚宫下见之”，《战国策·燕策》记“（秦）告楚曰：……乘夏水而下江，五日而至郢”，（按，汉水下游兼称夏水）均可引为例证。显然，假若自钟祥“沿汉溯江”而达江陵，其路程将在千数百里之外，这与秦简“路程表”中“销到江陵二百四十里”的记载决不相称。②

此说不能成立。

王氏之引文不能证明“从鄢到郢，必须自汉水先入长江，再溯长江而上，达于江陵”。其一，“《文公十年》沿汉溯江将入郢”，文中的子西不是自鄢去郢，他绕道而行另有原因（所以有谗言，说他要逃离楚国）。其二，《战国策·燕策》其文为：“蜀地之甲，轻舟浮于汶，乘夏水而下江，五日而至郢。”分明是“蜀地之甲”起于汶，“乘夏季之大水下长江”，五日而至郢。这里的“夏水”并非汉水，“蜀地之甲”决不可能先入汉水，再“下江，五日而至郢”。王氏用他对文本的误解来否定“里耶秦简路程表”似乎有点轻率。

（五）荆江险而难行？

胡文英说：

> 或曰屈子何以不由荆江，出荆江口，过洞庭，至岳州府，岂不甚便，而为此道远也？曰：“荆江险而难行，故人多由汉江也”。③

此乃有违事实的误解。

谢君先生也说：

> 屈原的时代，由于交通条件仍极为有限，长江如此大水一般民用船只很难安全航行的。……尤其是长江从郢都之南至洞庭湖一段即荆江段长江，一般航行都是要极力避开不走的，这是因为荆江段长江九曲回肠，路程十分迂绕，实际距离与直线距离相差极大。水运里程并不比沿夏水经汉江达长江至鄂渚这一路线的水程短。据《长江水利史略》载：“荆江河道自湖北枝城至湖南城陵矶，全长四百二十公里，又分为两段：上段从枝城至藕池口，长约一百八十公里，称为上荆江，下段从藕池口至城陵矶，长约二百四十公里，称为下荆江。……‘长江万里长，险段在荆江。’下荆江河道蜿蜒曲折，素有‘九曲回肠’之称。由于水流宣泄不畅，极易溃堤决口，荆江形成了长江最险要的河段，也是历史上长江水患频繁的地区。”④

胡文英、谢君等人把“频繁水患的荆江险要河段”——“万里长江，险在荆江”误为行驶不便的险而难行河段，乃是移花接木式的误读。

长江险而难行当数三峡，故有“三峡水恶险滩稠，自古行船鬼见愁”。而战国时期过三峡并非畏途。如《楚策一》：“秦西有巴、蜀，方船积粟起于汶山，循江而下，至郢三千余里。”⑤《燕策二》：“蜀地之甲，轻舟浮于汶，乘夏水而下江，五日而至郢。”

再有沅江中游“滩陡礁多浪险，怪石巉岩雄峙江面，过去船家视为畏途。”⑥这正与《涉江》中沅水难行的描述“船容与而不进兮，淹回水而疑滞”符合。这些都表明屈原之时的船家决不会把九曲回

① 刘庆安：《〈九章〉时地研究》，南京师范大学硕士学位论文2007年，第64页。
② 王焕林：《里耶秦简释地》，《社会科学战线》2004年第3期，第140页。
③ 胡文英：《屈骚指掌》卷三，清乾隆二十六年京师青棠本馆刻本，第9页。
④ 谢君：《〈哀郢〉创作时地与行进路线研究》，《中国楚辞学》第23辑，学苑出版社2016年版，第121页。
⑤ 诸祖耿：《战国策集注汇考》，江苏古籍出版社1985年版，第1573页。
⑥ 王经国主编：《中国江河》，中国科技出版社2000年版，第120页。

肠的荆江放在眼里。

（六）《战国策》中的夏水不是某条河流

谢君先生说《战国策》卷三十：

“（秦）正告楚曰：蜀地之甲，轻舟浮于汶，乘夏水而下江，五日而至郢。汉中之甲，乘舟出于巴，乘夏水而下汉，四日而至五渚。”其中提到“蜀地之甲，轻舟浮于汶，乘夏水而下江，五日而至郢。”此处之“夏水”绝非指出于长江、入于汉水之“夏水”，也不可能是汉水的别称，因为从蜀地至郢，根本不可能走到汉水去，只需顺江而下即可；此处“夏水”可能指蜀地注入长江的某条支流。所以“乘夏水而下江，五日而至郢”绝不可能是顺汉水而下至长江，再溯长江至郢都。①

谢君先生对《战国策》之“夏水”似乎有误读，文中的“乘夏水”乃是乘“夏天丰水期之水”，而不是“某条支流”。

“蜀地之甲，轻舟浮于汶，乘夏水而下江，五日而至郢”是蜀地之甲“下长江”，五日而至郢。“汉中之甲，乘舟出于巴，乘夏水而下汉，四日而至五渚”是汉中之甲“下汉江”，四日而至五渚（鄂渚）。

两者的出发地、目的地和水道皆不同，却同书“乘夏水”，可见“夏水”是夏季之大水，而不是“某条河名”。

四、《哀郢》与“郢都沦陷”无关

（一）《哀郢》中没有与“郢都沦陷”有关的信息

不少人把《哀郢》的“皇天之不纯命兮，何百姓之震愆？民离散而相失兮，方仲春而东迁”误解为“郢都沦陷”。其实这只是诗人“无罪而遭弃逐”后，呼天以泄其愤的“怨辞”。

从《哀郢》“哀州土之平乐兮，悲江介之遗风”来看，屈原流亡时“州土”还处在“平乐”状态，并没有“郢都沦陷”的迹象。从“乱辞”中的“曼余自以流观兮，冀一反之何时？鸟飞反故乡兮，狐死必首丘。信非吾罪而弃逐兮，何日夜而忘之？”看，一是表达“欲反郢都”的强烈愿望；一是表达“鸣冤叫屈”的愤激之情，并没有任何郢都陷落的信息。

《屈原作品》中的“非罪而遭弃逐”和“何贞臣之无罪兮，被离谤而见尤”，与《史记》中的“怀王客死，兰咎屈原”和“顷襄王怒而迁屈原”所记的是同一事件。这也是《屈原列传》和《哀郢》可以互证的确切实例。

王逸注《哀郢》说：“言怀王不明，信用谗言而放逐己，正以仲春阴阳会时，徙我东行，遂与室家相失也。”他只是把楚顷襄王错定为楚怀王，其他解释还是可取的。

王逸的《哀郢》后叙曰：“此章言己虽被放，心在楚国，徘徊而不忍去，蔽于谗谄，思见君而不再得。”

屈原离开郢都时首先是“哀见君而不再得”，说明此时的楚君尚在郢都，屈原要回郢都再见楚君就很难了。同时还显示屈原在被“弃逐”之前尚有任职，可以经常见到楚襄王，还有难以割舍的君臣之情。可见写《哀郢》时郢都未沦陷。

再从“哀州土之平乐兮，悲江介之遗风”来看，屈原流亡之地还处在“平乐”状态，并没有“郢都沦陷”的迹象。

假若郢都将被秦兵攻占，楚国君臣必定一致对外，而顾不上在国难当头之际将抗秦的屈原“弃逐出郢都”。正因为屈原被“弃逐东迁”，所以在《哀郢》总撮词旨的“乱”中，强调的是“冀壹反之何时”，是“信非吾罪而弃逐兮，何日夜而忘之”，而无任何郢都陷落的信息。

假若国都沦陷，实际的逃亡者只能是东北“保于陈城”的顷襄王君臣。他们是举家逃向“陈城”，既不会“哀见君而不再得”，更不可能“遵江夏流亡”去夏浦、去陵阳。

假若“郢都沦陷，屈原和难民一起离开郢都”，其家室也应在难民之中，而不该“离散相失”。只有非罪而遭“顷襄王怒而东迁”的屈原，才会“民离散而相失”，才会“哀见君而不再得”，才有“楫

① 谢君：《〈哀郢〉创作时地与行进路线研究》，《中国楚辞学》第23辑，学苑出版社2016年版，第121—122页。

齐扬以容与”和“徘徊而不忍去”的心态。才有“羌灵魂之欲归兮，何须臾之忘反”的思念，而丝毫没有国都沦陷而逃亡的慌乱。

假若郢都沦陷，底层的人民也不可能出现在难民之中。他们没有船，没有车马，没有条件逃亡。他们没有钱财，逃出去也要饿死。从文献记载来看，战国之时的战争，并没有战败方人民大量逃亡之事，可见“把‘哀郢’解释为破郢，这是一个更为无根无据的猜想”①。

（二）几种“屈原逃离郢都”臆说

1.“郢破，秦赦楚罪人迁之东方，屈原亦在赦迁之中”

明人汪瑗说：

> 按《秦世家》，秦昭王时，比年攻伐列国，赦罪入而迁之。二十七八年间，连三攻楚，拔黔中，取鄢邓，赦楚罪人，迁之南阳。二十九年，当顷襄王之二十一年，又攻楚而拔之，遂取郢，更东至竟陵，以为南郡。烧墓夷陵，襄王兵散败走，遂不复战。东北退保于陈城，而江陵之郢，不复为楚所有矣。秦又赦楚罪人而迁之东方，屈原亦在罪人赦迁之中。悲故都之云亡，伤主上之败辱，而感己去终古之所居，遭谗妒之永废，此《哀郢》之所由作也。②

此乃汪氏误读、曲解《史记》。《秦本纪》有：

> 二十一年，错攻魏河内。魏献安邑，秦出其人，募徙河东赐爵，赦罪人迁之。

其文是说二十一年，错攻魏国的河内郡，魏国把安邑献给秦国，秦国把安邑的魏国民众驱逐出去，再从河东地区用赏赐爵位的方法招募秦国的民众迁徙安邑，又赦免了一批秦国罪人迁往此处。再如汪瑗所引《秦本纪》（他误为《秦世家》）：

> 二十七年，错攻楚。赦罪人迁之南阳。
>
> 二十八年，大良造白起攻楚，取鄢、邓，赦罪人迁之。

文中的“赦罪人”，皆为秦君赦免本国的罪人，“迁”往秦军新得之“地”，以巩固秦人的统治。绝没有赦敌方的罪人，迁至漫无边际的“东方”之事。

汪瑗把《史记》的“赦罪人”误解为“赦楚罪人”，又在《秦本纪》“二十九年，大良造白起攻楚，取郢为南郡，楚王走”之后添加了《史记》中根本没有的“秦又赦楚罪人而迁之东方，屈原亦在罪人赦迁之中”。汪瑗在注解《楚辞》时强调“不以文害词，不以词害意”，不拘泥于字词的表面意义来推求诗句的含义，揆情度理，以意逆志地推求文本之意，这本来是他的优点，可是过犹不及。他过分使用这个方法，就成了无中生有的臆断。而这种误读、添改的臆断乃学术研究之大忌，除了可作不良作风的典型外，并无可取之处。

可是，汪氏首创的郢破、屈原随民众流亡论却很有迷惑性，得到了王夫之、王闿运、郭沫若等名流的赞同，在学界影响很大。此论一出，各色各样的屈原随民流亡论随之而起，至今仍然有采信其论者，这实在是学术研究的悲哀。

2.“郢都沦陷，屈原随民众一起流亡论”

或曰：郢都被秦军攻破，顷襄王迁于陈城之际，屈原随民众一起迁徙流亡。这是汪瑗“郢破”论的改良版，同样站不住脚。此论不通之处有：

第一，楚襄王四年屈原已被“顷襄王怒而迁之”，后来又流放到沅水溆浦。有什么依据说郢都沦陷前屈原还在郢都呢？这显然与人们所公认的屈原后期流放在江南矛盾。

第二，从“发郢都而去闾兮……哀见君而不再得”来看，屈原离开郢都时，楚君仍在郢都；屈原在东迁之前似乎尚有任职，可以经常见到楚襄王。可见写《哀郢》时郢都未沦陷。

第三，《哀郢》所记的“羌灵魂之欲归兮，何须臾之忘反”“冀一反之何时？”这些急切地“欲归”郢都之词都是因“非罪而遭弃逐”所发，丝毫没有因郢都被秦人占领而回不去之意。可见“把‘哀郢’解释为破郢，这是一个更为无根无据的猜想”。③

第四，《楚世家》有：“十九年，秦伐楚，楚军败，割上庸、汉北地予秦。二十一年，秦将白起遂

---

① 林庚：《诗人屈原及其作品研究》，上海古籍出版社 1981 年版，第 53 页。

② 汪瑗：《楚辞集解》，北京古籍出版社 1994 年版，第 172 页。

③ 林庚：《诗人屈原及其作品研究》，上海文艺联合出版社 1955 年版，第 53 页。

拔我郢，烧先王墓夷陵。楚襄王兵散，遂不复战，东北保于陈城。”有人据此把顷襄王“迁于陈城”定在“郢都被秦军攻破”之时，似乎与史不符。前280年，楚割上庸、汉北予秦之后，郢便失去了屏障，必然要着手迁都。前279年秦“白起攻楚，取鄢、邓”，鄢、邓一旦陷落，迁都刻不容缓。可见迁都当在前279年鄢、邓陷落前后。前278年秦将白起攻郢前，“顷襄畏秦，弃故都而迁于陈”。他们举家迁陈，既不会民离散而相失，也不会哀见君而不再得，更不可能遵江、夏以流亡去夏浦、去陵阳。

第五，《史记·屈原贾生列传》记载：顷襄王三年“怀王死于秦”后屈原就被“顷襄王怒而迁之”，其后再也没有回郢都。其《传》曰：“自屈原沉汨罗后百有余年，汉有贾生，为长沙王太傅，过湘水，投书以吊屈原。”既说“百有余年”至少在101年以上，贾谊是汉文帝三年（前177年）作“吊屈原赋”，那么屈原卒当在前278年之前，也就是屈原在“白起拔郢”之前已经死了。可见《哀郢》与破郢无关。

朱嘉所谓“适会凶荒，人民离散”之说，同样缺乏内外依据。

3.“郢都陷落，遥祭郢都论”

杨义先生说：“《哀郢》是屈子流放江南晚期，惊闻郢都为秦军攻陷，书以遥祭郢都的诗篇。”① 此说与《哀郢》内容和屈原生平不符，详见本书《〈“哀郢”的双重时空维度〉商榷》。

五、《哀郢》写于顷襄元年、二年论

赵逵夫先生说：“屈原楚顷襄王元年二月到陵阳……”李建国等也认为《哀郢》中诗人是公元前298年（顷襄王元年）仲春二月初六甲申日，离开郢都而东迁的。② 他们之说没有说理由。汤炳正先生说：屈原就是在怀王被拘于秦，秦又大败楚军之际，（顷襄二年春）混在“离散”的民众一起沿江东下，开始了他的流亡生活。③

汤先生把《哀郢》所写之事定为“顷襄元年秦在析大败楚军”时，虽然避开了“郢都沦陷”的一些难题，但是，说秦在离郢近千里的“析”大败楚军，郢都就“局势紧张，民多逃走……”如此臆断，既不合情理，也没有依据，还与《屈原列传》的怀王客死后“顷襄王怒而迁之”抵牾。假如在顷襄二年春，屈原已经被流放东迁，怎么可能在顷襄三年怀王客死后，再次被迁呢？

六、《哀郢》写于《涉江》之前

（一）《哀郢》流放的终点与《涉江》流亡的起点相合

《哀郢》流放的终点在夏浦附近，《涉江》中“旦余济乎江湘，乘鄂渚而反顾兮”，是从夏浦“济江”就到鄂渚。《涉江》流亡的起点正与《哀郢》流放的终点相符。

谢君先生说：

> 从郢都至涉江段，在《哀郢》篇中有明显的体现，结合《涉江》《哀郢》，可更好地确认屈原当时从郢都去往江南就是如此走法。《哀郢》文中有曰：“民离散而相失兮，方仲春而东迁。去故乡而就远兮，遵江夏以流亡。”“将运舟而下浮兮，上洞庭而下江。去终古之所居兮，今逍遥而来东。”其曰“东迁”“来东”，是相对郢都位置而言的，意味着诗人所走路线是朝东行进的。从地图上看，只有沿夏水而走才能称东迁；如果是沿长江而下，至洞庭湖一带，应该称南行更准确。④

此说经不起推敲。《哀郢》是“方仲春而东迁”，夏水“冬竭夏流”，仲春时夏水尚不能航行。谢先生认为“至洞庭湖一带，应该称南行”似乎把曲折的道路理想化为直线。

谢君先生说：

> 第二，“过夏首而西浮”，是写诗人从夏首进入夏水，顺夏水东流，由于对郢都的恋恋不舍，不忍远去，前进三步又退回两步，行道迟迟，充满对郢都的眷恋；而并非是指从夏首向西

① 杨义：《〈哀郢〉的双重时空维度》，《河北师范大学学报》（社科版）1998年第4期，第52页。

② 李建国、蒋南华：《屈原与楚国历法》，《贵州教育学院学报》（社科版）1995年第4期，第9页。

③ 汤炳正：《屈赋新探》，齐鲁书社1984年版，第65页。

④ 谢君：《〈涉江〉创作时地与路线问题》，《中国楚辞学》第21辑，学苑出版社2015年版，第184—189页。

> 走。如果诗人直接顺长江而下，那无所谓“过夏首”，更不可能“过夏首而西浮”，因为夏首处的长江是南北走向，只能上下或南北浮动，不可能说“西浮”。所以，屈原走的只能是顺夏水而东迁。①

此论既说不通“西浮”，也是对荆江河道不了解的误论。“过夏首而西浮”就是蒋骥所说：“西浮。舟行之曲处。路有西向者。”② 因为仲春枯水期夏水尚不能通航，屈原的船行到此处只能“从江”向西南回转。

谢君先生说：

> 第三，《哀郢》在“将运舟而下浮兮，上洞庭而下江”之后才是“背夏浦而西思兮，哀故都之日远”，似乎先经洞庭，然后才至夏浦。不少研究者又将夏浦理解成夏口，与汉口重合，所以屈原所走路线就成顺长江而下了。实际上，这完全是误解。首先，夏浦并非指汉口，其实就是指夏水边，没有固定位置。“背夏浦而西思”是指诗人在夏水上航行时，时不时将船靠在夏水边上往西回望眷恋的郢都。其次，“上洞庭而下江”其实是“下江而上洞庭”，为了押韵颠倒了一下位置。自夏水运舟下浮，经汉水而入长江，正是“下江”，涉江后再向洞庭进发，洞庭属于上游地区，自然是“上洞庭”。如此，也不必再为“上洞庭而下江”之上、下两字的理解而绞尽脑汁。马其昶曰“由汉入江，故曰下浮。自夏口望洞庭，则在江之上流”已揭示出了当时的真实情况。“将运舟而下浮兮，上洞庭而下江”是诗人对此行的整体概括，大致说明此行的基本行程是先沿夏水下江，再涉江折上洞庭。这是对前程的展望，所以前边以“将”字开头；而并非意味着先过了洞庭然后才至夏浦。所以，《哀郢》中的路线也是从郢都出发，自长江入夏水，从夏水下汉江，再由汉江达长江，之后去往洞庭湖一带的路线虽未明言，但应该与《涉江》中提及的渡江后陆行至洞庭湖的路线相一致。③

此论不确。首先,《哀郢》之“去终古之所居兮，今逍遥而来东”，是已经到达流放的终点。其“背夏浦而西思兮，哀故都之日远。登大坟以远望兮，聊以舒吾忧心”是到达终点以后的事。夏浦是“来东”后确切的地名（当指汉口），而不是“没有固定位置”的“夏水边”。况且仲春枯水期夏水尚不能航行，何来“夏水边的夏浦”？其次，前文已论，屈原时代的“洞庭”多指洞庭之野、洞庭山、洞庭郡。《鄂君启舟节铭文》④ 中有湘、资、沅、澧，却没有洞庭，就是洞庭湖不在水道上的证据。“上洞庭而下江”，或指船停靠“洞庭郡之地”，随后再“下长江”继续航行。谢君先生的“‘上洞庭而下江’其实是‘下江而上洞庭’，为了押韵颠倒了一下位置。自夏水运舟下浮，经汉水而入长江，正是‘下江’，涉江后再向洞庭进发，洞庭属于上游地区，自然是‘上洞庭’”，更是脱离文本的误解。

（二）《哀郢》与《涉江》的时间可以衔接

屈原约诞生于公元前 339 年—前 342 年。“顷襄王怒而迁”屈原，在顷襄王四年屈原约四十五六岁。屈原“涉江”踏上南征溆浦之路，约在顷襄王十四年其时屈原约五十五六岁。潘啸龙先生考证：“按汉初仪制，百姓至五十六岁，方可称为老年。”按此上推，“楚国在通常情况下”也当以五十六岁为老。这有屈原《涉江》中提到的“既老”做证，其时屈原刚“进入五十六之老年，正当顷襄王十四年”。⑤

王前程先生认为：“屈原第二次流放在怀王死的次年即顷襄王四年仲春。”无疑是对的。但是他说：“《哀郢》作于楚顷襄王四年”；“屈原在鄂东……待了大约半年就……有了独放湘西的处罚。《涉江》所云……正是诗人‘东迁’之后又旋即被流放江南时悲愤不平情绪的流露。……九年而不复是指长达九年的时间没有恢复其职务，从怀王二十四年至二十五年间屈原被流放汉北到顷襄王四年再放时足足有九年。”⑥

这些牵强附会的解说显然与《哀郢》和《涉江》的文本不符。从《哀郢》“哀见君而不再得”看，

① 谢君：《〈涉江〉创作时地与路线问题》，《中国楚辞学》第 21 辑，学苑出版社 2015 年版，第 189 页。
② 蒋骥：《山带阁注楚辞》，上海古籍出版社 1958 年版，第 119 页。
③ 谢君：《〈涉江〉创作时地与路线问题》，《中国楚辞学》第 21 辑，学苑出版社 2015 年版，第 188—189 页。
④ 中国社会科学院考古研究所编：《殷周金文集成释文》第 6 卷，香港中文大学中国文化研究所 2001 年版，第 781—782 页。
⑤ 潘啸龙：《〈离骚〉作于顷襄八、九年考》，《复旦学报》（社科版）1982 年第 1 期，第 108 页。
⑥ 王前程：《〈哀郢〉作于楚顷襄王四年考论》，《湖北大学学报》（哲社版）2010 年第 1 期，第 20 页。

屈原在顷襄王之初，常常能见到顷襄王，说明他有一定的职务，否则不可能常见到顷襄王。王氏还回避了《涉江》中“年既老”的表述，假如《涉江》也作于楚顷襄王四年，其时屈原才四十几岁，不可能说是“年既老”……

（三）从屈原的心情变化看

《哀郢》中屈原对于楚王，除了批判、抱怨之外，还存有幻想。其忧国之词“憎愠惀之修美兮，好夫人之忼慨。众踥蹀而日进兮，美超远而逾迈”——还停留在抨击“小人高升，贤能疏放”上。从“哀见君而不再得”“冀一反之何时”看，屈原还有对郢都的眷念，和对楚王的期望，还幻想“朝廷的复召”。

而《涉江》篇的“忧国之词”已经是“阴阳易位，时不当兮”，哀叹朝政昏乱无可挽回了。“与前世而皆然兮，吾又何怨乎今之人？余将董道而不豫兮，固将重昏而终身”联想前世就是这么样了，我又为何要抱怨当今的人？我打算守持正道而不犹豫，必然会更加晦气而了此一生。——表示他对楚王已经彻底绝望了。屈原从历史上寻找自己人格和命运的类似人物，是伍子胥、比干等，把楚王比作殷纣似的暴君了。

《哀郢》与其后的作品（《涉江》《怀沙》《悲回风》等）情绪和心态不同，还表现在后期的诗文虽然忧郁、哀伤，但是，再也不提重回郢都了。

毛庆先生说得对：

> 《涉江》则不一样了，诗人的最后一线希望彻底破灭，“吾不能变心而从俗兮，固将愁苦而终穷”、“余将董道而不豫兮，固将重昏而终身”；明知自己后半生境遇悲惨，而坚持高洁情志决不动摇！①

可惜毛先生的《九章》各篇的排序为：《橘颂》《惜诵》《抽思》《思美人》《涉江》《哀郢》《悲回风》《怀沙》《惜往日》，说《涉江》是屈原由汉北被放至江南的作品，《哀郢》作于《涉江》之后，② 显然不确。这解释不了屈原是怎样从《涉江》的“沅江溆浦”回到《哀郢》的始发点“郢都”的；不好解释屈原是怎样从《哀郢》中“东迁”的流放地“夏浦—鄂渚”来到《怀沙》《惜往日》中的“沅湘”之地的；不好解释《哀郢》中对“回郢都”还抱有幻想，而《涉江》则“最后一线希望彻底破灭了”这个心情变化的；不好解释《史记》中“怀王客死，兰咎屈原”“令尹子兰闻之大怒，卒使上官大夫短屈原于顷襄王，顷襄王怒而迁之”所对应的屈原流放是哪一篇作品……而且，把《哀郢》排在《涉江》之后，明显与文本的精神和情感内容不符，背离了毛先生“将研究的主攻方向放到文本自身、放到内证、放至整体思考上来”，要“从各篇的内在联系进行探索”的主张。

结　论

1.《哀郢》是“信非吾罪而弃逐”的申诉。开始：“皇天之不纯命兮，何百姓之震愆？民离散而相失兮，方仲春而东迁”是诗人遭弃逐东迁呼天以泄其愤。最后：“信非吾罪而弃逐兮，何日夜而忘之!”则是因无辜而遭弃逐而鸣冤叫屈，也是对全文的总结。从“至今九年而不复，冀一反之何时”看，作《哀郢》时屈原尚盼望回郢复职。

2.《哀郢》与局势紧张、郢都沦陷、庄蹻暴郢无关。从《哀郢》“哀见君而不再得”看，屈原离郢前尚有任职，与顷襄王还有君臣之情，离郢时君王尚在郢都。

3.《哀郢》的“东迁”可与《史记》互证。《屈原列传》：（怀王死于秦）“楚人既咎子兰以劝怀王入秦而不反也。屈平既嫉之……令尹子兰闻之大怒，卒使上官大夫短屈原于顷襄王，顷襄王怒而迁之。”《哀郢》“方仲春而东迁”就是《屈原列传》中屈原被顷襄王怒而迁之的反映。

4. 怀王客死襄王复放屈原前人早有论断。

刘向《新序》有：“怀王子顷襄王，亦知群臣谄误怀王，不察其罪，反听群谗之口，复放屈原。”

① 毛庆：《论屈原对〈九章〉的整体构想及整理》，《文学遗产》2004 年第 6 期，第 13 页。

② 毛庆：《论屈原对〈九章〉的整体构想及整理》，《文学遗产》2004 年第 6 期，第 14、13 页。

班固《离骚赞序》曰：“怀王西朝于秦。秦人拘之，客死不还。至于襄王，复用谗言，逐屈原。”王逸《离骚经章句》曰：“怀王拘留不遣，卒客死于秦。其子襄王，复用谗言，迁屈原于江南。”洪兴祖《楚辞补注》：“当顷襄王之三年，怀王卒于秦。顷襄听谗，复放屈原。……盖作此时已放九年也。”①

5.《哀郢》“东迁”的终点在夏浦—鄂渚。

从《哀郢》“方仲春而东迁”“今逍遥而来东”“背夏浦而西思兮”来看，东迁的终点离夏浦（今武汉境）不远。从“登大坟以远望兮”看，东迁的终点当在江边广平之地。正如林庚先生所说：“这次他是毫无自由的被放逐到江南鄂渚对岸的一带去。”

蒋骥的安徽“陵阳”和赵逵夫的江西“陵阳”都在远离夏浦、远离浩淼大江的山区，与《哀郢》所记不符。

6. 根据《史记》记载：（前 177 年）贾谊吊屈原时，屈原自沉已经百有余年，说明屈原在前 278 年郢都陷落前已经去世，不可能在“破郢”后作《哀郢》。

① 洪兴祖：《楚辞补注》，中华书局 1983 年版，第 135 页。

《〈哀郢〉的双重时空维度》商榷

摘要：《哀郢》约写于顷襄王十三年，是屈原追记顷襄王四年仲春“信非吾罪而弃逐”的苦难历程，表达其蒙受冤屈后的悲愤之情和欲反郢都的强烈愿望。不少人把《哀郢》误认为是哀“秦兵破郢”“郢都迁陈”。这在《哀郢》文本中找不到证据。杨义先生“屈子以诗性幻想化身为‘吾’，陪同故都难民历尽艰辛，走到情感的终极点”之论，缺少史料依据，与《哀郢》文本不合。

关键词：哀郢；秦兵破郢；双重时空维度

杨义先生的《〈哀郢〉的双重时空维度——屈原〈九章〉的抒情学新论之三》① 提出了异于前人的新论，其要点为：

《哀郢》的主旨是：“惊闻郢都为秦军攻陷，书以遥祭郢都的诗篇。”

创作《哀郢》的时间、地点是“前278年”，“屈子在江南流放所”。

实际“流亡”者是“故都难民”，流亡迁徙的终点是“皖境陵阳”。

“这里的‘甲之鼂吾以行’用了‘吾’字，应该当作抒情诗学的表述策略来看待。抒情诗学往往把在场者以非在场的方式处置之，非在场者以在场的方式处置之，以造成一种扑朔迷离的诗化效果。”“屈子以诗性幻想化身为‘吾’，陪同故都难民历尽艰辛，走到情感的终极点。”——这是“双重时空维度论”的核心。

“读者应以诗的眼光读诗。”——“历代一些楚辞研究者不知诗歌的时空表述方式与编年史的时空表述方式的差别……”

此文随后编入杨义文存第七卷《楚辞诗学》②，其书新见迭出，时有精辟之论。相对来说这一篇可能是其中的薄弱一环，有诠释过度、六经注我的痕迹。下面就杨义先生此文的论点提些不同看法，以求教于杨义先生和读者。

一、“双重时空维度论”与《哀郢》文本不合

（一）《哀郢》与“郢都沦陷”无关

杨义先生说：“《哀郢》是屈子流放江南晚期，惊闻郢都为秦军攻陷，书以遥祭郢都的诗篇。”③ 此说与《哀郢》内容不符。杨先生的“此诗当作公元前278年，国都沦陷之时”难以成立。（详见《试论〈哀郢〉所反映的屈原行踪》）

从时代背景看，前278年白起拔郢。前277年秦之蜀守张若伐楚，拔巫郡，取江南。前276年楚江南人民反秦。顷襄王收东地兵，得10余万，复西取秦所占江旁15邑为郡以抗秦。在郢都沦陷后的几年中，楚、秦反复争夺“江南”之地。其时即便屈原还活着，也不可能在楚秦交战的江南把诗作传给楚王，更加难以留存至今。也就是说，现存的屈诗之中没有郢都沦陷以后的作品。

（二）“非罪而遭弃逐”的时间和《哀郢》的作时

《哀郢》中有“信非吾罪而弃逐兮”，那么屈原“非罪而遭弃逐”在哪一年呢？

《屈原列传》曰：怀王“竟死于秦而归葬……楚人既咎子兰以劝怀王入秦而不反也。屈平既嫉之……令尹子兰闻之大怒，卒使上官大夫短屈原于顷襄王，顷襄王怒而迁之”。

《太史公自序》曰：“怀王客死，兰咎屈原。”

《哀郢》的“民离散而相失兮，方仲春而东迁”就是《史记》中的“顷襄王怒而迁之”。根据这些

---

① 杨义：《〈哀郢〉的双重时空维度——屈原〈九章〉的抒情学新论之三》，《河北师范大学学报》（社科版）1998年第4期，第52—55、63页。

② 杨义：《楚辞诗学》，人民出版社1988年版，第424—433页。

③ 杨义：《〈哀郢〉的双重时空维度——屈原〈九章〉的抒情学新论之三》，《河北师范大学学报》（社科版）1998年第4期，第52页。

记载可以确定，屈原约在顷襄王四年仲春“非罪而遭弃逐”。

王逸曰：“言怀王不明，信用谗言而放逐己，正以仲春阴阳会时，徙我东行，遂与室家相失也。”王逸只是把楚顷襄王错定为楚怀王，其他解释还是可取的。

王夫之等人认为，《哀郢》是秦将破郢楚之迁陈所写，其结论与诗文内容和《史记》记载皆不符，其“不恤纪事之实”① 正适合评论他自己。

屈原“非罪而遭弃逐”在顷襄王四年仲春，由《哀郢》的“忽若去不信兮，至今九年而不复”可知，《哀郢》作于九年之后，即顷襄王十三年。

（三）实际“流亡”者和流亡的终点

1. 实际“流亡”者是谁?

杨先生说：

> 至此国都沦陷，皇天也就崩塌，也就对天命产生了深刻的质疑。皇天降下的命运杂乱无常啊，为何使百姓震惊受罪？离散而亲友相失啊，正当仲春二月而向东迁徙。离开故乡而投靠远地啊，沿着江夏水路去流亡。走出国门就心肝扭痛啊，甲日的早晨吾人上路。这全然是一幅陷城流民图。②

杨义先生认为“流亡者”是“郢都难民”。

假若国都沦陷，实际的逃亡者会是谁呢？——只能是楚国之君臣等上层人物。底层的人民是不可能出在这“一幅陷城流民图”之中的。他们没有船，没有车马，没有条件逃亡。他们没有钱财，逃出去也要饿死，所以“人民”不可能大量逃亡。从文献记载看，战国之时的战争并没有战败方人民大量逃亡之事。

假若国都沦陷，那也是楚襄王君臣向“陈城”举家逃跑，既不会“民离散而相失”，跑到“吴越故地陵阳”，也不会“哀见君而不再得”。只有非罪而遭“顷襄王怒而迁之”的屈原，才会“与家室离散而相失”，才有“甲之鼌吾以行”的独自东迁，才会“哀见君而不再得”，才有“楫齐扬以容与，徘徊而不忍去”的迟缓，才有“羌灵魂之欲归兮，何须臾之忘反”的思念，而丝毫没有国都沦陷而逃亡的慌乱。

王国维曰：“能写真景物真感情者，谓之有境界。”《哀郢》乃是孤独的流亡者屈原亲身所感之真情，亲眼所见的实景，才能写出如此有境界的作品。

杨义先生说：“诗人出诸沉重的历史责任感，在诗性幻觉中不仅与难民一道出发，而且与难民一道备尝流亡途中的情感滋味。他由此而创造了一种不在场之在场的心理时空维度。”③ 此论既无史料依据，诗文中也没有相应的内容，显然没有说服力。

2. 流亡的终点在何处?

杨义先生说：

> 如果考虑到本诗的双重时空维度，考虑到这是屈子用“不在场之在场”的方式所写的难民流徙的方向，而不是屈子流放路线所及，那么陵阳即便远在今日之皖境也无妨碍。……当屈子设身处地地写郢都难民：面对着吴越故地的陵阳要到哪里啊？森森茫茫地南渡要去何方？由于吴越故地，非楚人故土，其茫然无所归宿的心情也就更加沉重。④

其实，《哀郢》中屈原流亡的终点并不是“皖境陵阳”。请看诗中的描述：“今逍遥而来东”——在郢都以东；“背夏浦而西思兮”——距“夏浦”不远；“当陵阳之焉至兮，淼南渡之焉如?”——是“当陵阳”之浩淼大江之边。正如林庚先生所说：“这次他是毫无自由的被放逐到江南鄂渚对岸的一带

① 王夫之：《楚辞通释》，上海人民出版社1975年版，第77页。

② 杨义：《〈哀郢〉的双重时空维度——屈原〈九章〉的抒情学新论之三》，《河北师范大学学报》（社科版）1998年第4期，第52页。

③ 杨义：《〈哀郢〉的双重时空维度——屈原〈九章〉的抒情学新论之三》，《河北师范大学学报》（社科版）1998年第4期，第53页。

④ 杨义：《〈哀郢〉的双重时空维度——屈原〈九章〉的抒情学新论之三》，《河北师范大学学报》（社科版）1998年第4期，第54页。

去。"① 林庚先生说与《哀郢》的内容比较符合，与《涉江》中"旦余济乎江湘。乘鄂渚而反顾兮"的描写相合。《涉江》南迁的起点即《哀郢》放逐的终点。从《哀郢》流亡的终点看，它与"国都沦陷"无关。

再从信息传递的角度看，倘若此诗作于公元前278年，国都沦陷之时，请问在秦军占据楚国西部大片领土、东西音讯难通之际，身在江南流放所的屈原，如何得知郢都难民流徙的路线和流徙的终点呢？

（四）杨义先生似乎误读了《哀郢》

1．"甲之鼂吾以行"之"吾"不是"诗性幻想化身"

通过上面的分析可见，从叙事的时间、空间，叙事的角度，叙事的结构各方面看，都可证明《哀郢》是屈原回忆九年前亲身经历的流亡场景之作。正因为诗人是写真景物、真感情，而不是幻化，所以《哀郢》之诗才有境界，才特别动人。没有这样的处境，是写不出这样的作品的。诗文"甲之鼂吾以行"之"吾"，只能是屈原的真身，而不是化身。《哀郢》中不存在"屈子以诗性幻想化身为'吾'，陪同故都难民历尽艰辛，走到情感的终极点"的迹象；不存在"《哀郢》此处之'吾'，是对不在场者作了在场的处置"的可能性。杨先生的"《哀郢》的双重时空维度论"，没有立论的内外依据。

2．误用了"诗学的读法"

杨义先生双重时空维度论的前提是"郢陷之日，屈子在江南流放所"和"《哀郢》此处之'吾'，是对不在场者作了在场的处置"，这两个前提都不存在。

杨先生看到了《哀郢》诗文与郢都之陷的矛盾，看到了国都的沦陷和自身的流放是两个相去甚远的事件。故杨先生说："这里突出的解读障碍，是那个'吾'字。照一般的解释，'吾'是屈子自称，那么他应是亲躬郢都之陷，身在难民之中了。考虑到后面有屈子九年未回过郢都的交代，未免与此矛盾。"②

若是按照杨先生强调过的"直接面对经典"，又能"重视实证"，探究下去问题不难解决。而杨义先生却认为把此处之"吾"看作屈子自称，就是看不到诗歌中更为深刻的层面。于是就按照诗歌的时空表述方式创造出双重时空维度论，把屈原实际的"遭弃逐"而"东迁"化为虚幻的屈子以诗性幻想化身为"吾"，以解决《哀郢》诗文与郢都之陷的矛盾。——其实质是背离了《哀郢》文本，误人诗学读法的歧途。

二、回到《哀郢》文本

（一）皇天之不纯命兮，何百姓之震愆？民离散而相失兮，方仲春而东迁

先回顾一下《惜诵》。约在楚怀王十五年"王怒而疏屈平"，诗人因遭遇"忠贞致祸，受谗被疏"的严重打击，激动万分、呼天抢地地呼号："惜诵以致愍兮，发愤以抒情。所作忠而言之兮，指苍天以为正。令五帝以折中兮，戒六神与乡服。俾山川以备御兮，命咎繇使听直。"到顷襄王初年，屈原再度"非罪而遭弃逐"，在悲愤激动之余，诗人写出了"皇天之不纯命兮，何百姓之震愆？"这不正是合乎屈原性格之事吗？

"方仲春而东迁"之"迁"，就是《屈原列传》"上官大夫短屈原于顷襄王，顷襄王怒而迁之"之"迁"。这两处的"迁"均指放逐。这可从诗文"信非吾罪而弃逐"得到证明。

这四行诗可译为：老天爷啊反复无常，为何叫家族受罪遭殃？让我与家室从此离散，当仲春被放逐要去东方。"甲之鼂吾以行"是屈原（吾）独自"东迁"，而不是民众的逃亡。

（二）曾不知夏之为丘兮，孰两东门之可芜？

这是屈原对楚国命运发出的预忧之辞，而不是对事实的悲叹。可译为：竟然不知道大厦会成废墟，谁知道郢都的两个东门是否荒芜？如果说这是"郢都沦陷"——难道"伟大的爱国诗人屈原"听到"郢都沦陷"这个"楚国历史中天崩地陷的特级大事件"——就用这两句无关痛痒的话来"对待国家的奇耻大辱"吗?！为什么诗文之中，不但没有表达对楚国存亡的忧患，没有对秦的谴责，还用很多笔墨反复

① 林庚：《诗人屈原及其作品研究》，堂棣出版社1952年版，第12页。

② 杨义：《〈哀郢〉的双重时空维度——屈原〈九章〉的抒情学新论之三》，《河北师范大学学报》（社科版）1998年第4期，第53页。

哀叹："羌灵魂之欲归兮，何须臾而忘反？""哀故都之日远""冀壹反之何时？""信非吾罪而弃逐兮，何日夜而忘之！"呢？难道这就是屈原"沉重的历史责任感"吗?!

（三）外承欢之汋约兮，谌荏弱而难持

杨义先生说：

> 这里还是用女性喻楚君，但这个女性的身价已经大跌，再不是可资日夜思念的"美人"，而是一个轻佻的、慕虚荣的、听信谗言而不知利害深浅的女子。对外承欢讨好而媚态百出啊，实际上内质软弱而难以支持。①

屈原身为楚臣，不会对楚王如此无礼。从《哀郢》的"哀见君而不再得"看，那时的屈原对楚王还有君臣之情，不可能把"楚君"喻为"一个轻佻的、慕虚荣的、听信谗言而不知利害深浅的女子"。联系上下文看，此句应指奸佞小人。

赵逵夫先生的译文："有些人表面顺从柔情媚态，实际上软弱无能难以依赖。"② 可参考。

（四）乱曰：曼余自以流观兮，冀一反之何时？鸟飞反故乡兮，狐死必首丘。信非吾罪而弃逐兮，何日夜而忘之？

对"乱"的解释，分歧较大的是"信非吾罪而弃逐兮，何日夜而忘之?"

杨义先生把此句译为："确信了并非我有罪过而受弃逐啊，何曾有一日一夜忘记这回乡的念头?"③ 赵逵夫先生的译文是："确实不是因为我的罪过而被弃逐，哪里有一天一夜忘记这烦忧！"④

两者的分歧在于对末尾"之"字的理解。若把它理解为照应上面"冀一反之何时"，就从杨先生之译。若把此"之"字理解为代"非吾罪而弃逐"，就如赵先生所译。

笔者愚见，赵逵夫先生的译文符合诗文之意。因为诗中"曼余自以流观兮，冀壹反之何时？鸟飞反故乡兮，狐死必首丘"已经表达了欲返故乡郢都的强烈愿望，不需要在后面重复。而"信非吾罪而弃逐兮，何日夜而忘之?"则表达了诗人蒙受冤屈后，强烈的愤激之情。故"何日夜而忘之"的"之"字，理所当然是代替"本句"的"非吾罪而弃逐"，而不是去照应上面"冀一反之何时"。否则，就会在一句之内，出现两个意境不连贯的内容。如杨义先生的"确信了并非我有罪过而受弃逐啊，何曾有一日一夜忘记这回乡的念头?"这"受弃逐"与"回乡的念头"在逻辑上不兼容，语义上不连贯。其回乡的念头属于添字解经，不但冲淡了诗人蒙受冤屈后强烈的悲愤不平之情，而且与文本不符。

三、《哀郢》的要害是"信非吾罪而弃逐"

杨义先生说："一首诗的最初章节，往往是诗人的第一关注点所在。"《哀郢》开始也是这样，"皇天之不纯命兮，何百姓之震愆？民离散而相失兮，方仲春而东迁"——像火山喷发一样把诗人蒙受冤屈后，强烈的委屈愤激之情宣泄出来。它与诗文最后一句——"信非吾罪而弃逐兮，何日夜而忘之"首尾呼应，揭示了《哀郢》是屈原无罪遭弃逐而鸣冤叫屈的篇章。

《哀郢》的要害是"信非吾罪而弃逐兮，何日夜而忘之?"即便按杨先生之译："确信了并非我有罪过而受弃逐啊，何曾有一日一夜忘记这回乡的念头?"这也与"郢都沦陷"无关，更与他的"屈子以诗性幻想化身为'吾'，陪同故都难民历尽艰辛，走到情感的终极点"⑤ 格格不合。根据《史记》记载，（前177年）贾谊吊屈原时，屈原沉汨罗"已经百有余年"，说明屈原在（前278年）郢都陷落前已经去世，不可能存在杨氏之"惊闻郢都为秦军攻陷，书以遥祭郢都"之事。

---

① 杨义：《〈哀郢〉的双重时空维度——屈原〈九章〉的抒情学新论之三》，《河北师范大学学报》（社科版）1998年第4期，第55页。

② 赵逵夫：《先秦诗鉴赏词典》，上海辞书出版社1998年版，第823页。

③ 杨义：《楚辞诗学》，人民出版社1988年版，第433页。

④ 赵逵夫：《先秦诗鉴赏词典》，上海辞书出版社1998年版，第824页。

⑤ 杨义：《〈哀郢〉的双重时空维度——屈原〈九章〉的抒情学新论之三》，《河北师范大学学报》（社科版）1998年第4期，第55、54页。

结 论

1.《哀郢》既是思乡曲，更是鸣冤状，其要害是“信非吾罪而弃逐兮，何日夜而忘之?”

2.《哀郢》“方仲春而东迁”之“迁”，就是《屈原列传》顷襄王三年“上官大夫短屈原于顷襄王，顷襄王怒而迁之”之“迁”。这可从诗文“信非吾罪而弃逐”得到证明。

3. 据《太史公自序》“怀王客死，兰咎屈原”和《屈原列传》的记载可以推断，“信非吾罪而弃逐”的时间在顷襄王四年仲春。《哀郢》的“东迁”与“郢都沦陷”无关。

4. 流亡的终点不是“陈城”，也说明《哀郢》“东迁”与“国都沦陷、郢都迁陈”无关。假若“国都沦陷”，郢都的逃亡者（楚国君臣）当去往陈城。他们既不会“与家室离散而相失”，更不会“哀见君而不再得”。只有“非罪而遭顷襄王弃逐”的屈原，才会“与家室离散”，才会“哀见君而不再得”，才会有“甲之鼌吾以行”的独自东迁。

5. 杨义先生“屈子以诗性幻想化身为‘吾’，陪同故都难民历尽艰辛，走到情感的终极点”的“双重时空维度论”，既缺少历史根据，又与《哀郢》文本和屈原生平不合，难以令人信服。

就《哀郢》答客难

鄙人2005年在中国社科院中国文学网上发表了《从〈哀郢〉〈涉江〉看屈原的流放》，潘啸龙先生在2007年9月2日"北大中文论坛"上，对此进行了批评辩驳，敝人深表感谢。只是潘先生的论点尚有可商榷之处，下面就相关问题请教潘啸龙先生并读者。

一、采用前人的考证却未在文中注明

潘啸龙先生2007年8月31日在"北大中文论坛"评论说："这是古代招魂的常识，惜乎这位先生不肯稍稍下点功夫去考察一下，就在这里妄加评论。真是无知者无畏，教人叹惋！"为了缓和气氛，当日通过电子邮件与他沟通，潘先生在2007年9月1日回信中说：

"你作为一个'非专业人士'，而对楚辞有如此浓厚的兴趣，真令我高兴！所以，尽管你的文章对我颇有'尖刻'之辞，我公开发表的论文，还是与你所称赞的熊任望先生讨论，而连你的名字都未涉及——我并不想与你有所论争。至于网上那位lst，版主标明为'高级会员'，我以为是位专家，才稍稍回敬了几句。"

潘氏对笔者的蔑视溢于言表。本以为他既然"不想论争"，事情就此了结算了。不料想第二天下午，他却在"北大中文论坛"挑起论争，劈头就说："对屈原再放江南的年代、《哀郢》的写作时间，实际上均采用了我的考证意见（可惜你却未在文中注明，仿佛都是你自己的意见，不知何故？）"①

潘氏根本没有对两人的论述进行对比，就毫无理由地诬赖敝人"采用了他的考证，却未在文中注明"。对于这样无中生有的诽谤，本人不得不做出回应。

其实"采用前人的考证，却未在文中注明"的，恰恰是潘氏自己。他在《我与楚辞研究》中自诩："我则发现……大胆推测《哀郢》开头数句说的是怀王客死归丧、引起楚国上下巨大震动的情景，屈原再迁江南正在此后（顷襄王四年仲春）。"②

屈原"再迁于顷襄三、四年"③，《哀郢》作时"当在顷襄十四年间"④ 等论述，前贤早有论说。例如，八百多年前洪兴祖注《哀郢》就有："当顷襄王之三年，怀王卒于秦。顷襄听谗，复放屈原。……盖作此（《哀郢》）时已放九年也。"⑤ 陆侃如、张汝舟等人在1956年、1957年也有类似论说⑥。

对这些前人的论述，潘氏在文中不但没有注明，还说成"是他的发现"。至于敝人的论文⑦有没有抄袭潘氏，读者自可进行比较、判断。

二、《哀郢》"东迁之地"并非"南郢沅湘"

潘啸龙先生说：

> 屈原放逐江南，究竟被安置到了何处？这个问题本来并不复杂，从汉人司马迁到为《楚辞》作"章句"的王逸，均曾作过明确的交代。他们都以沅湘之间为屈原放逐江南的"窜伏"之域。⑧ 屈原放逐江南，究竟被安置于何地？《史记》未指明，但汉人袁康所著《越绝书》，却提供了明确去向——"屈原隔界，放于南楚，自沅湘水"。蒋骥所说丹阳郡陵阳县，战国时原属越境，后归楚国，其为"东楚"。屈原被放逐的"南楚"，在今湘赣境内，与东楚之陵阳又

---

① 北大中文论坛，《就"宋玉〈招魂〉论"与潘啸龙先生商榷》（29楼），http://www.pkucn.com/forum.php?mod=redirect&goto=findpost&ptid=142568&pid=1218279766，2007年9月2日。

② 潘啸龙：《我与楚辞研究》，《陕西师范大学继续教育学报》2003年第3期，第29页。

③ 潘啸龙：《关于屈原放逐问题的商榷》，《安徽师范大学学报》1980年第3期，第92页。

④ 潘啸龙：《王夫之、郭沫若的〈哀郢〉之说不能成立》，《江淮论坛》1981年第1期，第114页。

⑤ 洪兴祖：《楚辞补注》，中华书局1983年版，第135页。

⑥ 见本书《试论〈哀郢〉所反映的屈原行踪》。

⑦ 熊人宽：《从〈哀郢〉〈涉江〉看屈原的流放》，中国文学网，http://www.literature.org.cn/Article.asp?ID=4000，2005年10月6日。

⑧ 潘啸龙：《驳蒋骥"屈原迁于陵阳"说》，《中州学刊》1988年第3期，第97页。

何涉哉！楚辞《渔父》记屈原初放江南，遇渔父，以“宁赴湘流，葬于江鱼之腹中”自誓，东方朔《七谏》称屈原放逐，“何君臣之相失兮，上沅湘而分离”，刘向“九叹”叙屈原之赴江南迁所，“横舟船以济湘兮，耳聊啾而境恍”。这些俱可证明，自汉初至东汉，人们所了解的屈原放逐江南之地，根本不在陵阳，而是在郢都东南（故《哀郢》称之为“东迁”）洞庭湖湘江一带。①

潘氏承袭清邱仰文《楚辞韵解》注《哀郢》：“湘江在郢都之东，故曰东迁。”（却未在文中注明）把“东迁之地”与“江南沅湘”等同，不但缺乏依据，而且不合情理。

潘先生既认可历来治骚者的“都以沅湘之间为屈原放逐江南的‘窜伏’之域”，那么，其“沅湘”就不能称东。因为“沅”在郢都西南无论如何不能称东，“湘”虽在郢都东南，然其势南多东少，它与“沅”并列时就更不能称东只能称南了。

笔者认为：前人所说的“沅湘”，就是指屈原后期被顷襄王所放的郢都西南之“溆浦”和自沉湘渊之“汨罗”。可见屈原作品中和历来治骚者所称的“沅湘”，只能曰南，不能称东。

潘氏提到的《越绝书》：“屈原隔界，放于南楚，自沉湘水。”乃是指屈原自沉前在“南楚”，与《哀郢》的“东迁”根本不是一回事。

《渔父》所记“游于江潭，行吟泽畔，颜色憔悴，形容枯槁”也非《哀郢》中屈原被放之时地。其“江潭”或许就是他自沉之“沅湘玄渊”，也与《哀郢》的“东迁”无关。

前人说“屈原放于南楚沅湘”无疑是正确的，但是，它只是一个概略的说法。而在此之前屈原曾经“被放汉北、被迁郢东”，这两处前人多没有提及，不等于它们就不存在，更不能以“屈原曾放于南楚沅湘”为由而否定它们。即便“屈原放于南楚沅湘”是已经取得共识的问题，只要有根据也还是可以质疑和讨论的。

汉人根本没有说《哀郢》的东迁之地在湘江汨罗一带。而且东迁之地不是南楚沅湘在屈原作品中有内证，刘向《九叹》、王逸《楚辞章句》中有旁证。请看：

1. 屈原作品中的“东迁”与“南征”

《哀郢》曰“方仲春而东迁”“今逍遥而来东”“背夏浦而西思兮”。其“夏浦”不在南楚。《哀郢》中强调“东迁”“来东”和“背夏浦而西思兮”，这是流放之地在郢都以东、夏浦附近的确证。相反《哀郢》中并没有任何放于“沅湘”的线索。

《离骚》：“济沅湘以南征兮，就重华而陈词。”《离骚》以“沅湘”为南乃是确定无疑之事。语言驾驭能力非凡的屈原，夏浦在“东”，“沅湘”为“南”，两者分得清清楚楚。

2. 王逸的“徙我东行”与“南郢沅湘”

王逸注《哀郢》② 说：“言怀王不明，信用谗言而放逐己，正以仲春阴阳会时，徙我东行，遂与室家相失也。”王逸这里只是把顷襄王之事错定为怀王，其《哀郢》“徙我东行”等解释还是可取的。王逸注《九歌》则说：“昔楚国南郢之邑，沅湘之间……屈原放逐的窜伏其域。”王逸的“徙我东行”与“南郢沅湘”也分得很清楚。

3. 刘向的“去郢东迁”与“南郢沅湘”

刘向《九叹·离世》有：“去郢东迁余谁慕兮……顾瞻郢路终不返兮。”这里的“去郢东迁”就是《哀郢》的“方仲春而东迁”。

《九叹·思古》中“回湘沅而远迁……还余车于南郢兮”可与《涉江》之场景对应。《九叹·远游》的“见南郢之流风兮，殒余躬于沅湘”当与《渔父》“宁赴湘流，葬于江鱼之腹中”相合。

刘向《九叹》③ 中的“去郢东迁”与“南郢沅湘”，两者并不是一个地方。

潘先生所确认的“汉人都以沅湘之间为屈原《哀郢》放逐之地”与文本、与事实都不相符。其实，潘先生先前也说过：刘向“还指明了屈原被迁的方向是‘去郢东迁’，即屈原在《哀郢》中所述的东去

① 潘啸龙：《〈涉江〉新解》，《求索》1983年第2期，第91—93页。
② 洪兴祖：《楚辞补注》，中华书局1983年版，第132页。
③ 洪兴祖：《楚辞补注》，中华书局1983年版，第288、307、311页。

江南陵阳的方向。"① 其后潘先生为了牵合自己的见解，把《哀郢》中的"东迁"之地与历来所称的"南楚沅湘"合二为一，强调"屈原迁于湘江汨罗一带在郢都东南，故称'东迁'"。而对于自己见解不符的资料却视若不见了。

《哀郢》的东迁夏浦否定了潘氏的《哀郢》东迁湘江汨罗。这样，潘氏以此为前提的"在'南夷'之地一呆九年""'涉江'，非指渡大江而南，实乃涉湘江北下""驰驱于洞庭湖北的山皋、方林间""鄂渚……是洞庭湖一带的小渚""'江水会'东北即有'二夏浦'"等结论，全部失去了基础。

三、屈原济江湘之前呆在南夷吗？

潘先生曰：

> 屈原于诗中明确表述，他是因为南夷之地无人知己而深感悲哀，于是"济江湘"而去。那么，在其济江湘之前是在"南夷"而非在"陵阳"也明矣！身居南夷无人知己，因而济江湘。屈原"南渡"洞庭之后，就在湘江一带居住了下来。屈原在这个"南夷"一待就是漫长的九年（《哀郢》"至今九年而不复"）②。

潘氏如此解诗，是不是有些机械？若是按潘先生屈原"在济江湘之前是在'南夷'"的逻辑类推，那么诗人在"哀南夷"之前是"游瑶圃、登昆仑"，而不是"在这个'南夷'一待就是漫长的九年"！

潘氏所说的"这个'南夷'之地"指"湘江一带"，也缺乏依据：第一，《哀郢》中没有任何在"南夷"和"湘江"的踪迹，用《涉江》中的"南夷"纳入《哀郢》没有依据。第二，假若屈原"他是因为南夷之地无人知己而深感悲哀，于是'济江湘'而去"。那么，屈原去了更南、更僻远的溆浦，岂不是南辕北辙吗？难道"溆浦"就"有人知己（屈原）"吗？第三，《楚辞》研究者的注释中的"南夷"也不是"湘江一带"。如王夫之曰："南夷，武陵西南蛮夷，今辰沅苗种也。"③ 姜亮夫先生说："哀南夷句正是入溆浦前的想象之词，故此南夷指溆浦以西的民族言。"④ 游国恩考证："郑康成以鸣条为南夷之地，见《书·汤誓》孔氏《正义》引。"⑤ 第四，历史文献所见的南夷、南淮夷在楚东淮水一带，没有在湘江一带的记载。《国语·晋语六》：厉公六年，伐郑……楚恭王帅东夷救郑。楚半阵，公使击之。栾书曰："君使黡也兴齐、鲁之师，请俟之。"郤至曰："不可。楚师将退，我击之，必以胜归。夫阵不讳忌，一间也；夫南夷与楚来而不与阵，二间也……"于是败楚师于鄢陵。铜器铭文，如：《竟卣铭文》："惟伯□父以成师即东，命伐南夷。"《无簋铭文》："惟十又三年正月初吉壬寅，王征南夷。"《虢仲盨铭文》："虢仲以王南征，伐南淮夷。"⑥ 等等。可见潘氏所说的"南夷"指"湘江一带"缺乏依据。

《涉江》的"苟余心其端直兮，虽僻远之何伤"说明诗人去"僻远之溆浦"是被逼逐而去，不是主动行为。故我们认为潘先生所说"屈原……受到楚襄王的又一次'逼逐'，只好离开居住之地，迁往更加僻远的溆浦"观点正确。而他的"屈原因为……身居南夷无人知己，因而济江湘而去"⑦ 其论缺乏内外依据，难以成立。

不知道为什么，潘氏在一篇论文中竟然有如此矛盾的观点并存？

四、谁妄断了郢都的水道情况？

笔者认为，把"遵江夏以流亡"理解为屈原顺着长江踏上流亡之路可能更符合实际。潘先生说"这是不了解当时郢都到长江'夏首'的水道情况而所做的妄断。"⑧

---

① 潘啸龙：《关于屈原放逐问题的商榷》，《安徽师范大学学报》1980年第3期，第91页。

② 潘啸龙：《驳蒋骥"屈原迁于陵阳"说》，《中州学刊》1988年第3期，第98、100页。

③ 王夫之：《楚辞通释》，上海人民出版社1975年版，第71页。

④ 姜亮夫：《姜亮夫全集》（七），云南人民出版社2002年版，第362页。

⑤ 游国恩：《游国恩楚辞论著集》第3卷，中华书局2008年版，第308页。

⑥ 徐中舒：《先秦史论稿》，巴蜀书社1992年版，第166—189页。

⑦ 潘啸龙：《驳蒋骥"屈原迁于陵阳"说》，《中州学刊》1988年第3期，第100、98页。

⑧ 笔者：《就"宋玉〈招魂〉论"与潘啸龙先生商榷》，北大中文论坛"文赋"，http://www.pkucn.com/forum.php?mod=redirect&goto=findpost&ptid=142568&pid=1218279766，2005年5月1日。

潘先生的"正断"见《诗经楚辞鉴赏辞典·〈哀郢〉》：

"遵江夏以流亡。将顺着夏水颠簸、流荡。""过夏首而西浮兮，过了夏首，我沿江西浮。"注释中解释，江夏：即夏水，正与江湘即指湘水一样；西浮：诗人由夏水经夏首入江，本应顺流东下。因依恋不舍，想再看一眼龙门，故反而向西浮。后面才"运舟"（回船）向东。前人不明诗人心理，故于"西浮"感到费解，多所圆通，均误。① 潘说：蒋骥《山带阁注楚辞》则又另辟蹊径，将"西浮"释为"舟行之曲处，路有西向者"，但这也解决不了问题："夏首"既然是江陵东南夏水出江处的水口，诗人舟"过"夏首便进入了长江，又何来"路有西向"之"曲处"阻其东行?② 潘说：谭其骧《鄂君启金节铭文释地》说："据《沔水经》，江陵城东有路白、中、昏官三湖，南通大江，北注杨水；其南通大江处当在江津口。出路白湖，溯杨水而西北，即抵纪南城"（即郢都）。可知屈原被迁江南，自郢都出发，循杨水东南而入路白三湖，向江津口而去，所谓"江夏"即指夏水。……屈原自江陵出发，遵江夏经夏首入江。③

潘先生之说完全背离谭其骧先生之论。

谭其骧先生之文曰：

上江，庚木关，庚郢郢，故址今名纪南城，在江陵县西北约三十里。木关，郭云"以地望推之，或即今之沙市"，近情；也有可能就是今之江陵。沙市殆相当于《水经·江水注》的江津口。据《沔水注》，江陵城东有路白、中、昏官三湖，南通大江，北注杨水；其南通大江处当即在江津口，出路白湖溯杨水而西北，即抵纪南城。江陵据《江水注》系"楚船宫地，春秋之渚宫矣"。"船宫"可能就是"木关"。《左传》文公十年楚子西"沿汉泝江将入郢，王在渚宫下见之"，可见其地逼临江浒，是郢都的门户。今江陵城距江岸约有五六里，那是由于后世江势南迁之故。据《江水注》，江陵城隍"吐纳江流"；又据《沔水注》，渎水出纪南城西南赤坂岗，东北流入城，又东北出城，西南注于龙陂，陂在江陵城西灵溪东江堤内。可见古代江陵城下的大江，也有水道可上通纪南城。此路溯江而上，径由木关折入内河，达于王都。④

根据谭先生的论述，与鄂君启同时代的屈原，乘船离开郢都，就应当由内河"径由木关"入长江顺流而下。其"内河"并非"夏水"。谭氏之文根本没有江夏即指夏水之意，更没有从郢都由夏水经夏首入江的可能。

《水经》曰："夏水出江流于江陵县东南。又东，至华容县南，又东，至江夏云杜县，入于沔。"夏水是在夏首从长江分出来的支流。"夏首"在郢都东南，两地相距几十里路，从郢都乘船，由内河入长江顺流而下，还要航行一段路才能到"夏首"。请看谭其骧主编《中国历史地图集》"战国楚越图"⑤，从郢都往东南依次为今江陵、沙市，再"夏首"，过夏首后，夏水出长江向东南流，长江则向西南回转。

诗人在"发郢都"时，不可能先入夏水，再由夏水经夏首入江。潘氏之论，既与《章句》《水经》等文献不符，也与所引用的谭其骧先生之文不符。而且潘啸龙先生也说过："夏水"乃因"冬竭夏流"而得名，它的发源处是在长江（而非汉水）。⑥ 那么屈原"仲春东迁"时，怎么可能由"冬竭夏流"的夏水"经夏首入江"呢？是谁妄断了郢都的水道情况，读者自能分辨。

郭德维先生指出：《哀郢》诗中提到："过夏首而西浮兮，顾龙门而不见。"屈原放逐既是走的水路，他回顾的龙门自然是指纪南城的东水门，并且只有东水门才可通长湖、通长江，过夏首。⑦

五、《水经注》之"洞庭湖"可推至战国时期吗?

潘啸龙先生说：

---

① 周啸天主编：《诗经楚辞鉴赏辞典》，四川辞书出版社 1990 年版，第 1058—1061 页。

② 潘啸龙：《论哀郢所述夏首非后世之汉口》，《荆州师范学院学报》1999 年第 6 期，第 85 页。

③ 潘啸龙：《驳蒋骥"屈原迁于陵阳"说》，《中州学刊》1988 年第 3 期，第 98—99 页。

④ 谭其骧：《长水集下·鄂君启金节铭文释地》，人民出版社 1987 年版，第 202—203 页；谭其骧主编：《中国历史地图集》第 1 册，中国地图出版社 1982 年版，第 45—46 页。

⑤ 谭其骧主编：《中国历史地图集》第 1 册，中国地图出版社 1982 年版，第 45—46 页。

⑥ 潘啸龙：《论哀郢所述夏首非后世之汉口》，《荆州师范学院学报》1999 年第 6 期，第 84 页。

⑦ 郭德维：《楚都纪南城复原研究》，文物出版社 1999 年版，第 118 页。

战国之际，洞庭湖虽还不似后代“八百里烟波”那般广阔，毕竟也苍茫无际、望中“森”然。① 洞庭湖在战国时期并没有直接与长江相连的“湖口”或“通道”，据《水经注》，澧水、沅水、资水、湘水当时均“合”洞庭湖，并通过继续北流的湘水与大江交会，其名曰“江水会”。也就是说，洞庭与长江相通，是经由湘水实现的。②

潘先生考证战国时期的洞庭湖，仅仅依据北魏郦道元的《水经注》，就把它上推至战国时期，似乎缺少历史地理的可靠证据。

潘先生辩驳说：

先生的批评似是而非：1.《水经注》虽作于北魏，《水经》却远在北魏以前。我所引的恰正是《水经》之文：(湘水)“又北至巴丘山，入于江”。(澧水)“又东至长沙下隽县西北，东入于江”。(沅水)“又东至长沙下隽县西，北入于江”。③(分见《水经注》卷三十七、三十八)

潘先生的辩驳，先转移目标，把笔者指出的“《水经注》中的四水‘合洞庭湖’与战国时期不合”，变换为：“我所引的恰正是《水经》之文……”其实，不论潘先生是否引用了《水经》之文，都改变不了其采信《水经注》之文作为在战国时期“四水‘合洞庭湖’”的依据。而潘氏所引《水经》之文是湘、澧、沅均直接入于江，而没有洞庭湖。

《水经》之文恰好证明了潘氏依据《水经注》推断的“澧水、沅水、资水、湘水当时均‘合’洞庭湖”，与屈原之战国时期不符合。

周宏伟先生关于湘资沅澧诸水交汇分流入江的文献材料说：

战国楚怀王六年所制《鄂君启节》铭文：自鄂往：

逾沽(湖)……上江，内(入)湘……内(入)资、沅、澧、(油)(澮)。东汉班固《汉书·地理志》：湘水……北至(鄗)(下隽)入江；资水……东北至益阳入沅；沅水东南至益阳入江；澧水……东至下隽入沅。东汉桑钦《水经》：湘水……又北过下隽县西，……又北至巴丘山，入于江；资水……又东北过益阳县北，又东与沅水合于湖中，东北入于江也；沅水……又东至长沙下隽县西北，入于江；澧水……又东至长沙下隽县西北，东入于江。上引文中，“鄂”指今湖北鄂城，“下隽”县治在今湖北通城县西，“益阳”县治在今湖南益阳市东80里。可见，三种文献关于湘、资、沅、澧四水下游河道走向情况的记载基本上是一致的。④

谭其骧先生《长水集下·鄂君启金节铭文释地》“推论四”曰：

水程西南路在“上江”与“入湘”“入资、沅、澧、油”之间，没有提到洞庭湖，此点颇堪注意。《汉书·地理志》湘水、沅水作“入江”，澧水、资水作“入沅”，《说文》湘水、沅水二水亦作“入江”，皆不及洞庭湖，与此同。《水经》湘、澧、沅三水皆作“入江”，只有资水作“东与沅水合于湖中”……顾栋高在其《春秋大事表》中，曾根据“遍考《诗》《书》《春秋》三传与《职方》《尔雅》之文，无有及洞庭两字者”和“如屈原所云‘洞庭波兮木叶下’，亦是微波浅濑，可供爱玩，无今日浩渺之观”这两点，做出过春秋战国时“洞庭亦尚微渺”的推断……他的看法确是很有见地的，值得我们作深入一步的研究。⑤

张修桂先生说：

总之，先秦汉晋时期，洞庭地区属河网交错的平原地貌景观，虽有局部性小湖泊存在，但大范围的浩渺水面却尚未形成。因此，一千多年来广为流传的所谓先秦汉晋时期，方圆九百里的云梦泽包括江南洞庭地区的说法，是不能成立的。⑥

《尔雅》的“十薮”、《吕氏春秋》《淮南子》的“九薮”、楚怀王时“鄂君启节”、《汉书·地理

① 潘啸龙：《驳蒋骥“屈原迁于陵阳”说》，《中州学刊》1988年第3期，第100页。

② 潘啸龙：《屈赋研究三辨》，《云梦学刊》(社科版)1996年第1期，第7页。

③ “北大中文论坛”，http://www.pkucn.com/forum.php?mod=redirect&goto=findpost&ptid=142568&pid=1218279766。

④ 周宏伟：《洞庭湖变迁的历史过程再探讨》，《中国历史地理论丛》2005年第2期。

⑤ 谭其骧：《长水集下》，人民出版社1987年版，第210页。

⑥ 张修桂：《洞庭湖演变的历史过程》，《历史地理》，上海人民出版社1981年版，第103页。

志》、三国之《水经》，都未提到洞庭湖，这是秦汉以前洞庭湖很小，尚不被人们注意的佐证。

《武昌县志》有云："昔鄂君乘青翰之舟，下鄂渚，浮洞庭，榜人拥节而歌。"这里似乎说昔鄂君时期洞庭可与长江相通。只不过《武昌县志》此记，源于《说苑·善说》"襄成君始封之日"，而《说苑》原文中并无"浮洞庭"之记。可见《武昌县志》的"浮洞庭"乃后人所为，难以为据。

六、"逆水西浮"和"运舟掉头"等问题

（一）逆水"西浮"？

潘啸龙先生说"过夏首而西浮"说的就是进入长江向西而浮。这不是与诗人的"东迁"相反了么？确实如此。其原因正在于诗人顾念郢都、不愿即就远离，还想在近处回望一眼。郢都在夏首西北，故有此"西浮"之举，下文的"顾龙门而不见"句，即点明了诗人"西浮"的心意。①

潘氏承袭了戴震《屈原赋注》"西浮者既过夏首而东复溯洄以望楚都"和汤炳正《屈赋新探》"过夏首而西浮兮，顾龙门而不见"② 乃表现屈原离开郢都时，三步一回首，五里一徘徊的留念之情。其人东行，其心西向，故过夏时，又回舟而西浮；但顾视龙门，已不可见之论。

"过夏首"时离开郢都已经几十里路了，要掉转船头逆流西行，只是想在近处回望一眼？有违情理，不知道潘先生有无如此行事之例证？再说，屈原被"顷襄王怒而迁之"，是个遭弃逐的流亡者。他能不能遂其心意，指挥所乘之船掉转船头逆行，以便"溯洄以望楚都"一眼？可见，此论没有说服力。

潘先生接着说："考'浮'之古义，既有顺流行船之义，亦有'顺风波'泛舟之义。'西浮'虽为逆流，却与当时的风向（春天的东南风）相顺，于'浮'义并不违背。由此解说下文的'将运舟而下浮'，叙诗人的回船东下，也正相贯通。"③

潘先生之"逆流西浮"不知用帆否？靠顺风而逆流泛舟，必须有帆。无帆，风再大也不可能"逆流西浮"。而《哀郢》之记是"楫齐扬以容与兮"，未见用帆。倘若使用桨楫逆流行船，也"于'浮'义并不违背"？那么"浮"之古义是不是太广泛了？

再说我国东南沿海要到（夏历）三月才开始刮东南风，仲春二月的江夏不一定能如潘先生所愿，刮着春天的东南风，至少《哀郢》诗中的"顺风波以从流兮"船向东南行，所顺的风并不是东南风，而是西北风。

潘先生辩驳说：

> 可见，屈原时代没有帆船，也可以逆水行船。请问：为什么当我说明"过夏首而西浮"，虽为逆水却有顺风（可以吹动水面）的时候，你却断言"风再大也不可能'逆流西浮'"了呢？难道逆沅水行船有五百里水路都可以，"过夏首"顺风而且只不过"西浮"那么一小段水路，以回望郢都龙门一下，却就不可能了呢？请问这是什么逻辑？④

这里，潘先生先变换前提，把讨论"考'浮'之古义……亦有'顺风波'泛舟之义"，换为"逆水行船"，再把笔者的"靠顺风泛舟，必须有帆。无帆，风再大也不可能'逆流西浮'"，剪裁为你却断言"风再大也不可能'逆流西浮'"，再责问鄙人这是什么逻辑？——在学术讨论中使用偷梁换柱、断章取义的诡辩术，来责问别人。这难道就是"潘先生的逻辑"？

（二）运舟"掉头"？

潘先生说过："'本文'是一切'阐释'的前提，'原义'存在于'本文'之中。"又说："要从作品的总体结构及'上下文'的联系上考察其'原义'。"⑤

下面就来看看《哀郢》之"本文"：

> 望长楸而太息兮，涕淫淫其若霰。过夏首而西浮兮，顾龙门而不见。心婵媛而伤怀兮，眇

---

① 潘啸龙：《屈赋研究三辨》，《云梦学刊》（社科版）1996 年第 1 期，第 6 页。

② 汤炳正：《屈赋新探》，齐鲁书社 1984 年版，第 67 页。

③ 潘啸龙：《屈赋研究三辨》，《云梦学刊》（社科版）1996 年第 1 期，第 6 页。

④ 北大中文论坛，《就"宋玉〈招魂〉论"与潘啸龙先生商榷》（29 楼）2007 年 9 月 2 日。http://www.pkucn.com/forum.php?mod=redirect&goto=findpost&ptid=142568&pid=1218279766&fromuid=7097。

⑤ 潘啸龙：《屈赋研究三辨》，《云梦学刊》（社科版）1996 年第 1 期，第 4 页。

不知其所跖。顺风波以从流兮，焉洋洋而为客。凌阳侯之氾滥兮，忽翱翔之焉薄。心絓结而不解兮，思蹇产而不释。将运舟而下浮兮，上洞庭而下江。去终古之所居兮，今逍遥而来东。①

从作品的总体结构及上下文的联系上考察，《哀郢》的“遵江夏以流亡”“过夏首而西浮”“顺风波以从流”“将运舟而下浮”都是从流而下。

潘先生却说：“‘将运舟而下浮’是承上‘过夏首而西浮’的逆水而言，现在转头顺江下浮。”“既然诗人过夏首后已经顺流而下，为什么这里还要说‘运舟下浮’？只有他原先是逆水西浮，现在才需要运舟（掉转船头）顺流而下。”②“‘将运舟而下浮兮’……明为掉转船头东下而浮之意。”③

这里，潘先生忽略了一个重要的事实：在“过夏首而西浮”之后、“将运舟而下浮”之前，还有一句关键性的“顺风波以从流”！假如，前面是“逆水西浮”，那么，后面的“顺风波以从流”该如何解释？其间岂不是缺失了“掉转船头”吗？如果“顺风波以从流”后面的“将运舟而下浮”是掉转船头的话，那就是说，屈原之船要在“顺风从流”的状态下，既要“掉转船头”又要“顺流下浮”，那么其船岂不是要进入时空错乱的玄幻境界？

潘先生把文本中的“顺风波以从流兮”剪掉，再把前后嫁接起来讲解：“先是逆水西浮，现在才需要运舟（掉转船头）顺流而下。”如此定向剪裁、移花接木的做法，与本文原义岂能相符？

七、“上洞庭而下江”的问题

潘先生说：

洞庭湖在战国时代并没有直接与长江相连的“湖口”或“通道”……而是必须先“南溯”湘水下洞庭。我还是以为，沈祖绵《屈原赋辨证》关于“舟向前曰上，船尾居后曰下，此行舟者习惯语”的解说较为妥帖。“上洞庭而下江”，实指诗人之船头转向去洞庭方向，而船尾则对着大江。④

沈祖绵先生《九章第四》说：

以形势方向言之，洞庭在南，当云下，大江在北，当云上。上句将运舟而下浮兮，明言洞庭在南，此言上下者系指舟。《释名·释舟》：舟，循也，循水而行也。是以舟向前曰上，船尾居后曰下。此行舟者习惯语。⑤

沈先生的论说是以诗文“上洞庭而下江”为据，其前提是“船从长江入洞庭”，这样才有“船头（上）转向去洞庭方向，而船尾（下）则对着大江”。而潘先生的观点是“‘南溯’湘水下洞庭”。如果船是“‘南溯’湘水下洞庭”，那么船头转向去洞庭方向了，船尾只能对着湘水，怎么还会对着大江呢？潘氏之论，既与诗文“上洞庭而下江”不合，又与他肯定的船头转向去洞庭方向，而船尾则对着大江抵牾。潘先生在引用沈祖绵先生论说时，忽略了两者的前提不同。仍然套用沈祖绵先生的船尾对着大江。如此不能自圆其说的解释，怎能让别人信服呢？

潘先生却辩解说：

上面解释“上”“下”之意，用的是前辈沈祖绵先生之说。你不赞同沈祖绵之说，是可以的。但你有证据证明其错么？⑥

“做学问不怕错，只怕不肯认错，进而以诬掩错。”潘氏之论，既背离诗文，又“修正”了沈氏“船从长江入洞庭”之说，还要把自己的过失（“南溯湘水”）推到沈祖绵身上，如此嫁祸于人似乎有失风度了吧？

八、“乘鄂渚”与“济乎江湘”

潘先生曰：

---

① 洪兴祖：《楚辞补注》，中华书局1983年版，第133—134页。

② “北大中文论坛”同第2条。

③ 潘啸龙：《屈赋研究三辨》，《云梦学刊》（社科版）1996年第1期，第6页。

④ 潘啸龙：《屈赋研究三辨》，《云梦学刊》（社科版）1996年第1期，第7页。

⑤ 沈祖绵：《屈原赋证辨》，中华书局1960年版，第91页。

⑥ 《就“宋玉〈招魂〉论”与潘啸龙先生商榷》北大中文论坛，第29楼。

《涉江》有“哀南夷之莫吾知兮，旦余济乎江湘。乘鄂渚而反顾兮，欸秋冬之绪风”之句，说明“乘鄂渚”是在“济乎江湘”之后。如果“鄂渚”在离湖北黄冈附近不远的鄂州市境内，则诗人渡过了江、湘（这是指湘水）以后，难道又回头去“乘”数百里外武昌以东的“鄂渚”去了？然后才又回到洞庭湖畔“步余马”“邸余车”？如此辛苦往返，究竟为了什么？①

潘氏说：

也许正是楚王逼逐屈原所去的更加僻远荒凉之地。……屈原自迁所济湘北下，至大江畔……此后，屈原即舍舟而乘车马，驰驱于洞庭湖北的山皋、方林间；然后，又乘舲船溯沅水而上。“所谓‘涉江’，非指渡大江而南，实乃涉湘江北下、复又溯沅入溆也。”②

潘先生的“‘乘鄂渚’是在‘济乎江湘’之后”，自可成一家之言。只是篇名与内容密切相关，故汪瑗《楚辞集解》说：“以‘涉江’名之，盖谓将涉江而远去耳。”“旦余济乎江湘”之“江”，是诗篇正文中唯一的“江”字，若把“江湘”解为“湘水”，就成了没有“涉江”的《涉江》篇。可见，潘先生此解与诗文不符，与古文通常的释例不合。东方朔《七谏·哀命》“念私门之正匠兮，遥涉江而远去。”此“涉江”也不是湘水。故潘氏的江湘即指湘水③，并不为屈学界认可。

“旦余济乎江湘，乘鄂渚而反顾”是诗的语言，诗人情之所至，颠倒次序，前后关联，反复致意，是常有的文学现象，不能单从诗文的排列顺序机械地把“渡江、渡湘”都排在“乘鄂渚”之前。例如，《哀郢》有：“去故乡而就远兮，遵江夏以流亡。出国门而轸怀兮，甲之鼌吾以行。发郢都而去闾兮……”不能因为“遵江夏以流亡”排列在前，就说它发生在“发郢都而去闾”之前。这就与《涉江》的“渡湘”，不一定发生在“乘鄂渚”之前类似。诗人在“涉江”至“鄂渚”以后，还有足够的时间、空间，可以做很多的事。例如，可“乘鄂渚而反顾”，然后，“步余马兮山皋，邸余车兮方林”，车行到湘水东岸再渡湘，再“乘舲船溯沅水上溆浦”。

潘先生认为：“澧水、沅水、资水、湘水当时均‘合’洞庭湖”，又确认《哀郢》中“诗人已由湘水渡洞庭而南行了。”④ 那么当楚王逼逐屈原去更加僻远荒凉的溆浦，要乘舲船溯沅水上溆浦时，为何不由湖、湘直接“溯沅”南上溆浦，而要涉湘江北下……舍舟而乘车马，驰驱于洞庭湖北的山皋、方林间⑤呢？请问，屈原为什么要去诗文中没有的、与沅水溆浦方向相反的洞庭湖北绕圈子呢？这与潘所说“复又溯沅入溆”是如何衔接的呢？可见潘先生的添字解经既与诗文不符，又与情理不合。

九、《涉江》中的“鄂渚”在洞庭湖吗？

潘啸龙先生曰：

“乘鄂渚以反顾兮，欸秋冬之绪风”，句中所称“鄂渚”，后代注家均从洪兴祖《楚辞补注》，定其为今之武昌地。其实不然。武昌一带于六国秦汉之际，均称为鄂或鄂县（见《鄂君启金节铭文》《水经》《史记》《汉书·地理志》），并无称“鄂渚”之例。王逸注鄂渚，亦仅指地名，而未指实即鄂县。因此，《涉江》所称之鄂渚，疑即是湘水与长江交会处的水中小洲，其地望本属古鄂王封内，故得称为“鄂渚”。⑥

《战国策·秦策一》张仪说秦王曰：

秦与荆人战，大破荆，袭郢，取洞庭、五渚、江南。荆王亡奔走，东伏于陈。

高诱注曰：“郢，楚都也。洞庭、五都、江南，皆楚邑也。”

《战国策·燕策二》：

秦……正告楚曰：蜀地之甲，轻舟浮于汶，乘夏水而下江，五日而至郢；汉中之甲，乘船

---

① 《就“宋玉〈招魂〉论”与潘啸龙先生商榷》北大中文论坛，第29楼。

② 潘啸龙：《〈涉江〉新解》，《求索》1983年第2期，第92—93页。

③ 潘啸龙：《涉江》，《诗经楚辞鉴赏辞典》，中国书籍出版社2011年版，第1061页。

④ 潘啸龙：《驳蒋骥“屈原迁于陵阳”说》，《中州学刊》1988年第3期，第100页。

⑤ 潘啸龙：《〈涉江〉新解》，《求索》1983年第2期，第93页。

⑥ 潘啸龙：《〈涉江〉新解》，《求索》1983年第2期，第92页。

出于巴，乘夏水而下汉，四日而至五渚。寡人积甲宛，东下随，智者不及谋，勇者不及怒，寡人如射隼矣！（《史记·苏秦列传》有相同的记载。）

《史记》《国策》中多次提到汉水口的“五渚”，并将“五渚”和“郢”并列，可见“五渚”是楚国东部的重镇。现存战国官印有“五渚正鉨”可证。在楚国的城邑中，除了“鄂渚”以外再也没有可称“五渚”的了。这个“鄂渚”也正与屈原《涉江》中所说的“鄂渚”相符合。“鄂渚”绝非湘水与长江交会处的水中小洲。

潘先生说：

其实，此句中的鄂渚，不是指的武昌，而是洞庭湖一带的小渚。这样的小渚，在武昌黄鹤楼所临的江中，可称为“鄂渚”，这是人所共知的；但在洞庭湖一带也有“鄂渚”，前人知之就甚少了。这里试举一例以证实之：汪辟疆所辑《唐人小说》中，有一篇沈亚之所作《湘中怨解》。文中叙述垂拱年中，太学进士郑生，度洛阳桥，遇一汜人，与居数年。后郑生游长安，汜人与之泣别，并透露“我湘中蛟宫之娣也，谪而从君。今岁满，无以久留君所，欲以为诀耳”。后十余年，郑生之兄为岳州刺史。于上巳日，“与家徒登岳阳楼，望鄂渚，张宴”。郑生于“乐酣”愁吟：“情无垠兮荡洋洋，怀佳期兮属三湘”。忽然发现湖中“有画舻浮漾而来……其中一人起舞，含嚬凄怨，形类汜人”。这当然只是一则神话，对其所描述情节本无须考其真假有无。但有一点值得注意：此文中提到了“鄂渚”这个地名，而且是在岳阳楼上可以“望见”的“鄂渚”。可见，这绝不是在武昌。武昌距岳阳不啻数百里，岳阳楼再高，恐怕难以“望”见。由此可以断定，在洞庭湖一带，民间亦有名为‘鄂渚”的小洲。所以当年屈原之济江湘，并未远涉武昌，而是登上了洞庭湖畔（或洞庭湖中）的“鄂渚”。①

沈亚之《湘中怨解》神话，可无须考其真假有无。但是，潘先生既然以此作为“洞庭湖一带也有‘鄂渚’”的主证，难道神话中的“鄂渚”与《涉江》之“鄂渚”有无关联，也无须考证？

潘先生又引证说：

杜甫的《过南岳入洞庭湖》诗：“洪波忽争道，岸转异江湖。鄂渚分云树，衡山引舳舻”。这是杜甫描述自己从南岳衡山乘舟而入洞庭的景象，其中的“鄂渚”再不是小说家言，它也不可能是指远在数百里外的武昌了吧？这些记述都证明：在洞庭湖一带确有称为“鄂渚”的地方。②

潘氏此说也难以成立。

杜甫的《过南岳入洞庭湖》：

洪波忽争道，岸转异江湖。鄂渚分云树，衡山引舳舻。
翠牙穿裛桨，碧节上寒蒲。病渴身何去，春生力更无。
壤童犁雨雪，渔屋架泥涂。欹侧风帆满，微冥水驿孤。
悠悠回赤壁，浩浩略苍梧。帝子留遗恨，曹公屈壮图。
圣朝光御极，残孽驻艰虞。才淑随厮养，名贤隐锻炉。
邵平元入汉，张翰后归吴。莫怪啼痕数，危樯逐夜乌。③

潘氏说：“杜甫描述自己从南岳衡山乘舟而入洞庭的景象”，这种望文生义的解读令人齿冷。清杨伦笺注《杜诗镜铨》有：“不知过者，将然之事，诗意盖谓欲过南岳，乃先入湖也。”④ 据考，杜甫于唐大历三年晚秋，从江陵、公安、岳阳欲往湖南长沙投奔旧日好友、正待调任潭州刺史的韦之晋。此诗是“大历四年正、二月间自岳阳之潭州时作。”当杜甫从长江入洞庭湖时，见到湖水与江水两股巨流急剧翻滚，形成汹涌的波浪。好像二水争抢道路，故曰“洪波忽争道”。不论从杜甫的履历行踪，还是从诗文的描述看，此诗并非潘啸龙先生所说的“从南岳衡山乘舟而入洞庭”。

---

① 潘啸龙：《驳蒋骥“屈原迁于陵阳”说》，《中州学刊》1988年第3期，第100—101页。

② 潘啸龙：《关于屈原在江南的放逐地域》，《中州学刊》1993年第1期，第96页；潘啸龙：《屈原与楚辞研究》，安徽大学出版社1999年版，第43页。

③ 仇兆鳌注，秦亮点校：《杜甫全集》，珠海出版社1996年版，第1598页。

④ 杨伦笺注：《杜诗镜铨》，上海古籍出版社1980年版，第954页。

此诗提及的景点往往与历史典故相关，“鄂渚分云树，衡山引舳舻”可与“悠悠回赤壁，浩浩略苍梧。帝子留遗恨，曹公屈壮图”呼应。“鄂渚，乃孙氏抗曹之基地”“赤壁，为曹公屈壮图之处”；“衡山、苍梧，是舜之葬地”即“帝子留遗恨之所”。诗中的衡山、赤壁、苍梧皆不是旅途所经之地，又都在数百里外。何以见得“鄂渚”就在洞庭湖呢？

与杜诗近似的描写，还有张缵的《南征赋》曰：“径遵途乎鄂渚，迹孙氏之霸基；陈利兵而蓄粟，抗十倍之锐师。”① 张缵之“鄂渚”指“孙氏”抗曹公“十倍之锐师”的基地，显然是指今之鄂州。

《全唐诗》涉及“鄂渚”者约35篇，“鄂渚”往往与鹦鹉洲、黄鹤楼同时出现。其时公认“鄂渚”在武昌（江夏）。杜甫以后的刘禹锡《历阳书事七十韵》有：“鱼书来北阙，鹢首下南荆。云雨巫山暗，蕙兰湘水清。章华树已失，鄂渚草来迎。庐阜香炉出，湓城粉堞明。雁飞彭蠡暮，鸦噪大雷晴。”从诗文由西向东所历举的名胜看，其“鄂渚”显然不在洞庭湖。潘先生以杜诗作为“洞庭湖一带确有称为‘鄂渚’的地方”的证据，似有燕书郢说之嫌。其实刘禹锡的《浪淘沙》第九首有：“令人忽忆潇湘渚，回唱迎神三两声。”若是把此处的“潇湘渚”，作为唐诗中沅湘一带确有“渚”之地，倒是可备一说。

即使唐代洞庭湖有“鄂渚”之地名，沈亚之、杜甫与屈原相隔千余年，“其间朝代更替，社会习俗、语言文字、地理名物等的变化何其之大”，以此来证明它就是《涉江》所记的“鄂渚”，该证据也不具备说服力，更不用说沈亚之编造的神话本来就难以为据。《杜诗》中的“鄂渚”，是否在洞庭湖，也难以确定。而且，自唐至今洞庭湖畔并无“鄂渚”之地。

从此例来看，潘先生似乎很重视诗人们的记叙。可是他在《〈招魂〉研究商榷》中，却对王勃、吴融、吴开等人的“屈原作《招魂》”之记断然否定，说“那是诗人们的误记”。两相对比，潘先生对客观资料的采信，好像有随主观意愿而变之嫌疑。

十、《哀郢》中的“夏浦”是“二夏浦”吗？

潘先生说：“由于‘江水会’东北即有‘二夏浦’，故下文的‘背夏浦而西思’句，也有了着落。完全不必将‘夏浦’指为今‘汉口’。”②《水经注》卷三十五：“江水右会湘水，所谓江水会者也。江水又东，左得二夏浦，俗谓之西江口。又东径忌置山南，山东即隐口浦矣。”③

《水经注》的这个“二夏浦”在“江水会”“又东”的江北。如果按潘先生所说，“诗人之船由‘江水会’南溯湘水转向洞庭”再到“沅湘之间、汨罗一带”，那么诗人的船就没有路过“江水会又东的二夏浦”。这显然与《哀郢》的“背夏浦而西思”不符，因为它表明，夏浦是屈原流放经过的地方。假如屈原去了“湘江汨罗一带”为何要“背”对这个既不相干又远离汨罗的“二夏浦”而“西思”呢？再者，《水经注》卷三十五中的“夏浦”有十一处。潘先生根据什么认定北魏郦道元《水经注》中的这个“二夏浦”，就是战国时期屈原《哀郢》中的“夏浦”呢？可见，潘先生对“二夏浦”的认定，只是一种想当然，而不是严谨的考证。

余　论

潘先生关于屈原流放路线的一系列论断，都是建立在《哀郢》是屈原“迁于湘江汨罗一带”这个假设前提之上的。只是，这一前提本身就缺乏内外依据，而且其后的推论，每一步都有漏洞，其论证并没有既注重原典的研读，又注重相关背景之考察。所以这些结论大多没有说服力。

潘先生还说：“总之，熊先生的文章洋洋洒洒，但真正经过认真考察的内容却不多。自己很少提供证据，却总认为人家‘难以成立’、‘南辕北辙’、‘站不住脚’。要跟这样的人讨论问题恐怕很难。”鄙人的文章有没有“认真考察，提供证据”有目共睹，读者自能分辨。更欢迎潘先生做出“认真考察，提供证据”的反批评。

学术讨论的实质是探求真理，真理只会愈辩愈明。

---

① （唐）姚思廉：《梁书》（简体字本），中华书局2000年版，第346页。

② 潘啸龙：《屈赋研究三辨》，《云梦学刊》（社科版）1996年第1期，第7页。

③ 郦道元著，陈桥驿等译注：《水经注全译》，贵州人民出版社1996年版，第1196页。

“《哀郢》释疑”商榷

摘要：《哀郢》是顷襄王十三年屈原追忆九年前离开郢都被放东迁的旧事，诗中“过夏首而西浮”是指过“夏首”以后，长江向西南回转，舟船随水弯曲向西南而下，故曰“西浮”。“将运舟而下浮兮，上洞庭而下江”指“驾船顺流而下到洞庭之地办事，随后再入长江继续向下航行”。东迁的终点在鄂渚附近的江北。

关键词：屈原；东迁；西浮；洞庭；陵阳

赵逵夫先生在《〈哀郢〉释疑并探屈原的一段行踪》中说：

> 《哀郢》“东迁”乃是写顷襄王元年秦攻楚，秦军迅速向南、向东逼进，楚君臣百姓仓皇东逃之事……屈原离开郢都，到了洞庭湖中原打算到沅湘一带去，后因秦军进军迅速，恐沅湘一带也将为秦所有，故又出湖，沿江东下，到彭蠡泽，又沿庐水西南行，到陵阳，其地在今江西省西部庐陵西北，靠近湖南湘水流域。大约在当年秋天，又由原路返回洞庭湖，沿沅水到溆浦。《哀郢》一诗作于九年以后，当作于顷襄王九年，地点不是在陵阳，而是在沅湘一带。①

赵先生对《哀郢》的解读以及对背景、作时等问题的考证、结论，多不能令人信服。

一、屈原东迁的时间

（一）屈原在顷襄王三四年间被放逐

见本书《试论〈哀郢〉所反映的屈原行距》相关章节。

（二）赵先生的“楚顷襄王元年被放论”

赵逵夫先生说：

> 怀王至秦，秦留之，“竟死于秦而归葬”。下面接着说：长子顷襄王立，以其弟子兰为令尹。楚人既咎子兰以劝怀王入秦而不反也。屈平既嫉之……令尹子兰闻之大怒，卒使上官大夫短屈原于顷襄王，顷襄王怒而迁之。②

赵先生所引的《屈原列传》分明说怀王“死于秦而归葬”（顷襄王三年）以后，顷襄王才怒而迁屈原。这是屈原一生中最重大的事。这个事件在屈原作品中必然有反映就是《哀郢》。

（三）臆造顷襄王元年“楚君臣仓惶辞庙”的历史

赵逵夫先生却又说：

> 屈原的被放应是在楚顷襄王元年秦兵进攻楚国，势如破竹，楚君臣仓惶辞庙之时。苏代云：“秦之行暴于天下，正告楚曰：‘蜀地之甲，轻舟浮于汶，乘夏水而下江，五日而至郢。汉中之甲，乘舟出于巴，乘夏水而下汉，四日而至五渚。寡人积甲宛，东下随，知者不及谋，勇者不及怒，寡人若射隼矣。王乃待天下之攻函谷，不亦远乎?’楚王为是之故，十七年事秦。”顷襄王元年秦对楚进行突然袭击，虽在二月，不是水行速度最快之时，但最多也只是五六日，蜀地之甲兵可以直取郢都，汉中之甲兵可以占据洞庭五湖……秦兵此次进攻势如破竹。刚刚继位的顷襄王同朝臣、贵族惊慌向东逃跑。③

赵先生为了证明“屈原的被放应是在楚顷襄王元年”，竟然引用的《战国策·燕二》“秦召燕王”假想的威胁之词，臆造出“顷襄王元年秦对楚进行突然袭击，楚君臣仓惶辞庙向东逃跑”的伪历史，实在令人诧异。

---

① 赵逵夫：《屈原与他的时代》，人民文学出版社2002年版，第411—435页。

② 赵逵夫：《屈原与他的时代》，人民文学出版社2002年版，第430页。

③ 赵逵夫：《屈原与他的时代》，人民文学出版社2002年版，第431、432、433页。

二、几处诗文解释

（一）遵江夏以流亡

赵逵夫先生把“遵江夏以流亡”译为“顺着长江和夏水到处流浪”①，这种解释有一定的代表性，但是并不融通。屈原东迁的路径，不可能既“顺着长江”，又“顺着夏水”。从郢都到“夏首”有五六十里路程，从郢都乘船“出国门”只能先入长江。若是说先“顺着长江”，“过夏首”后再“顺着夏水”，则与“过夏首而西浮兮”不符。因为过夏首以后夏水向东南流，长江向西南回转。诗文曰“过夏首而西浮”，必定是顺着长江走，才会“西浮”。若要“顺着夏水”，应当“东浮”，不该“西浮”。诗文曰“方仲春而东迁”，“仲春”枯水期，夏水不能行舟，“冬竭夏流，故谓之夏”。至于把“流亡”译为“到处流浪”，似乎也不妥帖。“流亡”有目的地，不同于“到处流浪”。把“遵江夏以流亡”理解为“顺着长江踏上流亡之路”可能更符合实际。“遵江夏……”“出国门……”“发郢都……”三句都是写“离开郢都”，屈原用反复吟唱，来表达离开郢都时沉重的心情。

（二）过夏首而西浮兮

“过夏首而西浮兮”，林云铭和蒋骥都说：“西浮，舟行之曲处路有西向者。”② 此说比较合理。这么简单的问题，赵逵夫先生用了两三千字去考证，得出的结论：“‘西浮’指由江入洞庭”③，既与诗文本意不符，也无法与“上下左右贯通无碍”。从谭其骧主编《中国历史地图集》“战国·楚越”④ 图上可以清楚地看到：过“夏首”以后，夏水向东南流，长江向西南回转。诗人之船随河道弯转向西南而下，故曰“西浮”。

赵先生在列举了古今十几位学者对“西浮”的看法，并一一驳斥之后说：“他们尚未弄清洞庭湖一带的地理形势，如果弄清，一定会很简捷地说：‘西浮’即由江入湖之谓也！”“诗人则是沿着长江走的……过夏首以后，又走了一段。”“至洞庭湖口，便折而西行入湖。”⑤

赵逵夫先生肯定诗人“是沿着长江走的”，但是“西浮”的后面还有“顺风波以从流兮”，“将运舟而下浮兮”其后才是“上洞庭而下江”，故赵先生“过夏首以后，又走了一段”“至洞庭湖口，便折而西行入湖”则难以成立。正如潘啸龙先生所说：“‘过夏首而西浮’，说的是过了夏首即行‘西浮’，两者是紧相连接的行程，与‘又走了一段’，再‘折而西行入湖’，有很大的区别。”⑥ 其次，“浮乃指顺水或顺风飘浮”（页412）而“由江入洞庭”则是逆水南行，可见赵先生的结论“‘西浮’指由江入洞庭”与“上洞庭而下江”不能圆通。再次，赵逵夫先生的“至洞庭湖口，便折而西行入湖”，属于添字解经。而且从夏首“至洞庭湖口”，还有五六百里的水路，需要两天左右的行程。其时，再去说“顾龙门而不见”，与情、与景皆不相合。最后，赵先生依靠对《山海经·海内东经》的猜测，再参照“今之洞庭湖的形状”臆想出的“西行入湖图”与屈原时代“古洞庭”的情况不符，与比较可靠的谭其骧主编《中国历史地图集》“战国·楚越图”相差太大。

（三）上洞庭而下江

赵逵夫先生说：“‘上洞庭而下江’指北出洞庭顺江而东”“屈原离开郢都，到了洞庭湖中，原打算到沅湘一带去，后因秦军进军迅速，恐沅湘一带也将为所有，故又出湖，沿江东下。”⑦ 此说以“折而西行入湖”为前提，“西行入湖”不成立，此说自然也不能成立。再者，此说既没有史料依据，又与《哀郢》文意不合，把“上洞庭”解释为“出洞庭”，也不妥帖。

赵逵夫先生说：

> 《鄂君启舟节》……“如：上江，入湘，……入资，沅，澧，微。上江……商郢。”这段文字中，以洞庭湖口为中心，一条路是“入湘”，一条是“入资”，一条是入澧，一条是入微，一条是达于郢。……《水经注·湘水注》言资，沅，澧，微“凡此四水，同注洞庭，北汇大

① 赵逵夫：《九章·哀郢》，《先秦诗鉴赏词典》，上海辞书出版社1998年版，第812页。
② 林云铭：《楚辞灯》，第125页。蒋骥：《山带阁注楚辞》，第119页。
③ 赵逵夫：《屈原与他的时代》，人民文学出版社2002年版，第411页。
④ 谭其骧主编：《中国历史地图集》第1册，第45—46页。
⑤ 赵逵夫：《屈原与他的时代》，人民文学出版社2002年版，第430、431页。
⑥ 潘啸龙：《屈赋研究三辨》，《云梦学刊》（社科版）1996年第1期，第7页。
⑦ 赵逵夫：《屈原与他的时代》，人民文学出版社2002年版，第417、433页。

江，名之五渚。”……所以肯定是指在洞庭湖口由水路可以达到的几个点。①

赵先生采用北魏郦道元之说，臆造出一个“《鄂君启舟节》……以洞庭湖口为中心”，脱离了战国时期的实际，而《鄂君启舟节》中根本没有提到“洞庭湖”。湘、资、沅、澧，在战国时期也没有“同注洞庭”。（详见本书《云梦、洞庭、湘渊、江南考》）

《哀郢》中的“上洞庭而下江”很可能是：船停靠“洞庭”之地，上岸采办物品或小住。随后再“下江”继续航行。（另一种可能是，古洞庭湖虽然很小但是和长江有一段水体相连，船到此处，自然进入洞庭湖，过了这一段，又进入长江。但此说没有依据。）

（四）当陵阳之焉至兮，淼南渡之焉如

蒋骥首次将“陵阳”解为地名，即今安徽省南部青阳县以南的陵阳镇。他认为，“《哀郢》从郢至陵阳也”，而安徽的“陵阳”在长江以南的九华山区，离长江将近百里，舟船不能通行，与《哀郢》“当陵阳之焉至兮，淼南渡之焉如”不符，即便“陵阳”是地名，它也在浩淼大江之北岸。

赵逵夫先生说：“可以肯定《楚辞》中的陵阳在江西省西部，庐水发源处的西北面，即安福以西，庐水以北，武功山以南。”“庐江上游的陵阳本属楚人所说的‘江南之野’，但距郢都更远，更荒僻。”② 赵先生“肯定的陵阳”既与《哀郢》诗文不符，也没有任何证据。

其一，赵先生说：“此前的‘出国门’‘发郢都’‘过夏首’‘西浮’‘顺风波以从流’‘上洞庭’‘下江’‘背夏浦’，历叙其由发郢都至过夏浦一段，次序井然。而在‘背夏浦’之后，即说‘当陵阳’，似陵阳并不如学者们所说今安徽陵阳那样远。”③ 可是，由“夏浦”从水路去“江西陵阳”，约有一千两百里行程，比去安徽的“陵阳”距郢都更远，更荒僻，这显然与赵先生自己的论点相悖。

其二，赵先生说：“‘当陵阳之焉至今，淼南渡之焉如?’这两句是说，面对陵阳这荒远之地，还将向何处去？看着江面浩淼大水，内心茫然，不知所从。”④ 赵先生的解释，除了添加了“荒远”，回避了“南渡”外，其他基本合于诗文之意。可知诗人“当陵阳”时身在江北，“南渡”只不过是内心茫然，不知所从状态下的想象。实际上屈原“来东”之后，既没有南渡，也没有离开“陵阳”。这就足以否定赵氏的“江西安福陵阳说”。再就是，安福庐水发源处的“陵阳”，怎么能看到“江面浩淼的大水”呢?（其它论述见本书《试论〈哀郢〉所反映的屈原行踪》）

结　　论

1.《史记》记载的“怀王客死”以后，顷襄王四年“王怒而迁屈原”，这是屈原一生中最重大的事件，它在屈原作品中的反映就是《哀郢》。

2. 赵逵夫先生依据《战国策·燕二》中假想的话，臆造出“楚顷襄王元年秦兵进攻楚国，势如破竹，楚君臣仓惶辞庙”“惊慌向东逃跑”，并把“屈原的被放”定在顷襄王元年，与史不符。

3.《哀郢》的“过夏首而西浮兮”以林云铭等所说“西浮，舟行之曲处路有西向者”为佳。从谭其骧主编《中国历史地图集》“战国·楚越图”上可以清楚地看到：过“夏首”以后，夏水向东南流，长江向西南回转。诗人之船随河道向西南弯转，故曰“西浮”。赵逵夫先生的“‘西浮’指由江入湖”“‘上洞庭而下江’指北出洞庭顺江而东”在《哀郢》中找不到依据。

4. 春秋战国时期洞庭湖很小，楚怀王六年的《鄂君启节》并没有提到洞庭湖。赵逵夫先生说“《鄂君启舟节》……上江，入湘……入资，沅，澧，微……这段文字中，以洞庭湖口为中心”，没有依据。

5. 屈原流放的终点当在鄂渚对岸的夏浦一带。赵先生的“可以肯定《楚辞》中的陵阳在江西省西部，庐水发源处的西北面，即安福以西，庐水以北，武功山以南”⑤ 既与《哀郢》不符，也与他所说的“在‘背夏浦’之后，即说‘当陵阳’，似陵阳并不如学者们所说今安徽陵阳那样远”抵牾。

---

① 赵逵夫：《屈原与他的时代》，人民文学出版社 2002 年版，第 428 页。

② 赵逵夫：《屈原与他的时代》，人民文学出版社 2002 年版，第 427、436 页。

③ 赵逵夫：《屈原与他的时代》，人民文学出版社 2002 年版，第 422 页。

④ 赵逵夫：《屈原与他的时代》，人民文学出版社 2002 年版，第 422 页。

⑤ 赵逵夫：《屈原与他的时代》，人民文学出版社 2002 年版，第 427 页。

试论屈原研究中的“三脱离”倾向

摘要：在屈原研究中，部分专家有脱离屈诗文本、脱离文献资料、脱离楚国历史地理，凭借主观想象，违背事实、曲解屈诗与历史的“三脱离”倾向。陆天华先生的《探〈涉江〉〈哀郢〉之作时、作地与作因——兼论〈怀沙〉和〈悲回风〉》其文就是其中之一。

关键词：屈原研究；哀郢；涉江；怀沙

陆天华先生的《探〈涉江〉〈哀郢〉之作时、作地与作因——兼论〈怀沙〉和〈悲回风〉》① 在《荆州师专学报》《贵州社会科学》《中国楚辞学（第十三辑）》等多处发表，可见他对此文的重视。

陆先生认为：

> 《涉江》放逐原因是反对亲秦，放逐时间当在顷襄七年至十三年之间，放逐地点是在江南沅湘辰溆一带。《哀郢》的作因是郢都沦陷，作时为顷襄王二十一年仲春……他是在白起兵临城下之前和大批难民一起离开郢都的，《哀郢》乃是他在离开郢都返回江南的船上所写下的作品，这是一支诀别郢都的哀歌。②
>
> 《哀郢》前四十句写现实，“心不怡”以下二十句为回忆，“乱曰”六句为现实。
>
> 《怀沙》作于《哀郢》之前，顷襄王二十年的孟夏四月，其时白起军事行动的目的震惊了作者。面对残酷现实，决意赴国难，以志士仁人为类。……此诗是屈原在南土得悉秦军进攻直指郢都的消息后，抱着与楚国共存亡的决死之意，在急急北行的途中所写下的作品。“题名《怀沙》究属何意？……瑾瑜变成了沙土，沉重地压在心头，这就是怀沙的含意。”③
>
> 《悲回风》是一首挽歌，挽自己，也挽楚国。此诗只能产生在顷襄二十一年白起破郢后这一特定的历史时期，其他任何时期都是不合的。把《哀郢》、《怀沙》、《悲回风》三篇联系起来看，《哀郢》之“哀”，前见于《怀沙》，其时郢亡已不可避免；后见于《悲回风》，其时郢亡已成为事实。这三篇作品，是屈原活到了白起破郢之时的铁证。实际上屈原在《哀郢》中南渡后仅止于汨罗地区，同年秋冬作《悲回风》，根本没有再走《涉江》之路和《怀沙》之路，这些问题，是可以让屈原自己写下的文字来作出论证的。④

陆先生立论的逻辑起点用的是作品中的片言只字加上主观想象，却标榜为“本着科学的求真精神，正视作品本身，不囿于成说”，把无法证明的臆测归为“涉及外交决策上的秘密，故说得比较含蓄”，把蒋骥“《哀郢》之后紧接写出《涉江》”的论断，贬为“一个草率的结论”，把他牵强附会的推论，说是屈原“自己提供的证据”，是“屈原活到了白起破郢之时的铁证”。一篇学术论文中出现这么多脱离屈诗文本、脱离文献资料、脱离楚国历史地理的草率结论实在罕见。

本文试就陆先生论文的几个关键点剖析之。

一、《哀郢》东迁的时间地点

（一）《哀郢》的东迁即《史记》等记载的顷襄王怒迁

《屈原列传》：

> （怀王）竟死于秦而归葬。……楚人既咎子兰以劝怀王入秦而不反也。屈平既嫉之……令

---

① 陆天华：《探〈涉江〉〈哀郢〉之作时、作地与作因——兼论〈怀沙〉和〈悲回风〉》，《中国楚辞学·第十三辑》，学苑出版社 2009 年版，第 168—190 页。

② 陆天华：《探〈涉江〉〈哀郢〉之作时、作地与作因——兼论〈怀沙〉和〈悲回风〉》，《中国楚辞学·第十三辑》，学苑出版社 2009 年版，第 181 页。

③ 陆天华：《探〈涉江〉〈哀郢〉之作时、作地与作因——兼论〈怀沙〉和〈悲回风〉》，《中国楚辞学·第十三辑》，学苑出版社 2009 年版，第 182、184—185 页。

④ 陆天华：《探〈涉江〉〈哀郢〉之作时、作地与作因——兼论〈怀沙〉和〈悲回风〉》，《中国楚辞学·第十三辑》，学苑出版社 2009 年版，第 185、190 页。

尹子兰闻之大怒，卒使上官大夫短屈原于顷襄王，顷襄王怒而迁之。

《太史公自序》：

怀王客死，兰咎屈原。

班固《离骚赞序》：

西朝于秦。秦人拘之，客死不还。至于襄王，复用谗言，逐屈原。

王逸《离骚经章句》：

怀王拘留不遣，卒客死于秦。其子襄王，复用谗言，迁屈原于江南。

洪兴祖注《哀郢》：

当顷襄王之三年，怀王卒于秦。顷襄听谗，复放屈原。①

王逸注“方仲春而东迁”：

信用谗言而放逐己，正以仲春阴阳会时，徙我东行，遂与家室相失也。

《哀郢》中“遵江夏以流亡”“方仲春而东迁”“信非吾罪而弃逐”是屈原作品中提及“流亡、迁、弃逐”最明确的一例，可与《史记》顷襄王三年“怀王客死，兰咎屈原”“顷襄王怒而迁之”互证。可见，《哀郢》中屈原“东迁”的时间在顷襄王四年仲春。

陆天华先生却说：“今逍遥而来东也语带双关，表面是叹自己漂流的行踪，内里是讥顷襄一伙丢弃郢都而东迁。”② 陆先生的论著中，回避了司马迁、班固、王逸等人言之凿凿的顷襄王三年“怀王客死后，襄王怒而迁屈原”的历史事实。请问“襄王怒而迁屈原”之事，除了可与《哀郢》的“信非吾罪而弃逐”对应外，还能与哪一篇屈诗对应？可与哪一次“弃逐”相符？

本书前文《试论〈哀郢〉所反映的屈原行踪》等篇中已经论证《哀郢》与“郢都沦陷”无关，《哀郢》的“皇天之不纯命兮，何百姓之震愆？民离散而相失兮，方仲春而东迁”是诗人“非罪而遭弃逐”时呼天以泄其怨愤之表述。《哀郢》中没有“郢都沦陷”楚国君臣东逃“保于陈城”信息。而陆先生的《哀郢》的作时为顷襄王二十一年仲春郢都陷落前屈原和难民一起离开郢都在诗文中找不到内证，在文献中找不到依据。

（二）《哀郢》写放逐是文不对题吗？

《哀郢》的主题就是哀叹“信非吾罪而弃逐”，诗文的“哀见君而不再得、哀故都之日远”都是因为遭弃逐而离开郢都所致。

《哀郢》中明明白白有“信非吾罪而弃逐兮，何日夜而忘之！”陆先生视而不见，非说：“写放逐而以‘哀郢’名篇，可就文不对题了。”③ 再看他所说的：请看他被“弃逐”出郢都以后：“招荒忽其焉极”、“吵不知其所蹠”、“忽翱翔之焉薄”、“当陵阳之焉至”、“森南渡之焉如”——还没有渡过长江，已经像丢了魂、掉了魄。④ 他所说的“屈原被弃逐出郢都”显然与他所说的“《哀郢》作于郢都陷落时”自相矛盾。

（三）“东迁”的终点在鄂渚对岸

陆天华说：

《哀郢》的行程仅写到“淼南渡之焉如”，只点出行程的最后一个转折方向——南渡。其所以略掉终点，一是去往江南已经点明，无须赘述；二是所哀者是郢都，故重点放在“南渡”之前的这段行程，才好充分抒写诀别的爱恋哀悼之情——连所乘小船也赋予“忽翱翔之焉薄”的情感，就像一只覆巢之鸟在徘徊飞翔。如果《哀郢》详记终点，《涉江》详记起点，也就不成其为艺术作品了。⑤

① 洪兴祖：《楚辞补注》，中华书局1983年版，第135页。

② 陆天华：《〈哀郢〉之我见》，《贵州教育学院学报》1995年第3期，第66页。

③ 陆天华：《探〈涉江〉〈哀郢〉之作时、作地与作因——兼论〈怀沙〉和〈悲回风〉》，《中国楚辞学·第十三辑》，学苑出版社2009年版，第169页。

④ 陆天华：《探〈涉江〉〈哀郢〉之作时、作地与作因——兼论〈怀沙〉和〈悲回风〉》，《中国楚辞学·第十三辑》，学苑出版社2009年版，第175页。

⑤ 陆天华：《探〈涉江〉〈哀郢〉之作时、作地与作因——兼论〈怀沙〉和〈悲回风〉》，《中国楚辞学·第十三辑》，学苑出版社2009年版，第170页。

此论与诗文不符，《哀郢》并没有“略掉终点”。

从《哀郢》的“方仲春而东迁、今逍遥而来东”看，流放的终点当在郢都以东。根据“背夏浦而西思兮”说明它离夏浦（今武汉附近）不远。从“登大坟以远望兮”看，当在江边广平之地。按照“当陵阳之焉至兮，淼南渡之焉如”应在浩渺大江之北，面对“陵阳（波涛）”而迷茫。《哀郢》的这些诗文，全都是“到达终点后的记叙”。再从《涉江》“旦余济乎江湘。乘鄂渚而反顾兮”看，诗人“济江”就到“鄂渚”。故《涉江》的起点就是《哀郢》的终点，它在鄂渚对岸。

如何理解“当陵阳之焉至，淼南渡之焉如”是问题的关键。其实它只反映了屈原到达流放地之后，丧魂落魄茫然不知何往的心态。实际上并没有南渡大江，文中也没有“南渡”之后的丝毫信息。

赵逵夫先生解“淼南渡之焉如”为：“看着江面浩渺大水，内心茫然，不知所从。”① 陆天华先生说译成现代话是：面对着一片狂涛，何处是归宿？茫茫大水中南渡——我这是要往哪儿去?② 可见“淼南渡之焉如”正如陆先生自己所说：它只是“那种茫然不知何往的心情”③，而不是真的“向南渡江”的行动。而他的：“屈原在《涉江》中曾向南渡江一次……在《哀郢》中他又向南渡江一次……第二次写明是从郢都出发的，证明郢都陷落前屈原确确实实曾回到郢都。”④ 既自相矛盾，更与诗文不符。

依据《哀郢》《涉江》的诗文，林庚先生判断：“屈原被放逐在鄂渚对岸（即后来的黄州），前后九年。”⑤ 陆氏不提林庚先生的“屈原被放逐在鄂渚对岸”之说，单单批蒋骥的安徽“陵阳论”，似乎属于回避正解的做法。

二、《哀郢》与郢都沦陷无关

陆先生认为：屈原“他被‘弃逐’出郢都”“有对横遭迫害的愤懑，有对郢都魂牵梦萦的痴情”这样理解无疑是正确的。可是他又说：“《哀郢》是顷襄王二十一年仲春郢都陷落前屈原和难民一起离开郢都返回江南的船上所写的作品。”⑥ 这两种说法显然不能协调。

再有，陆先生的《怀沙》是屈原“抱着与楚国共存亡的决死之意，在郢都陷落前急急北行”去郢都，与他的“顷襄王二十一年仲春郢都陷落前，屈原和难民一起离开郢都返回江南”，两者相互抵牾，不能自圆其说。（“《哀郢》与郢都沦陷无关”，详见《试论〈哀郢〉所反映的屈原行踪》等篇）

三、《哀郢》写于《涉江》之前

（一）从屈原的心情变化看

《哀郢》有“哀见君而不再得”“至今九年而不复”“冀壹反之何时”，说明屈原有欲返郢都的强烈愿望，还有等待朝廷复召，“冀幸君之一悟”的希望。从《哀郢》“憎愠惀之修美兮，好夫人之忼慨。众踥蹀而日进兮，美超远而逾迈”看，还停留在抨击“小人高升贤能疏放”上。而《涉江》篇，屈原从历史上寻找和自己命运类似的人物，是伍子胥、比干等，说明屈原已经把楚王比作殷纣似的昏君。“吾不能变心以从俗兮，固将愁苦而终穷”则表明诗人对“阴阳易位，时不当兮”的社会也完全绝望了。

（二）从流放的起止地点看

《哀郢》流亡的起点是郢都。据“背夏浦而西思兮”看，其终点离夏浦不远。从《涉江》“旦余济乎江湘。乘鄂渚而反顾兮”看，诗人“济江”就可到“鄂渚”。所以，《哀郢》流放的终点就是《涉江》再迁的起点“鄂渚”之江北。

---

① 赵逵夫：《屈原与他的时代》，人民文学出版社 2002 年版，第 422 页。

② 陆天华：《探〈涉江〉〈哀郢〉之作时、作地与作因——兼论〈怀沙〉和〈悲回风〉》，《中国楚辞学·第十三辑》，学苑出版社 2009 年版，第 67 页。

③ 陆天华：《探〈涉江〉〈哀郢〉之作时、作地与作因——兼论〈怀沙〉和〈悲回风〉》，《中国楚辞学·第十三辑》，学苑出版社 2009 年版，第 67 页。

④ 陆天华：《探〈涉江〉〈哀郢〉之作时、作地与作因——兼论〈怀沙〉和〈悲回风〉》，《中国楚辞学·第十三辑》，学苑出版社 2009 年版，第 173 页。

⑤ 林庚：《诗人屈原及其作品研究》，上海古籍出版社 1981 年版，第 12 页。

⑥ 陆天华：《探〈涉江〉〈哀郢〉之作时、作地与作因——兼论〈怀沙〉和〈悲回风〉》，《中国楚辞学·第十三辑》，学苑出版社 2009 年版，第 175、180 页。

《涉江》的终点是今湘西的溆浦。《涉江》曰："苟余心其端直兮，虽僻远之何伤！"既反映了溆浦比鄂渚更为僻远，生存环境更为恶劣的环境，又反映出屈原在抛弃了"欲反郢都"的幻想后，不管流放到多么僻远的地方，全都无所谓的心境。

正如陆侃如先生所说："《哀郢》叙的是由郢都向东至夏浦的路程，《涉江》叙的是由鄂渚向西南至溆浦的路程。夏浦与鄂渚都在今汉口附近，故这两篇显然是相接的。"①

（三）《涉江》南迁原因的猜想

流放者的一切言行均在监控之中，屈原所作《哀郢》自有人呈报楚王。《哀郢》的要害是"信非吾罪而弃逐，何日夜而忘之"，他的愤愤不平，直接针对顷襄王。还指责顷襄王："憎愠惀之修美兮，好夫人之忼慨。"林庚先生认为："《哀郢》里屈原痛骂子兰是绣花枕头，中看不中用。又说尧舜能不信任他自己的儿子，才真是够得上伟大。子兰、顷襄王看到《哀郢》后，就下令把屈原再放逐到更远更荒凉的溆浦去。"②

陆天华先生说：

> 《涉江》……放逐原因，根据作者自己提供的证据，是反对亲秦。放逐时间当在顷襄七年至十三年之间（由于秦囚死怀王，顷襄一年至六年秦楚绝，无"外承欢"之事，故将"迎妇于秦"的顷襄七年作为屈原放逐江南的上限。③ 说在《哀郢》中他又向南渡江一次，这不妨称为第二次。第二次写明是从郢都出发的，证明郢都陷落前屈原确确实实曾回到郢都。又，《哀郢》在回忆中说到"江与夏之不可涉"，证明"九年"是在江南度过的，白起破郢前他是从江南回到郢都的。这都是屈原自己写下的文字，应该可靠。④

陆先生之论与《涉江》文本不符，与《史记》"怀王客死，兰咎屈原""顷襄王怒而迁之"不符。种种迹象表明《哀郢》写于《涉江》之前，屈原去溆浦后，更没有回郢的丝毫信息。

四、屈原之死

（一）古籍记载的屈原之死

司马迁认为，屈原之所以沉江是："安能以皓皓之白，而蒙世俗之尘埃乎！""知死不可让兮，愿勿爱兮。明告君子，吾将以为类兮。于是怀石遂自（投）汨罗以死。"

贾谊《吊屈原赋》："屈原，楚贤臣也。被谗放逐，作《离骚》赋，其终篇曰：'已矣哉！国无人兮，莫我知也。'遂自投汨罗而死。"

桓宽《盐铁论卷五·颂贤》云："夫屈原之沉渊，遭子椒之谮也。"

刘向《新序·节士》："屈原曰：'世皆醉，我独醒；世皆痿，我独清。吾独闻之，新浴者必振衣，新沐者必弹冠。又恶能以其泠泠，更世事之嘿嘿者哉？吾宁投渊而死。'遂自投湘水汨罗之中而死。"

东方朔《七谏·沉江》："怀沙砾而自沉兮，不忍见君之蔽壅。"

班固《离骚赞序》："至于襄王，复用谗言，逐屈原在野又作《九章》赋以风谏，卒不见纳。不忍浊世，自投汨罗。"

王逸《〈离骚〉前序》："不忍以清白久居浊世，遂赴汨渊自沉而死。"

（二）屈原自述赴渊

《离骚》："伏清白以死直兮，固前圣之所厚。"

《渔父》："宁赴湘流，葬于江鱼之腹中。安能以皓皓之白，而蒙世俗之尘埃乎！"

《怀沙》："世溷浊莫吾知，人心不可谓兮。知死不可让，原勿爱兮。明告君子，吾将以为类兮。"

《惜往日》："宁溘死而流亡兮，恐祸殃之有再。不毕辞而赴渊兮，惜壅君之不识。"

屈原作品中皆言为"清白"而死，为"世溷浊莫吾知""惜壅君之不识"，没有为"楚国共存亡"、

---

① 陆侃如、冯沅君：《中国诗史》，山东大学出版社2000年版，第102页。

② 林庚：《诗人屈原及其作品研究》，上海古籍出版社1981年版，第13页。

③ 赵逵夫：《屈原与他的时代》，人民文学出版社2002年版，第181页。

④ 陆天华：《探〈涉江〉〈哀郢〉之作时、作地与作因——兼论〈怀沙〉和〈悲回风〉》，《中国楚辞学·第十三辑》，学苑出版社2009年版，第173页。

为“郢都陷落”而殉国的表述。

（三）陆先生论“屈原之死”与史实不符

陆先生认为：《怀沙》作于顷襄王二十年的孟夏四月，是屈原在南土得悉秦军直指郢都的消息后，抱着与楚国共存亡的决死之意，在郢都陷落前急急北行的途中所写的作品。顷襄王二十一年仲春郢都陷落前屈原“南渡后‘隐伏’在江南汨罗地区”。陆氏说：“把《哀郢》、《怀沙》、《悲回风》三篇联系起来看，《哀郢》之‘哀’，前见于《怀沙》，其时郢亡已不可避免；后见于《悲回风》，其时郢亡已成为事实。这三篇作品，是屈原活到了白起破郢之时的铁证。”假若“郢都陷落前屈原回到郢都”，那么《哀郢》中的“信非吾罪而弃逐，何日夜而忘之”怎么解释？假若二十一年仲春屈原返回江南隐伏在秦人统治下的“汨罗地区”，为何要等到五月初五（或来年五月初五）去投汨罗江？这些不但没有任何依据，也是难以想象的，更与《哀郢》所记的“东迁”“来东”“背夏浦而西思兮”抵牾。

（四）“屈原之死”的时间

《史记·屈原贾生列传》记：“自屈原沉汨罗后百有余年，汉有贾生为长沙王太傅，过湘水投书以吊屈原。”“吊屈原赋”作于前177年汉文帝三年。按“百有余年”之说，屈原在顷襄王二十一年白起拔郢都之前已经投汨罗而死，根本不存在陆氏所说的“屈原活到了白起破郢之时的铁证”。

（五）小结

从文献记载和屈原自述综合起来看可得出如下结论：

第一，屈原自沉前，流放在沅湘地区，而没有任何“回过郢都”的踪迹。

第二，屈原自沉的动因是“世溷浊莫吾知”，是为了“清白”而死，不存在由于郢都陷落等历史事件而殉国的记述。

第三，《战国策·秦策》载“秦与荆人战，大破荆，袭郢，取洞庭、五都、江南。荆王亡奔走，东伏于陈”，《韩非子·初见秦》也有“袭郢，取洞庭、五湖、江南”，说明秦军破郢的同时还占领了楚国的洞庭、五堵、江南。如果“秦军破郢”楚人要逃难的话，只能向东北，不可能逃往秦人控制的洞庭、江南。

第四，根据《史记》“自屈原沉汨罗后百有余年，汉有贾生为长沙王太傅，过湘水投书以吊屈原”，屈原在顷襄王二十一年白起拔郢都之前已经投汨罗而死。

五、思维逻辑问题

陆先生解读《涉江》《哀郢》《怀沙》等屈诗时，其逻辑思维有可商榷之处。

例一，陆先生说：渡江前他曾登上鄂渚“反顾”。“反顾”的目光所向不言而喻，自然是被弃逐出来的地方。“鄂渚”是洲名，在今湖北武昌西面江中。可知屈原被放时是在今武汉地区向南渡江的。《涉江》相关之文是：“哀南夷之莫吾知兮，旦余济乎江湘。乘鄂渚而反顾兮，欸秋冬之绪风。步余马兮山皋，邸余车兮方林。乘舲船余上沅兮，齐吴榜以击汰。”

《涉江》中，屈原分明是渡江后登鄂渚“反顾”，这也是绝大多数学者的解读。唯独陆先生解释为“渡江前他曾登上鄂渚‘反顾’”，因而把“鄂渚”搬到了江北……

陆先生又说：《涉江》是写放逐，从何处弃逐出来不必赘述，故略掉起点，着重写渡江后的行程：步马山皋，邸车方林，经湘江流域，穿洞庭，溯沅水，入辰、溆。陆氏的“从何处弃逐出来不必赘述”，不但与诗文中明明白白的从鄂渚对岸出发不符，也与他所说的“他曾登上鄂渚‘反顾’。‘反顾’的目光所向不言而喻，自然是被弃逐出来的地方”矛盾。

例二，陆先生说：《哀郢》全诗的结构是：现实（前四十句）——回忆（“心不怡”以下二十句）——现实（乱曰六句）。诗中只有“心不怡之长久兮”至“美超远而逾迈”二十句属于穿插的回忆。请看《哀郢》相关诗文：

> 心不怡之长久兮，忧与愁其相接。惟郢路之遥远兮，江与夏之不可涉。忽若去不信兮，至今九年而不复。惨郁郁而不通兮，蹇侘傺而含戚。外承欢之汋约兮，谌荏弱而难持。忠湛湛而原进兮，妒被离而鄣之。尧舜之抗行兮，了杳杳而薄天。众谗人之嫉妒兮，被以不慈之伪名。憎愠惀之修美兮，好夫人之忼慨。众踥蹀而日进兮，美超远而逾迈。

绝大多数学者都把“心不怡之长久兮，忧与愁其相接。惟郢路之遥远兮，江与夏之不可涉。忽若去不信兮，至今九年而不复……”解释为“现今”的叙述，唯独陆氏把“至今九年而不复”解释为九年前的“回忆”。

陆先生的《哀郢》的行程仅写到“淼南渡之焉如……略掉终点……如果《哀郢》详记终点，《涉江》详记起点，也就不成其为艺术作品了”。此论既有违《哀郢》之终点：“去终古之所居兮，今逍遥而来东”“背夏浦而西思兮，哀故都之日远。登大坟以远望兮……当陵阳之焉至兮，淼南渡之焉如”，又把《涉江》中明确的起点“旦余济乎江湘，乘鄂渚而反顾”掩蔽起来。如此“背离文本去臆想”实在不可理解。

例三，陆先生的《怀沙》解读。陆氏自谓“本着科学的求真精神，正视作品本身，不囿于成说”来解读《怀沙》。可是他却认为《怀沙》题名之意指“怀瑾握瑜”，瑾瑜变成了“沙土”，一生的怀抱已化为尘土。

陆先生说：

> 《怀沙》记录着屈原在郢都陷落前的行踪，白起破郢前他从江南回到郢都，“汩徂南土、进路北次”写诗人从南土急急北行。“浩浩沅湘”二句，用沅湘之水急急往北奔流的意象来象征自己急行的心情，更充分说明北方发生了非同寻常的事件。“离慜而长鞠”，“离慜”即遭逢忧患，指秦的进攻。“限之以大故”译成现代语是：注定这是一场大灾难！只有顷襄王二十年的孟夏四月，白起军事进攻能与这“大故”吻合。“知死不可让，愿勿爱兮”正是针对这种死亡威胁而言的。他决意赴难是局势突变所迫，义无反顾。并非自己想死，整篇还看不出一点自己想死的念头。《怀沙》的实际内容表明，此诗是屈原在南土得悉秦军进攻直指郢都的消息后，抱着与楚国共存亡的决死之意，在急急北行的途中所写下的作品。《怀沙》真实地记录着作者在郢都陷落前的行踪与心情，并为《哀郢》与白起破郢问题提供了最可靠的旁证。屈原在南土得悉秦军进攻直指郢都的消息后，抱着与楚国共存亡的决死之意，在白起破郢前他从江南回到郢都。

陆先生又说主人公是在“民离散而相失”的大动乱中离开郢都的。

陆先生的这些论说经不起推敲。在屈原时代，要等到“秦军进攻郢都的消息”传到屈原所在的沅湘地区后，屈原还来得及在“白起破郢前”赶回郢都吗？假如屈原“抱着与楚国共存亡的决死之意”赶回郢都了，为何马上又“在‘民离散而相失’的大动乱中离开郢都”呢？既然秦军即将破郢了，为什么第一个“哀”的不是“破郢”，而是“哀见君而不再得”？屈原既然是在“民离散而相失”的大动乱中离开郢都的，又是谁把他“弃逐出郢都”的呢？

陆天华先生在屈原和楚辞研究方面有很多成果，不乏精辟之论，只是这一篇论文值得商榷。

在《楚辞》研究中，脱离屈诗文本、脱离文献资料、脱离楚国历史，凭借主观想象，曲解屈诗与历史的“三脱离”倾向，比较常见。

例如，本书《〈“楚辞”成书之探索〉商榷》中提到谭家斌先生《屈学问题综论》说：“《阜阳汉简简介》一文说：阜阳简中发现有两片《楚辞》”“可知《楚辞》成书，早于刘向近百年”。他把“阜阳汉简整理组”所说的“有《楚辞》”误解为“汉文帝十五年前”就已经“有《楚辞》”了……①

再如，本书之《〈登徒子好色赋〉札记》中提到的周苇风先生的《屈原与登徒子》② 把屈原与宋玉定位于“相互谗毁”“难分辨清谁是君子谁是小人”的鄙俗之人，更是典型。

六、学术研究是追求真理

学术研究必须以事实为根据，以实证为准绳，用客观的、理性的思维去追求真理。

一般来说学术研究有三个要点：

第一，学习知识，存储信息。正确解读资料，解决是什么、为什么的问题。

第二，对资料进行分析和时空扫描，找出隐藏的信息、不合逻辑、自相矛盾等问题。

第三，进一步从这些信息和问题中，解析整理得出新的看法或者更完善的结论。

---

① 谭家斌：《屈学问题综论》，湖北人民出版社2006年版，第95—96页。

② 周苇风：《屈原与登徒子》，《现代语文》（文学研究版）2007年第2期，第17页。

《涉江》相关问题探讨

摘要：《涉江》是屈原受到楚襄王的“逼逐”，从鄂渚流放到更僻远的沅江溆浦的南行记，而不是“诗人计划远走沅湘前对行程路线的设计以及对将来的生存情形的想象”。可能因为《哀郢》等再次触怒楚襄王，就把屈原由“夏浦—鄂渚”流放到更僻远的溆浦。此时诗人的最后一线希望彻底破灭了，他却坦然地面对这个现实。溆浦靠近九嶷，故诗文开端有一个“与重华游兮瑶之圃……”的遐想。“旦余济乎江湘，乘鄂渚而反顾兮……”则是被流放的现实。“苟余心之端直兮，虽僻远其何伤?”表明诗人对流放的蔑视。

关键词：涉江；哀郢；屈原

一、《涉江》梗概

《涉江》伊始，一个穿戴奇服的老者“驾青虬兮骖白螭，与重华游兮瑶之圃”，他突然从“与天地兮同寿，与日月兮齐光”的高处，跌到被流放“江湘”的现实。此诗“一虚，一实；一乐，一悲；一天上，一人间”巧妙的构思，将诗人老而弥坚，豁达高洁的心态表述得淋漓尽致。

杨义先生对《涉江》情节的描述相当精彩，简录如下：

> 《涉江》的开端，时间跨度由幼及老，空间跨度自俗世达到昆仑，其游仙幻想的奇伟开头令人叹为观止：奇异的服饰，象征独立不群的高尚德行，带长铗、被明月宝璐，用来沟通天地之精神。“驾青虬兮骖白螭，吾与重华游兮瑶之圃”，展示诗人的“重华情结”。“登昆仑兮食玉英，与天地兮比寿，与日月兮齐光”的昆仑幻想，抒写着一种远离尘俗而与天地精神相通的高洁追求。“哀南夷之莫吾知兮，旦余将济乎江湘”，一个伴帝舜登昆仑的奇才，却被流放“南夷”去伴烟瘴，这种强烈反差所产生的沉重的“哀”、所带来的巨大的道义和情感力量令人震撼。当读者与诗人一道走上涉江之路时，不能不景仰屈原崇高的身影。涉江的出发点是武昌西南的鄂渚。先由陆路乘马车在山皋方林间行进，过湘水后必须弃车而乘船上沅。“朝发枉渚兮，夕宿辰阳”：“枉渚只不过是沅水在辰阳附近的一个小湾”，却用了整整一天。在《离骚》中有“朝发轫于苍梧兮，夕余至乎悬圃”这种形容驰行神速的句式，此处却用来形容逆水行舟，迟滞难进，载不动许多愁。尽管如此，诗人对流放仍采取蔑视的态度：“苟余心之端直兮，虽僻远其何伤?”溆浦是这次流放的终点，地处沅水上中游。诗人进入溆浦后心神迷乱，连“要向何处去”都不知道了。迷乱的心灵，映现出的只能是迷乱的山水。诗人把自己沉重的感情渗透到山林的姿态、色调和云雾雨雪的气候变化之中。幻境中“游瑶圃、餐玉英而与日月同光”的诗人，却面对着山高蔽日、猿猴群居的极其恶劣的生存环境。巨大反差所造成的语境压力甚至使诗人也不堪负荷，从而哀叹道：“哀吾生之无乐兮，幽独处乎山中。吾不能变心而从俗兮，固将愁苦而终穷。”流放终点的沉重气氛，需要新的支撑点。历史反思成为诗人的理性归宿。诗人从历史上寻找自己人格和命运的范型，却是伍子、比干式的灾难，接舆、桑扈式的狂狷。因此他半是嘲讽、半是预测地叹息：“与前世而皆然兮，吾又何怨乎今之人?余将董道而不豫兮，固将重昏而终身。”《涉江》的“乱”“用吉鸟与凶鸟、芳香与恶草二元对立的形态，隐喻了朝政昏乱和价值颠倒。”——“鸾鸟凤凰一天天远离啊，留下燕雀乌鹊在堂坛上筑巢。露申、辛夷这些香草香木，枯死在林野树丛中啊，腥臊之物一齐使用，芳香自然就无法靠近。”①

二、《涉江》的分歧和疑问

（一）“年既老而不衰”的问题

谢君先生说：

---

① 杨义：《〈涉江〉的诗学结构》，《河北师范大学学报》（社科版）1998年第3期，第96—99页。

“余幼好此奇服兮，年既老而不衰”意思是说诗人从小到大都喜好奇服，“年既老”意即到如今，并非真的已老。这句与《离骚》“老冉冉其将至兮，恐修名之不立”一样，都只是诗人时不我待的时间紧迫感的体现。①

刘庆安先生说：

《涉江》中的“既老”也是这样。既然已经感觉衰老将至，则再经一些挫折和打击、鬓发再添几缕霜白之后，自认为大限已至、身已衰老便是很合理的事情了。因此，我们认为，无论“老将至”还是“既老”，皆不足据断作品的创作时间。《涉江》中“年既老而不衰”句亦不足以影响我们对此篇创作时间的判断。②

先生们当然有解读的自由，只是《涉江》一开始就以肯定的语气说“余幼好此奇服兮，年既老而不衰”，分明是“年已老”的可靠内证。若是硬说它并非真的已老，而是悲观地“自认为大限已至、身已衰老”，则与诗文的“吾方高驰而不顾”“与天地兮同寿，与日月兮齐光”等所流露的豪爽豁达和老而弥坚的心态不符。偏离文本的论说不可取。“年既老”是讨论《涉江》作时的前提，《涉江》中更没有屈原“从郢都出发”的信息。

（二）“旦余（将）济乎江湘”是不是未然之词？

明人汪瑗曰：

旧说谓原既被放，渡江之初之所作，恐非是。篇内曰“旦余将济乎江湘”，曰“余将董道而不豫”，曰“忽乎吾将行”，皆是自欲遁去之意。此时其志虽决，然欲去而尚未去，故重着此以自明也，故屡曰将也。将者，未然之词。③

清人蒋骥《山带阁注楚辞·楚辞余论》曰：

乘鄂诸以下皆预拟之词。④

谢君先生认为：

《涉江》作于怀王疏而未放之际之间。篇中对路线的记述以及对江南环境与生活情景的描述均属于设计和想象，并非已成事实。⑤

刘庆安先生说：

《涉江》的“登鄂渚”“上沅”直到“入溆浦”等等都只能是精神世界里的遨游。此篇使用将来时态的句子计有四句，“将”字出现了五次：哀南夷之莫吾知兮，旦余将济乎江湘；吾不能变心而从俗兮，固将愁苦而终穷；余将董道而不豫兮，固将重昏而终身；怀信侘傺，忽乎吾将行兮。首尾两句与行程直接相关。既然说“将济江湘”“将行”，显然，创作《涉江》时的屈原还没有动身，后面的“登鄂渚”“上沅”直到“入溆浦”等等都只能是精神世界里的遨游。⑥

以上诸位皆把诗中的“将”看作“预拟之词”，似乎不正确。解读诗文，要从总体上把握，不必机械地逐句坐实。再说诗文中有大量现在时、过去时真实的描述，不能只强调文中的“将”字，而这个“将”与西晋石崇的《王明君辞》类同：

我本汉家子，将适单于庭。辞诀未及终，前驱已抗旌。仆御涕流离，辕马悲且鸣。哀郁伤五内，泣泪沾朱缨。行行日已远，遂造匈奴城。延我于穹庐，加我阏氏名。殊类非所安，虽贵非所荣。父子见陵辱，对之惭且惊。杀身良不易，默默以苟生。苟生亦何聊，积思常愤盈。愿假飞鸿翼，乘之以遐征。飞鸿不我顾，伫立以屏营。昔为匣中玉，今为粪上英。朝华不足欢，甘与秋草并。传语后世人，远嫁难为情。

假若按未然之词论者的逻辑，既然说“将适单于庭”，那么其时尚没有远嫁，文中的“父子见陵

① 谢君：《〈涉江〉创作时地与路线问题》，《中国楚辞学·第二十一辑》，学苑出版社2015年版，第184—189页。

② 刘庆安：《〈九章〉时地研究》，南京师范大学硕士学位论文2007年，第82—83页。刘氏此文，既有总体回顾和点评，又有自己的观点，确实是篇优秀硕士学位论文。只是其论《涉江》因立论基点不对，以至相关论述难以成立，太可惜了。

③ 汪瑗撰，董洪利点校：《楚辞集解》，北京古籍出版社1994年版，第162页。

④ 蒋骥：《山带阁注楚辞》，上海古籍出版社1984年版，第219页。

⑤ 谢君：《〈涉江〉创作时地与路线问题》，《中国楚辞学·第二十一辑》，学苑出版社2015年版，第184—189页。

⑥ 刘庆安：《〈九章〉时地研究》，南京师范大学硕士学位论文2007年，第72页。

辱”“远嫁难为情”等等，都是精神世界里的遨游。难道可以这样理解吗？

屈原作品中的很多“将”都是对过去事件做过程的描述，例如，《离骚》：“路漫漫其修远兮，吾将上下而求索。”“历吉日乎吾将行。”《哀郢》：“将运舟而下浮兮，上洞庭而下江。”如果把它们看作未然之词，显然与事实不符。

刘庆安先生还说：

> “吾不能变心而从俗兮，固将愁苦而终穷”“余将董道而不豫兮，固将重昏而终身”两个表示将来时态的句子我们也应当给予相当的重视。这两句说的都是作者的志向：“不变心从俗”与“董道不豫”是作者坚持自己操守的表现；“愁苦终穷”“重昏终身”是前者可能给自己带来的消极影响。作者强调的是前者，说自己会坚持正道而不变节随俗世奔逐，即便这样做的后果是终身愁穷！此论不正确。

因为“吾不能变心而从俗兮”这才被放流，放流的生活“必将愁苦而终穷”。正如毛庆先生所说：“《涉江》则不一样了，诗人的最后一线希望彻底破灭，‘吾不能变心而从俗兮，固将愁苦而终穷’、‘余将董道而不豫兮，固将重昏而终身’；明知自己后半生境遇悲惨，而坚持高洁情志决不动摇！”① 这两个表示将来时态的句子正是屈原被放流后希望彻底破灭的证明。

《涉江》之行，路程远，历时长，创作过程也不一定一挥而就。今天“旦余将济乎江湘”，明天可以“乘鄂渚而反顾”，再往后则可“乘舲船余上沅”，“入溆浦余儃佪”“幽独处乎山中”。《涉江》中对路途艰辛和“入溆浦”环境的描述是屈原所有作品中最为具体详实者。如果这些都属于设计和想象，那么屈原作品中就找不到真实情景的描述了。

刘庆安把屈原“上沅、入溆浦”说成是“追步重华”的“幻游”，显然与作品的本意不符。文中“入溆浦余儃佪兮，迷不知吾所如。深林杳以冥冥兮，乃猿狖之所居。山峻高以蔽日兮，下幽晦以多雨。霰雪纷其无垠兮，云霏霏而承宇。哀吾生之无乐兮，幽独处乎山中。吾不能变心而从俗兮，固将愁苦而终穷”是屈原独处山中的确切描述，与“追步重华的幻游”，风马牛不相及。

（三）“忽乎吾将行兮”是不是还没有远行？

刘庆安先生说：

> 联系诗作中相关联的句子，我们就会发现，这里的“将行”是说要离开郢都的昏君佞臣远去。我们来看《涉江》的乱辞：“鸾鸟凤皇，日以远兮。燕雀乌鹊，巢堂坛兮。露申辛夷，死林薄兮。腥臊并御，芳不得薄兮。阴阳易位，时不当兮。怀信侘傺，忽乎吾将行兮！”②

这不正确。乱辞中屈原自比“鸾鸟凤皇”，其“日以远兮”表明已经远离郢都，绝非将来时态。“忽乎吾将行兮”可理解为：“恍忽哟我会再要远行啊！”③ 这是屈原到溆浦后心神迷乱，恍惚间似乎还将“远行”走上没有了结的流放之路，而不是“将要离开郢都的想象”。类似的描述《哀郢》中也有：“当陵阳之焉至兮？淼南渡之焉如？”面对陵阳将去往何处？南渡浩渺大江，那将是何方？屈原到达东迁的流放地以后，恍惚之间似乎还将继续南渡流亡。

刘庆安先生既然说“推断作品的创作时地，仅凭分析诗作中体现的思想感情是不够的，还需要其他证据”④，那就不该将诗文中的这些“将”绝对化为“将要远行的想象”。

（四）屈原有没有主动远离郢都的表述？

刘庆安先生说这里的“将行”是说要离开郢都的昏君佞臣远去。⑤ 这不正确。假若“屈原的辰、沅之行似乎是主动的，是出于他的自愿”，那么诗文中的“苟余心其端直兮，虽僻远之何伤”如何解释？这只能说明屈原去“溆浦”，是被迫而行，而不是自愿的行动。同时反映出屈原认清了襄王之面貌后，抛弃了幻想，不管流放到多么僻远之地，也都无所谓了。

屈原不愿离开郢都，有《哀郢》的“出国门而轸怀兮，甲之晁吾以行。发郢都而去闾兮，怊荒忽

① 毛庆：《论屈原对〈九章〉的整体构想及整理》，《文学遗产》2004年第6期，第13页。

② 刘庆安：《〈涉江〉创作时地考论》，《云梦学刊》2007年第3期，第57页。

③ 陈子展：《楚辞直解》，复旦大学出版社1996年版，第160页。

④ 刘庆安：《〈九章〉时地研究》，南京师范大学硕士学位论文2007年，第21页。

⑤ 刘庆安：《〈九章〉时地研究》，南京师范大学硕士学位论文2007年，第73页。

其焉极？楫齐扬以容与兮，哀见君而不再得”为证。

屈原离开郢都后就急切企盼反回郢都，如《抽思》：“惟郢路之辽远兮，魂一夕而九逝。”如《哀郢》：“曼余自以流观兮，冀壹反之何时？”如《离骚》：“忽临睨夫旧乡。仆夫悲余马怀兮，蜷局顾而不行。”

不愿离开郢都才是屈原一贯的、真实的心态。屈原作品中从来没有“主动远离郢都”的表述。从屈原作品总体来看，说屈原“主动要离开郢都”不能成立。

（五）哀南夷之莫吾知兮，旦余（将）济乎江湘

这是屈原已从幻游回到现实后，行程起始的描述。单就这句话不能确定起点在何处，但是它不可能在郢都。因为从郢都“上沅”只需“涉江”，不必“济湘”。

刘庆安认为“《涉江》行程的起点无疑是郢都”①，此说没有内外依据，与诗文的“济湘”不符。郢都和“辰、沅”均在湘江以西，从郢都去“辰、沅”，只需涉江，不必济湘。

刘庆安先生说：

> “南夷”与此篇行程的起点关系很密切。诚如潘先生所言，“南夷”所在地便是屈原欲离开的地点，也就是行程的起点。而陵阳在郢都正东，当地人无论如何都不应被称作“南夷”，故而这个词也是陵阳起点说成立的一个障碍。需要指出的是，蒋骥认为“南夷”是指楚人而非“陵阳”之人，这无疑是对的，但他显然没有注意到上下句之间存在的因果关系……“哀南夷之莫吾知兮，旦余将济乎江湘”意思是，南夷之人不知我，令人悲哀，我将在天亮的时候渡过江水、湘水（以远离他们）。显然，创作《涉江》时的屈原还没有动身，后面的“登鄂渚”“上沅”直到“入溆浦”等等都只能是精神世界里的遨游。②

刘氏的“因果关系”等论断，不但与《涉江》诗文不符，而且与屈原一贯的心态不合。《涉江》中的“世溷浊而莫余知”与“哀南夷之莫吾知”意思一样，都是说“世人莫余知”。否则的话，“南夷之人不知我。”溆浦之人就知我？屈原的“莫余知”不是用改换地点就能解决的问题。不论“南夷”何所指，“世人莫余知”的状态是不会改变的。“哀南夷之莫吾知”与屈原“上沅、入溆浦”并无因果关系，屈原从来没有要主动远离郢都，去“溆浦”是楚王的命令。而且“潘啸龙先生所言的‘南夷’所在地”也难以成立③。易重廉先生则认为：朱熹《楚辞集注》“南夷就是楚国”是正确的。屈原《思美人》云：“吾且儃徊以娱忧兮，观南人之变态。”④ 这是把“楚人”叫作“南人”。“南夷”就是“楚人”。易先生之论可备一说，但也难以定论。

（六）《涉江》与“陵阳”无关

刘庆安先生说：“汤炳正先生指出：如果像旧说，屈原是从陵阳直走辰、溆，则陵阳已在江之南，固然不必‘涉江’。即从陵阳浮江沂流而西，则所谓‘济’，所谓‘涉’，亦皆不吻合。”⑤ 这是汤炳正先生以蒋骥的安徽“陵阳”为基点，得出的“所谓‘济’，所谓‘涉’，亦皆不吻合。”其实各种屈原流放陵阳之论多缺乏依据。

从《涉江》“旦余济乎江湘。乘鄂渚而反顾兮”看，诗人“济江”就可到“鄂渚”。“鄂渚”正位于《哀郢》中“来东之地——夏浦”的对岸。正如林庚先生所说：“屈原被放逐在鄂渚对岸。”⑥ 此说与《涉江》的“济乎江湘，乘鄂渚而反顾”十分吻合。

而刘庆安在《〈九章〉时地研究》中，引用前人《哀郢》的流放地时，不知为何恰恰遗漏了林庚先生之说？

（七）什么原因使他又走上了西迁之路？

刘庆安先生说：

---

① 刘庆安：《〈九章〉时地研究》，南京师范大学硕士学位论文 2007 年，第 64 页。

② 刘庆安：《〈九章〉时地研究》，南京师范大学硕士学位论文 2007 年，第 66—72 页。

③ 见本书《就〈哀郢〉答客难》。

④ 易重廉：《〈涉江〉释义》，《云梦学刊》1998 年第 2 期，第 7—8 页。

⑤ 刘庆安：《〈九章〉时地研究》，南京师范大学硕士学位论文 2007 年，第 66 页。

⑥ 林庚：《诗人屈原及其作品研究》，堂棣出版社 1952 年版，第 12 页。

> 金开诚先生认为，始于陵阳之说有一个问题尚未解决，即“屈原在东迁的终点待了九年之后，究竟是什么原因使他又走上了西迁之路?”①
>
> 史籍里对屈原生平的记载很简单，我们只能得其大概，却不能看到细节。宏观联系必须建立在确实的材料证据的基础之上，我们可以容忍这“联系”存在缺环，却不应容忍为了“联系”的完整去牺牲它的可靠性。②

《哀郢》“东迁”是无可辩驳的事实。“屈原自投汨罗而死”是历史文献中一致的记载。假若屈原东迁后没有西迁“沅湘”，那么就与“自投汨罗”存在“缺环”。屈原为什么走上“西迁之路”虽然没有文献的确证，但是可以合理猜想：

流放者的一切言行均在监控之中，屈原所作《哀郢》，自有人向上呈报。《哀郢》的要害是——“信非吾罪而弃逐，何日夜而忘之”！这是屈原遭受冤屈后，悲愤心情的发泄。屈原坚信自己光明磊落、毫无过错，他的愤愤不平，直接针对顷襄王，还指责顷襄王“憎愠惀之修美兮，好夫人之慷慨”。襄王看后，极为愤怒。不但不准屈原回郢都，反而把屈原流放到更僻远的溆浦。③

（八）乘鄂渚而反顾

谢君先生说“乘鄂渚而反顾兮，欸秋冬之绪风”，“反顾”是指回头眷恋已经走过的地方，且反顾的自然是其深深挂念的所在，此处只能是指郢都，不可能是指鄂渚下游地区。④

此言差矣。“乘鄂渚而反顾”之前是“旦余济乎江湘”。其“反顾”是回头看看江对岸放流了九年之地（夏浦），与“深深挂念的郢都”联系不上。再有，说从鄂渚“反顾”千里以外的郢都，也不合汉语的习惯。正如谢先生自己所说：“乘鄂渚望郢都也应该用‘眺望’或者‘西北望’，而不应该是‘反顾’。”

（九）“欸秋冬之绪风”乃早春之寒风也

“秋风萧瑟，冬风凛冽。秋冬之绪风，既非秋风，亦非冬风乃早春之寒风也。”王逸注：“绪，余也。”秋冬之余似乎只能是初春。故而“绪风”可看作“初春的冷风”。例子有：

东晋谢灵运《登池上楼》：“初景革绪风，新阳改故阴。池塘生春草，园柳变鸣禽。”

唐温庭筠《元日》：“绪风调玉吹，端日应铜浑。”

宋史浩《满庭芳》：“梅萼冰融，柳丝金浅，绪风还报初春。”

这几处“绪风”均指“初春”的风。

有学者认为：“绪风”乃“秋冬（终）的小风”。从鄂渚去僻远的溆浦，恐非一两个月内不能到达。若早春离鄂渚到达溆浦已经近夏，偏南的溆浦不当霰雪纷纷。

诗文之“山峻高以蔽日兮，下幽晦以多雨。霰雪纷其无垠兮，云霏霏而承宇”，并非冬季景象。高山区霰雪常年可见。夏天，在高山地区，天空里经常有许多过冷水滴围绕着结晶核冻结，形成一种白色的没有光泽的圆球形小颗粒，气象学上把这叫做“霰”。冬雪一般不叫霰。

（十）为什么要走陆路?

刘庆安先生问：

> “济江湘”是水行，“上沅”走的也是水路，而且江水、湘水与沅水等数水连接，似乎依此舟节便能完成辰、沅之行，为什么中间又多出“乘鄂渚”“步马山皋”以及“邸车方林”等句所显示的陆路行程?⑤

屈原被放逐在鄂渚对岸，从鄂渚往湘沅，走陆路比逆长江西上便捷、安全，合情合理。

《招魂》“乱曰”：“献岁发春兮，汩吾南征。菉苹齐叶兮，白芷生。路贯庐江兮，左长薄。倚沼畦瀛兮，遥望博。”或许就是诗人被流放南征，从鄂渚由陆路去溆浦，途经江南云梦附近时的情景。

（十一）《涉江》行程的交通条件

刘庆安先生说：

---

① 刘庆安：《〈九章〉时地研究》，南京师范大学硕士学位论文 2007 年，第 66 页。

② 刘庆安：《〈九章〉时地研究》，南京师范大学硕士学位论文 2007 年，第 60 页。

③ 详见本书《关于屈原的猜想》。

④ 谢君：《〈涉江〉创作时地与路线问题》，《中国楚辞学·第二十一辑》，学苑出版社 2015 年版，第 184—189 页。

⑤ 刘庆安：《〈九章〉时地研究》，南京师范大学硕士学位论文 2007 年，第 68 页。

> 《涉江》里屈原的交通条件不同寻常……整个行程至少使用过两条船、一套车马。即便其时屈原未去左徒之职，出行的阵势也不过如此。这不能不叫人怀疑：倘若是真实的流放行程，是否能有这样的条件?①

历来流放者多没有自由，被放逐者不是孤身一人流浪。屈原被流放后，不可能想去哪里就去哪里，而是楚王指定去哪里就要去哪里。

《哀郢》的“楫齐扬以容与兮”，《涉江》的“步余马兮山皋，邸余车兮方林。乘舲船余上沅兮，齐吴榜以击汰”，都反映流放途中有人监押，提供交通工具，而不是他孤身一人的自主行动。

（十二）溆浦的地望

潘惠先生说：

> 溆浦名县是在唐初武德五年。在此之前，西汉高祖五年始置义陵县。《水经注》云：“辰阳之上义陵县境内有‘序水’。”《元和郡县志》云：“溆浦本义陵县地，《离骚》入溆浦余儃佪兮即此也。”看来唐初改义陵为溆浦是因为有“序水”。溆浦之名出于唐，说屈原《涉江》中的溆浦“即此也”，实为臆断。两者相距九百多年，九百年前的屈原，能知道九百年后的溆浦县吗?②

史籍失记的地名太多了，现存文献中溆浦之名出现很晚，不能作为否定屈原《涉江》中“溆浦”在今溆浦附近的理由。《涉江》中遐想“吾与重华游兮瑶之圃，登昆仑兮食玉英”与《离骚》中的想象“济沅湘以南征兮，就重华而陈词”，其场景比较接近。重华葬于九嶷，离屈原流放地溆浦也不远。可见《涉江》中“溆浦”与今溆浦相关的可能性很大。

《涉江》：“入溆浦余儃佪兮，迷不知吾所如。深林杳以冥冥兮，乃猿狖之所居。山峻高以蔽日兮，下幽晦以多雨。霰雪纷其无垠兮，云霏霏而承宇。哀吾生之无乐兮，幽独处乎山中。吾不能变心而从俗兮，固将愁苦而终穷。”这是屈原“入溆浦、独处山中”的描述。潘惠先生把它误读为:《涉江》云“入溆浦余擅徊兮”，细品诗意，它是指屈原准备去溆浦而又踌躇不决、欲入未入、拿不定主意的情形，而不是指去溆浦的路上艰难前行的状态。实际上，屈原根本就没有去辰溪溆浦。③ 如此“细品”，与原文之意相差太大。

溆浦，历史悠久。从新石器时代、商、周一直有人类居住。1988 年在溆浦马田坪乡高低村发掘的 2 号墓和 9 号墓都是春秋晚期楚墓。④ 可见春秋晚期楚人已经移民到此。

西汉义陵城位于溆浦马田坪乡梁家坡，北临溆水，南依山丘。城址平方呈长方形，东西长约 500 米，南北宽约 350 米，残存夯土城墙高 3 米，宽 4 至 7 米，南边护城河遗址还清晰可见，并由西向东注入溆水。从城内土层中采集到的绳纹灰陶罐、绳纹灰陶扁足、豆等文物和城址附近的楚墓分析，该城应始于战国中期。现存古籍中虽然失载此战国楚城之名，但是，它在溆水之边，或许就是《涉江》之“溆浦”。况且，“溆浦”本来就可以指溆水之滨。

“湘西溆浦”既有战国楚城考古遗迹，还有唐初定名的溆浦县，《元和郡县志》云：“溆浦本义陵县地，《离骚》入溆浦余擅徊兮即此也”的记载。如果“湘西溆浦说”实为臆断，那么，潘氏的“《涉江》所云溆浦不是湘西溆浦县，而应是武陵、汉寿两县交界处的南部山中”⑤，这个在历史上连影子都没有的“溆浦”，又算是什么呢？此论者对别人和对自己的要求差别也太大了吧！

（十三）《九章》序列不是《哀郢》《涉江》作时的前提

谢君先生认为：

> 王逸《九章》的序列《哀郢》“排在《涉江》与《抽思》之间，其作时也间于此两篇之间。这应该是讨论《哀郢》作时的前提”。⑥

---

① 刘庆安：《〈九章〉时地研究》，南京师范大学硕士学位论文 2007 年，第 75 页。

② 潘惠：《屈原〈涉江〉“辰阳”“溆浦”地望考释》，《湖南文理学院学报》（社科版）2007 年第 2 期，第 140 页。

③ 潘惠：《屈原〈涉江〉“辰阳”“溆浦”地望考释》，《湖南文理学院学报》（社科版）2007 年第 2 期，第 140 页。

④ 怀化地区文物工作队等：《溆浦县高低村春秋战国墓清理报告》，《湖南考古辑刊》第 5 集，《求索》1989 年增刊，第 47、48 页。

⑤ 潘惠：《屈原〈涉江〉“辰阳”“溆浦”地望考释》，《湖南文理学院学报》（社科版）2007 年第 2 期，第 141 页。

⑥ 谢君：《〈哀郢〉的创作时地与行进路线研究》，《中国楚辞学·第二十三辑》，学苑出版社 2016 年版，第 124 页。

王逸《九章》的序列为:“惜诵、涉江、哀郢、抽思、怀沙、思美人、惜往日、橘颂、悲回风。”它显然有颠倒错乱、肆逞臆断的问题。把王逸《九章》的序列作为“讨论《哀郢》、《涉江》作时的前提”并不妥当。例如,《惜往日》排在《橘颂》之前,它能作为其“作时的前提”吗?《九章》“非必出于一时之言”。《惜往日》透露的屈原生平,以及与它所对应的作品先后应该更为可靠①。“橘颂、惜诵、抽思、思美人”或是怀王时期的作品,“哀郢、涉江、怀沙、悲回风、惜往日”当作于“顷襄王怒而迁之”以后。

结 论

一切偏离文本的论说都难以立足,探讨《涉江》的作时应该以“年既老而不衰”为前提;《涉江》起点当以“涉江—鄂渚”为准。不论是想象还是实际,《涉江》起于郢都说皆无依据。假如《涉江》起于郢都,诗中为何没有郢都到鄂渚的踪迹?若起于郢都,“涉江”之后怎么到的“鄂渚”呢?更为重要的是,从郢都去溆浦根本不需要“济湘”。

《涉江》中从鄂渚到溆浦的行程是屈原作品中记录最详实者,其路线是:涉江→鄂渚→山皋→方林→渡湘→上沅→枉渚→辰阳→溆浦。如果这些都属于设计和想象,那么屈原作品中就找不到真实行程的描述了。溆浦靠近九嶷,故诗文开端有个“驾青虬兮骖白螭,吾与重华游兮瑶之圃……”的幻游,抒写远离尘俗而与天地精神相通的高洁追求。其文“天上,人间;虚幻,实际;仙境之乐,放流之苦”,巧妙的构思,强烈的对比,特别能动人心魄。

笔者推想:顷襄王四年、前 295 年,屈原被楚襄王“东迁”在夏浦—鄂渚一带,九年后写《哀郢》。文中“憎愠惀之修美兮,好夫人之慷慨”等令顷襄王恼怒,不但不准屈原回郢都,反而把他流放到更僻远的溆浦。约在前 285 年,“年既老”的屈原踏上南征溆浦之路,此时他的最后一线希望彻底破灭。但是,恶劣的生存环境,心里的冤屈、悲愤,并没有使屈原屈服,他断然表示:“吾不能变心而从俗兮,固将愁苦而终穷。”

---

① 见本书《〈惜往日〉透露的屈原生平》。

屈原在江南的几个问题

摘要：《哀郢》写于《涉江》之前。《涉江》南迁的起点就是《哀郢》东迁的终点。它在江北，距“夏浦”不远，去鄂渚需要“济江”。《涉江》不支持赵逵夫先生的“江西陵阳说”。赵先生“顷襄王与秦昭王在鄢郢相会促使屈原自杀”之说，缺乏说服力。

关键词：陵阳；涉江；枉渚；赵逵夫

赵逵夫先生《屈原在江南的行踪与卒年》一文，似乎有值得商榷的问题。如赵先生说：“庐江上游的陵阳本属楚人所说的‘江南之野’，但距郢都更远，更荒僻。屈原在那里停留的时间并不长。形势稍一缓和，便由原路返回到鄂渚。”说：“所谓‘济江’，是指由江达乎鄂渚。”说：“屈原楚顷襄王元年二月到陵阳。九年之后作《哀郢》。但不一定是在写了《哀郢》一诗之后才离开陵阳。”“屈原在陵阳只大半年即到了沅湘流域。《涉江》则作于初到沅水流域的溆浦之时。《哀郢》一诗，作于沅湘一带，时在八九年以后。”公元前283年楚顷襄王十六年“顷襄王与秦昭王在鄢郢相会的消息……是促使他立即结束自己生命的一个导火索。”① 这些说法皆缺乏依据，与《哀郢》《涉江》诗文不符。

一、《涉江》——屈原由陵阳到溆浦的路线

（一）《哀郢》流放的终点在鄂渚附近

1.《哀郢》流放的终点在夏浦—鄂渚对岸的江北

这一点前文（《就“〈哀郢〉释疑”与赵逵夫先生商榷》）已经说过了。

赵先生说：“‘当陵阳之焉至今，淼南渡之焉如?’这两句是说，面对陵阳这荒远之地，还将向何处去？看着江面浩渺大水，内心茫然，不知所从。”② 这样解释，基本合于诗文本意（只是添加了“荒远”，回避了“南渡”）。据这两句可知：其一，诗人“当陵阳”之时是在大江之北，还能看到江面浩渺的大水。其二，按照陵阳之地论者的观点，诗人已经面对陵阳了，当然不可能离开陵阳南渡。可见，南渡只不过是屈原内心茫然，不知所从的想象。这就足以否定赵先生的位于江南的江西“安福陵阳说”。

赵先生还指出：“此前的‘出国门’‘发郢都’‘过夏首’‘西浮’‘顺风波以从流’‘上洞庭’‘下江’‘背夏浦’，历叙其由发郢都至过夏浦一段，次序井然。而在‘背夏浦’之后，即说‘当陵阳’。似陵阳并不如学者们所说今安徽陵阳那样远。”③ 赵先生此说很有见地，也是对他距郢都更远，更荒僻的“江西安福陵阳说”的自我否定。假如赵先生沿着这条思路考究下去，不难得出《哀郢》东迁的终点当离“夏浦”不远的正确结论。

2.《哀郢》流放的终点与《涉江》流亡的起点相合

从《涉江》“旦余济乎江湘。乘鄂渚而反顾兮”看，《涉江》南迁的起点在江北，“济江”即可到达鄂渚。也就是说《涉江》流放的起点就是《哀郢》东迁的终点，它在夏浦—鄂渚附近的江北。济江后——登上鄂渚再回头看一看，住了九年的江北流放之地。鄂渚在今之鄂州市境内，江北是今之“黄冈”。有人认为：“西陵在今湖北黄冈西北。西陵之阳可能也称陵阳”。假如《哀郢》的“陵阳”可作地名解的话，“黄冈陵阳”的猜测，倒是与《哀郢》和《涉江》的内容比较符合，与“背夏浦”之后，即说“当陵阳”相合，与“旦余济乎江、湘。乘鄂渚而反顾兮”也相合，只是缺乏史料依据。

（二）《涉江》不支持赵先生的“江西陵阳说”

1. 诗文没有“由江达乎鄂渚”更没有“由原路返回到鄂渚”

赵逵夫先生说：

---

① 赵逵夫：《屈原与他的时代》，人民文学出版社2002年版，第436、438、440—441、444、458页。

② 赵逵夫：《屈原与他的时代》，人民文学出版社2002年版，第422页。

③ 赵逵夫：《屈原与他的时代》，人民文学出版社2002年版，第422页。

> 陵阳，其地在今江西省西部庐陵西北，靠近湖南湘水流域。大约在当年秋天，又由原路返回洞庭湖，沿沅水到溆浦。庐江上游的陵阳本属楚人所说的“江南之野”，但距郢都更远，更荒僻。屈原在那里停留的时间并不长。形势稍一缓和，便由原路返回到鄂渚。陵阳距湘水一带不是很远，为什么不由陵阳越山而西，直接至湘水流域，而非要原路返回到鄂渚再步行至湘水绕这么大一个弯子呢？因为庐水上游同湘水上游之间是大山（罗霄山脉），山一侧之水向东，一侧之水向西，要越山而行，颇为艰难。大约诗人原来打算是要由庐水上游直接去湘沅之地的，一到那里才知道，虽然距离不远，但山势险峻，峰高壑大，在他的年龄是难以翻越的，故仍以舟行为便。①

《涉江》之文中没有一丝与陵阳相关的信息。赵先生的这些论述没有凭证。其诗人由江西陵阳原路返回洞庭湖之说，乃无中生有的臆想。

赵先生还说：

> “旦余济乎江湘”，即言明旦将出庐水，入江而西，并渡湘水到资沅一带……严格说来，此次诗人只是“上江”而不是“济江”，此乃连下“湘”字而言。所谓“济江”，是指由江达乎鄂渚。②

赵先生把“济江”解释为原文中根本没有的“从江西陵阳出庐水、入江而西到鄂渚”，横添这千余里的行程，实在令人难以置信。

2. 从鄂渚到沅水为何“陆行”？

从鄂渚到长沙之间有大路可行，乘车与乘船逆水而上相比，方便、快捷。故屈原“济江到鄂渚”后，就陆行经“方林”渡湘江……再“乘舲船余上沅”……而不是赵氏所说“屈原未由水路从长江直上进入洞庭湖而至鄂渚即改为陆行，可能由于朝廷规定他‘江与夏之不可涉’。”③《哀郢》的“江与夏之不可涉”当是诗人不能回郢都之哀叹，不必机械地理解为逐之江外。还有《哀郢》东迁是沿江而下，赵先生说：“当年秋天，又由（陵阳）原路返回洞庭湖。”④ 此说岂不是与赵先生理解的“江与夏之不可涉”相违吗？再有，赵先生一会儿说“由原路返回洞庭湖”，一会儿说“未由水路从长江直上进入洞庭湖”，似乎也有点自相矛盾吧？

二、屈原在沅湘一带的行踪

（一）“屈原楚顷襄王元年东迁”不能成立

赵逵夫先生说：

> 屈原楚顷襄王元年二月到陵阳。九年之后作《哀郢》。但不一定是在写了《哀郢》一诗之后才离开陵阳。从诗的内容情调上看，是先作《涉江》，八九年之后才作《哀郢》。”⑤

赵先生又引《史记·屈原列传》说：

> “怀王至秦，秦留之，‘竟死于秦而归葬’。下面接着说：长子顷襄王立，以其弟子兰为令尹。楚人既咎子兰以劝怀王入秦而不反也。屈平既嫉之……令尹子兰闻之大怒，卒使上官大夫短屈原于顷襄王，顷襄王怒而迁之。”⑥

据《太史公自序》：“怀王客死，兰咎屈原”；《屈原列传》有楚顷襄王三年怀王“死于秦而归葬”，其时屈原尚未被放逐。结合《哀郢》的“方仲春而东迁”综合考虑，屈原是在顷襄王四年仲春（二月）东迁。假如按赵先生的“屈原楚顷襄王元年二月到陵阳”，那么《屈原列传》中怎么可能颠三倒四地在“怀王客死”以后，才写“顷襄王怒而迁之”呢？

屈原放逐在“怀王客死”之后，前贤与今人均有论断。前文已说过，不需重复。赵先生的“屈原

---

① 赵逵夫：《屈原与他的时代》，人民文学出版社 2002 年版，第 433、436、43 页。

② 赵逵夫：《屈原与他的时代》，人民文学出版社 2002 年版，第 436、438 页。

③ 赵逵夫：《屈原与他的时代》，人民文学出版社 2002 年版，第 438 页。

④ 赵逵夫：《屈原与他的时代》，人民文学出版社 2002 年版，第 433 页。

⑤ 赵逵夫：《屈原与他的时代》，人民文学出版社 2002 年版，第 440—441 页。

⑥ 赵逵夫：《屈原与他的时代》，人民文学出版社 2002 年版，第 430 页。

楚顷襄王元年二月到陵阳”与史不符，难以成立。

（二）枉渚在何处？

赵逵夫先生说：

> 诗中说的“朝发枉陼兮，夕宿辰阳”，显然是写向南之行程，以两个重要地名，表示出此行路线。蒋骥《山带阁注楚辞》云：枉陼，地名，今属常德府。辰阳溆浦亦地名，今并属辰州府。《水经》云：“沅水东径辰阳县，合辰水，又东历小弯，谓之枉陼。”则枉陼其地在辰阳以北，亦在沅水边上。枉渚其地在今洞庭湖西之常德以南。辰阳在今湖南省西部之辰溪县，俱在沅水边上。①

若按赵逵夫先生之说，从常德以南的枉渚到辰阳（辰溪），逆沅水而上有五百里左右的水路。按照当时逆水行船的速度，要费时十几天。赵说显然与诗文中舟行缓慢的描述：“船容与而不进兮，淹回水而疑滞”不符，更与“朝发枉渚兮，夕宿辰阳”不符。还是洪兴祖说得对：《水经》云：“沅水东径辰阳县东南，合辰水。旧治在辰水之阳，故取名焉。《楚辞》所谓夕宿辰阳也。沅水又东，历小弯，谓之枉陼。”《水经》沅水是从上游往下行，故先“东径辰阳县”后至“枉陼”。《涉江》是从下游往上行，故“朝发枉渚兮，夕宿辰阳”，虽说只“历一小弯”，上行之船却要历时一天。

三、《涉江》《哀郢》比较

赵逵夫先生说：

> 很多人以《涉江》在《哀郢》之后，是因为该篇前面大部分写被放江南之野、离开郢都时的情况，《涉江》是写到沅湘之地以后的行程。如蒋骥《楚辞余论》云：“《涉江》，从陵阳至溆浦也。《哀郢》，从郢至陵阳也。”所以，先在人的头脑中形成一种《哀郢》在前而《涉江》在后的潜意识，从而影响到人的思维方向。前面已经说过，屈原在陵阳只大半年即到了沅湘流域。《涉江》则作于初到沅水流域的溆浦之时。《哀郢》一诗，作于沅湘一带，时在八九年以后。下面从两诗所表现诗人思想情绪的不同，来进一步说明这个结论。②

赵先生所说既与两诗内容不符，更与诗中所表现的诗人思想情绪不符。

（一）《哀郢》写于《涉江》之前

1.《哀郢》的记事及思想情绪

《哀郢》是无罪而被弃逐的鸣冤状。

《哀郢》“哀故都之日远”“哀见君而不再得”“哀州土之平乐兮，悲江介之遗风”。

《哀郢》中有大量的思乡、欲归之辞，周建忠先生说：“《哀郢》是一首恋阙思乡之作。”这表达了很多学者的共识。但是，思乡只是诗文的一个层面。

《哀郢》开始四行：“皇天之不纯命兮，何百姓之震愆？民离散而相失兮，方仲春而东迁。”抒写诗人无罪遭弃逐而呼天以泄其怨愤。而诗文最后一句：“信非吾罪而弃逐兮，何日夜而忘之！”则是全文的总结：为无辜而遭弃逐“鸣冤叫屈”。正如林庚先生所说：这里说明了屈原不能回去的真正原因就是因为无罪而被“弃逐”③。

从“发郢都而去闾兮……哀见君而不再得”看：屈原流亡始于郢都，其时楚君还在郢都，以后要回来再见楚君就很难了。另一方面似乎表示在屈原流亡前尚有任职，经常可以见到顷襄王，与顷襄王还有君臣之情。只有“非罪而遭弃逐”的屈原，才会“与家室离散而相失”；在被“顷襄王怒而东迁”的情况下，才会“哀见君而不再得”；才有“楫齐扬以容与”“徘徊而不忍去”的迟缓，而没有逃亡时的慌张；才有“羌灵魂之欲归兮，何须臾之忘反”的思念。

2.《涉江》是流放到更僻远的溆浦的南行记

《涉江》是屈原受到楚襄王的“逼逐”，从鄂渚流放到更僻远的沅江溆浦的南行记。此行与《离骚》中“济沅湘以南征兮，就重华而陈词”的遐想之路相近。传说中舜葬于南湘苍梧（九嶷山），离沅江上

① 赵逵夫：《屈原与他的时代》，人民文学出版社2002年版，第439—440、391页。

② 赵逵夫：《屈原与他的时代》，人民文学出版社2002年版，第443、444页。

③ 林庚：《诗人屈原及其作品研究》，上海古籍出版社1981年版，第53页。

游的溆浦不太远。故《涉江》的开端也有个遐想神游："……驾青虬兮骖白螭，吾与重华游兮瑶之圃……"其后则从"与天地兮同寿，与日月兮同光"的高处，突然跌到"哀南夷之莫吾知兮，旦余济乎江湘……"的现实。

3. 从屈原的心情变化看《哀郢》写于《涉江》之前

从《哀郢》"哀见君而不再得""冀壹反之何时"看，屈原对楚王尚存期望，对"朝廷复召、重回郢都"还抱有幻想。其忧国之词"憎愠惀之修美兮，好夫人之慷慨。众踥蹀而日进兮，美超远而逾迈"还停留在抨击小人高升，贤能疏放上。赵先生也承认："《哀郢》诗中也只是感叹奸臣之误国。①而《涉江》篇的忧国之词已经是"阴阳易位，时不当兮"，哀叹朝政昏乱无可挽回。屈原从历史上寻找自己人格和命运的类似人物，是伍子胥、比干等。可见，诗人的最后一线希望彻底破灭了，他心中已经把楚王比作殷纣似的暴君了。《哀郢》与其后的作品《涉江》《怀沙》《悲回风》等情绪和心态不同，还表现在后期的诗文虽然忧郁、哀伤，但是，再也不提"重回郢都"了。

（二）《哀郢》的死亡意识？

赵逵夫先生说：

> （《哀郢》中）诗人在很多方面失望，又想不通，陷入更深、更沉重的悲痛愁苦之中："鸟飞返故乡兮，狐死必首丘。信非吾罪而弃远兮，何日夜而忘之！"诗人已经想到了死，想到死时不能返回故乡。这是诗人心理的一种投影，由此可以肯定，它的写作时间较之《涉江》来更接近于《怀沙》。②

赵先生这个"肯定"恐怕站不住脚。《哀郢》有："冀壹反之何时！"说明屈原还期盼回郢都复职；其"信非吾罪而弃远兮，何日夜而忘之"则是因"无罪遭弃逐，而鸣冤叫屈"！赵先生把"狐死必首丘"当作写《哀郢》"诗人已经想到了死"，显然不确。例如，赵先生认为："《惜诵》《抽思》《思美人》《离骚》《天问》《卜居》《渔父》皆屈原（怀王二十四五年）作于被放汉北之时。"③ 而《离骚》有："亦余心之所善兮，虽九死其犹未悔""宁溘死以流亡兮，余不忍为此态也""伏清白以死直兮，固前圣之所厚。"这可比《哀郢》的死亡意识强烈得多。难道由此可以肯定，《离骚》的写作时间更接近于《怀沙》？

四、屈原之死

（一）屈原自杀的年代

《屈原贾生列传》有：

> 自屈原沉汨罗后百有余年，汉有贾生，为长沙王太傅，过湘水，投书以吊屈原。

赵逵夫先生说：

> "百有余年"多一点，可视为一百二十年左右……按一般情况，视为一百一十年左右，较为合适。由汉文帝五年（前175年）上推一百一十年，为公元前285年，即顷襄王十四年。也就是说，当在顷襄王十四年左右。④

赵先生之论可备一说。

（二）屈原的死与历史事件无关

"屈原的死与历史事件无关"详见本书《关于屈原的猜想》。

赵逵夫先生说：

> 公元前283年（顷襄王）甚至于同秦昭王在楚国故都鄢郢相会，以奇耻大辱为荣耀……屈原感到一切都完了……是促使他立即结束自己生命的一个导火索。⑤

屈原的死与历史事件无关，即便相关，此判断也不合情理，不能自圆其说。

---

① 赵逵夫：《屈原与他的时代》，人民文学出版社2002年版，第399页。

② 赵逵夫：《屈原与他的时代》，人民文学出版社2002年版，第445—446页。

③ 赵逵夫：《屈原与他的时代》，人民文学出版社2002年版，第323页。

④ 赵逵夫：《屈原与他的时代》，人民文学出版社2002年版，第453页。

⑤ 赵逵夫：《屈原与他的时代》，人民文学出版社2002年版，第458页。

赵逵夫先生说：

> 屈原在楚怀王二十四五年被放汉北。屈原被放汉北之时，曾拜谒了鄢郢的先王之庙及公卿祠堂。①

可见，赵先生也认为，楚怀王二十四五年，屈原被放汉北之时鄢郢在楚国手里。那么就应该是：秦昭襄王“二十八年，大良造白起攻楚，取鄢、邓”。鄢才被秦攻取。这样的话，公元前 283 年秦昭王到楚国的鄢郢来与顷襄王相会，怎么就成了楚国的“奇耻大辱”呢？

这里赵先生是不是“过于轻视史料而重视主观的想象”，② 错误地以为公元前 283 年鄢郢已经落在秦人手里，故顷襄王同秦昭王在楚国故都鄢郢相会，成了楚国的奇耻大辱，使屈原感到一切都完了？

假如一定要把屈原自沉与历史事件联系起来的话，那么可能性最大的还是公元前 279 年白起攻鄢，引西山长谷水灌鄢，楚军民死数十万，或公元前 278 年楚顷襄王二十一年白起拔郢。

只是“屈原自沉与历史事件相关论”与屈原自述和文献记载并不相符。

结　论

1. 赵逵夫先生说：“陵阳，其地在今江西省西部庐陵西北，靠近湖南湘水流域。大约在当年秋天，又由原路返回洞庭湖，沿沅水到溆浦。”③ 而《涉江》诗文中并没有一丝与陵阳相关的信息，赵先生的：诗人“故仍以舟行为便”④ 和由江西陵阳“原路返回到鄂渚”⑤ 不能成立。

2. 据《太史公自序》“怀王客死，兰咎屈原”和《屈原列传》楚顷襄王三年，怀王“死于秦而归葬”，其时屈原尚未被放逐，故屈原当在顷襄王四年仲春东迁。赵先生的屈原楚顷襄王元年二月到陵阳论，缺乏依据。

3.《哀郢》的“东迁”在顷襄王四年（前 295 年）。《涉江》“年既老而不衰”时，踏上南征溆浦之路，约在顷襄王十四年（前 285 年），两者时间可以衔接。《哀郢》流放的终点在夏浦—鄂渚江北，正可与《涉江》“旦余济乎江湘，乘鄂渚而反顾兮”的起点相合。再从屈原的心情变化看，《哀郢》中屈原对于楚王，除了批判、抱怨之外，对“重回郢都”还存有幻想。其忧国之词还停留在抨击“小人高升，贤能疏放”上。而《涉江》篇的忧国之词已经是“阴阳易位，时不当兮”，哀叹朝政昏乱无可挽回了。屈原从历史上寻找自己人格和命运的类似人物，是伍子胥、比干等，已经把楚王比作殷纣似的暴君，表示他对楚王已经彻底绝望了。《涉江》“虽僻远其何伤！”再也不提“回郢都”了。可见《涉江》写于《哀郢》之后。赵先生的“《涉江》作于初到溆浦之时，《哀郢》作于八九年以后”缺乏依据。

4. 关于屈原自杀的年代。从文献记载和屈原作品看，屈原的自沉与历史事件无关。据《屈原贾生列传》：“自屈原沉汨罗后百有余年，汉有贾生，为长沙王太傅，过湘水，投书以吊屈原。”这是屈原沉汨罗时间的旁证。只是怎么解释“百有余年”没有公认的标准。按照一般的说法，“百有余年”可以在 101 至 110 年之间，贾谊吊屈原文在汉文帝三年（前 177 年）。这样推算，屈原卒年可能在公元前 286—前 277 年（顷襄王十三—顷襄王二十二年）。

---

① 赵逵夫：《屈原与他的时代》，人民文学出版社 2002 年版，第 346、307、458 页。

② 赵逵夫：《屈原与他的时代》，人民文学出版社 2002 年版，第 282 页。

③ 赵逵夫：《屈原与他的时代》，人民文学出版社 2002 年版，第 433 页。

④ 赵逵夫：《屈原与他的时代》，人民文学出版社 2002 年版，第 437 页。

⑤ 赵逵夫：《屈原与他的时代》，人民文学出版社 2002 年版，第 436 页。

《天问》札记

《天问》373句，1560字，170多个问题，其问题之间有内在联系，全诗有清晰的层次和完整的结构，绝不是精神迷乱状态下的“狂号”。《天问》是屈原作品中解读分歧最大的诗篇，同时它也给读者留下了广阔的想象空间。各种各样的解释多有可取之处，往往难以辨别谁是谁非。

一、《天问》的主旨

《天问》：问天地宇宙，问神灵皇帝，问历史人物，问社会变迁……问了一大堆自然、社会、人生的、重大的、哲理的问题。《天问》是屈原探索真理、寻根求源精神的大爆发。它不是简单的“问天”，不是即兴的“仰天而问”，更不是“天的问题”。

《广雅·释诂》曰：“天，大也。”“《天问》即大问。”①

鲁迅说《天问》：“怀疑自遂古之初，直至百物之琐末，放言无惮，为前人所不敢言。”②

屈原写《天问》，目的并非在此。《天问》是写给楚君看的。“天命反侧，何罚何佑”是《天问》的落脚点。屈原在《天问》中否定神灵、怀疑天命对社会人事的主宰作用，通过具体的人和事揭示了兴亡治乱的原因，希望楚王从中汲取经验和教训。“在《天问》那美妙而深晦的文辞、荒忽恣肆的想象之下，蕴藏着屈原对于国家、对于君主的满腔忠诚。”

王夫之说《天问》：“篇内言虽旁薄，而要归之旨，则以有道而兴，无道则丧，黩武忌谏，耽乐淫色，疑贤信奸，为废兴存亡之本。原讽谏楚王之心，于此而至。……抑非徒泄愤舒愁而已也。”

（一）吉家林先生的“排拒中原文化论”

吉家林说《天问》主题思想为：

> 春秋战国时期，中原文化逐渐向楚文化浸润渗透。为了排拒中原文化对楚文化的同化，身为楚国“大巫”和“楚文化观念”代表人的屈原，在《天问》这首奇诗中，针对中原人“文化观念”中的“天和天崇拜观念”，抓住中原天象、地物和社会人文传说中的各种缺陷和疑点，用设难式问句形式提出了170多个问题，其意图是告诫楚人不要迷信中原文化“政治化神学”的说教，而要坚持本民族的文明传统和思想信仰，以维护楚文化的“巫风”特色；其宗旨是站在楚国的“国家主义”立场上，以楚人的“民族主义”情结来质疑和批评“中原文化观念”。③

评论屈原和屈原的作品，必须从整体上把握。吉先生的“排拒中原文化说”显然与《天问》的主题思想不符，有违楚族源于中原的历史事实。

1. 屈原是“帝高阳之苗裔”

《离骚》曰：

> 帝高阳之苗裔兮，朕皇考曰伯庸。

《史记·五帝本纪》：

> 黄帝者，少典之子，姓公孙，名曰轩辕。……轩辕乃修德振兵，治五气，蓺五种，抚万民，度四方，教熊罴貔貅貙虎，以与炎帝战于阪泉之野，三战，然后得其志。黄帝崩，葬桥山。其孙昌意之子高阳立，是为帝颛顼也。

传说中的颛顼生于若水居帝丘（今河南濮阳东南），处黄河东岸。屈原是“帝高阳之苗裔”，是华夏子孙。其作品更多的是抒发他对楚君、佞臣和世俗的憎根，以及绝不与奸佞小人同流合污的决心，不

---

① 王倩予：《〈天问〉解题衍义》，《社会科学研究》1999年第3期，第135页。

② 鲁迅：《摩罗诗力说》《鲁迅全集》第1卷，人民文学出版社1981年版，第69页。

③ 吉家林：《屈原〈天问〉主题思想新解析》，吉家林博客2008年03月17日，http://blog.sina.com.cn/s/blog_ 4960097301008q2g.html。

会去做排拒中原文化、质疑和批评中原文化观念的蠢事。

2. 屈原崇拜的帝王贤人均为中原名人

王国维认为屈原虽然是南人，学习的乃是北方的思想。这可以从他所称引的圣王、所推崇的贤人均源于北方得到证明。屈原最敬佩舜，以他为政治知音。

《离骚》有："济沅湘以南征兮，就重华而陈辞。"《涉江》有"与重华游兮瑶之圃"。"把沅湘与中原五帝之一的舜帝联在一起，这一点在中华文化共同体的形成和发展的进程中留下了极有意味的一笔。"①

3. 屈原心目中的榜样是彭咸

彭咸是屈原心目中理想人格的代表，在屈原作品中出现7次，体现出他对古代贤臣"彭咸"的思念和仰慕之情。而文献中并没有"彭咸"是"楚文化人"的信息。

4. 屈原作品中，列举的正反人物多是中原的神和人

《离骚》《惜往日》《远游》等作品中，他"上下而求索"所到之处：咸池、扶桑、若木乃中原神话中的地、物；所驱使之神"望舒、鸾皇、飞廉、雷师"皆中原传说中的神。《九歌》中，还特地写了中原黄河水神"河伯"，可见他的中原情结。

屈原恪守不虚美、不掩恶的态度，《天问》中的逸史轶闻有些不见于先秦文献典籍，比较忠实地保留了原始面貌。比现今所见的、经过儒家过滤的各类古籍虚构精神楷模的记载，更符合历史真相。楚文化是在中原文化基础上发展起来的，是一个结构多元的文化系统，在其产生过程中中原文化和江汉土著文化都曾发挥过重要作用。屈原从来没有排拒中原文化，屈原辞赋是黄河文明与长江文明交融的结晶。

（二）《天问》是与稷下学者问对吗？

有人说：

> 如果作者为了追述三代兴亡之事，那么开篇关于天地开辟、宇宙生成、山川地貌、日月星辰等自然现象提问显得有些累赘，同样，自"不任汩鸿"至"乌焉解羽"68句的关于上古神话和历史传说提问也并非仅为兴亡之论，而是祖述往古旧事。因此，单纯以三代兴亡的主旨也不能完全解读《天问》的创作意图。《天问》极有可能是屈原与稷下学者问对的纲要。②

这是把背景与主题混为一谈，显然没有抓住《天问》的要点，而且与《天问》末段描述的楚国历史和屈原的现实不符。

一般认为《天问》作于屈原流放之后，可以说《天问》是屈原人生遭遇坎坷的产物，而不是"与稷下学者问对的纲要"。

作为失败的政治家，屈原作《天问》，主观上并非为了探究世界的本然，而是担忧楚国的前途抒写自己的愁思。但是，在反思历史，探求治乱兴衰的规律，质疑天、地、人的某些传说时，客观上确实表现出探求真理的可贵精神。

二、《天问》中殷商始祖的故事

"屈子所传的殷先公先王比北土所传翔实，决定了它在考古学、古史学研究中的特殊地位，是古史研究的重要文献。"

（一）《天问》所记的殷商始祖

> 简狄在台，喾何宜？
> 玄鸟致贻，女何喜？
> 该秉季德，厥父是臧？
> 胡终弊于有扈，牧夫牛羊？
> 干协时舞，何以怀之？
> 平胁曼肤，何以肥之？

① 杨义：《屈原诗学与湖湘文化》，《湖南文理学院学报》（社科版）2006年第4期，第2页。

② 曹胜高：《〈天问〉的原创意图》，《云梦学刊》2006年第4期，第43—47页。

有扈牧竖，云何而逢？
击床先出，其命何从？
恒秉季德，焉得夫朴牛？
何往营班禄，不但还来？
昏微遵迹，有狄不宁！
何繁鸟萃棘，负子肆情？
眩弟并淫，危害厥兄。
何变化以作诈，而后嗣逢长？

《天问》中所见之殷商先祖事迹，因书厥有间，难得其详。《世本》《史记》载其世系，然羌无事实；《山海经》《竹书》偶语其事，亦不言其本末。唯《天问》问殷先公先王部分，言王亥、王恒、上甲微之事较详，是这方面所能见到的最具体的材料。

（二）古文献相关的记载

《山海经·大荒东经》：

有困民国，勾姓，（而）（黍）食。有人曰王亥，两手操鸟，方食其头。王亥托于有易、河伯仆牛。有易杀王亥，取仆牛。河（伯）念有易，有易潜出为国，（是此困民）。

《今本竹书纪年·帝少康》：

十一年，使商侯冥治河。

《今本竹书纪年·帝杼》：

十三年，商侯冥死于河。

《今本竹书纪年·帝芒》：

三十三年，商侯迁于殷。

《世本》三国时宋衷注：

冥为司空，勤其官事，死于水中，殷人郊之。

有殷一代，殷、商并用，族内称商，国号称殷。

《周本纪》有十个“商”字和二十三个“殷”字，皆符合“族内称商，国号称殷”的思想。

《今本竹书纪年》：

（夏帝泄）十五年，殷侯子亥宾于有易，有易杀而放之。十六年，殷侯微以河伯之师伐有易，杀其君绵臣。……（殷）中叶衰而上甲微复兴，故殷人报焉。

郭璞注引（古本）《竹书》曰：

殷王子亥宾于有易而淫焉，有易之君绵臣杀而放之，是故殷主甲微假师于河伯以伐有易，克之，遂杀其君绵臣也。

《鲁语》：

中叶衰而上甲微复兴，故商人报焉。

《诗·商颂·玄鸟》：

天命玄鸟，降而生商，宅殷土茫茫。

《史记·殷本纪》：

殷契，母曰简狄，有娀氏之女，为帝喾次妃。三人行浴，见玄鸟堕其卵，简狄取吞之，因孕生契。

清华简《保训》：

惟王五十年，不豫……昔微假（格）中于河，以覆有易，有易服厥罪。微无害，乃（续）中于河。微志弗忘，传贻子孙，至于成汤，抵服不懈，用受大命。①

李锐先生说：

这里在“格中于河”与“续中于河”之间加入的“以覆有易，有易服厥罪。微无害”，

① 李学勤：《清华简〈保训〉释读补正》，《中国史研究》2009年第3期。

"覆"之义为败，此是说明得"中"的效用，可能是上甲微复仇故事的另一种传说，与《竹书纪年》《山海经》有所不同，没有强调上甲微借河伯之师打败有易，这一点与《天问》接近。看来《保训》之"河"，可能就是黄河，并非河伯或河神。①

李锐的"《保训》之'河'，可能就是黄河，并非河伯或河神"似乎说不过去。要是上甲微从"黄河"得"中"去打败有易，有易服厥罪后，乃（续）中于"黄河"。那么这个"黄河"岂不是比神话中的"河神"还厉害？它怎么可能只是地理上的"黄河"呢？上甲微时代，假如没有"军队（师）"要打败有易似乎不可能。可见《保训》之"河"与《竹书纪年》之"河"当是同指河伯（方国），而不是地理上的"黄河"。

"公孙卜可"指出：子思说"中也者，天下之大本也"。"'中'字从它被造出那一天起就具有军权、政权、法权的象征意义。"《清华简·保训》之"假中"就是借到了调动军队的信物，也就是借到了军队；"归中"就是将调军的信物归还给原主。能借能还的东西必定是具体的实物，不可能是虚的"中道"或什么"治国理念"。②

就《保训》之文的"中"看，公孙氏的信物论，比较在理。但是此解能否扩展到"中庸"等词的"中"？尚有待证明。

（三）笔者的解译和演义

1.《天问》第213到240句解译

第一段殷商始祖的传说

"简狄在台，喾何宜？"住在高楼上的简狄，帝喾怎么知道她适宜做自己的妻子。

"玄鸟致贻，女何喜？"燕子送给简狄一枚鸟蛋，简狄吃了为何就有喜了？

第二段亥、恒、微的故事

"该秉季德，厥父是臧？"王亥秉承其父王季的美德，受到其父的嘉奖。

"胡终弊于有扈，牧夫牛羊？"王亥牧放牛羊，为何最终遇难在有易？

或曰"弊，败也。牧牛羊者，有易拘留子亥，困辱之，使为牧竖也。"③

"干协时舞，何以怀之？"亥、恒带领众人挥动盾戈舞万，怎么赢得了易后青睐？

"平胁曼肤，何以肥之？"美艳的易后王亥是怎样与她相合的？

"有扈牧竖，云何而逢？"有易的牧奴亥怎么也跟易后相好了？

"击床先出，其命何从？"击杀王亥于床时却有人先出，何人下达的杀人令？

"恒秉季德，焉得夫朴牛？"王恒继承了王季之位，怎么又弄来好些大牛？

"何往营班禄，不但还来？"赶着这些大牛到何处去？（去有易）不怕步王亥后尘？

"昏微遵迹，有狄不宁！"上甲微探得恒之行踪，遂伐有易杀其君绵臣。

第三段屈原的评论

"何繁鸟萃棘，负子肆情？"怎么这些鸟（亥、恒等）都聚集进棘丛（有易）？（贪恋易后美色）而不顾其祸福？

"眩弟并淫，危害厥兄。"亥、恒兄弟与有易王后淫乱，恒却害死了其兄。

"何变化以作诈，而后嗣逢长？"为什么殷商的先祖诡诈百出，而后嗣享国久长？

2. 笔者的演义

从《天问》第217到240这24句所记的殷商始祖故事看，似乎有缺失、错乱，笔者参照《竹书纪年》和《山海经》等记载，将这段历史故事演义为：

"商亥恒并淫易后双双被杀亥子微暗施巧计伐灭有易"：

上古时的帝喾迎娶了简狄做他的妻子，燕子送给简狄一枚鸟蛋，简狄吃了后，生了殷商的始祖契。

商部族的第六代王名季，有两个儿子，长子亥，次子恒。王亥非常有才能，善于畜牧，受到其父的

① 李锐：《〈楚辞·天问〉上甲微事迹新释》，《史学史研究》2015年第3期，第1—6页。

② 公孙卜可：《被误读的"中庸"——试说中庸之"中"》，学乐酷2018年1月21日，http://bbs.xueleku.com/forum.php?mod=viewthread&tid=487410&fromuid=57131

③ 刘梦鹏：《屈子章句》卷四，第19页。

嘉奖。亥、恒兄弟，带了大群牛羊到有易、河伯两部族附近放牧牛羊。在与有易交往中，发现有易的王后很美，就不想走了。有易的人偷了他们的一些羊，他们也没有在意。为了吸引有易王后的注意，亥、恒带领众人执盾跳起“万舞”。亥、恒兄弟威武雄壮，赢得了身材丰满、皮肤细腻的易后的青睐，兄弟皆与易后淫乱。

此事引起有易与王亥的冲突，王亥败，成为有易的牧竖。

善于搞阴谋的恒，伙同有易趁王亥熟睡时将亥杀死。商王季死后，次子恒就继承了王位。

王恒还是放不下美艳的有易王后，又赶着一群大牛，再赴有易向她示爱。有易之君绵臣很是恼火，就将恒杀害了。

王亥被害之事，其子上甲微有所察觉，就派人跟踪其叔，得知恒也被有易王绵臣杀死后，就借河伯之师，乘绵臣不备，夜袭有易，灭了其国，此后商族在上甲微领导下，国力增强，得以中兴。

河伯与有易相邻，他借师给上甲微对双方有利。微灭有易后，其土地人民皆可归河伯；微则席卷有易财宝和牛羊及其艳后回国继承王位。上甲微此举既有为父、叔复仇之名；更有得商方国之实；还有获有易财宝之利。一举三得，其诡计更为高明。商部族也从此复兴。

为什么简狄吞燕卵所生的子孙，如此好色而放纵情欲呢？

为什么恒害死了其兄亥，自己也死在有易呢？

为什么善于搞阴谋的殷商始祖，其后嗣却享国久远呢？所谓天道无私、天道酬善，其可信乎？（以上注解、演义参考了何焱林的论文①）

（四）上甲微是亥之子的可能性比较大

张崇琛先生说：“‘负子肆情’即王恒恃其子上甲微（上甲微为王恒子，说见下）之兵力而恣肆情欲，淫佚妇女也。”“此后的商王，包括上甲微在内，皆王恒一系也。此亦甚合于殷人之继统法。……他们的王位继承是以弟及为主的，无弟然后传子。例如自汤至纣三十帝中（汤子大丁早死，不计在内），兄死弟继者就有十四人。其以子继父者，亦少兄子而多为弟之子。而且，王恒既以诈术危害其兄，则无论从哪方面来说，也不会再传位于王亥之子的。此说显与《世本》、《史记》所载不同。然二书既漏载王恒一世，则不得不以微为亥子；王国维将王恒补入，却又不知微即恒子；今则幸赖《天问》而并订正之。”

张先生“微即恒子”说似乎依据不足。

根据王宁先生考证：「关于王亥的事迹，王国维曾在《殷卜辞中所见先公先王考》一文中予以稽考，已得其大端……

王亥祭祀的卜辞非常多，祭祀非常隆重，说明他在商人的心目中地位十分崇高。

贞燎于王亥。“合集”358

贞帝（禘）于王亥。“合集”14748

燎于河、王亥、上甲十牛、卯十宰。五月。“合集”1182

卜辞中称“高祖王亥”，主要见于康丁、武乙、文丁（文武丁）时期的卜辞，“亥”或写作上隹下亥，即从隹亥声，本义当是一种鸟名，一般认为和图腾崇拜有关。

卜辞里记载有“季”和“王恒”。

贞侑犬于季。“合集”14716

贞侑于王恒。“合集”14762

贞勿侑于王恒。“合集”14768

不过和王亥相比，祭祀他们的卜辞非常少，祭祀方法也比较简单，似乎地位远远不及王亥。」

卜辞中“王亥、上甲”并立，两者的地位远高于王恒。假如“上甲微是恒之子”的话，那么殷商之王皆为王恒之后裔，王恒在祭祀中的地位就不会如此之低。种种迹象表明“上甲是王亥之子”的可能性比较大。

---

① 何焱林：《从〈天问·亥秉〉章看“清华简”〈保训〉之“中”》，中国文学网2012年7月20日，http://www.literature.org.cn/Article.aspx?ID=72100。

王国维说："《天问》之辞，千古不能通其说者，而今由卜辞通之。此治史学与文学者所当同声称快者也。"凡是研究和重视殷墟卜辞的学者，如王国维、武家璧、张京华、王宁等等都确认"王亥是上甲微的父亲"。而且有卜辞曰：□□卜，王（贞）其燎于上甲父（王）。（虚738）

其卜辞似乎是问"上甲的父亲王（亥）"好不好？

《史记·殷本纪》曰："冥卒，子振立。振卒，子微立。"《索隐》："振，《系本》作核。"《史记》此说与卜辞符合。

三、《天问》末段的分歧

（一）《天问》末段文本

薄暮雷电，归何忧？厥严不奉，帝何求？伏匿穴处，爰何云？荆勋作师，夫何长？悟过改更，我又何言？吴光争国，久余是胜！何环穿自闾社丘陵，爰出子文？吾告堵敖，以不长。何试上自予，忠名弥彰？

《天问》最后一段因韵多不合，章节杂凑，历来颇多歧解，是比较麻烦的段落之一。

（二）部分学者的观点

1. 崔富章先生解释①

为什么灵王在雷电交作的傍晚，为无家可归而忧愁。

楚灵王不能保持他的尊严，求上帝又有何用。

昭王因吴师入郢而逃亡伏匿于云中。子代父受苦，有苦说不出。

楚国与吴国作战，其时为何久长？

楚昭王代父受过，深有所悟；改辙更新，正道而行（我有什么可说呢）。

崔先生把这十句，均作楚史解，确有可取之处。只是其中的"伏匿穴处"，与林庚《天问论笺》② 的"伏匿穴处"和楚昭王（由于吴师入郢，逃到云梦泽的云中躲藏）的故事相符合，论点相近。而楚昭王逃亡途中路经云梦，与诗文的"伏匿穴处，爰何云"不是十分符合。而通常解说的"伏匿穴处"指"屈原遭放逐"似乎更好些。有人把"荆勋作师，夫何长"说成怀王与秦战大败之事③，显然与下文的"吴光争国"时间上有颠倒错乱。

那杀君篡位的阖庐，却能在较长时期中战胜楚国。

"何环穿自闾社以及至丘陵"指男女幽会经过的地点。楚国贤相子文是郧国之女和楚宗门斗伯比私通所生。

我说堵敖统治不长久这件事，为什么楚成王杀了堵敖自即王位，而忠名却很显著。

崔先生这几句之解，似乎也可以商讨，说斗伯比和郧女"环穿自闾社丘陵去私通"既缺乏依据，也不合情理。

2. 熊任望先生的译文④

电闪雷鸣已是黄昏时候，就该回去，何必在这里独自忧愁？

怀王他不能保持自己的威严，我对上帝又能有什么要求？

我是个隐藏在洞中之人，还有什么机会议论朝政？

楚王为追求功勋而轻率兴兵，哪还能保持国家的强盛？

如果能知过改错，又何必我来反复叮咛？吴王与我国多次发生战争，常常是战胜我们，甚至占我都城。

昭王是如何穿越里巷、村庄、丘陵，绕道逃亡到郧？救他性命的原来是子文的后人？

堵敖在位的时间不长，我愿意提出来告诉君王。

何必再尝试直谏引起误会，以为我博取忠名更加显扬？

---

① 崔富章：《诗骚合璧》，浙江古籍出版社1995年版，第392—393页。

② 林庚：《天问论笺》，人民文学出版社1983年版，第148—152页。

③ 郭沫若：《屈原赋今译》，人民文学出版社1954年版，第83页注5；陆侃如：《楚辞选》，古典文学出版社1957年版，第96页。

④ 熊任望：《屈原辞译注》，河北大学出版社2004年版，第97—98页。

"何环穿自闾社丘陵，爰出子文"是《天问》末段的关键。熊任望先生的译文说："吴王与我国多次发生战争，常常是战胜我们，甚至占我都城。昭王是如何穿越里巷、村庄、丘陵，绕道逃亡到郧？救他性命的原来是子文的后人？"这个解释颇有新意。

3. 陈子展先生的"直解"①

傍晚时候大雨雷电，归到家去还愁什么？
其君的威严不得侍奉。上帝对我还要求什么？
我隐藏在崖洞里，可有什么话要说？
楚国好功而动兵。那怎么长久使得？
悔悟遏错、改弦更张，我还要讲什么事情？
吴王阖庐争夺国土。他早就战胜过我们！
怎得穿遍了从闾里乡社以及邱陵。于是寻出一个将来做令尹的子文？
我已经告诉过贤者堵敖、以为楚国衰了不能久长！
为什么谏议君上、自我称许，使得忠直的名声愈加彰扬？

4. 吉家林先生的今译②

天已黄昏、雷鸣电闪，我担忧的是祖国和自身的归宿在何处呀？我不能奉行楚国的庄严，还能向上帝祈求什么呢？我遭放逐隐藏于山野岩穴之中，说些忧愤的话能有什么用？当初楚勋子文率师作战时的楚国是多么强盛，彼时之庄严还能维持多久？倘若如今的楚王能省悟过错改正更新，我又有什么可说的呢？吴国的姬光弑立而称王后又与我们楚国相争，为何吴国能屡次战胜我们呢？吴军入侵楚郢都后为何环绕穿越楚社庙，抵达楚先王的陵墓呢？楚君堵敖怨恨子文而罢免其官职，原因是子文曾告诫堵敖言其王位不得长久。子文当初为何要告诫楚君，到后来他当令尹时又为何要自毁其家以纾国难，以致其"忠君忠国"的名声更加显著昭彰？

《天问》最后四句，是屈原的感慨之言。文中"吾告""自予"的主体应当是屈原，吉家林先生把它加到"子文"头上，似乎有张冠李戴之嫌，说"吴军入侵郢都后环绕穿越楚社庙，抵达楚先王的陵墓"也很牵强。

5. 吴广平先生的译文③

天已黄昏、雷电交作，我回去有什么忧愁？
楚国的威严不能保持，我对上帝还有什么祈求？
我遭放逐在山洞里隐藏，对国事还有什么好讲？
楚国好大喜功出兵打仗，国家的命运怎么能够久长？
只要能够悔过自新痛改前非，我还有什么好说？
吴王阖庐和楚交战，长期战胜了我们楚国。
斗伯比和郧女怎样穿过社庙，进入陵墓中？
他们这样荒淫这样放荡，于是生出了令尹子文。
我说堵敖在位不久长，为什么熊恽杀堵敖自立为王，而忠直的名声愈加远扬？

6. 汤炳正先生之解④

汤先生认为：

《天问》末段皆言楚史，并借楚史以讽时事。因有错简，故韵不调叶，把"伏匿穴处，爰何云"移于"丘陵"句下。"荆勋作师，夫何长先，悟过改更，我又何言"四句，"荆勋作师"指楚庄王革新政治，有功于楚，故曰"荆勋作师"。"夫何长先"，意谓他为何能称霸诸侯呢？"悟过改更"指庄王登位之初，三年不问国事，后因大臣进谏，才"悟过改更"。"我又何言"句，谓庄王前非而后是，只要能改过，我又有什么话可说呢？盖暗中以此讽顷襄也。"吴光争

① 陈子展：《楚辞直解》，江苏古籍出版社1988年版，第156—167页。
② 吉家林：《屈原〈天问〉解疑》，学苑出版社2009年版，第192—194页。
③ 吴广平译注：《楚辞》，岳麓书社2011年版，第140页。
④ 汤炳正：《楚辞类稿》，巴蜀书社1988年版，第308—311页。

国，久余是胜，何环闾穿社，以及丘陵”，此四句指吴王阖庐伐楚破郢之事而言。“吴光争国”句，谓阖闾杀吴王僚而自立，争国自立。后来终于伐楚破郢，故曰“久余是胜”。但入郢之时杀虏烧掠，令人愤慨，“何环闾穿社，以及丘陵”句，即指此而言。其时闾社固遭破坏，而掘平王陵墓以鞭其尸，则所谓“以及丘陵”也。此借史事，言国之不治，必遭邻邦欺陵，秦人虎视眈眈，岂不可畏。

“伏匿穴处，爰何云，是淫是荡，爰出子文”，四句指楚国令尹子文的出生而言。“伏匿穴处”即指斗伯比私通郧女而生子文之事。但子文乃楚国历史上的功臣，屈子在此，乃思贤臣以强楚也。虽“是淫是荡”云云，似非赞颂之语。若以意推之，殆谓贤臣不嫌于出身微贱耳。这跟屈赋中屡屡称赞身受缧绁的传说、鼓刀作屠的吕尚、卖身为奴的百里奚、饭牛行贾的宁戚，是相同的动机。则《天问》此四句，思得贤臣佐主以兴国之意深矣！

汤先生说：“‘伏匿穴处’即指斗伯比私通郧女而生子文之事。”似乎很勉强。远不如众人所说的，指屈原放流“伏匿穴处”贴切。

汤先生说：

“吾告堵敖以不长”，至篇末，乃指楚成王弑其君堵敖而自立之事。此节用第一人称“吾”，则直把史事与现实统一了起来，进行斥诘。“堵敖”暗射怀王，告以“不长”者，谓曾以亡国相诫，即《离骚》等“存君兴国”之苦衷。盖此时怀王已死于秦，故为此言。“试上自予”之“试”与“弑”通。此句暗指子兰劝王入秦，卒致死地，与“弑”何异？怀王由子兰而致死，故曰“试上自予”。“予”者代子兰自“予”也。但子兰非但无罪，反而升用为顷襄令尹，故曰“忠名弥彰”。所谓“试上自予，忠名弥彰”，乃反诘语。屈子“忠不必用兮，贤不必以”之意已在言外，且揭露昏君谗臣，亦言切而意激！

汤先生既说“乃指楚成王弑其君堵敖而自立之事”，又说“‘堵敖’暗射怀王”，两者难以兼顾，说“‘试上自予，忠名弥彰’乃‘暗指子兰’的反诘语”也难以说通。

《天问》：“吾告堵敖，以不长。何试上自予，忠名弥彰？”汤炳正、郭沫若、林家骊、崔富章、张愚山、董楚平、吴广平等人都把它解释为“楚成王（熊恽）杀堵敖而自立”，这似乎与历史事实不符。

郭世谦先生曾撰文论证：

楚文王伐蔡为公元前684年，其后才有蔡侯绳息妫楚子如息事，楚文王得息妫不得早于鲁庄十年，即公元前684年。然则生堵敖当不早于公元前683年。生成王当不晚于公元前680年。文王公元前676年卒，堵敖只有七八岁，成王只有五六岁。堵敖五年死，不过才十一二岁，成王只有九或十岁。由此可见，成王弑堵敖之说不可能成立。堵敖之死，很可能是早殇。又《左传》庄二十八年：“楚令尹子元欲蛊文夫人，为馆于其侧而振万焉。夫人闻之，泣曰：‘先君以是舞也，习戎备也。今令尹不寻诸仇雠，而于未亡人之侧，不亦异乎？’”当时，成王年约十四五岁，孤儿寡母受人欺凌之态毕现。从以上史实看来，堵敖死时年才十一岁，未有谥号，恐怕庙享也非所及。如果此问说的是楚国国祚不长，楚国先王很多，屈原不告宗庙，不告功业宏伟的许多先君，而偏偏告一个早殇的孩童，也不可理解。疑此文“堵敖”本作“诸敖”形坏而讹。所谓诸敖，可以指楚国诸多先王，也可以指王族诸敖氏，甚至泛指楚族之众。屈原以三闾大夫的身份，语告先王，或告王族诸敖氏，可以说是职责所在顺理成章。“何试上自予，忠名弥彰”，王逸说：“言我何敢尝试君上，自于忠直之名而彰显后世乎？诚以同姓之故，中心恳恻，义不能已也。”王说得其要旨。按二句又承上“薄暮雷电归何忧”“伏匿穴处爰何云”“悟过改更，我又何言？”之意，谓我虽放逐山林，身处岩穴，作此篇并不是为了一己之名，仍是以皇舆为忧。言外之意是，自己早已将生死置之度外，唯一放心不下的只是国祚的安危。①

据郭世谦先生考证，文中的“吾告堵敖以不长，何试上自予”，其“吾告”“自予”的主体应当是屈原，既与楚成王无关，更与子兰联系不上。

① 郭世谦：《〈天问〉“吾告堵敖”新解》2006年9月21日，http://www.literature.org.cn/Article.aspx?ID=9959。

杨义先生对《天问》有好些独特的见解，与最后一段相关的为：

“荆勋作师”，也就是楚国有作为的先王们艰苦奋斗、开疆拓土的漫长的光荣历程，便跳跃到“吴光争国”，也就是吴王阖庐几乎颠覆楚国的屈辱史，这就构成了时间上的远接和文意上的逆接……撇开了楚国历史上的许多细枝末节，大刀阔斧地选择了正反两个典型事件组合起来，让读者在出乎意料之中思考其间深刻的情理①。

林庚先生认为：《天问》最后一段，乃“专问楚国之事，而杂以感慨”。② 这是考察的大前提。它类似于《屈赋》中的“乱辞”，是全篇的要旨所在，所谓“卒章显志、撮其总要”者。钱澄之《屈诂》曰：“篇终之余绪也，然其愤撇感恨处，尽在此数语。”

屈原由问天、问地、问历史回到楚国的现实，希望楚王能够以史为鉴“悟过改更”振兴楚国。同时，也流露出他对楚国未来的绝望、无奈之情。

四、《天问》的顾兔与曾侯乙墓箱盖图无关

贾捷、周建忠的《〈楚辞·天问〉“顾兔”考》③ 引宋罗愿《尔雅翼》云：

“说者以为天下之兔，皆雌。惟顾兔为雄，故皆望之以禀气。古称日乌月兔，相传已久……顾是雄顾雌，如顾兔之类。”传说中的雌兔，皆望月中雄兔“感气而孕”。“顾兔”即月中的雄兔。非汤炳正所持“于菟”一说，亦非闻一多所言“蟾蜍”一说。

“顾兔即‘于菟’，指虎”之说亦不足为据，（南宋）邵浩《坡门酬唱集》中有苏辙《次韵子瞻记岁莫乡俗三首》其三《守岁》篇言：“於菟绝绳去，顾兔追龙蛇。”将“於菟”与“顾兔”同言，可以证明在宋人眼中二者并非一物，更何况此说在楚辞以及先秦文献中缺乏例证。

贾、周关于“非蟾蜍说”阐述比较清晰。其“非汤炳正所持‘於菟’说”，还可以作些补充。

汤炳正先生说：

我则根据各种资料，证明了“顾菟”实质上是“老虎”。④

曾侯乙墓箱盖图像中似虎又似兔的兽形，乃月中阴影的神话传说以语言为媒介而由兔变虎的过渡形象。《左传》宣公四年“楚人……谓于菟”的“于菟”，是指虎而言……因为“于菟”与“顾兔”乃一音相转的异文。……中原地地域，这个月中有“兔”的神话逐渐传到楚地之后，楚即以呼虎如“兔”音的语言因素为媒介，故将月中有“兔”之传说逐渐演化为月中有“虎”的神话。曾侯乙墓衣箱图像的出土，为拙文《从屈赋看古代神话的演化》提供了地下资料，增加了极其生动的图像证明。⑤

汤先生之说想象力似乎太过丰富，与“曾侯乙墓衣箱盖图”实际不符。从“箱盖图”看，图中有四棵形态相同的树。上面两棵树冠上，各立两兽，其“四兽”的形象并非虎、兔，说它们“由兔变虎”缺乏依据，而且文献中从来没有“月中有四兽”之说，再说“虎、兔”也不会站在树冠之上。下面两棵树树冠上各立两鸟，树下左右各有一射鸟者，各射落一鸟。这与太阳神话的传说也不符。或曰：

《礼记·射义》：“故天子之大射，谓之射侯。射侯者，射为诸侯也。射中则得为诸侯，射不中则不得为诸侯。”“侯”与“猴”通，射猴，即“射侯”，鸟者，雀也，雀、爵谐音，射鸟也就是“取爵”，在树下射猴、射雀这类图像，象征“射侯爵”取官位、封侯取爵。

此论与箱盖图比较接近，可备一说。

总之，汤先生说“箱盖图”是“月中阴影的神话传说……由兔变虎的过渡形象”，是“极其生动的图像证明”，显然言过其实，与“衣箱盖图”的实际不符。

---

① 杨义：《天问走出神话和反思历史的千古奇文》，《中国社会科学》1998 年第 1 期，第 177—191 页。

② 林庚：《诗人屈原及其作品研究》，上海古籍出版社 1981 年版，第 175 页。

③ 贾捷、周建忠：《〈楚辞·天问〉“顾兔”考》，《文学遗产》2009 年第 6 期，第 122—123 页。

④ 汤炳正：《楚辞讲座》，广西师范大学出版社 2006 年版，第 7 页。

⑤ 汤炳正：《屈赋新探》，齐鲁书社 1984 年版，第 263、268、270 页。

箱盖上还有“紫锦之衣”等二十几个铭文都与日、月之传说无关。

曾侯乙墓衣箱盖树木鸟兽图①

① 曾侯乙墓衣箱盖上的树木鸟兽图，1978 年随州曾侯乙墓出土，现载于湖北省博物馆。

屈原作品相关札记

一、阜阳汉简《楚辞》的问题

（一）已公布的阜阳汉简《楚辞》资料

1. 阜阳汉简整理组《阜阳汉简简介》：

> 阜阳简中发现有两片《楚辞》，一为《离骚》残句，仅存四字；一为《涉江》残句，仅存五字，令人惋惜不已。另有若干残片，亦为辞赋之体裁，未明作者。如："□橐旖（兮）北辰游。"①

阜阳汉简整理组1983年《简介》中只说《离骚》《涉江》残句共九字，既略去了内容，又没有图片。而它的"□橐旖（兮）北辰游"却给出了释文。可见作者对《楚辞》简的释读还没有把握。

2. 阜阳汉简整理组《阜阳汉简〈楚辞〉》：

> 阜阳汉简1977年出于阜阳县双古堆一号汉墓内。据墓中出土的铜器、漆器上的铭文和《史记》《汉书》的有关记载，得知墓主人是西汉开国功臣夏侯婴之子第二代汝阴侯夏侯灶。灶卒于汉文帝十五年（前165年），因此这批汉简的下限年代不晚于这一年。……阜阳汉简《楚辞》仅存有两片。一片是屈原《离骚》第四句"惟庚寅吾以降"中的"寅吾以降"四字，简纵裂，存右边字的三分之二，残长3.5厘米；宽处0.5厘米。另一片是屈原《九章·涉江》"船容与而不进兮，淹回水而凝滞"。两句中"不进旖奄回水"六字，"水"字仅存一残笔，"不"字完整，其他四字存左边的四分之三。简残长4.2厘米；宽处0.4厘米。简文淹作"奄"，兮作"旖"，与今本不同。兮字在阜阳《诗经》里也作"旖"，马王堆本《老子》中的兮作"呵"，旖、呵都是楚声，长沙、阜阳均为楚地，楚地作楚声是很自然的。②

《中国韵文学刊》1987年10月的《阜阳汉简〈楚辞〉》提供的释文和简册图片，竹简残破，图片很不清晰，又没有提供摹本。图片中除了一个"吾"字外，其他都比较模糊，要让人确信其破译无误，恐怕没有把握。这么宝贵的资料，却因为其清晰图版和摹本迟迟不予公布，致使学界难以利用，已故沈颂金博士的《二十世纪简帛学研究》③ 对于阜阳双古堆1号墓汉简的暧昧态度，或许有这方面的原因吧。

（二）从阜阳《楚辞》看《楚辞》学界的考据

1983年的《阜阳汉简简介》和1987年的《阜阳汉简〈楚辞〉》两者字数不同，详略有别，而且后者还提供了简文和图片，这些都是很容易查到的资料。作为"批驳楚辞研究中某些奇谈怪论"重要铁证，若要引用的话，当以《阜阳汉简〈楚辞〉》为准。可是若干楚辞研究名家在1987年《阜阳汉简〈楚辞〉》发表之后，仍然满足于人云亦云，还是按照1983年"简介"的说法引用，这是不是反映了《楚辞》学界考据的不严谨？

例如：廖化津先生1991年《屈原绝不是"传说人物"》：

> 阜阳简中发现有两片《楚辞》，一为《离骚》残句，仅存四字；一为《涉江》残句，仅存五字，令人惋惜不已。④

陈桐生先生1998年《二十世纪考古文献与楚辞研究》：

> 第三，为批驳楚辞研究中的某些奇谈怪论提供了铁证。1983年第2期《文物》杂志发表《阜阳汉简简介》一文，其中说："阜阳简中发现有两片《楚辞》，一为《离骚》残句，仅存四

---

① 阜阳汉简整理组：《阜阳汉简简介》，《文物》1983年第2期，第23页。

② 阜阳汉简整理组：《阜阳汉简〈楚辞〉》，《中国韵文学刊》1987年第1期，第78—79页。

③ 沈颂金：《二十世纪简帛学研究》，学苑出版社2003年版。

④ 廖化津：《屈原绝不是"传说人物"》，《云梦学刊》1991年第2期，第7—111页。

字；一为《涉江》残句，仅存五字，令人惋惜不已。”①

黄震云先生2000年《二十世纪楚辞学研究述评》：

> 二是发现了《离骚》《涉江》残句（阜阳），根据墓主为夏侯阴子夏侯灶推出，入葬时刘安还只是10岁左右的小孩子，不可能作楚辞，从而批评屈原传说论是无稽之谈。②

廖群先生2005年《出土文物与屈原创作的认定》以及《文物》1983年第2期发表的《阜阳汉简简介》一文中有这样一段介绍：

> 阜阳简中发现有两片《楚辞》，一为《离骚》残句，仅存四字；一为《涉江》残句，仅存五字，令人惋惜不已……阜阳汉简中出现了《离骚》《涉江》残片，尽管只有几个字，但这对于断定《离骚》是否刘安所作，却是具有决定性意义的材料。③

再一个反面的例子是秭归县谭家斌先生的《屈学问题综论》，他仅仅依据《阜阳汉简简介》有“阜阳简中发现有两片《楚辞》……”就认定“《楚辞》成书，早于刘向近百年。”④ 实际上阜阳汉简整理组文中的《楚辞》，并非汉简中的文字。阜阳汉简中并没有“西汉初已经有《楚辞》之书”的信息。

对《楚辞》界来说，阜阳汉简有《离骚》《涉江》残句是极为重要的材料。不知道有没有《楚辞》界的专家去看过实物？有没有敦促阳汉简持有者公布高清图片和摹本？有没有对阜阳汉简整理组隶定的汉简《楚辞》进行复核，甄别是非，确认其无误？

（三）阜阳汉简概况

阜阳汉简1977年出土于阜阳县双古堆一号汉墓，汉简的整理工作从1980年9月开始。参加整理的主要有国家文物局古文献研究室胡平生先生和阜阳博物馆原馆长韩自强先生。所谓“阜阳汉简整理组”实际上就是这两位先生。竹简的临摹，则是北京市文物研究所的陈平先生。从1980年9月，韩自强随阜阳汉简前往北京，胡平生和韩自强两位先生经过10年艰辛的工作，汝阴侯墓的竹简最终清理出来，编号为3809号，存字16427字，残293字；木牍3件，511字。

这批汉简用蒸馏水浸在密封的玻璃管中，运回阜阳博物馆保存。由于简册不能在玻璃试管中长期保存，2011年国家文物局拨专款启动了阜阳汉简脱色脱水工程，将这批汉简送到湖北荆州国家文物保护中心，将其从玻璃试管中取出来，脱色、脱水、灌浆、烘干，用有机玻璃条封闭起来。2015年修复工程已经基本完成，将适时运回阜阳博物馆。阜阳市博物馆、市文物局拷录了汉简修复后的相关资料。

阜阳汉简已整理出的文献典籍有《诗经》《周易》《吕氏春秋》《庄子·杂篇》《楚辞》《仓颉篇》《年表》《大事记》《万物》《作务员程》《算经》《行气》《相狗经》《刑德》《日书》《五行》《干支》《星宿》《辰星》《春秋事语》《儒家者言》《汉初闰朔表》等20余种，多系亡佚千年之久的秦末汉初的珍贵文本，其中的《诗经》《周易》《庄子·杂篇》《楚辞》《仓颉篇》《年表》《大事记》《春秋事语》《儒家者言》《万物》等13种简书已被国务院公布为国家级重点保护珍贵古籍。按照常理，其中当有楚辞简的“高清图片和摹本”，可惜一直未见公布。

曾经举世瞩目的西汉双古堆遗址，如今已经埋在阜阳师范学院西湖校区水泥路面之下，消失了痕迹，甚至没有在遗址上竖立一块标志牌，让后人知道遗址所在。

二、《橘颂》的问题

> 后皇嘉树，橘徕服兮。受命不迁，生南国兮。深固难徙，更壹志兮。绿叶素荣，纷其可喜兮。曾枝剡棘，圆果抟兮。青黄杂糅，文章烂兮。精色内白，类任道兮。纷缊宜修，姱而不丑兮。嗟尔幼志，有以异兮。独立不迁，岂不可喜兮！深固难徙，廓其无求兮。苏世独立，横而不流兮。闭目自慎，终不失过兮。秉德无私，参天地兮！愿岁并谢，与长友兮。淑离不淫，梗其有理兮。年岁虽少，可师长兮。行比伯夷，置以为像兮。——《橘颂》

---

① 陈桐生：《二十世纪考古文献与楚辞研究》，《文献》1998年第1期。

② 黄震云：《二十世纪楚辞学研究述评》，《文学评论》2000年第2期，第14—23页。

③ 廖群：《出土文物与屈原创作的认定》，《东方丛刊》2005年第1期。

④ 谭家斌：《屈学问题综论》，湖北人民出版社2006年版，第95—96页。

（一）《橘颂》“后皇”之解

王娜等认为：“《橘颂》的“后皇”即西王母。”① 她列了三条理由：

> 第一，因为橘为西王母所喜之食品，才说“后皇嘉树”。第二，诗人的“求女”情结，也暗示“后皇”是西王母。第三，从语言角度看，“皇”为上帝级别的人，“后”字暗示其为女性，故这里的“后皇”只能是西王母。

如此创新虽然可备一说，终究与文本不符。

陈怡良先生曰：

> 后皇源于《左传·僖公十五年》：“君履后土而戴皇天，皇天后土实闻君之言。”屈原乃将“履后土而戴皇天”一语浓缩成“后皇”二字。②

《橘颂》的“后皇”解为“履后土而戴皇天”比较妥帖，“后皇嘉树”意为天地之间美好的树。

（二）《橘颂》是写给太子芈槐的诗吗？

1.“后皇嘉树”之喻

《中州学刊》副社长郑志强先生认为“后皇嘉树”是一个双关语，既明指作为楚国社树的橘为天地所生，又喻指楚威王世子像“佳树”一样优秀。如此解释并不合适。

朱熹以“后皇”指楚王，虽然与文本不符，但情理上还说得过去。郑氏把“后皇”指称“楚王世子”，显然有“僭越”之嫌。因为“世子”，既不能称“后”，更不能称“皇”。

2.“嗟尔幼志”之“尔”

郑志强先生说：《橘颂》在艺术手法上，上半阕颂橘起兴，表面赞颂橘里子隐喻讽喻人；下半阕脱离橘树而直接对人赞颂，从而形成了“借物喻人”的新体诗。郑先生认为：《橘颂》上半阕为第三人称，下半阕其“尔”可看作第二人称指“楚威王太子芈槐”。

《橘颂》上半阕描写盛果期的橘树的形象之美，说是第三人称可以，说是第二人称也未尝不可。郑先生说“下半阕脱离橘树而直接对人赞颂”好像与文本不符。下半阕的前一半是“赞颂橘树精神品德高尚”，还是借物喻人的笔法。“嗟尔幼志，有以异兮”是过去时态，意思说橘树在幼小的时候，志趣就与众不同。因为用了“尔”，应当是第二人称。

郑先生认为“‘尔’称指楚威王太子芈槐”则没有依据。下半阕后面的“愿岁并谢，与长友兮”应该是省略了主语的第一人称句。再后的“年岁虽少，可师长兮”可以看作第一人称现在时，表示屈原正当年少……

汪瑗《楚辞集解》曰：“年岁虽少，亦言橘也。此等句须以意会，言橘之年岁虽小于己，而其道德志行则可以为己之师长也。”此说似可商讨。若“言橘年少”显然与上半阕所赞颂的盛果期的大树——“曾枝剡棘，圆果抟兮”不符，“少小之橘”尚没有曾枝、抟果。

有的人为了把《橘颂》定为“屈原晚年作品”，把“愿岁并谢，与长友兮”解释为“岁月虽去，年岁衰老……”其实这两句并没有“年岁衰老”的意思，它犹如年轻的伴侣在热恋时发誓“天老地荒，永不分离”。假如已经衰老就不会“永”、不能“长”了。

3.《橘颂》创作在“太子芈槐加冠礼时”吗？

郑志强先生认为：

> 屈原不可能以《橘颂》来自我赞美和期许；屈原在《橘颂》中以“秉德无私，参天地兮”赞美和期许的对象应是举行加冠礼时的楚威王太子芈槐。换言之，《橘颂》是写给楚威王太子芈槐的诗篇……《橘颂》创作时间应在公元前335年。

郑志强先生说：

> 诗中一方面借未来的楚怀王之口歌颂社树橘树，另一方面代宾者（太子师傅）以社神之口写出长辈对太子的赞美与期许加冠中的太子芈槐。“嗟尔幼志”语气虽然是模拟社神之口，

① 王娜、靳梦醒：《〈橘颂〉“后皇”考》，《文教资料》2014年第5期，第1—2页。

② 陈怡良：《〈橘颂〉的传承与突破——兼论屈原创作〈橘颂〉之缘因与胜处》，《云梦学刊》2012年第1期，第36页。

但现实中，除父母等长者外，只有太子老师方能对加冠中的“太子”称“尔”。①

此论既缺乏依据，逻辑推理也令人怀疑。

首先，《橘颂》文本中并没有芈槐的信息，说《橘颂》是“借未来的楚怀王之口歌颂社树橘树”缺乏依据。其次，比太子小、未成年的屈原，在太子芈槐举行加冠礼时，能否参加？还要他用《橘颂》代宾者（太子师傅）以社神之口写出长辈对太子的赞美与期许加冠中的太子芈槐，似乎与《周礼·士冠礼》的规定不符。再次，郑志强先生也认为：“现实中，除父母等长者外，只有太子老师方能对加冠中的‘太子’称‘尔’。”作为小于太子的屈原，在《橘颂》中用“‘尔’专指楚威王太子芈槐”其可能性也令人怀疑。最后，“前335年芈槐20岁。屈原18岁（即屈原生于前353年）”这个说法缺乏依据。当今学界多认为屈原生于前343—前339年间。楚怀王芈槐20岁时，屈原可能还是不满十岁的儿童，不可能作《橘颂》。

4.《橘颂》有僭越吗?

郑志强先生说：

> 再从《橘颂》所用其他关键词汇看，屈原当然更不可能用这些词汇来自我赞颂。因为在那个时代，如果屈原把这些词汇安放在自己头上，显属“僭越”，屈原当不会如此愚蠢。这些词汇主要包括“受命不迁”“独立不迁”“秉德无私，参天地兮”，“年岁虽少，可师长兮；行比伯夷，置以为像兮”。

此说也难以成立。《离骚》中有规格高于楚王，用于天子也不逊色的描写——“屯余车其千乘，驾八龙之婉婉”“奏《九歌》而舞《韶》”。《涉江》中也有“与天地兮同寿，与日月兮齐光”。《橘颂》中的这些词句与《离骚》《涉江》相比，实属小菜一碟。我们不会以《离骚》《涉江》中的这些言词而否定屈原吧!

综合来看，“与《橘颂》文本龃龉不合，扞格不通”者，乃是“颂太子芈槐说”，而不是“屈原借‘颂橘’而自我表白说”。郑志强先生的创造性诠释似乎并不成功。

（三）《橘颂》与“屈原使齐”?

《尚书·禹贡》记载，扬州的贡品中已经有“厥包橘柚”。

楚是盛产橘的国度。《战国策·赵二》曰：“楚必致橘柚云梦之地。”②

《史记·货殖列传》有：“江陵千树橘。”

《晏子春秋》之“晏子使楚”有：“橘生淮南则为橘，生于淮北则为枳，叶徒相似，其实味不同。所以然者何？水土异也。”这是晏子用楚人众所周知的常识来说事才风趣易懂。

汨罗市政协的徐蔚明先生却认为：“橘生淮南则为橘，生于淮北则为枳”，是屈原出使齐国，到稷下学宫与诸学士切磋时才发现或发明的“独特属性”。《橘颂》“是屈原使齐返楚32岁左右创作”。③

按徐氏之说，包容淮水南北盛产橘柚的楚地，其人不知道淮水南北橘、枳不同，反而是地处北方、远离淮水，不产橘的齐国才发现这个独特属性，岂非咄咄怪事?

三、“先路”不是楚王的乘舆

（一）“先路”为天子诸侯专用乘舆论

姚小鸥先生说：“‘乘骐骥以驰骋兮，来吾道夫先路’句，于《离骚》大意及屈原早期思想的探索关系甚大。……‘先路’为先秦时期天子诸侯的专用乘舆。”“先路在屈原生活的时代是作为诸侯乘舆的专名而存在的。”“‘来吾道夫先路’一语可以译为：来吧，让我以法度引导楚王的乘舆!”④

这是用西周的老黄历来说屈原时代之事。

① 郑志强：《橘颂并非屈原写给自己的诗篇》，《2017年屈原及楚辞学国际学术研讨会暨中国屈原学会第十七届年会论文集（上）》，第189—196页。

② 何建章：《白话战国策》，岳麓书社1992年版，第637页。

③ 徐蔚明：《橘颂创作年代的逻辑推断》《2017年屈原及楚辞学国际学术研讨会暨中国屈原学会第十七届年会论文集（上）》，第97—99页。

④ 姚小鸥：《〈离骚〉“先路”与屈原早期经历的再认识》，《中州学刊》2001年第5期，第114—118页。本篇的“姚小鸥先生说”皆指此文。

《尚书·顾命》："大辂在宾阶面，缀辂在阼阶面，先辂在左塾之前，次辂在右塾之前。"① 这是成王崩时西周之礼。先辂是次于大辂的乘舆。

"僖二十八年"王赐晋文公："赐之大辂之服。"前632年，即屈原之前三百年，诸侯就享用大路（辂）了。

"襄二十四年"："穆叔如周聘，且贺城。王嘉其有礼也，赐之大路。"前549年王赐鲁大夫穆叔（叔孙豹）大路。也就是说屈原时代两百年前，大夫就可享用"大路"。

"成二年"：七月鲁公："赐三帅先路三命之服。"

"襄二十六年"："郑伯赏入陈之功，三月甲寅朔，享子展，赐之先路三命之服，先八邑；赐子产次路再命之服，先六邑。"

《左传》两次出现先路，都是诸侯赏赐下属之车。可见其时诸侯不会用低级的先路。姚先生的"先路在屈原生活的时代是作为诸侯乘舆的专名而存在的"难以成立。

（二）离骚中的"先路"并非楚王乘舆

姚先生说："王逸注……尤其"路，道也"一语的错误解说，对后代学者的研究产生了长期的误导。""'来吾道夫先路'一语可以译为：来吧，让我以法度引导楚王的乘舆！"此说经不得推敲。

1."皇舆"非"先路"

姚小鸥先生说："'皇舆'即'先路'亦即国家的象征。"此论缺乏依据。《离骚》："岂余身之惮殃兮，恐皇舆之败绩。""皇"者大也，"皇舆"或即"大路"，并非"先路"。

2."导前面的道路"合不合语法？

姚先生说"导前面的道路"这种表述，现代汉语和古汉语中却皆不可通，故实不可取。本句中的"先路"只能是被引导者。"道路"是不能被"导"的。将"先路"解为"前面的道路"不合古人语法。古人凡引路、开路的意义另用"启"字表达。

此说不由使人联想到《吕氏春秋》中的"疑邻窃斧者"。带着"先路是乘舆"的成见，看别人的解释似乎处处都是错。而客观的事实是：屈原之前两百年，大夫就可享用"大路"之车。作为七雄之一的楚王，在屈原时代决不会使用"先路"这样的低级乘舆。消除了"先路是乘舆"的成见，就不存在不合语法的问题。

请看部分专家的译文：

郭沫若："你来吧，我要为你在前面引路。"②

陈子展："来吧，我引导那条前面大路呀！"③

熊任望："来吧，我愿为在你前面为你带路！"④

吴广平："我为你在前面来引路。"⑤

（难道这些专家都不懂语法？）

（三）"来吾道夫先路"之解

就"来吾道夫先路"这个局部看，姚小鸥先生以先路为车名，似乎可备一说。若是顾及前文"草木之零落兮，恐美人之迟暮。不抚壮而弃秽兮，何不改乎此度？"，再来看"乘骐骥以驰骋兮，来吾道夫先路"，就正如姚小鸥先生所引的廖序东所说："主语为'君'，全句谓如君乘骐骥以驰骋，则请来，吾道夫先路。"⑥ 这个"君"是前文"美人"的延伸。而这句前面已经有"君乘骐骥"了，所以其后的"先路"就不可能是"君的乘舆"。

姚小鸥先生认为："屈原早期经历，其为楚王'先马'，身份地位完全相埒。"他说：此处之乘骐骥者只能是"道夫先路"的"先马"者。"先马"者所乘必为良马。此辩驳显然苍白无力。"先马所乘之

① 孔安国传，孔颖达疏：《尚书正义》，北京大学出版社2000年版，第592页。

② 郭沫若：《屈原赋今译》，人民文学出版社1954年版，第89页。

③ 陈子展：《楚辞直解》，复旦大学出版社1996年版，第5页。

④ 熊任望：《屈原辞译注》，河北大学出版社2004年版，第103页。

⑤ 吴广平译注：《楚辞》，岳麓书社2011年版，第8页。

⑥ 廖序东：《楚辞语法研究》，语文出版社1995年版，第92页。

马”再“良”，也不可能与君王的马相比。更要紧的是，如果按姚先生之意来解释全句（可惜他省略了）就成了“吾乘骐骥以驰骋兮，来吾道夫先路”——也就是“屈原乘骐骥之马在前驰骋”，“来吧，让我以法度引导楚王的乘舆”这样的话，不但文意难通，而且语法也说不过去，远不如廖序东的“君乘骐骥以驰骋兮，来吾道夫先路”。

还有人说：“‘先路’即先辂，是古代天子或诸侯使用的一种车子。‘道夫先路’即驾着先辂（向前驱驰），‘乘骐骥以驰骋兮’，既已出现骏马，怎有不出现车舆的道理”。①

这种脱离文本的解说，同样经不住推敲。假如“先辂”是屈原时代天子或诸侯使用的一种车子，那么“乘骐骥以驰骋兮，来吾道夫先路”就有两种情况：其一，“‘屈原驾’着‘楚王乘’的先辂向前驱驰”，那“乘骐骥以驰骋”者就没有着落，可见此说不通。其二，“君乘骐骥以驰骋兮，来吾（屈原）驾着先辂”此说也不通，哪有楚王乘骏马驰骋，屈原驾着空车为前驱的道理？

把《离骚》中的“先路”释为“先辂”与文本的实际不符。故游国恩先生说：“杨慎、周拱辰谓以先路为车名，虽有根据，恐非文意。”② 认同王逸注“路，道也”并非错误解说。

四、《离骚》的“女媭”是什么人？

（一）《离骚》中的女媭

女媭之婵媛兮，申申其詈予，曰：“鲧婞直以亡身兮，终然夭乎羽之野。汝何博謇而好修兮，纷独有此姱节？薋菉葹以盈室兮，判独离而不服。”众不可户说兮，孰云察余之中情？世并举而好朋兮，夫何茕独而不予听？

《说文解字》：“媭”，女字也。《楚辞》曰：“女媭之婵媛。”贾侍中说：“楚人谓姊为媭”③ 王逸说：“女媭，屈原姊也。”

洪兴祖《楚辞补注》曰：“观女媭之意，盖欲原为甯武子之愚，不欲为史鱼之直耳，非责其不能为上官、椒兰也。而王逸谓女媭骂原以不与众合、不承君意误矣。……申申，和舒之貌。女媭詈原，有亲亲之意焉。”④

朱熹《楚辞集注》：“女媭，屈原姊也。婵媛，眷恋牵持之意。”⑤

汪瑗《楚辞集解》说：“媭者，贱妾之称，以比党人也。……婵媛，妖娆貌，邪淫之贱态也。……申申詈予，谓党人詈己者纷然不已也。”⑥ 其论与文本不符。

汪瑗说可能是对《史记天官书》⑦：“婺女”之张守节《正义》“须女贱妾之称”的误解。“婺女”星宿与《离骚》中的“女媭”并不相关。而且“侍女、贱妾”社会地位低下。若说“我的贱妾（侍女）一再责备我……”在屈原时代显然不可能，说“媭者，以比党人……”显然与“女媭詈原，有亲亲之意”不符。

马茂元引《韵会》解释“詈”意为“从旁的婉曲的告诫”，并对“詈”进行辨析：“骂是正面斥责，与詈意义各别。”

姜亮夫先生说：“女媭把自身也化入了屈原的中心，予他以同情。”

《离骚》是文学作品，其艺术手法是象征。《离骚》中“女媭”不一定确有其人，更可能是屈原假借女媭的话，表达他的切肤之痛和对楚国现实的拷问。“女媭，其名以‘女’放在前面很可能只是表示性别。”

女媭“申申詈予”，表面看来，是女媭责备屈原之言。然而这并不是简单的指责，而是女媭主动地“从旁婉曲的告诫”，是关怀屈原、为他的命运担忧，“有亲亲之意”，绝非党人所为。假如确有女媭其人的话，那只会是其亲属中的女性长者。

① 张二雄：《楚辞解诂三则》，《2015年中国淮阴屈原与楚辞学国际学术讨论会论文集》，第106—107页。
② 游国恩：《离骚纂义》，中华书局1980年版，第50页。
③ 许慎：《说文解字》卷十二下，江苏广陵古籍刻印社1997年版，第260页。
④ 洪兴祖：《楚辞补注》，中华书局1983年版，第18—19页。
⑤ 朱熹：《楚辞集注》，上海古籍出版社2001年版，第12页。
⑥ 汪瑗：《楚辞集解》，北京古籍出版社1994年版，第57页。
⑦ 泷川资言：《史记会注考证》（五），新世界出版社2009年版，第1829页。

（二）罗漫的《女媭为巫三论》①

1.“女媭是沿用远古良巫的公名”吗？

罗漫曰：“屈原笔下的女媭只是沿用远古良巫的公名而已。”此论没有说服力。假如女媭是远古良巫的公名，为什么罗漫先生举不出一个先秦之巫名女媭的例子？假如女媭不是屈原亲人中的长者，而是一位女巫、一个非亲的外人，她会主动地跑去，告诫屈原、为屈原的命运担忧吗？罗漫先生能在古籍中找到，哪一位巫者有此类似事件的记载吗？

2.《离骚》中没有女媭为巫的信息

罗漫曰：“《离骚》中的女媭、灵氛、巫咸，他们都以自己名字的特殊构成方式向读者出示了身份证——巫系统中的三位成员。”

文学研究不能离开文本，看看《离骚》中的“女媭”和“灵氛、巫咸”吧！

《离骚》中：女媭之婵媛兮，申申其詈予……

这里女媭主动“申申其詈予……”是一个“家庭妇女”对亲人的关怀、担忧。

《离骚》中：“索琼茅以筳篿兮，命灵氛为余占之。”

这里是屈原主动“命灵氛为余占之”，而占卜是灵、巫的本职工作。

《离骚》中“巫咸将夕降兮，怀椒糈而要之。百神翳其备降兮，九嶷缤其并迎”是巫咸请神降下界，有“百神翳其备降兮，九嶷缤其并迎”。

《离骚》中所记载的“灵氛、巫咸”与“女媭”根本联系不到一起。

罗漫：“屈子通过女媭向舜（重华）陈词——其实就是面对女媭陈词，然后展开想象，进行四方‘求女’的活动……”

看看《离骚》是怎么写的：“依前圣以节中兮，喟凭心而历兹。济沅、湘以南征兮，就重华而敶词。”

在女媭的告诫之后，屈原分明是“济沅、湘以南征兮，就重华而敶词”，非要说“屈子就是面对女媭陈词”，如此强迫屈原改变行踪，似乎难以奏效。

罗漫：“假如是屈原向之求占问卜的女巫，事情就不一样了。她完全可以用神的名义教训人。考察她责骂屈原的方式和内容，竟然跟巫咸劝屈原的方式和内容没有本质的差别。”

《离骚》中根本没有“屈原向女媭求占问卜”之事，如此脱离文本的臆想，难以成立。

“女媭之詈”与“巫咸之告”原文如下：

> 女媭之婵媛兮，申申其詈予，曰：“鲧婞直以亡身兮，终然夭乎羽之野。汝何博謇而好修兮，纷独有此姱节？薋菉葹以盈室兮，判独离而不服。”众不可户说兮，孰云察余之中情？世并举而好朋兮，夫何茕独而不予听？
>
> 巫咸……告余以吉故。曰：“勉升降以上下兮，求矩矱之所同。汤、禹俨而求合兮，挚、咎繇而能调。苟中情其好修兮，又何必用夫行媒？说操筑于傅岩兮，武丁用而不疑。吕望之鼓刀兮，遭周文而得举。宁戚之讴歌兮，齐桓闻以该辅。

“女媭之詈”与“巫咸之告”在方式上并不相同，一个是家庭妇女的忠告，一个是请神大巫的巫辞，两者根本不可同日而语。

至于“女媭之詈”与“巫咸之告”内容有类同之处，因为这些本来就是屈原的表白。用潘啸龙先生的话说：“历数前世成败之道”，“是诗人内心两个‘自我’冲突的展开。”②

罗漫：“在《离骚》的结构中，女媭只能是女巫，其他的任何一种身份都不可能把屈子从痛苦的现实世界引导到痛苦的幻想世界。”

在《离骚》的文本中，找不到女媭是女巫的丝毫信息，此论乃缺乏内外依据的空中楼阁，没有说服力。

3.“女须是汉初良巫的专称”吗？

罗漫：《汉书·武五子传》中的这条材料：广陵王刘胥“迎女巫李女须，使下神祝诅”。……仅此

① 罗漫：《女媭为巫三论》，《江汉论坛》1986年第6期，第52—55页。

② 潘啸龙、蒋立甫：《诗骚诗学与艺术》，上海古籍出版社2004年版，第197页。

一例，不仅足证“女须”在汉初已成女巫之杰出者即“良巫”的专称。

广陵王刘胥时有女巫女须，无法“足证‘女须’在汉初已成女巫之杰出者即‘良巫’的专称”，因为（李）女须”为巫仅此一例，何来良巫的专称？“李女须”与《离骚》中的“女嬃”根本联系不上。

罗漫先生选择性地将《汉书》该节抄录于后：

> 始，昭帝时，胥见上年少无子，有觊觎心。而楚地巫鬼。胥迎女须，使下神祝诅。女须泣曰：“孝武帝下我！”左右皆伏。言：“吾必令胥为天子。”胥多赐女须钱，使祷巫山。会昭帝崩，胥曰：“女须，良巫也！”杀牛塞祷。及昌邑王征，复使巫祝诅之。后王废，胥浸信女须等，数赐予钱物。宣帝即位，胥曰：“太子孙何以反得立？”复令女须祝诅如前。

其实《汉书·武五子传》其后还有：

> 居数月，祝诅事发觉，有司按验，胥惶恐，药杀巫及宫人二十余人以绝口。公卿请诛胥，天子遣廷尉、大鸿胪即讯，胥谢曰：“罪死有余，诚皆有之。事久远，请归思念具对。”胥既见使者还，置酒显阳殿，召太子霸及子女董訾、胡生等夜饮，使所幸八子郭昭君、家人子赵左君等鼓瑟歌舞。王自歌曰：“欲久生兮无终，长不乐兮安穷！奉天期兮不得须臾，千里马兮驻待路。黄泉下兮幽深，人生要死，何为苦心！何用为乐心所喜，出入无悰为乐亟。蒿里召兮郭门阅，死不得取代庸，身自逝。”左右悉更涕泣奏酒，至鸡鸣时罢。胥谓太子霸曰：“上遇我厚，今负之甚。我死，骸骨当暴。幸而得葬，薄之，无厚也。”即以绶自绞死。及八子郭昭君等二人皆自杀。天子加恩，赦王诸子皆为庶人，赐谥曰厉王。立六十四年而诛，国除。

巫有真、假，有善、恶。真巫相信鬼神……假巫借鬼神骗人谋取私利。《汉书》中的女须就是典型的假巫、恶巫，最后害了刘胥一家，还害了自己。

她利用刘胥有觊觎之心，假装“孝武皇帝附身我体！”接着模仿汉武帝的口气宣称：“吾必令胥为天子”。如此设诈以骗刘胥，使得“胥多赐女须钱”。刘胥就“使巫祝诅之”（诅咒皇上）。后来“祝诅事发觉，有司按验，胥惶恐，药杀巫及宫人二十余人以绝口”，刘胥也因此“以绶自绞死。及八子郭昭君等二人皆自杀”。把这样一个以巫为名，行招摇撞骗之实的恶巫，标榜为良巫，美其名为良巫的专称，实在有违史实。

罗曰：

> 《汉书·高后纪》载吕后妹樊哙妻名“吕嬃”……最后一个问题“汉吕后妹樊哙妻何以名吕须？”游国恩、金开诚二先生在《离骚纂义》的按语中说：“盖巫者名须，名须者固不必皆为巫也。吕后之妹亦名嬃，岂亦巫者乎？”我们说吕后之妹当然不必是巫，但她的名字却必定跟当时皇家尊崇女巫的时代风气有关。

既然“吕嬃不必是巫”，“吕嬃”之名就与巫无关，说“吕嬃的名字必定跟当时皇家尊崇女巫的时代风气有关”却没有任何例证，只能是缺乏依据的空话。

（三）高华平的《女嬃为巫新考》①

没有料到，三十年后华中师范大学文学院教授、博士生导师高华平先生等，又发表了一篇与罗漫先生类似的“新考”（读者不妨对比两文，只不过还说不上是抄袭吧）。

高先生论文中倒是有罗漫先生论文中没有的《离骚》和《惜诵》的比对，高先生说：

> 让我们先来分析《离骚》中说辞和《惜诵》中厉神占词。通过互相比对，我们发现二者在形式上都喜将屈原的处事方式与世俗大众的行为方式相对照，如“薋菉葹以盈室兮，判独离而不服”（女嬃）（普通花草盈满室，人人争相去佩戴，而你却不管不顾远避开）和“众骇遽以离心兮，又何以为此伴”（《惜诵》）（众人惊骇逞遽离心异志，你又为何这样倔强）；举例上也都好用屈氏祖先鲧的事迹警醒屈原，如“鲧婞直以亡身兮，终然殀乎羽之野”（女嬃）（鲧太刚直不顾性命，结果殉命于羽山荒野）和“行婞直而不豫兮，鲧功用而不就”（《惜诵》）（鲧行为耿直不宽和，终使治水不成功）；语气上亦完全一副以神的名义训诫人的态势，如“世并举而好朋兮，夫何茕独而不予听？”（女嬃）（世人都喜欢结党成群，你却茕茕独立不

① 高华平、李璇：《女嬃为巫新考》，《湖北大学学报（哲社版）》2016年第3期，第100—106页。

听我的劝告?）和“惩于羹而吹齑兮，何不变此志也?”（《惜诵》）（被热汤烫过的人遇到冷菜也会吹上一吹，你为什么不吸取教训改变你的志向?）根据以上分析，女媭说辞和厉神占词无论在形式、用典、语气上都有相似之处。如若这只是一种巧合的话，我们再来看看灵氛和巫咸的繇词……（下面则是与罗漫先生雷同的论述）①

《惜诵》其内容与结构类似于《离骚》，往往被人们认为是《离骚》的草稿或者前奏。把屈原《惜诵》之文词定为“厉神占词”缺乏依据，更不能作为女媭是“巫”证据。

五、笔者推测屈原生平和作品的次第

1. 约楚怀王十到十五年屈原受重用

约楚怀王十年，屈原作《橘颂》。

《东皇太一》是屈原对东皇太一的颂歌，是屈赋中最为隆重、庄肃的一篇。《东君》或许也作于此时?

2. 怀王十五到二十五年屈原被疏绌

怀王十五年“王怒而疏、绌屈平”时，屈原作《惜诵》。

“《国殇》的写作时间在楚怀王十七年秦楚战后，即公元前312年左右。”②

大部分《九歌》可能作于此时，隐晦地表达屈原与怀王的感情纠葛。

3. 怀王二十五到二十八年屈原流放汉北

约怀王二十五六年，屈原作《抽思》。

约怀王二十六七年，屈原作《思美人》。

《山鬼》等或作于此时?《九歌》皆作于怀王之时。

约怀王二十八年，屈原流放三年期满，作《卜居》。

4. 从汉北回郢到顷襄三年怀王客死

怀王二十九年到顷襄三年这几年间，屈原作《离骚》。

5. 顷襄四年到顷襄十二年流放夏浦（鄂渚对岸）

顷襄四年到顷襄十二年，在郢东流放地，屈原作《天问》。

顷襄王十二年，在郢东流放地，屈原作《哀郢》。

6. 顷襄十三年到十五年流放到更偏远的溆浦

顷襄十三年，南迁溆浦途中，屈原作《招魂》。

约顷襄十四年，在溆浦，屈原作《涉江》。

约顷襄十四五年，屈原作《远游》?

7. 约在顷襄十六到十九年迁至长沙（汨罗）一带

约顷襄十六年离开溆浦去长沙（汨罗）途中，屈原作《怀沙》。

约顷襄十七年，屈原作《悲回风》?

约顷襄十八九年，屈原作《渔父》。

8. 约在顷襄十九到二十年，屈原投水前作《惜往日》

① 高华平、李璇：《女媭为巫新考》，《湖北大学学报（哲社版）》2016年第3期，第104页。

② 孙作云：《秦〈诅楚文〉释要——兼论〈九歌〉的写作年代》，《河南师大学报（社科版）》1982年第1期。

第三篇
《招魂》研究

论《招魂》的主旨和魂主

摘要：《招魂》是顷襄王迁屈原去溆浦，南征途中邻近江南云梦时有感而作。潜心读解《招魂》可知，它是屈原宣泄愁苦之情的文学作品。《招魂》有“引文”和“乱辞”，有帝和巫阳出场，帝时而是助其招魂的善者，时而是残害下人的主使……还有“魂归故居”与“身在江南”的矛盾。所有这些只有用“屈原遐想自招其魂”才能说通。屈原渲染“故居之乐”，正是为了否定它，诗人坚守清白故而选择了“魂兮归来哀江南！”

关键词：招魂；屈原；宋玉；太史公

《招魂》是抒发感情的文学作品，与巫祝“欲以复其精神，延其年寿”的“真招魂”不能混为一谈，更不可能是“招楚王”的历史事件。《招魂》的描写已经大大超越了真招魂习俗的场景……解读文本是研究《招魂》的根本，对《招魂》的不同理解，是产生分歧的重要原因。解读文本有层次：

滞留于表层，看到了“引文、乱辞”与“招辞”的风格不同，“楚国之美”与屈原的志趣不合……在此层面上发表各种各样议论的人最多。

深入一些，看到了《招魂》的结局与目的相悖，文中的“‘帝’时而善良，时而是残害下人的主使”等矛盾，又能就此探究其缘由者就不甚多了。

再深入些，不但看到了文中的种种矛盾并能一一化解的人，就更少了。

一、读《招魂》

（一）引文（序辞）

朕幼清以廉洁兮，身服义而未沫。主此盛德兮，牵于俗而芜秽。上无所考此盛德兮，长离殃而愁苦。

这是屈原自述《招魂》的创作缘由。

力之先生指出：

这六句，“朕”作为一个主题，一直贯到“愁苦”。一二句说平生操守，三句从第一二句来，四句说党人“敝人”“折之”，五句说君之不明，末句是四句之间接结果与五句之直接结果。换言之，首六句交代屈原失魂之因，下文即就此而展开。①

朕幼清以廉洁兮，身服义而未沫。

王逸注曰：“不求曰清，不受曰廉，不污曰洁。”② 清、廉、洁，历来都是对臣属的要求，而不是针对楚王。从“朕”的使用上看也与楚王不合。

《礼记·曲礼下》曰：“诸侯见天子曰臣某、侯某，其与民言自称曰寡人。”③

《老子》曰：“侯王自称孤、寡、不穀”。④

楚成王、昭王、怀王多自称“不穀”。例如，

《左传·僖公二十三年》：“（晋重耳）及楚，楚子（成王）飨之，曰：‘公子若反晋国，则何以报不穀?’”《左传·哀公六年》昭王曰：“江、汉、睢、漳楚之望也。祸福之至，不是过也。不穀虽不德，河非所获罪也。”⑤《战国策·秦策二》“齐助楚攻秦”“楚王大悦……：‘不穀得商于之田，方六百里’”。⑥《战国策·楚策二》“楚襄王为太子之时”“庄辛谓楚襄王”中，楚襄王则自称“寡人”。更重要的是某王若要“求告上帝”，当称“嗣王某”或“某嗣王”，不能目无尊上自称“朕”。如《诅楚

---

① 力之：《招魂考辨》，《武汉教育学院学报》1997年第1期，第24页。

② 洪兴祖：《楚辞补注》，中华书局1983年版，第197页。

③ 王梦鸥注译：《礼记今注今译》，台湾商务印书馆1969年版，第51页。

④ 饶尚宽译注：《老子》，中华书局2006年版，第97页。

⑤ 杨伯峻编著：《春秋左传注》，中华书局2016年版，第408、1636页。

⑥ 缪文远：《战国策新校注》，巴蜀书社1998年版，第119页。

文》曰："有秦嗣王，敢用吉玉宣璧，使其宗祝邵馨布恳告于不显大神……"①

《礼记·曲礼下》则有："践阼临祭祀：内事曰孝王某，外事曰嗣王某。"今注：践阼指站在主人的地位。内事，是祭祖宗，故称"孝王"。外事，是祭天地神祇，故但称继位之王。②

"主此盛德兮，牵于俗而芜秽。"

"田地不整治而杂草丛生则芜秽。"屈原用芜秽比喻遭受弃逐，与《远游》"遭沈浊而污秽兮"类同，不可释为"自认品行'芜秽'"。再从前后文看：前面有"幼清以廉洁"，后面曰"上无所考此盛德"。各句都明确主体"廉洁有盛德"，可见"牵于俗而芜秽"绝不是自相矛盾的"自认品行'芜秽'"。

"上无所考此盛德兮，长离殃而愁苦。"其意为：君之不明无所考诗人之盛德，遭受长期流放而愁苦。潘啸龙先生曰：因"被考察者（楚王）没有'盛德'。这才造成了他'长离殃而愁苦'之失魂境况"。③ 假若"失魂"是上帝对被考察者"失德"的惩罚。那么，"怎么突然又能引出'帝告巫阳曰：有人在下，我欲辅之……'"呢？刚刚降祸让他"失魂"，忽又赐福要为他"招魂"。上帝不当如此反复无常吧？④ 即便楚王一时"失魂"而病，也不该"长离殃而愁苦"。

就引文六句看，无论是道德要求、政治遭遇、语言表达，都是说屈原，不是指楚王。

（二）招辞

1. 帝与巫阳对话

帝告巫阳曰："有人在下，我欲辅之。魂魄离散，汝筮予之。"这是屈原遐想上帝欲助"朕"招魂。帝欲辅"魂魄离散之人"，当指引文中"长离殃而愁苦"的"朕"。

古今的各色各样的"真招魂"都没有"帝与巫阳"出场。假如是"招楚王魂，或者宋玉作《招魂》，欲使失魂者'复其之精神，延其年寿'"，都没有必要设置"帝与巫阳"。

2. 巫阳下招

"魂兮归来！去君之恒干，……东、南、西、北、不可以止些。……君无上天些；……君无下此幽都些；……魂兮归来！入修门些。"

实际的"招魂"四方之害多对等，而且一般没有"天上与幽都"。《招魂》则各方不同：东方10句，南方12句，西方17句，北方6句，天上14句，幽都11句。

有人认为：《招魂》写了四方上下之害，唯独对西方进行了相对较长的描述，"尤其是'幸而得脱'等句，正合顷襄二年怀王自秦亡走赵国不纳，逃跑没有成功的史实。"⑤

论者把"历史上怀王逃亡失败"的悲哀事件，说成"怀王死魂幸而得脱"的喜事，如此曲解是不是太牵强了？而且秦在楚的西北，从史籍记载看屈原时代秦蚕食楚之国土，多从北而南，《史记·张仪列传》有"秦举甲出武关，南面而伐，则北地绝。"⑥ 怀王被扣，也是从"楚国北方"进入秦国。为何西方多达17句，而北方只有6句呢？硬要把"秦国"与"为害很多的西方"联系，那也是"告诫离魂不要入秦更合乎实际"。

再说"魂兮归来！入修门些"，灵魂从江南云梦往郢都，从南边的修门进入最为合适，显然与引导怀王的灵魂从秦回楚的路线（即从北方入郢都）不符。

《招辞》中虚幻的各方之害是自然环境之恶和害人怪物之凶，都是以楚国为中心，告诫游魂不要到其他各方去，从中得不出何方好、何处差的结论。绝无怀王之魂在秦国离散，需要从西北的秦国向东南的楚国引导的描述。正如方铭先生所说：若怀王之魂遗在西秦，就不需去四方招之。虚幻的各方之害，也不应该与真实的历史事件强行牵连。

3."招辞"中"帝"的定位

《招魂》："帝告巫阳曰：'有人在下，我欲辅之'。"其时帝是帮助人的善者，可是在"君无上天"

① 郭沫若：《郭沫若全集》第九卷，科学出版社1982年版，第295—296页。

② 王梦鸥注译：《礼记今注今译》，台湾商务印书馆1978年版，第48页。

③ 潘啸龙：《评〈招魂〉为"屈原自招"说》，《云梦学刊》2006年第5期，第30页。

④ 熊任望：《运用筛选法为〈楚辞·招魂〉决疑》，《中州学刊》1995年第5期，第103页。

⑤ 德育：《谈"招魂"的被招者、作者及艺术风格问题》，《北方论丛》1981年第3期，第19—24页。

⑥ 司马迁：《史记》，岳麓书社1988年版，第546页。

中，巫阳却暗示“帝”是“天上虎豹豺狼啄害下人的主使”。

假如宋玉作《招魂》求助上帝为失魂者招魂，就“不该在招辞中唐突上帝。”①

那么，帝的角色为何时而善良，时而邪恶呢？这只能用“屈原遐想作《招魂》才能说得通”。屈原对天、神一向是既寄予希望又有点失望。

《卜居》有：“数有所不逮，神有所不通。”

《天问》说：“天命反侧，何罚何佑？”

《哀郢》曰：“皇天之不纯命兮，何百姓之震愆？”

这样，屈原在《招魂》中“冒犯上帝”就不奇怪了。

或许因为屈原自幼就清以廉洁，并一直坚守着盛德，这样的贤臣，却被流放，长期遭受祸殃。屈原因为不满上天的这种安排，就借巫阳之口表达出来。

4. 工祝招君

“工祝招君，背行先些。秦篝齐缕，郑绵络些。招具该备，永啸呼些。”——这几句似乎是旁观者对招魂习俗场景的描写。

“魂兮归来！反故居些。天地四方，多贼奸些。像设君室，静闲安些；……室家遂宗，食多方些；……肴羞未通，女乐罗些；……菎蔽象棋，有六簙些；……铿钟摇簴，揳梓瑟些；……魂兮归来！反故居些。”——这应该是工祝的招辞。

文中之“君室”，外观美妙，功能具备，“室中之观，多珍怪些”……皆极尽铺张。故有人称之为“荒淫之乐”。或曰：“前饮食声色诸招，非原意中”，何以“招之以不应招之物”？

此乃知其一不知其二。招辞多是模仿、套用楚地巫师招魂时所用的程式化招辞，既不能、也不需要与屈原的志趣相合。而屈原渲染这些荒淫之乐，正是为了否定它。

5.“招辞”中“巫阳、工祝”的定位

巫阳从“天地四方”将离魂“招入修门”后，突然出现了“工祝招君”的场景。假如是宋玉作《招魂》，为什么要中途换人呢？

巫阳和工祝是协同的关系，还是交接班的关系呢？

实际招魂中，一般不会中途换人。这只有用屈原遐想作《招魂》才说得通。

6.“招辞”中“魂归故居”的问题

真招必须让“离魂”“去君之恒干”，回归身体。《招魂》中屈原的“恒干”在江南（有“汩吾南征、魂兮归来哀江南”为证），可“招辞”却要离魂“入修门、反故居”。

何以出现招魂之去处与恒干所在地不一的问题呢？这也只有用“屈原遐想作《招魂》，借招魂表达思念故居的情怀”才说得通。

（三）乱

“乱辞”是作者从“招魂幻境”返回现实。末句“魂兮归来，哀江南”揭示其“不能变心以从俗”的主旨，显示了“悲其志”的特征。

乱可分三段：

第一小段：“献岁发春兮，汩吾南征。菉苹齐叶兮，白芷生。路贯庐江兮，左长薄。倚沼畦瀛兮，遥望博。”——叙述诗人被流放南征，从鄂渚去溆浦，途经江南云梦附近，孤独地站在水边辽望原野、遥想郢都，触景生情，引发了回忆。

第二小段：“青骊结驷兮，齐千乘。悬火延起兮，玄颜烝。步及骤处兮，诱骋先。抑骛若通兮，引车右还。与王趋梦兮，课后先。君王亲发兮，惮青兕。”乃屈原回忆当年受宠信“与王趋梦夜猎”的欢快情景。

朱熹《集注》、洪兴祖《楚辞补注》皆说：“盛言畋猎之乐，以招之也。”② 两位把它看作招辞，显然与文意不符。还是王逸说得对：“以言尝侍从君猎，今乃放逐，叹而自伤闵也。”③

---

① 熊任望：《运用筛选法为〈楚辞·招魂〉决疑》，《中州学刊》1995年第5期，第103页。

② 蒋立甫校点：《楚辞集注》，上海古籍出版社1978年版，第139页。

③ 洪兴祖：《楚辞补注》，中华书局1983年版，第214页。

有人说，第二小段是“记叙楚王云梦夜猎的实况”，显然与前后两段的气氛、时空不符。前面是作者“汩吾南征，遥望博……”，后面是“皋兰被径兮，斯路渐”，这些与“青骊结驷兮，齐千乘……”前后的状态都不协调。

第三小段：“朱明承夜兮，时不可淹。皋兰被径兮，斯路渐。湛湛江水兮，上有枫。目极千里兮，伤春心。魂兮归来，哀江南！”记叙了作者身处江南的哀伤情景。

日夜更替时光如飞。当年千乘夜猎，如今放流在江南。车马稀少路径被荒草覆盖。面对湛湛江水，目极千里，遥望郢都，徒伤春心。最后呼唤沉浸在幻想中的灵魂回归现实……

蒋骥说：“卒章魂兮归来哀江南，乃作文本旨。”①《招魂》“乱”写的是：“春天来到江南，屈原一路行来，不觉触动愁怀。在远望之中，心思渐渐飘渺起来，仿佛又回到当年云梦夜猎的情景中。描写夜猎的这一小段文字，又以朱明承夜兮，时不可以淹，以时间的飞逝又接回现实，接得极其自然，正如前面以遥望博一句牵起回忆之线一样。根据序和这一段尾声来看，说这篇《招魂》是屈原所作，是相当具有说服力的。”②

二、《招魂》是招生魂

《招魂》是“屈原遐想，自招其魂”，当然是“招生魂”。

一般来说，死魂不是升天就是下地。而《招魂》所述，天、地和四方皆不能去，只能去郢都的“故居”，必然是“招生魂”。假若说是“招死魂”，不能升天、不能下地，只能待在“阳间的故居”显然说不通。

从《招魂》文本看：“帝告巫阳曰：‘有人在下，我欲辅之。魂魄离散，汝筮予之。’”有人就是引文中“长离殃而愁苦”的“朕”。上帝“欲辅之人”当然是活人，人死了就没法“辅”了。其“恐后之谢，不能复用”用招“死魂”也难以讲通。

王逸《招魂》序：“欲以复其精神，延其年寿。”朱熹《楚辞集注》：“宋玉哀闵屈原无罪放逐，恐其魂魄离散而不复还，遂因国俗，托帝命，假巫语以招之。”③ 这都是说招屈原之生魂。

陈朝璧、金荣权等人认为：“魂魄离散，明明说此人已死。”这与屈原作品的记述不符。

屈诗中多处有“魂魄离散”的描写。如《惜诵》：“昔余梦登天兮，魂中道而无杭。”（梦中，魂可离体）《抽思》：“惟郢路之辽远兮，魂一夕而九逝。曾不知路之曲直兮，南指月与列星。愿径逝而未得兮，魂识路之营营。”（想象、恍惚中，魂亦可离体）《远游》有：“神倏忽而不反兮，形枯槁而独留”，则直说人的“神（魂）形（魄）离散”。这些“魂魄离散”都与人已经亡无关。古人认为，若魂魄离散、魂灵长久不归，人就会生病，需要招魂“以复其精神，延其年寿”。再者，《招魂》之“有人在下，我欲辅之。魂魄离散，汝筮予之。”是连贯的语义，单取“魂魄离散”解释为“人已经死亡”，属于断章取义。

有的人既说《招魂》是“招怀王死魂”，又说：“天帝所辅助的，均指天子或国君；或曰‘这个人将来可能继承王位’。”这显然自相矛盾。天帝辅助“天子或国君”当然是活人，死人岂能当“天子、国君”？死人更不可能“将来继承王位”。可见，“招死魂论者”说不通这个“辅”字。

《招魂》中有：“工祝招君，背行先些。秦篝齐缕，郑绵络些。招具该备，永啸呼些。魂兮归来！反故居些。”这可能是屈原时代“楚地招生魂场景的真实描写”，具有重要的史料价值。篝：指竹笼（装衣物）。缕、绵络：指绸缎、彩线。现代秭归还有类似民俗：某人受惊吓“失魂”，其亲人便于夜间为其“叫魂”。招魂者用竹篮提着“七彩线”和被招者的衣物，反复呼唤：“某某，快回来阿！”④

陈朝璧先生说：“我们没有足够的材料，证明屈原时代已有招生人之魂的风俗”。⑤ 这显然与《招魂》记载的材料不符。

---

① 蒋骥：《山带阁注楚辞》，上海古籍出版社1958年版，第158页。

② 吕正惠：《泽畔的悲歌——楚辞》，台湾时报文化出版事业有限公司1983年版，第149页。

③ 蒋立甫校点：《楚辞集注》，上海古籍出版社2001年版，第129页。

④ 谭家斌：《招魂探源》，《职大学报》2007年第3期，第31页。

⑤ 陈朝璧：《关于〈招魂〉的作者和内容的商榷》，《文学遗产增刊》1958年第6辑。

三、“路贯庐、江”之解

学术界对《招魂》中“路贯庐江”的解释，分歧较大。

王逸《楚辞章句》注：“贯，出也。庐江、长薄，地名也，言屈原行先出庐江，过历长薄。长薄在江北，时东行，故言左也。”①

洪兴祖云：“《前汉·地理志》：庐江出陵阳东南，北入江。”②

王夫之说：“襄汉之间有中庐水，疑即此水。”③（今宜城县北）

陆侃如、冯沅君曰：“《招魂》乱辞里讲到楚王到庐江打猎。庐江在今安徽（一说江西），所以这篇大概作于前241年楚考烈王迁都寿春以后，其作者便不可能是屈原了，而只能是宋玉。”④

郭沫若说：“所谓庐江在今湖北宜城县北，其地在《汉志》为中庐县。”⑤ 他将“路贯庐江”译为“路过庐江在长薄西。”⑥

林庚说：“庐”为“芦”的通假字，认为所谓“庐江”或即长江初生芦苇之时。林先生认为：“长薄”为一片长的丛林。⑦

朱东润说：“云梦在湖北南部，庐江在安徽中南部，假如所招是屈原之魂，从江陵到云梦，无须经过庐江。”⑧

这些分歧，往往与误解诗文有关。

“路”，为车行道。周代可容乘车三轨的最大车行道为“路”。

> 据《周官》记载，路有五等：小路为“径”，只能容牛马；大一些的为“畛”，可容大车行走；大路为“涂”，可容乘车一轨；再大的为“道”，可容乘车二轨；最大的为“路”，可容乘车三轨。所称一轨，注为八尺。……西周至春秋战国时期，已有邮传制度的建立。在主要交通要道上，每隔相当距离，即置邮或传舍。⑨

“贯”，意为连通、穿过。此处当译为“连通、贯通”。

陈子展先生《楚辞直解》译为：“路程穿过庐江啊。”

文怀沙先生译为“我的行程穿过了庐江”。

把《招魂》中的“贯”，理解为“穿过”并不融通。屈原时代尚不能建造跨江之桥，“路”只能到达江边，不能“穿过江”。“过江”需要“济（摆渡）”或“梁（浮桥）”，把“路”解释为“路程”也不确。

“庐、江”，先秦文献中，水名多单称，把“庐江”看作一个词，不一定对。（当然也不绝对，如《鄂君启舟节》“逾江，适彭射，适松阳，入泸江，适爰陵”就有“泸江”。）就本文来看，把“庐”与“江”分开可能更合原意。

《周礼·地官司徒下·遗人》载：“凡国野之道，十里有庐，庐有饮食；三十里有宿，宿有路室，路室有委。”⑩ 如果把“庐”看作是“十里有庐”之“庐”，也未尝不可。

张中一先生说：

> “庐”指田间的小屋，是接待宾客的地方。楚辞书面语中的“庐江”只能简称“庐”，或者简称“江”，没有连称的先例。从“庐”字结构来看，不从水，也不可能是水名。⑪

可作参考。

---

① 洪兴祖：《楚辞补注》，中华书局1983年版，第213页。

② 洪兴祖：《楚辞补注》，中华书局1983年版，第213页。

③ 王夫之：《楚辞通释》，上海人民出版社1975年版，第149页。

④ 陆侃如、冯沅君：《陆侃如冯沅君合集》第一卷，安徽教育出版社2011年版。

⑤ 郭沫若：《今昔蒲剑》，海燕书店1949年版。

⑥ 郭沫若：《屈原赋今译》，人民文学出版社1954年版。

⑦ 林庚：《诗人屈原及其作品研究》，上海古籍出版社1981年版。

⑧ 朱东润：《〈离骚〉以外“屈赋”》，《光明日报》1951年5月12日。

⑨ 王育民：《中国历史地理概论》（上），人民教育出版社1987年版。

⑩ 李学勤主编：《周礼注疏》，北京大学出版社1999年版，第345页。

⑪ 张中一：《“招魂”乃屈原自招新证》，《贵州文史丛刊》1995年第1期。

“庐”和“长薄”相仿只是“南征”途中一个小地名，现今难以坐实。试想，秦代偌大一个洞庭郡，在“里耶秦简”发现之前，史册、文献中都没有记载。要想把《楚辞》作品中的小地名准确地坐实是多么困难。若用《汉书地理志》《水经注》等后代著作中的“庐江”做“拉郎配”，多半没有说服力。

有些人在解读时，只看“路贯庐江”这一句，而没有顾及前后文和《招魂》总体。看到小的“庐”，忽略了大的“江”。

“路贯庐、江”之“路”可与其后的“斯路渐”呼应。前有“路”，后有“斯路”。这“斯路渐”之“路”，无论如何不能译为“行程”“路程”，可见“路”当指车马大道。

“路贯庐、江”之“江”，与其后的“湛湛江水”很可能是同一条江，可见“庐”是“庐”，“江”是“江”，不能合称“庐江”。

即便“庐江”是战国时代之水名，也必须与诗中“汨吾南征”“与王趋梦”“哀江南”等联系起来考虑。可见把庐江定为“在彭蠡泽（鄱阳湖）的东面”并不可靠。

周秉高先生说：

> “庐江”是在屈原被迁徙江南行路上，云梦附近，而决非安徽、襄汉或别的什么地方。①

可备一说。

那么“路贯庐、江”之“江”何所指呢？屈原作品里的“江”，不一定都是通常所说的“长江”。《渔父》有“屈原既放，游于江潭……宁赴湘流，葬于江鱼之腹中”，其“江”可能是指“湘”。《招魂》“湛湛江水”“路贯庐、江”之“江”多半也是指“湘”。

“路贯庐、江”或可译为：大路连通庐和湘江。

四、“像设君室”之解

楚辞研究者对“像设君室”中“像”，其解释也存在分歧。

王逸《楚辞章句》曰：“像，法也。”“言乃为君造设第室，法像旧庐所在之处，清静宽闲而安乐也。”②

朱熹《楚辞集注》曰：“像，盖楚俗，人死则设其形貌于室而祠也。”又说：“故宋玉哀闵屈原无罪放逐，恐其魂魄离散而不复还，遂因国俗，托帝命，假巫语以招之。”③一说“人死设像”，一说“宋玉哀闵屈原，假巫语以招之”，显然自相矛盾。

汤炳正先生说：“像，画像，此言人死后设其形像于室祠之。”④

姜亮夫先生云：

> 昆山顾亭林乃以为像者，战国以后以尸礼废而像事上，言之最为有理。其言曰：古之于丧也有重，于祔也有主，以依神于祭也，有尸，以象神，而无所谓像也。《左传》言“尝于太公之庙，麻婴为尸”。《孟子》亦曰“弟为尸”。而春秋以后不闻有尸之事，宋玉《招魂》始有像设君室之文。尸礼废而像事兴，盖在战国之时矣。……则此‘像设’直是楚人旧习。⑤

朱熹、汤炳正、姜亮夫等人把“像设君室”理解为“人死则设其形貌于室而祠”“尸礼废而像事兴”，似乎有郢书燕说之嫌。

招魂的“魂兮归来！反故居些”，是要“魂兮归来！去君之恒干”。“君室”是作者想象中“恒干”所居之处。“像设君室”并非“设像祭祠”，后文的“室中之观”就是其“故居之室”和故居日常生活的描写，这些都与“设像祭祠”无关。把“像设君室”理解为“设像祭祠”显然不妥。而且，两周之时也未见“人死后设其画像于室祠之”的记载。《战国策·燕二》有：“宋王无道，为木人以象寡人，

---

① 周秉高：《〈招魂〉写作时地新探》，《职大学刊》1994年第2期，第15页。

② 洪兴祖：《楚辞补注》，中华书局出版社1983年版，第202页。

③ 朱熹：《楚辞集注》，上海古籍出版社2001年版，第133页。

④ 汤炳正等：《楚辞今注》，上海古籍出版社1995年版，第229页。

⑤ 姜亮夫：《姜亮夫全集》（三），云南人民出版社2002年版，第350页。

射其面。"[①] 其"象"乃"为木人以像诸侯"。

《史记·周本纪》:"武王上祭于毕。东观兵,至于盟津。为文王木主,载以车,中军。"《伯夷列传》:"西伯卒,武王载木主,号为文王,东伐纣。"周代人死"设'木主'于庙室祠之"的可能性比较大,没有"尸礼废而像事兴"的依据。

即便"像设君室"是画像,那也可能"固有生而为之者,不必专指死后也"。[②]

刘信芳先生说:《招魂》之"像",本指庙室神主之象也。[③] 把"像设君室"的"君室"指为"庙室","像"释为"神主之象",缺少依据,与《招魂》的"君室"和"室中之观"的描述不符。从诗文的总体来看,王逸的"法像旧庐"更合诗文之意。

刘刚先生说:

> "魂兮归来,反故居些"是说离魂的大致归所;"像设君室"是说离魂的具体归所,"像"也是供离魂辨识自己归附之处的"招具",设于"室",说明这个"室"就是离魂的当归之处。[④]

此论或可备一说。

还有说《招魂》的"像设君室静闲安些"是说为死者仿居室造冢墓,让亡灵如生前所居,得以安息。[⑤] 显然与《招魂》文本不符。

五、如何看待"天帝之辅"和"故居之乐"?

有说:"屈原自招说最大的障碍,在于文中所叙与屈原的身份不合。"——这是否定"招屈原论"者一再使用的王牌。只是此论似是而非,实属理不直而气壮。

(一)屈原可当天帝之辅吗?

陈子展先生认为:上帝要辅助的人"绝不是辅助一介臣民,而是辅助一位人君。"[⑥]

此论不确。孟子说:"天将降大任于斯人也,必先苦其心志,劳其筋骨,饿其体肤,空乏其身,行拂乱其所为,所以动心忍性,曾益其所不能。"[⑦] 孟子举了舜、傅说、胶鬲、管夷吾、孙叔敖、百里奚等人为例,其中只有舜一人是"君"。

东汉王充《论衡·问孔》曰:"颜渊死,子曰:'噫!天丧予!'此言人将起,天与之辅;人将废,天夺其佑。"[⑧] 古人心中"天辅"的是有德之人,并非只是国君。更何况《招魂》中的"帝"只是"辅助屈原招魂",而不是"辅'万民之主'拥有天下"。

《远游》《离骚》中的主角——可以"车万乘、驾八龙""奏《九歌》而舞《韶》",《涉江》中的屈原可以"与重华游兮瑶之圃",《抽思》中的屈原可以"令五帝以折中兮,戒六神与乡服",其文中的主人翁可高居于众神之上,那么,《招魂》中的屈原,"当天帝之辅",有何不可呢?

(二)《招魂》的豪华场面"皆人主之礼体"吗?

清朝方东树对"招屈原"提出质疑:《招魂》"所陈荒淫之乐,皆人主之礼体,非人臣所得有也。"[⑨] 其后很多学者认同此说,以致各种"招楚王论"得以盛行。实际上这只是个片面之说,当我们着眼于屈诗的总体,真正读懂《招魂》,这个问题自然冰释。

熊任望先生说:

> 讨论《招魂》的"故居生活"是否合乎屈原身份,只要看《离骚》:"屯余车其千乘兮,

---

① 缪文远:《秦召燕王》《战国策新校注》,巴蜀书社第1068页。

② 蒋骥:《山带阁注楚辞》,上海古籍出版社1984年版,第162页。

③ 刘信芳:《招魂"像设君室"与楚简帛之"象"》,《云梦学刊》2011年第1期,第45—47、45页。

④ 刘刚:《楚招魂巫俗、巫术与宋玉〈招魂〉——宋玉〈招魂〉的礼俗文化解读之二》,《古籍整理研究学刊》2014年第4期,第70—73页。

⑤ 康定心、康广志:《考古释〈招魂〉》,《江汉论坛》1983年第1期,第72页。

⑥ 陈子展:《楚辞直解》,复旦大学出版社1996年版,第725页。

⑦ 万丽华、蓝旭译注:《孟子》,中华书局2006年版,第285页。

⑧ 王充:《论衡》,世界书局1935年版,第92页。

⑨ 方东树著,汪绍楹点校:《昭昧詹言》,人民文学出版社1961年版,第346页。

齐玉轪而并驰。驾八龙之婉婉兮，载云旗之委蛇。抑志而弭节兮，神高驰之邈邈。奏《九歌》而舞《韶》兮，聊假日以偷乐。”“车千乘”——多么庞大的侍从队伍！“驾八龙”——这是什么样的规格！“奏《九歌》而舞《韶》”——什么样身份的人能够享受！……比较一下屈原在《离骚》中描述的极度夸张，对《招魂》中的夸张，还会提出疑问吗？为什么对《离骚》作品主人公如此高贵豪华的气派能够接受，而在讨论《招魂》时，对其中夸张的奢侈生活却不能理解、不能接受呢？①

王逸《楚辞章句》把“被招对象定为屈原”。其后，五臣、洪兴祖、朱熹、王夫之等也都认同。在等级森严的专制社会，这些学者都不认为“非人臣所得有”。可见，他们对文学作品中的虚与生活中的实分得很清楚。

从另一方面看，“招辞”写宫廷乐舞：“二八齐容，起郑舞些。”按周礼楚王可用六佾四十八人，这里只用了两佾，似乎还未达标准。还有“士女杂坐，乱而不分些。放敶组缨，班其相纷些。郑卫妖玩，来杂陈些”也与宫廷等级森严的氛围不符，而非宫廷所宜。

吴贤哲先生指出：

“菎蔽象棋，有六簙些”至“魂兮归来，反故居些”一段，写的是在故居可以六簙对局，叩钟弹瑟，饮酒赋诗，呼唤离魂归来，与先辈故旧同欢尽乐。其中所写的下棋赌博，主要反映的应是市民生活，而叩钟弹瑟，饮酒赋诗，写的则是文人雅士的生活情趣。……由此看来，魂主当非国君。②

屈原诗的表现手法是非礼制非现实的，不必用礼体去硬套。

还有人认为：“《招魂》奢侈享乐的描写，代表了作者心目中理想的生活方式，这与屈原的品格素志大相径庭，所以屈原自招说不可信。”③ 这也是只看表象没有看到实质。《招魂》描写奢侈生活，用于引诱魂归故居，这只是巫、祝招魂的常规套路，不能理解为代表作者心目中理想的生活方式。更重要的是，《招魂》的魂主并没有接收这种奢侈生活，回归故居，而是魂兮归来哀江南。既然如此，怎么能以奢侈生活与屈原的品格素志不合断定屈原自招说不可信呢？

《招魂》中有：

二八侍宿，射递代些。九侯淑女，多迅众些。盛鬋不同制，实满宫些。容态好比，顺弥代些。弱颜固植，謇其有意些。姱容修态，絙洞房些。蛾眉曼睩，目腾光些。靡颜腻理，遗视矊些。离榭修幕，侍君之闲些。

钱钟书说：

“二八侍宿，射递代些！”几如“妓围”“肉阵”，皇甫湜《出世篇》所写“天姝当御，百千为番”，屈子而然，“善淫”之“诼”，不为无因矣！④

此言差矣。

第一，不要把巫祝夸张的招辞当真，古今中外荒淫无度的帝王，未必有妓围、肉阵、百千为番者。第二，钱氏据此把善淫的帽子套在屈原头上，多半与作品原意不合。《离骚》的“众女嫉余之蛾眉兮，谣诼谓余以善淫”，其“淫”可作“迷惑”解。如《孟子》：“富贵不能淫，贫贱不能移。”《尚书·无逸》：“无淫于观、于逸、于游、于田。”《招魂》中的“‘善淫’之‘诼’”当指“群小谣诼屈子‘善于迷惑’君王”，而不是说他“淫乱”。

可见，各种“招楚王论”都与《招魂》文本不符。

六、“魂归故居”与“身在江南”的矛盾

潘啸龙先生曾尖锐地问：“被放江南的屈原，要招回自己的失魂，为什么不让它回到江南屈原自己

---

① 熊任望：《〈招魂〉“屈原自招”说答友难》，《河北大学学报》2007年第4期，第2页。

② 吴贤哲：《“招魂”作者与被招者问题再探讨》，《西南民族大学学报（社科）》1992年第6期，第94页。

③ 翟江月：《浅议宋玉作〈招魂〉的合理性》，《山东大学学报（哲社版）》1999年第1期，第31—34页。

④ 钱钟书：《管锥编》（第二册），三联书店2001年版，第965页。

的‘恒干’上，反而要召唤它远去郢都‘故居’?”① 可惜他未能找到正确答案。

《招魂》中为何设置这样一个跟招魂目的背离的结局呢？我们的理解是：

> 怀王客死后，屈原被顷襄王东迁夏浦—鄂渚近十年（长离殃而愁苦），如今又被流放到更僻远的“溆浦”（《涉江》“虽僻远之何伤”）。在“南征”途中，到达湘江、邻近江南云梦时回想当年有所感触，乃作《招魂》。借遐想的“招魂”表达思念郢都故居的情怀。屈原幻想：自己身体恍惚仍在郢都故居，而灵魂却离散在外。同时虚拟出上帝命巫阳为自己招魂的幻境。“巫阳”从“天地四方”招离魂回郢都、入修门后，屈原的想象中又出现了“工祝招君，背行先些。秦篝齐缕，郑绵络些。招具该备，永啸呼些”。这些人间招魂的场景……虚幻中的巫、祝将离魂招往故居幻想中的恒干后就隐没了。“乱曰”，则是屈原从幻境返回现实，自述经历，回忆当年受怀王宠信“与王趋梦、千乘夜猎”的欢快，反衬现今长离殃的愁苦，并以“魂兮归来哀江南”的呼唤，表达“坚守清白、拒绝故居之乐”。正如《涉江》所云：“吾不能变心以从俗兮，固将愁苦而终穷。”

屈原作《招魂》自招其魂，绝不是“欲复其精神，延其年寿”的“真招”，而是抒情言志之作。抒“思念故居”之情，言“坚守清白”之志。除此以外各种各样的《招魂》说，都难以解释文中的疑难和矛盾。

王逸：“《招魂》者，宋玉之所作也。宋玉怜哀屈原，忠而斥弃，愁懑山泽，魂魄放佚，厥命将落。故作《招魂》，欲以复其精神，延其年寿，外陈四方之恶，内崇楚国之美，以讽谏怀王，冀其觉悟而还之也。”其说与《招魂》的主旨不符，解释不了文中的疑难和矛盾。

蒋骥说：“魂兮归来哀江南，乃作文本旨，余皆幻设耳。”

招辞中“外陈四方之恶”可从蒋骥的“皆幻说”。“内崇楚国之美”是在现实基础上的夸张，可谓半真半虚。其“引文与乱辞”则是写实，并非“幻设”。

有人在方东树“托《招魂》”悲“楚之将亡”② 的基础上说：从《招魂》的内容看，“是拟巫师招帝王魂魄之作，而帝王代表的是楚国，招楚王之魂，就是招楚国之魂。……拯救悲哀的江南！”苏慧霜女士则说“《招魂》是诗人对死亡的超越和对生命的企慕所做的记录”，是“组丽之祝辞”③。

这些论说都偏离了《招魂》文本，解不开“魂归故居”与“身在江南”的矛盾，难以说明“帝”的角色，为何时而善良时而邪恶等疑难。

七、作品风格等问题

有人认为《招魂》与屈原风格相符，有人认为《招魂》与宋玉风格一致。鲁迅《汉文学史纲要》：“《招魂》……司马迁以为屈原作，然辞气殊不类，其文华靡，长于敷陈。”

其实文学作品的风格，乃是缺乏客观标准的橡皮泥。作家作品的风格大多数不是一成不变的，同一作家可有多种风格，不同的作家可有相似的风格。

还有说：“序辞与乱辞是屈原风格，招辞却是宋玉风格。”这就更说不通了。若是宋玉拟屈原自招，岂能序辞与乱辞拟屈原风格，招辞却是自家风格？其二，序辞与乱辞是屈原自述，当是屈原风格。招辞是引用巫、祝的“套话”，怎能与屈原或宋玉风格混为一谈？其三，《襄阳耆旧传》说：“玉音而善文，襄王好乐爱赋，既美其才，而憎之似屈原。”从宋玉的作品看，他“宁穷处而守高”，是李白称颂的“立身本高洁”的正直文人。宋玉的志趣与屈原相似，把招辞中的淫乐之词与宋玉志趣挂钩，乃是对宋玉的诋毁。

例如，杜甫的诗歌就兼备多种风格。正如元稹所说：“至于子美，盖所谓上薄风骚，下该沈、宋，言夺苏、李，气吞曹、刘，掩颜、谢之孤高，杂徐、庾之流丽，尽得古今之体势，而兼人人之所独专矣。”可见“以作品的风格”来判断作者很不可靠。

---

① 潘啸龙：《评〈招魂〉为“屈原自招”说》，《云梦学刊》2006年第5期，第27—31、28页。

② 方东树：《昭昧詹言》，人民文学出版社1961年版，第346页。

③ 苏慧霜：《幻设与奇崛——〈招魂〉人文精神》，“汨罗屈原文化网站”2015年3月10日，http://quyuan.mlnews.gov.cn/index.php?m=content&c=index&a=show&catid=465&id=1308

就风格而言，《招魂》《好色赋》《神女赋》其风格就各不相同。《招魂》的“二八侍宿……美人既醉……”比较直接、朴实。《好色赋》的东家之子，其身材、肤色没有具体描摹，却达到了美之极致。眉、肌、腰、齿的比喻则由虚转实，活脱脱勾画出天下莫如的佳人形象。其“嫣然一笑”，更将美女的惊艳，扩展到阳城、下蔡，迷倒了一大片。《神女赋》，则扑朔变化，一波三折。既显示神女尽善尽美，光彩照人，眉目传情的人性，又突出了神女“意似近而既远”美艳而神秘，不可干犯的神性。既有外在美的描写，更胜乎内在美的刻画。三者风格各异，既不能说它们作者不同，也不能说它们是同一作者。

八、“宋玉作《招魂》说”的难点

王逸曰：“《招魂》者，宋玉之所作也。……宋玉怜哀屈原，忠而斥弃，愁懑山泽，魂魄放佚，厥命将落。故作《招魂》，欲以复其精神，延其年寿……”此论采信的人很多，一度成为学界的主流。其实它与《招魂》文本不符，多处说不通。

“宋玉作《招魂》说”有五大难关，可以归纳为：第一，“假若宋玉作《招魂》，欲使失魂者‘复其之精神，延其年寿’”，没有必要设置“帝与巫阳”。第二，假如宋玉作《招魂》求助上帝为失魂者招魂，就“不该在招辞中唐突上帝”。其实《招魂》中屈原假托上帝辅助自己“招魂”，只是想象中的自己辅助自己，而不是真的祈求上帝。故而在“君无上天”中，又把“帝”看作“啄害下人”的主使。第三，假如宋玉作《招魂》，为什么要中途换人（先巫阳，后工祝）？第四，真招目的是“欲以复其精神，延其年寿”。必须让离魂“去君之恒干”，而《招魂》中屈原身在江南，招者却让离魂“入修门，反故居”，这显然与真招目的背离。第五，宋玉出道是在楚都迁陈以后，他的生平经历与诗文中要游魂“入修门，反故居（郢都）”不符，与“汩吾南征……哀江南”搭不上。（详见本书与《招魂》相关的系列论文）

而且从《九辩》到《九思》全有拟作者的明显痕迹，《招魂》中却找不到宋玉拟屈原作的痕迹。故林云铭曰：“篇首自叙、篇末乱辞，皆不用‘君’字，而用‘朕’字、‘吾’字，断非出于他人口吻。”①《招魂》之文只有用屈原遐想作《招魂》，借招魂表达思念故居的情怀才能说通。

结　语

《招魂》有“魂归故居”与“身在江南”的矛盾；其招魂者有巫阳、工祝和作者三次变换；文中的“帝”时善时恶。……这些只有用屈原遐想自招其魂才能说通，其他各种各样的说法，都难以解释《招魂》中的疑难和矛盾。

熊任望先生指出：

> 招辞，在本质上类似《离骚》中女媭所说的“汝何博謇而好修兮，纷独有此姱节？薋菉葹以盈室兮，判独离而不服”。你回来吧，只要你能安于如此这般的生活享受，准行。否则，返郢绝无希望。作者通过招辞，提出面对楚国现实何去何从的问题，要“朕”做出选择。②

屈原《招魂》中：先是设想巫阳为他招魂，告诫天地四方不能去，再有工祝用“饮食声色、荒淫之乐”，诱惑他“回郢都故居”……这些都是屈原倾诉事君无望，又不能变心以从俗，故以“魂兮归来哀江南”表达他坚守清白、拒绝故居之乐。屈原在招辞中渲染故居之乐，正是为了否定它。

近年，常森先生进一步把屈原的选择明朗化。他认为：“屈原遭多次政治打击，一直有做出选择的可能”，《招魂》则“将主体的取舍对象化为魂灵的抉择。”③

屈原的抉择是：舍弃故居之乐“魂兮归来哀江南”。

---

① 林云铭：《楚辞灯》，华东师范大学出版社 2012 年版，第 170 页。

② 熊任望：《三论〈招魂〉为屈原自招》，《河北师院学报》1993 年第 1 期，第 48—54 页；熊任望：《楚辞探综》，河北大学出版社 2000 年版，第 229 页。

③ 常森：《论屈原诗歌的比体艺术》，《北京大学学报》2011 年第 5 期，第 31—43 页；《〈招魂〉：屈原而非宋玉营构的奇诡世界》，《北京大学学报（哲社版）》2014 年第 6 期，第 44—56 页。

论《招魂》的作者和争议[①]

摘要：笔者通过相关背景资料和《史记·屈原列传》《楚辞章句》可信性对比后得出："太史公曰：余读《离骚》《天问》《招魂》《哀郢》，悲其志"是屈原作《招魂》的依据。它与屈原、宋玉生平和楚国历史一致，与《招魂》文本相符。而王逸《招魂》序、注的"《招魂》者，宋玉之所作也"与屈原、宋玉生平和楚国历史不符，与《招魂》文本不合，其可靠性欠佳。

关键词：招魂；屈原列传；屈原；宋玉；生魂；死魂

自汉至今，对《招魂》的分歧一直未了。人们在论著中往往压缩或者回避对自己不利的信息，忽视隐蔽的逻辑错误……如能排除这些不良倾向，正视存在的种种矛盾，分歧就会大大减少，问题也容易解决了。

关于《招魂》的作者："屈原说"的原始证据只有《屈原列传》的"太史公曰：余读《离骚》《天问》《招魂》《哀郢》，悲其志。""宋玉说"的原始证据只有王逸《楚辞章句》的："《招魂》者，宋玉之所作也。"自王逸的"《招魂》者，宋玉之所作也"以来，宋玉作《招魂》论，一度占有市场的较大份额。其实王逸之说，乃是脱离屈原和宋玉的生平、脱离《招魂》文本、脱离战国时代实际的，不可信之论。

要解决《招魂》的作者问题，必须尽可能地弄清楚相关背景。例如：屈原与宋玉的生平；《招魂》的内容和主旨；太史公"读的《招魂》"是谁的作品？王逸《楚辞章句》是否严谨？其"《招魂》者，宋玉之所作也"是不是可靠？等等。

学术讨论必须以文献为依据，离开文献的臆想，大多没有学术价值。

笔者通过《宋玉事迹探微》大致确定：宋玉侍楚襄王，作《钓赋》《好色赋》都在楚都迁陈以后，宋玉当生于楚襄王元年（前298年）前后。宋玉不可能在秦人占领的故郢都为屈原或为楚王"招魂"。通过《试论〈招魂〉的主旨》论证《招魂》是屈原宣泄愁苦的文学作品。《招魂》有"魂归故居与身在江南"的矛盾，有"上帝既助魂主招魂，又是啄害下人的主使"的悖论，还有"招辞"与"引文"不协调等问题，这些只有用"屈原遐想自招其魂"才能说通。在此基础上，再通过对《屈原列传》和《楚辞章句》文献可靠性的分析得出：

《屈原列传》的"太史公曰"是屈原作《招魂》的依据，它与屈原、宋玉生平和楚国历史相符，与《招魂》文本相符。而王逸的"《招魂》者，宋玉之所作也""讽谏怀王"等，与屈原、宋玉生平和楚国历史不符，与《招魂》文本不合，可信性欠佳。

一、《招魂》争议回顾

1. 汉代

司马迁《屈原列传》曰："屈原既死之后，楚有宋玉、唐勒、景差之徒者，皆好辞而以赋见称。然皆祖屈原之从容辞令……""太史公曰：余读《离骚》《天问》《招魂》《哀郢》，悲其志。适长沙，过屈原所自沉渊，未尝不垂涕，想见其为人。"[②]

司马迁能看到的屈原和宋玉的资料远比现代要多，以司马迁的天赋和学识，理当知晓屈原、宋玉生平，并掌握屈、宋作品精要。在此基础上做出的论断，其文献可信度理当肯定。不管从行文惯例，还是从逻辑规律上看，他所列举的四篇都应当是屈原的作品。

王逸《楚辞章句·招魂》序曰："《招魂》者，宋玉之所作也。……宋玉怜哀屈原，忠而斥弃，愁懑山泽，魂魄放佚，厥命将落。故作《招魂》，欲以复其精神，延其年寿，外陈四方之恶，内崇楚国之

① 笔者这篇论文见《职大学报》2015年第4期，第11—20页。

② 司马迁：《史记》，岳麓书社1988年版，第629、632页。

美，以讽谏怀王，冀其觉悟而还之也。”①

王逸的《招魂》序、注，多与《招魂》文本不合，与屈原、宋玉生平不符，现今很少有人认同。然而其中的“《招魂》者，宋玉之所作也”采信的人很多，一度成为学界的主流。但王逸之前，并无此说，不知道他的根据是什么？

2. 汉后至唐末

汉后至唐末，屈原作《招魂》与宋玉作《招魂》两者并存，认同屈原作《招魂》之例：

南朝梁沈炯《归魂赋》曰:“古语称收魂升极，周易有归魂卦，屈原著《招魂》篇，故知魂之可归。”②

王勃《春思赋序》：“仆不才，耿介之士也。……屈平有言：‘目极千里伤春心。’”③

李白的《同友人舟行游台越作》：“楚臣伤江枫，谢客拾海月。怀沙去潇湘，挂席泛溟渤。蹇予访前迹，独往造穷发。古人不可攀，去若浮云没……”从“怀沙去潇湘”看，“楚臣”当指屈原，“伤江枫”应是《招魂》之“湛湛江水兮上有枫，目极千里兮伤春心”。可见李白也认为《招魂》为屈原之作。

陆龟蒙的诗《离骚》：“《天问》复《招魂》，无因彻帝阍。岂知千丽句，不敌一谗言。”陆龟蒙认为《离骚》《天问》与《招魂》都是屈原的作品。

唐末吴融《楚事》诗序：“屈原云‘目极千里伤心’，宋玉云‘悲哉秋之为气’。”把屈原《招魂》与宋玉《九辩》分得很清。

认同宋玉作《招魂》之例：

萧统，在《文选》33卷中，把《招魂》列于宋玉名下。④

唐李贺曰：“宋玉赋，当以《招魂》为最。”

李商隐《哭刘蕡》：“只有安仁能作诔，何曾宋玉解招魂。”

唐代吕向、吕延济、刘良、张铣、李周翰《五臣注》认为宋玉作《招魂》“皆代原为辞。”

3. 宋代

宋人多认同宋玉作《招魂》说，似乎只有吴开、葛立方认为《招魂》著作权应归屈原。

葛立方认为《招魂》著作权应该从司马迁说归于屈原；屈原作品为二十六篇。

宋吴开有：陆士衡乐府：“游客春芳林，春芳伤客心。”杜子美：“花近高楼伤客心。”皆本屈原“目极千里伤春心。”杜子美《今夕行》：“凭陵大叫呼五白，袒跣不肯成枭卢。”学者谓杜用刘毅刘裕东府樗蒲事，虽杜用此，然屈原《招魂》已尝云：“成枭而牟呼五白。”可见吴开认为《招魂》是屈原的作品。

朱熹《楚辞集注》《招魂》注⑤，认同宋玉作《招魂》，但对于招屈原生魂还是死魂含糊其词。他说：“《招魂》者，宋玉之所作也。……荆楚之俗，乃或以是施之生人，故宋玉哀闵屈原无罪放逐，恐其魂魄离散而不复还，遂因国俗，托帝命，假巫语以招之。以礼言之，固为鄙野，然其尽爱以致祷，则犹古人之遗意也，是以太史公读之而哀其志焉。若其谲怪之谈，荒淫之志，则昔人盖已误其讥于屈原，今皆不复论也。”“此宋玉代为屈原之词”，“玉意欲使屈原复归郢”，有招屈原生魂之意，可又说：“尽爱以致祷”“人死则设其形貌于室而祠之也。”则是“招死魂”之论。

4. 明代

明代“两说并存”。

徐师曾《文体明辩·楚辞》承袭朱熹的“宋玉招屈原死魂”说。显然与《招魂》文本不符。

张凤翼《文选纂注》卷七《招魂》篇注说：“古者人死，则以其上服升屋而招之，此必原始死，而玉作以招之也。旧注皆云，施之生时，欲以讽楚王。殊未妥。”

---

① 洪兴祖：《楚辞补注》，中华书局1983年版，第197页。

② 欧阳询撰，汪绍楹校：《艺文类聚》卷七十九，上海古籍出版社1982年版，第1358页。

③ 王勃著，蒋清翊注：《王子安集注》卷一，上海古籍出版社1995年版，第1—2页。

④ 萧统编，李善注：《文选》，上海古籍出版社1986年版，第1540页。

⑤ 朱熹撰，蒋立甫校点：《楚辞集注》，上海古籍出版社等2001年版，第129、133、139页。

陈第《屈宋古音义》《题招魂》说："《招魂》作于屈原既死之后，张凤翼之言是也。今观其词云'去君之恒榦'，又云'像设君室'，夫苟未死，何云'去榦'，又何云'设像'也?"①

黄文焕《楚辞听直》据"太史公曰"断"《招魂》为屈原所作，自招其魂"。他列举的四条理由，虽然没有说到点子上②，但是，他的"屈原作《招魂》自招其魂"还是突破了当时众口一词的宋玉作《招魂》论。

5. 清代

清代"两说并存"。

林云铭《楚辞灯》云："(《招魂》）是篇自千数百年来，皆以为宋玉所作。王逸茫无考据，遂序于其端。试问太史公作《屈原传·赞》云'余读《招魂》，悲其志'，谓悲原之志乎？抑悲玉之志乎？此本不待置辩者。"③ 其后"屈原作《招魂》自招其魂"从者甚众，如蒋冀、屈复、方东树、吴世尚、陈本礼、胡浚源、胡文英、梁启超等。

王邦采把《招魂》转到宋玉名下。其《屈子杂文笺略》曰："夫《史记》之文，疏而不密，宋玉《招魂》一篇，以其为屈子而作也，遂连类及之，则所谓其志，即谓读玉之文而悲原之志，何不可者。"④ 其后"宋玉代屈原为词自招其魂"多有人采信。

袁枚《随园随笔》说："不知宋玉亲受业其门，而《招魂》之作，上天下地，东西南北，无所不招，而独不及于水，何耶？惟乱曰湛湛江水兮上有枫，魂兮归来哀江南，则其善终于汨罗可知也。"⑤ 显然与宋玉生平、与《招魂》文本不符。

孙志祖《读书脞录》⑥ 否定林云铭的《招魂》为屈原所作，而把《史记》所称的《招魂》定为《大招》。此论并没有文献依据，其内容与屈原时代的楚国实际不符，与屈原耿介直书的性格不符。故难以得到公认。

方东树《昭昧詹言》：《招魂》"所陈荒淫之乐，皆人主之礼体，非人臣所得有也。"⑦ 此论一出，各种各样"招楚王论"盛行。其中以认同屈原作《招魂》招楚怀王的人数最多。

例如，郭沫若先生说："宫室苑囿，车马仆御，女乐玩好，美衣玉食，那些近于穷奢极侈的情况，绝不是自甘'贱贫'的屈原的身份所宜有。"⑧ 陈子展认为："上帝绝不是辅助一介臣民，而是辅助一位人君。"《招魂》招怀王生魂，"作在怀、襄交替的时候"。⑨

王泗原说："细绎内容，联系史事，当是屈原作，以招怀王之魂。怀王客死秦国，楚人痛心疾首，怀念故君，所以有怀之谥。"⑩

"招楚王论"把虚幻的文学作品，当成"真招"，把虚夸的"招辞"，当成魂主真实的生活。只看到"招辞"之礼体，没有看到"屈诗"之总体。用双重标准对待《招魂》与《离骚》等屈原作品。

6. 当代

当代仍然争论不休。现今困扰学界的还是三大问题：《招魂》的作者是谁？《招魂》招谁？招生魂还是招死魂？其论有二三十种⑪。其中有一定影响的观点有：

屈原作《招魂》自招其魂⑫：游国恩、董楚平、张中一、熊任望、周禾、褚斌杰、杨仲义、颜翔林、郭竹平、常森等。

---

① 陈第：《屈宋古音义》卷三《招魂》，影印文渊阁《四库全书》，上海古籍出版社 1987 年版，第 239 册，第 584 页。

② 方铭：《〈九辩〉〈招魂〉〈大招〉的作者与主题论》，《中国文学研究》1998 年第 4 期，第 26—28 页。

③ 林云铭：《楚辞灯》，华东师范大学出版社 2012 年版，第 170 页。

④ 王邦采：《屈子杂文笺略》《楚辞文献集成》第 12 册，广陵书社 2008 年版，第 8565—8730 页。

⑤ 袁枚：《袁枚全集》第 5 集，江苏古籍出版社 1993 年版，第 347 页。

⑥ 孙志祖：《读书脞录》，台北广文书局 1952 年版。

⑦ 方东树著，汪绍楹点校：《昭昧詹言》，人民文学出版社 1961 年版，第 346 页。

⑧ 郭沫若：《屈原赋今译》，人民文学出版社 1953 年版，第 207 页。

⑨ 陈子展：《楚辞直解》，复旦大学出版社 1996 年版，第 725—726 页。

⑩ 王泗原：《楚辞校释》，人民教育出版社 1990 年版，第 121 页。

⑪ 参见：刘乃江《〈楚辞·招魂〉的作者及其主题之考辨》，《哈尔滨学院学报》2006 年第 4 期。以及马海波：《〈招魂〉与〈大招〉研究》，东北师范大学硕士论文 2012 年。

⑫ 笔者认同此说。

屈原作《招魂》招楚怀王生魂：郑振铎、郭沫若、詹安泰、陈子展、刘尧民、徐仁甫、陆侃如、龚克昌、马积高、赵逵夫等。

屈原作《招魂》招楚怀王亡魂：陈朝璧、金开诚、姜亮夫、德育、刘大杰、康定心、康广志、谭优学、朱碧琏、杨白桦、寿勤泽、吕晴飞、梅桐生、聂石樵、郭预衡、张兴武、汤炳正、李大明、李诚、熊良智、韩兆琦、马茂元、王泗原、张叶芦、张庆利、徐志啸、李笑野、张晶、张炜、余冠英、韦凤娟、蒋锡康、陈英、钱玉趾、宋尚斋、叶君远、郭英德、过常宝、袁行霈、周殿富、李山等。

宋玉拟屈原自招其魂（认为太史公是读宋玉的《招魂》）：有王达津、郑宾、金式武、方铭、力之、吴广平、张炯、聿若任等。

宋玉作《招魂》招楚襄王魂：以潘啸龙为代表，认为太史公所读的《招魂》是《大招》。观点相近者有胡念贻、罗义群、袁心澜、李啸霈、郑亚芳等。

宋玉作《招魂》招考烈王魂：刘刚等。

其他如蒋天枢的“招楚国之魂”，林庚的“招阵亡将士的魂”，朱东润的“招淮南王刘安的亡魂”等，多主观想象，缺文献依据。

二、《屈原列传》的“太史公曰”

采信宋玉作《招魂》的某些学者，否认司马迁之的“太史公曰：余读《离骚》《天问》《招魂》《哀郢》，悲其志”是屈原作《招魂》的证据。例如，陆侃如认为：“这种随手拈来的传赞，决不能当作铁证。①有学者说：“‘赞’与其‘正文’间多有不同，太史公曰是评说而非‘记述’。”“太史公是‘读玉之文，悲原之志’”“即使太史公真的说《招魂》为屈原作，我们与其信太史公，倒不如信刘向、王逸”，等等。下面就此作些探讨。

（一）《屈原列传》的“正文”与“赞”

《屈原列传》是史迁与屈原的共鸣之作，理当极其认真。他还有“天下遗文古事，靡不毕集太史公”的方便，能看到的屈原、宋玉事迹记载远比现代要多。在资料远不及古的情况下，我们从《宋玉赋》等资料还可读出宋玉约生于楚襄王元年前后。从《招魂》文本还可读出：它是屈原宣泄愁苦的文学作品②。以司马迁的条件，他的天赋和学识，理当知晓屈原、宋玉生平，掌握屈、宋作品精要，明了《招魂》宗旨（言志之作）。

就《史记》而论：《屈原列传》正文中有：“屈原既死之后，楚有宋玉、唐勒、景差之徒者，皆好辞而以赋见称。然皆祖屈原之从容辞令……”这段记述可与班固的宋玉在屈原后互证，其文献可信度应该肯定。它与其后的“太史公曰：余读《离骚》《天问》《招魂》《哀郢》，悲其志”理当相互照应。不管从行文惯例，还是从逻辑规律上，他所列举的四篇作品都当是屈原所作。更重要的是屈原作《招魂》说，与屈原、宋玉生平相符，与《招魂》“言志”的主旨一致。

如果我们冷静地从相关背景《招魂》主旨和《史记》记述综合考察，就不难发现《屈原列传》的“太史公曰：余读《离骚》《天问》《招魂》《哀郢》，悲其志”乃是屈原作《招魂》的重要证据。学术界传信的屈原作《招魂》论，并非如力之先生界定的：“忘记了科学常识”“情感冲动”“想象之说”。

（二）所谓“读玉之文，悲原之志”

王邦采《屈子杂文笺略》曰：“夫《史记》之文，疏而不密，宋玉《招魂》一篇，以其为屈子而作也，遂连类及之，则所谓其志，即谓读玉之文而悲原之志，何不可者。”③王氏之“宋玉代言”论既没有依据，又不合逻辑，然而它有一定的迷惑性，所以有一定的市场。

首先，强调“司马迁并非明言《招魂》是屈原所作，而是读玉之文，悲原之志。”其中隐藏了逻辑陷阱：在《屈原列传》中，列举屈原的作品必须篇篇“明言”，而列举宋玉之文反而不需“明言”。请问，这是不是一种“不顾前提条件、采用双重标准”的强辩？从思维逻辑通例上讲《离骚》《天问》《招魂》《哀郢》都是屈原的代表作。说《屈原列传》里的“《招魂》是宋玉之文”，既有明显的推理错

① 陆侃如：《屈原评传》，亚东图书馆1930年版。

② 见本书《试论〈招魂〉的主旨和魂主》。

③ 王邦采：《屈子杂文笺略》《楚辞文献集成》第12册，广陵书社2008年版，第8565—8730页。

误，又没有可信的依据。

当然，若是有人"读玉之《九辩》，悲屈原之志"则另当别论。只是"某人为文所言与他人代其为文所言，肯定有所不同。"宋玉的作品，必然打上宋玉的烙印，不可能忠实地体现屈原之志。屈原之"志"在屈原的文章中必然能更好地体现，司马迁在为屈原立传时，没有必要放着许多屈原作品不用，而用"读玉之文"曲折地去"体现屈原之志"，况且《招魂》中也找不到"宋玉代言"的踪迹。

再有宋玉的作品都没有"乱"，而屈原的作品《抽思》《离骚》《哀郢》《涉江》《怀沙》《悲回风》等都以"乱"结尾。而《招魂》的"乱"有"汩吾南征，与王趋梦"等，与宋玉也联系不上，这也算是宋玉作《招魂》论者的一个欠缺吧。

（三）太史公之言是否可信？

胡念贻先生说：

> 即使司马迁认定《招魂》为屈原作品，他的说法也不一定全部都可靠。他在《管仲晏子列传》里认为《晏子春秋》是晏婴所作，就不一定可信。①

其推理是："甲不可信，所以乙也不一定可靠。"《史记》中可以找出大量差错，但是，其可靠的史料是主流，是各种古文献中首屈一指之史书。若按胡氏之推理，王逸《楚辞章句》的差错率很高，信誉也不如《史记》。那么《楚辞章句》的"宋玉作《招魂》"岂不是更不可信？胡先生说："从《招魂》内容本身看，没有表现屈原之'志'，《史记》所说'悲其志'不知何所指。有人认为《史记》所说的《招魂》即《大招》。"

此论的基础薄弱。第一，孙志祖《读书脞录》把《史记》所称的《招魂》定为《大招》，完全是没有证据的揣测之辞。第二，《大招》是谁的作品？尚无定论。《大招》里面的"正始昆""赏罚当""尚贤士""禁苛暴""尚三王"等治国安邦的政治理想并非屈原所特有，而是多数明君、贤臣的共识，很难说体现了屈原之志。第三，假如《大招》作于楚国尚强盛的楚怀王早期，请问其招魂对象是谁？假如它作于楚怀王中晚期或以后，那么《大招》描绘的"三圭重侯，听类神只。察笃夭隐，孤寡存只""举杰压陛，诛讥罢只。直赢在位，近禹麾只""名声若日，照四海只。德誉配天，万民理只"，既不符合楚国政治黑暗，奸佞专权的现实，也不符合屈原忠贞耿直的性格和被疏放的现实。《大招》颂扬楚国的强盛："名声若日，照四海只。德誉配天，万民理只。北至幽陵，南交趾只。西薄羊肠，东穷海只。""雄雄赫赫，天德明只。三公穆穆，登降堂只。诸侯毕极，立九卿只。"与楚怀王中后期兵挫地削日趋衰败，顷襄王继位后更是江河日下的状况不符。耿直的屈原怎么可能编造谎言，把楚国描写成诸侯臣服、一统天下的霸主呢？第四，不少学者认为《大招》不是屈原的作品。"就《大招》开篇所公认的宵鱼合韵来说，《大招》一篇当最早作于西汉的淮楚之地，并非战国时期的作品。"② 若《大招》不是屈原的作品，就不会写进《屈原列传》，更不可能用《大招》体现屈原之志。第五，说"悲其志"不知何所指，那是先生们理解的问题。屈原的《天问》《哀郢》都没有"正始昆""赏罚当""尚贤士""禁苛暴""尚三王"等治国安邦的政治理想，不能以此为由说它不能体现屈原之志、不是屈原之作。司马迁论赞"屈原之志"内涵很广，《离骚》《天问》《招魂》《哀郢》所表现的屈原之志各有特色。《招魂》篇首之"序"，写诗人忠贞廉洁而遭迫害的悲愤。篇末之"乱"，表达了诗人对楚国命运的忧虑，对自身遭遇的伤悲。这些均可体现屈原不与俗流合污的耿介之"洁志"。至于文本的"招辞"既不能、也不需要代表屈原之志。

《招魂》"篇末，作者面对楚国现状无限感慨地发出'目极千里兮伤春心，魂兮归来哀江南'的呼唤。当时的屈原，生活虽然处处都在受着限制，但他的思想感情是谁也限制不了的，这就是《招魂》之所以伟大动人和司马迁'悲其志'的缘故。"③

三、王逸《楚辞章句》并不严谨

王逸是楚辞学的奠基人，他的《楚辞章句》全面系统地对楚辞进行了研究，是楚辞学史上的第一

① 胡念贻：《楚辞选注及考证》，岳麓书社1984年版，第248页。

② 贾捷、周建忠：《〈楚辞·大招〉创作时地考——兼评朱季海〈大招〉说之得失》，《文学评论》2011年第1期，第22页。

③ 赵乐人：《爱国情报国志永垂史册——〈史记·屈原列传〉"悲其志"探赜》，《镇江高专学报》2003年第4期，第42—45页。

座里程碑。《楚辞章句》确立了屈原及其作品的崇高地位，代表了汉代楚辞学的最高成就，对后世产生了深远影响。《楚辞章句》的重点是为屈原等人的作品注释，故对历史事件、人物事迹并没有认真考察。虽然无伤大雅，终究不够严谨。

王逸的《楚辞章句》白纸黑字写着"《招魂》者，宋玉之所作也"。这是宋玉作《招魂》者手中的一张王牌。有的人据此而回避王逸"《招魂》序、注"的谬误，不顾屈原、宋玉生平，违背《招魂》文本，把王逸此说抬高到绝对正确、不可动摇的地位。——这就大大偏离了客观事实。

熊任望先生指出：

> 王逸对屈原和宋玉的生平没有认真考查过，叙述比较随便。例如，他在《离骚》和《九章》的题解中，说《九章》是屈原于顷襄王时被放于江南之野所作，目的是"自明"；而他在《九辩》的题解中，又说屈原"作《九歌》、《九章》之颂，以讽谏怀王"，作时和目的前后不一。他认为《招魂》是宋玉作以招屈原，抱有"讽谏怀王，冀其觉悟而还之"的目的，把宋玉的活动提前到怀王时期，与《史记》、《汉书》所述差得更远。①

（一）《楚辞章句》不严谨之例

1. 不提"屈原为左徒"等

《屈原列传》：

> 屈原者，名平，楚之同姓也。为楚怀王左徒。博闻强志，明于治乱，娴于辞令。入则与王图议国事，以出号令；出则接遇宾客，应对诸侯。王甚任之。②

王逸说："屈原与楚同姓，仕于怀王，为三闾大夫。三闾之职，掌王族三姓，曰昭、屈、景。"③

屈原为楚怀王左徒乃学界公认。就屈原生平来说有没有任左徒比有没有作《招魂》重要得多，可王逸却无只言片语提及屈原任左徒。其"三闾之职，掌王族三姓"之说，也缺乏文献支持。而三闾大夫可能是世袭，并非实职。否则屈原去职之后，为何再没有"掌王族三姓"的三闾大夫了？

2. 把秦惠王误为秦昭王

王逸《离骚序》曰："秦昭王使张仪谲诈怀王，令绝齐交；又使诱楚，请与俱会武关，遂胁与俱归，拘留不遣，卒客死于秦。"王逸把"秦惠王使张仪诈楚，与秦昭王诱楚怀王会武关"两件事都揽到秦昭王身上。显然与《史记》不符。洪兴祖《楚辞补注》引用《史记·屈原列传》之文指出："使张仪谲诈怀王，令绝齐者，乃惠王，非昭王也。"④

3. 把怀王稚子、令尹子兰误为怀王少弟、司马子兰

《屈原列传》有："怀王稚子子兰劝王行：'奈何绝秦欢！'怀王卒行。""长子顷襄王立，以其弟子兰为令尹。"刘向《新序》也有："令尹子兰，司马子椒。"

可王逸注却说："兰，怀王少弟，司马子兰也。"说："言我以司马子兰怀王之弟，应荐贤达能，可怙而进。"⑤

王逸竟然信口开河，要推翻子兰为令尹，是怀王之子的史实。

4. 橘生南国之误

《橘颂》："受命不迁，生南国兮。"王逸注曰："南国，谓江南也。迁，徙也。言橘受天命，生于江南，不可移徙。种于北地，则化而为枳也。"⑥ 竟然把"南国"误为"江南"！

《晏子春秋·内篇杂下》："橘生淮南则为橘，生于淮北则为枳，叶徒相似，其实味不同。所以然者何？水土异也。"⑦《战国策·赵二》："楚必致橘柚云梦之地。"⑧

《橘颂》之"南国"和楚国的"橘柚云梦之地"并不是"江南"。

---

① 熊任望：《楚辞探综》，河北大学出版社2000年版，第222页。
② 司马迁：《史记》，岳麓书社1988年版，第626页。
③ 洪兴祖：《楚辞补注》，中华书局1983年版，第1页。
④ 洪兴祖：《楚辞补注》，中华书局1983年版，第2页。
⑤ 洪兴祖：《楚辞补注》，中华书局1983年版，第40、41页。
⑥ 洪兴祖：《楚辞补注》，中华书局1983年版，第153页。
⑦ 吴则虞：《晏子春秋集释》，中华书局1962年版，第392页。
⑧ 何建章：《白话战国策》，岳麓书社1992年版，第637页。

《左传·昭公九年》:“及武王克商，蒲姑、商奄，吾东土也。巴、濮、楚、邓吾南土也。肃慎、燕、亳，吾北土也。”①

《史记·货殖列传》:“江陵千树橘。”洪兴祖《补注》也指出“《汉书》:‘江陵千树橘与千户侯等。’”②

周代习惯将江汉流域的小国称为“南国”“南土”或“南邦”。如《诗经》之《小雅·四月》:“滔滔江汉，南国之纪。”《大雅·嵩高》:“于邑于谢，南国是式”“王命申伯，式是南邦。”《汉广》:“南有乔木，不可休思。汉有游女，不可求思。”

两周之“南国”并非“江南”。王逸不至于连这点常识都不知道吧！何以会糊里糊涂地把《橘颂》之“南国”解为“江南”呢？——多半是他信口开河，以今释古，把后汉的“南国，谓江南也”去解释《橘颂》了。

5.《离骚》作时含糊不定

王逸《离骚序》说：

> 同列大夫上官、靳尚妒害其能，共谮毁之，王乃疏屈原。屈原执履忠贞而被谗邪，忧心烦乱，不知所诉，乃作《离骚经》。离，别也。骚，愁也。经，径也。言已放逐离别，中心愁思，犹依道径，以风谏君也。③

对《离骚》的作时，前面说是怀王疏屈原之时，后面又说“已放逐离别……以风谏君也”，而在《离骚》“世溷浊而嫉贤兮，好蔽美而称恶”注中又说：“再言世溷浊者，怀、襄二世不明，故群下好蔽忠正之士，而举邪恶之人。”④ 又把《离骚》定为襄王之世的作品。可见其信口开河并非偶然。

6. 汉人不重视“著作权问题”才留下疑不能明的尾巴

有人认为：“序《大招》与《惜誓》均有‘疑不能明’之说”，反映了王逸严谨“其甚重存疑而非‘勇断’”。其实不然。对汉人来说，谁作《大招》谁作《惜誓》，并非难题。因为王逸的不作为，才留下“疑不能明”的尾巴。诚然，这不是王逸一个人的毛病，而与汉人不大注重作品著名有关。例如，“汉武帝刘彻看到《子虚赋》非常喜欢，因为未著司马相如之名，还以为是古人之作，叹息不能与作者同时代”。

以上例证足以说明，王逸对历史事件并没有认真考察，往往做出错误的“勇断”。就《大招》而言也没有体现“多闻阙疑的求实精神”。

> 《大招》者，屈原之所作也。或曰景差，疑不能明也。屈原放流九年，忧思烦乱，精神越散，与形离别，恐命将终，所行不遂，故愤然大招其魂，盛称楚国之乐，崇怀、襄之德，以比三王，能任用贤，公卿明察，能荐举人，宜辅佐之，以兴至治，因以风谏，达己之志也。屈原放在草野，忧心愁悴，精神散越，故自招其魂魄。⑤

王逸既说作者“疑不能明”，又说屈原“自招其魂”，岂不自相矛盾？假若《大招》是景差所作，却处处附会到屈原自招上去。如此牵强附会的解说，岂能称严谨？如果《大招》是屈原作，其《序》之“屈原放流九年，忧思烦乱，精神越散，与形离别，恐命将终”，此乃怀、襄昏庸，不辨忠奸放流屈原之过。耿直的屈原此时怎么可能“盛称楚国之乐，崇怀、襄之德，以比三王，能任用贤”？如此既违反事实，又不合情理之论，哪里还有求实精神？再有，王逸《天问》后叙既然肯定“屈原所作，凡二十五篇”。如果按《楚辞补注》云：“屈原赋二十五篇，《渔父》以上是也。”怎么会多出一篇“屈原自招其魂”的《大招》呢？

（二）《九歌》《九章》序注不当举例

1.《九歌》序、注矛盾

《九歌序》：

---

① 杨伯峻：《春秋左传注（修订本）》，第1308页。

② 洪兴祖：《楚辞补注》，中华书局1983年版，第153页。

③ 洪兴祖：《楚辞补注》，中华书局1983年版，第2页。

④ 洪兴祖：《楚辞补注》，中华书局1983年版，第34页。

⑤ 洪兴祖：《楚辞补注》，中华书局1983年版，第216、217页。

> 《九歌》者，屈原之所作也。昔楚国南郢之邑，沅、湘之间，其俗信鬼而好祠。……屈原放逐，窜伏其域，怀忧苦毒，愁思沸郁。出见俗人祭祀之礼，歌舞之乐，其词鄙陋。因为作《九歌》之曲，上陈事神之敬，下见己之冤结，托之以风谏。①

根据他的“其子襄王，复用谗言，迁屈原于江南”，《九歌》当作于顷襄王世，可各篇注却多有怀王之说。

“二湘”注中的无稽之谈。

金开诚指出：

> 王逸注《湘君》首句“君不行兮夷犹”既明说“君，谓湘君也”至“沛吾乘兮桂舟”，却说“吾，屈原自称也”。又“女婵媛兮为余太息”，说“女谓女嬃，屈原姊也”至“隐思君兮陫恻”，竟说“君，谓怀王也”，又“心不同兮媒劳”二句，说“屈原自喻行与君异，终不可合”，“言己与君同姓共祖，无离绝之义也”。总之，全诗的注释是把“二湘”之间的事情曲解为现实中屈原与楚怀王的关系……②

《湘君》：“驾飞龙兮北征，邅吾道兮洞庭。”王逸注：“洞庭，太湖也。”③ 把洞庭指认为太湖似乎远了点。

“望涔阳兮极浦，横大江兮扬灵。”王逸注：“灵，精诚也。屈原思念楚国，愿乘轻舟，上望江之远浦，下附郢之碕，以渫忧思，横渡大江，扬己精诚，冀能感悟怀王使还己也。”④ 其实诗文与屈原“扬己精诚，感悟怀王”毫不相干。

“桂櫂兮兰枻，斫冰兮积雪。”王逸注：“言己乘船，遭天盛寒，举其櫂楫，斫冰冻纷然如积扫，言己勤苦也。”⑤ 纯属误解，而且与文中“采芳兮杜若”的气候不符。

《湘夫人》：“袅袅兮秋风，洞庭波兮木叶下。”王逸注曰：“以言君政急则众民愁，而贤者伤矣。”可谓牵强附会，窒碍不通之极品。

《山鬼》：“留灵修兮憺忘归。”注曰：“灵修，谓怀王也。”“岁既晏兮孰华予”，注曰：“言己宿留怀王，冀其还己，心中憺然，安而忘归。”“君思我兮不得闲”注曰：“言怀王时思念我，顾不肯以闲暇之日，召己谋议也。”“君思我兮然疑作”注曰：“言怀王有思我时，然谗言妄作，故令狐疑也。”⑥

把山鬼所思都指认为“怀王”纯粹是附会，至于把“怨公子兮怅忘归”注为：“公子，谓公子椒也”更是匪夷所思。

游国恩认为，王逸《九歌》题旨的解说，所谓“屈原借事神以讽谏，以寄其忠君爱国之思”纯粹是“附会而又迂腐之谈，与屈原是绝不相干的”。

2.《九章》序注矛盾不当

序列错乱。王逸《九章》的序列为：“惜诵、涉江、哀郢、抽思、怀沙、思美人、惜往日、橘颂、悲回风。”《九章》不是一时一地之作，“橘颂、惜诵、抽思、思美人”或是怀王时期的作品，“哀郢、涉江、怀沙、悲回风、惜往日”当作于“顷襄王怒而迁之”以后。《九章》的序列，显然有颠倒错乱、肆逞臆断的问题。

《离骚序》《九辩》序和《九章》序所说的《九章》作时和目的相互矛盾。

《离骚序》：“其子襄王，复用谗言，迁屈原于江南。屈原放在草野，复作《九章》，援天引圣，以自证明，终不见省。不忍以清白久居浊世，遂赴汨渊自沉而死。”⑦ 说《九章》是顷襄王时被放于江南之野所作，目的是自明。

《九辩》序：“屈原怀忠贞之性，而被谗邪，伤君闇蔽，国将危亡，乃援天地之数，列人形之要，

---

① 洪兴祖：《楚辞补注》，中华书局1983年版，第55页。
② 金开诚：《屈原辞研究》，江苏古籍出版社1992年版，第33页。
③ 洪兴祖：《楚辞补注》，中华书局1983年版，第60页。
④ 洪兴祖：《楚辞补注》，中华书局1983年版，第61页。
⑤ 洪兴祖：《楚辞补注》，中华书局1983年版，第62页。
⑥ 洪兴祖：《楚辞补注》，中华书局1983年版，第79—81页。
⑦ 洪兴祖：《楚辞补注》，中华书局1983年版，第2页。

而作《九歌》、《九章》之颂，以讽谏怀王。”① 所说“讽谏怀王”作时和目的与《离骚序》不一。

《九章序》：“《九章》者，屈原之所作也。屈原放于江南之野，思君念国，忧心罔极，故复作《九章》。”② 其言“放于江南之野”实指襄王。其目的是“思君念国”。

王逸对同一个问题却给出了不同的答案。蒋骥早就指出：“王叔师序骚，谓襄王迁原江南，复作《九章》。及注《九章》又皆指怀王言，其疏妄如此。”③

《九章》各篇注文之间、注序之间的矛盾。

《哀郢》：“民离散而相失兮，方仲春而东迁。”注曰：“言怀王不明，信用谗言而放逐己，正以仲春阴阳会时，徙我东行，遂与室家相失也。”“曾不知夏之为丘兮”。注曰：“怀王信用谗佞，国将危亡，曾不知其所居宫殿当为墟也。”④

《屈原列传》：“令尹子兰闻之大怒，卒使上官大夫短屈原于顷襄王，顷襄王怒而迁之。”

《太史公自序》：“怀王客死，兰咎屈原。”

王逸把《哀郢》的“东迁”定在“怀王朝”显然不对，与《九章序》与《史记》皆不合。

《抽思》：“何回极之浮浮。”注曰：“怀王为回邪之政，不合道中，则其化流行，群下皆效也。”“矫以遗夫美人。”注曰：“举与怀王，使览照也。”⑤

《思美人》⑥：“思美人兮。”注曰：“言己忧思，念怀王也。”

《惜往日》是屈原在自沉前回忆自己的一生，痛惜政治主张遭到奸人的破坏，理想未能实现。前16行或与怀王相关，其后则是襄王时代之事。

王逸注“临沅湘之玄渊兮，遂自忍而沈流。卒没身而绝名兮，惜壅君之不昭”曰：“怀王壅蔽，不觉悟也。”⑦ 显然不对。

《橘颂》前注说“岁月虽去，年且衰老”，后注曰“言己年虽幼少，言有法则”。⑧ 其注牵强附会，前后矛盾。

《悲回风》其注时“怀”时“襄”，⑨ 含糊其辞。例如，

“惟佳人之永都兮。”注曰：“佳人，谓怀、襄王也。邑有先君之庙曰都也。”“更统世而自贶。”注曰：“言己念怀王长居郢都，世统其位，父子相举，今不任贤，亦将危殆也。”

“折若椒以自处。”注曰：“言己独念怀王，虽见放逐，犹折香草，以自修饬行善，终不怠也。”“独隐伏而思虑。”注曰：“言己思念怀王，悲啼歔欷，虽独隐伏，犹思道德，欲辅助之也。”

《离骚》序和《九章》序言《九章》作于襄王时，可在《九章》注中却多次定为怀王时，可见其思维混乱。

关于王逸注之误，今人刘永济有《王逸章句识误》（见《屈赋通笺》附《笺屈余义》），徐仁甫有《王逸〈楚辞章句〉之误》（见《古诗别解》），郭在贻有《楚辞要籍述评》，等等。皆可参看。

（三）“宋玉者，屈原弟子也”难以成立

王逸《九辩》序：“宋玉者，屈原弟子也。闵其师忠而放逐，故作《九辩》以述其志。”⑩ 其“屈原弟子”说，与《屈原列传》、班固《离骚序》之记不符。

《屈原列传》曰：“屈原既死之后，楚有宋玉、唐勒、景差之徒者，皆祖屈原之从容辞令。”⑪ 可见宋玉“以赋见称”当在“屈原既死之后”。

班固《离骚》序：“然其文弘博丽雅，为辞赋宗。后世莫不斟酌其英华，则象其从容。自宋玉、唐

① 洪兴祖：《楚辞补注》，中华书局1983年版，第182页。
② 洪兴祖：《楚辞补注》，中华书局1983年版，第120页。
③ 蒋骥：《山带阁注楚辞》，上海古籍出版社1984年版，第219页。
④ 洪兴祖：《楚辞补注》，中华书局1983年版，《楚辞补注》，第132、135页。
⑤ 洪兴祖：《楚辞补注》，中华书局1983年版，第137页。
⑥ 洪兴祖：《楚辞补注》，中华书局1983年版，第146页。
⑦ 洪兴祖：《楚辞补注》，中华书局1983年版，第150页。
⑧ 洪兴祖：《楚辞补注》，中华书局1983年版，第155页。
⑨ 洪兴祖：《楚辞补注》，中华书局1983年版，第156页。
⑩ 洪兴祖：《楚辞补注》，中华书局1983年版，第182页。
⑪ 司马迁：《史记》，岳麓书社1988年版，第629页。

勒、景差之徒；汉兴，枚乘、司马相如、刘向、扬雄，骋极文辞，好而悲之，自谓不能及也。”① 《汉书·艺文志》：“宋玉赋十六篇。楚人，与唐勒并时，在屈原后也。”

司马迁、班固都说宋玉“在屈原后”，并没有“宋玉是屈原弟子”之信息。

宋玉作品涉及的“师”有：《钓赋》“宋玉与登徒子偕受钓于元渊”。紧接其后的《登徒子好色赋》：“口多微辞，所学于师也。”其“微辞”当是“婉转而巧妙的话”，这显然与屈原耿直的作风不符。故其师应该是《钓赋》中所说的“元渊”。

或曰：“宋玉《登徒子好色赋》‘口多微词，所学于师也’，《风赋》‘臣闻于师’。他所谓师，别无所指，当指屈原。”② 这显然缺乏依据，因为宋玉作品中从来没有提到屈原，而《钓赋》却明说“受钓于元渊”，怎么能说别无所指呢？

本书《宋玉事迹探微》考定，宋玉生于楚襄王元年（前298年）前后，而屈原在顷襄王四年已经被放流，假如“宋玉要师从而屈原”，就要在顷襄王四年“顷襄王怒而迁之”之前，可那时的宋玉还是个幼童，不可能成为屈原弟子。其后屈原一直放流在外，直至自投汨罗渊，都没有带弟子的丝毫信息。可见，王逸的“宋玉者，屈原弟子也”难以成立。宋玉只能是精神上追随屈原的人。

四、王逸《招魂》序注剖析

（一）《招魂》序经不起推敲

王逸《招魂》序：

> 《招魂》者，宋玉之所作也。宋玉怜哀屈原，忠而斥弃，愁懑山泽，魂魄放佚，厥命将落。故作《招魂》，欲以复其精神，延其年寿，外陈四方之恶，内崇楚国之美，以讽谏怀王，冀其觉悟而还之也。③

1.《招魂》序与屈原、宋玉的生平不符

王逸将宋玉“好辞而以赋见称”提前到怀王期，把屈原“魂魄放佚，厥命将落”定在怀王时代，这都与屈原、宋玉的生平不符。

“宋玉生于楚顷襄王元年前后”④，怀王时尚未出生（或者还是幼童）的宋玉，不可能写《招魂》为屈原招魂。青年宋玉任楚襄王小臣时楚都已经迁陈（即前278年以后），其时宋玉更不可能在秦人占领的屈原故居（故郢都），为已经去世的屈原招魂以“延其年寿”。《招魂序》偏离史实的记叙，是王逸没有考证屈原和宋玉生平事迹的表现。

2.《招魂》序背离《招魂》文本

《招魂》有：“魂兮归来！去君之恒干”，其后巫阳招魂“入修门”、工祝招魂“反故居”，可见“招魂”是在郢都施行。《招魂》序、注的“忠而斥弃，愁懑山泽”“自伤放逐，独南行也”说明王逸知道其时屈原被放身在江南。这就与宋玉作《招魂》，欲以复其精神，延其年寿就对不上号了。既然屈原身在江南，为什么要“招魂回郢都故居”，让魂与身体分离呢？若宋玉作《招魂》就没有理由设置这个与“欲以复其精神，延其年寿”相悖的场景。可见，王逸并没有掌握《招魂》的主旨，不知道作者为什么要这样安排。

《招魂》序的“以讽谏怀王，冀其觉悟而还之也”更是背离文本，与史实不符。

3. 回避了《屈原列传》的“太史公曰”

王逸在《楚辞章句》中，回避了《屈原列传》的“太史公曰：余读《离骚》《天问》《招魂》《哀郢》，悲其志”，既没有列举宋玉作《招魂》的依据，又没有否定司马迁之论的证据，故其立论并不规范。说“宋玉作《招魂》，欲以复其精神，延其年寿”，是把遐想的文学作品当作“真招”，与司马迁所说的“悲其志”抵触。

有人认为王逸“对司马迁的话并不置一词”，“说明他有可靠根据证明《招魂》是宋玉所作”。按照

---

① 洪兴祖：《楚辞补注》，中华书局1983年版，第50页。

② 周一帆：《屈宋关系研究》，《2016年信阳宋玉研讨会论文集》，第74—83页。

③ 洪兴祖：《楚辞补注》，中华书局1983年版，第197页。

④ 见本书《宋玉事迹探微》。

“不置一词”（默证）者的逻辑，也可以说王逸之论由于没有根据，所以对“太史公曰”只能回避，而不置一词。

有人认为：王逸读过《屈原贾生列传》，其序《招魂》不采“《招魂》者，宋玉之所作也、或曰屈原，疑不能明也”这种存疑的口吻，而用“《招魂》者，宋玉之所作也”此种决断的语气，故王逸认为宋玉作《招魂》必有其充分的根据。①

因为王逸说了“宋玉作《招魂》”就认定他必有充分根据。请问，“根据”在哪里？

按照钟氏的逻辑，王逸《楚辞章句》用“决断的语气”一再书写：“怀王少弟司马子兰”也是“必有其充分的根据”了？——可见林云铭说“王逸茫无考据”，确有道理。

由于《招魂序》所记多有谬误，其后几乎没有全盘接收王逸观点者，大多随其立场不同而各取所需。其“《招魂》者，宋玉之所作也”采信之人虽然很多，也经不起推敲。

（二）《招魂》注不当举例

1. 魂兮归来，入修门些

王逸注：“修门，郢城门也。宋玉设呼屈原之魂归楚都，入郢门，欲以感激怀王，使还之也。”②

首先，与“事”不符。怀王之时宋玉或未出生或尚年幼，不可能写《招魂》。其次，“呼屈原之魂……使还之也”的是“招魂者”，说“感激怀王”是找错了对象，与理不通。再次，“在游魂尚未归位之时”，是谁“欲以感激怀王”呢？是作《招魂》的宋玉？是失魂的屈原？还是屈原的“游魂”呢？全都说不通。再次，其时屈原“忠而不弃，愁懑山泽”身在江南，为什么要“呼屈原之魂归楚都，入郢门”让魂与身体分离呢？此注也表明王逸对《招魂》的误读。

2. 汩吾南征

王逸注把“引文”的“朕”解释为“我”，把“乱曰”的“汩吾南征”解释为“自伤放逐，独南行也。”“菉苹齐叶兮，白芷生”解释为“言屈原放时，菉苹之草其叶适齐……”③ 如此解释就有“宋玉拟屈原自招其魂”的意蕴，这显然与他的“宋玉怜哀屈原，忠而斥弃，愁懑山泽，魂魄放佚，厥命将落。故作《招魂》，欲以复其精神，延其年寿”自相矛盾。

3. 路贯庐江兮左长薄

王逸注：“言屈原行先出庐江，过历长薄。长薄在江北，时东行，故言左也。”④

其注与“宋玉设呼屈原之魂归楚都”矛盾。一般认为《哀郢》是屈原从郢都东迁鄂渚，《涉江》是从鄂渚向西南去溆浦。《招魂》是在“长离殃而愁苦”“汩吾南征”的途中，经江南云梦附近，触景生情，引发回忆所作。可见，说“长薄在江北”没有依据。若是“长薄在江北，时东行”只会远离楚都，既与“魂归郢都”不符，也与“魂归江南”背道而行。

4. 魂兮归来哀江南

王逸注：“言魂魄当急来归，江南土地僻远，山林嶮阻，诚可哀伤，不足处也。”⑤

此注也偏离文本，牵强附会。笔者列举《楚辞章句》的谬误，只是说明王逸的论述不严谨，而不是以此否定他的“宋玉作《招魂》”，我们否定此说是因为它有两个致命弱点：一是“从屈原、宋玉生平和相关背景看，宋玉不可能作《招魂》”；二是“王逸所说的‘宋玉怜哀屈原作《招魂》，欲以复其精神，延其年寿’，与《招魂》的文本不符”。（详见本书与“《招魂》相关”各章）

五、王逸往往与刘向不合

否定《招魂》“太史公说”的论者多有把王逸与刘向“绑在一起”的毛病。例如，胡念贻认为，王逸注楚辞的底本就是刘向的《楚辞》十六卷，王逸的看法来自与司马迁几乎同时的刘向，“其可靠性和

① 钟其鹏：《关于〈招魂〉著作权与魂主问题：近20年〈招魂〉聚讼焦点问题研究述评之一》，《云梦学刊》2009年第5期，第52—55页。

② 洪兴祖：《楚辞补注》，中华书局1983年版，第202页。

③ 洪兴祖：《楚辞补注》，中华书局1983年版，第213页。

④ 洪兴祖：《楚辞补注》，中华书局1983年版，第213页。

⑤ 洪兴祖：《楚辞补注》，中华书局1983年版，第215页。

《史记》不相上下"①，不知其依据何在？

汤炳正先生则说："汉代对《招魂》的看法，意见是不一致的。司马迁认为是屈原的作品，而刘安和后来的王逸一样，则认为《招魂》不是屈原的作品。"② 同样缺乏证据。

从王逸《楚辞章句》前言看："汉护左都水使者光禄大夫臣刘向集；后汉校书郎臣王逸章句。"《楚辞章句》的确以"刘向集"为底本。但是古文献中根本没有"刘向否定《招魂》为屈原作"的信息，断言"王逸的看法来自刘向，说《招魂》是宋玉所作"毫无依据。从刘向《九叹》看，刘向的说法往往与王逸相左。例如：

《九叹·逢纷》曰："伊伯庸之末胄兮，谅皇直之屈原。"③ 王逸说："皇，美也。父死称考。……屈原言我父伯庸。"④"肇锡余以嘉名"王逸曰：肇，始也。锡，赐也。嘉，善也。言父伯庸观我始生年时，度其日月，皆合天地之正中，故赐我以美善之名也。"⑤《九叹·离世》云："兆出名曰正则兮，卦发字曰灵均。"⑥

刘向《新序·节士》和《九叹》中多次出现《离骚》，都不称"经"，而王逸均称《离骚经》。

刘向《新序·节士》曰："（秦）使张仪之楚，货楚贵臣上官大夫，上及令尹子兰，司马子椒，内赂夫人郑袖，共谗屈原。屈原遂放于外，乃作《离骚》。"⑦ 其"令尹子兰"的记叙与司马迁相同。可王逸注《离骚》却说："兰，怀王少弟，司马子兰也。"⑧

"怀王稚子，令尹子兰"本来是没有异议的问题，可到了王逸那里竟然变为"怀王少弟，司马子兰"。其信口开河，可见一斑。

再看王逸的《天问》后叙：

> 昔屈原所作，凡二十五篇，世相教传，而莫能说《天问》，以其文义不次，又多奇怪之事。自太史公口论道之，多所不逮。至于刘向、扬雄，援引传记一作经传。以解说之，亦不能详悉。所阙者众，日无闻焉。……而不能照也。今则稽之旧章，合之经传，以相发明，为之符验，章决句断，事事可晓，俾后学者永无疑焉。⑨

王逸《天问》后叙已经与太史公、刘向等人划清了界线。刘向集的《楚辞》原来是有传解的，而王逸并不以为然。可见，王逸的《楚辞章句》不能代表刘向。

六、屈原的作品是七卷还是八卷？

《隋书志第三十》曰：

> 楚有贤臣屈原，被谗放逐，乃著《离骚》八篇，言已离别愁思，申杼其心，自明无罪，因以讽谏，冀君觉悟，卒不省察，遂赴汨罗死焉。……后汉校书郎王逸，集屈原以下，迄于刘向，逸又自为一篇，并叙而注之，今行于世。⑩

《隋志》说屈原的作品是八篇，为什么王逸《楚辞章句》只有《离骚》《天问》《九歌》《九章》《远游》《卜居》《渔父》七篇呢？很可能是王逸错误地把屈原的《招魂》划归宋玉所致。可见"《招魂》者，宋玉之所作也"并非刘向的观点。

晁补之《鸡肋集》有："刘向《离骚楚辞》十六卷，王逸传之。按八卷皆屈原遭忧所作，故首篇曰离骚经，后篇皆曰离骚，余皆曰《楚辞》。"⑪ 只不过晁氏之八篇是将《大招》划归屈原，与刘向《离骚楚辞》和王逸《楚辞章句》都不同。

---

① 胡念贻：《先秦文学论集》，中国社会科学出版社1981年版。
② 汤炳正：《楚辞讲座》，广西师范大学出版社2006年版，第173页。
③ 洪兴祖：《楚辞补注》，中华书局1983年版，第282页。
④ 洪兴祖：《楚辞补注》，中华书局1983年版，第3页。
⑤ 洪兴祖：《楚辞补注》，中华书局1983年版，第4页。
⑥ 洪兴祖：《楚辞补注》，中华书局1983年版，第286页。
⑦ 卢元骏：《新序今注今译》，第240页。
⑧ 洪兴祖：《楚辞补注》，中华书局1983年版，第40页。
⑨ 洪兴祖：《楚辞补注》，中华书局1983年版，第118—119页。
⑩ 唐魏征等：《隋书》，中华书局1973年版，第1056页。
⑪ 晁补之：《离骚新序中》《鸡肋集》卷三十六，《四库全书》第1118册，第682页。

七、宋玉作《招魂》的理由多难以成立

在王逸“《招魂》宋玉之所作”的主导下，现今主要有三说：

一是“宋玉作《招魂》拟屈原自招”，以力之先生为代表。

一是“宋玉作《招魂》招楚襄王”，以潘啸龙先生为代表。

一是“宋玉作《招魂》招楚考烈王魂”，以刘刚先生为代表。

他们否定屈原作《招魂》的理由，都缺乏说服力。对于这三说笔者有另文商榷，此处仅就其要点略举一二。

（一）力之先生的王逸之说《招魂》无误？

力之先生说：“研究古代的问题，无疑须先‘以古还古’，即尽可能地弄清楚当时的相关背景如何，然后才可以‘直奔主题’。”① 这无疑是对的，可是他的《招魂》研究却没有弄清相关背景。其有关《招魂》的四篇论著皆“脱离了屈原与宋玉的生平”“与《招魂》的内容和主旨不符”“有违事实地拔高王逸掩盖《楚辞章句》的谬误”，缺乏依据、不合逻辑地断定太史公是读玉之文，悲原之志。

力之先生《招魂》研究的立足点放在“太史公曰的‘读、悲’间存在指向非一之可能”② 上，用“可能”代替事实显然缺乏说服力。

《史记》中既没有太史公“‘读’《左氏传》《公羊传》而‘悲’孔子之‘志’”③ 的例证，更没有太史公“读宋玉之文……”的信息。举无数个“引《传》称《经》”的例子，还不如举一个太史公“读宋玉之文”的确证，可惜力之先生举不出来。

王逸《招魂》序、注中很多谬误，例如“宋玉为屈原招魂……以讽谏怀王”等等，力之先生并没有“从王逸之说”。可是，他为了让人们相信王逸的“《招魂》者，宋玉之所作也”，却说：“考定王逸之说《招魂》无误……只能从王逸之说。”④ 如此有违事实地拔高王逸，掩盖其谬误，似乎有“情感冲动、忘记科学常识”的意味。

力之先生的“‘《招魂》者，宋玉之所作也’说，乃两汉人之共识”，更是没有依据的臆想。

（二）潘啸龙先生的“宋玉作《招魂》招楚襄王”？

潘啸龙先生认为：“司马迁把《大招》以《招魂》之名记入《屈原列传》。”可他又断言“《大招》为景差所作”⑤，所招的是“君王形象”。这是把司马迁当作没有判断力的傻瓜：竟然把与屈原无关、景差作的、招君王的《大招》、以《招魂》之名记入《屈原列传》，去“悲屈原之志”？这种既贬低司马迁，又不能自圆其说的观点恐怕学界难以认同。

潘啸龙先生对王逸的论述大半予以否定，说：“现代的楚辞研究者，倘若依然不从作品实际内容出发，对王逸的荒谬解说视若无睹，还引其作为代屈原设言的体例之依据，岂不是重蹈其附会、曲解之失而不能自拔么?”⑥ 而对与其观点相同的“《招魂》者，宋玉之所作也”等，则笃信无疑，说：“明清以来怀疑《招魂》非宋玉所做的论据并无一条是可靠的。潘氏论文中往往有违事实，对王逸论述用双重标准决定取舍。”

他判断宋玉约生于公元前320年；“襄王即位初年，他已过二十岁”⑦，从而构建出与宋玉生平不符，与《招魂》文本相悖的“宋玉招楚襄王论”。

---

① 力之：《从史公称〈春秋〉等之情形看其“读”“悲”指向——关于〈招魂〉作者与所招对象研究之方法论问题一》，《2013年西峡屈原学术研讨会论文集》，第813—821页。

② 力之：《从史公称〈春秋〉等之情形看其“读”“悲”指向——关于〈招魂〉作者与所招对象研究之方法论问题一》，《2013年西峡屈原学术研讨会论文集》，第813—821页。

③ 力之：《从史公称〈春秋〉等之情形看其“读”“悲”指向——关于〈招魂〉作者与所招对象研究之方法论问题一》，《2013年西峡屈原学术研讨会论文集》，第813—821页。

④ 力之：《〈招魂〉考辨》，《武汉教育学院学报》1997年第1期，第20—24页。

⑤ 潘啸龙：《“招魂”研究商榷》，《文学评论》1994年第4期，第35—44页。

⑥ 潘啸龙：《〈楚辞〉的体例和〈招魂〉的对象》，《安徽师范大学学报》2005年第4期，第449页。

⑦ 潘啸龙：《“招魂”研究商榷》，《文学评论》1994年第4期，第39页。

（三）刘刚先生的“宋玉作《招魂》招楚考烈王魂”？

刘刚先生认为“《招魂》为宋玉所作，招魂的地点在寿春，招魂的对象为楚考烈王”。[①] 但是《招魂》一再强调“魂兮归来！反故居些”，最后还有“魂兮归来哀江南”。而考烈王的故居既不在寿春，更与江南无关。此说明显与《招魂》文本抵触。

刘刚先生既说：“应遵从王逸的说法，‘《招魂》者，宋玉之所作也。’”[②] 又认为：“王逸的解读，与《招魂》文本的记述相抵触，实不可取。”[③] 可见他对文献的取舍，有随其观点而变的倾向。

刘先生还难以解释“太史公读《招魂》悲其志”的问题：太史公读“宋玉作，招考烈王的《招魂》”，怎么会“悲屈原之志”呢？

（四）《招魂》与《天问》没有矛盾

近来有人以《招魂》与《天问》有矛盾，作为《招魂》非屈原所做的一个证据。他说：

> 《招魂》中写到“长人千仞，惟魂是索些”、“雄虺九首，往来倏忽，吞人以益其心些”，而《天问》中也有“雄虺九首，倏忽焉在？何所不死，长人何守”，从《天问》来看，屈原对此是持怀疑态度的，在《招魂》中又煞有其事活灵活现地写出来以警告鬼魂天地四方“不可以托些”，这种可能性应该说是很小的。种种证据表明，《招魂》为屈原所作的可能是不大的，还是依王逸所说是“宋玉所作”更为妥当。[④]

古今名著中前后矛盾抵牾者并不难寻。例如，《离骚》“皇天无私阿兮，揽民德焉错辅”，而《天问》则持怀疑态度：“天命反侧，何罚何佑？”难道因为它们有矛盾，就判断《离骚》不是屈原的作品？就《招魂》文本看，其矛盾也不少。例如，“为什么不召唤失魂回归已在江南的‘恒干’，而要它去郢都‘故居’？”再如，起初“帝告巫阳曰：‘有人在下，我欲辅之’。”可招辞中却说：“致命于帝，然后得瞑些。”暗示帝是天上害人怪物的主子。为什么“帝”时而是善者，时而是恶人呢？若以《招魂》与《天问》有矛盾，而认定不能出自同一作者，这样的论断怎么能成立呢？

恰恰相反，《天问》与《招魂》根本没有矛盾。《天问》之“雄虺九首，儵忽焉在？”《招魂》答道：（南方有）“雄虺九首，往来儵忽，吞人以益其心些。”《天问》的“长人何守？”《招魂》答曰：（在东方）“长人千仞，惟魂是索些。”哪里有什么邹旻氏所说的“怀疑态度”？《天问》与《招魂》的对答，正说明它们之间互有联系，两者是姊妹篇，是同一个作者。

八、分歧客观存在

学界对《招魂》作者的分歧是客观存在的。为什么司马迁认同《招魂》为屈原作品，而王逸说《招魂》为宋玉所作？其原因今人已经难以知晓。

或许由于先秦古人著作，单篇别行，多不署名，对于同一作品不同的人可能有不同判断，或许由于他们来源于不同文本。例如，司马迁《屈原列传》中有《怀沙》篇全文，它与王逸《楚辞章句》比较，异文多达四十几处。这么大的差异表明两者可能源于不同文本，同时显示王逸往往不采用司马迁的材料。

持“屈原作《招魂》”的学者，有说“《招魂》，在司马迁的判断中，也毫无问题是屈原作品”（郭沫若）；有说“《招魂》的著者本是屈原，其目见于《史记屈原传赞》，最为无上的铁证”（游国恩）；而持宋玉作《招魂》的则说：“《招魂》屈原作说无以成立，没有任何理由能动摇宋玉作之说”（力之）；有说“明清以来治骚者否定宋玉作《招魂》的证据，实无一条是可靠的”（潘啸龙）。

这些学者都有相当高的文献可信度考察能力，大家所面对的客观资料也没有不同，双方都自认为做出了符合客观事实的判断，可各方的结论却互不相容。这就说明在文献资料有矛盾，或不充分时，仅仅依靠“太史公曰”和王逸“招魂序”做出的判断，必然因人而异，主观性很强。

---

① 刘刚：《宋玉作“招魂”说新证》，《鞍山师范学院学报》2001 年第 4 期，第 56 页。

② 刘刚：《宋玉作“招魂”说新证》，《鞍山师范学院学报》2001 年第 4 期，第 52 页。

③ 刘刚：《古楚招魂巫俗、巫术与宋玉〈招魂〉——宋玉〈招魂〉的礼俗文化解读之二》，《古籍整理研究学刊》2014 年第 4 期，第 70—73 页。

④ 邹旻：《论〈大招〉与〈招魂〉的作者及招魂的对象》，《安徽理工大学学报》（社科版）2016 年第 1 期，第 73 页。

只采信符合自己观点的资料，回避对自己不利的信息，无助于学术的探讨。从学术探索求真的本原看，必须全面搜集相关文献、综合考虑，才可能做出正确的结论。

现今采信宋玉作《招魂》的个别学者，把王逸的"《招魂》者，宋玉之所作也"放在第一位，排斥一切不同意见。甚至把三百余年间，持屈原作《招魂》说的大批学者，全部界定为忘记了科学常识，或者说是在错误前提下进入的误区。他们既没有对相关的背景做综合考察，没有对《屈原列传》与《楚辞章句》做客观的可信度比较考察，又没有对《招魂》文本中"唐突上帝"等与"宋玉作《招魂》"抵牾的内容做合乎情理的解释。在此基础上所做的与事实不符的论断，自然难以被学界认同。

结　论

《屈原列传》是记载屈原生平事迹最翔实、最权威的资料。司马迁"余读《离骚》《天问》《招魂》《哀郢》，悲其志"乃是屈原作《招魂》的证据。更重要的是屈原作《招魂》说，与屈原、宋玉生平相符，与《招魂》的文本一致。

王逸《楚辞章句》在文字训诂、思想阐发、艺术手法研究以及对前人研究的总结等诸多方面均取得了很高的成就。因为其重点是为屈原的作品注释，而不在综核古事。因此，它在历史、人物等方面的记载，不够严谨，可靠性远不如《史记》。

王逸《招魂》序曰："《招魂》者，宋玉之所作也。宋玉怜哀屈原，忠而斥弃，愁懑山泽，魂魄放佚，厥命将落。故作《招魂》，欲以复其精神，延其年寿，外陈四方之恶，内崇楚国之美，以讽谏怀王，冀其觉悟而还之也。"此论多有谬误，不能作为指向单一的文献。就《招魂》文本看：既有招魂"入修门""归故居"，又说"其人身在江南""魂兮归来哀江南"。既有上帝"欲辅"其人，又说上帝是"啄害下人"的主使……这些都与王逸《招魂》序、注的"欲以复其精神，延其年寿"矛盾，与"讽谏怀王"不合。可见王逸并没有掌握《招魂》主旨。其"《招魂》者，宋玉之所作也"只是一家之言，与刘向、司马迁无关，更不是两汉人之共识。

有人认为王逸读过《屈原贾生列传》，其《楚辞章句》白纸黑字写着"《招魂》者，宋玉之所作也"。此种决断的语气，表示宋玉作《招魂》论必有充分的根据，这种想当然的偏执之论，看似理直气壮，其实不值一驳。学术讨论靠证据说话，没有证据说再多的"必有"于事无补。例如，王逸还有同样决断的语气一再说过"司马子兰为怀王之弟"，难道王逸此说也是必有充分的根据？我们要以此论推翻司马迁的"怀王稚子令尹子兰"和刘向的"令尹子兰，司马子椒"吗？——王逸之论显然缺乏依据，不可信。

对照《屈原列传》之"屈原既死之后，楚有宋玉、唐勒、景差之徒者，皆好辞而以赋见称"以及宋玉"赋"所反映的事迹："宋玉生于楚顷襄王元年前后。志于学时，拜环渊为师，学业一结束就去见楚襄王。其时楚都已经迁陈。"宋玉师从环渊时，屈原正流放江南。宋玉初侍楚襄王作《钓赋》《登徒子好色赋》时，屈原已死。就时间、空间来看，宋玉不可能成为屈原之弟子，没有"作《招魂》为屈原招魂"的机会，也不可能在已经陷落的郢都为楚襄王招魂。

假如宋玉作《招魂》为某楚王招魂，那就与屈原无关，司马迁怎么可能读《招魂》悲屈原其志呢？总的来看，屈原作《招魂》自招其魂说，明显优于宋玉作《招魂》说。

就“屈原自招”答驳难

本文2008年5月18日首发于北大中文论坛。因为很多材料已在《论〈招魂〉的主旨和魂主》《论〈招魂〉的作者和争议》等文中使用，为了减少重复，这里只保留了片段资料，不是完整的论文。

一、太史公之论是屈原作《招魂》的证据

（一）“默证”不能否定司马迁之论

方铭先生说：

> 刘向、王逸二人当然都是读过《史记·屈原贾生列传》的，他们应该注意到司马迁“余读《离骚》、《天问》、《招魂》、《哀郢》，悲其志”一语，却并未因此而认为《招魂》的作者是屈原，说明他们有可靠根据证明《招魂》是宋玉所作，也知道宋玉《招魂》体现了屈原之志，所以对司马迁的话并不置一词。①

这是采用“默证”来否定司马迁之论。

按照学术研究的惯例，提出新观点，要么举例证证明“新观点”成立，要么列举反证，证明旧论不能成立。王逸的“《招魂》者，宋玉之所作也”既没有列举“宋玉作《招魂》”的依据，又没有提供“否定司马迁之论”的证据，故其立论并不规范。王逸在《楚辞章句》中，对《屈原列传》的太史公曰：“余读《离骚》、《天问》、《招魂》、《哀郢》，悲其志。”不引用、不评说，乃不合常规。若是按“默证”者的逻辑，也可以说：王逸的标新立异之论，由于没有根据，所以对“太史公曰”只能回避，而不置一词。

还有人一方面说“考定某一事实，最重要的是看其有无文献支持”。一方面又说，“王逸用‘《招魂》者，宋玉之所作也’此种决断的语气，故王逸认为宋玉作《招魂》必有其充分的根据。”空言“必有其充分的根据”，其实没有任何文献支持，岂能自圆其说？

（二）太史公能不能和王逸相比？

力之先生说：

> 即使太史公真的说《招魂》为屈原作，但既然受到刘向、王逸这些专家的否定，我们与其信太史公，倒不如信刘向、王逸。英国哲学家罗素在其《西方哲学史》之《美国版序言》中说过：“关于任何一个哲学家，我的知识显然不可能和一个研究范围不太广泛的人所知道的相比。”这是实话，并非谦虚。②

请不要把作品研究和作家研究混为一谈。进行作品研究的古文人，并没有将著作权问题排在第一位，往往是重作品轻作家。《诗经》中多数作品没有作者的信息。王逸对《楚辞》中的“作家们”大多语焉不详，甚至不置一词。他是《楚辞》专家，而不是“屈原研究”专家。古代文人对史料的审定，多不如史家严格。王逸著《楚辞章句》宗旨不在综核古事，他对屈原生平事迹的考证，远不如注重人物和事件的司马迁。力之先生套用英国哲学家的话，说“太史公的知识不可能和王逸这个专家相比”来论证“判断‘著作权’的正确与否取决于‘知识’”，并不精当。“著作权的问题，最重要的是客观材料的考证，而不是由解说者的‘知识’来推定”。即便从知识的角度来看，司马迁在历史方面的才识绝非王逸可及。《屈原列传》是记载“屈原生平事迹”最翔实、最权威的资料。屈原的品德和屈原的代表作是《屈原列传》中的两大亮点。后于太史公二百多年的王逸，在《楚辞章句》中涉及的“屈原身平事迹”，既不够“详”，又与《屈原列传》抵牾（详见下文）。可见，研究文学为主的王逸在屈原生平“这方面的知识”逊于史家司马迁。崇尚“专家”和“知识”的先生们，在《招魂》作者的问题上，“与其信王逸，倒不如信太史公”。

---

① 方铭：《“九辩”“招魂”“大招”的作者与主题考论》，《中国文学研究》1998年第4期，第27—28页。

② 力之：《“招魂”考辨》，《武汉教育学院学报》1997年第1期，第21页。

（三）王逸跟司马迁有没有矛盾？

金式武先生说：

> 王逸认为《招魂》是“宋玉之所作”……都顾及了司马迁的话，就是说，司马迁跟王逸没有矛盾，拿司马迁来否定王逸，乃是明末清初以来三百多年的误解。①

这与事实不符。王逸认定屈原“仕于怀王，为三闾大夫”而不言司马迁的屈原“为怀王左徒”。在这样重要的地方都可以“不顾司马迁之称引”，连“兼备众说”的“或曰”都没有。何以见得王逸的“《招魂》者，宋玉之所作也”，就“顾及了司马迁的话”呢？

又如，司马迁说：“离骚者，犹离忧也。”王氏却说：“离，别也。骚，愁也。经，径也。言己放逐离别，中心愁思，犹依道径以讽谏君也。”可见其不从司马迁之论，刻意创新的心态。再有，《屈原列传》：“屈原既死之后，楚有宋玉、唐勒、景差之徒者，皆好辞而以赋见称。然皆祖屈原之从容辞令，终莫敢直谏。”《汉书·艺文志》：“宋玉赋十六篇。楚人，与唐勒并时，在屈原后也。”王逸则说：“宋玉者，屈原弟子也。”也与司马迁之论有别。

（四）“牵于俗而芜秽”的问题

有人认为：屈原不会用“芜秽”一词来形容自己。如果《招魂》的作者是屈原，（朕）“牵于俗而芜秽”，就是“屈原言自己芜秽”了。“芜秽”的使用，露出了非屈原作的“痕迹”。

我们认为“屈原不会用芜秽一词来形容自己”是对的。需要说明的是，所谓“代言人的痕迹”，绝不是指文中会出现“有违屈原意愿的内容”，否则就不成其为“代原立言”了。假如《招魂》是宋玉“代原为辞”，而文中却有“言自己芜秽”等有违屈原意愿的描述。那么这种既不是屈原所作，又有违背屈原意愿的作品，司马迁还会把它录入《屈原列传》去“悲屈原之志”吗？既然“屈原不会用‘芜秽’一词来形容自己”。所以，不管是屈原作《招魂》，还是宋玉“代原为辞”作《招魂》，其“牵于俗而芜秽”，都不可能是指有违屈原意愿的“言自己芜秽”。而且，被王逸认定为屈原作品的《远游》中，也有：“遭沈浊而污秽兮”，其文意与“牵于俗而芜秽”类同。同样不能理解为屈原说“自己‘遭沈浊’而‘污秽’”。力之先生说：（主此盛德兮，牵于俗而芜秽）与《离骚》之“何琼佩之偃蹇兮，众薆然而蔽之。惟此党人之不谅兮，恐嫉妒而折之”相诠②。赵逵夫先生的译文为：“身佩的宝玉多么屈曲美好，众人却遮上来把它掩盖。这些结党营私者没有诚信，怕他们心生嫉妒把它折坏。③”我们认为这样“诠、译”比较中肯。“牵于俗而芜秽”，并没有屈原“自己芜秽”之义。

（五）先秦及秦汉时宋玉未能与屈原并列

很多学者都认为“楚辞中以《离骚》和《招魂》最为精美。”梁启超称之为“全部《楚辞》中最酣恣、最深刻之作”的《招魂》，当从司马迁之论属屈原之作。若《招魂》为宋玉所作，则宋玉之文当可与屈原并列。但是在先秦及汉人眼里的宋玉终“不能及”屈原。司马迁只在《屈原列传》中，有一句提及宋玉。最显著的是《汉书·古今人表》，屈原与孟子、子思等排在“上中”（第二等人），而宋玉仅排在“中中”（第五等）。可见在汉人的眼里宋玉远不及屈原。班孟坚云：屈原“其文宏博丽雅，为辞赋宗。后世莫不斟酌其英华。则象其从容。自宋玉、唐勒、景差之徒，汉兴枚乘、司马相如、刘向、扬雄骋极文辞，好而悲之，自谓不能及也。”④王充《论衡》也有：“唐勒、宋玉亦楚文人也，竹帛不纪者，屈原在其上也。”⑤

把“屈宋并列”的是后人尤其是唐、宋文人推崇宋玉所致。

以上分析可见，《屈原列传》记述的逻辑结论是：“屈原作《招魂》。”否定屈原作《招魂》的各种理由均依据不足，不能推翻屈原作《招魂》的论断。

---

① 金式武：《关于〈招魂〉作者之考辨》，《上海师范大学学报》1992年第1期，第91页。

② 力之：《“招魂”考辨》，《武汉教育学院学报》1997年第1期，第24页。

③ 姜亮夫：《先秦诗鉴赏辞典》，上海辞书出版社1998年版，第747页。

④ 洪兴祖：《楚辞补注》，中华书局1983年版，第50页。

⑤ 王充：《论衡·超奇篇》，上海人民出版社1974年版，第137页。

二、《招魂》的描写合不合屈原身份?

(一)《招魂》超逾“礼体”的描写,是不是僭妄?

杨义《楚辞诗学》曰:“《招魂》所述宫室美女、饮食歌舞之丰盛弘丽,不让于‘招楚王’之《大招》。屈子用以自招与用以招怀王者。规格几同,岂非僭妄?”①

不顾“礼体”乃是屈原诗文的一贯作风。在《离骚》《远游》等诗篇中出现规格高于“楚王”,用于“天子”也不逊色的描写,我们不会以此否认它们是屈原的作品。或许“《招魂》所述宫室美女、饮食歌舞”之“招辞”,就是选用了巫觋招王的部分“招辞”加工改造而成,这“未必是按谁的身份等级来写的”。再说《招魂》的“礼体规格”,与“屯余车其千乘,驾八龙之婉婉”“奏《九歌》而舞《韶》”相比,实属小菜一碟。

(二)屈原自甘“贫贱”“不喜奢华”?

1. 屈原自甘“贫贱”?

郭沫若先生说:“宫室苑囿,车马仆御,女乐玩好,美衣玉食,那些近于穷奢极侈的情况,绝不是自甘贱贫的屈原的身份所宜有。”② 孙作云先生说:“文中所讲的豪华生活,与屈原的自称为‘贫贱’的生活不相应……也不合屈原的身份。”③ 把《惜诵》中“忽忘身之贱贫”转换为“自甘‘贱贫’”或“‘贫贱’的生活”是说不通的。难道屈原任左徒时,过的也是“贫贱”的生活,其时也“自甘‘贱贫’”吗?

请看力之先生的批驳:

> 只要我们将《招魂》与《楚辞》的其他作品及其时的其他书文比观,便发觉以上之种种理由没有一条能驳倒招屈原魂之说。古今治骚者均认为《离骚》和《九章》中之《惜诵》《涉江》为屈原自传性的作品。不过,以礼制观之,此中所写格局之高,却有过《招魂》所陈者。试看:“望瑶台之偃蹇兮,见有娀之佚女……凤凰既受诒兮,恐高辛之先我……欲从灵氛之吉占兮,心犹豫而孤疑。巫咸将夕降兮,怀椒糈而要之。百神翳其备降兮,九疑缤其并迎。皇剡剡其扬灵兮。告余以吉故……麾蛟龙以梁津兮,诏西皇使涉予……屯余车其千乘兮,齐玉轪而并驰。驾八龙之婉婉兮,载云旗之委蛇。”(《离骚》)“令五帝以折中兮,戒六神与向服。俾山川以备御兮,命咎繇使听直。”(《惜诵》)“登昆仑兮食玉英,与天地兮同寿,与日月兮齐光。”(《涉江》)这些若以“礼制”绳之,不更显非人臣之礼?然而我们断不能据此而否定上述作品非人臣屈原之写“自我”。而且,“令五帝以折中”的正是“贱贫”之屈原。④

2. “不喜奢华”?

罗义群先生说:“屈原自招说,最不能解释的是为什么用奢华来引诱不喜奢华的屈原。《招魂》内颂楚国时盛言饮食、晏乐、居处、女玩之美,始终是主张屈原自招说论者的一块心病。”⑤ 屈原作品中绝少提及家庭和日常生活。在《涉江》中略有流露:“余幼好此奇服兮,年既老而不衰。带长铗之陆离兮,冠切云之崔嵬。被明月兮佩宝璐……”流放期间的屈原,服饰尚如此考究,其任“左徒”时的生活可想而知。《离骚》中的主人翁有:“奏《九歌》而舞《韶》兮,聊假日以偷乐。”这可是天子享受的待遇。岂不是“奢华”到极点了吗!

在春秋战国时代,“奢华”是任要职的大夫们普遍存在的“正常现象”。因为不同的着装佩饰、饮食、晏乐、居处、女玩,象征着人们在社会上的不同等级。不得势的孔子还“食不厌精”,还一定要乘车——“以吾从大夫之后,不可徒行也”。再如:小小的卫国大夫公良桓子家中也有“妇人衣文绣者数

---

① 杨义:《楚辞诗学》,人民出版社 1998 年版,第 532 页。

② 郭沫若:《屈原赋今译》,人民文学出版社 1953 年版,第 207 页。

③ 孙作云:《“大招”的作者及其写作年代》,《文史哲》1957 年第 9 期,第 35 页。

④ 力之:《〈招魂〉考辨》,《武汉教育学院学报》1997 年第 1 期,第 23 页。

⑤ 罗义群:《〈招魂〉研究观点辨析》,《中南民族学院学报(哲社版)》1998 年第 2 期,第 55 页。

百人”①。历代“士大夫”中，清贫如杜甫者，也还有“携妓纳凉”之诗：“越女红裙湿，燕姬翠黛愁。”写《琵琶行》和《卖炭翁》的白居易，自称“贫家”，府中也蓄养过一群家妓，《小庭亦有月》云：“菱角执笙簧，谷儿抹琵琶，红绡信手舞，紫绡随意歌。”白府中最撑面子的家妓有：“樱桃樊素口，杨柳小蛮腰。”更有甚者：“十载春啼变莺舌，三嫌老丑换蛾眉”。——他买了些豆蔻年华的女孩当家妓，玩了几年，就嫌蛾眉老丑，十载更换了三批。不但不以为不好，还写进诗里炫耀……知道古代士大夫们“奢华”的真实生活后，罗义群先生就用不着再“揣着这样一块心病”了。

三、《招魂》是屈原遐想的文学作品

（一）《招魂》是文学作品，不是真的招魂

《招魂》与实用的“招魂辞”比较。

《汨罗民间招魂词》：

临期切莫再迟呆，水远山遥亦早归，要听明师亲指点，急忙随我宝帆来。
魂兮归来莫向东，东方之子涕淋淋，十日并出扶桑中，铄石流金路不通。
魂兮归来毋向南，南方有虎视眈眈，瘴毒流膏起烟岚，雁飞不过魂何堪。
魂兮归来毋向西，西方不可以止栖，溺水流沙八百里，鹤毫鹅毛浮不起。
魂兮归来毋向北，北方穷塞无人过，千里冰雪飞嵯峨，断指裂肤莫内何。
归来归来，故土不可旷，时日不可延。②

湖北秭归县端午节划龙船时唱的《招魂曲》：

我哥哟，回哟荷，嘿荷也！大夫大夫哟，听我说哟，嘿荷也！
天不可上啊，上有黑云万里。地不可下啊，下有九关八极。
东不可往啊，东有弱水无底。南不可去啊，南有豺狼狐狸。
西不可向啊，西有流沙千里。北不可游啊，北有冰雪盖地。
惟愿我大夫，快快回故里。衣食勿须问，楚国好天地。③

现存的“民间招魂词”与《招魂》里的“招魂辞”比较，有一致性的方面：喊魂都遵循由东而南，而西，而北的次序，渲染四方之害，还有对故里的赞颂。可见，这些民间招魂词有悠久的历史渊源，也说明《招魂》之作可能借鉴了古荆楚流行的招魂词。

但是，《招魂》中的“引文”“乱辞”都说到作者的感受与经历，还有实际招魂中不会出现的上帝和巫阳，“正显出屈原创作的主体色彩”。这是《招魂》不同于实用的“招魂辞”的重要内证。假如是古代巫祝“招魂”，他们应当备有各种实用的招魂辞。按照不同人群，各有一套固定的招魂辞。王者有王者的招辞，大夫有大夫的招辞。同等级的人不问张、王、李、赵招魂辞基本一样。跟鬼神交通，要按照老祖宗的规矩来办，祖师爷留传下来的招魂辞一般是不能改的。实际的“招生魂”是为了去除疾病，带有迷信色彩。现存各地的民间招魂词也多是先人留传下来的，而不是现编的。

（二）既然是自招，岂可称自己为“君”?

有人说：“既然是屈原自招，岂可屡用第三人称，称自己为‘君’呢?”这是对“屈原自招”说的误解。我们所谓的“屈原自招”乃是屈原借遐想的“招魂”表达思念故居的情怀，而不是真的为自己“招魂”。屈原幻想：自己身体恍惚仍在郢都故居，而灵魂却离散在外。同时虚拟出上帝命巫阳为自己招魂的幻境……“巫阳”从“天地四方”招离魂回郢都、入修门后，屈原的想象中又出现了“工祝”招魂的场景……屈原遐想中，由“巫、祝”为自己招魂，当然称他为“君”。

再有：“既然是帝命巫阳招魂，巫阳为何在‘君无上天’一节中暗示上帝是天上虎豹豺狼的主子?”屈原在作品中一贯对天、神既寄以希望，又有所疑虑。如《卜居》：“数有所不逮，神有所不通”；《哀郢》：“皇天之不纯命兮，何百姓之震愆?”；《天问》：“天命反侧，何罚何佑?”。所以在《招魂》中对上天存有微词也就不奇怪了。

---

① 李小龙译注：《墨子》，中华书局2007年版，第214页。

② 莫道才：《〈大招〉为战国时期楚地民间招魂词之原始记录》，《云梦学刊》2001年第5期，第7页。

③ 王健强：《屈原故里秭归》，中国旅游出版社1982年版。

（三）“魂魄离散”在江南云梦和郢都之间

《招魂》开头六行：“朕幼清以廉洁兮……上无所考此盛德兮，长离殃而愁苦”，是诗人“欲断魂”的愁苦独白。

招辞的前半部所说的各方之害，都是以楚国为中心，告诫游魂不要到其他各方去，《招魂》中的“天地四方之害”并不在楚国版图之内。招辞的后半部是郢都故居的场景。

乱辞的“汩吾南征……与王趋梦……哀江南”是诗人身处江南的现状和回忆。“失魂、招魂”一切都发生在楚国境内，绝无灵魂在秦国离散，需要从西北的秦国向东南的楚国引导的描述。

有人认为：《招魂》写了四方上下之害，唯独对西方进行了相对较长的描述，“尤其是‘幸而得脱’等句，正合顷襄二年怀王自秦亡走赵国不纳，逃跑没有成功的史实。”①

任国瑞则说：“‘幸而得脱’语，又符合怀王自秦亡走赵之史实。”②

钱玉趾先生说：“怀王被囚于西方的秦国，曾脱逃一次，但仍被追回。这与《招魂》‘幸而得脱，其外广宇些’，完全相合。”③

《招魂》中虚幻的各方之害，怎么能与真实的历史事件强行牵连呢？把“活怀王未能逃脱”的悲哀事件说成“怀王死魂幸而得脱”的喜事，这样的曲解是不是太牵强了？

《招魂》中东方为害3句，南方为害4句，西方为害7句，北方为害1句，上天为害5句，幽都为害3句，都是想象中的自然环境之恶和害人怪物之凶，并以郢都为中心告诫离魂不要到“天地四方”去，从中得不出何方好、何处差的结论，也绝非实指某国。而且秦在楚的西北，秦、楚间的交通，大多经楚国北方的武关出入。例如，《楚世家》载：“（怀王）十六年，秦欲伐齐，而楚与齐从亲，秦惠王患之，乃宣言张仪免相，使张仪南见楚王。”怀王被扣也是从武关进入秦国的。为何西方多达11句，而北方只有2句呢？

再者，“若怀王之魂遗在西秦，就不须去四方招之”，（方铭先生语）假如硬要把“秦国”与“为害很多的西方”联系，那也是“告诫离魂不要入秦更合乎实际。”④

再说“魂兮归来！入修门些”，灵魂从江南云梦往郢都，从南边的修门进最为合适。这显然与引导怀王的灵魂从秦国回归的路线不符。

招楚怀王说更无法解释“乱辞”中的“献岁发春兮，汩吾南征……湛湛江水兮，上有枫。目极千里兮，伤心悲。魂兮归来，哀江南。”要怀王魂从西北的秦国回归楚都，为什么要“魂兮归来，哀江南”？

（四）“苗巫招魂术”与《招魂》无关

1. 罗义群先生的“苗巫招魂术”

罗义群先生说：

> 从“现存的苗巫文化中”“招魂的具体情况考察‘自招’是不可能的”。“苗族招魂词大致有五方面的内容：一是巫师召集‘阴崽’集中；二是巫师率领‘阴崽’到当事人家中查询发生了什么事情；三是巫师追踪灵魂的过程；四是巫师同鬼周旋招魂附体的过程；五是打发‘阴崽’回各自居住的地方。巫师以黑布掩面，双脚弹跳不止，时间约两小时，一个体弱多病的人无论如何也无法胜任”。“尽管招魂的名称、牺牲、形式不同，但……不管招哪种魂，所用牺牲的心脏就是被招回的灵魂，待仪式结束，必须用热灰烧焦给落魂者食用。”⑤

罗先生所介绍的“苗巫招魂术”是一种迷信活动，它与《楚辞·招魂》在时间、地域、文化、渊源等各方面都联系不上，与我们所说的“屈原遐想天帝命巫阳为自己招魂”毫不相干。

请问在《招魂》篇中，何处有“以黑布掩面，双脚弹跳不止”的场景？怎么能用现今的这类迷信

① 德育：《谈“招魂”的被招者、作者及艺术风格问题》，《北方论丛》1981年第3期，第20页。

② 任国瑞：《〈招魂〉与〈大招〉论略》2013年6月7日，https://wenku.baidu.com/view/c0325357ff00bed5b8f31d33.html.

③ 钱玉趾：《〈招魂〉疑义新辨》，《云梦学刊》2002年第4期，第6页。

④ 熊任望：《楚辞探综》，河北大学出版社2000年版，第215页。

⑤ 罗义群：《“招魂”研究观点辨析》，《中南民族学院学报（哲社版）》1998年第2期，第55—58页。

活动来证明“屈原‘自招’是不可能的”呢?

2.“唯有宋玉招楚襄王生魂符合楚巫文化逻辑”?

罗先生说:“只有能‘过阴’的巫师才能招魂”又说:“唯有宋玉招楚襄王生魂这一系统没有破绽,符合楚巫文化逻辑”。① 可是罗先生却没有证明宋玉是“巫师”。如果宋玉不是巫师,他能为楚襄王招魂吗?罗先生的“系统”连自己所强调的最起码的条件“巫师才能招魂”都没有包括,还奢谈什么“唯有宋玉招楚襄王生魂这一系统没有破绽”,岂不是笑话吗!

① 罗义群:《“招魂”研究观点辨析》,《中南民族学院学报(哲社版)》1998年第2期,第55、58页。

就《招魂》与潘啸龙先生商榷

摘要：《招魂》是屈原的抒情之作，不是“宋玉设为楚襄王口气向上帝的求告”；“云梦田猎”是诗人的回忆，不是“襄王亲射，受青兕惊吓”的记述；宋玉不是巫祝，且与襄王没有感情，不大可能为襄王招魂。潘啸龙先生既说能得到上天辅助的只是有德行的君主，又要上帝辅佐荒于淫乐的楚襄王，岂不自相矛盾？

关键词：招魂；宋玉；大招；楚襄王

笔者2005年5月1日在北大中文论坛发表了《就“宋玉‘招魂’论”与潘啸龙先生商榷》等网文。2007年8月底，潘啸龙先生贴出了相关的“批评和反驳”，还有潘先生“《招魂》研究方面”的四篇论文。这对笔者多有帮助，在此深表感谢。

潘啸龙先生的《招魂》研究，提出不少新见，有助于《招魂》研究的深入。只不过潘先生把他的四篇《招魂》研究的论文，作为判别是非的标准，似乎太自信了。例如，他既认为“宋玉作《招魂》，招在云梦射兕中受惊而病的顷襄王之生魂”，又说《招魂》“应是一篇文人创作的辞作，而并非真是当时巫师用作实际招魂的咒文”。如此脚踏两只船，怎能自圆其说？既说“司马迁读之而‘悲其志’的当是《大招》”，又说“《大招》当为景差所作”。请问，司马迁读景差作的与屈原无关的《大招》，如何去“悲屈原之志”？潘氏既承认才高气傲的宋玉为楚襄王所疾恶，又要他情不自禁地为昏庸的楚襄王“招魂”？岂不是前言不搭后语？下面就潘先生的相关论述展开切磋，欢迎批评指正。

一、“引文和乱辞”等问题

潘啸龙先生说：

> 我以为就宋玉《招魂》内容看，它确实如汤漳平先生指出的“不是作者抒情写怀之作，而是出于特定的招魂目的而作的”。①

潘氏的真招论与《招魂》带有强烈自我抒情色彩的“引文和乱辞”，明显不符。

（一）引文

潘先生说：

> 宋玉“他所作的《招魂》，所招的对象就必为楚襄王无疑”“开头数句骚体之语，其实是宋玉设为楚襄王口气向上帝的求告，也就是说，楚襄王由于意外缘故失魂而病，需要请求上帝解除厄难，辞中的‘朕幼清以廉洁兮’的‘朕’即指襄王。所谓‘廉洁’、‘服义’云云，则不过是为显示自己年轻时的曾有‘盛德’。‘牵于俗而芜秽’才是全部问题的关键——因为他荒于淫乐，终于导致了眼前的‘离殃而愁苦’，即失魂而病，所以要求告上帝大加垂悯。”②

此论史传无证，其“所招对象必为楚襄王无疑”与文本所记不符。

1. 朕幼清以廉洁兮，身服义而未沫

其一，“廉洁”，历来都是对臣属的要求，并非针对君王。潘先生自己说得很好：“屈原确是‘朕幼清以廉洁兮，身服义而未沫’的。这在《卜居》所称‘宁诛锄草茅以力耕乎？将游大人以成名乎？’的二难之问中，在《橘颂》的‘嗟尔幼志，有以异兮。独立不迁，岂不可喜兮’所反映的人生态度中，都可得到旁证。”③ 可见潘先生也认为此句与屈原相关，而和顷襄王对不上号。

其二，从“朕”的使用上看，与楚王不合。《礼记·曲礼下》曰：“诸侯见天子曰臣某、侯某，其与民言自称曰寡人。”④ 《老子》曰：“是以侯王自称孤、寡、不穀。”⑤ 而楚国国君对下习惯自称“寡

---

① 潘啸龙：《〈招魂〉研究商榷》，《文学评论》1994年第4期，第43页。

② 潘啸龙：《〈招魂〉研究商榷》，《文学评论》1994年第4期，第39页。

③ 潘啸龙：《关于〈招魂〉研究的几个问题》，《文学遗产》2003年第3期，第13页。

④ 王梦鸥注译：《礼记今注今译》，台湾商务印书馆1978年版，第51页。

⑤ 陈鼓应注译：《老子今注今译及评介》，商务印书馆2017年版，第149页。

人”“不穀”。《楚策二》“楚襄王为太子之时”，《楚四》“庄辛谓楚襄王”等记载，楚襄王均自称“寡人”。楚成王、昭王、怀王多自称“不穀”。如，《左传·僖公二十三年》：“（晋重耳）及楚，楚子（成王）飨之，曰：‘公子若反晋国，则何以报不穀?’”《左传·哀公六年》昭王曰：“不穀虽不德，河非所获罪也”。《秦策二》“齐助楚攻秦”：“楚（怀）王大悦……‘不穀得商于之田，方六百里。’”而屈原赋中，则常用“朕”字。《离骚》：“朕皇考曰伯庸”“回朕车以复路”“哀朕时之不当”“怀朕情而不发兮”。《抽思》：“憍吾以其美好兮，敖朕辞而不听。”《思美人》：“固朕形之不服兮，然容与而狐疑。”从用词习惯看，“朕”不是楚王自称。

其三，更重要的是，假如顷襄王“向上帝求告”，不能目无尊上自称“朕”。《礼记·曲礼下》：“践阼临祭祀：内事曰孝王某，外事曰嗣王某。”今注：践阼，指站在主人的地位。内事，是祭祖宗，故称孝王。外事，是祭天地神祇，故但称继位之王。① 例如，秦王祀神的《诅楚文》曰：“又（有）秦嗣王，敢用吉玉宣璧使其宗祝邵馨布恳告于不显大神。”② 楚襄王若要“求告上帝”当称嗣王某或某嗣王，不能称朕。

2. 主此盛德兮，牵于俗而芜秽

潘先生说：

> “主此盛德兮，牵于俗而芜秽”，则无论如何也套不到屈原身上了。……在屈原的心目中，只有那些不修德行、折节从俗，而导致人格有亏、行止秽恶者，才得称为“芜秽”……又怎会“牵于俗累”而让自身的品行“芜秽”!③

潘先生把“牵于俗而芜秽”解释为自身的品行芜秽，有违诗文原意。既与上一句“主此盛德”格格不合，又与下一句“上无所考此盛德”衔接不上。前后都说“有盛德”，中间却说“盛德芜秽”显然不对。有人把这一句译为“却遭到小人卑鄙伎俩的阻挠”或“被世俗牵累横加秽名”或“反被诬陷成坏人”等，可做参考。这里的“牵于俗而芜秽”与《远游》的“遭沈浊而污秽兮”都不应该解释为屈原自认品行芜秽。

若按照潘先生的说法，“芜秽”是指楚襄王“人格有亏、行止秽恶”，可潘先生却要上帝去辅佐这样一个昏君，岂不是与他所说的“《尚书》称‘皇天无亲，惟德是辅’，亦指明能得到上天辅助的，只是有德行的君主”④ 自相矛盾吗？可见即便按潘先生之论：“芜秽”是指楚襄王，也难以自圆其说。

3. 上无所考此盛德兮，长离殃而愁苦

潘先生说：

> 此句之意在指明失魂者“牵于俗而芜秽”之后，已没有什么体现“盛德”的行事，可为上天（帝）考知，或者说上天（帝）已考察不到他有什么“盛德”。可见这并非指上天（帝）没有考知能力，而是指被考察者没有“盛德”。这才造成了他“长离殃而愁苦”之失魂境况。但是当作者让主人公（顷襄王）向上天承认自身有“牵于俗而芜秽”的错误，并要求上天拯救他的时候，上天当然亦有好生之德，愿意给他改正错误的机会，从而引出巫阳为其招魂之下文。所谓“有人在下，我欲辅之”者，非“辅”其“芜秽”之行，乃奖其知错之意也——这“上天（帝）”又有什么“昏庸不明”可指责的?⑤

《离骚》有：“皇天无私阿兮，览民德焉错辅。”《尚书》曰：“皇天无亲，唯德是辅。”说明古人认为神灵的赐福与降灾只取决于人的德行。潘氏把它改换为“上天有好生之德，愿意给他改正错误的机会”，逻辑上既说不通，更与古籍记载抵牾。假若上帝欲辅这样一个昏庸、懦弱、耽于游乐的顷襄王，还要“奖其知错之意”？如此护短，难道还不是“昏庸不明”么？

再有，潘先生认为：因“被考察者没有‘盛德’，这才造成了他‘长离殃而愁苦’之失魂境况”。⑥ 果

---

① 王梦鸥注译：《礼记今注今译》，台湾商务印书馆 1978 年版，第 48 页。

② 郭沫若：《郭沫若全集》第九卷，科学出版社 1982 年版，第 295—296 页。

③ 潘啸龙：《关于〈招魂〉研究的几个问题》，《文学遗产》2003 年第 3 期，第 13 页。

④ 潘啸龙：《评〈招魂〉为“屈原自招”说》，《云梦学刊》2006 年第 5 期，第 27—31 页。

⑤ 潘啸龙：《评〈招魂〉为“屈原自招”说》，《云梦学刊》2006 年第 5 期，第 28 页。

⑥ 潘啸龙：《评〈招魂〉为“屈原自招”说》，《云梦学刊》2006 年第 5 期，第 30 页。

真如此，“失魂”就是上帝对被考察者“失德”的惩罚。那么，“怎么突然又能引出‘帝告巫阳曰：有人在下，我欲辅之……’”呢？刚刚降祸让他“失魂”，忽又赐福要为他“招魂”。上帝不当如此反复无常吧？①

力之先生指出：

这六句，“朕”作为一个主题，一直贯到“愁苦”。一二句说平生操守，三句从一二句来，四句说党人“敝人”“折之”，五句说君之不明，末句是四句之间接结果与五句之直接结果。换言之，首六句交代屈原失魂之因，下文即就此而展开。②

就引文六句来看，无论是道德要求、政治遭遇，还是语言表达，都只能是屈原，而不是楚王。潘氏将引文中关键的字句进行了削足适履的讲解，故其“宋玉《招魂》所招者，自当为顷襄王较合情理”③ 论，实际上不合情理。

（二）乱辞

1. 献岁发春兮，汩吾南征

潘啸龙先生说：

“原来当年的春天，宋玉曾陪同襄王到云梦游猎过一次。‘乱曰’的开首（‘献岁发春兮，汩吾南征’），即追述宋玉的离家南行。……那其实是宋玉由宜城‘南行’的纪实。”④ “‘乱曰’开头追述作者于‘开春发岁’之际，随君王猎于梦中。”⑤

从诗文整体上看“献岁发春兮，汩吾南征”应是纪实，而潘先生的解释，显然自相矛盾。它不可能既是“宋玉由宜城‘南行’的纪实”，又是“随君王猎于梦中”的追述。

假若宋玉“当年的春天……陪同襄王到云梦游猎”，在襄王“失魂而病”，着急为楚襄王“招魂”时，又怎会在“发理词指，总撮其要”的“乱曰”中去追述不知何时发生的“离家南行”，横添这一节与“招魂”无关的内容呢？

2. “云梦田猎”

“云梦田猎”是回忆。潘先生说“楚王之失魂与云梦射猎有关，而且宋玉还亲身陪同前往，经历了‘君王亲发兮，惮青兕’的惊心一幕。”⑥

此论没有依据。“云梦田猎”是屈原的回忆而不是顷襄“射兕受惊”的纪实。⑦ 其一，假若田猎是纪实，在“青骊结驷兮，齐千乘”之后，怎么可能“皋兰被径兮斯路渐”呢？其二，田猎以后，诗人为何不随君王回郢都……而孤独地留在江南呢？

3. 最后一段

“朱明承夜兮，时不可淹。皋兰被径兮，斯路渐。湛湛江水兮，上有枫。目极千里兮，伤春心。魂兮归来哀江南。”

潘先生说：

最后由“朱明承夜”叙到“皋兰被径”的时光流逝，而卧病郢都的君王仍未病愈。因而作者在“目极千里”江南的哀伤之际，向君王失魂发出了“魂兮归来哀江南”的凄怆呼唤：你君王的失魂呵，快从可哀的江南归来吧。（原注：这一呼唤与前文巫阳的“招魂”辞不同，乃是作者结尾时的抒情之笔。有些论者仍将它视为“招魂”辞，显然不妥）⑧

宋玉在巫阳已经为之“招魂”之后，进一步抒写自己遥望江水、“目极千里”江南时的“伤心”之情，并情不自禁向令人哀伤的江南，再次发出“魂兮归来”之语以收结全文。⑨

---

① 熊任望：《运用筛选法为〈楚辞·招魂〉决疑》，《中州学刊》1995年第5期，第103页。

② 力之：《〈招魂〉考辨》，《武汉教育学院学报》1997年第1期，第24页。

③ 潘啸龙：《关于〈招魂〉研究的几个问题》，《文学遗产》2003年第3期，第15页。

④ 潘啸龙：《〈招魂〉研究商榷》，《文学评论》1994年第4期，第39页。

⑤ 潘啸龙：《评〈招魂〉为“屈原自招”说》，《云梦学刊》2006年第5期，第30页。

⑥ 潘啸龙：《关于〈招魂〉研究的几个问题》，《文学遗产》2003年第3期，第15页。

⑦ 详见本书《试论〈招魂〉的“云梦田猎”等》。

⑧ 潘啸龙：《评〈招魂〉为“屈原自招”说》，《云梦学刊》2006年第5期，第30、31页。

⑨ 潘啸龙：《关于〈招魂〉研究的几个问题》，《文学遗产》2003年第3期，第15页。

此论包含了好些矛盾：

第一，“作者在‘目极千里’江南的哀伤之际”，身在何处？假若他身处“江南”，是“田猎”以后，单独地留在云梦的呢？还是随君王回郢都后再次来“江南”？如果他身处“江南”，只能让“楚王失魂”从江南向郢都“归去”，怎么能“向君王失魂发出‘归来’的呼唤”呢！若是他身处郢都“向失魂发出：快从江南归来！”方向是对了，但是，这与“皋兰被径兮，斯路渐。湛湛江水兮，上有枫。目极千里兮，伤春心”的场景就不符了。

第二，在巫阳、工祝“招魂”之后，说“卧病郢都的君王仍未病愈”，其实质是说“巫阳、工祝招魂都失败了”。于是由宋玉“向君王失魂发出‘魂兮归来哀江南’的凄怆呼唤”。请问，巫阳、工祝“招魂”都失败了，并非巫祝的宋玉如何能担当起“为楚襄王招魂”的重任呢？再说宋玉会“情不自禁”地去为楚襄王“招魂”吗？

第三，潘氏说“作者在‘目极千里’江南的哀伤之际，向君王失魂发出了‘魂兮归来哀江南’的凄怆呼唤”。这显然与文本不符。只是潘氏说这“乃是作者结尾时的抒情之笔”倒是不错，也就是说，这是作者“自己的呼唤”而不是“呼唤君王的失魂”，而且宋玉于楚襄王没有深厚的感情，不至于“情不自禁地”去为楚襄王“招魂”。只有把它解读为屈原流放江南时的自叙才合乎情理。假如把它看作是“宋玉的独白”则说不过去。

（三）“魂兮归来哀江南”不是介词结构的句式

潘啸龙先生说：

> “魂兮归来哀江南”，是一个介词结构的句式，亦即“魂兮从可哀的江南归来”。类似这样的句式，在《九歌》中就有。如“暾将出兮东方”，即为“朝日将从东方升出”之意；“照吾槛兮扶桑”，亦为“从扶桑树上照亮我（迎神巫者）家的栏杆”的意思。……故王逸注文即指明此句“言魂魄当急来归，江南土地僻远，山林崄阻，诚可哀伤，不足处也”；五臣亦云“欲使原复归于郢，故言江南之地，可哀如此”。①

从句式上看，“暾将出兮东方”与“魂兮归来，哀江南”两者并不一样。前者之“东方”，或可看作“从/东方”的省略。而后者之“哀/江南”并非“从/哀江南”的省略。“哀/江南”：或曰“哀”是动词，“江南”是处所，属“动宾结构”，或曰“哀”是形容词，属“偏正结构”等。怎么能说它是“从/哀江南”的省略，是“介词结构的句式”呢？

请看，部分名家对“魂兮归来！哀江南”的译文：

闻一多：“哀作依……言归来依江南而居也。”②

文怀沙：“灵魂啊！你回来吧……江南这地方，使人留恋，也使人哀伤。”③

胡念贻：“魂魄呀归来吧！可怜这江南！”④

陆侃如：“魂啊！回来吧！哀怜这江南吧！”⑤

林庚：“魂魄归来吧、哀悼在这江南！”⑥

郭沫若：“灵魂归来呀，江南爱煞人！”⑦

（笔者按：《招魂》“乱辞”充满哀愁气氛，“目极千里兮，伤心悲。魂兮归来，哀江南。”其“伤”与“哀”对举，均表达悲痛之情。再者，《楚辞》中“哀”字凡五十余处，皆作哀悯、哀伤解。并无可作“爱”解者。郭沫若的“江南爱煞人”与诗文的气氛不符。）

郭维森：“魂啊回来吧，江南堪哀难以忘情！”⑧

---

① 潘啸龙：《评〈招魂〉为“屈原自招”说》，《云梦学刊》2006 年第 5 期，第 30 页。

② 闻一多：《闻一多全集二·楚辞校补》，湖北人民出版社 1993 年版，第 457 页。

③ 文怀沙：《屈原招魂今绎》，百花文艺出版社 2005 年版，第 162 页。

④ 胡念贻：《楚辞选注及考证》，岳麓书社 1984 年版，第 260 页。

⑤ 陆侃如、高亨、黄孝纾，《楚辞选》，上海古典文学出版社 1956 年版，第 120 页。

⑥ 林庚：《诗人屈原及其作品研究》，上海古籍出版社 1981 年版，第 108 页。

⑦ 郭沫若：《屈原赋今译》，人民文学出版社 1953 年版，第 57 页。

⑧ 郭维森：《楚辞·招魂》《先秦诗鉴赏辞典》，上海辞书出版社 1998 年版，第 898 页。

陈子展："魂啊归来，可怜的江南！"①

张愚山："灵魂啊归来吧！咱共同哀叹这江南前景！"②

他们都没有把"哀江南"看作介词结构的句式。况且，无论他们对《招魂》作者和所招对象的看法多么不同，多认为"皋兰被径兮，斯路渐。湛湛江水兮上有枫，目极千里兮伤春心。魂兮归来，哀江南"是作者"身处江南云梦"时的情景。

潘先生把"魂兮归来，哀江南"解释为"魂兮从可哀伤的江南归来"。③ 句中的这个"从"字，显然是潘先生添加进去的。它类似于王逸的："从西浮而东行。"添加"从"字以后，方向就反了。可见从文义和语法两方面看，潘氏的介词结构的句式都难以成立。

（四）为什么不让"魂"回到江南屈原的"恒干"上？

潘啸龙先生说："被放江南的屈原，要招回自己的失魂，为什么不让它回到江南屈原自己的'恒干'上，反而要召唤它远去郢都'故居'？"④ 要求在屈原的诗作中，心理上的时空与物理上的时空一致，岂不是大大破坏诗的意境？

方东树曾经说："窃以创意、创格、造言，未有侻于《招魂》者也。"⑤ 读屈原《招魂》，应该从创意、创格、造言的"侻"处，去深入细致地领会。

屈原被流放之后，念念不忘返回郢都。在"离殃而愁苦"中遐想：自己身体似乎还在郢都故居，而灵魂却离散在外。同时虚拟出上帝命巫阳为他招魂的"幻境"，假借招魂表达欲归郢都的愿望。《招魂》所造成的"幻境"，正是运用"非现实意象，以构成违背常理或缥缈神奇的幻境，提供超越时空的抒情空间和氛围。"⑥ 而其后的"乱辞"已经"从幻境中'回返'到现实"，故曰"魂兮归来，哀江南"。在《招魂》里面出现"时空错位，物象变形"等越轨之事，有什么好奇怪的呢？

潘氏在其大作《谈〈离骚〉的意象表现》时曾说过：

> 任何抒情诗作都须借'意象'创造情境，但情境又有'现实'与'虚幻'之别。并不是所有的意象都可以造成幻境的，若要造成幻境，那意象运用就必须带有不同于现实或违背常理的特征。⑦

《招魂》的虚幻并不亚于《离骚》。潘先生为什么不允许屈原在《招魂》中神思飞扬创造违背常理的幻境，偏要把遐想的意识活动落实到实招的"恒干"上去呢？

只有把"乱辞"中"'魂兮归来哀江南'的呼唤"看作身在江南的屈原，向自己发出的"自招之辞"，才能与诗文之意融通。

潘先生的《招魂》为宋玉招楚襄王生魂论，正可借用他的一则评语：此论既存在"逻辑上不应有的混乱。同时又不顾《招魂》的实际内容……试问：如此混乱的推论逻辑和对作品词旨的臆断，反而是有根之谈么？"⑧

可见，当潘先生有了"成见"之后，任何与他想象不符的信息都会被忽略或否定。

二、谁在偷梁换柱？

（一）把个别人的说法强加给大多数

潘啸龙先生说：

> 否定宋玉作《招魂》的另一个重要证据，是《章句》序断《招魂》为"宋玉怜哀屈原"，并"讽谏怀王"云云，与本文内容不符。因而斥王逸之序为"无根之谈"。这种辩驳似乎有

---

① 陈子展：《楚辞直解》，复旦大学出版社1996年版，第347页。

② 张愚山：《楚辞译注》，山东教育出版社1986年版，第233页。

③ 潘啸龙：《评〈招魂〉为"屈原自招"说》，《云梦学刊》2006年第5期，第30页。

④ 潘啸龙：《评〈招魂〉为"屈原自招"说》，《云梦学刊》2006年第5期，第28页。

⑤ 方东树著，汪绍楹点校：《昭昧詹言》，人民文学出版社1961年版，第345页。

⑥ 潘啸龙：《论〈离骚〉的抒情结构及意象表现》，《云梦学刊》1993年第1期，第5页。

⑦ 潘啸龙：《屈原与楚辞研究》，安徽大学出版社1999年版，第119页。

⑧ 潘啸龙：《〈招魂〉研究商榷》，《文学评论》1994年第4期，第38页。

理，实际上却是推断上的偷梁换柱。①

这里，潘先生设置了一个逻辑上的稻草人。因为，赞同屈原作《招魂》说的大多数学者，并没有把这些作为否定宋玉作《招魂》的另一个重要证据。潘先生把个别人的说法，强加给否定宋玉作《招魂》的大多数人。这是广义的偷梁换柱。

与潘先生的论说相反，赞同《招魂》作者是屈原的很多人，只是要把《招魂》的著作权归还屈原而已。例如，梁启超说：

> 太史公明明认《招魂》为屈原作。然而王逸说是宋玉作。逸，后汉人，有何凭据，竟敢改易前说？大概他以为添上这一篇，便成二十六篇，与《艺文志》数目不符；他又想这一篇标题，像是屈原死后别人招他的魂，所以硬把他送给宋玉。依我看，《招魂》的理想及文体，和宋玉其他作品很有不同处，应该从太史公之说，归还屈原。②

（二）把《招魂》换为《大招》

把《屈原列传》中的《招魂》替换为《大招》是潘先生《招魂》研究立论的基础之一。

1.“篇名尚未确定论”缺乏依据

潘先生说：

> 《招魂》又有《大招》、《小招》之别。现存《楚辞》中，正有被《楚辞章句》序称为“屈原之作也。或曰景差，疑不能明也的”《大招》在。当司马迁之时，《楚辞》正刚传世不久，有关屈原作品的篇名尚未确定（如《九章》之名即为刘向所定），则司马迁所读传为屈原所作的《招魂》，为什么就不可能是《大招》?③

此言可以商榷。

在汉代出现许多效法屈原赋的作家、作品，可见屈原作品在当时已经相当流行。潘氏以《九章》为例，欲论证屈原作品篇名未确定。但是，《招魂》是单篇名，《九章》是“得其九章，合为一卷”之名。这是将上位概念与下位概念并列的逻辑错误。事实上，比屈原早几百年的《诗经》其作品已经有了篇名，到战国时代诗、文有篇名已经很普遍。潘氏屈原作品篇名未确定的论断，缺乏依据。

《史记》举屈原作品仅五篇，司马迁为何放着许多屈原作品不用，偏偏把流传到王逸时也还认为作者“疑不能明的《大招》”列入呢?“把一个距离屈原不到二百年的一位最伟大的历史家的记载都可以轻易地加以改变，那么还有什么人的意见不能改变呢?”④

王逸《楚辞章句》对《招魂》作者的看法，与两百年前的司马迁不同，乃是正常的学术分歧。至于分歧缘何而起，现在很难知晓。但是可能性有多种多样，而潘氏的“《招魂》换《大招》”则有明显漏洞。再说，王逸与司马迁的分歧不只这一处。《史记》云：屈原“为楚怀王左徒”，同时还记屈原是“三闾大夫”。而王逸只说屈原“仕于怀王，为三闾大夫”，绝口不提“左徒”。这不也是王逸“不顾司马迁之称引”的地方吗?

2. 把“屈原作《大招》”强加于司马迁

潘先生说：“我根据汉代有屈原作《大招》的传说，而推定司马迁读之而‘悲其志’的当是《大招》，这并不等于我也同意汉代的传说，而将《大招》判为屈原所作。”⑤ 又说：“我个人认为，《大招》当为景差所作，说见拙著《楚辞》，黄山书社 1997 年版。”⑥ 他还说：“司马迁……将《招魂》（即《大招》）与其余三篇屈原作品并列，可见它自为屈原之作无疑。”⑦ 如此脚踏两只船，还是严谨的学术研究吗?

潘氏说：

> 关于《大招》的作者，王逸据汉代以来的传说所作序言，首先就有“《大招》者，屈原之

---

① 潘啸龙：《〈招魂〉研究商榷》，《文学评论》1994 年第 4 期，第 37 页。

② 梁启超著，陈书良选编：《梁启超文集 · 屈原研究》，北京燕山出版社 1997 年版，第 621 页。

③ 潘啸龙：《〈招魂〉研究商榷》，《文学评论》1994 年第 4 期，第 37 页。

④ 梁启超著，陈书良选编：《梁启超文集 · 讲演 · 屈原研究》，北京燕山出版社 1997 年版。

⑤ 潘啸龙：《评〈招魂〉为“屈原自招”说》，《云梦学刊》2006 年第 5 期，第 29—30 页。

⑥ 潘啸龙：《〈招魂〉研究商榷》，《文学评论》1994 年第 4 期，第 37 页。

⑦ 潘啸龙：《〈招魂〉研究商榷》，《文学评论》1994 年第 4 期，第 36—37 页。

所作也”的记述，虽然还补充了“或曰景差，疑不能明”之说，但毕竟与“屈原”有了关系。[①] 有位论者质问我说，“《史记》举屈原的作品仅五篇，难道会把王逸也认为作者‘疑不能明也’的《大招》列入吗”？潘先生却要司马迁确认它是屈原的作品，这是什么逻辑？这一质问故意回避了汉代有屈原作《大招》的传说和王逸也记述了这一传说的事实，而只取王逸“或曰景差，疑不能明”的补充说明，显然不是实事求是的态度。

潘先生的辩解故意回避了实质性问题。在他自己也不相信《大招》是屈原所作的情况下，却以王逸的这个“不确定的传说”“毕竟与‘屈原’有了关系”为由，认定《屈原列传》中的《招魂》即《大招》。其实质是：强迫司马迁把《大招》判定为屈原的作品，并以《招魂》之名记入《屈原列传》。

司马迁说：“天下遗文古事靡不毕集太史公”，可见他有机会了解大量的古典历史文献。加上司马迁的才华和鉴别能力，自能判断《招魂》的作者是谁。潘先生把有远见卓识的司马迁“弱智化”，说他没有正确的判断能力，竟然把景差所作的《大招》以《招魂》之名记入《屈原列传》。这难道是实事求是的态度吗？

退一步说，假若先依潘氏之论：“当司马迁之时……有关屈原作品的篇名尚未确定”“司马迁所读的‘招魂’是‘大招’”，并假设“司马迁把《大招》以《招魂》之名写入《屈原列传》”……那么是谁、是什么时候“又把这个《招魂》，改名为《大招》”？再把“小招”定名为《招魂》，弄成现在这个样子的呢？——看来“这个假设”和“后来的改名”，都是毫无根据的臆想。

可见，潘氏承袭清孙志祖《读书胜录》：“《史记》所说的《招魂》即《大招》”，强调“《屈原列传》的《招魂》‘非《大招》莫属’”，既经不起推敲，也不能自圆其说。

3.“屈原作《招魂》的证据

潘先生还责问：

> 如果今存《招魂》在汉代也有屈原所作的传说，并经司马迁《屈原列传》所称述，王逸又怎么能够连“或曰屈原”的异说也不并存，而断然记为“宋玉之所作也”？你们将司马迁所读的《招魂》视为即今存宋玉《招魂》，究竟提供过哪怕一条的证据吗？[②]

我们赞成屈原作《招魂》，但是从来没有把它视为今存宋玉《招魂》，倒是潘氏自己，既说司马迁所读的《招魂》自为屈原之作无疑，又断言此《招魂》即《大招》，当为景差所作，还赞成宋玉作《招魂》，真可谓样样货色齐全，各有各的用处。

其实潘先生的论述，就包含有屈原作《招魂》的证据。

（1）潘啸龙先生说：司马迁“将《招魂》与其余三篇屈原作品并列，可见它自为屈原之作无疑。”[③]

（2）潘先生又说：“《大招》当为景差所作。”[④] 既然潘啸龙先生能判断《大招》不是屈原所作，那么，掌握丰富资料的司马迁其判断能力不至于不如潘啸龙吧！也就是说司马迁一定能作出《大招》不是屈原所作的正确结论。

（3）如果“《大招》当为景差所作”，司马迁不可能读与屈原无关的，“景差所作的、招君王的《大招》”而“悲屈原其志”。

（4）这样《屈原列传》中潘先生确定的“自为屈原之作无疑”的《招魂》，只能是“今存之《招魂》”而不是《大招》。

根据以上分析可见，潘先生自己的论述中就提供了屈原作《招魂》的证据。

4.《大招》的作者尚有分歧

《大招》作者的问题，学术界一直有分歧。不少人都认为它不是战国时期的作品。例如：贾捷、周建忠先生就认为：“就《大招》开篇所公认的宵鱼合韵来说，《大招》一篇当最早作于西汉的淮楚之地，

---

① 潘啸龙：《评〈招魂〉为“屈原自招”说》，《云梦学刊》2006年第5期，第29页。

② 潘啸龙：《评〈招魂〉为“屈原自招”说》，《云梦学刊》2006年第5期，第29页。

③ 潘啸龙：《〈招魂〉研究商榷》，《文学评论》1994年第4期，第37页。

④ 潘啸龙：《〈招魂〉研究商榷》，《文学评论》1994年第4期，第37页。

并非战国时期的作品。”“《大招》乃自汉武帝时期至西汉末年淮楚之地的作品。”①

总之《屈原列传》中的《招魂》不可能是《大招》。

（三）把诗人们的“屈原作《招魂》”认定成“误记”

潘先生在《〈招魂〉研究商榷》中说：

> 自从王逸《楚辞章句》序称“《招魂》者，宋玉之所作也”以后，明代以前的治骚者，对此说法均未产生过怀疑。虽然近来有人指出，初唐王勃的《春思赋序》，已提及“屈平有言‘目极千里伤春心’”，似已将《招魂》作者认作屈原（姜书阁《“屈原赋二十五篇”臆说》）。但那是诗人们的误记，非特王勃如此。此后的唐人吴融，在《楚事》诗序中也曾写有“屈原云‘目极千里伤春心’”，宋玉云“悲哉秋之为气”；宋人吴开《优古堂诗话》，亦有“然屈原招魂已尝云‘成枭而牟呼五白’”之语。但均未引起治骚者的重视，并动摇对王逸说的信任。②

汉以后历代的诗人，不一定是“治骚者”，但是，他们几乎没有不读《史记》，没有不从《楚辞》中汲取营养的。他们读《屈原列传》和《招魂》，完全可以得出“《招魂》是屈原所作”，这可从诗人们的作品中反映出来。③

钱钟书《管锥编》就指出：“王逸主张，先唐亦未成定论，如《艺文类聚》卷七九载梁沈炯《归魂赋》即以《招魂》篇为屈原著。④⑤

自汉至今关于《招魂》作者的问题，学者间一直存有异议。至于历代诗人们关于《楚辞》的各种不同论述未引起治骚者的重视，正说明这方面的研究尚有空缺。潘氏毫无依据地把“诗人们‘屈原作《招魂》’”的论述全都界定为误记，乃是变相地偷梁换柱。

（四）把源于王逸、五臣的“宋玉拟屈原自招”的“屈原自招”偷换为黄文焕

潘啸龙先生说：

> 在楚辞《招魂》的研究中，以“屈原自招”说代替“宋玉作《招魂》”说的异议出现最早，但真能心悦诚服接受此说的却又不多。⑥⑦（注：据现存著述看，似当以明人黄文焕《楚辞听直》为最早提出此说。）

潘先生此之论，既不合逻辑又有违事实。第一，其“以‘屈原自招’说代替‘宋玉作《招魂》’说”，是把《招魂》“招谁”与《招魂》的“作者是谁”混为一谈。如此违反同一律的低级错误，竟然出现在文学专家的论文中，实在令人遗憾。第二，王逸在注《招魂》时把“朕幼清以廉洁兮”解释为“朕，我也”，把“汩吾南征”解释为“自伤放逐，独南行也”，就有“宋玉拟屈原自招其魂”之意。故五臣云：“皆代原为词。”明人黄文焕只不过把司马迁的“屈原作《招魂》”与王逸的“宋玉拟屈原自招其魂”结合起来而已。潘氏把它说成是黄文焕最早提出“屈原自招”，如此违反事实，令人费解。第三，接受“屈原自招说”的学者并非“却又不多”。——刘乃江先生（2006年）有个统计：

（1）宋玉作，宋玉拟屈原自招其魂。如王逸，唐李善，宋洪兴祖、朱熹。王达津（1988），郑宾（1991），金式武（1992），方铭（1996），力之（1997），张炯（2003）……

（4）宋玉作，招顷襄王之生魂。如胡念贻（1981），潘啸龙（1994），罗义群（1998）……

（7）屈原作，屈原自招其魂。如明黄文焕，清林云铭、蒋冀、屈复、方东树、吴世尚、昧本礼、胡浚源、胡文英、梁启超。游国恩（1957）、董楚平（1986）、张中一（1995）、熊任望（1995）、周禾（1997）、褚斌杰（1999）、杨仲义（1999）、颜翔林（2001）、郭竹平（2002）。⑧

从刘乃江先生的统计可见，持屈原自招论的学者很多（其中有“宋玉拟屈原自招其魂”和“屈原

---

① 贾捷、周建忠：《〈楚辞·大招〉创作时地考——兼评朱季海〈大招〉说之得失》，《文学评论》2011年第1期，第21—27页。
② 潘啸龙：《〈招魂〉研究商榷》，《文学评论》1994年第4期，第35页。
③ 见本书《论〈招魂〉的作者和争议》。
④ 贾捷、周建忠：《〈楚辞·大招〉创作时地考——兼评朱季海〈大招〉说之得失》，《文学评论》2011年第1期，第21—27页。
⑤ 钱钟书：《管锥编》第2册，中华书局1979年版，第630页。
⑥ 贾捷、周建忠：《〈楚辞·大招〉创作时地考——兼评朱季海〈大招〉说之得失》，《文学评论》2011年第1期，第21—27页。
⑦ 潘啸龙：《评〈招魂〉为“屈原自招”说》，《云梦学刊》2006年第5期，第27页。
⑧ 刘乃江：《〈楚辞·招魂〉的作者及其主题之考辨》，《哈尔滨学院学报》2006年第4期，第71页。

作《招魂》自招其魂”两派)。相反，持“招顷襄王之魂”的论者则寥寥无几。本来，立论正确与否和人数多少不一定正相关，只是应当尊重事实。

(五)其他偷换概念、转移论题之例

1. 把“唯德是辅”偷换为“奖其知错”。潘先生说：

(顷襄王)向上天承认自身有“牵于俗而芜秽”的错误，并要求上天拯救他的时候，上天当然亦有好生之德，愿意给他改正错误的机会，从而引出巫阳为其招魂之下文。所谓“有人在下，我欲辅之”者，非“辅”其“芜秽”之行，乃奖其知错之意也。①

《尚书》曰：“皇天无亲，唯德是辅。”潘氏把“唯德是辅”偷换为“上天有好生之德……乃奖其知错之意”，显然不妥。

2. 把《招魂》中上帝欲辅“魂魄离散”之人转换为《离骚》中“能够得到上天之‘辅’的‘万民之主’”。鲁迅曰：“还有一样最能引读者入于迷途的，是摘句。”② 潘先生的《评〈招魂〉为“屈原自招”说》，在“招魂之礼体‘符合’屈原的大夫身份吗?”的标题下说：“试问：能够得到上天之‘辅’而拥有‘下土’(天下)者，不是王逸注文指明的‘万民之主’又是什么?”③ 就潘先生的“摘句”来看，似乎《招魂》和王逸之注都是指“招、辅”“万民之主”。而实际上《招魂》之文是：“帝告巫阳曰：‘有人在下，我欲辅之。魂魄离散，汝筮予之。’”与上天辅“万民之主”毫不相干(此处属“论题虚假”)。潘先生之“试问”，既脱离《招魂》之文本，又用《离骚》中“皇天无私阿兮，揽民德焉错辅”，王逸注：“能够得到上天之‘辅’的‘万民之主’”的“摘句”(王逸注原文为：“观万民之中有道德者，因置以为君，使贤能辅佐，以成其志。”④)，来顶替《招魂》之注：“有贤人屈原在于下方，我欲辅成其志。”⑤(此处为“论据虚假”)。如此偷梁换柱、转移论题，显然不是学术讨论应有的态度。

三、对《楚辞章句》采用双重标准

(一)用实用主义的态度对待《楚辞章句》

潘啸龙先生对《楚辞章句》中与其观点不合者大加指责。如潘先生说：“现代的楚辞研究者，倘若依然不从作品实际内容出发，对王逸的荒谬解说视若无睹，还引其作为‘代屈原设言’的‘体例’之依据，岂不是重蹈其附会、曲解之失而不能自拔么?”⑥ 而对与其观点相同的“《招魂》者，宋玉之所作也”“宋玉曾师事屈原”等，则笃信无疑。他说：“明清以来，怀疑《招魂》非宋玉所作的论据，并无一条是可靠的……中华人民共和国成立以来《招魂》研究的‘进展’……其实是在错误前提下进入的误区。”⑦ 他还责问：“如果今存《招魂》在汉代也有屈原所作的传说，并经司马迁《屈原列传》所称述，王逸又怎么能够连‘或曰屈原’的异说也不并存，而断然记为‘宋玉之所作也’?”⑧

其实王逸《楚辞章句》中反司马迁“断然之记”的例子很多。例如《屈原列传》曰：“屈原者，名平，楚之同姓也。为楚怀王左徒。”王逸说：“屈原与楚同姓，仕于怀王，为三闾大夫。”⑨ 只字不提“屈原为左徒”。王逸曰：“秦昭王使张仪谲诈怀王，令绝齐交。”⑩ 把秦惠王误为秦昭王。

《屈原列传》：“怀王稚子子兰劝王行”“长子顷襄王立，以其弟子兰为令尹。”⑪ 王逸则说：“兰，怀王少弟，司马子兰也。”“言我以司马子兰怀王之弟，应荐贤达能。”⑫ 难道我们能按照王逸的这些

① 潘啸龙：《评〈招魂〉为“屈原自招”说》，《云梦学刊》2006年第5期，第30页。
② 鲁迅：《且介亭杂文二集·“题未定”草(七)》。
③ 潘啸龙：《评〈招魂〉为“屈原自招”说》，《云梦学刊》2006年第5期，第28页。
④ 洪兴祖：《楚辞补注》，中华书局1983年版，第23—24页。
⑤ 洪兴祖：《楚辞补注》，中华书局1983年版，第198页。
⑥ 潘啸龙：《〈楚辞〉的体例和〈招魂〉的对象》，《安徽师范大学学报》2005年第4期，第449页。
⑦ 潘啸龙：《〈招魂〉研究商榷》，《文学评论》1994年第4期，第38页。
⑧ 潘啸龙：《评〈招魂〉为“屈原自招”说》，《云梦学刊》2006年第5期，第29页。
⑨ 洪兴祖：《楚辞补注》，中华书局1983年版，第1页。
⑩ 洪兴祖：《楚辞补注》，中华书局1983年版，第2页。
⑪ 司马迁：《史记》，岳麓书社1988年版，第627页。
⑫ 洪兴祖：《楚辞补注》，中华书局1983年版，第40、41页。

“断然之记”去否定司马迁的《史记》吗？

（二）“宋玉为楚襄王招魂论”与《楚辞章句》格格不入

王逸的“《招魂》序、注”虽然并不可靠，然而它与潘啸龙先生的“宋玉为楚襄王招魂”更不能相容。王逸《招魂》序、注的核心是“屈原（自）招魂”，潘先生抛弃了这个核心，只采信与其观点相同的“《招魂》者，宋玉之所作也”，并臆造出“宋玉为楚襄王招魂”，这显然与王逸《楚辞章句》格格不入。

从王逸《楚辞章句》全书看，其主体是屈原作品，附录是与屈原相关的作品，也就是力之先生所说的“前提条件是：代屈原设言”①，不合条件的作品不得入选。如果《招魂》是与屈原毫不相关的“宋玉为楚襄王招魂”，那么它就不能入选《楚辞章句》。

四、缺乏“宋玉为楚襄王招魂”依据

（一）宋玉没有为楚襄王作《招魂》的感情

刘向《新序·杂事第五》：“宋玉事楚襄王而不见察，意气不得形于颜色。”

《襄阳耆旧传》卷一：“玉识音而善文，襄王好乐而爱赋，既美其才，而憎其似屈原也。”

潘啸龙先生也说：

> 宋玉才高气傲，不肯与世俗同流，这也可从他辞情瑰玮的《对楚王问》窥见一斑。也许正是这两方面，使宋玉既遭受宵小所攻击，也为楚襄王所疾恶，并且在对世道昏暗、贤者遭弃的感受上，有了与屈原相近的痛切之感。②

可是，潘先生又说：

> 正因为楚王之失魂与云梦射猎有关，而且宋玉还亲身陪同前往，经历了“君王亲发兮，惮青兕”的惊心一幕，他才会在巫阳已经为之“招魂”之后，进一步抒写自己遥望江水、“目极千里”江南时的“伤心”之情，并情不自禁向令人哀伤的江南，再次发出“魂兮归来”之语以收结全文。③

就宋玉与楚襄王之间感情来看，潘先生的描述似乎有自相抵牾之处。即便出现顷襄王“射兕失魂”，那也是楚襄王及其亲属的伤心事，怎么成了宋玉要进一步抒写的伤心之情呢？

《招魂》之作是强烈感情的自然流露。诗文最后“朱明承夜兮时不可淹，皋兰被径兮路斯渐。湛湛江水兮上有枫，目极千里兮伤春心。魂兮归来，哀江南”，“这种深情与痛苦的歌吟，非至伤、至痛者所不能发。”才高气傲的宋玉会情不自禁地为昏庸的楚襄王作《招魂》么？

司马迁认为《招魂》与另三篇作品一样，是屈原的言志之作，而不是针对楚王的招魂词，更不是宋玉“招楚襄王魂的历史事实”。而且《招魂》中自始至终流露着招魂者对被招者的关爱与呵护，丝毫没有宋玉对楚王存有的疏远和敬畏。总之，《招魂》不可能是宋玉献给楚襄王的“心灵的诗”。

（二）宋玉不可能在郢都为楚襄王招魂

1. 宋玉“赋”反应的宋玉生平

《钓赋》记叙：宋玉在志于学时拜环渊为师，学业一结束就去见楚襄王。《登徒子好色赋》中的宋玉，是个体貌娴丽的未婚青年。文中有“秦章华大夫”，“章华台”成为秦国领土是“楚都东迁”以后的事，这表明《好色赋》所说之事，发生在“楚都东迁”以后。《好色赋》中宋玉所说的“东家之子”，秦章华大夫称之为“南楚穷巷之妾”。宋玉的乡里在鄢南（现宜城），只有楚都迁陈（今河南淮阳）之后，位于“陈”西南的“鄢”才可称为“南楚”。这也反映出写《登徒子好色赋》时，楚都已经“迁陈”。

宋玉走上政坛与从事文学活动是在前278年（楚顷襄王二十一年）楚都迁陈之后。宋玉不可能在沦陷的故“郢都”为楚襄王“招魂”。

---

① 力之：《从〈楚辞〉成书之体例看其各非屈原作品之旨》，《四川大学学报（哲社版）》2000年第2期，第64页。

② 潘啸龙：《〈楚辞〉的体例和〈招魂〉的对象》，《安徽师范大学学报》2005年第4期，第448页。

③ 潘啸龙：《关于〈招魂〉研究的几个问题》，《文学遗产》2003年第3期，第15页。

2.《庄辛说楚襄王》的旁证

《战国策·楚四》和《新序》卷二的《庄辛说（谏）楚襄王》，说的是前278年郢都失陷前后之事。东迁前楚襄王“淫逸侈靡，不顾国政”，与州侯、夏侯、鄢陵君与寿陵君“驰骋乎云梦之中”。第一，这表明郢都失陷前不存在楚襄王“射兕受惊而病”之事。第二，楚都迁陈前，围绕在楚襄王身边的是“四宠臣”，而没有宋玉等人的位置。迁陈以后，楚襄王任用庄辛为阳陵君，摒弃了“州侯等四肖小”。这时宋玉、唐勒、景差等人才出现在“好乐而爱赋”的襄王身边。

潘啸龙先生断言，宋玉约生于公元前320年；“襄王即位（前298年）初年，他已过二十岁。”① 从而构建出与宋玉生平不符，与《招魂》文本相悖的“宋玉招楚襄王论”。

（三）实际的活动中应由巫祝为楚王招魂

潘先生说：“宋玉则早经友人引荐，成为顷襄王之侍臣，并与唐勒、景差之徒‘皆好辞而以赋见称’，他当然有资格担当‘招魂’之辞的撰写者。”②

为楚王招魂是极为慎重的事。假如楚襄王由于意外缘故失魂而病要为他招魂，那也是楚国宗伯巫师之类的职责，不容他人越俎。宋玉作为襄王的侍臣，既不被楚王重用，政治地位又很低下，怎么会参与为楚襄王招魂呢？正如潘先生所说：“在实际的活动中是由巫祝而不是宋玉为楚襄王‘招魂’的，这是谁都明白的道理。”可潘先生在解释他所认定的出于特定的招魂目的而作的《招魂》时，为什么就不明白这个道理呢？

（四）不该在招辞中唐突上帝

招辞“君无上天”有：“致命于帝，然后得瞑些。”暗示上帝是天上害人怪物的主子。假如宋玉作《招魂》求告上帝为楚襄王招魂，就不该在招辞中唐突上帝。

（五）潘先生的自我否定

潘先生历年发表的有关《招魂》的大作，一直坚信“真招论”。2005年在《楚辞的体例和〈招魂〉的对象》论文的末尾，忽然说：“我读《招魂》总有一种感觉：它应是一篇文人创作的辞作，而并非真是当时巫师用作实际招魂的咒文。”③ 潘先生这个新观点很值得赞赏。它与太史公所说“余读《离骚》《天问》《招魂》《哀郢》悲其志”的精神一致，都认为《招魂》是抒情写怀之作，而不是出于特定的招魂事件。

这里，潘先生自己否定了《招魂》是“宋玉为楚襄王招魂”的真招。可惜的是潘先生的这个观点并不坚定。其后2006年，他发表在《云梦学刊》第5期《评〈招魂〉为“屈原自招”说》的论文，“真招论”全面回潮。2007年8月28日在“北大中文论坛”网站同时贴出的《关于〈招魂〉研究的几个问题》《〈招魂〉的作者、主旨及民俗研究》（原标题为《〈招魂〉研究商榷》）也全都是“《招魂》是真招”之论。而同时出现的“《招魂》应是一篇文人创作的辞作”的“新观点”，与潘先生的其他论述并不协调。

潘先生说：“我对《招魂》问题的看法，已包含在提供的4篇论文中了。”这就使读者搞不明白了，潘先生到底认为《招魂》不是作者抒情写怀之作，而是出于特定的招魂目的而作④的历史事件呢？还是，并非实际招魂的文人抒情之作呢？还是两个观点并存，各有各的用处呢？

结　论

（一）“宋玉为楚襄王招魂说”与文献所记不符

潘啸龙先生《招魂》研究的核心是：楚襄王“射兕受惊”卧病郢都，“宋玉作《招魂》，为楚襄王招魂。”此论与《招魂》文本不符，与他所引证的《战国策·庄辛说楚襄王》等文献资料不符，与战国时代楚人的招魂习俗不符，与宋玉的生平和为人不符。之所以会如此，是因为潘先生的这个结论，不是

① 潘啸龙：《〈招魂〉研究商榷》，《文学评论》1994年第4期，第35—44页。

② 潘啸龙：《关于〈招魂〉研究的几个问题》，《文学遗产》2003年第3期，第16页。

③ 潘啸龙：《〈楚辞〉的体例和〈招魂〉的对象》，《安徽师范大学学报》2005年第4期，第450页。

④ 潘啸龙：《〈招魂〉研究商榷》，《文学评论》1994年第4期，第43页。

建立在切实可靠的事实基础之上，而是片面引用资料，甚至违背事实、改造文献，为自己的观点服务所致。其要点有：

1. 潘氏说：宋玉“所作的《招魂》，所招的对象就必为楚襄王无疑”“宋玉设为楚襄王口气向上帝的求告……辞中的‘朕幼清以廉洁兮’的‘朕’即指襄王。”

从“朕幼清以廉洁兮”看，“朕”并非楚王。第一，“廉洁”，历来都是对臣属的要求，并非针对君王。第二，楚襄王对下均自称“寡人”不称“朕”。第三，更重要的是，假如顷襄王“向上帝求告”，当称“嗣王某”或“某嗣王”，不能目无尊上自称“朕”。

2. 潘先生认为：因“被考察者没有‘盛德’，这才造成了他‘长离殃而愁苦’之失魂境况”。果真如此，“失魂”就是上帝对被考察者“失德”的惩罚。那么，怎么突然又能引出“帝告巫阳曰：有人在下，我欲辅之……”呢？刚刚降祸让他“失魂”，忽又赐福要为他“招魂”。上帝不当如此反复无常吧？

3. 潘先生说：

> （顷襄王）向上天承认自身有“牵于俗而芜秽”的错误，并要求上天拯救他的时候，上天当然亦有好生之德，愿意给他改正错误的机会，从而引出巫阳为其招魂之下文。所谓“有人在下，我欲辅之”者，非“辅”其“芜秽”之行，乃奖其知错之意也。

此乃狡辩。《尚书·蔡仲之命》曰：“皇天无亲，唯德是辅。”——皇天对有德者，辅助之；失德者，废弃之。潘氏却要上帝去辅佐昏庸、荒于淫乐的顷襄王，还要奖其知错之意。如此护短，岂不是昏庸不明么？把“皇天无亲，唯德是辅”偷换为上天有好生之德，愿意给他改正错误的机会，既不合逻辑，也不合情理。

4. 潘氏说：在巫阳招魂之后“卧病郢都的君王仍未病愈”，再由宋玉出马：“向君王失魂发出‘魂兮归来哀江南’的凄怆呼唤：你君王的失魂呵，快从可哀的江南归来吧。”

按潘氏之说，巫阳、工祝招魂都失败了，非巫祝的宋玉却要担当起为楚襄王招魂的重任？显然与楚人的招魂习俗不符。

5. 潘先生说：“‘魂兮归来哀江南’，是一个介词结构的句式，亦即‘魂兮从可哀的江南归来’。”此乃承袭王逸的“从西浮而东行。”添加“从”字以后，方向就相反了。这显然与诗文中作者“身处江南”的情景不符。可见，从文义和语法两方面看，潘氏的魂兮从可哀伤的江南归来都难以融通。

6. 潘先生认为：楚襄王惊魂“大体在《战国策·庄辛说楚襄王》所揭露的‘君王左州侯，右夏侯，辇从鄢陵君与寿陵君’，‘与之驰骋乎云梦之中’，‘专淫逸侈靡，不顾国政’的那一段时期。”① 此论与《庄辛说楚襄王》记叙的史实不符。其文所记是前278年郢都失陷前后之事。它所揭露的是：楚都失陷前，楚襄王不顾国政，常年与四宠臣“驰骋乎云梦之中”。那一段时期既无襄王射猎惊魂之事，宋玉也没有参与楚襄王的云梦射猎。

7. 潘氏既说：“宋玉才高气傲，不肯与世俗同流……也为楚襄王所疾恶，并且在对世道昏暗、贤者遭弃的感受上，有了与屈原相近的痛切之感。”又说：“宋玉在巫阳已经为之招魂之后，进一步抒写自己遥望江水、目极千里江南时的伤心之情，并情不自禁向令人哀伤的江南，再次（向楚襄王失魂）发出魂兮归来之语以收结全文。”这显然是前言不搭后语。

（二）失魂之因归之于射兕未为圆照

鲁迅先生说：

> 倘要论文，最好是顾及全篇，并且顾及作者的全人，以及他所处的社会状态，这才较为确凿。要不然，是很容易近乎说梦的。②

潘啸龙先生说：

> 最值得注意的，便是“君王亲发兮惮青兕”一句，正是它点明了襄王得病的缘由：襄王由于亲自射兕，受了凶猛青兕的惊吓，从此卧病郢都。直至“皋兰被径兮斯路渐”，还不见起色。况且按楚人的迷信，兕牛是射不得的，谁要射杀它，“不出三月”必死（见《吕氏春秋·

① 潘啸龙：《关于〈招魂〉研究的几个问题》，《文学遗产》2003年第3期，第15、16页。

② 鲁迅：《且介亭杂文二集·“题未定”草》（七），人民文学出版社1973年版。

至忠》所记“荆哀王”射猎云梦的传说)。这就更有必要为受惊的襄王招魂了。①

潘氏将失魂之因归之于射兕，属于“身陷真招误区，未识假托奥义，只见招魂，不见《招魂》。”②（详见本书《试论〈招魂〉的“云梦田猎”等》）

（三）其他不当之例

1. 潘氏既说司马迁所读的《招魂》“自为屈原之作无疑”，又断言“此《招魂》即《大招》，当为景差所作”，还赞成“宋玉作《招魂》”。如此脚踏几只船，怎么能自圆其说呢?

2. 潘先生认为：宋玉作《招魂》求告上帝为楚襄王招魂。那么，文中为什么要唐突上帝，说上帝是天上害人怪物的后台呢?

3. 潘先生对《楚辞章句》等资料往往采用双重标准，与其观点相同的“《招魂》者，宋玉之所作也”笃信无疑。与其观点不同的则斥之为“王逸的荒谬解说”。

4. 潘先生判断宋玉约生于公元前320年，认为襄王即位（前298年）初年，他已过二十岁，从而构建出与宋玉生平不符，与《招魂》文本相悖的“宋玉招楚襄王论”。

① 潘啸龙：《〈招魂〉研究商榷》，《文学评论》1994年第4期，第40页。

② 钟其鹏：《关于〈招魂〉著作权与魂主问题》，《云梦学刊》2009年第30卷第5期，第54页。

《〈招魂〉乃屈原自招新证》商榷

摘要： 张中一先生的《〈招魂〉乃屈原自招新证》提出的不少新见，有助于《招魂》研究的深入展开。不过他的“屈原是顷襄王二十一年仲春南征‘掌梦’”，“要把江南云梦地变成楚国牢固的军事阵地，与秦对峙，以保证新都陈的建设”，“《离骚》《九章》记述了屈原南征‘梦’地的时间和原因”等论述，颇有可疑之处，特此提出商榷。

关键词： 招魂；庐江；云梦

张中一先生在《〈招魂〉乃屈原自招新证》中指出：

“路贯庐江”中的“路”指车马大道，“贯”指直通，“庐”指田间的小屋，是接待宾客的地方。楚辞书面语中的“庐江”只能简称“庐”，或者简称“江”，没有连称的先例。从“庐”字结构来看，不从水，也不可能是水名。

此解可备一说。先秦文献中罕见“某江”，但也不绝对。如《鄂君启舟节》：“逾江，适彭射，适松阳，入泸江，适爰陵。”这句话就有“泸江”。

张中一先生说：

“上庸汉北”地即“江南洞庭湖滩北庸族居住地”，在楚黔中郡之域；说“目极千里”的原意是说“看到千万户民众赶着牲畜驴马在迁徙”。“极”，《说文》：“驴上肩也”，即放在驴背上用以载物的木驮架。

这次校猎在《战国策·楚策一》有确切的记载：“楚王游于云梦，结驷千乘，旌旗蔽日，野火之起也若云霓，兕虎嗥之声若雷霆，有狂兕依轮而至，王亲引弓一射，一发而殪，王抽旃旄而仰兕首，仰天而笑曰，‘乐矣，今日之游也。’”《楚策四》庄辛谏楚襄王也叙述了这次校猎：“君王左州侯，右夏侯，辇从鄢陵君与寿陵君……与之驰骋云梦中，而不以天下国为事。”这两段史料叙述的是同一事件，都证明了“与王趋梦”是作者与顷襄王在梦地校猎，时间在庄辛去赵（顷襄王十八年）前不久。这时的“梦”是楚国乐土的象征。①

张先生的这些论说不正确。

一、“上庸汉北”不在“江南洞庭湖”

张中一先生曰：

据《秦本纪》载：“二十七（昭襄王）……又使司马错发陇西，因蜀，攻楚黔中，拔之。”《楚世家》载：“十九年（顷襄王），秦伐楚，楚军败，割上庸汉北地予秦。”《秦本纪》与《楚世家》记载的是同一年同一战争事件，楚失去的是上庸汉北地，秦得到的是楚黔中郡。由于时代久远，人们不知道“上庸汉北”地即“江南洞庭湖滩北庸族居住地”在楚黔中郡之域。②

张先生认为：“鸟集汉北”是南楚西洞庭湖枉渚附近的滩北。“滩”是“汉”的原文，先秦文献中的“滩”“汉”是通用的。③

张先生可能有误解。《秦本纪》：“二十七年，错攻楚。赦罪人迁之南阳。白起攻赵，取代光狼城。又使司马错发陇西，因蜀攻楚黔中，拔之。”秦昭襄王二十七年，错攻楚有两次。第一次“错攻楚。赦罪人迁之南阳”在北，并得到了楚地（上庸汉北、南阳），故“赦罪人迁之南阳”。第二次“又使司马错发陇西，因蜀攻楚黔中，拔之”。《楚世家》只记了第一次“（顷襄王）十九年，秦伐楚，楚军败，割上庸汉北地予秦”，第二次“错攻楚黔中，拔之”未记。虽然顷襄王十九年未记，但是在后面有补证：

① 张中一：《招魂乃屈原自招新证》，《贵州文史丛刊》1995年第1期，第26页。

② 张中一：《招魂乃屈原自招新证》，《贵州文史丛刊》1995年第1期。

③ 张中一：《屈原新考》，中国文史出版社1991年版。

“二十二年，秦复拔我巫、黔中郡。”“复拔”说明以前“拔”过。《秦本纪》也相应记有：“三十年，蜀守若伐楚，取巫郡，及江南为黔中郡。”

张先生说：“《秦本纪》与《楚世家》记载的是同一年同一战争事件，楚失去的是上庸汉北地，秦得到的是楚黔中郡。”

这显然是把“割上庸汉北地予秦”与“因蜀攻楚黔中，拔之”这两件事混为一谈了。其“‘上庸汉北地’即‘江南洞庭湖滩北庸族居住地’在楚黔中郡之域”云云，没有依据。

《战国策·楚一》苏秦为赵合从，说楚威王曰：“楚，天下之强国也。大王（楚威王），天下之贤王也。楚地西有黔中、巫郡，东有夏州、海阳，南有洞庭、苍梧，北有汾陉之塞、郇阳，地方五千里。”（《墨子·兼爱》也有相同记载）“楚黔中郡”为楚西（偏南），“江南洞庭”为楚南。两者也不是一地。

《楚世家》：

> 二十一年，秦将白起遂拔我郢，烧先王墓夷陵。楚襄王兵散，遂不复战，东北保于陈城。二十二年，秦复拔我巫、黔中郡。二十三年，襄王乃收东地兵，得十余万，复西取秦所拔我江旁十五邑以为郡，距秦。

《战国策·秦一》张仪说秦王：

> 秦与荆人战，大破荆，袭郢，取洞庭、五渚、江南。荆王亡奔走，东伏于陈。

可见这几年秦攻占了楚大片土地：拔郢，取洞庭、五渚、江南、巫、黔中。

《后汉书》有：

> 及吴起相悼王，南并蛮越，遂有洞庭，苍梧。秦昭王使白起伐楚，略取蛮夷，始置黔中郡。①

从这些记载看，《楚世家》的“西取秦所拔我江旁十五邑”并非“把黔中郡及江南洞庭之域的失地又收复回来了”，② 可能只是收复了原“江南、洞庭”的部分地区，并没有把黔中郡等又收复回来。

二、“目极千里”之义

张中一先生说：

> “目”，看。“极”，《说文》：“驴上肩也”，即放在驴背上用以载物的木驮架。“驴”，为民户所用的交通牲畜。“极”，指民户驮运物件。“千”，数字，十百为千。“里”，宅院，民户居处。《诗·郑风·将仲子》：“将仲子兮，无逾我里。”《传》：“里，居也，二十五家为里。”《周礼·地官·遂人》：“五家为邻，五邻为里。”后代“里”所居家数量时有变更，但在先秦时代“里”所居家数基本上是固定的。“千里”，即二万五千民户。“目极千里”的原意是说看到千万户民众赶着牲畜驴马在迁徙。③

此说不能成立。

第一，《招魂》之“目极千里”，汉字简化前的所有版本均为“目極千里”。简化前的“极”与“極”，是各不相干的两个字，它们在先秦文献中从无相通之例。简化前的“极”按《说文》之解：“极，驴上肩也”。张先生把“目極千里”的简化字“极”当作了原文，显然不确。

既然“極”不是“指民户驮运对象”，那么“目極千里”就只能解释为“放眼远望”，而不是“看到千万户民众赶着牲畜驴马在迁徙”。

第二，自相矛盾。张中一先生曰：“江岸的小道被兰草覆盖，车马大道也长满了青草，江水是澄深的，岸上长着枫树，千万户民众赶着驴马流亡的情景使我愁苦悲哀。”④ 假如“千万户民众赶着驴马流亡”，那么，大道小道应当挤满了流亡的民众，路上的草也早就被赶着驴马的民众踏光了，而不是江岸的小道被兰草覆盖，车马大道也长满了青草。

---

① 范晔：《后汉书》，中华书局 1965 年版，第 2831 页。
② 张中一：《招魂乃屈原自招新证》，《贵州文史丛刊》1995 年第 1 期，第 26、27、29 页。
③ 张中一：《招魂乃屈原自招新证》，《贵州文史丛刊》1995 年第 1 期，第 27 页。
④ 张中一：《招魂乃屈原自招新证》，《贵州文史丛刊》1995 年第 1 期，第 29 页。

三、“楚王游云梦”并非同一事件

张中一先生说：

（《招魂》）这次校猎在《战国策·楚策一》有确切的记载：“楚王游于云梦，结驷千乘，旌旗蔽日，野火之起也若云霓，兕虎嗥之声若雷霆，有狂兕依轮而至，王亲引弓一射，一发而殪，王抽旃旄而仰兕首，仰天而笑曰，‘乐矣，今日之游也。’”《楚策四》庄辛谏楚襄王也叙述了这次校猎：“君王左州侯，右夏侯，辇从鄢陵君与寿陵君……与之驰骋云梦中，而不以天下国为事。”这两段史料叙述的是同一事件，都证明了“与王趋梦”是作者与顷襄王在梦地校猎，时间在庄辛去赵（顷襄王十八年）前不久。这时的“梦”是楚国乐土的象征。①

《招魂》的“与王趋梦”是夜猎，是屈原回忆当年（怀王十五年前）受怀王宠信的情景。

《战国策·楚一》“江乙说于安陵君”，是楚宣王白天的田猎，“亲射狂兕”以为极乐之事。缪文远认为：此章当在楚宣王十八年（前352年）江乙仕楚之后，其确年不可考。②

《战国策·楚四》之“驰骋云梦中，而不以天下国为事”是前278年郢都失陷前楚襄王“淫逸侈靡，不顾国政”与“四宠臣”之事。

张先生把“楚宣王”“楚怀王”“楚襄王”，这三个不同的“楚王游云梦”混为一谈，显然不确。

四、《楚辞》中的各种“南征”都是同一事件吗？

张中一先生说：

屈原是顷襄王二十一年仲春南征“掌梦”，“掌梦”是“军政官员”。《离骚》、《九章》记述了屈原南征“梦”地的时间和原因，它与《招魂》的作者“朕”、“吾”的南征属同一时代与同一地域。③

张先生把《离骚》《九章》《招魂》中带“南”字者，说成“都叙述了屈原南征过沅湘洞庭”，④ 岂不是说这些作品都作于顷襄王二十一年以后么？

《史记屈贾列传》记：“自屈原沉汨罗后百有余年，汉有贾生为长沙王太傅，过湘水投书以吊屈原。”贾吊屈原赋作于前177年汉文帝三年。

按“屈原沉汨罗后百有余年”之说，屈原在顷襄王二十一年白起拔郢都之前已经投汨罗而死。张中一先生还要在屈原死后，去当“军政官员掌梦”，固守江南“梦”地，要把江南云梦地变成楚国牢固的军事阵地，与秦对峙，以保证新都陈的建设，又要写《离骚》《九章》《招魂》等作品。这显然与屈原的生平不符。

五、屈原作“掌梦”的矛盾

张中一先生说：

《招魂》“乱曰”是全文的总结，叙述了作者于“献岁发春兮汩吾南征”的途中作《招魂》，地点在“与王趋梦兮课后先”的“梦”地，原因是作者在“梦”地“目极千里”惨状，逼得他从内心发出“魂兮归来哀江南”的呼号，点明了作者是为“哀江南”而作《招魂》的。⑤

张先生又说：

屈原是顷襄王二十一年仲春南征“掌梦”的，“献岁发春”，“梦”地被秦占领，这对“掌梦”军政官员来说是个莫大的打击，楚王追查责任，有理也说不清，因此，逼得他“长离殃而愁苦”，而对当前形势，构思了《招魂》激励自己，解放自己愁苦的境地……《招魂》的作

① 张中一：《招魂乃屈原自招新证》，《贵州文史丛刊》1995年第1期，第28页。

② 缪文远：《〈战国策〉考辨》，中华书局2001年版，第135页。

③ 张中一：《招魂乃屈原自招新证》，《贵州文史丛刊》1995年第1期，第29页。

④ 张中一：《招魂乃屈原自招新证》，《贵州文史丛刊》1995年第1期，第30页。

⑤ 张中一：《招魂乃屈原自招新证》，《贵州文史丛刊》1995年第1期，第26页。

者是屈原，年代是顷襄王二十二年春，地点在沅湘洞庭之“梦”。①

前文已经论证，襄王二十一年，屈原已经去世。即便按张先生之说，顷襄王二十二年屈原没有死，《招魂》作于顷襄王二十二年。那么其时“‘梦’地已经被秦所占领……作为“军政官员掌梦”的屈原，怎么可能固守江南“梦”地，要把江南云梦地变成楚国牢固的军事阵地，与秦对峙，以保证新都陈的建设呢？屈原也不可能在被秦占领的“梦”地写《离骚》《九章》《招魂》等作品。

结　论

1. 张中一先生把《秦本纪》与《楚世家》记载的“割上庸汉北地予秦”与“因蜀攻楚黔中，拔之”，一北一南两件事混为一谈。

张先生说“‘上庸汉北’地即‘江南洞庭湖滩北庸族居住地’在楚黔中郡之域”，等等，没有依据。

2. 把《招魂》中的“目極千里”的“極”，用简化后的“极”当作原字，解释为“民户驮运物件”，乃有违诗文原意，曲解就己之论。

假如千万户民众赶着驴马流亡，那么，大道小道当挤满了流亡的民众，而不可能是江岸的小道被兰草覆盖，车马大道也长满了青草。可见其说自相矛盾。

3.《战国策》之“江乙说于安陵君”是楚宣王在白天田猎“亲射狂兕”。《战国策·楚四》是“楚都迁陈”前楚襄王与“四宠臣”“驰骋云梦中，而不以天下国为事”。《招魂》则是作者“与王趋梦”的“夜猎”。张先生把三个不同事件混为一谈，以此证明“‘与王趋梦’是作者与顷襄王在梦地校猎”，显然与史不符。

4. 张中一先生的：“屈原是顷襄王二十一年仲春南征‘掌梦’”，“要把江南云梦地变成楚国牢固的军事阵地，与秦对峙，以保证新都陈的建设”等观点与《史记》《招魂》之文本不符，缺乏说服力。

① 张中一：《招魂乃屈原自招新证》，《贵州文史丛刊》1995年第1期，第30页。

就《招魂》与力之先生商榷

摘要：根据宋玉《赋》推断，宋玉约生于顷襄元年前后。“志于学”时师从环渊，结束学业后即侍从楚襄王，其时楚都已经东迁。屈原活着的时候宋玉尚年幼，难以“为屈原弟子”，难以“作《招魂》欲以复其精神，延其年寿”。王逸“招魂序”的“《招魂》者，宋玉之所作也”等等，与宋玉生平不合，与《屈原列传》及班固的“后世说”不符。“《招魂》者，宋玉之所作也”也讲不通文中“身在江南却招魂回郢”以及“触犯上帝”等内容。

关键词：招魂；屈原；宋玉；屈原列传

《招魂》的作者是屈原还是宋玉，是学界长期争论的一个问题。因为资料的限制，目前还没有公认的答案。

力之先生 2013 年说：

> 关于《招魂》之作者，汉代并不存在一是屈原与一是宋玉之所谓两种看法；“《招魂》者，宋玉之所作也”，乃两汉人之共识。换言之，太史公所读的《招魂》乃“宋玉之所作”，而由于宋玉作《招魂》的目的在于代屈原自招其魂，故太史公读后自然会悲屈原之“志”……学者们据“太史公曰”而疑以至断《招魂》必为屈原作之理由是断不能成立的。究其所以然，乃因这三百余年间之持此说的学者们，其中虽不乏学养深厚之楚辞学名家，然于此却往往忘记了科学常识——在方法论上疏忽了最不该疏忽之一环。①

力之先生此论文的核心是：从《史记》引《春秋传》可称《春秋》这一环切入，可证“太史公曰”的“读”“悲”间存在着指向非一之可能。既然王逸有“宋玉怜哀屈原……故作《招魂》，欲以复其精神，延其年寿”之说，故太史公读《招魂》便完全可以悲屈原之“志”。

可惜，力之先生的《招魂》研究，似乎未能就整体来考察部分，对相关背景的综合考察也不足。

第一，没有对《屈原列传》与《楚辞章句》作客观的可信度的比较考察。

第二，不大重视屈原、宋玉生平的考察，没能安排“宋玉怜哀屈原作《招魂》，欲以复其精神，延其年寿”的时间、空间。

第三，没有对《招魂》文本中“唐突上帝”等与宋玉作《招魂》抵牾的内容作合乎情理的解释。

力之先生断然否定屈原作《招魂》的可能性，把三百余年间，持屈原作《招魂》说的大批学者全部界定为忘记了科学常识，显然与事实不符。

一、《屈原列传》等背景资料

力之先生说：

> 熊先生于此疏忽了，《屈原贾生列传》之“太史公曰”与《屈原贾生列传》有所不同。“太史公曰”是评说而非“记述”。贾生《过秦论》见于《秦始皇本纪·太史公曰》而非《屈原贾生列传·太史公曰》，对此，不知熊先生如何说。②

力之先生强调“‘赞’与其‘正文’间多有不同”，把“《屈原列传》中的太史公曰”排除在“正文”之外，似乎有失偏颇。

《史记》中的“太史公曰”与“正文”密切相关。太史公在《秦始皇本纪》中借《过秦论》评论“秦皇”难道有什么不当吗？司马迁“将叙事、议论、抒情交织在一起，用跳跃的手法进行表彰、歌颂、记叙、议论。这种夹叙夹议兼抒情的龙门笔法，正是他写传记的表现手法之一。”③

---

① 力之：《从史公称〈春秋〉等之情形看其“读”“悲”指向——关于〈招魂〉作者与所招对象研究之方法论问题一》，《2013 年西峡屈原学术研讨会论文集》，第 815—823 页。

② 力之：《〈招魂〉作者之再探讨》，程本兴等编：《宋玉及其辞赋研究》，学苑出版社 2010 年版，第 156—171 页，注 41。

③ 徐克文：《司马迁与屈原——读“屈原列传”》，《辽宁大学学报》1984 年第 5 期，第 74—78 页。

（一）太史公读《招魂》悲其志，是屈原作《招魂》的依据

《史记》众多人物中，太史公既“垂涕”又“想见其为人”的只有屈原。《屈原列传》是“史迁与屈原的共鸣之作”理当极其认真。他还有“天下遗文古事，靡不毕集太史公”的方便，他能看到的屈原、宋玉生平的资料远比后代要多。司马迁是在掌握屈原、宋玉生平，了解屈原、宋玉著作的基础上写的《屈原列传》。

《屈原列传》“正文”中有：“屈原既死之后，楚有宋玉、唐勒、景差之徒者，皆好辞而以赋见称。然皆祖屈原之从容辞令”，可与班固的宋玉“在屈原后”互证，其文献可信度理当肯定。这段记述阐明了屈原与宋玉的“代距”，它与其后的“余读《离骚》《天问》《招魂》《哀郢》，悲其志”相互照应不可割裂。就司马迁来说这四篇都是屈原作品，而不必“篇篇明言”。

洪兴祖读《屈原列传》时，可能隐约体味到这层意思。故在《补注》中引用了王逸理当提及却不曾提及的：“太史公读《招魂》，悲其志。”虽未挑明分歧，但已暗含疑窦。

故有学者认为：宋代著名的治骚者洪兴祖，其《补注》云：“太史公读《招魂》悲其志。”补充了这个重要信息，似乎对《招魂》作者有两说，保留了空间。”

（二）没有“将宋玉的作品夹在屈原作品中间”的确证

力之先生说：“太史公为何可将宋玉的作品夹在屈原作品中间。原来，人们可将《楚辞》当作‘屈原集’。”① 这是王邦采“读玉之文而悲原之志”的翻版，它既没有依据，又不合逻辑。此论要求在《屈原列传》中，列举屈原的作品必须篇篇“明言”，而列举宋玉之文反而不须“明言”。这是一种不顾前提条件、采用双重标准的强辩。

王逸以前的人，并无“《招魂》是宋玉所作”的任何表述。司马迁在为屈原立传时将《招魂》与三篇屈原著作并列，“以此例彼”，则《招魂》理当是屈原的作品。其次，《屈原列传》里提到的屈原作品《离骚》《天问》《招魂》《哀郢》《怀沙》等，皆为单篇，没有作《史记》时已有《楚辞》之书或“屈原集”的依据。第三，说太史公“将宋玉的作品夹在屈原作品中间”，这是将有待证明的观点当作定论，预置在前提中的错误做法。力之先生在已发表的论著中，对此事的必然性、现实性没有提供确证，就认定它已经存在，不但不严谨而且不合逻辑。

（三）说太史公“读玉之《招魂》悲原之志”没有依据

力之先生认为：

> 太史公读《公羊传》与《左传》而会“悲”孔子之“志”，可知司马迁读宋玉之文，完全有悲屈原之志的可能。司马迁在《十二诸侯年表序》里所称呼的《春秋》原来就是《左传》。以此例彼，合《屈原贾生列传·太史公曰》之“余读《离骚》《天问》《招魂》《哀郢》，悲其志”与王逸《招魂序》之“《招魂》者，宋玉之所作也”，毫无疑问，《招魂》正是宋玉作以代屈原自招其魂的。②

力之先生把《招魂》研究的立足点，放在司马迁读宋玉之文，完全有悲屈原之志的可能上，却举不出“司马迁读宋玉之文‘悲’屈原”的确证。举了很多“引《传》称《经》”的例子，想证明“太史公曰的‘读、悲’间存在指向非一之可能”③，却举不出一个太史公读《公羊传》与《左传》而“悲”孔子之“志”的例证。将一件仅是“可能”的事当作毫无疑问、肯定的事实来作证，显然缺乏说服力。

力之先生说：合《屈原贾生列传·太史公曰》之“余读《离骚》《天问》《招魂》《哀郢》，悲其志”与王逸《招魂序》之“《招魂》者，宋玉之所作也”这是将两个互不相容的论点“合”在一起用于推断，因为不合逻辑，所以其结论“毫无疑问，《招魂》正是宋玉作以代屈原自招其魂”不能成立。

力之先生的这些论述只是将没有确证的“司马迁读宋玉之文《招魂》”作为前提，推演出“《招魂》正是宋玉所作”。其实这只是个毫无价值的循环论证：

---

① 力之：《〈招魂〉考辨》，《武汉教育学院学报》1997年第1期，第21页。

② 力之：《〈招魂〉作者之再探讨》，程本兴等编：《宋玉及其辞赋研究》，学苑出版社2010年版，第156—171页。

③ 力之：《从史公称〈春秋〉等之情形看其“读”“悲”指向——关于〈招魂〉作者与所招对象研究之方法论问题一》，《2013年西峡屈原学术研讨会论文集》，第815—823页。

"读宋玉之文《招魂》→|←《招魂》是宋玉所作"，它说明不了任何实质性的问题。

二、不要把刘向与王逸绑在一起

（一）缺乏"刘向定《招魂》为宋玉作"的依据

力之先生说："即使太史公真的说《招魂》为屈原作，但既然受到刘向、王逸这些专家的否定，我们与其信太史公，倒不如信刘向、王逸。"① 先生说：（《招魂》）刘向所集之《楚辞》却定之为宋玉作……只是刘向说的是定的，而史公说的是可以这样说而已。易言之，据前者，我们确知作者是谁；据后者，我们知道其为代屈原设言之作……（退一步说，史公果真认为《招魂》为屈原之所作，其说亦未必有刘向说那么确切。是的，史公在前，然其列举时笔误之概率远大于刘向承前所集之失，此乃常识。……②说王逸"宋玉之所作"说乃本之刘向③。

从王逸《楚辞章句》前言看："汉护左都水使者光禄大夫臣刘向集；后汉校书郎臣王逸章句。"《楚辞章句》的确以"刘向集"为底本，但是古文献中根本没有刘向否定《招魂》为屈原作的信息，断言刘向所集之《楚辞》却定（《招魂》）之为宋玉作，纯属想象，缺乏资料依据。力之先生把刘向定《招魂》为宋玉作这个需要证明的论点，作为定论纳入其文，显然不是严谨的学术论证。请问：刘向说得那么确切，定《招魂》为宋玉作的依据在哪里？

力之先生说：

> 在考证上无坚确之证据而仅仅以理辨之，是非常危险的。至于对《离骚》的解释，实际上无论其与司马迁、班固等汉代人的是否一样，对证明《楚辞章句》"序文"是否出于王逸之手都无丝毫价值可言。首先，班固的解释已有异于司马迁者；其次，扬雄的解释（"牢愁"）又大异于其前的司马迁与其后的班固。因之，我们有什么理由要求王逸的解释必须与司马迁、班固一样？④

套用此例是不是也可以说王逸与刘向的见解有异，有什么理由要求王逸必须与刘向一样？力之先生根据什么判断刘向所集之《楚辞》却定《招魂》之为宋玉作呢？

"刘向集"早已失传，信息杳然。从刘向《九叹》所反映的情况看，刘向的说法往往与王逸相左。如：《九叹·逢纷》曰："伊伯庸之末胄兮，谅皇直之屈原。"王逸则说："皇，美也。父死称考。……屈原言我父伯庸。"《九叹·离世》云："兆出名曰正则兮，卦发字曰灵均。"王逸曰："肇锡余以嘉名。肇，始也。锡，赐也。嘉，善也。言父伯庸观我始生年时，度其日月，皆合天地之正中，故赐我以美善之名也。"⑤ 王逸作《楚辞章句》极有主见，其编排、解释等不能代表刘向。

（二）《招魂》为屈原作受到刘向否定吗？

力之先生说：

> 即使太史公真的说《招魂》为屈原作，但既然受到刘向这些专家的否定，我们与其信太史公，倒不如信刘向、王逸。英国哲学家罗素在其《西方哲学史》之《美国版序言》中说过："关于任何一个哲学家，我的知识显然不可能和一个研究范围不太广泛的人所知道的相比。"这是实话，并非谦虚。⑥
>
> 叔师在相当的一段时间内专攻《楚辞》。就"专业"水平言，其为名副其实的专家。⑦

说王逸"专攻《楚辞》，为名副其实的专家"很正确。要知道，作为文学家的王逸只是"《楚辞》作品研究"的专家，而不是"屈原研究"的高手。力之先生把"作品研究"和"作家研究"混为一谈，

---

① 力之：《〈招魂〉考辨》，《武汉教育学院学报》1997年第1期，第21页。

② 力之：《〈史记〉引文札记与后世引文问题说略——兼说"刘向明不歌而颂"为以引者所引为引者语》，《内蒙古师大学报（哲社版）》2000年第1期，第82页。

③ 力之：《从史公称〈春秋〉等之情形看其"读""悲"指向——关于〈招魂〉作者与所招对象研究之方法论问题一》，《2013年西峡屈原学术研讨会论文集》，第815—823页。

④ 力之：《〈楚辞章句〉"序文"的作者问题辨——兼与林维纯先生商榷》，《钦州学刊》1998年第1期，第31页。

⑤ 洪兴祖：《楚辞补注》，中华书局1983年版，第282、3、286、4页。

⑥ 力之：《〈招魂〉考辨》，《武汉教育学院学报》1997年第1期，第21页。

⑦ 力之：《〈招魂〉作者之再探讨》，程本兴等编：《宋玉及其辞赋研究》，学苑出版社2010年版，第156—171页。

并没有触及问题的本质。

进行作品研究的王逸，并没有将著作权问题排在第一位，往往是重作品轻作家。王逸对《楚辞章句》中的“作家们”大多语焉不详，甚至不置一词。古代文人对史料的审定，多不如史家严格。王逸作《楚辞章句》宗旨不在综核古事，他对屈原生平事迹的考证，远不如注重人物和事件的司马迁。力之先生套用英国哲学家的话，说明太史公的知识不可能和王逸这个专家相比，来论证“判断‘著作权’的正确与否取决于‘知识’”，此论并不精当。著作权的问题，最重要的是客观材料的考证，而不是由解说者的知识来推定。即便从知识的角度来看，《屈原列传》是目前记载屈原生平事迹最翔实、最权威的资料。后于太史公二百多年的王逸，他在《楚辞章句》中涉及的屈原生平事迹，既不够详，又有与《屈原列传》抵牾之处。可见，研究文学为主的王逸，在屈原生平事迹方面的知识远逊于史家司马迁。崇尚“专家”和“知识”的力之先生，在《招魂》作者问题上，“与其信王逸，倒不如信太史公”。

（三）王逸对太史公、刘向的“论道、解说”皆不以为然

力之先生把司马迁、刘向和王逸拉到一起，不但没有依据，而且与王逸的意愿相违。王逸《天问后叙》曰：

> 昔屈原所作，凡二十五篇，世相教传，而莫能说《天问》，以其文义不次，又多奇怪之事。自太史公口论道之，多所不逮。至于刘向、扬雄，援引传记以解说之，亦不能详悉。所阙者众，日无闻焉。既有解□□□词，乃复多连蹇其文，蒙澒其说，故厥义不昭，微指不晳，自游览者，靡不苦之，而不能照也。今则稽之旧章，合之经传，以相发明，为之符验，章决句断，事事可晓，俾后学者永无疑焉。①

这里，王逸对屈原作品的认知，已经与太史公、刘向等人划清了界线。

就《招魂》来说，太史公说“读《招魂》悲屈原其志”，王逸却认为“宋玉作《招魂》，欲复屈原精神，延其年寿……以讽谏怀王”。两者对《招魂》的理解根本不是一个层次，王逸之说与《招魂》文本也不相符。

（四）“无只言片语”说明不了实质性问题

力之先生说：

> 在刘向、王逸两人中，哪怕有一人认为《屈原贾生列传·太史公曰》所提及的《招魂》，其是因为司马迁认为其是屈原之所作，《招魂序》最低限度也会说“或曰屈原”，然此却无只言片语及之。这可以从一个侧面证明：不管是刘向，还是王逸，都知道司马迁之读《招魂》而悲屈原之“志”，与其读《公羊传》或读《左传》而悲孔子之“志”同。②

《屈原列传》有：“屈原为楚怀王左徒”，历来为众人公认。按力之先生的逻辑，王逸最低限度也会说“或曰左徒”。然而王逸只说屈原“仕于怀王，为三闾大夫”，却无只言片语提及“左徒”。套用力之先生的推理，司马迁的“屈原为楚怀王左徒”似乎也不对了？

就屈原来说“有没有任左徒比有没有作《招魂》”重要得多，王逸在“屈原任左徒”问题上都可不顾司马迁之论，何以见得在《招魂》作者问题上一定与司马迁意见相同呢？

“无只言片语”的“默证”，是个公说公有理，婆说婆有理的辩术，说明不了实质性问题。例如：用“默证的辩术”也可以说：“太史公早就有：‘余读《离骚》、《天问》、《招魂》、《哀郢》，悲其志’的定论。王逸为了标新立异，说‘《招魂》者，宋玉之所作也’。由于没有根据，所以他对‘太史公曰’只能回避，而不置一词。”

三、《楚辞章句》中屈原作品为什么只有七卷？

《隋书志》第三十曰：楚有贤臣屈原，被谗放逐，乃著《离骚》八篇，言己离别愁思，申杼其心……③这个记载说明屈原的作品是八篇，可能来源于刘向《离骚楚辞》，而王逸《楚辞章句》中屈原的作品只有七篇，很可能是将《招魂》划归宋玉之过。

---

① 洪兴祖：《楚辞补注》，中华书局1983年版，第118页。

② 力之：《〈招魂〉作者之再探讨》，程本兴等编：《宋玉及其辞赋研究》，学苑出版社2010年版。

③ 魏征等：《隋书》，中华书局1997年版，第1056页。

力之先生把太史公、刘向、两汉人与王逸绑在一起说事，以提高王逸论说的可靠性，这样既缺乏依据，又与王逸的意愿相违背。可见，《楚辞章句》中的“《招魂》者，宋玉之所作也”只是王逸个人的看法，与太史公、刘向等两汉之人无关。

力之先生断言：“‘《招魂》者，宋玉之所作也’说，乃两汉人之共识。”①② 乃缺乏依据的武断。再说从《九辩》到《九思》全有“拟作者”的明显痕迹，唯独在《招魂》中找不到“宋玉拟屈原作”的痕迹。

四、宋玉生平

力之先生说：

> 《屈原贾生列传》云“自屈原沉汨罗后百有余年，汉有贾生，为长沙王太傅，过湘水，投书以吊屈原”和《文选》所载宋玉赋（赋中的“今”楚王，均为襄王及王逸《九辩序》“宋玉者，屈原弟子也”考察，我们的结论是，宋玉当生于怀王九年至十九年之间。此说若能成立，则从襄王九年开始，宋玉作《招魂》在时间上便有可能。③

这个推演前提与结论缺乏必然联系。忽略了《屈原列传》《宋玉赋》等文献中与宋玉生平相关记载的考察。是筛选资料得出的主观意见，而不是缜密的学术思考。

《宋玉赋》与《古今人表》反映“青年宋玉写《好色赋》是在前278年楚都迁陈之后；宋玉大约生于楚顷襄王元年前后”，④ 忽略了这样的前提，如何能保证先生的考察没有问题呢？

屈原自顷襄王四年被“迁”，至自投汨罗渊，一直放流在外。如果我们冷静地从相关背景和《史记》记述综合考察，就不难发现：宋玉没有在郢都为屈原招魂的可能，《屈原列传》的“太史公曰：余读《离骚》《天问》《招魂》《哀郢》，悲其志”乃是屈原作《招魂》的重要证据。学术界广为传信的“屈原作《招魂》”论，不一定都是如力之先生所界定的：“忘记了科学常识”“情感冲动”“想象之说”。

五、《招魂》文本剖析

司马迁说《招魂》是言志之作，王逸则说宋玉“欲以复其精神，延其年寿”。

力之先生的“四篇《招魂》研究”论著，赞同王逸的《招魂》论注，皆脱离了屈原与宋玉的生平，与《招魂》的主旨不符。（详见本书《论〈招魂〉的主旨和魂主》）力之先生还回避了《招魂》中的诸多矛盾。例如，力之先生在“2013论文（注35）”中，提到了熊任望先生的《运用筛选法为〈楚辞·招魂〉决疑》，那么就应该对文中宋玉招屈原说的疑点，如：“安排帝与巫阳对话的意图?”“为何在招辞中唐突上帝?”“乱辞‘魂兮归来哀江南’，与招魂回郢的矛盾”⑤ 等，有个起码的交代。可是，他不但回避了这些问题，反而揪住熊任望先生《〈招魂〉“屈原自招”说答友难》中说明不了任何实质性问题的内证说事。请问，这样做又能解决什么实质性问题呢?

学术研究与“打仗或竞赛”不同，前者是攻难题、啃硬骨头，以追求真理为目的，后者是避重就轻专攻薄弱环节，以取胜为目的。不在真理一方，即便得胜于一时也难以持久。

六、《楚辞章句》不严谨

采信王逸“《招魂》者，宋玉之所作也”的人，往往强调王逸的治学严谨，其实此论与王逸《楚辞章句》的实际不符。（详见本书《论〈招魂〉的作者和争议》）

王逸之误，今人刘永济有《王逸章句识误》（见《笺屈余义》），徐仁甫有《王逸章句之误》（见

---

① 力之：《〈招魂〉作者之再探讨》，程本兴等编：《宋玉及其辞赋研究》，学苑出版社2010年版。

② 力之：《从史公称〈春秋〉等之情形看其“读”“悲”指向——关于〈招魂〉作者与所招对象研究之方法论问题一》，《2013年西峡屈原学术研讨会论文集》，第815—823页。

③ 力之：《〈招魂〉考辨补说》，《武汉教育学院学报》1998年第4期，第23—24页。

④ 见本书《〈宋玉生平考〉商榷》。

⑤ 熊任望：《运用筛选法为〈楚辞·招魂〉决疑》，《中州学刊》1995年第5期，第103页。

《古诗别解》)，郭在贻有《楚辞要籍述评》等，力之先生不至于连这些都不知道吧?

《楚辞章句》中《招魂》序注的谬误尤其多，仅就王逸《招魂序》来看:

《招魂》者，宋玉之所作也。宋玉怜哀屈原，忠而斥弃，愁懑山泽，魂魄放佚，厥命将落。故作《招魂》，欲以复其精神，延其年寿，外陈四方之恶，内崇楚国之美，以讽谏怀王，冀其觉悟而还之也。①

王逸将宋玉“好辞而以赋见称”提前到怀王期，把屈原“魂魄放佚，厥命将落”定在怀王时代，这些都与屈原、宋玉的生平不符的论述，早就被学界抛弃。

王逸《招魂》序、注偏离史实的记叙，是他没有考证“屈原和宋玉生平事迹”的表现。可是，力之先生为了让人们相信王逸的“《招魂》者，宋玉之所作也”，却说:“考定王逸之说《招魂》无误……只能从王逸之说。”② 他却在《招魂》研究的论文中对《史记》吹毛求疵，百般挑剔，要大家“与其信太史公，倒不如信王逸”，甚至把三百余年间持屈原作《招魂》说的大批学者全部界定为“忘记了科学常识”。如此采用双重标准，掩盖王逸谬误的作为，似乎倒有“情感冲动、忘记了科学常识”的意味。

力之先生还说:《楚辞章句》乃本刘向“典校经书”时所编的“十六卷”《楚辞》而来，故从通常的意义上说，可靠性和《史记》不相上下。③ 如此拔高《楚辞章句》，用王逸的观点代替刘向，既没有依据，也与事实不符。

结　论

《招魂》是屈原抒情言志之作——抒“思念故居”之情，言“坚守清白”之志。除此以外各种各样的“《招魂》说”，都难以解释文中的疑难和矛盾。(见本书《招魂》相关章节)

1. 学界对《招魂》作者的分歧是客观事实，其起因有深远的历史根源。力之先生不顾屈原、宋玉生平，无视《招魂》文本中“唐突上帝”，“不让离魂回归恒干”等与“宋玉作《招魂》”抵牾的内容，没有对《屈原列传》与《楚辞章句》作客观的、可信度的比较考察，回避王逸“《招魂》序、注”的谬误，把“《招魂》者，宋玉之所作也”放在第一位，排斥一切不同意见，似乎有预设前提，对资料进行筛选的倾向，故难以得出客观正确的结论。

2. 据相关背景考察:屈原自顷襄王四年被“迁”，至自投汨罗渊，一直放流在外。宋玉约生于楚襄王元年前后，志于学时师从环渊。学成去见楚襄王时，宋玉还是个体貌娴丽的未婚青年，其时楚都已经迁陈。在宋玉生平中无法安排“怜哀屈原，作《招魂》，欲以复其精神，延其年寿”的时间、空间。

3. 太史公将《招魂》与三篇屈原作品并列，《招魂》自为屈原之作。强调“司马迁并非明言《招魂》是屈原所作，而是读玉之文，悲原之志”的论者，隐藏了一个逻辑陷阱:在《屈原列传》中，列举屈原的作品必须篇篇“明言”，而列举“宋玉之文”反而“不须明言”。这是一种不顾前提条件、采用双重标准的强辩。

4. 王逸不善考核古事，其《招魂序》的“宋玉怜哀屈原，忠而斥弃，愁懑山泽，魂魄放佚，厥命将落。故作《招魂》，欲以复其精神，延其年寿，外陈四方之恶，内崇楚国之美，以讽谏怀王，冀其觉悟而还之也”与《招魂》内容格格不合，与屈原和宋玉的生平相抵牾，其记多被众人所弃。力之先生为了让人们相信王逸而说:“考定王逸之说《招魂》无误……只能从王逸之说。”如此掩盖王逸的谬误，倒有情感冲动、忘记科学常识的意味。

力之先生的《招魂》研究，观点不一定都对，但是，打开了一个启人深思的新窗口，功不可没。谢谢力之先生提供不同意见。

① 洪兴祖:《楚辞补注》，中华书局1983年版，第197页。

② 力之:《〈招魂〉考辨》，《武汉教育学院学报》1997年第1期，第20—24页。

③ 力之:《〈招魂〉作者之再探讨》，程本兴等编:《宋玉及其辞赋研究》，学苑出版社2010年版，第118—130页。

试论《招魂》的“云梦田猎”等

摘要： 有学者认为《招魂》的“君王亲发兮，惮青兕”是指楚王在云梦田猎时因“射兕受惊丧魂”，《招魂》就是为招楚王之魂而作。《招魂》的“魂兮归来哀江南”是巫阳等招魂不果，失魂依然未归，故要再次招魂。这些观点都与《招魂》文本不符，与招魂习俗不符。

关键词： 招魂；屈原；宋玉；楚襄王

一、“楚王射兕丧魂论”商榷

（一）钱钟书的“为青兕所慑，遂丧其魂论”

钱钟书曰：

> 盖言王今者猎于云梦，为青兕所慑，遂丧其魂；《战国策·楚策一》楚王“游于云梦，有狂兕牂车依轮而至”，事颇相类，然彼“一发”而“殪”兕，此“亲发”而“惮”兕，强孱判然。①

钱氏的“王猎于云梦，为青兕所慑，遂丧其魂”乃缺乏内外依据的臆想。

《楚策一》之楚宣王“亲引弓而射，壹发而殪”② 与《招魂》之“君王亲发兮，惮青兕”都是记猎杀兕牛之乐事，可以互证。将《招魂》的“惮”，解释为通“殚”，意为“毙”，可能更符合诗文本意。这里屈原是“以乐写悲而愈增其悲也”。

杨义先生说得好：

> 君王亲自发箭，射杀了青色大野牛。……借着云梦狩猎的一幕充分地显示着、甚至炫耀着楚人当日的国威军威。而“与王趋梦兮课后先”，也透露了屈子任左徒，未受谗遭疏而备受信任之时，作为近臣奔走于王车左右的情景。③

（二）潘啸龙、赵逵夫的“射兕禁忌论”

潘啸龙先生说：

> 最值得注意的，便是“君王亲发兮惮青兕”一句，正是它点明了襄王得病的缘由：襄王由于亲自射兕，受了凶猛青兕的惊吓，从此卧病郢都。直至“皋兰被径兮斯路淹”还不见起色。况且按楚人的迷信，兕牛是射不得的，谁要射杀它，“不出三月”必死。这就更有必要为受惊的襄王招魂了。④

潘氏在钱钟书论楚襄王孱弱“为青兕所慑，遂丧其魂”的基础上，舍去了钱氏的“兕牛射得”，采信《吕氏春秋·至忠》“兕牛射不得”的观点为他的“招楚襄王论”添加证据。

赵逵夫先生则认为：

> 屈原被放“汉北云梦”，“怀王在田猎中因遇到青兕，亲自发箭射之，犯了禁忌，也受了惊吓”。故屈原“撰此文以招楚怀王之魂”。⑤

赵氏此论，似乎是无所依傍的混猜，可赵氏却自诩道：“作了这样的解释……以前在《招魂》解说上的重重迷雾，便全部消除了。”⑥

“射兕禁忌论”源自《吕氏春秋》所引的《故纪》。陈子展先生1962年在《招魂试解》中说：第一个发现这个惮字的确诂是清朱亦栋。他在《群书札记》十七中说：“考《吕氏春秋·至忠》篇……《故

---

① 钱钟书：《管锥编》第2册，中华书局1979年版，第632页。

② 缪文远：《战国策新校注》，巴蜀书社1998年版，第484页。

③ 杨义：《〈招魂〉与〈大招〉的诗学比较》，《楚辞诗学》，人民出版社2010年版，第595页。

④ 潘啸龙：《〈招魂〉研究商榷》，《文学评论》1994年第4期，第40页。

⑤ 赵逵夫：《屈原与他的时代》，人民文学出版社2002年版，第330—331页。

⑥ 赵逵夫：《屈原与他的时代》，人民文学出版社2002年版，第331页。

记》曰，杀随兕者不出三月。① 后来他在《楚辞直解》中又引用清曹同春纂《楚辞约注》：“《故纪》曰：射中青兕者必死。”②

《吕氏春秋·至忠》记叙的庄哀王“射随兕，中之”，后来，“不出三月，子培疾而死”，其实子培之死与庄哀王杀随兕无关。假如真有一个主管此事的凶神恶煞，难道会不分真假，去惩罚冒认者吗？可见此类怪异之记，不宜作学术论文的依据。

兕是各诸侯的猎获对象，楚国每年要猎杀很多兕牛用于制造盾甲，不该有射兕禁忌。

《说文》：

兕如野牛，其皮坚厚可制恺。

《战国策·宋卫》：

荆有云梦，犀兕麋鹿盈之。

《荀子·议兵》：

楚人鲛革犀兕以为甲，坚如金石。

《国语·晋语八》：

昔吾先君唐叔射兕于徒林，殪，以为大甲，以封于晋。

《说苑·权谋》：

（楚）共王猎江渚之野……有狂兕从南方来，正触王左骖，王举旌旄，而使善射者射之，一发，兕死车下。③

《战国策》“江乙说于安陵君”有：

楚王游于云梦，结驷千乘，旌旗蔽日，野火之起也若云霓，兕虎之嗥声若雷霆，有狂兕牂车依轮而至，王亲引弓而射，一发而殪。王抽旃旄而抑兕首，仰天而笑曰：“矣，今日之游也。”④

《公孙龙子·迹府》：

龙闻楚王张繁弱之弓，载忘归之矢，以射蛟兕于云梦之圃，而丧其弓。左右请求之。王曰：“楚人遗弓，楚人得之，又何求乎？”⑤

这么多古籍都有射兕的记载，可证楚人并无射兕禁忌。

钟其鹏先生曰：

乱辞“青骊结驷兮齐千乘，悬火延起兮玄颜烝”二句，表明此次游猎阵容壮盛，扈从众多，且灯火通明，火光冲天。作为一国之君的顷襄王，纵然胆子再小，也不至于遇上青兕就吓得失了魂，从此便长期卧病郢都。假如楚人有射杀青兕“不出三月”必死的禁忌，则这一人命关天的禁忌当为常识，楚王不可能不知道，其再不聪明，也不至于愚蠢到非但不避青兕，而且还要“亲发”箭矢射杀这种不祥之物。⑥

潘、赵等所说的楚王“受了凶猛青兕的惊吓，从此卧病郢都”等臆想，并没有可信的内外证据，把言志之作的《招魂》说成“为楚王招魂”的历史事件，必然有很多讲不通的地方。

（三）《庄辛谏楚襄王》提供的旁证

潘啸龙先生说：

楚王之失魂与云梦射猎有关，而且宋玉还亲身陪同前往，经历了“君王亲发兮，惮青兕”的惊心一幕。可以推断此次射猎惊魂……大体在《战国策·庄辛说楚襄王》所揭露的“君王左州侯，右夏侯，辇从鄢陵君与寿陵君”“与之驰骋乎云梦之中”“专淫逸侈靡，不顾国政”

① 陈子展：《招魂试解》《中华文史论丛》第1辑，中华书局1962年版，第157页。

② 陈子展：《楚辞直解》，复旦大学出版社1996年版，第346页。

③ 向宗鲁：《说苑校证》，中华书局1987年版，第337页。

④ 缪文远：《战国策新校注》，巴蜀书社1998年版，第484页。

⑤ 谭业谦译注：《公孙龙子译注》，中华书局1997年版，第55页。

⑥ 钟其鹏：《关于〈招魂〉著作权与魂主问题——近20年〈招魂〉聚讼焦点问题研究述评之一》，《云梦学刊》2009年第5期，第54页。

的那一段时期。①

潘氏此说与事实不符。

《战国策·庄辛说楚襄王》与刘向《新序》之记基本相同，是说前278年郢都失陷前后“庄辛谏楚襄王”之事。《新序·卷二》：

庄辛谏楚襄王曰：“君王左州侯，右夏侯，从新安君与寿陵君同轩，淫衍侈靡而忘国政，郢其危矣。”王曰：“先生老（昏）欤？妄为楚国妖欤？”庄辛对曰：“臣非敢为楚妖，诚见之也。君王卒近此四子者，则楚必亡矣！辛请留于赵以观之。”于是不出十月，王果亡巫山、江汉、鄢、郢之地。于是王乃使召庄辛至于赵。辛至，王曰：“嘻！先生来邪！寡人以不用先生言至于此，为之奈何？”庄辛曰：“君用辛言则可，不用辛言又将甚乎！此庶人有称曰：‘亡羊而固牢未为迟，见兔而呼狗未为晚。’……今君王之事，遂以左州侯，右夏侯，从新安君与寿陵君，淫衍侈靡，康乐游娱，驰骋乎云梦之中，不以天下与国家为事，不知穰侯方与秦王谋，實之以黾厄之内，而投之乎黾塞之外。”襄王大惧，形体掉栗曰：“谨受令。”乃封庄辛为成陵君，而用计焉。与举淮北之地十二诸侯。②

据此可以推断：第一，东迁前的楚襄王“淫逸侈靡，不顾国政”与州侯、夏侯、鄢陵君与寿陵君“驰骋乎云梦之中”，其陪乘者是“四宠臣”，而不是宋玉。第二，此记间接说明楚都迁陈前的几年中，并无“射猎惊魂”之事。如果襄王刚刚经历“惊魂而病”，不可能又与四宠臣“驰骋乎云梦之中”。假如东迁以后，楚襄王要“田猎”，也不可能到《招魂》所说的“江南云梦”去，更不可能在秦人占领的“故郢都”为楚襄王招魂。第三，东迁以后楚襄王有所醒悟，亡羊补牢，摒弃了“州侯等四肖小”，“乃封庄辛为成陵君”，楚国一度出现复苏。这时宋玉、唐勒、景差等人才得以出现在“好乐而爱赋”的楚襄王身边。第四，《招魂》中屈原的回忆“与王趋梦兮，课后先。君王亲发兮，惮青兕”，其后有“皋兰被径兮，斯路渐。湛湛江水兮，上有枫。目极千里兮，伤春心。魂兮归来，哀江南”。这与东迁前楚襄王与四宠臣的“驰骋乎云梦之中”所写的景况、气氛大不相同，不是同一件事。第五，《招魂》文本中根本没有“楚王射兕犯忌失魂”的信息。

二、钱钟书等人的“招魂失败论”

持“招楚王生魂”的学者，不但回避了“离魂归处不一”的问题，而且把“乱辞”的描述说成“离魂未归”，需要再次招魂。此说，对于迷信巫术的楚人来说，是不现实的。而且“招辞”中由巫阳、工祝招离魂回郢都故居与“乱辞”中作者呼唤“魂兮归来哀江南”不是同一件事，不可混为一谈。

（一）钱钟书的“君王惊魂之离恒干已自春沮夏”

钱钟书先生曰：

“乃下招曰”至篇末俱为“君王”招魂者之词，《乱》之“吾”，即招者自称。“献岁发春兮，汩吾南征。……与王趋梦兮，课后先。君王亲发兮，惮青兕”，乃追究失魂之由……“春”上溯其时，“梦”追勘其地，“与王后先”复俨然如亲与其事，使情景逼真。盖言王今者猎于云梦，为青兕所慑，遂丧其魂……接曰：“朱明承夜兮，时不可以淹；皋兰被径兮斯路渐”；谓惊魂之离恒干已自春沮夏，来路欲迷，促其速返故居。故以“魂兮归来”结焉。③

潘啸龙先生说：“这一段精辟解说，堪称揭破了《招魂》研究的千古之谜”“钱先生之创获”。④ 我们就来推敲一下潘氏所谓的“揭破千古之谜的创获”：

第一，钱氏之“《乱》之‘吾’即招者自称”不确。“吾”已非“招词中的招者（巫、祝）”。

第二，其“谓惊魂之离恒干已自春沮夏，来路欲迷，促其速返故居。故以‘魂兮归来’结焉”。其一，说巫、祝“招魂失败了”，要在《乱》中再次呼唤“魂兮归来”促其速返故居，显然与诗文之意相悖。《乱》之“魂兮归来，哀江南”是作者的呼唤，与巫、祝无关。其二，钱氏不提“哀江南”，回避

---

① 潘啸龙：《关于〈招魂〉研究的几个问题》，《文学遗产》2003年第3期，第15、16页。

② 卢元骏：《新序今注今译》，天津古籍出版社1987年版，第64—67页。

③ 钱钟书：《管锥编》（二），三联书店2001年版，第965—966页。

④ 潘啸龙；《〈招魂〉研究商榷》，《文学评论》1994年第4期，第40页。

了“魂归地点不一”的问题，再代之以“促其速返故居”，乃是一种“巧言”。其三，诗文中“献岁发春”是“春”，“目极千里兮，伤春心”还是“春”，钱氏的“自春沮夏”不确。钱氏的“招魂失败论”，正是他所称的“郢书燕说”。

（二）胡念贻的君王从初春至春深卧病

胡先生说：

> 初春之时，曾和楚王南行打猎……春深了。皋兰覆径，君王（卧病）不来，路上草都长满了。江南是昔日田猎之地。“乱辞”专写南行打猎一事，故以“哀江南”而兼招魂作结。①

胡先生只是改正了钱氏的“自春沮夏”，其他与钱先生类同。

（三）潘啸龙的“直至皋兰被径兮斯路淹还不见起色”

潘先生说：

> 襄王由于亲自射兕，受了凶猛青兕的惊吓，从此卧病郢都，直至“皋兰被径兮斯路淹”，仍不见起色。……“乱曰”的结尾，终于以最凄怆的语调，发出了“目极千里兮伤春心，魂兮归来哀江南”！其旨无非在招唤襄王失落梦泽之魂，快快归来。②

潘氏自述这是“受到了钱钟书《管锥编》有关论述的启发”。潘氏的《招魂》梗概为：

第一，因为楚襄王荒于淫乐，导致了“猎于云梦，为青兕所慑，遂丧其魂”。

第二，宋玉代楚襄王“请求上帝解除厄难”，上帝“有好生之德，愿意给他改正错误的机会”，遂令“巫阳”为楚襄招魂。

第三，巫阳招魂失败：“直至‘皋兰被径兮斯路渐’，还不见起色”。

第四，宋玉出马：“召唤襄王失落梦泽之魂，快快归来”。

潘氏对钱氏的修改：

第一，潘氏意识到《招魂》之“乱”是诗人感情的流露，有别于巫、祝招魂。巫阳也不可能“汩吾南征、与王趋梦”。故而把钱氏的“《乱》之‘吾’即招者自称”改为宋玉。

第二，把钱氏“惊魂之离恒干已自春沮夏”，改为襄王“卧病郢都，直至‘皋兰被径兮斯路渐’仍不见起色”。潘氏笔下的“离魂”，虽不是“自春沮夏”，但也还是长期在外游荡。在认定“巫祝招魂无效”这一点上，潘与钱只是五十步和一百步的差别。

第三，潘氏让宋玉“召唤襄王失落梦泽之魂，快快归来”，这就比钱氏走得更远了，能够上天入地的巫阳招魂都失败了！难道非巫非祝的宋玉一句呼唤，就能把“失落梦泽之襄王魂”招回郢都吗？难道宋玉比巫祝更厉害？（有没有把楚襄王之魂招回来呢？潘氏没有交代）

钱、胡、潘的“招魂失败论”都背离了《招魂》文本，套用潘氏的话来说：难道巫祝花了那么大的功夫，招入“修门”“故居”的主人公之魂，不但没有回到“失魂者之恒干”，却让他在“梦泽”长期游荡，“直至‘皋兰被径兮斯路渐’，还不见起色”，还让非巫非祝的宋玉去“召唤襄王失落梦泽之魂，快快归来”这样的解说，岂非连起码的常识、起码的逻辑都不顾了？③

三、赵逵夫先生的“汉北云梦”

赵逵夫先生说：

> 屈原在怀王二十四五年流被放汉北，其地即春秋战国时汉北云梦，在汉水下游之北面，当今钟祥、京山、天门、应城、汉川几县地。“与王趋梦”，指由汉北驻地向云梦田猎之地进发。④

《楚世家》有“（顷襄王）十九年，秦伐楚，楚军败，割上庸、汉北地予秦。”上庸、汉北相连，都在楚国北部靠近秦国之地（那些原为楚国土地，后被秦人夺去的地方）。上庸在汉水西南，今竹溪、房县一带，向北过汉水为汉北，即今襄樊至郧西一带。再者“割汉北予秦”的第二年（前279年），秦再

① 胡念贻：《楚辞选注及考证》，岳麓书社1984年版，第443页。

② 潘啸龙：《〈招魂〉研究商榷》，《文学评论》1994年第4期，第40页。

③ 潘啸龙：《评〈招魂〉为“屈原自招”说》，《云梦学刊》2006年第5期，第30页。

④ 赵逵夫：《屈原与他的时代》，人民文学出版社2002年版，第335、330页。

向南蚕食楚地。

《秦本纪》：昭襄王“二十八年大良造白起攻楚，取鄢、邓，赦罪人迁之。”这说明鄢（今宜城）、邓（今襄樊）不属汉北。如果按赵氏之说，楚王先割“鄢、邓”东南的“钟祥、京山……（汉北云梦之地）”予秦，而把其西北的“鄢、邓”等大片国土，置于秦人占领区的包围之中，这怎么可能呢？

今襄樊北至郧西一带称为汉北，有其历史渊源。《尚书·禹贡》：“嶓冢导漾，东流为汉；又东，为沧浪之水；过三澨，至于大别，南入于江。”按《禹贡》的说法，汉水源头称为漾水，向东流上游称汉水。中游称沧浪水，下游称为三澨水（?）；到达大别山（今汉阳北），向南流入长江。《禹贡》之记正反映出远古时代人们活动范围比较小，一条长河各处名称不同的遗存。楚人把《禹贡》“东流为汉”的一段近东西走向的“古汉水”，其北称为汉北。可见汉北之名有其历史渊源。

赵逵夫先生所说的“汉水下游今钟祥、京山、天门、应城、汉川……”应当是楚人所称的“汉东”，而不是“汉北云梦之地”。

《左传·桓公六年》（楚武王三十五年）斗伯比对武王说：“吾不得志于汉东也……”

《左传·僖公二十年》：“秋，……随以汉东诸侯叛楚。冬，楚斗谷于菟帅师伐随，取成而还。”

由于从襄樊到潜江这一段汉水近南北走向，人们习惯地把分布其东的、以随为首的周代诸侯称为汉东诸姬、汉东诸侯。

赵逵夫先生还以作于汉北的《思美人》还写到“江夏”为由，说：“如果汉北其地在今襄樊以北，则诗人便不可能‘遵江夏而娱忧’。所以说，这是屈原被放之处汉北其地在汉水下游北面的又一证明。”① 这更没有说服力了。首先，《思美人》之“遵江夏而娱忧”是遐想中的表白，不能证明屈原身处其地。其次，即便是实指“江夏”，也与“汉北”无关。例如《哀郢》有“去故乡而就远兮，遵江夏以流亡”，难道其“江夏”也在“汉北”？

赵逵夫先生所谓的“汉北云梦之地”，脱离了战国时楚人政治、经济、交通、文化、心理语言习惯等的实际，属于没有依据的自说自话，与《史记》所记的“汉北”、《左传》所记“汉东”相抵牾，与《招魂》的“与王趋梦兮课后先……魂兮归来哀江南”不符，与赵氏所说的“当时楚人……以郢都一带为中心，称郢都附近长江以南为‘江南’”② 矛盾。

其实赵先生曾经说过：

> 关于汉北其地，蒋骥《山带阁注楚辞》说：“汉北，今郧襄之地。”郧襄一带在上庸以东……襄樊以南至宜城一带称为汉南，则与之隔江相对的“汉北”应是专指今樊城以北的一片地方。这里是楚与中原南北来往渡汉之处，故有汉北、汉南之称。这个地方在庸以东四百里左右，它在怀王时一直是属于楚国的。③

可惜，赵先生为了迁就“屈原被放汉北云梦，任掌梦之官”，放弃了这个正确观点。

结　论

1.《招魂》中屈原幻想：巫阳、工祝招他的离魂回郢都故居假想的“恒干”后就退场了。“乱辞”的“魂兮归来哀江南”是屈原从幻境返回现实后，象征性地“呼唤魂灵回归本体”。“招辞”和“乱”的“招者”不同，“离魂回归地点”不一，不可混为一谈。

2. 从《庄辛谏楚襄王》可以看出：楚都迁陈前楚襄王不顾国政与四宠臣“驰骋乎云梦之中”，其时并无“射猎惊魂”之事，说楚王因“云梦田猎”“射兕丧魂”而病，没有依据。

3. 钱钟书、胡念贻、潘啸龙等人把“乱辞”的“魂兮归来哀江南”，说成是巫阳招魂不果，致使楚王失魂长期未归，最后由宋玉再次“召唤襄王失落之魂，快快归来”。此论与《招魂》的文本不符。

4.《招魂》“与王趋梦”是屈原回忆当年受怀王信任时“云梦田猎”的情景。赵逵夫先生的“汉北云梦”与《招魂》的“江南云梦”不符。

---

① 赵逵夫：《屈原与他的时代》，人民文学出版社 2002 年版，第 318 页。

② 赵逵夫：《屈原与他的时代》，人民文学出版社 2002 年版，第 423 页。

③ 赵逵夫：《屈原未放汉北说质疑与被放汉北新证》，《中国文学研究》1990 年第 3 期，第 23 页。

先秦“复”礼与《招魂》无关

摘要：屈原的言志之作《招魂》与“先秦招初死者亡魂的复礼”无关。有人回避《三礼》相关原文，片面引用与“复礼”相关的后人的注释，得出“复礼是招生魂”不确。

关键词：复礼；招魂；招亡魂

一、“复”为招生魂论

蒋南华先生说：

《礼记·丧大记》“复而后行死事”可见招魂的最初目的是希望假死者能还魂返魄而复生。也就是说招魂从来是为生者的。只有当“复而不生”时，才不得不“行死事”。①

潘啸龙先生说：

考察《周礼》、《仪礼》、《礼记》所记先秦时代的“复”礼即招魂之礼，即可推翻过去研究者的许多误解。关于先秦的“复”礼，《礼记》记载最为详尽。其《丧大记》云：“疾病，外内皆扫……寝东首于北墉下。废床，撤亵衣，加新衣，体一人。男女改服，属纩以俟绝气。”郑注“废床”曰：“人始生于地，去床庶其生气反”。病人绝气以后，《礼记》又云：“复衣不以衣尸，不以敛。”郑注曰：“复者庶其生也，若以其衣袭敛，是用生施死，于义相反。”接着便是招魂了：“凡复……唯哭先复，复而后行死事。”孔疏曰：“复而犹望生，若复而不生，故得行于死事。”②

“‘复’为招生魂论”与《礼》记载的“复”施于初死者不符。

二、“复”施于初死者，《礼》有明确记载

死于适室，幠用敛衾。复者一人以爵弁服，簪裳于衣，左何之，扱领于带；升自前东荣、中屋，北面招以衣，曰：‘皋某复!’三。降衣于前。受用箧，升自阼阶，以衣尸。复者降自后，西荣。③（《仪礼·士丧礼》）

及其死也，升屋而号，告曰：皋！某复。④（《礼记·礼运》）

诸侯行而死于馆，则其复如于其国；如于道，则升其乘车之左毂，以其绥复。……大夫、士死于道，则升其乘车之左毂，以其绥复；如于馆死，则其复如于家。（《礼记·杂记》）

《礼记·丧大记》记载，在“复”之前要“属纩以俟绝气”⑤：

男子不死于妇人之手，妇人不死于男子之手。君夫人卒于路寝，大夫世妇卒于适寝，内子未命，则死于下室，迁尸于寝，士之妻皆死于寝。……复而后行死事。

从《礼记》之原文看，“复”礼是人死后才行的。

既死气绝，不可如何，升屋之危，以衣招复。（《论衡·明雩篇》）

王充《论衡·明雩篇》明言“复”是人死后才行的礼。

墨子讽刺儒家的“复”礼时说：“其亲死，列尸弗敛，登屋窥井，挑鼠穴，探涤器，而求其人焉。”⑥ 这是“复”为招死者的旁证。

“‘复’为招生魂”论者，回避了《三礼》之“复”施于初死者的明确记载，回避了郑玄注“士丧

---

① 蒋南华：《〈招魂〉辩义》，《贵州教育学院学报（社科版）》1989年第3期，第42页。

② 潘啸龙：《招魂研究商榷》，《文学评论》1994年第4期，第42—43页。

③ 杨天宇：《仪礼译注》，上海古籍出版社2004年版，第343页。

④ 王梦鸥注译：《礼记今注今译》，新世界出版社2011年版，第293、527—528、571—572页。

⑤ 这里指用一点丝绵，放在弥留之际的病人鼻下测试，确定人已经“绝气”身亡，才得行“复”礼。

⑥ 孙诒让：《墨子闲诂》，中华书局2001年版，第288页。

其父母，自始死至于既殡之礼”，“皋，长的声也。某，死者之名也。”① 选择性地引用“三礼”、郑注、孔疏之文，如此片面的论证，难以服人。

三、列维-布留尔的“招魂”与“复”无关

潘啸龙先生说：

> 从上举世界各地的招魂习俗可知：未开化部族的“招魂”，从来就是为尚未死去的活人而招的，目的是招回离体的灵魂，使人恢复健康、避免死亡。有没有招死人“亡魂”的呢？并未见到有这样的实例。先秦时代的招魂，实在与列维-布留尔所举加勒比、非洲西海岸上人的招魂习俗并无不同。人们之所以先不办“死事”而施以“复”礼，根本就在于无法判断“疾病”“绝气”者是否真的死亡。他们认为这人可能还活着，只是魂魄的暂时离去，所以才“升屋而号”（《礼记·礼运》）、“北面招以衣”（《仪礼·士丧礼》）。等到确信其人已经死亡，便不再招魂，而是进行殡敛之类“死事”了。这样看来，曾被许多研究者征引的先秦“复”礼，也还是为招“生魂”而行的，目的是使“绝气”者复生，而绝不是招来亡魂，“表示对死者的哀悼”。②

潘氏用“世界各地原始部族中的有关‘招魂’实例”来证明“《礼记》之‘复’礼也是招‘生魂’”似乎有以偏概全之弊。请问，列维-布留尔所举境外的“招魂习俗”，与中国的“复”礼有关联吗？

假如按潘氏之说：“‘复’礼，也还是为招‘生魂’而行的”“他们认为这人可能还活着……”请问，行“复”礼之后是如何判别其人的死活呢？难道行“复”礼就为了把这个可能还活着的人整死？所以用不着再鉴定其死活，就可以进行殡殓之类死事了？

而且潘氏的“复礼是招生魂”说与他自己的“施行‘复’礼在于冀望初死者‘复生’”③ 也有抵触。可见潘啸龙先生的“先秦时代的招魂，都是招生魂”等结论皆没有说服力。再说，楚简中似乎就有“先秦招亡魂”之记。例如，杨华先生指出：

> 九店 M56 楚简《告武夷》是一篇为兵死者招魂的祷辞，其结尾之句称：“君昔（夕）受某之聂币、芳粮，思某来归食如故。”意即武夷神今夜享受某人的聂币、芳粮之后，诚恳地希望你能让某人之魂归来，饮食如故。这是一篇祭祷鬼神，进行招魂的祝祷辞。④

看来先秦的招魂并非如潘啸龙先生所说都是招生魂。

四、“复”与《招魂》风马牛不相及

潘先生质问道：“我所引‘小臣复’（招生魂）与《招魂》之‘招楚襄王生魂’又有什么本质不同？”⑤ ——只要客观地面对事实，都能看出“复”与《招魂》确有本质不同。

从对象上说：“复”，是施于绝气的初死者。它与一般的“招生魂”（指活人失魂而病，需要招魂“复其精神，延其年寿”）不同，而与“屈原遐想自招其魂”的《招魂》更是风马牛不相及。

从施为者看：行“复”者是小臣；“招生魂”者是“祝、巫”。《招魂》则是屈原遐想，由巫阳、工祝为其招魂。从方法上说：《招魂》描写的“招魂”场景有：“工祝招君，背行先些。秦篝齐缕，郑绵络些。招具该备，永啸呼些。魂兮归来，反故居些。”⑥ 而《礼记·丧大记》记载的“小臣复”是：“复者朝服。君以卷，夫人以屈狄，大夫以玄赪，世妇以襢衣，士以爵弁，士妻以税衣。皆升自东荣，中屋履危，北面三号。卷衣投于前，司服受之，降自西北荣……”⑦《礼记·檀弓下》《礼记·丧大记》

---

① 李学勤主编：《仪礼注疏》，北京大学出版社 1999 年版，第 656、659 页。

② 潘啸龙：《招魂研究商榷》，《文学评论》1994 年第 4 期，第 40、42—43 页。

③ 潘啸龙：《关于招魂研究的几个问题》，《文学遗产》2003 年第 3 期，第 11 页。

④ 杨华：《新蔡简所见楚地祭祷礼仪二则》，《楚地出土简帛文献思想研究》第 2 辑，湖北教育出版社 2005 年版。

⑤ 北大中文论坛；《就“宋玉〈招魂〉论”与潘啸龙先生商榷》（34 楼），http://www.pkucn.com/forum.php?mod=viewthread&tid=142568&page=3#pid1218280195

⑥ 洪兴祖：《楚辞补注》，中华书局 1983 年版，第 202 页。

⑦ 王梦鸥注译：《礼记今注今译》，台湾商务印书馆 1978 年版，第 572 页。

等都明确，“复礼”招魂的方向为死亡象征的“北方”。可见“复礼”绝不能用于“招生魂”。

从目的上说：一般的“招生魂”是招回离体的生魂，使人恢复健康。《招魂》则是抒情、言志之作，并非“招魂”之实。而“复礼”之目的，众说纷纭，莫衷一是。或曰：“尽爱之道也”①，或曰：“冀望初死者‘复生’”，或曰：“把离开形体的灵魂招来附在衣服上，而后将这衣服覆盖尸体，使神形再次结合”，一同葬入坟墓，使灵魂不至于漂泊不定而受苦。

从后果上看：“招生魂”后，多数病人渐渐康复。而“复”之后，即行丧葬等死事。古籍中未见行“复礼”后“复生”的事例。《招魂》写了“乱”，则是屈原从幻想回到现实。从本质上看：《仪礼》《礼记》明确记载，“复”是古人对“初死者”所行的一种程序化的礼仪，带有迷信色彩。《招魂》则是屈原遐想“自招其魂”以表达感情的文学作品。硬要把两者强拉在一起，怎么会有说服力呢？

五、“复”礼后魂归何处，学界尚未取得共识

人们对死后之事，无法知晓，一直存在种种矛盾的猜想。《礼记》就有多种说辞。《礼记·檀弓上》：“父母之丧，哭无时，使必知其反也。”《礼记·檀弓下》：“延陵季子适齐，于其反也，其长子死，葬于嬴博之间。……且号者三，曰：‘骨肉归复于土，命也。若魂气则无不之也……’而遂行。”《礼记·郊特牲》则说：“魂气归于天，形魄归于地。”②

李中华先生说：“‘复’就是使离散的游魂复归于形体之意。”③

金式武先生曰：“把离开形体的灵魂招来附在衣服上，而后将这衣服覆盖尸体，使神形再次结合，一同葬入坟墓，使灵魂不至于漂泊不定而受苦。”④

从建造坟墓和随葬物看，是“视死如生”。相信人死后灵魂离开躯体，存在于幽冥世界，衣食作息与生前无异。为了防止游魂乱窜，死者的亲属就建设阴宅（坟墓），放置很多随葬品，坟墓就是鬼魂的“家”。“不及黄泉，毋相见也”“含笑九泉”等，都显示人死后灵魂居于地下。曾侯乙墓外棺一侧下方开一门洞，这也许就是为了让死者的灵魂自由出入而设。

1972 年 11 月辽宁省博物馆文物队，清理盖县九垄地东汉墓群时，发现“永和五年”一墓砖上有：“叹曰，死者魂归棺椁，无妄飞扬，行无忧，万岁之后，乃复会。”⑤说明东汉时确有“魂归棺椁”与躯干同入坟墓的习俗。但是，先秦之时有无此习俗，不得而知。

① 王梦鸥注译：《礼记今注今译》，台湾商务印书馆 1978 年版，第 125 页。

② 王梦鸥注译：《礼记今注今译》，台湾商务印书馆 1978 年版，第 113、152、353 页。

③ 李中华：《先秦招魂习俗与招魂》，《中国楚辞学》第 2 辑，第 280 页。

④ 金式武：《招魂研究》，《历史研究》1998 年第 6 期，第 46—47 页。

⑤ 辽宁省博物馆文物队：《辽宁盖县九垅地发现东汉纪年砖墓》，《文物》1977 年第 9 期，第 93 页。

《〈招魂〉“些”字的来源》商榷

摘要：汤炳正先生认为：“屈赋《招魂》的内容，显然是受到苗族古老招魂习俗的影响而创造出来的”；“《招魂》的‘些’字，实为‘此此’二字之重文，跟苗族招魂咒尾‘写写’的二音连读相当。”可是汤先生既没有证明《招魂》的内容与苗族巫师的招魂咒语相关，也没有提供《招魂》的“些”，实为“此此”之重文的可信依据。看来汤先生之论难以成立。

关键词：招魂；些；此此；招魂咒语

一、苗族招魂咒语中的“写写”与《招魂》无关

（一）苗族招魂的习俗与《招魂》无关

汤先生说：

> 屈原流放江南时，曾跟包括苗族在内的少数民族的生活习俗有所接触，这是确实可信的。正如历来文学史家所评定的那样，屈原的作品是采用民间文艺形式而加以创造和发展的。其中如歌谣体裁、神话传说、民族习俗、地方风物、方言土语等的广泛吸收，正是构成屈赋绚烂多彩、奇特瑰丽的艺术风格的最丰富的营养。而屈原的《招魂》，更集中地表现了这一特色。因为这正是他运用当时盛行于少数民族中巫师招魂咒语的形式，通过“巫阳”的口吻，而赋予了新的生命，达到了高度的艺术水平。①

根据《招魂》的乱辞：“献岁发春兮，汩吾南征”，《招魂》是在去“江南”的途中所作，而不是流放江南跟苗族等少数民族接触之后的作品。《招魂》的作者一生中接触最多，影响最深的当是“信鬼神而嗜卜筮”的楚人，而不是偶尔接触的“苗族”。《招魂》作者的心理素质、人格个性、想象能力、艺术手段都是在楚文化中养成的，何以见得《招魂》不是楚国民间传说和楚语、楚习俗的反映，而是运用苗族古老招魂咒语的形式呢？

（二）苗族巫师的咒语与《招魂》内容无关

汤先生说：

> 根据屈赋《招魂》的首段“帝告巫阳曰”及“巫阳焉乃下招曰”等语，则招魂必由巫师执行。这跟大关县由李姓巫师专掌招魂之职、咒语秘不告人的事实是相符合的，又《招魂》首段还有“有人在下，我欲辅之，魂魄离散，汝筮予之”等语，亦即王逸叙所谓“魂魄放佚，厥命将落，故作招魂：欲以复其精神，延其寿命”。这又跟大关县巫师招魂之术系施之于“精神昏迷”病的事实相符合。他们不是招死人之魂，而是招病人之魂。清陈本礼《屈辞精义》把“些”字解释为“挽歌声”，显然是误为招死人之魂的附会之谈。至于大关县苗族巫师招魂咒语的内容虽不得而知，但另外一项有关苗族招魂的材料，可作为它的补充。凌纯声的《湘西苗族调查报告》第191页，曾记录苗族招魂故事一则：苗族对病重昏迷者，认为因其魂为鬼物所得，囚人魂魄于洞中，洞中的景象是“到了大门，只见许多大蛇与蜈坛，来来往往，一见了人，就张口要咬”“进了第一栋屋，又有许多野兽在那里走来走去，一见了人，也都张牙舞爪扑来”……而属赋《招魂》则说：“蝮蛇蓁蓁，封狐千里些；雄虺九首，往来倏忽，吞人以益其心些；归来兮，不可以久淫些。”“虎豹九关，啄害下人些；一夫九首，拔木九千些；豺狼从目，往来侁侁些……魂兮归来，恐危身些。”“土伯九约，其角觺觺些；敦脄血拇，逐人駓駓些；参目虎首，其身若牛些，此皆甘人，归来归来，恐自遗灾些。”此其所述之险恶情景，跟湘西苗族招魂的传说，如出一辙。又据陆侃如同志的《西园读书记》说：弗拉葸的《金枝集》里记载缅甸加伦人的招魂习俗，录有歌词，先叙外界之危险，次叙屋内之舒适，与《招

① 汤炳正：《〈招魂〉“些”字的来源》，《四川师范学院学报（社科版）》1978年第2期，第60页。

> 魂》相近。按这项资料虽然没有谈到歌词的语尾问题，但就其内容与结构来讲，是极有参考价值的。我们虽然还不能断定大关县巫师招魂咒语的内容也一定涉及这些情状，但我们可以肯定地说，屈赋《招魂》的内容，显然是受到了上述少数民族中古老的招魂习俗的影响而创造出来的。①

汤先生所列举的近现代种种招魂术（纪实）都是迷信活动。它们与“言志之作”的《招魂》，在时间、地域、文化、渊源等各方面都难以对比。

帝告巫阳曰：“有人在下，我欲辅之。魂魂离散，汝筮予之”与“苗族招魂”之“因其魂为鬼物所得，囚人魂魄于洞中……”两者根本不同。

汤先生所引的凌纯声的《湘西苗族调查报告》，陆侃如引用的弗拉惹的《金枝集》里记载缅甸加伦人的招魂习俗，并没有所谓的“咒尾‘写写’的二音连读”。常见的其他介绍民间招魂的事例，例如：罗义群《〈招魂〉研究观点辨析》② 介绍的“苗族招魂故事”，莫道才的《汨罗民间招魂词》③，秭归县端午节划龙船时唱的《招魂曲》④ ……都没有“咒尾‘写写’二音连读”之事。

汤先生认为：《招魂》的“招魂由巫师执行。这跟大关县由李姓巫师专掌招魂之职、咒语秘不告人的事实是相符合”；《招魂》的“有人在下，我欲辅之，魂魄离故，汝筮予之”……“跟大关县巫师招魂之术系施之于‘精神昏迷’病的事实相符合。”

这是不是把现今“苗族巫师治病的招魂咒语”等同于“言志之作《招魂》”的附会之谈呢？

再有，汤先生为了证明苗族巫师的咒语“写写”与《楚辞·招魂》的内容相合，就认定他们不是招死人之魂，而是招病人之魂。清陈本礼《屈辞精义》把“些”字解释为“挽歌声”，显然是误为招死人之魂的附会之谈。⑤ 可是汤先生论著中多次确认：“屈原作《招魂》招楚怀王死魂。”他在《〈九章〉时地管见》说：“盖屈原东行，到达陵阳之后，适值顷襄王三年怀王客死于秦的消息传来，故作《招魂》以吊之。”⑥ 在《楚辞今注》中也说：“屈子作《招魂》时怀王已死，则辞中所招当为死魂。”⑦

假如是这样的话，岂不是运用苗族巫师招病人之魂的咒语去招楚怀王死魂吗？这还能说得过去吗？

汤先生为了不同的目的，其论述中存在明显的矛盾。可见汤先生的：“可以肯定地说，屈赋《招魂》的内容，显然是受到了上述少数民族中古老的招魂习俗的影响而创造出来的。”⑧ 既与《招魂》的内容不符，也与他认定的“招怀王死魂”不能相容。

（三）苗族咒语的尾声“写写”与《招魂》“些”字的关系

汤先生说：

> 屈赋《招魂》，除首段的叙事及末段的“乱曰”外，中间的“招曰”以下，全是模拟苗族巫师招魂咒语的形式，尤其是语尾用了极其特殊的“些”字，正是从模拟苗族咒语尾声的“写写”而来的。因此，《招魂》的“些”字，当时实为“此此”二字之重文，跟苗族咒尾“写写”的二音连读相当。后人由于对“此此”连用，在汉语中不常见，遂将“此”下的重文符号“二”，跟“此”误并为一字，虽仍以“此”音读“些”形，却改叠音为单音。这从“此”音的古今转变规律来看，完全证实了这一点。⑨

汤先生既没有证明“云南省大关县永明村苗族李姓巫师，其招魂咒语”是两千多年前古老苗族巫师招魂咒语的遗存，也没有证明《招魂》与“古老苗族咒语”相关。只是依据现代这个内容不得而知的招魂咒语中，有尾音高而长的“写写”之特例，就断定两千多年前《招魂》的“些”字，正是模拟这个苗族咒语尾声的“写写”而来的。似乎有武断之嫌。

---

① 汤炳正：《〈招魂〉“些”字的来源》，《四川师范学院学报（社科版）》1978 年第 2 期，第 60 页。
② 罗义群：《〈招魂〉研究观点辨析》，《中南民族学院学报（社科版）》1998 年第 2 期，第 54—58 页。
③ 莫道才：《〈大招〉为战国时期楚地民间招魂词之原始记录》，《云梦学刊》2001 年第 5 期。
④ 王健强：《屈原故里秭归》，中国旅游出版社 1982 年版。
⑤ 汤炳正：《〈招魂〉“些”字的来源》，《四川师范学院学报（社科版）》1978 年第 2 期，第 60 页。
⑥ 汤炳正：《屈赋新探》，齐鲁书社 1984 年版，第 68 页。
⑦ 汤炳正等：《楚辞今注》，上海古籍出版社 1996 年版，第 222 页。
⑧ 汤炳正：《〈招魂〉“些”字的来源》，《四川师范学院学报（社科版）》1978 年第 2 期，第 60 页。
⑨ 汤炳正：《〈招魂〉“些”字的来源》，《四川师范学院学报（社科版）》1978 年第 2 期，第 60—61 页。

而且李姓巫师招魂咒语中的“写写”，现今的发音与“些些”接近，与“此此”相差较大。汤先生之所认定：“《招魂》的‘些’字，当时实为‘此此’二字之重文，跟苗族咒尾‘写写’的二音连读相当。”是不是因为“写写”的这个“现代的特例”，正与汤先生“此此”的“预设立场”相合，而左右了事实的选择呢？

（四）楚部族与三苗无关

汤炳正先生的：“屈赋《招魂》的内容，显然是受到苗族古老招魂习俗的影响而创造出来的。”此论实质上是把《招魂》与苗族招魂习俗联在一起，暗含楚族与三苗相关之意。而历史上的楚部族与三苗并没有族群上的关联。

《史记·五帝本纪》：“三苗在江淮、荆州数为乱。”

《墨子·非攻下》：“昔者三苗大乱……此禹之所以征有苗也。”

《墨子·兼爱中》：“古者禹治天下……南为江、汉、淮、汝；流之注五湖之处，以利荆楚、于越与南夷之民。”

《路史·后纪》载：“伯禹定荆州，季芈实居其地。”

从这些记载表明：三苗曾经在江淮、荆州为乱；禹继舜后，克三苗、治天下，利于荆楚、于越与南夷之民；“伯禹定荆州，季芈实居其地。”——大禹平定三苗荆州之乱后，三苗逃窜，季芈则实居荆州；似乎在夏禹之时季芈部族就因居荆州而名荆楚。从这四点看，季芈、荆楚并非三苗成员，而是跟随大禹征有苗、定荆州，得以实居其地者。

二、改“些”为“此此”不如不改

汤先生认为：《招魂》的“些”，乃“此”字的重文复举……由此使我们仿佛看到了先秦古本《招魂》的原始面貌。①

我们就以汤先生文中引用的《招魂》文字为例，看看改为“此此”与不改的对比：

原文：

蝮蛇蓁蓁，封狐千里些；雄虺九首，往来倏忽，吞人以益其心些；归来兮，不可以久淫些。

虎豹九关，啄害下人些；一夫九首，拔木九千些；豺狼从目，往来侁侁些；……魂兮归来，恐危身些。

土伯九约，其角觺觺些；敦脄血拇，逐人駓駓些；参目虎首，其身若牛些；此皆甘人，归来归来，恐自遗灾些。

改为“此此”：

蝮蛇蓁蓁，封狐千里，此此；雄虺九首，往来倏忽，吞人以益其心，此此；归来兮，不可以久淫，此此。

虎豹九关，啄害下人，此此；一夫九首，拔木九千，此此；豺狼从目，往来侁侁，此此；……魂兮归来，恐危身，此此。

土伯九约，其角觺觺，此此；敦脄血拇，逐人駓駓，此此；参目虎首，其身若牛，此此；此皆甘人，归来归来，恐自遗灾，此此。

从文学作品的角度看，把《招魂》中与文意相融，表达感叹、疑问或祈请的语气词“些”，改为游离于文辞之外的汉语中不常见的、苗族招魂咒语中的发声词“此此”后，不但破坏了原诗的高雅意境，连语句也不通顺了。可见，改不如不改。

三、《招魂》“些”字的解释

（一）其他学者对《招魂》“些”字解释或有可取之处

宋沈括《梦溪笔谈》卷三云：

---

① 汤炳正：《〈招魂〉“些”字的来源》，《四川师范学院学报（社科版）》1978 年第 2 期，第 61 页。

《楚辞·招魂》尾句皆曰些。今夔峡湖湘及南北江獠人，凡禁咒句尾皆称些。

郭沫若在《屈原研究》里认为：《招魂》的"些"字等于《诗经》里的"思"。

张崇深、杨世理说：

天水甘谷一带的方音也保留有古老的语气词"些"（甘谷人读如suo）①，而且在甘谷方言的所有语气词中，"些"的使用频率最高。只要是表达祈请、疑问或感叹语气，往往在句末缀以"些"。如：天快要下雨了，快点走些！太累了，曹（我们）歇一会儿些！屋里暖和，进来坐些！……天水方音中所保留的古音"些"与《招魂》中的"些"当有一定的联系。②

（二）《招魂》的"些"可能是"此"之衍变

黄杰先生说：

郭店楚简《忠信之道》简3—5云："大久而不渝，忠之至也。而者□，信之至也。至忠亡讹，至信不背，夫此之谓此。大忠不说，大信不期。不说而足养者，地也。不期而可要者，天也。配天地也者，忠信之谓此。口惠而实弗从……"《忠信之道》中两个句末的"此"字与《招魂》的"些"用法相同、读音相近，应当是同一个词的不同书写形式。由于古文字、秦汉文字及《招魂》之外的先秦秦汉文献中罕见"些"字，"些"很可能是在传抄过程中由"此"衍变而来的形体。③

汤先生说：

"些"字，在先秦古籍中，只见于《楚辞·招魂》……在先秦文字中，本无"些"字，《招魂》的"些"字，乃"此"字的重文复举。古人于"此"字下作"二"以为重文复举的符号，后人不察，误将"此""二"两形合而为一，才形成后来的"些"字。几千年来，遂以讹传讹，沿袭至今。④ 从上述的情况看，后世"些"字的音读，也就是"此"字的音读，不过是改叠音为单音而已。⑤

如果后世"些"字的音读，也就是"此"字的音读，那么"些"就是从"此"得声，"些"与"此"可能就是同音假借关系，即同一个词的不同书写形式，而不是改叠音为单音之讹。汤先生以讹传讹之论，似乎难以自圆其说。

（三）《招魂》的"些"与《大招》的"只"

汤先生说"屈赋《招魂》的内容，显然是受到了上述少数民族中古老的招魂习俗的影响而创造出来的。"⑥ 汤先生认为：《大招》"可能是景差模拟《招魂》之作"，作者一方面在模拟《招魂》，一方面又不肯采用这一极其新颖的"此此"重文的"些"。所以只得间接根据《诗经》里常用的语尾"只"字以代替"些"。⑦

《招魂》与《大招》有大量与楚国相关的描写，当是反映楚人招魂习俗的作品。可是汤先生似乎存有把《招魂》《大招》与楚民族的密切联系割裂开来的倾向，不知何以如此？

莫道才认为：

《招魂》的语助词一律用"些"，而《大招》的语助词一律用"只"，这显然是两个不同作者的表达习惯。这些不同的语助词并非有特别的含义，仅是由于地域、咏唱者的口音及记录者的习惯不同而已。"《大招》是文人模仿楚地民间招魂曲而作，方言土语必然有更多的反映。'只'是楚地习用的语气词。"而《大招》的222句中有107句用"只"作语助词……这只能说明《大招》有强烈的民间原创色彩和原始记录特征。⑧

莫先生之论或有可取之处，只不过他的《大招》是民间招魂词之说，似乎难以成立。《大招》中有

---

① 有人说，甘谷天水一带的句末祈使语气词读"san"非"suo"。

② 张崇深、杨世理：《〈招魂〉"些"字探源》，《职大学报》2005年第1期，第24—25页。

③ 黄杰：《〈忠信之道〉"此"与〈招魂〉"些"》，《光明日报》2014年5月27日16版。

④ 汤炳正：《〈招魂〉"些"字的来源》，《四川师范学院学报（社科版）》1978年第2期，第57—58页。

⑤ 汤炳正：《〈招魂〉"些"字的来源》，《四川师范学院学报（社科版）》1978年第2期，第61页。

⑥ 汤炳正：《〈招魂〉"些"字的来源》，《四川师范学院学报（社科版）》1978年第2期，第60页。

⑦ 汤炳正：《〈招魂〉"些"字的来源》，《四川师范学院学报（社科版）》1978年第2期，第64页。

⑧ 莫道才：《〈大招〉为战国时期楚地民间招魂词之原始记录说》，《云梦学刊》2001年第5期，第5—8页。

"正始昆""赏罚当""尚贤士""禁苛暴""尚三王"等治国安邦的政治理想，似乎表明《大招魂》的对象是国君或权臣。倘若是为国君、权臣招魂，似乎不会用民间招魂词。

黄杰则认为：

> 《招魂》《大招》在内容和形式上都很相似，《招魂》"兮""些"分别与《大招》"乎""只"对应，实际上它们都是句末语气词。"兮"与"乎"声母均为匣母，二字音近。这使我们怀疑，"些"与"只（也）"很可能也音近，"些"有可能与"兮"同属歌部。再结合后世楚人读"些"为苏个切的记载，"些"上古属歌部应当可以得到确认。另外，也可确定"些"是从"此"得声的。《诗·小雅·节南山》："民言无嘉，憯莫惩嗟。"其中"嗟"也是句末语助词。上文引到从"此"声、"差"声的字相通用的例子，那么，"嗟"与"此""些"可以相通，三者应当是一个词。由于"嗟"在古汉语中是专职虚词，而"此"作句末语助词在"此"的系列用法中极罕见，不符合我们对"此"的一般认知，我们认为"此""些"都应当读为"嗟"。①

此论或可备一说，只是单从古音相近，音韵转换等文字游戏式的推论，依据单薄，说服力较差。

结　论

1.《招魂》是抒发感情的言志之作。汤先生所列举的近现代种种"招魂术"，都是迷信活动。它们与《招魂》在时间、地域、文化、渊源等各方面都难以机械地对比。帝告巫阳"有人在下，我欲辅之。魂魂离散，汝筮予之"与"苗族招魂"之"因其魂为鬼物所得，囚人魂魄于洞中……"两者并不相同。

2.《招魂》作者一生中接触最多，影响最深的当是"信鬼神而嗜卜筮"的楚人，从《招魂》的内容看，当是"楚民族招魂习俗"的反映，而不是"苗族中古老招魂辞"的记录。

3. 各民族关于灵魂的观念是发展变化的。汤先生既没有证明"云南省大关县永明村苗族李姓巫师，其招魂咒语"是两千多年前"古老苗族巫师招魂咒语"的遗存，也没有证明《招魂》与古老苗族招魂咒语相关，只凭现今这个招魂咒语中有"写写"的记音，就得出"屈赋《招魂》的内容，显然是受到了上述少数民族中古老的招魂习俗的影响而创造出来的"，显然缺乏说服力。

4. 汤先生既认为《招魂》"是招病人之魂"，"'招曰'以下，全是模拟苗族巫师招魂咒语的形式"②，又确定"屈原作《招魂》招楚怀王死魂"，其实质是要招魂者"运用苗族巫师招病人之魂的咒语，去招楚怀王死魂"，显然自相矛盾、不合情理。

5. 汤先生认为：《招魂》的"些"字，乃"此"字的重文复举。古人于"此"字下作"二"以为重文复举的符号，后人不察，误将"此""二"两形合而为一，才形成后来的"些"字。几千年来，遂以讹传讹，沿袭至今。③ 又说："后世'些'字的音读，也就是'此'字的音读"④，那么"些"与"此"就是同音假借关系，即"同一个词的不同书写形式"，而不是"改叠音为单音"之讹。

6. 假如把《招魂》中的语气词"些"改为汉语中不常见的、苗族招魂咒语中的发声词"此此"，则破坏了原诗的高雅意境。即使从文词结构、语句通顺等方面看，改不如不改。

附注：感谢广平先生提供重要信息。

> "些"乃"此此"二字重文的说法，并非汤炳正先生的发明……晚清王闿运《楚辞释》在注释《大招》"青春受谢，白日昭只"时说："只，语已词也，《招魂》言'些'。些者，'此此'二字重文，其声清长，'只'声饔短也。"由于《楚辞释》一书流传不广，又非在《招魂》中注释"些"字，以致当代许多楚辞学家误认为此说是汤先生首创。

① 黄杰：《〈忠信之道〉"此"与〈招魂〉"些"》，《光明日报》2014年5月27日16版。

② 汤炳正：《〈招魂〉"些"字的来源》，《四川师范学院学报（社科版）》1978年第2期，第60页。

③ 汤炳正：《〈招魂〉"些"字的来源》，《四川师范学院学报（社科版）》1978年第2期，第57—58页。

④ 汤炳正：《〈招魂〉"些"字的来源》，《四川师范学院学报（社科版）》1978年第2期，第61页。

《招魂》相关札记

一、《招魂》的“镫”

（一）“镫”字的使用与《招魂》的作者

吴贤哲先生认为：

> 《招魂》“兰膏明烛，华镫错些”，此“镫”今作“灯”。然而今出土先秦文物中，很少见金属灯具。照明之灯的发明及普遍使用乃先秦以后的事。《招魂》“镫”字的使用，说明《招魂》的作者绝非屈原或宋玉，很可能是金属灯具出现以后，战国晚期的楚人。①

吴氏之论，是以照明之灯的发明及普遍使用，乃先秦以后的事为前提，这是个与事实不符的论断。再有，出土文物具有偶然，现今文献记载的很多事件、人物，都没有出土文物的证明，不能用未见出土物来否定他们。即使屈原时代没有金属灯具，也不能以“兰膏明烛，华镫错些”这一句话作为判断《招魂》作者的唯一依据。

吴氏的“《招魂》的作者绝非屈原或宋玉，很可能是金属灯具出现以后，战国晚期的楚人”这话本身就不通。因为屈原、宋玉都是战国晚期的楚人，既说《招魂》的作者可能是战国晚期的楚人，又说绝非屈原或宋玉，这话不合逻辑。

（二）屈原时代铜镫已经千姿百态

《招魂》“镫”字的使用正是屈原时代已经有金属灯具的证明。其时铜灯的造型已经千姿百态，制作十分精致。战国出土文物中，青铜灯已经有数十件。例如：

战国中期，男俑烛台又名蛇人灯，1977 年河北省平山县三汲出土。现藏河北省博物馆。

银首人形灯，1976 年河北省平山县战国中山王墓出土。藏河北省文物研究所。

十五连枝铜灯，1977 年河北平山县三汲村战国中山王墓出土。藏河北省文物研究所。

战国骑驼人形灯，1965 年湖北省江陵县纪南故城出土。藏湖北省博物馆。

战国铜人擎双灯，1957 年出土于山东诸城葛埠村，藏中国历史博物馆。

战国跽坐人漆绘铜灯，1974 年河南三门峡上村岭虢国墓出土，藏河南博物院。

战国铜象灯，1976 年河北易县燕下都武阳台出土，藏河北省文物研究所。等等。

二、怀王魂魄散落在秦国吗？

钱玉趾先生说：

> 《招魂》描述的招魂法具中有“秦篝齐缕”，“秦篝”是秦国的一种竹笼，用于装运魂魄的。怀王死在秦国，其魂魄散落秦国，要将魂魄招来运回楚国，当然要先从秦国起程。装运魂魄的竹笼应就地取材，应是秦国所产，即秦篝。这也说明，招魂是招怀王之魂。②

此解不确。

《招魂》之“秦篝齐缕，郑绵络些”，只是说工祝使用的招具都是名优产品，与魂魄散落之地风马牛不相及。《招魂》有“秦篝齐缕，郑绵络些”。如果秦篝是秦国所产，就说明魂魄散落秦国？那么齐缕、郑绵当如何解释？难道其魂也去了齐、郑？钱氏的“怀王死在秦国，其魂魄散落秦国，将魂魄招来运回楚国，当然要先从秦国起程”更是离谱。《礼记·郊特牲》曰：“魂气归于天，形魄归于地。”《招魂》的“魂魄离散”，是说“魂”与“魄”分离了。魂魄离散人就会生病，时间长了人就会死，所以要招魂。“魂兮归来！去君之恒干”，“恒干”就是体魄。钱氏将“魂魄”混为一谈，似乎不当。再者，怀

---

① 吴贤哲：《由“镫”字看〈招魂〉作者》，《江汉论坛》1991 年第 2 期，第 63 页。

② 钱玉趾：《〈招魂〉疑义新辨》，《云梦学刊》2002 年第 4 期，第 7 页。毛庆先生也认为：由于怀王客死于秦，所以招具一定要用秦国的。见《诗祖涅槃：屈原和他的诗》，生活·读书·新知三联书店 1996 年版。

王虽死在秦国，但是怀王的遗体（魄），秦人早已“归其丧于楚”，何劳钱先生再去“运回楚国”？再有，《招魂》的“招辞”皆以楚为中心，告诫天地四方不可去。“魂兮归来！入修门、反故居”，表明招魂的地点在楚都，与秦毫不相干。更与引导怀王的灵魂从秦国回归的路线不符，何来先从秦国起程？

三、《招魂》不是屈原、宋玉作品吗？

黄瑞云先生说：

> 司马迁《史记·屈原列传》谓“余读《离骚》《天问》《招魂》《哀郢》，悲其志”。揣其语气，似以《招魂》为屈原作品。王逸《楚辞章句》则以为宋玉所作，谓“宋玉怜哀屈原，忠而斥弃，愁懑山泽，魂魄放佚，厥命将落。故作《招魂》，欲以复其精神，延其年寿。”二说都未得到先秦史料的证实。……《招魂》的乱辞中有一段楚王射猎的描写：青骊结驷兮齐千乘，悬火延起兮玄颜烝。步及骤处兮诱骋先、抑鹜若通兮引车右还。与王趋梦兮课后先，君王亲发兮惮青兕。有趣的是，《战国策·楚策》中也记述了这一场面：楚王游于云梦，结驷千乘，旌旗蔽日，野火之起也若云蜺，兕虎嗥之声若雷霆。有狂兕足羊车依轮而至，王亲引弓而射，壹发而殪。楚王射猎于云梦，以及围猎场地的盛况，两文所述完全相同。……《招魂》“君王亲发兮惮青兕”，惮，殚之借字，毙也，与《楚策》“王亲引弓而射壹发而殪”，内容也完全相同。楚王射猎，是常有的事；但同是猎于云梦，同是国君亲自射杀一头野牛，而且同是一发而毙，不太可能有两次如此完全相同的事；因此两处记录，应该是同一事件。这位楚王是谁呢？《楚策一》此文出“江乙说于安陵君”一节。……则楚王为楚宣王。……楚宣王是楚怀王的祖父，公元前369年即位，前340年去世。……《招魂》之作，早于顷襄之世约半个世纪，也就不可能是屈原、宋玉的作品。……《离骚》中也说，“启九辩与九歌兮，夏康娱以自纵。”这些作品将这些古曲远溯到伏戏、夏启的时代，虽未必有据，但至少说明《九辩》《九歌》甚至《离骚》作为文学样式，发源甚早，并非屈原、宋玉首创。①

此论既缺乏依据，也与史料不符。

第一，自汉以来古人一致认可《离骚》《九歌》《招魂》《九辩》是屈宋的作品，也就是说它们是发源甚早的战国时代的作品。而《战国策》记事起于战国初年，止于秦灭六国，其作者并非一人，成书并非一时，后来经西汉刘向编定才将书名定为《战国策》。可见作为先秦史料的屈宋作品，问世早于刘向编定的《战国策》。况且《战国策》中不少篇章偏离史实、虚构情节以突出计谋的效果。《战国策》只是后人对前人故事的补记，不能作为可信的先秦史料，其记的可信性显然不如《史记》。

第二，《史记》和汉人都肯定《离骚》等是屈原作品，黄先生否定司马迁等汉人之说，断言《九歌》甚至《离骚》并非屈原首创，根本没有先秦史料的证实。

第三，《招魂》是司马迁、王逸等汉人都肯定的记屈原之事。故《招魂》所记的“夜猎”，当是楚怀王的畋猎。黄先生说：“《招魂》之作，早于顷襄之世约半个世纪，也就不可能是屈原、宋玉的作品。”即是其祖父楚宣王之畋猎，显然缺乏依据。至于《楚策一·江乙说于安陵君》“结驷千乘，旌旗蔽日，野火之起也若云蜺”是楚宣王白天的畋猎。而《招魂》中的楚王射猎“青骊结驷兮齐千乘，悬火延起兮玄颜烝”是夜猎。黄氏说“两处记录，应该是同一事件”，同样没有得到先秦史料的证实。

第四，史册记载的“楚王云梦畋猎”事件众多，除了《楚策一》的楚宣王外，还涉及不少楚王。如《吕氏春秋·仲冬纪》：“荆庄哀王猎于云梦，射随兕，中之。”这也是“楚君云梦畋猎，亲自射杀野牛之事”。其他“楚王云梦畋猎”还有，《吕氏春秋·贵直论》：“荆文王得茹黄之狗，宛路之矰，以畋于云梦，三月不反。”《战国策·楚四》庄辛说楚襄王：“君王之事因是以。左州侯，右夏侯，辇从鄢陵君与寿陵君，饭封禄之粟，而戴方府之金，与之驰骋乎云梦之中，而不以天下国家为事。”这些不同时代的“楚君云梦畋猎”皆不可混为一谈。

第五，黄氏仅依据“同是猎于云梦，同是国君亲自射杀一头野牛”就说《楚策一》的楚宣王的畋猎，与《招魂》中的楚王畋猎应该是同一事件，而且把自汉以来古人一致认可的《离骚》《九歌》《招

① 黄瑞云：《〈招魂〉创作的年代》，《湖北师范学院学报（社科版）》2010年第6期，第49页。

魂》《九辩》是屈宋的作品，轻率地予以否定，实在不是严谨的学术研究。

四、屈原希望“怀王复活”？

（一）屈原希望怀王复活，返回楚国？

周秉高先生说：

《招魂》的“长离殃而愁苦”，意指被迁时间已经很长，诗人内心十分忧愁痛苦。《招魂》……在屈赋系列中当位于《思美人》《哀郢》之后、《涉江》之前。① 顷襄王三年，屈原被放逐，而《哀郢》就写在被放“九年”之后。②

周秉高先生的“《招魂》作于《哀郢》之后”说，可信。但是，周秉高先生说：

在受到奸臣诬陷，“顷襄王怒而迁之”的情况下，屈原十分迫切地希望怀王能够复活，返回楚国，整饬朝政……“有人在下”，“有人”指怀王。“下”，指下界、地狱，怀王当时已经客死，自然是“在下”了。胡念贻认为“我欲辅之”一句说明怀王“并没有死”，理由不充分。从后两句看，“有人”确实已死，但天帝不希望他死，还要辅助他，所以才要巫阳“汝筮予之”。为什么既已客死，还“欲辅之”？这正明显地饱含着诗人对怀王的深厚感情；若必筮予之，恐后之谢，不能复用。”意思是说：如果一定要先占卜，再招魂，恐怕要耽误时日，怀王遗体腐烂，魂魄即使招来也没有作用了。正是这种迫切、强烈的感情，使巫阳（诗人的化身）违抗天帝之命，迫不及待地“下招”……③

这似乎有违文本，不合情理。

第一，“如果一定要先占卜，再招魂，恐怕要耽误时日，怀王遗体腐烂，魂魄即使招来也没有作用了。”说明其人还没有死，最差也是刚刚死。这就与他的“《招魂》写在《哀郢》之后”即“顷襄王三年，屈原……被放‘九年’之后”不能相融。第二，如果“怀王客死，屈原迫不及待地要为其招魂；希望怀王能够复活……”那么屈原就应该在“顷襄王三年怀王客死”之时作《招魂》为其招魂。若是在“被迁时间已经很长（九年之后）”才去作《招魂》为其招魂，无论如何说不上“迫不及待”。第三，周氏的“怀王已经客死，在下界、地狱”，与《招魂》文本不合。帝和巫阳对话，是在“天上”，说“有人在下”之“下”乃指“下界”即“人间”，而不是“地狱”。“巫阳下招”，也不是去“地狱”招魂。其“有人”当指“活人”，而不是“死人”。再说，人死了就没法“辅”了。“恐后之谢，不能复用”用招“死魂”则难以讲通。巫阳告诫游魂不要去“天地四方”，而不是已经去了“天地四方”的某处。巫阳招魂时游魂并未远离楚地。第四，周先生说：“从后两句看，‘有人’确实已死”。其后两句是：“魂魄离散，汝筮予之。”这实际上是说：“‘魂魄离散……’即指人已经死亡。”这种理解显然与屈原作品的记述不符。屈诗中多处有“魂魄离散”的描写。如《惜诵》：“昔余梦登天兮，魂中道而无杭”（梦中，魂可离体）；《抽思》：“惟郢路之辽远兮，魂一夕而九逝。曾不知路之曲直兮，南指月与列星。愿径逝而未得兮，魂识路之营营。”（想象、恍惚中，魂亦可离体。）《远游》有：“神倏忽而不反兮，形枯槁而独留”，则是直说人的神（魂）形（魄）离散。这些魂魄离散都与人已经死亡无关。古人认为，若魂魄离散、魂灵长久不归，人就会生病，需要招魂“以复其精神，延其年寿”。再者，《招魂》之“有人在下，我欲辅之。魂魄离散，汝筮予之”是连贯的语义，单取魂魄离散解释为人已经死亡，属于断章取义。钱钟书先生云：玩索巫阳对上帝之语，似当时信忌，以生魂别于死魂，招徕各有司存，不容越俎。《招魂》所招，自为生魂。④ 文中“工祝招君，背行先些。秦篝齐缕，郑绵络些。招具该备，永啸呼些。魂兮归来！反故居些”，则是古代楚地“招生魂”场景的真实描写，具有重要的史料价值。现代秭归招生魂的民俗还有类似场景：某人受到惊吓，精神不振，恐其失魂，其亲人便于夜间为其“叫魂”。招魂者用竹篮提着“七彩线”和被招者的衣物，反复呼唤：“某某，快回来啊！”可见《招魂》不是去招“客死九年多的怀王”。第五，清方东树以前的古代学者都认为《招魂》是招屈原生魂。如：王

① 周秉高：《〈招魂〉写作时地新探》，《职大学刊》1994年第2期。
② 周秉高：《楚辞解析》，内蒙古大学出版社2003年版，第373页。
③ 周秉高：《〈招魂〉写作时地新探》，《职大学刊》1994年第2期，第9、10页。
④ 钱钟书：《管锥编》第二册，中华书局1979年版，第633页。

逸《招魂》序："欲以复其精神，延其年寿。"朱熹《楚辞集注》："宋玉哀闵屈原无罪放逐，恐其魂魄离散而不复还，遂因国俗，托帝命，假巫语以招之。"自从方东树提出：《招魂》"所陈荒淫之乐，皆人主之礼体，非人臣所得有也。"致使"招屈原论"遭到质疑；为"招楚王论"开了方便之门，以至各种与《招魂》文本不符的"招楚王论"得以盛行。第六，顷襄王三年"怀王客死，秦归其丧"，其时怀王遗体已经返回楚国安葬。说屈原在作《招魂》时，希望一个死了九年多、早已下葬的人复活，于情于理皆说不过去。

（二）《招魂》的主题

《招魂》是屈原"愁苦无可宣泄，借题寄意"的抒情言志之作。屈原事君无望，又"不能变心以从俗"，故以"魂兮归来哀江南"表达"坚守清白、拒绝故居之乐"。他在"招辞"中渲染"故居之乐"，就某种意义上来说，正是为了否定它。

周秉高先生说：

> 其主题是：借招怀王亡魂，谴责顷襄王，抒写自己蒙冤受屈之愤懑。目极千里伤春心，魂兮归来哀江南！前一句是谴责顷襄王，是顷襄王的昏聩无道才使他"伤春心"；后一句是思念怀王，希望怀王亡魂归国，可怜可怜自己（江南之人）。两句因果关系，十分鲜明地表示了《招魂》全诗的主题。①

周先生似乎是先有《招魂》是"屈原招怀王死魂"的认定，在解读《招魂》时再纳入他的"框架"。故其"借招怀王亡魂，谴责顷襄王论"，既缺乏内外依据，也没有说服力。

五、曾侯棺画中的侍卫不是《招魂》的"土伯"

（一）孙作云的"土伯是禹"

孙作云先生认为：

> 马王堆一号汉墓漆棺足挡画中，有长鹿角、兽头、人立的怪物，即《楚辞·招魂》中的"土伯"或"土伯的部属"在《招魂》中土伯的形状是"有角觺觺"，而画棺（左侧挡）画的戴鹿角的怪物，其角特长，真是"其角觺觺"……因此，戴鹿角的怪物正是土伯。……我还以为土伯就是"后土"，而"后土"就是禹，因此土伯就是禹的化身。②

孙先生把《招魂》中"其角觺觺些。敦脄血拇，逐人駓駓些。参目虎首，其身若牛些。此皆甘人"的害人怪物"土伯"，界定为曾经治水利民的"禹"，似乎难以被认同。

孙先生论文附图所认定的"土伯"，都是鹿头或羊头、人立的怪物，其形象除了"其角觺觺"外，与《招魂》中"土伯"的形象不符，与"禹"更联系不上。假如"戴上鹿角"就是"土伯"，那么"土伯"就太烂了。

孙先生的学术论文往往新见频见，只是大胆有余，求证不足。

（二）郭在贻的"土伯九约（纠钥）"

郭先生说：

> 孙（作云）氏又云："土伯'其身九屈'，而画棺上戴鹿角的怪物，奔腾，上下，身子扭过来，扭过去，亦可谓之'其身九屈'。"则是狃于王逸旧注而强为之说，从这幅漆棺画，根本看不出土伯是"其身九屈"。……我们认为，这种怪物是土伯，是没有疑问的，问题在于王逸的"其身九屈"的说法不可靠。他认为：《楚辞·招魂》"土伯九约"，其"九约"是"纠钥"的借字。"上天，虎豹九关（纠关）"与"幽都，土伯九约（纠钥）"意思相仿佛，一说天上有虎豹把关，一说地下有土伯把关。③

郭先生认可马王堆一号汉墓漆棺画"这种怪物是土伯"似乎不确。但是他的"'土伯九约'者，实即土伯纠钥，意谓由土伯把关"可备一说。

---

① 周秉高：《〈招魂〉写作时地新探》，《职大学刊》1994年第2期，第6、14页。

② 孙作云：《马王堆一号汉墓漆棺画考释》，《考古》1973年第4期，第247—254页。

③ 郭在贻：《从马王堆一号汉墓漆棺画谈到〈楚辞招魂〉的"土伯九约"》，《杭州大学学报》1978年第2期，第91—93页。

（三）汤炳正的《招魂》“土伯”

汤炳正先生说：

> 据《招魂》所描绘的“土伯”的形象特征，跟曾侯棺画中的“神兽”相对照，显然可以看出所谓“神兽”实即“土伯”。汤先生说：从全部棺画来看，每个“土伯”头上都是有角的，只是角的形状不同而已。下列附图一、二、三：第一图是双角尖锐而直立；第二图是两角弯曲而外张；第三图则双角盘绕，形状复杂。而角端锋利，则是其共同特征。……有一对“土伯”，的确是虎头虎脑，鼻眼毕肖。……从全部棺画来看，所谓“若牛”，不仅是状其“肥大”……跟牛的躯干是极其相似的。考《招魂》“土伯九约”这句话，跟上文描写天上景象的“虎豹九关”这句话，其句法结构是相似的。“九”为虚数，表示多，“约”为实词，表示物。那么，“约”究竟是什么？我认为是指“戈”而言。在棺画中，每个“土伯”都是手执双戈戟，以为侍卫之用。由于曾侯乙墓棺画的出土，我们发现“土伯”的形状虽各有不同，可却没有一个是三只眼睛的。因此，这个“参目虎首”的“参”字，当为“虎视眈眈”的“耽”之借字。……故自王逸以来所谓“如虎而有三目”之说，当系误解。……说明了在楚人心目中，作为地下恶神的“土伯”，竟可以替死人供侍卫之职，并没有把它看成一种超人间超自然的神秘力量。”①

汤先生之说，既与“曾侯棺画”的实际不符，也不合情理。

棺画中侍卫们的“角”，只是“头部的妆饰”。（例如，中山国王6号墓出土的四个玉人，其中三个头上有“角”，也是头部的妆饰而不是“头上长的角”）曾侯棺画中的侍卫，除了第一对是尖角外，其他都不是尖锐的角。而第一对侍卫：“人面鸟身，有羽翅和羽尾”当是羽人（见附图），绝不是《招魂》的“土伯”。再说，把《招魂》中“吃人的恶魔土伯”与棺画中守护人魂的“侍卫”，混为一谈，本身就是思维上的误区。

《招魂》中害人的妖怪各有特性：东方“长人千仞”，南方“雕题黑齿，蝮蛇蓁蓁，雄虺九首”，西方“赤蚁若象，玄蠭若壶”。上天“虎豹九关，一夫九首，豺狼从目”。幽都的“土伯九约”是妖怪中形态描述笔墨最多的一个：“其角觺觺些。敦脄血拇，逐人駓駓些。参目虎首，其身若牛些。此皆甘人。”“其虎头上长着坚利的角，牛一样庞大的身躯，脊背肥厚拇指沾血……”这跟曾侯棺画中瘦瘦的、颈项细长、形态各异的侍卫根本不同，土伯也不可能是形态各异的妖怪组合之共名。

汤先生有了“棺画的侍卫是《招魂》‘土伯’的主见”后，潜意识中就把“土伯”按照“棺画侍卫”的样子去解释，这种心态似乎与“疑邻窃斧”中的“亡斧者”类似。其论显然没有说服力。

总之，孙作云、郭在贻、汤炳正把曾侯漆棺画的十个侍卫，看作《楚辞·招魂》中吃人的恶魔土伯，都缺乏依据，不能成立。

① 汤炳正：《曾侯乙墓的棺画与〈招魂〉中的“土伯”》，《社会科学战线》1982年第3期，第260—263页。

第四篇

宋玉生平及作品研究

宋玉事迹探微

摘要：关于宋玉的生平，最直接的材料是宋玉自己的作品。《钓赋》记叙：宋玉在志于学时拜环渊为师，学业一结束就与登徒子同去见楚襄王。《登徒子好色赋》中的宋玉，是个体貌娴丽的未婚青年。《赋》中的秦章华大夫称“东家之子”为“南楚穷巷之妾”。宋玉的家乡一般认为在鄢南，只有“楚都迁陈”后其乡里才可称为“南楚”。由此推断宋玉当生于楚襄王元年（前298年）前后，宋玉走上政坛与从事文学活动是在前278年楚都迁陈之后。

关键词：宋玉；登徒子；钓赋；王逸

宋玉的事迹文献记载中很少，因为依据不足，人们对宋玉生平的猜测大多说服力不强。就现有材料看，最能反映宋玉生平和思想的是他的作品。根据宋玉的赋和《汉书·古今人表》的记载，笔者发现了反映宋玉生平的一些信息，或许对宋玉研究有所帮助。

一、古籍中记载的宋玉事迹

（一）宋玉在屈原后世

韩婴《韩诗外传·卷七》：

宋玉因其友见楚襄王，襄王待之无以异，乃让其友。①

这是宋玉初事楚襄王的确切记载。

司马迁《屈原列传》：

屈原既死之后，楚有宋玉、唐勒、景差之徒者，皆祖屈原之从容辞令，而终莫敢直谏。

虽不能据此说宋玉必生于屈原死后，但是宋玉以赋见称当在屈原既死之后。

班固《离骚》序：

然其文弘博丽雅，为辞赋宗。后世莫不斟酌其英华，则象其从容。自宋玉、唐勒、景差之徒；汉兴，枚乘、司马相如、刘向、扬雄，骋极文辞，好而悲之，自谓不能及也。

《汉书·艺文志》：

宋玉赋十六篇。楚人，与唐勒并时，在屈原后也。大儒孙卿及楚臣屈原离谗忧国，皆作赋以风，咸有恻隐古诗之义。其后宋玉、唐勒，汉兴枚乘、司马相如，下及扬子云，竞为侈丽闳衍之词，没其风谕之义。②

《地理志》：

始楚贤臣屈原被谗放流，作《离骚》诸赋以自伤悼，后有宋玉、唐勒之属慕而述之，皆以显名。

《新序·杂事第一》：

王问于宋玉曰：“先生其有遗行耶？何士民众庶不誉之甚也？”

《新序·杂事第五》：

宋玉因其友以见于楚襄王，襄王待之无以异。宋玉让其友。宋玉事楚襄王而不见察，意气不得形于颜色。或谓曰：“先生何谈说之不扬，计划之疑也？”③

（二）宋玉为屈原弟子等传说

王逸曰：

《招魂》者，宋玉之所作也。宋玉怜哀屈原，忠而斥弃，愁懑一作忧愁。山泽，魂放佚，厥命将落。故作《招魂》，欲以复其精神，延其年寿，外陈四方之恶，内崇楚国之美，以讽谏

① 韩婴撰，许维遹校释：《韩诗外传集释》，中华书局1980年版，第259页。

② 班固：《汉书》，中华书局1962年版，第1747、1756页。

③ 卢元骏：《新序今注今译》，天津古籍出版社1987年版，第30、185、186页。

怀王，冀其觉悟而还之也。

《九辩》者，楚大夫宋玉之所作也。宋玉者，屈原弟子也。闵惜其师，忠而放逐，故作《九辩》以述其志。

东晋习凿齿《襄阳耆旧记》卷一：

宋玉者，楚之鄢人也。故宜城有宋玉冢。始事屈原，原既放逐，求事楚（王于）友景差。景差惧其胜己，言之于王，王以为小臣。……玉识音而善文，襄王好乐而爱赋，既美其才，而憎之似屈原也。①

刘勰《文心雕龙》对宋玉的述评：

唯齐、楚两国，颇有文学。齐开庄衢之第，楚广兰台之宫……屈平联藻于日月，宋玉交彩于风云，观期艳说，则笼罩雅颂。（时序）宋玉含才，颇亦负俗，始造对问，以申其志，放怀寥廓，气实使之。（杂文）然而俗监之迷者，深废浅售，此庄周所以笑《折扬》，宋玉之所以伤《白雪》也。（知音）荀况《礼》《智》，宋玉《风》《钓》，爰锡名号，与诗画境。（诠赋）“宋发巧谈，实始淫丽。”②

《隋书·经籍四》曰：“《楚辞》屈原之所作也。……弟子宋玉痛惜其师，伤而和之。”③

唐余知古《渚宫旧事》卷三：“宋玉初事襄王而不见察。”④

《太平御览》引《襄阳耆旧传》：“楚襄王与宋玉游于云梦之野，将使宋玉赋高唐之事。”⑤

郦道元《水经注》：宋玉“隽才辩给，善属文而识音。”⑥

传说的六朝《黄花鱼儿歌》：“年年四月菜花黄，黄花鱼儿朝宋王。花开鱼儿来，花谢鱼儿去。只道朝宋王，谁知朝宋玉。”⑦

晚唐时，澧州籍诗人李群玉写下了“雨蚀玉文旁没点，至今错认宋王坟”的诗句。宋玉墓在澧州道水河畔之说，就有所流传。

古籍的记载彼此抵牾，后人的记载带有传说色彩，当以司马迁和班固之论可信性最高。

李琳先生说：司马迁所说“楚有宋玉……之徒者”，这里的“徒”，即含有“门徒”“弟子”之意。此与王逸“屈原弟子”之意也相合。⑧ 此乃曲解就己之论。

《史记》中有六十几处“之徒”，并无“门徒”“弟子”之意。例如：

“武王即位，太公望为师，周公旦为辅，召公、毕公之徒，左右王，师修文王绪业。”

“西伯之臣闳夭之徒，求美女奇物善马以献纣，纣乃赦西伯。”

“周敬王十六年王子朝之徒作乱故，王奔晋。”

“韩烈侯四年郑相子阳之徒杀其君繻公。”

褚斌杰先生说：“我们细读之文，这里说的屈原死后，宋玉等‘皆好辞以赋见称’，所指的是他们以写作辞赋而显名的时代，并不排斥他们早期与屈原并世和有密切关系。”⑨

宋玉有没有与屈原并世和有密切关系，请看宋玉的作品。

二、宋玉作品中反映的事迹

（一）《钓赋》

《钓赋》：“宋玉与登徒子偕受钓于元渊，止而并见于楚襄王。”表明宋玉在“志于学”时，拜“稷

① 习凿齿著，舒焚、张林川校注：《襄阳耆旧记校注》，荆楚书社1986年版，第15页。

② 刘勰著，范文澜注：《文心雕龙注》，人民文学出版社1962年版，第671、254、715、134页。

③ 魏征等：《隋书》，中华书局1973年版，第1056页。

④ 余知古著，袁华忠译注：《渚宫旧事译注》，湖北人民出版社1999年版，第138页。

⑤ 李昉著，夏剑钦等校点：《太平御览》，河北教育出版社1994年版，第333页。

⑥ 郦道元：《水经注》卷二十八。

⑦ 无名氏：《黄花鱼儿歌》，见同治《安福县志》卷三十三《艺文志》。

⑧ 李琳：《宋玉〈九辩〉初探》，武汉大学文学院 2009—10—19，http://www.hbjc.org.cn/shownews.jsp? id = 20091019211934005l&classid=5。

⑨ 褚斌杰：《楚辞要论》，北京大学出版社2003年版，第411页。

下精英”环渊为师。他与登徒子为“同学”，学业一结束就一起去见楚襄王。

关于环（元）渊。《史记·田敬仲完世家》云：“宣王喜文学游说之士。自如驺衍、淳于髡、田骈、接子、慎到、环渊之徒七十六人，皆赐列第，为上大夫，不治而议论。”① 环（元）渊游学稷下，当在前319年齐宣王即位之后。齐愍王当政时，“诸儒谏不从，各分散，慎到、捷子亡去”。② 作为稷下精英的环渊，楚襄王时也回到了楚国，少年宋玉慕名前去拜师，名曰“受钓”，实际是学其治国之策。

刘刚先生认为：宋玉从环渊“受钓”，当在环渊返楚之后，即在公元前284年之后，或更后些，“受钓”之地当在陈郢一带。③

青年宋玉欲行苏秦、张仪之策，天真地“以钓喻政”，力谏楚襄王“以贤圣为竿、道德为纶、仁义为钩、禄利为饵，四海为池，万民为鱼。……行‘大王之钓’治理楚国”。可是宋玉的“以钓喻政”论与楚襄十八年“好射者”的“王何不以圣人为弓，以勇士为缴，时张而射之”类似，平庸的楚襄王有了五六年前“以射喻政”的惨痛之鉴，对宋玉的“以钓喻政”自然十分冷淡。宋玉吸取了这次教训后，就再也没有类似的表白了。

有人认为：“宋玉赋中有‘楚襄王’字样，襄王在世时宋玉怎能称其死后的谥号？”这有多种可能：或宋玉晚年（考烈王时代）对作品有所修改，或是回忆往事的作品，或后人传抄时的更改……只要把赋文所论述之事的时候，与赋文定稿的时间区别开来，这就不影响我们对宋玉事迹的考证。金荣权先生就认为：“《风赋》《高唐赋》《神女赋》《讽赋》《钓赋》等，这些文章最后加工定型是在襄王去世之后的考烈王时期。”④

（二）《登徒子好色赋》

1. 作《登徒子好色赋》的缘由

> 大夫登徒子侍于楚王，短宋玉曰：“玉为人体貌娴丽，口多微辞，又性好色，愿王勿与出入后宫。”……王曰：“子不好色，亦有说乎？有说则止，无说则退。”

《钓赋》中宋玉以“大王之钓”冷落了登徒子的“环渊之钓”，这才有《登徒子好色赋》中登徒子在襄王面前短宋玉“性好色”。假如宋玉讲不出道理，楚王就要炒他的鱿鱼。宋玉的善辩赢得了楚襄王的好感，“于是楚王称善，宋玉遂不退”。说明楚襄王与宋玉接触时间不长，对他还不了解，同时显示那时宋玉还是地位低下的小臣，随时会被去职。

《登徒子好色赋》显露了宋玉有文学家的高才，而无政治家的谋略，未能打动平庸的楚襄王，也就只能作为“文学侍臣”，而不被重用。

2. 关于“秦章华大夫”

《好色赋》有：“是时，秦章华大夫在侧。”李善《文选》注：“章华，地名。大夫，楚人入仕于秦，时使襄王。一云食邑章华，因以为号。”⑤ 其注的“食邑章华，因以为号”可取，其“楚人入仕于秦”则缺乏依据，然而人们往往采信。例如，杨义先生《楚辞诗学》：“这位大夫是楚人而入侍于秦者，他游历过九州之土、五方之都。”⑥ 或曰：“秦章华大夫：赋中虚拟的人物。意为此人楚章华人，入仕于秦为大夫，时出使楚国，故在襄王侧。”⑦

刘刚先生等则说：

> “秦章华大夫”是秦姓楚人，其官职为章华大夫，是为管理章华台的官员。……《登徒子好色赋》中的“秦章华大夫”应为楚考烈王的属臣，而宋赋“章华”所指则仍然是楚襄王所建的河南商水之章华台。⑧

---

① 司马迁：《史记》，岳麓书社1990年版，第404页。

② 王利器：《盐铁论校注》，中华书局1992年版，第149页。

③ 刘刚：《宋玉年世行迹考》，《鞍山师范学院学报》2003年第5期，第50页。

④ 金荣权：《宋玉主要作品完成于楚国迁都淮阳之后》，《湖北文理学院学报》2014年第4期，第32页。

⑤ 萧统编，李善注：《文选》，上海古籍出版社1986年版，第893页。

⑥ 杨义：《楚辞诗学》，人民出版社1998年版，第671页。

⑦ “宋玉网”作品导读：《登徒子好色赋》注24，http://xysy.hbuas.edu.cn/index.php?m = content&c = index&a = show&catid = 8&id = 21。

⑧ 刘刚等：《宋赋“章华台”所指综合田野调查报告（下）》，《湖北文理学院学报》2016年第6期，第32页。

其说不确。从《赋》文看："臣少曾远游……出咸阳，熙邯郸，从容郑、卫、溱、洧之间。"这表明，秦章华大夫从小就在咸阳，远游也是从秦都咸阳出发，所到之处均在北方。可见他是秦人，既非楚国章华人，也不是秦姓楚人，管理章华台的官员，楚考烈王的属臣。

古代"凡称某大夫者，率以邑名"，像"（秦）章华大夫"这类地名（章华）+官名（大夫）的称呼，其"地"多为"食邑"，而非此人的"乡里"。例如："商君""鄂君""春申君"等。若说某人之乡里，多称"宛人范蠡""燕人张翼德"等。

《好色赋》中的秦章华大夫，"秦"是秦国，"章华大夫"是封于原楚章华台之地的大夫。"章华台"成为秦国领土，是"楚都东迁"以后的事。这表明《好色赋》所说之事，发生在"楚都东迁"以后。而楚襄王所筑"商水章华台"其时并非秦地，故"秦章华大夫"之"章华"，不是"商水之楚章华台"，而是被秦占领的"楚灵王所筑的章华台"。

3. 关于"南楚穷巷之妾"

《好色赋》有："今夫宋玉盛称邻之女，以为美色。……且夫南楚穷巷之妾，焉足为大王言乎？"宋玉的家乡一般认为在鄢（宜城）一带。只有楚都迁陈（今河南淮阳）后，其乡里才可称"南楚"。假如其时楚王在郢都（江陵），那么其北的宋玉家乡鄢和阳城、下蔡都不会说成"南楚"。"南楚穷巷之妾"是个特指，即宋玉乡里更可能是其居地的"东家之子"。

或曰：南楚，古楚国地区名，包括今湖南衡阳、长沙以东，江西南昌、九江及安徽南部一带。《史记·货殖传》："衡山、九江、江南、豫章、长沙，是南楚也。"①

把宋玉的"东邻之女""发配"到"衡山、九江、江南、豫章、长沙"如此广阔的"南楚"之地，似乎距离文本远了一点。还有："东邻美女""嫣然一笑，惑阳城，迷下蔡"（《包山楚简》120简就载有阳城、下蔡），似乎表明宋玉或居住在阳城、下蔡附近，而它们皆位于陈郢之南，亦可称之为"南楚"。

《钓赋》和《登徒子好色赋》所记的皆是青年宋玉"初事楚襄王"之事，正是《新序·杂事第五》② 和《渚宫旧事》所说："宋玉初事襄王而不见察"③ 之时。从楚襄王对宋玉既不用他的谋略，又挑剔他的为人来看，《登徒子好色赋》中"体貌闲丽"的未婚青年宋玉乃是地位低下的小臣，楚襄王对他既不了解，也不尊重。

《钓赋》和《登徒子好色赋》可能是现存宋玉作品中最早的作品，约写于前277—前274年间，进一步可推断宋玉当生于楚襄王元年前后。

据吴广平先生考证：宋玉《笛赋》写了"宋意将送荆卿于易水之上"，此事发生在公元前227年。由此推测，宋玉大约生在楚顷襄王元年（前298年）前后。④

《钓赋》和《登徒子好色赋》中的登徒子，历史文献中并没有出现过。《好色赋》或是调侃、戏言。作为大夫的登徒子，不一定会娶如此丑陋的老婆。

假如登徒子不是虚构，很可能因其乐、赋水平较差，又会搬弄是非，不久就被襄王疏远或罢退了。

三、《汉书·古今人表》透露的宋玉年龄

《汉书·古今人表》⑤ 多是以时间先后为序排列的，它把王孙贾与宋玉排在一起，表明他们年龄差不多。燕昭王二十八年乐毅伐齐，攻占齐都临淄，齐湣王仓皇逃走。其时（前284年）王孙贾年十五，他当生于前298年。这正与前文所说宋玉大约生在楚顷襄王元年（前298年）前后相符。

《战国策·齐策六》：

> 王孙贾年十五，事闵王。王出走，失王之处。其母曰："女朝出而晚来，则吾倚门而望；女暮而不还，则吾倚闾而望。女今事王，王出走，女不知其处，女尚何归？"王孙贾乃入市中，

① "宋玉网"作品导读：《登徒子好色赋》注29。

② 《新序今注今译》，第185页。

③ 余知古著，袁华忠译注：《渚宫旧事译注》，湖北人民出版社1999年版，第138页。

④ 吴广平：《宋玉研究》，岳麓书社2004年版，第28—29页。

⑤ 班固：《汉书》，中华书局1962年版，第948页。

曰："淖齿乱齐国，杀闵王，欲与我诛者，袒右！"市人从者四百人，与之诛淖齿，刺而杀之。①

四、楚都迁陈前后的兰台、云梦

（一）楚襄王十八年的兰台

《楚世家》楚襄王十八年"好射者"说：

……王何不以圣人为弓，以勇士为缴，时张而射之……王綪缴兰台，饮马西河，定魏大梁，此一发之乐也。

其时的兰台当在郢北的鄢附近。

楚襄王听了"好射者"的吹捧，头脑发热，"于是顷襄王遣使于诸侯，复为从，欲以伐秦。秦闻之，发兵来伐楚。""十九年，秦伐楚，楚军败，割上庸、汉北地予秦。二十年，秦将白起拔我西陵。二十一年，秦将白起遂拔我郢，烧先王墓夷陵。楚襄王兵散，遂不复战，以北保于陈城。"（《楚世家》）

《秦本纪》则曰昭襄王：

二十七年，错攻楚。赦罪人迁之南阳。白起攻赵，取代光狼城。又使司马错发陇西，因蜀攻楚黔中，拔之。二十八年，大良造白起攻楚，取鄢、邓，赦罪人迁之。二十九年，大良造白起攻楚，取郢为南郡，楚王走。

楚襄王十八年欲伐秦，其结果是：十九年割上庸、汉北予秦，二十年秦取鄢、邓，二十一年拔郢，不得不北保于陈城。这时故兰台已经属秦了。

（二）郢都失陷前的云梦

《战国策·楚四》和《新序》都记载有《庄辛谏楚襄王》，其文说楚襄王"淫逸侈靡，不顾国政"与州侯、夏侯、鄢陵君与寿陵君"驰骋乎云梦之中……"

《庄辛谏楚襄王》之记表明：在"郢都失陷"前云梦在"郢都"附近；其时，围绕在楚襄王身边的是"四宠臣"；楚都迁陈后，楚襄王任用庄辛为阳陵君，摒弃了州侯等四肖小，他们"消失"了。

（三）楚都迁陈后的章华、云梦、兰台

楚都北迁陈城以后，因为鄢、郢已经归秦，楚王和宋玉不可能到秦人占领的"兰台"去活动，故宋玉《风赋》的"楚襄王游于兰台之宫"应当是在陈郢附近新建的"兰台"。

楚襄王还在今河南商水新建了章华台，把陈城附近楚王田猎之地也称为"云梦"（见本书《〈宋玉生平考〉商榷》）。

楚襄后期出现在"好乐而爱赋"的襄王身边的是宋玉、唐勒、景差等人。宋玉《赋》中的"云梦""兰台"都在陈城附近，而不是郢都附近原来的"云梦"和"兰台"了。

五、蔡崇友的宋玉扬名于兰台说

蔡崇友先生认为：宋玉生于公元前约300年。

宋玉在楚襄王其政治活动中心的兰台之宫；宋玉成才扬名于兰台……宋玉的故乡，位于楚别邑（楚国陪都之兰台）郊郢。……今湖北省钟祥市郢中镇人……楚世家记载："十八年，楚人有好以弱弓微缴加归雁之上者，顷襄王闻，召而问之。对曰："……王何不以圣人为弓，以勇士为缴，时张而射之……王綪缴兰台，饮马西河，定魏大梁，此一发之乐也。"……我们推断《顷襄》对问非宋玉莫属也。②

此论既缺乏依据，与《钓赋》和《登徒子好色赋》之记不符，也难以自圆其说。

前文已叙，《钓赋》有："宋玉与登徒子偕受钓于元渊，止而并见于楚襄王。"紧接其后的《登徒子好色赋》表明，其时楚都已经迁陈。故谏楚襄王行"大王之钓"的青年宋玉，不可能是楚襄王十八年中谏楚襄王"以射喻政"的"好射者"。假如按蔡先生的宋玉生于公元前约300年计算，楚襄王十八年

① 缪文远：《战国策新校注》，巴蜀书社1987年版，第443页。

② 蔡崇友：《宋玉其人考》，《第二届宋玉国际学术研讨会论文集》，学苑出版社2016年版，第398—399页。

（前281年）宋玉才19岁，不大可能以“好射者”的身份与楚襄王对话，还与《钓赋》“受钓于元渊，止而并见于楚襄王”抵触。

假如宋玉曾经“以射喻政”进言，使得楚襄王“欲伐秦”，从而遭致从汉北到郢的大片国土落入秦手，不得不“楚都迁陈”。那么，在此大败之后的“进言者”，怎么还有脸再去谏楚襄王“以钓喻政”？其时的楚襄王怎么会再见这个“以射喻政”的“进言者”？

宋玉初见楚襄王写《钓赋》和《登徒子好色赋》时他的家乡（鄢）已经属秦了。宋玉《风赋》中的“兰台之宫”，《神女赋》《高唐赋》《舞赋》中的“云梦”，也不可能是故“郢”附近的云梦、兰台了。可见，楚襄王十八年，王与好射者的问、对与宋玉无关。

蔡先生的“宋玉成才扬名于兰台（今湖北省钟祥市郢中镇）”之说，没有依据，难以成立。

六、宋玉生于怀王九年说

姜书阁曰：

> 襄王即位（公元前298年）初年，他已过二十岁，而襄王死前他已垂老，并离开宫廷……可推知宋玉生卒年约为公元前320年至公元前263年，死时年约近六十岁。①

姜先生“隐约知其一二”的《宋玉传略》虽然依据不足但采信之人还不少。

潘啸龙先生就是引用姜书阁的“襄王即位（前298年）初年，他已过二十岁②”，认同“宋玉约生于公元前320年”，并构建出与宋玉生平不符的“宋玉为楚襄王招魂”。

力之先生说：

> 《屈原贾生列传》云：“自屈原沉汨罗后百有余年，汉有贾生，为长沙王太傅，过湘水，投书以吊屈原。”这和《文选》所载宋玉赋（赋中的“今”楚王，均为襄王）及王逸《九辩序》（“宋玉者，屈原弟子也”）考察，我们的结论是，宋玉当生于怀王九年至十九年（前310—前320）之间。此说若能成立，则从襄王九年开始，宋玉作《招魂》在时间上便有可能。③

此论也是姜书阁说的翻版，其前提与结论缺乏必然联系，忽略了《屈原列传》《宋玉赋》等文献中与宋玉生平相关的资料，似乎只是一个想象而非缜密的学术思考。

七、宋玉在考烈王朝为官论

（一）缺乏宋玉在考烈王朝为官的证据

现有的古文献和宋玉的作品中都没有楚考烈王与宋玉相关的信息。刘刚先生在《宋玉年世行迹考》中所列的记载宋玉事迹的文献和宋玉作品中与楚王的问答的条目为：

> 《韩诗外传》卷七：“宋玉因其友见楚襄王，襄王待之无以异。”
>
> 《新序》卷五：“宋玉事楚襄王而不见察，意气不得形于颜色。”
>
> 《襄阳耆旧传》：“宋玉者，楚之鄢人也。……玉音而善文，襄王好乐爱赋，既美其才，而憎之似屈原。”
>
> 《渚宫旧事》卷三：“宋玉初事襄王而不见察。”
>
> 《太平御览》引《襄阳耆旧传》：“楚襄王与宋玉游于云梦之野，将使宋玉赋高唐之事。”

宋玉作品：

> 《风赋》：“楚襄王游于兰台之宫，宋玉、景差侍。”
>
> 《高唐赋》：“昔者楚襄王与宋玉游于云梦之台。”
>
> 《神女赋》：“楚襄王与宋玉游于云梦之浦。”
>
> 《对楚王问》：“楚襄王问于宋玉曰：‘先生其有遗行与？何士民众庶不誉之甚也？’”
>
> 《大言赋》：“楚襄王与唐勒、景差、宋玉游于阳云之台。”

---

① 姜书阁：《先秦辞赋原论》，齐鲁书社1983年版，第117页。

② 潘啸龙：《〈招魂〉研究商榷》，《文学评论》1994年第4期，第39页。

③ 力之：《〈招魂〉考辨补说》，《武汉教育学院学报》1998年第4期，第23—24页。

《小言赋》："楚襄王既登阳云之台，令诸大夫景差、唐勒、宋玉等并造大言赋，赋毕而宋玉受赏。"

《讽赋》："楚襄王时，宋玉休归。"

《钓赋》："宋玉与登徒子偕受钓于玄洲，止而并见于楚襄王。"

《舞赋》："楚襄王既游云梦，将置酒宴饮。谓宋玉曰："寡人欲觞群臣，何以娱之？"

（笔者按：《银雀山竹简》还有"唐勒与宋玉言御襄王前"。）

刘刚先生自己也没有找到宋玉与考烈王相关的线索。可见他的"宋玉在楚考烈时仍在朝为官，他在这一时期的作品是《登徒子好色赋》和《招魂》"① 不能令人信服。

习凿齿《襄阳耆旧传》载："玉识音而善文，襄王好乐而爱赋，既美其才，而憎其似屈原也。""楚襄王好乐爱赋"所以身边有宋玉等"识音而善文"之人。但宋玉又不肯屈从，所以楚襄王"既美其才，又憎其似屈原也"。

考烈王似乎并不好乐爱赋，故识音而善文的唐勒、景差、宋玉等人均没有在考烈王朝代露面。宋玉因招群小诋毁，可能早就"贫士失职而志不平"被退逐去山野漂泊了。

（二）《登徒子好色赋》与《讽赋》的先后

《讽赋》与《登徒子好色赋》在结构、内容方面有相似之处，作品人物都以楚襄王、宋玉为核心，都有一个进谗言的大夫；都是以宋玉就"好色"辩诬，强调"以礼自防"，用事实证明自己不好色。但是在题旨与艺术追求方面存在较大差异。《讽赋》虽然写了"主人之女的示爱三部曲"："心理暗示，关照体贴""大胆表白，亲密接触""以死矢志，以命相许"，以及宋玉守礼相拒的不同对策。但是《讽赋》整体上比较单薄，《登徒子好色赋》明显高出一筹。它在宋玉辩词之后的章华大夫和采桑女的塑造，呈现了又一个高潮。章华大夫所表现的"目欲其颜，心顾其义"才是作品要突出的主旨，并显示其深层次的审美境界和艺术水准。据此，有人以"文学作品后出转精的发展规律"为依据，认为《讽赋》写作在先《登徒子好色赋》在后。其实，一个作家作品的质量往往有起伏。不少人的处女作质量可以很高，现存宋玉最早的作品《钓赋》其质量并不差，故不能以质量高低作为写作在先的标准。

刘刚先生则说：

"关键是《讽赋》中唐勒谗宋玉是明言在楚襄王时，而《登徒子好色赋》中登徒子短宋玉只言'楚王'，未明言是哪位楚王。我们认为登徒子短宋玉是在考烈王即位之初，因为在襄王时唐勒已谗宋玉'好色'，经宋玉辩解，襄王业已清楚了事情的原委，并且站到了宋玉的立场上，如果登徒子仍用同一种谗言，向同一个君王说短，岂不自讨没趣！所以登徒子言钓，被宋玉言钓压倒，尽管在襄王面前丢了脸，也只好等机会再报复了。②

《讽赋》的创作在前，《登徒子好色赋》的创作在后。因为按常理来说，进谗言的规律是一次重于一次，何况谗短宋玉的是一个同类的谗言。③

据我们的研究《登徒子好色赋》当作于楚考烈王即位之初，理由为：一是赋之文本只言"楚王"，不像《高唐》《神女》《大言》《小言》《风》《讽》等赋明言"楚襄王"。这是此赋非作于楚襄王之时的明显标志。二是宋玉《讽赋》与《登徒子好色赋》谗短宋玉的内容相同，唐勒向楚襄王进谗言碰得灰头土脸，登徒子不可能自讨没趣向楚襄王进同样的谗言，按情理登徒子的谗言一定是说给新登基的考烈王听的。楚考烈王即位之初，楚都仍在陈郑，宋玉仍为文学侍从……④

刘刚先生仅仅依据《登徒子好色赋》之文本只言楚王就断定此赋非作于楚襄王之时的明显标志，其推理不合逻辑。而且《登徒子好色赋》中根本没有考烈王的信息，怎么能说它作于楚考烈王即位之初呢？其实正如刘先生自己所说："在《钓赋》中，宋玉否定了登徒子'夫玄洲，天下之善钓者也'的

① 刘刚：《宋玉年世行迹考》，《鞍山师范学院学报》2003年第5期，第48—54页。

② 刘刚：《宋玉年世行迹考》，《鞍山师范学院学报》2003年第5期，第52页。

③ 刘刚：《宋玉〈讽赋〉〈登徒子好色赋〉与司马相如〈美人赋〉比较研究》，《鞍山师范学院学报》2004年第2期，第49—57、55页。

④ 刘刚等：《宋赋"章华台"所指综合田野调查报告（下）》，《湖北文理学院学报》2016年第6期，第32页。

说法，这才招致登徒子短宋玉。”[①] 可见短宋玉的《登徒子好色赋》正是紧接《钓赋》之作。从文本上看《登徒子好色赋》中“东家之子……登墙窥臣三年，至今未许”，其时宋玉是体貌闲丽的未婚青年，显然与刘先生所说的考烈王时作《好色赋》他34岁不符。假若等到十几年之后的考烈王初年，为了这一点小事，登徒子再去新王面前短宋玉，不但不合情理，而且有损自己的形象。而《讽赋》曰：“楚襄王时，宋玉休归。唐勒谗之于王。”这是宋玉侍楚襄王有较长一段时间，才让他“休归”（回家探亲）。而且唐勒之谗，事出有因，与登徒子之谗具体内容完全不同。

再从楚王的态度看，《登徒子好色赋》中“王曰：‘子不好色，亦有说乎？有说则止，无说则退。’”——楚王对宋玉很严厉：“说不出道理就要让他走人。”——分明是楚襄王对待青年小臣宋玉的态度，哪里是考烈王对待前朝大夫说话的口气？而《讽赋》中：“王谓玉曰：‘玉为人身体容冶，口多微词，出爱主人之女，入事寡人，不亦薄乎？’”楚王对宋玉的态度，显然比《好色赋》好得多了。总的来看，“体貌闲丽”的宋玉写《登徒子好色赋》，是在初仕楚襄王之时，而不是进入中年后考烈王时期的作品。

（三）宋玉与登徒子是同龄人吗？

刘刚先生说：

> 从《登徒子好色赋》对宋玉与登徒子的描写看，二人应当是同龄人。赋文中说登徒子已有五子，以其20岁成婚算，其婚后生了五个子女，年龄当在30岁以上。至于宋玉，依游国恩先生的推测大约生于公元前296年，以此计算，到考烈王元年（前262年），宋玉34岁。因此，从年龄的角度讲，宋玉在考烈王之初作此赋以自辩，也是符合事实的。[②]

此说与文本、与事实不符。其一，写《登徒子好色赋》的宋玉，是体貌闲丽的未婚青年，显然与刘先生所说的作《好色赋》时他34岁不符。两周时代婚娶都比较早。例如，《韩非子·外储说右下》记载齐桓公下令于民曰：“丈夫二十而室，妇人十五而嫁。”《国语·越语上》有：“女子十七不嫁，其父母有罪；丈夫二十不娶，其父母有罪。”《淮南子·汜论训》曰：“文王十五而生武王。”《孔子家语·本姓解》说孔子“至十九，娶于宋之亓官氏，一岁而生伯鱼”。如果宋玉34岁尚未成家，既不合情又不合礼。假若宋玉34岁已经妻儿成群，再说他“体貌闲丽，至今未许”也不合时宜。其二，“宋玉与登徒子”虽然是同门师兄弟，但不必是同龄人。孔子弟子中，冉求比子路小二十岁，曾参父子都曾追随孔子，何以见得宋玉与登徒子应当是同龄人？至于《好色赋》同时提及两人，更不能作为应当是同龄人的依据。

刘刚先生“宋玉与登徒子当是同龄人”的臆断，背离了宋玉《赋》中的描写，其推论缺乏逻辑上的必然性，难以令人信服。以“前身为宋玉”自居的李商隐《席上作》“淡云轻雨拂高唐，玉殿秋来夜正长。料得也应怜宋玉，一生惟事楚襄王”，或许更符合事实。

八、宋玉晚年在临澧的信息

（一）青阳（长沙）一带前221年才归秦

《楚世家》楚襄王：

> 二十二年，秦复拔我巫、黔中郡。二十三年，襄王乃收东地兵，得十余万，复西取秦所拔我江旁十五邑以为郡，距秦。

“江旁十五邑”在哪里？

刘刚先生说：

> 著名楚史专家张正明在《楚史》一书中说：“张守节《史记正义》以为江旁十五邑在黔中郡，这是误断。江旁十五邑如在黔中郡，则与楚境不相接，成为飞地，何从收复？况且，黔中郡距长江较远，不得以‘江旁’称之。”张先生所言极是。那么“江旁十五邑”应当指哪一地区呢？张先生认为“应在鄂东，赣北”。这个范围似乎大了一些。笔者认为当在淮河上游以

① 刘刚：《宋玉年世行迹考》，《鞍山师范学院学报》2003年第5期，第52页。

② 刘刚：《宋玉年世行迹考》，《鞍山师范学院学报》2003年第5期，第52页。

南，大别山脉以西，汉水以东，青阳（今湖南长沙）以北，今长江监利至黄石段的南北两岸。"①

刘刚先生所说的"江旁十五邑"依据不足，范围也大了一些。

《秦始皇本纪》有二十六年：

荆王献青阳以西，已而畔约，击我南郡，故发兵诛，得其王，遂定其荆地。②

此记表明前221年，青阳（长沙）一带才被秦始皇并吞，或许青阳一带就是前276年《楚世家》所记载的"江旁十五邑"。其言"击我南郡"说明青阳荆楚之地距南郡（江陵）不远，临澧应该包括其中。

（二）《笛赋》证明宋玉到过南国衡山

宋玉《笛赋》：

余尝观于衡山之阳，见奇筱异干、罕节间枝之丛生也，其处磅磄千仞，绝溪陵阜，隆崛万丈，磐石双起；丹水涌其左，醴泉流其右。其阴则积雪凝霜，雾露生焉；其东则朱天皓日，素朝明焉；其南则盛夏清彻，春阳荣焉；其西则凉风游旋，吸逮存焉。干枝洞长，桀出有良。名高师旷，将为《阳春》《北鄙》《白雪》之曲。假涂南国，至于此山，望其丛生，见其异形，曰命陪乘，取其雄焉。宋意将送荆卿于易水之上，得其雌焉。于是乃使王尔、公输之徒，合妙意，较敏手，遂以为笛……

有人认为"宋意"或许是宋玉之子、侄，宋玉是从"宋意"处得到"荆卿"的信息。

如果《笛赋》确实是宋玉所作，从"假涂南国，至于此山"看，宋玉晚年曾经到过盛产佳竹的衡山。从"荆卿于易水之上"和"歌壮士之必往"看，当是秦始皇二十年（前227年）以后之作。再依据上面所引"《秦始皇本纪》二十六年"记载，那时青阳一带（临澧、长沙、衡阳）还是荆楚"南国"之地。那么，"宋玉晚年就有可能居住并卒于临澧"。

刘刚先生认为：

宋玉可能在前226年左右，秦大规模攻楚前离开寿郢，到尚在楚人控制下的临澧一带。③

金荣权先生说：

临澧在江南，位于洞庭湖之西，黔中以东，距战国末期秦楚边界不远，但直到楚亡前夕，这里还是楚人的领土。所以宋玉离开楚王，无家可归，来到这里，并客死于此，是有可能的。④

两位先生之说有理。

（三）临澧有众多宋玉的传说和古迹值得研究

刘刚先生说：

《安福县志》"楚大夫宋玉墓，在县东二十里浴溪河南岸，即澧长乐乡，有墓碑，人称宝玉玫。"安福，即今湖南省临澧县。《湖南通志》辨误三："宋玉墓、宋玉城，《澧州志》云：旧志岳志及各记皆云在澧之长乐乡，有宋玉庙。……据指浴溪河南岸有墓碑，人或称宋玉墓。……我们认为，临澧之墓是真正的宋玉墓，而宜城的坟墓大概是家乡的人为纪念宋玉修建的，或可称为衣冠冢。据此，宋玉当卒于湖南临澧。……后涉江辗转至今湖南临澧境内，作《笛赋》，约在公元前222年卒老于临澧。⑤

他又说：

宋玉《笛赋》中衡山，一名天柱山，一名霍山，在今安徽省合肥市西南。⑥

刘刚先生的这两说不能兼顾。假如宋玉晚年居住临澧，那么《笛赋》中所去的"南国衡山"就不

---

① 刘刚：《"江旁十五邑"与陈郢至云梦之路》，《鞍山师范学院学报》2007年第1期，第23页。

② 司马迁：《史记》，岳麓书社1990年版，第56页。

③ 刘刚等：《宋玉遗迹传说田野调查报告（三下）——湖南临澧调查报告》，《湖北文理学院学报》2014年第7期，第23页。

④ 金荣权：《百年宋玉研究综论》，《江汉论坛》2009年第2期，第93页。

⑤ 刘刚：《宋玉年世行迹考》，《鞍山师范学院学报》2003年第5期，第53—54页。

⑥ 刘刚：《衡山考——宋玉辞赋地名考之一》，《江汉论坛》2005年第4期，第104页。

大可能是远离临澧长江以北的安徽衡山。古籍中衡山的地望学界一直有分歧，但是衡山有多处乃是事实。

张守节《正义》：

> 淮南衡山、九江二郡及江南豫章、长沙二郡，并为楚也。①

《货殖传》的“淮南衡山”与《笛赋》的“假涂南国，至于此山（衡山）”不能等同。

刘刚先生以《货殖传》等文献中的“淮南衡山”取代“《笛赋》中的‘南国衡山’”，否定“《笛赋》的衡山”在“今湖南省衡山”的结论，依据不足。

楚人似乎没有把“淮南衡山”称为“南国”者，安徽衡山则缺乏“丹水涌其左，醴泉流其右”的记载。各类资料中也没有宋玉到过安徽衡山的信息。

《笛赋》“乱曰”有“绝郑之遗，离南楚兮”，似乎写《笛赋》时宋玉已不在“南楚”？

吴广平先生把“绝郑之遗，离南楚兮”译为“远离郑国乐，离开南楚地”② 可备一说。

李杰、于是说：

> 宋玉晚年必定主居在浴溪河。他在顷襄王前期辉煌了一阶段，后期受贬谪，徒涉云梦之南，退隐赐田——临澧县城东 12 里的浴溪河……而宋玉归来……出淮阳，踏上蔡，入唐河，进宜城；忽慌忙奔长江，越松滋，再入澧州，回到安福赐田宋玉城……宋玉死后，当地即名宋玉村。”③

说“楚都迁陈”后的顷襄王给“有能为小言赋者，赐之云梦之田。”在临澧，没有依据，可能性也不大。

吴广平先生认为：

> 同治《直隶澧州志》卷廿七《杂类志·辨讹》已指出此墓系出于后人附会（又见光绪《湖南通志》卷末之《杂志十八·辨误三》）。“凡古名流轶事，辄多影响附会，好辨者又未免迂凿矫异，俱不足以存真也。”……新修《临澧县志》载：“宋玉墓墓址在县东 10 公里浴溪河南岸，在望城乡看花村境内。墓冢高约 8 米、长 50 米、宽 40 米。唐李群玉和清代许多要人写有怀古诗文，怀念宋玉。进入 80 年代，据省考古专家认定，墓冢系自然土堆，非宋玉真墓，真墓可能在看花山上。（临澧县志编纂委员会：《临澧县志》，中国社会出版社 1993 年版，第 597 页）事实上，看花山上也不会有真墓。因为所谓安福（临澧）浴溪河南岸有宋玉墓，纯粹是出于历史的附会。”④

临澧有众多宋玉的传说和古迹可能有真有假，值得重视和研究。

结　论

1.《钓赋》记叙宋玉在“志于学”时，拜环渊为师，学业一结束就去见楚襄王。因为宋玉否定了登徒子的“玄渊之钓”招致登徒子在襄王那里“短宋玉”，这是宋玉作《登徒子好色赋》的缘由，故此《赋》不可能是宋玉中年后、考烈王时期的作品。

2.《登徒子好色赋》中的“秦章华大夫”是封于“原楚章华台之地”的“秦国大夫”。“章华”为秦国领土是“楚都迁陈”以后的事。秦章华大夫说宋玉之“东家之子”，为“南楚穷巷之妾”。只有楚都迁陈（今河南淮阳）后，其乡里和阳城、下蔡才可称为“南楚”。

3. 楚襄王迁陈以后，在附近新建了章华台，把陈城附近楚王田猎之地也称为“云梦”，在陈附近还新建了“兰台”。宋玉《赋》中的云梦、兰台都是在陈郢附近新建之址。

4. 依据楚都迁陈后写的《钓赋》《登徒子好色赋》等推断：宋玉约生于楚襄王元年前后。《战国

① 司马迁：《史记》，中华书局 1959 年版，第 3268 页。
② 吴广平：《楚辞》，岳麓书社 2011 年版，第 373 页。
③ 李杰、于是：《楚国辞赋大家宋玉之归宿疑案》，《文史博览》2008 年第 3 期，第 13—14 页。
④ 吴广平：《宋玉研究》，岳麓书社 2004 年版，第 51—53 页。

策》记有："王孙贾年十五，事闵王……"前284年乐毅攻占齐国都城临淄，其时王孙贾15岁，则他生于前298年。《汉书·古今人表》把王孙贾与宋玉排在一起，表明他们年龄相仿，可作为宋玉约生于楚顷襄王元年（前298年）前后的旁证。

5. 根据《秦始皇本纪》"荆王献青阳以西，已而畔约，击我南郡，故发兵诛，得其王，遂定其荆地"，青阳一带（临澧、长沙、衡阳），或许就是前276年楚襄王收复的"江旁十五邑"，直到前221年才被秦始皇并吞。

6. 从《笛赋》看，宋玉晚年到过南国"衡山"，临澧又有众多宋玉的传说和古迹，这些信息可作为宋玉晚年可能居住并卒于临澧的旁证。

《宋玉生平考》商榷

摘要：彭德先生的《宋玉生平考》认为：宋玉出生于前327年，是出逃的“宋元王”。“《招魂》是当宋玉为宋王时自招其魂”等观点，皆缺乏依据。《钓赋》有“宋玉与登徒子偕受钓于元渊，止而并见于楚襄王”，《登徒子好色赋》说宋玉乡里为“南楚穷巷”，这些记叙透露了宋玉本为楚人，宋玉初见楚襄王时楚都已经迁陈，不可能是出逃的宋元王。

关键词：宋玉；钓赋；登徒子好色赋；招魂

彭德先生在《东南文化》1992年第6期发表了《宋玉生平考》。作为艺术家来说，发挥其艺术构思写篇《宋玉生平考》，本来用不着较真。彭先生在2010年5月21日又把它作为范文推荐给博士生们，他说：

> 本文受到楚辞学家罗漫的认可和中国美院专攻古文的王霖的赞许，可见没有白写。我曾对人说，再过几百年，后人如果提到我，最有可能是缘于这篇文章。国美博士严善錞说，二十年来，我再也没有写出超过本文的考据文章……①

彭先生认为，宋玉约生于公元前327年，宋玉是末代宋王——宋元王；说《九辩》：

> 揭示了宋王父子的冲突及宋元王的出走……显示出宋玉一度身为诸侯王的派头；宋太子出走的时间在何年何月呢？我以为就在公元前295年秋。《登徒子好色赋》写的是宋玉奔楚后第三年的事，当时秦国大夫在场。

这些论述既缺乏依据，与史不符、与《宋玉赋》抵牾，还有自相矛盾。

下面就来推敲一下彭德先生的《宋玉生平考》。

一、彭德的“宋玉为宋太子”等

（一）宋太子、宋元王论与《钓赋》不符

彭德先生说：

> 大约在公元前299—前295年间，宋王偃以“禅让”的方式，立太子为王，自己退居幕后。这位接受“禅让”的太子，才是真正的末代王——宋元王。公元前301年，齐宣王卒，稷下学派解散，稷下先生们各寻其主，儿说弟子在此之后仕宋，正值宋元王（宋玉）在位。宋太子出走的时间在何年何月呢？我以为就在公元前295年秋。

彭先生的宋玉在前295年奔楚前是宋元王论，缺乏依据。《钓赋》明明说他在“志于学时，拜环渊为师”“见楚顷襄王前从环渊学钓”。假如宋玉是失国逃亡的宋元王，他怎么有脸向楚襄王大谈治国之道？

（二）宋太子论与《登徒子好色赋》不符

彭德先生说：

> 宋太子出走的时间在何年何月呢？我以为就在公元前295年秋。《登徒子好色赋》写的是宋玉奔楚后第三年的事，当时秦国大夫在场。这个故事只有发生在前292年，楚王、宋玉、秦大夫等代表三个国家的人物凑在一处才有可能。
>
> 宋玉在《登徒子好色赋》中，冠以国名的三个人物——楚王、宋玉、秦章华大夫的并列是耐人寻味的。它反映出作者不忘国属的强烈意向。

《好色赋》中的宋玉是个“体貌娴丽”的未婚青年，居“南楚”。显然与他所说的公元前299—前295年宋王偃立宋玉（28—33岁）为宋元王，写《登徒子好色赋》时35岁……”不符合。假如宋玉是北方的“宋太子”，秦章华大夫决不能说其乡里为“南楚穷巷”。若“写《登徒子好色赋》是前292

---

① 彭德，艺术国际，2010年5月21日，http://blog.artintern.net/blogs/articleinfo/pengde/106887。

年”，即楚襄王七年，其时楚都尚在郢都，也与《好色赋》所说宋玉乡里在“南楚”不合。

彭氏之说，其时间、地点、情节都与宋玉赋文本不符，不知彭先生何以自圆其说？

彭先生说：

> 从前295年到前278年秦军拔郢，历时十七年。据考，楚襄王东迁之前，郢都并不在江陵纪南城，而是在宜城楚皇城。

此论与文献记载和出土文物皆不相符。①

（三）《郢中对》的问题

《郢中对》有：“子盍从楚之俗，使人贵子之德乎？”据此有人认为：“既然楚顷襄王要求宋玉改原来的习俗为楚国的习俗，表明宋玉并非楚国之人。”② 此论虽可备一说，只是从《郢中对》整体来看，其主旨是曲高和寡，故“楚之俗”乃屈原所说“吾不能变心以从俗”之“俗”，而不是宋玉并非楚人，不从楚国习俗，不能说楚国的习俗只是下里巴人，而阳春白雪是来自别国吧！

（四）《小言赋》的问题

彭德先生说：

> 《小言赋》中记载了一件史实，即楚襄王曾赐宋玉云梦之田。换言之，即楚王在楚国的“国家公园”中给了宋玉一块封地。倘若宋玉仅仅只是一般的宋国流亡贵族，甚至只是楚国的宋来子、宋遗的后裔，他就不可能享受如此殊荣。

《小言赋》曰：楚襄王既登阳云之台，令诸大夫景差、唐勒、宋玉等并造大言赋，赋毕而宋玉受赏。“……有能为小言赋者，赐之云梦之田。”……王曰：“善。”赐以云梦之田。“云梦”是王家私园，不是国家公园。《小言赋》之：“有能为小言赋者，赐之云梦之田。”这是楚襄王让几个文学侍臣作“吹牛比赛”时，事先设置的给优胜者的奖励，并非预定赐给宋玉。而且“云梦之田”只是有一定年收入的“田产”，彭先生把它说成是楚襄王赐给逃亡宋元王（宋玉）的“一块封地”。想象力很丰富，但与《小言赋》本意不符。

（五）《九辩》的问题

彭德先生说《九辩》：

> 这首诗，应当写于宋亡之际（前286年，42岁）。按照这个俸禄标准推断，士大夫同贫困应该说是风马牛不相及的关系。很明显，如果没有经历挥金如土的生活，身为士大夫的宋玉是不会感到贫穷的。

《史记》记载，王偃立四十七年，前288年宋亡彭先生之论，既与宋玉的生平不符（各种文献史料中未见宋玉有过“挥金如土的生活”），又与《九辩》内容抵牾。《九辩》有：

> 坎廪兮，贫士失职而志不平。
> 去乡离家兮徕远客，超逍遥兮今焉薄！
> 岁忽忽而遒尽兮，老冉冉而愈弛。
> 蹇充倔而无端兮，泊莽莽而无垠。
> 食不输而为饱兮，衣不苟而为温。
> 年洋洋以日往兮，老嵺廓而无处。

写《九辩》时已经“老嵺廓而无处”的宋王，过着“食不输而为饱兮，衣不苟而为温”的拮据生活。彭氏非说他42岁，是经历挥金如土的生活，不会感到贫穷的士大夫。这样的“考据”是不是太离谱了？

（六）《对楚王问》的问题

《对楚王问》有：“楚襄王问于宋玉曰：‘先生其有遗行与？何士民众庶不誉之甚也？’”在《新序》杂事第五也有“或谓曰：‘先生何谈说之不扬，计划之疑也？’”

彭德先生说：

---

① 请看本书《“江不是长江”质疑》。

② 见宋氏研究：http://blog.sina.com.cn/s/blog_ c04d3a690102vtcw.html。

在宋玉赋和有关文献中，楚顷襄王每每称宋玉为先生，而宋玉也确以先生的口吻向顷襄王灌输知识……

这些作品中楚顷襄王每每称宋玉为先生，乃是对宋玉不满和质问，绝不是对他的尊称。彭先生据此认定宋玉也确以先生的口吻向顷襄王灌输知识，乃是曲解就己。

刘刚先生认为：

《对楚王问》即作于宋玉侍从楚襄王期间，因而“歌于郢中”之郢当指楚襄王时所迁之陈郢，即春秋时陈国之故都，今之河南淮阳。①

可备一说。

（七）宋玉不是地位显赫的上大夫

彭德先生说：

宋玉……同楚顷襄王一道云游高唐，足见其地位的显赫。从齐桓公七公子奔楚而受封为上大夫的记载推论，宋玉也当为上大夫。

《登徒子好色赋》：“王曰：‘子不好色，亦有说乎？有说则止，无说则退。’”这分明是楚王对青年小臣的训斥。《新序》有：“宋玉事楚襄王而不见察，意气不得形于颜色。”从文献记载和宋玉作品看，他一直郁郁不得志。彭先生却说他是“地位显赫的上大夫”，显然缺乏内外依据，更与宋玉晚年“失职”无禄、去乡离家的“贫士”的形象，反差过大。

李琳先生认为：

据韩婴《韩诗外传》卷七、刘向《新序·杂事第五》、习凿齿《襄阳耆旧记》卷一、余知古《渚宫旧事》卷三等文献记载和《九辩》宋玉自述，他曾背井离乡，离开家乡鄢，因友人推荐，在楚顷襄王宫廷做过“小臣”。②

看来，宋玉可能先为小臣，后为大夫，晚年失职沦落为贫士。

二、《史记》《战国策》《新序》的相关记载

（一）《战国策·赵四》的“齐将攻宋”

彭德先生说：

《战国策·赵策四》中的一段记载。这段文献告诉我们，宋太子出奔，时值齐将攻宋、李兑执政于赵。

笔者能够找到的证据是宋王偃的公子出走的记载（《战国策·赵四》）。这位出走的公子，正是宋玉。

大约在公元前299—前295年间，宋王偃以“禅让”的方式，立太子为王，自己退居幕后。这位接受“禅让”的太子，才是真正的末代王——宋元王。

公元前301年，齐宣王卒，稷下学派解散，稷下先生们各寻其主，儿说弟子在此之后仕宋，正值宋元王（宋玉）在位。

《战国策·赵四》“齐将攻宋”，（李兑）乃谓齐王曰：

臣之所以坚三晋以攻秦者，非以为齐得，利秦之毁也，欲以使攻宋也。而宋置太子以为王，下亲其上而守坚，臣是以欲足下之速归休士民也。今太子走，诸善太子者，皆有死心。若复攻之，其国必有乱，而太子在外，此亦举宋之时也。③

学者们多认为这是前288年之事。如缪文远《战国策考辨》，将此章定为前288年④；钱穆《先秦诸子系年考辨》也将此章定为前288年⑤。彭德先生将宋王偃太子出走的时间定为前295年，缺乏依据，说宋元王即宋玉，更是捕风捉影。

---

① 刘刚、关杰：《宋玉与陈楚文化》，《2016年信阳宋玉研讨会论文集》，第45—51页。

② 李琳：《宋玉“九辩”初探》，2009年10月19日，http://www.hbjc.org.cn/shownews.jsp?id=20091019211934005l&classid=5。

③ 缪文远：《战国策新校注》，巴蜀书社1987年版，第738页。

④ 缪文远：《战国策考辨》，中华书局1984年版，第199页。

⑤ 钱穆：《先秦诸子系年考辨》，上海书店1992年版，第367页。

(二)《龟策列传》中的宋元王是谁?

彭德先生说:

> 《史记·龟策列传》中，博士卫平同宋元王的几则对话，可作宋玉即宋元王的旁证。
>
> 宋元王只能是战国时期的宋王。

《龟策列传》有:

> 宋元王时得龟，亦杀而用之。……战胜攻取，莫如元王。元王之时，卫平相宋，宋国最强，龟之力也。①

《宋微子世家》曰:

> 君偃十一年，自立为王。东败齐，取五城；南败楚，取地三百里；西败魏军，乃与齐、魏为敌国。盛血以韦囊，县而射之，命曰“射天”。淫于酒、妇人。群臣谏者辄射之。于是诸侯皆曰“桀宋”。宋其复为纣所为，不可不诛。告齐伐宋。王偃立四十七年(前288年)，齐愍王与魏、楚伐宋，杀王偃，遂灭宋而三分其地。②

《龟策列传》的“战胜攻取，莫如元王……卫平相宋，宋国最强”与《宋微子世家》的“君偃十一年，自立为王。东败齐，取五城；南败楚，取地三百里；西败魏军”，可以对应、互补。宋国强霸一时、又称王的只有宋君偃，故宋元王很可能就是宋王偃而不是其太子。只是宋元王二年得龟时，是一个仁义知礼，从善如流的国君。而宋王偃后期，好杀喜功，多近妇人。对内横征暴敛，滥杀无辜；对外穷兵黩武，号之为“桀宋”。不知何以如此?能将二者连在一起的是《龟策列传》“王不自称汤武，而自比桀纣”。

宋玉与“战胜攻取，莫如元王……卫平相宋，宋国最强”的宋元王差距太大，彭先生所说的“宋玉即宋元王”没有依据。

(三)《庄辛说楚襄王》

彭德先生说《战国策·楚四》“为庄辛数落的宠臣州侯、夏侯、鄢陵君与寿陵君，同宋玉在楚宫廷中的身份、行为和待遇如出一辙。楚襄王既然起用庄辛，这批人就必然会遭到贬斥。”又说宋玉是“地位显赫的上大夫”，“楚顷襄王每每称宋玉为先生，而宋玉也确以先生的口吻向顷襄王灌输知识……”显然自相矛盾。

《庄辛谏楚襄王》说的是前278年郢都失陷前后之事。东迁前楚襄王“淫逸侈靡，不顾国政”，与州侯、夏侯、鄢陵君与寿陵君“驰骋乎云梦之中”。围绕在楚襄王身边的是为侯、为君的“四宠臣”，不得志的宋玉与他们地位差得太远，彭先生说他们如出一辙显然与史不符。再说，“四宠臣”是郢都失陷前的事，宋玉是迁陈后的事。迁陈后楚襄王有所醒悟，任用庄辛为阳陵君，摒弃了“州侯等四肖小”，楚国一度出现复苏。这时宋玉、唐勒、景差等人才出现在“好乐而爱赋”的襄王身边。

三、荆楚云梦与宋玉云梦之田

(一)荆楚“云梦”有多处

(1)今云梦县一带，即《左传·宣公四年》郧君田猎之“梦”。

(2)“江北云梦”，古籍中所记物产丰富的“云梦”，如:《国语·楚语下》楚之国宝“云连徒洲(即云梦)”;《章华赋》《子虚赋》所记的楚王游猎的“云梦”，多指江北云梦。(今潜江一带?)

(3)“江南云梦”。(今公安、澧县、华容一带?)

《左传》《战国策》记楚王田猎的“云梦”多指“江南云梦”。

《左传·昭公三年》:“十月，郑伯如楚，子产相。楚子享之，赋《吉日》。既享，子产乃具田备，王以田江南之梦。”③

《左传·定公四年》:“楚子涉雎，济江，入于云中。王寝，盗攻之，以戈击王。王孙由于以背受

① 司马迁:《史记》，岳麓书社1988年版，第917—922页。
② 司马迁:《史记》，岳麓书社1988年版，第301页。
③ 杨伯峻:《春秋左传注》(修订本)，中华书局1990年版，第1244页。

之。中肩。”①

《楚策一·威王问于莫敖子华》：“吴与楚战于柏举……蒙谷给斗于宫唐之上，舍斗奔郢曰：‘若有孤，楚国社稷其庶几乎?’遂入大宫，负（鸡）（离）次之典以浮于江，逃于云梦之中。”②

《招魂》：“与王趋梦兮，课后先。……魂兮归来，哀江南。”

《楚世家》：“庚辰，吴人入郢。昭王亡也，至云梦。云梦不知其王也，射伤王。王走郧。”

一般说“云梦”，多泛指跨江南北的大云梦或江北云梦，标明江南则特指江南云梦。汉后注疏家说云梦跨江南北并没有错。如，唐初孔颖达在《五经正义》中说《左传》“言江南之梦，则江北亦有梦矣”；《左传·昭公三年》之“王以田江南之梦”，表明早在春秋时代楚国就有江南之梦。

（二）楚悼王南并蛮越遂有洞庭苍梧

《后汉书·南蛮列传》：

> 及吴起相悼王，南并蛮越，遂有洞庭，苍梧。③

《史记·孙子吴起列传》：

> 楚悼王素闻吴起贤，至则相楚。明法审令，捐不急之官，废公族疏远者，以抚养战斗之士。要在强兵，破驰说之言纵横者。于是南平百越；北并陈蔡，却三晋；西伐秦。诸侯患楚之强。

《战国策·楚一·苏秦为赵合纵》云：

> 楚地西有黔中、巫郡，东有夏州、海阳，南有洞庭、苍梧，北有汾陉之塞、郇阳，地方五千里。④

约在楚悼王十五年至二十一年吴起相楚，楚国在江南云梦之南，又开拓了洞庭郡、苍梧郡等大片国土。

临澧九里楚墓群，在临澧县城西北的九里乡境内，与楚都纪南直线距离100多公里。1980年发掘的“80九里M1”黄家山大墓，长34.5米，宽32.8米，高5.2米，总面积为1131.6平方米，椁长8.8米，高、宽均为4.4米，墓道长19米。规模与江陵天星观一号墓等大，是我国已发掘的大型楚墓之一，文物极富。其中彩绘大漆案、龙凤钟鼓架、龙凤铜鼎系首次出土的珍贵文物，与长沙楚墓、江陵楚墓出土同类器型相近，时代应为战国早期至中期前段。可能是楚国封君的家庭墓地。九里墓区以南七八里即有与墓葬时代相近的古城。它们均早于宋玉一二百年。这些是临澧在楚悼王时期已经是南方重镇的确证。

（三）说宋玉在临澧有封地缺乏依据

彭德先生说：

> 公元前280年和277年，秦军两度占领黔中郡，宋玉在湖南临澧的封地曾并入秦国的版图。公元前276年，楚人收复黔中郡。宋玉大约在这一年从楚都陈郢来到他的封地。

彭先生说宋玉在临澧有封地缺乏依据，宋玉是楚都迁陈（今河南淮阳）后才出现在“好乐而爱赋”的楚襄王身边的侍臣。其时即便楚襄王要封宋玉，也不大可能把封地封到江南临澧去。

（四）宋玉《赋》中的“云梦”

宋玉《小言赋》：“有能为《小言赋》者，赐之云梦之田。”

《神女赋》：“楚襄王与宋玉游于云梦之浦。”

《高唐赋》：“昔者楚襄王与宋玉游于云梦之台，望高唐之观。”

《高唐赋》“巫山赫其无畴兮……”这是“神驰遐想”中的衬景，而不是楚襄王与宋玉实游之地。假如它是指三峡中的巫山（巫郡），那早已不是楚国的领地了。

汉边让《章华赋》：“楚灵王既游云梦之泽，憩于荆台之上。前方淮之水，左洞庭之波，右顾彭蠡之隩，南眺巫山之阿。延目广望，骋观终日……”⑤文中，前后左右延目广望者，皆属神驰遐想，并非

---

① 杨伯峻：《春秋左传注》（修订本），中华书局1990年版，第1546页。

② 缪文远：《战国策新校注》，巴蜀书社1987年版，第496页。

③ 范晔：《后汉书》，中华书局1965年版，第2831页。

④ 缪文远：《战国策新校注》，巴蜀书社1987年版，第496页。

⑤ 范晔：《后汉书·文苑列傳》（第七十下），中华书局1965年版，第2640页。

目力所能及。边让当是承袭了宋玉《高唐赋》的手法。

《睡虎地秦简·编年记》载秦昭王“廿九年，攻安陆”①，即秦拔郢的同一年故郧君之“云梦”所在地“安陆”，也沦为秦地。后来秦王将它圈为云梦禁苑，设云梦官，建云梦行宫。秦始皇曾两度至云梦。见《编年记》“廿八年今过安陆”；《秦始皇本纪》：“三十七年……十一月，行至云梦，望祀虞舜于九疑山。”秦之“云梦”承袭了故郧之“云梦”。

如果宋玉《赋》中的“云梦”是确有所指的话，可能是在“陈郢”近处的楚王田猎之地，依照楚人习惯依然名“云梦”。此“云梦”可能就是后来的“汉之云梦”。

《高祖本纪》：“六年，十二月，人有上变事告楚王信谋反，上问左右，左右争欲击之。用陈平计，乃伪游云梦，会诸侯于陈，楚王信迎，即因执之。”《淮阴侯列传》：“汉六年，人有上书告楚王信反。高帝以陈平计，天子巡狩会诸侯，南方有云梦，发使告诸侯会陈：‘吾将游云梦。’实欲袭信，信弗知。”韩信为楚王时，驻下邳（今睢宁西北），离“陈”不远。汉高祖“告诸侯会陈：‘吾将游云梦。’”表明在“陈”附近亦有云梦，这当是承袭楚国后期的云梦。若云梦在“安陆”，或在“南郡华容县”，或在“江南”，都不可能“告诸侯会陈”。

刘刚先生认为：

> “陈郢（今淮阳）至云梦（今云梦县）之路，全长约400公里。汉高祖用陈平计，‘乃伪游云梦，会诸侯于陈’，以诱捕韩信，就是这条路。”②

以古代的交通条件来说，一天只能走15—30公里，400公里要走半个多月。若伪称“游（今云梦县的）云梦”，却会诸侯于八九百里以外的“陈”，是说不通的。

有人说：“早在前278年郢都就被秦白起攻占，楚急迁都于陈，内忧外患，安乐环境全被破坏，宋玉哪有条件写赋呢?”

这种说法既有违事实又不合情理。安乐环境并不是写赋的必要条件。再就是楚都迁陈前，楚国哪有安乐环境？迁陈以后反倒有一段相对平静时期。

刘刚先生说：

> 公元前273年，楚用黄歇计“复与秦平”。公元前272年，“入太子为质于秦，使左徒侍太子于秦”。从此一直到楚襄王卒，楚与秦无战事，而秦则连年与燕、赵、韩、齐，魏开战，暂停了对楚的进攻。这说明从楚太子入质于秦的公元前272年，到楚襄王病卒的公元前263年，整整9年时间，楚与秦相安无事。我们认为宋玉随楚襄王游云梦就在这9年之中。③

可备一说。

有人又说：“迁都陈郢后，黄歇主权，权倾朝野。黄歇嫉妒宋玉接近襄王，也会在襄王面前告他的状。”迁都陈郢后，楚襄王起用庄辛乃以执珪而授之为阳陵君。二十七年，左徒黄歇“侍太子于秦”，一待十年。待在秦国的黄歇，哪有权倾朝野之事？再者，黄歇与宋玉何干？影子都没有的事，也敢瞎编。此等对楚国历史无知、不了解宋玉生平的人，居然写了好多有关宋玉的“论文”到处散布，还编造了“宋玉历史剧”，把这些“臆想、戏说”都套上“还历史以真面目”的光环……一旦得逞，那就太可悲了。

四、“宋玉自招其魂”不能成立

彭德先生说：

> 无论屈原自招还是宋玉招屈原，都与《招魂》内容不合。《招魂》中描绘的宫廷生活规格，显而易见只有身为帝王才能匹配，因而不存在屈原自招或被招的可能。只有当宋玉为宋王时，作者（宋玉）自招其魂也就能成立。《招魂》开篇写道：朕幼清以廉洁兮，身服义而未沬。主此盛德兮，牵于俗而芜秽。上无所考此盛德兮，长离殃而愁若！这不就是宋元王对其出走的自况吗?

---

① 睡虎地秦墓竹简小组编：《睡虎地秦墓竹简》，文物出版社1990年版，第4页。

② 刘刚：《“江旁十五邑”与陈郑至云梦之路》，《鞍山师范学院学报》2007年第1期，第25页。

③ 刘刚：《宋玉年世行迹考》，《鞍山师范学院学报》2003年第5期，第51页。

宋玉不是宋元王。《招魂》之“上无所考此盛德兮，长离殃而愁苦”与“宋元王”风马牛不相及。

《招魂》开头六行是诗人屈原“欲断魂”的愁苦独白。乱辞的：“汩吾南征……与王趋梦……哀江南”是江南云梦的现状和与王趋梦的回忆。招辞的前半部所说的各方之害，都是以“恒干”所在的楚郢为中心，告诫游魂不要到其他各方去；招辞的后半部是郢都故居的场景。失魂、招魂一切都发生在楚国境内。

彭氏的“《招魂》中描绘的宫廷生活规格，显而易见只有身为帝王才能匹配，因而不存在屈原自招或被招的可能”不能成立。请参看本书的相关论述。

结　论

1. 从《钓赋》《登徒子好色赋》和《笛赋》看，宋玉约生于楚襄王元年前后，他“志于学”时“与登徒子偕受钓于元渊，止而并见于楚襄王”，其时楚都已经迁陈（今河南淮阳）。

2. 彭德先生之：“前 292 年写《登徒子好色赋》”没有依据。前 292 年，即楚襄王七年，当时楚都在郢都，与《登徒子好色赋》中“南楚穷巷之妾”的描述不符；说宋玉“35—36 岁写《登徒子好色赋》，写的是宋玉奔楚后第三年的事”，则与《赋》中体貌闲丽的少年不符。

3. 彭先生说：前 327 年宋玉出生于徐州；前 299—前 295 年（宋玉 28—33 岁）宋王偃立宋玉为宋元王。那么少年宋玉，应当在宋国都城当太子。这就与他的“少年宋玉在宜城郊蜡树园勤学辞文、音律”不能自圆其说。

4. 彭德先生说“宋玉始葬湖南临澧，返葬湖北宜城”，没有依据。

5. 彭先生的《宋玉生平考》自称：“对宋玉的考证，旨在摒弃‘扬屈抑宋’的历史偏见，还历史以一个完整的宋玉形象。”实际是严重曲解宋玉及其作品。其臆想附会的“宋玉是宋元王”“宋玉是地位显赫的上大夫”“《招魂》是宋玉自招其魂”等结论，远离史实，自相矛盾。这种处处硬伤的论文似乎难以留传。

《登徒子好色赋》札记

摘要：宋玉的《登徒子好色赋》是一篇知名度极高的佳作，对它的解读也是异彩纷呈：有高雅精辟，有奇谈趣论，也有离谱之杂音。本篇就其中之文略选一二，聊作评说。

关键词：登徒子好色赋；宋玉；屈原；登徒

一、《登徒子好色赋》其文

《钓赋》与《登徒子好色赋》均为宋玉出道之初的作品。从《钓赋》"宋玉与登徒子偕受钓于元渊，止而并见于楚襄王"看：作《钓赋》时宋玉与登徒子皆是初见楚襄王。

登徒子用"玄洲之善钓"说事，而宋玉则"以钓喻政，力谏楚襄王以贤圣、道德、仁义、禄利、泽罚为具，行大王之钓治理楚国"，两相对比，登徒子在襄王面前失了面子，就在襄王面前"短宋玉好色"。《登徒子好色赋》曰：

> 大夫登徒子侍于楚王，短宋玉曰："玉为人体貌闲丽，口多微词，又性好色。愿王勿与出入后宫。"王以登徒子之言问宋玉。玉曰："体貌闲丽，所受于天也；口多微词，所学于师也；至于好色，臣无有也。"王曰："子不好色，亦有说乎？有说则止，无说则退。"玉曰："天下之佳人莫若楚国，楚国之丽者莫若臣里，臣里之美者莫若臣东家之子。东家之子，增之一分则太长，减之一分则太短；著粉则太白，施朱则太赤；眉如翠羽，肌如白雪；腰如束素，齿如含贝；嫣然一笑，惑阳城，迷下蔡。然此女登墙窥臣三年，至今未许也。登徒子则不然：其妻蓬头挛耳，齞唇历齿，旁行踽偻，又疥且痔。登徒子悦之，使有五子。王孰察之，谁为好色者矣。
>
> 是时，秦章华大夫在侧，因进而称曰："今夫宋玉盛称邻之女，以为美色，愚乱之邪；臣自以为守德，谓不如彼矣。且夫南楚穷巷之妾，焉足为大王言乎？若臣之陋，目所曾睹者，未敢云也。"王曰："试为寡人说之。"大夫曰："唯唯。臣少曾远游，周览九土，足历五都。出咸阳、熙邯郸，从容郑、卫、溱、洧之间。是时向春之末，迎夏之阳，鸧鹒喈喈，群女出桑。此郊之姝，华色含光，体美容冶，不待饰装。臣观其丽者，因称诗曰：'遵大路兮揽子祛'。赠以芳华辞甚妙。于是处子怳若有望而不来，忽若有来而不见。意密体疏，俯仰异观；含喜微笑，窃视流眄。复称诗曰：'寤春风兮发鲜荣，洁斋俟兮惠音声，赠我如此兮不如无生。'因迁延而辞避。盖徒以微词相感动。精神相依凭；目欲其颜，心顾其义，扬《诗》守礼，终不过差，故足称也。"于是楚王称善，宋玉遂不退。

宋玉为了反击登徒子，把自己说成是对女色无动于衷、自我禁欲的人，这不但有绝对化色彩，而且其天下绝色佳丽之东邻美女，存在对自己不利的漏洞，所以他又借章华大夫之口，先批宋玉"自以为守德……"，再说"东家之子"只不过是粗俗的"南楚穷巷之妾……"借助章华大夫站在超然事外的角度，谈论色与礼的话题，既批评宋玉绝对化的禁欲倾向，又表述了"发乎于情，止乎于礼"才是更高的境界。

其实宋玉对"美"并非无动于衷，如果他没有对美女赏心悦目的观察研究，怎么可能写出如此打动人心、流传千古的妙文？其"东家之子，增一分则太长，减一分则太短；著粉则太白，施朱则太赤。眉如翠羽，肌如白雪，腰如束素，齿如含贝，嫣然一笑，惑阳城，迷下蔡"——东家美女一出场便先声夺人，其身材、肤色没有具体描摹，却达到了美之极致。眉、肌、腰、齿的比喻则由虚转实，活脱脱勾画出天下莫如的佳人形象。她"嫣然一笑"，更将美女的惊艳扩展到"阳城、下蔡，迷倒了一大片"。

唐旭东先生指出：

> 《孟子·告子下》有"逾东家墙而搂其处子，则得妻；不搂，则不得妻，则将搂之乎？"可见宋玉"东家之子"也是用典，经过宋玉的创造发挥，才使得"东家之子"成了顶级的绝

代佳人。①

“东邻美女”成了古今文学作品中美女形象的代名词。从汉司马相如、唐李白、宋苏轼……直到现代，文学作品中从未间断。

刘勰《文心雕龙·谐隐》评说：

> 谐之言皆也，辞浅会俗，皆悦笑也。昔齐威酣乐，而淳于说甘酒；楚襄讌集，而宋玉赋好色；意在微讽，有足观者。②

《登徒子好色赋》塑造了极美和极丑两个女性形象，其文既幽默、诙谐，又寓含讥讽。这种用夸张、排比、烘托的手法刻画人物，不但贴近生活与民间习俗一脉相承，而且富有创造性。

不料，汤炳正先生却说：

> 自宋玉以下，则不过是继承屈赋的传统，虽然形式略有变化，并没有超出屈赋的范畴。如果说宋玉等的作品也有民间色彩，那只是从屈赋间接得来，缺乏应有的创造性。也许是因为宋玉身处郡邑，对民间的生活习俗是隔膜的。他所欣赏的是“阳春白雪”，而不是“下里巴人”。③

这种对宋玉带有偏见的品评，有失公允。

宋玉在《风赋》中把风分成“大王之雄风”和“庶民之雌风”——吹动灰沙，扬起浊腐，带着臭气……就客观揭示了当时社会的贫富差别、苦乐悬殊，表明对王公贵族奢华享受的不满和对贫苦大众的同情。在《九辩》中也有悲“农夫辍耕而容与兮，恐田野之荒芜”，说“宋玉等的作品也有民间色彩，那只是从屈赋间接得来，缺乏应有的创造性”显然失实。

二、《好色赋》的“攻其一点，不及其余”

有人认为：登徒子是好人，宋玉是靠“攻其一点，不及其余”的手法，才在楚襄王那里赢了官司。

此论不太客观。

首先，登徒子在楚襄王那里用“背后打小报告”的方法，对宋玉搞“突然袭击”，他的诬告之词：一、长得英俊；二、口才好；三、好色。再阴损地说：“愿王勿与出入后宫。”——要楚王提防宋玉跟后宫佳丽发生“绯闻”对楚王造成伤害，这才是典型的“无中生有，攻其一点，不及其余”。把他人的优点说成需要防范的毛病，再凭空捏造宋玉“好色”。说这样的人是好人，有偏袒之嫌。其次，有一个同情谁的问题：是站在背后打小报告、陷害贤能的登徒子一边，还是站在进行“自卫反击”的宋玉一边？

幸好，楚王并不是像有些人想象中那样的愚蠢，他既没有轻信登徒子的挑拨，也想对初登仕途的宋玉作一番考察。于是，楚王就拿登徒子的话去问宋玉……宋玉回答说：“至于好色，臣无有也。”楚王对这样的回答当然不满意，就斥责道：“子不好色，亦有说乎？有说则止，无说则退。”宋玉等的就是这句话，这时他就发挥其口才好的优势，逐条回驳登徒子的非难；楚王也耐心地听他陈述。宋玉先为自己解脱“天下最美的东邻美女”追求自己三年，“至今未许也”，可见自己不好色。接着他说：登徒子对自己的丑老婆很好，和她有了五个孩子。大王您看“谁为好色者？”同时也暗示这样的人见了美女，就更了不得了……

宋玉把登徒子正常的夫妻生活和好色混为一谈，的确有诡辩意味。而且他也采用了登徒子“攻其一点，不及其余”的方法，反击了登徒子。宋玉“赢了这场官司”，并不是楚王相信宋玉的辩词（楚王不至于弱智到如此地步），而是欣赏宋玉的机智善辩和对登徒子诬告宋玉不以为然。

文学作品中的真善美不能等同于生活中的真善美。宋玉对美女和丑妇夸张的诡辩之辞，正是作品中的精彩之笔。

古语曰：“食色性也。”古代好色属中性词，例如《屈原列传》有“《国风》好色而不淫”；《礼

---

① 唐旭东：《宋玉〈登徒子好色赋〉“东邻女”意象研究》，《宋玉及其辞赋研究——第二届宋玉国际学术研讨会论文集》，学苑出版社 2016 年版，第 406 页。

② 张立斋：《文心雕龙注订》，国家图书馆出版社 2010 年版，第 124 页。

③ 汤炳正：《〈招魂〉“些”字的来源——〈屈赋新探〉之四》，《四川师范学院学报（社科版）》1978 年第 2 期，第 64 页。

记·大学》"所谓诚其意者，毋自欺也。如恶恶臭，如好好色，此之谓自谦"。好色可以指喜欢性交，也可以指喜欢美女。宋玉的辩解，否定了自己喜欢女色，更没有喜欢性交……

对待登徒子这样的人也应该一分为二，登徒子不嫌弃丑陋的妻子，是他的优点。但是，不能因为他有这个优点就无视他背后打小报告诬陷他人的过错。表扬登徒子、为登徒子"翻案"并非伸张正义。按照正当防卫的原则，应当同情宋玉、谴责忌贤妒能陷害宋玉的登徒子。

三、登徒子不是唐勒

《登徒子好色赋》与《讽赋》分别有登徒子"短宋玉"和唐勒"谗之于王"之事，于是就有"登徒子即唐勒"之说。

吴广平先生就认为：

> 中伤宋玉的登徒子可能即唐勒。①

吴先生引用李诚之文②说：

> 宋玉有《讽赋》一篇，其言云："楚襄王时，宋玉休归。唐勒谗之于王曰：玉为人身体容冶。口多微词。出爱主人之女，人事大王。愿王疏之。"又有《登徒子好色赋》一篇，其言云："大夫登徒子侍于楚王，短宋玉曰：玉为人体貌闲丽，口多微词，又性好色。愿王勿与出入后宫。"且不但二赋开篇如出一辙，连宋玉后来为自己辩解之内容与方式亦皆一样。这位持道家思想之大夫登徒子就是唐勒岂不昭然若揭了吗?③

陈松青先生等也认为"登徒子就是唐勒"。④ 其实从《钓赋》的"宋玉与登徒子偕受钓于元渊，止而并见于楚襄王"就可以判断登徒子非唐勒。唐勒在文献中确有其人，而登徒子除宋玉《赋》外则杳无踪影。"登徒子是唐勒说"缺乏依据。再从情节上看，"登徒子短宋玉"是无中生有的"性好色"；"唐勒谗之于王"，说宋玉"出爱主人之女"是事出有因。

罗漫先生就《登徒子好色赋》与《讽赋》比较，有精彩之论，有兴趣可以去阅读。⑤ "精彩之论"中，罗漫先生说"两篇文章的命意和效果具有天壤之别"，似乎有些夸张，但是把《登徒子好色赋》与《讽赋》背后说坏话的人区别开来，还是有道理的。罗漫先生还有进一步的解析：

> 由登徒子所谓"好色"引发的事件，并没有到此结束。宋玉如此盛赞东邻少女的盖世风采，如此大言不惭地在道德上自我"美容"和自我"广告"，固然可以化解和撇清"好色"的指控，但这样做不是没有风险的！倘若其他大夫追问：既然你的东邻少女是个风华绝代的世界小姐，宋玉你为何不首先推荐给咱们英明的楚王？三年时间不算太短，宋玉你从不汇报更从不推荐，你的忠心何在？倘若楚王真有兴趣，派人侦察索取，而东家之子又并非天下绝色，或者根本就没有所谓的东家之子，宋玉你又如何交差？这不是犯下了欺君之罪吗？可见凭空虚构的文学"证据"和肆无忌惮的吹牛实在太冒险了！

罗漫先生所谓的"宋玉你为何不首先推荐东邻的'绝代佳人'给咱们英明的楚王？三年时间不算太短，宋玉你不推荐，你的忠心何在？"这个指控不能成立。因为《登徒子好色赋》是宋玉初见楚襄王时的记叙。东邻美女"登墙窥臣三年，至今未许也"是见楚襄王之前的事，当下汇报算不上晚。其要害是：如果"楚王对美女真有兴趣，派人侦察索取"，发现是"宋玉吹牛"："东家之子并非天下绝色，或者根本就没有所谓的东家之子"，那么，宋玉不就犯下欺君之罪了吗！

罗漫先生接着说：

> 如果连这些问题都解决不了，宋玉还有什么资格继续留在楚王身边工作？还有什么智慧可以继续对楚王进行政治讽谏？换了其他人，也许会一筹莫展。不过宋玉处理起来，依然轻松自

---

① 吴广平：《宋玉研究》，岳麓书社2004年版，第81页。

② 李诚：《唐勒研究》，《传统文化与现代化》1998年第2期。

③ 吴广平：《宋玉研究》，岳麓书社2004年版，第82页。

④ 陈松青：《严肃其里，滑稽其表——论宋玉〈登徒子好色赋〉的角色和主题》，《湘潭大学社会科学学报》2000年第1期，第73页。

⑤ 罗漫：《宋玉的文学与文学的宋玉》，《中南民族大学学报（社科版）》2011年第5期，第157页。

如。他首先让国际友人秦章华大夫把自己臭骂几句：今夫宋玉盛称邻之女，以为美色。愚乱之邪臣，自以为守德，谓不如彼（登徒子）矣。且夫南楚穷巷之妾，焉足为大王言乎！意思是刚刚宋玉盛称他的邻家少女，以为美色。这个头脑愚笨、思维错乱、心术不正的家伙，自以为谨守道德，没有登徒子那么好色。其实，南楚小城穷巷子里的姑娘，有什么值得向大王夸耀的呢！（用一句时髦的话说，宋玉这个乡下野小子的脑袋可能进水了）你看，秦章华大夫几句发言，小骂帮大忙，立即将宋玉使劲的吹嘘和可能的困境彻底解构了："东家之子"一旦和"南楚穷巷"捆绑在一起，其美色度马上直线下滑，几近于零！然后，秦章华大夫再将他"少曾远游，周览九土，足历五都。出咸阳，熙邯郸，从容郑、卫、溱、洧之间"所见的各色美女介绍一番，她们不仅"华色含光，体美容冶"，而且"扬诗守礼"，比那个只会死爬楼梯登墙偷窥一言不发毫无求爱技巧的乡下小姑娘的综合素质高到天上去了！宋玉就这样跳过了自己在不经意中挖下的巨大陷阱，在文学中成了语言角斗场上的东方不败——于是楚王称善，宋玉遂不退。一场本来惊心动魄的政治角斗，双方都拿女色做进攻的利器或防御的坚盾。在快速闪过一张张美女和仅有一张极其丑陋的女人面容之后，角斗停止了，沉寂了，烟消云散了，你不得不惊叹：神了！①

学者们对《登徒子好色赋》中秦章华大夫的话，理解有分歧：

以罗漫先生为代表，解释为：

今夫宋玉盛称邻之女，以为美色。愚乱之邪臣，自以为守德，谓不如彼（登徒子）矣。且夫南楚穷巷之妾，焉足为大王言乎？

宋玉借秦章华大夫之口"贬低宋玉、否定邻女"，是小骂大帮忙。

如此解释就将"虚夸美女"可能引起的困境解构了。既然宋玉之邻女只不过是"南楚穷巷之妾"，那么，高贵的楚王怎么能像宋玉那样没见过世面，对宋玉的"邻女"产生兴趣呢？

另一种解释以李善《文选》注"章华大夫自谦不如彼之登徒所说也"② 为代表。例如，刘刚先生说：

章华大夫的辩词，先肯定宋玉"以为美色愚乱之邪"而坚拒东家之子实属不好色者，并声称自愧不如；而后铺写了他与淑雅的出桑女子"徒以微辞相感动，精神相依凭，目欲其颜，心顾其义"的情感交流，推出了与宋玉坚拒东家之子不同的另一种不好色的事例。③

此解不但与后文的"且夫南楚穷巷之妾，焉足为大王言乎"脱节，而且难以回避"因吹嘘天下最美之女"而落入"欺君之罪"的罗网。再说，若是"章华大夫的道德不如宋玉"，那么后文的秦章华大夫"观其丽者……"的一段表白，岂不要落入下乘？怎么能说"终不过差，故足称也"呢？

四、登徒子与春申君黄歇无关

李治中先生认为：

宋玉写《登徒子好色赋》的动机是影射楚考烈王无子事，是追忆仕楚襄王之事，或借言楚襄王事，讽谏考烈王；④《登徒子好色赋》或作于考烈王元年之前……本文中的登徒子指楚襄王时任左徒的黄歇⑤；此赋写楚襄王时登徒子好色，"登徒"为职官，其"左登徒"即为"左徒"，前已论之，春申君曾为楚襄王左徒，由是观之，此赋所讽登徒子好色，无异于讽春申君好色，更重要的是，文本中登徒子向楚王谗宋玉道："愿王勿与出入后宫。"结合考烈王无子之事，春申君恶人先告状，颇具讽刺意味。……宋玉创作此赋，使上闻于楚王，下达于百姓，无异于使春申君恶行大白于天下，这应为宋玉文学创作发生的重要内因。⑥

---

① 罗漫：《宋玉的文学与文学的宋玉》，《中南民族大学学报（社科版）》2011 年第 5 期，第 158 页。

② 梁萧统编，唐李善注：《文选》，上海古籍出版社 1986 年版，第 893 页。

③ 刘刚：《〈登徒子好色赋〉的"好色"所指与讽谏旨归》，《鞍山师范学院学报》2013 年第 1 期，第 16 页。

④ 李治中：《宋玉〈登徒子好色赋〉讽谏探析》，《2013 年西峡屈原学术研讨会论文集》，第 794、795 页。

⑤ 李治中：《楚迁陈时期的楚辞作家及作品证略》，《2015 年中国淮阴屈原及楚辞学国际学术研讨会论文集下》，第 550 页。

⑥ 李治中：《宋玉〈登徒子好色赋〉讽谏探析》，《2013 年西峡屈原学术研讨会论文集》，第 795 页。

李氏之论逻辑混乱，不能自圆其说。

其一，“春申君”是考烈王元年才封的，若“《登徒子好色赋》作于考烈王元年之前”怎么可能与的“春申君”相关呢？《好色赋》更不可能“影射‘楚考烈王无子’”，因为“春申君相楚二十余年，而王无子”①。担忧“考烈王无子”是二十余年以后的事，“考烈王元年前”的宋玉怎么能预知其无子呢？其二，赋中的“登徒子”与“左徒黄歇”无关②。顷襄王二十六年“顷襄王以歇为辩，使于秦”③，黄歇上书说秦昭王，使秦与楚约为与国，稳定了楚国的局势。黄歇展现了出众的才华，在回国后即被任命为左徒、太子傅，随后就“侍太子于秦”一待近十年。（见《楚世家》：二十七年“复与秦平，而人太子为质于秦。楚使左徒侍太子于秦”④）。黄歇任左徒时基本上不在楚国，既与宋玉没有交往，更与《好色赋》中的登徒子无关。其三，李氏的“结合考烈王无子之事，春申君恶人先告状”，此说既脱离文本，也与他的“此赋写楚襄王时”自相矛盾。再说，春申君掌握朝政大权，正所谓“相楚二十余年矣，虽名相国，实楚王也。”假若要处置小小的宋玉，用得着去考烈王那里告状吗？其四，说：“宋玉创作此赋，使上闻于楚王，下达于百姓，无异于使春申君恶行大白于天下。”这是要“写于楚襄王时”的《登徒子好色赋》，使考烈王时的“春申君恶行大白于天下”更是莫名其妙。而且现存的各类文献中根本没有“春申君有恶人先告状等恶行”。

宋玉《登徒子好色赋》大约写于楚襄王二十几年。李治中先生为了把赋中“宋玉的同学‘登徒子’”，指认为“楚襄王时任左徒的黄歇”，既说此赋“或作于考烈王元年之前”，又把此赋与几十年后的“考烈王无子”扯到一起，还说“春申君有恶人先告状”等恶行。如此思维混乱、前言不搭后语的臆想，怎么能让人相信呢？

五、周苇风诋毁屈原、宋玉的臆说

周苇风先生说：

> 作为伟大的爱国诗人，两千多年来一直受后人尊敬，从感情上讲很难接受宋玉笔下的登徒子就是屈原这一事实。⑤

这是违背宋玉文本的不实之词。周氏为了给这个谬论撑腰，借用了楚辞界权威，汤炳正和赵逵夫两位的论述，并作了恶意发挥。

（一）借汤炳正先生说的曲意发挥

周氏说：

> 汤炳正先生《“左徒”与“登徒”》一文根据一九七八年湖北随县曾侯乙墓出土的竹简上的文字考证后认为，登徒就是左徒，是一个官职的两种不同的简称。……汤先生没有将《登徒子好色赋》中的登徒子和曾做过左徒的屈原联系起来，其原因大概如下：首先，《史记·屈原列传》说：“屈原者，名平，楚之同姓也，为楚怀王左徒。”而李善注说《登徒子好色赋》中的楚王是顷襄王。其次，屈原在《离骚》中塑造了纯洁高大的自我形象，这和《登徒子好色赋》中同列相嫉的登徒子性格形象，似乎不大相似。再说，作为伟大的爱国诗人，两千多年来一直受后人尊敬，从感情上讲很难接受宋玉笔下的登徒子就是屈原这一事实。可能是出于以上原因，汤先生不愿意明说登徒子指的究竟是谁。

汤炳正《登徒子好色赋》中的“登徒就是左徒”的观点虽然不能成立（见本书《左徒、左登徒、登徒子与郢之登徒》），但是，绝没有像周氏那样对屈原的恶意中伤。

（二）借赵逵夫先生之说诋毁屈宋

周氏说：

> 据赵逵夫先生考证，《战国策·齐策三》“孟尝君出行五国，至楚，楚献象床。郢之登徒，

---

① 司马迁：《史记》，岳麓书社 1988 年版，第 591 页。
② 见本书《左徒、左登徒、登徒子与郢之登徒》。
③ 司马迁：《史记》，岳麓书社 1983 年版，第 587 页。
④ 司马迁：《史记》，岳麓书社 1983 年版，第 344 页。
⑤ 周苇风：《屈原与登徒子》，《现代语文（文学研究版）》2007 年第 2 期，第 17 页。

直送之”一段话，其中的“郢之登徒”即是屈原。……第二种可能是宋玉托言讽喻、指桑骂槐，故意颠倒了年代。也就是说，顷襄时屈原虽已不做左徒了，时人也不再以左徒称呼屈原，但他毕竟做过左徒，宋玉因曾受屈原谗毁，故以左徒即登徒子影射屈原。无论如何，宋玉《登徒子好色赋》对屈原的讥讽之意是很显然的。

赵逵夫先生绝没有“宋玉因曾受屈原谗毁”，以及“宋玉笔下的登徒子就是屈原”等像周氏那样诋毁屈原和宋玉言论。

（三）周氏的“登徒子就是屈原”不能成立

周氏说：“宋玉笔下的登徒子就是屈原。”说王逸《九辩叙》：“宋玉者，屈原弟子也。”作为学生，宋玉与老师的关系似乎不怎么好，这都是周氏的捏造。第一，《钓赋》有：“宋玉与登徒子偕受钓于元渊，止而并见于楚襄王。”明明记载，宋玉与登徒子都是元渊的弟子，是同学，不是师生关系。其二，宋玉与登徒子学业一结束就一起去见楚襄王，可见登徒子是在楚襄王朝代初次当官，不可能是《屈原列传》中，几十年前就担任楚怀王左徒的屈原。作为江苏师范大学文学院的教授、文学博士，不至于连《钓赋》和《屈原列传》都没有读懂吧?！为什么非要说登徒子是宋玉的老师屈原呢?

（四）屈原不可能“谮谗”宋玉

周氏说：屈原作为老师，背后竟然谮谗弟子，这对于本就愤愤不平的宋玉来说，自然会反唇相讥。屈原在楚怀王初担任左徒，顷襄王三年怀王客死于秦，令尹子兰“使上官大夫短屈原于顷襄王。顷襄王怒而迁之。”自屈原被顷襄王“怒迁”，至自投汨罗渊，一直放流在外。宋玉约生于楚襄王元年前后，既不可能成为屈原的弟子，两者更没有同朝为官。从时间上看，屈原不可能在楚襄王面前“谮谗”宋玉，宋玉更不可能“反唇相讥”。“登徒子”诬告宋玉，与《离骚》中“众女嫉余之蛾眉兮，谣诼谓余以善淫”情节类似，屈原《离骚》与宋玉《登徒子好色赋》都是表达了对这类卑鄙小人的憎恶和嘲弄。可见宋玉与屈原在对待卑鄙小人的立场是相同的。周苇风的无中生有之论，有违史实，不合情理。

（五）周氏的《屈原与登徒子》

周氏编造诋毁屈原、宋玉的臆说。他说①：

> 屈原眼中，宋玉自然亦属于醉与浊一类。屈原培养的人才不仅“萎绝”，而且“芜秽”了。也就是说，他的某些学生不但没成为自己政治上的盟友，而且站在了敌对一方。由此可见，屈原和他的某些学生实际上关系非常紧张。宋玉因曾受屈原谗毁，故以左徒即登徒子影射屈原。无论如何，宋玉《登徒子好色赋》对屈原的讥讽之意是很显然的。在《离骚》中，屈原对小人进谗深恶痛绝，“荃不察余之中情兮，反信谗而齌怒”而作为被讽刺的“小人”，宋玉又何尝不对在楚王面前进自己“谗言”的人深恶痛绝呢！意味深长的是，《离骚》中的小人也是以好色贪淫作为攻击屈原的武器，“众女嫉余之蛾眉兮，谣诼谓余以善淫”。将《离骚》和《登徒子好色赋》中的“谗言”比较一下我们会发现，进谗的方式和内容竟然如此相似。如果《离骚》中没有倾注屈原深沉的爱国的思想感情，我们还真难分辨清谁是君子，谁是小人。

屈原作品中展现的真善美的光芒，屈原坚守清白、不随波逐流的高尚品德，一直为人们所称道。《汉书·古今人表》把屈原与颜渊、孟子等并列就是证明。

史籍记载的宋玉和宋玉作品中所反映的品德、文采都与屈原相似。

东晋习凿齿《襄阳耆旧记》有：“玉识音而善文，襄王好乐而爱赋，既美其才，而憎之似屈原也。② 从刘勰的“屈平联藻于日月，宋玉交彩于风云”开始，后人往往“屈宋”并称，把他们作为品德和文采的楷模。周苇风先生毫无依据地把屈原说成是“在楚王面前‘谗毁’宋玉、令人深恶痛绝的人”；说“屈原与宋玉相互谗毁”、“难分辨清谁是君子，谁是小人……”如此违背历史事实，诋毁屈原和宋玉的论文，有违正常的学术研究。

---

① 周苇风：《屈原与登徒子》，《现代语文（文学研究版）》2007年第2期，第17页。

② 习凿齿著，舒焚、张林川校注：《襄阳耆旧记校注》，荆楚书社1986年版，第15页。

左徒、左登徒、登徒子与郢之登徒

摘要：《史记》中的“左徒”、曾侯乙墓的“左（升/止）徒”、宋玉赋中的“登徒子”，目前还没有可信资料能将它们联系起来。而《齐策三》“孟尝君出行国”中的“郢之登徒”，见孟尝君门人也要称“臣”，说明其地位低于公孙戍（士），“郢之登徒”不可能是地位远高于公孙戍大夫级的“楚之左徒”。

关键词：登徒；登徒子；左徒；孟尝君；黄歇；屈原

史册中所见的楚国“左徒”有屈原和黄歇，皆大夫级别。约葬于前433年的曾侯乙墓内的“左（升/止）徒”，目前尚无资料证明与“左徒”相关。楚国官制比较复杂，出土文物中出现的大量楚国官名目前尚有很多不知其等级与职守。

《战国策·齐策三》“孟尝君出行国”中的“郢之登徒”，是身份低于士的小吏。宋玉“赋”中的“登徒子”是人名，为古今所公认。

汤炳正先生说：

“‘左徒’与‘登徒’是一个官职的两种不同的简称”；“楚国这个‘左徒’，当即‘左登徒’的省称。由于省‘登’字，称‘左徒’。其次，在先秦，楚国又有‘登徒’之称，如《战国策·齐三》有郢之‘登徒’，《文选·赋癸》有‘登徒子’。这个‘登徒’当亦为‘左登徒’或‘右登徒’之省称。省去‘左’‘右’，即称‘登徒’……《齐策》只称‘登徒’，而《文选》则称‘登徒子’，这个‘子’字或系后人不理解‘登徒’的本义者所增加。因此，号称渊博典实的《文选》李善注把作为官称的‘登徒’误为人的名称”。①

汤先生把“楚国的左徒”“曾侯乙墓的左登（升/止）徒”“《战国策·齐三》郢之登徒”“宋玉《赋》中的登徒子”四者合而为一的推论，缺乏依据。

一、“左徒”“左登徒”略考

（一）楚国的左徒

不少学者认为：左徒是“次于令尹的重臣”。例如，姜亮夫先生说：“屈子为左徒，盖在放疏之前，左徒之职仅次于令尹，至为尊宠。”② 游国恩先生认为：“左徒比楚国宰相令尹仅次一级。③ 褚斌杰先生认为：左徒之职，要求有学识、善辩令的人充任；春申君黄歇以左徒升为令尹，而左徒为仅次于令尹之官；楚之左徒必有贵族身份者方任之；左徒在楚国是兼掌内政、外交的重要官员。④ 易重廉先生认为：“‘左徒’不是官称。……楚以左为尊，那么‘左徒’就是受国君尊宠的一流人物的意思，是一个‘荣誉称号’。”⑤ 这些论述都与事实不符。

1. 曾经任左徒的屈原

《惜往日》：“惜往日之曾信兮，受命诏以昭诗。奉先功以照下兮，明法度之嫌疑。国富强而法立兮，属贞臣而日娭。秘密事之载心兮，虽过失犹弗治。”这是屈原任左徒时“王甚任之”，进行变法革新取得成效的追忆。

《屈原列传》：“屈原者，名平，楚之同姓也。为楚怀王左徒。博闻强志，明于治乱，娴于辞令。入则与王图议国事，以出号令；出则接遇宾客，应对诸侯。王甚任之。上官大夫与之同列，争宠而心害其能。⑥⑦《新

① 汤炳正：《屈赋新探·左徒与登徒》，齐鲁书社1984年版，第52页。

② 姜亮夫：《屈原事迹续考》，《姜亮夫全集》（第八卷），云南人民出版社2002年版，第55页。

③ 游国恩：《屈原》，中华书局1980年版，第31页。

④ 褚斌杰：《楚辞要论》，北京大学出版社2003年版，第13—14页。

⑤ 易重廉：《中国楚辞学史》，湖南出版社1991年版，第33页。

⑥ 周苇风：《屈原与登徒子》，《现代语文（文学研究版）》2007年第2期，第17页。

⑦ 司马迁：《史记》，岳麓书社1988年版，第626页。

序·节士》："屈原者，名平，楚之同姓大夫。"①

左徒屈原地位与大夫类同，只不过屈原受到怀王宠信，得以"入则与王图议国事，以出号令；出则接遇宾客，应对诸侯"这种优厚待遇，并不是左徒本职所固有，黄歇任左徒时就没有这种待遇。

2. 左徒黄歇

顷襄王二十六年，"顷襄王以歇为辩，使于秦"②，黄歇上书说秦昭王，使秦与楚约为与国，稳定了楚国的局势。黄歇使秦展现了出众的才华，在回国后即被任命为左徒、太子傅。《楚世家》：顷襄二十七年"复与秦平，而入太子为质于秦。楚使左徒侍太子于秦。"③

黄歇在楚国历史上的地位和作用远远大于屈原，而黄歇任左徒兼太子傅时，"侍太子入秦为质"一待十年，并非兼掌内政、外交的要员，其待遇、权力远不如左徒屈原。

3. 左徒是近臣不是重臣

《春申君列传》楚顷襄王二十七年：

> 黄歇受约归楚，楚使歇与太子完入质于秦，秦留之数年。（三十六年）楚顷襄王病，太子不得归。而楚太子与秦相应侯善，于是黄歇乃说应侯曰："相国诚善楚太子乎?"应侯曰："然。"歇曰："今楚王恐不起疾，秦不如归其太子。太子得立，其事秦必重而德相国无穷，是亲与国而得储万乘也。若不归，则咸阳一布衣耳；楚更立太子，必不事秦。夫失与国而绝万乘之和，非计也。愿相国孰虑之。"应侯以闻秦王。秦王曰："令楚太子之傅先往问楚王之疾，返而后图之。"黄歇为楚太子计曰："秦之留太子也，欲以求利也。今太子力未能有以利秦也，歇忧之甚。而阳文君子二人在中，王若卒大命，太子不在，阳文君子必立为后，太子不得奉宗庙矣。不如亡秦，与使者俱出；臣请止，以死当之。"楚太子因变衣服为楚使者御以出关，而黄歇守舍，常为谢病。度太子已远，秦不能追，歇乃自言秦昭王曰："楚太子已归，出远矣。歇当死，原赐死。"昭王大怒，欲听其自杀也。应侯曰："歇为人臣，出身以徇其主，太子立，必用歇，故不如无罪而归之，以亲楚。"秦因遣黄歇。歇至楚三月，楚顷襄王（三十六年）卒，太子完立，是为考烈王。考烈王元年，以黄歇为相，封为春申君。④

黄歇冒死立此奇功，说明黄歇贤、忠、勇、善谋，且与考烈王有特殊的患难之交，考烈王才破格任用黄歇为令尹。

段熙仲先生说："春申君冒生命的危险，救了太子回国为王，功大事难，因此不一定是循着通常的阶级升官，而有着逾格酬庸的意味的。"《战国策·韩策二》"史疾为韩使楚"："今王之国，有柱国、令尹、司马、典令"。"似乎令尹之下不是左徒"，"春申君的由左徒升令尹是破格酬劳而不是历阶而升。"⑤ 此说比较符合史实。况且楚王破格任命令尹，并非罕见。

例如：《左传·哀公十七年》："彭仲爽，申俘也，文王以为令尹，实县申、息，朝陈、蔡，封畛于汝。唯其任也，何贱之有?"⑥ 又如：楚庄王任命筑期思陂（水库）的处士孙叔敖为令尹，孙叔敖原本也不是高官。再如《吴起列传》："楚悼王素闻起贤，至则相楚。"⑦ 吴起非楚人，只因楚悼王素闻其贤，故至则相楚。

4. 左徒可担任太子之师傅

左徒黄歇是"太子之傅"，左徒屈原也可能担任过"太子之师"。

《橘颂》有"年岁虽少，可师长兮。"《礼记·学记》曰："能为师然后能为长；能为长然后能为君。"⑧ 其"师"为"师、傅"，"长"为"官、长"，"君"为"国君"。故"年岁虽少，可师长兮"或可解释为，年岁虽少，已担任"师"（太子师）和"官长"（左徒）。

---

① 卢元骏：《新序今注今译》第240页。

② 司马迁：《史记》，岳麓书社1988年版，第587页。

③ 司马迁：《史记》，岳麓书社1988年版，第344页。

④ 司马迁：《史记》，岳麓书社1988年版，第589页。

⑤ 段熙仲：《楚辞札记》，《文史哲》1956年第12期，第63页。

⑥ 杨伯峻：《春秋左传注》（修订本），中华书局1990年版，第1708页。

⑦ 司马迁：《史记》，岳麓书社1988年版，第503页。

⑧ 王梦鸥注译：《礼记今注今译》，台湾商务印书馆1969年版，第484页。

（二）青铜器“左徒戈”

刘彬徽先生说：

1983年出土于山东莒南县小窑乡。稍残，援长13.2厘米。胡部有阴刻铭文3字：左徒戈。……此为楚某一左徒之戈。年代约为战国晚期。①

此说依据不足。此青铜戈并非有明确身份的出土文物组合中的楚国之物，制作也不精美。故有人怀疑，它不是“楚左徒”之戈，而是普通的“齐徒卒”之戈。例如，1960年5月湖北荆门一座战国小墓，出土一戈一剑。一个时代比屈原早、身份低于士的小墓，其陪葬的“兵避太岁戈”制作就很精致。假如有“楚大夫左徒陪葬戈”的话，也不会像“小窑乡出土的戈”那样粗陋。

张中一先生则认为：

山东莒南在春秋至战国晚期一直是齐国的版图，从所出土的阑侧有三穿的“左徒戈”造型来看，是典型的春秋晚“齐式戈”。用山东省莒南县小窑大队发现的“左徒戈”来证实楚国存在“左徒官职”，显然在捕风捉影。②

（三）曾侯乙墓的“左（升/止）徒”

裘锡圭先生依据“曾侯乙墓的文字数据”推测：“‘左（升/止）徒’疑即见于《史记》的《楚世家》、《屈原列传》等篇的左徒。”③ 汤炳正先生对裘锡圭“左（升/止）徒”的存疑，“作进一步的探索”提出：“（升/止）”当即“升”的本字。而“升”字古音跟“登”字相同，可通假。故“左（升/止）徒”即“左登徒”；“左徒”即“左登徒”之省称。④

赵逵夫先生主张，“（升/止）”是“登”的异体字，应读为“登”。并认为：“左征尹”、“右征尹”是战国中期以前的称谓，“左（升/止）（登）徒”、“右（升/止）（登）徒”是战国后期的称谓。另外，楚之“征尹”、“（升/止）（登）徒”即中原国家的“行人”。⑤

楚国官制比较复杂，出土物中大量楚国官名目前尚有些不知其等级与职守。曾侯乙约葬于前433年，其时有没有“左徒”尚有待考证，墓内的“左（升/止）徒”，目前并无资料证明与“左徒”相关。认为“‘登徒’即‘左徒’”缺乏依据。

周建忠先生认为：“第一，‘左徒’为楚国官职，既见于文献（《史记·屈原贾生列传》），又见于青铜器铭文，有‘二重证据’；第二，‘左徒’就是‘左徒’，与曾侯乙墓‘左（升/止）徒’、‘右（升/止）徒’、‘登徒’、‘右征尹’、‘左征尹’没有关系。”⑥

二、登徒子是人名

汤炳正先生说：“‘登徒子’，这个‘子’字或系后人不理解‘登徒’的本义者所增加。……《文选》李善注把作为官称的‘登徒’误为人的名称。”⑦

说“登徒子”不是人名，与宋玉《赋》文本不符。《钓赋》有“宋玉与登徒子偕受钓于元渊”。赋中的宋玉与登徒子并列，偕为元渊的弟子，故登徒子当为人名。如果按汤先生之意把“宋玉与登徒子偕受钓于元渊”中“登徒子”的“子”字删掉，解“登徒”为官称，那就成为“宋玉与登徒（之官）偕受钓于元渊”，这显然与《钓赋》的文意不符。

再看《登徒子好色赋》，如果按汤先生之意把它改为《登徒（之官）好色赋》不但文理不通，而且与正文内容不符：“登徒子则不然。其妻蓬头挛耳，齞唇历齿，旁行踽偻，又疥且痔。登徒子悦之，使有五子。”赋中的登徒子显然是指人。若是官称，难道登徒之官的妻子都这么丑？既然登徒子是人名，

① 刘彬徽：《楚系青铜器研究》，湖北教育出版社1995年版，第368—369页。

② 张中一：《从〈史记·屈原列传〉中探求屈原事迹》，汨罗屈原文化网2011—12—27http://www.mlnews.gov.cn/index.php?a=show&catid=465&id=699。

③ 裘锡圭：《谈谈随县曾侯乙墓的文字数据》，《文物》1979年第7期，第27页。

④ 汤炳正：《屈赋新探》，齐鲁书社1984年版，第48—57页。

⑤ 赵逵夫：《屈原与他的时代》，人民文学出版社2002年版，第146、150页。

⑥ 周建忠：《屈原仕履考》，《文学评论》2005年第2期，第9页。

⑦ 汤炳正：《屈赋新探》，齐鲁书社1984年版，第52页。

那么汤先生的“表示官级通称的‘大夫’与表示职守别称的‘登徒’连举而称‘大夫登徒’”① 也就难以成立。

汤先生又说：

> 可能宋玉笔下的“登徒”，是别有其人的“右登徒”，并不是“左登徒”黄歇；其次，更大的可能性是：宋玉是在托言讽喻，如子虚、乌有之流。并非实有其人，只不过是借用这个空头官衔以鸣不平。②

宋玉笔下的登徒子或并非实有其人，但是，汤先生把“登徒子”的“子”删掉，判断为“右登徒”（官衔），把“左徒黄歇”增字为“左‘登’徒黄歇”，以适应“登徒为官名”的观点，似乎并不妥当。

汤先生曾批评：《文选·报任少卿书》李善注引《史记》曰：“屈原名平，楚之同姓，为楚怀王左司徒。”引文凭空加一“司”字，③ 而这里汤先生也凭空增、删古文，似有类似毛病。

三、“郢之登徒”不是“左徒黄歇”

（一）《齐策三·孟尝君出行国》

> 孟尝君出行（五）国，至楚，献象床。郢之登徒，直使送之，不欲行。见孟尝君门人公孙戍曰：臣，郢之登徒也，直送象床。象床之直千金，伤此若发秒，卖妻子不足偿之。足下能使仆无行，先人有宝剑，愿得献之。公孙曰：诺。
>
> 入见孟尝君曰：君岂受楚象床哉？孟尝君曰：然。公孙戍曰：臣愿君勿受。孟尝君曰：何哉？公孙戍曰：五国所以皆致相印于君者，闻君于齐能振达贫穷，有存亡继绝之义。五国英桀之士，皆以国事累君，诚说君之义，慕君之廉也。今君到楚而受象床，所未至之国，将何以待君？臣戍愿君勿受。孟尝君曰：诺。公孙戍趋而去。未出，至中闺，君召而返之，曰：子教文无受象床，甚善。今何举足之高，志之扬也？公孙戍曰：臣有大喜三，重之宝剑一。孟尝君曰：何谓也？公孙戍曰：门下百数，莫敢入谏，臣独入谏，臣一喜；谏而得听，臣二喜；谏而止君之过，臣三喜。输象床，郢之登徒不欲行，许戍以先人之宝剑。孟尝君曰：善。受之乎？公孙戍曰：未敢。曰：急受之。因书门版曰：有能扬文之名，止文之过，私得宝于外者，疾入谏。④

此文塑造了三个人物，从他们之间的称呼就可判断其尊卑关系。只要正确理解此文，就不会把身份最低的“郢之登徒（小吏）”误解为楚之大夫“左徒”。

（二）“郢之登徒”是地位低于“士”的小吏

汤先生对楚登徒向孟尝君献象床事件的新理解⑤，既有违历史，也有违《战国策》的用意与对象。

1. 从语言文字的解析看，“郢之登徒”是地位低于“士”的小吏

汤先生说：“从‘臣，郢之登徒也’一语来看，在执行任务时对外宾讲话的语言环境中，首先应当自我介绍的是个人的官职与政治身份，而决不会突如其来地只称个人的名字是‘郢之某人’”。⑥ 假如是在接待外宾的语言环境中，那么汤先生的这个说法或许有些道理。但事实并非如此：“孟尝君出行（五）国，至楚，献象床。郢之登徒，直使送之，不欲行。见孟尝君门人公孙戍曰：臣，郢之登徒也，直送象床。象床之直千金，伤此若发秒，卖妻子不足偿之。足下能使仆无行，先人有宝剑，愿得献之。”文中的“郢之登徒”并不是“在执行任务时对外宾讲话”，而是私下去见孟尝君门人公孙戍。他见公孙戍（相当于士）自称“臣”、称对方为“足下”，说明其社会地位低于公孙戍，乃“皂、舆”之流的小吏，绝不是大夫身份的“楚之左徒”。

《左传·昭公七年》载：

---

① 汤炳正：《屈赋新探》，齐鲁书社 1984 年版，第 53 页。

② 汤炳正：《屈赋新探》，齐鲁书社 1984 年版，第 56—57 页。

③ 汤炳正：《渊研楼屈学存稿》，华龄出版社 2004 年版，第 169 页。

④ 缪文远：《战国策新校注》，巴蜀书社 1998 年版，第 374—376 页。

⑤ 汤炳正：《屈赋新探》，齐鲁书社 1984 年版，第 55—56 页。

⑥ 汤炳正：《屈赋新探》，齐鲁书社 1984 年版，第 55 页。

天有十日，人有十等，下所以事上，上所以共神也。故王臣公，公臣大夫，大夫臣士，士臣皂，皂臣舆，舆臣隶，隶臣僚，僚臣仆，仆臣台。①

先秦制度中须“明等级以导之礼”。处于下位者对上位者的对话，多自称“臣”，而称上者曰“足下”“君”等。如《秦策二·甘茂亡秦且之齐》：“甘茂亡秦，且之齐，出关遇苏子，曰：‘……今臣不肖，弃逐于秦而出关，愿为足下扫室布席，幸无我逐也。’”《赵四·齐欲攻宋秦令起贾禁之》：（苏秦）“谓齐王曰：‘臣为足下谓魏王……’”《齐策三》公孙戍（谓孟尝君）曰：“臣愿君勿受。”孟尝君对公孙戍则曰：“子教文无受象床，甚善……”为尊者绝没有自称臣而称卑者为君之事。这种称谓上的尊卑关系在《战国策》中没有例外。

汤先生说：

试问，像这样有关赠送礼品的邦交大事，岂会如过去所理解的那样，由于一个名叫“登徒”的一般官员怕负责任而擅自借故推脱、临时改变计划？②

“郢之登徒”的“政治身份”是小吏，人们认为他“怕负责任而擅自借故推脱……”这样理解并无不妥。汤先生的“试问”反倒是脱离实际的误论。

2.“郢之登徒”接待孟尝君了吗？

汤先生说③：

齐国的孟尝君到了楚国，在接待工作中送致象床的是楚国的“登徒”……这个接待孟尝君并且送致象床的“登徒”，即“左徒”之职。

《齐策三》中“郢之登徒”去见公孙戍，既不是“在执行任务时对外宾讲话”，更没有“接待孟尝君并且送致象床”。汤先生此处不仅误读，而且有脱离文本的演义。

3.“《齐策》的‘登徒’与宋赋的‘登徒’一样”吗？

汤先生说：“显而易见，《齐策》的‘登徒’与宋赋的‘登徒’一样，都应当是官名而非人名”。④ 此说难以成立。

《齐策》的郢之登徒是郢都的小吏，宋玉赋中的登徒子是襄王身边的大夫，两者时空、地位都不同，怎么能说一样呢？说都是官名既缺乏依据，也与文本不符。

4.“郢之登徒”有没有“大耍手段。说了不算”？

汤先生说：

“左徒”黄歇。他跟顷襄王在惧秦疏齐的外交方针支配下，表面上声称要赠孟尝君以极其珍贵的礼品“象床”，以敷衍这位声势赫赫，周行各国的外宾；而又从中大耍手段。说了不算，以免惹起秦国的注意。⑤

郢之登徒“不欲行”这件事，既没有不让孟尝君知道的预谋，公孙戍更没有隐瞒真相，马上就告诉了孟尝君：“郢之登徒不欲行，许戍以先人之宝剑”。汤炳正先生把小吏“郢之登徒”私下的小动作判断为：“左徒黄歇。他跟顷襄王，……从中大耍手段。说了不算”。不但偏离原文，而且大胆臆测，无中生有。

5.“郢之登徒”与“黄歇”无关

汤炳正先生曰：

孟尝君相齐跟黄歇任楚顷襄王“左徒”的时间，基本上是一致的。因此，当时孟尝君至楚，办接待工作的“登徒”，很可能就是“左徒”黄歇。⑥

廖化津先生驳曰：

按《孟尝君列传》及《六国年表》，齐愍王三十年（楚顷襄王五年，前294年），孟尝君

① 杨伯峻编著：《春秋左传注》，中华书局1981年版，第1284页。
② 汤炳正：《屈赋新探》，齐鲁书社1984年版，第56页。
③ 汤炳正：《屈赋新探》，齐鲁书社1984年版，第55页。
④ 汤炳正：《屈赋新探》，齐鲁书社1984年版，第56页。
⑤ 汤炳正：《屈赋新探》，齐鲁书社1984年版，第56页。
⑥ 汤炳正：《屈赋新探》，齐鲁书社1984年版，第56页。

出奔，召回后即“谢病，归老于薛”，再没有到国外去。直至齐襄王新立（楚襄王十六年）不久，孟尝君卒。据《楚世家》，顷襄王二十七年，黄歇才以左徒侍太子于秦，距离孟尝君“归老”已经二十二年。可见孟尝君至楚送象床的“登徒”当不是黄歇。①

黄歇在前273年“顷襄王以歇为辩，使于秦”；前272年“左徒黄歇侍太子完入质于秦”；前263年“歇至楚三月”，秋顷襄王卒；前262年考烈王元年，黄歇任令尹，号春申君；前238年，二十五年考烈王卒，春申君被李园杀害于寿春。

从时间上看，前294年孟尝君“卸任齐相”离齐赴魏。21年后（前272年）黄歇才担任左徒，左徒黄歇不可能与任齐相的孟尝君会面。从空间上看“孟尝君出行（五）国，至楚”在“郢都”（有“郢之登徒”为证）。而黄歇任左徒时，楚都在“陈”，地点不符，更不用说黄歇任左徒时大部分时间都“侍太子于秦”，并不在楚都。可见，“孟尝君、郢之登徒”都跟左徒黄歇没有关系。其实，依据汤先生引用的《淮南子·兵略训》之文：“然怀王北畏孟尝君，背社稷之守，而委身强秦，兵挫地削，身死不还”② 就可以大致判定，怀王北畏的“孟尝君”，跟顷襄王后期的左徒黄歇，其时、空、人物并不一致。

6.“郢之登徒”“左徒”“左（升/止）徒”三者互不相干

汤炳正先生说：

> 可以证明这个接待孟尝君并且送致象床的“登徒”，即“左徒”之职；也就是曾侯乙墓简文所记载的在曾侯葬事中赙赠车马的“左（升/止）徒”之职。③

“郢之登徒”是“郢都”的小吏，“楚之左徒”是大夫。曾侯乙墓中的“左（升/止）徒”，没有文献证明它与“左徒”相关。汤先生虚言“可以证明”，实则没有依据。

熊良智先生说：

> （汤炳正先生）根据曾侯乙墓简策“左升徒”研究，推进裘锡圭先生提出“左升徒”疑即“左徒”的结论，进一步明确了屈原为“左徒”的身份，澄清多年以来对“左徒”职官的种种误会。④

如此评论，有违事实。汤先生的左徒论，不但没有澄清种种误会，反倒混淆了楚国的大夫左徒、《战国策》中的小吏“郢之登徒”、“宋玉赋中的“登徒子大夫”与曾侯乙墓的“左登徒”四者之界线。

汤炳正先生曾经说：“不先解决语言文字问题，则所谓思想的剖析，文艺的评价，都是空中楼阁。”⑤ 就《孟尝君出行国》看，汤先生并没有解决此文中表示尊卑的语言文字问题，就把“郢之登徒”误认为“左徒黄歇”，此例实可作我们的前车之鉴。

四、“郢之登徒”不是“屈原”

廖化津先生说：

> 《淮南子·兵略训》说：“怀王北畏孟尝君。”所以孟尝君至楚，怀王倍加尊敬，而献象床。“登徒”，必然就是屈原。⑥

廖氏没有考证孟尝君“至楚”的时间与可能性，没有考证“登徒”是否与屈原相关，就说登徒必然就是屈原，显然没有说服力。

后来，赵逵夫先生说：

> 此篇“当系于周慎靓王三年（前318，即楚怀王十一年）。此前一年，齐楚燕赵韩楚共同支持公孙衍为魏相，山东六国形成联盟，此年五国合攻秦（齐国未参加攻秦），楚怀王为纵长。孟尝君出行五国，正是齐国与五国结好之后；楚送孟尝君象牙床，乃是怀王着意收买各国执政者以维持纵长地位的表现。”“《齐策三》中所写‘郢之登徒’乃楚之左徒。……这个左徒

---

① 廖化津：《屈原绝不是传说人物——驳屈原不见于先秦典籍说》，《云梦学刊》1991年第2期，第7—11页。
② 汤炳正：《屈赋新探》，齐鲁书社1984年版，第56页。
③ 汤炳正：《屈赋新探》，齐鲁书社1984年版，第55页。
④ 熊良智：《汤炳正先生〈楚辞〉研究的学术贡献》，《文学遗产》2009年第2期，第152页。
⑤ 汤炳正：《屈赋新探》，齐鲁书社1984年版，第248页。
⑥ 廖化津：《屈原绝不是传说人物——驳屈原不见于先秦典籍说》，《云梦学刊》1991年第2期，第9页。

是谁呢？我以为是屈原。”①

赵先生之说也经不起推敲。

前面已经证明：《齐策三》的“郢之登徒”其等级低于公孙戍（士），不是楚之左徒（大夫），与屈原、黄歇都无关。下面再从孟尝君任齐相的时间看，他与屈原有没有碰面的机会。

（一）“孟尝君出行五国”属虚构之辞

《齐策三》中“五国皆致相印于君”的孟尝君，理当是齐相。那么，孟尝君始任齐相是哪一年呢？考证如下：《魏世家》：“魏哀王九年，与秦王会临晋。张仪、魏章皆归于魏。魏相田需死，楚害张仪、犀首（公孙衍）薛公（田文）。楚相昭鱼谓苏代曰：‘田需死，吾恐张仪、犀首、薛公有一人相魏者也。’代曰：‘然相者欲谁而君便之？’昭鱼曰：‘吾欲太子之自相也。’”② 魏哀王九年田文为薛公，只能说明田文已经继其父位为“薛公”。而楚相昭鱼恐薛公“相魏”，说明其时薛公尚不是齐相，若已任齐相，则不会再任魏相。再从《楚世家》看：怀王二十年“齐之所信于韩者，以韩公子眛为齐相也”③。说明其时齐相为韩公子眛，而不是薛公。田文约在前310年，继位为“薛公”称孟尝君；约在前306年当上了齐相。此后，“伐楚九岁，攻秦三年”（前306年至前296年），前294年孟尝君离齐奔魏。（《史记·六国年表》有“田甲劫王，相薛文走”）孟尝君任齐相期间并没有机会访楚，故“孟尝君出行五国”属虚构之辞。

缪文远先生曰：

> 综观孟尝一生，足迹未涉楚境，此章疑亦依托之语。④

马王堆汉墓《战国纵横家书》有：

> 薛公相脊（齐）也，伐楚九岁，功（攻）秦三年。⑤

晁福林先生曰：

> 所谓“攻秦三年”当指孟尝君从秦逃归后联络齐、魏、韩三国共攻秦以后的三年，实当前298—前295年。翌年，即前294年是为孟尝君离齐赴魏之年，也就是帛书所谓的“王弃薛公”之年。所谓“伐楚九岁”的始年，当从三国伐秦的前298年上溯九年，即前306年。是年秦相甘茂出奔至齐，翌年，秦加强与楚关系，楚“倍齐而合秦”（《史记·楚世家》）。孟尝君主谋伐楚，当始于此时。我们说“伐楚九岁”当从齐、韩、魏三国伐攻秦的前298年上溯，还有一个证据，那就是《战国策·西周策》“薛公以齐为韩魏攻楚”章的记载。是章载韩庆对于孟尝君语谓，“君以齐为韩、魏攻楚，九年而取宛、叶以北以强韩、魏”。⑥

这些可作孟尝君约在前306年当上齐相的旁证。

（二）郢之登徒与屈原无关

屈原约在怀王十年至十五年任左徒。孟尝君约在前306年当上了齐相。即便他当年就“出行五国至楚”，屈原在八年前就已经被“疏”失职⑦。两个人没有碰面的机会。这就从另一方面证明了《齐策三》中的郢之登徒，不可能是屈原。

赵逵夫先生为何把“孟尝君出行五国”系于前318年呢？可能他认为⑧：“屈原之任左徒在怀王十年（前319年）。十一年楚、赵、魏、韩、燕五国共攻秦，楚为纵长”；“至怀王十六年（前313年），上官大夫之流内外勾结将屈原从朝廷中赶出”。若要把郢之登徒说成是左徒屈原，只有前318年这一个空当。既然要凑合屈原，也就顾不上孟尝君的流年了。

赵氏还有一些不能自圆其说之处。例如：既说“公元前318年。这时孟尝君虽然尚未继封”，田文的父亲田婴“靖郭君失宠于王”，又把“孟尝君出行五国”系于前318年。这是把尚未继封、在齐国尚

---

① 赵逵夫：《屈原与他的时代》，人民文学出版社2002年版，第134、138页。

② 司马迁：《史记》，岳麓书社1990年版，第387页。

③ 司马迁：《史记》，岳麓书社1990年版，第340页。

④ 缪文远：《〈战国策〉考辨》，中华书局1984年版，第109页。

⑤ 马王堆汉墓帛书整理小组：《战国纵横家书》，文物出版社1976年版，第27页。

⑥ 晁福林：《孟尝君考》，第132页。

⑦ 见本书《关于屈原的猜想》。

⑧ 赵逵夫：《屈原与他的时代》，人民文学出版社2002年版，第193、194页。

无职权的田文，说成是“执政者”，是“正掌握齐国大权的孟尝君”①。既说：“楚送孟尝君象牙床，乃是怀王着意收买各国执政者以维持纵长地位的表现。”又说“田文出行五国在五国伐秦之前②。”而在五国伐秦之前根本就没有纵长，如何维持纵长地位呢？赵氏还说：“楚之左徒不得不以不露痕迹、不影响双方关系的办法，提醒孟尝君”。③ 而《齐策三》中的“郢之登徒”与公孙戍一见面就亮明了他的身份；公孙戍则告诉孟尝君：“郢之登徒不欲行，许戍以先人之宝剑。”——何来不露痕迹的办法呢？

结　论

1. 史册记载楚有屈原与黄歇担任过左徒，级别为大夫。

2. 宋玉《登徒子好色赋》中的“登徒子”是顷襄王身边的大夫。《钓赋》有：“宋玉与登徒子偕受钓于元渊。”故古今学人公认登徒子为人名，而不是官称。

3. 曾侯乙墓内出现的“左（升/止）徒”，目前尚无资料证明与“左徒”相关。

4.《孟尝君出行国》属虚构之辞，而文中的“郢之登徒”是个小吏，不是“大夫左徒”。

5. 时空扫描对事物存在以及正确与否，是一种极为重要的方法。孟尝君约在前 306 年任齐相。即便他当年就“出行至楚”，屈原已经在八年前被“疏”不任左徒了。前 294 年孟尝君“卸任齐相”赴魏。21 年后（前 272 年）黄歇才担任左徒，故孟尝君不可能与左徒屈原或黄歇会面。“郢之登徒乃左徒论”与史实、与文本都不相符。

6. 汤炳正先生把“楚国的左徒”与“《战国策·齐三》的“郢之登徒”“宋玉《赋》中的“登徒子”“曾侯乙墓的“左登徒”合而为一的推论，缺乏依据，难以成立。

① 赵逵夫：《屈原与他的时代》，人民文学出版社 2002 年版，第 135、141 页。

② 赵逵夫：《屈原与他的时代》，人民文学出版社 2002 年版，第 134、136 页。

③ 赵逵夫：《屈原与他的时代》，人民文学出版社 2002 年版，第 141 页。

第五篇

《楚辞》成书探索

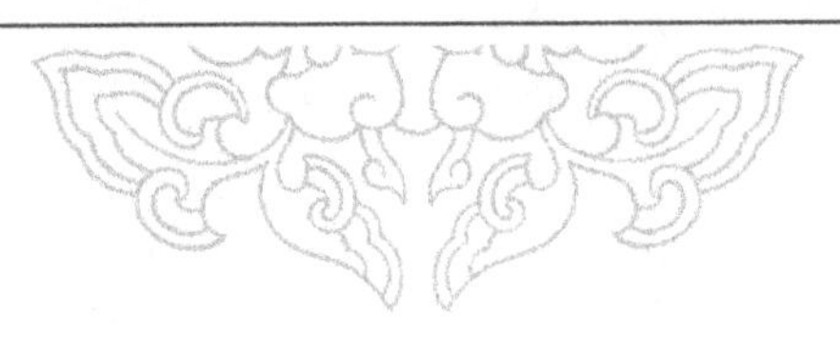

试论刘向“典校经书”与集《离骚楚辞》

摘要：王逸《离骚》后叙的“刘向典校经书分为十六卷”，一些学者把它说成是“刘向编集《楚辞》十六卷”，笔者认为这是个误解。从语句上看“典校经书”不应当解释为编集《楚辞》；从逻辑上讲，把典校经书说成编集《楚辞》属于偷换概念；从事理上看，《楚辞》既不是经书，也不需要典校。刘向典校经书与集《楚辞》是两件事，不能混为一谈。实际上“刘向集”书名并非《楚辞》，而是《离骚楚辞》。

关键词：刘向；离骚；楚辞；王逸；楚辞考论

一、“刘向典校经书，分为十六卷”的问题

（一）典校经书不是编集《楚辞》

楚辞界有些学者把王逸的“刘向典校经书，分为十六卷”说成“刘向编集《楚辞》十六卷”这样理解并不正确。

王逸《楚辞章句》“离骚后叙”曰：

> 而屈原履忠被谮，忧悲愁思，独依诗人之义而作《离骚》，上以讽谏，下以自慰。遭时闇乱，不见省纳，不胜愤懑，遂复作《九歌》以下凡二十五篇。楚人高其行义，玮其文采，以相教传。至于孝武帝，恢廓道训，使淮南王安作《离骚经章句》，则大义粲然。后世雄俊，莫不瞻慕，舒肆妙虑，缵述其词。逮至刘向，典校经书，分为十六卷。孝章即位，深弘道艺，而班固、贾逵复以所见改易前疑，各作《离骚经章句》。其余十五卷，阙而不说。又以壮为状，义多乖异，事不要括。今臣复以所识所知，稽之旧章，合之经传，作十六卷章句。虽未能究其微妙，然大指之趣，略可见矣。①

这段文字可分为三部分，前面讲“屈原著作二十五篇，楚人以相教传”，当中说“刘向典校经书，分为十六卷”，后面从“其余十五卷”起是王逸“作十六卷章句”的说明（可与书中“臣王逸章句”呼应）。文本的“其余十五卷，阙而不说”与前后文脱节，笔者猜测可能有缺失、错乱，故而引起后人误解。

近现代的胡念贻先生把王逸的“逮至刘向，典校经书，分为十六卷”理解为刘向编集《楚辞》，并得到力之、纪晓建等先生的认同。胡先生说：

> 《楚辞》是汉代刘向等人编集起来的。王逸《楚辞章句》叙里说：“逮至刘向，典校经书，分为十六卷。”这十六卷包括屈原、宋玉的作品和贾谊、东方朔、庄忌、王褒、刘向等人拟《楚辞》的作品。这就是王逸作《楚辞章句》时所依据的本子。②

把“刘向典校经书分为十六卷”理解为“刘向编集《楚辞》十六卷”，如此改字增文，有违文本、有违事理。从语句上看，“典校经书”不应当解释为“编集《楚辞》”；从逻辑上讲，把“典校经书”说成“编集《楚辞》”属于偷换概念；从事理上看，“分经书”与“集《楚辞》”是两件事，不能混为一谈。假若认可刘向编集《楚辞》，那么刘向集既不能称为经书，也不需典校。假如刘向典校经书（《楚辞》）分为十六卷，那么经书就不应该包括汉人的作品。刘向不可能把自己写的《九叹》和汉人的作品称为经书。要是刘向所编集的是经书（《楚辞》）十六卷，再加上汉人的作品，其书就该有二十几卷了，这显然与《楚辞章句》内容不符。而且胡氏心目中的“楚辞”与《楚辞章句》所称的“楚辞”根本不是同一概念。《章句》中屈原的作品皆称“离骚”，宋玉和贾谊、东方朔、庄忌、王褒、刘向等人的作品皆标“楚辞”。胡氏却把汉人模拟屈原的作品排除在“楚辞”之外，说是“拟《楚辞》的作品”，这与王逸所说根本不符。

---

① 洪兴祖：《楚辞补注》，中华书局1983年版，第48页。

② 胡念贻：《楚辞选注及考证》，岳麓书社1984年版，第264页。

（二）南宋吕祖谦的“分《离骚》为十六卷”

南宋赵希弁《读书附志·楚辞类》，录吕祖谦《离骚章句》有：

公谓王逸尝言刘向典校，分《离骚》为十六卷。班固、贾逵各作《离骚章句》，唯一卷传焉，余十五卷阙而不录。今观屈平所作凡二十有五，各有篇目，独此一篇，谓之《离骚》。窃意刘向所分即此篇，犹一篇之中有数章焉。故尝因逸之言，即《离骚》一篇。反复求之，考其文之起伏、意之先后，固有十六章次第矣。因而分之为十六章。①

纪晓建先生说：

不难看出，吕祖谦的理解是有问题的。首先，王逸《楚辞章句序》说屈原作有《离骚》及“《九歌》以下凡二十五篇”，刘向典校经书，将其“分为十六卷”。显然，刘向所分之十六卷《楚辞》包括屈原全部作品二十五篇而非仅仅《离骚》一篇。同时王逸又说后世之班固、贾逵等“各作《离骚经章句》。其余十五卷，阙而不说”。这里的“其余十五卷，阙而不说”显然是指班固等对刘向所辑十六卷《楚辞》中除《离骚》以外的屈原作品没有进行章句训解。②

纪先生的辩驳偏离了王逸《离骚后叙》的原文。《离骚后叙》文前面是说：“《离骚》……《九歌》以下凡二十五篇。楚人高其行义，玮其文采，以相教传。”而当中的“逮至刘向，典校经书，分为十六卷”前面有刘安作《离骚经章句》，其后有班固、贾逵各作《离骚经章句》，夹在当中的“刘向典校经书，分为十六卷”理当是指《离骚经》，怎么会变为后叙中根本没有的刘向所辑的《楚辞》呢？

纪先生说王逸《楚辞章句·离骚叙》中说：“逮至刘向，典校经书，分（《楚辞》）为十六卷。”这是刘向编辑《楚辞》的最早记载。③ 这是把“典校经书分为十六卷”偷换为“编辑《楚辞》十六卷”。请问刘向编集的《楚辞》能称经书需要典校吗？

纪先生这里刻意回避了《楚辞》并非经书这一关键问题。典校经书的要害是经书，非经书不在典校之列。纪先生的博士论文前面说：“刘向典校经书，将其‘分为十六卷’。显然，刘向所分之十六卷《楚辞》包括屈原全部作品……”后文却说：“刘向自己所编纂的十六卷本《楚辞》既不属于古籍的范围，故不该校；同时又不存在上述五方面的问题，故不需校。”④ 博士论文中如此自相矛盾实属败笔。而且吕祖谦、赵希弁和黄灵庚先生只是说“刘向典校经书，分为十六卷，不是编纂《楚辞》十六卷”，并没有否定王逸的“汉护左都水使者光禄大夫臣刘向集”，说他们“否定刘向编辑……《楚辞》”⑤，似乎有违他们的本意。

林云铭《楚辞灯》就将《离骚》分为十六段，并概括出每段之大意，指出上下文之间的呼应⑥，表现出对《离骚》行文内在联系的准确把握。可见“分《离骚》为十六卷”确实有道理。笔者认为：王逸《离骚后叙》之刘向典校经书，分为十六卷当指典校《离骚经》分为十六卷，而不是编《楚辞》十六卷。

（三）力之先生的“刘向典校经书时所致论”

力之先生驳斥笔者说⑦：“当指”云云，大误。此缘说者未悟“典校经书”一语，其于此意为典校经书时之所致也。如王逸《九叹序》云：“（刘向）典校经书，辩章旧文，追念屈原忠信之节，故作《九叹》。”即《九叹》为子政“典校经书”时所撰。

力之先生把王逸《离骚后叙》的“刘向典校经书分为十六卷”置换为“刘向典校经时所编的‘十六卷’《楚辞》”。——这是把谓语典校经书变为状语典校经书时，再把分经书，置换为编《楚辞》。如

① 孙猛：《郡斋读书志校证》，上海古籍出版社2005年版，第1167页。

② 纪晓建：《汉代楚辞学研究》，苏州大学博士论文2014年，第103页；纪晓建：《刘向编辑〈楚辞〉考论》，《南通大学学报（社科）》2013年第3期，第69—70页。

③ 纪晓建：《汉代楚辞学研究》，苏州大学博士论文2014年，第106页。

④ 纪晓建：《汉代楚辞学研究》，苏州大学博士论文2014年，第103、108页。

⑤ 纪晓建：《汉代楚辞学研究》，苏州大学博士论文2014年，第103页。

⑥ 林云铭：《楚辞灯》，华东师范大学出版社2012年版，第1—17页。

⑦ 力之：《从史公称〈春秋〉等之情形看其“读”“悲”指向——关于〈招魂〉作者与所招对象研究之方法论问题一》，《2013年西峡屈原学术研讨会论文集》，第815—823页。

此删改原文、偷换概念以曲解就己，显然不是严谨的学术论证。

再看力之先生所引的王逸《九叹》序：

（刘向）典校经书，辩章旧文，追念屈原忠信之节，故作《九叹》。”这里王逸分明是说：刘向在典校经书，辩章旧文时，因追念屈原忠信之节而作《九叹》。刘向典校经书，辩章旧文的数量非常多。只有在典校屈原作品时才会追念屈原忠信之节，故作《九叹》。

这才是《九叹》序合乎逻辑的解释。

假如这里的典校经书，辩章旧文不是指屈原作品，那它就与追念屈原，作《九叹》联系不上。可见王逸的《九叹》序恰恰证明，其刘向典校经书正是典校屈原作品，而不是编集《楚辞》。刘向在典校屈原作品时，编集《离骚·楚辞》、作《九叹》是相辅相成、并行不悖之事，既不要混为一谈，也不必相互排斥。

黄灵庚先生曰①：

王逸又说，“今臣复以所识所知，稽之旧章，合之经传，作十六卷《章句》”，是承接刘向“分为十六卷”来的，其所举的例子，“以壮为状”，即出现在《离骚》之中，与《离骚》以外的其他作品没有关系。所以，王逸“作十六卷《章句》”，当也是指《离骚》一篇分为十六章说的。”此说似乎与王逸文意不符，因为作十六卷《章句》可与书中的臣王逸《章句》呼应，而不是指《离骚》一篇分为十六章。文中的“分经书”与“作《章句》”显然不是一回事。

郭建勋先生说：

应劭《风俗通义》曰：“刘向为孝成皇帝典校书籍二十余年，皆先书竹，改易刊定。”可见刘向典校的书籍，大都是写在竹简上的，偶用丝帛，亦限于经书，故经有称“卷”者，而“诗赋”则全称“篇”，无一称“卷”，刘向焉能编“《楚辞》十六卷”?②

此论或可备一说。只是古籍中“卷与篇”往往混称，例如，王逸《离骚后叙》就有：“稽之旧章，合之经传，作十六卷章句。”所以仅仅以此，尚难以否定刘向编《楚辞》十六卷。

二、汉人所说的“楚辞”与“离骚”

（一）汉人所说的楚辞不包括屈原作品

现今流传最广的楚辞专著，当推王逸的《楚辞章句》、洪兴祖的《楚辞补注》。它们给人总的印象是：“楚辞”乃囊括屈原全部作品和选用一些仿屈原作品的专著。

其实汉人所说的楚辞并不包括屈原作品。

《史记·酷吏列传》曰：

始长史朱买臣，会稽人也。读《春秋》。庄助使人言买臣，买臣以《楚辞》与助俱幸，侍中，为太中大夫，用事。

《汉书·朱买臣传》有：

会邑子严助贵幸，荐买臣，召见，说《春秋》，言《楚辞》，帝甚说之，拜买臣为中大夫，与严助俱侍中。

《王褒传》云：

王褒字子渊，蜀人也。宣帝时修武帝故事，讲论六艺群书，博尽奇异之好，征能为《楚辞》九江被公，召见诵读，益召高材刘向、张子侨、华龙、柳褒等待诏金马门。

两者的“楚辞”有多解性，汉代“楚辞”的确切词义是什么呢？可以通过王逸《楚辞章句》和班固《汉书·地理志》了解。

王逸《九辩》序曰：

宋玉者，屈原弟子也。闵惜其师，忠而放逐，故作《九辩》以述其志。至于汉兴，刘向、

---

① 黄灵庚：《〈楚辞〉十七卷成书考辩》，《复旦学报（社科版）》2008年第3期，第4页。

② 郭建勋：《汉人对楚辞的整理和编纂》，《中国文学研究》1989年第2期，第65页。

王褒之徒，咸悲其文，依而作词，故号为“楚词”。①

在《楚辞章句》中屈原作品都标“离骚”，宋玉和汉人的作品皆称“楚辞”，这是何为“楚辞”的例证。

《汉书·地理志》则有：

始楚贤臣屈原被谗放流，作《离骚》诸赋以自伤悼。后有宋玉、唐勒之属慕而述之，皆以显名。汉兴，高祖王兄子濞，于吴招致天下之娱游子弟，枚乘、邹阳、严夫子之徒兴于文、景之际。而淮南王安亦都寿春，招宾客著书。而吴有严助、朱买臣，贵显汉朝，文辞并发，故世传“楚辞”。②

这段文字可分为两部分，“始楚贤臣屈原被谗放流，作《离骚》诸赋以自伤悼”是说屈原和他的作品“《离骚》诸赋”。其后是，楚之宋玉、唐勒；汉之濞、枚乘、邹阳、严夫子、淮南王安及宾客和严助、朱买臣等人仿屈原的作品，号称“楚辞”。这是班固对“楚辞”内涵的表述。“这里的楚辞应该只是一种诗体名称而非书名，而且它和屈原作品之间也并不一定有着直接的关系。”③

班固和王逸都明确地说屈原作品为离骚，宋玉和汉人仿屈原的作品为楚辞。

潘莉博士说：

《地理志》“这段话蕴含的意思是，刘安是将屈原、宋玉、唐勒、枚乘、邹阳、严忌等人创作的相关作品首先整理成书之人，这就是《楚辞》的最初辑本。”④

她承袭陈光忠先生的“屈原、宋玉所作之‘先秦《楚辞》’是刘安及其门客所辑”。⑤把《地理志》中的“楚辞”说是“刘安整理成书之《楚辞》”，此论与《楚辞》成书事实不符。

或曰“《楚辞》中的‘楚’具有专指屈原的特定内涵”，⑥则与王逸《楚辞章句》中屈原作品皆标“离骚”，宋玉和汉人的作品皆称“楚辞”的事实不符。

汤炳正先生说：

如果一个集子只包括一个人的作品，则应标以作者个人的名字。如《汉书·艺文志》称《屈原赋》二十五篇，《宋玉赋》十六篇是也。如果某种特殊的文学样式起源于一个地域，形成了流派因而集成了总集，则以冠以地名为合理。如《汉书·地理志》于列举屈原至朱买臣诸作家之后说“故世传《楚辞》”是也。⑦

此说有违事实。

《地理志》《朱买臣传》《王褒传》《楚辞章句》等所说的“楚辞”，是包括楚之宋玉、唐勒；汉之濞、枚乘、邹阳、严夫子、淮南王安及宾客和严助、朱买臣等人作品的“通号”，而不是《楚辞》之书。历史上从来没有涵盖如此多作家及作品的《楚辞》专书。

《左传·庄公二十八年》曰：“秋，子元以车六百乘伐郑……众车入自纯门，及逵市。县门不发，楚言而出。”其“楚言”当指楚地方言，而不是与汉语有异的楚言。

宋黄伯思说：

楚辞虽肇于楚，而其目盖始于汉世。然屈宋之文，与后世依仿者，遇有此目。而陈说之以为唯屈原所著则谓之《离骚》，后人效而继之则曰楚辞，非也。……屈宋诸骚，皆书楚语、作楚声、纪楚地、名楚物，故可谓之楚辞。⑧

其论与事实不符。

汉人把屈原作品谓之《离骚》乃是事实（见后文），故“陈说之以为唯屈原所著则谓之《离骚》，后人效而继之则曰楚辞”并没有说错。而且“《楚辞》中的‘楚声’、‘楚地’、‘楚物’，所占比例也比

① 洪兴祖：《楚辞补注》，中华书局1983年版，第182页。

② 班固：《汉书》（简体本），中华书局1999年版，第1328页。

③ 纪晓建：《汉代楚辞学研究》，苏州大学博士学位论文2014年，第142页。

④ 潘莉：《〈楚辞〉的命名与辞体的发展》，《兰台世界》2015年第2期，第142页。

⑤ 陈广忠：《论〈楚辞〉、刘安与〈淮南子〉》，《中国文化研究》2000年冬之卷，第86页。

⑥ 龚俫：《“楚辞”实为“楚”之“赋”辨——“楚辞”辨名之一》，《钦州学院学报》2011年第2期，第15页。

⑦ 汤炳正：《〈楚辞〉编纂者及其成书年代探索》，《江汉学报》1963年第10期，第53页。

⑧ 黄伯思：《校定楚辞序》《东观余论》（下），汲古阁刊，第83页。

较小……”① 根本不存在与汉语有异的“楚语”。

黄伯思和胡念贻等人把屈、宋连在一起，硬把“楚辞”之名套在屈、宋头上。如此违背事实、望文生义之解，既与《地理志》和《楚辞章句》书中所记的“楚辞”抵牾，也与汉代以后大多数人所理解的“楚辞”不符。汉人所称的“楚辞”是宋玉及汉人依仿屈原作品的通号，并不包括屈原的作品。《楚辞章句》中所称的“楚辞”，只是宋玉及汉人“通号楚辞”中很小的一部分，特别是《史记》《汉书》中一再提到的“以能言‘楚辞’显名、专精‘楚辞’的朱买臣”，并没有作品入《楚辞章句》。

而且汉人并没有把屈、宋连在一起，而是把宋玉与汉人连在一起称他们的作品为楚辞。《楚辞章句》流传之后“楚辞”才变为：囊括屈原作品和“仿屈原作品选”的统称。汉人所说的“楚辞”与《楚辞章句》流行后的“楚辞”其含义不同。

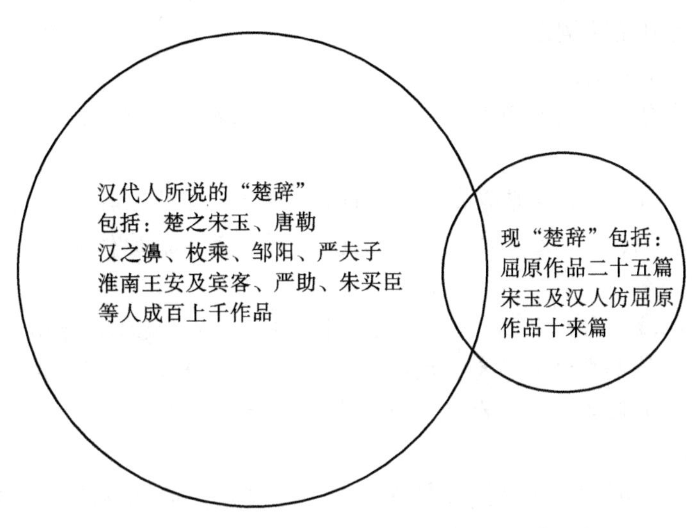

汉《楚辞》与现《楚辞》内涵示意图②

褚斌杰先生说：“‘楚辞’，按其本义来说，是指楚地的歌词的意思。”③ 方铭先生说：“《楚辞》之书的成名，在于自宋玉以至刘向、王褒，皆悲屈原之志，依屈原之文而作词。”④ 鲁迅先生说：“汉兴好楚声，武帝左右亲信，如朱买臣等，多以楚辞进。”⑤ 他们都没有把“楚辞”之名硬套在屈原头上。

（二）汉人没有称《楚辞》为《离骚》

汤炳正先生说：

> 自汉以来，多以《离骚》之名代《楚辞》全书，此乃古人以小名代大名之通例。汉人称《楚辞》为《离骚》，始于刘向。如《列女传·江妃二女传》云：“江女二妃者，《离骚》所谓湘夫人称帝子是也。”是前汉刘向已称《楚辞》中之《九歌》为《离骚》也。⑥

汤先生此论混淆了《楚辞》与《离骚》两个不同的概念，引文也有错误。

刘向、王逸、郑玄等汉人只是将《九歌》等屈原作品称为《离骚》，并没有以《离骚》之名代《楚辞》全书，《列女传》中也没有汤先生所说的引文。

《列女传·有虞二妃》其文为：“舜陟方死于苍梧，号曰重华。二妃死于江湘之间，俗谓之湘君。”⑦ 与汤先生之引文最接近者是《文选·思玄赋》所引的郭璞注：《列仙传》云：江妃二女，《离

① 周建忠：《楚辞考论》，商务印书馆 2003 年版，第 17—18 页。

② 作者绘制。

③ 褚斌杰：《中国古代文体概论》（增订本），北京大学出版社 1990 年版，第 52 页。

④ 方铭：《经典与传统：先秦两汉诗赋考论》，人民文学出版社 2003 年版，第 229 页。

⑤ 鲁迅：《汉文学史纲要》，人民文学出版社 1973 年版，第 56 页。

⑥ 汤炳正：《楚辞类稿》，巴蜀书社 1988 年版，第 63 页。

⑦ 张敬译注：《列女传今注今译》，台湾商务印书馆 1994 年版，第 2 页。

骚》所谓湘夫人称帝子者是也。①

这里汤先生把郭璞注《列仙传》误为刘向《列女传》；把郭璞之言，误为刘向。即便如此，其文也只是以《离骚》代《九歌》湘夫人并非以《离骚》代《楚辞》全书。

可是汤先生此说，往往被楚辞学界采信，或被引用其错误的引文……

力之先生就认同汤先生之说，把汉人的“楚辞”与《楚辞章句》面世后的“楚辞”混为一谈。力之先生认为：

> 引《楚辞》中《离骚》以外之屈原作品或非屈原作品，多称《离骚》，即同一文化氛围之产物。细究之，《楚辞》之非屈原作品，其入《楚辞》之理由，至少在汉人看来，均代屈原设言。因之，它可以被视为“屈原集”。故《离骚》不仅可概全部屈原作品，亦可括《楚辞》中之非屈原作品。②

此论缺乏依据，没有确凿的例证。

纪晓建先生叙述了一个事实：

> 王逸在《楚辞章句》中将屈原作品一律目之为“离骚”，而将宋玉以下诸作均称为“楚辞”。③

王逸此乃承袭刘向，同时表明《楚辞章句》之前，“楚辞”与“离骚”是互不相容的两个概念，汉人并没有称《楚辞》为《离骚》，汉人所说的《离骚》也不包括非屈原作品。

汤炳正先生考证：

> 《山海经·海内经》“都广之野”郭注云：“《离骚》曰：‘绝都广野而直指号。’”按：此即刘向《九叹》中“绝都广以直指兮”之异文讹句，“广”下衍“野”字，“兮”误为“号”，是晋人又称《楚辞》中之汉人作品为《离骚》也。此皆古人举《离骚》作为全部《楚辞》代称之证。④

从这个考证可见“以《离骚》之名代《楚辞》”始于郭璞。而郭璞之前，并没有把汉人的作品称《离骚》之例证。

（三）汉人等往往用“离骚”指代屈原作品

《太史公自序》：“屈原放逐，著《离骚》。”⑤

刘向《新序·节士》：“屈原遂放于外，乃作《离骚》。”⑥

班固《汉书·贾谊传》：“屈原，楚贤臣也。被谗放逐，作《离骚》赋”。”⑦

《地理志》有：“始楚贤臣屈原被谗放流，作《离骚》诸赋以自伤悼。”⑧

班固《离骚》序：“《离骚》二十五篇，多忧世之语。”⑨

这些汉人都把屈原作品称为《离骚》，并没有称《楚辞》者。王逸《楚辞章句》中“屈原作品皆标‘离骚’，后人效仿之作皆曰‘楚辞’”。

三、“刘向集”名或为《离骚楚辞》

（一）刘向集《楚辞·离骚》的证据

王逸《楚辞章句》的“汉护左都水使者光禄大夫臣刘向集”就是刘向集《（离骚）楚辞》的证据。王逸的“逮至刘向，典校经书，分为十六卷”或许是指“以《离骚经》一篇为十六章”，而不是“刘向编辑《楚辞》的记载”。林维纯先生在《刘向编集〈楚辞〉初探》中说：

---

① 萧统编，李善注：《文选》，上海古籍出版社1986年版，第659页。

② 力之：《楚辞与中古文献考说》，巴蜀书社2005年版，第24页。

③ 纪晓建：《汉代楚辞学研究》，苏州大学2014年博士学位论文，第191页。

④ 汤炳正：《楚辞类稿》，巴蜀书社1988年版，第64页。

⑤ 司马迁：《史记》，岳麓书社1988年版，第945页。

⑥ 《新序今注今译》，第240页。

⑦ 班固：《汉书》（简体本），中华书局1999年版，第1708页。

⑧ 班固：《汉书》（简体本），中华书局1999年版，第1328页。

⑨ 洪兴祖：《楚辞补注》，中华书局1983年版，第50页。

刘向，则可称得上是编集《楚辞》的集大成者，是楚辞学的奠基人。因为东汉王逸《楚辞章句》所依据的底本，原是由刘向编集而成。……王逸《楚辞章句》，分明标记“汉护左都水使者光禄大夫臣刘向集”。①

暨南大学的林先生就没有把王逸的“刘向典校经书，分为十六卷”理解为刘向编集《楚辞》。

（二）《刘向集》之前或已有《离骚》

程海翔先生说：

《汉书·扬雄传》却明言：“又旁《惜诵》以下至《怀沙》一卷名曰《畔牢愁》”，而《惜诵》以下至《怀沙》皆是《九章》中之作品。考之今之所存《畔牢愁》之文，亦往往摭《九章》之文而反。如：“舒中情之烦惑兮，恐重华之不累于；陵阳侯之素波兮，岂吾累之独见许。”前一句显然依《思美人》“申旦以舒中情兮，志沈菀而莫达”和《惜诵》“申侘傺之烦惑兮，中闷瞀之忳忳”而反。而下句则显然旁《哀郢》“凌阳侯之氾滥兮，忽翱翔之焉薄”和《悲回风》“凌大波而流风兮，托彭咸之所居意”而反。又，《汉纪》载成帝诏刘向“点校经书”在河平三年（前26年），此时扬雄约18岁，而《汉书·扬雄传》载扬雄作《畔牢愁》时为少时，故扬雄所旁之集非刘向所辑之集，当为可信。扬雄作《畔牢愁》时，或亦可能存在其他屈原之集。综合以上材料：在刘向编辑《楚辞》之前，很可能已经存在一部名为《离骚》之集。②

此论可备一说。

（三）“刘向集”或名《离骚楚辞》

王逸《楚辞章句》有：“汉护左都水使者光禄大夫臣刘向集；后汉校书郎臣王逸章句。”这是《楚辞章句》以“刘向集”为底本的确证。王逸没有说“刘向集”之名，汉人的论述中也没有论及此书之名。后人多以为“刘向集”名曰《楚辞》，这只是个推测，并没有实证。

若是按程海翔先生说：在《刘向集》之前已经存在一部名为《离骚》之集，那么刘向把屈原作品《离骚》与宋玉和汉人的“楚辞”作品选编辑为《离骚楚辞》就是顺理成章之事。

王充《论衡·变动篇》有：“万人俱叹，未能动天，一邹衍之口，安能降霜？邹衍之状，孰与屈原？见拘之冤，孰与沉江？《离骚》《楚辞》凄怆，孰与一叹？屈原死时，楚国无霜。”③王充将“离骚”与“楚辞”并立，说明它们是两个独立的概念，标点者把离骚、楚辞标为两本书似乎缺乏依据。因为王充之时或许有《离骚》但是还没有《楚辞》之书。所以王充所说的离骚、楚辞，可能就是刘向所集的《离骚楚辞》这本书。

晁补之《鸡肋集·卷三十六·离骚新序》记载④：“刘向《离骚楚辞》十六卷，王逸传之。按八卷皆屈原遭忧所作，故首篇曰离骚经，后篇皆曰离骚，余皆曰《楚辞》。”这是晁补之看到的、王逸所传“刘向集”之书名为《离骚楚辞》之证明。而且王逸《楚辞章句》书中还保留了刘向《离骚楚辞》中，屈原作品“皆曰《离骚》，余皆曰《楚辞》”的踪迹。

王逸《楚辞章句》因循“刘向集”，其书就是由屈原作品“离骚”和仿屈原作品“楚辞”两部分构成。这也隐含了“刘向集”可能名《离骚楚辞》的信息。

《四库提要》说的“屈宋诸赋，定名楚辞，自刘向始也”并没有依据。

（四）刘向《离骚楚辞》十六卷中屈原作品是八卷

《隋书·志第三十》曰：“楚有贤臣屈原，被谗放逐，乃著《离骚》八篇，言己离别愁思，申抒其心……”⑤《隋志》说“屈原的作品是八篇（卷）”可能来源于刘向《离骚楚辞》，而王逸《楚辞章句》中屈原的作品只有七卷，可能是王逸将《招魂》划归宋玉之过。

晁补之《鸡肋集》也记：“刘向《离骚楚辞》十六卷，王逸传之。按八卷皆屈原遭忧所作……”只

① 林维纯：《刘向编集〈楚辞〉初探》，《暨南学报（哲社版）》1984年第3期，第86、91页。

② 程海翔：《〈离骚〉与屈原之集——以〈楚辞〉成书研究为中心》，《海南大学学报（社科版）》2008年第1期，第78页。

③ 王充：《论衡》，上海人民出版社1974年版，第231页。

④ 晁补之：《鸡肋集》卷三十六·离骚新序。

⑤ 魏征等：《隋书》，中华书局1973年版，第1056页。

不过他的“屈原作八卷”是将《大招》划归屈原。

四、王逸的《楚辞章句》及其“楚辞”悖论

（一）王逸之著名为《楚辞章句》

贵州大学王伟先生说①：

> 李善注《文选》称引王逸者近五百次，所引称“楚辞注”者则逾两百次。如“王逸《楚辞注》”……谓“王逸曰”者近一百九十次。……多有称引“王逸序”者，如“王逸《楚辞序》”。

王伟先生据此得出：“李善所据王逸《楚辞》著作之名实为《楚辞注》而非《楚辞章句》。”把李善《文选注》的“王逸楚辞注”“王逸楚辞序”标为王逸《楚辞注》、王逸《楚辞序》缺乏依据，再据此认定王逸之著“实为《楚辞注》而非《楚辞章句》”似乎过于轻率。（似乎应该把它们标为“王逸《楚辞》注”和“王逸《楚辞》序”）。

范晔《后汉书·王逸传》曰：

> 王逸字叔师，南郡宜城人也。元初中，举上计吏，为校书郎。顺帝时，为侍中。著《楚辞章句》行于世。②

> 张政烺《文史丛考》③：“《王逸集》牙签考证”其“象牙书签”之文为：“初元中，王公逸为校书郎，著《楚辞章句》及诔书、杂文二十一篇。”“体势在隶楷之间，当属魏晋或北朝时物，不得早至汉代”。

这些记载说明王逸书之原名是《楚辞章句》。王逸《离骚后叙》曰：“今臣复以所识所知，稽之旧章，合之经传，作十六卷《章句》。”也说其著为《××章句》而不是《楚辞注》。

（二）王逸概念不同的两个楚辞悖论

王逸《楚辞章句》由“主体”屈原作品（离骚）和“附录”宋玉及汉人仿代屈原的作品（楚辞）两部分组成。可是他把书名定为《楚辞章句》后，其“楚辞”就变为以屈原赋二十五篇为主，入选了部分仿屈原作品的《楚辞》。《楚辞章句》还把“离骚”与“楚辞”的主从关系颠倒了，从楚辞附于离骚，变为《楚辞》包括离骚和仿屈原作品选。

这就是概念不同的两个楚辞之源头。王逸可能没有意识到：《楚辞章句》书内的“楚辞”与书名《楚辞》，含义相悖。

《隋书·经籍四》：

> 《楚辞》者，屈原之所作也。……弟子宋玉痛惜其师，伤而和之其后。贾谊、东方朔、刘向、扬雄嘉其文采，拟之而作。盖以原楚人也，谓之《楚辞》。④

这是王逸的《楚辞章句》流传之后的《楚辞》概念。

自隋至今学界已认同了这个概念，今人既不需要，也不可能改变现有的楚辞（《楚辞》）概念，只是在论及汉人之“楚辞”时，不要以今代古无视其差异。

学界多认同《四库全书总目》“屈宋诸赋，定名《楚辞》，自刘向始”，其说并没有依据。其实《楚辞》定名应该自王逸《楚辞章句》始。

五、洪兴祖《楚辞补注》以王逸《楚辞章句》为正

汉人的屈原作品称“离骚”，宋玉及汉人仿代屈原的作品称“楚辞”在后人的论述中还是有反映的。例如，《隋书志·第三十》曰：“楚有贤臣屈原，被谗放逐，乃著《离骚》八篇……”

晁补之曰：“按八卷皆屈原遭忧所作，故首篇曰离骚经，后篇皆曰离骚，余皆曰《楚辞》。”

---

① 王伟：《论先唐所传王逸〈楚辞〉著作之名实为〈楚辞注〉》，《2017年昆明屈原及楚辞学国际学术研讨会暨中国屈原学会第十七届年会论文集》（下），第15—22页。

② 范晔：《后汉书·文苑列傅》第七十上，中华书局1965年版，第2618页。

③ 张政烺：《文史丛考》，中华书局2012年版，第175页。

④ 魏征等：《隋书》，中华书局1973年版，第1055—1056页。

洪兴祖《湘君》后叙有：《礼记》：舜葬于苍梧之野，盖二妃未之从也。注云：《离骚》所歌湘夫人，舜妃也。① 把屈原的二湘称为《离骚》（只是没有说明此“注”是谁作?）。

朱熹也说：“《离骚》二十五篇，多忧世之语。② 都是用《离骚》代称屈原作品。”

宋人陈说之有：“唯屈原所著则谓之《离骚》，后人效而继之则曰楚辞。”

朱熹《楚辞集注》序曰：

> “盖自屈原赋《离骚》而南国宗之，名章继作，通号‘楚辞’，大抵皆祖原意，而《离骚》深远矣。”③

《楚辞集注》也是把屈原的作品都称为《离骚》。

宋人的这些看法多半源自王逸《楚辞章句》等汉人的观点，否则不会异口同声。

有人认为：

> 晁补之、陈说之等宋人的“屈原所著谓《离骚》，后人效而继之曰楚辞”是“对离骚、楚辞做了新定义”。

说《楚辞补注》的“屈原作品皆标‘离骚’，非屈原作品皆标‘楚辞’等”不是源自《楚辞章句》，而是“《补注》在版本上保留了宋人这种定义的痕迹”。此说既没有依据也不合情理，“晁补之、陈说之等宋人的‘屈原所著谓《离骚》，后人效而继之曰楚辞’”并非“对离骚、楚辞做了新定义”，而是追寻汉代人的本意。正如毛庆先生所说：“晁补之不仅要努力恢复刘向本之原貌，还希望该著成为善本。”④

陈培凤先生指出：

> 晁补之《重编楚辞》、《续楚辞》、《变离骚》三书在后代楚辞研究过程中，也是作为不可或缺的重要的参校材料之一，很多学者明沈云翔、清蒋骥、钱澄之等都在序文中明确提到。其中，有些学者还针对宋时洪兴祖、晁补之和朱熹三个本子进行了对比研究，对三者在楚辞学史和文学史的历史价值和文学意义得出的评价客观中肯，值得我们借鉴思考……⑤

洪兴祖说：“世所传《楚辞》，惟王逸本最古，凡诸本异同，皆当以此为正。”⑥ 可见洪氏使用的王逸《楚辞章句》是当时“最古”的版本。他不可能舍弃古本，而采用宋人的观点。所以现今最能反映《楚辞章句》古本之貌的非《楚辞补注》莫属。《四库全书总目》曰：《楚辞补注》“于《楚辞》诸注中，特为善本”。《楚辞补注》行世之后，《楚辞章句》已经难寻了。

《楚辞补注》中：“汉护左都水使者光禄大夫臣刘向集；后汉校书郎臣王逸章句。”卷一至卷十六皆题“校书郎臣王逸上”。“屈原作品皆标‘离骚’，非屈原作品皆标‘楚辞’”等等，都源自王逸《楚辞章句》。今《楚辞补注》是最接近《楚辞章句》的版本。

六、许慎、高诱的《楚辞》

许慎《说文解字》卷二上：“些，语辞也。”卷十二下：“媭，女字也。”《楚辞》曰：“女媭之婵媛。”⑦（《离骚》）与王逸同时代的许慎，其《说文解字》把《离骚》中的“媭”称为《楚辞》，《楚辞章句》是汉安帝时王逸任校书郎上呈朝廷的书。《说文解字》是建光元年定稿献于朝廷的。假如此解源于《楚辞章句》，自然问题不大。假如《说文解字》早于《楚辞章句》，则许慎把《离骚》称为《楚辞》就与其他汉人的“楚词”概念不同。

东汉末年高诱注《淮南子·览冥训》“断鳌足以立四极”：“鳌，大龟。天废顿，以鳌柱之。《楚辞》

---

① 洪兴祖：《楚辞补注》，中华书局1983年版，第64页。

② 朱熹，蒋立甫校点：《楚辞集注》，上海古籍出版社1979年版，第227页。

③ 朱熹，蒋立甫校点：《楚辞集注》，上海古籍出版社1979年版，第2页。

④ 毛庆：《宋代楚辞研究思想初探》，《2013年西峡屈原及楚辞学国际学术研讨会暨中国屈原学会第十五届年会论文集》，第478页。

⑤ 陈培凤：《晁补之骚体赋研究》，首都师范大学硕士论文2008年，第24页。

⑥ 洪兴祖：《楚辞补注》，中华书局1983年版，第13页。

⑦ 许慎：《说文解字》，中华书局1963年版，第38、260页。

曰：‘鳌载山（抃）下，其何以安之’，是也。”① 高诱称《天问》之文为《楚辞》，或许是采用了王逸《楚辞章句》的概念。

结　论

1. 汉人所说的“楚辞”是包括楚之宋玉、唐勒、汉王刘濞、枚乘、邹阳、严夫子、淮南王刘安及宾客和严助、朱买臣等人的通称。他们的作品大多没有入选“刘向集”和《楚辞章句》。特别是《史记》《汉书》一再提到的“以能言‘楚辞’的朱买臣”也没有作品入《楚辞章句》。《楚辞章句》之前，汉人所说的“楚辞”，既不包括屈原作品，更不是《楚辞》专著。历史上从来没有包括如此众多作家、海量作品的《楚辞》总集。《楚辞章句》中的“楚辞”只是通称中很小的一部分。

2. 王逸以“刘向集”为底本作的《楚辞章句》，由屈原作品“离骚”和附录“楚辞”两部分组成，它隐含了“刘向集”书名为《离骚楚辞》的信息。晁补之《鸡肋集》说“刘向《离骚楚辞》十六卷，王逸传之”是“刘向集”名《离骚楚辞》的证据。

3. 由于王逸把书名定为《楚辞章句》，其“楚辞”已经变为以屈原赋二十五篇为主，入选了部分仿屈原作品的《楚辞》。此书流传之后，人们才用《楚辞》来统称这两类作品。

4. 王逸上呈朝廷时的《楚辞章句》只有十六卷，现十七卷《楚辞章句》是后人添加了王逸《九思》的版本。

5. 王逸《楚辞章句》中的“刘向典校经书，分为十六卷”是典校经书分为十六卷，而不是编集《楚辞》十六卷。刘向编集的《楚辞》也不能称为经书。

6. 洪兴祖说：“世所传《楚词》，惟王逸本最古，凡诸本异同，皆当以此为正。”可见他使用的《楚辞章句》是当时最古的版本。现今最能反映《楚辞章句》古本之貌的非《楚辞补注》莫属。

① 刘安：《淮南鸿烈解》，文物出版社 1988 年版，第 28—46 页。

《〈楚辞〉成书之探索》商榷

摘要： 汤炳正先生的《楚辞》成书五阶段论想象大胆，思路开阔，但缺少文献佐证。他断言："《楚辞释文》的篇次，跟王逸《楚辞章句》的原始篇次相合。《楚辞章句》的原始篇次，乃《九辩》在前。"而《楚辞章句》中有许多《九歌》《九章》有注《九辩》未注的反证。《楚辞释文》既更改了《楚辞章句》的书名，又更改了《离骚经》的篇名，可见它不是王逸《楚辞章句》的原貌。

关键词： 楚辞章句；楚辞释文；九辩；结集成书

蒋南华先生称《〈屈原列传〉理惑》和《〈楚辞〉成书之探索》是汤炳正先生"在屈学领域'开宗立派，自成体系，蔚然为一代宗师'的奠基石"①。汤序波先生说：汤炳正先生的《楚辞》研究"当以《〈屈原列传〉理惑》和《〈楚辞〉成书之探索》最具代表性，堪称他学术道路上的两座丰碑"②。汤炳正先生在1995年6月说："我的某些学术论点，一提出来就被学术界所认同的，也有不少实例。如1962年写的《〈屈原列传〉理惑》、1963年写的《〈楚辞〉成书之探索》，当时学术界就视为定论，辗转引用。"③ 可见他本人也很看重这两篇论文。

汤先生《〈楚辞〉成书之探索》的关键是：以洪兴祖《楚辞补注》："王逸的《九章》注云：'皆解于《九辩》中'，知《释文》篇第盖旧本也④"为前提，由此推断"《楚辞释文》的篇次《九辩》在前，它就跟王逸《楚辞章句》的原始篇次相合"⑤，再以《楚辞释文》的目录篇次为基础，演义出"《楚辞》编辑五阶段"。

其实洪兴祖的"王逸的《九章》注云：'皆解于《九辩》中'"只是个误解。因为王逸此注是个特指，他在注其他共文时，则只注《九歌》《九章》而不注《九辩》。

汤先生的"《楚辞》编辑五阶段论"，观点虽然新颖，但是，依据不足、基础不牢，忽略了很多不利材料和反证。下面就汤先生论文中的部分观点展开讨论，不当之处请指正。

一、《楚辞释文》非《楚辞章句》原始篇

汤先生1963年发表的《〈楚辞〉编纂者及其成书年代的探索》中说：

> 《楚辞释文》的篇次，却跟王逸《楚辞章句》的原始篇次相合。因为这个篇次是《九辩》在前，《九章》在后，所以王逸的《九章》注云："皆解于《九辩》中"。洪氏的这一重要发现，也见于他的《楚辞补注》目录后。凡见于前者即略于后，乃王逸《楚辞章句》的惯例。如《七谏》注云："已解于《九章》篇中"；又《哀时命》注云："已解于《七谏》也"。因此，王逸《楚辞章句》的原始篇次，乃《九辩》在前，是不容置疑的事实。近刘永济先生的《屈赋通笺》又有一个新的发现。他认为王逸的《楚辞章句》，于《九歌》、《九章》的叙文中都不释"九"字之义，而在《九辩》的叙文中则曰："九者，阳之数，道之纲纪也。故天有九星，以正机衡，地有九州岛，以成万邦，人有九窍，以通精明。"这更证明了王逸《楚辞章句》的原始篇次，《九辩》不仅在《九章》之前，而且在《九歌》之前，跟《楚辞释文》的篇次相同。⑥

此论断既忽视《楚辞章句》的众多反证，又缺乏文献依据，太草率了。具体分析如下：

① 蒋南华：《文章道德彪炳千秋》，《贵州文史天地》2001年第6期。

② 汤序波：《汤炳正传》，华龄出版社2010年版，第161页。

③ 汤炳正：《楚辞讲座》，广西师范大学出版社2006年版，第200页。

④ 洪兴祖：《楚辞补注》，中华书局1983年版，目录后。

⑤ 汤炳正：《〈楚辞〉成书之探索》，《屈赋新探》，齐鲁书社1984年版，第85—109页。汤炳正：《〈楚辞〉编纂者及其成书年代的探索》，《江汉学报》1963年第10期，第49—57页。

⑥ 汤炳正：《〈楚辞〉编纂者及其成书年代的探索》，《江汉学报》1963年第10期，第50页。

（一）王逸《哀郢》注“此皆解于《九辩》中”的真相

龚俫先生指出：洪兴祖由王逸的《哀郢》注：“此皆解于《九辩》中”，推测“《楚辞释文》篇第，盖旧本也。”然诸说实有值得检讨之处。王逸在《哀郢》“尧舜之抗行兮”至“美超远而逾迈”（八句）之后的注曰：“此皆解于《九辩》之中。”这是个特指。洪兴祖等人没有分清原委，把它当作泛指，并误解、扩大为“《九章》注‘皆解于《九辩》中’”，从而武断地得出：“《释文》篇第，盖旧本也”。

龚俫先生说：

> 《九辩》“尧舜之抗行兮”至“美超远而逾迈”共十六句。这十六句中，前后各四句完全“抄袭”《哀郢》的八句，中间又插入了宋玉所发挥的“彼日月之照明兮，尚黯黮而有瑕”等八句。王逸在注解时，为了避免重复，选择在《九辩》中作注。因为解释了《九辩》的十六句，也就解释了《哀郢》的八句。这与《九辩》和《哀郢》的篇次前后无关。类似情况在洪兴祖的《补注》中也有。如《国殇》“左骖殪兮右刃伤”。“补注”曰：“骖，见《远游》。”（《远游》的篇次，各版本都在《国殇》之后。）这是因为《远游》中：“服偃蹇以低昂兮，骖连蜷以骄惊。”“骖”和“服”对举，把“骖”与“服”一并作解，能够更清楚地解说词义。故洪氏把“骖”放到《远游》中去解。①

请看王逸注《九歌》《九章》与《九辩》共文之常例：

1.《哀郢》与《九辩》

《哀郢》“忽翱翔之焉薄”王注“薄，止也……”而《九辩》“超逍遥兮今焉薄?”之“薄”未注。

《哀郢》“忠湛湛而愿进兮”王注“湛湛，重厚貌”。而《九辩》“骛诸神之湛湛”之“湛湛”不注。

2.《哀郢》以外的《九章》《九歌》与《九辩》

《云中君》，王逸注“猋远举兮云中”之“猋”，而不注《九辩》“猋壅蔽此明月”，注“蹇将憺兮寿宫”之“蹇”，而不注《九辩》“蹇淹留而无成”。

《湘君》，注“横流涕兮潺湲”之“潺湲”，而未注《九辩》“涕潺湲兮下沾轼”，注“聊逍遥兮容与”之“逍遥”，而不注《九辩》“聊逍遥以相佯”，注“邅吾道兮洞庭”之“邅”，而不注《九辩》“邅翼翼而无终”。

《惜诵》，注“惜诵以致愍”之“诵”，而不注《九辩》“自压按而学诵”。

《怀沙》，注“伯乐既没”之“伯乐”，而不注《九辩》“无伯乐善相”……

从《楚辞章句》全书的注释来看，根本没有洪氏所说的“《九章》注皆解于《九辩》中”的事实。有这么多的反证，当可否定汤先生的“王逸《楚辞章句》的原始篇次，乃《九辩》在前，是不容置疑的事实。”

若依见于前者即略于后的惯例，则《九辩》之篇次当在《九歌》《九章》之后。②

《楚辞补注》所说：而王逸《九章》注云：“皆解于《九辩》中”，知《释文》篇第盖旧本也，后人始以作者先后次叙之尔。③ 这乃是洪兴祖的误解。况且此说与他的“世所传《楚词》，惟王逸本最古，凡诸本异同，皆当以此为正”④ 自相矛盾。实际上《楚辞补注》也是以王逸本《楚辞章句》为正，没有采用《释文》的篇次。

陈锦剑先生指出：

> 洪兴祖《楚辞补注》中云：屈原赋二十五篇，《渔父》以上是也。《楚辞释文》篇目中，《渔父》以上的作品，显然多出了《九辩》。从中我们可以看出，洪兴祖并不认为《楚辞释文》的编次是古本《楚辞章句》的原貌。假设从汉代到唐代，原本《楚辞章句》的篇次跟《楚辞释文》是相同的，就不会出现此矛盾。从现存洪氏《补注》中的注释看……洪氏见过唐本，

---

① 龚俫：《〈楚辞〉研究三题》，广西师范大学硕士论文2007年。

② 龚俫：《〈楚辞〉研究三题》，广西师范大学硕士论文2007年。

③ 洪兴祖：《楚辞补注》，中华书局1983年版，目录。

④ 洪兴祖：《楚辞补注》，中华书局1983年版，第13页。

释文本外，还有古本。由此可知，释文本和古本并不相同。①

（二）九字在《九辩》中释之并非因篇次在前

前面已经列举了大量《九歌》《九章》有释，而《九辩》不释的例子，可证明《楚辞章句》的原始篇次并非《九辩》在前。可是汤先生还认为：

“凡见于前者即略于后，乃王逸《楚辞章句》的惯例。”“《楚辞章句》于《九歌》、《九章》的叙文中都不释‘九’字之义，而在《九辩》中释之；更证明王逸《楚辞章句》的原始篇次，《九辩》不仅在《九章》之前，而且在《九歌》之前。”②

故龚俫先生质疑道：

《离骚》，其提到“九”字者有“指九天以为正”、“滋兰之九畹”、“虽九死其犹未悔”、“启《九辩》与《九歌》”、“思九州岛之博大”、“九嶷缤其并迎”、“奏《九歌》而舞韶”等，而对这些语句中的“九”字，王逸亦均未作解。难道我们能据此断《离骚》的篇次在《九辩》之后?③

姜亮夫先生也指出：

《招魂》一篇，依《释文》次，则后于《招隐士》，而《章句》释招字，不在《招隐士》篇，乃在《招魂》篇。则解见前篇一例，不必即为审实篇第之惟一标准。④

至于《楚辞释文》为何置《九辩》于《九歌》之前？黄灵庚先生有个解释：

《九辩》本是宋玉之作，以其次于《离骚》之后。之所以如此，并非如汤炳正先生所说，为先秦时期宋玉编纂的“屈、宋合集”，而是依据屈原作品的内证。《离骚》：“启《九辩》与《九歌》兮，夏康娱以自纵。”《天问》：“启棘宾商，《九辩》、《九歌》。”两例《九辩》皆在《九歌》之前。所以，尽管《九辩》为宋玉所作，王逸还是据此排列，置《九辩》于《九歌》之前。⑤

此说难以成立，因为根本没有王逸置《九辩》于《九歌》之前的依据，它仅仅是《楚辞释文》编集者的个人观点。或许其编集者以为《九辩》是屈原的作品，所以把它排在《离骚》之后。而认为屈原作《九辩》者历代不乏其人。如曹植《陈审举表》曰：屈原云“国有骥而不知乘兮，焉皇皇而更索（见《九辩》）”。明焦竑的《笔乘》、清吴汝纶《古文辞类纂校勘记》、梁启超《楚辞解题以及气读法》等，都认为《九辩》是屈原的作品。至于《楚辞释文》为何能一直通行于世，想必其中自有独出心裁的妙论，能够引人注目。可惜其书已失，无法具体分析。

（三）《楚辞释文》并非《楚辞章句》旧貌

1.《释文》把《九辩》置于《九歌》、《九章》之前与王逸《章句》的旧貌不合

黄灵庚先生说：

《楚辞释文》的目录是否即是刘向、王逸《楚辞》十七卷本的原始面貌，尤需慎重，未可妄下断语。清代四库馆臣曾指出：“洪兴祖《考异》，于《离骚经》下注曰《释文》第一，无‘经’字。则逸注明云：‘离，别也。骚，愁也。经，径也。’则逸所注本确有‘经’字，与《释文》本不同必谓《释文》为旧本，亦未可信。”说明《楚辞释文》并非王逸《楚辞章句》的原貌。⑥

可是他又说：

近从国家图书馆善本部得见王国维手校汲古阁《楚辞补注》本，发现王氏在《楚辞目录》下有批语说：“按《九辩》、《九歌》，皆古之遗声。《离骚》云：‘启《九辩》与《九歌》兮，夏康娱以自纵。’《大荒西经》云：‘夏后开上三殡于天，得《九辩》与《九歌》以下。’故旧

① 陈锦剑：《〈楚辞〉专题研究》，广州师范大学硕士学位论文 2010 年 5 月，第 29 页。
② 汤炳正：《〈楚辞〉编纂者及其成书年代的探索》，《江汉学报》1963 年第 10 期，第 50 页。
③ 龚俫：《〈楚辞〉研究三题》，广西师范大学硕士论文 2007 年。
④ 姜亮夫：《楚辞学论文集》，《姜亮夫全集》（八），云南人民出版社 2002 年版，第 383 页。
⑤ 黄灵庚：《〈楚辞〉十七卷成书考辩》，《复旦学报（社科版）》2008 年第 3 期，第 6 页。
⑥ 黄灵庚：《〈楚辞〉十七卷成书考辩》，《复旦学报（社科版）》2008 年第 3 期，第 2 页。

本《九辩》第二、《九歌》第三。后人以撰人时代次之乃退《九辩》于第八耳。”其说与吾若桴鼓相应。可见，《楚辞释文》的目录篇次，确是保留了王逸《楚辞章句》的旧貌。

黄氏之论显然自相矛盾。两相比较还是《释文》“并非王逸《楚辞章句》原貌”较有说服力。更重要的是《九歌》《九章》《九辩》有“共文”时，乃注《九歌》《九章》不注《九辩》。若依凡见于前者即略于后的惯例，则《楚辞章句》篇次的旧貌当是《九歌》《九章》在《九辩》之前。

2.《楚辞释文》更改了书名和篇名

南朝宋范晔《后汉书・王逸传》曰：“王逸，字叔师，南郡宜城人也。元初中举上计吏，为校书郎。顺帝时为侍中。著《楚辞章句》行于世。”这表明王逸之书原名《楚辞章句》。而《楚辞释文》编撰者把书名改为《楚辞释文》！为什么这样呢？只有他对《楚辞章句》作了重大修改，才会更改书名，倘若它是王逸书的“原貌”就不会更改书名。再有，据《离骚经章句》后叙所云，从“刘安作《离骚经章句》”到“班固、贾逵复以所见，改易前疑，各作《离骚经章句》”到王逸作《离骚经章句》都称《离骚经》。六朝时刘勰《文心雕龙・辩骚》：“故《骚经》、《九章》，朗丽以哀志”……他们皆称《离骚经》而“《释文》第一，只称《离骚》，无‘经’字”说明《释文》还更改了王逸《离骚经》之篇名。

3.《释文》注的读音与王逸注不合

黄耀堃先生等指出：

> “《招魂》豺狼从目，往来侁侁些下（补）曰：南北曰从，即容切。《释文》足用切。与注意不合，这是批评《释文》的读音与王逸注的意思不相合。”（注：该处的王逸注为：侁侁，往来声也。《诗》曰：侁侁征夫。言天上有豺狼之兽，其目皆从，奔走往来，其声侁侁，争欲啖也（《楚辞补注》，页201。按：其目皆从的从，《释文》读去声，洪兴祖以为按王逸注的意思当读平声。)①

这也是《楚辞释文》与《楚辞章句》的原始面貌不同的例证。

周建忠先生说：

> 西村时彦也提出《汉书・地理志》“始楚贤臣屈原被谗放逐，作《离骚》诸赋以自伤悼”，（唐初）颜师古注云：“诸赋谓《九歌》《天问》《九章》之属”，则唐时篇第亦以《九歌》继《离骚》，次《天问》《九章》，与今本合。而《释文》以《九辩》继《离骚》绝非唐以前之旧，可知也已……《释文》为妄人所移易，而知洪氏所引《九章》注文为后人窜入矣。且《九辩》王逸以为宋玉作，而《释文》混于屈子诸赋中，断非王逸之旧也。②

4. 王逸《楚辞章句》原貌是十六卷

王逸说：“今臣复以所识所知，稽之旧章，合之经传，作十六卷《章句》。”③ 其书卷一至卷十六皆题“校书郎臣王逸上”，而《九思》则题“汉侍中南郡王逸叔师作”，可见王逸《楚辞章句》原貌是十六卷。十七卷的《楚辞释文》从书名到篇名到卷数都与《楚辞章句》原貌不同，其注的读音也与王逸注有所不合，所以它不可能是《楚辞章句》的原貌。

5. 先秦论著中并无凌乱如《楚辞》释文者

汤先生曰④：先秦诸子百家之流传于今者，多为其门弟子纂辑遗篇或其同一学派的后学朴续旧说而成书；而且纂辑者或补续者往往又把自己的作品也附在后面。这几乎是古书的通例。此论或许有些道理。但是，先秦论著中并无类似汤氏《楚辞》的例子。“《楚辞》一书的形成，也正是如此”⑤ 缺乏例证。实际上王逸《楚辞章句》的原貌应当是作十六卷《章句》，其时王逸并没有把自己的作品也附在后面。

---

① 黄耀堃、戴庆成：《〈楚辞补注〉引〈楚辞释文〉研究》，《汉学研究》2005年第23卷第2期，第452页。

② 周建忠、倪歌：《〈释文〉的纠结与〈楚辞〉的篇次——兼及西村时彦〈屈原赋说〉》，《职大学报》2016年第5期，第19—20页。

③ 洪兴祖：《楚辞补注》，中华书局1983年版，第48页。

④ 汤炳正：《〈楚辞〉编纂者及其成书年代的探索》，《江汉学报》1963年第10期，第52页。

⑤ 汤炳正：《〈楚辞〉编纂者及其成书年代的探索》，《江汉学报》1963年第10期，第52页。

从孔子纂辑《诗经》修定《春秋》以来，有才能的纂辑者都是各有自己的原则贯串其编辑的全书，使凌乱的古书资料条理化，而没有保留原始纂辑者凌乱痕迹的实例。

从王逸《楚辞章句》、朱熹《楚辞集注》、晁补之《重编楚辞》、王夫之《楚辞通释》等诸多版本来看，其编撰者各有各的法则、体例，并非完全承袭前人。王逸《章句》不依“刘向集”；《楚辞释文》改变《章句》书名、篇次，朱熹增删《章句》篇章；晁补之重新编次《楚辞》各篇；王夫之对前人的“楚辞”有所增删……汤先生也认为：“古书篇次，多为后人依意改变，亦是典籍之一劫。”① 可见汤先生所说《楚辞释文》保留了《楚辞章句》的原貌，与事实不符。

今存的古书，并没有像汤先生所说的、类似于“《楚辞》编辑五阶段”，成书后仍然保留着“不同时代和不同的人们逐渐纂辑增补而成的，故造成上述的凌乱现象”② 的事例。

“刘向是我国西汉时期著名经学、史学、文学及文献学家。他主持校理中秘典籍38种（类），603家（部），13269卷（篇），使原来多是一堆散乱、丛杂、一无篇题、讹文多，编次乱的书简传抄本成为初步可供阅读的校理本，为中国古代文化的整理、保存和流传作出了历史性的巨大贡献。”③ 刘向领校的古籍、编撰的《战国策》《新序》《说苑》《列女传》等书，全都条理清晰，毫无原始纂辑者凌乱的痕迹。难道他集《（离骚）楚辞》时，会独独保留原始编辑阶段的凌乱现象吗？

姜亮夫先生则认为：《释文》篇目的颠倒错乱“是出于过录者之无知遗误”。④

6. 以王逸的才能和主见，他的《楚辞章句》不会凌乱如《楚辞释文》

王逸《天问后叙》曰：

> 昔屈原所作，凡二十五篇，世相教传，而莫能说《天问》，以其文义不次，又多奇怪之事。自太史公口论道之，多所不逮。至于刘向、扬雄，援引传记以解之，亦不能详悉。所阙者众，日无闻焉……今则稽之旧章，合之经传，以相发明，为之符验，章决句断，事事可晓，俾后学者永无疑焉。⑤

从中可以看到王逸对太史公、刘向等前人的论述并不认同。以王逸的才能和主见，他原始的《楚辞章句》，不会凌乱如《楚辞释文》。

从以上的论证看，《楚辞释文》从书名、篇名、篇数，都和《楚辞章句》不一样，汤先生硬要说它是《楚辞章句》的原始面貌，怎么能让人信服呢？

二、《楚辞》成书问题

（一）《楚辞》编辑五阶段论只是个猜想

汤先生在《〈楚辞〉编纂者及其成书年代探索》中首创的《楚辞》编辑五阶段论，想象大胆，思路开扩，但缺少文献佐证，只是个基础不实的猜想。

黄灵庚先生指出：

> 汤先生的结论仅仅以五代时期王勉《楚辞释文》的目录篇次为基础，没有其他文献材料得以佐证，未免有些脆弱、单薄。《楚辞释文》的目录是否即是刘向、王逸《楚辞》十七卷本的原始面貌，尤需慎重，未可妄下断语。清代四库馆臣曾指出：“洪兴祖《考异》，于《离骚经》下注曰《释文》第一，无‘经’字。则逸注明云：‘离，别也。骚，愁也。经，径也。’则逸所注本确有‘经’字，与《释文》本不同必谓《释文》为旧本，亦未可信。”说明《楚辞释文》并非王逸《楚辞章句》的原貌。⑥

郭建勋先生说：

> 汤炳正先生据《释文》古本，将《楚辞》的编辑过程分为五个阶段，并推测刘安及其宾

---

① 汤炳正：《渊研楼屈学存稿》，中国社会科学出版社2004年版，第69页。

② 汤炳正：《屈赋新探》，华龄出版社2010年版，第92页。

③ 唐有勤：《论刘向校书》，《四川师范学院学报（社科版）》1989年第5期，第50页。

④ 姜亮夫：《洪庆善〈楚辞补注〉所引〈释文〉考》，《楚辞学论文集》，云南人民出版社2002年版。

⑤ 洪兴祖：《楚辞补注》，中华书局1983年版，第118页。

⑥ 黄灵庚：《〈楚辞〉十七卷成书考辩》，《复旦学报（社科版）》2008年第3期，第2页。

客将当时所能收集到、并认为是屈原所作的作品，与宋玉所编之第一组“楚辞”合，再附上《招隐士》一篇，汇成一个集子，集名曰“楚辞”，也就是说，刘安时已有了命名为《楚辞》的合集本了。我们认为，以刘安居于寿春的地理条件，再加上充足的财力、人力，当然不能排除他组织宾客搜集、整理屈作的可能性。但汉武帝时，还没有裒集此类作品的风气，在《史记》以前，亦无“楚辞”之名。验之史实，《汉书·淮南王传》言刘安及其宾客之著述甚详，却并未提及所谓“《楚辞》”，王逸《章句》及高诱《淮南鸿烈解叙》于此事亦未着一词，且迟至《艺文志》，也只载“某人赋若干篇”或“某人歌诗若干篇”，仍未出现任何形式的“诗赋”集子。要言之，刘安及其宾客虽整理过屈原辞作，但都是以单篇形式进行的，而并没有将这些作品编集起来。自刘安给《离骚》作《传》以后，屈作的注释者亦逐渐增多，但由于它们当时是以“篇”为单位流传的，因而现在可知的当时的注本均为单篇，且都是屈原的重点作品。《楚辞章句·天问叙》曰：“自太史公口论道之，多所不逮；至于刘向、扬雄，援引传记以解说之，亦不能详悉。”又《离骚叙》曰：“班固、贾逵复以所见，改易前疑，各作《离骚经章句》。”以上王逸所言之作，今皆不传，未能详考，但除刘安之《传》外，西汉有刘向、扬雄解说《天问》，东汉有班固、贾逵作《离骚经章句》的记载，却清楚地表明了王逸以前汉人以单篇形式注解屈辞的真实情况。①

学术研究需要猜想、推测，《楚辞》研究中出现《楚辞》编辑五阶段论这样的假说，是学术昌盛的表现。但是，假说、猜想可能对，也可能错，不但要小心地求证，还要不断检讨、不断修正。有几分证据，说几分话，证据不够，只可假设，不可武断。

（二）说宋玉纂辑《楚辞》没有依据

汤先生说：

按先秦诸子百家之流传于今者，多为其门弟子纂辑遗篇或其同一学派的后学补续旧说而成书；而且纂辑者或补续者往往又把自己的作品也附在后面。这几乎是古书的通例。《楚辞》一书的形成，也正是如此。第一组的纂成时间，当在先秦；其纂辑者或即为宋玉；此为屈、宋合集之始。第一组作品，乃先秦时代《楚辞》的雏形；本是屈、宋合集，独立成书；后来逐渐增补，它才成了世传《楚辞》的第一组；其纂辑者，或即为宋玉本人。②

宋玉主要活动在楚都东迁之后，其时屈原已死。顷襄王亡羊补牢，楚国形势一度比较稳定，“好乐而爱赋”的顷襄王身边才有了宋玉、唐勒、景差等一批“祖屈原之从容辞令”的文学侍从。

一般认为楚襄王是鼓励文学交流的人。宋玉时的楚国是屈原作品在楚地盛行的时期，王逸《离骚后序》说：屈原作“凡二十五篇，楚人高其行义，玮其文采，以相教传。”表明屈原之后的楚国，就有人收集屈原作品以相教传。假如有其门弟子纂辑遗篇或其同一学派的后学补续旧说而成书，那么宋玉等人就应该按照先传秦诸子百家的惯例，把所有的屈原作品结集成书以资流传。而不是“把屈原的代表作《离骚》提出来，并把自己学习屈原的代表作《九辩》附在后面，成为一个集子以资流传。”③ 在先秦诸子百家中也找不到这种例子。

从《汉书艺文志》看，其中有“屈原赋二十五篇。楚怀王大夫，有《列传》”；有“宋玉赋十六篇。楚人，与唐勒并时，在屈原后也”，说明先秦诸子百家之书或许有《屈原赋》（二十五篇）、有《宋玉赋》（十六篇），并没有屈、宋合集，更没有《楚辞》。

从古至今史学界都没有屈、宋合集，没有宋玉纂辑《楚辞》的信息，汤先生是如何得知的呢？而且这个大胆猜想，既没有文献依据，也不合先秦诸子百家的惯例。

（三）说刘安集《楚辞》缺乏依据

汤先生说：“第二组作品，刘安集《楚辞》，共九篇。跟第一组合在一起，是淮南王以后到刘向以前的《楚辞》通行本。”④ 同样没有文献依据。传世的西汉及汉前的古书，大多是经过刘向、刘歆“总

---

① 郭建勋：《汉人对楚辞的整理和编纂》，《中国文学研究》1989年第2期，第64页。

② 汤炳正：《〈楚辞〉编纂者及其成书年代的探索》，《江汉学报》1963年第10期，第52页。

③ 汤炳正：《〈楚辞〉编纂者及其成书年代的探索》，《江汉学报》1963年第10期，第52页。

④ 汤炳正：《〈楚辞〉编纂者及其成书年代的探索》，《江汉学报》1963年第10期，第53页。

领其事”整理校定的。据《汉书·艺文志》“诗赋略”的记载，他们极尽所能地搜罗前人所编纂的各种版本的“屈原赋之属”，参校厘定篇目次序编定为：屈原赋二十五篇、唐勒赋四篇、宋玉赋十六篇、庄夫子赋二十四篇、枚乘赋九篇、司马相如赋二十九篇、淮南王赋八十二篇、刘向赋三十三篇、王褒赋十六篇……现有的文献中也没有“刘安纂辑《楚辞》共九篇”的任何信息。

《汉书》曰：“初，安入朝，献所作《内篇》，新出，上爱秘之。使为《离骚传》，旦受诏，日食时上。”刘安在建元二年受汉武帝之命作《离骚传》，是文献记载中第一个为屈原作品作“传”的人。此后，为屈原作品作注解的人渐多。有刘向、扬雄、班固、贾逵、马融等，但这些作品都没有流传下来。

刘安为人处世崇尚无为，《淮南子》讲论道德，总统仁义。从这些表象看，谋反似乎与刘安的处世哲学矛盾。故有人认为定刘安谋反是冤狱。其实人的思想复杂有明有暗……

王云度先生认为：

> “有良史之材”的司马迁不会轻信官方文书，他自己曾下过狱，受过刑，更不会轻信严刑逼供下的供词。司马迁“二十而南游江、淮”，是亲临淮南作过考察的。司马迁还是一位不向“专制主”屈服，具有“不虚美，不隐恶”，敢于秉笔直书的史学家。他在《史记》中既然敢于抨击汉武帝，那怎么会去曲意迎合武帝旨意而诬陷刘安呢？即使迫于政治压力，司马迁在传文中不得不按官方文书叙事，他也不会在传后主动给刘安下个“谋为畔逆”的结论；并且不按《史记》记载诸侯王事迹当立“世家”的体例，而将淮南、衡山降为“列传”，以对他们叛逆之罪表示贬抑。而且司马迁在刘安传中记载刘安与伍被的对话，绘声绘色，说明司马迁是认为确有其事的。总之，从总体上来说，《史记》中有关刘安的记载应该是信史，是研究刘安生平最主要的史料。假如我们在政治上为刘安谋反翻了案，那么我们又将在学术上为司马迁制造一个诬陷刘安的冤案。①

《史记·淮南衡山列传》有：刘安谋反时“令官奴入宫，作皇帝玺，丞相、御史、大将军、军吏、中二千石、都官、令、丞印，及旁近郡太守、都尉印，汉使节法冠”。现存的“浚遒虎符”“新郪虎符”或许就是淮南王刘安谋反的物证。

汤先生说：

> 刘安纂辑《楚辞》时……摹拟《招魂》写过《招隐士》。② 淮南《招隐士》，历述山中险恶，招隐士出山而仕，此淮南王广招宾客之写照。③ 根据《招隐士》的内容来看，乃招致贤人俊士之遁居山林者。这个内容，跟刘安当时招致宾客的事迹是相吻合的，士的心境也是相吻合的……自抒胸臆之作而附在屈赋之末，这跟《九辩》乃宋玉自悼之作而附在《离骚》之后，是同样的体例。④

汤先生承袭了王夫之《招隐士》“为淮南召致山谷潜伏之士”之说，这与《招隐士》之内容不符。

力之先生指出，《招隐士》的“王孙游兮不归”“王孙兮归来”，所招者为“出游的王孙”⑤。显然与汤先生所说的“招隐士出山而仕”不符。从《招隐士》的文本看，它描写了山中崖断路绝、虎豹纵横的险恶景象，将“攀桂枝、游不归”的王孙置于其间，最后呼唤“王孙兮归来……”原文中根本找不到“招隐士出山而仕”的踪迹。

淮南王君臣赋计一百二十六篇，仅《招隐士》一篇入选《楚辞》，它当与屈原相关。假若《招隐士》是刘安“招隐士出山而仕”，那就与屈原无关。何以会入选《楚辞》呢？

王逸说：“《招隐士》者，淮南小山之所作也。……小山之徒，悯伤屈原，又怪其文升天乘云，役使百神，似若仙者，虽身沉没，名德显闻，与隐处山泽无异，故作《招隐士》之赋，以章其志也。”若《招隐士》是淮南小山所作，则《楚辞》中不但没有刘安的作品，而且也没有“刘安纂辑《楚辞》”的痕迹。可见汤先生的刘安“写《招隐士》”“集《楚辞》”之论，没有说服力。姜亮夫先生也认为

---

① 王云度：《刘安评传》，南京大学出版社 1997 年版，第 22 页。
② 汤炳正：《屈赋新探》，齐鲁出版社 1984 年版，第 383 页。
③ 汤炳正：《渊研楼屈学存稿》，华龄出版社 2005 年版，第 74 页。
④ 汤炳正：《〈楚辞〉编纂者及其成书年代的探索》，《江汉学报》1963 年第 10 期，第 54 页。
⑤ 力之：《从〈楚辞〉成书之体例看其各非屈原作品之旨》，《四川大学学报（哲社版）》2000 年第 2 期，第 64—69 页。

《楚辞》为刘安辑。他说：

> 则安辑屈宋之文，而以己作附之，正其例也。《招隐士》多道家隐遁之思。凡文文学之士，其消极面，多通道流，此屈子之有《远遊》、《悲回风》也。则自《离骚》至《招隐》为书，必刘安之所为。而以《骚》为经，《辩》以后为传，正刘安依时代风习而定者。①

其论同样缺乏依据。

（四）“刘向集”并非错误传说

1. 王逸的“臣刘向集、臣王逸章句”可信度很高

宋陈振孙撰《直斋书录解题》云：“《楚辞》十七卷，汉护都水使者、光禄大夫刘向集，后汉校书郎南郡王逸叔师注。②”世传明嘉靖翻宋刻《楚辞章句》卷一至卷十六皆题“校书郎臣王逸上”。可见“臣刘向集、臣王逸章句”乃是王逸《楚辞章句》之语，可信度很高。

汤炳正先生说：“自汉代王逸以来都认为十六卷本《楚辞》乃刘向所辑，是不可信的。”③

汤说大可商榷。合刻于洪兴祖《楚辞补注》本的《楚辞章句》有：“汉护左都水使者光禄大夫臣刘向集；后汉校书郎臣王逸章句。”④

龚俫先生指出：王逸自序称臣，当是上呈朝廷之作。古人对“上呈朝廷之言”极为慎重，王逸没有任何理由以“本朝之事”去欺瞒朝廷，所以他的“刘向集”可信性很高。对此汉人以及隋、唐、宋等后人均无异议。汤先生并没有否定王逸所说“刘向集”的确证，就说“纠正了《楚辞》是刘向一人所集的错误传说”。⑤ 似乎太过武断。

2. 刘向遭遇与屈原相似，有集《离骚楚辞》的主客观条件

汉初统治者多为楚人，他们对屈原赋有一种本能的热爱。社会上也形成了颂读、模仿屈赋之风。《汉书·地理志》曰：

> 始楚贤臣屈原被谗放流，作《离骚》诸赋以自伤悼。后有宋玉、唐勒之属慕而述之，皆以显名。汉兴，高祖王兄子濞，于吴招致天下之娱游子弟，枚乘、邹阳、严夫子之徒兴于文、景之际。而淮南王安亦都寿春，招宾客著书。而吴有严助、朱买臣，贵显汉朝，文辞并发，故世传“楚辞”。⑥

这是刘向编集《（离骚）楚辞》的社会背景。

刘向处于西汉国危民困、后党权奸弄政之时。元帝时中书宦官弘恭、石显弄权。刘向先后“下狱”被“废黜”十多年。成帝即位，去石显，复用刘向。但元舅王凤等外戚专权，成帝懦弱，刘向屡屡上书进谏，都无法改变现状。刘向学识渊博，才华出众，出身宗室，忠正耿直，又非常熟悉《屈原赋》和“屈原赋之属”，这是他集《楚辞》的主观条件。刘向的《九叹》与贾谊《惜誓》、东方朔《七谏》、严忌《哀时命》、王褒《九怀》类似，都是借追念屈原，来发泄自己心中的不平。

刘向的《（离骚）楚辞》产生于汉代“屈赋热”之时，以及有过与屈原类似遭遇的刘向之手，顺理成章。没有上述的主客观条件，就难以产生“刘向集”。同时也表明刘向之前并没有《楚辞》之书。有人认为：刘向校书未竟而卒，故没有余力编《楚辞》。此论欠妥。刘向编撰的《战国策》《新序》《说苑》《列女传》等书，都是在校书过程中完成的。校书与编书，乃相辅相成之事。刘向等搜集并整理了前朝的全部诗赋作品，校集经传诸子诗赋正是编辑《（离骚）楚辞》的有利时机。

3.《离骚楚辞》实质是带“附录”的《屈原集》

刘向集《离骚楚辞》是古籍中的特例，它是一部带有若干“附录”的《屈原集》。

西汉末年由刘向、刘歆父子总领，组织一批专家学者，花二十多年时间，对当时留存的图书，按照当时的“主流”思潮和自己的见解，对几乎所有的古书进行了整编、改编，并且精心地做了校雠工作。

---

① 姜亮夫：《洪庆善楚辞补注所引释文考》，《姜亮夫全集八》，第388—389页。

② 纪昀：《直斋书录解》（卷十五），《四库全书》史部目录类，上海人民出版社1999年版。

③ 汤炳正：《〈楚辞〉编纂者及其成书年代的探索》，《江汉学报》1963年第10期，第55页。

④ 洪兴祖：《楚辞补注》，中华书局1983年版，目录第1页。

⑤ 汤炳正：《〈楚辞〉编纂者及其成书年代的探索》，《江汉学报》1963年第10期，第57页。

⑥ 班固：《汉书》（简体本），中华书局1999年版，第1328页。

刘向极尽所能地搜罗前人所编纂的各种版本的“屈原作品”。从《屈原列传》提到的《离骚》《天问》《招魂》《哀郢》《怀沙》看，其时屈原作品皆为单篇，太史公作《史记》时尚没有《楚辞》成书的信息。《汉书·艺文志》的“屈原赋之属”中，只有“屈原赋二十五篇、宋玉赋十六篇”，而没有宋玉、刘安纂辑《楚辞》的信息。

《隋书·经籍志》录有王逸注“楚辞十二卷”，又云：“屈原，被谗放逐，乃著《离骚》八篇……弟子宋玉痛惜其师，伤而和之。其后，贾谊、东方朔、刘向、扬雄，嘉其文采，拟之而作。盖以原楚人也，谓之《楚辞》。”①

从《经籍志》看，《楚辞》中曾经有扬雄之文，宋人黄伯思《新校楚辞序》也称：“所见旧本，乃有扬雄《反骚》一篇，在《九叹》之后。”

《隋书·经籍志》与《新唐书·艺文志》之集录均分为《楚辞》、别集与总集三类，然其别集类均有《宋玉集》而无《屈原集》。可见它们都把《楚辞》等同于《屈原集》。

刘向之时，屈原有哪些作品是学者们耳熟能详之事。刘向出于个人志趣而编集的《离骚楚辞》就是由“离骚”（屈原作品）和附录“楚辞”（“宋玉及汉人”的相关作品选）组成。其中的“屈原赋二十五篇”是当时所能搜集到屈原的全部作品，其“附录（楚辞）”则入选追思屈原伤而和之、或以屈原为第一人称抒发哀怨之情的模仿之作。而且每人只收一篇。

刘向《离骚楚辞》成书之后可能呈献给朝廷，社会上也可能有流行。但是，由于体例特殊，其内容在《屈原赋》和“屈原赋之属”等“个人文集”中已经包含，故在刘向的《别录》和刘歆的《七略》中均未单列，而由《七略》“删其要”而成的《艺文志》中，也就没有列刘向的《离骚楚辞》。

从楚屈原至汉刘向是由“屈原单篇作品”到“屈原集”（《离骚》等25篇），由“屈原集”加“附录（楚辞）”编集成《离骚楚辞》的过程。

谭家斌先生说：

> 据1983年《文物》第二期刊载的《阜阳汉简简介》一文说：阜阳简中发现有两片《楚辞》，一句《离骚》残句，仅为四字；一为《涉江》残句，仅存五字……”并确认该墓主是西汉第二代汝阴侯夏侯灶。夏侯灶是西汉开国功臣夏侯婴之子，卒于文帝十五年，即公元前165年，此简当为死者生前旧物。而刘向出生于约公元前77年，可知《楚辞》成书，早于刘向近百年。②

谭氏论断不合逻辑。他依据“《阜阳汉简简介》一文说：阜阳简中发现有两片《楚辞》……”就认定：“《楚辞》成书，早于刘向近百年。”这是把阜阳汉简整理组所说的“有《楚辞》”，误解为“汝阴侯夏侯灶”之时就“有《楚辞》之书”。如此“做学问”似乎太马虎了。如果阜阳汉简③的《离骚》《涉江》残句真实可靠的话，只能证明屈原的作品在汉初已经广为流传。根本没有汉文帝十五年前就有“《楚辞》之书”的信息。

（五）“《楚辞》成书五阶段论”的负面影响

“《楚辞》成书五阶段论”是汤先生最具代表性的学术论文，它仅仅以《楚辞释文》的目录篇次为基础，其推理的各个环节，或不严密、或误读误解、或有违事实；其立论距离史实准确，考证扎实差得很远。鉴于汤先生在楚辞界的威望，“学术界现已普遍接受了他的这个观点”④，这就助长了学术研究中脱离文献、结论先行的不良倾向。

---

① 魏征等：《隋书》，中华书局1973年版，第1056页。

② 谭家斌：《屈学问题综论》，湖北人民出版社2006年版，第95—96页。

③ 阜阳汉简整理组：《阜阳汉简〈楚辞〉》，《中国韵文学刊》1987年第1期，第78—79页。

④ 汤序波：《汤炳正传》，华龄出版社2010年版，第218页。

结　论

（一）王逸的“刘向集”可信性很高

龚俫先生指出：王逸自序称臣，当是上呈朝廷之作。古人对“上呈朝廷之言”极为慎重，王逸没有任何理由以“本朝之事”去欺瞒朝廷，所以他的“刘向集”可信性很高。汤先生说他“纠正了《楚辞》是刘向一人所集的错误传说①”没有确证，缺乏说服力。

（二）《楚辞释文》并非《楚辞章句》的原始面貌

王逸《楚辞章句》的原貌是“作十六卷《章句》”，其书卷一至卷十六皆题“校书郎臣王逸上”。可见王逸上呈朝廷时的《楚辞章句》是十六卷。十七卷的《楚辞释文》从书名到篇名都作了更改，其注的读音与王逸注也有不合，所以它不可能是《楚辞章句》的原貌。

（三）“成书五阶段论”，其前提、推演和结论皆缺乏说服力

汤炳正先生的王逸“《九歌》、《九章》的叙文中都不释‘九’字之义，而在《九辩》”中释之并不能证明“王逸《楚辞章句》的原始篇次，《九辩》在《九章》、《九歌》之前”。因为《离骚》中很多“九”字王逸均未作解。难道说《离骚》的篇次在《九辩》之后？这是汤先生误读《楚辞章句》，酝酿成书五阶段论的第一步。

龚俫在《〈楚辞〉研究三题》中指出：王逸注《哀郢》“此皆解于《九辩》中”，是“《哀郢》此八句”的一个特例，而王逸在为《九歌》《九章》与《九辩》其他“共文”作注时，则是《九歌》、《九章》有注，《九辩》不注。若是按照“凡见于前者即略于后的惯例”，就应该是《九歌》《九章》在前《九辩》在后。这才是对“王逸注《哀郢》‘此皆解于《九辩》中’”的正确解读。可是，汤先生基于“《九章》注皆解于《九辩》中”的误读，没有考察书中的很多反证，就轻率地断定：王逸《楚辞章句》的原始篇，乃《九辩》在前，是不容置疑的事实。② 这是盲目采信洪氏的所谓“重要发现”，在错误基础上迈出的第二步。

汤先生以《楚辞释文》目录篇次，跟王逸《楚辞章句》的原始篇次相合③为前提得出的《楚辞》成书五阶段论，是在错误基础上迈出的第三步。其实《楚辞》成书五阶段论从前提、推演到结论，全都难以成立。

汤先生的第一组作品，乃先秦时代《楚辞》的雏形，本是屈、宋合集，独立成书……既不合情理，又毫无依据。宋玉时的楚国，屈原赋已经流传。故王逸说屈原作“凡二十五篇。楚人高其行义，玮其文采，以相教传”④，假如其门弟子纂辑遗篇而成书，那么就应该按照先秦诸子百家的惯例，把屈原的全部著作结集成书以资流传，而不是把屈原的代表作《离骚》提出来，并把自己学习屈原的代表作《九辩》附在后面，成为一个集子，以资流传。⑤ 假如按照汤先生的“第一组是《离骚》加《九辩》的屈、宋合集”，那就是说宋玉认为屈原的其他二十四篇作品，在“以资流传”时，都不如他的《九辩》重要，所以应该抛弃！请问，先秦至今其门弟子纂辑遗篇而成书时，有这样的例子吗？

① 汤炳正：《〈楚辞〉编纂者及其成书年代的探索》，《江汉学报》1963年第10期，第57页。

② 汤炳正：《〈楚辞〉编纂者及其成书年代的探索》，《江汉学报》1963年第10期，第50页。

③ 汤炳正：《〈楚辞〉编纂者及其成书年代的探索》，《江汉学报》1963年第10期，第50页。

④ 洪兴祖：《楚辞补注》，中华书局1983年版，第48页。

⑤ 汤炳正：《〈楚辞〉编纂者及其成书年代探索》，第52页。

《楚辞》成书续论

摘要：继汤炳正先生《楚辞》成书五阶段论之后，还有些续论。例如，陈广忠先生说："今存的《楚辞释文》目录及逸文是比《楚辞章句》更早的《楚辞》辑本……（前）八篇乃是屈原、宋玉所作，可称之为先秦《楚辞》……是刘安及其门客所辑"。熊良智先生则依据《汉书·地理志》的刘安"招宾客著书"得出"《楚辞》第一个传本出自刘安"。这些后续的《楚辞》成书论，皆可商榷。

关键词：地理志；楚辞释文；刘安；著书

汤先生依据"王逸的《九章》注云：'皆解于《九辩》中'"，断定"《楚辞释文》的篇次，跟王逸《楚辞章句》的原始篇次相合。"在此基础上构建出"《楚辞》成书五阶段论"既缺乏文献支持，又与王逸注的实情不符①。可陈广忠教授和熊良智先生在汤氏之论的基础上又有补充发展。本文就这两位的论说进行商榷，错误不当请批评指正。

一、陈广忠《论〈楚辞〉、刘安与〈淮南子〉》

（一）屈原赋的最早研究者是宋玉等楚人

陈先生说："刘安：先秦《楚辞》的最早研究者。"② 这显然与事实不符，与他自己所说的"今本《楚辞》的整理可分为三个阶段：其一，屈子死后……楚人'以相教传'"自相矛盾。

《屈原列传》："屈原既死之后，楚有宋玉、唐勒、景差之徒者，皆好辞而以赋见称。然皆祖屈原之从容辞令，终莫敢直谏。"

王逸《离骚后叙》："屈原……作《九歌》以下凡二十五篇。楚人高其行义，玮其文采，以相教传。"《九章序》："楚人惜而哀之，世论其词，以相传焉。"

屈原之后有宋玉、唐勒、景差皆祖屈原之辞赋。以宋玉为代表的楚人研究屈原赋："论其词，以相教传。"他们才是屈原赋的最早研究者。

（二）刘安没有辑《楚辞》

陈光忠先生说：

> 先秦《楚辞》成书于刘安时代。今存的《楚辞释文》目录及逸文，是比《楚辞章句》更早的《楚辞》辑本。其目录如下：离骚第一、九辩第二、九歌第三、天问第四、九章第五、远游第六、卜居第七、渔父第八、招隐士第九、招魂第十、九怀第十一、七谏第十二、九叹第十三、哀时命第十四、惜誓第十五、大招第十六、九思第十七。很清楚，这个辑本的目录可以分为两部分：题名为淮南小山《招隐士》之前的八篇乃是屈原、宋玉所作，可称之为先秦《楚辞》；尔后杂厕的乃是西汉、东汉文人的仿骚作品。我认为，前者是刘安及其门客所辑，后者为刘向、王逸所辑。刘安是先秦《楚辞》的第一个研究整理者。"第二个阶段，则是刘安作诠释、整理的阶段，并且形成先秦《楚辞》的最早辑本。据分析，刘安可能在武帝之前即作了屈赋的搜集整理工作。夏侯灶死时刘安14岁，单篇《楚辞》已在淮南国毗邻的地区流行。《楚辞释文》一至八篇目录即先秦屈原等人旧作，辑成之后，又附一篇自作的《招隐士》，从而流行于世。这当是朱买臣、被公所诵读的原本。第三阶段，刘向把刘安所集的先秦《楚辞》和两汉仿骚作品集于一炉，编订成册，分为十六卷，并沿用旧名《楚辞》。③

陈氏之说难以成立。

1. 没有刘安辑《楚辞》的信息。《史记·酷吏列传》："始长史朱买臣，会稽人也。读《春秋》。庄助使人言买臣，买臣以楚辞与助俱幸"。这是"楚辞"第一次出现在文献记载中。

---

① 龚俫：《〈楚辞〉研究三题》，广东师范大学硕士论文2007年。已经指出其错误。

② 陈广忠：《论〈楚辞〉、刘安与〈淮南子〉》，《中国文化研究》2000年冬之卷，第86页。

③ 陈广忠：《论〈楚辞〉、刘安与〈淮南子〉》，《中国文化研究》2000年冬之卷，第87、86页。

班固《汉书·严朱吾丘主父徐严终王贾传》记载：

> 会邑子严助贵幸，荐买臣，召见，说“春秋”，言“楚辞”，帝甚说之。

《汉书·地理志》曰：

> 始楚贤臣屈原被谗放流，作《离骚》诸赋以自伤悼。后有宋玉、唐勒之属慕而述之，皆以显名。汉兴，高祖王兄子濞，于吴招致天下之娱游子弟，枚乘、邹阳、严夫子之徒兴于文、景之际。而淮南王安亦都寿春，招宾客著书。而吴有严助、朱买臣，贵显汉朝，文辞并发，故世传“楚辞”。

汉人在讲述某作家作品时，均曰“某赋”，如“屈原赋”“宋玉赋”“刘向赋”“王褒赋”等。史迁之“楚辞”、王逸之“号为‘楚词’”，并非已结集成书的《楚辞》，而是多个作家仿屈原赋作品的泛称。故黄灵庚先生说：

> 汉人所称“楚辞”，虽与屈、宋作品有关系，但是有所区别。汉人一般称屈、宋之作为“赋”，称类似或摹拟屈、宋的汉人之作为“辞”。事实上，后人只对刘安、东方朔、王褒、庄忌、刘向等汉人“追悯屈原”、代屈原“舒忧泻愤”的作品，才冠之以“楚辞”。所以，汉世所称“楚辞”，并不包括先秦之世屈原、宋玉等人的诗赋……①

王逸在《楚辞章句》中，把《屈原赋》皆称“离骚”，把宋玉“追悯屈原”的作品和汉人代屈原抒忧泻愤的作品都称“楚辞”。可见人们以楚辞命名屈原及其模仿者的作品是王逸《楚辞章句》流行以后的事。

2. 假如“《楚辞释文》目录及逸文是比《楚辞章句》更早的《楚辞》辑本”，那么《楚辞释文》中怎么会出现比它晚的、王逸《章句》中的《九思》第十七？

姜亮夫先生说：《释文》篇目的颠倒错乱“是出于过录者之无知遗误”② 更符合事实。

3. 陈光忠先生说：“屈原、宋玉所作之‘先秦《楚辞》’是刘安及其门客所辑。③”显然缺乏依据。汉、隋、唐、宋历来都没有刘安编集《楚辞》的信息，陈先生的臆想依据何在呢？

（三）王逸的“刘向集”可信

1. 王逸《楚辞章句》前言曰：“汉护左都水使者光禄大夫臣刘向集；后汉校书郎臣王逸章句。”这是王逸上呈朝廷之作，古人对上呈朝廷之事极为慎重。王逸没有任何理由以本朝之事去欺瞒朝廷，所以王逸的刘向集（《离骚楚辞》）可信性很高，如果没有能够推翻王逸成说的确凿证据，就该相信一千八百年以前王逸的论述。

2. 陈光忠说：“《招隐士》为仿骚作品中之上品，《文选》定为刘安，是有道理的。……乃是刘安在招‘隐士’、逸民，即招流落在民间的王孙贵族。”

此乃承袭王夫之、汤炳正之论，经不起推敲。《招隐士》原文中根本找不到“招‘隐士’、逸民出山”的踪迹。《招隐士》的“王孙游兮不归”；“王孙兮归来!”，文本的“归来”与陈氏“招流落在民间的王孙贵族‘出山’”其主、客，去向全然相反。可见陈氏等人的“出山”说与文本不符。再有，《楚辞》中的作品皆与屈原相关，假若“是刘安招‘隐士出山’”，那么《招隐士》就与屈原无关。何以会入选《楚辞》呢？王逸说：“《招隐士》者，淮南小山之所作也。”也没有刘安“集《楚辞》”的丝毫痕迹。

3. 陈光忠先生说：“‘《汉书·艺文志》载：淮南王赋八十三篇。淮王群臣赋四十四篇。淮南歌诗四篇。’刘安及众门客的辞赋，约占《汉书·艺文志》所列屈原赋类的三分之一。”④ 既然“刘安及众门客的辞赋约占《汉书·艺文志》所列屈原赋类的三分之一”，假如是刘安集《楚辞》，为何《楚辞》中没有刘安的作品呢？

4. 假如先秦《楚辞》是刘安及其门客所辑，也就是说，刘安已经把屈原的作品定名为“楚辞”了，那么王逸在《楚辞章句》中却把“屈原赋”皆称“离骚”，把宋玉和汉人仿骚的作品都称“楚辞”就

---

① 黄灵庚：《〈楚辞〉十七卷成书考辩》，《复旦学报（社会科学版）》2008年第3期，第3页。

② 姜亮夫：《洪庆善〈楚辞补注〉所引〈释文〉考》《楚辞学论文集》，云南人民出版社2002年版。

③ 陈广忠：《论〈楚辞〉、刘安与〈淮南子〉》，《中国文化研究》2000年冬之卷，第86页。

④ 陈广忠：《论〈楚辞〉、刘安与〈淮南子〉》，《中国文化研究》2000年冬之卷，第88页。

没有道理。可见，刘安编集《楚辞》说难以成立。

（四）《淮南子》与《楚辞》

陈光忠论文中，用了约一半的篇幅罗列《淮南子》与《楚辞》“十个方面一致或相同”之处。其实就是要说：“二书具有特殊的渊源关系和内在联系……刘安才能整理出第一个先秦《楚辞》辑本。”且不说陈氏的对比中多有牵强附会，即便《楚辞》和《淮南子》在词句、思想等方面多有相似之处，只能体现屈原作品对《淮南子》的影响。而不能证明它们的编纂者是同一个人。这就像仅仅依据两个人面貌相似，就断定他（她）们出自同一父母一样幼稚可笑。

二、熊良智《楚辞作品的早期传本》

（一）曲解《地理志》

熊良智先生说：

> 《汉书·地理志》有一段楚辞源流的专门记载：“始楚贤臣屈原被谗放流，作《离骚》诸赋以自伤悼。后有宋玉、唐勒之属慕而述之，皆以显名。汉兴，高祖王兄子（刘）濞于吴招致天下娱游子弟枚乘、邹阳、严夫子之徒，兴于文、景之际。而淮南王安亦都寿春，招宾客著书，而吴有严助、朱买臣贵显汉朝，文辞并发，故世传《楚辞》。”《汉书·地理志》的突出价值在于明确指出《楚辞》是由刘安招致宾客“著书”而成专书，而不是楚辞诗篇。……如果这里的“楚辞”仅仅是指楚辞的诗篇，叙述刘安“著书”则无意义。①

《地理志》这一段记载可分为两部分，前面说屈原作“《离骚》诸赋”，后面讲“世传‘楚辞’”。这里的“楚辞”涵盖了：1. 宋玉、唐勒之属“慕而述之”；2. 高祖王兄子濞及子弟枚乘、邹阳、严夫子之徒“兴于文、景之际”；3. 淮南王安“招宾客著书”；4. 吴严助、朱买臣“文辞并发”。这“四类作品”致使“世传《楚辞》”，根本没有“《楚辞》是由刘安招致宾客‘著书’而成专书”的信息。

即便“世传《楚辞》”与前文无关，那么也只能说“吴有严助、朱买臣贵显汉朝，文辞并发，故世传《楚辞》”，根本不存在“如果这里的‘楚辞’仅仅是指楚辞的诗篇，叙述刘安‘著书’则无意义”的问题。

熊良智先生把公认的“淮南王及宾客著《淮南子》”说成“由刘安‘著书’而成《楚辞》”。如此曲解就己，显然有违《地理志》本意。

王逸《九辩序》有：至于汉兴，刘向、王褒之徒，咸悲其文，依而作词，故号为“楚词”。

王逸的“号为‘楚词’”与班固《地理志》的“世传‘楚辞’”，其“楚词”都是指“楚地之词，而不是结集《楚辞》之书，历史上从来没有出现过涵盖如此众多作品的《楚辞》专书。王逸的“号为‘楚词’”更与“由刘安‘著书’而成《楚辞》”搭不上钩。

“《淮南子》中楚辞诗句的化用”无法证明“《楚辞》是刘安所辑”。

熊良智所说“《楚辞》是由刘安招致宾客‘著书’而成专书”，既缺乏文献依据，而且“著书”与辑《楚辞》也不是一回事。

（二）汉人所称的“楚辞”并不囊括屈原作品②

汉人所称的“楚辞”并不囊括屈原作品。王逸在《楚辞章句》中，屈原作品皆称“离骚”，宋玉“追悯屈原”的作品和汉人代屈原“抒忧泻愤”的作品都称为“楚辞”。宋晁补之《离骚新序》也有：“刘向《离骚 楚辞》十六卷，王逸传之。按八卷皆屈原遭忧所作，故首篇曰《离骚经》，后篇皆曰《离骚》，余皆曰《楚辞》。”③ 王逸《楚辞章句》流行以后，《楚辞》才囊括了屈原作品和仿、代屈原的作品。

三、《释文》不是《楚辞》旧本

（一）《释文》不是《楚辞章句》旧本

熊良智先生说：

① 熊良智：《楚辞作品的早期传本》，《中华文化论坛》2011 年，第 61—62 页。

② 见本书《试论“刘向典校经书”与集〈离骚楚辞〉》。

③ 晁补之：《离骚新序》（中），《鸡肋集》卷三十六，《四库全书》第 1118 册，第 682 页。

《楚辞章句》中《九歌》、《九章》的序却不解说“九”字的意义，也不解说“九”与楚辞创作传统的关系。这就只能证明，《楚辞章句》中，《九辩》的编排次序是在《九歌》、《九章》之前，再参照《九章·哀郢》中“皆解于《九辩》中”的体例，则充分证明《释文》《九辩》第二的次序，就是王逸《楚辞章句》“旧本”的面貌。①

龚俫先生2007年就指出：

《离骚》，其提到“九”字者有“指九天以为正”、“滋兰之九畹”、“虽九死其犹未悔”、“启《九辩》与《九歌》”、“思九州岛岛之博大”、“九疑缤其并迎”、“奏《九歌》而舞韶”等，而对这些语句中的“九”字，王逸亦均未作解。难道我们能据此断《离骚》的篇次在《九辩》之后？②

（二）王逸注“此皆解于《九辩》中”的真相

熊良智先生说：

洪兴祖还在目录末尾附文：按《九章》第四，《九辩》第八，而王逸注云“皆解于《九辩》中”，知《释文》篇第盖旧本也，后人始以作者先后次叙之尔。洪兴祖认为《释文》篇第才是《楚辞》旧本的次序，而以作者先后编排方式是“后人”的改动。这个《释文》旧本的次第，也曾经遭到过怀疑。四库馆臣引洪兴祖说：“《释文》第一无经字”，“而逸注明云：离，别也；骚，愁也；经，径也。则逸所注本确有经字，与《释文》本不同。必谓《释文》为旧本，亦未可信，姑存其说可也。”但是，《释文》“楚辞”的篇目次序却在王逸《楚辞章句》中得到了印证。在《九章·哀郢》“众踥蹀而日进兮，美超远而逾迈”下，王逸说：此皆解于《九辩》之中。由此可知，王逸《楚辞章句》原来篇目次序《九辩》在《九章》之前，因为按照王逸《章句》体例，详于前而略于后，《九章·哀郢》“众踥蹀而日进兮”曾在《九辩》中重现，并已注。又洪兴祖《楚辞补注》于句下引《释文》作“啑谍”，此异文不见于《哀郢》同句，亦可证明。其他《释文》《七谏》第十二，《谬谏》“见执辔者非其人兮，故驹跳而远去”，“不量凿而正枘兮，恐矩矱之不同”下，王逸《章句》分别有“皆已解在《九辩》”，“已解在《离骚经》也”。又《哀时命》第十三“虽体解其不变兮，岂忠信之可化？志怦怦而内直兮，履绳墨而不颇”下，《章句》云“已解于《离骚》、《九辩》、《七谏》”。这些可以充分证明王逸《楚辞章句》详于前而略于后的体例，客观上反映出篇目的先后，证明与《释文》篇目次序的一致。③

这是盲从权威，无视新近的研究成果。

广西师范大学2007年4月龚俫的硕士学位论文《〈楚辞〉研究三题》已经解决了这个问题。龚俫先生指出：

洪兴祖由王逸的《哀郢》注：“此皆解于《九辩》中”，推测“《楚辞释文》篇第，盖旧本也”由来已久。……然诸说实有值得检讨之处。王逸在《哀郢》“尧舜之抗行兮”至“美超远而逾迈。”（八句）之后的“注”曰：“此皆解于《九辩》之中。”是个“特指”。前人没有分清原委，把它当作“泛指”，并误解为“《九章》注‘皆解于《九辩》中’”，从而武断地得出：“《释文》篇第，盖旧本也”。《九辩》“尧舜之抗行兮”至“美超远而逾迈”共十六句。这十六句中，前后各四句完全“抄袭”《哀郢》的八句，中间又插入了宋玉所发挥的“彼日月之照明兮，尚黯黮而有瑕”等八句。王逸在注解时，为了避免重复，选择在《九辩》中作注。因为解释了《九辩》的十六句，也就解释了《哀郢》的八句。这与《九辩》和《哀郢》的篇次前后无关。类似情况在洪兴祖的《补注》中也有。如《国殇》“左骖殪兮右刃伤”。《楚辞补注》曰：“骖，见《远游》。”（《远游》的篇次，各版本都在《国殇》之后）这是因为《远游》中：“服偃蹇以低昂兮，骖连蜷以骄惊。”“骖”和“服”对举，把“骖”与“服”一并作解，能够更清楚地解说词义。故洪氏把“骖”放到《远游》中去解。

① 熊良智：《〈楚辞〉本书的经传问题》，《中国文学研究》2012年第2期，第13页。

② 龚俫：《〈楚辞〉研究三题》，广西师范大学硕士论文2007年。

③ 熊良智：《〈楚辞〉本书的经传问题》，《中国文学研究》2012年第2期，第12页。

若是熊良智先生坚持认为《楚辞章句》原来篇目次序《九辩》在《九章》之前，那么就应该对龚俫先生的论述有个合情合理的反驳。在龚俫论文发表五年之后，还无视其研究成果，老调重弹，似乎并不合时宜。

结　论

洪兴祖由王逸的《哀郢》注“此皆解于《九辩》中”推测“《楚辞释文》篇第，盖旧本也”，这是洪兴祖对王逸《哀郢》注的误解，他忽略了文中的“此”，它只是个特指。

实际的情况是：在《九歌》《九章》《九辩》中对相同的词句，王逸之注，是《九歌》《九章》有注，而《九辩》不注。根本不存在正常情况，仍然有“皆解于《九辩》中”的例子。所以其“《楚辞释文》篇第，盖旧本也”的论断不能成立。

《楚辞释文》既非《楚辞章句》的旧貌，更不可能比《楚辞章句》更早。

王逸《楚辞章句》曰：“汉护左都水使者光禄大夫臣刘向集；后汉校书郎臣王逸章句。”这是刘向集《离骚楚辞》的确凿证据，想要否定它必须拿出可靠的文献依据。

陈光忠的“先秦《楚辞》成书于刘安时代……是刘安及其门客所辑”，缺乏文献依据，不能否定王逸的刘向集（《楚辞》）。

熊良智先生把《地理志》世传《楚辞》之四类作品中的三类作品抛弃，只取当中的“淮南王安亦都寿春，招宾客著书”理解为《楚辞》是由刘安招致宾客“著书”而成专书，显然是对《地理志》的误读，故其论难以成立。

第六篇 荆楚史地探微

从熊丽到武王楚都在汉南

这里先简要地列出“从熊丽到武王”楚都在汉南荆山的文献依据，详见其后各篇。

1. 鬻熊曾经居住“丹淅”一带

鬻熊早期可能曾经居住“丹淅”一带，晚期因为殷商暴虐故而叛殷投奔文王，为躲避商人的威逼，舍弃难于守御的丹阳，让其子熊丽带领部族迁至汉南的“雎山”，并把“丹阳”之名随迁而去。

《墨子·非攻下》云：

昔者，楚熊丽始讨（封?）此雎山之间。

《包山246号简》：

与祷荆王，自熊𪊨（鹿“丽”）以就武王，五牛、五豕。①

这些表明从熊丽开始，楚人已经“辟在荆山”，故自熊丽到武王，楚人皆称“荆王”。

2. 武王克商时楚在北纬32度线附近

《左传·昭公九年》：

及武王克商，蒲姑、商奄，吾东土也。巴、濮、楚、邓吾南土也。

这是武王克商时周的南土，成王封熊绎前楚已经在南方了。

“巴”在陕西东南。“濮”在汉水南，一说近庸，一说在枣阳境。“邓”在襄樊北，三者均在北纬32度线附近，与“巴、濮、邓”并列的“楚”，就应该在北纬32度的“荆州荆山”附近，不可能远在北纬33度的“淅”，更不可能远去石泉先生所说的北纬34度的“商县”。

3. 熊绎初封“辟在荆山，望不过江、汉”

传统文献中一再提到的楚居“丹阳”，在楚人自己的言论和出土的楚简中都没有提到“丹阳”，在清华简《楚居》中也没有出现“丹阳”，可见丹阳并不是楚人惯用的地名。强调“楚居丹阳”或许是陷入了误区。文献记载，楚人自己所说的先王熊绎受封之地：

《左传·昭公十二年》：

昔我先王熊绎，辟在荆山，筚路蓝缕，以处草莽。

《楚世家》：

二十七年（前489年）昭王曰：自吾先王受封，望不过江、汉……

《左传·哀公六年》楚昭王曰：

三代命祀，祭不越望。江、汉、雎、章，楚之望也。

根据以上文献结合《左传·昭公九年》记载看，熊绎初封之地当在江汉之间的荆山一带。

说熊绎初封在“淅”甚至“商县”，显然与楚人所说“先王受封，望不过江、汉”不符。

4. 熊渠之时楚人的势力已经扩展到江边

《楚世家》有：

当周夷王之时，王室微，诸侯或不朝，相伐。熊渠甚得江汉间民和，乃兴兵伐庸、杨粤，至于鄂。熊渠曰：“我蛮夷也，不与中国之号谥。”乃立其长子康为句亶王，中子红为鄂王，少子执疵为越章王，皆在江上楚蛮之地。

《左传·僖公二十六年》记载：

夔子不祀祝融与鬻熊，楚人让之，对曰：我先王熊挚有疾，鬼神弗赦而自窜于夔。吾是以失楚，又何祀焉？

《楚居》曰：

酓巨徙居发渐。至酓䵣（翔）、酓挚居发渐，酓挚徙居旁屽，至酓延自旁屽徙居乔多。

---

① 湖北省荆沙铁路考古队：《包山楚简》，文物出版社1991年版，第36页（图版108）。注：原书把246号简的“鹿（丽）”误译为“绎”。

从《左传》和《楚居》记载看，熊渠卒，子熊翔立，熊翔卒，子熊挚立。后来熊挚因为有疾自窜于夔，由其子熊延继为楚君。说：熊挚之子“自窜于夔”，显然与《左传》记载不符。

夔之地望在江陵以西的秭归县境（归即夔）为学界公认。假如熊挚之时，楚都在汉水北的析地，要有疾的熊挚远窜至江边的夔，其可能性不大。熊挚自窜于夔，可作为《楚世家》：熊渠甚得江汉间民和，立三子为王，皆在江上楚蛮之地的旁证。

5. 周昭王南征时楚在汉南

《周本纪》：

> 昭王之时，王道微缺。昭王南巡狩不返，卒于江上。其卒不赴告，讳之也。

《吕氏春秋·音初》：

> 周昭王亲将征荆，辛余靡长且多力，为王右。还反涉汉，梁败，王及祭公抎（陨）于汉中。辛余靡振王北济，又反振祭公。周公乃侯之于西翟，实为长公。①

此记“周昭王征荆，还反涉汉，梁败，王及祭公陨于汉中”表明楚在汉南。

《京师畯尊》铭文有昭“王涉汉伐楚”。这是周昭王时楚在汉南的确证。李学勤先生指出“不管成王时所封熊绎的丹阳是不是丹淅一带，昭王时的楚都只能是在汉南了。”②

6. 熊徇时楚与申、吕、应、邓、陈、蔡、随、唐均为成周南国

《国语·郑语》郑桓公（前806年—前771年在位）问于周太史，史伯曰：“当成周者，南有荆蛮、申、吕、应、邓、陈、蔡、随、唐”……桓公曰：“南方不可乎?”对曰：“夫荆子熊严生子四人：伯霜、仲雪、叔熊、季紃。叔熊逃难于濮而蛮，季紃（熊徇）是立……”

这说明熊徇时（前821—前800年在位）楚国在江汉之间，也没有文献证明“濮”在江南。

7. 楚武王五十一年伐随时楚都在汉水西南

《左传·庄公四年》：春，王三月。楚武王荆尸，授师孑焉，以伐随。将齐，入告夫人邓曼曰：“余心荡。”邓曼叹曰：“王禄尽矣！盈而荡，天之道也。先君其知之矣，故临武事，将发大命，而荡王心焉。若师徒无亏，王薨于行，国之福也。”王遂行，卒于樠木之下。令尹斗祁、莫敖屈重除道梁溠，营军临随。随人惧，行成。莫敖以王命入盟随侯，且请为会于汉汭而还。济汉而后发丧。

“济汉而后发丧”是楚师伐随得胜后从东面渡汉西归，表明楚武王时楚都在汉水以西。

8. 楚人进贡的包茅只产于“汉南荆山”

《尚书·禹贡》曰：

> 荆及衡阳惟荆州……三邦底贡厥名，包匦菁茅。③

《左传·僖公四年》：

> 前656年齐侯以诸侯之师伐楚“尔贡包茅不入，王祭不共，无以缩酒，寡人是征。昭王南征而不复，寡人是问。”④

《史记·齐太公世家》所记类同。

《禹贡》所述荆州贡物中的“菁茅”，即周天子“王祭”用以缩酒的“苞茅”。周初以来“王祭”用的“包茅”，一直依靠楚人进贡，而楚国的“贡茅”，只产于汉南的“古荆州荆山”。这也证明了周初的楚国位于出产“贡茅”的汉南荆山。

上面列举的有确切文献依据的8点历史事例证明：武王克商时，楚人已经居住在“江汉之间”了；从熊绎到楚武王，楚都在汉水西南。那些采用秦汉以后的资料，或通过主观误读、曲解的种种楚丹阳（商县、淅川等说）皆与历史事实不符。从出土的楚简看并没有出现过“丹阳”之词，可见它并非楚人惯用的地名，某些学者强调“楚居丹水之阳”乃是陷入了误区。

---

① 《吕氏春秋·音初》，中华书局2011年版，第38页。

② 李学勤：《由新见青铜器看西周早期的鄂、曾、楚》，《文物》2010年第1期，第43页。

③ 李学勤主编：《尚书正义》，北京大学出版社2000年版，第176—180页。

④ 杨伯峻：《春秋左传注》（修订本），中华书局1990年版，第290页。

“荆楚”略考

摘要：“荆”是古老的地名。季连芈姓部族或因地而名荆，后又因故而名楚，继而既称荆亦称楚亦称荆楚。有人说荆、楚在历史上一度是两个国家，有人说楚蛮为商周时代早于芈姓楚国的一大部族，皆与文献记载不符。

关键词：荆楚；楚蛮；芈姓；楚国

据古史记载，祝融、陆终是荆楚部族的先祖。陆终氏娶于鬼方氏之妹，表明其部族与鬼方关系密切。其六曰季连，是芈姓荆楚部族的直系祖先。“融之兴者，其在芈姓乎”表明“芈”是陆终部族的强支。陆终六姓早期多分布于黄河中游，荆芈部族一度与商为敌被迫南迁。《殷墟文字甲编》第二六二“戊戌卜有伐芈”与《殷武》之“奋伐荆楚”可证“殷商已经有芈姓荆楚部族”。鬻熊和祝融并列受楚人世代供奉，其地位远高于受成王之封的熊绎，可见鬻熊是荆楚开国之祖。殷商末年，鬻熊部族或许曾经居住“丹淅”一带，鬻熊在投奔周文王前，为避免殷商的讨伐，让其子熊丽带领部族迁至汉南雎山（荆山），可能“丹阳”之名也随迁而去。周王“封楚”只是对鬻熊、熊丽开拓荆楚之地的认可。楚人实际控制的“荆山”，沮、漳上游比方五十里要大得多。但是，楚国初封地处易守难攻的“山林僻壤”当是实情。

一、“荆”是古老的地名

（一）古籍中的荆山、荆州

《史记·封禅书》《孝武本纪》有：“黄帝采首山铜，铸鼎于荆山下。”古荆山有多处，传说中的荆山有陕西渭北、湖南衡阳、陕西朝邑、河南灵宝阌乡南、安徽蚌埠怀远西南等说。

古雍州的“荆山”。

《禹贡》曰：“导岍及岐，至于荆山，逾于河。”①

汉孔安国曰：“荆在岐东，非荆州之荆也。”孔颖达疏：“《地理志》云：《禹贡》北条荆山在冯翊怀德县南。”

《后汉书·郡国志一·冯翊》刘昭注引晋皇甫谧《帝王世纪》曰：“禹铸鼎于荆山，在冯翊怀德之南，今其下荆渠也。”②

《史记·夏本纪》：“黑水西河惟雍州……荆、岐已旅，集解孔安国曰：荆在岐东，非荆州之荆也。正义括地志云：荆山在雍州富平县，今名掘陵原。岐山在岐州岐山县东北十里。”“道九山：汧及岐至于荆山。”《地理志》云：荆山在左冯翊怀德县南也。

古荆州的“荆山”。

《禹贡》曰：“荆及衡阳惟荆州，江汉朝宗于海，九江孔殷，沱潜既道，云土梦作乂。……三邦底贡厥名，包匦菁茅。”“熊耳、外方、桐柏至于陪尾。导嶓冢至于荆山。内方至于大别。”“荆河惟豫州。”③ 汉末刘熙《释名》：“荆州取名于荆山。”

上博简《容成氏》：“南方，禹乃通三江、五湖，东注之海，于是乎荆州、阳州始可处也。”

《吕氏春秋·有始览》：“南方为荆州，楚也。”④

《尔雅·释地》曰：“河西曰雍州，汉南曰荆州。”⑤

《周礼·职方氏》：“掌天下之图，以掌天下之地。……正南曰荆州，其山镇曰衡山，其泽薮曰云瞢

---

① 孔安国传，孔颖达疏：《尚书正义》，北京大学出版社 2000 年版，第 188 页。

② 范晔：《后汉书》，中华书局 1965 年版，第 3405 页。

③ 孔安国传，孔颖达疏：《尚书正义》，北京大学出版社 2000 年版，第 176—181 页。

④ 吕不韦著，陈奇猷校释：《吕氏春秋新校释》，上海古籍出版社 1978 年版，第 663 页。

⑤ 郭璞注，邢昺疏：《尔雅注疏》，北京大学出版社 2000 年版，第 209 页。

（梦），其川江汉。”①

《史记·五帝本纪》：“三苗在江淮、荆州数为乱。”

《史记·夏本纪》：荆及衡阳维荆州，集解孔安国曰：“北据荆山，南及衡山之阳。”江、汉朝宗于海。九江甚中，沱、涔已道，云土、梦为治。……包匦菁茅，荆河惟豫州，集解孔安国曰：“西南至荆山，北距河水。”正义括地志云：“荆山在襄州荆山县西八十里。韩子云‘卞和得玉璞于楚之荆山’，即此也。”

《夏本纪》：道九山：……熊耳、外方、桐柏至于负尾；（九）道嶓冢，至于荆山；（十）……（九）索隐：桐柏山一名大复山，在南阳平氏县东南。……正义括地志云：桐柏山在唐州桐柏县东南五十里，淮水出焉。（十）集解郑玄曰：地理志荆山在南郡临沮。索隐此东条荆山，在南郡临沮县东北隅也。正义括地志云：嶓冢山在梁州。荆山在襄州荆山县西八十里也。又云：荆山县本汉临沮县地也。

罗泌撰《路史·后纪》言：“伯禹定荆州，季芈实居其地。”

《禹贡》《夏本纪》中，从北向南的“道九山”，其“汧及岐至于荆山”，即“左冯翊怀德县南”之“北条荆山”。“道嶓冢，至于荆山”，即“荆山县西八十里”之“南条荆山”。

刘信芳先生说：

> 《禹贡》“荆及衡阳惟荆州”，又说“荆河惟豫州”。以荆山为荆州、豫州的地理界限，很明显，此荆山应该是河南南部大致呈东西走向的伏牛、桐柏山脉，也只有此山脉才能成为划分荆豫两州的地理界限。如果是湖北西部的荆山，则是大巴山脉的东延部分，只能是古荆梁两州的地理分界。故《禹贡》荆山应在今河南、湖北两省交界处。丹淅地区也正在这一片山脉的丹淅河谷中。古时荆山有二还可以从《山海经》中得到证明。《山海经》“中次八经荆山之首，曰景山，其上多金玉，其木多杼檩，雎水出焉，东南流注于江。”又“东北百里，曰荆山……漳水出焉，而东南流注于雎。”此荆山即今江陵西北，古南漳县之荆山。《舆地广记》卷八：“南漳县，本汉临沮县……开元十八年徙荆山于故南漳。《禹贡》荆山在东北，荆豫二州于是分界，楚卞和得玉处。”《舆地广记》明确地把南漳荆山与《禹贡》荆山区别开，是很正确的。②

刘先生此论可能有误解。

《禹贡》曰：“荆及衡阳惟荆州，江汉朝宗于海……”《五帝本纪》曰：“江淮、荆州。”《尔雅》曰：“汉南曰荆州。”可见汉水北、东的“伏牛、桐柏”不属于古荆州。刘氏把《禹贡》荆州、豫州分界的“荆山”，指认为今河南、湖北两省交界处的伏牛、桐柏山脉，缺乏依据。伏牛、桐柏属于《禹贡》《夏本纪》“道九山”中“熊耳、外方、桐柏至于负尾”一列，与产“菁茅”的“荆州荆山”无关。

欧阳忞编撰《舆地广记》曰：“南漳县，本汉临沮县……武德二年析南漳置荆山……开元十八年徙荆山于故南漳。《禹贡》荆山在东北，荆豫二州于是分界，楚卞和得玉之处。”③《舆地广记》根本没有“把南漳荆山与《禹贡》荆山区别开”的信息，况且“卞和得玉之荆山”，从来也没有在“伏牛、桐柏”的说法。前文已叙，《禹贡》中“荆山有二”是“导岍及岐，至于荆山”的“北条荆山”和“导嶓冢，至于荆山”的“南条荆山”。前者在雍州（《地理志》云：“《禹贡》北条荆山，左冯翊怀德县南”），后者在荆州（《地理志》云：南条荆山，在南郡临沮县东北。西北景山，即荆山首也。《括地志》：“荆山县西八十里”）。无论是《禹贡》《山海经》《史记》《汉书》以及后人的注释中，都没有伏牛、桐柏山脉称荆山之说。刘信芳先生的“《舆地广记》明确地把南漳荆山与《禹贡》荆山区别开”，《禹贡》的荆山“应该是河南南部大致呈东西走向的伏牛、桐柏山脉”之说，与事实不符。

王光镐先生《荆、楚名实综议》说：

> 《禹贡》及《国语》的成书较前引各论为早，它们的有关记述应是“荆为州而楚为国”说得以产生的基础。但是，《禹贡》、《国语》问世早不过战国初年，“荆州"一语亦不见于更早

① 李学勤主编：《周礼注疏》，北京大学出版社 1999 年版，第 869—872 页。

② 刘信芳：《楚都丹阳地望探索》，《江汉考古》1988 年第 1 期，第 63 页。

③ 欧阳忞著，李勇先、王小红校注：《舆地广记》，四川大学出版社 2003 年版，第 171 页。

的记述，荆为州似仍然早不过东周。然而，历史事实是，早在春秋以前，“荆”被用作国称的史迹已迭见不穷。①

其论也可商榷。王先生强调作国称的“荆”早于“荆州”，显然与古籍记载不符，回避了“荆”是先周的古老地名，早于“荆楚”国称的事实。

石泉先生说：“从《禹贡》、到《汉志》、《水经》所记荆山地望，只反映战国秦汉时人的地理观念，此时的荆山只能与位于宜城平原上的楚郢都、秦汉江陵城配套，是与荆楚中心地带相去不远的名山，而不再与丹阳（已非楚都）邻近，所以不能据以推定西周时期楚丹阳故都的地望。”② 说《禹贡》所记荆山“只反映战国秦汉时人的地理观念”，与事实不符。古书的形成和流传是一个很复杂的过程。《禹贡》《容成氏》或许成书于战国时期，但成书时间与书中所记史实的时间是两码事。不管《禹贡》成书于何时，其中保留了不少夏代的历史素材，对于研究夏史及夏代社会有极其重要的史料价值。

邵望平先生《〈禹贡〉“九州”的考古学研究》指出：

《禹贡》所记载的“九州”贡品、物产及所反映的生态环境大致相当于前第2000年间（比较温暖）的情况。《禹贡》作者的地理知识还仅限于商周早期以前，即公元前第2000年间的“中国”，远远未达到战国时期所能达到的地理知识水平。九州篇蓝本的出现不迟于西周初年，“九州”基本内容之古老、真实，绝不是后人单凭想象所能杜撰出来的。……不过，现今所读到的《禹贡》其导山导水、五服等等内容可能是春战期间学者修订、补缀、拼凑，又经后世几番折腾才成。③

《左传·襄公四年》魏绛引《虞人之箴》曰：“芒芒禹迹，画为九州”。可见“禹画九州”绝不是战国时人的地理观念。《左传·昭公十二年》：“昔我先王熊绎，辟在荆山，筚路蓝缕，以处草莽。跋涉山林，以事天子。”其“荆山”分明是周初或先周就有的地名，绝非东周、战国初年后起之名。

《史记·孟子荀卿列传》云：

以为儒者所谓中国者，于天下乃八十一分居其一分耳，中国名曰赤县神州。赤县神州内自有九州，禹之序九州是也。中国外如赤县神州者九，乃所谓九州也。

“禹画九州”很可能是古人依据天圆地方的观念，把神州大地分为九大块，虽不是确切的地理范围，但这种思维当来自亘古相传的地理概念。

现今的先秦典籍，大多经过汉人语句文字的改造，《尚书》《史记》等书中用当时的“词语（州等）”记叙先古历史乃是常例，不能因为有些词语后出而否定“荆”为古老的地名。石泉先生说《夏本纪》《禹贡》所记荆山地望，只反映战国时人的地理观念显然有欠公允，与史实不符。

（二）《禹贡》九州是古老的历史概念

《天问》曰：“地方九则，何以坟之?”《禹贡》说雍州“厥田唯上上”，冀州“厥田唯中中”，扬州“厥田唯下下”，这些都是很古老的概念。后人把“厥田”错以为“田土等级”，说雍州一等……扬州九等，显然是与事实不符的误解。实际上“厥田”是各州的方位。④

《禹贡》九州：“冀、兖、青、徐、扬、荆、豫、梁、雍。”如果把其中的“徐州和兖州”对调，各州的顺序和方位就全对了。此误或是后世转录者不知“厥田”之意错简或错抄所致。

九州以冀州为首，如《尔雅·释地》九州：“冀、幽、兖、营、徐、扬、荆、豫、雍。”《周礼·职方氏》九州：“冀、幽、并、兖、青、扬、荆、豫、雍。”这些大同小异的“九州”，当是先古传说的遗存，而不是战国时代的创造。

《山海经·海内经》也有：“帝乃命禹卒布土以定九州。”⑤

《逸周书·尝麦解》有黄帝杀蚩尤于“中冀之野”，“中冀者，正中冀州也”。《淮南子·地形训》

① 张正明主编：《楚史论丛》，湖北人民出版社1984年版，第21—22页。

② 石泉：《再论早期楚都丹阳地望——与“南漳说”商榷》，《楚文化研究论集》（四），第20页。

③ 苏秉琦主编：《考古学文化论集（二）》，文物出版社1989年版，第11—30页。

④ 参考汪放公望：《恢复〈尚书·禹贡〉图》，http://bbs.guoxue.com/viewthread.php?tid=594911&highlight=%2B%2B%D3%ED%B9%B1。

⑤ 袁珂著：《山海经校译》，上海古籍出版社1985年版，第301页；《四库全书·山海经广注》卷十八，第15页。

曰："正中冀州，曰中土。"冀州为天下中心（今晋南、豫西黄河两岸），条条贡道通冀州而冀州无贡品，故而"厥田唯中中"，而战国时的人不会以冀州为天下中心，更不会脱离当时诸侯林立的实际，把华夏大地分为九大州。

九州方位示意图

厥田	西上	中	东下
北上	雍州 上上	徐州 上中	青州 上下
中	豫州 中上	冀州 中中	兖州 中下
南下	梁州 下上	荆州 下中	扬州 下下

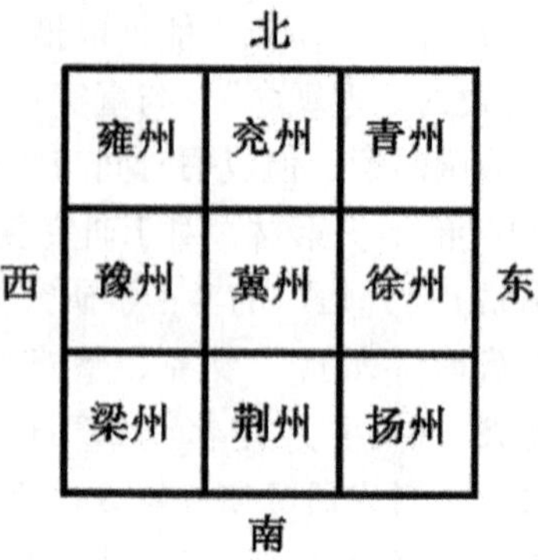

可能在夏代已经有了一个口耳相传或是文字记载的《禹贡》底本。正如李民先生所说：

《禹贡》应属后人依据夏代的某些历史素材，加以口耳相传下来的材料，掺杂着后世的某些语言和政治理想而制定的一篇历史文献。①

岳红琴博士也认为：

九州所表达的地理域限，反映了夏王朝的直辖区域、夏王朝的势力范围和夏王朝影响区三个层次的政治域限……《禹贡》成书经历了一个漫长的时期，其主要内容成于西周。②

（三）"楚之菁茅"只产于"汉南荆山"

《禹贡》曰：

荆及衡阳惟荆州……三邦底贡厥名，包匭菁茅。③

《史记·夏本纪》：

荆及衡阳维荆州……包匭菁茅。

《国语·晋语八》曰：

昔成王盟诸侯于岐阳，楚为荆蛮，置茅蕝，设望表，与鲜卑守燎，故不与盟。④

韦昭注：蕝，谓束茅而立之，所以缩酒。缩酒是楚人的特长，是早期楚君事周的专职。

《韩非子·外储说上》：

楚之菁茅不贡于天子三年矣，君不如举兵为天子伐楚。⑤

《谷梁传·僖公四年》：

菁茅之贡不至，故周室不祭。⑥

《左传·僖公四年》前656年齐侯以诸侯之师伐楚：

尔贡包茅不入，王祭不共，无以缩酒，寡人是征。⑦

东汉应劭《风俗通义》卷一：

齐桓九合一匡，率成王室，责强楚之罪，复菁茅之贡。

① 李民：《尚书与古史研究》，中州书画社1983年版。
② 岳红琴：《禹贡与夏代社会》，郑州大学2006年博士论文，第19、25页。
③ 李学勤主编：《尚书正义》，北京大学出版社2000年版，第176—180页。
④ 邬国义等撰：《国语译注》，上海古籍出版社1994年版，第438页。
⑤ 陈奇猷：《韩非子新校注》，上海古籍出版社2000年版，第686页。
⑥ 范宁集解，杨士勋疏：《春秋谷梁传注疏》，北京大学出版社2000年版，第134页。
⑦ 杨伯峻：《春秋左传注》（修订本），中华书局1990年版，第290页。

《禹贡》所述荆州贡物中的菁茅，既是荆山特产，也是后来楚人向周天子进贡，王祭用以缩酒的苞茅。既然在“成王盟诸侯于岐阳，楚为荆蛮，置茅蕝”就已经使用，说明苞茅缩酒这一传统祭祀，其历史不晚于周初。

历史上楚国的疆界变动很大。从前11世纪末“先王熊绎，辟在荆山”的山林僻壤到楚成王时“楚地千里”，囊括了江汉、南阳盆地及淮河流域。但是，周初以来王祭用的包茅，一直依靠楚人进贡。众多古文献记载的贡茅只产于汉南的古荆州。这就有力地证明了“楚先王熊绎辟在荆山”，就是产包茅的今湖北南漳、保康之“荆山”。

众多熊绎封地的假说：“商县、淅川、秭归、枝江……”，它们均与产贡茅的古荆州不符。石泉先生说：“按照中外历史上地名随人迁徙的惯例……‘荆山’之名亦随楚人势力之越过汉水，而移植于汉水西南方今南漳西北八十里左右处……”① 显然有违史实。

（四）《山海经》中的“荆山”

《山海经·中山经》：

> 中次八山，荆山之首，曰景山，其上多金玉，其木多杼檀。雎水东南流注于江，其中多丹粟，多文鱼。
>
> （景山）东北百里，曰荆山，其阴多铁，其阳多赤金，其中多牦牛，多豹虎，其木多松柏，其草多竹，多橘櫾。漳水出焉，而东南流注于雎，其中多黄金，多鲛鱼。其兽多闾麋。凡荆山之首，自景山至琴鼓之山，凡二十三山，二千八百九十里。其神状皆鸟身而人面。中次十一山荆山之首，曰翼望之山。湍水出焉，东流注于济；贶水出焉，东南流注于汉，其中多蛟。其上多松柏，其下多漆梓，其阳多赤金，其阴多珉。
>
> 凡荆山之首，自翼望之山至于几山，凡四十八山，三千七百三十二里。其神状皆彘身人首。

《山海经》中“漳水出焉”的荆山与《禹贡》中产贡茅的荆州荆山，当是同一个山。

石泉说《山海经》“中次十一经”记载：

> 荆山之首曰翼望之山，湍水出焉。东流，注于渮……”这里值得注意的是：翼望山被称为“荆山之首”，则这一带的山脉必曾有以荆山为名的一座山，即称“荆山之首”，上述的附近诸山中必有一较近丹淅之主峰称为荆山。尽管目前还不能具体确定是今天的哪座山，但必在今邓县与内乡县间、湍河以西、不长的交界地带。这应是比南漳西北的古荆山还要古一些的荆山。它同丹淅的楚都丹阳之得名，应是同步、配套的。②

石氏为了证明其“楚都丹阳当在淅川县境”，对《中山经》中明明白白的“荆山之首，曰景山，雎水出焉，东南流注于江……东北百里，曰荆山……漳水出焉，而东南流注于雎”视而不见，非要说翼望山“附近诸山中必有一较近丹淅之主峰称为荆山……这应是比南漳西北的古荆山还要古一些的荆山。”全本《山海经》中，明确“主峰称为荆山”者，只有中次八山“景山东北百里，曰荆山，漳水出焉，而东南流注于雎”。这独一无二的“荆山”，无可置疑就是今南漳“漳水出焉”之“荆山”。《中山经》“中次十一山”的“自翼望之山至于几山，凡四十八山”中，根本没有“主峰称为荆山”者。再有，同为《中山经》的“山”，何以见得“中次十一山”的“山”，应比“中次八山”“南漳西北的古荆山还要古一些”呢？这不是典型的曲解就已吗？

石氏说：

> 汉北之荆山，亦即《山海经·中山经·中次十一经》所记，位于汉北今淅川老城东南方直距20余公里、内乡与邓县间的“荆山首”。③

为了证实已说，不惜偷换概念，把中次十一山的“翼望山”说成“汉北之荆山”，怎能令人信服呢？

西汉扬雄《荆州牧篇》说：“幽幽巫山，荆山之阳。江汉朝宗，其流汤汤。”这也表明荆州荆山在

---

① 石泉、徐德宽：《楚都丹阳地望新探》，《江汉论坛》1982年第3期，第75页。

② 石泉：《古代荆楚地理新探》，武汉大学出版社2004年版，第206、208页。

③ 石泉：《再论早期楚都丹阳地望——与“南漳说”商榷》，《楚文化研究论集》（四），第20页。

长江、汉水之间。

二、文献中的“荆、楚”部族

（一）夏、商时代的荆楚

与鬼方氏密切相关的季连。

《太平御览》卷三百七十一引《世本》：

陆终氏娶于鬼方氏之妹，谓之女隤，生六子，孕而不育。三年，启其左胁，三人出焉；启其右胁，三人出焉。

《大戴礼记·帝系》：

陆終氏娶于鬼方氏，鬼方氏之妹谓之女隗氏，产六子，孕而不粥（育），三年，启其左胁，六人出焉。其一曰樊，是为昆吾。其二曰惠连，是为参胡。其三曰籛，是为彭祖。其四曰莱言，是为云（妘）郐人。其五曰安，是为曹姓。其六曰季连，是为芈姓。……昆吾者，卫氏（是）也。参胡者，韩氏（是）也。彭祖者，彭氏（是）也。云郐人者，郑氏（是）也。曹姓者，邾氏（是）也。季连者，楚氏（是）也。①

《楚世家》：

陆终生子六人，坼剖而产焉。其长一曰昆吾；二曰参胡；三曰彭祖；四曰会人；五曰曹姓；六曰季连，芈姓，楚其后也。

《国语·郑语》史伯曰：

祝融……其后八姓，于周未有侯伯。佐制物于前代者，昆吾为夏伯矣，大彭、豕韦为商伯矣，当周未有。己姓，昆吾、苏、顾、温、董。董姓，鬷夷、豢龙，则夏灭之矣。彭姓，彭祖、豕韦、诸稽，则商灭之矣。秃姓，舟人，则周灭之矣。妘姓，邬、郐、路、偪阳；曹姓，邹、莒，皆为采卫，或在王室，或在夷狄，莫之数也，而又无令闻，必不兴矣。斟姓无后。融之兴者，其在芈姓乎？芈姓夔、越，不足命也，蛮芈，蛮矣；唯荆实有昭德，若周衰，其必兴矣。姜，嬴、荆芈，实与诸姬代相干也。②

表明“荆芈”是陆终部族中的强支。

《楚世家》与《帝系》说季连“芈”姓为“楚”，《国语》说“荆”为“芈”姓。可见“荆”即“楚”，名异体一，“荆楚”“楚荆”属同义词叠称。夏代之楚先祖季连是陆终氏娶于鬼方氏之妹所产的六子之一的传说，表明楚族与西北的鬼方关系密切，其居地当近鬼方。至于他们是如何迁到“南乡”的，因史料缺失已难知晓。

武丁时“居国南乡”的荆楚。

《诗经·商颂·殷武》：

维女荆楚，居国南乡，昔有成汤，自彼氐羌，莫敢不来享，莫敢不来王，曰商是常。……挞彼殷武，奋伐荆楚，深入其阻，裒荆之旅。

《毛传》说：

荆楚，荆州之楚国也。

《郑笺》说：

维女楚国近在荆州之域，居中国之南方，而背叛乎？

《殷武》可能是商人后裔追述商朝盛事的历史传说，“居国南乡的荆楚”或是殷的属国。

《今本竹书纪年》也有：

（帝癸）二十一年，商师征有洛，克之。遂征荆，荆降。③

不知此“荆”与“荆芈”有无关联？

《汉书·贾捐之传》有：

---

① 高明：《大戴礼记今注今译》，台湾商务印书馆1975年版，第249页。

② 邬国义等撰：《国语译注》，上海古籍出版社1994年版，第488页。

③ 张玉春：《竹书纪年译注》，黑龙江人民出版社2003年版，第133页。

武丁、成王，殷周之大仁也，然地东不过江、黄，西不过氐、羌，南不过蛮荆，北不过朔方。而颂声作……及其衰也，南征不还，齐桓救其难，孔子定其文。①

西汉贾捐之认为，殷武丁与周成王其南疆为“蛮荆”，而在商周史上既居“南乡”又名“蛮荆（荆楚）”的只有鬻熊的楚族。

（二）周初的“荆楚”

《左传·昭公九年》：

及武王克商，蒲姑、商奄，吾东土也。巴、濮、楚、邓吾南土也。

这是武王克商时周初的南土，也是成王封熊绎前就有“楚”的确证。

《左传·昭公十二年》有：

昔我先王熊绎辟在荆山，筚路蓝缕以处草莽，跋涉山川以事天子。

《楚世家》：

熊绎当周成王之时，举文武勤劳之后嗣，而封熊绎于楚蛮，封以子男之田，姓芈氏。居丹阳。

《国语·晋语八》曰：

昔成王盟诸侯于岐阳，楚为荆蛮……故不与盟。

《国语·郑语》：

当成周者，南有荆蛮。

《楚世家》：

三十七年，楚熊通怒曰：“吾先鬻熊，文王之师也，蚤终。成王举我先公，乃以子男田令居楚，蛮夷皆率服，而王不加位，我自尊耳。”乃自立为武王。

成王初封熊绎《左传》《史记》曰“楚蛮”，《国语》曰“荆蛮”，可见楚、荆同义。

熊绎初封的南乡“楚蛮”之地又称“荆山、丹阳”，就是《左传·昭公九年》所说的巴、濮、楚、邓并列在北纬32度附近，江、汉之间的楚国，其荆山则是今南漳的古荆山。

尹弘兵说《楚世家》“封熊绎于楚蛮”，又记楚熊渠称雄江汉，封其三子为王，“皆在江上楚蛮之地”。可知楚蛮为商周时代的一大部族，其历史早于芈姓楚国，而楚国则是在楚蛮之地发展起来的②。尹氏断言“楚蛮为商周时代‘早于芈姓楚国’的一大部族”乃是没有文献依据、没有代表（首领）人物、没有相关传说的臆想，而且与他的“楚国是在楚蛮之地发展起来的”抵牾。

（三）史籍中春秋期间的荆、楚

尹弘兵氏还说：“至春秋早期，‘楚成王初收荆蛮有之’以后楚蛮不见于记载。”③ 此说与事实不符。

若是“楚成王初收荆蛮有之”其后穆王、庄王……则“大收荆蛮”，怎么能说“以后不见记载”？例如，《左传》文公十六年：“庸人帅群蛮以叛楚……秦人，巴人从楚师，群蛮从楚子盟，遂灭庸。”可见其时“群蛮”势力仍然很大。再从文本上看，既曰“初”必有“继”，怎么会“以后不见于记载”呢？说“楚成王（公元前671—公元前626年在位）初收荆蛮有之……”并不很确切。“哀公十七年”有：“观丁父，鄀俘也，武王以为军率，是以克州、蓼，服随、唐，大启群蛮。”说明在楚武王时期（公元前740—公元前690年在位），已经“大启群蛮”了。只不过从成王开始，得到周天子“镇尔南方夷越之乱”的认可罢了。再有楚成王前后的《春秋》《传》都是既记“荆”也记“楚”，不存在成王“以后楚蛮不见于记载”之事。

僖公元年前，《经》曰“荆”，《传》记“楚”之例。

庄公十年（公元前684年）《春秋谷梁传》《经》：“秋，九月，荆败蔡师于莘，以蔡侯献武归。”《传》：“荆者，楚也。何为谓之荆？狄之也。”《春秋左传》《经》：“秋九月，荆败蔡师于莘，以蔡侯献舞归。”《传》为：“秋九月，楚败蔡师于莘，以蔡侯献舞归。”

庄公十四年，《春秋经》“秋七月，荆入蔡。”《左传》记：“秋七月，楚入蔡。”庄公十六年《经》：

① 班固：《汉书》，中华书局1962年版，第2831页。

② 尹弘兵：《荆楚关系问题新探》，《江汉论坛》2010年第3期，第74页。

③ 尹弘兵：《荆楚关系问题新探》，《江汉论坛》2010年第3期，第74页。

"秋，荆伐郑。"《传》："秋，楚伐郑"。庄公二十八年《经》："秋，荆伐郑。"《传》："诸侯救郑，楚师夜遁。"

僖公元年之后的《经》《传》一般皆记"楚"。

僖公元年（公元前659年）《经》："（秋，七月）楚人伐郑。"晋杜预注："荆始改号曰楚。"《传》："秋，楚人伐郑。"

僖公二年《经》："（冬）楚人侵郑。"《传》："冬，楚人伐郑。"

僖公三年《经》："楚人伐郑。"《传》："楚人伐郑。"

僖公四年（楚成王十六年）《经》："四年春王正月，公会齐侯、宋公、陈侯、卫侯、郑伯，许男、曹伯侵蔡。蔡溃，遂伐楚，次于陉。"《传》："四年春，齐侯以诸侯之师侵蔡。蔡溃，遂伐楚。"

而《鲁颂·閟宫》则记："戎狄是膺，荆舒是惩。"

僖公二十八年《经》："夏四月己巳，晋侯、齐师、宋师、秦师，及楚人战于城濮，楚师败绩。楚杀其大夫得臣。卫侯出奔楚。"《传》与《经》同，均记为"楚"。而涉及"晋楚城濮之战"的《子犯编钟》则称"楚荆"。其《铭文》曰："唯王五月初吉丁未，子犯佑晋公左右，来复其邦。诸楚荆不听命于王所，子犯及晋公率西之六师博伐楚荆，孔休大功。楚荆丧厥师，灭厥禹（渠）……"

但也有既称"楚"又称"荆"之例。

涉及前632年"晋楚城濮之战"的《子犯编钟》铭文曰："唯王五月初吉丁未，子犯佑晋公左右，来复其邦。诸楚荆不听命于王所，子犯及晋公率西之六师博伐楚荆，孔休大功。楚荆丧厥师，灭厥禹（渠）……"

昭公十六年（公元前516年）《春秋经》："王子朝奔楚。"《左传》记："兹不谷震荡播越，窜在荆蛮。"这里《经》曰"楚"，《传》称"荆蛮"。

《国语》中情况类似。如，前575年"晋楚鄢陵之战"，在《晋语六》中，就有多处既记"楚"，又称"荆"。

可见，两周之际作为部族、国称的"荆、楚"，在各类文献中多是名异实同，绝非两国。

王光镐先生说：

> 据我们分析，荆、楚在历史上实际一度是截然不同的两个国家，无论从兴亡的时间上、各领疆域的空间上乃至具体的历史进程上，都可以将它们严格区分开。其实，早自夏末商初便已成显赫之国的是荆而非楚；武丁大加挞伐的是荆而非楚；西周时期"南巡不复"的昭王是卒于荆而亦非楚。①

王氏的"荆、楚两国论"，有违史实。

郭沫若先生《屈原研究》说："荆是楚以外的人对于楚国的恶名，楚人自己是绝没有称过荆的。"尹弘兵先生也有类似说法②。此论显然与史实不符。如《战国策》"公输般为楚设机"。墨子曰："荆之地方五千里，宋方五百里，此犹文轩之与弊舆也。荆有云梦，犀兕麋鹿盈之，江、汉鱼鳖鼋鼍为天下饶"。（《墨子·公输》同）墨子见楚王，当面称楚为"荆"显然不是贬称。《包山246号简》有："与祷荆王，自熊鹿（丽）以就武王，五牛、五豕。"这是楚人自称"荆"的事例之一，可见"荆"绝非恶名。

（四）《诗经》《楚辞》中的"荆楚"

《诗·商颂·殷武》：

> 维女荆楚，居国南乡，昔有成汤，自彼氐羌，莫敢不来享，莫敢不来王，曰商是常。……挞彼殷武，奋伐荆楚，深入其阻，裒荆之旅。

《毛传》说：

> 荆楚，荆州之楚国也。

《郑笺》说：

---

① 王光镐：《楚文化源流新证》，武汉大学出版社1988年版，第85页。

② 尹弘兵：《荆楚关系问题新探》，《江汉论坛》2010年第3期，第77页。

维女楚国近在荆州之域，居中国之南方，而背叛乎？

《殷武》或者是商人后裔追述商朝盛事的历史传说，其说居国南乡的“荆楚”是殷的属国并没有错。

《小雅·采芑》：

蠢尔蛮荆，大邦为仇。……显允方叔，征伐玁狁，蛮荆来威。

《鲁颂·閟宫》：

戎狄是膺，荆舒是惩。

《楚辞·天问》：

荆勋作师，夫何长？

《大招》：

自恣荆楚，安以定只。

《楚辞》《诗经》中的“荆楚”也是同义词叠称，绝决非两国。

尹弘兵先生说：

用“荆”字指称楚蛮是周人区分楚国与楚蛮的结果，自“荆”字出现以后，“荆”遂成为周人称呼楚蛮的专名。①

尹说显然与事实不符。

（五）楚简中的“荆、楚”

《包山楚简卜辞》（217 简）：“举祷楚先老僮、祝融、（鬻）酓（熊）各一牂。”② 表明老僮、祝融、鬻熊是楚人的三位祖先。鬻熊为楚的开国之祖，其地位远高于成王受封的熊绎。

《包山 246 号简》：“与祷荆王，自熊鹿（丽）以就武王，五牛、五豕。”《葛陵楚简》（零 301、150）：“□（荆）王、文王、（以）逾至文君□□□”。（甲三·5、乙四·96）也将“荆王、文王”对举。

从楚简看也不存在“楚人自称楚而不称荆”的问题③。

清华简《楚居》：

季连初降于隈山，抵于穴穷，前出于乔山，宅处爰波，逆上汌水，见盘庚之子，处于方山，女曰妣隹，秉兹率相，詈胄四方。季连闻其有甹，从及之盘，爰生（纟呈）伯、远仲，游徜徉，先处于京宗。穴酓迟徙于京宗，爰得妣列，逆流哉水，厥状聂耳，乃妻之，生侸叔、丽季。丽不从行，溃自胁出，妣列宾于天，巫（并戈）赅其胁以楚，抵今曰楚人。

《楚居》说，楚人的直系祖先是季连。楚先祖曾散居于汉水南北的隈山、乔山、汌水、方山、京宗，似乎没有定居。穴酓（鬻熊）后期才定居京宗（荆山）。其后是熊丽出生及“楚人为什么称为楚人”的传说。

（六）《小臣夌鼎》、殷虚甲骨、西周甲骨中的楚、芈

西周早期青铜器《小臣夌鼎》铭云：“正月，王在成周，王（徙）于楚（麓），令小臣夌先省楚（居）。”④

其“楚?”与楚部族之“楚（林/足）”字形不同。

明义士《殷虚卜辞》2364 有“帚楚”。⑤ 此“楚”字与《小臣夌鼎》的“楚”，字形近似，与楚部族之“楚”不同。

郭沫若《殷契粹编》第 1315 片，《考释》：“舞楚”当是“舞胥”。第 1547 片，《考释》：“于楚又有雨。”⑥ 这两个“楚”似楚族之“楚”。

---

① 尹弘兵：《荆楚关系问题新探》，《江汉论坛》2010 年第 3 期，第 73—78 页。

② 湖北省荆沙铁路考古队：《包山楚简》，文物出版社 1991 年版，第 34 页、图版九六。

③ 康殷：《文字源流浅说》，荣宝斋 1979 年版，第 282 页。

④ 中国社会科学院考古研究所：《殷周金文集成释文》（二），香港中文大学出版社 2000 年版，第 355 页。

⑤ 明义士：《殷虚卜辞》，艺文印书馆 1982 年版，上海别发洋行 1917 年版，第 222 页。

⑥ 郭沫若：《殷契粹编》，三一书房 1976 年版，第 280、337、683、755 页。

（董作宾《殷墟文字甲编》图版262："戊戌卜有伐芈。"① 其"芈"或许与楚相关？）

周原甲骨："H11：4"："其微楚𠂤 师氏舟"。此楚从林足，与楚部族之楚类同。

"H11：14"："楚白乞今（秋）来（使）于王其则。"此字从林口，与楚部族之"楚"不同。其时楚部族也不称"楚白（伯）"。

"H11：83"："曰今□楚子来告父后□。"② 此字从"林足"与楚部族之楚类同。

以此等为据说："成、康二王接二连三征伐""楚"者，显然没有分清，其中楚部族之"楚（林/足）"，与非楚部族之"楚?"字形不同。

楚字字形示意图③

"小臣夌鼎"的楚

《殷虚卜辞》的"楚"

《殷契粹编》的"楚"

第1315片

第1547片

《周原甲骨文》的"楚"

H11:4："其微楚𠂤㚇師氏舟㚇"

H11:14："楚白乞今□來即于王其则"（楚伯迄今秋来㐭于王其则）

H11:83"曰今□楚子來告父後□"（曰今秋楚子来告父后援）

（七）文献中与鬻熊部族无关，但也有人认为是"楚"者

《禽鼎》《禽簋》："王伐□侯，周公谋，禽祝"。

---

① 董作宾：《殷墟文字甲编》，商务印书馆1948年版，图版第11页，第262幅图。

② 曹玮编：《周原甲骨文》，世界图书出版公司2002年版，第4、14、63页。

③ 作者绘制。

《刚劫尊》：“王征□，锡刚劫贝朋”。

《禽簋》《刚劫尊》中的，从林“止在口上”（去）者。陈梦家等释作“盖”即“奄”；郭沫若等认为是“楚之异文”。其字形与金文、简牍之“楚”不同，楚国也从不称“侯”。

禽簋铭文拓本　　刚劫尊铭文拓本

禽簋，中国国家博物馆藏

古籍中部分“楚”“熊”与“鬻熊部族”无直接关系者：

《诗·墉风·定之方中》：“定之方中，作于楚宫。揆之以日，作于楚室。”

《春秋经》隐公七年（前716年）：“戎伐凡伯于楚丘以归”（《左传》同）。《春秋经》僖公二年（前658年）：二年春，王正月，城楚丘。”《左传》：“二年春，诸侯城楚丘而封卫焉。”

《左传》襄公十年：“宋公享晋侯于楚丘。”《左传》昭公二十二年：“晋……军其东南，王师军于京楚。”

《水经·济水注》引《竹书纪年》晋幽公十三年（前421年）：“鲁季孙会晋幽公于楚丘。”

《逸周书·作雒解》：

> 凡所征熊盈族十有七国，俘维九邑。俘殷献民，迁于九里。①

有人认为，此记“表明楚是东方民族”似乎难以成立。②

先周楚族的历史，幽渺难稽，但是古籍和楚简都说鬻熊的荆楚部族起源于祝融（陆终）。从后世有关祝融（陆终）后代的活动地域，或可以推知荆楚古代的地域。

（八）作为部族、国家的“荆、楚”多为同义

从以上考证看，各类文献中作为部族、国家的“荆”即“楚”、“荆蛮”即“楚蛮”，没有可将它们一分为二的确切例证。

赵炳清先生说：

> 在荆、楚通用等义之前，“楚”与“荆”是具有不同的指代范围的。
>
> 我们将称荆、荆蛮，楚，楚蛮，荆楚联称的史料部分分列如下……

① 黄怀信：《逸周书校补注译》，三秦出版社2006年版，第234—235页。

② 详见本书《评〈西周楚国初封及南迁原因解〉》。

> 在三代的史料之中，多有关于荆蛮的记载。然“楚蛮”一称却不见载于先秦史籍，“楚蛮”首次出现是在太史公的《史记·楚世家》之中，即楚蛮出现在荆、楚通称之后。楚国之名“楚”，乃是缘于楚人之故，而非楚蛮。在荆、楚通称以前，史籍中指代楚国或楚人多称之为“楚”“楚人”或是“楚子”，而非“荆”、“荆蛮”。①

这种把荆、楚相关的史料分割引证的做法，其结论多与事实不符。

本文所引先秦文献中对同一历史事件，此处曰“楚”，彼处曰“荆”的大量事例，赵先生都避而不用，而在他自己的引证中也有明显的断章取义之处。例如，其论文46页引《左传·昭公二十六年》“不谷震荡播越，窜在荆蛮，未有攸厎”就回避了《昭公二十六年》文本前面的：“王子朝及召氏之族、毛伯得、尹氏固、南宫嚚奉周之典籍以奔楚。”文中的“奔楚”即“窜在荆蛮”，不存在赵氏的“‘楚’与‘荆’具有不同的指代范围”之事。赵氏选择性地分割引用，歪曲了原文，有违史实。

三、“鬼方”与“荆楚”

（一）文献中的鬼方

《今本竹书纪年》：“（武丁）三十二年，伐鬼方，次于荆。”

《今本竹书纪年》：“三十四年，王师克鬼方，氐羌来宾。”

《后汉书·西羌传》注引《古本竹书纪年》：“武乙三十五年，周王季伐西落鬼戎，俘二十狄（翟）王。”（季历南征北战屡建功勋，武乙死后文丁继位，怕他功高盖主，就囚禁季历至死。自此埋下周人仇恨商人的种子。）

《后汉书·西羌传》：“及殷室中衰，诸夷皆叛，至于武丁，征西戎鬼方，三年乃克。”

甲骨卜辞有“贞王勿乎妇好往伐鬼方”。

“乙巳卜。宾贞：鬼获羌。一月。”

“鬼方易”（《甲》3344、《乙》6684等）（言其逃亡之速。）

甲骨卜辞中武丁末期有大量土方、舌方的战争。有学者认为：土方、舌方就是鬼方。传世文献的“高宗伐鬼方”，即甲骨中武丁和土方、舌方之间的战争。

例如，朱歧祥指出：《新缀334》：

> 癸巳卜，争贞：“旬亡用？四日丙申允中来女壴自西。臾告曰：“舌方截举、伞、才、军四邑。”十三月。此卜辞为武丁二十九年十三月乙亥朔的癸巳十九日。其时鬼方势力正盛，接连摧毁了殷西四邑。《前5、13、5》：乙酉卜，争贞：“往复从臬执舌方？”一月。此辞属武丁三十二年一月癸亥朔乙酉二十三日。是时工方战败，屡遭殷人拘俘，显然一蹶不振了。《易经·既济》爻辞：“高宗伐鬼方，三年克之。”《易经·未济》爻辞：“震，用伐鬼方，三年有赏于大国。”又，《竹书纪年》引录武丁三十二年“伐鬼方”，亦当三年之事。舌方，鬼方为患的时限相同，显然并不是巧合。鬼方与殷人征战三年，在武丁三十二终于遭受挫败。《易经·既济》谓：“高宗伐鬼方，三年克之。”《汉书·西羌传》亦称：“武丁征西戎鬼方，三年乃克。”信为实录。舌方从此一蹶不振。不复见于武丁以后的卜辞。一直到殷末周初，舌方趁中原鼎沸之际，再次发展为显赫大族，进犯中土。②

西周《小盂鼎》：“王命盂以□□伐鬼方。获酋三人……”

周原甲文（H11：8）：“□鬼告不乎宅商西”。

《诗·大雅·荡》：“文王曰咨，咨女殷商。如蜩如螗，如沸如羹。大小既丧，人尚乎由行。内奰于中国，覃及鬼方。”

《国语·郑语》：“当成周者……西有虞、虢、晋、隗、霍、杨、魏、芮。”王国维谓隗国，即鬼方之遗裔。

《左传》僖公二十三年云晋公子重耳奔狄：“狄人伐唐咎如，获其二女叔隗、季隗，纳诸公子，公

① 赵炳清：《楚国疆域变迁之研究》，复旦大学博士论文2013年，第45、47页。

② 朱歧祥：《殷武丁时期方国研究——鬼方考》，《许昌师专学报（社科版）》1988年第3期，第72—77页。

于取季隗，生伯倏、叔刘，以叔隗妻赵衰，生盾。"

《山海经·海内北经》："鬼国在贰负之尸北，为物人面一目。"

王充《论衡·订鬼篇》言："《山海经》曰：'北方有鬼国。'"

《周原甲文》《后汉书》等说鬼方位于商（今安阳）以西，《山海经》等则说鬼国在北。故很多学者都认为鬼方活动地区在西北，今山西、陕北、内蒙古河套一带。

王玉哲先生认为："在三千多年以前的殷商时代，两国交兵，绝不会有持续三年的大规模战争。……卜辞的'三年克之'、'三年有赏于大国'都是指商王的纪年，是说殷高宗武丁在位的第三年那一年，命周攻克鬼方。"①

《后汉书·西羌传》有："至于武丁，征西戎鬼方，三年乃克。"《班簋》有"三年靖东国"；马王堆汉墓帛书《战国纵横家书》第八章有："薛公相脊（齐）也，伐楚九岁，功（攻）秦三年。"这里的"三年""九岁"并非指持续三年、九年的大规模战争，而是说双方"军事对立"维持了多年。王氏断言："'三年克之'、'三年有赏于大国'都是指商王的纪年""武丁在位第三年攻克鬼方"既缺少依据，也与古代纪年的行文习惯不符，还和甲骨卜辞中武丁二十九到三十二年殷商与土方、舌方之间持续多年的战争不符，与《今本竹书纪年》："（武丁）三十二年，伐鬼方，次于荆""三十四年，王师克鬼方，氐羌来宾"之记年抵牾。王氏的论断似乎大胆猜想有余，小心求证不足。

（二）鬼方与荆楚先祖关系密切

《太平御览》卷三百七十一引《世本》：

陆终氏娶于鬼方氏之妹，谓之女隤，生六子，孕而不育。三年，启其左胁，三人出焉；启其右胁，三人出焉。

《大戴礼记·帝系》：

> 陆终氏娶于鬼方氏，鬼方氏之妹谓之女隗氏，产六子，孕而不粥（育），三年，启其左胁，六人出焉。其一曰樊，是为昆吾。其二曰惠连，是为参胡。其三曰籛，是为彭祖。其四曰莱言，是为云（妘）郐人。其五曰安，是为曹姓。其六曰季连，是为芈姓。……昆吾者，卫氏（是）也。参胡者，韩氏（是）也。彭祖者，彭氏（是）也。云郐人者，郑氏（是）也。曹姓者，邾氏（是）也。季连者，楚氏（是）也。②

陆终氏娶于鬼方氏之妹，表明楚先祖与鬼方关系密切。《今本竹书纪年》之"武丁三十二年伐鬼方，次于荆"，似乎表明"鬼方"居地与"荆"邻近。不知此"荆"指"北条荆山（今陕西）"，还是指"芈姓之荆"？刘运兴《武丁伐鬼方进军路线及其他》则认为："此'荆'指的是殷代的'井方'"。

王光镐说：

> 鬼方，据汉人宋衷注《世本》云："于汉则先令羌是也。"（《文选·赵充国赞》注引）另外，《后汉书·西羌传》及《通典·边防·西戎》等，也一概认为鬼方属西羌，由此可知，季连母族的鬼方氏是西羌集团的一支。《说文》释羌："羌，西戎，羊种也。从羊儿，羊亦声……西方羌认羊。"羌的关键特征在从羊，对此古今无异辞，而恰恰与此相应的是，楚芈姓之"芈"的主要特征亦在从羊。《说文》释芈："羊鸣也，从羊，象气上出。……它说明，季连的芈姓显然得之于其母族鬼方氏之妹。于此基础上，甚至可进而揭示一个过去不为人知的事实：楚之母族所在的"鬼方"即属芈姓，"鬼方"为其国名族氏，"芈则为其族姓。"《周易·既济》第九三云："高宗伐鬼方，三年克之。"武丁积三年之功克鬼方，向被史家称为"中兴殷道事"，算得上殷商时期的一件大事。而与此相映成趣的是，见于卜辞，为武丁攻略者并无"鬼方"，却仅有"芈"。如《殷墟文字甲编》第二六二，辞所甲文第一期，即武丁时期，文曰："戊戌卜有伐芈"。武丁的征伐鬼方又伐芈，即鬼方又可称芈人的一个历史旁证。③

王氏"鬼方属芈姓"缺乏证据。

鬼方之称，从商至周未见变易。鬼方氏之妹"女隗（隤）氏"生子六人，六人各有姓氏。何以见

① 王玉哲：《鬼方考补证》，《考古》1986年第10期，第927—928页。

② 高明：《大戴礼记今注今译》，台湾商务印书馆1975年版，第249页。

③ 王光镐：《楚文化源流新证》，武汉大学出版社1988年版，第19—20页。

得季连的芈姓来自鬼方？即便芈姓与其母相关，何以见得鬼方又可称芈？王氏借汉人及后人对羌的解释等，由羌→羊→芈，从而揭示出鬼方即属芈姓。这其实是用文字游戏的手法，行偷换概念之实。《今本竹书纪年》："武丁三十四年，王师克鬼方，氐羌来宾。"这说明"鬼方"与"氐羌"有别。"羌的关键特征在从羊"，不能说明"季连的芈姓显然得之于其母族鬼方氏之妹"。

《国语·周语》："狄，隗姓也"。隗姓即或鬼姓。鬼方其族庞大，后来支系繁衍分为多部，各创别姓，并没有任何"鬼方属芈姓"的踪影。中原祝融八姓（或陆终六姓）中的"芈"姓与鬼方"媿""隗"不可混同。

《周易·既济》第九三"高宗伐鬼方，三年克之"与《殷墟文字甲编》第二六二"戊戌卜有伐芈"风马牛不相及。王光镐把它们强行挂钩，作为"鬼方又可称芈人的旁证"太过牵强。其实，《殷墟》卜辞的"芈"似乎与"荆楚"相关，"伐芈"或许正是《纪年》"征荆"、《商颂》"伐荆楚"的旁证。

四、尹弘兵先生的楚、荆论

（一）商代有"楚"无"荆"论

尹先生说：

> 依据殷墟甲骨文中的资料，我们已知商代时有"楚"无"荆"，只有楚蛮而无荆蛮，更谈不上楚国或荆国。到西周初年时，仍是有"楚"无"荆"。①

其说不能成立。

第一，《吴太伯世家》记："太伯之奔荆蛮，自号句吴。荆蛮义之，从而归之千余家，立为吴太伯。"《吴越春秋·吴太伯传第一》有：太伯、仲雍"二人托名采药于衡山，遂之荆蛮。断发文身，为夷狄之服，示不可用。"太伯奔"荆蛮"乃商代之事，早于"周原甲骨"和"封熊绎于楚蛮"，怎能说"商代时有'楚'无'荆'""到西周初年时仍是有'楚'无'荆'"呢？第二，尹先生说：荆蛮，最早出现于夏末商初。今本《竹书纪年》曰：（帝癸）二十一年，商师征有洛，克之。遂征荆，荆降。"帝癸即夏桀，可见夏末商初时荆蛮已出现。《越绝书·吴内传》则谓："汤行仁义，敬鬼神，天下皆一心归之。当是时，荆伯未从也，汤于是乃饰牺牛以事，荆伯乃愧然曰：'失事圣人礼'。乃委其诚心，此谓汤献牛荆之伯也。"这两条文献虽然年代较晚，但至少可以说明在后人的记忆中，荆蛮于夏商之际时已存在。商代后期亦有荆蛮。今本《竹书纪年》称："（武丁）三十二年，伐鬼方，次于荆。"武丁伐荆一事，又见于《诗经·商颂·殷武》："挞彼殷武，奋伐荆楚。罙入其阻，裒荆之旅。有截其所，汤孙之绪。维女荆楚，居国南乡。昔有成汤，自彼氐羌，莫敢不来享，莫敢不来王，曰商是常。"殷武即殷王武丁。此乃商人赞颂武丁功绩的诗篇。从其所述看，荆蛮在商汤之时已臣服于商，此亦商初时已有荆蛮之证，但后来商朝失去了对荆蛮的控制，至武丁时，遂出兵征伐荆蛮。这两条文献互证，可知商代后期时荆蛮已较为强大，居于南方、占地广泛。至周初，熊绎亦建国于楚蛮之地。② 一面说"荆蛮于夏商之际时已存在"；一面又说"商代时有'楚'无'荆'，只有楚蛮而无荆蛮"，如此自相矛盾，怎么去说服别人？第三，殷墟甲骨文中似乎没有"楚蛮"这个词。《竹书纪年》之夏桀"征荆"与《越绝书》的"荆伯"这两者是否相关，甚为可疑。第四，《诗经·商颂·殷武》的"奋伐荆楚"分明是把荆、楚作为同一个概念。因此，怎么能说"从商代到西周初年都是有'楚'无'荆'"呢？

（二）楚蛮在丹江地区和汉东地区说

尹弘兵先生说：

> 商代楚蛮的地域，当在汉水中上游的丹江地区和下游的汉东地区。楚蛮这一族群，虽然人数众多，分布广泛，但始终没有如从前的三苗和后来的楚国一样形成一个强大统一的政治体，只是一些分散的部族，这种情形下的楚蛮正适合作为昭王南下侵掠的对象。③

此论既无确证，又与文献记载不符。

第一，所谓"商代楚蛮的地域，当在汉水中上游的丹江地区和下游的汉东地区"没有依据。第二，

---

① 尹弘兵：《荆楚关系问题新探》，《江汉论坛》2010 年第 3 期，第 74、75 页。

② 尹弘兵：《禹征三苗与楚蛮的起源》，《武汉科技大学学报（社科版）》2011 年第 4 期，第 137 页。

③ 尹弘兵：《周昭王南征对象考》，《人文杂志》2008 年第 2 期，第 159—163 页。

昭王伐楚其楚在汉南，并不在丹江和汉东地区。如：《京师畯尊》：“涉汉伐楚”；《吕氏春秋·音初》：“还反涉汉……陨于汉中”，等等。而尹氏并没有可信反证。第三，既说“楚蛮没有形成强大统一的政治体，是一些分散的部族，适合昭王南下侵掠的对象”，又说：“昭王南征是尽起六师，倾力南下，则其对手必然相当强大。”① 可见其逻辑混乱，不能自圆其说。

五、楚族是华夏后裔，不是三苗

（一）楚族是颛顼（高阳）、祝融的后裔

族是血脉关系，国是地缘关系。所谓楚族应指楚王室和楚国上层统治者的族源，而不是楚国全体楚人的族源。只有统治者才能代表其族源。不能因为楚国地处南蛮，有多种民族，而把楚之族源界定为苗族或其他民族。

在中原人士的论述中既有楚人是祝融后裔说，又往往把楚人作蛮夷对待。楚人自己也有这两种说法：例如，《左传·昭公十二年》楚灵王说：“昔我皇祖伯父昆吾，旧许是宅。”他说祝融八姓之昆吾是皇祖伯父、是祝融后裔。屈原《离骚》“帝高阳之苗裔兮”则是直接说自己是华夏一员。而《楚世家》记熊渠之语云：“我蛮夷也，不与中国之号谥。”又把楚人排除在中国之外。这种在不同场合出现的不同说法，既有论者立场和政治需要的原因，也表明了楚人在离开中原后，楚族在形成过程中融入了蛮夷族众，吸收了鄂湘土著文化，形成了特有的楚文化。但是从血脉关系看，楚王室和楚国上层统治者乃是高阳、祝融的后裔，属于中原华夏集团。

《山海经十六·大荒西经》记：“颛顼生老童，老童生祝融。”②

《史记·楚世家》：“楚之先祖出自帝颛顼高阳。高阳者，黄帝之孙，昌意之子也。高阳生称，称生卷章（老童），卷章生重黎。”

两者记载基本相同。新蔡楚简中有颛顼的名字，颛顼为华夏族祖先之一，也是楚族的祖先，则楚族也应归华夏族。出土《楚简》所记楚人祭祀的祖先是老僮、祝融、鬻熊。他们都应该属华夏集团。因为祝融居火正，后人在传说中才把祝融附会为南方之神。

（二）神话祝融与楚族先祖祝融不能等同

《山海经》中记载的祝融比较混乱，《大荒西经》的“颛顼生老童，老童生祝融”与《海外南经》中的“南方祝融”两者显然不同，做学术研究应当有恰当地取舍。

可是刘彬徽先生却说：

> 所谓“郑，祝融之墟也”乃后起的说法，并且有如蒙文通早年所说的有南北两个系统的文献，上引乃中原系统文献，非中原的南方系统文献中的祝融乃是“南方祝融，兽身人面乘两龙”（《山海经·海外南经》）。传说中的祝融有一个演变过程：兽祝融——神祝融——人祝融——祝融八姓。由此可见，“郑，祝融之墟也”，乃这一神话演变的最后形态。祝融神是南方楚人的尊神，这才是无可怀疑的看法。③

《山海经第六·海外南经④》里的“人”全都不正常，实际上不可能存在。比如，“羽民国，身生羽。”“欢头国，有翼，鸟喙。”“厌火国，火出其口中。”“贯匈国，为人匈有窍。”“不死民，不死。”“三首国，一身三首。”……他们都是“兽身人面、南方祝融”的部属。刘彬徽先生依据《海外南经》的神话，要我们相信楚人就是由“兽祝融——神祝融——人祝融——祝融八姓”演变过来的。硬要把历史上的楚人与这些“不存在的人”为伍，把《海外南经》中神话中的“兽祝融”与历史上楚人的祖先祝融挂钩，如此的“学术考证”，是不是太离谱了？

《昭公十七年》：“郑，祝融之虚也。”孔颖达疏：“虚者，旧居之处也。”说明祝融部族曾经居住在今河南一带。《左传》记载的历史，远比《海外南经》的神话可信。

① 尹弘兵：《周昭王南征对象考》，《人文杂志》2008年第2期。

② 袁珂：《山海经校译》，上海古籍出版社1985年版，第270页。

③ 刘彬徽：《关于清华简〈楚居〉的思考之二——楚族起源及其地域变迁》，《湖南省博物馆馆刊》2012年第3期，第280—281页。

④ 袁珂：《山海经校译》，上海古籍出版社1985年版，第183—185页。

尤其是司马迁记叙楚史的《楚世家》中有：灵王曰："昔我皇祖伯父昆吾旧许是宅，今郑人贪其田，不我予，今我求之，其予我乎？楚灵王分明把"祝融八姓的皇祖伯父昆吾的居住"，认定在"郑"。楚灵王对楚国历史的了解，应该比刘彬徽先生强吧。楚灵王的话绝不是什么"后起的说法"。可惜这么重要的证据刘彬徽先生居然"忽略"了？

刘彬徽先生用《海外南经》否定《左传》《史记》，显然缺乏说服力。刘先生的"楚族源于长江上游和中游广义的南方土著说"与《山海经》的记载也没有确切可信的关联。

（三）楚部族不是三苗成员

赵炳清先生说：

> 《诗经·商颂·殷武》中记载："挞彼殷武，奋伐荆楚。采入其阻，裒荆之旅。有截其所，汤孙之绪。维女荆楚，居国南乡。"其中的"荆楚"就是指荆蛮。古本《竹书纪年》记载："（宣王）五年，秋八月，方叔帅师伐荆蛮。"《诗经·小雅·采芑》："蠢尔荆蛮，大邦为仇。"《国语·郑语》："当成周者，南有荆蛮"等。荆蛮应是三苗的后裔，处于散居状态，文化上较为落后，并没有形成一个强大的政治力量。①

此说，与古文献不符。

《史记·五帝本纪》："三苗在江淮、荆州数为乱。"

《淮南子·修务训》云："舜南征三苗，道死苍梧。"现存的汉初地图中，舜帝之陵就在湘南九嶷。

《墨子·非攻下》："昔者禹征有苗，汤伐桀，武王伐纣，此皆立为圣王，是何故也?"子墨子言曰："……则此禹之所以征有苗也。"《兼爱中》："古者禹治天下……南为江、汉、淮、汝；流之注五湖之处，以利荆楚、于越与南夷之民。"

《战国策·魏一》有吴起曰："昔者，三苗之居，左彭蠡之波，右有洞庭之水，文山在其南，而衡山在其北。恃此险也，为政不善，而禹放逐之。"

宋罗泌《路史·后纪》载："伯禹定荆州，季芈实居其地。"

这些记载表明：三苗曾经在江淮、荆州为乱；禹继舜后，克三苗、治天下，有利于荆楚、于越与南夷之民；"伯禹定荆州，季芈实居其地。"——大禹平定三苗荆州之乱后，三苗被放逐，季芈实居荆州。从这三点看，季芈是跟随大禹征有苗、定荆州，得以实居其地者，绝非三苗成员。同时可知季芈楚部族并非南方土著。

清华简《楚居》记载了历代楚王世系和居地，其中也没有楚族与三苗相关的信息。

那些把楚部族与苗部族纠缠在一起的论述大多缺乏依据。

结　论

1.《禹贡》《夏本纪》的"荆及衡阳惟荆州""道九山的南条荆山"，表明汉南的荆州、荆山是先周就有的古老地名。

2.《禹贡》《史记》《左传》记载的"荆州贡品菁茅"是"荆州荆山"的特产，也是楚人从周初开始，就向周天子进贡用于"王祭缩酒"的贡品。其他地方没有。

3. 史册中的"荆楚"在殷商时代已经存在。两周之际作为部族、国称的"荆、楚"，在各类文献中多是名异实同，绝非两国。

4. 楚人的先祖季连是陆终氏与鬼方氏之妹所产六子之一，表明楚人源于中原偏北，不是南方土著，不是三苗成员。

5. 众多史册都记载：季连是夏代人，季连与商末投奔文王的"季连之苗裔鬻熊"时代相隔很长，其中似乎有不少缺失。尚不能排除《楚世家》所说的："季连生附沮，附沮生穴熊。其后中微，或在中国，或在蛮夷，弗能纪其世。"即便用部族称号来看季连，这个延续几百年以上的季连部族，同样是个"弗能纪其世"的谜。

① 赵炳清：《楚国疆域变迁之研究》，复旦大学博士学位论文，2013年2月，第40页。

楚国初封考

摘要：《左传·昭公九年》："及武王克商……巴、濮、楚、邓，吾南土也。"南土的四者并立，应该都在北纬32度一线。《史记》之楚昭王曰："自吾先王受封，望不过江、汉。"这指明其受封之地在江、汉之间。《哀六年》也有"江、汉、雎、章，楚之望也。"可见初封的楚国当在汉南荆山一带。

关键词：熊绎；荆山；包茅；丹阳

《左传·昭公十二年》记载："昔我先王熊绎辟在荆山，筚路蓝缕以处草莽，跋涉山川以事天子，唯是桃弧棘矢以共御王事。"杜注："言楚在山林，少有所出。"说明早期的楚人为山地民族。

《史记·楚世家》："熊绎当周成王之时，举文、武勤劳之后嗣，而封熊绎于楚蛮，封以子男之田，姓芈氏，居丹阳。"又曰："昔我先王熊绎辟在荆山"。

《左传》《史记》中熊绎的"楚蛮""丹阳""荆山"当同指一地。楚蛮、荆山所在，即丹阳所在。把它们对立起来有违史册记载。楚蛮—丹阳—荆山在何处呢？只能依据史册和出土文物所载的熊绎初封前后的史实来确定。（可参见高应勤：《试论沮漳河流域是探索早期楚文化的中心》，《文物》1982年第4期。）

一、鬻熊时的"荆楚"

（一）楚祖鬻熊

1. 鬻熊为文王师

《史记·周本纪》：

> 西伯曰文王，……礼下贤者，日中不暇食以待士，士以此多归之。伯夷、叔齐在孤竹，闻西伯善养老，盍往归之。太颠、闳夭、散宜生、鬻子、辛甲大夫之徒皆往归之。

《楚世家》：

> 周文王之时，季连之苗裔曰鬻熊。鬻熊子事文王，蚤卒。其子曰熊丽。熊丽生熊狂，熊狂生熊绎。楚武王三十七年楚熊通怒曰："吾先鬻熊，文王之师也，蚤终。"

《西南夷列传》：

> 太史公曰：楚之先岂有天禄哉？在周为文王师，封楚……

《汉书·艺文志》班固自注《鬻子》："名熊，为周师，自文王以下问焉，周封为楚祖。"也确定"鬻熊为周师"。

《楚宝》：

鬻熊……年九十始见于文王，王曰："噫，老矣。"鬻曰："使臣捕兽逐鹿已老矣，若使坐策国事，臣年尚少。"文王善之，遂以为师。

《史记》等史册多确认"鬻熊为文王师"，理当可信。

贾谊《新书·修政语下》八段，都是记载周文王、武王、成王以鬻熊为师，问以国事。此记与"文王师，蚤终"不符，不一定成立。（它们可能是战国时的"士"依据鬻熊生平事迹发挥而成。）但是鬻熊为"国师"而不是"火师"还是非常明确的。

张正明先生说：

> 从祝融到鬻熊，从鬻熊到熊绎，作为火师，是一脉相传的。……所谓鬻熊为"文王之师"的"师"，不应是"师氏"，而应是"火师"。①

此论显然与众多史册一致认为的"鬻熊为周师"不符。鬻子是与"太颠、闳夭、散宜生、辛甲大夫"等周文王的谋臣为伍的"贤者"，与"火师"显然不是同一档次。

---

① 张正明：《〈"鬻熊为文王之师"解〉辨误》，《江汉论坛》1983年第9期，第68页。

王光镐先生的“史实中又未见楚君鬻熊创大功勋于周室，如此一个低下的异族小君如何能当师氏大任？……只能是周秩官中专司“监燎”的“火师”之师”①，这更是偏离主题的隔靴搔痒之论。

周文王用人只看贤能，不问出身。例如，他任用的最高长官“太师”吕尚、姜太公，在任用之前并没有“创大功勋于周室”，其出身并不高贵，连低下的小君，也够不上。

至于《国语·晋语八》：“昔成王盟诸侯于岐阳，楚为荆蛮，置茅蕝，设望表，与鲜卑守燎，故不与盟。”似乎说楚人受封前尚不是诸侯，地位低下，仅仅参与“守燎”，不得与盟。楚人的地位与“鬻熊为文王之师”是两码事。其时，吕尚、散宜生、闳夭素所属的族人或许连参会的资格都没有。

至于曹建国先生的“鬻熊为文王养子”② 乃望文生义之论，与文献记载不符。

2. 鬻熊为荆楚开国之祖

《包山楚简卜辞》（217 简）：“举祷楚先老僮、祝融、（鬻）酓（熊）各一牂。”③ 很多楚简中，鬻熊和祝融并列受楚人世代供奉，其地位远高于受成王之封的熊绎，可见鬻熊是荆楚开国之祖。

3. 鬻熊居丹阳

《左传》桓二年：“‘蔡侯、郑伯会于邓’，始惧楚也。”

孔颖达正义引《世本·居篇》云：“楚鬻熊居丹阳，武王徙郢。”

《天官书》：“秦、楚、吴、越，夷狄也，为强伯。”正义：“楚子鬻熊始封丹阳。”

刘向《别录》说：“鬻子名熊，封于楚。”

《楚居》：“穴酓迟徙于京宗。”穴酓即穴熊，学界多认为他即鬻熊。《楚居》记载，穴熊的先辈，曾散居于汉水南北（乔山、方山、京宗）没有定居，至鬻熊后期“徙于京宗”才相对稳定。可以设想：鬻熊早期曾经居住在“丹淅”一带，晚期因为殷商暴虐故而叛殷投奔文王，为躲避商人的威逼，舍弃难于守御的丹阳，让其子熊丽带领部族迁至汉南的“京宗（睢山）”，并把“丹阳”之名随迁而去。

（二）“鬻熊部落离周原不远”吗？

以石泉先生为代表的一些专家认为“鬻熊子事文王，说明鬻熊部落离周原不远”——这种推理，既不合逻辑，又无视古人远距离活动的能力。《牧誓》记，追随武王伐殷的八国，庸、蜀、羌、髳、微、卢、彭、濮，可能多数在汉水以南。从周原丰镐到牧野约 650 公里，数万人马，千余里东奔伐殷。这种大规模长距离的多国统一行动，不但说明古人的活动范围很广，而且显示殷代末期很多远离周原的方国、部落都与周人有联系。人数众多的军队都能大老远地按时开过来，难道轻装简从的鬻熊，反倒不能从南方之荆楚来投奔文王吗？

《孟子·离娄上》曰：

> 伯夷辟纣，居北海之滨，闻文王作，兴曰：“盍归乎来！吾闻西伯善养老者。”太公辟纣，居东海之滨，闻文王作，兴曰：“盍归乎来！吾闻西伯善养老者。”二老者，天下之大老也，而归之，是天下之父归之也……④

《尚书大传》：

> 伯夷辟纣，居北海之滨，太公辟纣，居东海之滨，皆率闻其党曰：“盍归乎，吾闻西伯昌善养老。”此二人者盖天下之大老也，往而归之……⑤

《史记·周本纪》载：

> 伯夷、叔齐在孤竹，闻西伯善养老，盍往归之。太颠、闳夭、散宜生、鬻子、辛甲大夫之徒皆往归之。

《史记》《战国策·秦策五》都有：

> 太公望，齐之逐夫，朝歌之废屠，子良之逐臣，棘津之雠不庸；文王用之而王。西汉韩婴云：“吕望行年五十，卖食棘津，七十则屠牛朝歌，行年九十，则为帝师。”

---

① 王光镐：《论楚族的始称国年代——兼评“成王封楚”》，《中南民族学院学报》1985 年第 4 期，第 61—62 页。

② 曹建国：《昭王南征诸事辩考》，《阜阳师范学院学报（社科版）》2003 年第 5 期，第 15 页。

③ 湖北省荆沙铁路考古队：《包山楚简》，文物出版社 1991 年版，第 34 页，图版九六。

④ 万丽华，蓝旭译注：《孟子》，中华书局 2007 年版，第 57—158 页。

⑤ 皮锡瑞：《尚书大传疏证》，光绪丙申师伏堂卷三，第 21 页。

古籍所列与鬻熊同期投奔文王的太公望、伯夷、叔齐、辛甲大夫等离周原大多很远。例如，最著名的太公望，“居东海之滨”（今山东日照、莒县一带），这可比楚鬻熊部落的“丹阳”距周原远得多了，为何“鬻熊事文王”，其部落就必定“距周原不远”呢？

二、熊丽

（一）熊丽时楚人已经在睢山立国

清华简《楚居》：

> 穴酓迟徙于京宗。生侸叔、丽季。丽不从行，溃自胁出。妣列宾于天，巫（并戈）赅其胁以楚，抵今曰楚人。

这是熊丽出生及“楚人为什么称为楚人”的传说。

“丽不从行”即生熊丽时难产。“溃自胁出”或即今之“剖腹产”。“宾于天”是说妣列因熊丽的胁出而亡。“巫（并戈）赅其胁以楚”意为巫者用楚（荆）条将妣疠之胁缠包复合。“抵今曰楚人”故至今称熊丽的后人为“楚人”。这类神话色彩的传说常表明“胁生”之子为贵人。据《楚居》之“丽不从行，溃自胁出……抵今曰楚人”，结合《墨子》“楚熊丽始讨此睢山之间”的记载可看出熊丽在楚人发展史上的特殊地位。

今湖北南漳西北李庙镇“南条荆山”主峰曰“睢山”，与其西的“荆山”主峰（聚龙山）相距约70里。“睢山”可能是“荆山”的一部分，也可能古“荆山”又名“睢山”。

《包山246号简》：“与祷荆王，自熊鹿（丽）以就武王，五牛、五豕。”似乎表明从熊丽开始，楚人已“辟在荆山”，故熊丽到武王，皆称“荆王”。

陈伟先生说得对：

> 《墨子·非攻下》云：“昔者，楚熊丽始讨（封）此睢山之间，越王繄亏出自有遽，始邦于越，唐叔与吕尚邦齐、晋，此皆地方数百里；今以并国之故，四分天下而有之。”……这里熊丽与越、齐、晋三国创始人并列，自当也是立国之君。《史记·楚世家》记：“熊绎当周成王之时，举文、武勤劳之后嗣，而封熊绎于楚蛮，封以子男之田，姓芈氏，居丹阳。”熊绎为熊丽之孙。《史记》所述为受到周王册封的楚君，《墨子》反映的则当是实际立国者，彼此并不必定排斥。①

《新蔡葛陵楚墓》甲三11、24简：“昔我先出自□□（颛顼?），宅兹浞（睢）、章（漳），台（以）选喜（迁）尻（处）。”②

讲“出自”某某者，是指族氏世系的来源而言，而所“出自”的一般是人名。马王堆汉墓帛书《战国纵横家书》的“苏秦谓燕王章”云：“自复而足，楚将不出沮漳，秦将不出商阉（奄），齐不出吕隧，燕将不出屋注。”所说是指各国的始出居地。③

“宅兹沮、漳”，说明楚之先祖，始居住地在“荆山”附近的“沮、漳”上游。这与《左传·哀公六年》“三代命祀，祭不越望。江、汉、睢、漳，楚之望也”正相符合。其实“江、汉”已包含“沮、漳”，楚昭王特意把“沮、漳”与“江、汉”并列，说明楚先祖源于沮、漳。楚国势力扩大后仍不忘其旧地。

清梁玉绳《史记志疑·卷二十二楚世家》曰：

> 丽是绎祖，睢为楚望，然则绎之前已建国楚地，成王盖因而封之，非成王封绎始有国耳。④

《史记·周本记》：

> 二月甲子昧爽，王朝至于商郊牧野，乃誓。……及庸、蜀、羌、髳、微、卢、彭、濮人，称尔戈，比尔干，立尔矛，予其誓。

---

① 陈伟：《包山楚简初探》，武汉大学出版社1996年版，第171页。

② 河南省文物考古研究所：《新蔡葛陵楚墓》，大象出版社2003年版，第189页。

③ 李学勤：《清华简关于秦人始源的重要发现》，《光明日报》2011年09月08日11版。

④ 梁玉绳：《史记志疑》，中华书局1981年版，第75—76页。

《周本记》和《牧誓》所记，追随武王伐殷的八国多在汉水以南。

尹弘兵先生说：

> 今汉水以南的荆山、沮漳地名，有可能是西周中晚期以后才发展起来的，熊丽也不会跑到当时尚荒无人烟的汉南地区去讨伐，因此熊丽所讨之雎山，未必在汉水以南，或在汉水以北居民较多、开发水平较高之处。①

尹氏说显然与事实不符。殷商中晚期，在鄂豫陕交界的鄂西北、豫西南及陕东南地区以庸为代表，已经有一些方国存在。

（二）"京宗"或即荆山

《楚居》："穴酓迟徙于京宗……至酓狂亦居京宗，至酓绎与屈紃，使若嗌卜徙于夷屯。"从鬻熊后期、熊丽、熊狂、"熊绎与屈紃"初期均"居京宗"，其"京宗"或许就是荆山。

《墨子》有："楚熊丽始讨此雎山之间。"今湖北南漳西北李庙镇"南条荆山"主峰曰"雎山"，与其西的"荆山"主峰（聚龙山）相距约七十里。"雎山"可能是"荆山"的一部分，也可能古"荆山"又名"雎山"。楚人在受封前，就在此地繁衍生息。《水经·沮水注》"沮水出东汉阳郡沮阳县西北景山，即荆山首也"，《山海经·中次八山》"荆山之首，曰景山……雎水出焉，东南流注于江……东北百里，曰荆山……漳水出焉，而东南流注于雎"。

陈伟先生说：

> 包山246号简记"与祷荆王，自熊鹿以就武王，五牛、五豕"，我们曾经猜测，楚从熊丽至武王，居荆山，称荆王，相当于楚国的先公时代（《包山楚简初探》P171—172）。葛陵简（甲三·5；乙四·96；零·301、150）多处将继武王之后在位的文王与"荆王"对举，为这一推测增添了新的证据。②

李学勤先生说：

> 《楚居》鬻熊及其子熊丽居于"京宗"，疑即荆山之首景山。③

何浩先生说：

> 正是上述亲周、叛殷的特定背景，才有可能促使楚人舍弃难于守御的丹淅地区，赖"汉水以为池"而南迁于崇山峻岭之中，以避离商人的威逼。熊丽举族南迁，也随之造成了有关地名的南移。《史记》谓熊绎封于"楚蛮"，"居丹阳"；同书又记楚武王曰"成王举我先公，乃以子男田令居楚"；《左传》则谓"熊绎辟在荆山"。显然，"楚蛮"、"丹阳"、"荆山"三者密不可分。"楚蛮"，原为熊丽南下前南方蛮夷的泛称……"令居楚"之"楚"，所指显然就是"楚蛮之地"。丹淅流域无楚蛮，楚蛮在汉水以南，大江以北，所谓"江上楚蛮之地"。"荆山"，即现在鄂西北南漳县内的荆山。这就决定了，熊绎所居的丹阳，只能是在他被"封"的楚蛮之地的某处，而且自必是在荆山地区之内。换句话说，楚蛮之地有荆山，丹阳就在荆山之中。很明显，熊绎所"封"、所"居"、所"辟"的楚蛮、丹阳与荆山，从地域上说是一致的。由此表明，鬻熊所居之丹阳与熊绎所居之丹阳并非一地，前者在丹水之北，后者在汉水以南，约在今南漳县境古沮漳上游河谷地带。介于两者之间的熊丽的南迁，则是这一时空变异的关键所在。犹如此后楚都屡迁却始终称"郢"一样，熊丽南迁后，曾将其先人原在丹水之阳族聚之地的旧称，沿用于汉南的居住中心，熊绎所居因此仍名丹阳。"熊丽由丹水之阳南迁荆山，立国于紧靠荆山的古沮漳上游河谷地带，是楚国历史进程中的第一个篇章"。④

何浩先生的鬻熊居丹阳，熊丽南迁，丹阳之名南迁荆山。此论是目前各种推想中与文献记载较为符合的一种。

---

① 尹弘兵：《楚国都城与核心区探索》，湖北人民出版社2009年版，第173页。

② 陈伟：《葛陵楚简所见的卜筮与祷祠》，《出土文献研究》第6辑，第40页。

③ 李学勤：《论清华简〈楚居〉中的古史传说》，《中国史研究》2011年第1期，第53页。

④ 何浩：《楚族南迁及其江汉沮漳基地的早期经营》，《江汉论坛》1989年第5期，第76页。

三、西周初年的“楚”在汉南

（一）西周初年的“楚”在北纬32度线汉水附近

《左传·昭公九年》（前533年）“及武王克商，蒲姑、商奄，吾东土也。巴、濮、楚、邓吾南土也。肃慎、燕、亳，吾北土也。”这是武王克商时周初的疆界，也是成王封熊绎前就有“楚”的确证。南土的“巴”在陕西东南。濮，一说近庸，一说在枣阳境。邓在襄樊北，均在北纬32度线附近。

《牧誓》里随武王伐殷的“庸、蜀、羌、髳、微、卢、彭、濮”先周八国，多是汉水两岸的南土方国。同时说明周文、武之时，汝、蔡、江、汉多已属周。若是从西往东可能是“巴、庸、濮、楚、卢、邓……”《周南·汉广》有：“汉之广矣，不可泳思；江之永矣，不可方思。”《小雅·四月》之“滔滔江汉，南国之纪”皆可作“周之南土”已经到达江汉的旁证。

西周初年的另一个“南国厉”见《太保玉戈》。李学勤先生释其铭文为：“六月丙寅，王在丰，令太保省南国，帅汉，遂殷南。令厉侯辟，用鼄走百人。”大意是：成王命太保召公巡省南国，沿汉而下，殷见南国诸侯。赐厉侯仆御百人，命之就封。“厉侯”又见北宋孝感所出中觯（昭王时器）。①

陈梦家先生也认为《太保玉戈》铭文中南国之“厉”（也有学者认为此字是“濮”），在湖北随州以北。一说在随州西北20公里的厉山店（即今厉山镇），一说位于“随州东北百余里的殷店”。总之“南国之厉”与巴、濮、楚、邓都同处北纬32度一线。这是西周初年的“南国”，皆在北纬32度线附近汉江两岸的明证。

《左传·昭公十二年》有：“昔我先王熊绎辟在荆山，筚路蓝缕以处草莽，跋涉山川以事天子，唯是桃弧棘矢以共御王事。”《楚世家》：“熊绎当周成王之时，举文武勤劳之后嗣，而封熊绎于楚蛮，封以子男之田，姓芈氏。居丹阳。”《国语·晋语八》曰：“昔成王盟诸侯于岐阳，楚为荆蛮。”《楚世家》：“三十七年，楚熊通怒曰：‘吾先鬻熊，文王之师也，蚤终。成王举我先公，乃以子男田令居楚，蛮夷皆率服，而王不加位，我自尊耳。’乃自立为武王。”

熊绎初封在南乡“楚蛮”之地的“荆山、丹阳”就是与巴、濮、邓并列的北纬32度附近、“江、汉之间”的今南漳的古荆山。

（二）楚人自叙“先王受封，望不过江、汉”

《楚世家》：二十七年（前489年）昭王曰：“自吾先王受封，望不过江、汉……”

《左传·哀公六年》楚昭王曰：“三代命祀，祭不越望。江、汉、雎、章，楚之望也。”

葛陵简甲三11、24：“昔我先出自追，宅兹浞（雎）、章（漳）。”

新蔡简甲三268号残简：“□及江、滩（汉）、（雎、沮）、漳，（遂）至于澴（淮）。是日就祷楚：老（僮）、祝（融）……”

《左传》《史记》说楚先王受封就在江、汉之间，《葛陵简》等明确“楚先宅兹雎、漳”。可见熊绎受封不在汉水以北。

马王堆汉墓《战国纵横家书》“苏秦谓燕王章”云：“自复而足，楚将不出沮漳，秦将不出商阉（奄），齐不出吕隧，燕将不出屋注。”苏秦所说各国的始出之居地，也表明楚始居“沮漳”。

石泉先生说：“西周早期熊绎所居丹阳，当在今陕西的丹江北岸河谷。”② 其论既缺乏依据，又与《左传》《史记》《葛陵简》所记抵牾。若“丹阳，在今陕西的丹江北岸河谷”已经接近北纬34度，北去“巴、濮、楚、邓，吾南土也”之“巴、濮、邓”三四百里，不可能“与三国并列”。

即便按汤炳正先生等人的观点，把“丹阳”定在淅川与丹水交汇的北纬33度，也距离巴、濮、邓其北两百里开外，同为“南土”的“楚”不应离它们那么远。

综合各文献的记载：“巴、濮、楚、邓吾南土也”“楚先宅兹雎、漳”“先王熊绎辟在荆山”“先王受封，望不过江、汉”“楚之特产贡茅”，出于楚之荆山……都与今南漳—保康的汉南“荆山”吻合。可见它当是熊绎初封之地。

---

① 李学勤：《太保玉戈与江汉的开发》，楚文化研究会编：《楚文化研究论集》第2辑，湖北人民出版社1991年版，第5—10页。

② 石泉：《古代荆楚地理新探·续集》，武汉大学出版社2004年版。

（三）汨罗不是“楚先王故居”

蒋骥《山带阁注楚辞》《怀沙》注曰：

长沙为楚东南之会，去郢未远，固与荒徼绝异。且熊绎始封，实在于此，原既放逐，不敢北越大江，而归死先王故居，则亦首丘之意，所以眷眷有怀也。①

史册中没有“熊绎始封”于江南的丝毫信息，蒋骥的“长沙为熊绎始封”缺乏依据，与《楚世家》的“自吾先王受封，望不过江、汉”不符。

周秉高先生说：

“罗”，指熊绎封邑故罗国。“子”，指熊绎当年被封之爵位。“罗子”就是熊绎之后裔，因为他们继承了熊绎的爵位。……熊绎的嫡传后裔在屈原生前三百多年（楚文王时，公元前680年左右）即已被迁徙到了湖南汨罗。所以汨罗确实也是楚人的“先王故居”，屈原选择到汨罗自沉，确如蒋骥所云：“原既放逐，不敢北越大江，而归死先王故居，则亦首丘之意”。②

古代史料中有关罗国的记载寥寥无几。它可能是芈姓首领穴熊的支裔（或是鬻熊的支裔），周初就迁于湖北房县—宜城一带。《姓氏急就篇》：“罗氏，颛顼后，封于罗，今房州也，子孙以为氏……罗国为楚所灭，其后号罗侯氏。”③

赵庆淼先生说：

楚武王晚年吞并罗国后，罗人遂自南漳旧居之地南徙至今枝江境内定居。文王时期，楚人又将枝江的罗国遗民进一步南迁，安置于湘江下游的今湖南汨罗县一带，其地因得名曰“罗”。

其论可作参考。

《史记·楚世家》记：

周文王之时，季连之苗裔曰鬻熊。鬻熊子事文王，早卒。其子曰熊丽，熊丽生熊狂，熊狂生熊绎。熊绎当周成王时，举文、武勤劳之后嗣，而封熊绎于楚蛮，封以子男之田，姓芈氏，居丹阳。

罗国与熊绎的楚国，可能是同一祖系，而不是同一个方国。从古籍记载和清华简《楚居》看，“罗子”既不是“熊绎的嫡传后裔”，“楚人的先王”也没有到过汨罗。周秉高先生的“‘罗子’是熊绎后裔，汨罗是楚人的‘先王故居’”缺乏依据。

四、周公奔楚和成王封熊绎

（一）周公奔楚在成王能治国之后

《礼记·明堂位》：

武王崩，成王幼弱，周公践天子之位，以治天下。六年，朝诸侯于明堂，制礼作乐，颁度量，而天下大服。七年，致政于成王。

《荀子·儒效》：

武王崩，成王幼，周公屏成王而及武王，以属天下，恶天下之倍周也。履天子之籍，听天下之断。

《史记·鲁周公世家》：

武王既崩，成王少，在襁褓之中。周公恐天下闻武王崩而畔。周公乃践代成王摄行政当国。管叔乃其群弟流言于国曰：“周公将不利于成王。”……管、蔡、武庚等果率淮夷而反，周公乃奉成王命，兴师东伐；初，成王少时，病，周公乃自揃其蚤，沈之河，以祝于神曰：“王少未有识，奸神命者乃旦也。”亦藏其策于府。成王病有瘳。及成王用事，人或谮周公，周公奔楚。成王发府，见周公祷书，乃泣，反周公。

《蒙恬列传》：

及王能治国，有贼臣言：周公旦欲为乱久矣，王若不备，必有大事。王乃大怒，周公旦走

---

① 蒋骥：《山带阁注楚辞》，上海古籍出版社1984年版，第130页。

② 周秉高：《屈原自沉汨罗之研究》，《职大学报》2010年第2期，第2页。

③ 王应麟：《姓氏急就篇（一）》，《钦定四库全书·子部十一》，第34页。

而奔于楚。成王观于记府，得周公旦沈书，乃流涕曰：孰为周公旦欲为乱乎！杀言之者而反周公旦。

王充《论衡·感类》则曰："古文家以武王崩，周公居摄。管蔡流言，王意狐疑，周公奔楚。"王充把先前的"成王少，周初定天下时的管蔡流言、周公东征"，与后来的"及成王用事，人或谮周公，周公奔楚"两件事混为一谈，致使后人误解为："周公奔楚，发生于周公东征之前。"可谓谬种流传，误人不浅。

徐中舒先生说："周公奔楚是说服楚人不要参加武庚叛乱。"①

陈昌远认为："周公奔楚实有其事，与周公东征有关……即周公伐楚、征楚。"②

周书灿先生说"'管、蔡流言'发生于周公东征之前。""周公为避管、蔡流言，申明大义，亡奔荆蛮，以取信于成王和周人，此本身即隐含有主动让位于成王之意。"③ 等等。

"及成王用事（能治国），人或谮周公，周公奔楚。"这件事《史记》中出现两次。《左传》昭公七年的"襄公之适楚也，梦周公祖而行"也有周公曾经"奔荆楚"之意。东晋葛洪《抱朴子·嘉遁篇》也有："公旦圣而走南楚。"

有人认为："周公奔楚这事说明楚国离周地很近。"此说不可信。假若楚国离周地很近，在华阴至商县区域，既不能称南楚，成王也可以很方便地向楚人索要周公，甚至怒而伐楚。其实周公为了躲避贼臣谮言，选择了楚地，是有慎重考虑的：楚国当时既不是受封的诸侯（不受周的约束），又处于蛮夷之地，距离适中，追索不便，比较符合避祸的条件。

笔者猜想：鬻熊为文王师之时，周公可能与他交往密切，鬻熊蚤终，或许周公曾护送鬻熊遗体反楚，与楚人比较熟悉，预计在楚地能够受到礼遇。这也是周公选择奔楚避难的原因之一。再有《史记·吴太伯世家》："太王欲立季历以及昌，于是太伯、仲雍二人乃奔荆蛮……"周公是走太伯"奔荆蛮"的老路。只是太伯后来远走吴地，周公却因成王觉悟而被请回。但是，"周公恐惧流言时"，不可能预知很快被请回。

（二）成王封熊绎在周公返回之后

1. 周公当政时之所封

《楚世家》："（周公）封成王少弟，封为卫康叔。"

《荀子·儒效篇》："（周公）兼制天下，立七十一国，姬姓独居五十三人。"

2. 成王封熊绎在"反周公"以后

《国语·晋语八》曰："昔成王盟诸侯于岐阳，楚为荆蛮，置茅蕝，设望表，与鲜卑守燎，故不与盟。"或许"成王初当政盟诸侯于岐阳"时，楚尚未受封，地位低，故不得与盟。

《楚世家》：

熊绎当周成王之时，举文、武勤劳之后嗣，而封熊绎于楚蛮，封以子男之田，姓芈氏，居丹阳。楚子熊绎与鲁公伯禽、卫康叔子牟、晋侯燮、齐太公子吕伋俱事成王。

此记表明：其一，是成王封的熊绎。其二，楚人受封后地位提高，可与鲁、卫、晋、齐同列"俱事成王"。成王为什么要封楚呢？笔者猜想：成王解除误会后"请回周公"，周人要感谢楚人保护了周公。同时为了拉拢位于南疆的楚人，于是借"举文、武勤劳之后嗣"之名，而"封熊绎于楚蛮"。

徐少华先生认为：

因鬻熊曾服事周文王，故楚人于周成王时以"勤劳后嗣"之类而爵封立国。……《世本》曰"楚鬻熊居丹阳"，其后熊绎受封亦"居丹阳"，说明自鬻熊以来楚人一直在丹阳一带活动，熊绎"居丹阳"当因故地而封。④

徐先生之论似可商讨。其一，若因鬻熊曾服事周文王而爵封，似乎当在武王时封之，最迟也应该在周公当政时，而不该拖到成王当政之时才封。再说鬻熊的地位较高，与太颠、闳夭等同列，"勤劳"二

① 徐中舒：《西周史论述（上）》，《四川大学学报》1979年第3期。
② 陈昌远：《"周公奔楚"考》，《史学月刊》1958年第5期，第15页。
③ 周书灿：《周公奔楚史事缕析》，《邢台师范高专学报》2001年第2期，第21、24页。
④ 徐少华：《周代南土历史地理与文化》，武汉大学出版社1994年版，第235页。

字似不适用于鬻熊，封楚当是周人为感谢楚人保护周公的借口。而且各方国、各民族“勤劳”者多去了，为何单单只封了一个“楚”？第二，“故地而封说”显然与《昭公九年》“及武王克商，巴、濮、楚、邓吾南土也”不符，与《楚世家》昭王曰“自吾先王受封，望不过江、汉”矛盾，也与徐先生自己所说的“地名随人迁徙……这是古代民族活动、迁徙过程中的一般规律①”抵牾。

《左传·昭公十二年》：“昔我先王熊绎，与吕伋、王孙牟、燮父、禽父，并事康王，四国皆有分，我独无有。”这似乎表明：第一，始封不久成王就去世了，故熊绎与四诸侯“并事康王”。可见熊绎受封，是成王当政、“返周公”以后的事。第二，楚人虽然受封，仍然被周人歧视，致使楚人不满。

五、丹阳在哪里？

（一）传统文献中的“丹”

《帝王纪》云：

尧娶散宜氏女，曰女皇，生丹朱。

《尚书·逸篇》曰：

尧子不肖，舜使居丹渊为诸侯，故号曰丹朱。

《六韬》曰：“尧伐有扈，战于丹水之浦。”

《吕氏春秋·恃君览》载：

尧战于丹水之浦，以服南蛮②。

盛弘之《荆州记》云：

丹水县在丹川，尧子朱之所封也。

《括地志》云：

丹水故城在邓州内乡县西南百三十里。丹水故为县。

罗泌《路史·后记十一》：

稷避帝子丹朱于南河之南，天下之觐者不之朱而之舜，讴歌者不之朱而之舜，狱讼者不之朱而之舜。

丹阳之名，或源自“尧子丹朱”，其地或在丹水北内乡县西南？

孔颖达正义引《世本·居篇》：“楚鬻熊居丹阳，武王徙郢。”

这些记载表明：鬻熊早期曾居于汉水北的丹阳，后期楚人或因躲避殷商而迁至汉水以南的睢山，同时把丹阳之名也带了过去。

（二）史册中的“居丹阳”

孔颖达正义引《世本》曰：“楚鬻熊居丹阳，武王徙郢。”

《史记·楚世家》有：周成王“封熊绎于楚蛮，封以子男之田，姓芈氏，居丹阳”。

颖容《春秋传例》：“楚居丹阳，今枝江县故城是也。”

《史记集解》引徐广：“（丹阳）在南郡枝江县。”

《续汉书·郡国志》：“枝江，侯国，本罗国，有丹阳聚。”

《左传·昭公十二年》之“昔我先王熊绎辟在荆山”与《楚世家》“封熊绎于楚蛮，居丹阳”，其荆山、丹阳两者应当一致。《墨子·非攻下》的“昔者楚熊丽始讨（封）此睢山之闲”也应该是其孙“熊绎辟在荆山”之地。宋翔凤《过庭录》：“昔我先王熊绎。辟在荆山。筚路蓝缕。以处草莽。此言荆山，而不言丹阳，知熊绎是居荆山，而非居丹阳者。”③ 把“荆山”与“丹阳”对立的说法，有点绝对化。

传统文献中一再提到的“丹阳”在“出土文献”和清华简《楚居》中都没有出现过。

何浩先生指出：

熊丽由丹水之阳南迁荆山，立国于紧靠荆山的古沮漳上游河谷地带，是楚国历史进程中的

① 徐少华：《周代南土历史地理与文化》，武汉大学出版社 1994 年版，第 37 页。

② 《吕氏春秋·恃君览·召类》，中华书局 2011 年版。

③ 宋翔凤：《楚鬻熊居丹阳、武王徙郢考》，《过庭录》卷九，中华书局 1986 年版，第 160 页。

第一个篇章。① 熊绎所封、所居、所辟的楚蛮、丹阳与荆山，从地域上说是一致的。由此表明，鬻熊所居之丹阳与熊绎所居之丹阳并非一地，前者在丹水之北，后者在汉水以南，约在今南漳县境古沮漳上游河谷地带。介于两者之间的熊丽的南迁，则是这一时空变异的关键所在，犹如此后楚都屡迁却始终称“郢”一样，熊丽南迁后，曾将其先人原在丹水之阳族聚之地的旧称，沿用于汉南的居住中心，熊绎所居因此仍名丹阳。下至春秋早期的所谓楚都自丹阳徙郢，当然也是指楚都自荆山东移，绝不是说自丹淅南迁。

这是目前关于熊绎封、居丹阳与荆山最合乎情理说法。

张正明先生认为：“屈瑕伐罗……荆山的丹阳，北不过汉水，南不过荆山，西不过彭水，东不过邓、卢戎、罗，就在这纵横都只有百余里的地段里面。”② 如果把张先生之“楚屈瑕伐罗时”改作“熊绎初封时”或许有这个可能。

（三）秦楚“战丹阳”之地

《楚世家》：

（楚怀王）十七年春，与秦战丹阳，秦大败我军，斩甲士八万，虏我大将军屈匄、裨将军逢侯丑等七十余人，遂取汉中之郡。

《秦本纪》：

（秦惠文王更元）十三年，庶长章击楚于丹阳，虏其将屈匄，斩首八万；又攻楚汉中，取地六百里，置汉中郡。

《韩世家》：

二十一年，与秦共攻楚，败楚将屈丐，斩首八万于丹阳。

《屈原列传》：

怀王怒，大兴师伐秦。秦发兵击之，大破楚师于丹、淅，斩首八万，虏楚将屈匄，遂取楚之汉中地。

《张仪列传》：

秦齐共攻楚，斩首八万，杀屈匄，遂取丹阳、汉中之地。

楚尝与秦构难，战于汉中，楚人不胜，列侯执珪死者七十余人，遂亡汉中。

从《史记》看，既说“战丹阳”，也说“战汉中”，此战楚“遂亡汉中”。可见其“丹阳”囊括汉水南北的汉中及丹、淅之地。至于楚怀王时“汉中”的具体位置，根据《楚世家》：楚怀王“十八年，秦使使约复与楚亲，分汉中之半以和楚。……今将以上庸之地六县赂楚。”“汉中之半”即“上庸之地六县”（今汉水之南竹溪、房县一带），另一半当在上庸西北。可见“楚汉中”在汉水之南。《张仪列传》唐司马贞《史记索隐》曰：“其地在秦南山之南，楚之西北，汉水之北，名曰汉中。”这个说法不正确。

结　论

1. 楚先鬻熊是文王时“坐策国事”的国师，并非“守燎”的“火师”。

2. 鬻熊曾经居住“丹淅”一带，后期在投奔文王前，为避商人的威逼，舍弃了难于防守的丹阳，让其子熊丽带领部族迁至汉南的睢山，并把“丹阳”之名随迁而去。

3.《昭公九年》记载“及武王克商……巴、濮、楚、邓吾南土也”，可见在成王封熊绎之前，楚已经与巴、濮、邓并列在北纬32度线附近（汉南）。因为其时尚不是诸侯，地位很低，只能“与鲜卑守燎”，不得与盟。

4.《楚世家》：“熊绎当周成王之时，举文、武勤劳之后嗣，而封熊绎于楚蛮，封以子男之田，姓芈氏，居丹阳。”昭王曰：自吾先王受封，望不过江、汉……

---

① 何浩：《楚族南迁及其江汉沮漳基地的早期经营》，《江汉论坛》1989年第6期，第74页。

② 张正明：《楚都辨》，《江汉论坛》1982年第4期，第66页。

这些记载表明：其一，熊绎是成王所封；其二，熊绎受封之地在江、汉之间。

5.“成王治国后，有贼臣谮周公，周公蒙冤奔楚避难。”成王觉悟后请回周公，为了感谢楚人保护了周公，借“举文、武勤劳之后嗣”之名而封熊绎为子爵。

6. 史册中的“封熊绎于楚蛮，居丹阳”“熊绎辟在荆山”，其楚蛮、丹阳、荆山应当是同一地望的不同表述。丹阳或许来源于鬻熊早期曾居住的丹水之阳。后来，楚人（熊丽）迁至汉南荆山一带，并把“丹阳”之名随迁而去。

传统文献中一再提到的“丹阳”在出土《楚简》和清华简《楚居》中都没有出现过，这表明丹阳不是楚人惯用的地名。

清华简《楚居》世系、居地

《清华大学藏战国竹简（一）》[①] 收有《楚居》篇，由于详细记载了楚国起源、楚王世系及历代楚王定都地点，被认为对研究楚历史地理和文化考古工作具有重大价值。[②] 学术界对《清华简·楚居》的看法分歧很大，需要结合传统文献和出土文物综合考察。

一、《楚居》

> ①季连初降于郻山，抵于穴穷，前出于乔山，宅处爰波，逆上汌水，见盘庚之子，处于方山，女曰妣隹，秉兹率相，詈胄四方。季连闻其有甹，从及之盘，爰生绖伯、远仲，游徜徉，先处于京宗。②穴酓迟徙于京宗，爰得妣列，逆流哉水，厥状聂耳，乃妻之，生侸叔、丽季。丽不从行，溃自胁出。妣列宾于天晋（并戈）赅其胁以楚，抵今曰楚人。③至酓狂亦居京宗，至酓绎与屈纫，使若嗌卜徙于䣅宅（夷屯），为楩室，室既成，无以内之，乃窃鄀人之犝以祭，惧其主，夜而内尸，抵今曰夕，夕必夜。至酓只、酓（舟旦）、酓樊及酓赐、酓巨，尽居夷屯。酓巨徙居发渐。④至酓辟、酓挚居发渐，酓挚徙居旁屽，至酓鱕（延）自旁屽徙居乔多，至酓甬及酓严、酓相及酓雪及酓训、酓咢及若敖酓义，皆居乔多。若敖酓义徙居鄀，至焚冒酓帅自鄀徙居焚，至宵敖酓鹿自焚徙居宵，至武王酓达自宵徙居免，焉始【称王，祭祀致】福。众不容于免，乃渭疆涅之波而宇人，焉抵今曰郢。⑤至文王自疆郢徙居湫郢，湫郢徙居樊郢，樊郢徙居为郢，为郢复徙居免郢，焉改名之曰福丘。丨丨至堵敖自福丘徙袭鄀郢，至成王自鄀郢徙袭湫郢，湫郢徙【袭为＝郢＝徙】居睽郢，至穆王自睽郢徙袭为郢，至庄王徙袭蓝郢，蓝郢徙居同宫之北。若敖起祸，焉徙居承之野，承之野【徙居鄩＝徙】袭为郢，至龚王、康王、嗣子王皆居为郢。至灵王（前 540 年）自为郢徙居秦溪之上，以为处于章华之台。景平王（前 528 年）即位，犹居秦溪之上。至昭王（前 515 年）自秦溪之上徙居美郢，美郢徙居鄂郢，鄂郢徙袭为郢。阖庐入郢（前 506 年），焉复徙居秦溪之上，秦溪之上复徙袭美郢。至献惠王自美郢徙袭为郢。白公起祸，焉徙袭湫郢，改为之，焉曰肥遗，以为处于酉澫，酉澫徙居鄩郢，鄩郢徙居司吁。王太子以邦复于湫郢，王自司吁徙蔡，王太子自湫郢徙居疆郢。王自蔡复鄩。柬大王自疆郢徙居蓝郢，蓝郢徙居朋郢，朋郢复于（虘阝）。王太子以邦居朋郢，以为处于（并戈阝）郢。至悼折王犹居朋郢。中谢起祸，焉徙袭肥遗。邦大瘠，焉徙居鄩郢……

据《楚居》原文，前后用“至”相连或者两“君名”直接相连者，是父子关系，君名之间用“及”者，是兄弟关系。

二、注释

（一）季连

> ①季连初降于郻山，抵于穴穷，前出于乔山，宅处爰波，逆上汌水，见盘庚之子，处于方山，女曰妣隹，秉兹率相，詈胄四方。季连闻其有甹，从及之盘，爰生绖伯、远仲，游徜徉，先处于京宗。

1.“季连初降于郻山……从及之盘”

“郻山”即今河南省新密县境内的大隗山，亦称隗山，为老童的葬地，即楚人的祖居地。这与《左传》昭公十二年楚灵王云“昔我皇祖伯父昆吾，旧许是宅”以及昭公十七年“郑，祝融之虚也”之说相符。

“乔山”《山海经》云：“中次八山荆山之首，曰景山，其上多金玉，其木多杼檀。雎水出焉，东南

① 李学勤主编：《清华大学藏战国竹简（一）》，上海中西书局 2010 年版，第 180—194 页。

② 李学勤：《清华简九篇综述》，《文物》2010 年第 5 期，第 51—57 页。

流注于江，其中多丹粟，多文鱼。东北百里，曰荆山……又东北百五十里，曰骄山，其上多玉，其下多青雘，其木多松柏，多桃枝钩端。神□围处之，其状如人面。羊角虎爪，恒游于睢漳之渊，出入有光。”学界多认为“乔山”即《山海经》之“骄山”。

方山，一作万山或蔓山，在今襄樊西南，距汉水、均水甚近。

“女曰妣隹，秉兹率相，詈胄四方。”妣隹，季连之妻。“秉兹俊相”即凭她出众的相貌之意。

2.“爰生绖伯、远仲，游徜徉，先处于京宗”

季连生了绖伯、远仲。

《楚世家》：“季连生附沮，附沮生穴熊。”

《世本》：“季连产付祖氏，付祖氏产穴熊，九世至于渠娄鲧。出自熊渠有三人。”

《大戴礼记·帝系》：“季连产什祖氏，什祖氏产内熊，九世至于渠，娄鲧出。自熊渠有子三人”。“内熊”为“穴熊”之讹。孔广森《大戴礼记补注》云：“鬻熊即穴熊，声读之异，史误分之。穴熊子事文王，蚤卒，其孙以熊为氏，是为熊丽，历熊狂、熊绎、熊艾、熊黮、熊胜、熊杨，到熊渠，凡九世也。”

《水经注·漳水》：“漳水出临沮县东荆山，东南过蓼亭，又东过章乡南，荆山在景山东百余里，新城沶乡县界。虽群峰竞举，而荆山独秀。”

穴熊的先辈，曾散居于汉水南北（乔山、方山、京宗），似乎没有定居。

（二）鬻熊至熊绎与屈紃

> ②穴酓迟徙于京宗，爰得妣列，逆流哉水，厥状聂耳，乃妻之，生侸叔、丽季。丽不从行，溃自胁出，妣列宾于天，晉（并戈）赅其胁以楚，抵今曰楚人。至酓狂亦居京宗，至酓绎与屈紃，使若嗌卜徙于夷屯。

上文“爰生绖伯、远仲，游徜徉，先处于京宗”其后即为“穴酓迟徙于京宗”，没有明确“穴酓”是谁所生？就文本来看他或许是季连的孙子，但也可能其中有缺失。如《楚世家》所说：“季连生附沮，附沮生穴熊。其后中微，或在中国，或在蛮夷，弗能纪其世。”

1.“穴酓迟徙于京宗”

“穴熊晚期迁徙于京宗”。穴（鬻）熊早期可能曾经居住过汉水北的“丹淅”一带，晚期欲叛殷投周前，为了防备殷人的攻击，让熊丽当家，率领族人定居到易于防守的、汉水以南的“京宗”，自己则去周原投奔周文王。

《墨子·非攻下》：“昔者楚熊丽始讨此睢山之间。”《山海经》：“中次八山荆山之首，曰景山……睢水出焉，东南流注于江。”

京宗，或曰：京通荆，京宗可能就是荆山。或曰：京、景相通，京宗即景山。李学勤先生说：“鬻熊及其子熊丽居于‘京宗’，疑即荆山之首景山。”①

李学勤先生说：

> 孔广森《大戴礼记补注》云：“鬻熊即穴熊，声读之异，史误分之。穴熊子事文王，蚤卒，其孙以熊为氏，是为熊丽，历熊狂、熊绎、熊艾、熊黮、熊胜、熊杨，到熊渠，凡九世也。”这是一个非常聪明的洞见。近年一系列楚简，特别是新蔡葛陵简的出现，已使学者注意到所祀“楚先”鬻熊、穴熊是同一人。②

2.“爰得妣列，逆流哉水，厥状聂耳，乃妻之。”——这是穴熊娶妻的故事。

哉水：哉通兹，哉水或即古之兹水，今名灞河，发源于蓝田县霸塬乡秦岭北坡。

3.“生侸叔、丽季。丽不从行，溃自胁出。妣列宾于天晉（并戈）赅其胁以楚，抵今曰楚人。”其文曰“生侸叔、丽季”，却没有伯、仲的信息。

穴熊生丽季，即《帝系》等文中的熊丽，《楚世家》云鬻熊“其子曰熊丽”，证实了穴熊即鬻熊。

“从行”即纵行，指顺产。“丽不从行”即难产。

---

① 李学勤：《论清华简〈楚居〉中的古史传说》，《中国史研究》2011年第1期，第53页。

② 李学勤：《清华简九篇综述》，《文物》2010年第5期。

“溃自胁出”或即今之“剖腹产”。此种神话色彩的传说，常衬托所生之子命贵。

“宾于天”说妣列因熊丽的胁出而亡。“天晉”即天灵[①]、神巫，（并戈）是神巫之名。“赅其胁以楚”意为巫者用楚（荆）条将妣疠之胁缠包复合。《说文》：“楚，丛木。一名荆也。”

“抵今曰楚人”。从那以后就称熊丽的后人为“楚人”。此类名称溯源是熊丽出生及“楚人为什么称为楚人”的传说。这可能是后人附会之说，不然熊丽之前就有的楚之名就说不通，熊丽之后包括楚人在内，称荆者也一直未断。

“鬻熊晚期迁徙于京宗”，则熊丽当居“京宗”（荆山?）。

有说：“丽”可能是指丽山（骊山，在今陕西临潼东南）。京宗似不宜远在骊山。《墨子·非攻下》有“昔者楚熊丽始讨此雎山之间”，而且酓狂至酓绎前期“亦居京宗”，似乎说明京宗当距汉水南岸的雎山不远。

4.“至酓狂亦居京宗”

从鬻熊晚期、熊丽至熊狂皆居京宗，熊绎后期才从京宗“徙于夷屯”。《楚世家》：“熊丽生熊狂，熊狂生熊绎。”

李学勤先生说：

> 对照葛陵简的“宅兹雎漳”，不难推想京宗所在的范围。《墨子·非攻下》：“昔者楚熊丽始讨此雎山之间。”“讨”《说文》训为“治”，可知熊丽是在雎水一带的山间，所以京宗之名有可能与《中山经》的景山有关。《水经·沮（雎）水注》：“沮水出汶阳郡沮阳县西北景山，即荆山首也。”《读史方舆纪要》云山在湖北房县西南二百里。京宗得名疑即与该山有关。[②]

（三）熊绎至熊渠

> ③至酓绎与屈纠，使若嗌卜徙于夷屯，为楩室，室既成，无以内之，乃窃鄀人之犝以祭，惧其主，夜而内尸，抵今曰夕，夕必夜。至酓只、酓（舟旦）、酓樊及酓赐、酓巨，尽居夷屯。酓巨徙居发渐。

1.“至酓绎与屈纠”

《史记·楚世家》：“熊绎当周成王之时，举文、武勤劳之后嗣，而封熊绎于楚蛮，封以子男之田，姓芈氏，居丹阳。”——酓绎，即周成王“封熊绎于楚蛮”之熊绎。

“屈纠”为何人？先秦文献中没有任何信息。《楚居》前文有季连追妣隹，有穴熊娶妣列。这里与酓绎并立的屈纠，或许是酓绎之妻。同时表明屈纠不是楚酓王族世系。有人把与酓绎并立的屈纠，说成是屈原之先祖，似乎与屈原的“帝高阳之苗裔”是楚王族一系不符。

《淮南子·道应训》载“屈商乃拘文王于羑里”。高诱注：“屈商，封臣也。”屈商为封臣，时代是商末，和《楚居》屈约时代接近。屈与楚在商末同为商臣，故可能通婚。

陈伟先生说：“屈约并非楚君，不当与‘熊绎’并列。《楚居》中叙数君并居一地时，是用‘及’字相连。因而这里的‘与’疑当读为‘举’，举用意。”[③] 文本之“酓绎与屈约”分明是并列，非要说“不当与‘熊绎’并列”，而把“与”擅改为“举”，并没有依据。

历代楚君用人何其多，为何只举“屈约”一人？若只是楚君所用之人何须载入《楚居》？

2.“使若嗌卜徙于夷屯”

熊绎继位后“使若嗌卜徙于夷屯”。

“若嗌”鄀之卜者，名嗌。楚人南迁夷屯，与鄀相邻，故使鄀嗌卜之。

“徙于夷屯”。“屯”和“陵”意思相近，“夷屯”或即“夷陵”？（陈伟《读清华简〈楚居〉札记》）夷屯或因夷水而名。夷水，即古鄢水，亦名蛮水，今之蛮河。

《水经注·沔水》：

> 又南过宜城县东，夷水出自房陵，东流注之。夷水，蛮水也。桓温父名夷，改曰蛮水。夷水导源中庐县界康狼山，与荆山相邻。其水东南流，历宜城西山，谓之夷溪。又东南径罗川

① “晉”释为“灵”，见宋华强：《新蔡葛陵楚简初探》，武汉大学出版社2010年，第285—289页。

② 李学勤：《论清华简〈楚居〉中的古史传说》，《史前研究》2013年，第57页。

③ 陈伟：《清华简〈楚居〉“楩室”故事小考》，简帛网2011年2月3日。

城，故罗国也。又谓之鄀水，《春秋》所谓楚人伐罗渡鄀者也。

《史记·楚世家》：

熊绎当周成王之时，举文、武勤劳之后嗣，而封熊绎于楚蛮，封以子男之田，姓芈氏，居丹阳。楚子熊绎与鲁公伯禽、卫康叔子牟、晋侯燮、齐太公子吕伋俱事成王。

《国语·晋语八》：

昔成王盟诸侯于岐阳，楚为荆蛮，置茅蕝，设望表，与鲜卑守燎，故不与盟。

《左传·昭公十二年》：

昔我先王熊绎，与吕伋、王孙牟、燮父、禽父，并事康王，四国皆有分，我独无有……昔我先王熊绎，辟在荆山，筚路蓝缕，以处草莽。跋涉山林，以事天子。唯是桃弧、棘矢，以共御王事。

今人强调的“楚居丹阳”，《楚居》中根本没有。看来过分强调丹阳或许是陷入了误区。

3.“为楩室，室既成，无以内之，乃窃鄀人之犝以祭，惧其主，夜而内尸，抵今曰夕，夕必夜。”这是“楚人为什么在晚上祭祀”的传说。

楩室，是举行祭祀活动的场所。“楩室恐即楚人宗庙”（陈伟《清华简〈楚居〉“楩室”故事小考》），酓绎徙于“夷屯（荆山）”之后，首先建造祭祀用的“楩室”。

当时的楚人很穷，缺乏祭品，只好“窃鄀人之犝以祭”，说明“夷屯”与鄀相邻。

鄀人：整理者云：“本篇中的‘鄀’当是商密之鄀。”不确。如果楚人已迁到“夷屯（荆山东南麓?）”，不可能在祭祀之去老远的汉水北，窃“商密鄀人之犝”。故《楚居》之“鄀”，当在荆山附近。《楚居》下文又记：“若敖徙于鄀。”可知若敖之时，南鄀已成楚人之邑，而《左传·僖公二十五年》记有“秋，秦、晋伐鄀。”是彼时商密之“北鄀”犹存。楚人“窃鄀人之犝”之“鄀”，必与“夷屯”相邻，为汉南之鄀。《左传·哀公十七年》：“观丁父，鄀俘也，武王以为军率，是以克州、蓼，服随、唐，大启群蛮。”观丁父多半也是荆山附近“南鄀”之人，他的“克州、蓼，服随、唐，大启群蛮”均分布在汉水东西，南鄀左近。此“鄀”当在今宜城与钟祥之间。故赵庆淼博士说：“鄀之本国原在南郡‘鄀’县之地，商密之鄀乃是西周晚期鄀国北徙的结果，至于《左传》杜解和《水经注》之说，恐怕都有本末倒置之嫌。”①

“犝”：“《尔雅·释畜》有‘犝牛’，注：‘今无角牛’，疏云‘犝牛者，无角牛名也。《易》云童牛之牿是也’。”《山海经·中次八山》：“荆山，其阴多铁，其阳多赤金，其中多牦牛。”郭璞注：“旄牛属也，黑色，出西南徼外也。”此“犝”或指无角牦牛。

“氐今曰夕，夕必夜。”楚人至今把陈牲的仪式称为“夕”，“夕”必定在夜间举行。②

4.“至酓只、酓（舟旦）、酓樊及酓赐、酓巨，尽居夷屯。”

《楚世家》之记为：“熊绎生熊艾，熊艾生熊䵣，熊䵣生熊胜。熊胜以弟熊杨为后。熊杨生熊渠。”酓只：“只”与“艾”形体接近，疑《楚世家》“艾”为“只”讹误。

酓（舟旦）：

《楚世家》：“‘熊艾生熊䵣’索隐：‘一作黮。䵣音但，与亶同字，亦作亶。’熊亶见《汉书·古今人表》。”

酓樊：“《汉书·古今人表》作‘熊盘’，樊与盘皆唇音元部字。”

“《楚世家》作‘熊胜’，疑是‘般’（盘）字讹误。”

酓赐：“《汉书·古今人表》：‘楚熊锡，盘子。’”

“酓樊（胜）及酓赐（杨）。”此文与《楚世家》“熊胜以弟熊杨为后”相合。《楚世家》的“胜”或为“樊”误，“杨”为“赐”误。

5.“酓巨徙居发渐。”

酓巨，即熊渠，熊赐之子。

① 赵庆淼：《商周时期的族群迁徙与地名变迁》，南开大学博士论文，2016年2月，第175页。

② 陈伟：《清华简〈楚居〉“楩室”故事小考》，简帛网 http://www.bsm.org.cn/show_ article.php?id=1398 2011年2月3日。

《楚世家》：

熊渠生子三人。当周夷王之时，王室微，诸侯或不朝，相伐。熊渠甚得江汉间民和，乃兴兵伐庸、杨粤，至于鄂。熊渠曰："我蛮夷也，不与中国之号谥。"乃立其长子康为句亶王，中子红为鄂王，少子执疵为越章王，皆在江上楚蛮之地。及周厉王之时，暴虐，熊渠畏其伐楚，亦去其王。

熊渠时楚人有机会向外发展。先是向西伐庸（今湖北竹山），但并未灭庸。而后东迁至发渐。继之伐杨粤、伐鄂。所封三子显然不是楚国原有之地，而是遥封欲得之地。笔者推测：句亶王、鄂王、越章王可能仅是头衔而已，不一定已经有实地。

《世本八种·秦嘉谟辑补本》："无庸氏，楚熊渠生无庸，因氏焉。"据此有人认为：长子康为句亶王，或许封于武当山脉地区，以遏制庸国。看来依据不足。

或曰：

中子红为鄂王，"鄂"即今湖北鄂州市地区，"翼"或是指翼际山地区，《水经注·江水》："江水又东径鲁山南，古翼际山也。《地说》曰：汉与江合于衡北翼际山旁者也。山上有吴江夏太守陆涣所治城，盖取二水之名。《地理志》曰：夏水过郡入江，故曰江夏也。"《中国名胜词典湖北、湖南分册》："龟山：古名翼际山，又名大别山，鲁山。在湖北武汉市汉阳城北。"则鄂王似即被封于今武汉市至鄂州市地区。少子执疵为越章王，《大戴礼记·帝系》"越"字作"戚"，《史记索隐》引《世本》越字作"就"，"戚"与"就"音通，疑当即楚地"湫"，刘彬徽、何浩先生认为"菽与椒可通假，椒又可通湫。楚有以'湫'为名之地。《左传》庄公十九年载：楚文王'败黄师于踖陵，还及湫。'杜注：'南郡鄀县东南有湫城。'可知湫城是在今钟祥县北偏西的汉水东岸。"则越章王本当为"戚章王"。当封于钟祥地区，遏制居于扬水地区的杨粤。《吴越春秋·勾践阴谋外传》有"楚三侯，所谓句亶、鄂、章，人号麋侯、翼侯、魏侯也"。

这些论述似乎皆依据不足。

《楚居》中并没有"三王、三侯"的信息。

"发渐"：熊渠所迁的"发渐"疑指清发水源头的大洪山地区。

何浩先生在《楚灭国研究》中指出"熊渠时曾一度向西、向东南出击，旋因畏惧周厉王伐楚而有所收敛，一是熊咢、若敖时由荆山发展至汉西平原地区。聃之灭，大致不外乎这两个时期"。熊咢、若敖时期以防卫周室的进攻为主，恐无暇出击灭聃，因此灭聃很可能在熊渠伐杨粤封戚章王时。聃又作那处，在今钟祥县西北。

（四）熊辟、熊挚到武王熊达

④至酓辟、酓挚居发渐，酓挚徙居旁屽，至酓延自旁屽徙居乔多，至酓甬及酓严、酓相及酓雪及酓训、酓咢及若敖酓义，皆居乔多。若敖酓义徙居鄀，至焚冒酓帅自鄀徙居焚，至宵敖酓鹿自焚徙居宵，至武王酓达自宵徙居免，焉始（称王，祭祀致）福。众不容于免，乃渭疆涅之波而宇人，焉抵今曰郢。

1. 至酓辟、酓挚居发渐

熊渠卒，子熊辟（翔）立。熊辟卒，子熊挚立。

整理者认为："酓辟，当即《楚世家》熊渠长子康，又称毋康。《史记》所言熊渠、毋康（康）、挚红（红）、熊延之间的关系混乱，历来纷纭莫辨。索隐：'熊渠卒，子熊翔立，卒，长子挚有疾，少子熊延立。'熊翔即熊康，亦即简文之酓辟。翔、康、辟古音并近，翔、康为阳部字，辟为月部字，阳、月通转，参看王力《同源字典》（商务印书馆，1982 年，第 373 页）。"其说可以商榷（见后）。

李零先生说：

《楚世家》以执疵为熊渠少子，但又以熊延为挚红弟，似疵、延为一人，但索隐引《古史考》"熊渠卒，子熊翔立；卒，长子挚有疾，少子熊延立"，则以熊延为挚弟，在下一世，似熊翔即熊挚红。《楚世家》无挚，或以挚即挚红误。《左传》僖公二十六年说挚有恶疾不立，自窜于夔。①

李守奎先生说："既然熊渠有三子之说不存在，那么，《史记》中熊渠封三子为三王的记载就完全不可信了。"② 李先生这个推断似乎有漏洞。

《楚居》的世系与《史记》不符，不等于"熊渠有三子说不存在"。这是两个问题，不能以此否定彼。因为《楚居》中多不记世系以外的弟兄（例如，穴酓生侸叔、丽季，就未提伯、仲），而"熊渠封三子为王"在古籍中多处有记载。可见熊渠有三子（长子康，中子红（翔），少子执）可能性很大，只是《楚居》中未记其他二子而已。

李先生还说《楚世家》"这段话中有错简。调整为'及周厉王之时，暴虐，熊渠畏其伐楚，亦去其王。熊渠卒，后为熊毋康。毋康蚤死，子挚红立'，不仅文理更通畅，而且与《史记·三代世表》中的世系原完全相合……所谓'毋康蚤死'，应当是嗣位之后，享日较短而已。"③ 此论不确。

《史记》中涉及君位继承人"蚤死"的，皆指未能继位而死者，没有"嗣位之后"还记"蚤死"的例子。如：《周本纪》："五十一年，平王崩，太子泄父〔一〕蚤死，立其子林，是为桓王。"《秦本纪》："哀公立三十六年卒。太子夷公，夷公蚤死，不得立，立夷公子，是为惠公。""怀公太子曰昭子，蚤死，大臣乃立太子昭子之子，是为灵公。"

《赵世家》："伯鲁者，襄子兄，故太子。太子蚤死，故封其子。"《大宛列传》："大禄兄为太子，太子有子曰岑娶，而太子蚤死。临死谓其父昆莫曰：必以岑娶为太子，无令他人代之。昆莫哀而许之，卒以岑娶为太子。"

《楚世家》既称"毋康蚤死"，毋康当没有继承君位。若是把李守奎先生脱离实际的"调整"纳入《史记》，就成了自相矛盾、文理不通之词。据"复旦大学出土文献与古文字研究中心研究生读书会（蒋文执笔）"的意见，《楚居》中没有熊康（毋康）。因为"毋康蚤死"没有继承君位，这一点上《史记》与《楚居》之记载一致。

李先生说：经他调整后，"与《史记·三代世表》中的世系原完全相合"。

《三代世表》相关之文为："楚熊绎。绎父鬻熊，事文王。初封。熊乂、熊黮、熊胜、熊炀、熊渠、熊无康、熊鸷红、熊延，红弟。熊勇。"《三代世表》这个"世系"可信性不如《楚世家》。例如，"绎父鬻熊"就与主流记载不符，怎么能以《三代世表》为准呢？

《楚居》是战国时楚人记其祖先的世系、行踪，比较可信。若要修订《楚世家》，当参照《楚居》等综合考虑为宜，或可修订为："毋康蚤死。熊渠卒，子熊䓨（翔）立。熊䓨卒，子熊挚立。后熊挚有疾自窜于夔，其子代立，曰熊繟（延）。熊延生熊勇"。

2. 酓挚徙居旁屽

酓挚：熊挚，为熊䓨（翔）之子。即位后得了恶疾，因而自窜于夔，子熊延代立。

旁屽：屽，《集韵》："鱼旰切，音岸。义同。"《正字通》："岸字之讹。"其地似为春秋之防渚，今湖北房县地区。

《左传·文公十一年》："楚子伐麇，成大心败麇师于防渚。"《通典·州郡五》："房州：今理房陵县。古麇、庸二国之地。麇音君。春秋楚子败麇师于防渚，即此地也。战国时楚地。"

自熊渠短暂的扩张之后，楚的势力并未得到太多的加强，至熊挚实际上又退回了荆山地区。这一点，于传世文献亦有所印证，如《左传·昭公二十三年》："无亦监乎若敖、蚡冒至于武、文，土不过同。"说明此前的熊渠所伐诸地，只是短暂的进攻，并没有使各地成为楚的势力范围，否则以荆山（丹阳？）至东鄂的偌大地域，恐不可言"土不过同"。

3. 至酓延自旁屽徙居乔多

乔多之"多"，读为沱，《诗经·召南·江有汜》："江有沱。之子归，不我过。"高亨注："小水入于大水叫作沱。"乔多即荆山东北的骄山地区。《山海经·中次八山》："（荆山）又东北百五十里，曰骄山，其上多玉，其下多青雘，其木多松柏，多桃枝钩端。神鼍围处之，其状如人面羊角虎爪，恒游于雎

① 李零：《李零自选集》，广西师范大学出版社1998年版，第221页。

② 李守奎：《熊渠至熊延世序之混乱》，《中国史研究》2011年第1期，第84页。

③ 李守奎：《熊渠至熊延世序之混乱》，《中国史研究》2011年第1期，第84—85页。

漳之渊，出入有光。……骄山，冢也，其祠：用羞酒少牢祈，瘗婴毛一璧。”《唐文拾遗·唐将仕郎张君墓志铭（并序）》：“漾池东骛，骄山南拒。烛乘埋随，连城碎楚。”可知骄山在荆山东北，襄阳市南部，与邓国隔江相望。

值得注意的是，这次迁徙成为楚人由山地到平原的转折点，也是楚人发展壮大的始点。

《史记》索隐之：“谯周以为：熊渠卒，子熊翔立，卒，长子挚有疾，少子熊延立。”① 谯周《古史考》把“挚与延”两者定为兄弟关系，与《楚居》记载的“酓挚徙居旁屽，至酓婿（延）……”两者为父子关系不符。

《僖公二十六年》记载：“夔子不祀祝融与鬻熊，楚人让之，对曰：我先王熊挚有疾，鬼神弗赦而自窜于夔。吾是以失楚，又何祀焉?”《左传》记载：熊挚有疾自窜于夔。《楚居》记载：酓挚徙居旁屽。——很可能是熊挚立之后，因为有疾自窜于夔，由其子熊延立为楚居。

4. 至酓甬及酓严、酓相及酓雪及酓训、酓咢及若敖酓义，皆居乔多

“酓甬及酓严”，即《楚世家》之“熊勇、熊严”兄弟。

《楚世家》：“熊延生熊勇。熊勇六年，而周人作乱，攻厉王，厉王出奔彘。熊勇十年卒，弟熊严为后。”《国语·郑语》韦昭注：“熊严，楚子鬻熊之后十世也。”

“酓相及酓雪及酓训。”《楚世家》：“（熊严）有子四人，长子伯霜，中子仲雪，次子叔堪，少子季徇。熊严卒，长子伯霜代立，是为熊霜。熊霜元年，周宣王初立。熊霜六年卒。三弟争立。仲雪死；叔堪亡，避难于濮。而少弟季徇立，是为熊徇。”

《楚居》：“酓相及酓雪及酓训”，即《楚世家》的熊霜、熊雪和熊徇兄弟三人，他们似乎“依次而立”，与《楚世家》所记“三弟争立”不同。

“酓咢及若敖酓义，皆居乔多。”

“酓咢及若敖酓义”，即熊咢与熊仪。据《楚居》原文，熊咢与熊仪是“兄终弟及”。

《楚世家》：“熊徇卒，子熊咢立。熊咢九年，卒，子熊仪立，是为若敖。”

《楚世家》熊仪为“咢子”，《楚居》熊仪为“咢弟”。

“乔多”，前文推测乔多当读为“骄沱”，地在今襄阳市南，由下文“若敖熊仪徙居鄀”可知乔多当去鄀不甚远，两者正相符合。

《诗经·小雅·采芑》：“蠢尔荆蛮，大邦为雠。方叔元老，克壮其犹。”《毛序》：“《采芑》，宣王南征也。”将其与《楚世家》“熊霜六年卒”互观，熊霜之亡，或与周人伐楚之战相关。再联系《诗经·大雅·崧高》：“亹亹申伯，王缵之事。于邑于谢，南国是式”，申伯受封的南阳（谢，今唐河），正是处于楚人北上之要冲，而自熊勇至若敖熊仪居乔多，也是据守于诸水之汇的必争之路，以对抗周王南下征伐。

5. 若敖酓义徙居鄀

“敖”与“鄀敖”。

《左传·昭公十三年》：“葬子干于訾，实訾敖。”杨伯峻先生注：“楚君王之无谥者，多以葬地冠敖字，如《楚世家》有杜敖，僖二十八年《传》有若敖、昭二年《传》有郏敖。”可知若敖葬于鄀，鄀即今宜城蛮河与汉水交汇地区。

当周幽王时期，周室衰微，诸侯或叛。若敖十八年，郑桓公谋迁，问于史伯，依《国语·郑语》所记，当郑桓公问“南方不可乎?”之时，史伯答之以“天之所启，十世不替。夫其子孙必光启土，不可逼也。……融之兴者，其在芈姓乎。芈姓夔越不足命也。蛮芈蛮矣，唯荆实有昭德，若周衰，其必兴矣。姜嬴荆芈，实与诸姬代相干也。”是楚之兴，为时人所见。而彼时周室已衰，其势不足以迫楚，乔多因此也就不再是需要固守之地。若敖在此时迁于鄀，且“娶于郧”（《左传·宣公四年》：“初，若敖娶于郧，生斗伯比。”）确保了对整个汉水中下游地区的控制，其战略发展的意图非常明显。

《楚世家》：“若敖二十年，周幽王为犬戎所弑，周东徙。”此后，楚国就得以启动其开疆拓土的行动了。湖北之鄀，当是被若敖熊仪灭于这个时期。

① 司马迁:《史记》，中华书局1959年版，第1693页。

6. 至焚冒酓帅自鄀徙居焚

焚冒即蚡冒，酓帅即熊率。

《左传·昭公二十三年》："无亦监乎若敖、蚡冒至于武、文。"

以若敖、蚡冒连称，与《楚居》合。

《国语·郑语》："及平王之末，而秦、晋、齐、楚代兴，……楚蚠冒于是乎始启濮。"

百濮此时大致在襄阳市东北的汉水中游地区。

《左传·文公十六年》"先君蚡冒所以服陉隰也。"

陉隰似指武当山东部延至汉水南岸这一地区。

"徙居焚""焚、蚡"，可能与粉水有关。

《水经注·粉水》："粉水出房陵县，东流过郢邑南。……又东过谷邑南，东入于沔。粉水至筑阳县西而下注于沔水，谓之粉口。"

粉口，在今湖北谷城县。蚡冒时期谷国也处于这个地区，楚地可能已与谷国接壤。谷国，在楚武王时期被伐灭。

7. 至宵敖酓鹿自焚徙居宵

宵敖酓鹿，蚡冒熊率之子。

这里酓鹿《楚世家》作"熊坎"。

《楚世家》："二十七年，若敖卒，子熊坎立，是为霄敖。霄敖六年，卒，子熊眴立，是为蚡冒。"《楚世家》《古今人表》可能把蚡冒熊率与宵敖熊坎的父子关系搞颠倒了。据《楚居》，可知其世系是：若敖→蚡冒→宵敖→武王。"

"宵"：程少轩先生认为"宵"有可能就是秦汉简中多次出现的"销"。

周振鹤先生指出"按照销北至鄢184里，南至江陵240里的标志，我们大概可以将销县定位于今湖北的荆门市北面的石桥驿与南桥之间。"①

此宵敖之徙宵，当是灭宵而徙居之。宵大致为宵敖时楚之南疆。包山246号简有："举祷荆王自熊鹿以就武王。"一般认为此"熊鹿"指"熊丽"②。

> 清华简整理者以为此"熊鹿"与《楚居》之"熊鹿"为同一人，恐不可从。因为包山简246之"熊鹿"如果指"宵嚣（霄敖）"，则从"熊鹿"到武王"熊达（熊通）"为紧接的两代人，不符合"自……就"的用字习惯……就实例而言，目前楚简见到的"自……就"格式中还没有出现过紧接的两代人……比较稳妥的做法是把这两个"熊鹿"加以区别。③

8. 至武王酓达自宵徙居免，焉始（阙5字，推测是：称王，祭祀致）福。众不容于免，乃渭疆浧之波而宇人，焉抵今曰郢。

武王徙居之地，整理者释"免"，赵平安先生释为"冗"，子居先生释为"大"。

"武王酓达"，熊达之"达"，或可与大（免）郢之"大"对应。

《楚世家》："蚡冒十七年，卒。蚡冒弟熊通弑蚡冒子而代立，是为楚武王。"《楚世家》之"蚡冒"当为"宵敖"之误。

《楚世家》称楚武王为"熊通"。楚武王自立为王，打败邓后，娶邓侯之女邓曼为妻。北征申、吕，东侵于随，伐绞、伐罗、伐卢戎，引发了中原诸侯的戒惧。由《左传》可见，楚武王之时，伐罗需济鄢，伐随还师需济汉，此时楚都（大郢）必在汉水之西，蛮河之南。

整理者云："渭，读为溃，毁坏。《国语·周语上》：'川壅而溃，伤人必多。'疆浧，最初可能是泽名，经武王时治理而成居人之地，遂为地名。疆郢是免郢扩建的一部分，浑言之，疆郢、免郢无别，析言之，二者有先后大小之别。'浧'字见于《玉篇·水部》：'浧，泥也，淀也。'波，读为陂。《诗·泽陂》毛传：'陂，泽障也。'宇人，使人居住，《诗·绵》传：'宇，居也。'"赵平安先生认为："郢的

---

① 周振鹤：《秦代汉初的销县——里耶秦简小识之一》，简帛研究网，http://www.jianbo.org/admin3/list.asp?id=1054。

② 何琳仪：《楚王熊丽考》，《中国史研究》2000年第4期，第13—16页。

③ 孟蓬生：《〈楚居〉所见楚王"宵嚣"之名音释》，"复旦大学出土文献与古文字研究中心"，http://www.guwenzi.com/SrcShow.asp?Src_ ID=1503。

原始含义是筑圩子造的城。”①

“涅”最初可能是一种地貌特征。经武王时治理成为王居之后，写作‘疆郢’。《楚居》中郢不是一个固定的地名，多指行政中枢。

9. 众不容于免（大），乃渭疆涅之波而宇人，焉抵今曰郢

整理者云：“渭，读为溃，毁坏。《国语·周语上》：‘川壅而溃，伤人必多。’疆涅，最初可能是泽名，经武王时治理而成居人之地，遂为地名。疆郢是免郢扩建的一部分，浑言之，疆郢、免郢无别，析言之，二者有先后大小之别。‘涅’字见于《玉篇·水部》：‘涅，泥也，淀也。’波，读为陂。《诗·泽陂》毛传：‘陂，泽障也。’宇人，使人居住，《诗·绵》传：‘宇，居也。’”

（五）楚文王

⑤至文王自疆郢徙居湫郢，湫郢徙居樊郢，樊郢徙居为郢，为郢复徙居免郢，焉改名之曰福丘。（其后略）

“文王名熊赀。”赀即訾，訾敖即葬于訾。

文王在位十三年，自疆郢→湫郢→樊郢→为郢→免（大）郢（改名福丘），所居五“郢”不可能是迁都。而是与主要政治军事活动相关的住所。“居疆郢时灭郧、罗。居樊郢时灭申、息、缯、应、邓。居为郢时灭厉、贰、蓼、州。然后还居免郢。”文王自疆郢徙出，疆郢是免郢的一部分，所以是复徙居免郢。

“湫郢”，子居先生认为：湫郢当即湫城，在今钟祥县北偏西的汉水东岸。《左传·庄公十九年》记：“十九年春，楚子御之，大败于津。还，鬻拳弗纳。遂伐黄，败黄师于碏陵。还，及湫，有疾，夏六月庚申，卒。”

《括地志》：“都城东五里有楚王城，西南去乐乡县三十三里，楚昭王迁都时所居。又湫城，杜预曰：在都县东南。《左传》庄十九年，楚文王伐黄还及湫，即此。”其都郢近湫郢。

赵平安先生认为：“‘湫’应释为‘黍’，《左传》庄公十九年讹作湫，宜城县东南7.5公里处的楚皇城可能就是它的遗迹。”②

“樊郢”《水经注·沔水》载，沔水经平鲁城南，“东对樊城，仲山甫所封也……城周四里，南半沦水。”在今湖北襄樊市樊城，但云：“西周‘仲山甫所封’”未必可信。“为郢，当是江陵，楚文王始居，此后成为楚之重要都邑，阖庐所破之郢即此。”

《汉书·地理志》：“江陵，故楚郢都，楚文王自丹阳徙此。后九世平王城之。后十世秦拔我郢，徙陈。”

《水经注·沔水》：“江陵西北有纪南城，楚文王自丹阳徙此，平王城之。班固言：楚之郢都也。”

（六）《楚世家》与《楚居》“熊渠至楚武王世系比较表”等

《楚世家》与《楚居》熊渠→武王世系比较表

《楚世家》世系
熊渠→熊挚红
　　　　熊延→熊甬
　　　　　　熊严→熊霜
　　　　　　　　熊徇→熊咢→若敖熊仪→宵敖熊坎→焚冒熊眴
　　　　　　　　　　　　　　　　　　　　　　武王熊通

《楚居》世系
熊巨→熊嵲→熊挚→熊延→熊甬
　　　　　　　　　　熊严→熊相
　　　　　　　　　　　　熊雪
　　　　　　　　　　　　熊训→熊咢
　　　　　　　　　　　　　　若敖熊义→焚冒熊帅→宵敖熊鹿→武王熊达

① 赵平安：《试释〈楚居〉中的一组地名》，《中国史研究》2011年第1期。

② 赵平安：《试释〈楚居〉中的一组地名》，《中国史研究》2011年第1期，第73页。

《楚居》世系、居地示意图

季连至熊绎世系、居地

世系｜季连、妣隹→绖伯
世系｜　　　远仲→（？）穴熊、妣列→侸叔
世系｜　　　　　　｜　　丽季→熊狂→熊绎、屈紃
居地｜隈山 乔山 方山 京宗　｜　　京宗　　｜夷屯

熊绎至熊渠世系、居地

世系｜熊绎、屈紃→熊只（艾？）→熊䵣→熊樊（胜？）
世系｜　　　　　　熊赐（杨）→熊巨（渠）
居地｜　　　夷屯　　　　发渐

熊渠至武王熊达世系、居地

世系｜熊世[渠]→熊㠯→熊挚→熊延→熊甬
世系｜　｜　｜　｜　熊严→熊相
世系｜　｜　｜　｜　熊雪
世系｜　｜　｜　｜　熊训→熊咢
世系｜　｜　｜　｜　若敖熊义→焚冒熊帅→宵敖熊鹿→武王熊达
居地｜夷屯｜　发渐　｜旁屽｜　乔多　｜　都　｜　焚　｜　宵　｜　大

清华简《楚居》世系、居地示意表①

序	习惯	简名	可能在位时间	年数	备注、居地
1		季连			季连、妣住居限山、乔山
2		远仲			居京宗
3	鬻熊	穴酓			穴熊、妣列。居京宗
4	熊丽	酓丽			丽季自胁出。曰楚人
5	熊狂	酓狂			熊狂亦居京宗
6	熊绎	酓绎	前 1042—前 1006 年	37	熊绎、屈紃。徙于夷屯　始封
7	熊艾	酓只	前 1005—前 981 年	25	居夷屯
8	熊䵣	酓舟旦	前 980—前 970 年	11	亶　居夷屯
9	熊胜	酓樊	前 969—前 946 年	24	盘、胜　居夷屯
10	熊杨	酓赐	前 945—前 887 年	59	锡、杨　居夷屯
11	熊渠	酓巨	前 886—前 877 年	10	周夷王（前 885—前 878 年）到周厉王。自夷屯徙发渐。
12	熊䵣	酓挚	前 876—前 848	29	熊艾，居发渐
13	熊挚	酓挚			自发渐徙旁屽
14	熊延	酓延			旁屽徙乔多
15	熊勇	酓甬	前 847—前 838 年	10	熊甬、熊严兄弟　居乔多
16	熊严	酓严	前 837—前 828 年	10	熊甬、熊严兄弟　居乔多
17	熊霜	酓相	前 827—前 822 年	6	熊霜、熊徇、熊训兄弟　居乔多
18	熊徇	酓雪	前 821—前 800 年	22	熊霜、熊徇、熊训兄弟　居乔多
19	熊训	酓雪			熊霜、熊徇、熊训兄弟　居乔多
20	熊咢	酓咢	前 799—前 791 年	9	熊咢、熊仪弟兄。成乔多
21	若敖	酓义	前 790—前 764 年	27	若敖酓义（熊仪）逢乔多徙都

① “清华简《楚居》世系居地示意表”参考“荆楚文化网”《楚国君世系》，http://chu.yangtzeu.edu.cn/newshow.asp?id=252&mnid=15306&%20c%20lassname。

续表

序	习惯	简名	可能在位时间	年数	备注、居地
22	焚冒	酓帅	前763—前758年	6	焚冒酓帅，自都徙焚
23	宵敖	酓鹿	前757—前741年	17	宵敖酓鹿，熊坎。自焚徙宵
24	武王	酓达	前740—前690年	51	熊通前704年始称王。徙免后称郢
25	文王	文王	前689—前677年	13	熊赀，徙湫郢、徙樊郢、徙为郢、复徙免郢。改名曰福丘
26	堵敖	堵敖	前676—前672年	5	杜敖熊囏。自福丘徙袭都郢
27	成王	成王	前671—前626年	46	熊恽。徙湫郢、再徙睽郢
28	穆王	穆王	前625—前614年	12	商臣。自睽郢徙为郢
29	庄王	庄王	前613—前591年	23	侣、旅，春秋霸主。徙蓝郢。若敖起祸，徙承之野。再徙为郢
30	龚王	龚王	前590—前560年	31	共王熊审。居为郢
31	康王	康王	前559—前545年	15	熊昭。居为郢
32	郏敖	熊员	前544—前541年	4	见《楚世家》
33	灵王	灵王	前541—前529年	12	熊围，即位后改名虔。徙秦溪之上，为章华台。
34	王比	比	前529年	1	见《楚世家》
35	平王	景平王	前528—前516年	13	弃疾即位后改名居。居秦溪之上
36	昭王	昭王	前516—前489年	27	徙美郢、徙鄂郢、徙为郢。前506年吴入郢。徙秦溪之上，徙美郢

三、部分疑难问题

《清华简·楚居》或是楚悼王时代的楚人，对先祖的回忆，不一定处处准确。“楚王族定居于江汉平原后，不仅把原来居住地的地名带到了新居地，而且把代代相传的关于先祖的神话传说和信仰也写入自己的历史如《楚居》中。其中不能说没有把神话视为信史的成分，不能说没有张冠李戴之处。”① 学者间对《楚居》的看法分歧很大，对其解读有很多可推敲之处，现只就文本上的部分疑难问题列举于后。

（一）《楚居》中的季连与穴熊关系不明确

众多史册记载：季连是祝融之后的陆终娶鬼方氏之妹女隤所生的第六子，是夏代人。《楚居》中的季连“突然而降”，连他的先祖是谁都没有记载。《楚居》所记，季连与穴酓的关系也不明确，似乎只隔了一代，又似乎当中有缺失。笔者现为解释这些矛盾学者们提出一些看法。

1. 赵炳清先生的“穴熊为季连之孙”

赵炳清先生说：楚人先民为“陆终六子”或“祝融八姓”之一的芈姓季连部族，最初依附于夏人，活动在中原地区的騩山一带。“如果将季连不仅看作某一固定时代的单个个体，而是看作一个动态的沿袭的称号的话，上述问题就不难解释了。”“从《楚居》的叙事来看，穴熊为季连之孙是无可疑的。因为《楚居》主要记载的是楚人先公先王的世系与居地，因而其世系应是一系连贯的，其间不可能有世系缺环出现。”他认为：“季连与妣隹在均水之畔生育了绲伯、远仲，先居住在荆山地区。穴熊后迁徙到荆山地区，直到熊狂还居住在荆山地区。绲伯与远仲，意味着季连部族分裂成了两部……其中一部先迁徙到了荆山地区，一部到穴熊之时，才迁徙到荆山地区。”②

这显然不能自圆其说。其一，出土《楚简》中的“三楚先”为“老童、祝融、鬻（穴）熊”，是楚人世系中三个权威人物，而《楚居》缺失老童、祝融。其二，赵先生也认为“如果将季连不仅看作某一固定时代的单个个体，而是看作一个动态的沿袭的称号的话”，也就是说从依附于夏人的“‘陆终六子’或‘祝融八姓’之一的芈姓季连部族”到《楚居》的“季连部族”，其间有很多代首领。这就

① 夏麦陵：《初读清华简〈楚居〉的古史传说》，复旦大学出土文献与古文字研究中心2012年10月27日。

② 赵炳清：《楚国疆域变迁之研究》，复旦大学博士论文2013年，第39、19、33、36页。

否定了他自己的“其间不可能有世系缺环”。其三，就《楚居》文本来看，既没有说季连之子的伯仲兄弟谁生了“穴熊”，也没有按“表示为下一代惯例”的“至穴熊”。从《楚居》文本看，季连、穴熊并没有明确的祖孙关系。可见赵先生的“穴熊为季连之孙是无可疑的”，很是“可疑”。其四，赵先生说：“季连部族分裂成了两部，一部（绖伯、远仲）先迁徙到了荆山地区，一部到穴熊之时，才迁徙到荆山地区。”如果绖伯、远仲与穴熊“分裂成两部”，那就不能排除《楚世家》的“季连生附沮，附沮生穴熊。其后中微，或在中国，或在蛮夷，弗能纪其世。”

2. 赵平安先生的“季连和鬻熊是兄弟”

赵先生依据《楚居》的季连妻妣隹“生绖伯、远仲”，穴酓妻妣列“生侸叔、丽季”得出：“绖伯、远仲、侸叔、丽季是堂兄弟关系。这样，季连和鬻熊便不是像传世文献记载的那样，而应是兄弟关系。事实可能是，季连虽有两个儿子，却并没有传位给儿子，而是传位于弟弟鬻熊。再由鬻熊传位于小儿子丽季，即传世文献中的熊丽。”① 此论缺乏依据。

传统文献都记载季连是夏代人，鬻熊是周文王时代的人，二者有千年之差。赵先生说他们是“兄弟关系”，其想象力超乎寻常。《楚居》只记载于楚王世系相关的信息，从未提及与世系无关的“王子”。假如季连“没有传位给儿子，而是传位于弟弟鬻熊”，那么《楚居》中根本不会记载绖伯、远仲。

3. 罗运环先生的“季连和穴熊为两个世系”

罗氏说：

> 《楚居》前述季连“先处于京宗”，娶妣隹生“白（伯）、远中（仲）”，后述穴熊“迟徙于京宗”，娶妣厉“生侸叔、丽季（熊丽）”，从中看不出季连与穴熊在世系上的关联，反而给人的感觉是季连与穴熊分属于两个不同的共同体，一个时代早一个时代晚，季连先居京宗，至其子孙辈从京宗淡出，穴熊继而率部迁居京宗。就此而言《楚居》中的穴熊与季连当分属二个不同的共同体。……我们将分别称之为“《楚居》季连世系”和“穴熊世系”，条列如下：陆终第六子季连……季连氏（简称季连）——白（伯）、远中（仲）。陆终第六子季连——附沮——穴熊……穴熊氏（简称穴熊）鬻熊——侸叔、丽季……②

罗氏之说也缺乏说服力，认为“楚有二个不同的世系”属没有依据的臆想。《楚居》只记载于楚王世系相关的信息，世系中无关的“旁系”从未提及。假如楚族有另一个只有白（伯）、远中（仲）一代的旁系，《楚居》有必要专门记载吗？

至于《楚居》中季连与穴酓的关系不明确，最大的可能就是早期的季连所生的白（伯）、远中（仲）与晚期的穴熊中间有缺失，而不是“两个不同的共同体”。

4. 尹弘兵先生的“穴熊为商贵族”

尹弘兵先生说：

> 穴熊（鬻熊）的身份或有可能原为商贵族，由于某种原因在商末动荡的社会中不能立足，于是因季连与盘庚孙女联姻的关系而得以进入季连部落，并因其较高的文化素养和身份地位而成为季连部落的继承者。③

如此缺乏依据的臆想，没有说服力。

5. 李守奎先生的“季连之子与穴酓间有所缺”

《楚居》的季连之子“绖伯、远仲，游徜徉，先处于京宗。穴酓迟徙于京宗”，从中根本看不出绖伯、远仲和穴酓是什么关系。李守奎先生说：“从《楚居》文例看，穴熊不大可能是绖伯或远仲之子。若是把绖伯、远仲与穴酓之间，理解为尚有所缺，‘弗能知其世’。”④ 此论似乎比较可能。

（二）“盘庚”是不是“商王”？

众多史册都记载季连是夏代人，与“商王盘庚之子”属不同时代。可是有人认为：“按商王世系，

---

① 赵平安：《“三楚先”何以不包括季连》，《邯郸学院学报》2011年第4期，第9页。

② 罗运环：《关于季连纠葛问题的探讨》2013年4月6日。武汉大学中国地域文化研究所，http://www.rcc.whu.edu.cn/a/cxwk/csi/2013/0406/761.html。

③ 尹弘兵：《从〈楚居〉看季连与穴熊的关系》，简帛网2012年6月18日，http://www.bsm.org.cn/show_ article.php?id=1711。

④ 李守奎：《论〈楚居〉中季连与鬻熊事迹的传说特征》，《清华大学学报（哲社版）》2011年第4期，第33—39页。

‘盘庚之子’和商王武丁同辈，则妣隹同商王祖庚、祖甲同辈。《楚居》中迎娶妣隹的季连也应该与商王祖庚、商王祖甲处于同一时代（约前1190—前1155年），与颛顼所处的五帝时代相隔一千多年，所以《史记》《世本》中关于季连是颛顼玄孙的说法显然是附会。”如此轻率否定传统文献似乎依据不足。

千百年后的楚灵王仍说：“昔我皇祖伯父昆吾，旧许是宅。”（《左传·昭公十二年》）“可见在春秋战国时人所传古史中，昆吾、季连为商代以前就早已存在的氏族。”①

不能单凭《楚居》的“盘庚”就确定这是“商王”，其“从及之盘”，或可解释为季连跟随妣隹到盘族之地。

守彬先生说：

> 古人多有异时同名者：如尧舜之时有主郊庙典礼的秩宗伯夷，商周之际有义不食周粟的孤竹君之子伯夷；夏朝有吃龙肉上瘾的夏后孔甲，秦代有投奔陈胜做博士的孔子后裔孔甲；西周初有佐周武王克商兴周的南宫括，春秋末有与孔子适周问礼的鲁人南宫括。此盘庚，疑为以“盘”为氏之族人。②

李守奎先生则认为：

> 《楚居》中有关季连的事迹人神参半，真伪参半，本是传说，就不必处处落实，所谓的季连见盘庚之子也就未必是实有其事。③

（三）穴熊与鬻熊的关系

《史记·楚世家》明确表述穴熊为季连后的第三世，鬻熊为季连的苗裔。

《楚居》中季连虽然排在穴酓之前，但是季连与穴酓的关系不明确，而且没有提及鬻熊。而葛陵楚简中常祭的“三楚先”中，则穴熊、鬻熊二者并见④：

□（老）童、祝讎（融）、穴熊芳屯一□。（甲三：35）

□以亓（其）古敓之。𦥯（舉）禱楚先：老童、祝讎（融）、禮（鬻）酓（熊）各两牂。旂（祈）□。（甲三：188+197）

为解决这个矛盾，罗运环先生提出：此穴熊为穴熊氏（穴熊是第一代人名），此鬻熊可能是最后一位穴熊氏，简称之为穴熊……⑤可备一说。

（四）《楚居》之“今曰楚人”？

《楚居》：“丽季。丽不从行，溃自胁出，妣列宾于天晋（并戈）赅其胁以楚，抵今曰楚人。”赵炳清先生说：“楚自熊丽得名。从熊丽之始，芈姓季连部族正式得名为‘楚’，其族之人称为楚人。”⑥此说与史不符。

《包山246号简》：“与祷荆王，自熊鹿（丽）以就武王，五牛、五豕。”可见楚人称熊鹿（丽）、武王为“荆王”，而不称楚王。

《葛陵楚简》（零301、150）：“□（荆）王、文王、（以）逾至文君□□□”。（甲三·5、乙四·96）也将“荆王”“文王”对举，而没有称楚王。

《楚辞·天问》：“荆勋作师，夫何长？”《大招》：“自恣荆楚，安以定只。”

从《楚辞》、出土《楚简》和传统史册看不存在丽季之后“楚人自称楚而不称荆”的问题。

---

① 守彬：《读清华简〈楚居〉季连故事》，简帛网2011年1月10日，http://www.bsm.org.cn/show_ article.php?id=1382。

② 守彬：《读清华简〈楚居〉季连故事》，简帛网2011年1月10日，http://www.bsm.org.cn/show_ article.php?id=1382。

③ 李守奎：《论〈楚居〉中季连与鬻熊事迹的传说特征》，《清华大学学报（哲社版）》2011年第4期，第33—39页。

④ 河南省文物考古研究所：《新蔡葛陵楚简》，大象出版社2003年版。

⑤ 罗运环：《关于季连纠葛问题的探讨》，武汉大学中国地域文化研究所2013年4月6日。http://www.rcc.whu.edu.cn/a/cxwk/csi/2013/0406/761.html。

⑥ 赵炳清：《楚国疆域变迁之研究》，复旦大学硕士论文2003年，第39页。

楚 历 考

摘要：战国时代楚国官方一直使用有特殊月名的、类似颛顼历的历法。楚官历正月冬示（夕）为孟冬，对应于周历十二月季冬。楚民历正月（陬）孟春，对应周历三月季春。楚官历、民历的月名、月序不同但季节相同。楚官历、民历与周历的月名、月序、季节均不相同。

关键词：楚官历；特殊月名；九店楚简；夏正；周正

楚国官方使用的特殊月名，过去往往没有被人理解而遭忽视。例如，《左传·庄公四年》："春，王三月。楚武王荆尸，授师孑焉，以伐随。"① 杜预注："荆，楚也。尸，陈也。楚武王始更为此陈兵之法。"杜预就不知道"荆尸"为楚月名（荆尸为"楚四月，孟春"，合"周历三月，周历季春"），直到云梦睡虎地秦简和大量楚简问世，才被人们知晓。即便知道它们是楚地的特殊月名，有些权威名人对它们的认知仍然有误解。例如，郭沫若说："'（夏）尿之月'当为四月。"②（夏尿为楚五月）。汤炳正、饶宗颐认为："楚历䂝尿是正月，夏尸是二月。"（实际是楚四月、五月）。

直到现在，学术界对楚历的月份、四季，还多有误判。

一、楚国的官历

（一）特殊月名的楚官历

据江陵望山、天星观、包山、九店楚墓等战国时期楚简载有的大量"月名"看，楚历"八月、九月、十月"三个月为顺序数名与其他特殊月名共同记月，其排列次序可与《云梦睡虎地秦简》秦、楚月名对照表相比。只要"以八月、九月、十月为基点，向上逆推、向下顺延即得到楚历各月的自然月序，从而可以确定楚历正月在建亥之月"（冬夕栾）。③

除了"睡简"的七月，"楚简"为"夏栾"外，其他月名全都一致。它们为秦、楚两国历法的建正提供了重要依据。

"鄂君启节"也记有"夏尿之月"。这些出土文物证明，战国时代楚国官方一直使用这种有特殊月名的，类似颛顼历的历法。

《九店楚简》④ 五六号墓十二月名的顺序是：

＊刑□夏□享月；夏◇八月九月；十月爨月献马；冬◇屈◇远◇。

简文＊䂝。□尿，释读为尸或夷。◇栾释读为示或夕。

（二）楚历特殊月名的含义

复旦大学的刘刚先生认为："楚月名多与祭祀活动相关……以某月举行的祭祀活动来为这个月命名，这和汉代'腊祭'行于农历十二月，故把十二月谓之'腊月'相似。"⑤

□尿为白天之祭。◇（栾（夕））为夜间之祭。

"刑□"是楚王主持的祭祀。有《左传·庄公四年》："春，王三月。楚武王荆尸，授师孑焉，以伐随。"为证。

刘氏之论可备一说。目前还没有看到其他的解释。

---

① 杨伯峻编著：《春秋左传注》（修订本），中华书局1990年版，第163页。

② 郭沫若：《关于鄂君启节的研究》，《文物》1958年第4期，第4页。

③ 武家璧：《云梦秦简日夕表与楚历问题》，《考古与文物》2002年先秦考古专号，简帛研究网站，http://www.bamboosilk.org/admin3/2005/wujiabi001.htm。

④ 湖北省文物考古研究所、北京大学中文系编：《九店楚简》，中华书局2000年版，第46—47页。

⑤ 刘刚：《楚月名释义——兼说〈左传〉的"荆尸"》，《古籍研究》2013年第2期，第188—192页。

（三）楚历的四季

云梦睡虎地秦墓出土的秦简《日书·秦除》完整地记载了秦历12个月份的斗建：正月建寅，二月建卯，三月建辰，四月建巳，五月建午，六月建未，七月建申，八月建酉，九月建戌，十月建亥，十一月建子，十二月建丑。

《日书》“日夕表”中，秦历“正月为孟春”，对应的楚历“刑夷为孟春”，其四季划分与夏历、秦历相同。这种四季划分还有《九店楚简》五六号墓竹简（12）为证。

九店五六号墓竹简（12）①：

刑□、夏□、享月，春不可以东徙。

夏◇、八月、九月，□不可以南徙。

十月、爨月、献马，秋不可以西徙。

冬◇、屈◇、远◇，不可以北徙。

□两个尸原字层，◇四个“示”原字[illegible]。

其四季划分与《睡虎地秦简》《秦楚月名、日夕对照表》中的日/夕比，夏□（仲春）、爨月（仲秋）皆为8/8相符。

张闻玉1990年认为睡虎地之“秦楚月名对照表”是：“秦武力征服楚国之后，强迫楚人改变楚地用历习俗遵从秦历……”② 这显然与出土楚简不符。

二、楚民间和《楚辞》使用夏正

（一）战国时楚国民间使用夏正

长沙出土的“战国楚帛书”记有四季和月名，其十二个月名“取、女、秉、余、皋、且、仓、臧、玄、易、姑、涂。”取、女、秉为春；余、皋、且为夏；仓、臧、玄为秋；易、姑、涂为冬③。与《尔雅·释天》所载的夏历十二月“陬、如、丙、余、皋、且、相、壮、玄、阳、辜、涂”月名一致，四季一致。这是楚国民间使用夏历的确证。传说屈原于《夏历》五月五日投江，是楚国民间使用夏正的旁证。

江陵包山、九店等楚简中的月名与长沙帛书所用的月名不同。可知楚国同时使用官历与夏历（民间）两套历法。

（二）《楚辞》用夏正

《楚辞》的物候显示皆使用夏正。

《招魂》：“献岁发春兮，汩吾南征。菉苹齐叶兮，白芷生。”

《怀沙》：“滔滔孟夏兮，草木莽莽。”

《湘夫人》：“袅袅秋风兮，洞庭波兮木叶下。”

《九辩》：“秋既先戒以白露兮，冬又申之以严霜。”等等。

游国恩先生说：

> 《抽思》：望孟夏之短夜兮，何晦明之若岁。夏正四月属孟夏，接近夏至，其夜最短，所以说短夜。若周正的孟夏在建卯之月，当夏正的二月，正是昼夜平均的时候，如何可以说短夜。
>
> 《离骚》云：夕餐秋菊之落英。《九歌·礼魂》云：春兰兮秋菊。《月令》：季秋之月，菊有黄花。夏正九月，殷属十月，周属十一月，皆非季秋，而殷的季秋属酉月，周的季秋属申月，当夏正七八月之间，哪里会有菊花呢？④

① 湖北省文物考古研究所：《九店楚简》五六号墓竹简（12），中华书局2000年版，第54页。

② 张闻玉：《试论楚历非亥正》，《贵州社会科学》1990年第8期，第58页。

③ 李零：《长沙子弹库战国楚帛书研究》，中华书局1985年版。

④ 游国恩：《游国恩学术论文集》，中华书局1999年版，第180—181页。

三、秦楚周等月名月序季节对照表

（一）秦 楚月名 月序 季节对照表

月建	亥	子	丑	寅	卯	辰	巳	午	未	申	酉	戌
夏历	十	十一	十二	正月	二月	三月	四月	五月	六月	七月	八月	九月
尔雅	阳	辜	涂	陬	如	丙	余	皋	且	相	壮	玄
帛书	昜	姑	涂	取	女	秉	余	皋	且	仓	臧	玄
楚月	正月	二月	三月	四月	五月	六月	七月	八月	九月	十月	十一	十二
九店	冬示◇	屈示	远示	刑尸□	夏尸	享月	夏示	八月	九月	十月	爨月	献马
睡简楚	冬夕	屈夕	援夕	刑尸	夏尸	纺月	七月	八月	九月	十月	爨月	献马
睡简秦	十月	十一	十二	正月	二月	三月	四月	五月	六月	七月	八月	九月
日/夕	6/10	5/11	6/10	7/9	8/8	9/7	10/6	11/5	10/6	9/7	8/8	7/9
季节		冬			春			夏			秋	
周历	十二	正月	二月	三月	四月	五月	六月	七月	八月	九月	十月	十一
周季	季冬		春			夏			秋		冬	

◇四个“示”，原字柰即睡简之“夕”字。

□四个“尸”，原字层。

以上根据《长沙帛书》《九店楚简》《睡虎地秦墓竹简》《日书甲种·秦楚月名、日夕对照表》① 等资料编制。楚官历正月冬示（夕）为孟冬，对应于周历十二月季冬。楚民历正月（陬）孟春，对应周历三月季春。楚官历、民历与周历的月名、月序、季节均不相同。

（二）相关误解举例

郭沫若说：“‘（夏）层之月’当为四月。”

马承源认为：“夏杘之月为楚之月名，当周之二月。”②

饶宗颐曰：“称尸（即夷）的有二，正月的刑尸（夷）、二月的夏尸（夷）。”“冬夕、屈夕、援夕。三个月份相连在一年之终，故得称为夕，它的命名含义，大可推敲，意思是在岁之夕，这是很可理解的。其他诸月名……楚历刑罶尸层是正月，夏尸层是二月。”③

《睡虎地秦墓竹简·日书》楚历的月名顺序是冬夕、屈夕、援夕、刑尸、夏尸、纺月、七月、八月、九月、十月、爨月、献马，《九店楚简》类似，都是“冬夕为正月”。饶先生却说“楚历刑尸是正月，夏尸是二月”，显然偏离事实。

汤炳正认为“刑尸”之月即楚之正月……“夏尸”之月即楚之二月。④ 其论与饶宗颐相同。曾宪通也说：“‘夏层’…指代的该是楚历的二月而不是四月。”⑤

王红星、刘彬徽等认为：楚国历法冬夕柰为岁首，用建丑为正的殷历。⑥

楚官历以冬夕柰为正月不错，但说它是“用建丑为正的殷历”，则与《云梦睡简·日书》《秦楚月名对照表》对不上号，与《九店楚简》五六号墓竹简所列：“刑层、夏层、享月，为春”的季节不符。“（正月）冬◇柰，是孟冬”，其正月明明是“亥月”，怎么能说是“建丑”呢?

刘信芳用包山楚简的纪年、纪月、纪日资料，推断出“楚九月当秦历（包括夏历）之六月，中历

① 睡虎地秦墓竹简整理小组：《睡虎地秦墓竹简》，北京文物出版社 1990 年版，第 190—191 页。

② 马承源：《商周青铜器铭文选》第 4 册，文物出版社 1988 年版，第 433 页。

③ 饶宗颐、曾宪通：《云梦秦简日书研究》，香港中文大学出版社 1982 年版，第 56、58 页。

④ 汤炳正：《渊研楼屈学存稿》，中国社会科学出版社 2004 年版，第 90 页。

⑤ 曾宪通：《楚月名初探——兼谈昭固墓竹简的年代问题》，《中山大学学报（哲社版）》1980 年第 1 期，第 100 页。

⑥ 湖北省荆沙铁路考古队：《包山楚墓》（上册），文物出版社 1991 年版，附录 20、21，第 521—547 页。

（周历正月建子）之八月①”，完全正确。所列的“秦楚月名对照表”（P72）前六行也都正确。可惜他把“周历的季节”错误地划分为：三、四、五月为春；六、七、八为夏；九、十、十一为秋；十二、一、二为冬，这是用“夏历的四季”取代周历的四季。实际上《周正》以子（一月）、丑（二月）、寅（三月）为春……（比夏历的四季早两个月）。

先秦的夏历、殷历和周历，三者岁首不同，四季也不同。周历以冬至所在的建子之月（即夏历的十一月）为岁首。殷历以建丑之月（即夏历的十二月）为岁首。夏历以建寅之月（即阴历正月）为岁首。周历比殷历早一月，比夏历早两个月。

《左传》等主要用周历。如《成公八年》记“二月无冰”，把这一罕见的天象载入史册，周历二月即夏历十二月。如果是“东风送暖”的夏历二月，就不会如此记载了。又如《庄公七年》说“秋，大水，无麦苗”。周历秋季相当于夏历的五、六、七月，晚收的麦子和“五稼之苗”，才会被秋季的大水冲毁，如果是夏历秋季，麦子早已收割了。再有《孟子·滕文公上》“江汉以濯之，秋阳以暴之”也是周历。其秋阳正是夏历五、六、七月的暴阳。

秦历虽然“以十月为岁首”，但并未改变夏正的月名次第和四季顺序。冬、春、夏、秋与夏正相同，不会出现“（秦正）将寒冬腊月说成春天②”的情况。

何幼琦认为：“包山楚简之历的年始是冬夕建亥，其性质是巫师专用的神历。③”其“年始是冬夕建亥”正确，说它是“巫师专用的神历”缺乏依据，与楚简、秦简所记不符。

（三）昼夜十二分与昼夜十六分

《睡虎地秦墓竹简》《日书》中“日夕对照表”，将昼夜分为十六分。其晨、昏等时间段与现代的词义差别较大。

陈久金的“十六时制与24时制对照表”④：

夜半	鸡鸣	晨时	平旦	日出	蚤食	食时	东中
00时	01：30	03：00	04：30	06：00	07：30	09：00	10：30
日中	西中	餔时	下餔	日入	黄昏	夜食	人定
12：00	13：30	15：00	16：30	18：00	19：30	21：00	22：30

睡虎地秦简将昼夜十二分（睡虎地秦简1051）⑤：

（鸡鸣丑，平旦）寅，日出卯，食时辰，莫食巳，日中午，（具/木）未，下市申。春日酉，牛羊入戌，黄昏亥，人（定）子。也有人认为“汉代十二时辰之名”为：“夜半、鸡鸣、平旦、日出、早食、隅中、日中、日昳、晡时、日入、黄昏、人定。”

四、春秋时代楚国不用周历

（一）楚特殊月名的历法可上溯到春秋时代

1957年信阳长台关楚墓出土十三枚编钟，最大的一枚有铭文十二字：“惟𦣻历屈栾晋人救戎于楚境。”⑥

其“𦣻历”即“荆历”，“屈栾（屈夕）”为楚仲冬之月名。

“晋人救戎于楚境”之事，郭沫若认为是春秋鲁昭公十七年（前525年）晋灭陆浑戎之役。顾铁符考证为鲁哀公四年（前491年）楚国灭戎蛮子赤引起的楚晋纠纷。总之，长台关楚墓编钟当属春秋晚期之物，说明楚国特殊月名之历法，在春秋晚期已经使用。

（二）《左传》“荆尸”说明其时楚国不用周历

《左传·庄公四年》：“春，王三月。楚武王荆尸，授师孑焉，以伐随。”⑦杜预注：“荆，楚也。

① 刘信芳：《战国楚历谱复原研究》，《考古》1997年第11期，第72页。
② 周秉高：《楚辞历数考》，《职大学报》2007年第3期，第25页。
③ 何幼琦：《论包山楚简之历》，《江汉论坛》1993年第11期，第66页。
④ 陈久金、杨怡：《中国古代天文与历法》，北京商务印书馆1998年版，第117页。
⑤ 饶宗颐：《简帛学·睡虎地秦简〈日书〉研究》，《饶宗颐二十世纪学术文集》卷3，中国人民出版社2006年版，第274页。
⑥ 朱德熙：《朱德熙文集》第五卷，商务印书馆1999年版，第113页。
⑦ 杨伯峻编著：《春秋左传注》（修订本），中华书局1990年第2版，第163页。

尸，陈也。楚武王始更为此陈兵之法。”杜预未注“荆尸”为楚月名。假若《庄公四年》（前690年）的“荆尸”是“楚孟春（四月）之月名”，且可与鲁季春“王三月”相对应的话，似乎说明楚人的特殊月名之历法，在春秋早中期就已经使用。

《左传·宣十二年》：“今兹入郑，民不罢劳，君无怨讟，政有经矣。荆尸而举，商、农、工、贾不败其业，而卒乘辑睦，事不奸矣。”① 杜预注：“荆，楚也。尸，陈也。楚武王始更为此陈法，遂以为名。”此处也未注“荆尸”为月名。可见杜预不知道“荆尸”为楚之月名。

李学勤认为②《左传》中这两处“荆尸”不是月名，杜预注不误。此说似可商榷。

（三）包简楚历合于亥正

武家璧先生说：

> 从包山楚简中找到一条关于楚屈荡受命为莫敖的记载，与《左传》所记同一事件正好多出一月。“包简7”曰：齐客陈豫贺王之岁，八月，乙酉之日，王廷于蓝郢之游宫安，命大莫嚣（敖）屈昜（荡）为命（湖北省荆沙铁路考古队：《包山楚墓》，文物出版社，1991年）。《左传·襄公二十四年》：秋，齐侯闻将有晋师，使陈无宇从远启强如楚，辞；且乞师。《襄公二十五年》：秋七月……楚远子冯卒，屈建为令尹，屈荡为莫敖。向楚王致辞的齐使陈无宇，即包简所载当年“贺王”的“齐客陈豫”，次年屈荡被楚康王任命为莫敖，按楚国纪年法以头年之事纪次年之岁的规则，则“陈豫贺王之岁”就是鲁襄公二十五年、公元前548年。查张培瑜《中国先秦史历表》，前548年子正七月、亥正八月实朔己未，乙酉为27日；历朔或在丁巳、戊午，月内均含乙酉，故包简所记合于亥正。③

可从。

五、《楚世家》记月未采用楚历

（一）鲁用周历

《春秋三传》用鲁之年月记事，《春秋谷梁传》记：“（襄公）二十有一年，九月庚戌朔，日有食之。”据江晓原考证：鲁襄公二十一年九月初一，鲁日偏食。对应前552年8月20日。鲁襄公二十一年十月“庚子（十月廿一），孔子生”。对应公元前552年10月9日。两者公元日期晚于鲁历十几日。鲁哀公“十六年四月己丑孔子卒”，对应公元前479年3月9日，公元日期晚于鲁历近一个月。这些例证说明“鲁历子月为正月”，鲁用周历。

（二）《楚世家》记月多与《左传》相同

《楚世家》记月多与《左传》同，如，楚庄王十七年“夏六月，晋救郑”与《宣十二年》“夏六月，晋师救郑”同。《楚世家》“灵王三年六月……诸侯皆会楚于申……七月，楚以诸侯兵伐吴”与《昭公四年》“六月丙午，楚子合诸侯于申……秋七月，楚以诸侯伐吴”同。《楚世家》灵王十二年：“夏五月癸亥，王死申亥家”与《昭公十三年》（前529年）“夏五月癸亥，王缢于芋尹申亥氏”同。而且周历五月为仲夏、六月为季夏，楚官历五月为仲春、六月为季春。《楚世家》的夏六月、夏五月当是借用了《左传》之文，肯定不是楚官历。

也有个别例外，前541年《左传·昭公元年》《经》：“冬，十有一月，己酉，楚子麇卒。”《传》：“冬，楚公子围将聘于郑，伍举为介。未出竟，闻王有疾而还。伍举遂聘。十一月，己酉，公子围至，入问王疾，缢而弑之。……葬王于郏，谓之郏敖。”《经》《传》均系于十一月。《史记·楚世家》：“四年，（康王弟公子）围使郑，道闻王疾而还。十二月己酉，围入问王疾，绞而弑之。”《左传》的周历十一月为戌月，楚十二月为戌月。只是楚历戌月为“献马”，并不称十二月。据何幼琦考证：“前541年，……十一月丙午朔，四日己酉；十二月乙亥朔，无己酉。说明《史记》有误”④ 可见，此例也难以证明《楚世家》有用楚历记月者。

---

① 杨伯峻编著：《春秋左传注》（修订本），中华书局1990年第2版，第722页。

② 李学勤：《左传“荆尸”与楚月名》，《文献》2004年第2期。

③ 武家璧：《云梦秦简日夕表与楚历问题》，《考古与文物》2002年先秦考古专号。

④ 何幼琦：《论楚国之历》，《江汉论坛》1985年第10期，第77页。

六、陈久金、潘啸龙的“楚用周正论”

（一）潘啸龙的“冬夕、夏层之间为楚历之春”

潘啸龙先生说：

> 在《秦楚月名对照表》中，最引人注目的是“冬夕”和“夏层”这两个楚月之名。楚人在对应于夏正十月、夏正二月的两个月份上，冠以“冬”“夏”之名，反映了一个重要事实：照楚之历法，这两个月分属于一年四时中的冬和夏。也就是说，夏历十月在楚历属冬，夏历二月则属于夏。但按照四时分配，冬、夏之间还隔着三个月的春，在楚月名中，从“冬夕”到“夏层”，中间正好隔着三个月。因此，夏历之十一、十二和正月，在楚历中正是作为春时来看待的。……上述楚之月名所反映的四时搭配，恰恰不同于夏历而同于周历。其所依据的历法，不是“周正”（天正）又是什么呢?①

此说与楚历的月序和日/夕比不符。楚历冬夕（一月）为季冬，若按潘氏说，春季是“二、三、四”三个月，这在古今的历法中还没有如此序排者。若楚之冬夕、屈夕、援夕为春季，就与《睡简》所列它们的“日/夕比：“5/1、6/10、7/9”不符。而“夏层”的“日/夕比为8/8（仲春）”与潘氏所说的“夏层”为“孟夏”对不上号。更重要的是潘氏的“季节”与《九店楚简》五六号墓竹简（12）“刑层、夏层、享月”为春的四季划分不符。

（二）潘啸龙陈久金的“屈原诞生时的楚国使用周正”?

潘啸龙先生说：

> “正月为陬”乃为三代岁首正月之统称，并非专指“夏正正月”。这也可以从司马迁、刘向的有关著述中得到证明。《史记·天官书》在概述了黄帝、颛顼立星官、定历法的历史后，说：“其后三苗服九黎之德，故二官咸废所职，而闰余乖次，孟陬殄灭，摄提无纪，历数失序。”②
>
> 文中所说之“孟陬”，其非专指颛顼历（夏历）之正月，而亦兼及黄帝历（周历）之正月，是毫无疑问的。刘向《复上奏灾异书》说得更明白了：“昔孔子对鲁哀公，并言夏桀、殷纣暴虐天下，故历失则摄提失方、孟陬无纪，此易姓之变也。”孔子言“孟陬无纪”，而兼举夏桀、殷纣，可知无论是夏正，还是殷正，其岁首正月，均得称为“孟陬”……从楚月名所反映的月次与四时的搭配看，它……是以夏正十一月的对应月屈夕为岁首的。这样的岁首确定方式，在历法上正是依据了周正（天正），而不是夏历或颛顼历。

潘先生说：

> 笔者曾先后发表《摄提、孟陬和屈原生年之再探讨》（《中州学刊》1985年第4期）、《从〈秦楚月名对照表〉看屈原的生辰用历》（《江汉论坛》1988年第2期），证明“孟陬并非专指夏正正月”，周正、殷正正月均可称为孟陬，并举云梦睡虎地秦墓出土的秦简《日书》所列《秦楚月名对照表》，证明楚之月名反映的用历乃是“周正”而非夏正……屈原时代不仅继续行用着周历，同时也行用了夏历但从甘氏岁星纪年以岁星居星纪，于11月与太阳晨出东方为“摄提格”看，屈原自述生辰的“摄提贞于孟陬”所运用的，无疑还是周历。正是在这一关键之处陈久金的见解显示了无可动摇的正确性，并为屈原生年的推算开辟了新的蹊径。③

陈久金先生说：“屈原诞生时的楚国使用周正”；“‘摄提贞于孟陬’的孟陬指的是周正正月，岁星正月不是与营室而是与斗、牛晨出东方。”“诞生于公元前341年是唯一可能的年代。”④

潘氏认为：“既然前341年周正正月最为恰当，则此年正月必含有‘庚寅’日”；“被大多现代历算家定为闰年的前341年”正月没有“庚寅”日，就应该把“前342年改成闰年”；并得出：“屈原的生

---

① 潘啸龙：《从〈秦楚月名对照表〉看屈原的生辰用历》，《江汉论坛》1988年第2期，第74、75页。

② 潘啸龙：《摄提·孟陬和屈原生年之再探讨》，《中州学刊》1985年第4期，第72、75页。

③ 潘啸龙：《论“星岁纪年”及屈原生年之研究》，《安徽师范大学学报（社科版）》1997年第3期，第323页。

④ 陈久金：《屈原生年考》，《社会科学战线》1980年第2期，第269页。

辰应为公元前341年周正正月初二，亦即夏正元前342年十二月初二”。①

潘氏在2003年发表的《我与楚辞研究》中仍然坚持说：“‘周正岁首可称为孟陬’的见解……‘屈原自述生辰用的是周正’的新说，这些意见我现在依然认为是有据和可信的。”②

（三）楚国使用周正之论难以成立

1. 楚国不使用周正

陈久金先生说“楚国使用什么历法，至今已无线索可查③”，那么他的“楚用周正④”，岂不是无线索可查的臆断吗？实际上楚国使用什么历法，并非“无线索可查”。长沙出土的“战国楚帛书”中的“十二个月名和四季”证明，楚民间使用夏历，陬（寅月）为正月孟春。1975年12月云梦睡虎地秦墓出土的竹简《日书》中（《日书》的图版和释文于1981年发表），楚国官方使用什么历法已经表达很清楚了。1995年“九店楚简”资料陆续公布后，进一步证实《日书》之楚官历岁首为冬夕（冬示）亥月，孟春为刑尸（刑夷）寅月。楚官历与楚民历，岁首不同、月名不同，但四季相同。不论楚国的官历、民历，都与周历岁首不同，四季划分不同。《离骚》始终都用夏正，不存在“自述生辰用的是周正”，后来又用夏正的混乱状况。

2. 说“正月为陬乃三代岁首正月之统称”没有依据

潘啸龙先生说：“正月为陬”乃为三代岁首正月之统称，并非专指“夏正正月”……故历失则摄提失方、孟陬无纪……可知无论是夏正，还是殷正，其岁首正月，均得称为“孟陬”⑤。此说与很多文献记载不符。

《吕氏春秋·孟春纪》：“孟春之月，日在营室，昏参中，旦尾中。”⑥

《淮南子·天文训》云：“斗杓为小岁，正月建寅，月从左行十二辰”；“正月指寅，十二月指丑，一岁而匝，终而复始。”⑦

《尔雅·释天》：“正月为陬。”郝懿行说：“陬訾，星名，即营室、东壁。正月日在营室，日月会于陬訾，故以‘孟陬’为名。”⑧

长沙子弹库楚帛书：“正月取（陬）寅”，位于“东北”。

朱熹《楚辞集注》：“正月为陬。盖是月孟春昏时，斗柄指寅在东北隅，故以为名也。”

这些都表明“陬为寅月”，它与“营室”、与“寅”与“东北”联在一起。夏历建寅者，陬为正月，周历建子者，陬为三月。可见“陬”并非正月之名。

刘信芳先生认为：“帛书‘取’就是‘獭’”。帛书正月“取”，合于《夏小正》：正月，“獭兽祭鱼”的物候记载。《楚帛书》月名，与《尔雅》月名相同，这十二月名绝少见于先秦重要典籍。“说明它行用的范围主要在楚国，并未广泛流行。到了汉代以后，才广为人知。”“楚帛书月名是迄今所能见到的最早的物候历月名。”⑨

汤炳正先生认为：周正建子。“子”字的籀文有的颇似鼠形。在“物名纪月”留存的年代，有可能称周历的正月（子月）为“鼠月”，与夏历正月为寅月的“陬”不合。⑩

3. 把“孟陬”释为“正月”并不妥帖

潘氏的“无论是夏正，还是殷正，其岁首正月，均得称为孟陬”缺乏依据。权威史籍中没有以“孟陬”代表“正月”之例。若“陬”确指正月，就用不着再冠以“孟”字。可见把“孟陬”释为“正月”并不妥帖。“陬”有多解性，可解为“陬訾”，它包括二十八宿中的营室、壁。陬訾的第一宿

① 潘啸龙：《论“星岁纪年”及屈原生年之研究》，安徽师范大学出版社2014年版，第325页。

② 潘啸龙：《我与楚辞研究》，《陕西师范大学继续教育学报》2003年第1期，第30页。

③ 陈久金：《屈原生年考》，《社会科学战线》1980年第2期，第269页。

④ 陈久金：《屈原生年考》，《社会科学战线》1980年第2期，第269页。

⑤ 潘啸龙：《摄提·孟陬和屈原生年之再探讨》，《中州学刊》1985年，第72页。

⑥ 高诱注：《吕氏春秋》，上海书店1985年版，第1页。

⑦ 何宁撰：《淮南子集释》，中华书局1998年版，第219、238页。

⑧ 郝懿行：《尔雅义疏》，山东师范大学硕士论文2006年，第751页。

⑨ 刘信芳：《中国最早的物候历月名——楚帛书月名及神祇研究》，《中华文史论丛》第53辑，上海古籍出版社1994年版，第75—107页。

⑩ 汤炳正：《试论“寅”字的本义与十二支的来源》，《江汉论坛》1983年第8期。

“营室”可称为“孟陬”。

4. 屈原生于“周正正月”论，难以成立

《九店楚简》《楚帛书》证明，楚官历以亥月“冬夕”为岁首，楚民历以寅月“陬”为岁首。《离骚》使用夏历的例证很多，屈原没有任何理由使用“周正”①。《离骚》不用“周正”，其“陬”不可能是“周正正月”。

陈久金先生的《屈原生年考》说：“新城新藏的公元前三百三十年前后各国逐渐改用夏正的结论，正好说明屈原诞生时的楚国使用周正。”② 新城新藏云：“以周正改为夏正者，恐在六国称王之时，即恐大体在公元前330年前后欤。”其后又云：“以周正改为夏正者，似在列国称王之时。惟其年代不明，兹假定之为公元前335年。”③ 陈久金先生以此为据，得出“屈原诞生时的楚国使用周正”，在此基础上“给屈原考证出一个正月没有庚寅日的年份（公元前341年）”（何幼琦语），真令人啼笑皆非!④

潘啸龙先生在陈久金氏的基础上又有所“进展”，他说：“屈原诞生时的楚国使用周正”，（笔者按：前提错误）说：“‘被大多现代历算家定为闰年的前341年’正月没有‘庚寅’日，就应该把‘前342年改成闰年’”。（笔者按：修改历算家的计算成果来迁就自己的观点，似乎不妥）可见潘氏“屈原的生辰应为公元前341年周正正月初二”之推论，从前提到方法都难以让人信服。

结　论

1. 楚国官方使用的月名：“刑□，夏□，享月；夏◇，八月，九月；十月，爨月，献马；冬◇，屈◇，远◇。”其中几个特殊的月名，或许与楚国的祭祀有关。

2. 由九店五六号墓竹简，可知楚官历：“刑□、夏□、享月”为春；“夏◇、八月、九月”为夏，“十月、爨月、献马”为秋；“冬◇、屈◇、远◇”为冬。

3. 长沙帛书的十二个月名为：“取、女、秉（春），余、皋、且（夏），仓、臧、玄（秋），昜、姑、涂（冬）。”与夏正同，是楚国民间用夏正的例证。

4. 屈原作品中的物候显示，楚国民间使用夏正。《离骚》的“摄提贞于孟陬兮，惟庚寅吾以降”，其“陬”不可能是“周正正月”。

5. 潘啸龙先生的“无论是夏正，还是殷正，其岁首正月，均得称为‘孟陬’”的说法，缺乏依据。

---

① 详见本书《探索“摄提、孟陬”之谜》。

② 陈久金：《屈原生年考》，《社会科学战线》1980年第2期，第269页。

③ 新城新藏，沈璇译：《东洋天文学史研究》，中华学艺社1933年版，第574、607页。

④ 陈学文：《屈原生年辨惑》，《云梦学刊》2009年第4期。

《〈鄂君启舟节〉地理密码》质疑

摘要：《鄂君启节》是楚怀王六年或曰怀王七年为鄂君启商队铸造的通关信符。众多文献都表明楚怀王前期的楚国是战国七雄中“地跨大江南北，方五千里”国土最大的强国。凌智民先生的《〈鄂君启舟节〉地理密码》之文，把“江”指认为“丹江”，说鄂君启“五十艕”运载着千吨货物的大型船队，不去郢都（江陵）等大城市做买卖，却把商业活动的主攻方向放在楚国西北隅与秦交界的“丹江”及其支流的小河沟里。这显然与《鄂君启舟节》铭文不符，与楚国的历史地理不符。

关键词：鄂君启；金节；西鄂；东鄂

方铭先生说：

> 《鄂君启节》的铸制时代大体和屈原同时。《鄂君启节》所记载的内容，对于研究楚国的政治经济制度以及地理与交通有重要文献价值。也是研究屈原的放流行迹，理解屈原与宋玉等战国时期楚国辞赋作家作品的一把钥匙。①

《鄂君启金节》的性质“是楚怀王颁发给鄂君启的运输货物免税证件”。② 它详细列举了鄂君启水陆运输免税通关地名、货物运载额、禁运货物和纳税及免税等情况。它只是“免税通关信符”，而不是完整的“运输路线”。鄂君启的商队也不一定处处免税。凡是不免税的关口、都邑铭文就没有记载。

《鄂君启节》中的地名、水名，很多见于屈原的作品。学者间对其中很多地名存在分歧，一些小地名可能永远不会完全一致。正确的途径是“求大同存小异”。其中的关键是“江、汉、郢、鄂”，关键的位置确定了小的分歧无关大局。众多的文献和出土资料都证明，楚怀王时的国都“郢”在江陵。如果当今的学术界，连这一点都不能确定，那就太悲哀了。

《鄂君启舟节》中的“江”是“长江”，“郢”是“郢都”。鄂君启商队的买卖活动主要在“鄂—郢”之间。《鄂君启节》中“鄂的地望”，主要有东南“鄂州”和西北“南阳”两说，因为缺乏“铁证”，所以学术界一直争论不休。

2012 年 4 月在南阳的夏饷铺村发现鄂国贵族墓地。陆续发现西周晚期到春秋早期古墓葬 60 多座，出土青铜器、陶器、漆器、木器、玉器等上千件。其中带铭文青铜器 40 余件，铭文有“鄂侯”“鄂伯”“鄂姜”“养伯”“上都太子平侯”“围侯”等。证明西周晚期到春秋早期南阳境有鄂国，为鄂君启可能在“西鄂”提供了有利的新证据。只是“西鄂说”，还缺乏战国时代“南阳”有“楚鄂”的记载，也没有发现“楚鄂君”在“西鄂”的出土文物。

从刘向《说苑・善说》的记载看：“鄂君子晳泛舟于新波之中……榜枻越人拥楫而歌……鄂君子晳曰：‘吾不知越歌，子试为我楚说之。’于是乃召越译，乃楚说之……”

鄂君出游，棹舟者是越人，用越语唱歌，有越语翻译……这是楚、越民族杂居的地区才会出现的景象。《越人歌》之“山有木兮木有枝，心悦君兮君不知”与《湘夫人》“沅有芷兮澧有兰，思君子兮未敢言”皆南楚之歌。可见，鄂君子晳的封地可能在楚越杂居的南方水网地区，而不是“缺乏越文化”的南阳地区。

有人认为《说苑》中“鄂君子晳”其“子晳”是“后人误加，《说苑》中的鄂君极可能为启”。但是这与文中“鄂君子晳亲楚王母弟也，官为令尹，爵为执圭”不符，楚怀王时的令尹不是“启”。可见此记尚有难解之处。

凌智民先生以《〈鄂君启舟节〉地理密码》为基础的一系列“研究成果”，2014 年 5 月 7 日在北京，2014 年 7 月 23 日至 26 日在郧县，2014 年 8 月 25 日在郧县……召开了多次学术研讨会，不少著名的专家都发表了肯定的意见。凌先生的“学术研究”作为学术争鸣中的一说，有利于学术的繁荣和发展。

---

① 方铭：《〈鄂君启节〉：研究屈原放流行迹的一把钥匙》，《光明日报》2015 年 2 月 13 日。

② 马承源：《中国古代青铜器》，上海人民出版社 1982 年版，第 132 页。

他的论点是否正确则可以商榷。

笔者仔细阅读了《〈鄂君启舟节〉地理密码》后，发觉其文多有不当。例如，文中的“滩”认定为“唐河”；“郢”定在淅川；主航道“江”被认定为汉水的支流“丹江”；主航道的两头曰“江”，中段则称“夏”等等。这些不但与《鄂君启舟节铭文》不符，而且偏离了楚怀王时楚国的地理实际。故而有此“质疑”，可谓“奇文共欣赏，疑义相与析”也。

凌智民先生的研究也许是真诚的，但是真诚并不代表真实。一切论断都应该有与其时代相应的文献依据，不能只用与自己观点相符合的后期资料，回避早期可靠文献，更不能把主观想象当作客观事实。

一、凌智民先生解译《鄂君启舟节》①

（一）《鄂君启舟节》

大司马昭阳败晋师于襄　　陵之岁，夏辰之月，乙
亥之日，王处于茂郢之游　　宫。大工尹睢以王命（命）
集尹□□、缄尹逆、缄令□　　为鄂君启之府赐铸
金节。屯三舟为（舿）五十舿，　　岁能返。自鄂往，逾沽，
徒滩，庚厉，庚芑阳，逾滩，庚邺，逾夏，入邔，逾江，庚
彭逆，庚松阳，入浍江，庚爰　　陵，徒江入湘，庚碟，庚
郥阳，入灃，庚鄗，入滔沅澧　　暿、徒江，庚木关，庚郢。
见其金节则毋征，毋舍桴　　饲；不见其金节则征。
如载马、牛、羊以出入关，则　　征于大府，毋征于关。

“逾”为船只顺流而下，“徙”为船只逆流而上，“入”为船只往返于某一河流，“庚”为通关。（舿）是由40个水手驱动的，将三条舟拼合而成的船。……

（二）《鄂君启舟节》运输路线的解读

释读：

自鄂往，逾沽，徒滩，庚厉，庚芑阳，逾滩，庚邺，逾夏，入邔，逾江，庚彭逆，庚松阳，入浍江，庚爰陵，徒江，入湘，庚碟，庚郥阳，入灃，庚鄗，入滔、沅、澧、暿、徒江，庚木关，庚郢。

翻译：

船只从南阳出发，沿白河顺流而下转向沿唐河逆流而上，在厉关和芑阳关进行登记。沿唐河，唐白河顺流而下，在邺关登记，从襄阳顺汉江到武汉，可进入府河，自武汉顺长江而下，在彭逆关和松阳关登记。往返于青弋江，在爰陵关登记。船只在襄阳以上的丹水流过的河道上航行，往返于丹江口以上的汉水，在碟关、郥阳关登记。往返于金钱河，在漫川关登记。往返于滔河、淅水、淇河、武关河，溯丹水而上，在荆紫关和郢关登记。

下图是对《〈鄂君启舟节〉地理密码》附图三、六、七、八的整合图。

（三）《鄂君启舟节》古今地名对照

自鄂（南阳）往，
逾沽（白河 U-M），
徒滩（唐河 M-N），庚厉，庚芑阳，
逾滩（唐白河 M-D），庚邺，
逾夏（汉水中下游，襄阳-武汉 D-C），
入邔（涢水 C-L）。
逾江（武汉至入海口 C-A），庚彭逆（江西彭泽），庚松阳（安徽宿松），
入浍江（当涂南青弋江 B-K），庚爰陵（安徽宣城市），

① 凌智民：《〈鄂君启舟节〉地理密码》，《2015年中国淮阴屈原及楚辞学国际学术研讨会暨中国屈原学会第十六届年会论文集（上）》，第143页。

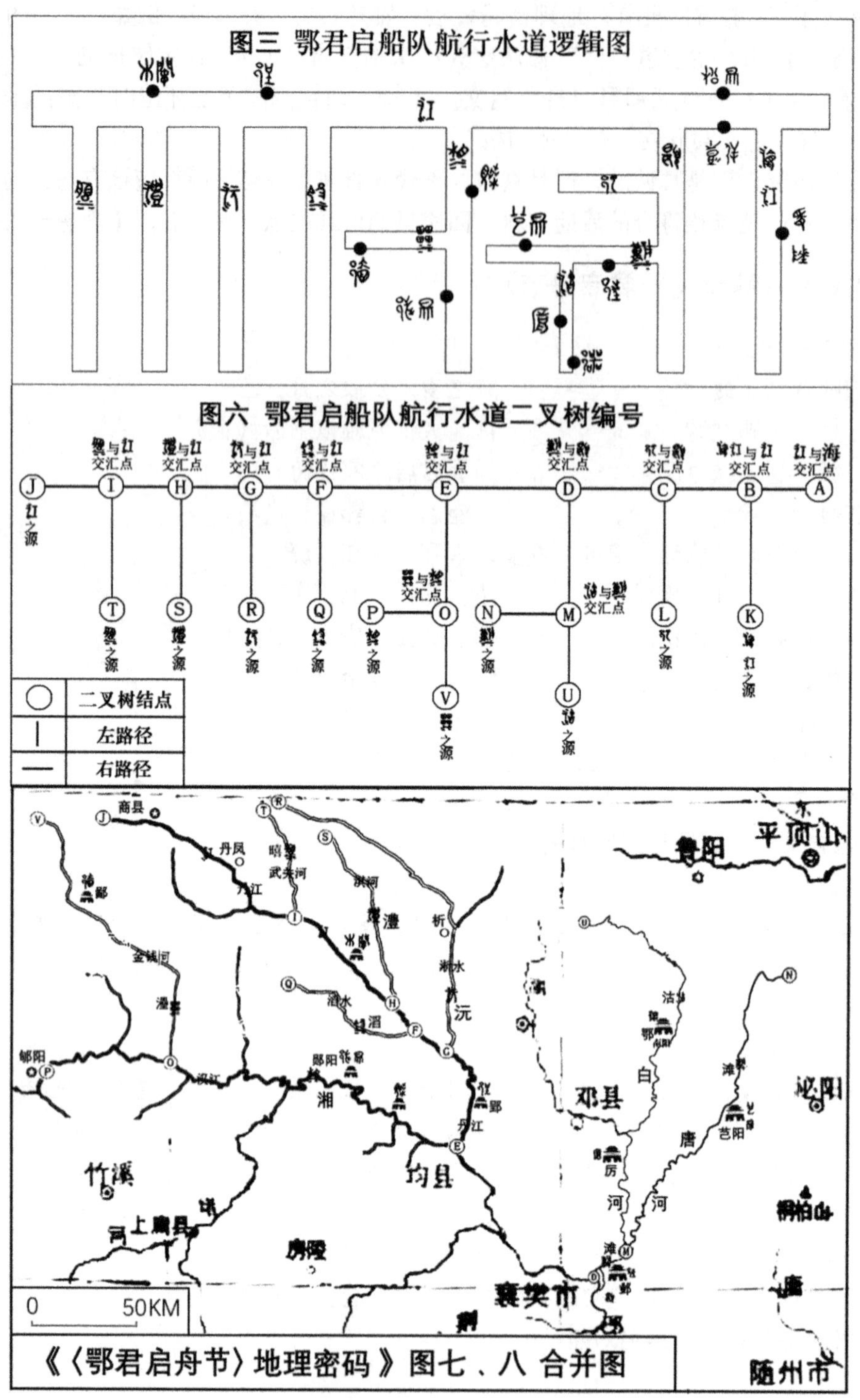

鄂君启船队航行水道逻辑图

徒江，（丹江 E-J）。

入湘（汉水 E-P），庚䃘，庚郧阳，

入灢（金钱河 O-V），庚鄘，

入滔（滔 F-Q）、沅（淅 G-R）、澧（淇 H-S）、嘻（武关河 I-T）

徒江，庚木关（荆紫关 I-H），庚郢（淅川龙城 G-E）。

（四）《〈鄂君启舟节〉地理密码》附图①

凌先生的文中有多幅附图，为了说明问题选用了其中三、六、七、八几幅：

“图三，鄂君启船队航行水道逻辑图”：表述了“水道与水道之间、水道与关邑之间的逻辑关系。”

“图六，鄂君启船队航行水道二叉树编号”：“不难看出‘江树’的主干就是‘舟树’的主干，只要找出‘舟树’主干节点在‘江树’的主干节点上的对应位置，鄂君启船队的航线就能定位。”

图七：“‘滩’流域逻辑关系”。显示“滩”与唐白河和唐河对应，“滩”的支流“沽”与白河对应。……“鄂”在白河沿岸……D节点就是汉水与唐白河的交汇处襄阳。图八：“鄂君启船队‘徒江’路线”。为了明了起见，笔者把凌氏的图七（右）、图八（左）合在一起了。（见上页附图）。

二、“《鄂君启舟节》运输路线”解析

为了论说方便，本文暂用凌氏隶定之文，不管其对错。

《鄂君启舟节》运输路线：自鄂往，逾沽，徒滩，庚厉，庚芑阳。逾滩，庚邺，逾夏，入邗。逾江，庚彭逆，庚松阳，入浍江，庚爰陵。徒江，入湘，庚碟，庚郥阳，入灅，庚鄙，入滔、沅、澧、嘻。徒江，庚木关，庚郢。

（一）《鄂君启舟节》运输路线的逻辑顺序

1. 凌智民先生的正确意见

凌先生说：

> 《鄂君启舟节》中隐含地理逻辑关系的动词“逾”出现了4次，“徙”出现了3次，“入”出现了6（5）次，“庚”出现了11次。我们将“逾”解释为船只顺流而下，将“徙”解释为船只逆流而上，将“入”解释为船只往返于某一河流，“庚”解释为通关。此说与陈伟先生说类同：“庚”，都是沿岸的地名。“让”为溯水行进。“逾”为沿流顺下。由干流转入支流称“内”。②

2.“逻辑顺序”是《〈鄂君启舟节〉地理密码》的立论基础

凌先生说：

> 《鄂君启舟节》中的河流名和“舟行动词”之间是有逻辑关系的。河流名与关邑名之间也是有逻辑关系的。因此我们可以根据《鄂君启舟节》中的这种关邑名与河流名之间的逻辑及他们与“舟行动词”之间的方向指示来分析《鄂君启舟节》中的地名。并根据这些关系绘制水道与水道之间、水道与关邑之间的逻辑关系图。③

笔者认为，《鄂君启舟节》中河流、关邑之间应该有逻辑关系。只是凌氏的论文和附图，没有能正确表达《鄂君启舟节》中水道与水道之间、水道与关邑之间的逻辑关系。

（二）要正确解读《鄂君启舟节》

1. 青铜器铭文必须正确隶定

《鄂君启金节》铭文的隶定是正确解译的基础，“字认错了”，一切都错了。例如，刘彬徽先生认为：《鄂君启舟节》[illegible]当隶定为𩩽，释为“资”，而凌智民先生把它释为“滔”不知何据?④

2. 隶定后的解读要有依据

《鄂君启舟节》中并没有“唐、丹、淅、淇、武关”的信息，可凌智民先生却脱离铭文，把它们确定为《鄂君启舟节》中“滩、江、沅、澧、嘻”。这就严重脱离了《鄂君启舟节》铭文和楚国的地理实际。

（三）“郢”是凌氏难以逾越的障碍

1. 把“郢”定在淅川，没有依据

怀王时期的“郢”在江陵附近，不但有大量的历史资料记载，更有考古文献作证。江陵纪南古城，

---

① 凌智民：《〈鄂君启舟节〉地理密码》，《光明日报》2015年1月29日。

② 陈伟：《〈鄂君启节〉之“鄂”地探讨》，《江汉考古》1986年第2期，第88—89页。

③ 凌智民：《〈鄂君启舟节〉地理密码》，《2015年中国淮阴屈原及楚辞学国际学术研讨会暨中国屈原学会第十六届年会论文集（上）》，第144页。

④ 刘彬徽：《节与楚辞地理研究——对一篇奇文的评论》，湖南省屈原学会2015年会论文集。

是目前楚地发现的规模最大的东周城址，它废弃于前278年。从已发掘的大量高等级墓葬看，完全符合怀王时的都城条件。到目前为止还没有任何一处可以与它竞争，怀王时期边界之“析”，不可能是《鄂君启节》中的“郢”。

周建忠先生指出：

> 无论发生什么变故，都城迁至何处，“郢”都是楚国都城的名字。“郢”成了国家、君王的象征，是楚国人的旗帜，是楚国人的希望，是楚国人的归宿，是楚国人的骄傲，也是楚国人的凝聚力之所在。① 凌先生把怀王六年《鄂君启节》中的“郢”定在今淅川，虽然大胆、新奇，不但没有依据，而且与《鄂君启舟节》文本不合，与常见文献中有关“郢”和“析”的记载不符。与楚“析”地，相关记载有：

前478年《左传·哀公十八年》：“巴人伐楚，围鄾。……三月，楚公孙宁、吴由于、薳固败巴师于鄾，故封子国于析。”

《楚世家》：“顷襄王横元年，秦要怀王不可得地，楚立王以应秦，秦昭王怒，发兵出武关攻楚，大败楚军，斩首五万，取析十五城而去。”云梦秦简《大事记》：秦“昭王九年攻析。”《楚世家》顷襄王十八年：“楚之故地汉中、析、郦可得而复有也。”

3. 把“郢”定在淅川，与《鄂君启舟节》记载不符

假定，凌智民先生所认定的“江”是“丹水”。那么把“徒江，庚木关，庚郢”解释为：再溯江（丹水）而上，在河南淅川县境内的荆紫关（木关）和郢关登记。这也与《鄂君启舟节》的记载不合。其一，假如两次“徒江”是平行关系，起点都是在（图八）“丹江口（E）点”，而“郢”和“木关”又在前面“徒江”航道的相关位置之上。那么，按照《铭文》的惯例，只要在前面“徒江”的相关位置之中标明“庚木关，庚郢”即可，不需要再次书写“徒江，庚木关，庚郢”。其二，即便按照凌先生图八所示，从丹江口（E）点“再溯丹水而上”，那也是先“庚郢”后“庚木关”，显然与《铭文》“先庚木关，后庚郢”的“逻辑顺序”不符。其三，假如按凌先生图八所示，在“入武关河（嘻I）”后，再去木关和郢，当是“顺丹江而下”，而不是“徒江”。不管怎么说，凌氏图三“鄂君启船队航行水道逻辑图”和图八“鄂君启船队‘徒江’路线”所标的“木关、郢”，都与《鄂君启舟节》所记不符。

4. 把汉水的支流“丹水”称“江”缺乏依据

凌先生说：楚国认为“江”发源于丹水，说明楚国起源于丹江流域。这种猜测通过对清华简《楚居》的解读就变成了确证。《鄂君启舟节》是楚国文书，所以文中所载之“江”是丹水入海的河道。② 清华简《楚居》中，根本没有“江”与“丹”的任何信息。凌先生说“《楚居》的解读就变成了确证”乃是没有依据的捕风捉影。楚人也不可能像凌先生一样，抛弃武汉上游长江的主航道，而把汉水的支流丹水认作江。

（四）凌氏的“航行路线”与《鄂君启舟节》铭文不符

1. 凌氏的“江上航行路线”偏离了《鄂君启舟节》原文

《鄂君启舟节》“江上航行路线”原文：“逾江，庚彭逆，庚松阳，入浍江，庚爰陵，徒江，入湘，庚碟，庚郥阳，入灅，庚鄙，入滔、沅、澧、嘻、徒江，庚木关，庚郢。”

凌先生的解释为：逾江（自武汉C），庚彭逆，庚松阳，入浍江（青弋江B-K），庚爰陵。徒江（自丹江口E），入湘（汉水E-P），庚碟，庚郥阳，入灅（金钱河O-V），庚鄙，入滔（F-Q）、沅（淅水G-R）、澧（淇河H-S）、嘻（武关河I-T）。徒江（溯丹水E-J），庚木关，庚郢。（括号内为笔者添加的“凌氏的解释和‘图六的编号’”，以下同。）

凌氏的“江上航行”被人为地分割为两段：“从武汉逾江，跳到千里之外的丹江口徒江”，此说显然脱离实际。即便《鄂君启舟节》中省略了“从武汉逆汉水而上经襄阳到丹江口”之记，那么就是要船队在夏（汉）水中“反复航行”，如此的笨招，显然不可取。

2. “逾江、徒江”应当在同一河道中

《鄂君启舟节》的“江上航行路线”：“自武汉（C）顺流而下”可“庚彭逆，庚松阳……”。“紧接

① 周建忠：《屈原世系考》，《江苏师范大学学报（哲社版）》2017年第3期，第11页。

② 凌智民：《〈鄂君启舟节〉地理密码》，《光明日报》2015年1月29日7版。

着的徙江，入湘……徙江，庚木关，庚郢”就应当在同一河道中的同一个口岸（凌氏图六所说的“主干节点”）——夏口（武汉）：逾江（下）和徙江（上）。而且《鄂君启舟节》的“江上航行路线”中，根本没有“丹江口到武汉”一段，武汉（夏口）“江的上游”也绝不是“丹江”。凌氏之说显然与《鄂君启舟节》不符，与楚国实际的“江”不符。

（五）“滩”是汉水，不是“唐河”

1. 凌先生“滩”的解读与《鄂君启舟节》不符

回过头来再看前文：自鄂往，逾沽，徒滩，庚厉，庚芑阳。逾滩，庚邺，逾夏，入邔。凌先生的解读为：船只从南阳出发，沿白河（U-M）顺流而下转向沿唐河（M-N）逆流而上，在厉关和芑阳关进行登记。沿唐河，唐白河（N-M-D）顺流而下，在邺关登记，从襄阳顺汉江（夏 D-C）到武汉，可进入府河（邔，涢水 C-L）假如凌氏解释成立的话：“逾滩到襄阳（D）”后，就应该从“襄阳（D）”逆汉水而上直接去“丹江口（E）”这才便利快捷，而不应该先绕到“武汉”，多行千里之路，再去“丹江口”。

3.“滩”，古与“汉”通。“滩”当是汉水

商、周金文中的“滩”是“汉”的本字。各类文献中楚人的江、汉（滩）很明确，没有“‘江’发源于丹水，‘滩’是唐河”的信息。例如，新蔡葛陵（甲三：268）楚简云：“返（及）江、滩（汉）、沱（沮）、漳，延至于瀤。”① ——“滩”就是“汉”。汉水下游又名夏，其入江口称为“夏口（武汉）”。只有把“滩”定为“汉”，才能与后文的“逾江……”完好衔接。

凌氏把“江”定为“丹水”，“滩”定为“唐河”后，《鄂君启舟节》中的“江”乱套了，“汉”没有了，显然与《鄂君启舟节》之文不符，与楚国的地理不符。

（六）“江”是“鄂君船队航行路线”的“纲”

1.《鄂君启舟节》的主航道是“江”

凌先生指出在鄂君启船队的航线中有一条主航道，这条主航道就叫“江”，非常正确。把《鄂君启舟节》中主航道“江”的位置搞定了，关键问题就解决了。可惜凌先生没有解决好这个关键。

楚怀王时楚国境内“江的主航道”，最重要的是“郢（江陵）”到“夏口（武汉）”这一段，其西可上溯到“扞关”，其东可下达“彭、松阳”。有《战国策·楚一》《战国策·燕二》《张仪列传》《左传·文公十年》和《鄂君启舟节》等为证。

例如，《楚策一》有“方船起于汶山，循江而下，至郢三千余里”；《哀郢》有“上洞庭而下江；背夏浦（夏口）而西思兮”。可见，“夏口到郢”的江，才是《鄂君启舟节》中楚人所称的“江”的主航道。凌先生把“夏口到郢”这段“江”，排除在主航道之外，没有道理。

2. 凌文颠倒主流和支流的关系

凌先生的文中把汉水（凌文称“湘”）的支流丹水，作为主航道“江”，又把长江的支流“汉江（凌文的‘夏’）”作为主航道。如此颠倒主流和支流的关系，与楚国的地理实际不符，与“铭文”中“江上航行的主航道”不符。

3.《鄂君启舟节》的“江”上航行和支流的上下游顺序

《鄂君启舟节》：“逾江，庚彭逆，庚松阳，入浍江，庚爰陵，徙江，入湘，庚磲，庚郧阳，入灅，庚鄙，入滔、沅、澧、嘻，徙江，庚木关，庚郢。”其文在逾江、徙江之间，根本没有其他河道，它们还表达了“江”及其支流和相关免税关邑的上下游顺序。

其主流与支流的关系有两种可能。

其一，“徙江”后面的三个“入”是平行关系。也就是说，“湘”“灅”“滔”“沅”“澧”“嘻”都是“江”的支流，越靠后的越在上游。凌氏先把“湘（实际是汉）”认定为“江（丹水）的支流”，再把“灅”认定为“湘”的支流，显然与铭文的三个“入”是平行关系不符。

其二，假如三个“入”是从属关系。那么“江”的支流为“湘”。“湘”的支流为“灅”，“灅”的支流为“滔”“沅”“澧”“嘻”。凌先生既把“灅”定为“湘”的支流，又把“滔”“沅”“澧”“嘻”

① 袁金平：《新蔡葛陵楚简字词研究》，安徽大学博士论文 2007 年，第 18 页。

定为“江”的支流，同样与从属关系不合。

（七）把秦国之地纳入《鄂君启舟节》的线路，不合情理

凌智民先生说：《鄂君启舟节》是楚国的水路运输凭证，鄂君启的船队是不可能用这一凭证在楚国以外的区域航行的。可是他“图八的西北角”已经是秦国之地了。

1.“于商”是秦地

《商君列传》有：前340年“卫鞅既破魏还，秦封之于、商十五邑，号为商君。”前323年制作《鄂君启节》时，“于商”已经是秦地。可是《地理密码》图八“鄂君启船队‘徙江’路线①”西北角所标丹江上游武关之外的丹凤—商县一带（J-I河段），属秦“于商”之地。难道鄂君要与“于商”的秦人做买卖？

2. 金钱河上游是秦地

《墨子·兼爱》《战国策·楚一·苏秦为赵合纵》都有：“楚地西有黔中、巫郡，东有夏州、海阳，南有洞庭、苍梧，北有汾陉之塞、郇阳，地方五千里。”②

战国时楚地西北只到“郇阳”。凌先生把《鄂君启舟节》中的“灈”标定为金钱河（O-V）。而金钱河上游一带已经是秦国“汉中”③ 之地。难道鄂君启的船队，还要去郇阳以北80千米的“鄙?”邑，与秦人做买卖？

3. 不合经商之道

按照凌先生之说，鄂君启“五十舿”运载着千吨货物、大型船队的主攻方向，放在楚国西北隅、与秦交界的丹江和金钱河等小河沟里？这就是凌氏笔下鄂君启的经商之道？而且，要“五十舿”的大型船队“往返于金钱河……往返于滔河、淅水、淇河、武关河”这些小河沟，其可能性也不大。即便商船可以进出，请问：在这些人烟稀少的穷乡僻壤，他们去和谁做买卖？

（八）凌智民先生的思考方法问题

1. 曲解文意迎合其主观想象

例如“鄙”的定位。凌氏说：在“灈”沿岸，有一个叫“鄙”的“通关地”。《史记·秦本纪》载：“百里奚亡秦走宛，楚鄙人执之。”《左传·僖公二年》载：“今虢为不道，保于逆旅，以侵敝邑之南鄙。”《竹书纪年·威烈王九年》载：“九年楚人伐我南鄙，至于上洛。”根据以上记载推测，“鄙”一定在“湘”的北面。……从百里奚走宛的路线看，百里奚要到达天河必须先经过金钱河，所以“鄙”应在金钱河上。也就是说，金钱河对应“灈”。④

凌先生所引用的三个“鄙”，按正常解释它们都是“边境”之意。第一个，秦穆公五年：“百里奚亡秦走宛，楚鄙人执之”，乃“宛地楚边境之人”抓了百里奚。第二个，前658年“今虢为不道，保于逆旅，以侵敝邑之南鄙”，这是晋献公十九年的“假途伐虢”。其文之“侵敝邑之南鄙”，乃是说虢国“侵犯晋国的南部边境”。虞国、虢国都在晋国旁边，位于今山西晋南。第三个，周威烈王九年前417年“九年楚人伐我南鄙，至于上洛。”（另有记载为：前413年“晋烈公三年，楚人伐我南鄙，至于上洛。”）其“南鄙”也是晋“南部边境”之意。可是凌先生却说：根据以上记载推测“鄙”应在金钱河上。这明显不合逻辑。即便这些“鄙”都地名，那么，第一个“鄙”在楚之“宛”，第二个“鄙”在“晋南”，第三个“鄙”在“上洛一带”，怎么能得出“鄙”应在金钱河上呢？

再举一个有“鄙”例子，可以帮助理解“鄙”的本意：周显王二十七年九月，秦卫鞅伐我西鄙。（《史记·魏世家》索隐引《纪年》：“梁惠成王二十九年五月，齐田肸伐我东鄙。九月，秦卫鞅伐我西鄙。十月，邯郸伐我北鄙。王攻卫鞅，我师败绩。”）魏国不大可能在东、西、北都有个名“鄙”的地方，可见“鄙”还是解释为“边境”比较实在。

再如，“江”的定位。凌智民先生说：鄂君启船队进入“江”后，首先是（从武汉）顺流而下，紧接着“徙江”。“舟树”D节点的左子树是鄂君启船队“徙江”航线。这一段航线对应于“江树”襄阳

---

① 凌智民：《〈鄂君启舟节〉地理密码》，《光明日报》2015年1月29日。

② 缪文远：《战国策新校注》，巴蜀书社1998年版，第496页。

③ “秦蜀”见《中国历史地图集》第1册，图43—44页。

④ 凌智民：《〈鄂君启舟节〉地理密码》，《光明日报》2015年1月29日。

上游……①既然“逾江”在武汉，那么紧接着的“徒江”也应该在同一河流中。可是凌先生“从武汉‘逾江’”，却跳到千里之外的“襄阳上游的丹江口‘徒江’”其航线根本无法连接。而武汉上游“江的主航道”则被凌先生抹杀了。

从这两个例子可见，他的这些研究多建立在对古籍的误解上。

2. 凌氏的“二叉树”与楚国之“江”不符

对《鄂君启舟节》的解读必须以其铭文为基础，必须符合楚国的历史地理实际。

凌氏的“二叉树”说：《鄂君启舟节》航行的主航道“长江”是由主流和支流构成的。这好像自然界中的一棵树，是由根、主干、支干、叶构成的。长江的入海口就像树的根……这本身并没有错。如果按照“二叉树”的道理，把“长江”看作“江树”，它在楚国的“主干”只能是武汉到江陵这一段，武汉往东可到“江树的根（入海口）”，江陵向西其可到“扞关”，再西是“蜀”地“江树”之主干……《鄂君启舟节》的“徒江，入湘……入灃……入滔、沅、澧、嘻”说明“湘、灃、滔（?）、沅、澧、嘻”都是武汉以上“江树”的一级支干。从武汉入江的汉水也是“江树”的一级支干，从丹江口入汉的“丹江”，是江树的二级支干……这就是《鄂君启舟节》中，“江树”的实际。

可是凌智民先生不顾事实，毫无道理地把武汉以上“江树的主干”砍掉，把“一级支干”汉（夏）和“二级支干”丹江，人为地认定为“江树的主干”……可见凌先生的“二叉树图（图六）”，与《鄂君启舟节》不符，与楚国的地理实际不符。

凌智民先生把“鄂君启船队的航线水道逻辑图”转换为“离散数学上的二叉树”，实际是把简单问题复杂化、神秘化……

3. 缺乏总体综合研究

从凌智民先生“《鄂君启舟节》运输路线解读”的总体来看，往往抓小弃大，追求新奇而不顾常规。不善于严密的逻辑推理，不能客观地使用文献资料。

江、汉是楚境内最重要的河道。先秦古籍就有：

《尚书・禹贡》：“荆及衡阳惟荆州。江、汉朝宗于海。”

《史记・夏本纪》：“嶓冢道瀁漾，东流为汉，又东为苍浪之水，过三澨，入于大别，南入于江，东汇泽为彭蠡，东为北江，入于海。”

《诗经・小雅・四月》：“滔滔江、汉，南国之纪。”

《诗经・周南・汉广》：“汉之广矣，不可泳思！江之永矣，不可方思！”

《左传・哀公六年》：“江、汉、睢、章，楚之望也。”

《史记・楚世家》：“自吾先王受封，望不过江、汉……”

《史记・封禅书》：“四渎者，江、河、淮、济也。”

从总体上看，楚人不会不知道“夏口—江陵是楚境内江的主航道”，不可能把“汉水”的支流“丹江”作为“江”的主航道。

按照凌先生的意思《鄂君启舟节》中“汉”没有了；“江”被分割成“丹江”和“夏口（武汉）以下”不连续的两段；“郢”在“淅川”等等，这些显然与《鄂君启金节》总体不符，与楚国的实际不符。

4. 或许是为了吸引眼球故意为之

像凌智民先生这样聪明的人，不会不知道他的很多论说与事实并不相符。例如，他说：“‘江’发源于丹水……《楚居》的解读就变成了确证。”而《楚居》中，根本没有“江”与“丹”的任何信息。他说：王船山、钱穆为首的学者认为《楚辞》中提到的“湘”“沅”“澧”等河流不在湖南而在湖北，而王船山的论著中湘、沅、澧都在湖南。他在为“鄗”定位时，根本不在乎“鄗”的本意如何，只要符合他新奇的想法就行。

如此等等，似乎都是为了追求新奇、引人注目而已。

---

① 凌智民：《〈鄂君启舟节〉地理密码》，《光明日报》2015年1月29日。

三、陈伟先生之说更合乎逻辑

假如鄂君启的封地在“西鄂（南阳）”的话，那么陈伟先生之论就更合乎逻辑。

（一）“滩为汉水、江为长江、郢在武汉上游”

陈伟先生说：

> 舟节中“上”、“逾”同一条河流，是就某个基点的上、下游而言的，不是同段往返。依照舟节行文的次序在……入汉之后，航线分为两段，即以汇流处为基点，先上汉而后下汉；下汉入江之后，航线复分为两段，即以汇流处为基点，先下江而后上江。整个一段文字紧凑，语序井然。这未必就是鄂君商船航行的具体程序，却显然是对其通行范围给定的最佳表述。虽然其中的地名，有的尚待考定，但我们对这支船队通行的整体路线却已感到脉络分明，全局在握。①

此说总体上自有道理。只是其“先上汉而后下汉；先下江而后上江”与他的“多途径灵活经营”难以融通。实际上“上汉”“下汉”“下江”“上江”并无先后，不必等下江后再上江。先后顺序论不合经商之道，完全可以多路并列。

（二）免税的只是少数地点

陈伟先生说：

> 《鄂君启节》既为免税文件，所列当然就只是少数免税地点（地段）。在这之外，还必然存在为数众多的城邑聚落。②

《鄂君启舟节》《鄂君启车节》中除了“郢”之外，大多是中小都邑，或许表示多数大都邑都不免税。

鄂君启节舟节路线示意图③

（三）多途径灵活经营

陈伟先生说《鄂君启节》的：

> 五十舿和五十乘是一年中允许免税的限额。鄂君商旅无论水陆，每年往来的次数，每次动

① 陈伟：《〈鄂君启节〉之“鄂”地探讨》，《江汉考古》1986年第2期，第88—90页。

② 陈伟：《〈鄂君启舟节〉与楚国的免税问题》，《江汉考古》1989年第3期，第54—55页。

③ 陈伟：《〈鄂君启舟节〉与楚国的免税问题》，《江汉考古》1989年第3期，第474页。

用的运载工具及其数量，皆可自便。有关税所则将各种运载工具统一折算为艕或乘，并将一个年度中历次清点的数目累加统计，直至超过限额，不再免税。同一种节之所以制成重复的五份，正是为了适应多批量、多途径灵活经营的需要。……"岁（能）返"，可能是指一个税务年度结束之后，重又开始执行新一轮的免税限额。①

徐少华先生则说："五十乘"或"五十艕"更可能是指每次贩运的限额而不是一年的总量……如是，一年中"五十乘（或艕）"的限额则缺乏可操作性。②

两位之论，各有各理，皆可备一说。

凌智民先生解读"五十（艕），岁能返"曰："楚怀王限定鄂君启必须在一年内将船只建造完毕。"——可能不正确。

因为《鄂君启车节》也有"车五十乘，岁能返"，而制造"方船五十艕"与制造"车五十乘"工作量差别非常大，不可能要求它们都"在一年之内建造完毕"。再说造船、制车是鄂君启的事，楚怀王似乎用不着管这些闲事。而且船、车造好后，可以使用很多年，与"必须在一年内建造完毕"之文意，无法贯通。

四、正确解读《鄂君启金节》

对于《鄂君启节》的研究，必须立足作品本身，联系它赖以产生的社会历史和文化背景来进行研究，从而准确把握作品的真实意义，还原历史的真实。

（一）实际的经商线路是"多路并列"而不是"顺序排列"

1.《鄂君启节》只是个"免税凭证"，不是实际的经商路线

经商的目的是赚钱，要是按照《鄂君启节》去确定鄂君启的"经商路线和先后顺序"，则有违商业活动的实际。战国时代正当的经商渠道主要是通过产地贱买，运往销售地贵卖，不会像观光旅游那样从起点开始一个个景点顺序的排下来。

凌智民先生是成功的企业家，要是说起如何经商赚钱，大多数《楚辞》专家难以"望其项背"。可是凌先生《〈鄂君启舟节〉地理密码》的"逻辑顺序""离散数学上的二叉树"，却脱离了商品流通实际的纸上谈兵。

凌氏"逻辑顺序假想"与经商赚钱的目的并不一致。《鄂君启车节》与《鄂君启舟节》都把"适郢"放在最后，难道"自鄂适郢"都要经过铭文所列举的各个地点，最后把卖剩的"落脚货"带到郢都去卖吗？

2. 李敦彦先生的"免费周游楚国论"

《鄂君启舟节》的"运输路线"为什么像是观光旅游那样一个挨一个的"有序排列"？倒是一个让人深思的问题。

李敦彦先生就认为《鄂君启金节》是："楚王给'歇君'周游楚国家各地，吃住行全免费的通行证。"③ 只是此说也难以成立。假如鄂君"周游楚国各地"，却要"屯三舟为（艕）五十（艕）"这样庞大的船队相随，似乎没有必要。李先生把前323年制造的《鄂君启金节》与60年以后的歇君（春申君）挂钩，也不妥帖。

（二）《鄂君启车节》

《鄂君启车节》曰："自鄂往，庚（就）易丘，庚邡城，庚□禾，庚畐焚（野），庚繁易（陵阳），庚高丘，庚下蔡，庚居鄵，庚郢。"明确显示它只是去各地的"免税凭证"。

1.《鄂君启车节》"自鄂往"的9个都邑，没有先后顺序

笔者认为，《鄂君启车节》"自鄂往"所"庚（就）"的九个都邑，不可能是一条线路的顺序串联，而是多条线路的并列。文中所列的都邑之间，其位置也不一定相邻。鄂君启的商业车队不可能在鄂地装满货，按照这"9个都邑的顺序"一个挨一个地走过去，每个都邑只卖1/9左右货，卖完货再

---

① 陈伟：《〈鄂君启舟节〉与楚国的免税问题》，《江汉考古》1989年第3期，第53页。

② 徐少华：《从鄂君商贸析战国时期的关税》，《江汉考古》2016年第5期，第90页。

③ 李敦彦：《2015〈鄂君启舟节〉铭文研究五大新突破》，http://blog.sina.com.cn/s/blog_ 4d792a2a0102vjb5.html。

返回。

《鄂君启车节》中9个免税都邑除了“郢”之外，其他都是中小都邑，或许很多大都邑都不免税，故而铭文中没有列举。而这些小都邑的定位，学界分歧很大，一时难以定论。

2.《鄂君启车节》的“郢”，不可能是“寿春”

鄂君启《鄂君启车节》《鄂君启舟节》铭文内容相似，只是自鄂往庚郢之间，一个是水路，一个是陆路。《鄂君启车节》《鄂君启舟节》铭文中的“郢”，应当是同一个“郢”，即江陵。

殷涤非先生说：“第一组节铭的郢，当即今江陵县的郢。第二组节铭‘郢’……既与居巢相邻，应指寿春之郢。寿春在今寿县境内，寿、巢地理相近。”① 其两个郢论，不确。

其一，任何国家都不会同时存在两个异地同名的大都市。楚怀王时也不可能出现异地同名的两个“郢”。殷涤非先生把鄂君启《鄂君启舟节》与《鄂君启车节》中的“郢”，一个定在江陵，一个定在寿春（今寿县），没有说服力。

其二，古籍中论及楚怀王时的国都多单称“郢”，其他与“郢”相关的地点则带前缀。例如《鄂君启金节》中的“茂郢”，曾经是国都的“鄢郢”等等。可见《鄂君启金节》中的“郢”当是指国都。说楚怀王时有“寿春之郢”，既没有依据，也不合情理。

3.《鄂君启车节》陆路贸易，是《鄂君启舟节》的补充

《鄂君启车节》规定的载货量比较少。古代陆路有上下坡，走长路每人约挑100斤，20个挑夫当一车，一车载重约1吨。50车总共载重才50吨，不足船运“屯三舟为（舿）五十（舿）”载重量的1/20。可见《鄂君启车节》的陆路贸易只是水路的补充。

（三）《鄂君启舟节》的“江上航行”

淩氏隶定的《鄂君启舟节》曰：“逾江，庚彭逆，庚松阳，入浍江，庚爰陵。徒江，入湘，庚碟，庚郧阳，入㶟，庚鄗，入滔、沅、澧、嘻。徒江，庚木关，庚郢。”

铭文所列之地点大多是“并列的经商线路”，而不是“顺序的观光旅游点”。

1.《鄂君启舟节》“逾江”“徒江”应当在同一条河道

《鄂君启舟节》“逾江”“徒江”应当在同一条河道，即以夏口（武汉）为节点的多条并列的航线。《鄂君启舟节》的“江上航行”主航道是“郢（江陵）”至“夏口（武汉）”的长江。湘、滔、沅、澧、嘻都是“江”的支流。铭文把徒江、庚木关、庚郢放在最后，表示木关和郢还在资、沅、澧、嘻的上游。这与古籍、与出土文物记载的“江和郢”的位置相符。例如《战国策·楚一》《战国策·燕二》《张仪列传》等都记载：“方船起于汶山，循江而下，至郢三千余里。”其“江和郢”可与《鄂君启舟节》互相证明。

《左传·文公十年》：“沿汉溯江，将入郢，王在渚宫下见之。”子西“沿汉溯江入郢”之路与鄂君启“徒江，庚木关，庚郢”相同。

《鄂君启舟节》中没有洞庭湖。战国时代洞庭湖很小，不在主航道之上，那些在《鄂君启舟节》中凭空臆造洞庭湖者，都与事实不符。

2. 与《鄂君启舟节》符合的“江上航行路线示意图”

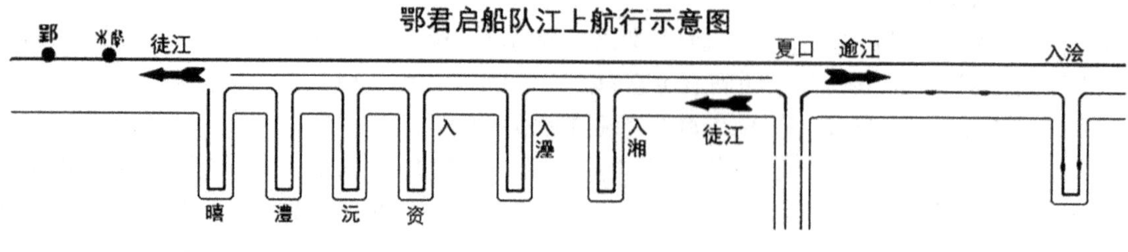

鄂君启船队江上航行示意图（作者制作）

① 殷涤非、罗长铭：《寿县出土的“鄂君启金节”》，《文物参考资料》1958年第4期，第11页。

（四）《鄂君启节》与其他文献可以互证

《鄂君启节》与同时代的屈原作品等文献可以相互证明：

1. 楚国是跨江南北的大国，不是憋缩在汉水两岸小邦

楚悼王（前 387—前 381 年）吴起相楚时楚国就有了“洞庭、苍梧”两郡，湘、沅、澧都在其境内。

《鄂君启舟节》的“逾江、徙江”都以“夏口（武汉）”为基点，上可达“郢”，下可至“彭逆、松阳……”楚国的“江”是流经“郢和夏口”最后入海的大江。有《鄂君启舟节》《战国策·燕二》《战国策·楚一》《史记·张仪列传》和《哀郢》等互证。

《哀郢》的“遵江夏以流亡……将运舟而下浮兮，上洞庭而下江。……背夏浦而西思兮，哀故都之日远”就是屈原由“江”乘船离开“郢”都，经过“洞庭郡”，到达流放地“夏浦—鄂渚”一带的陈述。其“夏浦”或许就是“夏口”，或许在“夏口”附近。

《战国策·燕策二》有：“蜀地之甲，轻舟浮于汶，乘夏水而下江，五日而至郢。汉中之甲，乘舟出于巴，乘夏水而下汉，四日而至五渚。”

《战国策·燕策二》秦威胁楚，一是由“江”攻“郢”，一是由“汉”攻“五渚”。其“郢”在“江”滨，“五渚”就是汉水入江口不远的“鄂渚”，即屈原《涉江》“乘鄂渚而反顾”的“鄂渚”。可见“五渚（鄂渚）”一带，也是楚国的要地之一。

2. 屈原作品中的“沅湘”是湖南境内并列的两条大河

《湘君》：“令沅湘兮无波，使江水兮安流。”

《怀沙》：“浩浩沅湘，分流汨兮。”

《鄂君启舟节》中“徙江入湘……入灅……入滔沅澧瞦”，作为“江”的支流的“湘、沅”，与屈原作品中一再出现的“沅湘”一致，是湖南境内并列的两条大河。

《离骚》的“济沅湘以南征兮，就重华而陈词”就是屈原遐想：从郢都渡“沅、湘”去南方的“九疑山”向舜告白。

而凌先生的“沅（淅水）”是“湘（汉）水”支流“丹（江）”的支流。作为支流的支流的“沅”根本不能与“湘”并列。况且凌先生的“湘与沅”也不相邻，也不能连称。其“湘、沅”与《鄂君启舟节》中的“沅、湘”不符，与屈原作品的“沅、湘”不是同一个概念。

（五）楚怀、襄时代的郢都不在宜城

凌智民先生认为：《鄂君启舟节》和《哀郢》中的郢都不是纪南城，而是今宜城一带的楚皇城，即楸郢。这与古籍记载和考古资料都不符。楚皇城为不规则长方形，总面积 2.2 平方千米，约能住 5 万人。不到纪南城 16 平方千米的 1/7，与战国时代疆土最大的楚国国都不相称。

（六）战国时代湖南的楚文化不亚于湖北

有人说屈原时代“湖南还是蛮野之地，还没有开发，不可能孕育奇特瑰丽的《楚辞》文化”。其论与屈原时代的史料和考古文献不符。长沙子弹库楚帛书是目前出土最早的帛书，是代表楚文化最高水平的文物。帛书“甲篇”是中国先秦创世神话的一个极为宝贵的标本。其墓的“人物御龙”帛画（男）和长沙陈家大山楚墓“人物龙凤”帛画（女），都是可与屈原作品交相辉映的卓越的楚文化。出土文物表明，战国时代湖南的楚文化，绝不亚于湖北的楚文化。那些认为“屈原时代，湖南还是蛮野之地”的人，其“文化水平”似乎不怎么样。

总之《鄂君启节》对于研究楚国，对于研究屈原的放流行迹、理解屈原作品是一把有用的“钥匙”。但是必须与相关文献、屈原作品等结合起来综合研究，才能发挥更好作用。

五、钱穆、石泉的“湘、沅、澧江北说”

钱穆先生和石泉先生都是在熟知“鄂君启金节”（1957 年出土）的情况下，坚持和形成他们的“湘、沅、澧在江北”之说的。

（一）钱穆的“湘、沅、澧 在江北说”

钱穆先生①说：

凡《楚辞》所言沅湘、洞庭之属，皆大江以北地名。”释澧。“汉书地理志：南阳雉县有衡山，澧水所出。东至鄾，入汝。”释沅。“南阳滍水宜得有沅称。说文：滍水由南阳舞阴东入颍。”释湘。“庄辛谏楚襄王曰：蔡圣侯南游乎高陵，北陵乎巫山，饮茹溪流，食湘波之鱼，左抱幼妾，右拥嬖女，与之驰骋乎高蔡之中，而不以国家为事。不知夫子发方受命乎宣王，系己以朱丝而见之也。高注：高蔡即上蔡。然则湘之为水，其必为近上蔡之境矣。

其论缺乏依据。

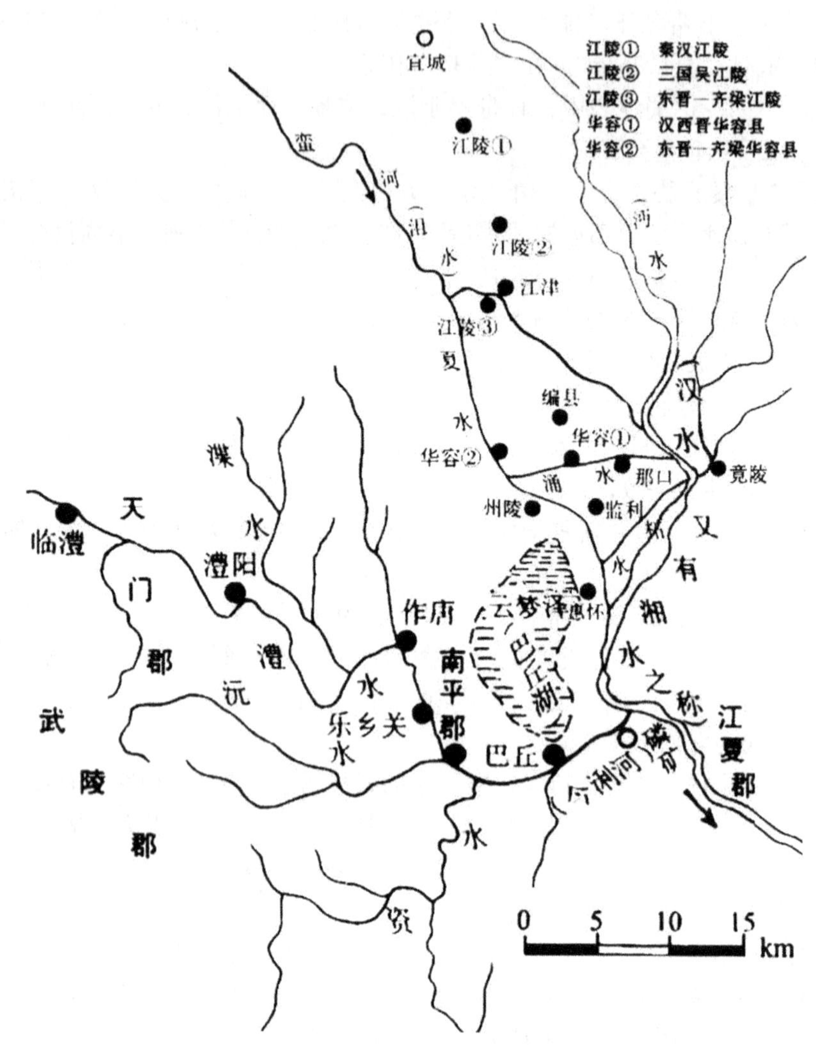

石泉的“江陵、夏水、湘、资、沅、澧”示意图②

（二）石泉的“江陵、夏水、湘、资、沅、澧”

石泉先生笔下，古籍中几千公里的长江，居然成了小小的蛮河。“行五百里”的夏水，缩短为不足三十公里的小溪；几百公里以上的“资、沅、澧”成了“今湖北省境内”不足五十公里的小河……

石泉先生说：“到战国时期，今湖北省境内也出现了以湘、资、沅、澧为名之水和洞庭。战国时的“洞庭”在楚之“江南”（今蛮河以南，详正文），湘、沅、澧三水与洞庭相近，也当在楚之“江

① 钱穆：《古史地理论丛》，东大图书股份有限公司 1982 年版，第 110—111 页。

② 石泉：《古代荆楚地理新探》，武汉大学出版社 1988 年版，第 225 页。

南”。① “‘湘’水与蔡及巫山相近，其位置亦当不出汉水中游的湖北襄阳附近。”② 此说没有依据。战国时期和秦汉三国的历史文献中，根本没有今湖北宜城南有“湘、资、沅、澧”的信息。

《史记》《地理志》《水经》和《里耶秦简》等出土文物，完全否定了石氏的“洞庭、湘、资、沅、澧在今湖北省境内”的论断。可是这些可靠的资料全被他用后期不确切的资料淹没了！

（三）钱穆、石泉、凌智民的“湘、沅、澧”互不相容

钱穆先生认为：湘、澧、沅、在今南阳之东、东南。

石泉先生否定了钱穆，把“湘、资、沅、澧”定在宜城之西南。

凌智民先生则推翻了钱穆和石泉的“湘、澧、沅”，认为它们皆在今南阳之西南，说丹江口以上的汉江是“湘”，沅、澧是丹江的支流淅水、淇河。

钱穆、石泉、凌智民三位先生虽然都认为“湘、沅、澧在江北”，其实他们的“湘、沅、澧”位置却各不相同，根本没有调和的余地。

凌智民先生说：“著名地理学家石泉先生却始终坚持钱穆的观点。事实上，如果我们用正确的方式去解读《鄂君启舟节》就会知道，石泉先生的坚持是正确的。”此论根本不可信。

假如石泉的“湘、资、沅、澧”正确，那么凌先生的观点就不正确。假如“湘、沅、澧江北说”有可信依据，三位的结论就该趋向一致。而从他们“一人一说”的事实也可以看出其论的虚无缥缈。

（四）王船山的“湘、沅、澧”都在湖南

凌智民先生说：王船山、钱穆为首的学者认为《楚辞》中提到的“湘”、“沅”、“澧”等河流不在湖南而在湖北。此说有违事实，王船山的论著中“湘、沅、澧”都在湖南。

王船山《九昭》自序曰：“有明王夫之，生于屈子之乡；而遗阂敢志，有过于屈者。”王夫之认为“汉北沅湘之地异。”他说：“《九歌》应亦怀王时作。原时不用，退居汉北，故《湘君》有北征道洞庭之句。逮后顷襄信谗，徙原于沅湘，则原忧益迫，且将自沉，亦无闲心及此矣。”“（《湘君》）湘水出广西兴安县之海阳山，北至湘阴，合八水为洞庭。楚人南望而祀之。”“（《湘夫人》）澧、水。出蛮中，入洞庭。”“（《涉江》）原自江夏往辰阳，绝江而南，至洞庭。乃西泝沅水而上。洞庭九派，湘水为其正支。涉洞庭则涉湘矣。……沅西之地，与黔粤相接，山高林深，四时多雨。”“怀沙者，自述其沉湘而陈尸於沙碛之怀。”③

通观王船山《楚辞通释》，他所说的“湘、沅、澧”都在今湖南，屈原自沉也在湖南。

诚然，王船山这样的权威也有谬误。例如《离骚》之：“长太息以掩涕兮，哀民生之多艰……”他注说：“民，人也，谓同列之小人，如靳尚之党。……君子不幸与奸佞同朝，必逢其害，固势所必然。”他说：“《哀郢》东迁、顷襄畏秦。弃故都而迁于陈。”④ 等等。这些注说显然牵强附会。

六、假如

假如凌智民先生《〈鄂君启舟节〉地理密码》的解读是对的：《鄂君启节》中的“滔、沅、澧、㵄”是丹江的支流……也不能依据这一件出土文物，就推翻其他出土文物和古籍记载的历史。

例如，《山海经》等多种古籍记载的：“苍梧之山，帝舜葬于阳。”（有马王堆汉墓出土标有“帝舜”的湘南《地形图》作证。）

战国时代楚国是地跨大江南北方五千里的大国。楚国南方“洞庭、苍梧”郡内的湘、资、沅、澧不可能是汉后所起的水名。

《战国策·楚一》《战国策·燕二》中记载的“江”是长江，楚“郢都”在江边。（有《里耶秦简》的“江陵”为证。）

《史记》记载的贾谊、司马迁等汉人亲临的沅、湘、汨罗都在江南。

刘安《淮南子·兵略训》曰：“昔者楚人地，南卷沅、湘，北绕颍、泗，西包巴、蜀，东裹郯、

---

① 石泉：《古代荆楚地理新探》，武汉大学出版社1988年版，第225页。

② 石泉、鲁西奇：《古湘、资、沅、澧源流新探（上）》，《中国历史地理论丛》1996年第2期，第55页。

③ 王夫之：《楚辞通释》，上海人民出版社1978年版，第25、31、32、71—72、85页。

④ 王夫之：《楚辞通释》，上海人民出版社1978年版，第7—8、73页。

邳，颖、汝以为洫，江、汉以为池，垣之以邓林，绵之以方城”。①

刘安所说“楚地南卷沅、湘”，其沅、湘肯定在江南，不可能在楚国北部。

屈原作品中的“沅、湘”，就是《汉书地理志》记载的湖南境内相邻的“行二千五百余里”的两条大河。屈原作品中并列的“沅、湘”不可能在江北，沅不可能是“淅水”。

桑钦专论长江的《水经·江水篇》文中，从故郢都“江陵”之南流过的“江”，当然是“长江”。《江水篇》中没有“丹水”是“江”的信息……

附录：九嶷山舜陵在湖南

“九嶷山舜陵”在何处，关系屈原时代楚国的“沅湘”在江南还是在江北。《离骚》：“济沅湘以南征兮，就重华而陈词”是屈原“遐想”从郢都“济沅湘”南征九嶷“就重华而陈词”，如果九嶷山舜陵在湖南，其“沅湘”必然在湖南。不可能在湖北。

（一）传说中的葬舜之地

第一，《尚书舜典》有：“舜生三十征，庸三十，在位五十载，陟方乃死。”

第二，《山海经》② 认定“舜葬于南方苍梧九疑山”。

《山海经卷十·海内南经》：“苍梧之山。帝舜葬于阳。帝丹朱葬于阴。”

《卷十三·海内东经》：“湘水出舜葬东南陬，西环之。入洞庭下。一曰东南西泽。”

《卷十五·大荒南经》：“帝尧、帝喾、帝舜葬于岳山。”

《卷十八·海内经》：“南方苍梧之丘，苍梧之渊，其中有九疑山，舜之所葬。在长沙零陵界中。”等等。

总的来看《山海经》认定“舜葬于南方九疑山，在长沙零陵界中”，同时说：“湘水出舜葬东南陬……”可见其“苍梧、九嶷、湘水、洞庭、澧沅”当在今之湖南。

《山海经卷五·中山经》曰：“洞庭之山……帝之二女居之，是常游于江渊。澧沅之风，交潇湘之渊，是在九江之间，出入必以飘风暴雨。”其洞庭山、澧沅湘也应当在湖南。

第三，“舜葬于苍梧之野”是众多古籍的一致记载。

《礼记·檀弓上》：“舜葬于苍梧之野，盖二妃未之从也。”

《孟子·离娄下》云舜：“卒于鸣条。”

刘向《列女传》：“舜陟方死于苍梧。”

《吕氏春秋》云：“舜葬于纪城九嶷山下。”

《史记·五帝本纪》载：“舜年二十以孝闻，年三十尧举之，年五十摄行天子事，年五十八尧崩。年六十一代尧践帝位。践帝位三十九年，南巡狩，崩于苍梧之野。葬于江南九嶷，是为零陵。”《太史公自序》：“二十而南游江、淮，上会稽，探禹穴，窥九嶷，浮于沅、湘。”司马迁到九嶷考察，见证了九疑山舜帝陵庙。

《淮南子·修务训》云：“舜南征三苗，道死苍梧。”

东汉蔡邕《九疑山铭》说：“逐葬九嶷，解体而升。”

西晋皇甫谧《帝王世纪》曰：“有苗氏叛，（虞舜）南征，崩于鸣条，年百岁。殡以瓦棺。葬苍梧九疑山之阳，是为零陵。”

第四，考古发掘证明秦汉之前九疑山就有舜帝庙。

2002 年至 2004 年，湖南考古研究所在九疑山玉琯岩进行了三次考古发掘，发现了秦汉至宋元时期的舜帝陵庙与马王堆帛书地图标注的地点一致。遗址中还发现有比秦汉更早的建筑物柱洞、祭祀灰坑和鼎等祭祀用品。它是我国目前发现的始建年代最早的五帝陵庙，也是全国唯一有文献可考的舜帝庙。

南宋祝穆《方舆胜览》载：“汉哀帝（《前汉书》三国魏孟康注称‘汉章帝’）时零陵郡文学奚景得玉琯十二于此。今舜祠后石室是也。”玉琯传为舜帝南巡时十二州牧奉献（一传为西王母所献）的石

① 何宁：《淮南子集释》，中华书局 1998 年版。

② 《山海经广注》，《四库全书》，卷五、卷十、卷十三、卷十五、卷十八。

制乐器，因此名为玉琯岩。

第五，刘俊男先生考证湘东一带是舜的势力范围。

《竹书纪年》曰："四十九年，帝居于鸣条。五十年，帝陟……鸣条有苍梧之山，帝崩，遂葬焉。"鸣条一说在安邑鸣条陌（今山西运城夏县西北）；一说在陈留（今开封东平邱鸣条亭）。宋代罗萍、明代顾炎武，清代王夫之等学者，认为鸣条、纪市皆在山西安邑。

刘俊男先生认为：

> 《竹书纪年》之鸣条与苍梧是大小地名的关系，鸣条当指古荆州。有人以后世北方的"鸣条"论舜葬处，不确。
>
> 湘东一带是舜的势力范围，因而就形成了尧家林—舵上坪—岱子坪类型的石家河文化带。他死后葬湘南之九疑山，绝非偶然。
>
> 后石家河文化时期在距今约四千年，这与尧、舜时期正好相合。现已发掘这个时期的成人墓葬皆为瓮棺葬，与《帝王世纪》的舜"殡以瓦棺"葬俗相同。《拾遗记》还载："有丹丘之国献玛瑙瓮……舜迁宝瓮于衡山，故衡山之岳，有宝露坛。舜于坛下起月馆。以望夕月。舜南巡至衡山。百辟群后。皆得露泉之赐。时有云气生于露坛。又迁宝瓮于零陵之上。舜崩瓮沦于地下。至秦始皇通汨罗之流。为水溪迳。从长沙至零陵，掘地得赤玉瓮。可容八斗，以应八方之数……"舜葬于湘南，并在零陵发现了最早的祭祀舜的遗迹。因此，舜葬于江南九疑是为零陵不用怀疑。①

（二）屈原对舜陵在湘南九嶷深信不疑

屈原对古代流传下来的舜陵在湘南九嶷深信不疑。赋中相关的叙述很多。

《离骚》中，屈原遐想从郢都"济沅湘以南征兮，就重华而陈词"，其后"朝发轫于苍梧兮，夕余至乎县圃"，再有"百神翳其备降兮，九嶷缤其并迎"。

《远游》："指炎神而直驰兮，吾将往乎南疑。"

九嶷当在湖南，其"沅湘"也不可能在湖北。

（三）秦始皇认定"虞舜葬于湘南九疑山"

《秦始皇本记》二十八年：

> 始皇还，过彭城，斋戒祷祠，欲出周鼎泗水。使千人没水求之，弗得。乃西南渡淮水，之衡山、南郡。浮江，至湘山祠。逢大风，几不得渡。上问博士曰：湘君何神？博士对曰：闻之，尧女，舜之妻，而葬此。于是始皇大怒，使刑徒三千人皆伐湘山树，赭其山。上自南郡由武关归。

《睡虎地秦简·编年记》也有：秦始皇"廿八年，今过安陆"。

睡虎地和龙岗《秦简》为我们提供了安陆（云梦）境内有禁苑（行宫），有驰道的历史信息。《秦始皇本记》则记载了二十八年秦始皇（经过安陆）到"南郡（江陵）"再"浮江"下行至"湘山祠"，"逢大风，几不得渡……"，其后还是返南郡"由武关归"。

《史记·秦始皇本纪》："三十七年十月癸丑，始皇出游。……十一月，行至云梦，望祀虞舜于九疑山。浮江下……"这是秦始皇第二次到云梦，即《编年记》之"廿八年今过安陆"之地。

九年前，秦始皇在湘山祠"伐湘山树，赭其山"得罪了虞舜。三十六年有人将"为镇风浪而沉入长江的那块玉璧"回"赠予滈池君"。秦始皇以为："这是虞舜显灵，向他示警……"为了表示忏悔的诚意，他三十七年就到离湘山比较近的云梦"望祀虞舜于九疑山"，以求虞舜（及湘君）宽恕。

凌智民先生说："秦始皇所到云梦之地只可能在现在的十堰境内而不可能是现在的云梦县。"凌先生认为："南阳襄阳一带（南郡）""秦始皇所浮之江是汉江而不是长江"，其说没有依据，与睡虎地和龙岗《秦简》所记安陆、云梦不符，与《秦始皇本纪》"浮江下……至钱唐"不符。从"十堰"也无法"浮江"。南郡治所在江陵，不在"南阳襄阳一带"。

《汉书·地理志》记载："南郡，秦置，高帝元年更为临江郡，五年复故。……江陵，故楚郢都，

① 刘俊男、易桂花：《黄帝及尧、舜、禹三支后裔的地望及主要史迹研究》，《重庆文理学院学报（社科版）》2015年第4、6期。

楚文王自丹阳徒此。后九世平王城之。后十世秦拔我郢，徙陈。”

里耶秦简“J1（16）5、6简”有：“今洞庭兵输内史及巴、南郡、苍梧，输甲兵当传者多。”秦“洞庭郡”西北为“巴”，东北为“南郡”，南为“苍梧”，“南郡”不可能在“南阳襄阳一带”。

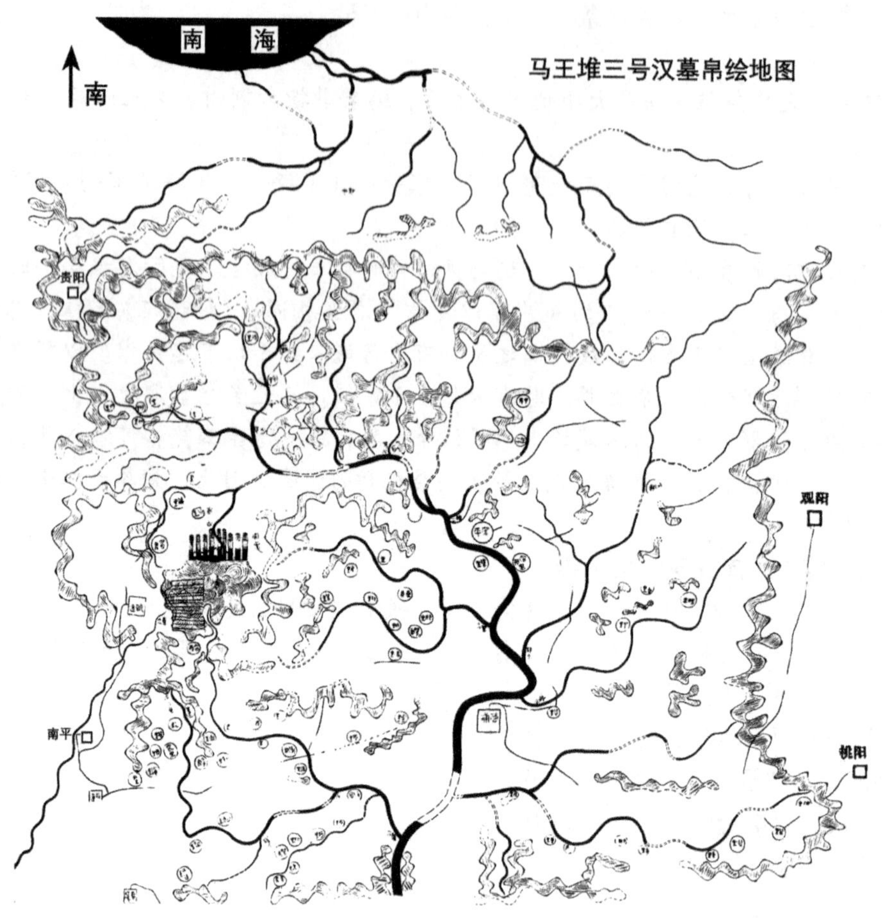

长沙马王堆三号汉墓出土帛绘地形图①

（四）汉代九嶷山就有舜陵

1973年长沙马王堆三号汉墓出土了帛绘《地形图》，该墓的下葬年代为汉文帝初元十二年（公元前168年）。地图的主区为今湘江上游支流潇水流域、南岭、九嶷山及附近地区。在九嶷山南绘有九个柱状符号旁注“帝舜”二字，学者公认它是“九嶷山舜陵”。②

帛绘“地形图”早于《史记》，其“九嶷山舜陵”不可能是西汉时“无中生有”的创作，乃是古代流传下来的祭祀舜帝的古迹。而且有《离骚》《湘夫人》《山海经·海内经》《吕氏春秋》、“舜葬于纪城九嶷山下”等为证。

《史记·五帝本纪》：“舜年二十以孝闻，年三十尧举之，年五十摄行天子事，年五十八尧崩，年六十一代尧践帝位。践帝位三十九年，南巡狩，崩于苍梧之野。葬于江南九嶷，是为零陵。”

《史记·太史公自序》：“迁生龙门，耕牧河山之阳。年十岁则诵古文。二十而南游江、淮，上会稽，探禹穴，闚九嶷，浮于沅、湘……”

司马迁亲自去“九嶷舜陵”考察过，其“九嶷舜陵、沅、湘”都在江南。

《水经注卷三十八·湘水》有载：“营水出营阳泠道县南山，西流迳九嶷山下，蟠基苍梧之野，峰秀数郡之间。罗岩九举，各导一溪，岫壑负阻，异岭同势，游者疑焉，故曰九嶷山。大舜窆其阳，商均

① 出自马王堆汉墓帛书整理小组编：《古地图论文集》，文物出版社1977年版。

② 马王堆汉墓帛书整理小组编：《古地图论文集》，文物出版社1977年版。

葬其阴。山南有舜庙，前有石碑，文字缺落，不可复识。”可见北魏郦道元时“九嶷舜庙”尚在。

“舜葬江南九嶷”这个古老的传说，得到了古籍和考古资料的多重印证。而长江北的楚境内，并没有确切的“九嶷、重华”传说和遗迹。

结　论

1. 从楚悼王到楚怀王楚国一直有“洞庭、苍梧”。从楚悼王到楚怀王，八十来年中楚国一直占有“洞庭、苍梧”，“湘、资、沅、澧”就在其境内。屈原作品中多次提及楚南之“沅湘”。“沅湘”不可能在汉北，不可能是秦汉时“后起之名”。

2. “九嶷舜葬”是古老传说，有古籍和考古资料多重印证。屈原作品中对舜陵在湘南九嶷深信不疑。长沙马王堆汉墓出土的《地形图》就有“舜陵”。贾谊、司马迁等也都认定屈原说的“沅、湘、汨罗”在湖南。

3.《战国策》中的“江”和“郢”。《楚策一》有：秦西有巴、蜀，方船积粟起于汶山，循江而下，至郢三千余里。……《张仪列传》、《燕策二》有类似记载，其“江”的一小段就有“三千余里”，不可能是短小的“丹江”。郢在长江边，不可能在“淅川”。

4. 凌氏《〈鄂君启舟节〉地理密码》与《鄂君启舟节》不符。凌先生说《鄂君启舟节》中的“江”指“丹江”，“滩”指“白河、唐河”，“湘”指“汉江”，“沅”指“淅水”，“澧”指“淇河”，“郢”在“淅川境内”等，都缺乏依据，与《鄂君启舟节》不符。

5. 凌智民先生的“江上航行”与《鄂君启舟节》不符。《鄂君启舟节》的“逾江，庚彭逆，庚松阳”是“自武汉顺流而下”，紧接着的“徙江，入湘……徒江，庚木关，庚郢”也应当在同一条“江”中航行，即“自武汉逆流而上”。而凌氏的“江上航行”被分割为两段：“从武汉逾江后，却跳到千里之外的丹江口徒江”。这显然与《鄂君启舟节》不符，与楚国的地理不符。

6. 凌智民先生的“二叉树”与楚国的地理实际不符。按照“二叉树”的原理，把“长江”看作“江树”，它在楚国的“主干”应当是“武汉到江陵”这一段，武汉往东可到“江树的根（入海口）”；“江陵”，向西可到“扞关”，再西是“蜀”地的“江树”主干。而凌先生毫无道理地把武汉以上“江树的主干”砍掉，把“一级支干”汉水和“二级支干”丹江，人为地认定为“江树的主干”。可见凌氏“二叉树图”，与事实不符。

7. 楚国不可能存在两个异地同名的“郢”。鄂君启《鄂君启车节》《鄂君启舟节》铭文中的“郢”，应当是同一个“郢”。任何国家都不会同时存在两个异地同名的大都城。楚怀王时也不可能有异地同名的两个“郢”。

8. 有人说：“屈原时代郢在寿春。”此说不但缺乏依据，而且与《鄂君启舟节》所记“上江，适木关，适郢”的“郢”不符。

云梦、洞庭、湘渊、江南考

摘要： 古今很多学者对“云梦”存有误解，如误以为“云在江北，梦在江南”或把“云梦”误加到洞庭湖头上。当代，有学者把国君田狩的“云梦”和“云梦泽薮”割裂开来，误为两处，致使荆楚“云梦”的概念愈发混乱。其实，楚人所称的“云梦田狩之地”与“云梦泽薮”原本就是同一个地方，说“云梦跨江南北”也没有错。

关键词： 云梦；洞庭；湘渊；江南

先秦文献中“泽”“薮”的涵盖比较广，它们并非特指池沼湖等水域，也包含山林、陆地，可田狩，可居住。如《诗经·郑风·大叔于田》：

叔于田，乘乘马。执辔如组，两骖如舞。叔在薮，火烈具举。襢裼暴虎，献于公所。

《史记·六国年表》秦孝公二十年：

诸侯毕贺，会诸侯于泽，朝天子。

《孔子家语》致思第八：

回愿得明王圣主辅相之，敷其五教，导之以礼乐，使民城郭不修，沟池不越，铸剑戟以为农器，放牛马于原薮，室家无离旷之思，千岁无战斗之患。

《穆天子传》：

甲子，天子北征，舍于珠泽。

戊寅，天子东田于泽中，逢寒疾。

天子次于军丘，以畋于薮□。

季冬丙辰，天子筮猎苹泽。

天子临于军丘，狩于薮。

《说文》：“薮，大泽也。”可见“泽”“薮”在先秦为近义词，其地貌相同，或有大小的差异。“泽”“薮”作为近义词往往叠用。如《周礼·夏官》：“正南曰荆州，……其泽薮曰云瞢（梦）”。

后人和当代学者所理解的“泽”“薮”往往与先秦内涵不同。例如，《周礼·大宰》曰：“四曰薮牧养畜鸟兽……”郑注：“泽无水曰薮。”郑注显然与“九州”中的“九薮”不符。

《周礼·职方氏》：“东南曰扬州，……其泽薮曰具区。”自古至今从来没有“具区薮”无水的记载！郑注也与《说文》的“薮，大泽也”抵牾。

周宏伟说：“先秦时代薮、泽的含义判然有别。”① 这显然与史实不符。

当今学界对“泽”“薮”的理解不清，“云梦”与“云梦泽”的概念混乱，这都是有待澄清的问题。

一、荆楚“云梦”与“云梦泽”

（一）“云梦”与“云梦泽”是同一个概念

谭其骧先生说：

（《子虚赋》）把这个既有山林又有原野的云梦称为“泽”，更属荒唐。……司马相如在这里也是把云梦和云梦泽混为一谈了。

《左传》昭三年……郑伯到了楚国，楚王和他一起“田江南之梦”，这里的梦当然应该在郢都附近的江南今松滋公安一带……春秋时云梦游猎区虽然跨江南北，江南北都有，但云梦泽则不然，江南并没有云梦泽。②

① 周宏伟：《云梦问题的新认识》，《历史研究》2012年第2期，第20页。

② 谭其骧：《云梦与云梦泽》，《复旦学报社科版（增刊）》1980年第1期（历史地理学专号），第2—5页。

“十薮”中的鲁之大野、晋之大陆、宋之孟诸、楚之云梦等均为诸侯保养野生动物供其田狩之地。前三者既称薮又为田狩之地，并没有人怀疑。若比照大野、大陆、孟诸则荆楚之“云梦”薮，为楚君的田狩之地，本是顺理成章之事。也就是说，其时楚人所称的“云梦田狩之地”与“云梦泽薮”原本就是同一个地方。相关记载有：

《吕氏春秋·有始览》：

何谓九薮？吴之具区，楚之云梦，秦之阳华，晋之大陆，梁之圃田，宋之孟诸，齐之海隅，赵之巨鹿，燕之大昭。

《尔雅·释地》“十薮”：

鲁有大野。晋有大陆。秦有杨陓。宋有孟诸。楚有云梦。吴越之间有具区。齐有海隅。燕有昭余祁。郑有圃田。周有焦护。

《吕氏春秋·贵直论》：

荆文王得茹黄之狗，宛路之矰，以畋于云梦，三月不反。

《左传·文公十年》：

宋“乃逆楚子，劳，且听命。遂道以田孟诸。宋公为右盂，郑伯为左盂”。

《左传·文公十六年》：

既，夫人将使公田孟诸而杀之。公知之，尽以宝行……冬，十一月，甲寅，宋昭公将田孟诸。未至，夫人王姬使帅甸攻而杀之。

《左传·宣公四年》：

䢵子之女，生子文焉。䢵夫人使弃诸梦中。虎乳之。䢵子田，见之，惧而归。以告。遂使收之。

《左传·昭公三年》：

十月，郑伯如楚，子产相。楚子（灵王）享之，赋《吉日》。既享，子产乃具田备，王以田江南之梦。

《左传·昭二十一年》：

乃与公谋逐华貙，将使田孟诸而遣之。

《左传·定公元年》：

（晋魏舒）而田于大陆，焚焉。

《左传·哀公十四年》：

春，西狩于大野，叔孙氏之车子鉏商获麟。

谭其骧断言：“云梦”与“云梦泽”不是同一个概念。他认为：先秦古籍中的“云梦是楚王田猎的山林原野”，“云梦泽是水体（大湖）”。汉后注疏家不能正确理解其意，把云梦与云梦泽混为一谈，因而产生了许多关于云梦和云梦泽的误解。① 其实这只是谭先生的误解，“不能正确理解其意”正他自己。可是谭氏之误论，却被学界广泛认同，甚是可悲。

还有人既承认“‘云梦’一词，且作为‘十薮’、‘九薮’或九州中荆州的泽薮，声名已十分显赫”，却又说：在先秦时代乃至西汉中期，著作本身没有见到“云梦泽”一词的出现，所谓“云梦泽”都是后世的概念。第一次将“云梦”称为“泽”的，乃是汉武帝时司马相如的《子虚赋》。② 这显然自相矛盾。

《周礼·夏官》：“正南曰荆州……其泽薮曰云瞢（梦）”。《周礼》的成书年代可能是在战国或汉初。但是成书年代与书中所记载史实的时间是两码事。周代已经没有冀州、雍州、荆州、扬州等地域的划分了，书中的“古九州”乃是夏、商时代部分史实的留传。

赫赫有名的先秦“九薮”之一的荆州“其泽薮曰云瞢”，它既可称“云梦泽薮”，也可称“云梦泽”或“云梦薮”。这是多数人都能理解的汉语常识。可在李、韩氏的论文中，却成了：“先秦时代乃至西汉中期，著作本身没有见到‘云梦泽’一词，所谓‘云梦泽’都是后世的概念”？

---

① 谭其骧：《云梦与云梦泽》，《复旦学报社科版（增刊）》1980年第1期（历史地理学专号）。

② 李青淼、韩茂莉：《云梦与云梦泽问题的再讨论》，《湖北大学学报（哲社版）》2010年第4期，第33、34页。

《尚书·禹贡》也有："荆及衡阳惟荆州，江汉朝宗于海，九江孔殷，沱潜既道，云土梦作乂。"可见"荆州云梦"是古代早就有的名称，而不只是楚人的地名。

（二）《国语》"薮曰云连徒洲"即"云梦薮"

《国语·楚语下》：

> 楚之所宝者……又有薮曰云连徒洲，金木竹箭之所生也。龟、珠、齿、角、皮革、羽毛，所以备赋用以戒不虞者也，所以供巾帛以宾享于诸侯者也。围闻国之宝六而已。……山林薮泽足以备财用，则宝之。

谭其骧先生说：

> 这个"云连徒洲"应即《左传》、《国策》等书中的"云梦"。王孙围所引举的云连徒洲的十二字产品中，只有龟、珠是生于泽薮中的，其他十字都是山野林薄中的产品，可见这个云连徒洲虽然被称为薮，实际上是一个以山林原野为主，泽薮只占其一小部分的区域。

其脚注①又说：

> 韦昭注："楚有云梦，薮泽也。连，属也。水中之可居曰洲；徒，其名也。""薮"下读断，解作薮名为"云"，有洲曰徒洲与相连属。但清人如孙诒让《周礼·正义》，近人徐元浩《国语集解》等薮下皆不断，迳以"云连徒洲"为薮名，谓即《禹贡》之"云土"，较韦说为胜。

其正文和脚注似乎自相矛盾。

《国语》中的这个"薮"，是"江南云梦"还是"江北云梦"？是可供楚王田猎的"云梦"还是不可田猎的"云梦泽"呢？谭先生含糊其辞。

谭其骧先生：

> "云梦"一词，屡见先秦古籍；但汉后注疏家已不能正确理解其意义，竟与云梦泽混为一谈，因而又产生出许多关于云梦和云梦泽的误解。

此论并没有"正确理解"先秦古籍的"云梦薮"。

云、梦、云梦都是"云梦泽"的简称。谭其骧先生把"云梦"和"云梦泽"割裂开来，才是"以正为误"。《左传》《战国策》等书中的"云梦薮泽"又称为"云梦"，是可供楚王田猎的地方，乃是楚人的本意。

《国语》中作为"楚国六宝"之一的"薮"，若不是"云梦"而是"云连徒洲"，必须有其他例证。要是各类文献中，作为"楚之所宝者"的"薮"，除了"云梦"之外，找不到另有"云连徒洲"的事例，则"有薮曰云连徒洲"，其"薮"只能是"云梦"。

（三）古籍中的"泛云梦"

《尚书·禹贡》："荆及衡阳惟荆州，江汉朝宗于海，九江孔殷，沱潜既道，云土梦作乂。"

《公孙龙子·迹府》："龙闻楚王张繁弱之弓，载忘归之矢，以射蛟兕于云梦之圃，而丧其弓。"《孔丛子》同。

《周礼·夏官》："正南曰荆州，……其泽薮曰云瞢（梦）。"

《战国策·楚一》："楚王游于云梦，结驷千乘。"

《战国策·楚四》："与之驰骋乎云梦之中，而不以天下国家为事。"

《战国策·赵二》："楚必致橘柚云梦之地。"

《战国策·宋卫》："荆有云梦，犀兕麋鹿盈之。"

《战国纵横家书》十三："秦取焉田云梦，齐取东国下蔡。"

《墨子·公输第五十》："荆有云梦，犀兕麋鹿满之。"

《墨子·明鬼第三十一》："燕之有祖，当齐之社稷，宋之有桑林，楚之有云梦，此男女之所属而观也。"

《吕氏春秋·有始览》："何谓九薮？吴之具区，楚之云梦……"

《吕氏春秋·孝行览》："菜之美者，云梦之芹"；"果之美者，云梦之柚"。

《吕氏春秋·贵直论》："荆文王得茹黄之狗，宛路之矰，以畋于云梦，三月不反。"

《吕氏春秋·仲冬纪》："荆庄哀王猎于云梦，射随兕，中之。"

《尔雅·释地》："鲁有大野。晋有大陆。秦有杨陓。宋有孟诸。楚有云梦。"

《史记·货殖列传》："江陵故郢都，西通巫、巴，东有云梦之饶。"

《夏本纪》："荆及衡阳维荆州：江、汉朝宗于海。九江甚中，沱、涔已道，云土梦为治。"

《河渠书》："于楚，则西方通渠汉水云梦之野，东方则沟江、淮之间。"

《淮南子·地形训》："何谓九薮？曰：越之具区，楚之云梦……"

《汉书·地理志》："南郡华容县南有云梦泽。"

《水经·禹贡山水泽地所在》："在南郡华容县之东。"

东汉应劭《风俗通义》云："荆州曰云梦，在华容县南，今有云梦长掌之。"

汉边让《章华赋》："楚灵王既游云梦之泽，憩于荆台之上。前方淮之水，左洞庭之波，右顾彭蠡之隩，南眺巫山之阿。延目广望，骋观终日。顾谓左史倚相曰：'盛哉斯乐，可以遗老而忘死也！'于是，遂作章华之台，筑干溪之室，穷木土之技，单珍府之实，举国营之，数年乃成。"

这些文献中的"泛云梦"乃是包含山林原野和薮泽的楚王田猎之地。

（四）"江南云梦"

《楚辞·招魂》："与王趋梦兮，课后先。……魂兮归来，哀江南。"王逸注："言已与怀王俱猎于梦泽之中，课第群臣先至后至也。"

《左传·昭公三年》："十月，郑伯如楚，子产相。楚子享之，赋《吉日》。既享，子产乃具田备，王以田江南之梦。"

《左传·昭公四年》："春，王正月，许男如楚，楚子止之，遂止郑伯，复田江南，许男与焉。"

《左传·定公四年》（前506年）：吴入郢……"楚子涉雎，济江，入于云中。王寝，盗攻之，以戈击王。王孙由于以背受之。中肩。"

《左传·定公五年》：（王孙由于）"人各有能有不能。王遇盗于云中，余受其戈，其所犹在。"

《战国策·楚一》《威王问于莫敖子华》："吴与楚战于柏举……蒙谷给斗于宫唐之上，舍斗奔郢曰：'若有孤，楚国社稷其庶几乎？'遂入大宫，负（鸡）（离）次之典以浮于江，逃于云梦之中。"显示江南云梦距郢都不远。

《史记·楚世家》："庚辰，吴人入郢。昭王亡也，至云梦。云梦不知其王也，射伤王。王走郧。"为了逃避从东边（子胥渎？）而来的吴人，由郢都济江去江南云梦是最佳选择。所以昭王、蒙谷都走了这条路。

杜预《春秋释例·土地名》：《昭三年》"江南之梦中"南郡枝江县西有云梦城，江夏安陆县东南亦有云梦城。或曰，南郡华容县东南有巴丘湖，江南之梦也。

《春秋释例·校勘记》卷六土地名（楚地）"南郡枝江县江南之云梦也。"

谭其骧先生认为，江南之梦"在郢都的大江南岸今松滋公安一带。"

（五）"䢵（郧）君田猎之'梦'"

《左传·宣公四年》曰：

> 初，若敖娶于䢵，生斗伯比。若敖卒，从其母畜于䢵，淫于䢵子之女，生子文焉。䢵夫人使弃诸梦中。虎乳之。䢵子田，见之，惧而归。夫人以告，遂使收之。

䢵子田猎之"梦"，在故䢵国今安陆、云梦境内。

杜预《春秋释例·土地名》：

> 宣四年梦。江夏安陆县东南有云梦城。

何光岳《楚源流史》考证：

> 云人始居今陕西云阳，以妘为姓。后迁徙今河南新郑。遭到殷王的讨伐，南迁到今湖北郧县，又继续向东南迁徙，最后在梦泽之畔定居下来。"云"人处"梦"泽，故称"云梦"。西周云人受封建邑后，便在"云"或"员"字右边加"阝"旁成为"䢵国"或"郧国"。

可备一说。

1989年出土的云梦龙岗秦简记载，此处为秦"云梦禁中"。

（六）《子虚赋》中的“云梦”

司马相如《子虚赋》夸耀的“楚王之猎”的“云梦之事”：

> 楚有七泽，其小小者耳，名曰云梦。方九百里，其中有山焉。其东则有蕙圃。其南侧有平原广泽……缘以大江，限以巫山。其西则有涌泉清池。其北则有阴林。

《子虚赋》虽有夸张虚构的一面，但是“楚王之猎”的“云梦泽”，其中有山林，有平原，有广泽。物产丰富，当是客观事实。

楚人所称的“云梦田狩之地”与“云梦泽薮”原本就是同一个地方。司马相如把它称为“云梦泽”，完全正确。

谭其骧先生说：“把这个既有山林又有原野的云梦称为‘泽’，更属荒唐。”乃是以今之“泽”，去论古之“泽”。“荒唐”地冤屈古人。

赵逵夫先生曰：“司马相如所写之楚王自然是汉初所封之刘姓王，但反映云梦田猎的情况，同战国时楚王的田猎不会有大的不同。”① 司马相如《子虚赋》分明是借“战国时的楚、齐”说事，怎么能扯上“汉初所封之刘姓王”呢。

（七）“云在江北，梦在江南”之误

北宋沈括说：“云在江北，梦在江南。”

此论与《左传》《战国策》《史记·楚世家》等史册所记不符。江南、江北皆有“云梦”，皆可简称“云”或“梦”。

洪兴祖、朱熹却继承了“云在江北，梦在江南”说。

朱熹说：

> 梦，泽名，楚有云梦泽，方八九百里，跨江两岸，云在江北，今玉沙、监利、景陵等县是也。梦在江南，今之公安、石首、建宁等县是也。

洪兴祖说：“江南则今之公安、石首、建宁等县。江北则玉沙、监利、景陵等县。”他还有一段“云在江北”的论证：

> 据《左传》“吴人入郢，楚子涉睢，济江，入于云中。王寝，盗攻之，以戈击王。王奔郧。楚子自郢西走涉睢，则当出于，其后涉江入于云中，遂奔郧，郧则今之安州。涉江而后至云，入云然后至郧，则云在江北也。②

此乃误解。

睢（沮）水是长江北面的一条支流，由西北向东南流，在今荆州市附近入长江。不管在睢水西涉、东渡，总归是在长江以北，“自郢西走涉睢”怎么可能“则当出于江南”呢？“其后涉江入于云中”——从江北“涉江”，只能是到江南，再“入于云中”，则“云”在江南。

《左传·定公四年》：“楚子涉睢济江，入于云中”。《正义》云：“郢都在江北睢东，王走西涉睢，又南济江，乃入于云中。”——可见洪氏：“云在江北”，不能成立。

根据以上资料可以推论：

1. 文献中所说的先秦“云”“梦”“云梦”“云梦泽”具有同一性，可以互通。“云梦泽”是包含山林薮泽、适宜野生动植物繁衍的天然狩猎场。有《章华赋》、《子虚赋》、《国语》等为证。笔者尚未发现先秦文献中，将“云梦”与“云梦泽”分开作不同解释之例。

2. 荆楚“云梦”有多处。

《左传·宣公四年》郧君田猎之“梦”。（今云梦县一带）

“江北云梦”（今潜江一带?）：古籍中所记物产丰富的“云梦”；《章华赋》、《子虚赋》、所记的楚王游猎的“云梦”多指江北云梦。

《吕氏春秋》载：“荆文王得如黄之狗、箘簬之缯，以畋于云梦，三月不返”。楚文王时国都可能在今宜城（鄢）不大可能去“江南云梦”田猎。

---

① 赵逵夫：《屈原与他的时代》，人民文学出版社 2002 年版，第 326 页。

② 洪兴祖：《楚辞补注》，中华书局 1983 年版，第 214 页。

“江南云梦”：《左传》《战国策》所记的楚王田猎的“云梦”多指“江南云梦”。一般所说“云梦”，多泛指“跨江南北”的大“云梦”或“江北云梦”；昭公三年等标明“江南”二字，则特指“江南云梦”。汉后注疏家说“云梦跨江南北”并没有错。

（八）宋玉《赋》中的“云梦”

宋玉“大·小言赋”：“有能为《小言赋》者，赐之云梦之田。”《高唐赋》：昔者楚襄王与宋玉游于云梦之台。《神女赋》：楚襄王与宋玉游于云梦之浦。

宋玉是“楚都迁陈（今河南淮阳）”后才出现在“好乐而爱赋”的楚襄王身边的侍臣。其时楚襄王已不可能再到秦人占领的郢都以南的“江南之梦”和郢东的“安陆云梦”去了。

楚都迁陈后，楚襄王在陈地开辟了新的田猎之地，依然名“云梦”。还建了新的离宫，亦名“章华台”。可见楚顷襄王把原郢都附近的云梦、章华等地名带到了陈地。① 例如，宋乐史《太平寰宇记》卷10《河南道·陈州·商水县》：

> 章华台，在县西北三里。……《春秋后语》：“楚襄王二十年，为秦将白起所逼，北保于陈，更筑此台。”

“楚世家”有：

> （二十三年）襄王乃收东地兵，得十余万，复西取秦所拔我江旁十五邑以为郡，距秦。

楚襄王受秦人压迫东迁后，楚国西南部疆域渐渐收缩，东部不断扩张。前276年楚国虽然收回了部分失地，但是并不是把“洞庭、江南云梦、甚至黔中”都收复了。至前262年“考烈王元年，纳州于秦以平。是时楚益弱。”

以上文献说明前278—前276年，秦人不但占领了楚国的郢都，还占领了巫郡、黔中、洞庭等楚国的大片国土。

刘刚先生说：

> 公元前273年，楚用黄歇计“复与秦平”。公元前272年，“入太子为质于秦，使左徒侍太子于秦。”从此一直到楚襄王卒，楚与秦无战事；而秦则连年与燕、赵、韩、齐、魏开战，暂停了对楚的进攻。这说明，从楚太子入质于秦的公元前272年，到楚襄王病卒的公元前263年，整整9年时间，楚与秦相安无事。我们认为宋玉随楚襄王游云梦就在这9年之中。②

此论可备一说。

（九）秦、汉时的“云梦”

1. 秦之“云梦”

《睡虎地秦简·编年记》载秦昭王“廿九年（前278年），攻安陆”。秦拔郢的同一年安陆也沦为秦地。后来秦王将原郧君之“云梦”圈为云梦禁苑，设云梦官，建云梦行宫。

秦始皇曾两度至云梦：

编年记：“（廿八年）今过安陆。”

《史记·秦始皇本纪》：“三十七年……十一月，行至云梦，望祀虞舜于九疑山。”

秦之“云梦”承袭了今安陆、云梦一带的故郧君之“云梦”。

2. 汉之“云梦”离陈（今淮阳）不远

见于《汉书地理志》的“云梦官”有两个：一个在荆山东麓今荆门、南漳之间的编县，一个在大别山南麓今麻城、红安、新州一带的西陵县，这说明云梦范围很大。

《高祖本纪》：

> 六年，十二月，人有上变事告楚王信谋反，上问左右，左右争欲击之。用陈平计，乃伪游云梦，会诸侯于陈，楚王信迎，即因执之。是日，大赦天下。

《陈丞相世家》平曰：

> 古者天子巡狩，会诸侯。南方有云梦，陛下弟出伪游云梦，会诸侯于陈。陈，楚之西界，

① 徐少华：《楚都陈城及其历史地理探析》，《社会科学》2008年第5期，第159页。

② 刘刚：《宋玉年世行迹考》，《鞍山师范学院学报》2003年第5期，第51页。

谒，而陛下因禽之，此特一力士之事耳。

《淮阴侯列传》：

汉六年，人有上书告楚王信反。高帝以陈平计，天子巡狩会诸侯，南方有云梦，发使告诸侯会陈："吾将游云梦。"实欲袭信，信弗知。

韩信为楚王时，驻下邳（今睢宁西北），离"陈（今淮阳）"不远。因为在"陈"附近，有前人的"云梦田猎之地"，故汉高祖才能"伪游云梦，会诸侯于陈。"若云梦在"今云梦县"或在"南郡华容县"，或在"江南"，就不大可能"会诸侯于陈"。

刘刚先生认为：

陈郢（今淮阳）至云梦（今云梦县）之路，全长约400公里。汉高祖用陈平计，"乃伪游云梦，会诸侯于陈"，以诱捕韩信，就是这条路。①

此说可能性很小。以古代的道路和交通工具来说，一天只能走15至20公里。400公里要走半个多月。若说先"会诸侯于陈"，再到八九百里外去"游云梦"，似乎不合情理。

二、洞庭、湘渊

（一）"洞庭"与"云梦"无关

秦汉前古籍中都是既见云梦，又见洞庭，从无洞庭就是云梦的提法。

"洞庭云梦说"发端于西晋的杜预在《春秋释例·卷六土地名》曰：

南郡枝江县西有云梦城，江夏安陆县东南亦有云梦城。或曰南郡华容县东南有巴丘湖，江南之云梦也。

杜预的"或曰"是一种揣度之词，后历代注疏家因袭杜说。如东晋郭璞注《尔雅》，称云梦泽"今南郡华容县东南巴丘湖是也"；北宋沈括说：江汉湖群称作"云"，洞庭湖群叫做"梦"，合为云梦。

由于注疏家把"云梦"误加到后世扩展的大洞庭湖上，才有"洞庭湖古称云梦泽"之误。

（二）先秦、秦汉的"洞庭"

先秦的"洞庭"有多处，既可指洞庭湖，又可指洞庭之野、洞庭山、洞庭地穴、洞庭郡。

1. 洞庭之野、洞庭之山等

《庄子·天运》："帝张咸池之乐于洞庭之野。"〔唐〕成玄英疏曰："洞庭之野天地间，非太湖之洞庭也。"②

《山海经·中山经》中次十二山："又东南一百二十里，曰洞庭之山，其上多黄金，其下多银铁，其木多柤梨橘櫾，其草多葌蘪芜芍药芎藭。帝之二女居之，是常游于江渊。澧沅之风，交潇湘之渊，是在九江之闲，出入必以飘风暴雨。"

其"洞庭之山"似乎是长江边的君山；其"潇湘之淵（湘淵）"或许是原始的"洞庭湖"。

《山海经·卷十三·海内东经》③ 有："湘水出舜葬东南陬，西环之。入洞庭下。一曰东南西泽。"郭璞注曰："洞庭，地穴也，在长沙巴陵。""沅水出象郡镡城西，入东注江，入下隽西，合洞庭中。"

（笔者按：《海内东经》描述各水道的文字，可能是后人的"水经"。但是，其记可能早于《汉书地理志》。）

《楚辞·哀郢》："将运舟而下浮兮，上洞庭而下江。"

刘向《九叹》云："徐徘徊于山阿兮，飘风来之汹汹。驰余车兮玄石，步余马兮洞庭。"

《楚辞补注》曰："谓洞庭之山。"

《淮南子·本经训》："尧乃使羿诛凿齿于畴华之野，杀九婴于凶水之上，缴大风于青邱之泽，上射十日，而下杀猰貐，断修蛇于洞庭，擒封豨于桑林。"其"洞庭"为巴丘之洞庭山（今岳阳君山）。

《淮南子·齐俗训》："三苗髽首，羌人括领，中国冠笄，越人劗发，其于服一也。"高诱曰："三苗之国在彭蠡，洞庭之野。"

---

① 刘刚：《"江旁十五邑"与陈郑至云梦之路》，《鞍山师范学院学报》2007年第1期，第25页。

② 《二十二子·庄子》卷一，上海古籍出版社1986年版。

③ 《四库全书山海经·海内东经》卷十三第五，第7页。

孔颖达《尚书正义·吕刑》①："黄帝哀矜庶戮之不辜，报虐以威，遏绝苗民，无世在下。"引用郑玄注："禹摄位（三苗）又在洞庭逆命，禹又诛之。"

"三苗"所居的"洞庭（之野）"，非后代的洞庭湖。

再从《楚辞》"二湘"看：

《湘君》："驾飞龙兮北征，邅吾道兮洞庭。"

《湘夫人》："袅袅兮秋风，洞庭波兮木叶下"。

文中的"洞庭"并非后来的洞庭湖。屈原把"洞庭波"与"木叶下"放在一起描绘，与广阔浩淼的洞庭湖似乎难以挂联，可见战国时代"洞庭亦尚微渺"。脱离文本把"洞庭"指认为后期才有的大湖，与史不符。

东汉王逸时，洞庭湖还很小，故他注《湘夫人》言："洞庭波"为"湘水波"。《九歌》两处说到"洞庭"，王逸《楚辞章句》中只云："九歌者屈原之所作也，昔楚国南郢之邑，沅湘之间，其俗信鬼而好祠"而未提及洞庭湖。

2. 洞庭郡

《墨子·兼爱》云：

> 楚天下之强国也，西有黔中、巫郡，东有夏州、海阳，南有洞庭、苍梧，北有汾径之塞、郇阳，地方五千里，此霸王之资也。

《战国策·秦策一》：

> （张仪说秦王）秦与荆人战，大破荆，袭郢，取洞庭、五渚、江南（四三）。荆王亡奔走，东伏于陈。"

高诱注曰：

> 郢，楚都也。洞庭、五都、江南，皆楚邑也。

《战国策·楚一》：

> 苏秦为赵合从，说楚威王曰："楚，天下之强国也。大王（楚威王），天下之贤王也。楚地西有黔中、巫郡，东有夏州、海阳，南有洞庭、苍梧，北有汾陉之塞、郇阳，地方五千里。"②

《后汉书·南蛮传》曰："吴起相悼王，南并蛮越，遂有洞庭、苍梧。"楚悼王时吴起相楚后，楚国在"江南"之南，又开拓了"洞庭郡、苍梧郡"等大片国土，有考古发掘佐证。

临澧九里楚墓群，坐落在临澧县城西北的九里乡境内。与楚都纪南城直线距离100多公里。1980年发掘的"80九里M1"黄家山大墓，长34.5米、宽32.8米，高5.2米，总面积为1131.6平方米，椁长8.8米，高、宽均为4.4米，墓道长19米。规模比长沙马王堆一号墓大一倍，与江陵天星观一号墓等大，是我国已发掘的最大型楚墓之一，文物极富。其中彩绘大漆案、龙凤钟鼓架、龙凤铜鼎系首次出土的珍贵文物。与长沙楚墓、江陵楚墓出土同类器型相近，时代应为战国早期至中期前段，可能是楚国封君的家庭墓地。这些是临澧在楚悼王时期（前401—前381）已经是南方重镇的确证。

"里耶秦简"中的"洞庭"均指秦"洞庭郡"。秦"洞庭郡""苍梧郡"与《战国策》中的楚国"南有洞庭、苍梧"有继承性。秦置洞庭郡，估计辖原楚国"江南、洞庭"等地。其南为苍梧郡，其北为南郡，其西为巴郡。

3. 古洞庭湖多指太湖

《战国策·魏一》："昔者，三苗之居，左彭蠡之波，右有洞庭之水，文山在其南，而衡山在其北。恃此险也，为政不善，而禹放逐之。"《太平御览》卷四百五十九引《韩非子》云："魏武侯浮西河而下中流，谓吴起日：'美哉！山河之固，魏国之宝也。'对曰：'在德不在险，昔者三苗氏左洞庭而右彭蠡，德义不修，而禹灭之。'"

其他书如《史记·吴起传》《韩诗外传三》《说苑》之《君道篇、贵德篇》《水经·湘水注、沔水

① 《尚书注疏卷第十九》，明嘉靖李元阳福建刻隆庆二年重修本，第28页。

② 诸祖耿：《战国策集注汇考》，江苏古籍出版社1985年版。

注》都做“左洞庭右彭蠡”（《战国策·魏一》的“左、右”或系颠倒）。

据考，凡古书言左右方向者，莫不以左为东，以右为西。再从“文山在其南，而衡山在其北”看，三苗氏所居之“左（东）洞庭而右（西）彭蠡”，并非指湖南的洞庭湖。王玉哲先生认为，此“洞庭”即江苏之太湖①。（按：今太湖还有“洞庭山”和“洞庭地穴”）彭蠡见于“禹贡”在江北，亦非今日江南的鄱阳湖。

左思《吴都赋》“指包山而为期，集洞庭而淹留”指的是吴都洞庭（太湖）。

《水经·沔水》注云：

> 湖有苞山，《春秋》谓之夫椒山，有洞室，入地潜行，北通琅邪东武县，俗谓之洞庭。旁有青山，一名夏架山，山有洞穴，潜通洞庭。

《楚辞·湘君》有“邅吾道兮洞庭。”王逸注：“洞庭，太湖也。”因为王逸时尚没有后来的“大洞庭湖”，他把“洞庭”解释为太湖，可能不确（湘君似乎不会跑得那么远）。

洪兴祖曰：“按吴中太湖一名洞庭。而巴陵之洞庭亦谓之太湖。”洪氏说“巴陵之洞庭亦谓之太湖”，此论缺乏依据。“巴陵之洞庭湖”与“太湖”不能混为一谈，而且屈原之时还没有“巴陵之大洞庭湖”。

（三）先秦、秦汉时期湘洞庭湖很小

《吕氏春秋》（孝行览）有：“鱼之美者，洞庭之鲋。”

屈原时代的古洞庭湖很小（《中国历史地图集》“战国·楚越”图上有所反映），是不是与长江相通，也难以肯定。

楚怀王六年制的“鄂君启舟节”铭文有：“自鄂（今湖北鄂城）市：逾沽（湖），上汉，适郧，……上江、入湘，……入资、沅、澧、油。上江、适木关，适郢”。（转引《楚系青铜器研究》11. P343-344）。“湘、资、沅、澧、油”均直通大江，而未提及洞庭湖。说明洞庭湖不在航道之上，可能不与长江通。

《汉书·地理志》明确记载：湘水北至下隽（县治在今湖北通城县西北）入江；沅水至益阳（县治在今县东北80里）入江；资水东北至益阳入沅，澧水东至下隽入江。只见湘、沅、澧分别流注长江，也不见洞庭湖。

东汉、三国之《水经》也记载：澧水“又东至长沙下隽县西北，东入于江”；沅水“又东至长沙下隽县西，北入于江”；湘水“又北过下隽县西，……又北至巴丘山，入于江”；资水“又东与沅水合于湖中，东北入于江也”。（按：沅水的记载有矛盾）也不见洞庭湖。

张云璈《选学胶言》云：

> 洞庭之名，经传无考。尔雅释地十薮，但言楚有云梦。言洞庭者，始见于灵均此文。然详玩辞意，似属微波浅濑。可以眺玩；故有秋风袅袅木落下之语。当是洞庭山下小水，因山得名，非如今日浩渺之状；故但言洞庭，而未有湖称。当日言水道者皆不之及。②

谭其骧先生《长水集下·鄂君启金节铭文释地》“推论四”曰：

> 水程西南路在“上江”与“入湘”、“入资、沅、澧、油”之间，没有提到洞庭湖，此点颇堪注意。《汉书·地理志》湘水、沅水作“入江”，澧水、资水作“入沅”，《说文》湘水、沅水二水亦作“入江”，皆不及洞庭湖，与此同。《水经》湘、澧、沅三水皆作“入江”，只有资水作“东与沅水合于湖中”。……顾栋高在其《春秋大事表》中，曾根据“遍考《诗》、《书》、《春秋》三传与《职方》、《尔雅》之文，无有及洞庭两字者”和“如屈原所云‘洞庭波兮木叶下’，亦是微波浅濑，可供爱玩，无今日浩渺之观”这两点，作出过春秋战国时“洞庭亦尚微渺”的推断，……他的看法确是很有见地的，值得我们作深入一步的研究。③

先秦时期的洞庭湖很小，“洞庭”既可指洞庭湖，又可指洞庭之野、洞庭山，洞庭郡。

王育民说：

---

① 王玉哲：《古史集林》，中华书局2002年版，第274—275页。

② 转引《游国恩楚辞论著集》第3卷，中华书局2008年版，第312页。

③ 谭其骧：《长水集·鄂君启金节铭文释地》（下册），人民出版社1987年版，第210页。

《山海经》:“又东南一百二十里，曰洞庭之山，帝之二女居之，是常游于江渊，澧、沅之风，交潇湘之渊”。《庄子·天运》:“帝张咸池之乐于洞庭之野”，称洞庭为平野。说明当时湘、沅、澧诸水在洞庭山（今君山）附近与长江交汇，洞庭湖地区还只是一片河网交错的平原，只是后来环绕君山的所谓“洞府之庭”形成了一个大的湖泊，始有洞庭湖之称。1957年在安徽寿县出土的战国楚怀王六年（前323年）制“鄂君启节”，所述舟节西南水路铭文为“自鄂（今湖北鄂城）往：上江、入湘、入资、沅、澧、油”。从舟节铭文水流交汇不及入湖来看，与《山海经》、《庄子》所载洞庭平原的自然景观也是一致的。《水经》记载：澧水“又东至长沙下隽县西北，东入于江”；沅水“又东至长沙下隽县西，北入于江”；湘水“又北过下隽县西，又北至巴丘山，入于江”；资水“又东与沅水合于湖中，东北入于江也”。说明在君山西南的资、沅二水交汇处，有湖泊的存在。战国时屈原在《楚辞·九歌·湘夫人》中“袅袅兮秋风，洞庭波兮木叶下”，当即指此湖。只是由于那时这一夹在沅、资二水之间的湖泊水体很小，尚未为人所注意，因而《尚书》、《周礼》、《尔雅》、《吕氏春秋》、《淮南子》等都未把它列入古代有名的泽薮之内。①

其论可作参考。

钱穆先生则认为：《楚辞》的洞庭、湘、沅、澧、汨罗，均局限在长江以北。②

从局部来看，钱穆先生论证似乎有些道理。但是，从整体看，这些结论与“鄂君启节”“里耶秦简”，等出土文献不符，与历史上楚国疆域辽阔不符。

《战国策》有：“楚地西有黔中、巫郡，东有夏州、海阳，南有洞庭、苍梧，北有汾陉之塞、郇阳，地方五千里。”《墨子·兼爱》《苏秦列传》都有类似论述。

这些记载说明，不但楚地辽阔，而且“洞庭、苍梧、湘、沅”皆在长江以南。

从公元4世纪开始，受地质沉降作用与长江荆江段筑堤的影响，长江分流之水汇入洞庭平原，才逐渐演变成浩渺的洞庭湖。到北魏郦道元作《水经注》时，已经是：湘、资、沅、澧，“凡此四水，同注洞庭，北会大江”；“湖水广圆五百余里，日月若出没于其中”。唐宋时期，洞庭湖进一步向西扩展，《巴陵志》有：“洞庭湖在巴丘西，西吞赤沙，南连青草，横亘七八百里”。

（四）屈原自沉之“湘渊”或即“古洞庭”

1. 屈原自沉之处有文献中有多种说法

《惜往日》:“临沅湘之玄渊兮，遂自忍而沈流。”

刘向《九叹》曰：“殒余躬于沅湘。”

刘向《新序·屈原》有：屈原“遂自投湘水汨罗之中而死。”

《说文》曰：“长沙汨罗渊，屈原所沉之水。”

王逸《九思·遭厄》:“悼屈子兮遭厄，沉玉躬兮湘汨。”

《汉书·扬雄传》《反离骚》曰：因江潭而（往）托兮，钦吊楚之湘累。……汉十世之阳朔兮，招摇纪于周正……横江湘以南（往）兮，云走乎彼苍吾，驰江潭之泛溢兮，将折衷乎重华。……临汨罗而自陨兮……临湘渊而投之。

用不同的词语表达同一事物，是文人的惯用手法。扬雄在汉成帝阳朔年间到过“江湘以南”的汨罗凭吊屈原。文中之“江潭”“湘累”“汨罗”“湘渊”都是同指一地。

屈原所沉“沅湘之玄渊”或许就是“古洞庭湖”。从屈原投水人们划舟相救的传说来看，它是一个开阔水域，并非“汨罗江”，屈原作品和汉人都没有说屈原自沉“汨罗江”。

《湘夫人》:“帝子降兮北渚，目眇眇兮愁予；袅袅兮秋风，洞庭波兮木叶下。”

王逸注：“言尧二女娥皇，女英，随舜而不反，没于湘水之渚，因为湘夫人。”

传说中“死于沅湘之中、没于湘水之渚”的舜之二妃可能就是《湘夫人》中的“古洞庭湖”。其旁的“湘山、洞庭之山”可能就是今之“君山”。

---

① 王育民：《中国历史地理概论（上）》，人民教育出版社1987年版。http：//zhjyx. hfjy. net. cn/SPecial/Subject/CZDL/DLBL/DLTS0083/。

② 钱穆：《古史地理论丛》，生活·读书·新知三联书店2005年版，第121—126页。

2.《楚辞》中的“沅湘”有多解

《惜往日》：“临沅湘之玄渊兮，遂自忍而沉流。”这里的“沅湘”当是屈原自沉之“玄渊”，把它解释为沅水和湘水就不够通顺。

刘向《九叹》：“见南郢之流风兮，损余躬于沅湘。”

东方朔《七谏》：“赴湘沅之流澌兮……怀沙砾而自沉兮。”

这些“沅湘”也是指屈原自沉之地。而屈原自沉之处，不可能既在沅又在湘。

《离骚》：“济沅湘以南征兮，就重华而陈词。”王逸注：“沅湘，水名。”这个“水”是一个湖还是沅、湘两水呢，他没有说明。

《九歌·湘君》：“令沅湘兮无波，使江水兮安流。”

《怀沙》：“浩浩沅湘，分流汨兮。”

刘向《九叹》：“违郢都之旧闾兮，向沅湘而远迁。”

东方朔《七谏》：“何君臣之相失兮，上沅湘而分离。”

这些“沅湘”或许指沅湘流域。

笔者认为“屈原自沉之长沙汨罗渊”，即“沅湘之玄渊（湘渊）”，可能是沅、湘下游的“古洞庭湖”。而作品中的其他“沅湘”则可能是指沅、湘二水。过去一些治骚者，如洪兴祖、王夫之、蒋骥等，将“沅湘”都释为沅、湘二水，不一定合适。

张晓丹先生说：“‘沅湘’这一地名，不是指沅水和湘水，而是指屈原的被放地江湘会流处一带（即古洞庭湖）。”① 可备一说。但是文献中的“沅湘”并非都是指“古洞庭湖”。

三、楚国的江南

（一）楚之“江南”属“不发达地区”

王逸在《楚辞章句》离骚序曰：“迁屈原于江南”；九章序云：“屈原放于江南之野。”此后学者提到屈原者无不称“放于江南”，至于“江南”的具体位置在哪里，却又众说纷纭。

《楚辞·招魂》：

魂兮归来哀江南。

《左传·宣公十二年》：

郑伯肉袒牵羊以迎，曰：孤不天，不能事君，使君怀怒以及敝邑，孤之罪也。敢不惟命是听！其俘诸江南，以实海滨，亦惟命！

《左传·昭公三年》：

十月，郑伯如楚，子产相。楚子享之，赋《吉日》。既享，子产乃具田备，王以田江南之梦。

《左传·昭公四年》：

王正月，许男如楚，楚子止之，遂止郑伯，复田江南，许男与焉。

《左传·昭公三年》《左传·昭公四年》：“田江南之梦”就是位于郢都之南的楚君田猎之云梦。

《吕氏春秋·古乐篇》云：“商人服象，为虐于东夷，周公以师逐之，至于江南。”此江南不能确指其地，可能是一种泛称。

《史记·郑世家》八年：

楚庄王入自皇门，郑襄公内袒擎羊以迎，曰：孤不能事边邑，使君怀怒敝邑，孤之罪也。敢不惟命是听！君王迁之江南，及以赐诸侯，亦惟命是听！

《张仪列传》：

于是郑袖日夜言怀王曰：“……王未有礼而杀张仪，秦必大怒攻楚。妾请子母俱迁江南，毋为秦所鱼肉也！”

《秦始皇本纪》（昭王）：

① 张晓丹：《屈原作品“沅湘”一词考释兼说〈怀沙〉与〈离骚〉的创作地点》，《理论界》2008年第7期，第110—111页。

三十年，蜀守若伐楚，取巫郡，及江南为黔中郡。三十一年……楚人反我江南。

秦黔中郡为楚原来的“巫郡，及江南（郡）”。

《秦始皇本纪》：

王翦遂定荆江南地，降越君，置会稽郡。

《货殖列传》：

衡山、九江、江南、豫章、长沙，是南楚也，其俗大类西楚。……故南楚好辞，巧说少信。江南卑湿，丈夫早夭。……九疑、苍梧以南至儋耳者，与江南大同俗，而杨越多焉。

《新序·义勇第八》：

芊尹文者，荆之欧鹿彘者也。司马子期猎于云梦，载旗之长拽地。芊尹文拔剑齐诸轼而断之，贰车抽弓于韔，援矢于筩，引而未发也。司马子期伏轼而问曰：“吾有罪于夫子乎?”对曰：“臣以君旗拽地故也。国君之旗齐于轸，大夫之旗齐于轼。今子荆国有名大夫而减三等，文之断也，不亦可乎?”子期悦，载之王所，王曰：“吾闻有断子之旗者，其人安在？吾将杀之。”子期以文之言告，王悦，使为江南令，而大治。

《战国策·齐一》田忌亡齐而之楚：

田忌亡齐而之楚，邹忌代之相齐，恐田忌欲以楚权复于齐，杜赫曰：“臣请为留楚。”谓楚王曰：“邹忌所以不善楚者，恐田忌之以楚权复于齐也。王不如封田忌于江南，以示田忌之不返齐也，邹忌以齐厚事楚。田忌亡人也，而得封，必德王。若复于齐，必以齐事楚。此用二忌之道也。”楚果封之于江南。

《战国策·楚一》：

“……今边邑之所恃者，非江南、泗上也。故楚王何不以新城为主郡也，边邑甚利之。”新城公大说，乃为具驷马乘车五百金之楚。城浑得之，遂南交于楚，楚王果以新城为主郡。

《战国策·秦一》张仪说秦王：

秦与荆人战，大破荆，袭郢，取洞庭、五都、江南。荆王亡奔走，东伏于陈。

《韩非子·初见秦》：

秦与荆人战，大破荆，袭郢，取洞庭、五湖、江南，荆王君臣亡走，东服于陈。

《韩非子》与《秦策一》记载雷同。

这里“洞庭、五都、江南”是连在一起的三个郡，大体是指长江以南的今湖南省西北部地区、洞庭湖地区、湖北省武汉以南地区。

楚之“江南”大概在郢都以南长沙以北。邻近巫郡与洞庭。属人烟较少的“不发达地区”。

王逸《楚辞章句》曰：

“江南土地偏远，山林险阻”。

谭其骧先生主编《中国历史地图集》①“战国·楚越”所标的“江南”，西起巫山，东到洞庭。

（二）汨罗不是楚人的“先王故居”

蒋骥《山带阁注楚辞》《怀沙》注曰：

长沙为楚东南之会，去郢未远，固与荒徼绝异。且熊绎始封，实在于此，原既放逐，不敢北越大江，而归死先王故居，则亦首丘之意，所以眷眷有怀也。②

蒋骥此论缺乏依据，现有文献资料中没有“熊绎始封江南”的丝毫信息。

结 论

1. 先秦的“泽、薮”（如《吕氏春秋》“九薮”）并非特指“水域”，其中可以包含山林、陆地，可田狩、可居住。

---

① 谭其骧主编：《中国历史地图集》第1册，中国地图出版社1982年版，第45—46页。

② 蒋骥：《山带阁注楚辞》，上海古籍出版社1984年版，第130页。

2. 楚地的“云、梦、云梦、云梦泽”是同一个概念，它们在多数情况下是指物产丰富的“楚王畋猎之地”。

3.《国语·楚语下》的“有薮曰云连徒洲……山林薮泽足以备财用，则宝之”，也就是楚的云梦泽，它既是薮泽，又是楚王畋猎之地，也是物产丰富的宝地。

4. 先秦的“洞庭”有多处，既可指洞庭湖，又可指洞庭之野、洞庭山、洞庭地穴、洞庭郡。先秦的洞庭湖多指太湖，而湖南的洞庭湖先秦时很小，直到《汉书·地理志》、三国之《水经》仍然不见洞庭湖。先秦的“云梦”与“洞庭”没有关联。西晋的杜预，把“云梦”误加到后世大大扩展的洞庭湖头上，才有“洞庭云梦说”。

5. 屈原自沉之“沅湘之玄渊”或即“古洞庭”。

6. 楚国的江南，大概在郢都以南长沙以北。是楚国相对落后的郡。

饶宗颐的楚地、楚历质疑

摘要：饶宗颐先生《楚辞地理考》中说“《抽思》当作于屈原第二次使齐时”，正值“怀王北上会秦”，其“汉北”为“秦”，“北姑”为齐之“薄姑”；说屈原虽出使在齐远隔朝列，仍然“力主不当会秦”。这些乃是建立在剪辑《新序·节士》篇基础上的奇想，它们既与文本不符，也难以自圆其说。

关键词：屈原；抽思；北姑；汉北

饶宗颐先生被誉为“国际瞩目的汉学泰斗”，作为一位百科全书式的大学者，饶宗颐先生在诸多领域都有卓著的贡献，堪为中国文化史上一颗璀璨夺目的明星。近读饶宗颐先生的学术文集，笔者为他的卓著贡献感佩。例如，饶宗颐先生《楚辞地理考》说沧浪之水篇曰：“考孔子以哀公六年自楚反乎卫，孺子之歌，当为孔子闻于楚者，盖汉、沔间流行童谣也。”“《沧浪之歌》，盖屈原取其辞以为意，无与于流放在地望也。”“辞中所言之沧浪，自非屈原亲到之地，乃孺子歌所产之哉！究无与于屈原迁徙之地望，可不必沾沾执为居汉北佐证。”① 说得何其好也！但与此同时，笔者也感觉不能迷信大师，再伟大的人物也不免有错……

一、饶宗颐先生的“汉北”

(一) 秦在楚北故云“汉北”?

饶氏曰：

> 有鸟自南兮，来集汉北。此言怀王入秦，渡汉而北。主《抽思》为原放居汉北或江南时所作，说并诬妄。
>
> 有鸟自南兮，来集汉北。此言怀王入秦，渡汉而北。自南，言自楚也。汉北非必指楚属宛、邓，凡汉水以北，皆可有是称。秦在楚北故云然也。词章家立言多浑括，况假托之辞，自不明指。好姱佳丽兮，牉独处此异域。好姱佳丽兮，美人也；美人，即君王也。秦非楚土，故云异域。②

饶氏之论乃强辩之辞。凡汉水以北，皆可称汉北，有个起码的条件就是必须距离汉水不太远。远离汉水位于楚西北的“秦都”并没有称“汉北”之例证。《楚世家》曰：“楚王至，则闭武关，遂与西至咸阳”“怀王被囚，是在秦都咸阳”，难道“咸阳”亦可称“汉北”?

汤炳正指出：

> 或谓“有鸟自南兮，来集汉北”，乃指怀王去秦不返之事。但作为楚人屈原的作品，对怀王北上，当谓“去集汉北”，而此则称“来”，则主体当身居汉北无疑。③

赵逵夫曰：

> “集”字有止息，留滞之义在内，与怀王武关之会途经汉北的情况不合。《抽思》下面又说：“牉独处此异域。”“处”，也是居止的意思。“来集汉北”和“牉独处此异域”结合起来看只能理解为是写的屈原放居汉北，而非怀王途经汉北。④

(二) 汉北在何处?

很多学者都认为《抽思》之汉北，即屈原曾流放之处。汉北在何处呢?

《楚世家》顷襄王“十九年，秦伐楚，楚军败，割上庸、汉北地予秦”。此记表明：顷襄王十九年，

---

① 饶宗颐：《楚辞地理考·说沧浪之水》《饶宗颐二十世纪学术论文集》卷11，台北新文丰出版股份有限公司2003年版，第91、92、98页。

② 饶宗颐：《北姑考》《楚辞地理考·说沧浪之水》《饶宗颐二十世纪学术论文集》卷11，台北新文丰出版股份有限公司2003年版，第107页。

③ 汤炳正：《渊研楼屈学存稿》，中国社会科学出版社2004年版，第72页。

④ 赵逵夫：《屈原未放汉北说质疑与被放汉北新证》，《中国文学研究》1990年第3期，第20页。

即前280年以前，汉北属楚国。此记还间接反映了汉北的地望。上庸、汉北相连，都在楚国北部靠近秦国之地（那些原为楚国的淅、宛之地）。

笔者以为上庸在汉水西南，今竹溪、房县一带，再向东北过汉水为汉北，即今襄樊北东到郧西一带。楚国原来的“淅”“宛”都是专属地名，不属汉北，淅、宛之北为秦“于商”地，更不可能称为汉北……

《尚书·禹贡》：“嶓冢导漾，东流为汉；又东，为沧浪之水；过三澨，至于大别，南入于江。”《左传·昭公十二年》载：“昔我先王熊绎辟在荆山。”楚人之先祖，居住区在雎、漳上游的“荆山”，其北是《禹贡》所记“东流为汉”的一段近东西走向的“古汉水”。楚人把其北的地区称为汉北，可见汉北之名有其历史渊源。

二、饶氏的“北姑即齐地之薄姑”？

饶宗颐先生曰：

> 予考，北姑即齐地之薄姑也。……薄姑地，盖在今山东博舆县东北也。知北姑为薄姑，而《抽思》言宿于北姑，则《抽思》当作于使齐时。考屈原两为齐使，古史书载之颇详。《史记·屈原传》云：“屈平既疏，不复在位，使于齐，顾反，谏怀王曰：何不杀张仪，怀王追悔张仪不及。此原第一次使齐也。”《新序·节士》篇：“复用屈原，屈原使齐。后秦嫁女于楚，与怀王为蓝田之会，屈原以为秦不可信，群臣皆以为可会，怀王遂会，果见囚拘，客死于秦。”此原第二次使齐也。如《新序》，言怀王之会秦武关，正值屈原第二次出使在齐，时虽力主不当会秦，卒以远隔朝列，不能死谏而获效。自望北山以下十四句皆屈原自述之辞……此原在齐南望郢都。①

饶氏无中生有的“怀王三十年屈原二次使齐”不确。怀王十八年屈原使齐反还，谏杀张仪之事，《史记》的《楚世家》《屈原列传》《张仪列传》凡三见，皆类同。

《新序》之文为：

> 遂至楚，楚囚之。上官大夫之属共言之王，王归之。是时怀王悔不用屈原之策以至于此，于是复用屈原。屈原使齐，还。闻张仪已去，大为王言张仪之罪，怀王使人追之，不及。后秦嫁女于楚，与怀王欢，为蓝田之会，屈原以为秦不可信，愿勿会，群臣皆以为可会，怀王遂会，果见囚拘，客死于秦，为天下笑。

就怀王十八年“屈原使齐”和“张仪至楚”之事，《史记》和《新序》所载基本相同，乃是怀王十八年屈原同一次使齐之事，与后来的三十年“怀王入秦”无关。

饶氏为了凑合他的“屈原没有放居汉北”，臆造出怀王三十年“正值屈原第二次出使在齐”，《抽思》作于怀王入秦之后等奇闻。为此他在《新序》引文中，把“屈原使齐”后面的“还。闻张仪已去，大为王言张仪之罪，怀王使人追之，不及”这二十几个字挖掉，再与后文的“后秦嫁女于楚，与怀王为蓝田之会”连接，来凑合他的“《抽思》作于二次使齐时；北姑即齐地之薄姑”……

其实，即便按饶氏拼接后的引文，也难以自圆其说。其一，在通信不便的古代，若“屈原出使在齐”，如何能及时得知“怀王欲入秦”？其二，屈原通过什么渠道表达他的“力主不当会秦”？其三，屈原既然“远隔朝列、在齐南望郢都”，怎么会出现“屈原以为秦不可信，愿勿会，群臣皆以为可会，怀王遂会”的场景呢？可见饶氏之“怀王之会秦武关，正值屈原出使在齐”“北姑即齐地之薄姑也”并不能自圆其说。

饶氏用剪接资料臆造出三十年怀王欲入秦“正值屈原第二次出使在齐”，把《抽思》中的“汉北”指认为“秦国”，把“北姑”指认为齐之“薄姑”（今山东博舆县）。在学术论著中如此毫无根据地大胆设想、曲解就己，实属罕见。

① 饶宗颐：《楚辞地理考·说沧浪之水》《饶宗颐二十世纪学术论文集》卷11，台北新文丰出版股份有限公司2003年版，第104—105、110页。

三、《洞庭辨》

饶宗颐：

《九章》：上洞庭而下江，则当屈原时，洞庭已与大江上下相通，如今日之形势矣。

《海内四经》，虽非作于战国，然最迟必汉初人之所造，其书沅、湘二水，注入洞庭，则其时湘域洞庭为众水所潴成之大泽，气象固如今日。《淮南子·人闲训》：江水之初出于岷山也，可攓衣而越也；及至其下洞庭，骛石城，经丹徒，起波涛，舟杭一日，不能济也。高注：洞庭在长沙；石城在丹阳。由是观之，初汉时洞庭非无浩森大观；战国去汉初未及百年，地文上必无剧变，则屈原时洞庭自非微波浅濑，又足征《九章》上洞庭而下江一语之为记实，与顾栋高说为虚揣矣。①

饶氏似乎缺少"地质地貌"是发展变化的观点，抛开权威的文献，片面引用后期资料。其"屈原时，洞庭已与大江上下相通，如今日之形势矣"并无文献依据。

《鄂君启舟节铭文》有从江"入湘"、"入资、沅、澧、油"，却没有提到洞庭湖，可见春秋战国时洞庭亦尚微渺，不在去湘、资、沅、澧的水路之中。约三国时成书的《水经》不但未提及洞庭湖，而且湘、澧、沅皆作"入江"，说明其时洞庭并非"众水所潴之大泽"。《楚策》及《苏秦列传》有苏秦说威王："楚南有洞庭、苍梧。"《后汉书·南蛮传》曰："吴起相悼王，南并蛮越，遂有洞庭、苍梧。"则楚悼王时已有"洞庭郡"。可见《哀郢》"上洞庭而下江"之洞庭并非指湖。否则其文的"上、下"不易说通。

湖泊之地貌是地质史上变化最大、最快的地貌，必须从发展变化的观点看待洞庭湖地区的历史。从公元4世纪开始，受地质沉降作用与长江荆江段筑堤的影响，长江分流之水汇入洞庭平原，才逐渐演变成浩渺的洞庭湖。到北魏郦道元作《水经注》时，已经是湘、资、沅、澧，"凡此四水，同注洞庭，北会大江""湖水广圆五百余里，日月若出没于其中"。唐宋时期，洞庭湖进一步向西扩展，《巴陵志》有"洞庭湖在巴丘西，西吞赤沙，南连青草，横亘七八百里"，而近现代的洞庭湖已经明显变小。

至于《淮南子·人闲训》："江水之初出于岷山也，可攓衣而越也；及至其下洞庭，骛石城，经丹徒，起波涛，舟杭一日，不能济也。"其"岷山""石城""丹徒"均为陆地名，何以见得与它们并列的"洞庭"不是"洞庭郡"名，而是"洞庭湖"名呢？

张云璈《选学胶言》云：

洞庭之名，经传无考。尔雅释地十薮，但言楚有云梦。言洞庭者，始见于灵均此文。然详玩辞意，似属微波浅濑。可以眺玩；故有秋风袅袅木落下之语。当是洞庭山下小水，因山得名，非如今日浩渺之状；故但言洞庭，而未有湖称。当日言水道者皆不之及。②

谭其骧《长水集下·鄂君启金节铭文释地》曰：

水程西南路在"上江"与"入湘""入资、沅、澧、油"之间，没有提到洞庭湖，此点颇堪注意。《汉书·地理志》湘水、沅水作"入江"，澧水、资水作"入沅"，《说文》湘水、沅水二水亦作"入江"，皆不及洞庭湖，与此同。《水经》湘、澧、沅三水皆作"入江"，只有资水作"东与沅水合于湖中"……顾栋高在其《春秋大事表》中，曾根据"遍考《诗》、《书》、《春秋》三传与《职方》、《尔雅》之文，无有及洞庭两字者"和"如屈原所云'洞庭波兮木叶下'，亦是微波浅濑，可供爱玩，无今日浩渺之观"这两点，做出过春秋战国时"洞庭亦尚微渺"的推断……他的看法确是很有见地的，值得我们作深入一步的研究。③

顾栋高、张云璈、之论，显然胜饶宗颐一筹。

---

① 饶宗颐：《楚辞地理考》《洞庭辨》《饶宗颐二十世纪学术文集》卷11，台北新文丰出版股份有限公司2003年版，第126、128页。

② 转引游国恩：《游国恩楚辞论著集》第3卷，中华书局2008年版，第12页。

③ 谭其骧：《长水集》，人民出版社1987年版，第210页。

四、“正月为陬”不是周之月名

（一）没有周正“十一月为陬”之例证

饶宗颐：

《尔雅》云：“正月为陬。”此为周之月名。《离骚》云：“摄提贞于孟陬兮。”《汉书·刘向传》载向疏云：“孔子对鲁哀公言夏桀、殷纣暴虐天下，故历失制，摄提失方，孟陬无纪。”楚与鲁同用陬作为正月月名，是沿周称也。帛书用夏正建寅，故陬为岁首之正月。此与汉人以十一月为陬用周正建子不同。①

饶氏的“正月为陬”此为周之月名和“汉人以十一月为陬”，不但没有文献依据，而且还有前言不搭后语之嫌。长沙子弹库《楚帛书》：东北“正月取（陬）寅”② 和《尔雅·释天》之记“正月为陬”，都是夏历正月的“寅月”为“陬”，并无“十一月为陬”之例。

（二）如何理解“摄提失方，孟陬无纪”？

与《刘向传》“摄提失方，孟陬无纪”类似的记载还有：

《史记·历书》：

闰余乖次，孟陬殄灭，摄提无纪，历数失序。

索隐述赞：“孟陬贞岁，畴人顺轨。敬授之方，履端为美。”

《大戴礼记·用兵》：

历失制，摄提失方，邹（即陬）大无纪。

《汉书·律历志》：

而闰余乖次，孟陬殄灭，摄提失方。等等。

这些引文中的“孟陬”和“摄提”都是相属为文。虽然魏 孟康《汉书音义》的“正月为孟陬，历纪废绝”及裴骃《史记》“集解”皆以“孟陬”为正月。后来的学者们也多把它解释为“正月”。其实这样注解尚可商榷。

《历书》和《律历志》“闰余乖次”是指“推历失闰”，使斗建与月名错误。而“孟陬殄灭、孟陬无纪”和“摄提无纪、摄提失方”，都是说“孟陬”和“摄提”这些星的位置不得其正。“摄提”可指“摄提六星”，“孟陬”则可指陬訾的第一宿“营室”。“闰余乖次”已经表述了“斗建与月名错也”，不需要再说“正月殄灭”。再说，一旦“历失”各月均会错位“失次”，不可能单单“正月殄灭”。更何况历法失当，正月总是有的，不会“殄灭”。而星宿陬訾“不得其正”——不在正常的位置上了，可以说“殄灭、无纪”。

周言先生指出③：通常释（《离骚》）“孟陬”为夏历正月，不妥。把年名（摄提格）“贞于”月名（孟陬），则文义不通。若“陬”已指正月，又复称“孟”，属同义反复，也不可取。

清郝懿行《尔雅义疏》说：“陬訾，星名，即营室、东壁。正月日在营室，日月会于陬訾，故以‘孟陬’为名。”④

郝懿行正可为歪打正着：“陬”指陬訾，在十二辰中属寅，包括二十八宿中的营室、壁。“营室”是“陬訾”的第一宿，故称“孟陬”，这才是正解。而郝氏又沿用孟康的“正月为孟陬，历纪废绝”，反而不对了。

《史记·历书》：“昔自在古，历建正作于孟春。”《史记·天官书》：“摄提格岁，太岁左行在寅，岁星右转居丑（星纪），以正月与斗、牵牛晨出东方，名曰监德。”《历书》《天官书》提到“建正”和“星岁纪年”，用的是“孟春”和“正月”。汉和前汉文献中并没有用“孟陬”指称“正月”之例。所以，把“孟陬”解释为陬訾的第一宿“营室”，不论是《离骚》还是《汉书·刘向传》等，都很合适。

汤炳正《试论“寅”字的本义与十二支的来源》认为：周正建子。“子”字的籀文有的颇似鼠形。

① 饶宗颐：《长沙楚帛书研究》《饶宗颐二十世纪学术文集》卷三，台北新文丰出版股份有限公司 2003 年版，第 207、220 页。

② 饶宗颐：《长沙楚帛书研究》，中华书局 1985 年版，第 216 页。

③ 周言：《利簋铭文“岁鼎”补释》，《华东师范大学学报（社科版）》2000 年第 5 期，第 121 页。

④ 郝懿行：《尔雅义疏》，上海古籍出版社 1983 年版，第 751 页。

在“物名纪月”留存的年代，有可能称周历的正月（子月）为“鼠月”，与夏历正月为寅月的“陬”不合。

刘信芳认为：《楚帛书》月名与《尔雅》月名相同，这十二月名绝少见于先秦重要典籍。“说明它行用的范围主要在楚国，并未广泛流行。到了汉代以后，才广为人知。”“帛书‘取’就是‘獭’”。帛书正月“取”，合于《夏小正》：正月，“獭兽祭鱼”的物候记载。“楚帛书月名是迄今所能见到的最早的物候历月名。”① 起源于物候的“正月为陬”，不是“三代岁首正月之统称”。寒冷的周历“正月（子月）”与“獭兽祭鱼”的物候不符，不可能称之为“陬（取）”。

《楚帛书》和《尔雅》的月名，是夏历的专用名，而不是各历的通用名。《尔雅》云：“正月为陬”，非周之月名。古籍中也没有“汉人以十一月为陬”的信息。

结　论

饶宗颐的这些研究似乎用了“奇以治学”的大胆猜想，偏离了求是、求真、求正的大道。

1.《史记・屈原传》和《新序・节士》所载基本相同，乃是怀王十八年屈原同一次使齐之事，既不是屈原的两次齐使，更与怀王三十年入秦无关。《抽思》也与屈原使齐无关，其北姑更与齐之薄姑无关。

饶氏在引证时把《新序・节士》文本中间的“还。闻张仪已去，大为王言张仪之罪，怀王使人追之，不及”这一段与《史记》类同的记叙挖去，再把前后拼接起来，判定为“如《新序》，言怀王之会秦武关，正值屈原第二次出使在齐”。即便按饶氏“拼接”后的引文，也难以自圆其说：屈原既然“出使在齐，远隔朝列”，怎么会出现“屈原以为秦不可信，愿勿会，群臣皆以为可会，怀王遂会”的场景呢？如此生硬地拼接资料，用以凑合他的“《抽思》作于使齐时，北姑即齐地之薄姑”，在学术论著中实属罕见。

2. 饶氏缺少地质地貌是发展变化的观点，他的“屈原时，洞庭已与大江上下相通，如今日之形势矣”并无文献依据。《鄂君启舟节》就没有提到洞庭湖，说明它不在去“湘、资、沅、澧”的水路之中。三国时的《水经》也没有提及洞庭湖，而且记载：湘、澧、沅皆作“入江”，说明其时洞庭并非众水所潴之大泽。

3. 饶氏的“正月为陬”此为周之月名和“汉人以十一月为陬”，不但没有文献依据，而且还有前言不搭后语之嫌。长沙子弹库《楚帛书》东北“正月取（陬）寅”和《尔雅・释天》之记“正月为陬”与《楚帛书》“正月取（陬）寅”都是夏历正月的“寅月”，并无“十一月为陬”之例。

---

① 刘信芳：《中国最早的物候历月名——楚帛书月名及神祇研究》，《中华文史论丛》第53辑，上海古籍出版社1994年版，第75—107页。

楚史杂谈——兼论《楚人源于关中平原新证》

传统文献中的季连是祝融之后，是鬼方氏的外甥，是夏代荆芈楚人的直接先祖。出土的大量楚简中都有老童、祝融、鬻熊三位祖先，却没有季连。而《清华简·楚居》中季连地位突出，但是他起于何时、先祖是谁，却没有记载。《楚居》既没有说季连之子“伯、仲”谁生了“穴熊”，也没有按照“表示下一代的惯例”说“至穴熊”。“若是把绖伯、远仲与穴酓之间，理解为尚有所缺，‘弗能知其世’，可能更顺畅一些”。①

总之，传统文献与出土文献的差异、矛盾，不宜简单地作“非此即彼”的肯定或否定。

一、楚先的传说

（一）高阳

《离骚》：

帝高阳之苗裔兮，朕皇考日伯庸。

《楚世家》：

楚之先祖出自帝颛顼高阳。高阳者，黄帝之孙，昌意之子也。高阳生称，称生卷章，卷章生重黎。

《国语·楚语·观射父论绝地天通》：

颛顼受之，乃命南正重司天以属神，命火正黎司地以属民，使复旧常，无相侵渎，是谓绝地天通。

以上表明“南正重、火正黎（祝融）”只是颛顼之臣，并非颛顼之子孙，这就与屈原的“帝高阳之苗裔”，司马迁之“楚之先祖出自帝颛顼高阳”有分歧。就现有资料看似乎难以取舍。

（二）“三楚先”老童、祝融、鬻熊与季连

1. 老童、祝融、鬻熊“三楚先”

出土的大量楚简中都有老童（《史记》误为卷章）、祝融、鬻熊三位祖先，未见颛顼高阳，除《清华简》外也没有季连。

包山简：祷楚先老童、祝融、鬻酓。（包山 6：217、237）

望山简：（楚）先老童、祝（融）、鬻酓。（望山 6—#120+5、—#121）

新蔡简：举祷楚先老童、祝融、鬻酓。（新蔡 6 甲三：188、197）

《左传·僖公二十六年》：“夔子不祀祝融与鬻熊，楚人让之。”可印证竹简的记载。

2. 季连

古籍中的季连是祝融之后陆终第六子，是夏代鬼方氏的外甥，也是荆芈楚人的直接先祖。《世本》《大戴礼记·帝系》《史记·楚世家》《汉书·古今人表》《国语》等记载类同。例如，《太平御览》卷三百七十一引《世本》：“陆终氏娶于鬼方氏之妹，谓之女隤，生六子，孕而不育。三年，启其左胁，三人出焉；启其右胁，三人出焉。”

《大戴礼记·帝系》：

陆终氏娶于鬼方氏，鬼方氏之妹谓之女隗氏，产六子，孕而不粥（育），三年，启其左胁，六人出焉。其一曰樊，是为昆吾。其二曰惠连，是为参胡。其三曰篯，是为彭祖。其四曰莱言，是为云（妘）郐人。其五曰安，是为曹姓。其六曰季连，是为芈姓。……昆吾者，卫氏（是）也。参胡者，韩氏（是）也。彭祖者，彭氏（是）也。云郐人者，郑氏（是）也。曹姓者，邾氏（是）也。季连者，楚氏（是）也。②

① 李守奎：《论〈楚居〉中季连与鬻熊事迹的传说特征》，《清华大学学报（哲社版）》2011 年第 4 期，第 33—39 页。

② 高明：《大戴礼记今注今译》，台湾商务印书馆 1975 年版，第 249 页。

《楚世家》：

重黎为帝喾高辛居火正，甚有功，能光融天下，帝喾命曰祝融。共工氏作乱，帝喾使重黎诛之而不尽。帝乃以庚寅日诛重黎，而以其弟吴回为重黎后，复居火正，为祝融。吴回生陆终。陆终生子六人，坼剖而产焉。其长一曰昆吾；二曰参胡；三曰彭祖；四曰会人；五曰曹姓；六曰季连，芈姓，楚其后也。昆吾氏，夏之时尝为侯伯，桀之时汤灭之。彭祖氏，殷之时尝为侯伯，殷之末世灭彭祖氏。季连生附沮，附沮生穴熊。其后中微，或在中国，或在蛮夷，弗能纪其世。周文王之时，季连之苗裔曰鬻熊。鬻熊子事文王，蚤死。其子曰熊丽，熊丽生熊狂，熊狂生熊绎。

《国语·郑语》史伯曰：

祝融……其后八姓，于周未有侯伯。佐制物于前代者，昆吾为夏伯矣，大彭、豕韦为商伯矣，当周未有。己姓，昆吾、苏、顾、温、董。董姓，鬷夷、豢龙，则夏灭之矣。彭姓，彭祖、豕韦、诸稽，则商灭之矣。秃姓，舟人，则周灭之矣。妘姓，邬、郐、路、偪阳；曹姓，邹、莒，皆为采卫，或在王室，或在夷狄，莫之数也，而又无令闻，必不兴矣。斟姓无后。融之兴者，其在芈姓乎？芈姓夔、越，不足命也，蛮芈，蛮矣；唯荆实有昭德，若周衰，其必兴矣。姜，嬴、荆芈，实与诸姬代相干也……

“陆终六子”与“祝融八姓”中的“芈姓”基本上一致。

（三）夏、商时代荆楚之居地

1. 楚之先祖季连

季连是陆终氏娶于鬼方氏之妹所产之子的传说，表明楚族与西北的鬼方关系密切。

《竹书纪年》载夏桀二十一年“商帅师征有洛，克之。遂征荆，荆降”。《墨子·兼爱中》说：“古者禹治天下……南为江、汉、淮、汝；流之注五湖之处，以利荆楚、于越与南夷之民。”宋代罗泌《路史·后纪》记载：“伯禹定荆州，季芈实居其地。”

按墨子之说，夏禹之时“荆楚”已迁至南方。罗泌则肯定，夏禹定荆州后，成为季芈的居地。“荆楚”是如何从西北迁到“南乡”的呢？史料缺失难已知晓。赵炳清推断“禹征三苗就是季连一部南迁的时间”①，似乎依据不足。

2. 殷商时荆楚“居国南乡”

《诗经·商颂·殷武》：

维女荆楚，居国南乡，昔有成汤，自彼氐羌，莫敢不来享，莫敢不来王，曰商是常。……挞彼殷武，奋伐荆楚，深入其阻，裒荆之旅。

《毛传》说：

荆楚，荆州之楚国也。

《郑笺》说：

维女楚国近在荆州之域，居中国之南方，而背叛乎？

《殷武》可能是商人后裔追述商朝盛事的历史传说，“居国南乡的荆楚”或是殷的属国。

《今本竹书纪年》五十九年：

王，殷之大仁也。……是时舆地东不过江黄，西不过氐羌，南不过荆蛮，北不过朔方，而颂声作。

《今本竹书纪年》的殷高宗“南不过荆蛮”与《殷武》“南乡荆楚”可互证。

《汉书·贾捐之传》：

武丁、成王，殷周之大仁也，然地东不过江、黄，西不过氐、羌，南不过蛮荆，北不过朔方。而颂声作……及其衰也，南征不还，齐桓救其难，孔子定其文。②

贾捐之认为，殷武丁和周成王其南疆同为“蛮荆”，而在商、周两代既居“南乡”又名“蛮荆（荆

① 赵炳清：《楚人先民溯源略论》，《民族研究》2005年第1期。

② 班固：《汉书》，中华书局1962年版，第2831页。

楚）”的，除了“鬻熊的荆楚”外并无第二家。这是殷商“南有蛮荆”的又一例证。

李山先生说：

> 因为在相关的文献中，没有任何武丁曾讨伐荆楚的明确记载。时至周初，楚人“辟在荆山”，势力还相当小，料想武丁之时还不会有《殷武》所述的大规模伐楚之事……“殷武”之“武”，当是说殷商民族武烈传统，而不当谓某个先王。①

这既是对《殷武》“挞彼殷武，奋伐荆楚”的曲解，也与“维女荆楚，居国南乡”与《今本竹书纪年》和《汉书》中“武丁时南为蛮荆”抵牾。

（四）穴熊和鬻熊

《楚世家》之“季连生附沮，附沮生穴熊。其后中微，或在中国，或在蛮夷，弗能纪其世。周文王之时，季连之苗裔曰鬻熊”，说明季连和其孙“穴熊”是夏代之人，与商末的鬻熊，其间缺失了好几百年，故司马迁曰“弗能纪其世”。

刘向《别录》：“鬻子名熊，封于楚。”从出土的《楚简》等文献看，不少学者认为穴熊和鬻熊是同一个人。而从另一方面看，有些学者相信，季连与鬻熊之间时代远隔，只有把穴熊和鬻熊分为二人，才能把遥远的夏代楚先祖，贯通到商代末年的鬻熊世系。②

为了解决矛盾有人提出：鬻熊和祝融类同，都是部族首领名号并非同一个人。例如黄鸣说：“穴熊其时代约在夏代，鬻熊为殷末周初人，上距穴熊时间甚长，两者实非一人。大抵穴熊为楚人先祖之极受尊崇者，故其名号代代相传，至殷末周初楚族首领鬻熊仍然沿用。”③

新蔡简甲三：11、24号简“昔我先出自雍丘，宅兹沮漳，以选迁处”。简文对楚族起源和迁徙的说明，提供了珍贵史料。

二、《楚居》相关的几个问题

（一）“季连与穴熊”不是兄弟

来国龙先生认为：

> “《楚居》主要讲述自季连开始到楚悼王，共二十三位楚先公、先王的居处与迁徙。以‘至某王，居（或徙居）某地’的形式罗列楚王世系。这样的世系，并不完全是对历史事实的真实记录，而是为当时的政治斗争所做的一种意识形态上的总结。”来先生又说：“季连和穴熊（即鬻熊）之间，不是按照《楚世家》或《世本》所说的父子关系排列，不是一个父子相继的直线世系，而是一个弟兄祖先的起源神话：季连生 伯、远仲，穴熊生侸叔、丽季，而绖伯、远仲，侸叔、熊丽之间，以伯、仲、叔、季的兄弟排行排列。④”

来氏之论，不能自圆其说。第一，“《楚居》主要讲述自季连开始到楚悼王，共二十三位楚先公、先王的居处与迁徙。”很多与王系传承无关的、先王之“伯、仲、叔、季”都略而不记了。之所以记“季连生绖伯、远仲，穴熊生侸叔、丽季”，是因为绖伯、远仲与侸叔、丽季在楚国先公、先王的传承中有相应的位子。否则，丽季以下的诸“王”中，除了“兄终弟及”的“酓樊及酓赐”“酓甬及酓严”“酓相及酓雪及酓训”“酓咢及若敖酓义”，难道其他各“王”都是“独生一个子”？第二，假如“季连与穴熊是兄弟”，那季连→绖伯、远仲和穴酓→侸叔、丽季，就是并立的两个楚王世系。请问他们是如何传承的呢？是“季连世系”至远仲就断档，再从“穴酓世系”重新开始，还是远仲传位于其叔父穴酓的呢？显然，这都与《楚居》的文本不合。来氏不顾《楚居》的总体，不顾众多古籍中季连与穴熊是先祖与后代关系的记载，匪夷所思地把季连生的伯、仲与其苗裔穴熊生的叔、季列为“兄弟排行”。实在太离谱了。

---

① 李山：《诗经的文化精神》，东方出版社1997年版，第206—209页。转引夏麦陵：《初读清华简〈楚居〉的古史传说》，复旦大学出土文献与古文字研究中心2012年10月27日，http://www.gwz.fudan.edu.cn/SrcShow.asp?Src_ ID=1952。

② 李守奎：《论〈楚居〉中季连与鬻熊事迹的传说特征》，《清华大学学报（哲社版）》2011年第4期，第33—39页。

③ 黄鸣：《从〈楚居〉的“聂耳”传说看商周之际的楚国地理与史实》，简帛网2011年12月22日，http://www.bsm.org.cn/show_ article.php?id=1600。

④ 来国龙：《清华简〈楚居〉所见楚国的公族与世系——兼论〈楚居〉文本的性质》，简帛网2011年12月3日，http://www.bsm.org.cn/show_ article.php?id=1588。

（二）“屈紃”不是“楚芈公族”

来国龙先生说：

> 学者已经指出《楚居》中的“远仲”即指楚国公族中的薳氏、“侸叔”即鬭氏，“屈約”即指屈氏。（田成方，《东周时期楚国宗族研究》，武汉大学博士论文，2011年4月）但是，大家似乎都还没有注意到第2号简中的“緹伯”，其实就是指春秋时期楚国四大公族中的成氏……这样，《楚居》一开篇，楚国春秋时期的四大公族的氏名就齐全了……《楚居》中的“屈約”也很有可能就是指屈氏的祖先。

如果说“楚国公族”的成员：“緹伯”是指春秋时期楚国四大公族中的成氏、“远仲”即指楚国公族中的薳氏、“侸叔”即鬭氏。其假想情理上还说得过去，而说屈約是楚国公族屈氏的祖先，就难以融通。假如屈約是屈氏的祖先，首先要证明屈約是楚芈熊氏的后代，是楚国公族。而《楚居》中的“酓绎与屈紃”，用“与”字连接，表示他们是并列关系，根本没有屈紃是楚芈熊氏后代的信息和依据。若屈紃不是楚国公族，怎么能说屈紃是楚国公族屈氏的祖先呢？

或许“酓绎与屈紃”和“季连与妣隹”“穴酓与妣列”类同，都是配偶。酓绎娶了屈姓之女，所以文中“酓绎与屈紃”并列。就《楚居》文本来看，屈紃与楚国公族的屈氏无关。

（三）“夷屯”不在今陕西南部的丹水之阳

夏麦陵说①：

> 熊绎受封于西周成王时，居夷屯，与周昭王时“伐楚荆、涉汉”时的楚都不可能是一地，说周昭王时楚都在汉水以南是对的，但这不能等同熊绎直到熊渠时“尽居夷屯”。夷屯如果真在“汉水以南”，那《楚世家》记载的不是“丹阳”而是“汉阴”了。

这是诡辩。第一，《楚居》明明说酓绎“卜徙于夷屯”“至酓只、酓（舟旦）、酓樊及酓锡、酓巨，尽居夷屯”，即从熊绎到熊渠“尽居夷屯”，并未迁居。可在夏氏的笔下却成了“熊绎受封于西周成王时，居夷屯，与周昭王时‘伐楚荆、涉汉’时的楚都不可能是一地”？如果不是居一地，怎么能说“尽居夷屯”呢！如果不是一地，他们是从何处，徙于何处的呢？第二，夏氏说：“周昭王时楚都在汉水以南是对的，但这不能等同熊绎直到熊渠时‘尽居夷屯’。”这有两种可能：一是《楚居》的“熊绎直到熊渠时‘尽居夷屯’”记载错误：周昭王时楚都已不在夷屯，而在汉水以南了。可是夏氏既没有认为《楚居》记载错误；现有的资料也不能证明《楚居》从熊绎直到熊渠“尽居夷屯”有误。那么，另一个可能就是夏氏语无伦次，做了不合逻辑的诡辩。第三，夏氏说：“夷屯如果真在‘汉水以南’，那《楚世家》记载的不是‘丹阳’，而是‘汉阴’了。”——这是胡搅蛮缠。《楚世家》记载“居丹阳”的同时，还有“昔我先王熊绎辟在荆山”“自吾先王受封，望不过江、汉’”，这三者理当互为补充。受封于江、汉之间的先王熊绎，如果既在荆山附近，又有丹阳之名，其名完全可以是旧号复随之移殖。或正如夏氏自己所说：“楚王族定居于江汉平原后……把原来居住地的地名带到了新居地”。

地名的产生比较复杂，虽然有山南水北为阳的惯例，但是不能绝对化。《史记》中的丹阳或可囊括汉水南北的汉中及丹、淅之地（见《楚世家》《秦本纪》《韩世家》《屈原列传》《张仪列传》等），不必非要称汉阴、汉阳。

夏麦陵又说：

> 熊绎受封于周成王时，《楚世家》说他“居丹阳”，《楚居》说熊绎直到熊渠时“尽居夷屯”。这显然《楚世家》的丹阳，就是《楚居》的夷屯了。……现在出土文献《楚居》证明丹阳是方位名词而不是地名。地名是夷屯。……夷屯为什么又称丹阳呢？因为夷屯在丹水之阳。山南水北为阳，这是我国自古以来命名地名的一贯原则。这证明“夷屯”一定在丹水之阳，也一定在今陕西南部的丹水之阳。还到不了淅川的丹水流域。

这是曲解就己。第一，《楚居》中根本没有“丹阳”之名。汉代以后史书中的“丹阳”或许是后起之名。夏氏的“《楚居》的‘夷屯’一定在丹水之阳”说，缺乏依据。第二，既然《楚居》说“熊绎直到熊渠‘尽居夷屯’”，我们就应该把与熊绎直到熊渠居地相关的资料都搜集起来综合考虑，再作判

① 夏麦陵：《初读清华简〈楚居〉的古史传说》，《中华史研究》2011年第1辑。

断。夏氏仅仅采用了"《楚世家》中的'居丹阳'"一例，就说："（夷屯）一定在今陕西南部的丹水之阳。还到不了淅川的丹水流域。"这是选择性地引用资料。第三，现有文献中，熊绎到熊渠居地的相关资料很多，大多数都指向汉南，根本没有在"陕西南部的丹水之阳"的例证。

现略举几例说明，熊绎到熊渠的居地所在。（详见本书《楚国初封考》）

1. 周武王克商时"楚在南土"。

《左传·昭公九年》："及武王克商，蒲姑、商奄，吾东土也。巴、濮、楚、邓吾南土也。"

假若《楚居》中的"夷屯""在今陕西的丹江北岸河谷"，那楚就在"巴、濮、邓"的西北，两者相距约200公里，"楚"就不可能"与三国并列"共称"南土"。可见周武王时楚不可能在"陕西南部的丹水之阳"。

2. 周成王时熊绎受封"辟在荆山""望不过江、汉"。

《左传·昭公十二年》："昔我先王熊绎辟在荆山，筚路蓝缕，以处草莽，跋涉山林，以供王事"。（《楚世家》同）

《楚世家》："昭王曰：'自吾先王受封，望不过江、汉'。"周成王封楚时，楚不可能在陕西南部的丹水之阳。

3. 周昭王时"王涉汉伐楚"，楚在汉南

《吕氏春秋·音初》云："周昭王亲将征荆，辛余靡长且多力，为王右。还反涉汉，梁败，王及祭公抎（陨）于汉中。"

《京师畯尊》铭文"王涉汉伐楚"。"不管成王时所封熊绎的丹阳是不是丹淅一带，昭王时的楚都只能是在汉南了。①"

可见周昭王时楚不可能在陕西南部的丹水之阳。

4. 周夷王时，熊渠"得江汉间民和"

《楚世家》：

> 当周夷王之时，王室微，诸侯或不朝，相伐。熊渠甚得江汉间民和，乃兴兵伐庸、杨粤，至于鄂。熊渠曰："我蛮夷也，不与中国之号谥。"乃立其长子康为句亶王，中子红为鄂王，少子执疵为越章王，皆在江上楚蛮之地。

周夷王时楚也不可能在"陕西南部的丹水之阳"。

传统文献中，从熊绎到熊渠，楚人的居地都在南土江汉之间，并没有迁徙的信息。这与《楚居》的酓绎"卜徙于夷屯""至酓只、酓（舟旦）、酓樊及酓锡、酓巨，尽居夷屯"记载一致。"夷屯"当在汉南，不可能在今陕西的丹江北岸河谷。

三、周宏伟《楚人源于关中平原新证》商榷

周宏伟以"清华简《楚居》的地名"为基础所写的《楚人源于关中平原新证》② 是一篇思绪混乱、概念模糊的长文。他对《楚居》中"专名"的考证，多用同音字转换等文字游戏的方法，所引用的大量资料多与其结论没有必然的逻辑关联，本文仅就其文中与常见文献相抵牾的部分论点提些商榷意见。

（一）周宏伟的"楚国前史"？

周宏伟认为：

> 季连的生活时代可以确定在前14世纪中后期。作为楚人前身的荆人部落，早在夏代就生活在今关中平原东部华山北麓的华县一带，可能属于崇国范围。到夏朝末年，由于荆人战败于商人部落，开始接受商朝的统治，而一部分荆人（季连先祖）则离开华山北麓，迁居于终南山北麓人烟稀少的白鹿原上。到商代中期，白鹿原上的季连部落通过与商王室的联姻，建立了与原居地荆人部落的密切联系。周人兴起于关中平原后，原居地荆人部落逐渐接受周人的统治，被称之为"郑荆"，其中荆（井）人之王族部分被迁居于周都丰，而人民多迁居于中原，

① 李学勤：《由新见青铜器看西周早期的鄂、曾、楚》，《文物》2010年第1期，第43页。

② 周宏伟：《楚人源于关中平原新证——以清华简〈楚居〉相关地名的考释为中心》，《中国历史地理论丛》2012年第2辑，第5—27页。

可能成为周初井（邢）国、郑国的子民；白鹿原上的荆人部落由于不服周人的统治，受到周王的攻击，且变得干凉的区域气候对部落生产也带来重大不利影响，于是，从西周初年开始，他们逐渐越秦岭向东南迁往丹江谷地，周人常称之为“楚荆”，也有称“郡荆”“蛮荆”的。①

周宏伟对“楚国前史”的论述，可分四个阶段：

第一，楚人前身是荆人。荆人部落早在夏代（前2070—前1600年）就已经生活在华山北麓。

第二，夏朝末年“荆人战败于商人”，一部分“接受商朝的统治”（留在华山北麓），“季连先祖”这部分荆人离开华山北麓，迁居于白鹿原。

第三，商代中期，白鹿原上的季连，建立了与华山北麓原居地荆人的联系。

第四，“周初熊绎之前”白鹿原上的荆人部落，受到周王的攻击，逐渐迁往丹江谷地。其时，白鹿原上可能还有楚人部落残留。

这些结论，既与众多传统史料不符，在《楚居》中也找不到依据，往往不能自圆其说。“楚人前身的荆人部落，早在夏代就生活在今关中平原东部华山北麓”就没有依据。

他依据传统史料认可“早在夏代荆人部落就已经存在”；采信《楚世家》中“季连生附沮，附沮生穴熊。其后中微，或在中国，或在蛮夷，弗能纪其世。周文王之时，季连之苗裔曰鬻熊。鬻熊子事文王，蚤卒。其子曰熊丽”等。可是他认定的：“季连只不过是前14世纪中后期，荆人部落中白鹿原分支的头领”，既与《世本》《大戴礼记·帝系》《楚世家》等古籍的“陆终第六子季连，芈姓，楚其后也”记载不符，又缺乏文献依据。

（二）周宏伟认定的《楚居》中的季连

1.《楚居》中的传说

周宏伟说：“而季连则不同，他显然是一个事迹比较清楚的历史人物，《楚居》的叙述由他开始就可以证明。”② 周说与大量楚简中的楚先为老童、祝融、鬻熊不符。除《清华简·楚居》外，出土的楚简中未见季连。可见季连在楚人心中，并非“清楚的历史人物”。

在《大戴礼记·帝系》《史记·楚世家》等史籍中，季连是楚人的直接先祖，是夏代“女隗氏拆剖而产”的六个儿子中的老六，他们诞生都很神奇。

古代圣哲，往往有从胁而生的“瑞征”，佛经中的佛陀就是从其母右胁出生。

《楚居》中“季连初降于隈山”与《山海经·西次三经》中：騩山“神耆（老）童居之”可能是“楚先祖居騩山传说”的不同版本，与《国语·周语上》‘昔夏之兴也，融降于崇山’类似。古籍中的“坼胁生季连”，在《楚居》中成了穴熊之配偶“妣列坼胁生丽”，这可能是同一传说的不同演绎。故李守奎先生说：“《楚居》中有关季连的事迹人神参半，真伪参半”；“传说有历史的影子，但辗转相传、张冠李戴在所难免。凭借现有的材料，难以确定是非。”③

2. 季连生活的时代

周宏伟说：

> 根据《楚居》篇季连见“盘庚之子”以及与其女儿结婚的记载，季连的生活时代可以确定在前14世纪中后期，因为，根据新定《夏商周年表》，作为著名商王的盘庚，其在位年代约在前1401—前1374年间，则其子应生活于前14世纪中期。因为京宗为荆人部落祖先宗庙的所在，所以，穴酓季连、祖孙二代才相继来到这里生子、结婚、居住。④

周氏之论，依据不足，且自相矛盾。

假如“穴酓是季连之孙”“穴酓即鬻熊”，鬻熊与周文王姬昌（约前1152—前1056年）同时代，那么季连当是前1200年左右的人。这就与他所说的“季连的生活时代在前14世纪中后期”差了100多

① 周宏伟：《楚人源于关中平原新证——以清华简〈楚居〉相关地名的考释为中心》，《中国历史地理论丛》2012年第2辑，第8、25—26页。

② 周宏伟：《楚人源于关中平原新证——以清华简〈楚居〉相关地名的考释为中心》，《中国历史地理论丛》2012年第2辑，第8页。

③ 李守奎：《论〈楚居〉中季连与鬻熊事迹的传说特征》，《清华大学学报（哲社版）》2011年第4期，第33—39页。

④ 周宏伟：《楚人源于关中平原新证——以清华简〈楚居〉相关地名的考释为中心》，《中国历史地理论丛》2012年第2辑，第7—8、20页。

年，可见周氏不能自圆其说。

3. 周宏伟笔下的季连①

（1）“穴穷即镐京”……青年季连才可能在这里居住较长时间。

青年季连之所以去（镐）京，很可能是因为在当时的关中地区，这里拥有一处令人向往的“辟雍”……镐京辟雍最初大约就是崇国以镐池为中心营造的一片环境幽雅的场所，久而久之，到西周时，这里便发展成为贵族子弟习艺学射之宫、四方朝觐诸侯接待之所、帝王贵族射猎游宴之地。青年季连来到（镐）京，应该是学知识、开眼界、见世面、长见识的。如《礼记·内则》中，对贵族男子就是这样要求的：“十年，出就外傅，居宿于外，学书记……十有三年，学乐诵诗，舞勺，成童，舞象，学射御。”镐京辟雍显然是这样一处训练贵族青年的理想场所。

（2）季连在穴穷（镐京）学习、训练回到部落后，不久又去了“乔山”。季连之所以前往离其居地数十里外的乔山，应该是为未来部落的南徙进行路线考察作准备。

（3）季连在白鹿原上生活了一段时间之后，又开始对外交往活动，那就是与商朝王室建立联系。《楚居》所谓季连“逆上洲水，见盘庚之子，处于方山，女曰妣隹，秉兹率相，詈由四方。季连闻其有聘，从及之盘；爰生绖伯、远仲，毓徜徉，先处于京宗”一段，无疑就是讲的季连与商王朝建立联系的过程。季连拜访盘庚之子的路线，大体是这样：季连从当时自己的居地白鹿原“爰陂”出发，下到数百米外的戠水（即霸水，见后考）岸边，登上一只小船，顺流而下渭水，经过数十公里的渭水航程，再在盘（蕃）邑附近转入渭水支流洲水（赤水河），上溯而达盘庚之子所居的方山（即华山）。

（4）所谓“见盘庚之子，处于方山”一句，是说季连在见到盘庚之子后，被安置在方山（华山）上休养。

（5）季连在方山休养的时候，遇见了“盘庚之子”的女儿妣隹。于是，季连开始了对妣隹的政治婚姻攻势，这就是所谓季连“见盘庚之子，处于方山，女曰妣隹，秉兹率相，詈由四方。季连闻其有聘，从及之盘”的故事。在商代军队中，常有带兵作战的女将“妇×”，商王武丁之妻妇好（妣辛）就是商代最著名的女将。妣隹似乎也是这样一位女将。

周宏伟臆想中的季连，不是带领荆楚部族“筚路蓝缕、艰苦奋斗”的头领，而是四处游逛的大国太子（既有权有势，又没有担子的“官二代”）。其演义的内容，既脱离了荆楚部落的实际，也远远超出了《楚居》的文本，不宜在严谨的学术论文中出现。

《楚世家》的：“季连生附沮，附沮生穴熊。其后中微，或在中国，或在蛮夷，弗能纪其世。周文王之时，季连之苗裔曰鬻熊。鬻熊子事文王，蚤死。”明明记载穴熊与鬻熊之间有缺失“弗能纪其世”。周宏伟却说：“根据《史记·楚世家》的记载，鬻熊为季连之孙。”② 如此曲解就已，太没有说服力了。

（三）周宏伟的“周初荆人受周王攻击的证据”？

周宏伟说：

白鹿原上的楚荆部落由于不接受周人的统治，不断遭到周人的攻击。前录《矢令簋》《驭簋》《墙盘》等器铭中“伐楚伯”“伐楚荆”“惩楚荆”的记载，《诗经·小雅·采芑》中“……蠢尔蛮荆，大邦为仇；……显允方叔，征伐玁狁，蛮荆来威”的诗句，可为其证。“从西周初年开始，他们逐渐越秦岭向东南迁往丹江谷地”。周初熊绎之前的“楚荆”部落尚居住于白鹿原上。③

1.《矢令簋》

周宏伟说：

① 周宏伟：《楚人源于关中平原新证——以清华简〈楚居〉相关地名的考释为中心》，《中国历史地理论丛》2012 年第 2 辑，第 10—17 页。

② 周宏伟：《楚人源于关中平原新证——以清华简〈楚居〉相关地名的考释为中心》，《中国历史地理论丛》2012 年第 2 辑，第 18 页。

③ 周宏伟：《楚人源于关中平原新证——以清华简〈楚居〉相关地名的考释为中心》，《中国历史地理论丛》2012 年第 2 辑，第 25、26 页。

> 周初铜器《夨令簋》铭文更有所谓“隹（唯）王于伐楚白（伯），才（在）炎”的记载。这个周王伐楚伯所在的“炎”，一直难以落实今地，……而周初的楚君熊绎刚从白鹿原迁居丹江流域不久，周王要去征伐，也没有必要从遥远的东方绕道。因此，这个“炎”字很可能就是“爰（原）”的异写，即也是指的白鹿原。①

此说缺乏依据。

郭沫若、陈梦家将《夨令簋》定为成王器，唐兰先生根据铭文中的“康宫”，提出凡有“康宫”之器，年代必在康王之后，故定为昭王。此说得到多数学者赞同。周氏说《夨令簋》是周初铜器，学界并不认同。

2.《□驭簋》《墙盘》

周氏一会儿说：《弭叔簋》铭文有谓“王乎（呼）尹氏册命：‘师察，易（锡）女（汝）赤舄、攸勒，用楚弭白（伯）’”，其中之“楚弭白（伯）”，即很清楚地证明了此点。由于白鹿原离周都丰邑很近，周王自然可以御驾亲征。一会儿又说：在器物铭文中，《□驭簋》《墙盘》等数件西周中期器即有“楚荆”之称。②

即便按周氏之说：《□驭簋》《墙盘》等是西周中期器，那么西周中期的“伐楚荆”“惩楚荆”，怎么能证明周初熊绎之前白鹿原上的楚荆部落，不断遭到周人的攻击呢？

3.《诗经·小雅·采芑》

周宏伟说：

> 白鹿原上的楚荆部落由于不接受周人的统治，不断遭到周人的攻击。……《诗经·小雅·采芑》“……蠢尔蛮荆，大邦为仇；……显允方叔，征伐玁狁，蛮荆来威”的诗句，可为其证。③

学界公认，《采芑》中的“方叔”是西周晚期周宣王（前827—前781年在位）时的大将。周宏伟用西周中期和西周晚期资料中的“伐楚荆”，去证明西周初期的“伐楚荆”，其思绪混乱，逻辑不通，可见一斑。

（四）“西周早期”的周楚关系

周氏一会儿说：“周初熊绎之前的楚荆部落尚居住于白鹿原上；白鹿原上的楚荆部落，不断遭到周人的攻击。”一会儿又说：“周初的楚君熊绎刚从白鹿原迁居丹江流域不久，周王要去征伐，也没有必要从遥远的东方绕道。”那么“周王伐楚”到底是去“白鹿原”呢，还是去“丹江流域”呢？此论不但没有依据，而且与古今所公认的“楚熊绎是周成王所封，周初楚周关系尚可”的记载抵牾。例如，

《楚世家》：“鬻熊子事文王……熊绎当周成王之时，举文武勤劳之后嗣，而封熊绎于楚蛮，封以子男之田，姓芈氏，居丹阳”“楚子熊绎与鲁公伯禽、卫康叔子牟、晋侯燮、齐太公子吕伋俱事成王”。

《左传·昭公十二年》“昔我先王熊绎与吕伋、王孙牟、燮父、禽父并事康王。”

这些记载说明：其一，鬻熊时楚与周的关系很密切。其二，熊绎的先辈在“文王、武王”时有“勤劳（功劳）”，故成王“封熊绎于楚蛮”。其三，熊绎曾经“事成王、事康王”。如果按周氏所说“周初熊绎之前和熊绎，都‘不断遭到周人的攻击。’”那么成王还要“封熊绎于楚蛮”？熊绎还去“事成王、事康王”？——这怎么可能呢！

（五）周宏伟考证《楚居》地名，多为曲解就己之论

周宏伟考证的“鄩山即萯山”“穴穷即镐京”“爰陂即原陂（白鹿原）”“方山即华山，京宗即郑荆”④ 等地名多缺乏依据，难以成立。

下面就以“爰陂”“京宗”为例略加分析。

---

① 周宏伟：《楚人源于关中平原新证——以清华简〈楚居〉相关地名的考释为中心》，《中国历史地理论丛》2012年第2辑，第15页。

② 周宏伟：《楚人源于关中平原新证——以清华简〈楚居〉相关地名的考释为中心》，《中国历史地理论丛》2012年第2辑，第15、19页。

③ 周宏伟：《楚人源于关中平原新证——以清华简〈楚居〉相关地名的考释为中心》，《中国历史地理论丛》2012年第2辑，第25页。

④ 周宏伟：《楚人源于关中平原新证——以清华简〈楚居〉相关地名的考释为中心》，《中国历史地理论丛》2012年第2辑，第7、10、13、17页。

1.“楚荆部落居住于白鹿原说”缺乏依据

周宏伟说：“爰陂即原陂（白鹿原）”“周初熊绎之前的楚荆部落尚居住于白鹿原上（页26）。”此说既与传统史书所载不符，也与《楚居》不符。

《墨子·兼爱中》：

古者禹治天下……南为江、汉、淮、汝；流之注五湖之处，以利荆楚、于越与南夷之民。

《诗经·殷武》：

维女荆楚，居国南乡。

《世本》云：

楚鬻熊居丹阳。

《墨子·非攻下》：

楚熊丽始讨此睢山之间。

《左传·昭公九年》：

及武王克商……巴、濮、楚、邓吾南土也。

《汉书·贾捐之传》有：

武丁、成王，殷周之大仁也，然地东不过江、黄，西不过氐、羌，南不过蛮荆……

传统史书所载“熊绎之前的楚荆”皆居南土，与白鹿原无关。

《楚居》：

季连闻其有聘，从及之盘，爰生绖伯、远仲，毓徜徉，先处于京宗。穴酓迟徙于京宗，……至酓狂亦居京宗。至酓绎与屈紃，思鄀嗌卜徙于夷屯，为楩室。

《楚居》明确记载，穴酓、酓狂、酓绎（前期）皆“居京宗”，并非“白鹿原”。

2.“京宗属于商王朝控制区”难以成立

周宏伟说：

《楚居》后文说“穴酓迟徙于京宗，爰得妣列”。穴酓即鬻熊。根据《史记·楚世家》的记载，鬻熊为季连之孙。因此，所谓“穴酓迟徙于京宗，爰得妣列”，是说后来穴酓也来到京宗，得以认识商王族之女妣列。《楚居》后文再说“至酓狂，亦居京宗”酓狂已是穴酓之孙了。显然，穴酓、酓狂必是离开季连部落居地白鹿原而前往的。①

周氏这里尚认可穴酓、酓狂“居京宗”。

周宏伟又说：

京宗当属于当时商王朝的控制区。京宗可能与季连部落有某种特别联系。因为，季连、穴酓、酓狂几代人都要去这同一个地方。京宗应该就是祝融之墟所在的关中平原东部的郑地，即今陕西省华县郑村附近一带。大约正是因为京宗为荆人部落祖先宗庙的所在，所以，季连、穴酓祖孙二代才相继来到这里生子、结婚、居住。京宗的具体位置大约在今陕西省华县瓜坡镇郑村至南沙村一带。②

按照周氏之论，《楚居》中绖伯、远仲、穴酓（后期）、丽季、酓狂、酓绎（前期）几代楚人居住的“京宗”，不是楚人之地，只是他们“都要去的地方”，而“属于商王朝的控制区③”？此乃背离《楚居》的曲解。周氏说：“京宗的具体位置大约在今陕西省华县瓜坡镇郑村至南沙村一带。”则缺乏依据。

周宏伟说：

整理者倾向于认为京宗即荆山之首景山，位置在睢水之源。这样的说法可能是难以成立的，因为，睢水之源的景山当今湖北省西北部的大巴山主峰，位置僻远，交通不便，环境不佳，不大符合古人选择居地要方便生活、生产、交通的基本要求。④

---

① 周宏伟：《楚人源于关中平原新证——以清华简〈楚居〉相关地名的考释为中心》，《中国历史地理论丛》2012年第2辑，第18页。

② 周宏伟：《楚人源于关中平原新证——以清华简〈楚居〉相关地名的考释为中心》，《中国历史地理论丛》2012年第2辑，第18、20页。

③ 周宏伟：《楚人源于关中平原新证——以清华简〈楚居〉相关地名的考释为中心》，《中国历史地理论丛》2012年第2辑，第18页。

④ 周宏伟：《楚人源于关中平原新证——以清华简〈楚居〉相关地名的考释为中心》，《中国历史地理论丛》2012年第2辑，第18页。

此说显然与史书所载的楚人实际不符。《左传·昭公十二年》："昔我先王熊绎辟在荆山，筚路蓝缕以处草莽，跋涉山川以事天子，唯是桃弧棘矢以共御王事。"商周之际弱小民族大多居住山区，熊绎立国以后仍然"辟在荆山，以处草莽"。

（六）古籍中都是既见"楚"又见"荆"

周宏伟说：从丽季开始，荆人（季连）部落开始自称为楚人。这标志着名义上楚人历史的正式揭幕。①

此乃脱离实际的片面之论。各类文献，不论楚人自称，还是他人称楚，都是既见"楚"又见"荆"②。丽季以后的荆人，并非只是"自称楚人"。

《包山217号简》："举祷楚先老僮、祝融、（鬻）酓（熊）各一牂"。这里是用"楚"。《包山246号简》："与祷荆王，自熊鹿（丽）以就武王，五牛、五豕。"这里则用"荆"。

《天问》："荆勋作师，夫何长?"《大招》："自恣荆楚，安以定只。"《楚世家》与《帝系》说季连"芈"姓，为"楚"；《国语》说"荆"为"芈"姓。《史记》曰"楚蛮"；《国语》则说"楚为荆蛮"。《春秋》各《传》，都是既记"荆"也记"楚"。

结　论

1. 出土的大量楚简中，楚人祭祷的楚先为"老童、祝融、鬻酓"，没有季连。

2.《诗经·殷武》《今本竹书纪年》《汉书·贾捐之传》都记有武丁时南方为荆楚（荆蛮）。

3.《楚居》曰："季连闻其有甹，从及之盘，爰生绖伯、远仲，游徜徉，先处于京宗。穴酓迟徙于京宗"从文本看季连、穴熊并非祖孙关系。楚灵王说："昔我皇祖伯父昆吾，旧许是宅。"可见楚人心目中，昆吾、季连为商代以前就已存在的氏族，不可能与商代晚期的盘庚同时。若是把绖伯、远仲与穴酓之间，理解为尚有所缺，"弗能知其世"，可能更顺畅一些。

4.《楚居》的："从熊绎徙于夷屯后，直到熊渠'尽居夷屯'"和《左传·昭公九年》："及武王克商……巴、濮、楚、邓吾南土也。"《楚世家》："昭王曰：'自吾先王受封，望不过江、汉'。"《京师畯尊》铭文："（昭）王涉汉伐楚。"《吕氏春秋·音初》："周昭王亲将征荆，……还反涉汉，梁败，王及祭公陨于汉中。"《楚世家》"当周夷王之时，王室微，诸侯或不朝，相伐。熊渠甚得江汉间民和，乃兴兵伐庸、杨粤，至于鄂"等记载的"熊绎到熊渠楚地都在江、汉之间"一致。

5. 周宏伟先生认定的"季连只不过是前14世纪中后期，荆人部落中白鹿原分支的头领"没有依据。

6. 周宏伟臆想中的季连，不是带领荆楚部族"筚路蓝缕、艰苦奋斗"的头领，而是四处游逛的大国太子。其"演义"的内容，既脱离了荆楚部落的实际，也远远超出了《楚居》的文本，不宜出现在严谨的学术论文中。

7. 周宏伟臆想的"周初熊绎之前……白鹿原上的楚荆部落，不断遭到周人的攻击"，却用《□驭簋》《墙盘》的"伐楚荆""惩楚荆"和周宣王《采芑》中的"方叔伐楚荆"等周中、晚期的资料去证明，其思绪混乱，逻辑不通，可见一斑。

8. 周宏伟说：季连的生活时代可以确定在前14世纪中后期，穴酓季连、祖孙二代才相继来到这里生子、结婚、居住。假如"穴酓是季连之孙，穴酓即鬻熊"，鬻熊与周文王（约前1152—前1056年）同时代，那么鬻熊的祖父季连当是前1200年之后的人。这就与他所说的季连的生活时代在前14世纪（前1300—前1399年）中后期差了一百多年，可见其文不能自圆其说。

---

① 周宏伟：《楚人源于关中平原新证——以清华简〈楚居〉相关地名的考释为中心》，《中国历史地理论丛》2012年第2辑，第21页。

② 详见本书《"荆楚"略考》。

评《西周楚国初封及南迁原因解》

摘要：周骋《西周楚国初封及南迁原因解》之文，说“楚受封地点在商县”“周王伐楚从周公死始，终于昭王”等，其论与文献记载不符，似乎可以商榷。《左传·昭公九年》的“及武王克商……巴、濮、楚、邓吾南土也”是成王封熊绎前，楚与巴、濮、邓并立，已经在“南土”的确证。《楚世家》昭王曰：“自吾先王受封，望不过江、汉。”可见熊绎初封之楚，不可能在“华阴至商县”。史册和周人的“金铭”中，有大量“伐楚荆”记载，根本没有讳言“伐楚荆”之事。周先生却认为：“周公奔楚给周王室的形象留下一片污渍。为了消弥不良印象，周王室不但要伐楚以‘杀人灭口’，而且讳言‘周楚的这段历史’和‘伐楚的原因’。”此论显然与史实不符。

关键词：楚国初封；周公；伐楚

周骋《西周楚国初封及南迁原因解》①（略称《因解》）主要论述了两点：

1. 楚之受封的时间（周公摄政时）、地点（北荆山—商县）。

2. 周王伐楚的时间（从周公死始，终于昭王）、地点（从商县附近到汉南）、周伐楚的动机（杀人灭口）。楚人在有灭国威胁的情况下“大举南迁”。

笔者很欣赏周先生的发现：

> 菜九读史时有个发现，就是千万不要与常识过不去。凭着这个发现，只要看到书里与常识不合的地方，菜九就去认真一把，往往会有收效。当年菜九看触龙说赵太后的故事中有违常识处颇多，便作了《试论〈触龙说赵太后〉史实之伪》一文。

只是《因解》一文，与资料翔实，说理清晰的《试论〈触龙说赵太后〉史实之伪》相比，推测似乎多了一点。周先生说：“菜九求证问题的办法很笨，但很管用，即将所有与问题相关的材料抄在一块，问题往往一下子就凸显出来了。”正因为此文未能“将所有与问题相关的材料搜集在一块”，很多常见的与其观点相左的资料没有采用，所以其结论难以成立。

周先生说本文所取材料均为当今学界所认可，这也与周先生的作风不合。周先生往往从“当今学界所认可的材料中”挖掘出与常识不合的地方，去认真一把，而有收效。

本文试图“将相关的材料搜集在一块”，尽量不违背常识，不违背历史去论述。但是客观上，错漏难免，请周先生和读者指正。

一、楚之领地及初封

周先生《因解》的第一部分为“楚之领地及初封”，其论断多可商榷。

（一）楚先祖之领地

周先生说：楚之世居及初封地在华阴至商县区域的推论，既符合文献记载表述的相关条件，也与客观历史现象无违。此论既与文献记载不符，也与客观历史抵牾。

1. 武丁时的荆楚已居国南乡

虽然有楚先祖季连与西北鬼方关系密切的传说（《大戴礼记·帝系》）。但是，武丁时的荆楚，已居国南乡（见《商颂·殷武》《汉书·贾捐之传》）。

2. 鬻熊早期曾居丹淅

《世本》：“楚鬻熊居丹阳。”

周先生说：

> “鬻熊子事文王”一事提示，在周原不远处有楚部落存在。周文王徙酆，淅川及本文后面设论之荆山均距此不远，而鬻熊或就属于这一部落。②

---

① 周骋：《西周楚国初封及南迁原因解》，《史学月刊》2001年第6期，第40—43页。

② 周骋：《西周楚国初封及南迁原因解》，《史学月刊》2001年第6期，第40页。

这种推理，不合逻辑，且无视古人远距离活动的能力。

《牧誓》记，追随武王伐殷的八国，庸、蜀、羌、髳、微、卢、彭、濮，其中就有在汉水以南者。从周原丰镐到牧野约650公里，数万人马，千余里东奔伐殷。这种大规模长距离的多国行动，不但说明古人的活动范围很广，而且显示殷代末期很多远离周原的方国、部落都与周人有联系。人数众多的军队都能大老远的按时开过来，难道轻装简从的鬻熊，反倒不能从南方之荆楚来投奔文王吗？

《孟子·离娄上》（十三）曰：

> 伯夷辟纣，居北海之滨，闻文王作，兴曰："盍归乎来！吾闻西伯善养老者。"太公辟纣，居东海之滨，闻文王作，兴曰："盍归乎来！吾闻西伯善养老者。"

《史记·周本纪》载：

> 伯夷、叔齐在孤竹，闻西伯善养老，盍往归之。太颠、闳夭、散宜生、鬻子、辛甲大夫之徒皆往归之。

《战国策·秦策五》说：

> 太公望，齐之逐夫，朝歌之废屠，子良之逐臣，棘津之雠不庸；文王用之而王。

西汉韩婴云：

> 吕望行年五十，卖食棘津，七十则屠牛朝歌，行年九十，则为帝师。

与鬻熊同期投奔文王的太公望、伯夷、叔齐、辛甲大夫等，大多离周原很远，怎么能断定："'鬻熊子事文王'一事提示，在周原不远处有楚部落存在"？

3. 熊丽时楚人或已在雎山立国

《墨子》"楚熊丽始讨此雎山之间"与《楚居》可互证。

《楚居》记载，熊丽、熊狂、熊绎初期均"居京宗"。"京宗"或即雎山（荆山）。

4. 武王克商时"楚"已在南土

《左传·昭公九年》有："及武王克商，蒲姑、商奄，吾东土也。巴、濮、楚、邓吾南土也。"这是熊绎初封之前楚族已经在"南土"与巴、濮、邓并立的确证，楚不可能跑到"华阴至商县区域"。再有《葛陵简》的"昔我先出自追，宅兹沮（雎）、章（漳）"，这里的"楚先出自雎、漳"，当在汉水以南的荆山，不在商县。

（二）"扫楚""伐楚伯在炎"

1. 卜辞"扫楚"或与楚部族无关

周先生说：据童书业先生举甲骨卜辞有"扫楚"字眼为证，表明楚民族在商代就以"楚"称著于世。

明义士《殷虚卜辞》2364有"帚楚"①。此字字形与《小臣夌鼎》"楚"字形近似，与楚部族之"楚"字形不同②。

2."隹王于伐楚伯在炎"分歧很大

周先生说："周初铭文有'隹王于伐楚伯在炎'字样，炎即为日后的郯，表明楚是东方民族。"

《夨令簋》铭文：隹王于伐楚伯在炎，隹九月既死霸丁丑，乍册夨令（尊宜）于王姜，姜赏令贝十朋、臣十家、鬲百人……

《夨令簋》的时代，学界分歧很大。郭沫若先生、陈梦家先生，将夨令定为成王器。唐兰先生根据夨令尊彝铭文中的"康宫"，提出"康宫"原则，认为乃康王之宗庙，故凡有"康宫"之器，年代必在康王之后，故改定为昭王③。唐先生之说已得到多数学者赞同。

在铭文解读没有定论之前，不能以《夨令簋》铭文认定"楚是东方民族"。

（三）"楚受封当在周公摄政时"商榷

周骋先生说：周公奔楚这一事实推论楚受封当在周公摄政时可能更大。因为只有周公给予楚正式的

---

① 明义士：《殷虚卜辞》，上海别发洋行1917年版，第222页。

② 详见本书《"荆楚"略考》。

③ 唐兰：《西周铜器断代中的康宫问题》，《考古学报》1962年第1期。

名分，所以他落难时才可能到对他心怀感激的楚去躲过风头。[①] 这似乎缺乏依据。

第一，《楚世家》明确记载“熊绎当周成王之时，举文武勤劳之后嗣，而封熊绎于楚蛮”，没有周公“封楚”的信息。第二，《周本纪》有周公“封武王少弟封为卫康叔”；《荀子·儒效》说周公“兼制天下，立七十一国，姬姓独居五十三人”，并没有周公封楚的信息。第三，《昭十二年》：“昔我先王熊绎，楚始封君，与吕伋、王孙牟、燮父、禽父，并事康王。四国皆有分，我独无有。”“楚始封君”，熊绎就与四诸侯“并事康王”，表明始封不久成王就去世了。可见熊绎受封，是在成王中后期，即成王“反周公”以后。再说，周公“立七十一国”，“对他心怀感激”的人很多，其中既没有楚国，也不是去楚躲避的理由。而成王封楚，周人认为是对楚的“特别赏赐”，楚人在交往中则觉得受到歧视，并非“心怀感激”。

综合各文献的记载：“巴、濮、楚、邓吾南土也”；“楚先宅兹雎、漳”；“先王受封，望不过江、汉”；古荆州特产“贡茅”……都与今汉南的“荆山”吻合。可见周先生的“楚之受封为周公摄政时、地点在北荆山—商县”没有说服力。

（四）《逸周书·作雒解》“熊盈族十七国”不是楚族

周先生说：

> 《逸周书·作雒解》有周公东征熊盈族十七国，俘回来九国的记载。周初铭文有“隹王于伐楚伯在炎”字样，炎即为日后的郯，表明楚是东方民族，证实了童先生的估计。如果此事属实，那么这些西迁楚俘之一部，极有可能被周公分派给已在荆山地区定居的楚人。祖居荆山的楚族经此补充后，其规模骤然大增，具备了受封的条件。

《逸周书·作雒解》：

> 武王克殷，乃立王子禄父，俾守商祀。建管叔于东，建蔡叔于殷，俾监殷臣。武王既归，乃岁十二月，崩，镐肂于岐周。周公立 相天子 三叔及殷东徐奄及熊盈以略。周公、召公内弭父兄，外抚诸侯。元年夏六月，葬武王于毕。二年，又作师旅，临卫政殷，殷大震溃。降辟三叔，王子禄父北奔，管叔经而卒，乃囚蔡叔于郭凌。凡所征熊盈族十有七国，俘维九邑。俘殷献民，迁于九毕。俾康帅宇于殷，俾中旄父宇于东。

这一段话总体是说“周公伐殷和降辟三叔以及对他们的处置”。相关记载还有：

《史记·周本纪》：

> 周公乃摄行政当国，管叔，蔡叔群弟疑周公，与武庚作乱叛周。

《今本竹书纪年》：

> （成王元年秋）武庚以殷叛……二年，奄人，徐人及淮夷入于邶以叛。

《吕氏春秋·古乐》：

> 成王立，殷民反，王命周公践伐之。商人服象，为虐于东夷。周公遂以师逐之，至于江南。

这些材料说明，参加叛乱的除管、蔡等人外，基本上是殷人的残余势力。殷商兴起于东方，这里是殷遗势力集中的地区，因而这里也就成为武庚叛乱力量的集中之地。

《逸周书》“周公立相天子三叔及殷东徐奄及熊盈以略。……凡所征熊盈族十有七国，俘维九邑。俘殷献民，迁于九毕。”其“熊盈族”当是“迁于九毕”的“俘殷”而不是“鬻熊之楚族”。不能因为有个“熊”字，就把他们片面地理解为“楚族”。假若周公“凡所征的熊盈族十七国”都是楚族，那么，参加武庚叛乱的殷民到哪儿去了？假如“楚族”在东方有“十七国”，那么周初“东方的楚族”岂不是比殷民还要强大？

周先生说：“这些西迁楚俘之一部，极有可能被周公分派给已在荆山地区定居的楚人。”此说显然与后文的“俘殷献民，迁于九毕”无法融通。可见周先生的“西迁楚俘”之说，既于史实不符，与常识也过不去。

这里顺便提一下杨采华先生的“新论”，他说：“楚伯参与了周武王伐纣的战役，被西周王朝封为

① 周骋：《西周楚国初封及南迁原因解》，《史学月刊》2001 年第 6 期，第 40—43 页。

伯爵，依旧居于丹淅之域。”“楚伯熊盈父祖辈归顺周文王后，在岐阳会盟中，周成王却使熊盈（或使者）与鲜卑守燎，所以不能参与结盟，楚伯熊盈之国遭到鄙视和戏弄，这才参与武庚、禄父等殷商遗民的叛乱，于是便有了《矢令簋》上的记载。这应是熊盈的荆楚方国为何得罪西周早期君王的前因后果《柞伯鼎》载周公‘广伐南国’，周人平息了这场大叛乱，俘虏了楚伯和七国之君，并占据了九处都邑，《逸周书·作洛》对此作了如实的记载。”……周成王末年，周成王讨伐楚伯熊盈部族之后，迫使荆楚方国的遗民从丹淅之域迁往汉水下游。参考《逸周书·作洛》我们便知：周人俘虏熊盈之后，便将楚伯部族远徙于汉水下游今潜江一带的沼泽之域，接受西周南国等方国的监管。① 这些臆想没有说服力。

其一，史册上、文献中找不到“楚伯参与了周武王伐纣的战役，被西周王朝封为伯爵”的记载。其二，《逸周书·作雒》分明是“周公摄政当国，东征平叛”时，“所征熊盈族十有七国，俘维九邑。俘殷献民，迁于九毕。”而《国语·晋语八》的“昔成王盟诸侯于岐阳，楚为荆蛮，置茅蕝，设望表，与鲜卑守燎，故不与盟”是成王当政以后的事，与《逸周书》的熊盈无关。不存在“熊盈之国遭到鄙视和戏弄”。其三，《国语》中的“成王盟诸侯于岐阳，楚为荆蛮”的“楚”，不可能参与多年之前发生的“武庚、禄父等殷商遗民的叛乱”。其四，杨氏说：“熊盈族十七国”是“楚伯”，缺乏依据。（上文已有论述）其五，历史资料中根本没有“周人将楚伯部族远徙于汉水下游今潜江一带的”信息，而《逸周书》则明言他们“迁于九毕”。

先周楚族的历史，幽渺难稽，但是古籍和楚简都说鬻熊的荆楚部族起源于祝融（陆终）。从后世有关祝融（陆终）后代的活动地域，或可以推知荆楚古代的地域。

李学勤认为：

> 祝融八姓早期分布于中原黄河中游两岸。《左传》昭十二年记楚王的话说：“昔我皇祖伯父昆吾，旧许是宅，今郑人贪赖其田而不我与。我若求之，其与我乎？”昆吾之祖樊为楚祖季连之兄，故楚王称之为“皇祖伯父”。这里讲的“旧许”，在今河南许昌。同时，《左传》哀十七年称卫国有“昆吾之墟”，地在今濮阳东二十五里。清学者陈奂《诗毛氏传疏》主张昆吾先在许昌，后迁濮阳，是有道理的。②

（五）战国时期“商于之地”曾经属楚

周先生说：

> 在淅川西北的商县一带确有叫荆山或楚山的地方。今人何光岳指认商县一带百里方圆内有楚山楚水等名称者不下七八个。上洛（即今河南洛南县）西南，地在商县境至蓝田境之间。楚山楚水集中出现在一地的唯一解释，是楚先民曾经生活于此。而春秋战国时期，楚地未拓展至此。

此说既不符合文献记载，也与客观历史相违，回避了战国时期“商于之地”曾经属楚的史实。

楚国鼎盛时期楚庄王（前613—前591在位）、楚惠王（前488—前432年在位），可能到过商地，《水经·丹水注》引《竹书纪年》曰：“晋烈公三年，楚人伐我南鄙，至于上洛（今陕西商县）。”——这是楚简王（前431—前408年在位）时的事，楚人已经到过商地。“楚宣王时，楚人已拓展至商州”。

楚宣王五年（前365年），魏、韩连手，大败秦军于洛南，兵指商州古道。楚宣王闻讯，举兵十万，经少习关（武关）、商邑（丹凤）至商州，大战韩、魏联军。（前364年，）楚、秦联军于商州、丹阳击退魏、韩联军，在洛南大败魏、韩联军，魏韩败退。当时楚秦是世代姻亲。楚宣王将商州古道以北的地区让与秦献公。楚宣王七年（前362年），秦献公死，孝公立，孝公重用卫鞅，秦国日强。楚宣王二十八年（前342年）正当楚与齐、越、宋三军大战淮北之时，卫鞅袭夺楚商地。前340年鞅受封于“商十五邑，号为商君”。楚宣王本想伐商鞅，正逢齐威王、魏惠文王来犯，只得先放下商地。是年楚宣王病死。临死前，乃念商州故地。

《越王句践世家》：齐威王使人说越王曰：越不伐楚，大不王，小不伯。……商、于、析、郦、宗胡之地，夏路以左，不足以备秦……说明前333年左右时，楚尚保有部分“商、于”之地。

---

① 杨采华：《两个荆楚方国与三个鄂国探微》，《荆楚学刊》2013年第6期，第23页。

② 李学勤：《谈祝融八姓》，《江汉论坛》1980年第2期，第76页。

怀王十六年（前313年）“张仪诈楚”谓楚怀王曰：王为仪闭关而绝齐，今使使者从仪西取故秦所分楚商于之地方六百里……怀王大悦：吾复得吾商于之地。怀王被骗后，“大怒，兴兵袭秦，战于蓝田。”楚怀王是想通过军事手段拿下“商于之地”，若是“蓝田”战胜，则“蓝田”以南原属楚的“商于之地”就可“复得”。

这些记载可见，“商于之地”曾经属于楚国，断定“春秋战国时期，楚人未拓展至此”，说“初封地在华阴至商县区域”是“唯一解释”，岂非武断？说“商县百里方圆内有楚山楚水等名称者不下七八个”者，所依据的文献最早不过魏晋。既然“商于之地”在战国时期曾经属楚，魏晋前后这里有楚山楚水之名，有什么好奇怪的呢？

二、“楚人南迁的成因”？

周先生“楚人南迁的成因”之说，可归纳为：

第一，周公奔楚这一事件，无疑给周王室一贯标榜的形象留下一片污渍，致使周王室必欲灭之而后甘。

第二，因为楚与外界交往或许不多，又处宗周、成周之间，很容易武力解决。所以周室准备“杀人灭口”。

第三，周室对楚的军事解决必在周公之死后（成王末期），而周对近在肘腋之楚的军事摧毁，完全可以悄悄地进行。

第四，楚人在有灭国威胁的情况下“大举南迁”。

第五，昭王伐楚的规模（丧六师于汉）远远超出了惩戒需要，其目的是旨在将楚消灭。

第六，周之伐楚只是终于昭王。周王室的最初伐楚地点当在商县附近之荆山，昭王对汉南之楚的讨伐，仅能视作为一连串军事行动的尾声。

第七，如果楚远在汉南，且不说它不敢反，即便敢反，其能量有多大不难想见。真的出现这种局面，周室只需下道诏令，汉南之楚的周边国家随、吕、邓、权等就足以令楚服帖，而不必由王室大举亲征，大动干戈。

周先生这些论说、推演，未必能站得住脚。一是“有违常识处颇多”，二是与文献记载不符，三是难以自圆其说。

（一）西周初年周楚关系

周先生说：

> 现在的通行认识是，西周初年周楚关系相当和睦。但这种认识与楚人莫详其故地放弃他们世代经营的故土大举南迁的事实严重对立。笔者以为，周公封楚、奔楚与楚人南迁之间或者存在着有机联系。周王室的最初伐楚地点当在商县附近之荆山，昭王对汉南之楚的讨伐，仅能视作为一连串军事行动的尾声。

汤炳正先生也认为：“从历史资料和出土文物来看，周代正是从成王起征伐楚国。”① 而汤先生并没有列举出“成王征伐楚国”的“历史资料和出土文物”，其论的反证倒是不少。

说成、康伐楚与《周本纪》“故成康之际，天下安宁，刑错四十余年不用”不符，与《楚世家》“楚子熊绎与鲁公伯禽、卫康叔子牟、晋侯燮、齐太公子吕伋俱事成王”，《左传·昭公十二年》“昔我先王熊绎与吕伋、王孙牟、燮父、禽父并事康王”之记载不符。假如“成康”之时周人就开始伐楚，楚子熊绎还去事成王、事康王，这是不可能的。从《周本纪》《楚世家》和《左传》等记载看，成、康之时周楚关系尚和睦。在历史资料和出土文物中既没有确切的“成康伐楚”记叙，也没有“楚人大举南迁”的信息。说“周王室的最初伐楚地点当在商县附近之荆山”，昭王伐楚“为一连串军事行动的尾声”，似乎缺乏依据。

（二）周公奔楚与“伐楚”无关

周先生说：

① 汤炳正等：《楚辞讲座》，广西师范大学出版社2006年版，第26页。

> 周公奔楚这一事件，无疑给周王室一贯标榜的形象留下一片污渍。为了消弭这种不良印象……所以周室准备“杀人灭口”。只是周的这番私心在周公未死之前不便实施。据《今本竹书纪年》，周公死于归政后十四年，周室对楚的军事解决必在此之后。……楚究竟犯了什么大罪，致使周王室必欲灭之而后甘？此事还是与周公奔楚有关。

周公奔楚不是“周王室的污渍”。古今中外很少有人把“周公奔楚”看作周王室的“污渍”。换个角度看，此事似乎可以证明，周公是忠于成王的贤臣，成王是知错能改的明君。

“杀人灭口”之说，没有依据。周先生把“周公奔楚”说成是“周王室必欲灭之而后甘”的原因，不但牵强附会，而且各类文献中也没有周公死后“成王、康王对楚动武”的信息。“杀人灭口”说与文献记载的熊绎“事成王”“事康王”抵牾。

（三）周人没有讳言伐楚

周先生说：

> 周对近在肘腋之楚的军事摧毁，完全可以悄悄地进行。《周本纪》对昭王覆灭的评语耐人寻味：“其卒不赴告，讳之也。”这里讳言什么？也许是大失颜面的溃败，也许是伐楚的原因，也许两者都是。如果不是管仲的问罪，如果不是《吕氏春秋》的记载，如果不是汲冢古墓的发掘，周楚的这段历史确实会被周王室有意埋没。

1. 周人没有讳言“伐楚、荆”

不但史册中有大量的“周伐楚、荆”记载（略），周人的“金铭”中也有大量的“伐楚、荆”记录。

《京师畯尊》：

> 王涉汉伐楚。

《亷簋》：

> 亷从王伐荆，孚，用作[illegible]簋。

《过伯簋》：

> 过伯从王伐反荆，孚金，用作宗室宝尊彝。

《䝬驭簋》：

> 䝬驭从王南征伐楚荆，有得用作父戊宝尊彝。

《鸿叔簋》：

> 鸿叔从王员征楚荆，在成周，誎作宝簋。

昭王以后的青铜器也没有讳言“伐楚、荆”。

《史墙盘》：

> 天子共王，继承穆王。弦（宏）鲁卲王。广㪤楚荆。隹寏南行。

《逑盘》：

> 昭王穆王，盗政四方，扑伐楚荆。

如此无视史册和金铭中大量的“伐楚、荆”记录，臆想出“周楚的这段历史会被周王室有意埋没”，实在令人无语。

2. 周人讳言什么？

《周本纪》：

> 昭王南巡狩不返，卒于江上。其卒不赴告，讳之也。《正义》引《帝王世纪》云：“昭王德衰，南征，济于汉，船人恶之，以胶船进王，王御船至中流，胶液船解，王及祭公俱没于水中而崩。其右辛游靡长臂且多力，游振得王，周人讳之。”

今本《竹书纪年》说，昭王死时“天大曀，雉兔皆震”“夜有五色光贯紫微”，或许昭王死于自然灾害。古人多认为，天灾是当政者失德的反映，若昭王死于天灾，便是周人的大忌讳。因为“昭王德衰”死得不光彩，所以《周本纪》说“不赴告，讳之也”。周先生把“讳之”说成是：“周公奔楚及周人始于成康终于昭王之伐楚”，如此的曲解、臆断，怎能令人信服？况且，像昭王多次伐楚，这样大规模的军事行动怎么可能“悄悄地进行、有意埋没”呢？

（四）昭王伐楚没有达到预期的效果

周先生强调："昭王伐楚的规模（丧六师于汉）远远超出了惩戒需要，说其目的是旨在将楚消灭，并不过分。"看起来似乎有理，其实只是主观的想象。

第一，"昭王数次伐楚，以昭王丧命告终。"这是古籍、金铭有大量记载的历史。昭王伐楚分明没有达到预期的效果，怎么能说"规模远远超出了惩戒需要"呢？这岂不是与常识过不去、与事实唱反调吗？或许正因为首次伐楚规模太小，未能有效地惩戒楚人，其后才有所扩大。而且扩大以后也没有达到惩戒的目的。况且，历史上以弱胜强的事例太多了，而不是用规模大小可以衡量的。在众多的"昭王伐楚"资料中，只有今本《竹书纪年》记有："十九年春，昭王伐楚，丧六师于汉。"实际上是不是"六师尽出"，有没有"尽丧六师"并没有证实。西周初常备军有周六师和殷八师。小臣簋有："东夷大反，伯懋父以殷八师征东夷。"这就不一定是"八师尽出"，很可能只是殷八师中的一部分。

第二，如果"六师尽出"约2万人。乘船渡汉要两三百船/次。若架"梁（浮桥）"过汉水，2万人的队伍，要排得很长，同时在浮桥上的人并不多（最多约千数人）。即使有突发的自然灾害，而且既有"梁败"，又有"船翻"，也不可能2万人同时丧命于汉水，与昭王同时丧命的，最多2000来人，而不是"尽丧六师于汉"。可见，参与昭王伐楚的或许只是"六师"中的一部分，丧命汉水的更是其中很小的部分。《吕氏春秋・音初》云："周昭王亲将征荆，辛余靡长且多力，为王右。还反涉汉，梁败，王及祭公抎（陨）于汉中。辛余靡振王北济，又反振祭公。"此记似可作"与昭王同时丧命汉水的人并不是很多"的旁证。（《楚策一》有："舫船载卒，一舫载五十人，与三月之粮，下水而浮，一日行三百余里。"若用舫船渡河，每船可载近百人。王船比一般的舫船大，或可载数百人。）

第三，周先生的"楚与外界交往或许不多，又处宗周、成周之间，很容易武力解决。""周对近在肘腋之楚的军事摧毁，完全可以悄悄地进行。"楚民面对灭国威胁，只能"大举南迁。"……这些臆想的"历史画面"全都没有资料和史实支持。

结　论

1.《逸周书・作雒解》有："周公立相天子三叔及殷东徐奄及熊盈以略。……凡所征熊盈族十有七国，俘维九邑。俘殷献民，迁于九毕。"周骋先生据此认为"楚是东方民族""这些西迁楚俘之一部，极有可能被周公分派给已在荆山地区定居的楚人"，乃是误读。其文的"俘殷献民，迁于九毕"显然与周先生的"楚俘分派给荆山的楚人"抵牾。可见"熊盈族"当是"俘殷"而不是"楚俘"。

2. 周骋先生说："'鬻熊子事文王'一事提示，在周原不远处有楚部落存在。"其推理不合逻辑。因为与鬻熊同期投奔文王的太公望、伯夷、叔齐等，他们离周原都很远。

3. 周骋先生的"楚受封当在周公摄政时"与《楚世家》的"成王封熊绎"不符。

4.《左传・昭公九年》的"及武王克商……巴、濮、楚、邓吾南土也"是成王封熊绎之前楚族已经在"南土"与巴、濮、邓并立的确证。《楚世家》昭王曰："自吾先王受封，望不过江、汉。"可见熊绎初封之楚，不可能在周骋先生的"华阴至商县区域"。

5.《楚世家》"楚子熊绎与鲁公伯禽、卫康叔子牟、晋侯燮、齐太公子吕伋俱事成王"，《左传・昭十二年》"昔我先王熊绎与吕伋、王孙牟、燮父、禽父并事康王"，说明西周初年周楚关系比较和睦。假如其时周人就开始伐楚，楚子熊绎不可能去事成王、事康王。

6. 周先生之"周公奔楚给周王室的形象留下一片污渍。为了消弭不良印象，周王室不但要伐楚以'杀人灭口'，而且讳言'周楚的这段历史'和'伐楚的原因'"没有依据。史册和周人的"金铭"中，有大量"伐楚、荆"记载，根本没有讳言"伐楚、荆"之事。

周昭王南征及相关问题

摘要：周昭王南征“伐楚荆”，是古籍、金铭大量记载的历史事件。文献中的昭王南征“伐楚、伐荆、伐楚荆”是指同一对象，周昭王时荆楚在汉水西南。

关键词：周昭王；南征；楚荆

在西周的历史事件中，有关昭王南征的古籍记载、铜器铭文之多，很是罕见；有如此多资料的情况下，学术界对这一事件的分歧之多也是非常少有的。

王光镐说：见于金铭，昭王南征的方国有“荆”和“楚荆”两说。“鲁台山遗存从而体现的是西周前期汉东的泱泱大国，惟有其才具备使周王六师丧失殆尽并迫昭王于死地的实力，于是它当然是荆。”① “历史上的荆、楚曾一度是两个不同国家。”②

龚维英说：“昭王死于宿敌殷商遗族之手。”③ 曹建国④也有着类似的观点。

刘礼堂：“其时的楚国位于汉水以南以西，故昭王之死与楚人无涉。”⑤

尹弘兵说：“昭王南征的对象并不是楚国而是楚蛮。”⑥ “周昭王南征之对象，当为楚蛮或荆蛮，非楚国，亦非是荆国或殷商遗民。”⑦

只要对相关资料进行梳理；结合文献中有关“荆、楚”的论述（见本书《“荆楚”略考》），“昭王南征伐楚荆”乃是清晰明了的历史事件。

一、昭王南征考

（一）古籍记载的昭王南征伐楚荆

《周本纪》：

昭王之时，王道微缺。昭王南巡狩不返，卒于江上。其卒不赴告，讳之也。

正义《帝王世纪》云：

昭王德衰，南征，济于汉，船人恶之，以胶船进王，王御船至中流，胶液船解，王及祭公俱没于水中而崩。其右辛游靡长臂且多力，游振得王，周人讳之。

《初学记》卷七引《古本竹书纪年》：

昭王十六年，伐楚荆，涉汉，遇大兕。

周昭王十九年，天大曀，雉兔皆震，丧六师于汉。

以上说明昭王所“伐楚荆”在汉水西南。

《太平御览》卷874引《古本竹书纪年》：

昭王末年，夜有五色光贯紫微。其年，王征南巡不返。

今本《竹书纪年》：

（昭王）十六年，伐楚，涉汉遇大兕。十九年春，有星孛于紫微，祭公、辛伯从王伐楚。天大曀，雉兔皆震，丧六师于汉。王陟。何幼琦认为，十九年天大曀是日食记录。⑧

《吕氏春秋·音初》：

周昭王亲将征荆，辛余靡长且多力，为王右。还反涉汉，梁败，王及祭公抎（陨）于汉

---

① 王光镐：《黄陂鲁台山西周遗存国属初论》，《江汉考古》1983年第4期，第67—68页。

② 王光镐：《二论商代无楚——兼答张君〈“商代无楚”析〉》，《江汉论坛》1985年第6期，第76页。

③ 龚维英：《周昭王南征史实索隐》，《人文杂志》1984年第6期，第83页。

④ 曹建国：《昭王南征诸事辩考》，《阜阳师范学院学报（社科版）》2003年第5期。

⑤ 刘礼堂：《关于周昭王南征江汉地区有关问题的探讨》，《江汉考古》2000年第3期，第70页。

⑥ 尹弘兵：《荆楚关系问题新探》，《江汉论坛》2010年第3期，第76页。

⑦ 尹弘兵：《周昭王南征对象考》，《人文杂志》2008年第2期，第163页。

⑧ 何幼琦：《西周年代学论丛》，湖北人民出版社1989年版，第119页。

中。辛余靡振王北济，又反振祭公。周公乃侯之于西翟，实为长公。①

《竹书纪年》记昭王南征为“伐楚、伐楚荆”，《吕氏春秋》云“征荆”，可见荆楚同义。

《僖公四年》：

> 四年春，齐侯以诸侯之师侵蔡。蔡溃，遂伐楚。楚子使与师言曰：“君处北海，寡人处南海，唯是风马牛不相及也，不虞君之涉吾地也何故？”管仲对曰：“昔召康公命我先君大公曰：‘五侯九伯，女实征之，以夹辅周室！’赐我先君履，东至于海，西至于河，南至于穆陵，北至于无棣。尔贡包茅不入，王祭不共，无以缩酒，寡人是征。昭王南征而不复，寡人是问。”对曰：“贡之不入，寡君之罪也，敢不共给。昭王之不复，君其问诸水滨！”

《史记·齐太公世家》所记类同。

《鲁颂·閟宫》“戎狄是膺，荆舒是惩”指僖公从齐侯伐楚。

同一件事《左传》《史记》曰“伐楚”，《鲁颂》说：“荆舒是惩。”可见荆、楚不是两国。

屈原《天问》有：“昭后成游，南土爰底。厥利惟何，逢彼白雉。”王逸注：“昭王……南至于楚，楚人沉之，而遂不还也。”

“京师畯（畋）尊”铭文

（二）金铭中的楚（昭）王伐“楚荆”

《京师畯（畋）尊》“王涉汉伐楚”中的楚。

《作册夨令簋》“唯王于伐楚伯在炎”中的楚。

《斎簋》“斎从王伐荆，孚，用作餴簋”中的荆。

《过伯簋》“过伯从王伐反荆，孚金，用作宗室宝尊彝”中的荆。

《𤔲驭簋》“𤔲驭从王南征，伐楚荆，有得，用作父戊宝尊彝”中的楚荆。

《鸿叔簋》“鸿叔从王员征楚荆，在成周，餴作宝簋”中的楚荆。

《□御簋》：“□御从王南伐楚荆，有得。”

《史墙盘》“弦（宏）鲁卲王。广㪤（纰）楚荆。隹寏南行”中的楚荆。

《逑盘》“昭王穆王，盗政四方，扑伐楚荆”中的楚荆。

① 《吕氏春秋·音初》，中华书局2011年版，第38页。

这些西周青铜器铭文记载的周王南征伐楚、伐荆、伐楚荆与传世材料相印证，可证其荆、楚，绝非两国。

《作册夨令簋铭文》：

隹王于伐楚，伯在炎，隹九月既死霸丁丑，乍册夨令（尊宜）于王姜，姜赏令贝十朋、臣十家、鬲百人，公尹伯丁父兄（贶）于戍……

作册夨令簋的时代及解读分歧很大。从“伐楚伯在炎”看，其地域和称谓均与“南国楚子”无关。似乎表明，除了南方荆楚外，还有一个现今古籍不见记载的“在炎的楚伯”。有学者认为，或可断句为：“隹王于伐楚，伯在炎。”这也难以与“南国楚子”联系。

有人认为《鸿叔簋》是“康王计划征伐楚荆①”，或许周康王后期就有伐楚荆之事？

李学勤先生根据《京师畯（畯）尊》铭文“王涉汉伐楚”与传世材料相印证，指出“不管成王时所封熊绎的丹阳是不是丹淅一带，昭王时的楚都只能是在汉南了。②”

北宋重和元年出土于今湖北孝感昭王时的“安州六器”之《中方鼎》曰：“唯王令南宫伐反虎方之年，王令中先省南国贯行，设王居，在夒真山，中乎归生凤于王，设于宝彝。”其“虎方”当是周公驱逐于江南的殷民四族之一。昭王在伐荆楚前，可能曾对淮水上游的虎方用兵。

（三）昭王南征的路线

《静方鼎铭文》有：

唯十月甲子，王在宗周，令师中及静省南国相，设居。八月初吉庚申至，告于成周。月既望丁丑，王在成周大室，令静曰：“司汝采，司在曾、噩师……

《中甗》里也有，中在完成视察方国的任务后（中省自方），又在噩（鄂）地驻扎。中氏器组可与静方鼎组互证。这是昭王南征前，派师中、静巡视南方，在汉东的曾、鄂（即后来之随地），做南征的准备工作。可见昭王南征的行军路线是从成周先至曾、鄂休整，再“涉汉伐楚”（《京师畯尊》）。“还反涉汉时……陨于汉中”。约两百年后楚武王从汉西出发伐随，见《左传·庄公四年》：“楚武王伐随卒于樠木之下。令尹斗祁、莫敖屈重除道梁溠，营军临随。随人惧，行成。莫敖以王命入盟随侯，且请为会于汉汭而还。济汉而后发丧。”楚人得胜后从随地西归的路线，似乎与昭王“从曾、鄂伐楚的行军路线”一致。

李学勤：

现在看，鄂国的范围是较大的，北界应和曾国接壤，故鄂贵族器物出于随州。曾即随国，为汉阳诸姬之长，鄂则属于异姓。昭王南巡，王师屯于曾、鄂，正是南国的门户地带。③

刘礼堂：

周昭王南征的路线，应是经由南阳盆地绕到随枣走廊，活动地域集中在汉水以北以东，而其时的楚国位于汉水以南以西，故昭王之死与楚人无涉。④

刘氏昭王南征路线的看法有一定依据，但是，说“昭王之死与楚人无涉”则过于超脱，与“王涉汉伐楚、还反涉汉”等记载不符。

（四）王光镐的黄陂鲁台山“荆国论”

王光镐说：

昭王南征殒命之所近傍鲁台山遗存的事实来看，西周时汉东的泱泱大国仍然只能是一个“荆”。⑤

《吕氏春秋·音初篇》曰“王及祭公殒于汉中”，才道出了一个较为确切的地点。“汉中”之名又见于宋代出土的安州六器的《中甗》上，此器出土于孝感，结合《中甗》之铭可知孝感即属于西周时的汉中。……可见《水经注》与《吕氏春秋》两说相合，昭王卒地当在距今孝感不远的地方。此一带濒临汉水长江，与《竹书纪年》与《史记·周本纪》的记述也十分符合。⑥

---

① 陕西省文物管理委员会：《西周镐京附近部分墓葬发掘简报》，《文物》1986年第1期，第31页。

② 李学勤：《由新见青铜器看西周早期的鄂、曾、楚》，《文物》2010年第1期，第43页。

③ 李学勤：《论周初的鄂国》，《中华文史论丛》2008年第4期，第7页。

④ 刘礼堂：《关于周昭王南征江汉地区有关问题的探讨》，《江汉考古》2000年第3期，第70页。

⑤ 王光镐：《二论商代无楚——兼答张君〈“商代无楚”析〉》，《江汉论坛》1985年第6期，第77页。

⑥ 王光镐：《黄陂鲁台山西周遗存国属初论》，《江汉考古》1983年第4期，第67页。

王说不确。

王氏之引《吕氏春秋》文中省略了前面的“还反涉汉，梁败……”，再把“王及祭公殒于汉中”的“汉中”定在“距今孝感不远的地方”。显然是断章取义的误解。其一，“涉汉”，是“渡汉水”；其二，“殒于汉中”，是淹死在汉水里，而不是地名“汉中”。《中甗》铭文“中省自方、邓、淍、口邦。在鄂师次，白买父口口厥人戍汉中州”，其“戍汉中州”的“汉中”不是确切的地点。

再看《水经注》卷二十八“沔水的传说”：

又东南过江夏云杜县东，夏水从西来注之。……沔水又东经左桑，昔周昭王南征，船人胶舟以进之。昭王渡沔，中流而没，死于是水。齐、楚之会，齐侯曰：昭王南征而不复，寡人是问。屈完曰：君其问诸水滨。庾仲雍言：村老云：百姓佐昭王丧事于此，成礼而行，故曰佐丧。左桑，字失体耳。沔水又东合巨亮水口。水北承巨亮湖，南达于沔。沔水又东得合驿口，庾仲雍言：须导村耆旧云：朝廷驿使，合王丧于是，因以名焉。今须导村正有大敛口，言昭王于此殡敛矣。沔水又东，谓之横桑，言得昭王丧处也。沔水又东，谓之郑公潭，言郑武公与王同溺水于是。余谓世数既悬，为不近情矣。斯乃楚之郑乡，守邑大夫僭言公，故世以为郑公潭耳。沔水又东得死沔，言昭王济沔自是死，故有死沔之称，王尸岂逆流乎？但千古芒昧，难以昭知，推其事类，似是而非矣。

王氏在引用《水经注》时，隐匿了评论“昭王殒于汉”传说时所说“余谓世数既悬，为不近情矣。”“但千古芒昧，难以昭知，推其事类，似是而非矣。”再张冠李戴地把它说成“昭王卒地当在距今孝感不远的地方”，其论与《吕氏春秋》《竹书纪年》等记载皆不符合。

（五）昭王死后的传说

昭王死于汉水后，出现了好些传说。东晋王嘉《拾遗记》记周昭王二十四年：

时东瓯献二女，一名延娟，二名延娱。……此二人辩口丽辞，巧善歌笑，步尘上无迹，行日中无影。及昭王沦于汉水，二女与昭王乘舟，夹拥王身，同溺于汉水。故江汉之人，到今思之，立祀于江湄。①

唐人梁洽的《观汉水》曰：

发源自嶓冢，东注经襄阳。一道入溟渤，别流为沧浪。求思咏游女，投吊悲昭王。水滨不可问，日暮空汤汤。

这些传说大多缺乏依据，不能作为史实。五代以后，再没有此类信息了。

结　论

昭王南征“伐楚荆”，是古籍、金铭大量记载的历史事件。记叙虽有矛盾，仍可归纳几点：

1. 文献中的昭王南征“伐楚、伐荆、伐楚荆”是指同一对象，荆楚同义，绝非两国。不存在王光镐所说“历史上的荆、楚曾一度是两个不同国家”。

2. “王涉汉伐楚”与“昭王征荆……还反涉汉”，都表明周昭王时荆楚在汉水西南。不是王光镐所说的“汉东鲁台山之荆”，也不是刘礼堂所说的“在汉水以北以东”。

3. 昭王南征“伐楚荆”不止一次，起先（十六年?）是有小胜而归，从者多有所得（有青铜器为证）。最后一次（十九年）“还反涉汉”时死于汉水，各类文献比较一致。

4. 齐桓公责问：“昭王南征而不复，寡人是问。”这说明昭王南征与楚相关，因为“还反涉汉死于汉水”，故楚人推诿曰：“昭王之不复，君其问诸水滨。”可见昭王死时已离开楚地。

5. 昭王死时，“天大曀，雉兔皆震”，“夜有五色光贯紫微”，或许表明昭王死于自然灾害。古人多认为，天灾是当政者失德的反映，这就成为周人的忌讳。故《周本纪》曰：“昭王之时，王道微缺。昭王南巡狩不返，卒于江上。其卒不赴告，讳之也。”

① 王嘉：《拾遗记》，中华书局1981年版，第55页。

周穆王、厉王、宣王与“伐荆”

摘要：不少古籍都谈到穆王南征楚荆，或许确有其事。周夷王之时王室微不能有效控制诸侯。熊渠曰：“我蛮夷也，不与中国之号谥”，封其三子为王。周王面对楚人的反叛无可奈何。厉王即位后一度增强了王权，并“擒获噩侯驭方、‘勿遗寿幼’。”熊渠害怕周厉王伐楚，亦去三子王号。《诗经·采芑》记有宣王五年方叔“征玁狁、伐荆蛮”。周宣王后期的熊咢“楚公逆编钟”有：“楚公逆出求氏用祀四方□休多禽□□内饔赤金九万钧楚公逆用自作和□锡钟百□（肆）……”看来宣王五年的“伐荆蛮”，对楚国的打击并不严重。

关键词：周穆王；周夷王；周厉王；周宣王；熊渠；熊咢

诸书所叙“穆王东征”内容空洞，年份和对象混杂，且多有“以鼋鼍为梁”的说法，故对应的历史事件难以落实。夷王之时“王室微”出现了严重的统治危机，无力对下用兵。周厉王即位，实行改革、推行“专利”，一度增强了王权，并对玁狁、夷狄进行镇压。

宣王中兴，有五年的尹吉甫伐玁狁，方叔伐荆蛮。《诗经·小雅·采芑》：“蠢尔蛮荆，大邦为仇。方叔元老，克壮其犹……”或许就是记载此事。

一、周穆王与楚荆

（一）相关文献

“麾蛟龙使梁津兮。”王逸注：“似周穆王之越海，比鼍鼋以为梁也。”（《楚辞·离骚》）

今本《竹书纪年》：“（穆王）十四年，王帅楚子伐徐戎，克之。”

《竹书纪年》：（穆王）三十五年，荆人入徐，毛伯迁帅师败荆人于泲。

以下是诸书引《古本竹书纪年》之“穆王东征”：

前655“七年大起师，东至九江，架鼋鼍以为梁。”（《太平御览》卷七十三）

《竹书纪年》曰：前645年“穆王十七年，起师至九江，以鼋为梁。”（《广韵》卷一、二十二元鼋字注引）

《竹书纪年》曰：前625年周穆王三十七年，征伐纣（纡），大起九师，东至于九江，叱鼋鼍以为梁。（蜀刊本《文选》卷十六，江淹《恨赋》李善注）

“穆王三十七年征伐，大起九师，东至于九江，叱鼋鼍以为梁。”（《文选》卷十二，郭璞《江赋》李善注引）

“穆王伐之，大起九师。东至九江，蚖蝉为梁，在江东矣。”（《路史·国名纪》卷三《纡条下》

《纪年》曰：周穆王三十七年，伐楚，大起九师，至于九江，比鼋鼍为梁。（《艺文类聚》卷九水部桥部引）

“周穆三十七年，东至九江，比鼋鼍以为梁。”（《初学记》卷七地部下）

《汲冢纪年》曰：（穆王）三十七年，王起六师，至于九江，伐楚。（《通鉴外纪》卷三）

《纪年》云：周穆王伐大越，起九师，东至九江，驾鼋鼍以为梁也。（《北堂书钞》卷一一四武功部）

“四十七年伐纡，大起九师，至于九江，架鼋鼍以为梁。”（《太平御览》卷三〇五）

诸书所引“穆王东征”内容类似，可能是同一件事，但年份和地点很不一致。有“七”“十七”“三十七”“四十七”，地名或作“越”“楚”“荆”“纡”。其歧异或为错漏，或为所据版本之异。另外，鼋是鳖，鼍是鳄，用它们作梁（浮桥）难以想象。但是这么多古籍引用中都记“鼋鼍为梁”，该怎么解释呢？

许雨浓先生说：“周穆王搬出鼋鼍其实是暗示他父亲被‘鼍’吃掉。”①

---

① 许雨浓：《周昭王死亡之谜》，http://bbs.tianya.cn/post-no05-185217-1.shtml。

这种缺乏依据的遐想，说服力很差。笔者猜想其“鼋鼍为梁”，可能是制造外形类似鼋鼍的漂浮物（或许就是用整段的圆木制成），把它们一个个用绳索连接起来，再铺上木板作梁（浮桥），或许比用船作梁简便实用。

（二）周穆王“伐徐偃王”

《班簋铭文》云：

唯八月初吉，在宗周，甲戌，王令毛伯更虢城公服，屏王位，作四方亟，秉繁、蜀、巢，令易铃勒，咸。王令毛公以邦冢君、徒驭、（呈戈）人伐东国（痕?）戎，咸。王令吴伯曰：以乃师左比毛父；王令吕伯曰：以乃师右比毛父；遣令曰：以乃族从父征，（诞城）卫父身。三年静东国，亡不成（仰）天畏否畀屯陟。公告氒事于上，唯民亡茁才（在）彝昧天令，故亡。允才（哉显），（唯敬）德，亡（攸）违。班拜稽首曰：乌乎，不（丕丮）皇公，受京宗懿厘，育文王王姒圣孙，隥于大服，广成厥工，文王孙亡弗褱型，亡克竞厥烈。班非敢觅，隹乍卲考爽，益（谥）曰大政，子子孙孙，多世其永宝。

随着新出青铜器的增多，人们渐渐认识到班簋的时代虽有周初善臀纹与涡纹风格，但是器型四耳连足，字体整齐，或许已经是穆王时器。唐兰先生就认为，班簋为穆王时器，所云“伐东国痕戎”“三年静东国”正是平灭徐堰王之乱一事；“痕”字即“厌”，读为“堰”，“痕戎”为“徐戎”的别名。

孔令远先生认为，徐堰王并非专指某位徐王，而是以鹅（古名舒雁）为图腾的徐人的王，故称舒雁王。

关于周穆王“伐灭徐偃王”的记载，矛盾颇多。例如，

《韩非子·五蠹篇》说：

徐偃王处汉东，地方五百里，行仁义。割地而朝者三十有六国。荆文王恐其害己也，举兵伐徐，遂灭之。

《淮南子·人间训》说灭徐的是楚庄王。

《史记·秦本纪》说：

造父以善御幸于周穆王，得骥、温骊、骅骝、騄耳之驷，西巡狩，乐而忘归。徐偃王作乱，造父为穆王御，长驱归周，一日千里以救乱。

《后汉书·东夷传》说：

徐夷僭号，乃率九夷以伐宗周。西至河上。穆王畏其方炽，乃分东方诸侯命徐偃王主之。偃王处潢池东，地方五百里，行仁义，陆地而朝者三十有六国。穆王后得骥騄之乘，乃使造父御以告楚，令伐徐。一日而至。于是楚文王大举兵而灭之。偃王仁而无权，不忍斗其人，故至于败。乃北走彭城武原县东山下，百姓随之者以万数，因名其山为徐山。

学者们对这些记载，多持怀疑的态度。较早的《韩非子》《淮南子》说偃王之败和楚有关，但楚文王、庄王是春秋时代的人，《春秋》、《左传》不该一字不提。假如承认《史记》《后汉书》所记徐偃王与周穆王同时，则与周初时“在汉水、荆山的 地域小国楚”不相及。而且周穆王与楚文王并非一同时代。故有人认为《后汉书·东夷传》把前后之文献合到一起，没有注意到其中的矛盾。

二、周夷王、厉王

“昭公二十六年”前516年：

王子朝使告于诸侯曰：……至于夷王，王愆于厥身（恶疾缠身），诸侯莫不并走其望，以祈王身。至于厉王，王心戾虐，万民弗忍，居王于彘。

《楚世家》：

当周夷王之时，王室微，诸侯或不朝，相伐。

夷王之时出现了严重的统治危机，王室的权威大大削弱，无力对外用兵，诸侯各行其是。例如：

（周夷王）烹哀公而立其弟静，是为胡公。……哀公之同母少弟山怨胡公，乃与其党率营丘人袭攻杀胡公而自立，是为献公。”（《齐太公世家》）

“山（献公）”杀了周夷王立的“胡公”，事后夷王无力对其做出反映，可见王室已不能有效控制

诸侯。又，熊渠曰：“我蛮夷也，不与中国之号谥”，封其三子为王。周夷王面对楚人的反叛也无可奈何。

夷王崩，厉王即位后为了扭转王朝江河日下的局面，实行改革史称“厉王革典”。厉王推行“专利”后，增加了王室收入，一度增强了王权，并对玁狁、夷狄进行镇压。

鄂侯御方鼎：

> 王南征伐角僪，唯还自征才坏，噩侯驭方内壶于王，乃裸之驭方侑王，王休偃，乃射，驭方（佮）王射，驭方休阑，王宴咸饮，王亲锡驭方玉五瑴，马四匹，矢五束，驭方拜手稽首，敢对扬天子丕显休赉，用作尊鼎，其万年永宝用。

鄂侯御方鼎“南征角夷”，和其后的《禹鼎》“擒获噩侯驭方、‘勿遗寿幼’”反映了周厉王征伐叛乱的部分史实。

从禹鼎：“噩侯御方率南淮夷、东夷广伐南国、东国、至于历内”看，鄂国是一个强盛的方国。他避开了汉水西面的楚国，打遍周代的南国、东国，直接威慑周王本土。目前所见各类文献资料中既无噩侯御方在南阳北之“西鄂”的踪迹，也找不到噩侯在东鄂（今鄂州市境）的信息。其时噩侯之地望很可能在“出土西周早期噩侯器”的湖北随州一带。

在与“南尸（夷）”“南淮尸（夷）”相关的许多金文中，其“南国”包括了淮河流域。

三、周宣王“伐荆蛮”

（一）宣王五年“方叔伐荆蛮”

《今本竹书纪年》（下卷 1）前 823 年（宣王）五年夏六月：

> 尹吉甫帅师伐玁狁，至于太原。秋八月，方叔帅师伐荆蛮。

《兮甲盘》记载：

> 唯五年三月既死霸庚寅，王初各伐玁狁于。兮甲从王，折首执讯。

《诗·小雅·六月》也有赞美主帅尹吉甫伐玁狁的内容。

《今本竹书纪年》（下卷 1）（宣王）五年夏六月，尹吉甫帅师伐玁狁，至于太原。秋八月，方叔帅师伐荆蛮。（古本《竹书纪年》记载雷同。）

此记与《兮甲盘》“尹吉甫从王伐玁狁”类似，其“方叔帅师伐荆蛮”也应当可信。

《诗经·小雅·采芑》也有：

> 方叔莅止，其车三千，师干之试。
>
> 蠢尔蛮荆，大邦为仇。方叔元老，克壮其犹。方叔率止，执讯获丑。戎车啴啴，啴啴焞焞。如霆如雷。显允方叔，征伐玁狁，蛮荆来威。

《兮甲盘》所记宣王五年兮甲（尹吉甫）从王伐玁狁，与《诗经·采芑》之方叔“伐玁狁、伐蛮荆”可能不是一件事。它是不是《今本竹书纪年》所记的，宣王五年“秋八月，方叔帅师伐荆蛮”也难以确定。诗文“车三千”似乎是西周出征兵力最多的一例，然而文献中并无确切记载。或者，大事也不一定各处都有记载。段渝先生说：“方叔伐楚，据文献分析，正是在宣王三十九年。”① 似乎缺乏依据。

（二）楚公逆钟与楚公逆编钟

1.“楚公逆钟”（熊咢，前 799—前 791 年、周宣王 29—37 年）

《楚公逆钟铭文》：“唯八月甲申，楚公逆自乍大雷钟，氒名曰龢𩟄（鐫）钟。楚公逆其万年寿用，保其邦，孙子其永宝。”或曰：

唯八月甲申，楚公逆自作
大雷钟，厥名曰□□□
□□□□逆其万年寿
□□□□，孙子其永宝。

北宋时在湖北嘉鱼县出土的楚公逆钟，曾误称“夜雨楚公镈”，直到孙诒让认出逆字后，才改称

---

① 段渝：《楚公逆编钟与周宣王伐楚》，《社会科学研究》2004 年第 02 期，第 133—139 页。

“楚公逆镈”。因原器和拓本皆不存，研究者只能依据阮元翻刻的不甚准确的字形考释，致使产生极大分歧。因现今所见的大量铜器铭文中，凡是确指楚国之“楚”，一概“从林（木）从足”。故王光镐曾经认为：“此铭之‘替’并非楚，所谓的‘逆’字也并非熊鄂之鄂，即其断非楚器”；“[illegible]即‘郴’，而非‘楚’。”“[illegible]公逆钟”与楚无关。①

所幸1993年山西曲沃北赵晋国64号墓出土的楚公逆编钟，其铭文“唯”“公逆”等字，与今流行的阮刻本“楚公逆钟铭文”如出一范。编钟之[illegible]，为正宗的“林足”之“楚”。可证“楚公逆钟”铭文中的“楚”乃原拓缺失了其下的“止”所致。楚公逆编钟的出土，王氏的“‘楚公逆钟’与楚无关论”不攻自破。

2. 楚公逆编钟

编钟8件。钲及鼓部右侧都有铸铭68字：“隹八月甲午楚公逆祀氏（厥）先高且（祖）考夫壬四方□楚公逆出求氏用祀四方□休多禽□□内饗赤金九万钧楚公逆用自作和□锡钟百□（肆）楚公逆其万年□用保□大邦永宝□。”②

段渝先生认为③，从铭文看其时楚国还没有占据铜矿，所需的铜主要来自濮越人采冶铜绿山的铜。青铜器铭文多有周人“伐楚荆”，其目的在于“伐反荆”，并非掠夺楚国的铜矿。《过伯簋》《鼒簋》所记“俘（金）”，可能是指缴获的楚国铜器。可备一说。

只是，段渝先生说：“方叔伐楚，据文献分析，正是在宣王三十九年。④”则缺乏依据。

楚公逆钟的制作，在周宣王二十九年（前799年）熊咢继位之后，与宣王五年的方叔“伐玁狁与伐蛮荆”无关。

3. “赤金九万钧”的问题

若按李学勤等人的计算，一钧三十斤，每斤约250克。“九万钧”约合今五六百吨。⑤ 而运输五六百吨货物，需要六百多辆车或一万二千多担徒。一次获取如此多的铜可能性太小。

再从楚公逆“作钟百肆”来看。虽然数量很大，但楚公逆编钟一组八件，共重95.12千克。⑥ 铸钟百肆只需铜十来吨。若“九万钧合今五六百吨”，则是需用量的五六十倍。可见李学勤等人的解译“约合今五六百吨”，也与“作钟百肆”不符。

依据徐伯鸿先生考证，长沙近郊曾经出土过一套“钧益”砝码，一共十个。从0.69克开始重量依次倍增，第九枚上刻“钧益”二字，重124.37克。1954年长沙左家公山出土楚国铜砝码九个，分别为一铢、二铢、三铢、六铢、十二铢（半两）、一两、二两、四两、半斤（125克）。两套砝码对应重量相近。若以1“钧益”重125克论，万“钧益”重1250千克，九万“钧益”重11.25吨。用来铸钟“百肆”，则每组钟用铜约112.50千克。⑦ 除去熔炼等损耗，正好与楚公逆编钟一组重95.12千克吻合。

从《楚公逆编钟》铭文总体来看，不论“赤金九万钧”“作钟百肆”，还是“保□大邦”，都说明楚公逆（熊咢）时楚国已相当强大。熊咢的事迹史籍空白，楚公逆编钟出土大有益于楚史研究。

4. 楚公逆编钟为何出在晋侯墓内？

由于西周时楚国之事史书阙载，目前难以定论。

嬴泉先生说：

> 段渝认为山西曲沃北赵晋穆侯墓中出土楚公逆编钟八件，是周宣王时方叔伐楚所得，后因晋侯伐戎有功，由周王室赐与晋穆侯。案：此说殊为可疑，正如段文所言，晋人伐戎得胜在前，方叔伐楚获钟在后，时间相隔一年，若宣王“再将编钟颁赐与晋穆侯以表其功，作为对其战胜西北边防大患的表彰”，实与情理不合。段文晋侯邦父及其夫人墓所出商人旧玉来作“旁

① 王光镐：《楚文化源流新证》，武汉大学出版社1988年版，第24、55、56页。

② 山西省考古研究所、北京大学考古学系：《天马——曲村遗址北赵晋侯墓地第四次发掘》，《文物》1994年第8期，第10页。

③ 段渝：《楚公逆编钟与周宣王伐楚》，《社会科学研究》2004年第2期，第133—139页。

④ 段渝：《楚公逆编钟与周宣王伐楚》，《社会科学研究》2004年第2期。

⑤ 李学勤：《试论楚公逆编钟》，《文物》1995年第2期。

⑥ 邵晓洁：《楚钟研究》，人民音乐出版社2010年版，第94页。

⑦ 徐伯鸿：《晋侯墓地所出楚公逆钟铭文补释》，http://blog.sina.com.cn/s/blog_ 4d399bba01015e1l.html。

证”，认为其同晋穆侯墓地所出楚公逆编钟一样，都来自于周宣王对其伐戎有功所给予的赏赐。其实，段氏所说的“旁证”，恰好有力地“旁证”了这些旧玉正是宣王对晋侯伐戎有功的表彰，而楚公逆编钟则不然。李学勤认为，楚公逆编钟出在晋侯墓内，可能是当时馈赠，也可能是战事所得。黄锡全、于炳文认为成组编钟出于晋侯邦父墓内，正如报告所云，“至少将晋楚交往史提早至西周晚期”，但也有可能是因别的原因入晋的。这一问题，还值得研究。末两件编钟不是原来的一套，是值得重视的信息。”案：黄氏所言极是。后二钟为整套编钟中最小的两件，从纹饰、铭文字体和内容来看都与此六件不类，显系后配。这就有两种可能，一是此套编钟为楚公逆馈赠给晋侯邦父之助丧器，其中六件随葬入晋侯邦父之墓，其他的则奠于宗庙；一是此套编钟是由非正常途径获得，因残缺而配以另外两件。综合以上分析，合观嘉鱼所出楚公逆钟与北赵编钟之铭辞内容，且揆诸我们对几套楚公家钟和楚王熊章钟铸性质之分析，我们认为，楚公逆编钟是晋楚交好的馈赠品的可能性似更大，虽然晋楚交往这一段史实史书阙载。当然，正如黄氏所言，这一问题还值得深入分析。①

可备一说。前文已经指出，宣王五年的方叔伐蛮荆，绝不可能得到周宣王二十九年熊咢继位之后制作的楚公逆钟。

结　论

1. 文献所叙“穆王东征、伐东国”应该是平灭徐堰王之乱，不少古籍都谈到穆王三十七年南征楚荆，或许确有其事。

2. 周夷王之时王室微，不能有效控制诸侯。熊渠曰：“我蛮夷也，不与中国之号谥”，封其三子为王。周王面对楚人的反叛无可奈何。

3. 厉王即位后实行改革一度增强了王权，并对玁狁、夷狄进行镇压。“噩侯御方率南淮夷、东夷广伐南国、东国、至于历内”直接威慑周王本土。厉王“擒获噩侯驭方、‘勿遗寿幼’”，熊渠害怕周厉王伐楚，亦去三子王号。

4.《诗经·小雅·采芑》有：“方叔莅止，其车三千，师干之试。”“蠢尔蛮荆，大邦为仇。……显允方叔，征伐玁狁，蛮荆来威。”这是记宣王五年方叔“征玁狁、伐荆蛮”之事。

5. 熊咢（周宣王二十九至三十七年）的楚公逆编钟有：

“隹八月甲午楚公逆祀厥先高祖考夫壬四方□楚公逆出求氏用祀四方□休多禽□□内饔赤金九万钧楚公逆用自作和□锡钟百□（肆）楚公逆其万年□用保□大邦永宝□。”“从赤金九万钧，作锡钟百肆”看，其一，其“钧”，很可能是重250克的“钧益”。其二，其时楚国比较强大，看来宣王五年的 方叔“伐荆蛮”，对楚国的打击并不严重。

① 羸泉：《楚公家钟论略》，复旦大学出土文献与古文字研究中心 2008 年 6 月 12 日，http://www.guwenzi.com/SrcShow.asp?Src_ ID =455。

楚武王至楚昭王时的楚国

摘要： 楚国的疆界从熊绎到熊渠一直在汉水以南，政治中心在荆山。楚武王即位后楚都乃在汉水西南，楚武王先向汉水以东发展，活动中心转移到汉水之滨的宜城钟祥一带，楚武称王后可能就已经开始建设郢城，文王继位后即宣布正式迁都郢城（宜城楚皇城），并继续向汉东、汉北开拓疆土。前678年楚文王灭邓时，楚国还没有占领“丹淅之地”。楚成王后期在讨伐并吞鄢郢附近诸侯后，可能把都邑迁往自然条件更好的江陵郢都，并且找个借口灭了江陵之西的夔。楚庄王三年庸率“群蛮”叛楚，借此机会，楚与巴、秦联合攻灭西北边的庸国。楚灵王奢侈残暴，导致“众叛亲离”。弃疾趁机篡位为楚平王，后来楚平王杀害伍奢、伍尚，致使伍子胥入吴，楚昭王时引吴军入郢。在楚国多灾多难时期为君的楚昭王倒是个贤王。孔子曰：“楚昭王知大道矣。其不失国也，宜哉！”

关键词： 楚武王；楚文王；楚庄王；楚昭王；吴军入郢

一、熊咢、若敖时有没有“郢邑”？

《左传·昭二十三年》：

楚囊瓦为令尹，城郢。沈尹戌曰：“子常必亡郢。苟不能卫，城无益也。……若敖、蚡冒至于武、文，土不过同，慎其四竟，犹不城郢。今土数圻，而郢是城，不亦难乎？

何浩先生说：

若敖时有郢城，那么，郢之始建，至迟当在周宣王中后期的楚熊咢（前799—前791年在位）之时。否则，说若敖未增修郢城就无根据可言了。……至于迁郢，上引《左传》昭二十三年说“若敖、蚡冒至于武、文”“犹不城郢”，宣十二年《传》文却说“训之以若敖、蚡冒筚路蓝缕以启山林”。据此分析，自熊咢时楚在汉西平原始筑郢城后，下至若敖、霄敖、蚡冒，楚人的政治中心仍在荆山一带，郢城一带虽然也是楚人经常活动的场所，但楚国的中枢机构仍未东迁。①

李零先生说：

坌冒时期，楚有很大发展，《郑语》说：“及平王末，而秦、晋、齐、楚代兴，秦景、襄于是乎取周土，晋文侯于是乎定天子，齐庄、僖于是乎小伯，楚坌冒于是乎始启濮。”坌冒向濮地拓土，为楚武王徙郢和称王奠定了基础。②

也有学者认为，“郢”本义为王城。《左传·昭二十三年》沈尹戌之言实际上是“以今称代古称的一种比代说法”，并非若敖时就有“郢”城。

看来，熊咢、若敖时有没有“郢邑”，尚难以定论。从《清华简楚居》看，是楚武王后期才有“郢”之名。

二、楚武王时楚国在汉水西南

（一）楚武王早期可能侵扰过中土

前710年，《左传·桓公二年》有：“蔡侯、郑伯会于邓，始惧楚也。”何浩先生认为此记所透露出来的信息表明“此前楚师已经侵扰过中土”。

何浩先生认为：

今本竹书纪年有周平王“三十三年楚人侵申”“三十六年王人戍申”之说。……这二事还是于史有据的，问题是定得稍早了一点。按周平王三十三年为公元前738年。就楚武王即位还

---

① 何浩：《楚灭国研究》，武汉出版社1989年版，第18—22页。

② 李零：《李零自选集》，广西师范大学出版社1998年版，第224页。

只三年时的楚势以及楚人尚未具备北越汉水的外部条件说，当时似乎还难以北上“侵申”。①

（二）熊通称王“楚子伐随军于汉淮之间”

《史记·楚世家》：

> 楚武王三十五年，楚伐随。三十七年，自立为武王。同年的《桓公八年》有：夏，楚子合诸侯于沈鹿。黄、随不会，使薳章让黄。楚子伐随，军于汉、淮之间。……战于速杞，随师败绩。

“楚子合诸侯于沈鹿”，沈鹿应是楚都与汉东诸侯之间的楚邑。学界多认为沈鹿在汉水以东（今钟祥县东30公里?）。熊通通过沈鹿之盟宣布称王，要附近“汉东诸姬”等小国向他纳贡。学界公认“汉东诸姬随为长”，既然“黄、随不会”，楚武王为了立威就先拿位于汉东偏南的随开刀。

（三）楚武王三十八年楚伐“鄾”楚在“鄾”之南

《左传·桓公九年》：

> 巴子使韩服告于楚，请与邓好。楚子使道朔将.巴客以聘于邓。邓南鄙鄾人攻而夺之币，杀道朔及巴行人。楚子使逍章让于邓，邓人弗受。夏、楚使斗廉帅师及巴师围鄾。邓养甥、聘甥帅师救鄾。三逐巴师，不克。斗廉衡陈其师于巴师之中，以战而北。邓人逐之，背巴师而夹攻之。邓师大败，鄾人宵溃。

这是见诸文献的巴楚两国第一次联盟。楚人在巴国的帮助下，取得了鄾地。“鄾”之地望，据石泉先生考证：刘宋时人盛弘之所作《荆州记》（成书于元嘉十四年，公元437年）云：“樊城西北，有鄾城。……鄾城西北行十余里，邓侯吴离之国，为楚文王所灭，今为邓县。邓城西百余里，有谷城伯绥之国。（原书已佚，此据《太平御览》，中华书局影印本页929，卷129，居处部二十，“城上”所引）。②

可石泉先生又说：

> 楚都仍在丹阳的最迟证据是《左传》桓公九年（楚武王三十八年）春季楚、巴联兵伐邓之没……则是楚之始都郢盖不出楚武王三十八至四十二年初（前703—前699年初）之间。
>
> 位于巴邓之间的楚丹阳，恐只能在今河南省淅川县西南（旧淅川县城附近）的丹水之阳，才讲得通。……本文所考，只能为淅川之说增添一条值得重视的有力论据而已。”③

石氏之论令人费解。鄾城在邓国东南十余里。楚、巴使者从楚国出发前往邓国，先经过“邓南鄙鄾”，显然是从南往北行。所以楚国当在邓国之南。假如楚国在淅川，前往南方的“邓”，就不需要绕到邓东南十余里的“鄾城”。同理，楚国在邓国之南，楚、巴两师从南往北“围鄾”，就不必与其北的邓师交锋，邓师则需从北往南“救鄾”。可见《桓公九年》（前703年）之记，恰好为淅川之说增添了一条有力的反证。

（四）楚武王四十年的郊郢

前701年《左传·桓公十一年》：

> 楚屈瑕将盟贰、轸。郧人军于蒲骚，将与随、绞、州、蓼伐楚师。斗廉曰：“郧人军其郊，必不诫，且日虞四邑之至也。君次于郊郢，以御四邑。我以锐师宵加于郧。郧有虞心，而恃其城，莫有斗志。若败郧师，四邑必离。”莫敖曰：“盍请济师于王？对曰：“师克在和，不在众。商、周之不敌，君之所闻也。成军以出，又何济焉？”莫敖曰：“卜之。”对曰：“卜以决疑。不疑何卜？”遂败郧师于蒲骚，卒盟而还。

黄锡全先生认为：

> 根据《楚居》，凡称“某郢”，郢前均为地名，则“郊郢”只能相当于“（国都）疆郢”。

这似乎可以商讨。

屈瑕驻郊郢“以御‘随、绞、州、蓼’四邑”，其地不大可能为国都。“郊郢”或离“郢”不远，当在郢与郧之间汉东某地。

何浩先生说：

① 何浩：《楚灭国研究》，武汉出版社1989年版，第52页。

② 石泉：《古代荆楚地理新探》，武汉大学出版社1988年版，第107页。

③ 石泉：《古代荆楚地理新探》，武汉大学出版社1988年版，第352、123页。

杨伯峻《春秋左传注》提出："郊郢，当即今湖北钟祥县郢州故城。"虽然，杨先生并不认为楚郢在今湖北宜城以南偏东的楚皇城，但其所释郊郢所在，却刚好是在宜城楚皇城东南，与之紧相毗邻。①

《左传·庄公十八年》载初，楚武王克权，使斗缗尹之。以叛，围而杀之。迁权于那处。权和那处，学界多认为在今钟祥附近。从"权""沈鹿"和"郊郢"的位置看，楚武王的郢城可能在今宜城楚皇城——钟祥附近。

（五）武王时楚在鄢水南荆山一带

楚武王四十一年，《史记·桓公十二年》：

楚伐绞，军其南门。莫敖屈瑕曰："绞小而轻，轻则寡谋，请无扞采樵者以诱之。"从之。绞人获三十人。明日，绞人争出，驱楚役徒于山中。楚人坐其北门，而覆诸山下，大败之，为城下之盟而还。

伐绞之役，楚师分涉于彭。罗人欲伐之，使伯嘉谍之，三巡数之。晋杜预注："罗，熊姓国，在宜城县西山中。"

前699年《史记·桓公十三年》曰：

楚屈瑕伐罗……及鄢，乱次以济。（杜预注：鄢水，在襄阳宜城县入汉。正义曰：《释例》曰："鄢水出新城沶乡县，东南经襄阳，至宜城县入汉。"）遂无次，且不设备。及罗，罗与卢戎两军之，大败之。

《水经注》：

夷水……历宜城西山，谓之夷溪，又东南经罗川城，故罗国也。又谓之鄢水《春秋》所谓"楚人伐罗渡鄢"者也。

《路史·国名纪丙》也说罗"在襄（阳府）之宜城"。即今湖北宜城县的罗川城。

石泉先生考证，鄢水是今之"潼口河流域"，在今"宜城西北小河镇入汉"。今"小河镇以南10—15里（宜城县北15—20里）应即汉魏晋宋宜城县所在。"② 若此说成立，则罗国当在"鄢水北岸、宜城县西山中"。

何浩先生认为：

按杜预注，在宜城西山中的罗国中心区域，当在鄢水北岸。今南漳东北、襄阳西南交界处，今旧县铺北。……距汉、晋宜城县治（今宜城北），超过四十公里。③

卢戎——在罗国以北，鄢水北，汉水南岸，今襄阳县西的古中庐镇。对此分歧不大。

张正明先生说：

楚武王四十一年，"伐绞之役，楚师分涉于彭"（《左传·桓公十二年》）。彭为彭水，今南河。绞在彭水西，则楚都在彭水东。楚武王四十二年，屈瑕伐罗，"及鄢，乱次以济。遂无次，且不设备。及罗，罗与卢戎两军之，大败之"（《左传·桓公十三年》）。鄢为鄢水……在今潼口河流域。罗在鄢水南，卢戎在鄢水北。楚师先渡鄢水，后到罗地，是由西北向东南行，则楚都在罗和卢戎之西。如果上述推测无误，那么，荆山的丹阳，北不过汉水，南不过荆山，西不过彭水，东不过邓、卢戎、罗，就在这纵横都只有百余里的地段里面了。④

张正明先生的"楚在鄢水北论"，与《左传》记载不符。如果按张先生之说，楚国在鄢水西北，自西北而东南伐罗，必然要先经卢戎之地，再"济鄢"。卢戎之师也必须先济鄢，才能"罗与卢戎两军之"。看来"罗在鄢水南，卢戎在鄢水北"要联合夹击已经"济鄢"的楚师比较困难。如果楚国在鄢水之北，楚师大败之后要再济鄢，并经过卢戎之地回到"荆山北的楚国"也比较困难。

张正明先生的楚武王的"荆山的丹阳，北不过汉水，南不过荆山，西不过彭水，东不过邓、卢戎、罗"之论，与《左传·桓公十三年》"楚屈瑕伐罗……及鄢，乱次以济"的记载不合。假若，楚在

---

① 何浩：《楚灭国研究》，武汉出版社1989年版，第18页。

② 石泉：《古代荆楚地理新探》，武汉大学出版社1988年版，第299页。

③ 何浩：《楚灭国研究》，武汉出版社1989年版，第154页。

④ 张正明：《楚都辨》，《江汉论坛》1982年第4期，第65—66页。

“邓、卢戎、罗”以西，那么，桓公八年“楚子伐随”，桓公十一年“败郧师于蒲骚”，楚师都要越过不友好的卢戎和罗国去攻打“随”“郧”似乎也不方便。

何浩先生的“罗在鄢水北岸说”：

> 桓十三年《传》载：“楚屈瑕伐罗”时，“及鄢，乱次以济”，“及罗，罗与卢戎两军之，大败之。”罗“在宜城县西山中”的鄢水北岸，位于楚郢西北；鄢水即今流经宜城西北小河镇入汉的潼口河。可见，楚师是自郢城出发，由南而北地济鄢而后“及罗”的。卢戎在罗国以北的汉水南岸，今襄阳县西的古中庐镇。如果说楚人仍在丹淅，那么楚师应是自北而南地济汉，首先及于卢戎，就不会是先“及罗”了。大约自西周末年的熊徇、熊咢以来，继熊渠之后，楚国再一次由今南漳西北的荆山一带向东军事扩张，首当其冲的便是荆山以东、楚郢西北的卢、罗。①

何先生之论比较合乎情理。

（六）楚武王五十一年伐随时楚都在汉水西。

《左传·庄公四年》：

> 春，王三月。楚武王荆尸，授师孑焉，以伐随。将齐，入告夫人邓曼曰：“余心荡。”邓曼叹曰：“王禄尽矣！盈而荡，天之道也。先君其知之矣，故临武事，将发大命，而荡王心焉。若师徒无亏，王薨于行，国之福也。”王遂行，卒于樠木之下。令尹斗祁、莫敖屈重除道梁溠，营军临随。随人惧，行成。莫敖以王命入盟随侯，且请为会于汉汭而还。济汉而后发丧。

前690年楚武王“卒于樠木之下”，可能就在郊郢附近。今湖北钟祥有樠木山，据说原山上筑有楚王庙，春秋初楚师东进，往往以郊郢为据点。文中“会于汉汭而还。济汉而后发丧”，正是楚师从汉东渡汉水西归，是楚都在汉水以西的确证。

三、楚文王之郢都——楚皇城

《左传·庄公六年》：“楚文王伐申，过邓。”申是周宣王为保南土封其元舅申伯于南阳盆地。邓在申之南，楚伐申，过邓。说明楚更在邓之南。

（一）“武王徙郢”还是文王“始都郢”？

《左传·桓公二年》：“‘蔡侯、郑伯会于邓’，始惧楚也。”孔颖达《正义》引《世本》云：“楚鬻熊居丹阳，武王徙郢。”

《楚世家》：前690年“武王卒师中而兵罢。子文王熊赀立，始都郢。”《左传·庄公四年》记：“武王薨于行……济汉而后发丧”。

张正明先生说：

> 楚人济汉之后，应该在今宜城或钟祥县境，发丧的地点应该在郢一带。文王继武王立，在郢长住下来了。由此，我认为武王徙郢之说和文王都郢之说可能是似异而实同的。楚都徙郢，可能就发生在武王五十一年，武王既死、文王已立之时。这郢，必定距汉水不远。故址在今宜城县中部偏南，东有汉水，西有蛮河，东南是蛮河、汉水之会，西北通向罗和卢戎，它的地望正好与武、文之世的郢相当。……楚文王十五年，巴伐楚，“楚子御之，大败于津。还，鬻拳弗纳。遂伐黄，败黄师于踖陵。”（《左传·庄公十九年》（前675年））黄远在今河南东南部，假使当时郢在纪南城，楚子怎么可能在大败之后又劳师远征呢？而正因为当时郢在楚皇城，楚师败于巴之后再去伐黄才成为可行之事（《参阅童书业《春秋左传研究》页232）。②

张先生“武王徙郢之说和文王都郢之说可能是似异而实同”之说有一定道理，但是，其后的“伐黄”似乎不合情理。若“黄远在今河南东南部”，那就是《左传·僖十二年》的“自郢及我九百里”之“黄”。既说“楚子怎么可能在大败之后又劳师远征呢？”又说“楚师败于巴之后再去伐（九百里外的）黄才成为可行之事”，岂不是自相矛盾吗？

---

① 何浩：《楚灭国研究》，武汉出版社1989年版，第18—22、155页。

② 张正明：《楚都辨》，《江汉论坛》1982年第4期，第66页。

（二）文王“败黄师于踖陵”之“黄”

顾炎武曾经指出：“楚人会诸侯于沈鹿，黄、随不会，使薳章让黄（《左传·桓公八年》），而黄始见《经》，则黄与随为邻。”顾氏之论合理。

前675年《左传·庄公十九年》记：文王“败黄师于踖陵，还，及湫，有疾。”杜注：“南郡鄀县东南有湫城。”鄀县故地在今湖北宜城东南，有学者认为“湫”在钟祥县北长寿镇境，即湫城在楚皇城东南三四十公里处。假若黄在今河南潢川，文王自“黄”还郢（楚皇城）“及湫”，岂不是走过头了吗？可见此黄不是今河南潢川之黄，而是“汉水流域（可能在今天门县北，钟祥县南一带）另一个“与随为邻”的黄国——西黄”。文王从“西黄”往西北方位的楚皇城返还，正要路过钟祥县北的“湫”。

何浩先生对“西黄”有详细的考证，他说：

> 从《左传》所记载的楚、黄交往情势来看，鲁桓公八年时，楚武王只是开始经营汉东，楚势尚未达于弦、蒋间的淮南地区，在今湖北钟祥县东、随州市南召开的沈鹿之会所邀约的黄国，只会是与汉东局势有关、与随（曾）国邻近的小国；庄公十九年，楚文王刚在郢都附近败于巴师，仓促之间又以疲惫之师所伐之黄也明显不是距郢‘九百里’的淮南之黄。”“战国时期鄂君启节所记的楚境之‘黄’、西周时期䜌簋所说的‘黄邦’故土，实为《左传》桓公八年、庄公十九年所指的春秋西黄故地。①

《楚世家》记载文王十三年（前677年）卒，与《庄公十九年》前675年文王卒，差了两年。或许《楚世家》错了？

（三）楚文王灭邓时，楚国还没有到达“丹淅之地”

前678年邓国为楚所灭。徐少华先生说：“一方面是楚国势力的迅速增长。急于北上争霸；另一方面是邓国所处地理位置的重要性，因而成了楚人北上中原时首先合并的对象。石泉先生的这些分析符合当时楚、邓两国的实际。”②

初看石、徐二氏之论，似乎正确。但是联系其论的“前因”似乎接不上这个“后缘”。

《左传·庄公六年》（前688年）载：“楚文王伐申过邓。”故《路史国名纪四》曰：“邓，仲康子国，楚之北境。”也只有邓在楚北，才会成为“楚人北上中原时首先合并的对象”。

假如按石、徐二氏之论“楚以丹阳（淅川）为中心前后达300余年③”，那么，楚人从淅川“北上争霸、东进南阳”不是比较近便吗？为什么要对处在“丹淅”之南、对“北上争霸”没有影响的邓国动手呢？可见楚文王灭邓时，楚国还在“汉南”，尚未占领“丹淅之地”。石、徐二氏之“楚以丹淅为中心前后300余年说”，不合逻辑，缺乏依据。

四、楚成王中后期迁都江陵

（一）楚成王中期郢都可能仍在楚皇城

《史记·楚世家》：

> 楚成王元年使人献天子，天子（周惠王）赐胙，曰：“镇尔南方夷越之乱，无侵中国”，于是楚地千里。此后楚可以名正言顺地讨伐附近的其他诸侯。其后还伐宋、伐齐，所向无敌。

《史记·秦本纪》：前655年秦穆公五年“百里奚亡秦走宛，楚鄙人执之。”表明其时“宛（南阳）”属楚。

前656年《左传·僖公四年》：“齐侯以诸侯之师侵蔡，蔡溃，遂伐楚。”楚大夫屈完对齐王说：“楚国方城以为城，汉水以为池，虽众，无所用之！”

《礼记·礼运》：“城郭沟池以为固。”古代的城和池是唇齿相依的关系，“池”在城之外。齐王欲从东向西攻楚，若楚以“汉水为池”，则此时楚国国都必然在汉水以西，才能以东面的汉水护卫楚都，可是有人既说楚在汉水之东，又引用《僖公四年》之文，用西边的汉水防范东方来攻的诸侯之师，不亦谬乎？

---

① 何浩：《楚灭国研究》，武汉出版社1989年版，第133—134、219—222页。

② 徐少华：《周代南土历史地理与文化》，武汉大学出版社1994年版，第18页。

③ 徐少华：《周代南土历史地理与文化》，武汉大学出版社1994年版，第242页。

《楚世家》楚成王“二十二年（前650年），伐黄。”前649年《左传·僖十一年》：“黄人不归楚贡，冬，楚人伐黄。”《僖十二年》：“黄人恃诸侯之睦于齐也，不共楚职，曰：‘自郢及我九百里，焉能害我?’夏，楚灭黄。”

黄国的都城在今河南潢川县西北约6公里。1983年在潢川西南的光山县宝相寺发现了黄君梦夫妇墓，可证黄国故址无误。从“自郢及黄九百里”推算“郢”在今宜城可能性较大。

周代有长19.7厘米之尺，后期有23.1厘米之尺。1932年洛阳金村战国中晚期古墓出土一长23.1、宽1.7、厚0.4厘米的铜尺。此外传世的战国尺尚有：长沙上虞罗氏的铜尺长23厘米，中国历史博物馆藏的铜尺长23厘米、23.1厘米各一支，番禺叶氏的战国镂牙尺长23厘米。一里300步每步6尺共1800尺。“自郢及我九百里”。若按周尺长19.7厘米。一里为354.6米，九百里，合319公里。若按战国尺长23.1厘米，一里为415.8米。九百里，合374.22公里。与河南潢川到宜城楚皇城 古代的路程基本相符。而江陵到潢川，约有450公里的路程，远大于古九百里（约1100—1300古里）。可见前648年楚成王的郢都在今宜城楚皇城可能性较大。

贾海燕先生说：

> 根据地图并按比例计算，今自潢川县至江陵纪南城近700里，而距楚皇城不足500里。古里较今里为短，据长沙出土的楚国铜尺长23厘米，这样可计算古900里今则为630里，同潢川至江陵距离接近。①

贾氏用地图上两地间的直线距离代替古籍中的路程，似乎脱离实际。例如，鄢到江陵直线距离不足150公里，而《里耶秦简》记：鄢到销百八十四里；销到江陵二百四十里。实际路程424古里，约176公里。多了近20%。而且自潢川县至楚皇城的直线距离今约560华里，实际路程近七百华里，接近九百古里。再有“长沙出土的楚国铜尺长23厘米”是战国的楚尺，而《左传》中春秋时代的尺可能还要短一些。

（二）楚成王迁郢后“灭夔”

楚成王在鄢郢讨伐并吞附近诸侯后，可能把都邑迁往自然条件更好的江陵郢都。

《楚世家》成王三十九年：“灭夔，夔不祀祝融、鬻熊故也。”夔地在今奉节，原为巴人地被楚占后，楚王族的一支迁来夔地。楚成王迁郢后，才找了个借口灭了邻近的夔。如果楚都在今宜城楚皇城之“鄢郢”，则没有必要大老远的去灭夔。

《左传·僖公二十八年》载“城濮之役”：既败，王使谓之曰：“大夫若入，若申、息之老何?”因为子玉坚持要打，致使带领的申、息二县士兵大多战死，故在申、息督兵的成王派人问子玉、子西，“何面目入方城见申息父老?”

后来成王又派人让他们“毋死”。《左传·文公十年》有追记（因为年代比较乱，故笔者加注“西年”）其文为：

> 初，楚范巫矞似谓成王与子玉、子西曰：三君皆将强死。城濮之役，王思之，故使止子玉曰：毋死。不及。止子西，子西缢而县绝，王使适至，遂止之，使为商公。沿汉溯江，将入郢。王在渚宫，下，见之。惧而辞曰：臣免于死，又有谗言，谓臣将逃，臣归死于司败也。王使为工尹，又与子家谋弑穆王。穆王闻之。五月杀斗宜申及仲归。

后人多认为：子西归楚，若经方城去郢都，郢在江陵，则子西“沿汉溯江”，就无法解释。于是有人推出“江”非长江乃今蛮河，郢在楚皇城。其实这仍然解释不通“溯”字。

子西“没有面目入方城见申息父老”，就不可能去方城、不会从方城归郢。他很可能“沿汉”（从陆路沿汉水）“经蔡、从冥厄三隘到夏口（今武汉）”再乘船“溯江”回郢。因为他没有去方城见楚王，所以就有谣言说他要逃离楚国。因为“沿汉溯江”之路，比从申县直接回郢之路远很多，所以，成王比子西先到郢。子西“将入郢王在渚宫，下，见之。惧而辞曰：‘臣免于死，又有谗言，谓臣将逃，臣归死于司败也。’”——子西说，臣没有逃离楚国，是回来请罪受死的。“渚宫”杜预注为小洲上的行宫，能在岛上建行宫，说明此岛很大，当在“江”中，不可能在“蛮河”中。子西所去的郢只能

① 贾海燕：《楚国始都郢及其初迁时地的探讨》，《中南民族大学学报（社科版）》2005年第2期，第147页。

是江陵。否则“沿汉溯江”就难以解释。因为从方城或从申息去鄢郢（楚皇城）只能“循汉而下”，不可能“溯江”。

五、楚庄王灭庸

《左传·文公十六年》：

楚大饥，戎伐其西南，至于阜山，师于大林。又伐其东南，至于阳丘，以侵訾枝。庸人帅群蛮以叛楚。麇人率百濮聚于选，将伐楚。于是申、息之北门不启。楚人谋徙于阪高。蒍贾曰：“不可。我能往，寇亦能往。不如伐庸。夫麇与百濮，谓我饥不能师，故伐我也。若我出师，必惧而归。百濮离居，将各走其邑，谁暇谋人？”乃出师。旬有五日，百濮乃罢。自庐以往，振廪同食。次于句澨。使庐戢黎侵庸，及庸方城。庸人逐之，囚子扬窗。三宿而逸，曰：“庸师众，群蛮聚焉，不如复大师，且起王卒，合而后进。”师叔曰：“不可。姑又与之遇以骄之。彼骄我怒，而后可克，先君蚡冒所以服陉隰也。”又与之遇，七遇皆北，唯裨、鯈、鱼人实逐之。庸人曰：“楚不足与战矣。”遂不设备。楚子乘驲，会师于临品，分为二队，子越自石溪，子贝自仞，以伐庸。秦人、巴人从楚师，群蛮从楚子盟。遂灭庸。

庸在楚西，是楚人争霸中原时的后顾之忧。前611年，楚庄王三年，庸率“群蛮”叛楚，麇也率百蹼伐楚，楚与巴、秦联合攻灭庸国，使巴楚成了近邻。交好巴国，可保障楚后方的安全。巴国利用楚国灭庸，向东南发展占据了鄂西等地域；楚国利用巴国以得志汉中，扩展到汝淮，并北出方城，争霸中原。为了实现开疆夺土的共同政治目标，巴楚变成盟友。

六、楚灵王之都在郢

楚灵王奢侈残暴，导致国人怨恨，“从乱如归”。原蔡国的观从想借机复蔡，趁楚灵王远在干溪，矫蔡公弃疾的命令召奔晋、郑的楚公子子干、子皙至蔡……于是蔡公弃疾与子干（比）、子皙（黑肱）结盟于邓，并答应陈人和蔡人，事成之后可以复国。他们就帅陈、蔡、不羹、许、叶之师，向楚国进发。到郢郊时，蔡公先派人入郢，让仆人杀了大子禄及公子罢敌。于是年长的公子比即位为王，公子黑肱为令尹。公子弃疾为司马，使观从帅军前往干溪，告诉楚灵王身边的众人，“国有王矣。先归，复爵邑田室。后者迁之。”楚灵王的军队到訾梁（今河南信阳）就溃散归楚了。其时灵王还有随从：《楚世家》曰：

右尹曰：“请待于郊以听国人。”王曰：“众怒不可犯。”曰：“且入大县而乞师于诸侯。”王曰：“皆叛矣。”又曰：“且奔诸侯以听大国之虑。”王曰：“大福不再，只取辱耳。”于是王乘舟将欲入鄢。右尹度王不用其计，惧俱死，亦去王亡。

灵王本想去“鄢”暂避，不料右尹等随从“惧俱死，亦去王亡。”“灵王于是独彷徨山中，野人莫敢入王。”其时芋尹申无宇之子申亥曰：“吾父再犯王命，王弗诛，恩孰大焉！”乃求王，遇王饥于厘泽，奉之以归。夏五月癸丑，王死申亥家，申亥以二女从死，并葬之。多年后申亥才以楚灵王柩归郢都，其时，楚平王以王礼改葬之，并谥灵。

楚灵王时蔡公弃疾，居功甚伟，在陈、蔡二国又深得人心，在朝廷内外的影响力相当大。子干与子皙长期不在国内，朝廷内势力不大。子干因年长当上了国君，手握兵权的司马弃疾极不甘心，就谋图篡位。其时灵王生死未卜，国人每夜惊，曰：“灵王入矣！”乙卯夜，弃疾使船人从江上走呼曰：“灵王至矣！”国人愈惊。又使曼成然告初王比及令尹子皙曰：“王至矣！国人将杀君，司马将至矣！君蚤自图，无取辱焉。众怒如水火，不可救也。”初王及子皙遂自杀。丙辰，弃疾即位为王，改名熊居，是为平王。平王以诈弑两王而自立，恐国人及诸侯叛之，乃施惠百姓。

平王即位后“杀囚，衣之王服而流诸汉，乃取而葬之，以靖国人。”（《昭公十三年》）即“杀一个罪囚穿上王服放在汉水中，叫人找回来，说是楚灵王。让国人知悉灵王已死，绝勤王之心，还让帮助他的子旗（曼成然）担任令尹。

从以上事迹可知：灵王不肯“请待于郊以听国人”，欲去“鄢”暂避。可见楚都不可能在“鄢”，而是在江畔的“江陵之郢”。故“弃疾使船人从江上走呼曰：‘灵王至矣！’国人愈惊。”因为灵王最后的行踪在汉水附近，所以“杀囚，衣之王服而流诸汉，乃取而葬之，以靖国人”。

《史记·楚世家》所记与《左传·昭公十三年》基本相同，其事合情合理。可见楚灵王时，楚都在郢。

刘克勤先生说：

> 楚灵王十二年（前529年），楚灵王离郢外出，子比、子皙和弃疾政变，立子比为王。灵王“乘舟将欲入鄢”，但在途中死去。他的死讯，显然没有立即传到郢中，而提前知道消息的弃疾“使人从江上走呼曰‘灵王至矣！’子比、子皙自尽，弃疾自立为王”（《楚世家》）。弃疾“杀囚，衣之王服而流诸汉，乃取而葬之，以靖国人”（《左传·昭公十三年》）。鄢和纪南城相去甚远，所谓“灵王至矣”，是至鄢，住在纪南城的人没有理由惊慌。另外，“江上走呼”如果指的是长江，与“将欲入鄢”不符。故石泉先生认为这个“江”并非长江，而是鄢上游的今蛮河。再联系到后文“杀囚……而流诸汉”则可更清楚证明郢非纪南。因为没有理由在长江杀人而抛尸汉江，再说，弃疾抛尸的目的是“以靖国人”，是给人看的，假如郢在纪南，他抛尸远在数百里之外的汉江，又能起到什么作用呢？因此，当时郢的所在地只可能在汉水附近，而且离鄢不远。这个地方只有楚皇城，最符合这个条件。①

刘氏眉毛胡子一把抓，把“灵王将欲入鄢”与弃疾在郢都的阴谋夺权活动搅乎在一起，不但误解了《史记·楚世家》与《左传·昭公十三年》，还用修改文献的办法来服从自己的观点。其“这个地方只有楚皇城，最符合这个条件”缺乏说服力。

七、楚昭王时楚都的地望

刘克勤先生还说：

> 从楚昭王弃都出走的路线，可以确证郢在鄢而不在纪。昭王“涉睢、济江，入于云中”，而后，“奔郧”、“奔随”（《左传·定公四年》）。旧说以为“睢”即今沮漳河，“江”即长江，“云”即云梦泽。张正明先生认为，这样解释，终难自圆。因为“涉睢”、“济江”后要“奔郧”、“奔随”，必须要再次济江、济汉，这是史无依据的，张先生认为“睢”是蛮河，“江”是汉水，“云”借作“郧”。睢、江解释我赞同，但“云”作“郧”似有不妥，因同篇下文有“奔郧”，同篇一地两称似无可能。因此，旧解云梦泽较有可能。这样推敲起来，昭王逃亡路线是先渡过蛮河，再由西岸过汉江奔往云梦泽，然后再奔郧、奔随。这条线路基本上是由西向东，然后再稍有折返。如果再联系到石泉先生“古云梦泽”不在今云梦而在钟祥一带之说，昭王逃亡的路线就更顺理成章了。②

刘氏把古籍中明确的记载：昭王“涉睢、济江，入于云中”，按自己的意愿更改为“汉水”等，并非严谨之举。《左传·定公四年》（前506年）“吴入郢……楚子涉睢，济江，入于云中。”杜预注：“入云梦泽中，所谓江南之梦。”正义曰：“郢都在江北睢东，王走西涉睢，又南济江，乃入于云中，知此在江南。”《战国策·楚一·威王问于莫敖子华》：“吴与楚战于柏举……蒙谷给斗于宫唐之上，舍斗奔郢曰：‘若有孤，楚国社稷其庶几乎？’遂入大宫，负（鸡）（离）次之典以浮于江，逃于云梦之中。”

《左传》《战国策》明确记载，吴人是从东向西“入郢”的。“昭王济江入于云中”是济江去江南云梦躲避吴人。倘若“郢”是“鄢”，昭王“由西岸过汉江……”，难道他要去投奔东面的吴人？

刘氏说：“后要‘奔郧’、‘奔随’，必须要再次济江、济汉，这是史无依据的”，这种理由难以成立。古籍中类似的“失记”比比皆是，例如，“昭王奔随”以后的行踪，书中未记，难道昭王一直在随，没有回国？

盛弘之《荆州记》：“昭王十年，吴通漳水灌纪南，入赤湖，进灌城郢，遂破楚。”（《太平寰宇记》卷百四十六）③ 也认定楚昭王时楚都在纪南（郢）不在鄢。

---

① 刘克勤：《楚都鄢郢上下限考》，http://www.448000jm.com/thread-7143-1-1.html。

② 刘克勤：《楚都鄢郢上下限考》，http://www.448000jm.com/thread-7143-1-1.html。

③ 陈运溶、王仁俊辑，石洪运点校：《荆州记九种·襄阳四略》，盛弘之《荆州记》附录：南郡江陵县，湖北人民出版社1999年版，第69页。

文献中没有吴军破楚为“入鄢”的信息。

结　论

1.《左传》记载楚武王时楚在汉水西南。

《左传·桓公九年》之记，证明楚在邓之南。鄾城在邓国东南十余里。楚、巴使者从楚国出发前往邓国，先经过“邓南鄙鄾”，显然是从南往北行。所以楚国当在邓国之南。同理，楚、巴两师从南往北“围鄾”，不与其北的邓师交锋，邓师则需从北往南“救鄾”。

《左传·庄公四年》：“楚武王伐随。……卒于樠木之下。令尹斗祁、莫敖屈重除道梁溠，营军临随。随人惧，行成。莫敖以王命入盟随侯，且请为会于汉汭而还。济汉而后发丧。”

表明楚武王五十一年，伐随时楚都在汉水以西。

2. 楚文王之郢都在今宜城楚皇城。

《左传·庄公六年》：“楚文王伐申，过邓。”说明楚在邓之南。

《左传·楚世家》：“十二年，伐邓，灭之。”前678年楚文王灭邓时，楚国还没有占领“丹淅之地”。

3. 楚成王在讨伐并吞鄢郢附近诸侯后，可能把都邑迁往自然条件更好的江陵郢都。

《左传·楚世家》成王三十九年：“灭夔，夔不祀祝融、鬻熊故也。”夔地在今奉节，原为巴人地被楚占后，楚王族的一支迁来夔地。楚成王迁郢后，才找个借口灭夔。如果楚都在鄢（今宜城），则没有必要大老远的去灭夔。

4. 楚西的庸是楚人争霸中原时的后顾之忧。

楚庄王三年庸率“群蛮”叛楚，借此机会，楚与巴、秦联合攻灭庸国。交好巴国，可保障楚后方的安全。楚国得以扩展到汝淮，并北出方城，争霸中原。

5. 楚灵王奢侈残暴，导致“众叛亲离”，手握兵权的弃疾篡位为平王。

6. 楚平王后来杀害伍奢、伍尚，致使伍子胥入吴，引吴军入郢。楚国遭受巨大灾难。史册明载吴人从东向西“入郢”。文献中没有吴军“破鄢”的信息。昭王也不可能“由西岸过汉江”投奔东面的吴人。

楚幽王的身世和春申君的失误

摘要：《楚世家》记载考烈王有三个儿子："幽王悍，母弟犹代（哀王），哀王庶兄负刍。"《春申君列传》则说，楚考烈王没有儿子，"考烈王卒，李园女弟初幸春申君有身而入之王所生子者遂立，是为楚幽王"。从楚王的世系看《楚世家》的记载比较可信。考烈王的三个儿子先后为楚王，历史上并没有异议，而"考烈王无子说"可能是不确实的传闻。

关键词：春申君；考烈王；楚幽王

一、《史记》中黄歇与楚幽王身世的记载

（一）《楚世家》和《六国年表》记载

《楚世家》：

（顷襄王）二十七年……复与秦平，而入太子为质于秦。楚使左徒侍太子于秦。三十六年，顷襄王病，太子亡归。秋，顷襄王卒，太子熊元代立，是为考烈王。考烈王以左徒为令尹，封以吴，号春申君。考烈王元年，纳州于秦以平。是时楚益弱。六年，秦围邯郸，赵告急楚，楚遣将军景阳救赵。七年，至新中。秦兵去。十二年，秦昭王卒，楚王使春申君吊祠于秦。十六年，秦庄襄王卒，秦王赵政立。二十二年，与诸侯共伐秦，不利而去。楚东徙都寿春，命曰郢。二十五年，考烈王卒，子幽王悍立。李园杀春申君。幽王三年，秦、魏伐楚。秦相吕不韦卒。九年，秦灭韩。十年，幽王卒，同母弟犹代立，是为哀王。哀王立二月余，哀王庶兄负刍之徒袭杀哀王而立负刍为王。

《六国年表》：

十年幽王卒，弟郝立，为哀王。三月，负刍杀哀王。

楚王负刍元年，负刍，哀王庶兄。

相关要点为：顷襄王二十五年，考烈王卒，子幽王悍立。李园杀春申君；顷襄王十年，幽王卒，同母弟犹代立，是为哀王；哀王立二月余，哀王庶兄负刍之徒袭杀哀王而立负刍为王。

（二）《春申君列传》的故事

前273年，顷襄王让黄歇出使秦国。当时秦昭王要命令白起同韩国、魏国一起进攻楚国，黄歇怕秦国一旦发兵就会灭掉楚国，就上书劝说秦王。……秦昭王读了春申君的上书后，不但不再出征，还派使臣给楚国送礼，与楚结为友好国家。黄歇回国后，前272年楚襄王就派他（43岁）与太子完到秦国做人质。

前263年楚顷襄王病了，秦却不让太子回去。太子与秦国相国应侯私人关系很好，黄歇就劝说应侯道："如今楚襄王恐怕一病不起了，秦国不如让太子回去。如果太子能立为王，他一定感激相国的恩德，还为秦保留了一个万乘大国的盟友。如果不让他回去，楚国将改立太子，将来肯定不会像太子那样事奉秦国，这不是上策。"应侯把这事报告给秦王。秦王还是只让太子的师傅黄歇回去探问。"黄歇就替太子谋划说："大王如果不幸辞世，太子不在楚国，阳文君的儿子必定立为继承人，太子不如跟使臣一起逃离秦国，让我留下来以死担当责任。"楚太子就扮成楚国使臣的车夫得以出秦……估计太子已经走远了，黄歇就去向秦昭王报告："太子已经回楚，我当死罪，愿赐我一死。"昭王大为恼火，要黄歇自杀。应侯进言道："黄歇能为主子献出生命，太子如果立为楚王，肯定重用黄歇，不如让他回国，表示对楚国的亲善。"秦王听从了应侯的意见便把黄歇遣送回国。楚顷襄王去世，太子完立，为考烈王。前262年（考烈王元年），任命黄歇为宰相，封为春申君。

春申君知识渊博，有口才，礼贤下士，宽厚爱人，声名闻以天下，各国不远千里前来投奔的人非常多，其门客多达3000人。春申君与齐国孟尝君，赵国平原君，魏国信陵君并称为"战国四公子"。考烈王五年，秦国的军队包围了赵国都城邯郸，赵国向楚国求救，考烈王派遣春申君领兵救援赵国，解除了

邯郸之围；考烈王八年，春申君率领楚军灭掉鲁国。通过这两次成功的军事行动，春申君在诸侯中的威望大增，使楚国一改羸弱的形象。春申君任宰相的第二十二年，为了遏制秦国的扩张，东方六国组成联军讨伐秦国，楚王再次为从长，楚考烈王让春申君主事。六国联军到达函谷关后，秦军出关应战，六国联军战败而逃。楚考烈王认为是春申君指挥不力，从此就冷落春申君。事后，楚国迁都寿春。楚考烈王把春申君封到吴地，继续担任相国。

这时李园来到楚国，他先去做春申君的门客，又趁机把自己的妹妹李嫣献给春申君。李嫣怀了身孕之后，李园就同李嫣密谋劝说春申君，说现在她怀有身孕，而楚考烈王至今没有儿子，如果春申君把她进献给楚王，将来有幸生个男孩，继承王位，那么整个楚国将全为春申君所有。正受楚王冷落的春申君，听了李嫣的话后不由得动了心，也许是利令智昏，急于挽回被考烈王冷落的局面，就把李嫣进献给考烈王，考烈王见到异常貌美的李嫣，当即接纳了她。后来，李嫣果真生了个男孩，楚考烈王便将其立为太子，李嫣封为王后，并器重李园，让李园参与朝政。李园本来就是个心怀鬼胎的小人，早就暗中豢养了刺客，等待机会刺杀春申君。当初春申君说秦昭王罢攻楚，后又冒着生命危险遣太子归国，何其明智也！现今却昏聩迟钝，不但看不透李园的险恶，当其门客朱英 给他明确提醒后，他还不觉悟，竟然说："李园，弱人也，仆又善之，且又何至此！"前 238 年楚考烈王去世，春申君被李园豢养的刺客所杀，全家老小也全部遭难。李园妹妹与春申君有孕所生男孩最终被立为楚王，即楚幽王。

《春申君列传》故事相关要点有二：

其一，李园其女弟，即幸于春申君。知其有身……乃出李园女弟，楚王入幸之，遂生子男，立为太子。

其二，二十五年，考烈王卒，李园杀春申君。李园女初幸春申君有身而入之王所生子者遂立，是为楚幽王。

二、《楚世家》与《春申君列传》的矛盾

（一）解"邯郸之围"是谁？

《春申君列传》：

> 五年，围邯郸。邯郸告急于楚，楚使春申君将兵往救之，秦兵亦去，春申君归。

《六国年表》也记：

> 楚考烈王六年，春申君救赵。

《楚世家》：

> 六年，秦围邯郸，赵告急楚，楚遣将军景阳救赵。七年，至新中。秦兵去。

《史记》中，一说"春申君救赵"，一说"景阳救赵"，显然矛盾。

魏昌《楚国史》"黄歇执掌楚国军政大权，由黄歇主持调兵遣将，组织救赵行动，是无疑问的，而奔赴前线直接指挥作战的，当是景阳"，可备一说。

（二）考烈王有没有儿子？

《春申君列传》：

> 楚考烈王无子……楚考烈王卒……李园女弟初幸春申君有身而入之王所生子者遂立，是为楚幽王。

《楚世家》：

> 二十五年，考烈王卒，子幽王悍立。……十年，幽王卒，同母弟犹代立，是为哀王。哀王立二月余，哀王庶兄负刍之徒袭杀哀王而立负刍为王。

《六国年表》：

> 十年幽王卒，弟郝立，为哀王。三月，负刍杀哀王。
>
> 楚王负刍元年，负刍，哀王庶兄。

《春申君列传》中说"楚考烈王无子"，可是在《楚世家》《六国年表》中，考烈王至少有三个儿子：幽王悍、母弟犹代、犹代庶兄负刍，他们与春申君无关。

三、《楚世家》更为可信

（一）从《楚世家》和《六国年表》看

考烈王至少有三个儿子："幽王悍，母弟犹代（哀王），哀王庶兄负刍。"这三个儿子在考烈王卒时，似乎已经成年可以亲政。

（二）从楚王的世系看

就楚国历史来说《楚世家》比《春申君列传》更为权威。

《楚世家》记载考烈王之后，有幽王、哀王、负刍三个儿子先后为楚王，历史上也没有异议，并且与《六国年表》记载相同，可见此记比较可信。

《春申君列传》的"考烈王无子"、楚幽王是春申君之子等说，与历史上的楚王的世系不合。可能是不确的传闻，司马迁在《春申君列传》中存其异说而已。

对此，前人早有论述：

司马贞《史记索隐》："按：楚捍有母弟犹，犹有庶兄负刍及昌平君，是楚君完非无子，而上文云考烈王无子，误也。"①

清梁玉绳《史记志疑》在"考烈王无子"中认为此事"恐不可信"②。

（三）《春申君列传》不可信

刘刚先生说：

> 负刍、昌平君、昌文君均为楚考烈王之子，是楚幽王和楚哀王的庶兄，在为公子时，由于庶出又当都遭遇过考烈王王后，幽王、哀王之母——李园女弟的歧视，后负刍杀哀王自立，秦伐楚时，被虏，而昌平君、昌文君则为抗秦而死。③

刘刚先生采信《春申君列传》的"考烈王无子，李园献妹"，又录用《楚世家》的"楚考烈王多子"说事，把两个矛盾的情节参合起来，显然说不通。

"李园献妹"是"春申君相楚二十二年"之后的事。其时春申君已经73足岁了。

园女弟说春申君曰："今君相楚二十余年，而王无子……今妾自知有身矣……"其后才有"楚王召李园女弟入幸之，遂生子立为太子"。这些记叙，可信性都欠佳。

《春申君列传》曰："二十五年，……楚考烈王卒……李园女弟初幸春申君有身而入之王所生子者遂立，是为楚幽王。"

前241年（考烈王二十二年）"园女弟有身孕"即便当年生产，前238年（二十五年）考烈王死时"园女弟之子"最多只有三岁，若他为楚幽王不可能亲政而没有人辅助。如果考烈王不能生育（《春申君列传》中李园女弟也没有生第二胎），那么既不可能有幽王悍的"同母弟犹代"，也不可能有"庶兄负刍"。即便"园女弟"在（幽王）悍之后又有弟（犹代），在幽王十年卒时哀王（犹代）最多只有十一二岁，也不可能亲政，更不可能出现"哀王庶兄负刍"。

按《楚世家》记载，根本就没有"考烈王无子"和"李园女弟生子为幽王"（有春申君身孕）之事。

《史记》中司马迁往往把相互矛盾的事实与传说分别写入各处，类似的事例不少，如何取舍需要慎重对待。

四、春申君的短板

春申君门客数千，只是显富的摆饰，没有起到参谋决策、解决难题的作用。即便其中有"千里马"，他也不能识别，更不会驾驭。——春申君连一个主动进言的朱英都不能用。

（一）从《春申君列传》看

《春申君列传》记，朱英劝春申君："代立当国，南面称孤而有楚国。"春申君似乎未为所动，更没

---

① 钦定四库全书：《史记索隐》卷十九，春申君列传第十八。

② 梁玉绳：《史记志疑》，中华书局1981年版，第1284—1285页。

③ 刘刚：《〈笛赋〉为宋玉所作说》，《沈阳师范学院学报（社科版）》2002年第1期，第24页。

有听从“杀李园”建议。其时他已经不会审时度势，不能识人用人。

因此，连司马迁都说：

> 吾适楚，观春申君故城，宫室盛矣哉！初，春申君之说秦昭王，及出身遣楚太子归，何其智之明也！后制于李园，旄矣。语曰：“当断不断，反受其乱。”春申君失朱英之谓邪？

（二）从《战国策》“客说春申君”看

> 客说春申君曰：“汤以亳，武王以镐，皆不过百里以有天下。今孙子，天下贤人也，君籍之以百里势。臣窃以为不便于君。何如？”春申君曰：“善。”于是使人谢孙子，孙子去之赵，赵以为上卿。”客又说春申君曰：“昔伊尹去夏入殷，殷王而夏亡。管仲去鲁入齐，鲁弱而齐强。夫贤者之所在，其君未尝不尊，国未尝不荣也。今孙子，天下贤人也，君何辞之？”春申君又曰：“善。”于是使人请孙子于赵。
>
> 孙子为书谢曰：“疠人怜王，此不恭之语也。虽然，不可不审察也，此为劫弑死亡之主言也。夫人主年少而矜材，无法术以知奸，则大臣主断国私以禁诛于己也，故弑贤长而立幼弱，废正适而立不义。春秋戒之曰：‘楚王子围聘于郑，未出境，闻王病，反问疾，遂以冠缨绞王，杀之，因自立也。齐崔杼讨妻美，庄公通之。崔杼帅其君党而攻。庄公请与分国，崔杼不许；欲自刃于庙，崔杼不许。庄公走出，逾于外墙，射中其股，遂杀之，而立其弟景公。近代所见：李兑用赵，饿主父于沙丘，百日而杀之；淖齿用齐，擢闵王之筋，悬于其庙梁，宿夕而死。夫厉虽痈肿胞疾，上比前世，未至绞缨射股；下比近代，未至擢筋而饿死也。夫劫弑死亡之主也，心之忧劳，形之困苦，必甚于疠矣。由此观之，疠虽怜王可也。”因为赋曰：“宝珍隋珠，不知佩兮。布与丝，不知异兮，闾姝子奢，莫知媒兮。嫫母求之，又甚喜之兮。以瞽为明，以聋为聪，以是为非，以吉为凶。呜呼上天，曷惟其同！”曰：“上天甚神，无自瘵也。”诗曰：“上天甚神，无自瘵也。”

从《客说春申君》看，有门客说：“今孙子，天下贤人也，……不便于君。”这本来就是嫉贤妒能的歪理，他居然相信了，立即免了荀子的官职。

在“孙子去之赵，赵以为上卿”的情况下，再有人进言“……今孙子，天下贤人也，君何辞之?”这只是个“败事有余的‘马后炮’”他居然又相信了，再去请荀子回楚……

荀子在赵国当了上卿的大官，当然不会回楚。可见春申君在对待“荀卿”的问题上，缺乏正见，更没有识人、用人的慧眼。

不知道，这是春申君“旄矣”——年老智商下降呢？还是他原来就有的“短板”？

假如“荀卿的‘为书谢曰’”确有其事，那么他不仅指出了春申君的愚蠢，而且暗示春申君有“劫弑死亡”之难。可惜春申君没有觉悟，拒绝了朱英，竟然一语成谶。

（三）《史记》和《战国策》的矛盾

《孟子荀卿列传》曰：

> 齐人或谗荀卿，荀卿乃適楚，而春申君以为兰陵令。春申君死而荀卿废，因家兰陵。……序列著数万言而卒。因葬兰陵。

《战国策》说：

> 去之赵，赵以为上卿。

荀卿晚年到底是“去之赵”，还是“家兰陵”？可能《史记》更可信。

“鄂侯”与“鄂渚”探源

摘要：《禹鼎》有“鄂侯御方率南淮夷、东夷广伐南国、东国”，鄂当在南淮夷邻近。正因为鄂侯近周对周造成极大威胁，周天子才要“勿遗寿幼”赶尽杀绝。《涉江》有：“乘鄂渚而反顾”，“鄂渚”当在郢都之东，离夏浦不远的今鄂州。

关键词：鄂侯；西鄂；东鄂；鄂渚；鄂州

殷周之鄂侯，在古文献和出土文物中有较多确切的记载。

《殷本纪》：纣以西伯昌、九侯、鄂侯为三公。九侯有好女，入之纣。九侯女不憙淫，纣怒，杀之，而醢九侯。鄂侯争之强，辨之疾，并脯鄂侯。

《鲁仲连列传》所记类同：昔者九侯、鄂侯、文王，纣之三公也。九侯有子而好，献之于纣，纣以为恶，醢九侯。鄂侯争之强，辩之疾，故脯鄂侯。

《殷契粹编》武丁卜辞968片：“二田噩、盂，有大雨。”①

西周时的《禹鼎》铭文有：“鄂侯御方率南淮夷、东夷广伐南国、东国。”② 等等。

学者间对“鄂”的解读历来有分歧。例如，鄂侯部族殷、周之时居地在何处？它与汉南阳郡“西鄂”、江夏郡“鄂（东鄂）”有无关联？鄂侯是被周王伐灭，还是被熊渠伐灭？等等。

楚国历代鄂君之封邑在何处？是学界争论的热点之一。

刘向《说苑·善说》记有：鄂君子晳泛舟与越人相好之事。

1957年安徽省寿县出土的“鄂君启节”记载：楚怀王六年（前323年）封其弟启为鄂君，颁发金节，其水陆商队之货可免税运往楚国各地。

屈原《涉江》有：“乘鄂渚而反顾兮。”此“鄂渚”的地望，也是分歧很大的问题。大致有“东鄂”说，“江北”说，“洞庭”说、今武汉市黄鹤矶上三百步说等。

由于有关记载稀缺，要探索“鄂侯”与“鄂渚”的本源，需多方面综合考察。例如：

从历史上“鄂”之来源，看楚国的“鄂”在哪里。

从楚国之“鄂王、鄂君”，看其封地在“东鄂”还是“西鄂”。

从有关出土文物铭文，看相关“鄂”的历史、地理。

从《哀郢》《涉江》看屈原所说的“鄂渚”可能在何处。

本文在吸收众前贤研究成果的基础上，力图通过综合考察分析，探讨与“鄂侯”“鄂君”“鄂渚”相关的问题。文中之谬误不当，敬请指正。

一、商、周之鄂侯、鄂邑

（一）商代鄂侯地望两说

1. 今山西省南部的乡宁县

鄂即“噩”、“鳄”。据化石资料，大约4000年前，山西汾水流域广泛分布“汾河鳄”，在商代有一以鳄为标志的“鄂国”，史称“鄂侯故垒”在今乡宁县境。

《辞海》：“鄂③古邑名。春秋晋邑。在今山西乡宁。《左传》隐公六年（前717年）：晋大夫嘉父“逆晋侯于随，纳诸鄂，晋人谓之鄂侯。”④

北魏郦道元《水经注》：“河水又南至崿谷，傍谷东北穷涧，水源所导也，西南流注于河。”⑤

---

① 郭沫若：《殷契粹编》，科学出版社1965年版，第198、593页。

② 中国社会科学院考古研究所编：《殷周金文集成释文》第二卷器号2833，香港中文大学中国文化研究所2001年版。

③

④ 《辞海》（三卷本），上海辞书出版社1999年版，第1314页。

⑤ 郦道元著，陈桥驿注释：《水经注》，浙江古籍出版社2001年版，第51页。

唐李泰《括地志》:“故鄂城在慈州昌宁县（今乡宁县）东二里。”①

《隋书·地理中》:“昌宁后魏置……有壶口山，崿山。”②

顾祖禹《读史方舆纪要》:“鄂水出（乡宁）县东五十里之宋家沟……西流入黄河。”③

文献中晋地的这些鄂、鄂城、崿谷、崿山、鄂水等地名都是古鄂国遗存的反映。

商代后期鄂侯已南迁至黄河北的今沁阳市西北邘台镇。乡宁之鄂城为祁姓唐国之都。周初成王封其弟叔虞于唐，改国名为“晋”，占据古鄂侯之地。故《世本》曰“唐叔虞居鄂”。

《左传·隐公六年》:“顷父之子嘉父逆晋侯于随，纳诸鄂，晋人谓之鄂侯。”

2. 河南沁阳市西北邘台镇

《辞海》：鄂古国名。(1) 即商代的“邘”，金文作噩。在今河南沁阳西北。《史记·殷本纪》:“以西伯昌、九侯、鄂侯为三公。”裴骃集解引徐广曰：“一作邘，音于。野王县有邘城。(2) 西周的诸侯国，姞姓。在今河南南阳市北。(3) 西周时楚别封之国。周夷王时，楚王熊渠攻扬越到鄂（今湖北鄂州），封其中子红为鄂王。(4) 战国时楚国封君的封邑，在今湖北鄂州。遗物有楚怀王时的“鄂君启节”④。

《殷本纪》集解徐广曰：“一作‘邘’，音于。野王县有邘城。”

《鲁仲连列传》集解徐广曰：“鄂，一作‘邢’。”

它们将鄂、邘、邢三者混而为一，并不正确。沁阳之鄂，武丁卜辞中已有载：“二田噩、盂，有大雨”。这是商代后期的鄂国与盂国并存之确证，其地望在今沁阳县城或略偏南。殷甲骨中，邘与鄂并存。西周时鄂国仍然存在，邘则遭周文王伐灭。后来周成王封其弟于邘，即《左传》僖公二十四年“邘、晋、应、韩武之穆也”之“邘”。其地在今河南沁阳县西北20余里、沁水以北的清代邘台镇一带。“邢”则为周公之后代。鄂、邘、邢三国并为周朝的诸侯，不能混而为一。⑤

（二）各鄂邑间的关系

徐少华先生认为⑥:

> 1. 山西乡宁之鄂城，商代后期已是祁姓唐国之都，可见鄂部族南迁当在商代武丁之时或稍前。周成王“灭唐”并封其弟于唐，亦都于鄂。其后唐改称晋，都邑亦迁。(页88)
>
> 2. 沁阳之鄂，武丁卜辞中已有载。如，郭沫若《殷契粹编》:968片载“二田鄂、邘，有大雨”……甲骨卜辞中，鄂作噩（金文同）邘作盂。两者邻近，但不是一地。(页87)
>
> 3. 沁阳“鄂”与南阳“鄂”有无关联，与史无征。但从沁阳鄂故地于周初即分封给了姬姓的邘、雍和已姓苏国看，在周成王初年或更早，鄂部族就已离开沁阳南迁。(页91)
>
> 4. 位于河南偃师县东南与登封县交界处的“鄂岭阪”，是沁阳至南阳必经之地，当鄂族南迁时很可能在此暂住。结合湖北随州出土鄂侯弟历季尊的情况来看，至迟在昭穆时期鄂国已立国于南阳盆地，可见鄂族进入南阳盆地不晚于西周早期。(页91)
>
> 5. 从鄂国铜器及其历史地理综合考察看，西周鄂国应以南阳西鄂说为是。（笔者按：周代有“南阳西鄂”说，并无证据。）
>
> 6.“鄂侯作王姞媵簋”铭文曰：“鄂侯作王姞媵簋，王姞其万年子子孙永宝。”这是夷王时姞姓鄂侯嫁女于周天子为王妃之媵器。说明其时周、鄂关系较密。也证明郭沫若关于西周鄂侯当即殷末鄂侯之后裔说可信。
>
> 7.“鄂侯御方鼎”铭文载，周王南征回师时曾在离西鄂不远的“坯”，鄂侯自当前去拜见。若鄂侯远在东鄂，则不至于赴坯去朝见天子。
>
> 8. 从《禹鼎》铭文鄂侯所率的淮河流域和淮泗地区的族邦伐周之南国、东国看，鄂侯当

① 李泰等著，贺次君辑校：《括地志辑校》，中华书局1980年版，第63页。

② 魏征等：《隋书》卷三十，中华书局1973年版。

③ 顾祖禹：《读史方舆纪要》，中华书局2005年版，第1931页。

④《辞海》（三卷本），上海辞书出版社1999年版，第1314页。

⑤ 徐少华：《周代南土历史地理与文化》，武汉大学出版社1994年版，第26页。

⑥ 徐少华：《鄂国铜器及其历史地理综考》，《考古与文物》1994年第2期，第87—93页。

邻近西鄂。西鄂近周对周造成极大威胁，周天子才要倾兵灭鄂。

徐先生认为《禹鼎》“应以夷王为是”（页91）似乎与《史记》之记“周夷王之时，王室微，诸侯或不朝，相伐。”不符。

2007年11月，在湖北随州安居羊子山4号墓发掘了一座西周早期墓葬，出土青铜器27件，包括数件噩侯器和一件噩中器。加之1976年在安居车岗故随国出土的铭文为“噩侯弟 季作旅彝”的《□季尊》①，均为西周早期器，可基本确定西周早期的噩国中心地区在今随州一带；而不是在“南阳西鄂”。据西周晚期的《禹鼎》铭文：“噩侯驭方曾率夷人反周，□禹擒获噩侯驭方、‘勿遗寿幼’。”噩国似乎就此消亡，只是“鄂侯御方”的都邑在何处尚无资料阐明。

吴郁芳先生说：

> 《左传》隐公六年：“翼九宗五正顷父之子嘉，逆晋侯于随，纳诸鄂，晋人谓之鄂侯。”这个奔随的翼侯即晋鄂侯，他所奔之随旧说是晋邑，在今山西省介休县附近。从当时伐翼的规模来看，鄂侯欲在晋境之内避难是难以幸免的。特别值得注意的是，七六年八月随国故都的贵族墓地中出土了《□季尊》，铭曰“鄂侯弟 季乍旅彝。”既然历史上有鄂侯奔随的记载，而随国故都又出土了鄂侯弟之器，这就可见晋侯所奔之随应是汉东之随国，而非晋之随邑。②

（三）《鄂侯御方鼎》和《禹鼎》

《鄂侯御方鼎》铭文记载：周王南征角夷，自征地返回到“坏”的地方，噩侯御方献礼并宴享周王，又陪同周王行射礼。周王亲赐噩侯玉、马、矢。御方拜谢周王，并作此宝鼎，留给子孙后代。

噩侯之国都很可能在“出土西周早期噩侯器”的湖北随州一带。目前所见各类文献资料中既无噩侯御方在南阳北之“汉西鄂”的踪迹，也找不到噩侯在东鄂（今鄂州市境）的信息。

从《禹鼎》铭文：“噩侯御方率南淮夷、东夷广伐南国、东国、至于历内”看，鄂国是一个强盛的方国。他在周王亲赐玉、马、矢之后，背叛周王，打遍周代的南国、东国，直接威慑周王本土。

《鄂侯御方鼎》《禹鼎》的时代，关系到“鄂”何时灭国、鄂侯部族是否逃迁东鄂等一系列历史问题。但是学者间分歧很大，有李零、徐少华的夷王说、徐中舒的厉王说、陈世辉的宣王说、张筱衡的幽王说等等。

判断《禹鼎》的时代，还应考虑史册所载的历史背景。

“昭公二十六年”王子朝曰：“至于夷王，王愆于厥身（恶疾缠身），诸侯莫不并走其望，以祈王身。”《史记》曰“周夷王之时，王室微，诸侯或不朝，相伐。”总之，夷王之时王室权威大大削弱，无力对外用兵，诸侯各行其是，出现了严重的统治危机。

徐中舒先生说：

> 《史记·楚世家》记载：楚君熊渠曾立其三子为王，称霸南土，“及周厉王之时，暴虐，熊渠畏其伐楚，亦去其王。”可能周军伐噩时老少不留的大屠杀给熊渠很大震动，使他自动放弃称王以免遭讨伐。③

比较合乎情理。

李玉洁先生《楚国史》也认为“《禹鼎》记载周厉王时期的禹伐南国噩侯驭方”获胜④。

李零先生认为：

> 周夷王时，鄂侯驭方率南惟夷和东夷叛周，被伐灭，余部迁至楚东。“即熊渠征伐所至的鄂”（今湖北鄂城）。⑤

徐少华先生则说：

> 周夷王灭鄂后，虽暂时控制了淮夷内侵的局面，但补救措施并未能及时跟上，因而造成了南阳盆地北部鄂境一带的空虚，给正在南阳盆地西部兴起的楚人以可乘之机，其势力乘虚而

---

① 王少泉：《随县出土西周青铜单鋬尊》，《江汉考古》1981年第3期，第76页。

② 吴郁芳：《“曾侯乙”与“随国”考》，《江汉考古》1996年第4期，第51—55、65页。

③ 徐中舒：《先秦史论稿》，《西周的衰亡·厉王革典与共和行政》，巴蜀书社1992年版。

④ 李玉洁：《楚国史》，河南大学出版社2003年版，第57页。

⑤ 李零：《李零自选集》，广西师范大学出版社1998年版，第22页。

入，一度据有鄂地，并封子为鄂王，后由于周厉王的“暴虐”兴师，楚人不得不去其王号，放弃鄂地。周宣王中兴，改封申、吕于南阳盆地，实为填补鄂国灭亡之后的空虚局面，以重新建立起对南方荆楚和东南淮夷的防御和控制，捍卫周室东南门户。①

李零、徐少华先生之说缺乏史料依据，而且与《楚世家》之“周夷王之时，王室微”不符，与《禹鼎》“扑伐鄂侯御方，勿遗寿幼”之记不合。徐少华先生的楚人先“乘虚而入”，后“放弃鄂地”的臆想，与《楚世家》“熊渠甚得江汉间民和”、熊渠所封“皆在江上楚蛮之地”之记不符。

李学勤先生说：

西周的鄂国在哪里，历来有湖北鄂城及河南南阳南两说，现在证明其中心应在汉东随州一带，是我们想不到的。研究青铜器的学者都知道，西周晚期厉王时鄂侯驭方反叛朝廷，引导南淮夷、东夷进犯，结果被王师攻灭，事见禹鼎，从那以后就不再有鄂国。值得注意的是，随州与其周围记有曾国名号的青铜器，没有发现早于西周晚期的。随县均川熊家老湾、安居桃花坡、义地岗等地点所出，都是西周晚期，而且形制、纹饰都近似周王朝器物。我觉得，这可能暗示我们，这里的曾国（即随国）是在鄂国已被攻灭之后才建立的，铭文中称“曾”是沿用都邑原有的地名。② 曾即今随州受命出使诸侯，由方、邓开始省察，途中到了“在鄂师”的驻所，这时有伯买父来，率众戍守汉水中间的两处土地。由此很容易看出，鄂国就是在汉水当地，这符合扼居江汉会合处的湖北鄂城。现在看，鄂国的范围是较大的，北界应和曾国接壤，故鄂贵族器物出于随州。曾即随国，为汉阳诸姬之长，鄂则属于异姓。昭王南巡，王师屯于曾、鄂，正是南国的门户地带。③

二、楚国的“鄂”

（一）湖北鄂州（东鄂）来源两说

1. 古鄂国由北向南逐步迁移而来

鄂源于“山西乡宁县”鄂邑，鄂人因受周人逼迫南逃至河南南阳，周夷王（?）时，再迁湖北鄂州梁子湖畔建鄂国。

《史记·楚世家》正义：

刘伯庄云：鄂，“地名，在楚之西，后徙楚，今东鄂州是也。”括地志云：“邓州向城县南二十里西鄂故城是楚西鄂。”④

《春秋列国疆域表》云：

熊渠封中子红为鄂王，后为楚别都。今武昌府治之武昌县，即楚之鄂都也。⑤（今大冶高河乡胡彦贵村，有鄂王城遗址，原属武昌县管辖。）

《江水注》：江水自西阳来，江右岸有鄂县故城，旧樊楚地。《世本》，熊渠封其中子红为鄂王。

此说未能对鄂人从南阳迁鄂州提供可信依据。鄂王城遗址也不是西周时代遗存。

2. 鄂州在殷商时就是诸侯国，西鄂、东鄂不存在承递关系

鄂州在殷商时就是诸侯国，属扬越族，周夷王八年被楚熊渠所灭；噩，即鳄，其时樊湖一带鳄鱼很多，故其地称“噩”。

此说的欠缺是，对熊渠灭“鄂”以前的“鄂”，没有提供可信之证据。

（二）熊渠所封的鄂王在何处?

1. 周昭王、周夷王时楚国在汉江西南

《初学记》卷七：

《纪年》曰：周昭王十六年伐楚荆，涉汉，遇大兕。周昭王十九年，天大曀，雉兔皆震，

---

① 徐少华：《鄂国铜器及其历史地理综考》，《考古与文物》1994年第2期，第92页。

② 李学勤：《由新见青铜器看西周早期的鄂、曾、楚》，《文物》2010年第1期，第42页。

③ 李学勤：《论周初的鄂国》，《中华文史论丛》2008年第4期，第7页。

④ 司马迁：《史记》，中华书局1959年版，第1692页。

⑤ 顾栋高：《春秋大事表》，中华书局1993年版，第518—519页。

丧六师于汉。①

《纪年》所记载周昭王“伐楚荆，涉汉”，当是由汉北南渡汉水；或者是由汉东西渡汉水。如果楚国在丹、淅，就用不着“涉汉”。

《吕氏春秋·音初》：“周昭王亲将征荆，辛余靡长且多力，为王右。还反涉汉，梁败，王及祭公抎（陨）于汉中。②”征荆“还反涉汉”，则昭王时楚国在汉水之南。

从周夷王之时“熊渠甚得江汉间民和”，熊渠立三子为王“皆在江上楚蛮之地”看，其时楚国仍在江汉之间“未能逾汉而北”，不可能攻占南阳的“西鄂”。熊渠主要向东南扩展，并仿效周武王把三子远封到三处，欲发展成为可与周朝媲美的南方大邦。

2. 噩侯与熊渠所攻的“鄂”无关

西周之“噩侯”，不可能既被周王伐灭，又被楚人并吞。假若“噩侯”是在周夷王时、熊渠封“鄂王”前被灭，那熊渠就无“鄂”可灭。若“噩侯”是在熊渠之后、被周厉王伐灭，则说明熊渠所灭之“鄂”不是鄂侯。也就是说，不管《禹鼎》是周夷王时也好，周厉王时也好，周王伐灭的“噩侯（西鄂?）”，都与熊渠所封的“鄂王”无关。

何光岳先生说：

> 据《召禹鼎》铭文载：“鄂侯驭方率南淮夷、东夷，广伐南国、东国，至于历、芮。”鄂侯已成为南淮夷、东夷的盟主……威胁了周王朝，于是周夷王又亲率“西六师、殷八师”，下令“伐鄂侯驭方，勿遣寿幼。”鄂国遭到周、虢联军的沉重打击后，遗族被迫沿汉水及随枣走廊南逃，……一直逃到今湖北鄂城；《噩侯驭方鼎》铭文，记载周厉王南征淮夷途中，噩侯驭方觐见厉王，得到了优厚的礼遇。噩邻近东面的淮夷，周厉王为牵制淮夷，便结好于噩。……后因邻近强楚。为楚所并，成为楚的鄂邑。……鄂国被楚所并以后，他的遗民被迫又沿汉水南迁至今湖北的鄂城县。……鄂国迁到这里不久，楚国熊渠大力向长江中游发展，《史记·楚世家》说熊渠“乃兴兵伐庸，扬粤，至于鄂”，最后灭掉鄂国，封他的“中子红为鄂王”。……从此姞姓的鄂侯，为芈姓的鄂王所代替。③

何先生既说：周夷王伐鄂侯驭方，遗族南逃到今湖北鄂城。又说：噩侯驭方觐见周厉王，后为楚所并，遗民南迁至今湖北的鄂城县。此鄂国又被周夷王时的熊渠灭掉。此论，时代先后纠缠不清，自相矛盾。

3.“鄗子受钟”之“东鄂”?

1990年河南淅川出土“鄗子受钟”，其铭文曰：“唯十又三年四月、唯戊申，亡祚东鄂，鄗子受作□彝歌钟，其永配厥休。”

赵世纲先生说：

> “鄂为西周方国。‘亡祚东鄂’即灭亡东鄂之意。”“鄂人自（周）厉王时迁居于此地，至（楚）惠王十四年（前475年）被楚灭亡止，在东鄂立国约360余年。”④

此论依据不足，有待证实。

4. 楚公逆钟或许能证明，熊咢时楚国已控制了大冶铜矿

曲沃晋侯邦父（穆侯）墓M64出土的楚公逆编钟8枚，这是熊咢（前799—前791年在位）举行祭祀大典时制作。有铭文68字，各家释法不一。但其中内（享）赤金九万钧。楚公逆用自作龢（谐）锡钟百（肆）⑤ 之文分歧不大。从《楚公逆编钟》铭文总体来看，不论是“赤金九万钧，作钟百肆”，还是自称“大邦”，都说明楚公逆（熊咢）时楚国已相当强大，控制了“东鄂”大冶铜矿资源。（由于宣王初方叔伐楚，其后国势有所下降。）

《左传》僖公十八年记：“郑伯始朝于楚。楚子赐之金，既而悔之，与之盟曰：‘无以铸兵!’故以

---

① 徐坚：《初学记》，中华书局1962年版，第143、144页。

② 王利器：《吕氏春秋注疏》，巴蜀书社2002年版，第621—623页。

③ 何光岳：《南蛮源流史》，江西教育出版社1988年版，第228—229、211—212页。

④ 赵世纲：《鄗子受钟与鄂国史迹》，《江汉考古》1995年第1期，第48、51页。

⑤ 山西考古研究所，北京大学考古系：《天马—曲村遗址北赵晋侯墓地第三次发掘》，《文物》1994年第8期，第10页。

铸三钟。"① 后来，楚庄王八年问鼎中原时曾说："楚国折钩之喙，足以为九鼎。"这些都是楚国铜资源丰富的旁证。

熊咢的事迹史籍空白。"楚公逆钟"及"楚公逆编钟"的出土大有益于楚史的研究。

5. "东鄂"说的不足

从古籍记载看熊渠所封的鄂王在"东鄂"的证据比较多。只是，没有得到考古资料的实证。就以呼声最高的"鄂王城"来说，鄂王城形成的年代与纪南城相当，属春秋末至战国早期。到目前为止，遗址内尚未发现西周文化遗物，可以断定它不是熊渠所封中子红之鄂城。

（三）楚国有没有在鄂王城建都？

王国维、冯永轩等学者认为：自楚君熊挚红起至熊咢，有六任国君在鄂王城建都。

邹盛祥先生提出质疑②：

1. 熊渠卒，挚红即位应是到楚国政治经济文化的中心丹阳奔丧并在太庙即位，不可能在边远之鄂王城就国立位。自熊渠伐庸、杨越及鄂，至熊赀迁都郢城，楚国的大事俱记，并未提迁都至鄂或由鄂都迁出。"楚国在鄂王城建都"说，缺乏文献依据。

2. 宋政和三年在鄂州嘉鱼县太平湖出土的古铜钟"楚公逆钟"，为楚熊咢所铸，并不能说明熊咢及先公在鄂王城建都，据《舆地记胜》卷六十六载：太平湖在嘉鱼县南三十里，"顷岁中涸，夜有怪光"，掘之得古铜钟。宋政和三年为公元1113年，熊咢元年为公元前799年，两者相隔1912年。"楚公逆钟"若是由熊咢都迁遗失湖中，相隔1900多年铜钟应埋入淤泥很深。若鄂王城迁往丹阳或郢，只能由梁子湖沿长港出樊口入长江，逆江西上；不会走太平湖入长江。

3. 若熊咢有计划地迁都，也不大可能遗失重器铜钟。可能原因是，楚亡后，铜钟传给楚王室后裔或流入民间，至唐宋间遗失湖中，当湖水干涸时，铜钟部分露在泥土外，反射月光——就是"顷岁中涸，夜有怪光"。

鄂王城遗址并未发现西周文化遗物，没有"熊挚红之鄂城"的证据。可能只是楚国中后期的东方重镇。

三、楚国的"鄂君"

（一）"鄂君"子皙

刘向《说苑·善说》："鄂君子皙，亲楚王母弟也。官为令尹，爵为执圭。"③

按照《春秋左传》《史记》诸籍记载，楚共王有五个儿子：子昭、子围、子干（又名子比）、子皙（或子晰）和弃疾。四子黑肱，字子皙。是楚康王子昭、灵王子围的母弟。有些人据此把鄂君子皙指认为共王之子。

据何浩先生研究"共王之子（子皙）说"不能成立：

1. 楚封君制始于楚惠王，楚共王、康王时，楚国还无封君之制。子皙为鄂君，当不是楚共王之子。

2. 战国时楚始有"执圭之爵"，鄂君子皙"爵为执圭"，当属战国时人。故而鄂君子皙并非楚灵王之弟。

3. 从灵王之弟的子晰任令尹的历史看，公元前528年五月，子干趁楚灵王驻兵干溪（在今安徽亳县境）对付吴国之时，与子晰、弃疾结盟，依靠陈、蔡诸国的力量，杀进郢都，除去了楚灵王的两个儿子，登上王位，任子晰为令尹，弃疾为司马。弃疾暗中捣鬼，再次发动了政变，子干与子皙被迫于五月十七日（前528年6月18日）夜双双自杀，弃疾继任楚王，史称楚平王。

子皙只做了十多天令尹，在人心背离、内外交困的形势下，惶惶不可终日，很难想象会有闲情逸致去水上泛舟，与越人调情。何先生指出："既为令尹，又是封君的子皙，只能于战国时求之"，进而认为"子皙为威王时（前339—前329年）的令尹、封君的可能性要大一些"。（笔者按：子皙从五月初到五月十七日做令尹时并非封君，时间是在仲夏。而《越人歌》："泛舟于新波之中"。"新波"当指春汛

① 杨伯峻编著：《春秋左传注》（修订本），中华书局1990年第2版，第377页。

② 邹盛祥：《楚国在鄂王城建都?》，搜狐博客邹氏研究，http://zou0711.blog.sohu.com/57279377.html30。

③ 刘向撰，向宗鲁校证：《说苑校证》，中华书局1987年版，第279页。

（三月桃花汛）。可见两者不符。）

4. 再从《越人歌》的艺术造诣及成熟程度看，当是战国时期之物。《越人歌》中有一句"蒙羞被好兮"，据历史语法学的研究表明，这种被动式结构的句子，最早见于战国中后期的古籍。如果《越人歌》产生于楚公子黑肱生活的春秋末叶，"被好"的含义就要另作考虑，这也许是卢元骏先生将"被好"译成"身披妙好的锦绣"的原因。这些都表明：《越人歌》的创作年代不早于战国中期。故鄂君子皙不是春秋时的公子黑肱。

从《越人歌》："鄂君子皙泛舟于新波之中……榜枻越人拥楫而歌……鄂君子皙曰：'吾不知越歌，子试为我楚说之。'于是乃召越译，乃楚说之……"这是先秦楚、越两个民族杂居地区才会出现的景象（有精通越楚两方语言的人 等）。再看《越人歌》"山有木兮木有枝，心悦君兮君不知"与《湘夫人》"沅有芷兮澧有兰，思君子兮未敢言"皆南楚之歌。楚鄂君出游，而棹舟者却是越人。可见，鄂君子皙封地当在东鄂水网地区，而不是既无开阔水面、又非越文化分布区的南阳西鄂。①

（二）鄂君启节

1957 年于安徽省寿县出土的"鄂君启节"记载："大司马邵阳败晋师于襄陵之岁"，即楚怀王六年（前 323 年）封其弟启为鄂君，颁发金节，鄂邑水陆商队货运楚国各地。这也正是楚怀王任用屈原之时。

1. 鄂君启节铭文

大司馬昭陽敗晉師於襄陵之歲夏层之
月乙亥之日王居於蔵郢之遊宮大工尹
脽以王命命集尹昭精織尹逆織令阢爲鄂
君啟之府賸鑄金節車五十乘歲一返毋
載金革黽箭如馬如牛如犆屯十以當一車
如擔徒屯廿擔以當一車以毀於五十乘之
中自鄂市庚陽丘庚方城庚象禾庚柳棼
庚繁陽庚高丘庚下蔡庚居巢庚郢見其
金節則毋徵毋舍桴飤不見其金節則徵

大司馬昭陽敗晉師於襄陵之歲夏层之月乙
亥之日王居於蔵郢之遊宮大工尹脽以王命命
集尹昭精織尹逆織令阢爲鄂君啟之府賸鑄
金節屯三舟爲一舿五十舿歲一返自鄂市逾淯
上漢庚層庚溳陽逾漢庚邽逾夏入溳逾江庚
彭澤庚樅陽入瀘江庚爰陵上江入湘庚䑌庚
洮陽入耒庚郴入資沅澧油上江庚木關庚郢
見其金節則毋徵毋舍桴飤不見其金節則徵
如載馬牛羊以出入關則徵於太府毋徵於關

"鄂君启车节"和"鄂君启舟节"②

"庚"（有人释为"适"）表示至、到达。"逾"表示顺水下行，"上"表示溯水行进，"入"表示从主河道转入支流。

对"鄂君启节"的释译分歧很大。最大分歧是鄂君的封地在"东鄂"还是"西鄂"。

2. 陈伟先生的"西鄂说"

陈伟先生曰：

> 先看车节。鄂君车乘行径，各家的具体考释不一，但都认为出鄂后首先经过的阳丘、方城，皆去南阳不远。就此看来，衔接阳丘、方城的鄂应在南阳一带，而不宜远求江南鄂城。③

陈伟先生的：各地点先后顺序排列论，没有确切依据，似乎是脱离商品流通实际的"纸上谈兵"。"车节"与"舟节"都把"适郢"放在最后，难道"自鄂适郢"都要经过铭文所列举的各个地点，最后把卖剩的"落脚货"带到郢去卖吗？出土的"鄂君启节"有舟节 2 件，车节 3 件，金节实际的拥有量远远多于此数。持有多套金节，正是多线路并列、每条线路都可持有一枚金节的确证。例如"舟节"

---

① 据何浩先生网文摘编，但其网文现在已经找不到了。

② 为避免翻译错误，此处借用中国社会科学院考古研究所编《殷周金文集成释文》（第 6 卷）中的图片。中国社会科学院考古研究所编：《殷周金文集成释文》（第 6 卷），香港中文大学出版社 2000 年版，第 781—782 页。

③ 陈伟：《〈鄂君启节〉之"鄂"地探讨》，《江汉考古》1986 年，第 88 页。

的“逾江，适彭射”，与其后的“上江，入湘”、“上江，适木关，适郢。”似乎都是“自鄂市”至各地“并列的线路”。因为在“逾江，适彭射”之后，若“上江”的话，不可能接着就“入湘”。“车节”所叙，“自鄂市”所“适”的九地，也不可能是一条线路顺序的串联，而是多条线路的并列。如果是这样，只有在“东鄂”才能方便地“自鄂市逾江，适彭射”；“自鄂市上江，入湘”、“自鄂市上江，适木关，适郢。”

“鄂君启节”是通关免征信符，不是营运路线说明。其着重点在“自鄂至某地”凡途中经过的关卡都必须按金节规定免征关税。就当时的人来看，并没有“不好解释”的。今天看来，铭文中的“自鄂市”：“逾汉，适郅。逾夏，入邔”，用“东鄂论”不好解释。但是“西鄂说”同样有不好解释的地方。如：“（自鄂市）逾夏，入邔”；（自鄂市）“逾江，适彭射，适松阳，入浍江，适爰陵。上江，入湘……”；“上江，适木关，适郢”等，都不好解释。

再从“屯三舟为一舿，五十舿”看，不能把“五十舿”看成“船队为一百五十舟”，否则，没有必要引入“舿”的概念。《尔雅·释水》有：“天子造舟，诸侯维舟，大夫方舟，士特舟，庶人乘桴。”（“造舟”由多只船组成；“维舟”由四条船构成；“方舟”由两条船并成。）“楚策一”有：“秦西有巴、蜀，方船积粟起于汶山，循江而下，至郢三千余里。舫船载卒，一舫载五十人，与三月之粮（此处方船载重约12吨），下水而浮，一日行三百余里。”①（舫船载重推算：“五十人”，每人的体重加装备等约100千克，共5吨。“三月之粮”，每人每天的主付食加燃料等约2. 5千克，50人3个月共11吨多，两项之和在16吨以上。）

“鄂君启节”的“三舟为一舿”之“舿”，可能是把三条船连成一体。其结构大约是大船居中，两侧之船略小，这样可大大增强抗风浪能力，它比“舫船”更胜一筹。可在大江河中平稳航行。舿的载重量约20—30吨，“五十舿”总载货量达千吨。与每车只载约一吨的“车五十乘”总共才50吨相比，船运量是车运的几十倍。（《淮南衡山列传》：“一船之载当中国数十辆车”。）船运输量大、地域广，显然占主导地位。但是，五十舿的大型船队，要在西鄂的小河里调头、对开，不但往返出入困难，若遇到冬春枯水期则不能航行。

车运比较灵活，可作舟运的补充，恐非“各成体系”。例如“车节”、“舟节”都有“适郢”，而船运量是车运的几十倍，既然船已载有大宗货物去郢了，为何还要车运呢？或许因为商品流通有很多不确定因素，当获利大的畅销货可能短缺时，则可用车运及时补充，还可灵活地将各处的土特产互通有无。

再有，陈伟先生之论有两个缺陷：

第一，字形隶定是释地的先决条件，必须辨析论定。陈伟先生把[illegible]隶定为“油”，这仅是一种可能，把“油”再转为“淯”也是可能性之一。故把它说成是“淯水”，只是一种推测，缺乏确证。而[illegible]与《上博战国楚竹书》中的[illegible]（沽），字形最为接近。把[illegible]隶定为“湖”不一定错。看来[illegible]的隶定、释读还有可商榷的余地。

再有陈先生的论文没有列出“鄂君启节铭文”的全文，回避了“入资、沅、澧、油”的“油”，与“逾油”的“油”，两个“油”字形不一的问题。

第二，陈先生断言：鄂君地“鄂应在南阳”以北的古“淯水”（今白河）边之的“西鄂”。此论以战国时代楚国必有“南阳西鄂”为前提。可是这个最重要的前提，陈先生却没有任何考证。

从楚国历史看，南阳并无“鄂”邑。更无楚怀王时鄂王、鄂君封在西鄂的文献记载。相反很多古籍中都记载鄂王、鄂君、鄂渚（五渚）都在“东鄂”、在“江上”。

陈伟先生说：“楚居”：“至昭王自秦干溪之上徙居媺郢，媺郢徙居鄂郢，鄂郢徙袭为郢。”“鄂君启节”称鄂君封邑为“鄂”而不是“鄂郢”。鄂君封邑在汉西鄂县，今河南南阳市北。此鄂应是另一地，恐当在今湖北鄂州。② 文献中把“鄂郢”称“鄂”由如“鄢郢”称“鄢”，事例很多。陈伟先生以此为

① 春秋时代就有可在海上航行的大船。《左传·哀公十年》（前485年）：“徐承帅舟师将自海入齐，齐人败之，吴师乃还。”宋李昉《太平御览·卷三百一十五·兵部四十六·水战》：《越绝书》曰，伍子胥（前543年？—前484年）水战法，大翼一艘，广丈六尺，长十二丈（宽约3. 7米，长约27. 7米），容战士二十六人，棹五十人，舳舻三人，操长钩矛斧者（各）四，吏，仆、射、长各一人，凡九十一人。大翼船载重量约四五十吨。

② 陈伟：《读清华简〈楚居〉札记》，简帛网 http://www.bsm.org.cn/show_ article.php?id=1371。

据说楚国有“南阳西鄂”和“湖北鄂州”两个“鄂”，缺乏说服力。

黄盛璋教授说：“战国楚境内之鄂皆为东鄂，特别是与鄂君启节同时代屈原辞赋中之鄂，确为东鄂无疑”，“屈原所过之鄂（渚）确为东鄂，当时鄂只有一个即东鄂。”① 可备一说。

1976年湖北随州安居车岗出土了西周早期的“噩侯弟□季作旅彝”器，2007年在安居羊子山M4墓，又有数件西周早期的“噩侯器”出土。可基本确定西周早期的噩国在今随州一带。

2012年4月在南阳的夏饷铺村陆续发现西周晚期到春秋早期古墓葬六十多座，出土青铜器、陶器、漆器、木器、玉器等上千件。其中带铭文青铜器四十余件，铭文有“鄂侯”“鄂伯”“鄂姜”“养伯”“上都太子平侯”“围侯”等。证明西周晚期到春秋早期鄂国在南阳境，为鄂君在“西鄂”提供了有力的新证据。看来《禹鼎》：“扑伐噩侯御方，勿遗寿幼”并没有把“鄂部族”消灭，而是迁到南阳。只是“西鄂说”还缺乏战国时代“南阳”有楚“鄂”的记载。也还没有发现“楚鄂君”在“西鄂”的出土文物。

3. ［日］谷口满先生的“中鄂说”

谷口满先生说：

> 《包山楚简》76简也是案件的记录，某A是“鄂君之司败”，期日间隔是七天。不用说，这里提到的鄂与鄂君启节中的鄂是同一地点。关于鄂君启节中鄂的位置，众所周知，曾有东鄂说（武汉市东南）和西鄂说（南阳市北）相互对立，难分优劣。但陈伟先生的论文似解决了这一问题。陈先生是主张西鄂说的，先生对铭文的解释也十分周到，由此使东鄂说失去了论据。只是如果位于汉水支流白河中游的西鄂真是鄂君启节中的鄂，那仍然有不少问题。我以前就该问题谈过以下意见：A. 从鄂君启节的铭文，可以将鄂理解为不是像西鄂那样位于北方地区，而是在更靠南的汉水支流。B. 鄂的统治者制作的西周青铜器在溳水流域也发现几件，即鄂这个地名也可能位于东鄂、西鄂之外的地方。C. 由此，我想提出鄂君启节的鄂既不是东鄂，也不是西鄂，而是位于东鄂西鄂之间汉水支流的某个地方，即中鄂说。当然中鄂说的论据尚不充分，但如果受期简中的期日间隔是七日，则情况可能就不一样了。从战国时期的交通状况来看，郢都与西鄂之鄂要在七天之内往返，无论如何是不可能的。而如果鄂是位于更近的汉水中游一条支流流域的某个地方，与从郢都东面30公里的□阳需三四日联系来看，则是一个正合适的天数。七日的期日间隔，为中鄂说提供了一个强有力的证据。②

谷口满先生的“中鄂说”，虽然新颖，但是论证太单薄，很难引人注目。

四、鄂渚

屈原《涉江》中有“乘鄂渚而反顾”。其“鄂渚”在何处，学者间分歧很大。

（一）江夏黄鹤矶上三百步说

“汉典网”：鄂渚：相传在今湖北武昌黄鹤山上游三百步长江中。隋置鄂州，即因渚得名。世称鄂州为鄂渚。《楚辞·九章·涉江》：“乘鄂渚而反顾兮，欸秋冬之绪风。”王逸注：“鄂渚，地名。”洪兴祖补注：“楚子熊渠，封中子红于鄂。鄂州，武昌县地是也。隋以鄂渚为名。”唐杜甫《过南岳入洞庭湖》诗：“鄂渚分云树，衡山引舳舻。……”③（《辞海》的解释与此类似。）

南宋楼钥：《题董亨道八景图》：“江汉至鄂始合流，黄鹤楼前鹦鹉洲。”

南宋祝穆《方舆胜览》说“鄂渚、在江夏西黄鹤矶上三百步。舆地记：‘云梦之南，是为鄂渚。其名于离骚见之’。”④

“汉典网”、《辞海》等典籍承袭了《方舆胜览》之说。把《涉江》之“鄂渚”，定在“江夏西黄鹤矶上三百步”，误解了《楚辞·涉江》和《楚辞补注》，割断了“鄂渚”与“鄂州”的联系。

（二）“洞庭湖”说

张中一先生认为：

① 黄盛璋：《再论鄂君启节路线复原与地理问题》，湖北省楚史研究会、武汉师范学院《楚史研究专辑》1982年版，第16—31页。

② 谷口满：《再论楚郢都的地望问题——纪南城是否春秋时期的郢都?》，《楚文化研究论集》第6辑。

③ 见汉典网 http://www.zdic.net/。

④ 祝穆著，祝洙增订，施和金点校：《方舆胜览》，中华书局2003年版，第494页。

鄂诸位于洞庭湖畔的长江口城陵矶。①

黄起宏先生说：

“鄂诸”可以视为“北诸”的迭韵通假都是指现在的君山。②

潘啸龙先生说：

鄂渚，不是指的武昌，而是洞庭湖一带的小渚。这样的小渚，在武昌黄鹤楼所临的江中，可称为“鄂渚”，这是人所共知的；但在洞庭湖一带也有“鄂渚”，前人知之就甚少了。这里试举一例以证实之：汪辟疆所辑《唐人小说》中，有一篇沈亚之所作《湘中怨解》。文中叙述垂拱年中，太学进士郑生，度洛阳桥，遇一汜人，与居数年。后郑生游长安，汜人与之泣别，并透露“我湘中蛟宫之娣也，谪而从君。今岁满，无以久留君所，欲以为诀耳”。后十余年，郑生之兄为岳州刺史。于上巳日，“与家徒登岳阳楼，望鄂诸，张宴”。郑生于“乐酣”愁吟：“情无垠兮荡洋洋，怀佳期兮属三湘”。忽然发现湖中“有画舻浮漾而来……其中一人起舞，含颦凄怨，形类汜人”。这当然只是一则神话，对其所描述情节本无须考其真假有无。但有一点值得注意：此文中提到了“鄂渚”这个地名，而且是在岳阳楼上可以“望见”的“鄂渚”。可见，它绝不是在武昌。武昌距岳阳不啻数百里，岳阳楼再高，恐怕也难以“望”见。由此可以断定，在洞庭湖一带，民间亦有名为“鄂渚”的小洲。所以当年屈原之济江湘，并未远涉武昌，而是登上了洞庭湖畔（或洞庭湖中）的“鄂渚”。③

《唐人小说》可以无须考其真假有无。难道屈原《涉江》的“鄂渚”在何处也无须考证？更不用说战国时代洞庭湖很小；其时既无岳阳更无岳阳楼，唐岳阳楼所见的鄂渚，何以见得就与屈原“鄂渚”相关呢？可见潘氏认定沈亚之神话中的“鄂渚”，就是屈原所登之“鄂渚”缺乏说服力。

（三）鄂渚今鄂州说

1. 屈原《哀郢》写的“东迁”之地在古鄂渚（今鄂州）

《哀郢》记叙了屈原从郢都出发的“东迁”之路。从背夏浦而西思兮看，流放之地应在郢东、离夏浦（今武汉附近）不远。《涉江》之旦余济乎江湘。乘鄂渚而反顾就是屈原渡江后在鄂渚反顾九年流亡之地。《涉江》之鄂渚不在“南楚沅湘”，而在“郢东”。在屈原作品中有内证；在刘向《九叹》、王逸《章句》中有旁证。请看：

（1）屈原的“东迁、来东”与“济沅湘以南征”不是同一个地方。《哀郢》曰：“方仲春而东迁”，“今逍遥而来东”，“背夏浦而西思兮”。屈原在《哀郢》中一再强调“东迁”、“来东”和“背夏浦而西思兮”，这是“流放之地”在郢都以东的确证。相反《哀郢》中并没有身处“江南沅湘”的任何线索。屈原作品中的“南郢沅湘”如《离骚》的“济沅湘以南征兮，就重华而陈词。”这与“郢东夏浦”两者明显不是一处。

（2）王逸的“徙我东行”与“南郢沅湘”并非一处。

王逸注《哀郢》说：“言怀王不明，信用谗言而放逐己，正以仲春阴阳会时，徙我东行，遂与室家相失也。”这里王逸只是把顷襄王之事错定到怀王之时。其“徙我东行”是明确的。王逸注《九歌》则说：“昔楚国南郢之邑，沅湘之间……屈原放逐，窜伏其域。”《哀郢》的“徙我东行”，与“南郢沅湘”没有人能证明它们是同一个地方。

（3）刘向的“去郢东迁”与“南郢沅湘”也是两地。

刘向《九叹·离世》有：“去郢东迁余谁慕兮，……顾瞻郢路终不返兮。”这当是《哀郢》的“去故乡而就远兮”，“方仲春而东迁”。《九叹·思古》中“还余车于南郢兮”或许可与《涉江》南行的“邸余车兮方林”对应。《九叹·远游》的“见南郢之流风兮，殒余躬于沅湘。”当与《渔父》“宁赴湘流，葬于江鱼之腹中”相合。刘向《九叹》中的“去郢东迁”与“南郢沅湘”两者不是一地，也显而易见。

屈原《哀郢》《涉江》写的“东迁”流放之地在夏浦——鄂渚（今鄂州），这是战国时代“鄂渚”在今之“鄂州”的重要旁证。关于屈原放逐鄂渚，鄂州民间传说甚多，并立有“三闾大夫庙在县东北，

① 张中一：《屈赋新考》，湖南省屈原学会 1986 年。

② 黄起宏：《“涉江”中几个地名考释》，《长沙第一师范学报》1999 年第 1 期。

③ 潘啸龙：《驳蒋骥“屈原迁于陵阳”说》，《中州学刊》1988 年第 3 期，第 100—101 页。

祀屈原”，现庙宇已不存，其遗址在鄂州市东门外（《武昌县志》）。

2. 张缵等所记的“鄂渚”

《梁书·张缵传》记有张缵《南征赋》：“径遵途乎鄂渚，迹孙氏之霸基。陈利兵而蓄粟，抗十倍之锐师。”①“孙氏”抗“曹公”的霸基“鄂渚”，即今之“鄂州”。

唐李吉甫《元和郡县图志·卷第二十七·江南道三》“武昌县，旧名鄂，本楚熊渠封中子红于此称王，至今武昌人事鄂王神是也。离骚云‘乘鄂渚而反顾’。”②

洪兴祖《楚辞补注》“楚子熊渠，封中子红于鄂，鄂州，武昌县地是也。隋以鄂渚为名。”

南宋薛季宣绍兴三十年出任鄂州武昌县令，有“鄂渚潦平，其前樊山峙乎”记鄂渚与樊山相邻。

南宋祝穆《方舆胜览》和清王谟《汉唐地理书抄》所引南朝顾野王《舆地志》之“云梦之南，是为鄂渚”，其鄂渚，显然不是“江夏黄鹤矶上三百步”之鄂渚，而是鄂州鄂渚。

（四）“五渚”就是“鄂渚”

“秦策一”张仪说秦王曰：秦与荆人战，大破荆，袭郢，取洞庭、五渚、江南。荆王亡奔走，东伏于陈。

> 高诱注曰：郢，楚都也。洞庭、五都、江南，皆楚邑也。

《韩非子·初见秦》：

> 秦与荆人战，大破荆，袭郢，取洞庭、五湖、江南，荆王君臣亡走，东服于陈。

《韩非子》与“秦策一”记载雷同。

周宏伟先生指出：

> 所谓“五渚”者是地域名，而不是河流名。这从《战国策》的最早作注者东汉高诱“洞庭、五都、江南，皆楚邑也”之注，以及现存战国官印有“五渚正鉩”一印（见附图）就可得到可靠的证明。③

战国官印“五渚正鉩”④

再来看“燕策二”：

> 秦……正告楚曰：蜀地之甲，轻舟浮于汶，乘夏水而下江，五日而至郢。汉中之甲，乘舟出于巴，乘夏水而下汉，四日而至五渚。寡人积甲宛，东下随，智者不及谋，勇者不及怒，寡人如射隼矣！（《史记·苏秦列传》有相同的记载。）

《史记》《国策》中多次提到“五渚”，并将“五渚”和“郢”并列，可见“五渚”当是楚国的军事重镇和铜矿产区。在楚国的城邑中，除了“鄂渚”以外再也没有可称“五渚”的了。这个“鄂渚”也正与屈原《涉江》中所说的“鄂渚”相符合。故有人认为：鄂邑为楚国除国都之外的第二大政治中心。

在鄂州城区的百子畈、钢铁厂、七里界、洋澜湖、扫帚山、菜园头及附近的赵家叽、张思湾等地发

① 姚思廉：《梁书》《二十四史》（简体字本），中华书局2000年版，第346页。

② 李吉甫：《元和郡县图志》，中华书局1983年版，第645页。

③ 周宏伟：《洞庭湖变迁的历史过程再探讨》，《中国历史地理论丛》2005年第2期，第15页。

④ 出自罗福颐主编：《古玺汇编》，文物出版社1981年版，第60页第343号。

现了较多的东周楚墓。这是附近存在同期楚城的迹象。据文献记载，东周楚城的位置可能在鄂州城西南二里尚有待考古资料印证。

（五）鄂君启舟节的沽，或许是[illegible]之省写

刘信芳认为：

鄂君启舟节的铭文有“自鄂往，逾沽，上汉”。“沽”学者们多释为“湖”，窃疑当释为“渚”，乃楚文“[illegible]”之省写。“逾沽”就是自鄂逆长江上经过“五渚”的治所，换一条水路进入汉水。①

此论或可备一说。

结　论

1. 1976 年湖北随州安居车岗出土了西周早期的“噩侯弟□季作旅彝”器，2007 年在安居羊子山 M4 墓，又有数件西周早期的“噩侯器”出土。可基本确定西周早期的噩国当在南阳之南今随州一带。

2. 2012 年南阳的夏饷铺村陆续发现西周晚期到春秋早期古墓葬六十多座，出土带铭文青铜器四十余件，铭文有“鄂侯、鄂伯、鄂姜、养伯、上都太子平侯、围侯”等，证明西周晚期到春秋早期鄂国在南阳境。看来《禹鼎》铭文：“扑伐噩侯御方，勿遗寿幼”，并没有把“鄂部族”消灭，而是把其余部迁至南阳。

3.《吕氏春秋》记载：“周昭王亲将征荆……还反涉汉”，可见其时楚在汉水之南。从《楚世家》“熊渠甚得江汉间民和”看，周夷王之时楚国仍在江汉之间。既然周昭王、夷王时楚国均“未能逾汉而北”，说明熊渠没有伐灭西鄂。《史记》载，熊渠所封“鄂王”在“江上楚蛮之地”，故楚“鄂”不可能在远离大江的西鄂。

4.《国策・燕策二》《史记・苏秦列传》记载，秦人威胁楚国，可从江、汉两路分别攻“郢和五渚”。可见“五渚”是楚国的重镇。其“汉中之甲，乘船出于巴，乘夏水而下汉，四日而至”的“五渚”，当在汉水入江口（武汉）附近。它或许就是屈原《涉江》中所记的“鄂渚”。

5. 综合各方面的信息来看，战国中晚期，今鄂州附近有一个楚人的城邑“东鄂・鄂渚”（又称五渚），其地越文化发达，有可能是鄂君子皙之封地。鄂君子皙与鄂君启的关系等待考。

“禹鼎”铭文拓本②

① 刘信芳：《释五渚》，《中国历史地理论丛》1987 年第 2 期，第 133 页。（原刊文似乎有误，这里取其大意。）

② 出自中国社会科学院考古研究所编：《殷周金文集成》，中华书局 2007 年版，第 1508 页。

试论章华台

摘要：《国语》“昔楚灵王……筑台于章华之上，阙为石郭，陂汉，以象帝舜。”“陂汉”者，截汉引流也。可见章华台离汉水不太远。《楚语上》：“今君为此台也，国民罢焉，财用尽焉，年谷败焉，百官烦焉，举国留之，数年乃成。”可见章华台是大规模的建筑群，而不是独立的台。杜预曰“章华台在今华容城内”，其“今”乃“西晋”，其时“华容城”在江北，今监利县境内。

关键词：章华台；华容；胡氏族谱

一、章华台（宫）

考证楚灵王的“章华台”最好以先秦文献为准，汉人的论述为辅，其他记载作参考。

（一）前汉的文献

《左传·昭公七年》（前535年）：

为章华之宫，纳亡人以实之。

楚子成章华之台，愿与诸侯落之。

楚灵王欲邀天下诸侯共同举行落成典礼，说明章华宫规模巨大，有接纳天下诸侯的能力。

《公羊传·昭十三年》：

灵王为无道，作干溪之台，三年不成，楚公子弃疾胁比而立之，然后令于干溪之役曰：“比已立矣，后归者不得复其田”。众罢而去之。

《国语·楚语上》：

灵王为章华之台，与伍举升焉，曰：台美夫！对曰：“……今君为此台也，国民罢焉，财用尽焉，年谷败焉，百官烦焉，举国留之，数年乃成。愿得诸侯与始升焉，诸侯皆距无有至者。”

“举国营之，数年乃成”，当是大规模的建筑群。

《国语·吴语》夫差伐齐不听申胥之谏：

昔楚灵王不君，其臣箴谏以不入。乃筑台于章华之上，阙为石郭，陂汉，以象帝舜。

申胥之谏，距离建章华台才几十年，其记可靠①。

“陂汉”者，截汉引流也。——可见章华台在江北靠近汉水，不可能在江南的今华容县境。（“陂汉”：陂的本义是斜坡、泽畔、池塘，如《诗·陈风·泽陂》：“彼泽之陂，有蒲与荷。”陂的借代性转义是塘堰、堤坝等水利工程。后来做楚庄王令尹的孙叔敖，曾以筑“期思陂”闻名：“决期思之水，而灌雩娄之野”。）

清华简《楚居》：“至灵王自为郢徙居秦溪之上，以为处于章华之台。”

（二）汉人的论述

汉初陆贾《新语》：楚灵王“作干溪之台，立百仞之高，欲登浮云，窥天文”。“百仞”乃极言其高，不是实指。有人误“立”为“五”，从行文看不确。

汉初贾谊《新书》卷第七：“翟王使使至楚，楚王欲夸之，故飨客于章华之台上，上者三休而乃至其上。”

《淮南子·兵略训》：“夫水势胜火，章华之台烧，以升勺沃而救之，虽涸井而竭池，无奈之何也；举壶榼盆盎而以灌之，其灭可立而待也。”

《淮南子·泰族训》：“灵王作章华之台，发干溪之役，外内搔动，百姓疲敝。弃疾乘民怨而立公子比，百姓放臂而去之。”

---

① 张正明：《章华台遗址琐议》，《楚章华台学术讨论会论文集》，武汉大学出版社1988年版，第19页。

《史记·楚世家》云："楚灵王七年，就章华台，下令纳亡人实之。"杜预注曰："南郡华容县有台，在城内。"

张衡《东京赋》"楚筑章华于前，赵建丛台于后。"

薛综注，《左氏传》曰："楚子成章华之台于干溪。"

汉边让《章华赋》：

> 楚灵王既游云梦之泽，憩于荆台之上。前方淮之水，左洞庭之波，右顾彭蠡之隩，南眺巫山之阿。延目广望，骋观终日。顾谓左史倚相曰："盛哉斯乐，可以遗老而忘死也!"于是，遂作章华之台，筑干溪之室，穷木土之技，单珍府之实，举国营之，数年乃成。

（三）汉后的记载

杜预《左传·昭公七年》注："宫室始成，祭之为落。台在今华容城内。"

北魏郦道元《水经注·沔水中》说：

> 杨水又东入华容县，有灵溪水，西通赤湖水口，已下多湖，周五十里，城下陂池，皆来会同。又有子胥渎，盖入郢所开也。水东入离湖，湖在县东七十五里，《国语》所谓楚灵王阙为石郭陂汉，以象帝舜者也。湖侧有章华台，台高十丈，基广十五丈。左丘明曰：楚筑台于章华之上。韦昭以为：章华亦地名也。王与伍举登之。举曰：台高不过望国之氛祥，大不过容宴之俎豆。盖讥其奢而谏其失也。言此渎，灵王立台之日漕运所由也。其水北流注于杨水。

唐初李泰主编《括地志》说章华台在荆州"安兴县东八十里"，安兴县故城在今江陵县东30里。

唐杜佑《通典·州郡十三》："监利汉华容县。春秋时，楚章华台在城内。"

唐余知古（9世纪）《渚宫旧事卷二》"灵王与伍举登章华台'台在江陵东百余里，台形三角高十丈余亦名三休台是也。'"

宋乐史《太平寰宇记》（113卷"华容县"名下，没有章华台的信息。）卷146江陵县："章华台在东三十三里。……按《渚宫故事》云'灵王所作，台形三角'"；监利县："本汉华容县地……章华台，在县郭内。陶朱公冢，在华容县西，碑见在。干溪、涌水，皆在邑界。"①

宋沈括《梦溪笔谈》："天下地名错乱乖谬，率难考信。如楚章华台，亳州城父县、陈州商水县、荆州江陵、长林、监利县皆有之。干溪亦有数处。据《左传》，楚灵王七年，'成章华之台，与诸侯落之。'杜预注：'章华台，在华容城中。'华容即今之监利县，非岳州之华容也，至今有章华故台在县郭中。"

北宋范致明（1100年及第）《岳阳风土记》："古章华在竟陵界今监利县离湖上。"

王象之《舆地纪胜》（1227年成书）："楚灵王章华台，一在监利县东北，又名三休台。"

李贤等《明一统志》"楚之章华在荆州府境内，有二台，一在府城县沙市，一在监利县东北，皆传以为楚灵王筑。"

明《湖广志》亦云："章华台，一名'三休台'。"

清《湖广通志》言："监利东北三十里章华台，西三十里荆台。""江陵城东南十五里沙市，有章华台。"清《古今图书集成》荆州府古迹监利县条："章华台，又名三休台，在县东"。

（四）章华台（宫）在哪里

1. 章华台与干溪邻近

清华简《楚居》、边让《章华赋》、陆贾《新语》、薛综注《东京赋》都把"章华台"与"干溪"并提，似乎"干（秦）溪、章华"二地相近。当今学者多认为此"干溪"即《左传·昭公六年》（"令尹子荡帅师伐吴，师于豫章，而次于干溪。"杜预注："干溪在谯国城父县南，楚东竟。"）之干溪，在今安徽亳县东南古城父。这两个干溪是否为一地，尚可商榷。

薛综注《左氏传》曰："楚子成章华之台于干溪。"

陆贾《新语》：楚灵王"作干溪之台，立百仞之高"。其"干溪之台"或即章华台。

《淮南子》"灵王作章华之台，发干溪之役"与边让《章华赋》"作章华之台，筑干溪之室"，或是

① 乐史撰，王文楚等点校：《太平寰宇记》，中华书局2007年版，第2845页。

同一事件的两种表述方法。

杜佑《通典》："监利汉华容县。干溪水涌出。春秋时，楚章华台在城内。"

乐史《太平寰宇记》监利县："本汉华容县地……章华台，在县郭内。干溪、涌水，皆在邑界。"两书均记章华台在监利县，监利县有干溪。可见章华、干溪相近。此"干溪"并非亳县之"干溪"。楚灵王也没有在"亳县干溪"另建章华台。

2. 章华台在江北

据《国语·吴语》："筑台于章华之上，阙为石郭，陂汉，以象帝舜。"章华台"陂汉"，表明靠近汉水，只能在江北。

边让《章华赋》："前淮水、南巫山……遂作章华之台，筑干溪之室"，章华台在江北。

薛综注《东京赋》："《左氏传》曰：楚子成章华之台于干溪。"

西晋杜预：章华"台在今华容城内"。

北魏郦道元《水经注》说：华容县东七十五里的"离湖侧有章华台"。

唐李泰《括地志》：章华台在荆州"安兴县东八十里"，安兴县故城在今江陵县东30里。

杜佑《通典·州郡十三》："监利汉华容县。春秋时，楚章华台在城内。"

余知古《渚宫旧事》有：章华台"在江陵东百余里，台形三角高十丈余"。

宋乐史《太平寰宇记》江陵县："章华台在东三十三里。"（P2839）监利县："本汉华容县地……章华壹，在县郭内。"

能流传至今的论著，其作者多是杰出人物，自有学识和主见。所以，除了直接引用者外，说法多有不同。但是章华台的大方向是一致的：在江陵县东，汉华容县（今监利县）境内。只是城内、城外有别。

江良发先生说：

> 有一个观点是非常一致的，这就是章华台在古华容城内。而古华容县的地望又是一个有争议的问题，多认为在今潜江西南，也有说在监利的，也有说在钟祥的，很少有人说在今湖南省华容县的。学术界基本上不认为章华台在今华容县。在考证章华台地望时，很多学者根本不把今华容纳入考证范围甚至不纳入考虑的范围。这样，楚章华台的研究不可避免地走进了误区，陷入了泥潭。①

江氏之"有一个观点是非常一致的，这就是章华台在古华容城内。"有违事实。杜预是说"章华台在今华容城内"。但是，薛综注《东京赋》说："《左氏传》曰：楚子成章华之台于干溪。"郦道元等很多后人记载：章华台在华容县东"离湖侧"；或曰"在监利县"；或曰"在江陵东"。都没有说"章华台在古华容城内"。

章华台的地望之所以分歧很大，因为先秦的文献中没有这方面的记载，汉人的论述，把章华台与干溪、云梦和华容县连在一起，而汉华容的地望和先秦云梦的位置，又都是分歧很大的问题。厘清汉代华容和先秦云梦，对判别"章华台的地望"有利。

二、华容等问题

论及"华容"者最早的是《汉书·地理志》。西汉及以前的历史文献失载。一般认为周朝没有"华容"。

（一）定公四年之"容城"

《春秋·定公四年》："许迁于容城。"郦道元《夏水注》谓华容县即许迁之"故容城"。今人朱培高、江良发等均附会此说。据有关史实分析，此论难以成立。

前576年《左传·成十五年》："许灵公畏逼于郑，请迁于楚。辛丑，楚公子申迁许于叶。"前506年《春秋》（经）："定公四年。六月，葬陈惠公。许迁于容城。"其"容城"不可能是今华容地域。

《左传·定公六年》有："王正月癸亥，郑游速帅师灭许，以许男斯归。"

---

① 江良发：《华容章华台考》，《文史拾遗》2009年第4期。

“郑游速帅师灭许”，“许”当在郑与楚之间的边地。高士其《春秋地名考略》卷十二认为容城“在叶县西”，沈钦韩《春秋地名补注》也说“其地当在南阳府，或曰在叶县西”，杨伯峻《春秋左传注》谓“容城故城在今鲁山县南稍东约三十里”。

假如“许迁于容城”即华容县，那么“郑游速帅师灭许后”要穿越大半个楚国，把许迁到“华容”是不可能的。

《史记·苏秦列传》“苏秦说魏襄王”云：“大王之地，南有鸿沟、陈、汝南、许、郾（鄢）、昆阳、召陵、舞阳、新都、新郪。”（《战国策·魏策一》“苏子为赵合从说魏王”章同。）

许最终亡于魏，成为魏之“许”县。其地不可能在楚国腹地的今华容。春秋战国时代也没有“华容”的信息。①

总之，容城其地在鲁山南—叶县西的可能性，远远大于华容。可见郦道元等人说“华容县即许迁之‘故容城’”，既缺乏依据，又不合情理。

（二）汉代华容“建县水北”

班固《汉书·地理志第八上》载：“南郡……华容，云梦泽在南，荆州薮。”汉有“华容”乃确定无疑之事。

东汉应劭《风俗通义》云：薮，“荆州曰云梦，在华容县南，今有云梦长掌之”。

桑钦《水经·山泽》：“云梦泽在南郡华容县之东。”

杜预《春秋释例·土地名》《卷六·楚地》“或曰：‘南郡华容县东南有巴丘湖，江南之云梦也。’”“南郡华容县（章华）台在城内。”《卷七·小国地》“南郡华容县东南有州陵城。”

《左传·桓公十一年》：“郧人军于蒲骚，将与随、绞、州、蓼伐楚师。”杜预注：“州国，在南郡华容县东南。”

《左传·庄公十八年》：“巴人叛楚而伐那处，取之，遂门于楚。阎敖游涌而逸。”杜预注：“涌水在南郡华容县。”

《左传·昭公七年》：“楚子成章华之台，原以诸侯落之。”杜预注：“宫室始成，祭之为落。台今在华容城内。”

《左传·定公四年》：楚子涉雎，济江，入于云中。杜预注：“或曰，南郡华容县东南有巴丘湖，江南之梦也。”

唐杜佑《通典·州郡十三》：“云梦在华容。”“石首……即汉华容县。”“监利汉华容县。春秋时，楚章华台在城内。陶朱公冢在华容县西，碑见在。”“华容汉孱陵县也。隋置此县。古华容在竟陵郡。”（按：《通典》既说石首、监利皆“汉华容县”，又说“华容汉孱陵县也”似有矛盾。）

唐余知古《渚宫旧事卷四》：“古华容在江陵东八十里容城乡也。”

从以上记载看，汉华容县跨江南北范围很大，包括今石首、监利、华容都是古华容县地。但是汉华容“建县水北”其城邑在今监利境还是明确的。西晋杜预的“南郡华容县台在城内”。其时的华容县城还在江北。华容建制古、今有别，但文献记载含糊，没有说清先秦、秦汉和以后的事；没有分清江南、江北之地物。

（三）《华容胡氏族谱》的问题

江良发曰：

> 根据族谱记载，迁居华容的始迁之祖胡刚（前50—公元29?），字以直，号介堂，生于汉宣帝甘露四年辛未八月十五，卒年不详。胡刚原居湖北襄阳，汉平帝时，经大司徒马宫引荐，官大司空掾。值王莽篡权，胡刚清高有志节，遂解衣冠悬府门，亡命交趾，隐于屠肆之间。公元23年，王莽败，胡刚返回襄阳故里，途经华容，喜章华胜景，遂落籍华容，定居于章华台附近，即今胜峰乡清水村。②

其说多有可疑之处。

---

① 何浩：《楚灭国研究》，武汉出版社1989年版，第280页。

② 江良发：《华容胡氏族谱与古华容县地望新证》，《船山学刊》2006年第4期。

1. 有关华容胡氏的文献资料

蔡邕《义士刚公赞》曰："汉有胡公（胡刚），其声烈烈；交趾之间，以全忠节；如璧之白，不淄不缺；其人虽亡，其神不灭；志坚冰霜，心昭日月！"又云："崇公者，义士刚公之父也，汉哀帝时为南郡丞改授华容令，故义士为华容人也！义士生于西汉宣帝元康元年（前65年）"（引自《澴东胡氏宗谱》）从满公38世胡崇至48世胡华之间的世系：38（胡）崇-39刚-40简-41元成-42聪-43崇禧-44贤-45宠（贡）-46广-47硕-48华、章。①

东汉蔡邕《蔡中郎文集》卷四《太傅安乐乡侯胡公碑》："公讳广，字伯始，交址都尉之元子也。""春秋八十二建宁五年（171年）三月壬戌薨于位。……四月丁酉葬于洛阳茔……"《胡公碑》："公讳广，字伯始，南郡华容人也。其先自妫姓建国南土……"《胡公碑》："维汉二十有一世建宁五年（171年）春三月既生魄八日壬戌，太傅安乐乡侯胡公薨。"②

南朝范晔《后汉书·胡广传》载：

> 胡广字伯始，南郡华容人也。六世祖刚，清高有志节。平帝时，大司徒马宫辟之。值王莽居摄，刚解其衣冠，县府门而去，遂亡命交趾，隐于屠肆之闲。后莽败，乃归乡里。父贡，交趾都尉。……年八十二，熹平元年（172年）薨……赐冢茔于原陵。③

唐余知古《渚宫旧事卷四》："胡广为南郡华容人（古华容在江陵东八十里容城乡也，广父贡之墓在焉。）六代祖刚字君举。清高有志节，平帝时大司徒马宫辟之，值王莽居摄，刚解其衣冠悬府门而去，遂亡命交趾，隐于屠肆之间。后莽败乃归乡里。父贡交趾都尉……年八十二薨。"

胡海《全国胡氏族谱大通考》之"华容南郡堂胡氏世系表"（承汉祖传《墨谱》）：

> 南郡始祖讳刚 字以直，号介堂，清高有志节，汉平帝时，大司徒马恭辟之，值王莽居摄，遂解衣冠悬府门而去，亡命交趾，隐于屠肆之间，莽败再归，途经华容，慕山水之胜，遂籍于此，不复仕焉。公生于汉宣帝甘露四年（前50年）辛未八月十五吉时，卒缺，葬华容古蒲团园，今县城内学宫后，甲庚兼寅申，有古高碑题曰："汉逸士胡刚墓"为唐时江都李邕书，明末流寇陷县惜毁于火，后修墓宇重立新碑为记。④

"岳阳胡氏·华容胡氏"：

> 始祖刚公，字以直，汉平帝时为大司宣，王莽之乱时隐于屠肆之间，莽败再归，道经华容时慕山水之胜遂家焉，族人分布在华、南、石、监各县。……宗祠在华容县城南正街。明正统二年（1437年）始修族谱，1947年十修。⑤

从以上资料看，华容《胡氏族谱》记载的东汉初胡刚居华容的事件；五世胡宠（贡）的墓葬，六世胡广事迹与蔡邕《胡公碑》《后汉书·胡广传》大致相同，显示了今华容由汉华容境沿袭而来。只是它们全都未提"华容有章华台"。

蔡邕《义士刚公赞》记：胡刚之父崇公"汉哀帝时为南郡丞改授华容令，故胡刚为华容人也"；《后汉书》和《渚宫旧事》也都记胡刚"归乡里"。而胡海《大通考》和《岳阳胡氏》族谱则记为："途经华容慕山水之胜遂籍于此"，后者显然不如蔡邕等记载可靠。

再有，江良发的：胡刚"喜章华胜景……定居于章华台附近，即今胜峰乡清水村"等信息，未见于其他文献，即便这是《华容胡氏族谱》的记载，但"明正统二年（1437年）始修的族谱"，是建章华台后一千几百年后人的记事，远不如《蔡中郎文集》《后汉书·胡广传》和《渚宫旧事》之可信。而且，公元前535年建造的、富丽堂皇的"章华台"，在公元23年莽败时早已化为灰烬，胡刚即使身处章华台遗址，除了断垣碎瓦之残迹外，何处能见"章华胜景"？其"定居于章华台附近"也与蔡邕所记的"胡刚为华容人"不符。

可见江氏以宋华容知县胡绾等人的"章华台在今华容县'楚王台'"，《华容胡氏族谱》的"喜章

① 胡士奇：《五评胡海老先生的〈大通考〉》，http://www.hszqw.com.cn/bbs/read.php?tid=4252。

② 陆心源校：《蔡中郎文集》卷之四，光绪七年岁在重光大荒落吴兴陆氏十万卷楼重雕。

③ 许嘉璐主编：《二十四史全译·后汉书》第二册卷七十四，世纪出版集团、汉语大词典出版社2004年版，第994页。

④ 胡海（金胜）编纂：《全国胡氏族谱大通考》2004年版，第36页。

⑤ 湖南地区胡氏族源流摘自"湖南图书馆"，http://www.hszqw.com.cn/bbs/read.php?tid=2061&fpage=2。

华胜景，定居于章华台附近”等传说为据，认定今华容县古楚王台遗址，就是章华台遗址，并不可靠。

2. 胡宠墓的问题

《水经注》有：“夏水又迳交趾太守胡宠墓北，历范西戎墓南。”据《水经》《水经注》记载，古夏水、古华容县城都在江北，那么胡宠墓、范西戎墓似乎也在江北。

江良发说：“华容胡氏族谱上关于胡宠墓的记载非常明确具体，在古蒲团园东棂星门下（今荷花市场东南部），明代其墓碑尚保存完好。”如果“明正统二年（1437年）始修的《华容胡氏族谱》”记载与史实相符，那么《水经注》的胡宠墓等记载可能有误。

3. 楚王云梦狩猎区不在今华容

江良发等人认为：“楚王在云梦泽的狩猎区……其地理位置就是今华容县的桃花山、墨山等东山为中心的区域。章华台即建在这一区域内。……早在楚灵王修建章华台之前，先世楚王就已在云梦泽修建了离宫……这样，才会出现《吕氏春秋·直谏》所载‘荆文王得如黄之狗、箘簬之矰，以畋于云梦，三月不返’的事实。更重要的是，东山所在地域……是古云梦泽的中心区域，完全符合《子虚赋》关于云梦的记述。”

江氏之论，明显背离事实。首先，根据上面的考证先秦云梦泽不在江南的今华容县。第二，《吕氏春秋·直谏》载：“荆文王得如黄之狗、箘簬之矰，以畋于云梦，三月不返”。楚文王时（前689—前675年在位）楚人活动中心在汉水两岸，不可能去“江南云梦”田猎。更不可能去今华容东山之地田猎。第三，《子虚赋》曰“其南侧有平原广泽：登降陁靡，案衍坛曼，缘似大江，限以巫山”。其云梦的位置显然不在江南，说“今华容县东山所在地域，完全符合《子虚赋》关于云梦的记述”乃“子虚乌有”之论。

（四）“洞庭”与“云梦”无关

江良发说：就江南的云梦而言，是包含在洞庭湖范围之内的……有关云梦泽问题，唯清代学者万年淳（1761—1835）《洞庭湖志》的记述和考证，最具权威、最有价值、最符合实际，也最符合古代文献记述。《洞庭湖志》……记载：“云梦湖，一名云梦泽，在县东南，古荆州之薮”。……云梦泽“其中有山焉，其山即今石首、华容一带诸山也”，“总而论之，谓云梦不止于洞庭，则可谓洞庭无与于云梦，则不可。”

公元4世纪才开始形成的“大洞庭湖”，在先秦文献，与三国《水经》中尚且没有。江氏把“清万年淳的《洞庭湖志》”鼓吹为“最具权威、最有价值、最符合实际，也最符合古代文献记述”，属于“关公战秦琼”的笑谈。

江良发说：古汉水与今汉水有所不同。石泉教授曾撰《古文献中的“江”不是长江的专称》一文，提出淮河、汉水、蛮河等较大河流古亦称江。笔者仿此提出“古代文献中的‘汉’不是汉水的专称”的观点，华容河古时亦可称汉。① 江氏去仿石泉，可谓“同病相怜”。

江良发说：华容河古时亦可称汉。刘澄之《永初山川记》载：“夏水，古文以为沧浪，渔父所歌也”，“汉水古为沧浪，即渔父所云‘沧浪之水清兮’”，《楚辞集注》卷七《渔父》篇：“《渔父》者，屈原之所作也。屈原放逐，在江湘之间”，“屈原既放，身斥逐也。游于江潭，戏水侧也。汪瑗曰：江潭泛指江南耳”。按照《楚辞集注》的解释，屈原放逐与渔父对话的地点，在江南的“江潭”，其水应即古称夏水、汉水的华容河。宋陆游《入蜀记》载：“石首自唐始为县，在龙盖山之麓，下临汉水，亦形胜之地”，石首的龙盖山即今南岳山。新版《石首县志》载：“南岳山，县城内浅山群的主峰，位于绣林镇东北首，原名龙盖山……海拔141.7米。”其下临之汉水，即长江分支，原通华容河，已湮塞，现存山底湖、官田湖河道残迹。明前七子何景明在华容县写有《石矶山赋》，谓华容河畔的石矶山“滨于汉沱，累于江潭”。明代兵部尚书刘大夏在为孙荣建于华容河畔的别墅题写的《沱西别业》诗中写道：“山势东环云梦远，水源西去汉江长”。盛明百家诗人孙宜在《咏章华台》诗中写道：“炎灵昔超举，超举临江汉。夏水何迢遥，高台在其畔。”现存于华容县终南乡北里村、刊刻于清乾隆五十四年（1789年）的《北里社庙碑》（今已残破），称华容河为“夏汉”。以此看来，古称临近华容河的章华台

① 江良发：《华容章华台考》，《文史拾遗》2009年第4期。

“陂汉”是不无道理的。

考证楚王之时的汉水、夏水，当以先秦文献为主。江氏往往用后期的、与先秦不搭边的记载，去考证东周之事。用不知何时才出现的“华容河”取代《国语》的“陂汉”，怎么能令人信服呢？

江良发说：《水经注》所载诸水，如江水、沔水、夏水、沮水、漳水、丹水等，均列专条注述，唯汉水未列专条，这是为什么？可见，古汉水可能是难以详细注述之水，或者说，非指一条河流。有人说沔水即汉水，不足信。《水经注》从卷二十七到卷二十九，用三卷篇幅注述沔水，文中虽多次提到汉水，但是否郦道元原笔，是否后人添加之衍文，已无法分清。从“沔水一名沮水”“沔水又东南，迳沮水戍而东南流，注汉”等语来看，沔水与汉水不同。

江氏之“不足信”，既无确证，也无碍于大局。“沔水”流域所涉及之地：郢、江陵、云杜、夏水、子胥渎……都在江北。

江良发说：“华容河即夏水”；“笔者从有关古代文献和华容县的地理实况了解到的古夏水，确实是一条由长江分出、流经华容县境的称为沱江、夏水的河流——华容河。”说：《水经注》卷三十二载，夏水“东过华容县南”，“夏水又迳交趾太守胡宠墓北，历范西戎墓南”。这里的胡宠墓和范西戎（范蠡）墓，都临近华容河，在华容县城是可以找到并确指的。华容胡氏族谱上关于胡宠墓的记载非常明确具体，在古蒲团园东枧星门下（今荷花市场东南部），明代其墓碑尚保存完好，范蠡墓则毁于1966年“文化大革命”。以此可知，《水经注》所言夏水即指华容河。夏水又即《水经注》所谓南江。盛弘之《荆州记》“南江上有龙洲，下有宠洲”，“宠洲”就是葬有胡宠墓的河洲，后靠岸成陆，即今华容县城所在地。华容河符合夏水东过华容县南的记述（隋前华容县城在华容河东北）。说夏水“流经今监利县北”是不符合“东过华容县南”记述的，也不符合“夏水又东，迳监利县南”的记述。①

江氏之说与《水经注·夏水》篇之意不符。《水经注·夏水》篇是《水经·夏水》的注文。《水经·夏水》曰：“夏水出江津于江陵县东南。又东，过华容县南。又东，至江夏云杜县，入于沔”。《水经》《水经注》中的江陵、竟陵、云杜、沔水、都在江北，其“夏水、华容”不可能在江南。古“夏水”与“华容河”风马牛不相及。

江氏抛开《水经》和《水经注》的总体，抓住支节断章取义、曲解就己。其“华容河即夏水”不能成立。

（五）杜预开的运河在哪里

江良发说：《晋书·杜预传》载：

> “预乃开杨口，起夏水，达巴陵，千余里，内泻长江之险，外通零桂之漕。南土歌之曰：‘后世无叛由杜翁，孰识智名与勇功’。”这段记述表明，夏水与杨水相连，可外通零桂之漕，地理位置在“南土”。杨口即杨水之口，“南土”必指江南。

此论似乎是一个想象。

《诗》云：“滔滔江、汉，南国之纪。”两周的南土、南国多指江、汉之地。

《左传·昭公九年》有：“及武王克商……巴、濮、楚、邓，吾南土也。”它们都在汉江两岸。先秦“南土”的说法至杜预时仍然沿用。江氏的“南土必指江南”乃无根之谈。

“杜预乃开杨口，起夏水，达巴陵，千余里。”似乎是一条从沔水的扬口，到江陵夏水；南通巴陵（岳阳“沅湘之会”的巴丘湖？）使汉水和沅、湘沟通，长千余里的运河。其主体都在江北。

北魏郦道元《水经注》：

> 扬水上承接江陵县赤湖。江陵西北有纪南城。扬水又东出城西南。又东北，路白湖水注之。又东，历天井北。又东北，得东赤湖水口。又东，入华容县。又东北，与柞溪水合（注：在江陵县北）。又北迳竟陵县西，又北，纳巾、吐柘水，即下扬水也……又北，注于沔，谓之扬口，中夏口也。

傅崇兰先生说：

> 扬口为扬水入沔的地方，在今湖北潜江县西北，扬水发源于江陵城西北，沿城北东流，经

① 江良发：《华容章华台考》，《文史拾遗》2009年第4期。

过竟陵县（今潜江县西北），至扬口入沔水。这个扬口，亦称中夏口，也称夏口，这条运渠从沔（汉水上游）西南通江陵，东到巴陵（今湖南岳阳），避免了荆江和汉江下游的曲折、绕远和风险，由湘江可转运今湖南和广西等地漕粮。①

江氏似乎没有读懂《晋书·杜预传》。

三、龙湾楚宫遗址

（一）龙湾遗址可能是章华宫

春秋晚期至战国早期的"湖北潜江龙湾宫殿遗址"："面积521万平方米。台基自东向西分为四大群体：放鹰台宫殿基址群、瓦屋场夯土台基群、打鼓台夯土台基群、娘娘坟夯土台基群。

龙湾宫殿遗址的特点：

一是规模大，现已探明在4平方公里的范围内，分布有19座大型夯土台基，总面积达21万平方米。

二是建筑规格高，春秋时期三层台的宫殿基址在全国东周遗址中是首次发现，土木结合的榫卯结构大型柱洞、土木结构夯土台基，台内地梁的设置，以及贝壳路、完整的地下排水管道，在全国均属罕见。

三是建筑风格奇特，它突破了我国古建的传统模式——以南北向为中轴线、东西对称、前堂后室等，而是东西高低错落，北高南低，贝壳路及长廊环绕，回廊、庭院交错，呈现出一派离宫别馆风光。

龙湾遗址西南近10华里的黄罗岗遗址可能是楚国都城。可能一是行宫，一是都城。

龙湾遗址的时代、地望、建筑规模等考古资料与文献记载的章华台基本相符，有可能是楚灵王章华宫遗址。当然最终确定，尚需确切的章华台遗物出土。

（二）"潜江龙湾之台不是章华台的理由"质疑

1. 龙湾归属

江良发说：龙湾旧属江陵县，解放以后划入潜江县，这里不是华容县故址。没有确切证据说龙湾镇是古华容县城，更没有证据说现在的华容县城不是古代的华容县城。

先秦，秦、汉龙湾的归属，现今可能说不清楚了。用不能确定之说来否定别人，没有说服力。至于"现在的华容县城不是汉代的华容县城"证据就太多了，其中之一就是江氏自己引用过的胡绾的话："盖古建县水北，自随徙于水南。""现在的华容县城，虽然不是汉代的华容县城"，但是，"它在汉代的华容县地界之内，属汉华容县江南部分。"

潜江龙湾遗址与《国语·吴语3》"阙为石郭，陂汉"不矛盾；与边让《章华赋》："前淮水、南巫山"不矛盾；与《括地志》章华台在"安兴县东八十里"，（安兴县故城在今江陵县东30里?）不矛盾；与余知古《渚宫旧事》"章华台在江陵东百余里"不矛盾；与郦道元《水经注》："离湖在华容县东七十五里，湖侧有章华台"差距也不太大。可见龙湾遗址与文献记载的章华台基本相符，难以否定。

2."古里为今里的三分之一"?

江良发说：谭其骧先生认为，江陵到龙湾，相距110里，江陵到安兴故城30里，安兴故城到华容章华台80里，二者相加，正合。殊不知古制的一里与今制的一里，是有很大差别的。……学术界认定，古制一里，约为今制一里的三分之一。

江氏采信石泉的"古今里数比大致为3∶1"。这是他二人又一个同病相怜之处。

从出土实物和各种可信古书之记载，战国和秦、汉的古里，约合今里的83%、清里的72.%。石泉先生，选用了，晚期的、非权威的记载、有争议的地望和没有代表性的资料——得出含糊的"古今里数相比，则大致为3∶1"没有说服力，难以成立。（详见本书《石泉"古代荆楚古地理"质疑》）

3."章华台基广十五丈"的问题

江良发说：郦道元说章华台基广十五丈，按现存北魏的铜尺计算，为46.35米。这是王宫基址，土台的台址应该还要大一些。龙湾遗址从整体上看，大大地大于章华台的应有面积，有资料称，龙湾遗址

① 傅崇兰：《运河史话》，中国大百科全书出版社2000年版，第44页。

整体长2000米，宽1000米，中有十多个台；从个体上看，单个台基又小于章华台的应有面积，已发掘探明的基址最长的仅30米，与“基广十五丈”相去甚远。

首先，江氏认定的是杜预的“章华台在今华容城内”，而不是郦道元的：华容县东七十五里的“离湖侧有章华台，台高十丈，广十五丈。”两者相距七十五里，似乎不是同一个台！江氏把两者的属性“按需拼装”，如此论证似乎并不严谨。

楚灵王时“财用尽焉、数年乃成”的旷世宏构，后人称其为“天下第一台”的章华台，显然不会是“广十五丈”的“一个独立的台基”，而是规模巨大的建筑群。其次，江良发认为：写下“基广十五丈”的郦道元，是北魏人；按现存北魏的铜尺计算，十五丈为46.35米；龙湾遗址单个台基“最长的仅30米，与‘基广十五丈’相去甚远。”郦道元记章华台广、高，用的是什么时代的尺寸？或有两种可能：一是用北魏的尺寸（江氏用“现存北魏的铜尺计算”，十五丈为46.35米。即30.9厘米/尺）。一是用建章华台时的尺寸——东周中期周尺长19.91厘米（或19.7厘米），广十五丈约等于30米；高十丈约等于20米。那么郦道元用的是哪一种尺寸呢？试分析之。

郦道元处在章华台毁弃好几百年之后，不可能看到“章华台”，所以《水经注》“湖侧有章华台，台高十丈，广十五丈”之“台高十丈”不可能实测，只能是古籍引用。而古籍中章华台的尺寸，可能性最大的是建造时的尺寸——周尺。

难道郦道元会把古籍中的尺寸，换算成北魏时的尺寸吗？

而且，实际的魏尺有多种。如：北魏前尺长25.581厘米，北魏中尺长27.974厘米，北魏后尺长29.591厘米。出土实物中除了长30.9厘米的铜尺外，还有1912年甘肃嘉峪关新城2号墓出土的两把“三国·魏骨尺”，均长23.8厘米。同时代的有1964年江西南昌谭子口1号墓出土的“三国·吴铜尺”，长23.5厘米。① 假若郦道元要用魏尺，江氏如何知晓他用的是哪一种呢？

唐余知古《渚宫旧事卷二》有：“灵王与伍举登章华台”（台在江陵东百余里，台形三角高十丈余亦名三休台是也）。请问：写“台高十丈余”的余知古，他是“用唐尺计算台高”的吗？

4.“延石千重，延壤百里”与章华台无关

江良发说：楚王建台“延石千重，延壤百里”“阙为石阁”的记述，说明修建章华台使用了大量石料。石料是两千五百年不会灭失的，但龙湾遗址未发现修建章华台的重要建筑材料——石料。

刘向《说苑·正谏》：“楚庄王筑层台，延石千重，延壤百里……”

江氏把楚庄王筑层台的“延石千重，延壤百里”嫁接到楚灵王建章华台“阙为石郭”之上，说“未发现修建章华台的重要建筑材料——石料。”采用与章华台无关的楚庄王筑层台，“嫁接”过来论证，似乎不妥……西方和埃及等地的古建筑多用石块砌成，至今留存较多。中国古代多是砖木构建，难以长期留存，章华台多半“不是石块砌成的”。

5. 胡绾发现华容章华台遗址？

江良发说：

> 章华台不在监利或钟祥……宋代华容知县胡绾在发现华容章华台遗址后，曾明确指出，监利有章华台“无所依据”。……监利、石首和今华容都是古华容县的一部分；他在乾道六年（1170年）写了《章华台记》：案《史记》：“楚灵王七年，章华台成。”杜预注云：“南郡华容县，台在城内。”盖古建县水北，自随徙于水南。以此观之，所谓章华台于斯焉。说，华容县“楚王台”：“在县城东北部斗冈山以北约一公里的地方，即古华容县治以北一里的地方，今胜峰乡清水村三组，有一个保存得惊人完好的两层土台。据华容县国土资源测绘队用全站仪测量，和县规划办公室提供的数据，这个土台目前仍高出地面（南面的稻田）11米多。其中下一层高出地面7米多，占地面积3万多平方米；上一层高出第一层约4米。土台呈长方形，为正南北向，方方正正，边线整齐，台体规整。台顶南北长102.5米，东西宽78.8米，面积8073平方米。”②

① 国家计量总局、中国历史博物馆、故宫博物院主编：《中国古代度量衡图集》，文物出版社1984年版，图29、30、32。

② 江良发：《华容章华台考》，《文史拾遗》2009年第4期。

以郦道元为代表的许多古籍都记载：章华台在华容县东的“离湖侧”（今监利县?)。《吴语 3》之“陂汉”（截汉引流），确指章华台与汉江相关。边让《章华赋》有“前淮水、南巫山”。都可证明章华台建在江北。迄今为止，未见章华台建在江南的可靠资料。

“楚国君主先后在多处建了大量的离宫、苑囿，如渚宫、强台、匏居台、五仞台、层台、钓台、小曲台、五乐台、九重台、荆台、章华台、乾溪台、渐台、阳云台、兰台宫等。”① 即便华容县“楚王台”是战国时代的遗址，其“台顶南北长 102.5 米，东西宽 78.8 米，面积 8073 平方米”“一个独立的台基”——与“财用尽焉、数年乃成”、规模巨大的“天下第一台”章华台建筑群不符。

先秦章华台有多处。楚顷襄王也修了一个章华台。

《寰宇记》引《春秋后记》云“楚襄王二十年，为秦将白起所逼，北走保于陈，更筑此台。”《元和志》：“亳州城父县，春秋时陈国之夷邑。章华台在县西北九里。”《河南志》也记载：“河南开封府商水县西北三里，有章华台。初，楚灵王筑章华台于华容城内。（顷）襄王为秦将白起所迫，北保于陈，更筑此台。”

秦汉以后或也有仿章华台的建筑。“胡绾发现的华容章华台遗址”，既无文献依据，又无出土文物作证，并不可靠。

胡绾既然知道“古建县水北”，那么杜预之时的西晋“华容县城”当在水北，何以会在“随才徙于水南”的今华容城内呢？可见所谓“胡绾之论”，不能自圆其说。

或曰：②“西晋太康元年（280 年），杜预定荆州，改南郡江南部分为南平郡，分孱陵县置南安县（见《水经注》《旧唐书·地理志》；《宋书·州郡志》则谓分江安立），属南平郡，此为华容建县之始。”

今华容县“楚王台”并非楚灵王之章华台。

江氏既认可“章华台基广十五丈，即 40 米左右”。（面积约 1600 平方米），又说现华容章华台“在县城东北部今胜峰乡清水村三组，有一个保存完好的两层土台。台顶南北长 102.5 米，东西宽 78.8 米，面积 8073 平方米”，两者显然不能相符。

楚灵王章华台这样重要的遗址，是需要考古发掘验证的。没有实物验证，不能轻易确定其所在；不可随便指摘别人是错误的。华容“楚王台”是什么性质的遗址？江氏没有提供考古依据，也未见到与章华台相关之文物，就认定它是章华台遗址，是不是太轻率了？江良发批评他人时曾经指出：“许多重要记述不符合自己的见解时，便指摘别人是错误的。这样就难以走出自我的思想束缚，导致定位的错误。”江氏一口咬定：“现存于湖南省华容县胜峰乡清水村三组的古楚王台遗址，就是众说纷纭、莫衷一是的章华台遗址。此前史学界关于章华台在湖北潜江、监利、钟祥西北境等地的观点，都缺乏足够的史实支撑，都是错误的；《辞海》关于华容章华台的注解，显然不符合历史事实，也是错误的。”③ 请问，这是不是自我思想束缚，导致的定位错误？用部分的真实论说虚假的今华容县楚章华台，显然难以成立。

结　论

1.《左传·昭公七年》：“楚子成章华之台，愿与诸侯落之。”《国语·楚语上》：“今君为此台也，国民罢焉，财用尽焉，年谷败焉，百官烦焉，举国留之，数年乃成。”可见，章华台是大规模的建筑群，有接纳天下诸侯的能力，绝不是“独立的台”。

2.《国语·吴语 3》“昔楚灵王不君，其臣箴谏以不入。乃筑台于章华之上，阙为石郭，陂汉，以象帝舜。”——章华台建在靠近汉水的江北，不可能在江南的今华容县境。

3. 江良发所说的：华容县“楚王台，台顶南北长 102.5 米，东西宽 78.8 米，面积 8073 平方米”。显然与他认可的“章华台基广十五丈，即 40 米左右”相差太远。

① 高介华、刘玉堂：《楚国的城市与建筑》，湖北教育出版社 1996 年版。

② 见华容县政府网站“历史沿革”。

③ 江良发：《华容章华台考》，《文史拾遗》2009 年第 4 期。

4. 蔡邕《义士刚公赞》曰："崇公者，义士刚公之父也，汉哀帝时为南郡丞改授华容令，故义士为华容人也!"（引自《濮东胡氏宗谱》）《后汉书 · 胡广传》："六世祖刚，清高有志节。……值王莽居摄，刚解其衣冠，县府门而去，遂亡命交趾，隐于屠肆之闲。后莽败，乃归乡里。"（唐余知古《渚宫旧事卷四》所记雷同）它们都说胡刚为华容人，都未提及"华容有章华台"。江良发的"胡刚返回襄阳故里，途经华容，喜章华胜景，遂落籍华容，定居于章华台附近"乃是后起的传说。江氏用明正统二年(1437 年）始修的《华容胡氏族谱》等部分的真实和后起的传说，论说虚假的"今湖南省华容县有楚灵王章华台"，显然没有说服力。

5. 东周和汉代并没有"江南华容县"。华容县政府网站的"华容历史沿革"说："西晋太康元年，杜预定荆州，改南郡江南部分为南平郡，分孱陵县置南安县（见《水经注》《旧唐书 · 地理志》;《宋书 · 州郡志》则谓分江安立)，属南平郡，此为华容建县之始。"此说显然比江良发所说的更符合史实。

“江不是长江”质疑

摘要：通过对《战国策·楚策一》《战国策·燕策二》的剖析可确认：从秦西蜀地之汶山，循江而下，至郢三千里之“江”，理当是长江。石泉先生把它们指认为“蛮河”“汉水”的理由难以成立。石泉先生还把专门论述“长江”的《水经·江水》中的“大江”，指认为今“蛮河”“汉水”，更是有违原作之意。

关键词：江；长江；蛮河；汉水

石泉先生在《古文献中的“江”不是长江的专称》文中，对一些“古文献中的‘江’”作了严密的逻辑推理，多数论断言之有理令人信服。但是，古文献中的“江”不是指长江，只是枝节问题，大量确指长江的“江”才是主流。正如石先生所说：“对待古文献中的‘江’，应作具体分析和鉴别，以免造成空间上的错觉”才是第一要务。可惜，石泉先生在另外一些论著中，把“‘江’不是长江”扩大化，把一些古文献中的“长江”，指认为“蛮河”“汉水”，造成了不应有的混乱。

一、先秦、秦汉文献中的江

《尚书·禹贡》：“荆及衡阳惟荆州。江、汉朝宗于海，九江孔殷，沱、潜既道，云土、梦作乂。”“嶓冢导漾，东流为汉；又东，为沧浪之水；过三澨，至于大别，南入于江。”《禹贡》之“江”指长江，“汉”，指汉水。“九”为虚数，“九江”指众水。

《史记·夏本纪》：

> “荆及衡阳惟荆州。江、汉朝宗于海。”“嶓冢道瀁漾，东流为汉，又东为苍浪之水，过三澨，入于大别，南入于江，东汇泽为彭蠡，东为北江，入于海。”

《诗经·小雅·四月》：

> 滔滔江、汉，南国之纪。

《诗经·大雅·江汉》：

> 江汉浮浮，武夫滔滔。

《诗经·大雅·常武》：

> 王旅啴啴，如飞如翰。如江如汉，如山之苞。

《诗经·周南·汉广》：

> 汉之广矣，不可泳思！江之永矣，不可方思！

《春秋左传》中所记的“江”，多指“长江”。

文公十年（前617年）：

> 沿汉溯江，将入郢。

宣公十二年：

> 其俘诸江南以实海滨，亦唯命。

昭公三年：十月，郑伯如楚，子产相。楚子享之，赋《吉日》。既享，子产乃具田备，王以田江南之梦。

昭公四年：

> 许男如楚，楚子止之，遂止郑伯，复田江南，许男与焉。

定公四年：

> 楚子涉雎，济江，入于云中。

哀公元年：

> 蔡人男女以辨，使疆于江、汝之间而还。

哀公四年：

> 曰：吴将水斥江入郢，将奔命焉。

哀公六年：

江、汉、睢、章，楚之望也。

楚世家：

昭王曰：自吾先王受封，望不过江、汉……

哀公九年：

秋，吴城邗，沟通江、淮。

封禅书：

天子祭天下名山大川，五岳视三公，四渎视诸侯，诸侯祭其疆内名山大川。四渎者，江、河、淮、济也。

《汉书·地理志》：

正南曰荆州：其山曰衡，薮曰云梦，川曰江、汉。

出土文物中的江。新蔡葛陵（甲三：268）楚简云：

返（及）江、滩（汉）、沪（沮）、漳，延至于瀼（淮）。

鄂君启舟节：

上江，入湘，……入资、沅、澧、油。

先秦典籍、秦汉文献中的江绝大多数指“长江”。

二、“楚策一”和“燕策二”中的“江”

（一）“所需时日相差颇大”如何解释？

石泉先生说：

《战国策·楚策一》所记由汶山乘大船至郢“循江而下”，需十日始达楚边境（而且是以每日300余古里的速度），这同上引《燕策二》所记，自汶浮轻舟而下，五日至郢都，彼此所需时日，相差颇大，又将如何解释？对此，我们的看法是：二者所说的“江”，不是同一条江，否则，无论是认为同指长江，或认为同指令蛮河，都将发生矛盾，都讲不通。①

请看“楚策一”中“张仪为秦破从连横”原文：

秦西有巴蜀，方船积粟，起于汶山。循江而下，至郢三千余里。舫船载卒，一舫载五十人，与三月之粮，下水而浮，一日行三百余里；里数虽多，不费马汗之劳，不至十日而距绣关；绣关惊，则从竟陵已东，尽城守矣，黔中、巫郡非王之有已。秦举甲出之武关，南面而攻，则北地绝。秦兵之攻楚也，危难在三月之内。而楚恃诸侯之救，在半岁之外，此其势不相及也。夫恃弱国之救，而忘强秦之祸，此臣之所以为大王之患也。

“燕策二”原文：

秦……正告楚曰：蜀地之甲，轻舟浮于汶，乘夏水而下江，五日而至郢；汉中之甲，乘船出于巴，乘夏水而下汉，四日而至五渚。

“楚策一”中设想秦国从水陆两路进攻楚国：一路通过长江进攻郢都，一路出武关进攻楚国的北地……“燕策二”则设想秦国由江、汉两路进攻楚国：一路通过长江进攻楚国的郢都，另一路通过汉水进攻楚国的五渚……

“楚策一”“燕策二”中，“通过长江水路进攻郢都”的描述：“时代相同”，“事件类似”，“同是“蜀”地，同起于“汶”，同“下江”，同“至郢”的“江”，理当同为长江。石氏把“楚策一”所记之“江”指认为汉水；把“燕策二”所记之“江”指认为“今蛮河”。如此臆想难以令人信服。

那么，对“彼此所需时日，相差颇大，又将如何解释？”试分析之：

“楚策一”之“方船”，《说文》曰：“舫并舟也”。——两条大船连为一体近方形，可增强抗风浪能力。此处之“方船”载重约十几、二十吨，“日行三百余里”。

“楚策一”之“轻舟”，比“方船”小，快捷。载重三至四吨，乘十几二十名士兵。“乘夏季大水而

① 石泉：《古代荆楚地理新探》，武汉大学出版社2004年版，第468页。

下江”，故可日行五六百里以上。（李白的“轻舟”则是“千里江陵一日还”）

“楚策一”“燕策二”之路径虽然相同，但是，一个是“方船”，船大载重量大，不是夏天丰水期，所以，“日行三百余里”（“至郢三千余里”需近十天）。一个是“轻舟”，又是“乘夏季大水”，故三千余里只需行五天。二者同指长江，并没有什么“矛盾”和“讲不通”。

（二）“楚策一”的“江”应指汉水吗？

石泉先生说：

《楚策一》之“江”，应指汉水（古亦称“江”）汉水上游也正是古巴蜀地。①

上文已经证明“楚策一”“燕策二”中，“通过长江水路进攻郢都”的描述具有同一性。

“楚策一”曰：“秦西有巴、蜀，方船积粟起于汶山，循江而下，至郢三千余里。”这一路线既曰“秦西有巴、蜀”又“至郢三千余里”，从方位和距离看理当是长江。“汉水上游”并不在“秦西巴蜀”，至“郢”也没有“三千余里”。

与“楚策一”类似的记载，还有《张仪列传》：

秦西有巴蜀，大船积粟，起于汶山，浮江已下，至楚三千余里。舫船载卒，一舫载五十人与三月之食，下水而浮，一日行三百余里，里数虽多，然而不费牛马之力，不至十日而距扞关。（集解徐广曰：“巴郡鱼复县有扞水关。”索隐扞关在楚之西界。）扞关惊，则从境以东尽城守矣，黔中、巫郡非王之有。秦举甲出武关，南面而伐，则北地绝。

从巴蜀、汶山、扞关、黔中、巫郡之地望，和三千余里的里程，皆可证明文中之“江”为长江，而不是汉水。

此外，“燕策二”中，还有一条进攻楚国的路线：“汉中之甲，乘船出于巴，乘夏水而下汉，四日而至五渚。”这才是“通过汉水进攻楚国的路线”。它与“楚策一”中沿“江”攻“郢”的路线根本不同。这也可作为“楚策一”不是通过汉水进攻楚国的旁证。石泉先生把“楚策一”中“秦西巴、蜀”之“江”指认为汉水，没有说服力。

（三）“燕策二”的“江”当指蛮河吗？

石泉先生说：

“燕策二”所记“轻舟浮于汶”，当指古沮水（今蛮河）上游。东晋时，留于此设汶阳郡及汶阳县，名称当有渊源，近世犹有“汶阳洞”在今南漳县西100里、蛮河上游，长坪镇附近，并有“古汶阳郡以此得名”的记载。长坪以下近世仍通小船，这与“轻舟浮于坟”亦可相证。古沮水（今蛮河）又称“江”，已见前考。由这个“汶阳”附近的汶水，趁夏季涨水之时，顺流而下此“江”，以五日的水程（行军）到达今宜域南境的楚郢都（楚皇城遗址）也是讲得通的。②

再看“燕策二”：

秦……正告楚曰：蜀地之甲，轻舟浮于汶，乘夏水而下江，五日而至郢；汉中之甲，乘船出于巴，乘夏水而下汉，四日而至五渚。（《史记·苏秦列传》所记同。）

前文已叙，“燕策二”中设想：秦国一路通过长江进攻楚国的郢都；另一路通过汉水进攻楚国的五渚……其中，“通过长江的一路”其描述与“楚策一”具有同一性。

“燕策二”：

蜀地之甲，轻舟浮于汶，乘夏水而下江，五日而至郢。

“楚策一”：

秦西有巴、蜀，方船积粟起于汶山。

“封禅书”：

自华以西，名山七，名川四。曰华山，薄山。薄山者，衰山也。岳山，岐山，吴岳，鸿冢，渎山。渎山，蜀之汶山。

① 石泉：《古代荆楚地理新探》，武汉大学出版社2004年版，第469页。

② 石泉：《古代荆楚地理新探》，武汉大学出版社2004年版，第468页。

《山海经》卷十三《海内东经》:

岷三江首大江出汶山。①

先秦乃至秦汉多认为大江出“蜀之汶山”。“蜀地之汶”当在长江上游的蜀地，而不是在秦东的“蛮河上游”。

“燕策二”之轻舟乘夏季丰水期下大江，五日而至郢。日行六百余里，也合乎情理。

“燕策二”之“汉中之甲，乘船出于巴，乘夏水而下汉，四日而至五渚”。从汉中“乘船出于巴”，乘夏季之丰水，下汉行“四日”（约两千里水路）至“五渚”。则“五渚”当在汉水下游（武昌附近），离郢都很远了。

从这两路的“行程”看。汉中之甲，从巴下汉，行四日可至五渚（约两千五百里）。“蜀地之甲，轻舟浮于汶，乘夏水而下江，五日而至郢”，既是“轻舟”，又要“五日”，肯定行程比前者要长（约三千余里）。可见此处之“江”，不可能是短小的“蛮河”，当指长江。

既然是长江，那么“郢”就该在长江边。这与石泉先生的“郢”在“蛮河下游今宜城东南”，对不上口。若按石泉先生之论，从巴下汉至近郢（宜城）的“五渚”，其路程应该远大于从蛮河上游而至“郢（宜城）”的路程。同一论述中的顺水行舟，路程远的只要四日，路程近的又是“轻舟”反而要五日，这是讲不通的。

再从秦兵进攻楚国的两个目的地“郢”和“五渚”看。“燕策二”把“郢”和“五渚”并列。可见“五渚”当是楚国的军事重镇（或许就是鄂君之封地“鄂渚”?）和铜矿产区。假若如石泉先生所说：“五渚”“近郢都”和“汉水中游河道中的一些沙洲群”。那么，秦人分兵去攻五渚有什么意义呢?

“秦策一”张仪说秦王曰：

秦与荆人战，大破荆，袭郢，取洞庭、五渚、江南。荆王亡奔走，东伏于陈。

高诱注曰：

郢，楚都也。洞庭、五都、江南，皆楚邑也。

看来，“五渚（即五都）”当从高诱之注，解释为“楚邑”才比较合理。

周宏伟先生指出：

“五渚”是地名，不是水名。这从《战国策》东汉高诱注：“洞庭、五都、江南，皆楚邑也”；以及现存战国官印有“五渚正鉨”可证。②

假如按石泉先生之论：“‘轻舟浮于汶’，当指古沮水（今蛮河）上游。”请问，秦国为何要调集大量士兵翻山越岭到秦东“今南漳县西100里、蛮河上游”的山区；还要弄来许多运兵船，再从这个小河沟里往楚国大规模发兵？有这种可能和必要吗?

石氏对“楚策一”“燕策二”中“秦西”蜀之汶山视而不见，对《封禅书》中的“蜀之汶山”不以采信，非要说“楚策一”之“江”应指汉水，汉水上游也正是古巴蜀地，非要引用“东晋时，留于此设汶阳郡及汶阳县……”来证明“燕策二”的“汶”在“蛮河上游”。

三、《水经》中的“江”

“江”是中华第一大川。桑钦《水经》和郦道元《水经注》是古代传留至今最有价值的地理著作之一，其论说有一定的权威性。

《水经·江水》《水经注·江水篇》是专门论述“长江”的章节。文中的“江”，当然是“长江的专称”，书中的“江”也必须保持概念上的同一性，这是大前提。如：

桑钦《水经·江水》：

江水又东，径西陵峡。江水历禹断江。江水出峡，东南流，径城故州。江水又东，径故城北。江水又东，径白鹿岩。江水又东，历荆门虎牙之门。又东南，过夷道县北，夷水从狼山县南，东北注之。江水又东，径上明城北。江水又东，会沮口。又南，过江陵县南。江水又东，

① 《四库全书·山海经广注·海内东经》卷十三，第3页。

② 周宏伟：《洞庭湖变迁的历史过程再探讨》，《中国历史地理论丛》2005年第2期。按：“五渚正鉨”见《古玺汇编》第60页0343号。“渚”之字形为“[illegible]”。

径燕尾洲。江水东，得马牧口。江水又东，径江陵县故城南。江水又东，径郢城南。江水又东，得豫章口。又东，至华容县西，夏水出焉。又东南，当华容县南，涌水出焉。江水又东，涌水注之。

《水经·夏水》云：

夏水出江津，于江陵县东南。又东过华容县南。又东，至江夏云杜县，入于沔。①

这与郦道元《水经注》卷34“江水”篇，卷32“夏水”篇大致相合。书中的江陵县、华容县都在长江北岸。

石泉先生说：

如果按照我们过去的研究成果，定楚郢都及齐梁以前江陵城在汉水中游西岸今宜城县南境的蛮河（古沮水，亦称‘江’）下游，则由江陵城东南之江津分流入沔的古夏水，其首受之‘江’（亦即《释例》所云涌水所受之‘江’）只能是古沮水，今蛮河，而涌水自夏水‘南’（按：当作‘东’，详下）通之‘江’，则应指今汉水。”②

今本《水经注》卷34《江水篇》记古枝江附近的地理景观云：“……其地夷敞，北据大江。江汜枝分，东入大江，县治洲上，故以枝江为称。……县左右有，盘布江口口中，其百里洲最为大也。”五渚有可能就是这些沙洲中的一部分。五渚当近郢都，渚宫之得名，或源于此。《左传》文公十年：“（子西）沿汉泝江，将入郢，王在渚宫，下见之。”此处之“江”当指今蛮河，则渚宫应在“江”入汉处，即今蛮河入汉水处。与我们所考古枝江位置亦能相合。③

石先生把所引《江水篇》中的“大江”指认为“蛮河”。请问，小小的“蛮河”水道中，能容纳“百里洲”在内的数十洲吗？“蛮河入汉处”会有可建“渚宫”这样的“大渚”吗？

石泉先生不顾《水经》的整体论述，把“古文献中的‘江’不是长江的专称”，扩大到《水经》《水经注》中专论长江的《江水篇》，说《江水篇》中的某“大江”，当指今“蛮河”；某“江”应指“汉水”。这难道不有违《江水篇》作品之意吗？不管《水经》和《水经注》有多少差错，《江水篇》中所记载的中华第一大河，是长江是无可置疑的。《江水篇》中的“江”、“大江”只能指“长江”。把这个大方向搞错了，就无从进行“具体分析和鉴别”，更不可能有“严密的逻辑推理”。石氏抛开这个大前提，片面地引用后人的某些文字细节，推导得出《江水篇》中的“大江”当指今“蛮河”，某“江”应指“汉水”，岂不大谬。

结　论

1. 桑钦《水经》和郦道元《水经注》中专门论述“长江”的《江水》篇，其文的“江”理当是“长江”。石泉先生为了把江陵城定在今宜城境，竟然把《江水篇》中的“大江”指认为“蛮河”，或指为“汉水”。这难道不有违文本之意吗？不管《水经》和《水经注》有多少差错，《江水篇》所记载的中华第一大河，是长江是无可置疑的。把这个大方向搞错了，就无从进行具体分析和鉴别，更不可能有严密的逻辑推理。

2. 石泉先生就“楚策一”“燕策二”所记，由汶山乘船至郢，前者要十日，后者只需五日。断然地说：“二者所说的‘江’，不是同一条江……否则讲不通。”——其实是钻了牛角尖。首先，两者所记，都是由汶山乘船至郢，并无两条江的信息。其二，为何所需时日相差一倍？文中也有交代，“楚策一”是“方船”，载重量大，又不是丰水期，故要十日至郢。“燕策二”是“轻舟”，“又是乘夏季大水”，故去郢只需五日。至于两者的行程会不会相差一倍，不排除有夸张的可能。

① 桑钦撰：《水经》，中国戏剧出版社1999年版，第20、19页。

② 石泉、鲁西奇：《古夏水源流新证》。

③ 石泉、鲁西奇：《古湘、资、沅、澧源流新探（上）》，《中国历史地理论丛》1996年第2期，第54页脚注。

石泉"古代荆楚地理"质疑

摘要：石泉先生《古代荆楚地理新探》以"古里远小于今里约为3∶1"为骨架，构建了他的"缩微版"荆楚古地理，他大量引用东汉以后直到近代的各类记载，去证明他的"缩微版荆楚"，忽略了《楚辞》《左传》《战国策》《水经》《汉书》等古籍中与其观点不符的记载。他自己所列举的古籍事例中全都不符合他的"古今里之比约为3∶1"的结论，先秦和秦汉文献中也没有"古今里之比约为3∶1"的例子。

关键词：荆楚；古里；丹阳；江陵

一、古里的问题

（一）古代尺、步、里的相关资料

商尺长15.75厘米，安阳出土商尺两支，长15.7厘米、15.8厘米，为周小尺19.7厘米，即"璧羡度尺"的8寸。

周代除了19.7厘米小尺外，还有百粒黑黍横排的尺，长24.63厘米，有百粒红黍横排的尺，长23.1厘米。1932年洛阳金村东周古墓中出土了一把长23.1厘米、宽1.7厘米、厚0.4厘米的铜尺，据考是为战国中晚期物。此外传世的战国尺尚有：长沙上虞罗氏所藏的铜尺长23厘米，中国历史博物馆藏的铜尺长23厘米、23.1厘米各一支，番禺叶氏所藏的战国镂牙尺长23厘米。《隋书·律历书》所记的十五等尺之一的周尺长也是23.1厘米。众多的实物、文献，证明周尺的长度十分可靠。

秦商鞅变法统一度量时，也推行23.1厘米的尺。据铸造于公元前344年的商鞅铜方升，其深一寸。经实测为2.32厘米，折算其尺长，与23.1厘米极为接近，这是战国秦尺为23.1厘米的间接物证。秦代尺也有大小两制。小尺23.1厘米，用于日常交易。大尺27.72厘米，是小尺的一尺二寸。据秦兵马俑等物实测，其乘舆、法冠、兵符、乘骑等均用大尺。

《汉书·食货志》中说："古者建步立亩，六尺为步。"《仪礼·乡射礼》疏中也说："六尺为步"（弓之古制与步相应）。

战国楚尺略短于中原。中华人民共和国成立以前，安徽寿县楚幽王墓出土的楚铜尺长22.5厘米，长沙战国楚墓出土的楚铜尺长22.7和23厘米。楚里也可能略短于中原里。

丘光明编著《中国历代度量衡考》① 书中的"历代古尺"为：

> 商尺16厘米；周小尺长19.7厘米；战国23.1厘米；秦23.1厘米；西汉23.2厘米；新莽23.1厘米；东汉23.5厘米；三国24厘米；两晋24.4厘米；南朝24.7厘米；东后魏30.2厘米；隋29.5厘米；唐30.3厘米；宋营造尺31.6厘米；明清营造尺32厘米。

尺以上的单位有步、丈、里。六尺为步，十尺为丈，三百步或一百八十丈为一里。唐代起改为五尺一步，但一里为三百六十步，里长仍是一百八十丈，迄于清代未变。因为各时期尺长度不同，同样是一百八十丈为一里，其长度并不一致。

从出土实物和各种可信古书之记载，战国、秦、汉尺的长度都在23.1厘米左右。每里一百八十丈合415.8米，约等于0.83华里。

清营造尺32厘米。每清里合576米，约等于1.15倍华里。战国、秦、汉之里约合0.72清里。

明末清初顾炎武《日知录》卷32之"里"：

> 《谷梁传》："古者三百步为里。"今以三百六十步为里，而尺又大于古四之一，今之六十二里遂当古之百里。《谷梁传》："鞍去国五百里。"今自历城至临辎仅三百三十里，《左传》："黄人谓自郢及我九百里。"今自江陵至光州仅七百里。郑子谓："吴二千里，不三月不至。"今自苏州至邹县仅一千五百里。《孟子》："不远千里而来""千里而见王"，今自邹至齐至梁亦

① 丘光明编著：《中国历代度量衡考》，科学出版社1992年版。

不过五六百里。又谓:“舜卒鸣条,文王生岐周,相去千有余里。”今自安邑至岐山亦不过八百里。《史记》张仪说魏王,言从郑至梁二百余里。今自郑州至开封仅一百四十里。戚夫人歌:“相离三千里,当谁使告汝。”贡禹上书言:“自痛去家三千里。”自今琅邪至长安亦但二千余里,赵则二千里而近,是则荀子所谓“日中而趋百里者”,不过六十余里,而千里之马亦日驰五六百里耳。

顾炎武所说“今之六十二里遂当古之百里”并不精确,实际上“古之百里”约合清七十二里。

《左传》中的两个例子:

1.“自郢及黄九百里”

前648年《左传·僖十二年》:“黄人恃诸侯之睦于齐也,不共楚职,曰:‘自郢及我九百里,焉能害我?’夏,楚灭黄。”

周小尺长19.7厘米。一里为354.6米九百里,合319km(公里)。与现在的宜城到潢川约300公里相近。而江陵—(240千米)—武汉—(255千米)—潢川,共495公里。远大于古九百里。由《僖十二年》记载可推测:其一,前648年楚之郢都不大可能在长江边上的江陵。其二,春秋之时一里约355米,约合71%今里。不存在“古今里数相比,则大致为3:1”之事。

2.“邾,吴二千里”

前488年《哀公七年》邾子曰:“鲁击柝闻于邾,吴二千里,不三月不至,何及于我?”

“邾,在今济宁东的邹县”,“吴”是苏州。邹县—苏州,两者直线距离550公里。实际路程约660公里。春秋周尺长19.7厘米;每周里354.6米。二千里为709公里。约为现代路程的107%。也不存在“古今里数大致为3:1”。

(二)《汉志》的“古里远小于今里”吗

石泉先生说:“《汉志》所谓沮水行700里,漳水行600里,都是荆楚一带的古里,远小于今里。①”

请看《汉书地理志》中部分常见“水”的古里与今里。

弘农郡,《禹贡》雒水出冢领山,东北至巩入河,过郡二,行千七十里(今洛河400多公里)。

太原郡,北山,汾水所出,西南至汾阴入河过郡二,行千三百四十里(今汾河694公里)。

南阳郡,《禹贡》桐柏大复山在东南,淮水所出,东南至淮浦入海,过郡四,行三千二百四十里(今淮河1000公里)。

南郡,临沮,《禹贡》南条荆山在东北,漳水所出,东至江陵入阳水,阳水入沔,行六百里(今漳河200多公里)。

汉中郡,东山,沮水所出,东至郢入江,行七百里(今沮河近300公里)。

牂柯郡,沅水东南至益阳入江,过郡二,行二千五百三十里(今沅江1022公里)。

陇西郡,首阳,《禹贡》鸟鼠同穴山在西南,渭水所出,东至船司空入河,过郡四,行千八百七十里(今渭河818公里)。

金城郡,积石山在西南羌中。河水行塞外,东北入塞内,至章武入海,过郡十六,行九千四百里。

东汉尺长23.5厘米。每里合423米,等于84.6%今华里。

从以上资料可见:

1.《汉志》中大量记载的“某水行××××里”之“里”,不仅是“荆楚一带的古里”,而是东汉通行之古里。

2. 上面所列的八个例子中有六个古今里程相差很小。相差大的是“淮河和黄河”。

古淮河“三千二百四十里”与“今淮河1000公里”。两者之比为1.62:1。若按东汉古里计算,实际古今河道之比为1.37:1。今淮河之所以“短”,还与历史上淮河河道变化有关,今淮河下游河道比东汉古河道平直,因而变短。

今黄河5464公里。比东汉古黄河长37%,是古人没有探明黄河源头之故。

3.《汉书地理志》中根本没有“古里远小于今里、古今里数比,大致为3:1”的例子。

① 石泉:《古代荆楚地理新探》,武汉大学出版社2004年版,第224页。

石泉先生不顾《汉书地理志》中大量、可靠的古里数据例证，选用与《汉志》不相关、后期不可靠的资料，其结论《汉志》之里“远小于今里”，与事实不符。

（三）石泉先生自己所引的相关资料

石泉先生说：

> 我们倒还可再举出一条从里数对比，来推证六朝时江陵当在宜城平原上的旁证《续汉书·郡国志四》荆州“南郡”（治江陵）下，刘昭补注云：“雒阳南一千五百里。”常璩（东晋人）《华阳国志·汉中志》（卷2）于“上庸郡”（治上庸县，在今鄂西北的竹山县附近）下注云：“去洛一千七百里”；又“新城郡”（治房陵县，在今房县）下注云：“去洛一千六百里。”“洛”即洛阳，汉代改称雒阳，曹魏以后又恢复洛阳原名。（466页）这三个城邑在同一历史时期，同一荆楚地区，计里标准又同是官里，因而是可以相比的。上庸（今竹山）与房陵（今房县）的地望，古今无异词。在此前提下，只要对照今地图，比较这三个城邑与洛阳的距离，就可明显看出：如按流行说法定古江陵城在长江边的今江陵县址，那就比房陵、上庸去洛阳的距离要远得多，但里数却反而少些，这怎能说得通？如按本文所考，定古江陵在宜城平原上，那就在里数上，正好同地图上的位置协调而彼此可以相印证了。

石泉先生此例并不支持他的“古今里数比大致为3∶1”的论断。①

首先西晋司马彪撰《续汉书》，南朝梁刘昭（约510年前后在世）注的里程（江陵在“雒阳南一千五百里”），与东晋常璩（约291—361年）《华阳国志》注的里程，既不在同一历史时期，也不是出自一人之手，更不是相同两地的距离，这样的类比并不可靠，也不能排除刘昭补注的“南郡在雒阳南一千五百里”或许有误。

再看《华阳国志汉中志》晋代的里数：

九“新城郡（今房县）（宛去洛八百）……去洛一千六百里。”也就是晋代“房县去洛阳”为一千六百里（其中南阳去洛阳八百里）。两晋尺长24.4厘米，一千八百尺为一里，每里439.2米。新城郡去洛一千六百里，合现今702.7公里。

再看当代地图上房县到洛阳的公路里程：

房县—80—开峰峪—74—石花—33—老河口—56—邓县—65—南阳（宛）共308公里。南阳（宛）—60—方城—55—叶县—28—襄城—29—郏县—50—临汝—57—伊川—32—洛阳共311公里②。房县到洛阳共619公里。

现代公路与晋代里程比较：

晋代新城郡（房县）去洛一千六百里合702.7公里。其里程为现代公路里程619公里的113.5%。考虑到古代道路没有现代公路平直，里程要略多一些等因素，这13.5%的误差不算离谱。晋代“宛去洛八百里”合351.36公里，为现代南阳到洛阳311公里的113%。

从石泉先生所举的例子看，现代“房县去洛阳”其里程为619公里，即1238今里。假如按石先生的“古今里数相比，则大致为3∶1”，则“新城郡（今房县）去洛”将是三千七百多古里！而不是“一千六百里”。

可见石泉先生的“古今里数比为3∶1”论在他自己所举的例子中也不存在。

（四）石泉先生的“精骑急追”比“老牛破车”还慢

石泉先生说：

> 这里也可顺带提一下我们常被问到的关于《三国志·蜀志·先主传》（卷二）所记：曹操自襄阳亲率精骑五千，急追刘备，“一日一夜行三百余里，及于当阳之长坂，……大获其人众辎重”的史事记载，应如何解释。对此，我们的看法是：襄阳到江陵既是“步道五百”或“不盈五百”，则位于襄阳南300余里的当阳长坂自当在当时的江陵西北约百里处。这个汉代的当阳城即《水经注·沮水篇》所说的“当阳东城”（长坂在城北），在六朝当阳县东140里

① 石泉：《古代荆楚地理新探》，武汉大学出版社2004年版，第467页。

② 中国地图出版社编制：《中国分省公路交通地图册》，中国地图出版社1986年版，第21—20页。

(古里),其位置当在今宜城县西(楚皇城遗址西北30余里),考已详本书《齐梁以前古沮漳源流新探》一文,此不再赘。质言之,如果古沮、漳即今之蛮河,则古当阳长坂地望必不出此范围。这就又可反证当时的300余里,只相当于清代这一带的官里百里有余而已(明清时,直到清中叶,襄阳、宜城间官里为120里,亦可与此相比照)。①

三国时代尺长24厘米,每里432米。"一日一夜行三百余里"即24小时行130多公里,平均每小时约5.5公里。

若按石泉先生的"一日一夜行百里有余"(即便按"百清官里"约合120里,即60公里计算)每小时的平均速度仅仅为2.5公里,那就不是"精骑急追",而是"老牛破车"了——内蒙古牧区牛拉的"勒勒车"每小时还可走3公里。而石泉先生的"精骑急追",居然比"老牛破车"还要慢。

石泉先生在没有确切依据、存在大量反证的情况下,推出他的"古今里之比约为3∶1"的谬论。并以此为骨架,构建了他的"缩微版"荆楚古地理,实在是他学术上的悲哀。

二、楚人受封前后的地望

楚人受封前后的地望本书前面已有论述,现简要重复一些。

(一)楚人受封前的地望

1. 殷商时的"楚部落"

《诗·商颂·殷武》:

> 维女荆楚,居国南乡,昔有成汤,自彼氐羌,莫敢不来享,莫敢不来王,曰商是常。

可见荆楚是商王朝统治下"南乡"的一属国,臣服商王朝。

《诗·商颂·殷武》:

> 挞彼殷武,奋伐荆楚,深入其阻,裒荆之旅。

商与荆反目,商朝势力深入荆楚;但楚人也有劲旅与之抗衡,其力量不可小瞧。

早在殷商时期,楚人已经居住在南乡"荆楚"之地,说楚人立国后舍弃世代基业多次搬迁,缺乏依据。

《汉书·贾捐之传》有:

> 武丁、成王,殷周之大仁也,然地东不过江、黄,西不过氐、羌,南不过蛮荆,北不过朔方。而颂声作……及其衰也,南征不还,齐桓救其难,孔子定其文。②

西汉贾捐之认为,殷武丁与周成王其南疆皆为"蛮荆",而在商周史上既居"南乡"又名"蛮荆(荆楚)"的,只有鬻熊的楚族。

《史记·吴太伯世家》:

> 太王欲立季历以及昌,于是太伯、仲雍二人乃奔荆蛮……

它所记的荆蛮,或可代指周之南疆。

2. 鬻熊时的"楚部落"

石泉先生认为:"鬻熊子事文王",说明"楚部落距周原不远"。

这种推理,低估了古人的活动能力。

《牧誓》记,追随武王伐殷的有八国:庸、蜀、羌、髳、微、卢、彭、濮。从周原丰镐到牧野约650公里,数万人马,千余里东奔伐殷。这种大规模长距离的多国统一行动都可以实现,说明文、武之时,很多远离周原的方国、部落都与周王有联系。人数众多的军队都能大老远地按时开过来,难道轻装简从的鬻熊,反倒不能从远处来投奔吗?

再看相关的记载:

《孟子·离娄上》曰:

> 伯夷辟纣,居北海之滨,闻文王作,兴曰:"盍归乎来!吾闻西伯善养老者。"太公辟纣,

① 石泉:《古代荆楚地理新探》,武汉大学出版社2004年版,第466页。

② 班固:《汉书》,中华书局1962年版,第2831页。

居东海之滨，闻文王作，兴曰：“盍归乎来！吾闻西伯善养老者。”

《战国策·秦策五》有：

太公望，齐之逐夫，朝歌之废屠，子良之逐臣，棘津之雠不庸；文王用之而王。

《周本纪》载：

伯夷、叔齐在孤竹，闻西伯善养老，盍往归之。太颠、闳夭、散宜生、鬻子、辛甲大夫之徒皆往归之。

西汉韩婴云：

吕望行年五十，卖食棘津，七十则屠牛朝歌，行年九十，则为帝师。

与鬻熊同时代的伯夷，在孤竹“居北海之滨”，可以去投靠文王。吕望，时而“居东海之滨”，时而“屠牛朝歌”，最后也去周原投靠文王。既然他们可以如此大跨度东奔西投，为何“鬻熊事文王”，其楚部落就必定“距周原不远”呢？

（二）武王克商时的南土

《左传·昭公九年》：

及武王克商，蒲姑、商奄，吾东土也；巴、濮、楚、邓，吾南土也；肃慎、燕、亳，吾北土也。

这是武王克商时周初的疆界。其时这些方国、部族可能还未受封。

石泉先生说：

“巴、濮、楚、邓、吾南土也。”巴在陕东南，邓在襄樊北，濮在枣阳境，都位于汉水中游地带。楚与三国并列，地望亦应相近，何得独自远处长江边之秭归或枝江？这也可作为楚都丹阳当在淅川县境的又一条旁证。①

第一，这不是“西周后期至春秋初期的楚丹阳地望”②，而是回忆“武王克商”时，即“熊绎未封时”周初的疆界。第二，石泉先生认可的周初南土：“巴在陕东南（安康南，大巴山北），濮在汉东枣阳境，邓在襄樊北。”它们都在汉水中上游两岸、北纬32度线附近。“与三国并列”的楚，也就应当在北纬32度线附近。假如楚在“北纬33度以北的淅川”，那么楚就南距巴、濮、邓100多公里，根本没有“与三国并列”。石泉先生用“楚不在长江边的”正确论说作掩护，回避“巴、濮、邓”都在北纬32度线附近的事实，推出他的“淅川丹阳”论。用这样的花招，把《昭公九年》的“巴、濮、楚、邓、吾南土也”说成是“楚都丹阳当在淅川县境的又一条旁证”，既不合逻辑，也背离了学术求真的原则。第三，如果按石泉先生：“西周早期熊绎所居丹阳似当在今陕西商县的丹江河谷”③，那么“楚熊绎所居”离开武王克商时的北纬32度线附近的“巴、濮、邓吾南土也”就远到200多公里以外去了。

（三）熊绎受封时楚国的地望

《史记·楚世家》：

熊绎当周成王之时，举文、武勤劳之后嗣，而封熊绎于楚蛮，封以子男之田，姓芈氏，居丹阳。

《楚世家》昭王曰：

自吾先王受封，望不过江、汉……

《左传·哀公六年》楚昭王曰：

三代命祀，祭不越望。江、汉、雎、章，楚之望也。

《葛陵简甲三》：

昔我先出自追，宅兹浞（雎）、章（漳）。

新蔡简甲三268号残简：

□及江、滩（汉）、（雎、沮）、漳，（遂）至于澴（淮）。是日就祷楚：老（僮）、祝

① 石泉：《古代荆楚地理新探》，武汉大学出版社2004年版，第184页。

② 石泉：《古代荆楚地理新探》，武汉大学出版社2004年版，第181页。

③ 石泉：《古代荆楚地理新探》，武汉大学出版社2004年版，第185页。

（融）……

《左传》《史记》都说楚先王受封在江、汉之间。

《葛陵简》记“楚先宅兹雎、漳”，可证楚先在江、汉之间。

《左传·昭公十二年》记：

昔我先王熊绎辟在荆山，筚路蓝缕以处草莽，跋涉山川以事天子，唯是桃弧棘矢以共御王事。

《史记·楚世家》前706年：

三十七年，楚熊通怒曰：“吾先鬻熊，文王之师也，蚤终。成王举我先公，乃以子男田令居楚，蛮夷皆率服，而王不加位，我自尊耳。”乃自立为武王。

石泉先生说：

周成王初即位时，西周内争，周公曾奔楚。熊绎之受封为楚子，也在成王时，《楚世家》特别提到周成王“举文、武勤劳之后嗣，而封熊绎于楚蛮”。1977年间，在陕西省岐山县凤雏村周原出土的周初甲骨文亦言楚事，并有“楚子来告”的记录。像这样的交往关系，在上古交通不便的条件下，彼此必应较为邻近，才说得通。……值得注意的是，在商州一带有着一系列以“楚”、“荆”为名的山水，在现存史料中，上起魏晋，下迄清代，都有记载。①

石泉先生在1988年出版的《古代荆楚地理新探》第181页说：“西周早期熊绎所居丹阳似当在今陕西商县的丹江河谷”，在2004年出版的《古代荆楚地理新探·续集》中仍然坚持说：“西周早期熊绎所居丹阳，当在今陕西商州的丹江北岸河谷。”②

“商州丹阳”在“淅川丹阳”西北100公里开外。这离《左传·昭公九年》所记：武王克商时的“南土巴、濮、楚、邓”就更远了。请问：楚国“何得独自远处”，在距离南土200多公里以外的“商州”，还称“南土”？还能与“巴、濮、邓并立”？

石泉先生的“商州丹阳”显然与《史记》的“吾先王受封，望不过江、汉”不符，与《左传》记载的武王克商时“巴、濮、楚、邓、吾南土也”抵牾，跟他自己说的“楚与三国并列，地望亦应相近”矛盾③。

（四）周夷王、昭王时楚的地望

1. 熊渠时楚的地望

《楚世家》：

当周夷王之时，王室微，诸侯或不朝，相伐。熊渠甚得江汉间民和，乃兴兵伐庸、杨粤，至于鄂。熊渠曰：“我蛮夷也，不与中国之号谥。”乃立其长子康为句亶王，中子红为鄂王，少子执疵为越章王，皆在江上楚蛮之地。及周厉王之时，暴虐，熊渠畏其伐楚，亦去其王。

石泉先生说：

楚国从何时起徙都于丹江下游今淅川县境的丹阳？史无明文。估计大致在周夷王时，楚熊渠强大称王，攻伐庸国，分封三子于“江上楚蛮之地”以前不久。所谓“江”……当指汉水，因汉水古亦称“江”。熊渠三子之封地——勾亶、鄂、越章，流行说法认为都在今长江沿岸，勾亶在今江陵，鄂在今鄂城，越章则在下游。这种说法是有问题的。三地之间，相去如此之远，彼此间怎能建立必要的政治联系？上古的交通条件，特别是结合当时航运难胜长江风涛的情况下，似难有此可能。而在当时长江两岸地广人稀，开发水平远逊中原的条件下，熊渠诸子恐亦难分散到那么远的地方，去建立各自的封国。《史记·楚世家》明言熊渠三子所封“皆在江上楚蛮之地”，则彼此相去应不很远，距楚都丹阳亦应较近。熊渠三子的封地就正好分布在今淅川县境的楚丹阳东面，从南阳盆地到襄宜平原的外围线上。④

石泉先生的熊渠楚国在“今淅川县境的楚丹阳”；“熊渠三子的封地正好分布在今淅川县境的楚丹

---

① 石泉：《古代荆楚地理新探》，武汉大学出版社2004年版，第186页。

② 石泉：《古代荆楚地理新探·续集》，武汉大学出版社2004年版，自序第2页。

③ 参见本书经笔者简化后的石泉：《古代荆楚地理新探》附图。

④ 石泉：《古代荆楚地理新探》，武汉大学出版社2004年版，第190、191页。

阳东面”等论述，显然与《楚世家》的“熊渠甚得江汉间民和”，三子的封地“皆在江上楚蛮之地”不符。所谓“正好在淅境楚丹阳东面”似乎有自欺欺人之嫌。

2. 周昭王时楚的地望

《周本纪》：

昭王之时，王道微缺。昭王南巡狩不返，卒于江上。其卒不赴告，讳之也。

正义《帝王世纪》云：

昭王德衰，南征，济于汉，船人恶之，以胶船进王，王御船至中流，胶液船解，王及祭公俱没于水中而崩。其右辛游靡长臂且多力，游振得王，周人讳之。

《初学记》卷七引《古本竹书纪年》：

昭王十六年，伐楚荆，涉汉，遇大兕。

周昭王十九年，天大曀，雉兔皆震，丧六师于汉。

说明昭王所“伐楚荆”在汉水西南。

《太平御览》卷874引《古本竹书纪年》：

昭王末年，夜有五色光贯紫微。其年，王征南巡不返。

今本《竹书纪年》：

（昭王）十六年，伐楚，涉汉遇大兕。十九年春，有星孛于紫微，祭公、辛伯从王伐楚。天大曀，雉兔皆震，丧六师于汉。王陟。

何幼琦认为，十九年天大曀是日食记录①。

《吕氏春秋·音初》：

周昭王亲将征荆，辛余靡长且多力，为王右。还反涉汉，梁败，王及祭公抎（陨）于汉中。辛余靡振王北济，又反振祭公。周公乃侯之于西翟，实为长公。②

《吕氏春秋·僖公四年》：

尔贡包茅不入，王祭不共，无以缩酒，寡人是征。昭王南征而不复，寡人是问。”对曰：“贡之不入，寡君之罪也，敢不共给。昭王之不复，君其问诸水滨！”《史记·齐太公世家》所记类同。

出土铜器中有十来件昭王伐“楚荆”之铭。其中《京师畯尊》曰：“王涉汉伐楚。”

李学勤先生指出：“不管成王时所封熊绎的丹阳是不是丹淅一带，昭王时的楚都只能是在汉南了。”③

（五）熊徇时“楚与申、吕、应、邓、陈、蔡、随、唐”为成周南

《国语·郑语》郑桓公（前806—前771年在位）问于周太史，史伯曰：“当成周者，南有荆蛮、申、吕、应、邓、陈、蔡、随、唐”。说明郑桓公时这些诸侯都属“南国”，楚并未改变“自吾先王受封，望不过江、汉”的状态。

段渝先生认为“方叔伐楚，据文献分析，正是在宣王三十九年”④，似乎缺乏依据。

以上关于“楚人受封前后的地望”的讨论，可得出如下结论：

两汉和汉前的各类文献中并没有楚族在“商州丹阳”的信息，也没有熊绎受封在“淅川丹阳”的信息。

石泉先生利用“上起魏晋，下迄清代”的资料强行与两汉和汉前的记载挂钩得出的“熊绎受封在‘商州丹阳’，后来‘徙都于丹江下游今淅川县境的丹阳’”这些结论，不但与权威文献抵牾，往往不能自圆其说，只好用不合逻辑的“巧言”来敷衍。

三、楚武王国都不在淅川⑤

（一）“相邻才能相攻”的问题

石泉先生认为：

① 何幼琦：《西周年代学论丛》，湖北人民出版社1989年版，第119页。

② 《吕氏春秋·音初》，第38页。

③ 李学勤：《由新见青铜器看西周早期的鄂、曾、楚》，《文物》2010年第1期，第43页。

④ 段渝：《楚公逆编钟与周宣王伐楚》，《社会科学研究》2004年第2期，第133—139页。

⑤ 详见本书《楚武王至楚昭王时的楚国》。

古文献记载中看到足以反映出楚故都丹阳在淅川县境的迹象，比其他诸说还要多一些，材料比较早（大部分是先秦的），而且较为可靠。请看以下例证：

(1)《左传》哀公十七年记："观丁父、鄀俘也。(楚) 武王以为军率。是以克州、蓼，服随、唐，大启群蛮。"……鄀国地望当在今老灌河（淅水，古均水）以东、内乡县西境、淅川县（上集）东境、北至西峡县（古析邑）一带。春秋初期楚武王时（公元前741—前690年），特别是败随、称王（前704年）以前，还是境土不大的初兴之图。其伐鄀，俘虏观丁父，还在"克州、蓼，服随、唐"之前，自必早于公元前704年。这时的楚国与鄀国必相邻近，才能攻鄀得俘，引为己用。这就反映出：楚国当时所都之丹阳不可能是远在长江边的秭归或枝江，而应在鄀国西邻，今淅川县境的丹淅之间，亦即战国时秦楚丹阳之战的所在。这里既位于丹水之阳（北岸），又在《水经注》丹水篇所记丹崖山之阳（山在丹水南岸），所以无论从丹水看或从丹崖山来看，这里称为"丹阳"都是名副其实的。①

石泉先生"相邻才能相攻"的观点，不符合先秦历史的实际。最突出的例子是，约在前1045年的"武王克商"。从周原丰镐到牧野约600公里的伐殷，两者绝不相邻。

《楚世家》有：

楚武王三十五年，楚伐随。随曰："我无罪。"楚曰："我蛮夷也。今诸侯皆为叛相侵，或相杀。我有敝甲，欲以观中国之政，请王室尊吾号。"随人为之周，请尊楚，王室不听，还报楚。三十七年（前704年），楚熊通怒曰："吾先鬻熊，文王之师也，蚤终。成王举我先公，乃以子男田令居楚，蛮夷皆率服，而王不加位，我自尊耳。"乃自立为武王，与随人盟而去。于是始开濮地而有之。

《左传·桓公六年》记"楚武王侵随"；

《桓公八年》（前704年）记："夏，楚子合诸侯于沈鹿。黄、随不会。使薳章让黄。楚子伐随，军于汉、淮之间。……战于速杞，随师败绩。……秋……乃盟而还。"可与《楚世家》互补。

从这些记载看石泉先生的"楚国与鄀国必相邻近，才能攻鄀得俘"也不能成立。其一，历史上有上鄀、下鄀，周代的青铜器铭文也有上鄀与下鄀。除了"析"附近的"鄀"外，"今宜城"附近还有个"鄀"，"鄀"一在北，一在南。观丁父到底是北鄀人还是南鄀人，石氏没有证明，只说有北鄀，不提有南鄀，似乎有片面引用、回避不利资料的嫌疑。其二，石氏承认"随国当在今湖北随州市西北的溠水东岸。"从石泉先生书中104页的附图②看，"淅"与"随"的直线距离有250公里，绝非"邻近"。"楚国与鄀国必相邻近，才能攻鄀得俘"的观点，与石氏自己的楚在"淅"而去"远攻随"互不相容。况且从"淅"去"随"，楚军还要通过邓、濮等不友好国家，可见石泉先生的楚在"淅"，却要去"攻随"难以说通。

实际上楚国临近南鄀、在汉南荆山一带，距离"随"只有"淅丹阳"去"随"的一半，中间也没有大国相隔，可方便"攻随"。

(二) 邓南之"鄾"的问题

石泉先生说：

《左传·桓公九年》（前703年，楚武王三十八年）记巴国欲与邓国建交，请楚国介绍，说明楚当在巴邓之间。楚巴使者走到邓国南部边界的鄾邑（在今襄樊市西，邓城遗址以南的汉水北岸，被鄾人劫杀，因而引起了楚、巴与邓之间的战争。巴国当在今陕西东南演大巴山以北，……邓国都城在今襄樊市西北的邓城遗址……则位于巴、邓之间的楚国，及其都城丹阳又只能在今淅川县境的丹水之阳，才说得通。③

石氏之说说不通。

① 石泉：《古代荆楚地理新探》，武汉大学出版社2004年版，第182—183页。

② 石泉：《古代荆楚地理新探》，武汉大学出版社2004年版。石泉所说的"商州丹阳"，安康南大巴山北的"巴"都已经远在附图之外了。

③ 石泉：《古代荆楚地理新探》，武汉大学出版社2004年版，第183页。

《左传·桓公九年》其文为：

九年春……巴子使韩服告于楚，请与邓为好。楚子使道朔将巴客以聘于邓。邓南鄙鄾人攻而夺之币，杀道朔及巴行人。楚子使薳章让于邓，邓人弗受。夏，楚使鬥廉帅师及巴师围鄾。邓养甥、聃甥帅师救鄾。三逐巴师，不克。鬥廉衡陈其师于巴师之中，以战，而北。邓人逐之，背巴师而夹攻之。邓师大败，鄾人宵溃。

这表明：(1)“邓南鄙鄾”是邓南的一个城邑。楚、巴使者从楚国前往邓国，途中经过“邓之南”的“鄾”可见楚当在邓之南。假如楚在邓北的“淅川丹阳”，怎么会绕到邓南的“鄾”去呢？(2)邓“杀人夺币”分明理亏，在楚向邓抗议时邓还是“弗受”，可见邓人之牛。上一年楚国打败汉东大国随之后，邓还是瞧不起楚。(3)楚巴联军攻邓，先围南鄾，邓再帅师救鄾。双方经过三次进退，楚巴才打败邓师，可见邓国的实力不弱。假如楚在邓北的“淅川丹阳”，不可能绕过邓而去“围南鄾”，可见楚地在邓之南。(4)假如上一年邓国刚刚允许楚军通过邓、濮，去打败了汉东大国“随”，这时忽然与楚国翻脸，还去“杀人夺币”，在情理上也说不通。

从《左传·桓公九年》所记看，石泉先生的“楚国，及其都城丹阳只能在今淅川县境的丹水之阳”“楚与巴联兵伐邓之役，反映出直到这年楚都仍在丹阳，尚未迁郢。”① 等论述与《左传》文意不符，根本说不过去。

（三）楚武王五十一年伐随

《左传·庄公四年》记：

四年春，王三月，楚武王荆尸，授师孑焉，以伐随。将齐，入告夫人邓曼曰：“余心荡。”邓曼叹曰：“王禄尽矣。盈而荡，天之道也。先君其知之矣，故临武事，将发大命，而荡王心焉。若师徒无亏，王薨于行，国之福也。”王遂行，卒于樠木之下。令尹鬥祁、莫敖屈重除道梁溠，营军临随。随人惧，行成。莫敖以王命入盟随侯，且请为会于汉汭而还。济汉而后发丧。

石泉先生说：

这段史实又足以说明楚都此时已在郢。如果仍在丹淅之会的丹阳，那只要傍汉水北岸，经由穰县（今河南省邓县）一带，就可回到丹阳，根本无需“济汉”了。②

此论基本正确。

四、石泉先生的“楚居”缺乏依据

（一）石泉先生的“楚居总论”

鬻熊时“楚部落距周原不远”。

“西周早期熊绎所居丹阳，在今陕西商州的丹江北岸河谷。”

楚国从商州境丹阳：“大致在周夷王时，楚熊渠强大称王，攻伐庸国，分封三子于‘江上楚蛮之地’以前不久。”

前703年，楚武王三十八年即《左传》桓公九年：“楚与巴联兵伐邓之役，反映出直到这年楚都仍在丹阳，尚未迁郢。③”

前690年，楚武王五十一年“楚都此时已在郢④”。

石泉先生说楚人在“淅境丹阳”300多年，可按照石氏的楚人在周夷王时（约前898）徙于淅，到前690年迁郢，楚国在“淅境丹阳”只居住了200来年。

（二）石泉弟子徐少华的“丹阳变迁新释”

徐少华先生“丹阳变迁新释⑤”的要点为：

---

① 石泉：《古代荆楚地理新探》，武汉大学出版社2004年版，第350页。
② 石泉：《古代荆楚地理新探》，武汉大学出版社2004年版，第352页。
③ 石泉：《古代荆楚地理新探》，武汉大学出版社2004年版，第350页。
④ 石泉：《古代荆楚地理新探》，武汉大学出版社2004年版，第352页。
⑤ 徐少华：《周代南土历史地理与文化》，武汉大学出版社1994年版，第254页。

商末周初，楚于商县一带活动。周昭王南征，丹水河谷为必经之途，居住于此的楚人，只有避开这个邻近周京的地带而东南迁移，才能自存并摆脱周王室的控制。西周中晚楚熊渠称王，兴兵伐庸、杨越，至于鄂，并封其三子于句亶、越章、鄂等地，均以丹淅为中心。春秋早期，楚伐鄀并起用鄀俘观丁父“克州、蓼，服随、唐”。桓公八年（前704年）大败随师于速杞。则楚既与鄀为邻，又与庸相近。庸在今鄂西北竹山县东，鄀都商密在今河南淅州县西境，则楚只能是丹江下游的李官桥盆地一带。若楚在秭归或枝江一带，要远涉山水、越数国境地，跑到鄂西北山区的竹山一带和丹江中游的淅川县西境与庸、鄀相争，又怎么可能呢？

徐少华承袭石泉“周初楚在商县，春秋早期南迁淅”的论断，用“楚初不在秭归或枝江”的部分的真实，包裹了有违史实的“楚在淅一带”的错误。

关于周初到西周晚期楚国的地望，文献记载很多。例如，

周初的楚国在北纬32度附近，与巴、濮、邓为邻。有《左传》“昭公九年、哀公六年，《楚世家》等等。

周昭王南征时的楚国在汉南，有《京师畯尊》铭文：“王涉汉伐楚。”等等。（假如“楚于商县一带”，周昭王伐楚怎么会跑到汉水去呢？）

楚熊渠称王时的楚国在汉南，乃承袭前人之地。还有《楚世家》“当周夷王之时，熊渠甚得江汉间民和”，立其三子“皆在江上楚蛮之地”等旁证。这些问题本书前文已有论述，不再重复。

从“楚在淅”的论述中，还可以看到徐少华氏隐蔽的“自相矛盾”。如果“楚在淅”，楚武王伐随，就要出现他认为不应该出现的“远涉山水、越数国境地”去与随相争。而楚在汉南荆山，不但距离随只有“淅至随”的一半，而且不必“越数国之地”。

（三）石泉师徒的楚居论不合情理、缺乏依据

若是按照石泉师徒的说法：在楚武王已经称霸江汉，“打遍汉水两岸无敌手”的大好形势下，在周边方国皆“惧楚”，楚又“急于北上争霸”之时，为何放弃已经经营了二三百年的“丹淅之地”，搬到相对闭塞的汉水西南之“郢”，再让后人“从头收拾旧山河”，重新向北发展呢？

例如，徐少华说：“楚文王二年（前688年），渡汉水经邓国以伐申。①”如果不放弃“淅境丹阳”，何需“渡汉水经邓国以伐申”？

请问，楚武王有“石泉师徒想象中的”那么傻吗!?

从各种文献看，熊绎受封时楚国就在汉水之南，楚武王在江汉称霸，数度伐随都是从汉西向汉东扩张，其时楚国的势力尚未达到邓国以北。“楚武王迁郢”只是从山区迁至平原而已，而不是从200公里外的“淅”南迁“郢（宜城）”。石泉师徒，对与其观点不符的文献，或者回避，或者曲解，故其楚居总论没有说服力。

五、宋翔凤的观点与石泉先生不同

石泉先生《楚都何时迁郢》中说：

> 清人宋翔凤所作《楚鬻熊居丹阳、武王徙郢考》一文（以下简称“宋文”），支持《世本》之说，并举了一些理由，认为：从楚武王熊通向外开疆拓土的形势看，自故都丹阳（宋主张楚丹阳在丹、淅二水之间的河南省淅川县境，这点我也同意。）南迁于郢，才有利于略取汉东诸国，并可“据汉水之固”，以御中原南下之师。宋文列举了楚武王伐随、败郧、伐绞、伐罗、克权诸战役，说：“诸国并在汉水之外，东北之地。是熊通之迁郢，然后得志于汉东。则所谓熊赀（文王）迁郢，此未知事势者。”②

石氏这种含糊之论，似乎他与宋的观点有共同之处，实际上两者根本不同。

宋翔凤《楚鬻熊居丹阳、武王徙郢考》曰：

> 左传桓二年。正义引世本云。楚鬻熊居丹阳。武王徙郢。（第156页）……鬻子后。数世

① 徐少华：《周代南土历史地理与文化》，武汉大学出版社1994年版，第261页。

② 石泉：《古代荆楚地理新探》，武汉大学出版社2004年版，第349—350页。

至熊绎。始南迁荆山。不通中国。(第159页)……昭十二年左传。右尹子革言。昔我先王熊绎。辟在荆山。筚路蓝缕。以处草莽。此言荆山。而不言丹阳。知熊绎是居荆山。而非居丹阳者。荆山在今湖北襄阳府南漳县西八十里。汉为临沮县治。汉志。南郡临沮。禹贡南条荆山在东北。漳水所出。东至江陵入阳水。临沮北至丹水三百余里。鬻熊先封丹水之阳。熊绎始迁荆山之麓。左传昭四年。晋司思侯称荆山为九州之险。盖居荆山。则汉水环其东北。足以北阻中国。东控汉东诸侯。既与诸夏局限。遂能一用力于蛮夷。是熊渠之强大。由得荆山之险也。而世本不言熊绎居荆山者。以丹阳为周室所封。郢都后有城郭宫室。荆山则在山林草莽之间。同乎群蛮之俗。无可稽其定处。记载阙而不详。故亦从其略也。郢都在汉江陵县。今属湖北荆州府治。汉志。南郡江陵。故楚郢都。楚文王自丹阳徙此。后九世。平王城之。后十世。秦拔我郢。徙东。案。郢又在荆山南三百余里。楚武王时。中国无伯主。迁郢。则不但据汉水之固。并可俯瞰江滨。熊渠封康于句亶。即此地。郑语。楚蚡冒于是乎始启濮。章注。濮、南蛮之国。书牧誓孔傅。濮在江汉之南。盖楚蚡冒时。已拓地于江南。武王遂迁郢。俯江滨以偪之。江南蛮夷诸国。尤畏楚之偪己而不敢叛。而后专力从事于汉东诸侯。故桓六年侵随。八年让黄、伐随，十一年盟贰轸、败郧师。十二年伐绞。十三年伐罗又克权。诸国并在汉水之外东北之地。是熊通之迁郢。然后得志于汉东。则谓熊赀迁郢。此未知事势者也。①

宋翔凤的论点与石泉先生皆不相同。

第一，宋氏：“鬻熊先封丹水之阳”（在河南省淅川县境）。

石氏：鬻熊近周。(在商州?)

第二，宋氏：“鬻子后。数世至熊绎。始南迁荆山。不通中国”；“熊绎是居荆山。而非居丹阳者。荆山在今湖北襄阳府南漳县西八十里。汉为临沮县治。汉志。南郡临沮。禹贡南条荆山在东北。漳水所出。东至江陵入阳水。临沮北至丹水三百余里。”

石氏：熊绎初封居丹阳，在商州。

第三，宋氏：熊渠封康于句亶。即此地（汉江陵县）。

石氏：句亶不在江陵，在淅东。

第四，宋氏：楚蚡冒于是乎始启濮。濮在江汉之南。盖楚蚡冒时已拓地于江南。

石氏：濮在汉东枣阳境。

第五，宋氏：楚武王先迁郢，而后专力从事于汉东诸侯。故桓六年侵随。八年让黄、伐随，十一年盟贰轸、败郧师。十二年伐绞。十三年伐罗又克权。诸国并在汉水之外东北之地。是熊通之迁郢。然后得志于汉东。迁郢。则不但据汉水之固。并可俯瞰江滨。郢都在汉江陵县。今属湖北荆州府治。郢又在荆山南三百余里。

宋氏之“熊通迁郢”是从荆山迁至江边之江陵。石氏之“迁郢”是从淅川丹阳迁至宜城。两者所说的“武王迁郢”相差太远，石氏居然用来引证，同意其说？石泉先生常用曲解资料的方法来支持自己的观点。

六、“南漳荆山”是“汉魏六朝荆山”吗？

（一）“禹画九州”的“荆州”

“禹画九州”中的“荆州荆山”是远早于战国时代的观念。

《尚书·禹贡》曰：“荆及衡阳惟荆州，江汉朝宗于海，九江孔殷，沱潜既道，云土梦作乂。……三邦底贡厥名，包匦菁茅。荆河惟豫州……”《禹贡》的荆州、豫州以荆山为界。

上博藏简《容成氏》：“禹乃通三江、五湖，东注之海，于是乎荆州、阳州始可处也。”

《周礼·夏官·职方氏》：“掌天下之图，以掌天下之地。……正南曰荆州，其山镇曰衡山，其泽薮曰云瞢（梦）。”

《尔雅·释地》曰：“河南曰豫州，河西曰雍州，汉南曰荆州……”《尔雅》荆州、豫州，以汉水

① 翔凤撰：《过庭录》卷九，中华书局1986年版，第160页。

为界。

《吕氏春秋·有始览·有始》“南方为荆州，楚也。”

《史记·夏本纪》：荆及衡阳维荆州：（集解孔安国曰：“北据荆山，南及衡山之阳。”）江、汉朝宗于海。九江甚中，沱、涔已道，云土、梦为治。……包匦菁茅，（集解郑玄曰：“匦，缠结也。菁茅，茅有毛刺者，给宗庙缩酒。重之，故包裹又缠结也。”）

荆河惟豫州：（◇集解孔安国曰：“西南至荆山，北距河水。”□正义括地志云：“荆山在襄州荆山县西八十里。韩子云‘卞和得玉璞于楚之荆山’，即此也。”）

《史记·吴太伯世家》：“太王欲立季历以及昌，于是太伯、仲雍二人乃奔荆蛮……”

文献记述先周的荆州、荆山、荆蛮都是在江汉之间。

石泉先生的看法是：

从《禹贡》，到《汉志》、《水经》所记荆山地望，只反映战国秦汉时人的地理观念，此时的荆山只能与位于宜城平原上的楚郢都、秦汉江陵城配套，是与荆楚中心地带相去不远的名山，而不再与丹阳（已非楚都）邻近，所以不能据以推定西周时期楚丹阳故都的地望。迄今，在任何古代原始资料中，也找不到楚丹阳曾在今南漳县境的迹象。

反之，“丹阳”地名却仍在今淅川县境出现。这从战国后期秦楚“丹阳之战”（《史记·屈原贾生列传》中称为丹淅之战）可以得到确证。下至唐初，司马贞《史记索隐》中于注释丹阳之战时，还知道此丹阳在唐时的均州境（今丹江口市至淅川一带），为楚旧都（见《史记·韩世家·索隐》）。不知主张南漳说的同志，对此将如何解释？

《禹贡》只说荆州有荆山及衡山两座名山，并未说过汉水为荆州北界，孔《传》、孔《疏》也未如此说。《尔雅》是东汉人作品，其所记“汉南为荆州”，当是指荆州的中心地带即宜城平原以及在平原上的中心城市江陵。在汉南而言，并不就意味着汉北不属于荆州，更不能由此否定汉北之荆山，亦即《山海经·中山经·中次十一经》所记，位于汉北今淅川老城东南方直距20余公里、内乡与邓县间的“荆山首”（又称翼望山，此山名一直沿用至明清）。荆山应是这两条山脉中更近今淅川县境的一个主峰，而且时代比王文所引位于汉南的汉魏六朝荆山更早。

应看到，两汉时期的荆州一直包括汉北的南阳郡，而且还是个领有30余县的大郡。春秋至战国中期，南阳盆地一直是楚国强盛后的重要组成部分，伏牛山脉和楚“方城”才是楚国和两汉荆州（南阳郡）的北界。从伏牛山东端经方城山向南与桐柏山连接的长城山高地，就是春秋前期楚人所称“楚国方城以为城”的边防线，方城以内的汉北广大地区（南阳盆地）全属荆州。①

石泉先生论说的核心是《禹贡》所记荆山地望“只反映战国时人的地理观念”。此论不成立，其他论断也就冰消了。

《禹贡》《容成氏》可能是战国（或更早）时期的作品，但其内容应当有古代流传的历史素材作依据，反映了夏禹时代的部分史实。因此《史记·夏本纪》才录用了《禹贡》把它看作夏史。《左传》襄公四年（前569年）魏绛引《虞人之箴》曰：“芒芒禹迹，画为九州”，说明“禹画九州”绝不是“战国秦汉时人的地理观念”。“禹画九州”的方位概念，虽不是确切的地理范围，但这种思维蓝图很可能来自亘古相传的地理概念和描述体系。而两周的地域均由诸侯、方国占领，并没有按八方九州划分地域的客观依据，说《夏本纪》《禹贡》所记荆山地望“只反映战国秦汉时人的地理观念”有欠公允，与史实不符。

史家对“荆州”看法不一，但是《禹贡》的“荆州”在汉南，荆州的荆山是很古老的地名，而不仅仅是“战国时人的地理观念”还是明确的。

石泉先生用“楚国和两汉荆州（南阳郡）的北界”，来证明“汉北”属于“《禹贡》《尔雅》所记的荆州”，这样移花接木根本站不住脚。

① 石泉：《再论早期楚都丹阳地望——与“南漳说”商榷》，《楚文化研究论集》第四辑，黄山书社2005年版，第20页。

石泉先生的“《禹贡》只说荆州有荆山及衡山两座名山，并未说过汉水为荆州北界，孔《传》、孔《疏》也未如此说。……并不就意味着汉北不属于荆州”。此说与事实不符。把“位于汉南的”荆山，定为“汉魏六朝荆山”，更有违事实。

《禹贡》明明说“荆及衡阳惟荆州……荆河惟豫州”，即荆州、豫州以荆山为界。《夏本纪》：荆及衡阳维荆州：（集解孔安国曰：“北据荆山，南及衡山之阳。”）……荆河惟豫州：（集解孔安国曰：“西南至荆山，北距河水。”）孔安国明明说：荆州“北据荆山”；豫州“西南至荆山”。石先生成见在胸以后，竟有违事实，曲解《禹贡》与孔《传》、孔《疏》和《尔雅》，令人惋叹。

（二）王祭用的“包茅”只产在“荆州荆山（南漳）”

荆州的贡品菁茅，即楚人向周天子进贡的包茅，产在“荆州荆山”，即湖北南漳之荆山。

《尚书·禹贡》曰：“荆及衡阳惟荆州……三邦底贡厥名，包匭菁茅。”

《史记·夏本纪》：“荆及衡阳维荆州：……包匭菁茅。”

《韩非子·外储说上》：“楚之菁茅不贡于天子三年矣，君不如举兵为天子伐楚。”

《谷梁传·僖公四年》：“菁茅之贡不至，故周室不祭。”

《左传·僖公四年》：“尔贡包茅不入，王祭不共，无以缩酒，寡人是征。”

《风俗通义》卷一：“齐桓九合一匡，率成王室，责强楚之罪，复菁茅之贡。”

《国语·晋语八》曰：“昔成王盟诸侯于岐阳，楚为荆蛮，置茅蕝，设望表，与鲜卑守燎，故不与盟。”韦昭注：蕝，谓束茅而立之，所以缩酒。

李时珍《本草纲目·草部·白茅》载有“香茅”：“香茅一名菁茅，一名琼矛。生湖南及江淮间，叶有三脊，其气香芬，可以包藉及缩酒，《禹贡》所谓‘苞匭菁茅’是也。”

《禹贡》《夏本纪》所述荆州贡物中的“菁茅”，即周“王祭”用以缩酒的“苞茅”。说明苞茅缩酒这一传统祭祀，是个非常古老的仪式。既然在“成王盟诸侯于岐阳，楚为荆蛮，置茅蕝”就已经使用，说明苞茅缩酒这一传统祭祀，其历史不晚于周初。

历史上楚国的疆界变动很大。从前 11 世纪末“先王熊绎，辟在荆山”的山林僻壤，到楚成王时“楚地千里”，囊括了江汉、南阳盆地及淮河流域。但是，从周初以来王室祭礼用的“包茅”，乃汉南“荆州荆山”之特产，一直依靠楚人进贡。“苞茅缩酒”的遗俗，至今尚存在荆山端公舞中，其他地方没有。

“特令荆州贡茅，必当异于余处”苞茅的原产地就在今湖北南漳、保康之荆山。这是南漳荆山非常古老的旁证。从楚人进贡苞茅看，苞茅不出于“商县、淅川”，可见它们并非楚人初封之地。

（三）《山海经》中的“荆山”在哪里

石泉先生说：

> 近读《山海经·中山经》在“中次十一经”中看到以下的记载：“荆山之首曰翼望之山，湍水出焉。东流，注于淯。……凡荆山之首，自翼望之山至于凡山，凡四十八山，三千七百三十二里。”（卷 5）这里值得注意的是：翼望山被称为“荆山之首”，则这一带的山脉必曾有以“荆山”为名的一座山。翼望山又是湍水发源之处。《水经注》所记湍水源与《山海经》相符而更详，其卷 29 湍水篇云：“湍水出弘农界翼望山。……东南流，……湍水又迳穰县为六门陂。……汉末毁废。……湍水又迳穰县故城北，又东南，……至（新野）县西北，东为邓氏陂。……东入于淯。”①

这是石泉先生选择性使用资料，作出主观解释之例。

石泉先生的引文中分明没有“荆山”之名。然而，为了证明其“楚都丹阳当在淅川县境”的论点，竟以“必曾有”为由，武断地把“翼望山”定为“荆山”！

请看《山海经·中山经》有关“荆山”的记载：

> 中次八山荆山之首，曰景山，其上多金玉，其木多杼檀。雎水出焉，东南流注于江，其中多丹粟，多文鱼。

① 石泉：《古代荆楚地理新探》，武汉大学出版社 2004 年版，第 206 页。

（景山）东北百里，曰荆山，其阴多铁，其阳多赤金，其中多牦牛，多豹虎，其木多松柏，其草多竹，多橘櫾。漳水出焉，而东南流注于雎，其中多黄金，多鲛鱼。其兽多闾麋。

凡荆山之首，自景山至琴鼓之山，凡二十三山，二千八百九十里。其神状皆鸟身而人面。

中次一十一山经 荆山之首，曰翼望之山。湍水出焉，东流注于济；贶水出焉，东南流注于汉，其中多蛟。其上多松柏，其下多漆梓，其阳多赤金，其阴多珉。

凡荆山之首，自翼望之山至于几山，凡四十八山，三千七百三十二里。其神状皆彘身人首。

《山海经·中山经》只有“中次八山”有明确称“荆山”者：（景山）东北百里，曰荆山……漳水出焉，而东南流注于雎。其西南百里的“景山”，“雎水出焉，东南流注于江”。

此“雎水出焉”之“荆山”与今“南漳—保康”的“荆山”非常吻合。决不可能在汉水以北。

石泉先生“成见在胸”以后，对《山海经·中山经》中明明白白的：“景山东北百里的荆山”，“漳水东南流注于雎”；“荆山之首的景山”，“雎水东南流注于江”。竟然视而不见。非要说：“南漳荆山之名乃是西周中叶以后楚国势力南渡汉水后移植而去。”“汉南的荆山”是“汉魏六朝荆山”。非要说：“翼望山”才是楚之“荆山”。这不是曲解《山海经》吗？

《墨子·非攻下》曰：

昔者楚熊丽始讨此雎山之间，越王繄亏，出自有遽，始邦于越。唐叔与吕尚邦齐晋。此皆地方数百里，今以并国之故，四分天下而有之。

《墨子》之“雎山”可能是“荆山”的一部分，或与沮水有关。楚人没有受封时，就已经在此繁衍生息。

今湖北南漳西北李庙镇“南条荆山”主峰曰“雎山”与其西的“荆山”主峰（聚龙山）相距约七十里。不知道与熊丽所居之地雎山是不是与此有关？

根据《新蔡葛陵楚墓》甲三11、24简：“昔我先出自□□（颛顼），宅兹□（沮）、章（漳），以选迁凥（处）。①”“宅兹沮、漳”，说明楚之先祖，居住区在“荆山”附近的“沮、漳”上游。这与《左传·哀公六年》“（昭）王曰：‘三代命祀，祭不越望。江、汉、雎、漳，楚之望也。’”相符合。

上面的文献资料说明：《山海经》中的“荆山”在沮、漳上游，与楚之先祖居住在沮、漳上游吻合，它很可能就是熊绎初封之荆山，也是产贡品包茅的“荆山”。

（四）石氏对人对己采用双重标准

对自己是：

值得注意的是，在商州一份有着一系列以“楚”“荆”为名的山水，在现存史料中，上起魏晋，下迄清代，都有记载。而这里的楚（荆）山之旁，正是商州所在的“丹水之阳”河谷平原。这同……熊绎“居丹阳”而又“辟在荆山”的早期情景，从地望到地名亦皆能相合。②

石泉先生大量引用《水经注》、《括地志》、《史记正义》、《太平寰宇记》、乾隆《一统志》、《商州志》的记载，这些“上起魏晋，下迄清代”的资料，并据此把它们推到先秦，说：“熊绎‘居丹阳’而又‘辟在荆山’的早期情景。从地望到地名亦皆能相合”。而对待别人曰：从《禹贡》到《汉志》《水经》所记荆山地望，只反映战国秦汉时人的地理观念……不能据以推定西周时期楚丹阳故都的地望。③ 石氏对别人引用的《禹贡》《汉志》等文献，反而持否定的态度，说“不能据以推定西周时期楚丹阳故都的地望”。

请问，这是不是对人对己采用双重标准？

七、古江陵城的位置

石泉先生说：

考察古夏水地望及其源流，关键在于先要弄清古江陵城、华容县的位置及其他相关古地名

---

① 河南省文物考古研究所编著：《新蔡葛陵楚墓》，大象出版社2003年版，第189页。

② 石泉：《古代荆楚地理新探》，武汉大学出版社2004年版，第186、189页。

③ 石泉：《再论早期楚都丹阳地望——与“南漳说”商榷》，《楚文化研究论集》第四辑，第20页。

之所在。①“先秦楚郢都及其后继城市秦汉至齐、梁（下至梁末）江陵城，并非如流行说法所云在长江边今湖北省荆州市荆州区（原江陵县）境内，而是在汉水中游以西、蛮河下游今湖北省宜城市南境（楚皇城遗址）。②”

下面就简略考察一下古江陵城的位置。

（一）古文献中江陵的位置

《史记·货殖列传》：“江陵故郢都，西通巫、巴，东有云梦之饶。”

《史记·秦始皇本纪》（二十八年）：始皇……乃西南渡淮水，之衡山、南郡。浮江，至湘山祠。逢大风，几不得渡。上问博士曰：“湘君何神？”博士对曰：“闻之，尧女，舜之妻，而藏此。”于是始皇大怒，使刑徒三千人皆伐湘山树，赭其山。上自南郡由武关归。

秦始皇从“南郡。浮江至湘山祠。”可大致推定秦南郡（江陵）在江边。

《史记·孝武本纪》云：“其明年冬，上巡南郡，至江陵而东。登礼潜之天柱山，号曰南岳。浮江，自寻阳出枞阳，过彭蠡，礼其名山川。”

汉武帝“巡南郡，至江陵而东。”其“江陵”不可能在“今宜城境”，从宜城无法“而东”。

《汉书·地理志》：“江陵故郢都，西通巫、巴，东有云梦之绕，亦一都会也。”宜城无法“西通巫、巴”。

这些记载都证明秦、汉江陵在长江之滨。

再看桑钦专论长江的《水经·江水》：“江水又东，会沮口。又南，过江陵县南。……江水东，得马牧口。江水又东，径江陵县故城南。江水又东，径郢城南。”江陵在长江北岸无误。

晋陈寿的《三国志·王基传》：“基对曰：今江陵有沮、漳二水，溉灌膏腴之田以千数。”也说明其时江陵在沮、漳二水之滨。

而石氏对《江水篇》所作的订正、删补，多数属于偏离原著的窜改。

石泉先生说：根据我们前此的一系列研究成果，秦汉至齐梁时的古江陵城都是在汉水中游西岸今宜城县南境。具体地说，楚郢都、秦汉江陵当即今宜城县南境的“楚皇城遗址”。③ 其臆断与上面所引文献完全不符。

石泉先生，把《史记》《国策》和《水经·江水篇》中，行程数千里的“大江”，说成是短小的“蛮河”；认为蛮河水道中可以容纳“百里洲”在内的数十个洲群；秦国可以从蛮河上游山区的小河沟里，用船往楚国大量发兵……一个以严谨自诩的学者，竟然如此脱离实际，对历史文献做出许多有违常识的解读和推论，着实令人深思。

（二）出土文物证明江陵在长江边

石泉先生说：

> 先秦楚郢都及其后继城市秦汉至齐、梁（下至梁末）江陵城，并非如流行说法所云在长江边今湖北省荆州市荆州区（原江陵县）境内，而是在汉水中游以西、蛮河下游今湖北省宜城市南境（楚皇城遗址）。④

黄盛璋、李学勤等学者对现存的“江陵行邑大夫玺”，或曰“江陵行官夫人玺”（见567页附图）的考证，证明战国时期已有江陵城邑。

1975年纪南城凤凰山168号出土汉墓木牍，1990年，纪南城东高台18号汉墓出土木牍，都证明纪南城一带就是汉江陵，而不是梁、陈以后“搬迁”来的。

这里借用郭德维先生在《楚都纪南城复原研究》中的论证：

> 云梦秦简证实，秦代已设置江陵，但南郡的治所不在江陵。从“南郡守腾文书”最后一句“别书江陵”可以看出这一点，如南郡的治所在江陵，就无需别书。汉承秦制，汉代的江陵应就是秦代的江陵，特别是西汉初期不可能有变更。近年来江陵出土的好几批西汉初期的简牍，其中记有“江陵”字样的越来越多，有的还记载江陵县以下的“乡”、“里”，从而可证西

① 石泉：《古夏水源流新证》，武汉大学出版社2004年版，第52页。

② 石泉：《古代荆楚地理新探续集》，武汉大学出版社2004年版，自序第1页。

③ 石泉：《古夏水源流新证》，武汉大学出版社2004年版，第52页。

④ 石泉：《古代荆楚地理新探续集》，武汉大学出版社2004年版，自序第1页。

汉初这一带确就是江陵。许多学者根据江陵纪南城凤凰山 168 号汉墓木牍“江陵丞敢告地下丞”认为就足以断定死者的葬地应即汉代江陵。然石泉先生则作了不同的解释：“死者不一定是归葬故里”，也可能“墓主是西汉初年的江陵县（今宜 城南境）人，死在今江陵县境，葬在今‘纪南城’遗址中的凤凰山而未归葬其故乡（汉江陵县）；因而由他的故乡主管官员‘江陵丞’出面，向他卒葬之地的‘地下 丞’介绍死者身份，以使死者能合法地安居异乡葬地。如此解释，似亦可通。”当然，如果仅凤凰山 168 号墓一个孤例，石先生的说法也不无道理。1990 年，在纪南城东垣外约 100 米处的高台，又发掘了一批西汉初年的墓葬，其中 18 号墓，下葬于文帝前元七年（前 173 年），出土木牍四方，牌甲为江陵远给死者前往安都签发的“路签”。路签正面上部书写“安都”，下端为“江陵 丞印”，这实是古代公文的封面。牍乙乃属给地君的“报到书”，内容有“新安户人大女燕关内侯寡……”。牍丙为“报名数”，内容为“七年十月丙于朔，庚（子），中乡起敢言之，新安大女自言：与大奴甲、乙、（大）婢妨徒安都，谒告安都，受（名）数，书报为报，敢言之。十月庚子江陵龙氏丞，敢移安都丞，亭户手。”牍丁为遣策。由上述木牍内容可知，墓主为新安人，名燕，是关内侯的妻妾。这是江陵龙氏名起的丞为死者写给安都地下丞的文书，迁移其地下户籍于安都。安都故城在直隶高阳县西 19 公里。死者乃新安人。新安为汉县，故城在今河南渑池县东，古属秦池近函谷关，与安都相距甚远。死者为什么不回新安而要去安都，很可能她的丈夫是安都人，女嫁随夫，死后希望她的灵魂回到夫家去与丈夫团聚。此木牍中的江陵，显然 即现江陵，绝不会远至宜城，也不可能由宜城的“江陵丞”开“路签”送至死者的葬地今江陵来。死者是新安人，恰是死在他乡，葬在异地，不是归葬故里，但死者希望“魂归故里”，按石先生的上述推断，理应由“新安丞”来开“路签”，出土的木牍却仍然是由“江陵丞”开的“路签”，显然此江陵即葬地的江陵。由此更 加可证：168 号汉墓告地下丞的“江陵丞”，也即当地的“江陵丞”，不可能远至宜城去。十分可贵的是，凤凰山 168 号墓为文帝前元十三年（前 167 年），高台 18 号墓为文帝前元七年，埋葬的地点恰在纪南城内和城郊，这里正属当时的“江陵”所辖。它们前距秦拔郢都仅 105 年左右，后距司 马迁写《史记》不过 70—80 年。此时的地名当不可能有变化，《史记·货殖列传》说：“江陵故郢都。”汉简的材料又证明，纪南城一带就是当时江陵，而不是梁、陈以后“搬迁”来的。……出土的材料已验证了汉江陵即现江陵，这就无可辩驳地表明，楚之郢都，即在这里。①

（三）里耶简牍之秦江陵不在今宜城南

2002 年夏，湖南龙山县里耶镇的战国到秦古城一号井中，出土 37000 枚秦简。“里耶秦简”J1（16）52 简牍记有南郡“鄢”到洞庭郡“迁陵”县所经站点及里程：

（一）鄢到销百八十四里。

（二）销到江陵二百卌里。

（三）江陵到孱陵百一十里。

（四）孱陵到（索）二百九十五里。

（五）（索）到临沅六十里。

（六）临沅到迁陵九百一十里。

（七）□□四千四百卌四里。

“鄢”，秦县名。汉为宜城县，属南郡。《汉书·地理志》：“宜城，故鄢，惠帝三年更名。”故城在今湖北宜城南。《睡虎地秦简·语书》记载，秦王政七年，喜任“鄢令史”。可见秦承袭了楚之地名，仍然称“鄢”。“鄢”就是石泉先生所说的“今宜城南境之楚皇城遗址”。秦汉之时从来未曾有过“江陵”之名。简文记载从鄢到销 184 里，销到江陵 240 里。“秦、汉江陵城”是在“江畔的纪南城遗址”。湘西里耶简牍的面世，证实了石泉先生“秦汉江陵当在今宜城南境之楚皇城遗址”论的错误，石泉先生缩微版“荆楚古地理体系”不能成立。

① 郭德维：《楚都纪南城复原研究》，文物出版社 1998 年版，第 23—25 页。

“销”，还见于江陵《张家山汉墓竹简·二年律令》456简：“姊（秭）归、临沮、夷陵、醴陵、孱陵、销、竟陵、安陆、州陵、沙羡”。周家台秦墓364号简《历谱》也记有“销”“江陵”“竟陵”等秦县。这些应与里耶简所见销相同。可见“销”是当时比较著名的城邑。

“销”可释读为“郊”，可能就是“郊郢（今钟祥）”。“销、郊”二字古可通。

《左传·桓公十一年》：“君次于郊郢以御四邑。”顾栋高云：“今安陆府治钟祥县郢州故城是其地也。前代置郢州，盖以楚郊郢故。案：府治旁控石城，下临汉水，盖险固地。”简文记从鄢到销184里，销到江陵240里，共424里。一秦里合415.8米，约合今176公里。这个距离若是走直线显得太大，在古代道路不很畅通的情况下，走水路最方便。若走汉水，从“鄢”到“销（郊郢）”184秦里的路程比较符合。从“销（郊郢）”到江陵，最方便的可能也是水路。先从汉水南下至竟陵，折而向西入阳水可到达江陵；或由汉水至鱼陂一带，改陆路向西南也可至江陵，从里程上看与“销（今钟祥）”到江陵246里的里程比较接近。

“江陵”，即楚旧都郢，秦南郡。在今湖北荆州市境内。

“孱陵”，秦县名。《汉书·地理志》记载属武陵郡。三国时，刘备改其名为公安。地在今湖北公安南。

“索”，秦县名。《汉书·地理志》记载属武陵郡。后改名为汉寿县。《续汉书·郡国志》：“汉寿，故索，阳嘉三年更名。”

“临沅”，故城在今湖南常德东北。鄢（宜城）到临沅（常德）的邮路889秦里。约合今370公里（即740里），与今宜城到常德的距离大致相当。差距较大者，可能是经由路线与今天不同，弯弯曲曲，水陆兼行，不能以今日直线距离比附。

“迁陵”，今里耶。

里耶秦简的秦江陵县在今荆州境，不在宜城。

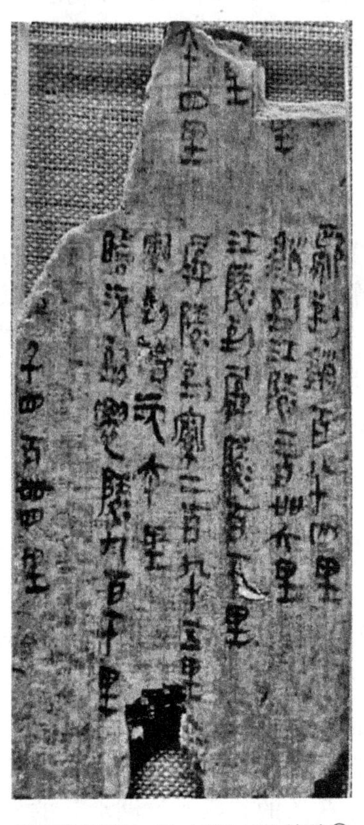

“里耶秦简”J1（16）52简牍①

① 现藏湘西土家族苗族自治州龙山县里耶镇里耶秦简博物馆。

八、汉水（沔水）不是湘水

（一）先秦的“汉水”是专用名

《尚书·禹贡》曰：“荆及衡阳惟荆州，江汉朝宗于海，九江孔殷，沱潜既道，云土梦作乂。”“番冢导漾，东流为汉。”

《周礼·夏官·职方氏》：“正南曰荆州，其山镇曰衡山，其泽薮曰云瞢（梦），其川江汉，其浸颖湛……”

《京师畯尊》铭文：昭“王涉汉伐楚。”

《国语·吴语》：昔楚灵王“筑台于章华之上，阙为石郭，陂汉，以象帝舜。”

《左传·桓公八年》：“楚子伐随，军于汉、淮之间。”

《左传·哀公六年》楚昭王曰：“三代命祀，祭不越望。江、汉、睢、章，楚之望也。”

《左传·定公四年》：冬，蔡侯、吴子、唐侯伐楚。舍舟于淮汭，自豫章与楚夹汉。左司马戌谓子常曰：“子沿汉而与之上下，我悉方城外以毁其舟，还塞大隧、直辕、冥阨。子济汉而伐之，我自后击之，必大败之。”

《诗经·尔雅》：“汉南曰荆州。”

“初学记”卷七引《古本竹书纪年》：“昭王十六年，伐楚荆，涉汉，遇大兕。”“周昭王十九年，天大曀，雉、兔皆震，丧六师于汉。”

《史记·夏本纪》：“荆及衡阳维荆州：江、汉朝宗于海。九江甚中，沱、涔已道，云土、梦为治。”

“楚世家”：当周夷王之时，王室微，诸侯或不朝，相伐。熊渠甚得江汉间民和，乃兴兵伐庸、杨粤，至于鄂。

“楚世家”：二十七年（前489年）昭王曰：自吾先王受封，望不过江、汉……

《吕氏春秋》“重己”：人不爱昆山之玉、江汉之珠，而爱己之一苍璧小玑，有之利故也。

“有始”：“何谓九州？河、汉之间为豫州。”

“本味”：“江浦之橘，云梦之柚，汉上石耳。”

“恃君”：“扬、汉之南，百越之际，”

“音初”：“周昭王亲将征荆，……还反涉汉，梁败，王及蔡公抎于汉中。”

“异用”：“汉南之国闻之曰：‘汤之德及禽兽矣。’”

《战国策》“公输般为楚设机”：“荆有云梦，犀兕麋鹿盈之，江、汉鱼鳖鼋鼍为天下饶。”

《汉书·地理志》：“嶓冢导漾，东流为汉，又东为沧浪之水，过三澨，至于大别，南入于江。”

汉人把先秦的“汉水”又称“沔水”？学界公认“沔水”，就是先秦的汉水。

先秦和秦汉权威文献中并没有石泉等人所说的“汉水（沔水）又称湘水”的例子。

石氏所谓“汉水（沔水）又称为湘水”的论证，采用后期模棱两可的非主流的个例。它既无法肯定“汉水即湘水”，更不能否定秦汉文献中“行二千五百三十里”江南“湘”水的存在。夏水和湘、资、沅、澧

石泉、鲁西奇先生用后期的、模棱两可的资料①，把《汉书·地理志》中江南的“行一千二百里到二千五百三十里”的“湘、资、沅、澧”搬到江北，根本没有说服力。其“古夏水涌水，和湘、资、沅、澧源流示意图”标注的“夏、湘、资、沅、澧”都与《地理志》等记载不符。

（二）湘、资、沅、澧

《地理志》的湘、资、沅、澧诸水只能在江南。

“湘”，《汉书·地理志》《零陵郡》：零陵，阳海山，湘水所出，北至酃入江，过郡二，行二千五百三十里。权威的文献中，根本没有石、鲁氏的“汉水称湘水”的例证。即便“汉水又有湘水之称”，那也与“起于零陵，北至酃入江，行二千五百三十里的湘水”不是一回事。石、鲁氏以此否定正宗的湘

① 石泉、鲁西奇：《古湘、资、沅、澧源流新探（上、下）》，《中国历史地理论丛》1996年第2期，第51—70页；第4期，第127—142页。

水，属于“偷换概念”。

“资”，《汉书·地理志》《零陵郡》：路山，资水所出，东北至益阳入沅，过郡二，行千八百里。

“沅”，《汉书·地理志》《牂柯郡》：“故且兰，沅水东南（?）至益阳入江，过郡二，行二千五百三十里。”

“澧”，《汉书·地理志》《武陵郡》：“历山，澧水所出，东至下雋入沅，过郡二，行一千二百里。”

《汉书·地理志》系统地记载了湘、资、沅、澧的源流。书中的“资、沅、澧”最短的澧水“行一千二百里”，绝不是石、鲁氏“古夏水和湘、资、沅、澧示意图”中不足一百里的小溪。

（三）石氏的“屈原沉湘在江北不在江南”?

石、鲁氏说：“屈原沉湘在江北不在江南”；“‘湘’水与蔡及巫山相近，其位置亦当不出汉水中游的湖北襄阳附近。”① 此论与汉人认定的“屈原沉湘在江南”不符。

《屈原贾生列传》：贾谊“为长沙王太傅，既以谪去，意不自得；及渡湘水，为赋以吊屈原。”“太史公曰：‘适长沙，观屈原所自沉渊，未尝不垂涕，想见其为人。’”

扬雄《反离骚》：因江潭而往托兮，钦吊楚之湘累。……横江湘以南往兮……临湘渊而投之。

石、鲁氏回避可靠的文献资料，用后人模棱两可之说，企图否定贾谊、司马迁、扬雄等人的“屈原沉湘”在江南的定论，显然没有说服力。

（四）其他相关问题

1.“沅水东南入江”的问题

《汉书·地理志》中有“沅水东南至益阳入江。”《地理志》中的“东南”肯定是“东北”之误。因为“且兰”在贵阳附近，“益阳”在湖南中北部近长江。沅水从且兰往益阳只能是从西南往东北流，决不会向东南流。

石、鲁曰：“不能简单地断定‘东南’当是‘东北’之误。”② 此乃节外生枝之辩。

2.“湘、资、沅、澧下游记载混乱”的问题

为什么“湘、资、沅、澧”四水下游的记载《水经注》与《汉志》及相关的古记不合，与现今的水流情况不符？因为洞庭湖地区汉、晋以后各期的水系变化很大，所谓记载混乱往往是不同时期水系发生变化的原因。

秦汉前的洞庭湖很小，古籍中“洞庭”很多不是“洞庭湖”，甚至不是洞庭地区。秦、汉文献和《水经》中都没有“洞庭湖”。从公元4世纪开始，受地质沉降和长江荆江段筑堤的影响，长江分流之水汇入洞庭平原，才逐渐演变成浩渺的洞庭湖。到北魏郦道元作《水经注》时，才有湘、资、沅、澧，“凡此四水，同注洞庭，北会大江”“湖水广圆五百余里，日月若出没于其中”。（详见《云梦、洞庭、江南考》）

3. 战国时湖北境内有“湘、资、沅、澧为名之水”吗?

石泉先生说③：“到战国时期，今湖北省境内也出现了以湘、资、沅、澧为名之水和洞庭。战国时的‘洞庭’在楚之‘江南’（今蛮河以南，详正文），湘、沅、澧三水与洞庭相近，也当在楚之‘江南’。这一套地名也就是两汉至三国后期著称的在今湖北省境内的同名之水。”此乃对历史文献的曲解。

在石、鲁先生笔下古籍中几千公里的长江，居然成了小小的蛮河。“行五百里”的夏水，缩短为不足三十公里的小溪；几百公里以上的“资、沅、澧”成了今湖北省境内不足五十公里的小河……战国时期和秦汉三国的历史文献中，根本没有“今湖北省境内出现了以湘、资、沅、澧为名之水”的信息。《地理志》《水经》和出土文物，完全否定了石、鲁的湘、资、沅、澧之水在今湖北省境内的论断。可惜，这些可靠的资料全被石、鲁先生忽略了！

---

① 石泉、鲁西奇：《古湘、资、沅、澧源流新探》（上），《中国历史地理论丛》1996年第2期，第51—70、55页。

② 石泉、鲁西奇：《古湘、资、沅、澧源流新探》（上），《中国历史地理论丛》1996年第2期，第63页。

③ 石泉：《古代荆楚地理新探》，武汉大学出版社2004年版，第225页。

结　论

1. 两汉和汉前资料中没有“古今里数比大致为 3∶1”的可信事例，故此论不能成立。

2.《昭公九年》武王克商时“巴、濮、楚、邓、吾南土也”说明楚部族未封前楚已经与巴、濮、邓并列在北纬 32 度线附近。石氏“陕西商州论”与他的“楚与三国并列”不符。

3. 依据《京师畯尊》：“王涉汉伐楚”等，周昭王时的楚都当在汉南”。《史记》有，周夷王时“熊渠甚得江汉间民和”，可见熊渠时楚在“江汉之间”。

4.《国语·郑语》史伯曰：“当成周者，南有荆蛮、申、吕、应、邓、陈、蔡、随、唐”。说明郑桓公（前 806—前 771 年在位）时，楚国并未改变“自吾先王受封，望不过江、汉”的状态。

5.《桓公九年》（前 703 年）记：“楚子使道朔将巴客以聘于邓，邓之南鄙鄾人攻而夺之币，杀道朔及巴行人……”可证楚武王三十八年时楚都在“鄾”之南，不在淅川。

6.《左传·庄公四年》：楚武王卒于樠木之下。……莫敖以王命入盟随侯，且请为会于汉汭而还。济汉而后发丧。表明楚武王卒时（前 689 年）楚都在汉水以西。

7.“禹画九州”中的“荆州荆山”是远早于战国时代的古观念。楚人向两周进贡的包茅，产地就在汉南的“荆州荆山”。石泉先生把它说成“位于汉南的汉魏六朝荆山”没有依据。

8.“里耶秦简”记有“鄢”到江陵 424 里，可证秦江陵在江边。其“洞庭郡”在江南不在江北，“秦洞庭郡”当承袭“楚洞庭郡”。

9.《汉书·地理志》记载了湘、资、沅、澧的源流。战国和秦汉三国的文献中，没有石氏所说的“战国时期，今湖北省境内也出现了以湘、资、沅、澧为名之水和洞庭”的信息。

10. 贾谊、司马迁、扬雄等适长沙，渡湘水吊屈原，可证“屈原沉湘在江南”。石氏的“屈原沉湘在江北”不能成立。

就“古夏水”等与鲁西奇先生商榷

摘要：石泉与鲁西奇《古夏水源流新证》①（下称“鲁文”）之文，断章取义地引用《哀郢》《水经》等文献资料，得出“古夏水所受之‘江’当是今蛮河”。鲁文把楚国疆土“袖珍化”，把楚人的活动中心压缩在宜城—钟祥—荆门这个小区域之内，与《战国策·楚一》“楚地方五千里”之记大相径庭，其结论不能成立。

关键词：夏水；江；哀郢

一、古籍中的夏水

屈原《哀郢》：“遵江夏以流亡……”“出国门……”“发郢都而去闾……”“惟郢路之辽远兮，江与夏之不可涉。”

《汉书·地理志》：

夏水首受江，东入沔，行五百里。②

《水经注·江水》：

又东至华容县西，夏水出焉。

《水经注·沔水》：

（沔水）又东南，径江夏云杜县东，夏水从西来注之。

《水经注·夏水》：

夏水出江津于江陵县东南。又东，过华容县南。又东，至江夏云杜县，入于沔。

《水经注·夏水》：

夏水出江津，于江陵县东南。江津豫章口东有中夏口，是夏水之首，江之汜也。屈原所谓过夏首而西浮，顾龙门而不见也。龙门，即郢城之东门也。东过华容县南。县故容城矣。《春秋鲁定公四年》，许迁于容城是也。北临中夏水，自县东北，迳成都郡故城南。……夏水又迳交趾太守胡宠墓北。汉太傅广身涪陵，而此墓侧有《广碑》，故世谓广冢，非也。其文言是蔡伯喈之辞。历范西戎墓南。王隐《晋书地道记》曰：陶朱冢在华容县，树碑云是越之范蠡。《晋太康地记》盛弘之《荆州记》、刘澄之《记》，并言在县之西南。郭仲产言在县东十里，检其碑题云：故西戎令范君之墓。碑文缺落，不详其人，称蠡是其先也。碑是永嘉二年立。……夏水又东，迳监利县南。晋武帝太康五年立县，县土卑下，泽多陂池，西南自州陵东界，迳于云杜沌阳，为云梦之薮矣。韦昭曰：云梦在华容县。按《春秋》鲁昭公三年，郑伯如楚，子产备田具，以田江南之梦。郭景纯言华容县东南巴丘湖，是也。杜预云：枝江县、交陆县有云梦。盖跨川互隰，兼苞势广矣。夏水又东，夏杨水注之。水上承杨水于竟陵县之柘口，东南流与中夏水合谓之夏杨水。又东北迳江夏惠怀县北，而东北注。又东至江夏云杜县，入于沔。应劭《十三州记》曰：江别入沔为夏水，原夫夏之为名，始于分江，冬竭夏流，故纳厥称，既有中夏之目，亦苞大夏之名矣。……

从文献记载看“近东西流向，行五百里的夏水”不可能是石、鲁氏“古夏水示意图”中南北流向、不足30千米的小溪。

二、《水经》“古夏水所受之‘江’是今蛮河”吗？

鲁文说：“由江陵城东南之江津分流入沔的古夏水，其首受之‘江’只能是古沮水，今蛮河。”这是与古地理不符的臆断。

---

① 石泉、鲁西奇：《古夏水源流新证》，《湖北大学学报（哲社版）》1995年第6期，第47—55页。

② 班固：《汉书·地理志》，中华书局1962年版，第1566页。

《水经·江水》：

江水岷山在蜀郡氐道县，大江所出。……江水又东，径巫峡。……又东，过秭归县之南。……江水又东南，径夔城南。……江水又东，径宜昌县北。……江水又东，径西陵峡。……江水又东，会沮口。又南，过江陵县南。……江水东，得马牧口。江水又东，径江陵县故城南。江水又东，径郢城南。江水又东，得豫章口。又东，至华容县西，夏水出焉。又东南，当华容县南，涌水出焉。江水又东，涌水注之。……又东南，油水从西南来注之。……江水又东，径竹畦南。又东，至长沙下县隽北，沣水、沅水、资水合，东流注之，湘水从南来注之。……又东，合滠口，上承沔水于安陆县，而东径滠阳县北，东南注于江。……江水又东，径邾县故城南。鄂县北，江水右得樊口。……江之右岸，有鄂县故城。

首先要从总体上去把握，才能准确地判断其文之意。《水经》的“江水”是专论“长江”之文——其中的“江”只能理解为长江。《水经》中“江水”“夏水”与“沔水”，所记之“夏水”是一致的，相互补充的。

可鲁文说：“杜预注那处云：‘那处，楚地。编县东南，有那口城’”；推断出“编县地望，前人说法虽不甚一致，但皆不出汉水中游今钟祥、荆门一带”。再根据：“古文献中的‘江’并不专指长江，今汉水及其重要支流蛮河，以至淮水及山东之沂河，古皆有‘江’称（《古文献中的‘江’不是长江的专称》，刊《古代荆楚地理新探》，第57—73页）。如果按照我们过去的研究成果，定楚郢都及齐梁以前江陵城在汉水中游西岸今宜城县南境的蛮河（古沮水，亦称‘江’）下游，则由江陵城东南之江津分流入沔的古夏水，其首受之‘江’（亦即《释例》所云涌水所受之‘江’）只能是古沮水，今蛮河，而涌水自夏水‘南’（按：当作‘东’，详下）通之‘江’，则应指今汉水。”按鲁文之说《水经》“大江”中的“江水东，得马牧口。水又东，径江陵县故城南。江水又东，径郢城南。江水又东，得豫章口。又东，至华容县西，夏水出焉。又东南，当华容县南，涌水出焉。江水又东，涌水注之。”其中的几个“江”“只能是古沮水，今蛮河”。“江水又东，涌水注之”之“‘江’，则应指今汉水。”

鲁文从“编县东南，有那口城”，得出“编县地望，不出汉水中游今钟祥、荆门一带”，最终得到《水经》中“古夏水所受之‘江’当是今蛮河”的结论。《地理志》说：“夏水行五百里。”鲁文附图之夏水不足60里，涌水不足25里，鲁文与班固之说差距也太大了吧。再说，如此短小的支流，能入《水经》吗？

这种隐蔽的、断章取义的解读手法，已属非常之举。而鲁文以“古文献中的‘江’不是长江的专称”为由，把《水经》“江水篇”中有同一性“江”字，分别解释为“蛮河”“汉水”和“长江”，更是匪夷所思。——如此随心所欲地解释《水经》中专论长江“江水篇”，成了鲁氏的“万能钥匙”。假如《水经》真的像鲁文所解读的那样混乱不清，先生们对《水经注·江水》的“订正”“删补”还有什么意义？先生们到底是“订正”“删补”了《水经注》，还是“窜改”“错补”了《水经注》？

三、《哀郢》江夏之“江”“是今蛮河”吗？

鲁文说：

夏水之名，最初见于先秦《楚辞》中。《九章·哀郢》云：民离散而相失兮，方仲春而东迁；去故乡而就远兮，遵江夏以流亡。出国门而轸怀兮，甲之鼂吾以行。发郢都而去闾兮，怊荒忽其焉极，……过夏首而西浮兮，顾龙门而不见。……背夏浦而西思兮，哀故都之日远，……淼南渡之焉如。……惟郢路之辽远兮，江与夏之不可涉。……关于这篇楚辞所涉及的地理问题，前人解释不一，但由上引词句中，我们可以明确看出：“夏”乃是与“江”有别的另一条水名，近郢都，与“江”邻近并相通。①

鲁之引文，略去了相当关键的——“将运舟而下浮兮，上洞庭而下江，去终古之所居兮，今逍遥而来东”。

假如《哀郢》之“江”当是今蛮河，那么屈原是如何“上洞庭而下江”的呢？假如楚“郢都”在

① 石泉、鲁西奇：《古夏水源流新证》，《湖北大学学报（哲社版）》1995年第6期，第47页。

宜城，《哀郢》之“江”当是今蛮河，那么，屈原在“发郢都”，“遵江夏以流亡”时怎么会“过夏首而西浮”呢？假如楚“郢都”在宜城，《哀郢》之“江”当是今蛮河，那么屈原流放之地，当在“郢都”之南，与诗文“方仲春而东迁”“今逍遥而来东”“背夏浦而西思兮”怎么对应呢？

从鲁先生提供的附图看，其夏水是南出于蛮河，南偏东入沔，与《汉书·地理志》《水经》所记的，夏水东出于江，东流入沔，方向不合。鲁氏“古夏水所受之‘江’当是今蛮河”之论断，与《哀郢》之文根本不符。

先生们认为沮是今宜城西南的蛮河，“江”既可指蛮河，也可指汉水。那么，《左传·定公四年》吴师入郢：“楚子涉睢，济江，入于云中。”其昭王是如何既“涉睢”，又“济江”，而“入于云中”的呢？

鲁文说：“考察古夏水地望及其源流，关键在于先要弄清古江陵城、华容县的位置及其他相关古地名之所在。”——这是“鲁文”在思考方法上的独特之处。

笔者管见，“考察古夏水地望及其源流的关键”，在《地理志》《水经》原文和“夏水之名最初见的《楚辞》”等古文献中。要从源头、从总体把握，尽量利用较早的文献材料，而不应被大量晚出的异说所迷惑，若是一头扎进纷繁的后续资料中，很容易钻入牛角尖。鲁文舍弃《楚辞》《汉书·地理志》《水经》之原文，选用后人注释中符合其观点的材料，从微观的一个点，扩大战果，最终否定《水经》“江水”总体。

假如《水经·江水》中专门论“江”的“江”，没有同一性，夏水前后这一段的几个“江”字，就分别有“长江”“蛮河”“汉水”之意，那么整段《江水》中的那么些“江”字，到底包含多少种字义谁能说得清？这样的《水经》还有价值吗？

四、“江汉平原上的河流不可能东偏北流”吗？

鲁文说：

> 看一下今江汉平原的地图就会发现：尽管几百年来人们在这里大兴堤防，开凿、修治河道，使这一地区的水系发生了很大变化，但地形决定了这里的大部分河道，仍然基本上是东南流。可以断定：如果没有人为因素（而这在古代的技术条件下，可能性更小），江汉平原上的河流不可能东流（偏北）入汉水，而只能东南流入江。因此，流行说法关于古夏水源流的解说在地形上是讲不通的，因而也是不能成立的。

鲁氏之说与事实不符。几千年来江汉平原上最大的河流——长江，从岳阳到武汉段就是东北流向的。——鲁文之说令人联想起一句成语：“明察秋毫，不见舆薪”。现在，江汉平原上东经113到114度之间的河流，大部分也还是向东或向东北流的。

鲁氏之说与《水经》记载也不符。《水经》曰：“沔水又东南，与阳口合。又东南，径江夏云杜县东，夏水从西来注之。”即“夏水东流入汉水”。故鲁文“这里的大部分河道，仍然基本上是东南流……江汉平原上的河流不可能东流（偏北）入汉水”之说不能成立。

作为内陆凹陷的江汉平原，秦汉以前的地形与河流的流向，主要取决于当时陆盆各处的沉降速度和泥沙堆积速度的共同作用。历史上，平原地区河流的流向、湖泊的出现或消失，地形地貌的变化很大。古代河流的变迁只能从历史记载上寻找；用水文地质、钻探资料证明，不能从现今的地图上“发现”。

五、鄂君启节和里耶秦简

鲁西奇先生说：“石泉先生关于荆楚历史地理之新解体系的核心”“乃在于楚郢都、秦汉江陵城当在今宜城南境之楚皇城遗址，而非如流行说法所云，在今江陵纪南城遗址。”鄂君启节和里耶秦简的出土，宣告了“楚郢都、秦汉江陵在今宜城南境”为谬误。

（一）鄂君启节铭文之“江”为长江

1957年寿县出土的鄂君启节铭文“自鄂往：逾湖……上江，入湘……入资、沅、澧、油……上江，庚木关，庚郢”。其铭文之“江”，只有解释为长江才通顺。说明战国时的“郢”都靠近长江，说明湘、资、沅、澧，从东向西依次与长江相通，而不在江汉平原，不是汉水的支流。

（二）里耶秦简中江陵的位置

前文已经论述了里耶秦简中江陵的位置。里耶秦简的邮路记录，宣告了石泉、鲁西奇的“楚郢都、秦汉江陵城当在今宜城南境”等一系列楚地楚水的定位是误论。

在里耶秦简发表经年以后，鲁西奇先生在2005年7月4日还说：

> 看来，问题的最终解决将有赖于“锄头”了——如果宜城楚皇城遗址最终得到考古发掘，并最终被证明其为先秦楚郢都、秦汉江陵城，那么，自唐以来关于楚郢都、秦汉江陵城在今江陵纪南城遗址的所有“证据”也就不成其为证据，而成为谬误了，而先生之新说亦可得最后之证明；反之，若楚皇城遗址最终被证明不是楚郢都、秦汉江陵城，而江陵纪南城遗址却得到了此种证明，则先生之新说及其论据自然会土崩瓦解，无以自存。①

因为我迄未发现足以从根本上否定先生新说的证据，也未见有学界前辈指出这样的证据，所以，迄今为止，我在总体上对先生有关荆楚地理的新说是认同的，我认为这种方向是正确的。

里耶秦简，已经充分证明：鄢（宜城），不是“秦汉江陵城”，“秦汉江陵城就在今江陵”。鲁西奇先生这时还要“有赖于‘锄头’”？还坚持“这种方向是正确的”？

六、“江陵”之地名不是梁陈以后“搬迁”来的

石泉先生说：

> 先秦楚郢都及其后继城市秦汉至齐、梁（下至梁末）江陵城，并非如流行说法所云在长江边今湖北省荆州市荆州区（原江陵县）境内，而是在汉水中游以西、蛮河下游今湖北省宜城市南境（宜城东南17里楚皇城遗址）。②

“江陵行邑大夫玺”③

（一）战国已有“江陵”之地名

上海博物馆所藏有一方战国时期楚国官玺④，黄盛璋先生考定为：“江陵行邑大夫玺。”黄先生认为：“江陵不是秦始设，最早实来自楚。……最早之江陵即在今江陵城位置。秦汉因之未变，以后皆就地发展。”⑤ 李学勤先生考定为：“江陵行宫夫人鉨。”⑥ 时代定在战国中晚期。吴良宝先生考定为：“江陵行序大夫玺。⑦” 各位先生论说虽有不同。但是，都认为“战国时楚国已经有‘江陵’了”，它不可能在石泉所说的“今湖北省宜城市南境”。

---

① 鲁西奇：《石泉教授的道德文章——〈石泉文集〉编后感言》。

② 石泉：《古代荆楚地理新探续集》，武汉大学出版社2004年版。

③ 出自罗福颐主编：《古玺汇编》，文物出版社1981年，编号0101。

④ 罗福颐主编：《古玺汇编》，文物出版社1981年版。

⑤ 黄盛璋：《战国“江陵”玺与江陵之兴起因沿考》，《江汉考古》1986年第1期。

⑥ 李学勤：《楚国夫人玺与战国时代的江陵》，《江汉论坛》1982年第7期。

⑦ 吴良宝：《中国历史地图集·战国部分地名校补》，《中国历史地理论丛》2006年第3期。

（二）很多古籍、出土材料都证明秦、汉江陵即现江陵

前文已叙《里耶秦简》的“江陵”可证“秦江陵”在今荆州境。

班固《汉书·地理志》：“江陵，故郢都，西通巫、巴，东有云梦之绕，亦一都会也。”仍为汉江陵在长江岸边的证明。

1975年纪南城凤凰山168号出土汉墓木牍，1990年纪南城东高台18号墓出土木牍，都证明纪南城一带就是汉江陵。（详见后文）

很多古籍、出土材料都证明秦、汉江陵即现江陵，而不是梁、陈以后“搬迁”来的。

七、《水经·江水》中的“江”都是长江

里耶秦简邮路证明秦代的“江陵”在长江北岸原江陵县境内，这与《水经》可以互证。《水经》中专论长江的《江水》篇，其中的“江”理所当然都是指长江。如，流经现今湖北省的一段：

> 江水又东，径巫峡。……又东，过秭归县之南。……江水又东南，径城南。……江水又东，径宜昌县北。……江水又东，径西陵峡。……江水又东，会沮口。又南，过江陵县南。……江水东，得马牧口。水又东，径江陵县故城南。江水又东，径郢城南。江水又东，得豫章口。又东，至华容县西，夏水出焉。又东南，当华容县南，涌水出焉。江水又东，涌水注之。……又东南，油水从西南来注之。……江水又东，径竹畦南。又东，至长沙下县隽北，沣水、沅水、资水合，东流注之，湘水从南来注之。……又东，合滠口，上承沔水于安陆县，而东径滠阳县北，东南注于江。……江水又东，径邾县故城南。鄂县北，江水右得樊口。……江之右岸，有鄂县故城……

其中所涉及的秭归、夔、江陵、郢城、华容县、邾县故城、鄂县等都在长江岸边。涉及的诸水都与长江直接连通——夏水（出江东注沔）、涌水（先出后注）、油水（注）、沣水、沅水、资水（合注）、湘水（注）、沔水（注）。

鲁文认可：“杜预《春秋释例·土地名》也有涌水流经‘南郡华容县，出自江也’的明确阐述。”既然杜预“涌水流经‘南郡华容县，出自江也’”与《水经·江水》“当华容县南，涌水出焉”所记一致；则华容县离长江不远，华容县南的“涌水”离长江更近。何来“其地望不出汉水中游今钟祥、荆门一带”的结论？

不顾《水经·江水》所论之“江”均为“长江”和杜预《春秋释例·土地名》之记，轻信绕了几个弯子、半路上杀出来的“编县”，而判定“华容县当在汉水中游西岸今钟祥西北境”；“夏水受之今蛮河；涌水通之‘江’指今汉水”——又一个“明察秋毫，不见舆薪”之例。

鲁文说：“古沮水，今蛮河”。——也与《水经》记述不符。

《水经·沮水》：“沮水出汉中房陵县淮水。东南，过临沮县界。又东南，过枝江县。东南，入于江。”——水经之沮水“入于江”与今蛮河不搭上界。可见鲁文所说的：“由江陵城东南之江津分流入沔的古夏水，其首受之‘江’只能是古沮水，今蛮河，而涌水自夏水‘南’（按：当作‘东’，详下）通之‘江’，则应指今汉水”等等，均为子虚乌有之论。鲁文对“《水经注·江水》中这部分引文”的“订正、删补”，乃是不顾事实的“窜改”。

八、鲁文思考方法的问题

（一）3∶1的里数和邑之密度是无法逾越的障碍

鲁西奇先生已经觉察：“在如此狭小的范围内集中了如此多的汉县，每一汉县所辖地域几乎不足现今之一个乡镇（特别是在钟祥西北境），县邑之密度甚至超过了陵邑密布的关中地区。何以会出现此种情况？”已经发现：“关于古江陵与周围各地间的里数问题，确是先生新解体系的‘软肋’所在”。

这两个无法逾越的障碍，说明石泉先生的“新说”已经走进了死胡同。可鲁西奇先生还要硬着头皮撑下去：“迄今为止，我在总体上对先生有关荆楚地理的新说是认同的，我认为这种方向是正确的。”“决不放弃”的“心意”也许是好的，但也可能耽误了宝贵的时间，可惜了上帝赋予的才华。

鲁先生曾经问过石泉先生：“如上举庾阐、张缵之自建康赴湘川，我曾以‘如按先生新说，则绕道

迂远、不合情理'询诸先生，先生即反问：汝非庾阐、张缵，安知其时之人以迂远为累，不以覆舟之风险为畏?”石泉先生在分析楚昭王自郢奔随路线时曾说：“如按流行说法，楚昭王等已西涉睢水，南渡长江，辗转于江南湖沼地区，又怎能在吴师占领郢都（流行说法认为是在今江陵城北纪南城遗址）之后，正在到处捉拿楚王之时，却又北来，再过长江，进入吴师控制的地区，跑到今钟祥附近的成臼去渡汉江奔随?”

按照石泉先生的逻辑，是不是可以反问：汝非楚昭王，安知《左传·定公四年》所记“昭王自郢‘涉睢，济江，入于云中’‘奔郧、奔随’绕道迂远”的路线，不是相对风险较小的路线？汝非身处春秋时代，安知“在吴师占领郢都”时，“钟祥附近”不是相对安全之处，而是“吴师控制的地区”?

（二）与古荆楚有关的“江、江南”

鲁西奇先生说：

现今的流行说法关于古代荆楚地名定位的主要凭借，是唐宋以来直至明清的历代注释，而这种说法无论在史料依据上，还是从科学规律上看，都存在着不少难以自圆其说的问题。

这是与事实不符的片面论断。

“现今的流行说法关于古代荆楚地名定位的主要凭借”，并非“是唐宋以来直至明清的历代注释”。而是源于先秦、秦汉、三国古籍。现就秦汉以前古籍中与“楚郢都、秦汉江陵城”密切相关的“江”和“江南”为例试分析之。

1. 秦汉前古籍中的“江”与“现今的流行说法”相同，大多数是指“长江”

《尚书·禹贡》下列两句中的“江”当指“长江”：

荆及衡阳惟荆州。江、汉朝宗于海。九江孔殷。沱、潜既道，云土梦作乂。

嶓冢导漾，东流为汉；又东，为沧浪之水；过三澨，至于大别，南入于江。

《春秋左传·文公十年》：

子西……使为商公。沿汉溯江，将入郢。王在渚宫，下，见之。

《春秋左传·宣公十二年》：

其俘诸江南以实海滨，亦唯命。

《春秋左传·昭公三年》：

十月，郑伯如楚，子产相。楚子享之，赋《吉日》。既享，子产乃具田备，王以田江南之梦。

《春秋左传·昭公四年》：

许男如楚，楚子止之，遂止郑伯，复田江南，许男与焉。

《春秋左传·定公四年》：

楚子涉睢，济江，入于云中。

《春秋左传·哀公四年》：

吴将水斥江入郢，将奔命焉。

《春秋左传·哀公六年》（楚昭）王曰：

三代命祀，祭不越望。江、汉、睢、章，楚之望也。

《春秋左传·哀公九年》：

秋，吴城邗，沟通江、淮。

现在有里耶秦简记载“秦代的江陵在今荆州附近的长江北岸”之确证，《左传》涉及郢都地望的“江”，正好证明春秋中后期的“郢都”在长江岸边。

《孟子·滕文公下》：

水由地中行，江、淮、河、汉是也。

《战国策》之“江（江南）”——多指长江。

《战国策·秦一》张仪说秦王：

秦与荆人战，大破荆，袭郢，取洞庭、五都、江南。荆王亡奔走，东伏于陈。

《战国策·齐一》：

王不如封田忌于江南……楚果封之于江南。

《战国策·楚策一》：

负鸡次之典以浮于江，逃于云梦之中。

《战国策·楚策一》：

秦西有巴蜀，方船积粟，起于汶山。循江而下，至郢三千余里。

其“江”指长江，“郢”在江边。

《战国策·魏策二》：

楚王登强台而望崩山，左江而右湖，以临彷徨，其乐忘死，遂盟强台而弗登，曰：“后世必有以高台、陂池亡其国者。”

《楚辞》中的“江”——多指长江。

《哀郢》：

去故乡而就远兮，遵江、夏以流亡。

将运舟而下浮兮，上洞庭而下江。

哀州土之平乐兮，悲江介之遗风。

惟郢路之辽远兮，江与夏之不可涉。

《湘君》：

望涔阳兮极浦，横大江兮扬灵。

令沅、湘兮无波，使江水兮安流。

朝骋骛兮江皋，夕弭节兮北渚。

捐余玦兮江中，遗余佩兮澧浦。

《湘夫人》：

朝驰余马兮江皋，夕济兮西澨。

捐余袂兮江中，遗余褋兮澧浦。

《涉江》：

哀南夷之莫吾知兮，旦余济乎江、湘。

《渔父》：

宁赴湘流，葬于江鱼之腹中。

《抽思》：

乱曰：长濑湍流，溯江潭兮。

《思美人》：

吾将荡志而愉乐兮，遵江、夏以娱忧。

《悲回风》：

浮江、淮而入海兮，从子胥而自适。

《招魂》：

湛湛江水兮，上有枫。魂兮归来，哀江南。

《吕氏春秋·古乐》：

成王立，殷民反，王命周公践伐之。商人服象，为虐于东夷。周公遂以师逐之，至于江南。

上文列举了先秦古籍中部分“江”的例子。多数是可信度很高的记载。其共同点是，除了组合词（如九江、江鱼）外，没有特指（地名、人名）的“江”，大都是指“长江”。

2. 楚国的“江南”属“不发达地区”，在长江以南，不在楚国中心地带的“今蛮河以南”

《春秋左传》“宣公十二年”有（郑襄公）：

其俘诸江南以实海滨，亦唯命。

《史记·郑世家》也有：

楚庄王入自皇门，郑襄公内袒掔羊以迎，曰：“孤不能事边邑，使君怀怒敝邑，孤之罪也。

敢不惟命是听！君王迁之江南，及以赐诸侯，亦惟命是听！”

《张仪列传》郑袖言怀王：

妾请子母俱迁江南，毋为秦所鱼肉也！(P546)

林庚先生说：“‘江南’是楚的大后方，比较偏僻，所以可以放逐罪人，也可以避秦逃难。”假如“江南”是“今蛮河以南”，处于石泉先生所描写的楚国最中心的位置。那么，“放逐罪人去江南”，和“去江南避秦逃难”就说不通。

昭王之时“江南”属欠发达的楚国“大后方”，也佐证了《左传・定公四年》所记昭王自郢“涉睢，济江，入于云中”；绕道大后方的“江南”奔郧、奔随的路线，是见机而行，风险相对较小的路线。《天问》：“吴光争国，久余是胜。何环穿自闾社丘陵，爰出子文?”或许就是说吴人胜楚时，昭王绕道逃奔之事。

《战国策・齐一》田忌亡齐而之楚：

田忌亡齐而之楚，邹忌代之相齐，恐田忌欲以楚权复于齐，杜赫曰：臣请为留楚。谓楚王曰：邹忌所以不善楚者，恐田忌之以楚权复于齐也。王不如封田忌于江南，以示田忌之不返齐也，邹忌以齐厚事楚。田忌亡人也，而得封，必德王。若复于齐，必以齐事楚。此用二忌之道也。楚果封之于江南。

缪文远把此章定为前341年（楚宣王二十九年），楚王能把楚国中心地区的“江南”封给田忌吗?

《史记・楚世家》：

二十三年，襄王乃收东地兵，得十余万，复西取秦所拔我江旁十五邑以为郡，距秦。

《秦始皇本纪》：

王翦遂定荆江南地，降越君，置会稽郡。

“荆王献青阳以西，已而畔约，击我南郡，故发兵诛，得其王，遂定其荆地。①

青阳一带（长沙、临澧）或许就是《楚世家》之“江旁十五邑”之地。《史记》中的“江旁、江南、青阳、南郡”不可能在石泉、鲁西奇先生的“蛮河、宜城一带”。

3. 要害在于不顾源头、否定主流

“研究古代历史、地理，应该尽量利用较早的文献材料，而不应被大量晚出的异说所迷惑，以致徒增混乱。”石泉先生在古代荆楚地理研究方面“最大特色”就是：“不顾源头——古籍原文”，选择性地信用后人的注释，最后得出《水经・江水》的“‘江’当是今蛮河”“应指今汉水”“秦汉时的江陵不在长江边”等等，与原文相悖的结论。再就是从小处入手，由微观而宏观，最后否定主流、否定修正古文献——这就是明察秋毫，不见舆薪的治学之道。

鲁西奇先生说石泉先生“治学的最大特色”是“对文献在根本上有一种自觉的怀疑精神——任何文献都是不可尽信的，必须弄清其渊源来历，认真加以鉴别、核实，才能引以为据”。石泉先生“对传统说法有很大突破，他所从事的古代荆楚地理研究将千余年来流行的传统说法做了一个大翻案”。可惜，石泉先生的“大翻案”并不成功。先生们否定古籍中 对“江”的主流描写，把“古文献中的‘江’不是长江的专称”扩大化；先否定“江”是长江，再去找“江陵不在长江边”上的证据……其实有些材料本身并没有问题，只是人们理解有误而已。先生们是不是应该反思一下，你们关键性的结论与古文献的相关记载 能否融通？与《哀郢》“过夏首而西浮；上洞庭而下江；今逍遥而来东……”有没有抵触？与“鄂君启节”（自鄂市）“上江、入湘……入资、沅、澧、油。上江，适木关，适郢”能不能相容？与“里耶秦简的江陵”，能不能对上号？与“凤凰山168号汉墓汉、高台18号汉墓”的木牍是否冲突？与《水经》“江水”“夏水”“沔水”之记是否符合？

结 论

1. 石泉、鲁西奇的思维误区是不顾全局的钻牛角尖。他们可以把《水经・江水》中专论大江的

① 司马迁：《史记》，岳麓书社1983年版，第55—56页。

“江”字，分别解释为“蛮河”“汉水”和“长江”，他们可以把“方五千里”的楚国缩微在宜城—钟祥—荆门这小小的区域之内，把《汉书·地理志》中近东西流向，“行五百里”的古夏水“修正”为南北走向，长约30千米的小河。正如孟子所说：他们“明足以察秋毫之末，而不见舆薪”。

2. 他们拒不承认与他们观点不同的古籍记载、出土文献。例如，各种文献都证明先秦、秦、汉不但有“江陵”而且江陵都在长江边，他们都可以视而不见。

“西周楚国疆域问题”商榷

段渝先生《西周时代楚国疆域的几个问题》① 一文，广征博引，有的论点很有说服力。如“早期巴国是在汉上，而不是……在江上今重庆”“巴国地当庸国之西的巴山”等等。但是也有些论点尚可商榷。现按段渝先生论文中“一、西周初年楚国的疆域”“二、周昭王时期楚国的疆域”“三、西周后期楚国的疆域”中的问题列举于后，以求教于段渝先生及读者。

一、“西周初年楚国的疆域”

（一）鬻熊不是“周文王的养子”

《史记·楚世家》：

> 周文王之时，季连之苗裔曰鬻熊。鬻熊子事文王，蚤卒。”三百余年后，楚武王熊通曰：“吾先鬻熊，文王之师也。蚤终。”

《史记·周本纪》：

> 闳夭、散宜生、鬻子、辛甲大夫之徒皆往归之。

《楚宝》：

> 鬻熊……年九十始见于文王，王曰：“噫，老矣。”鬻曰：“使臣捕兽逐鹿已老矣，若使坐策国事，臣年尚少。”文王善之，遂以为师。

贾谊《新书》说，周文、武、成王三代都以鬻熊为师，问以国事。贾谊之说不一定成立。但是鬻熊为“文王之师”的说法，多少有些依据。

1976年陕西岐山凤雏周原出土的甲骨文，H11：14：“楚伯迄今秋来西（？）王其则”；H11：83：“曰今秋楚子来告父后□”②。

段渝先生说：“楚人首领鬻熊西上岐山，往投周文王，告受册命，被周文王接纳为养子。”③

殷商末期鬻熊投奔周文王，其时已经“老矣”，段先生说他“被周文王接纳为养子”，不合常理，乃是对《楚世家》“鬻熊子事文王”的误解。

刘向《别录》曰：“鬻子名熊，封于楚。”《新序·杂事·四》有：“昔者楚熊渠子夜行，见寝石，以为伏虎，弯弓射之，灭矢饮羽。”刘向文中之“鬻子”“熊渠子”与《楚世家》“鬻熊子”类同，其“子”当为尊称，而不是“养子”。

（二）《牧誓》中的八国多半在汉水以南

在“武王克商”前，《牧誓》中的八国“庸、蜀、羌、髳、微、卢、彭、濮”，其地望学者意见不尽统一。一般认为，庸在湖北竹山，蜀在四川成都，羌在甘、青一带，髳在四川巴县（或山西平陆?），微在陕西眉县，卢在湖北襄樊—南漳间，彭在湖北房县（或四川彭山？或甘肃镇原?），濮在湖北一带。尽管其考证不尽可靠，但一多半（庸、蜀、濮、卢、髳？彭?）在汉水以南是没有问题的。它们在西周初年都应该是周的属国。可见“西周初年的南土，尚不包括汉水以南……”不能成立。

（三）段先生文中的“虚假论证”

违反同一律。段渝先生说：

> 《诗经·大雅·嵩高》记述周宣王封申伯于申（今河南南阳东北），屡言其地为南国、南邦、南土。《国语·郑语》记载周王室史伯言于郑桓公曰：“当成周者，南有荆蛮、申、吕、应、邓、陈、蔡、随、唐。”韦昭注云：“南方，当成周之南，申、邓之间。”可知国、邦、方上古可以通用，南土即指从丰、镐、成周一线以南到汉、淮一线之间的地带，这是周初分封在

① 段渝：《西周时代楚国疆域的几个问题》，《中国史研究》1997年第4期，第24—33页。

② 陈全方：《陕西岐山凤雏村西周甲骨文概论》，《四川大学学报》第10辑，《古文字研究论文集》，四川大学出版社1982年版。

③ 段渝：《西周时代楚国疆域的几个问题》，《中国史研究》1997年第4期，第24页。

汉水中游至淮、汝之间各个诸侯国的所在。西周初年的南土，尚不包括汉水以南和长江中游两岸地区。①

段渝先生在讨论“西周初年楚国的疆域”时，却采用西周后期“周宣王封申伯于申”等证词，此乃违反同一律的逻辑错误，故其“西周初年的南土，尚不包括汉水以南和长江中游两岸地区”，不能成立。因为西周中、后期楚国叛周，申伯在今南阳一带守卫周之南疆，对付楚国。此时周的南界已经后退到汉、淮之间，比周初之时大大北移了。

自相矛盾。段渝先生先说：

“西周初年的南土，尚不包括汉水以南和长江中游两岸地区。”“西周初年，巴国受周王室分封，立足于汉水、大巴山之间”“襄阳以西到竹山以南和襄阳以东汉水东北岸及滚河下游一带，均当西周时代百濮的离居散处之地。”②

文中“巴、濮”所在的“大巴山、竹山以南”都在“汉水以南”，显然与他的“不包括汉水以南”矛盾。

为了躲避这个矛盾，段渝先生说：

既然西周初年的南土是指汉、淮之间的地带，那么《左传》昭公九年所列举的南土四国巴、濮、楚、邓自然就应立足其间，不可能南至于长江一线。上述表明，巴、濮、邓的地理位置，均在汉水中上游地区，位于大巴山和荆山以北，随枣走廊和大洪山以西。既然如此，那么与之并列，共同构成周初南土的楚国，自当立国其间，位于汉水流域中部，却不可能孤国悬远，南至于长江一线。③

《周南·汉广》有：“南有乔木，不可休兮。汉有游女，不可求思。”《小雅·四月》之：“滔滔汉江，南国之纪。”诗中的南国之“汉”，当指汉江两岸，不可能单独指“汉水以北”。楚初封之地望在江、汉之间，还有一条重要的文献依据，是《楚世家》的“昭王曰：‘自吾先王受封，望不过江、汉’”。

这里段渝先生回避了“楚国最大的可能是在汉水以南的荆山”而直接跳到“不可能孤国悬远，南至于长江一线”。为了论证自己的观点，在学术论文中要这样的把戏显然不妥。

如果楚国在汉南“荆山”，正好在大巴山、荆山、大洪山一线，与巴、濮并列共同构成周初的南土，根本说不上“孤国悬远”。相反，说古荆山“不会远至汉水以南的南漳县境”④，既没有证据，也与事实不符，因为“南漳荆山”离巴、濮都不远，都在北纬32度附近。

（四）楚国的地理位置

段渝先生说：

联系到有关史籍，如《史记·楚世家》、《韩世家》及《秦本纪》所载的秦、楚战地丹阳和《汉书·地理志》“弘农郡丹水”条、《水经·丹水注》、《读史方舆纪要》卷五一“丹水城”，以及《资治通鉴》卷三“秦师及楚战于丹阳”条下胡三省注等材料相互参验，丹阳既是丹水之北，则古荆山必当在其附近，位于今鄂、豫、陕三省边界汉水、丹水、淅水之间。⑤

段渝先生引证之文，多选自汉以后、符合其观点的资料，这些资料中，大多与“西周初年楚国地理位置”无关，因此论证没有说服力。

《诗·商颂·殷武》：“维女荆楚，居国南乡。”表明商王武丁时期，楚人已经居住在南乡“荆楚”之地。

段渝先生也说：“从总体上看，商文化的确已深入到汉、淮以南，并直接影响到长江中游地区，这是事实”“从考古上说，长江中游两岸已发现不少商代遗存，如江西新干大洋洲、湖南石门、皂市、湖

① 段渝：《西周时代楚国疆域的几个问题》，《中国史研究》1997年第4期，第24页。

② 段渝：《西周时代楚国疆域的几个问题》，《中国史研究》1997年第4期，第25—26页。

③ 段渝：《西周时代楚国疆域的几个问题》，《中国史研究》1997年第4期，第25、26—27页。

④ 段渝：《西周时代楚国疆域的几个问题》，《中国史研究》1997年第4期，第27页。

⑤ 段渝：《楚地初探》，《民族论丛》1983年第2辑先秦民族史专集。

北黄陂盘龙城等等，固然可以证明商文化曾直达长江中游，在那里建立起商王朝的南土。”①

既然段渝先生认为“商文化曾直达长江中游，在那里建立起商王朝的南土”。那么，《商颂·殷武》的“荆楚南乡”理当在“汉水以南或长江中游两岸地区了”。

《尚书·禹贡》：“荆及衡阳惟荆州。”《尔雅·释地》曰：“汉南曰荆州。”《周礼·职方》曰：“正南曰荆州。”汉《孔安国传》：“北据荆山，南及衡山之阳。相传卞和得璞于楚荆山，即此。”可见“古荆山”在“荆州”北部、汉水以南（今湖北南漳）古人并无分歧。

《左传》“熊绎辟在‘荆山’”与《禹贡》“‘荆’及衡阳惟荆州”的“荆（山）”，应当同指湖北南漳之荆山。荆山属山林蛮荒之地，不大可能指淅川平原之地。

段渝先生说：“丹阳既是丹水之北，则古荆山必当在其附近，位于今鄂、豫、陕三省边界汉水、丹水、淅水之间。”

请问“今鄂、豫、陕三省边界汉水、丹水、淅水之间”，何处有“古荆山”？

《墨子·非攻下》有“昔者楚熊丽始讨此睢山之间。”此“睢山”在荆山北麓，今湖北南漳西北李庙镇“南条荆山”主峰“睢山”，它与其西的“荆山”主峰（聚龙山）相距约七十里。熊丽可能居“荆山”与“睢山”之间。

《葛陵简甲三》有：“昔我先出自追，宅兹沮（睢）、章（漳）。”荆山乃睢漳的发源地。

《左传·昭公九年》“及武王克商，蒲姑、商奄，吾东土也。巴、濮、楚、邓吾南土也。肃慎、燕、亳，吾北土也。”这是成王封熊绎前“楚为南土”的确证。而南土的“巴、濮、楚、邓”均位于荆山所在的北纬 32 度线附近。

《楚世家》昭王曰：“自吾先王受封，望不过江、汉……”《左传·哀公六年》楚昭王曰：“三代命祀，祭不越望。江、汉、睢、章，楚之望也。”

这些都是周初楚国在江、汉之间荆山附近的确证。

历史上楚国的疆界变动很大，从前 11 世纪末“先王熊绎，辟在荆山”的山林僻壤，到楚成王时“楚地千里”。但是，从西周早期成王盟诸侯于岐阳开始，楚人必须向周王进贡的祭礼用品“包茅”却一直未变。前 656 年齐侯以诸侯之师伐楚，借口之一就是“尔贡包茅不入，王祭不共，无以缩酒”。

“包茅”乃南漳“荆山”之特产。不当出于“今鄂、豫、陕三省边界汉水、丹水、淅水之间；不会出于陕西商县，更不会随“楚国势力南渡汉水后移植而去”。

总之，早在殷商时期，楚人已经居住在江汉之间的南乡“荆楚”之地，周成王名义上封熊绎子男之田，仅“方五十里”。而熊绎是在自己活动的地盘上接受成王之封的，楚人实际控制的湖北南漳荆山及附近地区，要大得多。

二、周昭王时期楚国的疆域

（一）昭王“先伐楚；后涉汉”的问题

古本《竹书纪年》曰：“昭王十六年，伐楚荆，涉汉，遇大兕。”

因为西周初年楚国位于汉水以南的荆山。故昭王先（涉汉）伐“楚荆”，然后再“涉汉”北归。——非常顺理成章。

段渝先生却解释说：“昭王伐楚而后涉汉（不是济汉而后伐楚），说明此时楚国尚在汉水中游以北。”按此解释“昭王先伐汉水以北的楚荆，然后再向南‘涉汉’”。那么，昭王为何“涉汉”？“涉汉”以后，昭王到哪里去了呢？他北归了吗？可见，段渝先生的解释，顾此失彼，不能融会贯通。

（二）杀鸡用牛刀的问题

段渝先生说：

> 十九年，昭王以六师之众南逾汉水。倾宗周之兵悉数南下。用兵规模如此之大，如果说仅仅针对“子男五十里”的楚国，真是杀鸡用了牛刀，太不相称。

请看“周昭、穆之时”楚国之实力：

① 段渝：《西周时代楚国疆域的几个问题》，《中国史研究》1997 年第 4 期，第 24—25 页。

后徐夷僭号，乃率九夷以伐宗周，西至河上。穆王畏其方炽，乃分东方诸侯，命徐偃王主之。偃王处潢池东，地方五百里，行仁义，陆地而朝者三十有六国。穆王后得骥騄之乘，乃使造父御以告楚，令伐徐，一日而至。于是楚文王（可能是楚王熊艾，误为文王?）大举兵而灭之。偃王仁而无权，不忍斗其人，故致于败。乃北走彭城武原县东山下，百姓随之者以万数，因名其山为徐山。（《后汉书·东夷传》）

《后汉书》之“偃王仁而无权，不忍斗其人，故致于败”乃托词也，而且与前文“徐夷僭号，乃率九夷以伐宗周，西至河上”矛盾。——徐偃王“行仁义”。可以主动“伐宗周”，反倒不可以保家卫国？周穆王“畏其方炽”的徐偃王，楚国出一兵就被楚消灭了。楚国还是弱小的“鸡”吗？

（三）“昭王南征是否仅楚一国的问题”

古本《竹书纪年》昭王：

十九年，天大曀，雉兔皆震，丧六师于汉。昭王末年，夜清，五色光贯紫微。其年王南巡不反。

段渝先生说：

由此可见，昭王十九年亲率六师之众南征，必不是仅仅对付一区区楚国，当是征伐部众甚多，地域甚广的南方诸国，故以直逾汉水而南。对于此役，《纪年》只是提到“丧六师于汉”、“王南巡不返”，却只字没有提到伐楚荆，同十六年的记载颇不一致，原因就在于昭王十九年所伐是南方其他较强方国或族类的联合，而不是专伐楚国。

《竹书纪年》昭王“十九年”的确“没有提到伐楚荆”。但是昭王之时周之南疆，除了“楚荆”以外，何来反叛周朝的“其他较强方国或族类的联合”？段渝先生能不能提供一点文献资料依据，证明确有这个“较强方国或族类的联合”？

关于“昭王南巡不反”，《吕氏春秋·音初》云：

周昭王将亲征荆，辛余靡长且多力，为王右。还反涉汉，梁败，王及祭公抎（陨）于汉中。辛余靡振王北济，又反振祭公。周公乃侯之于西翟，实为长公。

《吕氏春秋》明言“周昭王将亲征荆”，并没有段渝先生假想的“其他较强方国或族类的联合”。其“还反涉汉”，也就是说先征荆楚，后北归“涉汉”，故“荆”在汉水以南。

（四）“昭王之不复，君其问诸水滨”的问题

段渝先生说：

《左传》僖公四年齐桓公使管仲问楚以“昭王南征而不复”之罪，楚使对曰：“昭王之不复，君其问诸水滨。”从根本上否认与昭王殒汉有关。杜预注云：“昭王时，汉非楚境，故不受罪。”

段渝先生此引文说明两点。其一，管仲问楚以“昭王南征而不复”之罪，说明“昭王南征”是伐楚，不然就不会如此问答。其二，杜预说得对：“昭王时，汉非楚境，故不受罪。”——因为楚国当时在汉水以南，昭王“还反及汉”“陨于汉中”已经离开了楚境，故楚人可推诿不知。

这里，段渝先生“当时楚国的疆域还局限在汉水北面”的论断，不能成立。1996年日本出光美术馆的《馆藏名品选》第三集，公布的静方鼎铭文可知，静方鼎“南国相”之“相”或曰即“湘”，在今湖南。似乎周昭王时期楚国的疆域，已达“长江中游两岸地区。”

静方鼎所记跨两年，其开头“惟十月甲子，王在宗周，令师中（及）静省南国相，设居”，在昭王十八年。综合静的这些活动，都是为昭王南巡作准备的。铭文“八月初吉庚申至，告于成周。月既望丁丑，王在成周大室，令静曰……”则是昭王十九年静返回成周向周昭王汇报南省情况。

静方鼎在昭王十九年，有扶风出土的“作册析方尊、方彝、觥”为证。做册析铭文：“惟五月，王在斥，戊子，令作册析贶望土于相侯，锡金锡臣，扬王休，惟王十又九祀。”其“相侯”即静方鼎所记“静省南国相”之“相”国之侯。①

李学勤先生根据《京师畯尊》铭文“王涉汉伐楚”与传世材料相印证，指出“不管成王时所封熊

① 江林昌：《夏商周断代工程的研究方法和技术路线》，《齐鲁学刊》2001年第1期。

绎的丹阳是不是丹淅一带，昭王时的楚都只能是在汉南了。”①

《竹本记年》昭王：“十六年，伐楚，涉汉，遇大兕。”“十九年，春有星孛于紫微。祭公辛伯，从王伐楚，天大曀，雉兔皆震，丧六师于汉。王陟。”穆王“十四年，王帅楚子伐徐戎，克之。”“三十五年，荆人入徐，毛伯迁帅师败荆人于泲。”

三、句亶王的封地

《史记·楚世家》记载：

> 熊渠生子三人。当周夷王之时，王室微，诸侯或不朝，相伐。熊渠甚得江汉间民和，乃兴兵伐庸、杨粤，至于鄂。熊渠曰：我蛮夷也，不与中国之号谥。乃立其长子康为句亶王，中子红为鄂王，少子执疵为越章王，皆在江上楚蛮之地。及周厉王之时，暴虐，熊渠畏其伐楚，亦去其王。

（一）“句亶”转化为“巫诞”？

段渝先生按“声、韵全同，故得相通”，“音近相通”等方法，把“句亶”化为“巫诞”。再推论曰：《盐铁论·险固》：“楚自巫山起方城，属巫、黔中，设捍关以拒秦。”方城为庸之方城，在今湖北竹山东南，可见从竹山县以南即称为巫。《晋书·地理志》“上庸郡”属县有“北巫”，为今竹山县，证明从先秦至晋竹山均称为巫。竹山以东，过房县即是古夷水（今蛮河），正是廪君南迁所浮之水。廪君出自巫诞，诞为濮人，战国以前竹山一带恰是百濮活动的重要地域之一。不难知道，巫诞应指竹山一带，其地跨有今堵河中游两岸，正在熊渠所伐的庸之范围以内。《世本》熊渠长子康之康原作庸、康、庸形近，或许就是因为封于庸地之故。由此可见，句亶即是巫诞，熊渠伐庸后将其地封以长子康、立其为王，所称句亶王实为巫地诞人之王。

“句亶”转化为“巫诞”既不是唯一的，又不是必然的。同样一个“句”字，段渝先生转化为“巫”。而赵逵夫先生却化为“甲”。赵逵夫先生说：“‘句’、‘甲’均见纽字，为一音之转，句澨即甲水边。”

这类“声韵同，得相通”“音近相通”“一音之转”等“变通”之法，其主观随意性很大，不足为训。

（二）渠长子康“封于庸地”？

段渝先生说：“应当特别提出讨论的是长子康的封地句亶的地望问题。《史记·楚世家》集解引张莹曰：‘今江陵也。’其说找不出任何历史根据，不足凭信。”“巫诞应指竹山一带……正在熊渠所伐的庸之范围以内。熊渠长子……封于庸地之故。”

段氏之论似乎不确。张莹曰：“今江陵也。”并非“找不出任何历史根据”。首先，它符合《楚世家》有熊渠封三子“皆在江上楚蛮之地”。第二，《左传·僖公二十六年》：“夔子不祀祝融与鬻熊，楚人让之。”《楚世家》成王三十九年：“灭夔，夔不祀祝融、鬻熊故也。”夔子原为楚王族的一支“挚有恶疾不立，自窜于夔。”夔地在江陵西今奉节，当是熊渠长子封于江陵后，夔子先辈扩展到江陵之故。可见句亶王的封地在“今江陵”的可能性很大。而段渝先生的“熊渠长子封于庸地”，则“不足凭信”。因为夷王之时熊渠兴兵伐庸，不是“灭庸”。庸作为依附楚国的小国仍然存在。直到二百七十年以后的楚庄王三年，“庸人帅群蛮以叛楚”，才被楚庄王灭国。《春秋左传》文公十六年：“楚子乘驲，会师于临品，分为二队，子越自石溪，子贝自仞，以伐庸。秦人、巴人从楚师，群蛮从楚子盟。遂灭庸。”《楚世家》：楚庄王三年，“是岁灭庸”。既然庸国未灭，就不存在把长子康封在庸的可能性。

张正明等的《荆楚文化志》：“熊渠实行近交远攻。他在长江沿岸开拓了三块飞地，分别派他的三个公子去镇守。”② 段熙仲《楚辞札记·伯庸即熊康》：“句亶即后来郢都所始，熊庸于兄弟行为伯，始封于郢。”皆可备一说。

---

① 李学勤：《由新见青铜器看西周早期的鄂、曾、楚》，《文物》2010 年第 1 期，第 43 页。

② 张正明，刘玉堂：《荆楚文化志》，上海人民出版社 1998 年版，第 25 页。

结　论

1. 商周的南土在汉南

正如段渝先生所说：“从考古上说，长江中游两岸已发现不少商代遗存，如江西新干大洋洲、湖南石门、皂市、湖北黄陂盘龙城等等，可以证明商文化曾直达长江中游，在那里建立起商王朝的南土。”《商颂·殷武》则有：“维女荆楚，居国南乡。”《牧誓》中商末周初的八国，庸、蜀、羌、髳、微、卢、彭、濮”多半在汉水以南。《墨子·非攻下》有“昔者楚熊丽始讨此睢山之间。”

2. 周初楚国受封望不过江、汉

《左传·昭公九年》“及武王克商，……巴、濮、楚、邓吾南土也。”这是成王封熊绎前“楚为南土”的确证。而南土的“巴、濮、楚、邓”均在北纬32度线附近。《哀公六年》楚昭王曰：“三代命祀，祭不越望。江、汉、雎、章，楚之望也。”《楚世家》：昭王曰：自吾先王受封，望不过江、汉……《葛陵简甲三11、24》：“昔我先出自追，宅兹沮（雎）、章。”

周初开始楚人向周王进贡的“包茅”乃“荆山”特产。

这些都是周初楚国在江、汉之间、荆山附近的确证。

3. 周昭王时楚国在汉南

《吕氏春秋·音初》云：“周昭王将亲征荆，……还反涉汉，梁败，王及祭公抎（陨）于汉中。”李学勤先生根据《京师畯尊》铭文“王涉汉伐楚”指出“不管成王时所封熊绎的丹阳是不是丹淅一带，昭王时的楚都只能是在汉南了”。

4. 熊渠长子句亶王的封地在“今江陵”

关于“句亶的封地”，《楚世家》集解引张莹曰：“今江陵也。”《楚世家》也有，熊渠所封三子“皆在江上楚蛮之地”。这是句亶王的封地在“今江陵”的相关信息。成王三十九年：“灭夔，夔不祀祝融、鬻熊故也。”夔地在江陵以西今奉节，或许是熊渠长子封于江陵后，夔子先辈才得以自窜夔地。

不能把《战国策》编造的故事作为信史——以“楚太子在齐质”的三个故事为例

摘要：《战国策》中不少篇章偏离史实、虚构情节以突出计谋的效果。书中编造的故事很多，突出的例子有描写同一历史事件的三故事：“齐策三”“楚王死太子在齐质”，“楚策二”“楚襄王为太子之时”，“楚策四”“长沙之难”，它们都与史不符史。杨宽《战国史》采用“齐策三”编造的故事，致使史实不清，逻辑混乱。

关键词：战国策；楚襄王；战国史

一、美妙的“连环计”——楚襄王为太子之时

《战国策·楚策二》：

楚襄王为太子之时，质于齐。怀王薨，太子辞于齐王而归。齐王隘之：“予我东地五百里，乃归子。子不予我，不得归。”太子曰：“臣有傅，请追而问傅。”傅慎子曰：“献之地，对于为身也。爱地不送死父，不义。臣故曰，献之便。”太子入，致命齐王曰：“敬献地五百里。”齐王归楚太子。太子归，即位为王。齐使车五十乘，来取东地于楚。楚王告慎子曰：“齐使来求东地，为之奈何?”“王明日朝群臣，皆令献其计。”上柱国子良入见。王曰：“寡人之得求反，王坟墓、复群臣、归社稷也，以东地五百里许齐。齐令使来求地，为之奈何?”子良：“王不可不与也。王身出玉声，许强万乘之齐而不与，则不信，后不可以约结诸侯。请与而复攻之。与之信，攻之武。臣故曰与之。”子良出，昭常入见。王曰：“齐使来求东地五百里，为之奈何?”昭常曰：“不可与也。万乘者，以地大为万乘。今去东地五百里，是去战国之半也，有万乘之号而无千乘之用也，不可。臣故曰勿与。常请守之。”昭常出，景鲤入见。王曰：“齐使来求东地五百里，为之奈何?”景鲤曰：“不可与也。虽然，楚不能独守。王砷出玉声，许万乘之强齐也而不与，负不义于天下。楚亦不能独守。臣请西索救于秦。”景鲤出，慎子入，王以三大夫计告慎子曰：“子良见寡人曰：‘不可不与也，与而复攻之。’常见寡人曰：‘不可与也，常请守之。’鲤见寡人曰：“不可与也，虽然楚不能独守也，臣请索救于秦.’寡人谁用于三子之计?”慎子对曰：“皆用之。”王怫然作色曰：“何谓也?”慎子曰：“臣请效其说，而王且见其诚然也。王发上柱国子良车五十乘，而北献地五百里于齐。发子良之明日，遣昭常为大司马，令往守东地。遣昭常之明日，遣景鲤车五十乘，西索救于秦。”王曰：“善。”乃遣子良北献地于其齐，遣子良之明日，立昭常为大司马，使守东地。又遣景鲤西索救于秦。子良至齐，齐使人以甲受东地。昭常应齐使曰：“我典主东地，且与死生。悉五尺至六十，三十余万弊甲钝兵，愿承下尘。”齐王谓子良曰：“大夫来献地，今常守之何如?”子良曰：“臣身受命弊邑之王，是常娇也。王攻之。”齐王大兴兵，攻东地，伐昭常。未涉疆，秦以五十万临齐右壤。曰：“夫隘楚太子弗出，不仁；又欲夺之东地五百里，不义。其缩甲则可，不然，则愿待战。”齐王恐焉。乃请子良南道楚，西使秦，解齐患。士卒不用，东地复全。①

如此美妙的“连环计”可惜不是史实。但是，采信此说之人，并不少见。例如：

杨义先生在《老子还原》“郭店楚墓竹简本与《老子》传播方式”中说：

《战国策·楚策》记载：“楚襄王为太子之时，质于齐。”这是楚怀王二十九年的事，陪同太子入质于齐的，是太子傅慎子。第二年，怀王入秦被拘，太子欲归国即位，齐王作梗，要他献上东部五百里地才放行。太子傅慎子主张献地，因而楚太子被放归，即位为顷襄王。随之，

① 缪文远：《战国策新校注》，巴蜀书社 1998 年版，第 529—532 页。

齐国派使者索取五百里地，如何应对？有大臣主张割地以不失信于诸侯；有大臣反对割地太多，不如坚守；有大臣出计，不可独守而求援于秦，各执一词，主意莫定。顷襄王问计于慎子，慎子主张三计并用：“王发上柱国子良车五十乘，而北献地五百里于齐。发子良之明日，遣昭常为大司马，令往守东地。遣昭常之明日，遣景鲤车五十乘，西索救于秦。”三计并用，楚献地次日，即发兵三十万守东土，又有秦兵五十万东进为应。楚国最终收到了“士卒不用，东地复全”的效果。①

这是把“楚策”的“策论”当作史实的误论，不能成立。

（一）与《史记》矛盾

故事的编造者为了使故事圆满可信，回避了事件的真实起因，把《楚世家》“吾王在秦不得还，要以割地，而太子为质于齐，齐、秦合谋，则楚无国矣”，昭雎“乃诈赴于齐”改为“怀王薨，太子辞于齐王而归”。为了误导读者，更进一步编造出：“傅慎子曰：‘献之地，对于为身也。爱地不送死父，不义。臣故曰，献之便。’”事实是“吾王在秦不得还”，不存在“爱地不送死父”的事。

故事的编造者，隐匿齐王的最后决定：“齐王卒用其相计而归楚太子。”代之以议事过程中的设想“予我东地五百里，乃归子。子不予我，不得归”编造出：“太子入，致命齐王曰：‘敬献地五百里。’”《楚世家》所记的史实是：齐愍王最后还是采纳了齐相（孟尝君）的意见，让太子横回国，并无“敬献地五百里”的承诺。

此计是否成立的关键是：楚国会不会不顾怀王仍被秦扣留的屈辱而向秦国求救？秦国可不可能放弃要楚国割让巫、黔中之郡，而无条件救楚？

对于正处于针锋相对的楚、秦两国来说，这两条都是不可能做到的。尤其是楚国，立新王就是为了对付秦国：“赖社稷神灵，国有王矣！”怎么可能反而去求秦国呢？秦更不可能为了帮助楚国，“秦以五十万临齐右壤。”秦国使诡计骗楚怀王入秦，无信；扣留楚怀王不放归，不仁；强要割巫、黔中之郡，不义。有什么资格说别人：“夫隘楚太子弗出，不仁；又欲夺之东地五百里，不义。”

事实是：“顷襄王横元年，秦要怀王不可得地，楚立襄王以应秦，秦昭王怒，发兵出武关攻楚，大败楚军，斩首五万取析十五城而去。”“顷襄王三年，怀王卒于秦，秦归其丧于楚。楚人皆怜之，如悲亲戚。诸侯由是不直秦。秦楚绝。”

“楚襄王为太子之时”的论述与秦、齐两国的表现恰恰相反。

（二）与当时形势不合

楚顷襄王立为国君前的形势：前302年入质于秦的楚太子横，在私斗中杀死了一个秦大夫逃回楚国，秦楚关系恶化。前301年楚怀王二十八年，秦使庶长奂攻楚；孟尝君发动齐、魏、韩三国之军，由齐将匡章统率，带了魏将公孙喜、韩将暴鸢共攻楚方城。结果在泚水旁的垂沙（今河南唐河西南）大败楚军，杀楚将唐蔑（昧），宛、叶以北的土地也为韩、魏两国所取得。孟尝君主持合纵大胜楚军之后，声势显赫。秦昭王闻其贤，使泾阳君质于齐，欲召孟尝君入秦。前300年秦使华阳君芈戎复攻楚，大破楚，斩首三万，杀其将景缺。这时楚受到齐、秦两面进攻，再加上庄蹻起事，楚国出现分裂局面。怀王恐使景翠以六城赂齐，并使太子横为质于齐以求平。前300年秦昭王召孟尝君，入秦为相。

赵武灵王采用“结秦连宋之交”的策略，派大臣金投入秦进说昭王：“薛文贤而又齐族也，今相秦，必先齐而后秦，秦其危矣！”前299年秦昭王就把孟尝君拘留起来要杀他，他依靠食客中的鸡鸣狗盗之徒，逃出函谷关。回到齐国仍旧任齐相。前299年楚怀王入秦被扣留，要楚怀王割让巫、黔中之郡……昭雎“诈赴于齐”，齐相孟尝君为了联楚抗秦，把太子横放归楚国，立为楚顷襄王。孟尝君回齐后，满怀对秦国的怨恨，积极准备复仇。从前298年到前296年终于攻入函谷关，迫使秦国求和。

这三年因为秦与齐、韩、魏作战，秦、齐两国无力他顾，才使楚国得到喘息的机会。而不是慎子等人的计谋挽救了楚国。

二、《战国策·楚四》的“长沙之难”

此篇近似于“楚襄王为太子之时”的缩写版。其文曰：

① 杨义：《老子还原》，中华书局2011年版。

长沙之难，楚太子横为质于齐。楚王死，薛公归太子横，因与韩、魏之兵随而攻东国。太子惧。昭盖曰："不若令屈署以新东国为和于齐以动秦。秦恐齐之败东国而令行于天下也，必将救我。"太子曰："善。"遽令屈署以东国为和于齐。秦王闻之惧，令辛戎告楚曰："毋与齐东国，吾与子出兵矣。"①

潘啸龙先生说：

《战国策·楚四》：亦有一段文字，记楚太子横归国后的一段史实：楚王死，薛公归太子横。因与韩魏之兵，随而攻东国。太子惧。昭盖曰："不若令屈署以新东国为和于齐以动秦。秦恐齐败东国而令行于天下也，必将救我。"太子曰："善。"遽令屈署以东国为和于齐。②

潘先生用它作为"怀王三十年放逐屈原之佐征"，显然与史不符。

三、古老而精彩的历史剧——楚王死太子在齐质

《战国策·齐三》"楚王死太子在齐质"：

楚王死，太子在齐质。苏秦谓薛公曰："君何不留楚太子以市其下东国?"薛公曰："不可，我留太子，郢中立王，然则是我抱空质而行不义于天下也。"苏秦曰："不然，郢中立王，君因谓其新王曰：'与我下东国，吾为王杀太子，不然，吾将与三国共立之。'然则下东国必可得也。"

苏秦之事，可以请行；可以令楚王亟入下东国；可以益割于楚；可以忠太子而使楚益入地；可以为楚王走太子；可以忠太子使之亟去；可以恶苏秦于薛公；可以为苏秦请封于楚；可以使人说薛公以善苏子；可以使苏子自解于薛公。苏秦谓薛公曰："臣闻'谋泄者事无功，计不决者名不成。'今君留太子者，以市下东国也。非亟得下东国者，则楚之计变，变则是君抱空质而负名于天下也。"薛公曰："善。为之奈何?"对曰："臣请为君之楚，使亟入下东国之地。楚得成，则君无败矣。"薛公曰："善。"因遣之。谓楚王曰："齐欲奉天子而立之。臣观薛公之留太子者，以市下东国也。今王不亟入下东国，则太子且倍王之割而使齐奉己。"楚王曰："谨受命。"因献下东国。——故曰可以使楚亟入地也。谓薛公曰："楚之势，可多割也。"薛公曰："奈何?""请告太子其故，使太子谒君，以忠太子，使楚王闻之，可以益入地。"——故曰可以益割于楚。谓太子曰："齐奉太子而立之，楚王请割地以留太子，齐少其地。太子何不倍楚之割地而资齐，齐必奉太子。"太子曰："善。"倍楚之割而延齐。楚王闻之恐，益割地而献之，尚恐事不成。——故曰可以使楚益入地也。谓楚王曰："齐之所以敢多割地者，挟太子也。今已得地而求不止者，以太子权王也。故臣能去太子。太子去，齐无辞，必不倍于王也。王因驰强齐而为交，齐辞，必听王。然则是王去仇而得齐交也。"楚王大悦，曰："请以国因。"——故曰可以为楚王使太子亟去也。谓太子曰："夫专楚者王也，以空名市者，太子也，齐未必信太子之言也，而楚功见矣。楚交成，太子必危矣。太子其图之。"太子曰："谨受命。"乃约车而暮去。——故曰可以使太子急去也。苏秦使人请薛公曰："夫劝留太子者，苏秦也。苏诚非诚以为君也，且以便楚也。苏秦恐君之知之，故多割楚以灭迹也。今劝太子者，又苏秦也，而君弗知，臣窃为君疑之。"薛公大怒于苏秦。——故曰，可使人恶苏秦于薛公也。又使人谓楚王曰："夫使薛公留太子者，苏秦也；奉王而代立楚太子者，又苏秦也，割地固约者，又苏秦也；忠王而走太子者，又苏秦也；今人恶苏秦于薛公，以其为齐薄而为楚厚也。愿王之知之。"楚王曰。"谨受命。"因封苏秦为武贞君。——故曰可以为苏秦请封于楚也。又使景鲤请薛公曰："君之所以重于天下者，以能得天下之士，而有齐权也。今苏秦天下必辩士也，世与少有。君因不善苏秦，则是围塞天下士，而不利说途也。夫不善君者且奉苏秦，而于君之事殆矣。今苏秦善于楚王，而君不蚤亲，则是身与楚为仇也。故君不如因而亲之，贵而重之，是君有楚也。"薛公因善苏秦。——故曰可以为苏秦说薛公以善苏秦。③

---

① 缪文远：《战国策新校注》，巴蜀书社 1998 年版，第 564 页。
② 潘啸龙：《关于屈原放逐问题的商榷》，《安徽师范大学学报》1980 年第 3 期，第 86—95 页。
③ 缪文远：《战国策新校注》，巴蜀书社 1998 年版，第 353—359 页。

此文把苏秦吹捧得神乎其神。文中创造了一个历史根本不存在的“楚国新君”，使得齐国与楚新君与太子的关系复杂化。苏秦就利用这三者间的矛盾，五次向孟尝君进言，三次去“楚国新君”游说，两次拜见楚太子。“三番五次”地把“齐相孟尝君”“楚太子”和“楚国新君”玩弄于股掌之间，让他们听凭苏秦的摆布最后完成了他预先拟定的“十个可以”，从中获得很大利益。

这是《战国策》中描写“楚太子在齐质”的第三个版本，与前两个差异较大。从历史的角度看都偏离了历史的真实，若把它们看作文学作品则写得很好，尤其是这篇可看作精彩的历史剧。

四、杨宽《战国史》采用了失实的“楚策三”

杨宽《战国史》第八章“楚怀王被秦拘留”曰：

> 当太子横向齐愍王告辞而归时，齐王要太子献东地五百里而归，太子请问其傅慎子后，就答应献地而归。太子横回楚即位为王，就是楚顷襄工。当齐遣使来索取东地时，楚王朝见群臣，要大臣献计，上柱国子良主张守信献地，然后发兵攻取；昭常主张不给与，发兵加以防守；景鲤主张求救于秦。慎子主张三人所献之计都采用，先派子良去献地，接着派昭常为大司马而往守东地，再派景鲤入秦求救。等到齐大兴兵进攻楚东地，秦已发出救兵，因而齐退兵。（“楚策三”）①

杨宽先生摈弃《史记》，采用“楚策三”中编造的故事。其文不顾“楚怀王被秦拘留”的屈辱，反倒“派景鲤入秦求救”？可见其不合情理，有违史实。

① 杨宽：《战国史》（增订本），上海人民出版社1998年版，第369页。

“和氏璧”探源——附“隋侯之珠”

摘要：“和氏璧”多半是“月光石”。卞和得玉璞，或因追捕猎物，或因旅游、访友，或因……总之他“不期而遇”的在山中得到了玉璞。其后当然是先带回家，再“奉而献之王”。卞和“抱其璞而哭于楚山之下，三日三夜，泪尽而继之以血”，也应当在其“楚山”之家。古籍记载“和氏得玉璞楚山中”，这“楚山”或者是指和氏居住地，或者是指他得玉璞之地。和氏居住的“楚山”，以湖北南漳—保康的“荆山”可能性最大。郝用威先生在神农架发现月光石原生矿床证明和氏璧可能出产在鄂西山区。

关键词：和氏璧；玉璞；月光石；楚山

一、和氏璧

在我国历史上，有两件齐名天下为历代帝王必争的宝物，那就是和氏之璧与隋侯之珠。

《墨子》云：“和氏之璧，隋侯之珠……此诸侯之良宝也。”

《韩非子·和氏》：

> 楚人和氏得玉璞楚山中，奉而献之厉王。厉王使玉人相之。玉人曰：“石也。”王以和为诳，而刖其左足。及厉王薨，武王即位。和又奉其璞而献之武王。武王使玉人相之。又曰：“石也。”王又以和为诳，而刖其右足。武王薨，文王即位。和乃抱其璞而哭于楚山之下，三日三夜，泪尽而继之以血。王闻之，使人问其故，曰：“天下之刖者多矣，子奚哭之悲也?”和曰：“吾非悲刖也，悲夫宝玉而题之以石，贞士而名之以诳，此吾所以悲也。”王乃使玉人理其璞而得宝焉，遂命曰：“和氏之璧。”

《史记·廉颇蔺相如列传》：

> 和氏璧，天下所共传宝也。

东方朔《七谏·怨世》云：

> 悲楚人之和氏兮，献宝玉以为石。遇厉武之不察兮，羌两足以毕斮。

《尔雅·释器》中说“肉倍好谓之璧”（肉指璧体半径，好指内孔半径），是一种扁体圆形环状玉器，古代重要的礼器。

卞和得玉的故事，古籍记载并没有疑义，但是在时间、地点上差异很大。《韩非子》记载为楚厉王至文王时代；汉代刘向《新序》中则记为楚共王之时，而一些地志和杂记又谓在楚平王之时，前后相差150多年。

“和氏玉”又称“荆山玉”。曹植《与杨祖德书》云：“人人自谓握灵蛇之珠，家家自谓抱荆山之玉。”

西晋傅咸《玉赋》说：“当其潜光荆野，抱璞未理，众视之以为石，独见知于卞子。”相玉高手被称为“玉眼”。不知道卞和从何处学得这么高超的相玉本领，能够把一块毫不起眼的、“玉人”都看不出来的毛石，认定其内涵是价值连城的美玉。俗话之“有眼不识金镶玉”，或许就是“有眼不识荆山玉”的讹变。

（一）和氏抱璞之“楚山”的地望

卞和之得玉璞，或因追捕猎物，或因旅游、访友，或因……总之他在山中“不期而遇”的得到了玉璞，其后，当然是先带回家，再“奉而献之王”……卞和“抱其璞而哭于楚山之下，三日三夜，泪尽而继之以血”，也应当在其“家”中。古籍记载“和氏得玉璞楚山中”，这“楚山”多半是指和氏居住的地点，而不一定是他得玉璞之处。而得玉璞的实际地点可以在其附近，也可以距离较远（而且他不一定告诉外人）。

和氏抱璞之“楚山”的地望，历代均有考证，以湖北南漳—保康的“荆山”可能性最大。

1. 湖北南漳—保康的“荆山”

《山海经·中山经》：

中次八山。荆山之首，曰景山，其上多金玉，其木多杼檀。雎水出焉，东南流注于江，其中多丹粟，多文鱼。东北百里，曰荆山，其阴多铁，其阳多赤金，其中多牦牛，多豹虎，其木多松柏，其草多竹，多橘櫾。漳水出焉，而东南流注于雎，其中多黄金，多鲛鱼，其兽多闾麋。

《辞源》（商务印书馆1983年修订版）释荆山：

《书·禹贡》：

荆及衡阳惟荆州；汉《孔安国传》：“北据荆山，南及衡山之阳。”相传卞和得璞于楚荆山，即此。

晋庾仲雍《荆州记》：

西北三十里有清溪，溪北即荆山，首曰景山，即卞和抱璞之处。

宋《太平寰宇记》：

卞和得璞于荆山，即此；顶上有池，并有石室，相传云是卞和宅。

明天顺年间《襄阳郡志·山川篇》载：

荆山在（南漳）县西南三百里（当时以小道里程计算），即禹贡南条荆山有石室，相传卞和得玉璞于此。

《方舆纪要》载：

荆山顶有池，旁有石室，相传卞和宅，上有抱玉岩。

清《一统志》谓：

下有抱玉岩，即卞和得玉处。

《中国名胜词风俗》：

湖北南漳县城西约75公里的荆山南麓，峰峦峻秀，松柏葱郁，洞窟幽奥，溪泉萦回；有岩高百仞，壁削如屏，曰：‘玉印岩’，相传卞和得璞于此，故名。

《湖北通志》载：

案《韩非子》云卞和得玉楚荆山，其地在今南漳县，盖《禹贡》之南条荆山也。

2. 湖北阳新说

《中国古今地名大辞典》载：

“荆山在湖北阳新县北五十里”，并引《舆地纪胜》云：“为卞和得璞之所。”

3. 安徽芜湖

《太玉府志》载：

芜湖县东南十六里，介天成湖与长河之间，有大、小二山，曰大荆，曰小荆；上有鹤迹、龟文之石。”《九域志》谓：大荆山即卞和得玉处。山崖有“寒壁”二字，为明御史骆曾所刻。“荆山寒壁”为芜湖八景之一。宋时宣城人梅尧臣有《荆山》诗云：“和楚人，滋楚地；泣玉山，无所记。但见楚人夸产玉，古庙幽幽无鬼哭；倘有鬼，定无足。”

4. 安徽怀远县说

《怀远县志》：

荆山，县新倚也，在治西南，滨淮突起。

《水经注》载：

淮水出荆出之左，当涂山之右，奔流二山之间。

《图经》云：

荆涂二山本相联属，禹凿为二，以通淮流。

清康熙《凤阳府志》：

今两崖间凿痕犹存；（荆山）高一百八十五丈，周围十七里，东有卞和洞。

《中国名胜词典》：

怀远县荆山有抱璞岩，传为卞和抱璞泣血之所。岩上有卞和洞，天然形成，幽深宽广，可容数十人；岩壁有摩崖书刻“青螺石帐”四字；洞上有坑，曰“采玉”，坑内有玉石层叠，晶莹闪亮，恍若白云攒集，俗称“白云堆”。洞左有溪，碧流淙淙，名曰“濯玉涧”，传为卞和濯璞于此，故名；右有阁，曰“青山”，又名“梓潼”，其内旧有唐人胡曾《荆山诗碑》，上刻其诗云：“抱璞岩前桂叶稠，碧溪寒水至今流。空山日落猿声啼，疑是荆人哭未休。”宋哲宗元祐七年（1092年）上巳节，苏东坡自颍州改知扬州途中，曾慕名率子苏迨、苏过同游荆山，留诗咏叹：“荆山碧相照，楚水清可乱。刖人有余坑，美石肖温瓒。”

5. 今人还有“高淳县东三十公里的桠溪荆山”说等

（二）“和氏璧”可能为月光石

1921年，著名地质学家章鸿钊分析推测，“和氏璧”应是一种珍稀的具有碧绿、洁白闪光的月光石。他在《石雅·玉石》中指出：“其内有无数平行结晶薄片，相互映射而放蓝白或真珠光彩，又如秋月清辉，湛然莹结，故名月光石。此亦惟一面而言，他面则随石之本色而异。假曰和璧即此。”

月光石：为钾、铝硅酸盐矿物（K［$Al_2Si_2O_8$］）、（Ca［$Al_2Si_3O_8$］）、（$NaAl_2Si_3O_8$）、翠（$NaAl_2O$［Si_2O_6］）——钾长石，和少量层状钠长石微晶交替排列，折光率稍有差异可对光发生散射，伴有干涉或衍射，在某一角度看它时就出现蓝绿、紫红、金黄等色调的晕彩（其他角度看不见），如同柔和朦胧的月光，微芯片愈薄晕彩愈明亮。月光石通常是为半透明乳白色（透明者称冰长石），具有漂游波状蓝色晕彩者，质量最佳。硬度6—6.5，比重2.55—2.61，折光率1.518—1.526，二轴晶系，左旋光。

价值连城的“和氏璧”，据唐 杜光庭《录异记》记载“侧而视之色碧，正而视之色白”。可能就属于月光石制品。

2001年，在“中国观赏石博览会”上，展出已故地质学家、宝玉石和观赏石专家袁奎荣以变彩拉长石复制的“和氏璧玉玺”，玺为正方形，底刻“受命于天，既寿永昌”八个字，上雕螭虎纽。此玺呈墨绿色，在阳光的照射下，会散透出点点晶莹的蓝光。

历史文献中关于秦国传国玉玺的记载，指明是用蓝田玉制成，与“和氏璧”无关。而且，璧是中心带圆孔的扁圆形的玉，璧身比较薄，要改造成厚重的、正方形的传国玺几乎不可能。

袁奎荣先生以变彩拉长石复制的玉玺与“纯白，光润无瑕；侧而视之色碧，正而视之色白”的“和氏璧”，更是风马牛不相及。

变彩拉长石（Labradorite）成分以钙、铝的硅酸盐（Ca［$Al_2Si_3O_8$］）矿物为主，少部分钠、铝的硅酸盐（$NaAl_2Si_3O_8$）。属于斜长石的一种。因发现于加拿大拉布拉多海岸而得名。外表黝黑不平，不透明至半透明，少数透明度较高，玻璃光泽。折光率一般1.55，双折射率0.07，色散0.12。硬度6—6.5，比重2.7。由于不同方向的微细片状包体和析离薄层条带对光的不同吸收和干涉，转动宝石时会出现艳丽的蓝、绿、橙、红色或其他颜色——变彩（Play of Fire）。故名彩虹拉长石，亦称“光谱石”。

钾、铝硅酸盐的月光石，与钠、铝硅酸盐的翡翠（$NaAl_2O$［Si_2O_6］）成分相近。而月光石在转动时沿一定方向有时可见到美丽的蓝绿、紫红、金黄等色调的晕色。这是翡翠所没有的，但是，翡翠的韧性很好。长石类宝石，产于基性岩浆岩侵入体、伟晶岩和片麻岩中。原生矿床产状多为串珠状凸镜体或结核体。

荆山西南的神农架地区分布有基性岩浆岩，具备生成月光石母岩的地质条件。湖北省地矿局高级工程师郝用威有一次跋涉到神农架腹地的板仓坪阴峪河时，发现凸起的台隆北缘有一条北西走向的断裂带，其中凸镜状、层状的岩体，像卧龙身上的鳞片反射出银白色的光。郝用威先生沿着岩体走向踏勘，发现三个基性岩体，其边缘为细粒辉绿岩，向内过渡为粗粒辉长岩，最里边为晶体巨大的斜长岩。有的斜长岩内还包裹着透明、半透明的另一种长石。敲打下来的标本在阳光下发出变化的光泽，还有晕彩现象。郝用威先生预感到这可能是一种不同寻常的宝石——月光石。

1986年，在全国地学史学术会上，郝用威先生以《和氏璧探源》为题宣布：“和氏璧为月光石，产于神农架南漳（？）西部沮水（？）之源的板仓坪、阴峪河一带，那里是当年卞和抱璞之处……”① 这一发现获得了我国地质、考古、宝石界学者专家的好评，在海内外引起轰动。

① 邢霄若：《揭开和璧隋珠之谜》，《中国宝玉石》1998年第1、2期。

（三）卞和得玉璞于山间河谷

大多数高档、特级玉璞产于河床之次生冲积砾石、巨砾之中。经过风化、水流搬运，一些质量差，有裂隙，结构松散的玉璞，被自然淘汰，而保留于河床中的，主要是些质地高档，结构紧密的玉璞。故而原生矿床中，高档玉石较少。例如，缅甸翡翠（硬玉）原生矿床分布于雾露河上游干昔山地区，主要产中低档硬玉。产地有度摩、马萨、凯苏、散卡、圣卡摩、缅摩、乱目岗等地。

河床冲积、洪积层中的搬运次生硬玉矿床，常有高档、特级翡翠产出。特点为薄皮，磨圆度好，称水石。分布于雾露河两岸，从散卡到达木坎，及坎底河中段。主要产地有帕岗、摩东、麻蒙、达木坎、后江等地。

明宋应星《天工开物·珠玉》也说：

> 玉璞不藏深土，源泉峻急激映而生。然取者不于生处，以急湍无着手。俟其夏月水涨，璞随湍流徙，或百里，或二三百里，取之河中。凡玉映月精光而生，故国人沿河取玉者，多于秋间明月夜，望河候视。玉璞堆聚处，其月色倍明亮。凡璞随水流，仍错杂石浅流之中，提出辨认而后知也。
>
> 璞中之玉，有纵横尺余无瑕玷者，古者帝王取以为玺。所谓连城之璧，亦不易得。

由此推测，卞和所得之玉璞，多半在山间河谷之中，而不是采掘于山中“原生矿床”。

前文已叙，古籍记载“和氏得玉璞楚山中”，这“楚山”多半是指和氏居住的地点。而不是他得玉璞之地点。得玉璞的实际地点，可以在其附近，也可以距离较远——例如距离“荆山”一百来公里的今神农架地区。而不必拘泥于卞和居家的地点。——宝康——南漳之“荆山”。

郝用威先生在神农架发现月光石原生矿床，证明鄂西山区可能出产宝石，这的确是一项重要发现。但是，郝先生说：“和氏璧为月光石，产于神农架南漳西部沮水之源的板仓坪、阴峪河一带……”郝先生把“神农架”与“南漳”扭在一起，实在没有必要。在地理位置上也说不过去。神农架“板仓坪”，与“南漳”县的直线距离约一百五十公里。“沮水之源”既不在“板仓坪”，也不在“南漳”，而是在两者之间的宝康县歇马镇（欧店）西南。就矿床学来看，特级玉璞多产于河床之次生冲积砾石中，不一定出于原生矿床。从情理上说，上古之卞和，要在山区采掘原生矿床而“得玉璞”，可能性不大。

（四）“和氏璧”的流传

昭阳将军为楚国令尹、上柱国。楚威王七年（前333年），昭阳率兵攻打越国，杀死越国国君无疆，越国疆土多并入楚国。为此，楚威王将“和氏璧”赐给昭阳，又将今兴化一带“古勃海之地”封给昭阳为食邑。（可见楚王重“贤能之‘人’”而不重“和氏璧之‘物’”。）

昭阳某日请客时，出璧让宾客观赏，席散时璧却不翼而飞。虽多方搜求也毫无下落。约五十年后，和氏璧为赵国太监缪贤所得，后为赵惠文王搜得据为己有。

《东周列国志》第九十六回记有这段故事：

> 赵惠文王宠用一个内侍，姓缪名贤，官拜宦者令，颇干预政事。忽一日，有外客以白璧来求售，缪贤爱其玉色光润无瑕，以五百金得之，以示玉工。玉工大惊曰：“此真和氏之璧也！楚相昭阳因宴会偶失此璧，疑张仪偷盗，捶之几死，张仪以此入秦。后昭阳悬千金之赏，购求此璧，盗者不敢出献，竟不可得。今日无意中落于君手，此乃无价之宝，须什袭珍藏，不可轻示于人也。”缪贤曰：“虽然，良玉何以遂为无价？”玉工曰：“此玉置暗处，自然有光，能却尘埃，辟邪魅，名曰‘夜光之璧’。若置之座间，冬月则暖，可以代炉；夏月则凉，百步之内，蝇蚋不入。有此数般奇异，他玉不及，所以为至宝。”缪贤试之，果然。乃制为宝椟，藏于内笥。早有人报知赵王，言：“缪中侍得和氏璧。”赵王问缪贤取之，贤爱璧不即献。赵王怒，因出猎之便，突入贤家，搜其室，得宝椟，收之以去。……

小说中的描写，不免有夸张之处。接下来是众所周知的前283年蔺相如“完璧归赵”的故事。《史记·廉颇蔺相如列传》：

> 赵惠文王时，得楚和氏璧。秦昭王闻之，使人遗赵王书，原以十五城请易璧。……于是王召见，问蔺相如曰：“秦王以十五城请易寡人之璧，可予不？”相如曰：“秦强而赵弱，不可不许。”王曰：“取吾璧，不予我城，奈何？”相如曰：“秦以城求璧而赵不许，曲在赵。赵予璧

而秦不予赵城，曲在秦。均之二策，宁许以负秦曲。”王曰：“谁可使者?”相如曰：“王必无人，臣原奉璧往使。城入赵而璧留秦；城不入，臣请完璧归赵。”赵王于是遂遣相如奉璧西入秦。……相如既归，赵王以为贤大夫使不辱于诸侯，拜相如为上大夫。秦亦不以城予赵，赵亦终不予秦璧。

六十一年后秦灭赵，和氏璧归秦。秦王政十年，李斯在上《谏逐客书》中提到：“今陛下致昆山之玉，有隋和之宝”，这“隋和之宝”即指“隋侯之珠”，说明“和氏璧与隋侯珠”两宝都在始皇之手。

唐张守节《史记正义》引北魏崔浩之言，称秦玺是“李斯磨和璧作之”；唐末五代道士杜光庭《录异记》说：岁月之精坠于荆山，化而为玉，卞和得之献其玉，后入赵、献秦、始皇统一天下琢为受命玺。元崔彧在《进传国玺笺》中也说秦始皇将和氏璧作成方四寸的玺，命李斯篆文，孙寿刻字，曰：“受命于天，既寿永昌。”这些传说并未证实。

那么，和氏璧到底流落到何处呢？目前有两种推测：一种认为和氏璧被作为随葬品埋在了秦始皇陵墓内。另一种推测认为和氏璧可能在秦末战争中遗失，或被项羽掠夺去。秦末，项羽率兵进攻咸阳，焚烧秦宫殿，挖掘秦陵墓，掠夺宝物、美女，和氏璧可能就在其中。但随后而来的楚汉战争中，项羽兵败，使和氏璧下落不明。它或许藏在项羽的都城彭城（今江苏徐州），或许遗落在项羽败死的垓下（今安徽灵璧）。

（五）“传国玉玺（和氏璧?）”的下落

刘邦入咸阳，子婴“奉天子玺符，降轵道旁”。刘邦将子婴奉献的秦玉玺作为自己的玺印，号曰“汉传玉玺”。

西汉末年公元前 1 年，汉哀帝刘欣病死，幼帝刘婴登基，“传国玉玺（和氏璧?）”由长乐宫皇太后代管。王莽篡位自立前，派堂弟逼皇太后交出“玉玺”，太后一怒之下将玺掷之于地（《汉书·元后传》），摔坏了玺钮的一角。王莽得到“玉玺”，命玉匠用黄金镶补。后王莽兵败被杀，禁卫军校尉公宾得到传国玺，赶至宛，献于刘汉更始帝刘玄。

公元 25 年，赤眉军杀刘玄，立刘盆子。“传国玉玺”一度挂在赤眉军首领的颈上。后刘盆子兵败宜阳，将传国玺拱手奉于东汉刘秀。

东汉末年，宦官专权。灵帝熹平六年，袁绍入宫诛杀宦官，段珪携帝出逃，玉玺失踪。献帝时，董卓作乱。孙坚率军攻入洛阳，意外得到传国玺。孙坚将玺秘藏于妻吴氏处。后袁术拘孙坚妻，夺玺。袁术死后，荆州刺史徐璆携玺至许昌，时曹操挟汉献帝在此，至此，传国玺又归汉室。

公元 220 年曹丕逼献帝禅让，汉亡。曹丕使人在传国玺肩部刻下隶字“大魏受汉传国玺”。

公元 265 年，司马炎“依样画葫芦”，称晋武帝，传国玺归晋。

公元 311 年，前赵刘聪虏晋怀帝司马炽，玺归前赵。

公元 329 年，后赵石勒灭前赵，得玺，在右侧加刻“天命石氏”。

公元 350 年，再传冉魏，后冉魏乞求东晋军救援，传国玺为晋将领骗走，并以三百精骑连夜送至首都建康（南京），传国玺重归晋朝司马家。

南朝，传国玺历经了宋、齐、梁、陈的更迭。隋朝一统中国，传国玺入了隋宫。

公元 618 年三月，隋炀帝杨广被杀于扬州江都，隋亡。萧后携太子元德带传国玺遁入漠北突厥。贞观四年，李靖率军讨伐突厥，萧后与元德太子返归中原，传国玺归于李唐。

唐末，天下大乱，公元 907 年，朱全忠废唐哀帝，夺传国玺，建后梁。公元 923 年，李存勖灭后梁，建后唐，传国玺也随着到了后唐。

公元 936 年，北京留守后晋石敬瑭带契丹军攻至洛阳，五代后唐末帝李从珂，怀传国玺登玄武楼自焚，传国玺就此失踪。

北宋哲宗时，农人段义犁地时发现传国玺，送至朝廷。各部各阁大学士经过多方论证，确认为始皇帝所制的传国玺。但是，此“传国玺”当时便有人怀疑是假的。

公元 1126 年，靖康之乱后，徽钦二帝被掠，传国玺也被大金国掠走，后不知所踪。

公元 1294 年，元世祖忽必烈去世，在大都传国玺忽现，叫卖于市，伯颜命人购得。

公元 1368 年，朱元璋在建康称帝，明初太祖遣徐达入漠北，追寻遁逃的蒙古朝廷，以期得到传国玺。最终还是空手而返。

清乾隆三年，江南河道总督高斌进贡所谓“传国玉玺”一方，玉色黝黑，上刻“受命于天，既寿永昌”。乾隆一看便知是“前代好事者仿刻”，视作玩物收入宫中。

二、“隋侯之珠”为何物？①

《韩非子·解老》：

> 和氏之璧，不饰以五采；隋侯之珠，不饰以银黄。其质至美，物不足以饰之。

隋珠，亦称“灵蛇之珠”。传说西周时代的隋侯，在渣水西侧的断蛇丘上救活了一条受伤的大蛇，后来这条蛇衔了一颗明珠送给隋侯，以报救命之恩，后人遂称之为“隋侯珠”。这个传说更给“隋珠”增添了神秘色彩。

楚灭隋，隋侯珠落入楚王之手。《刘向新序》记载，公元前350年左右，秦派使者观看楚国的宝器，楚宣王问令尹子西：“秦欲观楚之宝器，吾和氏之璧、隋侯之珠，可以示诸？”及至楚被秦灭，隋侯珠便落入秦始皇手中。秦始皇死后隋珠便无下文，或许已经成为秦始皇陪葬之物？

隋珠为何物？历代众说纷纭。

有的人以为是珍珠，故有“隋之明月，出于蚌蜃”。但珍珠的成分是碳酸钙，容易分解，很难流传久远。也有人认为是能发荧光的萤石。但萤石硬度低、易碎。早在浙江余姚河姆渡遗址中就有萤石制品，萤石不大可能视为稀世珍宝。故认为隋珠是金刚石的可能性比较大，但证据不充分。

郝用威先生一度在随县地质分队工作，而这里正是古隋国之地，即隋珠的原产地。郝用威先生决定利用此有利条件探解隋珠之源。他先到断蛇丘探察，发现断蛇丘与现今的渣水相距甚远，古河道可能变迁，而且这一带也找不到隋珠的踪迹。后来在大洪山考察时，在钟祥市九花寨的山中发现了金刚石矿的母岩——金伯利岩！这就意味着有金刚石原生矿床。郝用威敏锐地感觉到：隋珠可能是金刚石！

1978年11月，上级部署寻找金刚石，郝用威等地质队员很快就在分布金伯利岩的群山中发现了第一颗金刚石，尔后在近百平方公里的面积里发现金刚石矿点20余处，捡到金刚石40余颗……

1991年春天，郝用威在全国宝石矿物学会上宣读《隋珠探源》论文，论证隋珠系宝石级金刚石。在大洪山与桐柏山之间，蕴藏金刚石矿。海内外历史学家、考古学家、地质学家和宝石学家莫不为之震动。郝用威先生“和氏璧”之源与“隋珠”之谜的论文，可谓“珠联璧合”，足见地有奇宝，人有奇才。

① 邢霄若：《揭开和璧隋珠之谜》，《中国宝玉石》1998年第1、2期。

孟尝君入秦考

摘要：公元前300年孟尝君入秦为相，公元前299年被免，逃出秦国，公元前299年后期孟尝君回到齐国重新为相，公元前298年发动齐、韩、魏攻秦三年，得胜而返。

关键词：孟尝君；杨宽；战国史；晁福林

一、孟尝君入秦和逃离秦国的时间？

现代学者论著中，多认为孟尝君公元前299年入秦为相，次年逃回齐国。但是，此说时间上似乎衔接不上，与文献资料也不完全吻合。

（一）杨宽《战国史》第八章①

"孟尝君入秦为相"：公元前300年孟尝君就曾来到魏国，和魏襄王会于釜丘。……这年孟尝君不但会见了魏襄王，而且"秦昭王闻其贤，乃先使泾阳君为质于齐，以求见孟尝君"（《孟尝君列传》）。次年（前299年）泾阳君复归秦，秦昭王于是召孟尝君入秦为相……《孟尝君列传》记有人进说昭王："薛文贤而又齐族也，今相秦，必先齐而后秦，秦其危矣！"因而昭王于次年（前298年?）就免薛文的相职。《秦本纪》称："薛文以金受免，楼缓为丞相。"金受即金投，便是赵国大臣中亲秦而反齐的，为了赵的"结秦连宋之交"而入秦进说秦王，使楼缓代替孟尝君为秦相的。

"齐、韩、魏攻入秦函谷关"："孟尝君回到齐国重新为相，就发动齐、韩、魏合纵攻秦。公元前298年，齐、韩、魏三国便大规模地进攻秦国，一直攻到了函谷关。"

"楚怀王被秦拘留"："公元前299年……昭雎以为背王命而立庶子不适宜，因而诈言怀王已死而讣告于齐，召太子横回楚。当时苏秦正在齐国，建议孟尝君扣留太子以换取楚的'东国'，孟尝君认为不可，如果楚另立新王，就抱空质而行不义。苏秦认为可以对新王说：给我东国，我就杀太子，不然就将与三国共同拥立他，这样必定可得东国。"（《齐策三》）

杨宽的前299年"孟尝君入秦为相"论述与他书中的"前299年楚怀王被秦拘留"孟尝君在齐国为相似乎衔接不上。这里所写的孟尝君是入秦为相之前，还是从秦逃回以后？书中未明言。若是指入秦之前，从秦伐楚，取八城。怀王被秦拘留；到昭雎诈赴于齐，欲召太子横回楚，已经是前299年年末之时，孟尝君还来得及在前299年入秦为相吗？若是指从秦逃回之后再任齐相，从前299年入秦为相；到有人进说昭王、被秦拘留，又要在当年逃回齐国任相，似乎也太过匆忙。

若是把杨宽"因而昭王于次年就免薛文的相职"的"次年"，理解为前299年孟尝君入秦为相的次年——前298年。那么，它又与孟尝君组织的"前298年，齐、韩、魏三国大规模地进攻秦国，一直攻到了函谷关"的事件难以衔接。孟尝君不大可能在从秦国逃回来的当年，不经过充分准备，就能发动齐、韩、魏三国大规模进攻强秦。

（二）晁福林的《孟尝君考》②

晁福林说：

> 魏襄王十九年，当齐愍王二年，是年"泾阳君复归秦，薛文入相秦"（《史记·六国年表》）《史记·孟尝君列传》载"秦昭王闻其（按，指孟尝君）贤，乃先使泾阳君为质于齐，以求见孟尝君"。由于孟尝君答应入秦，所以第二年"泾阳君复归秦，薛文入相秦"（《史记·六国年表》）。孟尝君相秦仅一年就被免相。关于孟尝君被免相的原因……此年齐国允许为质子的楚太子横归楚，使秦扣留楚怀王为人质的计划破产。齐国此举无疑是与秦国为敌，故秦也就对孟尝君的影响产生怀疑，免其相位，乃势所必然。

---

① 杨宽：《战国史》（增订本），上海人民出版社1980年版，第370—371、375、369页。

② 晁福林：《孟尝君考》，《学习与探索》1997年第4期，第131—137页。

齐愍王三年孟尝君自秦复归齐时……再次为齐相。

前299年，他与魏襄王会于釜邱，同年，秦派泾阳君入齐跟他联系，翌年，他便入秦为相。由于秦国外交政策的改变，秦昭王不久就免去其相位并且将其囚禁。孟尝君得鸡鸣狗盗之徒的帮助于前298年逃归于齐，复被齐愍王任命为齐相。

所谓“攻秦三年”当指孟尝君从秦逃归后联络齐、魏、韩三国共攻秦以后的三年，实当前298—前295年。

晁福林的论述，前面说前299年“薛文入相秦”，后面说“翌年，他便入秦为相”，显然自相矛盾。按晁福林的说法，孟尝君在“前298年逃归于齐，复被齐愍王任命为齐相”，又要在当年就“联络齐、魏、韩三国共攻强秦”，时间上也太过匆忙，缺乏“攻强秦”这个重大战争的准备时间。可见他考定的“入秦和出秦”时间都晚了一年。但是，其孟尝君“逃归于齐，复被齐愍王任命为齐相”，“前298年齐、魏、韩三国共攻秦三年”还是对的。

2010年11月，西安公安局破获临潼区范家庄村秦东陵一号墓盗掘团伙，缴获战国晚期漆木高柄漆豆，其中完整的一件高柄漆豆盘底有针刻文“八年相邦薛君……八年丞相殳”等字。“八年”为秦昭襄王八年（前299年），“薛君”为孟尝君，“殳”为金投。漆豆由相邦、丞相共同监造，当为王室器。① 此豆之铭文表明秦昭襄王八年孟尝君是秦相（可能当年就被免职）。故孟尝君不可能在前298年才入秦。

二、有关资料摘要

《史记·孟尝君列传》：

秦昭王闻其贤，乃先使泾阳君为质于齐，以求见孟尝君。孟尝君将入秦，宾客莫欲其行，谏，不听。苏代谓曰：“今旦代从外来，见木禺人与土禺人相与语。木禺人曰：‘天雨，子将败矣。’土禺人曰：‘我生于土，败则归土。今天雨，流子而行，未知所止息也。’今秦，虎狼之国也，而君欲往，如有不得还，君得无为土禺人所笑乎?”孟尝君乃止。齐愍王二十五年，复卒使孟尝君入秦，昭王即以孟尝君为秦相。人或说秦昭王曰：“孟尝君贤，而又齐族也，今相秦，必先齐而后秦，秦其危矣。”于是秦昭王乃止。囚孟尝君，谋欲杀之。(P571)

《史记·六国年表》记：

(秦昭襄王八年）泾阳君复归秦。薛文入相秦。

《史记·楚世家》：

前301年，楚怀王二十八年，秦乃与齐、韩、魏共攻楚，杀楚将唐昧，取我重丘而去。

前300年，二十九年，秦大破楚，楚死二万，杀景缺。怀王恐，乃使太子为质于齐以求平。

前299年，三十年，秦复伐楚，取八城。秦骗楚怀王入秦，留楚王，要以割巫、黔中之郡。

昭雎乃诈赴于齐，齐王归楚太子。立为顷襄王。告于秦曰：“赖社稷神灵，国有王矣。”

前298年，顷襄王横元年，秦要怀王不可得地，楚立王以应秦，秦昭王怒，发兵出武关攻楚，大败楚军，斩首五万，取析十五城而去。

《史记·秦本纪》：

前301年，秦昭王六年，泾阳君质于齐。日食。

前300年，七年，拔新城。樗里子卒。

八年，齐、魏、韩、共攻楚方城，取唐昧。

九年，孟尝君薛文来相秦。

十年，楚怀王入朝秦，秦留之。薛文以金受免。

前296年，十一年，齐、韩、魏、赵、宋、中山五国共攻秦，秦与韩、魏河北及封陵

① 王辉等：《八年相邦薛君、丞相殳漆豆考》，《考古与文物》2011年第2期，第65页。

以和。

云梦睡虎地秦简“编年记”:①

前 301 年，六年，攻新城。

前 300 年，七年，新城陷。

前 299 年，八年，新城归。

前 298 年，九年，攻析。(《楚世家》：取析十五城而去。)

前 297 年，十年。

《史记·穰侯列传》:

昭王七年，樗里子死。而使泾阳君质于齐。赵人楼缓来相秦，赵不利，乃使仇液之秦，请以魏冉为秦相。仇液将行，其客宋公谓液曰：“秦不听公，楼缓必怨公。公不若谓楼缓曰‘请为公毋急秦’。秦王见赵请相魏冉之不急，且不听公。公言而事不成，以德楼子；事成，魏冉故德公矣。”于是仇液从之。而秦果免楼缓而魏冉相秦。

《史记·田敬仲完世家》:

前 323 年，齐愍王元年，秦使张仪与诸侯执政会于啮桑。

前 321 年，三年，封田婴于薛。

前 311 年，齐愍王十三年，秦惠王卒。

前 301 年，二十三年，与秦击败楚于重丘。

前 300 年，二十四年，秦使泾阳君质于齐。

前 299 年，二十五年，归泾阳君于秦。孟尝君薛文入秦，即相秦。文亡去。

前 298 年，二十六年，齐与韩魏共攻秦，至函谷，军焉。

前 296 年，二十八年，秦与韩河外以和，兵罢。

(注：史记此卷中，王年有很多错乱。)

《资治通鉴·卷三》:

慎靓王十四年，日有食之，既。

秦庶长奂会韩、魏、齐兵伐楚，败其师于重丘，杀其将唐眛；遂取重丘。

慎靓王十五年，秦泾阳君为质于齐。

慎靓王十六年，秦人伐楚，取八城。

秦王遗楚王书……王乃入秦。……要以割巫、黔中郡。……秦人留之。楚大臣患之，乃相与谋曰：“吾王在秦不得还，要以割地，而太子为质于齐。齐、秦合谋，则楚无国矣。”欲立王子之在国者。昭睢曰：“王与太子俱困于诸侯，而今又倍王命而立其庶子，不宜!”乃诈赴于齐。齐愍王召群臣谋之，或曰：“不若留太子以求楚之淮北。”齐相曰：“不可。郢中立王，是吾抱空质而行不义于天下也。”其人曰：“不然。郢中立王，因与其新王市曰：‘予我下东国，吾为王杀太子。不然，将与三国共立之。’”齐王卒用其相计而归楚太子。楚人立之。

秦王闻孟尝君之贤，使泾阳君为质于齐以请。孟尝君来入秦，秦王以为丞相。

三、孟尝君前 300 年入秦、前 299 年出秦

据上述史料综合整理可得出：前 301 年，孟尝君发动齐、魏、韩三国之军，由齐将匡章统率共攻楚方城，两军夹沘水列阵，相持六个月之久，结果在沘水旁的垂沙（今河南唐河西南）大败楚军，杀楚将唐蔑（眛），宛、叶以北的土地也为韩、魏两国所取得。

前 301 年孟尝君主持合纵大胜楚军之后，声势显赫。“秦昭王闻其贤，乃先使泾阳君为质于齐，以求见孟尝君。孟尝君将入秦，宾客莫欲其行，谏，不听。苏代谓……孟尝君乃止。”第二年（前 300 年）“复卒使孟尝君入秦，昭王即以孟尝君为秦相”。

赵武灵王怕秦、齐交好，不利于赵，就怂恿金投 进说秦昭王：“薛文贤而又齐族也，今相秦，必先

① 睡虎地秦墓竹简整理小组：《睡虎地秦墓竹简》，文物出版社 1990 年版，译文注释。

齐而后秦，秦其危矣!”（前 299 年）秦昭王就以楼缓为相，把孟尝君拘留起来要杀他。同年楚怀王入秦，秦扣留之。论证如下：

1. 齐、魏、韩、攻楚杀唐眛的时间——前 301 年

《楚世家》《资治通鉴》以及现代学者论著中都定为前 301 年。

《秦本纪》中，八年“杀唐眛”；九年，孟尝君薛文来相秦；“十年，扣留楚怀王”。都应当提前两年。（即“前 301 年、昭六年杀唐眛”；前“300 年、昭七年孟尝君薛文来相秦；前 299 年、昭八年扣留楚怀王”。）

2. 泾阳君质于齐——前 301 年

《秦本纪》：前 301 年，“秦昭王六年，泾阳君质于齐。日食”。

前 301 年有日食，无误。故泾阳君质于齐的时间为前 301 年。

3. 孟尝君入秦——前 300 年

“孟尝君入秦”《孟尝君列传》《田敬仲完世家》所记均为泾阳君质于齐的第二年，即前 300 年入秦。

《秦本纪》记为“九年，孟尝君薛文来相秦”，此项夹在“八年取唐眛”和“十年，楚怀王入秦”之间。

《秦本纪》所记，这三件事的先后顺序，仍有参考价值。它们都应提前两年，可见孟尝君入秦，当为前 300 年。

4. 秦扣留楚怀王和“薛文以金受免”是同一年——前 299 年

《楚世家》：三十年，怀王往会秦昭王。秦因留楚王，要以割巫、黔中之郡。楚怀王三十年为前 299 年。

《资治通鉴》以及现代学者论著中，都确认秦扣留楚怀王为前 299 年。

5. 孟尝君免秦相出秦——前 299 年

《秦本纪》：“楚怀王入朝秦，秦留之。薛文以金受免。”《秦本纪》所记这两件事是同一年。“楚怀王入秦”是前 299 年，可见薛文免秦相当在前 299 年，出秦也在前 299 年。

临潼范家庄秦东陵一号墓，缴获战国晚期漆木高柄漆豆刻文“八年相邦薛君……八年丞相殳”。“八年”为秦昭襄王八年（前 299 年），“相邦薛君”为秦相孟尝君，“殳”为金投。此铭文表明前 299 年前期孟尝君还是秦相。金投进谗后孟尝君才被免秦相。

综合考虑，孟尝君入秦应为前 300 年中后期；出秦为前 299 年中后期。

四、前 299 年孟尝君逃离秦国

前 299 年，秦昭王把孟尝君拘留起来要杀他……这才有孟尝君依靠鸡鸣狗盗之徒，逃出函谷关的故事。

《孟尝君列传》：

> 齐愍王二十五年，复卒使孟尝君入秦，昭王即以孟尝君为秦相。人或说秦昭王曰：“孟尝君贤，而又齐族也，今相秦，必先齐而后秦，秦其危矣。”于是秦昭王乃止。囚孟尝君，谋欲杀之。孟尝君使人抵昭王幸姬求解。幸姬曰：“妾原得君狐白裘。”此时孟尝君有一狐白裘，直千金，天下无双，入秦献之昭王，更无他裘。孟尝君患之，遍问客，莫能对。最下坐有能为狗盗者，曰：“臣能得狐白裘。”乃夜为狗，以入秦宫臧中，取所献狐白裘至，以献秦王幸姬。幸姬为言昭王，昭王释孟尝君。孟尝君得出，即驰去，更封传，变名姓以出关。夜半至函谷关。秦昭王后悔出孟尝君，求之已去，即使人驰传逐之。孟尝君至关，关法鸡鸣而出客，孟尝君恐追至，客之居下坐者有能为鸡鸣，而鸡齐鸣，遂发传出。出如食顷，秦追果至关，已后孟尝君出，乃还。始孟尝君列此二人于宾客，宾客尽羞之，及孟尝君有秦难，卒此二人拔之。自是之后，客皆服。

前 299 年后期孟尝君回到齐国仍为相，为了复仇必须全力对付秦国，这时“和楚”对齐国更为有利。所以，“齐王卒用其相计而归楚太子”，太子横立为顷襄王。

五、前 298 年孟尝君发动齐、韩、魏三国攻秦

孟尝君回齐国后，满怀对秦国的怨恨，积极备战，于第二年（前 298 年）发动齐、韩、魏三国，大规模地进攻秦国，攻秦三年，迫使秦国求和。秦国归还了以前所攻取的魏的河外、封陵，韩的河外、武遂，三国兵才退去。

这与《田敬仲完世家》《秦本纪》等记载相符。《田敬仲完世家》："前 298 年，二十六年，齐与韩魏共攻秦，至函谷，军焉。"

前 296 年二十八年，秦与韩河外以和，兵罢。《秦本纪》："十一年，齐、韩、魏、赵、宋、中山五国共攻秦，秦与韩、魏河北及封陵以和。"

《战国纵横家书》："薛公相脊（齐）也，伐楚九岁，功（攻）秦三年。"①

结　论

《史记·秦本纪》：前 301 年，"秦昭王六年，泾阳君质于齐。日食"。前 301 年有日食，故泾阳君质于齐的时间为前 301 年。泾阳君质于齐的第二年，前 300 年孟尝君入秦为相。前 299 年孟尝君被秦免相，逃出秦国。同年"楚怀王入秦"。前 299 年后期孟尝君回到齐国重新为相，孟尝君为了复仇必须全力对付秦国，所以他建议齐王"和楚"，"齐王卒用其相计而归楚太子"，太子横归楚立为顷襄王。前 298 年孟尝君发动齐、韩、魏攻秦三年，得胜而返。孟尝君为齐相时，伐楚克楚，攻秦秦败，其声望无人能及。

① 马王堆汉墓帛书整理小组：《战国纵横家书》，文物出版社 1976 年版，第 27 页。

“六壬栻盘”商榷

摘要：“六壬栻盘”是占卜的工具，不能用于计算历法。周秉高先生《摄提、太岁及其他》论文中的“栻盘示意图”与现存的“六壬栻盘”不符，与《天官书》也联系不上。岁星摄提与大角旁摄提六星属于“同名异物”，不可混淆。摄提与岁阴、太阴、太岁并非一物不可等同。

关键词：栻盘；岁星；摄提；岁阴；太阴；太岁

一、《天官书》与“六壬栻盘”无关

周秉高先生是位思路开阔，敢于大胆放言的学者，周先生在《摄提、太岁及其他》中用了较大篇幅论述“六壬”，认为它能令“问题迎刃而解”，似乎没有那么容易。这里就“六壬栻盘”问题作些商讨，请周秉高先生和读者指正。

（一）周先生的“列表”和“栻盘”模型

周秉高先生认为：

> 六壬栻盘是古代的天文仪器，《天官书》中所谓“以摄提格岁，岁阴左行在寅，岁星右转居丑”，所谓“单阏岁，岁阴在卯，星居子”等等，原来都是指在六壬栻盘上的推演之法。《天官书》完整地记录了六壬栻盘计算历法的过程，周先生说笔者曾经按文献所示制作过一个简易的上下盘均有十二地支的“栻盘”模型，地盘左行，天盘右转，得出的结论竟然与《史记·天官书》的上述结论完全吻合！笔者这才似乎真正看懂了司马迁原文的意思。①

岁　名	岁阴的位置	岁星的位置
摄提格	寅	丑
单　阏	卯	子
执　除	辰	亥
大荒骆	巳	戌
敦　群	午	酉
叶　洽	未	申
沼　滩	申	未
作　鄂	酉	午
陶　茂	戌	巳
大渊献	亥	辰
困　敦	子	卯
赤奋若	丑	寅

栻盘示意图②

周先生说“岁星”有很多别名。《史记·天官书》载：“岁星一曰摄提，曰重华，曰应星，曰纪星。”……还有“太岁”“太阴”“岁阴”等别名。③

假如按照周先生的“岁阴即岁星别名”，则周先生《摄提、太岁及其他》列表中的“岁阴的位置”

① 周秉高：《摄提、太岁及其他》，《职大学报》2008年第4期，第36—37页。

② 出自周秉高：《摄提、太岁及其他》，《职大学报》2008年第4期，第619页。

③ 周秉高：《楚辞星宿考（上）》，《光明日报》2007年7月6日，http://www.literature.org.cn/Article.aspx?id=15638。

即“岁星的位置”，就不需要列为两项。若是“岁阴=岁星”，那么，同一个“岁名”（如摄提格）将同时出现在两个位置（既在寅，又在丑）的错误。假如周先生所列之“表”成立，其“岁阴=岁星”就不能成立。可见其“岁阴=岁星”不能自圆其说，而周先生的“栻盘示意图”与现存的“六壬栻盘”不符，与《天官书》也联系不上。

（二）“六壬栻盘”不能计算历法

周秉高先生说：

> 古人讲到“摄提”“岁阴”“太阴”“太岁”等名词，往往是出现在纪年法中。太史公的纪年方法是：一般先述六壬栻盘推演情况，如“以摄提格岁：岁阴左行在寅，岁星右转居丑”；次讲原因，即述天象：“正月，与斗、牵牛晨出东方，名曰监德。”又如，“单阏岁，岁阴在卯，星居子”，这是叙述栻盘推演情况，其后讲述天象：“以（按：‘因为’之意）二月与婺女、虚、危晨出，曰降入。”其他十岁所载全与此同。太史公在叙述这十二岁天地盘推演情况时，未有一次用到“摄提”一词，但在最后总结时点出了“岁星”与“摄提”的关系：“岁星，一曰摄提”。①

周先生这些结论都缺乏依据。《史记》中有两处提到栻（式），都是用于占卜吉凶。“栻盘”中并没有“岁星、摄提、摄提格岁”等内容，《天官书》中也没有提到“六壬栻盘”，何来用“六壬栻盘计算历法”之说?

洛泉轩先生说：

> 栻盘的名字最早见于《周礼》，在《春官·大史》中有：“大师，抱天时与大师同车。”郑玄注曰：“郑司农云大出师则太史主抱式，以知天时处吉凶，史官主知天道。”《史记·日者列传》云：“分策定卦，旋式正棋。然后言天地之利害，事之成败。”唐司马贞索隐按：“式即栻也。旋，转也。栻之形上圆象天，下方法地，用之则转天纲加地之辰，故云旋式。”《史记·龟策列传》记载：“宋元王时渔者豫且得神龟，见梦于王，召博士卫平问之，卫平乃援式而起，仰天而视月之光，观斗所指，定日处乡。规矩为辅，副以权衡。四维已定，八卦相望。视其吉凶，介虫先见。”东汉人赵晔所撰的《吴越春秋》和袁康所撰的《越绝书》里已有六壬占卜的内容。……五行以水为首，在十天干中，壬和癸分别为阳水和阴水，舍阴取阳，故名为“壬”；而在六十甲子中壬共有六个，故名“六壬”。《唐六典》卷十四记六壬术用于九个方面，“一曰嫁娶，二曰发病，三曰历法，四曰屋子宇，五曰禄命，六曰得官，七曰祠祭，八曰发病，九曰殡葬”。而在汉代时，六壬术主要用于卜算吉凶和看风水。②

杨惟德《景祐六壬神定经》《释造式第三十》载：

> 造式天中作斗杓，指天罡。次作十二辰，中列二十八宿，四维局。地列十二辰、八干、五行、三十六禽、天门地户人门鬼路四隅讫。天子式，天广六寸象六律，地广一尺二寸象十二辰。王公侯伯式，天广四寸象四时，地广 九寸象九宫。卿大夫式，天广三寸象三才，地广七寸象七曜。士庶人式，天广二寸四分象二十四气，地广六寸象六律。次局，天广八分，象八卦，地广三寸法三才也。③

观天象、定历法是国家专设机构才能进行的活动。栻盘既然连“士与庶人”均可持有使用，说明栻盘仅仅是占卜的工具，而不是计算历法的工具。当然占卜者必须掌握天文知识，使用栻盘时，要与日月星辰的时空方位相合，用以剖析吉凶、确定去从。从这方面说占卜与天文分不开。但是，说“栻”除了占卜外还是“测天文以定时日的工具”则缺乏依据。

二、“六壬栻盘”概况

（一）现存最早的“六壬栻盘”

目前存世的古六壬栻盘不足十件，其中保存最完整、年代最早的两件：

---

① 周秉高：《摄提、太岁及其他》，《职大学报》2008年第4期，第37页。

② 洛泉轩：《东汉铜六壬栻盘考》，http://bbs.sssc.cn/viewthread.php?tid=307318。

③ 杨惟德：《景祐六壬神定经》，商务印书馆1936年版，第26—27页。

一是西汉汝阴侯夏侯灶墓的木胎髹漆六壬栻盘（这是周先生所论六壬栻盘的蓝本）。1977 年出土于安徽阜阳双古堆西汉汝阴侯夏侯灶墓的木胎髹漆六壬栻盘，现藏于安徽省博物馆。① 汝阴侯夏侯灶死于汉文帝十五年（前 165 年），其墓中出土的木胎髹漆六壬栻盘，是目前有确切年代可考的栻盘中最早的一件。

二是武威磨嘴子 62 号墓木胎髹漆六壬栻盘。1972 年出土于甘肃武威磨嘴子 62 号汉墓的新莽时期木胎髹漆六壬栻盘，现藏于甘肃省博物馆。

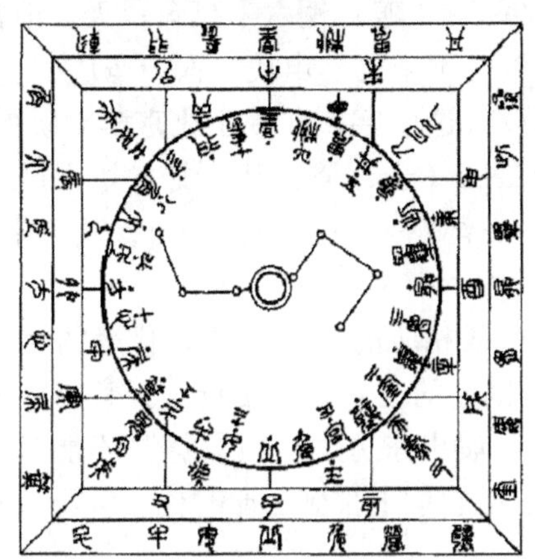

西汉汝阴侯漆木六壬栻盘示意图②

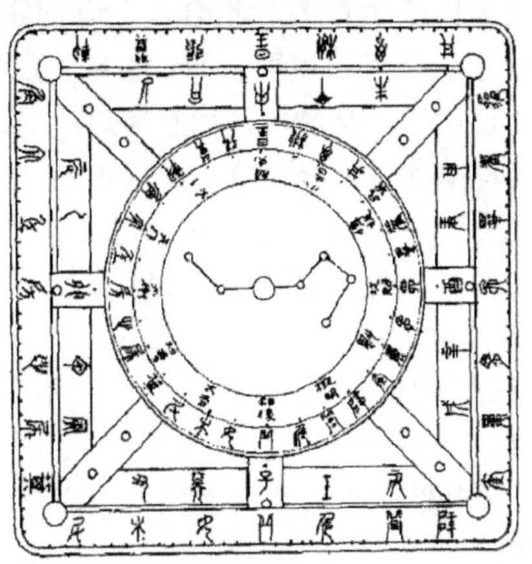

王莽时期木胎髹漆六壬栻盘示意图③

（二）栻盘的“月将 12 辰”与“月建地支”

天盘“12 月将”对应的“十二辰”与历法月建对应的“地支”不同，两者不可混淆。

汉王充《论衡·难岁》载：“式上十二神登明、从魁之辈，工伎家谓之皆天神也，常立子、丑之位，俱有冲抵之气。”④ 根据《景祐六壬神定经》记载：“天中作斗杓，指天罡。”实际见到的栻盘斗杓一般是指“八月神将天罡”。

据杨惟德《景祐六壬神定经》《释月将第二十三》：“正月将征明，建寅之月；二月将天魁，建卯之月；三月将从魁，建辰之月；……十月将功曹，建亥之月；十一月将大吉，建子之月；十二月将神后，建丑之月。”“六壬栻盘”月建，与《天官书》月建两者不同。周秉高先生所谓“以摄提格岁，岁阴左行在寅，岁星右转居丑”，所谓“单阏岁，岁阴在卯，星居子”等等，原来都是指在六壬栻盘上的推演之法。《天官书》完整地记录了六壬栻盘记算历法的过程……⑤文献中并没有这回事。

月建与月将所对应的 12 辰

月 建：寅，卯，辰，巳，午，未，申，酉，戌，亥，子，丑

月 份：正、二、三、四、五、六、七、八、九、十、十一 十二

月 将：征明 天魁 从魁 传送 小吉 胜光 太一 天罡 太冲 功曹 大吉 神后

十二辰：亥，戌，酉，申，未，午，巳，辰，卯，寅，丑，子

《史记·天官书》：“以摄提格岁：岁阴左行在寅，岁星右转居丑。正月，与斗、牵牛晨出东方，名曰监德。”其“建子之月”的“正月”与“六壬栻盘”的“正月将征明，建寅之月……”不是同一历法之“正月”，两者之月不能混淆。

从以上介绍的“六壬栻盘”可见：

① 安徽省文物工作队：《阜阳双古堆西汉汝阴侯墓发掘简报》，《文物》1978 年第 8 期。

② 出自安徽省文物工作队：《阜阳双古堆西汉汝阴侯墓发掘简报》，《文物》1978 年第 8 期，第 622 页。

③ 出自《武威磨嘴子三座汉墓发掘简报》，《文物》1972 年第 12 期。

④ 王充：《论衡》，世界书局 1935 年版，第 241 页。

⑤ 周秉高：《摄提、太岁及其他》，《职大学报》2008 年第 4 期，《职大学报》2008 年第 4 期，第 36 页。

1. 现存的“六壬栻盘”与《离骚》“摄提贞于孟陬兮”中的“摄提”无关。所有的栻盘全都没有“摄提”。周秉高先生断言之：“摄提是《史记·天官书》所载“东宫”角宿之旁一组星体（六星）的本名，岁星、岁阴、太阴、太岁等名称是古代星占家们纪年时在六壬栻盘推演过程中用以指代摄提星的不同称呼，名虽有异，但所指相同。”① 没有依据。

2. 周秉高先生所提供的“栻盘示意图”与他所论的六壬栻盘蓝本——“阜阳双古堆汝阴侯墓出土的汉六壬栻盘”差异太大。汉六壬栻盘天盘中根本没有周氏“栻盘示意图”中的子、丑、寅、卯、辰、巳、午、未、申、酉、戌、亥，地盘也与周氏“示意图”不合。武威汉墓的六壬栻盘天盘中也没有十二辰，地盘也与周氏“示意图”不合。上海博物馆藏的六朝（随）铜六壬栻盘。天、地盘中虽然都有天干、十二辰（子、癸丑、寅甲、卯、乙辰、戊巳丙、午、丁未己、申庚、酉、辛戌、亥壬）。但天盘中十干中的戊、己两字不从顺序，而且在对应的地盘也没有这两字。现藏于故宫博物院的（汉?）“象牙栻盘”（仅存略有缺损的天盘），天盘也有十干、十二辰（子、癸、丑、戊、寅、甲、卯、乙、辰、戊（缺）、巳（缺）、丙、午、丁、未、己、申、庚、酉、辛、戌、己、亥、壬），其十干中的“戊己”不但不从顺序，而且出现两次。共有 24 字。

3. 六壬栻盘中建寅的“正、二、……十一、十二”（或相应的“月将”）代表的“月”与《天官书》中的“建子的正月……”所指的“月”不同。六壬栻盘的内容与《史记·天官书》的“以摄提格岁，岁阴左行在寅，岁星右转居丑”“正月，与斗、牵牛晨出东方，名曰监德”不能对应。周先生的“栻盘示意图”与现存的“六壬栻盘”不相符合，更不能把它们上推到屈原时代去解释“摄提贞于孟陬兮”中的“摄提”。

4. 周秉高先生所说“‘太阴’为雌，‘岁星’为雄，一阴一阳，上下相对，正好与六壬术式盘的设计相符，或者说，‘太阴’和‘岁星’是天宇中的摄提星在栻盘上下两盘上的不同代称”，在现存的古“栻盘”和介绍“栻盘”的文献中都没有这类论述。

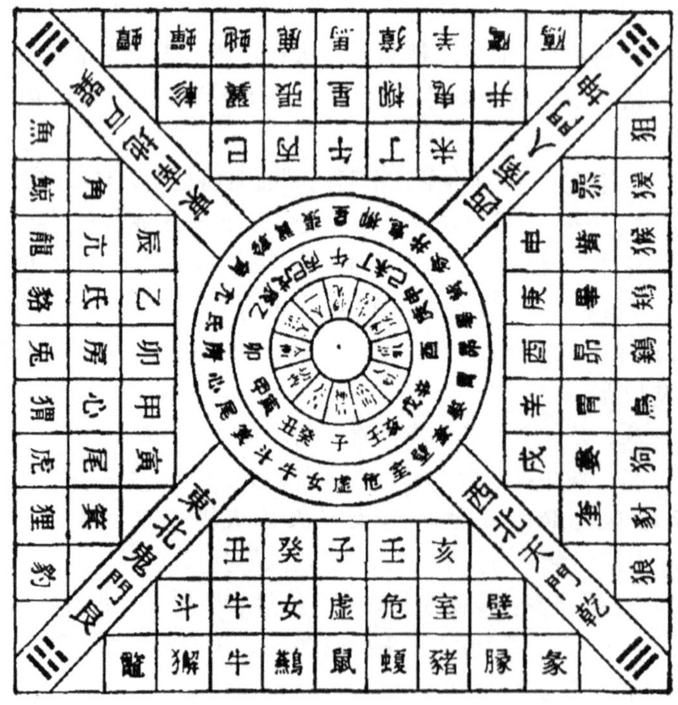

六朝铜六壬式盘，现藏上海博物馆

① 周秉高：《摄提、太岁及其他》，《职大学报》2008 年第 4 期，第 36 页。